FONÉTICA Y FONOLOGÍA DESCRIPTIVAS DE LA LENGUA ESPAÑOLA

FONÉTICA Y FONOLOGÍA DESCRIPTIVAS DE LA LENGUA ESPAÑOLA

Volumen 2: Nivel suprasegmental

Juana Gil y Joaquim Llisterri, *Editores*

GEORGETOWN UNIVERSITY PRESS / WASHINGTON, DC

Library of Congress Cataloging-in-Publication Data

Names: Gil Fernández, Juana, editor. | Llisterri Boix, Joaquim, editor.
Title: Fonética y fonología descriptivas de la lengua española / Juana Gil y Joaquim Llisterri, editores.
Description: Washington, DC : Georgetown University Press, 2024. | Includes index. | Contents: v. 1. Nivel segmental — v. 2. Nivel suprasegmental.
Identifiers: LCCN 2022046862 (print) | LCCN 2022046863 (ebook) | ISBN 9781647121723 (v. 1 ; hardcover ; alk. paper) | ISBN 9781647121747 (v. 2 ; hardcover ; alk. paper) | ISBN 9781647121730 (v. 1 ; ebook) | ISBN 9781647121754 (v. 2 ; ebook)
Subjects: LCSH: Spanish language—Phonology. | Spanish language—Phonetics.
Classification: LCC PC4131 .F66 2023 (print) | LCC PC4131 (ebook) | DDC 461/.5—dc23/eng/20221018
LC record available at https://lccn.loc.gov/2022046862
LC ebook record available at https://lccn.loc.gov/2022046863

♾ This paper meets the requirements of ANSI/NISO Z39.48-1992 (Permanence of Paper).

25 24   9 8 7 6 5 4 3 2   First printing

Printed in the United States of America

Cover design by Jason Alejandro
Interior design by BookComp, Inc.

ÍNDICE DE CONTENIDOS

24 LA SÍLABA

Enrique Obediente Sosa

Jorge Méndez Seijas

24.1 Hacia una definición de sílaba

Uno de los conceptos más polémicos de las ciencias del lenguaje ha sido el de sílaba. Para algunos (p. ej., Malmberg 1971; Rosetti [1959] 1963; Rousselot 1897–1908; Scripture 1902), esta unidad podría ser definida teniendo en cuenta principalmente criterios funcionales, sin correlatos acústicos directos; para otros (Catford 1977; Sievers 1881; Stetson [1928] 1951, por ejemplo), podría serlo atendiendo a su realidad objetiva, es decir, a su sustancia. La sílaba es una unidad lingüísticamente significativa que, como se mostrará en este capítulo, ocupa un claro lugar en la teoría fonológica [→ § 1.21.7]. Fonéticamente, en cambio, no hay acuerdo respecto de cómo definirla (Ladefoged [1975] 2001, 225), consecuencia que se deriva, entre otros factores, de la imposibilidad de delimitarla con precisión en el continuo fónico.

Las dificultades prácticas que su estudio implica no han sido, sin embargo, óbice para que se hayan desarrollado aproximaciones a la sílaba tanto desde la consideración de sus características articulatorias y acústicas (cf. Goldsmith [1995] 2011, 166–68) como desde su realidad funcional (cf. Blevins 1995, 207–10). Malmberg (1974, 183) afirmaba, hace ya cinco décadas, que el origen del problema se debía a que no se había considerado la relación entre la percepción de las sílabas y su estructura combinatoria; apuntaba al respecto que, en el momento de interpretar secuencias fónicas de una lengua desconocida, a cualquier hablante se le hacía difícil determinar correctamente cada una de las sílabas precisamente por estar sujeto a las características distribucionales y estructurales de los segmentos fónicos de su propio idioma. Esta observación del fonetista sueco mantiene toda su validez y abona el terreno de la duda respecto de que la sílaba sea una estructura con existencia natural objetivamente observable.

Si se toma la palabra española *sopa*, por ejemplo, y se pregunta a un hispanohablante nativo cuántas sílabas tiene, responderá «dos: *so.pa*». Nadie tendría dudas al respecto, ni siquiera los niños, que conocen no pocos juegos en los que la división silábica desempeña un papel importante. Ahora bien, ¿por qué se dice que *sopa* se divide en aquellas dos unidades? ¿Hay razones que justifiquen o expliquen esa división? ¿Por qué, más bien, no se divide tal palabra en **s.opa* o **sop.a* o **s.op.a*? Ello se debe ciertamente a razones de orden funcional.

La sílaba, entonces, podría definirse como la estructura fundamental, básica, de toda agrupación de fonemas en una lengua dada. Un conjunto de fonemas sucesivos constituye una sílaba al agruparse en torno a uno de ellos, el cual presenta la sonancia o sonicidad máxima [→ § 1.21.9, § 14.3.4, § 17.3.1], y que, en el caso de la lengua española, es siempre una vocal o una combinación de vocal y paravocal [→ § 6.2.1].

> Recuérdese que la escala universal de sonancia es la siguiente, de mayor a menor sonicidad: vocales, paravocales, líquidas, nasales y obstruyentes.

También se podría definir, esta vez articulatoriamente, como «la unidad más pequeña en que se divide el habla real» (Gili Gaya [1950] 1966, 96). En el ejemplo de *sopa* se ha puesto de manifiesto que el hablante nativo de español divide naturalmente la palabra en las unidades *so* y *pa*, y nunca en una yuxtaposición de sus segmentos constitutivos: *s + o + p + a*; se emiten sílabas y no fonos aislados.

Deben distinguirse la sílaba fonética y la sílaba fonológica, dos nociones que responden a sendas aproximaciones al concepto mismo de sílaba y que pueden verse como antagónicas o, por el contrario, como complementarias.

24.1.1 La sílaba fonética

La sílaba fonética vendría definida por criterios sustanciales, lo que llevaría a considerarla como una unidad física antes incluso de ser una unidad lingüística. Se ha tratado de definir su naturaleza atendiendo a distintos criterios, los cuales se pueden resumir en tres posturas fundamentales, a saber:

- La sílaba tiene una base fisiológica ligada a los procesos de espiración del aire o a los movimientos de los órganos de la fonación y de la articulación.
- La sílaba es un ciclo de sonicidad creciente-decreciente: hay una cumbre de sonancia (normalmente una vocal) en torno a la cual se ordenan los segmentos con menor sonicidad, de modo que se pasa de una sonancia menor a otra mayor (la cumbre o núcleo) y luego de esta última a otra menor. Este punto de disminución máxima de la sonicidad constituye el límite o la frontera silábica.
- La sílaba es una unidad acústico-perceptiva, afirmación basada en el hecho de que, solo cuando la secuencia que se oye aislada es una sílaba completa, se perciben plenamente y con naturalidad los sonidos que la constituyen (tanto vocálicos como consonánticos); por el contrario, los sonidos aislados, entresacados de una secuencia mayor, resultan difíciles de identificar.

Hasta ahora ninguna de estas aproximaciones ha demostrado ser completamente satisfactoria: «La syllabe phonétique apparaît donc comme un objet dont la détermination de sa nature physique, la localisation et la réalisation physique de ses limites restent très variables et problématiques» (Meynadier 2001, 101–2). Dicho de otro modo, la sílaba no parece ser necesariamente una entidad fonética. Para tratar de salir al paso a los que negaban la existencia de la sílaba o de la frontera silábica, Malmberg (1955) se planteó investigar si «the modification which the wovel [*sic*] formants undergo in combination with consonants, could be considered responsible for the subjectively perceived syllabic division» (81). Para tratar de comprobarlo, escogió tres tipos de grupos disilábicos sin sentido: /ipi/, /odo/ y /aga/ (dos vocales idénticas con un elemento consonántico en medio) producidos mediante síntesis del habla, en cuyas realizaciones modificó de distinto modo las transiciones [→ § 1.10.2]. Tales combinaciones fueron luego sometidas a reconocimiento auditivo, y el resultado fue que las personas que participaron del experimento identificaron de manera regular cuando el silabeo era, por ejemplo, [i.pi] o cuando era [ip.i]. Su hipótesis, que resultó verdadera para el habla sintetizada, no pudo, en cambio, confirmarse con experimentos de habla real. Hay que resaltar, sin embargo, que el mismo Malmberg fue enfático al señalar que sus investigaciones no habían revelado lo que era una frontera silábica, sino únicamente señalado un factor (la transición formántica) que, al menos de modo aislado, podía hacerla manifiesta. En sus palabras:

> The result obtained from the experiment described above means that, for the first time, a possible physical basis for the syllabic division has been found. This, of course, does not mean that the acoustic difference examined here is the only cue to the phonetic distinction in question. It does not even mean that it is necessarily the most important one. But the above results are sufficient to prove the impossibility of the entirely negative attitude taken e.g. by the Hamburg school as regards the notions of syllable and syllabic frontier. I pretend to have found one factor capable of functioning as physical correlate to the linguistically important distinction of syllabic division (and, consequently, of implosive and explosive consonants). There are probably other factors. Further investigations will prove which of them is the most important. (Malmberg 1955, 87).

La realidad es que en un espectrograma es imposible distinguir con exactitud dónde termina una sílaba y dónde comienza otra. Por ejemplo, en la Figura 1 se muestra el espectrograma de un breve enunciado en español: *la trampa*.

Dado que en español solo las vocales pueden constituirse en centro de sílaba, puede afirmarse que en el enunciado de la Figura 1 hay tres núcleos (la estructura formántica de las vocales es inconfundible), y, por tanto, tres sílabas; pero decir, a partir de la mera observación del espectrograma, que las fronteras silábicas pasan por tal o cual punto es imposible.

No hay duda alguna de que el hablante sabe que en ese enunciado la separación en sílabas es *la.tram.pa,* pero por razones de orden fonológico o quizá de orden acústico-perceptivo, no por la naturaleza fonética de los elementos constitutivos o del enunciado como un todo.

24.1.2 La sílaba fonológica

Aunque el estructuralismo praguense [→ § 1.17] no ignora la realidad de la sílaba y su inherente asociación con determinados e importantes fenómenos de carácter prosódico (cf., por ejemplo, Trubetzkoy [1939] 1973, 180), su reconocimiento como unidad de organización fonológica ocurre principalmente en la década de los setenta del siglo xx, luego de la publicación de los trabajos de Hooper (1972)

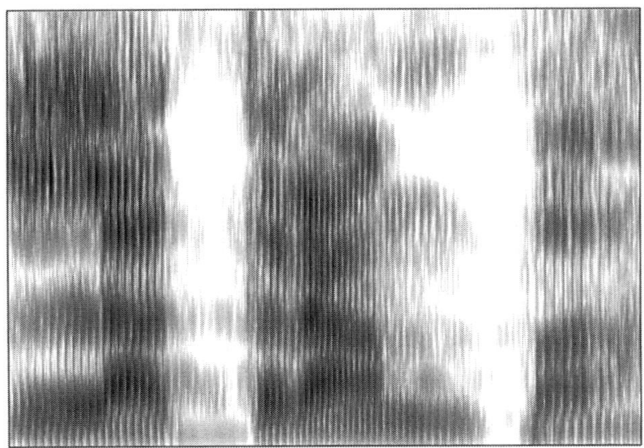

FIGURA 1. Espectrograma del enunciado *la trampa.*

y Kahn (1976). A partir de entonces comienzan a desarrollarse gran número de investigaciones cuyos resultados no solo confirman el importante papel que su existencia desempeña al momento de explicar fenómenos como la armonía vocálica o la asimilación de lugar de articulación, entre otros, sino su carácter esencial de unidad organizadora.

La sílaba fonológica, entonces, se define atendiendo a criterios funcionales. Según estos, su estructura está determinada por un conjunto de reglas o de restricciones, cuya naturaleza u ordenamiento varían de lengua a lengua, de acuerdo con las cuales no existen agrupaciones aleatorias de sonidos, sino esquemas segmentales recurrentes y regulares. La base de la división silábica se fundamentaría, pues, en la distribución particular de los fonemas de una lengua dada, de modo que, si dentro de una secuencia se encontrara una sucesión de dos sonidos que, según las reglas o las restricciones que determinan la buena formación de los elementos de esa lengua, no pueden iniciar sílaba, la frontera silábica se situaría entre ambos. Así, por ejemplo, mientras que en español la combinación de las consonantes /t/ y /b/, como en *fu*/tb/*ol,* debe distribuirse entre el final y el principio de dos sílabas diferentes *(fut.bol),* en otra lengua, como por ejemplo en tashelhit, esta misma combinación puede, por sí sola, formar una sílaba: /tb.dg/ 'está mojado' (Dell y Elmedlaoui 2002). En esta lengua bereber hay, pues, sílabas bien formadas compuestas solamente de obstruyentes, sin vocales, tanto en el nivel fonético como en el fonológico (Ridouane 2008).

Dadas las dos perspectivas desde las que se puede ver la sílaba, en este capítulo se emplearán las expresiones 'sílaba fonética' y 'sílaba fonológica' no como conceptos sustentados en una u otra aproximación teórica, sino como herramientas descriptivas de la sílaba del español, de manera que se estará en el ámbito de la sílaba fonológica cuando se aborde lo concerniente a la estructura de la sílaba, mientras que se entrará en el de la sílaba fonética cuando se haga referencia a su pronunciación.

24.2 Estructura de la sílaba en español

La manera como se agrupan y distribuyen los fonemas formando unidades de organización mayores permite distinguir sílabas abiertas y sílabas cerradas. Serán abiertas aquellas cuyo núcleo no esté seguido de un elemento consonántico, y cerradas aquellas en las que sí aparezca tal elemento. Estos elementos al final de sílaba reciben el nombre de 'coda silábica'. Los núcleos pueden también estar precedidos por segmentos consonánticos, los cuales forman lo que se ha dado en llamar el 'ataque silábico'. Todas estas posiciones en la sílaba (prenuclear o implosiva, nuclear y posnuclear o explosiva) pueden ser simples o complejas, según estén constituidas por uno o más elementos [→ § 1.21.8, § 36.3.1].

24.2.1 Tipos silábicos

Los tipos silábicos del español, en orden de mayor a menor frecuencia de aparición en la cadena hablada, son los que se enumeran en (1). Téngase en cuenta que C = consonante, V = vocal, D = diptongo y T = triptongo. Como ilustración de cada tipo silábico, se ha subrayado la sílaba que lo ejemplifica en cada caso.

(1)   CV   ***la***
        CVC   *co.**mes***
        V   ***a**.jí*
        VC   ***es**.tar*
        CCV   ***fle**.ma*
        CCVC ***fres**.co*
        VCC   ***ins**.ta.lar*
        CVCC ***mons**.truo*
        CCVCC ***trans**.por.te*
        CD   ***pei**.ne*
        CDC   ***puer**.ta*
        CCD   ***trai**.dor*
        D   ***hoy***
        CCDC ***triun**.fo*
        DC   ***huer**.to*
        CTC   *des.pre.**ciáis***
        CT   ***buey***
        T   ***hioi**.des*

El conjunto de los cuatro primeros tipos silábicos presenta una frecuencia promedio de aparición de casi el 90 %, cifra que se reparte del modo siguiente: CV = 51,35 %, CVC = 18,03 %, V = 10,75 % y VC = 8,60 % (Moreno Sandoval *et al.* 2006). El resto de los tipos de sílaba es, como puede deducirse, escasísimo. Según esas cifras, hay una clara preferencia en español por el esquema bifonemático terminado en vocal, o sea, la sílaba abierta tipo CV. Todos estos tipos listados en (1) pueden reducirse, como señalan Alcina y Blecua (1975, 264), a la fórmula propuesta por Saporta y Cohen (1958), en la que S = satélite, es decir, una paravocal:

$$\pm\,C\,(C) + (S)\,V\,(S) \pm C\,(C)$$

24.2.2 La frontera silábica

La división de una palabra en sílabas recibe el nombre de 'silabeo' [→ § 1.21.11], y el límite que separa cada una de ellas constituye la frontera silábica, que, como ya se dijo (§ 24.1.2), varía de lengua a lengua según la distribución particular de sus fonemas. En español, la determinación de la frontera silábica se efectúa, en términos generales, ateniéndose a los siguientes principios:

- Cuando aparece una sola consonante intervocálica, esta forma parte de la sílaba siguiente: *ca.sa, hi.po*.
- Cuando aparecen dos consonantes, la primera cierra la sílaba anterior y la segunda abre la sílaba siguiente, excepto en los grupos líquidos (combinación tautosilábica de obstruyente + líquida), en los que ambas consonantes se agrupan en margen silábico compuesto: *ar.tis.ta, in.na.to, in.se.pa.ra.ble, lo.grar*. Nótese que la combinación /-ks-/ en posición interna, representada por los grafemas <x> o <cs> (y <cc> y <cz> en zonas de seseo), tiende a simplificarse en la pronunciación atendiendo a factores dialectales, sociolingüísticos o idiolectales mediante la elisión de /k/: *examen* [e.ˈsa.mẽn], *taxi* [ˈt̪a.si], *sexto* [ˈses̪.t̪o], excepto en aquellos casos de posible ambigüedad (*sexo* [ˈsek.so] frente a *seso* [ˈse.so]) y en cultismos o voces poco usuales (*macsura* [mak.ˈsuɾa]) —véase, sin embargo, lo dicho en el § 24.4.2—.
- Cuando hay tres consonantes, las dos primeras cierran la sílaba anterior y la tercera abre la siguiente, excepto si la segunda y la tercera forman grupo líquido: *abs.te.ner.se, em.ple.a.do, des.tra.bar*. Los casos poco frecuentes de cuatro consonantes se comportan de manera análoga: *trans.crip.tor*.
- Dos vocales contiguas pertenecerán a la misma sílaba si forman diptongo (*ai.re*); la frontera silábica pasará entre ellas en caso contrario (*pa.ís, a.é.re.o*). El mismo criterio es válido para los triptongos (*a.so.ciáis*). Se harán precisiones al respecto en los apartados del § 24.2.4 al § 24.2.6.

24.2.3 Restricción de aparición de segmentos y grupos de segmentos

En español todos los fonemas vocálicos pueden aparecer en cualquiera de las posiciones intraléxicas —dicho de otro modo, cualquier vocal puede iniciar palabra, hallarse en posición medial o a final de palabra—, no así los consonánticos, sujetos a restricciones diversas, tal como se verá en este apartado [→ § 14.7.2, § 17.3.2]. En la exposición que sigue se distinguirán el grupo de las consonantes simples (a) y el de las agrupadas (b), que pueden aparecer en cada una de las posiciones silábicas.

24.2.3.1 *Consonantes simples*

Al examinar el léxico de la lengua española, puede fácilmente constatarse que, primero, todas las consonantes pueden comenzar una sílaba interna, y, segundo, que todas son posibles al inicio de palabra, excepto la rótica simple. Por el contrario, la lista de consonantes simples que pueden aparecer en posición implosiva es relativamente reducida. En esta posición se distinguen dos grupos, a saber, el de las consonantes posibles a final de sílaba interna y el de las consonantes posibles a final de palabra.

Consonantes simples posibles a final de sílaba interna: pueden aparecer en esta posición cinco o cuatro fonemas: /l s f x (θ)/, según se trate de zonas distinguidoras o zonas de seseo, respectivamente [→ § 8.2.2]. A ellos añaden los estructuralistas de tradición praguense cinco archifonemas /B D G N R/ —como representaciones de la neutralización de determinadas oposiciones—, tal Alarcos ([1950] 1965, 189) [→ § 1.17.4]; para el tratamiento actual de las oposiciones neutralizables en español, véanse los capítulos 11, 14 y 23 de la presente obra. Se ejemplifica en (2) la lista de los elementos consonánticos posibles a final de sílaba interna.

(2) /l/   *pal.co*
     /s/   *mis.mo*
     /f/   *af.gano*
     /x/   *maj.zén* (fonema sumamente raro en esta posición)
     /θ/   *juz.gar*
     /B/   *ap.to, ab.domen*
     /D/   *ét.nico, ad.jetivo*
     /G/   *ac.to, sig.no*
     /N/   *cam.po, can.to*
     /R/   *char.co*

Consonantes simples posibles a final de palabra: pueden aparecer en esta posición cinco (o cuatro) fonemas (/l s d x (θ)/), y dos archifonemas (/N R/), tal como se ve en (3).

(3) /l/   *cartel*
     /s/   *mes*
     /d/   *virtud*
     /x/   *reloj* (fonema de muy rara aparición en esta posición)
     /θ/   *lápiz*
     /N/   *pan*
     /R/   *calor*

Otras consonantes son posibles en posición final de palabra, las que aparecen en ciertos cultismos y en préstamos no completamente asimilados, como las de *cénit*, *frac*, *slip*, *chef*, *mach*, etcétera, cuya pronunciación suele apegarse 'a la letra' precisamente por no sentirse como formas genuinamente españolas. En este punto hay que decir que la pronunciación de esas consonantes a final de palabra no representa, en general, dificultad alguna para un hispanohablante nativo. Sin embargo, los hábitos articulatorios de las distintas áreas dialectales suelen llevar a sus hablantes (o a parte de ellos) o bien a elidir esas consonantes finales (*club* [klu], *cénit* ['s ~ θeni]), o bien a debilitarlas (*slip* [es̩'liβ], *frac* [fraɣ̞]), o bien a reemplazar las obstruyentes con los rasgos [−continuo] [−posterior] por una [+posterior], o sea, velar, como se da, por ejemplo, en el área caribeña: *slip* [eh'liχ̞].

24.2.3.2 *Consonantes agrupadas*

Para su adecuada descripción se impone la distinción de dos categorías diferentes: la primera está constituida por los llamados grupos líquidos; la segunda, por otras agrupaciones consonánticas distintas a la anterior.

Los grupos líquidos admitidos por la lengua española son los siguientes: /pɾ pl bɾ bl fɾ fl tɾ tl dɾ kɾ kl gɾ gl/ [→ § 20.1.3]. Estos grupos solo aparecen en posición inicial de sílaba, tal como se observa en los ejemplos de (4).

(4) **pr**emio, siem**pr**e / **pl**ano, so**pl**o
     brisa, ham**br**e / **bl**oque, po**bl**ar
     fresa, a**fr**icano / **fl**ujo, in**fl**ación
     tres, en**tr**e / (**tl**aco), a**tl**as
     drama, desme**dr**o
     crema, a**cr**ópolis / **cl**ima, chan**cl**eta
     grano, o**gr**o / **gl**oria, dis**gl**osia

Se precisan algunas consideraciones en cuanto al grupo /tl/, que constituye un caso especial en la lengua española [→ § 9.5.1, § 10.2.5, § 11.5]. Tradicionalmente se ha descrito como un grupo no español, por tanto, heterosilábico; los estudios dialectales demuestran, sin embargo, que se dan dos posibilidades de pronunciación y, en consecuencia, de análisis de este grupo, que solo aparece en posición interna de palabra (excepto en algunas pocas voces de origen nahua y que son habituales únicamente en el español de México). En ciertas áreas del mundo hispanohablante este grupo es disilábico: la /t/ forma parte de la sílaba precedente y la /l/ de la siguiente; dicho de otro modo, la frontera silábica pasa entre ambas consonantes: *at.lético;* es lo que ocurre en la mayoría de las regiones españolas peninsulares. En otras zonas (es el caso prácticamente de toda América), su pronunciación refleja que el grupo es tratado como tautosilábico [→ § 1.21.8]: *a.tlé.tico.* En el § 24.4.2 se verá cómo un enfoque teórico fonológico da cuenta de este peculiar grupo consonántico (Hualde 2005; Hualde y Carrasco 2009; Méndez Seijas y González González 2009; Mora Gallardo *et al.* 2000).

Otros grupos consonánticos diferentes a los tratados anteriormente pueden también aparecer en distintas posiciones de la palabra. En inicio de palabra son posibles /kn- gn- mn- ps- pt- ks-/. Son grupos cultos de los que los hablantes nativos suelen elidir la primera consonante en una pronunciación normal, no afectada; nótese, además, que en muchas de las palabras que los contienen la norma ortográfica académica permite la supresión del primer segmento. Esos grupos son los que se encuentran en, por ejemplo, *cneoráceo, gnosis, mnemotecnia, psicología, pterodáctilo, xenofobia.* Habría que preguntarse cuál es su correcta representación fonológica: ¿/mne.mo.tek.nia/ o /ne.mo.tek.nia/? ¿/kse.no.fo.bia/ o /se.no.fo.bia/? Parece más razonable la segunda opción: la primera representación fonológica revelaría un mero apego a cierta representación gráfica y sería contradictoria con la estructuración normal de la sílaba española. En cuanto a los grupos consonánticos que terminan sílaba, estos están formados por una consonante seguida necesariamente de /-s/. En efecto, solo en las combinaciones en las que interviene /s/ pueden presentarse dos fonemas consonánticos en la distensión silábica: *obstáculo* /obs.ta.ku.lo/, *perspectiva* /peɾs.pek.ti.ba/, *constante* /kons.tan.te/, *éxtasis* /eks.ta.sis/. Estos grupos son, sin embargo, raros a final de palabra; solo se encuentran en los cultismos *bíceps, tríceps, fórceps,* en palabras terminadas en el grafema <x> (*fénix, tórax, fax,* etcétera) y en extranjerismos incorporados al idioma cuando se pluralizan: *chics, esnobs, tests,* etcétera.

24.2.4 Diptongos

En la lengua española, dos vocales fonológicas en una misma sílaba fonética constituyen un diptongo [→ § 6.3.1]. Una de ellas presenta la mayor abertura y constituye el centro, núcleo o cima silábica, es la vocal plena del diptongo; la otra, con las características propias de las paravocales, es un 'satélite' nuclear formado necesariamente, según la norma estándar, por /i/ o /u/, realizadas como [i̯] o [u̯], respectivamente. Se reconocen en español dos tipos de diptongos: 'crecientes' —aquellos en los que la vocal nuclear está en segunda posición, como los de (5)—, y 'decrecientes' —en los que dicha vocal aparece en primer lugar, como en los de (6)—.

(5) /ia/ [i̯a] *A.sia*
     /ie/ [i̯e] *sie.te*
     /io/ [i̯o] *la.bio*

/ua/	[ṷa]	*a.gua*
/ue/	[ṷe]	*sue.lo*
/uo/	[ṷo]	*an.ti.guo*

(6)	/ai/	[ai̯]	*ai.re*
	/ei/	[ei̯]	*ley*
	/oi/	[oi̯]	*soy*
	/au/	[au̯]	*au.la*
	/eu/	[eu̯]	*deu.do*
	/ou/	[ou̯]	*bou* (diptongo rarísimo en interior de palabra)

Un caso particular es el de las combinaciones /iu/ y /ui/. Si /iu/ se pronuncia [i̯u] (como en *viuda* ['bi̯u.ða]) y /ui/, [ṷi] (como en *ruido* ['rṷi.ðo]), podrían ser considerados diptongos crecientes, pues se pasa de una abertura y de una sonicidad menor (propias de las paravocales) a otras de grado mayor. En el caso de los dialectos en los que /ui/ se pronuncia [ui̯], podría hablarse, de manera similar, de diptongo decreciente: *muy* [mui̯], *Tuy* [tui̯], no así en los que dicha combinación se realiza [ṷi]: [mṷi], [tṷi]. Fonológicamente no cabría hablar de diptongo creciente ni decreciente al referirse a estas combinaciones, dado que /i/ y /u/ son ambas de idéntica abertura (pero véase el § 6.3.1 de la presente obra).

24.2.5 Triptongos

En la lengua española, tres vocales fonológicas en una misma sílaba fonética constituyen un triptongo [→ § 6.3.4]. Una de ellas presenta la mayor abertura y constituye el núcleo o cima silábica; las otras dos, que flanquean el núcleo, tienen las características propias de las paravocales; son, por tanto, satélites nucleares, formados necesariamente, según la norma estándar, por /i/ o /u/. La lengua general contempla los casos que se muestran en (7).

(7)	/iai/	[i̯ai̯]	*des.pre.ciáis*
	/iei/	[i̯ei̯]	*sen.ten.ciéis*
	/uai/	[ṷai̯]	*guai.ra*
	/uei/	[ṷei̯]	*buey*
	/iau/	[i̯au̯]	*miau*
	/ioi/	[i̯oi̯]	*hioi.des*
	/uau/	[ṷau̯]	*guau.cho*

24.2.6 Hiatos

Existen en la lengua española secuencias vocálicas separadas por una transición discontinua o juntura [→ § 1.21.11], es decir, secuencias que, pudiendo formar diptongo, no lo hacen, puesto que la frontera silábica pasa entre esos fonemas vocálicos [→ § 4.1, § 6.3.2, § 6.3.3]. Este fenómeno, conocido como hiato, ocurre en los siguientes casos:

- Entre dos vocales iguales (u 'homólogas'): *co.ope.rar, le.e, chi.í*.
- Entre dos vocales no cerradas, cualquiera sea la posición del acento: *a.se.o, po.e.ta, se.a.mos, o.a.sis*.
- Entre dos vocales cerradas si es inacentuada la primera: *hu.ir, cons.tru.ir*.
- Entre una vocal abierta átona y una vocal cerrada tónica, en cualquier orden que se presente la secuencia: *dí.a, o.í.mos, ba.úl, dú.o*.

Solamente la secuencia 'vocal abierta acentuada + vocal cerrada inacentuada' da lugar siempre a un diptongo en español. Las secuencias 'vocal cerrada inacentuada + vocal no cerrada' y 'dos vocales cerradas distintas' pueden pronunciarse como diptongos o como hiatos. Por ejemplo: *confié* [koɱ.'fi̯e] o [koɱ.fi.'e], *actuó* [ak.'tṷo] o [ak.t̪u.'o], *triunfo* ['t̪ri̯uɱ.fo] o [t̪ri.'uɱ.fo]. La pronunciación de estas secuencias de uno u otro modo depende de factores geográficos (dialectales), sociales, de la velocidad de elocución, de la situación comunicativa (más o menos formal) e incluso de hábitos específicos respecto a determinadas palabras en concreto. Hay, sin embargo, una fuerte tendencia a reducir los hiatos a diptongos. Cuando esto ocurre por transformación de una de las vocales en paravocal o en vocal asilábica, se habla de 'sinéresis' y de 'sinalefa', fenómenos a los que se hará referencia en el § 24.3.1.

Antes de cerrar este apartado, conviene detenerse en el tratamiento que suelen hacer los hispanohablantes de las llamadas 'vocales homólogas' [→ § 3.2.4, § 6.3.1, § 8.3.1]. Ya se explicó que, en principio, hay hiato entre dos vocales iguales; sin embargo, la realidad demuestra que esas secuencias tienden a resolverse por parte de los hablantes de varias maneras, a saber:

- Si las dos vocales son inacentuadas, el resultado es una vocal breve inacentuada: *reencarnar* [reŋ.kaɾ.'naɾ].
- Si la primera es inacentuada, el resultado es una vocal acentuada un poco más larga que de ordinario: *alba-haca* [al.'βaː.ka].
- Si la primera es acentuada, el resultado es una vocal breve: *lee* ['le].
- Si ambas vocales son acentuadas (caso que solo puede darse entre palabras) la solución preferente es una vocal larga tónica: *mató osos* [ma.'toː.sos].

La solución en cada caso dependerá, aquí también, de diversos factores: del estilo, de hábitos dialectales o individuales, del registro, del nivel educativo de cada hablante, etcétera. Ello sin mencionar el hecho de la frecuencia de uso del vocablo (en la lectura, es más fácil realizar el hiato en una palabra poco usual que en una más frecuente) y de ciertas 'lexicalizaciones fónicas', como las formas de los verbos terminados en *-ear*, en que la [e] inacentuada de cualquiera de las formas del paradigma pasa a [e̞] e incluso a [i] aun en registros más o menos cuidados: *pasear* [pa.'siaɾ], *paseé* [pa.'sie], *golpeando* [gol.'piando], etcétera.

24.3 El resilabeo en español

Se entiende por 'resilabeo' la modificación que sufre una sílaba cuando uno de sus segmentos constitutivos deja de serlo para formar parte de la sílaba contigua [→ § 1.21.11]. Este proceso puede involucrar a segmentos vocálicos (caso de las vocales en hiato que en determinadas circunstancias se diptongan: *te.a.tral > tea.tral*) [→ § 6.7.2] y a segmentos consonánticos en posición implosiva o de coda que pasan a constituir el ataque de la sílaba siguiente (*el.u.ni.ver.so > e.lu.ni.ver .so*). De ello se tratará en las líneas que siguen.

Como ya se ha indicado, hay una fuerte tendencia en español a reducir los hiatos a diptongos [→ § 3.2.4, § 6.3.3]. Recuérdense las muy precisas, y siempre vigentes, palabras de Navarro Tomás:

> Nuestra pronunciación tiende, preferentemente, a convertir, siempre que es posible, todo conjunto de vocales en un grupo monosilábico; pero diversas circunstancias históricas, analógicas o eruditas suelen oponerse en muchos casos a dicha tendencia, dando lugar, fuera del caso de los diptongos y triptongos etimológicos, a vacilaciones que a veces hacen posible en una misma palabra una doble forma de pronunciación. En general, en lenguaje rápido, la reducción de los grupos vocálicos a una sola sílaba es más frecuente que en lenguaje lento; si las vocales no son acentuadas, su reducción, en igualdad de circunstancias, se produce más fácilmente que si alguna de ellas lleva acento; si son iguales, se contraen asimismo más fácilmente que si son diferentes, y si proceden del enlace de palabras distintas, mejor que si se hallan dentro de una misma palabra ([1918] 1977, 148)

Esta reducción silábica, que ocurre por transformación de una de las vocales en paravocal o en vocal asilábica, da lugar a dos tipos de resilabeo conocidos con los términos de sinéresis y de sinalefa.

24.3.1 *Sinéresis y sinalefa*

La sinéresis [→ § 6.2.1] es el fenómeno fónico que ocurre dentro de una palabra y mediante el cual se reducen a una sola sílaba vocales que, normativamente, deberían pronunciarse en sílabas distintas, es decir, vocales que, según la norma, están en hiato. Este fenómeno puede llevar al desplazamiento del acento, como se muestra en (8). La sinalefa [→ § 6.2.1], por su parte, es el mismo fenómeno fónico de reducción, pero se denomina así cuando se da entre palabras, como en las de (9).

(8)　　*toalla* - [t̪o.ˈa.ja] > [ˈt̪o̯a.ja] o [ˈt̪u̯a.ja] (la última sílaba con [ʎ] en zonas no yeístas)
　　　　ahora - [a.ˈo.ra] > [ˈa̯o.ra]
　　　　línea - [ˈli.ne.a] > [ˈli.ne̯a] o [ˈli.ni̯a]

(9)　　*te olvidé* - [t̪e.ol.βi.ˈð̯e] > [t̪e̯ol.βi.ˈð̯e] o [t̪i̯ol.βi.ˈð̯e]
　　　　la escuela - [la.es.ˈku̯e.la] > [la̯es.ˈku̯e.la] o [les.ˈku̯e.la]

El fenómeno de la sinalefa puede dar lugar a grupos vocálicos de hasta cinco segmentos, como se pone de manifiesto en los ejemplos de (10), tomados de Navarro Tomás ([1918] 1977, 72); siguiendo su representación, van entre paréntesis los segmentos que forman una sola sílaba por sinalefa:

(10)　　/iau/ - *justicia humana* [xus̪.ˈt̪i.(θi̯a u̯).ˈma.na]
　　　　/ioae/ - *corrió a esperarlo* [ko.(ˈri̯o a e̯s).pe.ˈrar.lo]
　　　　/ioaeu/ - *envidio a Eusebio* [em.ˈbi.(ð̯i̯o a e̯u̯).ˈse.β̯i̯o]

Tales ejemplos manifiestan la tendencia de los hispanohablantes a pronunciar una sucesión de vocales como un conjunto monosilábico, sobre todo en habla espontánea. Sin embargo, como señala Navarro Tomás ([1918] 1977), no toda sucesión de tres o más vocales es susceptible de reducirse a una sola sílaba [→ § 3.2.4, §7.5.1]. Según este autor, para que la reducción sea posible

> es preciso que las vocales, según el grado de perceptibilidad de cada una de ellas, se hallen combinadas, dentro de cada grupo, de mayor a menor, *aei, aeu, aoi, aou, aae, aau*, etc., o de menor a mayor, *iea, uea, ioa, uoa, iaa, uaa, ioo*, etc., o bien que la vocal o vocales más perceptibles de cada grupo, o sea las de articulación más abierta, se hallen en el centro del mismo, mientras que las menos perceptibles, o de articulación más cerrada, ocupen los extremos (150).

Hualde (1999) revisa lo expuesto por Navarro Tomás y concluye que «los grupos que pueden pronunciarse como tautosilábicos son aquellos que contienen una única cima de sonoridad, mientras que los grupos irreductibles a una sola sílaba contienen dos cimas de sonoridad» (187). Por eso, según ese investigador, en «culta **eu**ropa», la secuencia /a e u/ es tautosilábica, pues en la escala de sonicidad («sonoridad» en sus propios términos) se pasa de 6 (/a/) a 5 (/e/) y a 4 (/u/), respectivamente; mientras que en «est**a o a**quella», el orden de la secuencia es 6-5-6, con dos cimas de sonicidad, razón por la cual el grupo vocálico es irreductible.

Tanto en el caso de sinéresis como en el de sinalefa, se comprueba que /e/ y /o/ pueden realizarse, según se ha visto en los ejemplos, como vocales asilábicas o incluso como paravocales, dependiendo de la velocidad de elocución, del estilo del hablante, de su origen geográfico, de la situación comunicativa, etcétera. En la combinación /ae/ entre palabras suele, en muchos casos, elidirse la /a/ cuando esta es átona: *la escuela* = [les.ˈku̯e.la], *la enfermedad* = [lem.fer.me.ˈða̯ð], *tierra entera* = [t̪i̯e.ren̪.ˈt̪e.ra], etcétera.

Los diptongos resultantes de la reducción silábica por sinéresis o sinalefa han sido a veces denominados 'diptongos impropios' (cf. Gili Gaya [1950] 1966, 120–21). Ahora bien, si la tendencia a la diptongación de vocales contiguas no es solo fenómeno del habla corriente, sino que es utilizado con profusión por los poetas, si la tendencia general de la lengua es hacia la reducción silábica, ¿por qué, entonces, hablar de 'diptongos impropios'? Parece preferible considerar las circunstancias en que dos vocales medias, o una media y una baja, se diptongan, y tratar de establecer la pronunciación usual, general de los hispanohablantes nativos (véanse, entre otros, Aguilar 2010 y Hualde, Simonet y Torreira 2008). Las investigaciones llevadas a cabo por Obediente (1982, 81–84, [1983] 1998, 355–59) muestran que hay dos tratamientos distintos según que el grupo vocálico esté en la palabra o entre palabras.

En el interior de la palabra se distinguen dos grupos: /eo ea oa/, por una parte, y /oe ae ao/, por otra. Cuando concurre alguno de los tres pares de segmentos vocálicos /eo ea oa/, solo si la primera vocal es tónica no se produce diptongo: *camafe.o, rale.a, bo.a.* En caso contrario, la tendencia es a diptongar: *teó.logo, tea.tro, toa.lla, nú.cleo, lí.nea, coad.jutor.* Al deshacerse el hiato, el núcleo de la sílaba lo forma la vocal en segunda posición. Razones de carácter sociolingüístico pueden llevar a los hablantes a cerrar de tal modo /e/ y /o/ que estas pierdan sus características vocálicas y se transformen, como ya se vio, en paravocales. En las combinaciones /oe ae ao/ no hay diptongo si cualquiera de las vocales es tónica: *obo.e, tra.e, bacala.o, po.ema, fa.ena, zana.ho*ria. En caso contrario, se produce el diptongo: *coe.ficiente, maes.tría, aho.rrar.*

Entre palabras se distinguen, igualmente, dos grupos que funcionan de modo diferente. En primer lugar, en las combinaciones /eo oe ea oa/ puede no haber diptongo solo si ambas vocales son tónicas: *miré.osos, hablé.alto, mató.aves, buró.extra.* En los restantes casos, se da diptongación: *tuvo asma, maté animales, me oyes, oyó embelesado.* En lo que respecta a /ae ao/, no hay diptongo solo si la segunda vocal o ambas son tónicas: *novela.épica, pintará.óleos.* En el resto de los casos se produce el diptongo: *dirá embustes, tierra entera.*

A partir de la observación de los cuatro grupos presentados, puede formularse la 'regla' general de reducción silábica por encuentro de vocales medias entre sí y de estas con la vocal baja de la manera siguiente: tiende a no haber diptongo en el encuentro de /e o a/ entre sí cuando /e/ u /o/ son tónicas.

24.3.2 Casos particulares de resilabeo

A continuación, se describen tres casos particulares de resilabeo que se dan en la lengua española; los dos primeros conciernen a segmentos vocálicos; el tercero, a segmentos consonánticos.

24.3.2.1 Tratamiento especial de <-y> final de palabra + flexión

Este caso particular de resilabeo tiene que ver con el tratamiento de <-y> final de palabra cuando se le añade un sufijo que comience por vocal. Más en particular, se trata de lo que ocurre, en el plano fonético-fonológico, en las palabras terminadas en <-y> cuando toman el morfema de plural, como en *rey > reyes* (['rei̯] > ['re.jes]), *buey > bueyes* (['bu̯ei̯] > ['bu̯e.jes]) [→ § 8.2]. Así, la [i̯] que cierra un diptongo o un triptongo en posición final de palabra se desplaza a la sílaba siguiente (la anterior pasa a ser entonces una sílaba abierta y la paravocal se convierte en el inicio o ataque de la nueva sílaba contigua a la derecha) y sufre un proceso de consonantización (se fricativiza en [j]) al anexarse el morfema de plural {-es}. El resilabeo que tiene lugar puede esquematizarse del modo siguiente: ['rei̯] > ['rei̯ + es] > ['re.i̯es] > ['re.jes]. En estos casos, hay, por consiguiente, alternancia morfofonológica, en una misma raíz léxica, de los fonemas /i/ y /j/: /rei/ ~ /re.jes/.

24.3.2.2 Tratamiento de las conjunciones y y u

Otro caso particular de resilabeo se da cuando dos palabras están conectadas por las conjunciones *y* y *u* (cf. Monroy [1980] 2004). Si la conjunción copulativa se encuentra entre consonantes no se produce, obviamente, sinalefa, por lo tanto *y* se realiza [i]: *saltar y brincar.* En los otros contextos fónicos se realiza como [i̯] formando diptongo bien con la única vocal que la flanquee —como en (11) y (12)—, bien con la vocal siguiente en el caso de hallarse en posición intervocálica —como en (13)—, por la tendencia de la lengua española a la sílaba abierta. Por otro lado, la conjunción disyuntiva *u* (variante de *o* ante palabra que empiece por /o/) se realiza como [u̯] formando diptongo con la [o] siguiente, como se muestra en (14). Ciertamente tal proceso no se cumple siempre ni en todos los hablantes, quienes pueden realizar dichas conjunciones como una vocal plena ([i] o [u]) dependiendo de factores diversos tanto lingüísticos como extralingüísticos.

(11) *Pensar y hablar* - [pen.ˈsa.ri̯a.ˈβlar]

(12) *Venga y dígalo* - [ˈbeŋ.gai̯.ˈð̞i.ɣa.lo]

(13) *Vio y oyó* - [ˈbi̯o.i̯oˈjo]

(14) *Siete u ocho* - [ˈsi̯e.t̪e.ˈu̯o.t͡ʃo]

24.3.2.3 Resilabeo consonántico

El último caso de resilabeo tiene que ver con el desplazamiento silábico de consonantes. La tendencia del español al encadenamiento de sonidos y a la sílaba abierta es responsable del paso de la consonante final de palabra a la sílaba siguiente si esta empieza por vocal: *los europeos* > [lo.seu̯.ro.ˈpe.os], *pasar antes* > [pa.ˌsa.ˈraṇ.t̬es] [→ § 21.1], *con ánimo* > [ko.ˈnã.nĩ.mo]. Se produce, por tanto, una diferencia entre las sílabas de la palabra aislada y las sílabas en el sintagma o la frase. Así, una frase como *los animales van al agua* se resilabea en *lo.sa.ni.ma.les.va.na.la.gua*.

Entran en este apartado los casos de las palabras formadas por un prefijo más una base léxica, del tipo *aborigen, desobediencia, deshielo, adrenal, subliminal,* etcétera. El tratamiento fonético de este tipo de vocablos suele variar dependiendo de la frecuencia de uso de cada uno de ellos, del carácter más o menos lexicalizado de la palabra compuesta y, quizá principalmente, de la conciencia lingüística de los hablantes respecto a su estructura. Así, mientras en *subacuático,* por ejemplo, no es raro que haya juntura, es decir, un brevísimo corte entre *sub* y *acuático* para evitar el resilabeo [su.β̞a.ˈku̯a.t̬i.ko], en *adrenalina* la única pronunciación que se da en el mundo hispanohablante es [a.ð̞re.na.ˈli.na]; por una parte, no es lo suficientemente transparente que en esa palabra *ad* sea un prefijo, por la otra, la tendencia de la lengua a la sílaba abierta lleva a hacer pasar la frontera silábica entre la *a* inicial y la *d* siguiente, evitando así el conjunto tautosilábico *ad,* que llevaría a la pronunciación [að̞.re.na.ˈli.na]. Fonéticamente no hay, pues, una única norma general para el tratamiento de este tipo de palabras, habrá resilabeo o no según diversos factores, lo que explica que, por ejemplo, frente a *sub.liminal, des.hielo, sub.rayar,* etcétera, estén *su.blime, de.shacer, su.brepticio,* etcétera [→ § 8.5.1]. Fonológicamente, el tratamiento de estos casos puede ser enfocado de otro modo; en el § 24.4.2 se presentará el análisis que de la formación de este tipo de palabras se hace en una de las posibles aproximaciones teóricas.

Finalmente, cuando concurren dos consonantes iguales, pueden darse tres soluciones según los hábitos del hablante, la situación comunicativa, su origen geodialectal, etcétera: se pronuncia una sola consonante, o se recurre al alargamiento o a la geminación, según el caso, o se realiza una juntura (representada en la transcripción como |), particularmente en caso de posible ambigüedad, tal como se ejemplifica en (15).

(15) *El labio* = [e.ˈla.β̞i̯o] o [e.ˈlː a.β̞i̯o] o [el.ˈla.β̞i̯o]
       Las alas = [la.ˈsa.las] frente a *las salas* = [la.ˈsː a.las] o [las.ˈsa.las] o [las|ˈsa.las].

24.4 La sílaba del español: aproximaciones fonológicas

El estudio formal de la sílaba en español comienza relativamente tarde, al menos un decenio después del reconocimiento de su importancia como unidad fonológica (véase el § 24.1.2). Esto se debe, en parte, a que el principal exponente de la fonología española en las décadas de los cincuenta a los setenta del siglo xx, el estructuralista Emilio Alarcos Llorach, no profundizó en su estudio. Alarcos, en su libro *Fonología española* (cuya primera edición data de 1950), reconoce la existencia y posible relevancia fonológica de la sílaba, pero tanto esta como la mora (§ 24.4.1) «son simplemente conceptos utilizables para clasificar los rasgos prosódicos, y no debe, de ninguna manera, considerarse que coinciden por fuerza con realidades fonéticas» (Alarcos [1950] 1965, 89). En español, siempre según Alarcos ([1950] 1965, 202), la sílaba es relevante porque en ella se realiza el acento, distinguiendo así sílabas acentuadas y no acentuadas. No sería, sin embargo, una unidad fonológica universal, sino específica de las lenguas en las que un conjunto o agrupación de fonemas puede comportar elementos prosódicos distintivos, como es el caso del español. Alarcos también menciona la sílaba al tratar de la neutralización consonántica en español, pero únicamente para afirmar que ocurre, «sobre todo, en posición final de sílaba, esto es, en la distensión silábica» (Alarcos [1950] 1965, 180). Por esto se dice que los estudios sobre la sílaba española se inauguran en los años ochenta en el marco de la fonología generativa [→ § 1.18.1], principalmente a partir de la publicación de *Syllable Structure and Stress in Spanish* ([1983] 1991) del estadounidense James W. Harris. Debe destacarse que ya antes se habían realizado investigaciones en la materia, entre ellas las de Saporta y Contreras (1962) y Hooper (1976), con lo que habría que retrotraer la fecha inicial de los estudios fonológicos dedicados a la sílaba del español.

La primera afirmación importante que se desprende de los análisis fonológicos realizados sobre la sílaba es que se puede dar cuenta de todos los tipos silábicos de una determinada lengua presentándolos no como estructuras aleatorias, sino como el resultado de la aplicación de unas determinadas reglas o de ciertas restricciones que subyacen a la estructuración silábica de esa lengua. Esto es, de hecho, lo que ha permitido la creación de programas informáticos capaces de separar las palabras de una lengua en sus sílabas constitutivas.

En el caso específico del español se cuenta con varios: Silabeador y transcriptor fonético y fonológico, de Armario (2003–2008); Transcriptor fonético automático del español, de López Morràs (2004); Separador de sílabas del español:

Silabeador-TIP, creado por Hernández Figueroa, Rodríguez Rodríguez y Carreras (2012); Silabeador de FonemoLabs, creado por Molino de Ideas (2012), y Perkins: El ayudante del fonetista, de Sadowsky (2016).

En este apartado se presentarán las propuestas de análisis que, sobre la estructura interna de la sílaba española, han realizado diversos investigadores partiendo de enfoques basados bien en reglas, bien en restricciones (§ 24.4.1), así como las aproximaciones que se han realizado para cada uno de sus constituyentes (§ 24.4.2) [→ § 8.3].

24.4.1 Enfoques generativistas basados en reglas y en restricciones

Distintos enfoques teóricos han presentado sus propuestas de análisis de la estructura interna de la sílaba, tal como puede verse en los ejemplos (16a-e).

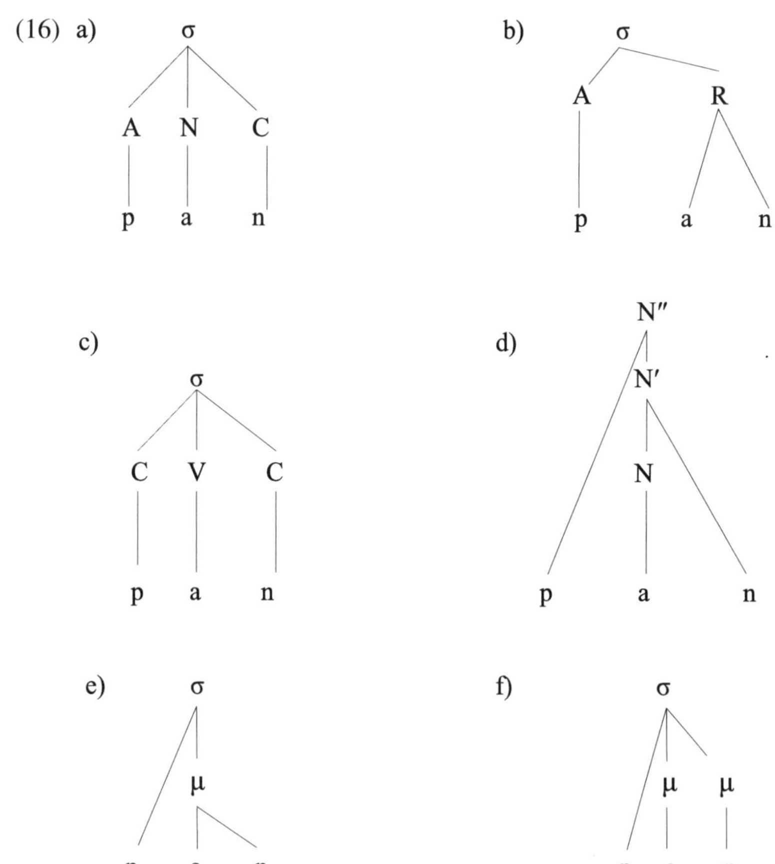

La representación tradicional de la sílaba (16a) responde a la concepción de esta unidad como conformada por tres constituyentes, a saber, el ataque (A), el núcleo (N) y la coda (C). Según Harris ([1983] 1991), en contraste con esa concepción, la sílaba en español tiene solo dos constituyentes inmediatos: el ataque y la rima, (R), por lo que su representación sería la que se muestra en (16b). Para Harris, la rima es el constituyente obligatorio, mientras que el ataque es un elemento optativo. Por ello, postula la noción de rima como constituyente que subsume el núcleo y la coda y en el que solo puede haber un máximo de tres segmentos, con lo que queda eliminada la posibilidad de que existan combinaciones ilícitas, tal como es el caso de la primera sílaba de *muers.to* (Harris [1983] 1991, 9–10). El análisis que hace Harris de la sílaba del español «tiene la gran ventaja de la sencillez y de convertirla en una estructura con jerarquía propia, al estar sus componentes formalmente caracterizados y presentar cada nudo una notación específica» (Obediente [1983] 1998, 349).

En (16c) se presenta la estructura silábica según los presupuestos de la Fonología CV (Clements y Keyser 1983) [→ § 1.21.3], también de corte generativista. Núñez Cedeño (1986) se basa en este modelo para analizar datos en español. De acuerdo con esta propuesta, entre los segmentos y el nodo silábico media un esqueleto compuesto por Ces y Ves, esto es, posiciones que solo pueden ser ocupadas por elementos consonánticos y vocálicos, respectivamente. Este esquema resultó útil para intentar explicar diversos fenómenos, como, por ejemplo, la formación del plural en español (Harris 1985); sin embargo, el desarrollo de los estudios en este marco también dejó en evidencia algunas dificultades, como era el hecho de que hubiera instancias en las que parecía necesario asociar un elemento vocálico con una C en el esqueleto (véase Núñez Cedeño 1989). Esto, como es lógico, dio lugar a reconsideraciones epistemológicas. Levin (1985), para solucionar este tipo de problemas, postuló un esqueleto cuyos elementos ya no estarían previamente etiquetados como Ces y Ves, sino que serían X, es decir, espacios temporales libres de asociación, como en la representación de (16d). Siguiendo esta aproximación teórica se realizaron algunos trabajos en español (Harris 1989; Harris y Kaisse 1999; Hualde 1991). La estructura silábica mostrada en esta representación podría parecer distinta, a primera vista, si se compara con las anteriores. No obstante, una mirada más atenta permite apreciar que la estructura interna presenta nuevamente un nivel cuyos constituyentes N″ y N′ podrían corresponderse, respectivamente, con el ataque y la rima del análisis de Harris ([1983] 1991). Por tal motivo, Hualde (1991) sostiene que las discrepancias entre esta aproximación y aquella solo se producen a nivel descriptivo, con el objetivo de refinar los análisis.

En la Fonología de Esqueleto-X o Fonología X-barra [→ § 1.21.3], denominaciones con las que se conoce esta aproximación, la asociación de cada uno de los segmentos se produce también de manera ordenada, siguiendo la aplicación en serie de reglas. El esqueleto-X aporta un poder explicativo acerca de la estructura silábica hasta entonces inalcanzado. Por ejemplo, el hecho de que cada nodo tenga un núcleo (N′ es el núcleo de N″, y N el de N′) explica el hecho de que sean posibles sílabas con rima y sin ataque, pero no ataques sin rima (Harris 1989). Postular que no es posible un ataque sin rima obedece a que tal posibilidad daría lugar a elementos desconectados de cualquier núcleo y, por ello, desasociados de la estructura silábica.

Otra alternativa que se ha propuesto para dar cuenta de la estructura interna de la sílaba del español se basa en el concepto de mora (μ), que es un elemento prosódico de peso [→ § 1.21.8]. En fonología, el peso es un parámetro universal que distingue sílabas ligeras (una mora) de sílabas pesadas (dos moras). Hualde (1989) resalta una clara diferencia que implica la adopción de esta concepción de la estructura silábica, pues, aunque utilice los términos ataque, rima, núcleo y coda, no acepta «la realidad teórica de ninguna de las subdivisiones de la sílaba que estos términos indican. Por el contrario, . . . asumo que el único elemento con realidad teórica dominado por la sílaba y por encima del segmento es la mora» (823). Las moras forman un constituyente subsilábico cuya asociación con el constituyente melódico [→ § 1.21.2] o segmental da lugar a sílabas ligeras (16e) y sílabas pesadas (16f). En este marco, los ataques no cuentan para el peso, que está determinado solamente por los segmentos en las posiciones nuclear y final de sílaba. La estructura moraica facilita la representación de la estructura rítmica y acentual, además de permitir una mejor explicación de los fenómenos de alargamiento compensatorio en español, tal como el que ocurre en algunos dialectos caribeños y peninsulares (Hualde 1999) [→ § 16.3.3, § 26.7, § 36.3.1].

Los modelos presentados hasta ahora tienen en común el tratar de buscar explicaciones del funcionamiento interno del sistema fonológico a través de la articulación de reglas. Estas reglas se aplicaban secuencialmente sobre un aducto (en inglés, *input*) y buscaban determinar cómo una entidad léxica se reescribía o transformaba hasta adoptar su forma de salida o educto (en inglés, *output*). A principios de los años noventa comienza a desarrollarse la Teoría de la Optimidad (TO; McCarthy y Prince 1993; Prince y Smolensky 2004) [→ § 1.22], modelo que rompería con muchos de los paradigmas de análisis que habían dominado el campo de la fonología. La Teoría de la Optimidad se ha empleado en diversos análisis de la fonología del español (puede encontrarse una recopilación en Martínez-Gil y Colina [2006]), entre los que destacan estudios específicos sobre la sílaba o aspectos con ella relacionados (Colina 1997, 2009; Martínez-Gil 2016; Roca 2016; entre otros).

En las propuestas de análisis que se han expuesto hasta aquí se formulan una serie de reglas inviolables cuya aplicación determina los eductos. La Teoría de la Optimidad presenta, a este respecto, una diferencia muy clara con los modelos basados en reglas: las restricciones, al contrario de las reglas, sí pueden infringirse. Así, es posible y hasta lógico suponer que todos los eductos hayan infringido una o varias restricciones en algún nivel de la jerarquía. Lo importante es que el educto que resulte ganador haya infringido en menor medida las restricciones que ocupan una posición más elevada en la jerarquía. Estas restricciones, que funcionan como filtros, son principalmente de dos tipos o 'familias': de fidelidad y de marcadez. Las restricciones de fidelidad favorecen las similitudes entre el aducto y el educto, razón por la que a este grupo pertenecen, por ejemplo, aquellas que desfavorecen la epéntesis o la elisión de segmentos. Las restricciones de marcadez intentan, por su parte, que las formas de superficie presenten combinaciones menos marcadas, independientemente de cuáles sean las formas subyacentes; entre las restricciones de marcadez cabe citar, por ejemplo, las que favorecen las sílabas abiertas o las codas simples. Dada la importancia de la marcadez en la noción de sílaba, una teoría que plantea la fonología como un conflicto entre fidelidad y marcadez resulta particularmente adecuada para analizar la tipología silábica y el silabeo (Morales-Front 2018).

En el marco de la Teoría de la Optimidad, un GENERADOR crea sílabas que son posteriormente filtradas por un componente EVALUADOR. Este componente evaluador se sirve de una serie de restricciones que se ordenan de forma específica para cada lengua, lo cual explica las diferencias de silabeo. Así, por ejemplo, se da cuenta de los distintos tipos silábicos determinando en qué orden se organizan las restricciones universales relacionadas con la sílaba, y se trata de explicar el porqué de las realizaciones específicas de los eductos. Así, habrá lenguas que favorezcan casi exclusivamente las sílabas cerradas, como el arrente, cuyas sílabas deben tener coda obligatoriamente (Breen y Pensalfini 1999), o lenguas como el japonés, que, en cambio, favorecen mayoritariamente las sílabas abiertas. En estos casos podría sostenerse que para la configuración silábica del arrente, existen restricciones de fidelidad que están generalmente situadas en un nivel muy alto de la jerarquía, donde neutralizan el posible efecto de las de marcadez (inserciones o elisiones), mientras que en el caso de la sílaba en japonés será más frecuente que haya restricciones de marcadez en posiciones más elevadas de la jerarquía, de modo que bloquean los candidatos que no las respetan. El español, como se sabe, presenta tanto sílabas abiertas como cerradas, lo cual resulta de las variaciones en la manera en que se distribuyen las restricciones de uno y otro tipo, atendiendo a factores como la sonicidad de los elementos que se combinan, la posición en la sílaba, etcétera.

24.4.2 Análisis de los constituyentes de la sílaba en español

Vistos los dos grandes enfoques en el análisis de la estructura silábica considerada globalmente, corresponde ahora exponer las aproximaciones que se han realizado con respecto a cada uno de sus constituyentes, a saber, el núcleo (a), el ataque (b) y la coda (c).

24.4.2.1 Núcleo

En español, las sílabas más pequeñas deben estar constituidas al menos por un núcleo, único constituyente esencial en la sílaba. Los núcleos pueden ser simples o complejos, dependiendo de que se les asocie o no una paravocal. En los modelos basados en reglas, como podrá verse más adelante, se emplean mecanismos específicos que operan sobre el núcleo. En (17), por ejemplo, la primera regla de silabeo consiste en determinar cuáles son los elementos nucleares en una palabra o conjunto de palabras, tras lo cual otras reglas comienzan a enlazar los demás elementos nucleares (cuando los hay). En los modelos no derivacionales como la Teoría de la Optimidad, en cambio, se postulan jerarquías específicas para las restricciones que operan sobre las vocales adyacentes. En estos casos, el sistema parece preferir que existan núcleos complejos o codas, con tal de evitar que haya sílabas sin ataque, esto es, la restricción referida a la presencia de ataque en las sílabas está situada en un nivel de la jerarquía superior al que ocupan las restricciones que favorecen los núcleos complejos, y estas, a su vez, en un nivel superior al que ocupan las restricciones que favorecen las sílabas abiertas (cf. Colina 2012, 142). Colina propone, además, una generalización para determinar la selección del fonema vocálico que se realizará como paravocal. Puede encontrarse más información sobre el tratamiento fonológico que se ha dado a las paravocales del español en el capítulo 8 de la presente obra.

24.4.2.2 Ataque

En español el grupo silábico más frecuente es CV (véase el § 24.2.1), combinación que se considera la menos marcada [→ § 1.18.8], y que se encuentra en todos los inventarios lingüísticos particulares de las lenguas del mundo (Zec 2007). Los mecanismos que rigen el funcionamiento interno del sistema fonológico deben de alguna manera dar cuenta de esta preferencia distributiva. Tal explicación aclararía por qué ante una combinación como *ala* en el interior o entre palabras (*ala* y *al amigo*), el silabeo más natural es ['a.la] y [a.la.'mi.ɣo], a pesar de que una sílaba como [al] es perfectamente lícita: ['al̪.t̪o] *alto*. Una manera de plantearse esta regularidad ha consistido en proponer reglas o restricciones según las cuales sea siempre preferible que cualquier sonido consonántico en inicio absoluto o en posición intervocálica se asocie con el elemento a su derecha, y no que se mantenga aislado o que se adjunte con el de la izquierda: es siempre preferible una sílaba CV que una VC. En el ejemplo de (17), en cuya representación se hace uso del esqueleto X, se muestra la formalización de las reglas de silabeo para la constitución de la palabra *ruinas*. En el diagrama se pone de manifiesto, asimismo, la preferencia por formar una sílaba abierta al tratar el elemento nasal como un ataque *(rui.nas)* en lugar de tratarlo como una coda *(*ruin.as)*.

(17) 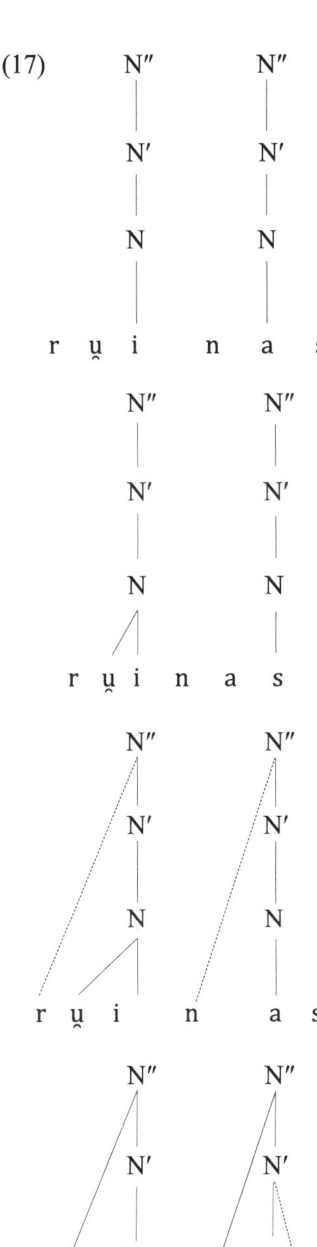

1. Identificación de los núcleos. Proyéctense tres nodos a partir de ellos: N, N', N".

2. Núcleo complejo. Adjúntense paravocales prevocálicas bajo el nodo N.

3. Regla CV. Adjúntense, bajo el nodo N", los elementos consonánticos a la izquierda del núcleo.

4. Regla de coda. Adjúntense, bajo el nodo N', los elementos consonánticos a la derecha del núcleo.

La secuencia de reglas es clara y necesaria en los modelos derivacionales: tal como se muestra en (17), una vez se han identificado los elementos que ocupan los núcleos silábicos (reglas 1 y 2), la siguiente asociación debe hacerse con aquellos segmentos a la izquierda del núcleo que puedan, según las especificaciones fonotácticas del español, estar en el ataque (regla 3). Esto evita asociaciones anómalas o inusuales en la coda, cuya articulación se realiza al aplicar reglas posteriores (regla 4), las cuales actúan sobre los segmentos aún no asociados.

En Harris ([1983] 1991) ya podía encontrarse una regla de ataque: «Constrúyase un árbol de ramificación, como máximo, binaria para la categoría A(taque) cuyas ramas dominen segmentos [+consonántico] que no sean adyacentes en la escala universal de sonoridad» (37). Se constata en esta regla que la escala de sonicidad es fundamental en la construcción de la sílaba, y por tal razón se han propuesto principios como el de la distancia de sonicidad mínima (Martínez-Gil 1997) o el de la distancia de sonicidad máxima (Colina 2009) [→ § 1.21.10], los cuales prescriben que se respete esa escala; las combinaciones que infrinjan sus principios no suelen estar permitidas, salvo alguna excepción. Además de reglas, algunas aproximaciones estipulan una serie de filtros que impiden las combinaciones inadecuadas, como por ejemplo *dl,* imposible en todas las variedades de español. En (18) se muestra un ejemplo de la representación de esta regla de ataque en Harris ([1983] 1991), así como el filtro que el autor propuso para impedir la combinación anómala *dl* (49).

(18)

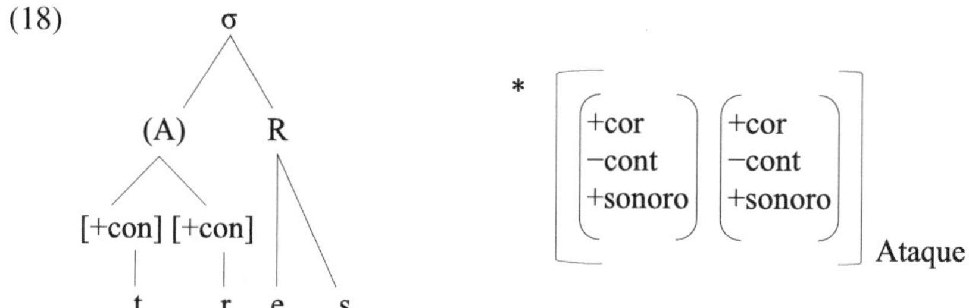

De manera análoga a los filtros de la propuesta de Harris, en la Fonología CV deben especificarse cuáles son las características de las combinaciones lícitas (condiciones positivas) y las de las ilícitas (condiciones negativas). Por ello, Núñez Cedeño (1986) propone que, como condición positiva para ocupar el ataque silábico, se combine una C [+obstruyente] con una C [+sonante −nasal]. El carácter de esta condición es general y no específico para casos particulares, de manera que impide cualquier combinación de segmentos en posición inicial de sílaba, con excepción de aquellas formadas por obstruyente + líquida: *pl, pr, bl, br, tl, tr, fl, fr, dr, kl, kr, gl, gr, *dl, *sl, *sr,* entre otras (véase el § 24.2.3) [→ § 23.1.3]. Sin embargo, se debe notar que las combinaciones marcadas con un asterisco son imposibles como grupo tautosilábico en español, si bien siguen siendo permitidas después de que se aplique el principio de maximización del ataque.

En la Teoría de la Optimidad se reutilizan las nociones que se han presentado, adaptándolas a su propio modelo. Así, por ejemplo, el principio de la formación de un ataque máximo [→ § 1.21.10] resulta del orden que ocupan en la jerarquía las restricciones que favorecen las sílabas abiertas, por encima de aquellas que favorecen los ataques complejos. Por tanto, cualquier fono susceptible de constituir el ataque elegirá esta posición, siempre y cuando no infrinja las exigencias de la escala de sonicidad (Colina 2012) [→ § 17.5.3].

El grupo consonántico /tl/ merece especial atención puesto que, según se ha explicado (cf. el § 24.2.3) puede silabearse como grupo tautosilábico o heterosilábico, dependiendo del dialecto [→ § 9.5.1, § 10.2.5, § 11.5]. Es tautosilábico en los dialectos americanos (excepto en el de Puerto Rico), en el canario y en el noreste peninsular; heterosilábico en el resto de los dialectos. (Para las distintas perspectivas desde las que se ha abordado el tema, véanse Hualde [2005]; Hualde y Carrasco [2009]; Martín Butragueño, en la presente obra; Méndez Seijas y González González [2009]; Mora Gallardo *et al.* [2000]). En la Teoría de la Optimidad, las diferencias distributivas se explican a través de modificaciones en la jerarquía de algunas de las restricciones. Así, de acuerdo con Méndez Seijas y González González (2009), en la variante peninsular habría una restricción que bloquea tanto [t̪l] como [d̪l] en el ataque, mientras que, en las demás variedades, en cambio, la restricción más alta en la jerarquía bloquearía [d̪l], pero no [t̪l].

24.4.2.3 *Coda*

La coda es una posición marcada, razón por la que existen mecanismos que buscan moverla al principio de la sílaba siguiente toda vez que sea posible. Tal marcadez también se traduce en restricciones en cuanto a qué sonidos pueden aparecer en esta posición, siendo pocos en comparación con los que son posibles en el ataque (véase el § 24.2.3). En esta posición pueden observarse también fenómenos como la neutralización del punto de articulación, lo que produce, por ejemplo, el resultado de que las nasales asimilen el punto de articulación de la consonante siguiente [→ § 14.7], o de que las oclusivas en algunos dialectos se realicen como [k], independientemente de cuál sea su forma subyacente (véase, por ejemplo, Obediente [1983] 1998, 298–300).

En (16) pudo verse que, con respecto a la estructura, han surgido discrepancias respecto de qué constituyentes median entre las codas y el nodo silábico. Harris ([1983] 1991) no contemplaba la existencia teórica de este constituyente, dado que para él tanto el núcleo como los elementos que lo seguían debían considerarse parte de la rima. Para la configuración de la rima, el autor proponía la regla que se reproduce en (19), que daba cuenta de las sílabas cuya rima estaba formada por una vocal o por una vocal seguida de una paravocal o por una vocal trabada por una consonante.

(19) Constrúyase un árbol de ramificación, como máximo, binaria para la categoría
      R(ima) cuya rama izquierda obligatoria domine segmentos

[+silábico −consonántico] y cuya rama derecha opcional domine un segmento
[−silábico] (Harris [1983] 1991, 40):

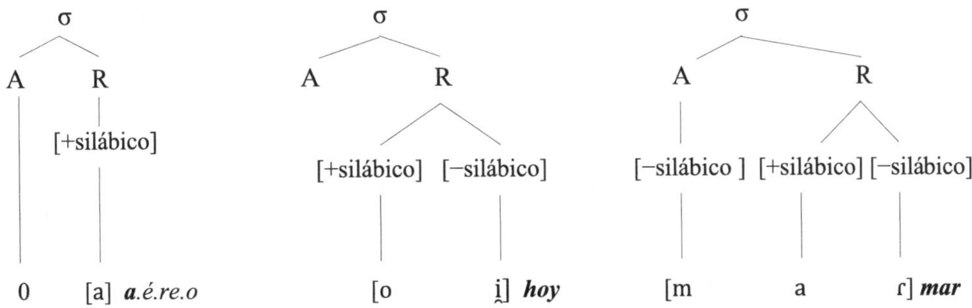

También con respecto a esta posición pueden contrastarse las propuestas derivacionales y las no derivacionales. Sea el caso de la distinción entre dialectos en los que, en el habla corriente, se produce elisión de segmentos posnucleares y dialectos en los que esto no ocurre. Para dar cuenta de la presencia o de la ausencia de elementos al final de sílaba, los modelos representados en (17) y (19) exigen que se apliquen o que no se apliquen las reglas de coda o de rima, mientras que un modelo como la Teoría de la Optimidad propone ciertas restricciones en un determinado orden para cada caso. Según Colina (2009), quien enmarca su análisis en la Teoría de la Optimidad, en el caso de las variedades dialectales que en el habla corriente no poseen obstruyentes en la coda, las restricciones que tendrían más peso serían las que favorecen sílabas abiertas y aquellas que proscriben la realización en el educto de elementos presentes en el aducto. Por debajo de ellas en la jerarquía se situarían las que favorecen el mantenimiento en el educto de todos los elementos que se encontraban en el aducto. Esta ordenación explicaría por qué palabras como *sexo* o *examinar* se pronuncian ['seso] y [esami'nar], respectivamente. En el caso de los dialectos —o situaciones de comunicación— en los que no se produce elisión, las restricciones, en cambio, se ordenarían de modo que tal forma sea la ganadora según el ordenamiento de restricciones.

Para algunos modelos, el silabeo opera en distintos niveles, y las reglas o restricciones deben aplicarse independientemente en cada uno de ellos. Adoptando el modelo de la Fonología y la Morfología Léxicas [→ § 1.18.6], Hualde (1989), por ejemplo, considera que existen dos niveles diferentes en los que se crean estructuras silábicas en español: un primer nivel morfofonológico y un segundo nivel en el que se aplican las reglas de prefijación y composición: «La primera aplicación de las reglas de silabeo tiene lugar en un ámbito más pequeño que la palabra, pues excluye la prefijación productiva y separa los miembros de un compuesto» (Hualde 1989, 822). El autor ejemplifica estas ideas a través de la respuesta a la pregunta que él mismo se formula: cómo explicar la diferencia entre el silabeo de *sublime* ([su.'βli.me]) y el de *subliminal* ([suβ.li.mi.'nal]):

> En ambos casos encontramos un grupo intervocálico /bl/, pero mientras que en *sublime* se respeta el principio de dar preferencia a la posición de ataque, en *subliminal* se viola este principio. La respuesta claramente tiene que ver con el hecho de que, en el caso de *subliminal*, como en el caso de *subrayar*, hay una frontera morfémica entre la /b/ y la líquida (822).

Ahora bien, el silabeo producido en el nivel morfológico puede alterarse por la aplicación de reglas de resilabeo, una de las cuales estipula que una consonante final constituye el ataque de la sílaba siguiente solo si esta empieza por vocal. Ello explica por qué es posible que /sub.or.di.na.do/ se resilabee [su.βor.ði.'na.ðo], pero que /sub.li.mi.nal/ no pueda ser *[su.βli.mi.'nal]. Esta misma lógica se aplica al resilabeo entre palabras, es decir, los procesos de silabeo evalúan las posibles combinaciones no solamente en la formación de palabras, sino también en la formación de unidades mayores, que Hualde (1989) ejemplifica con los sintagmas «club americano» y «club lindo»: «Exactamente el mismo contraste, esta vez en concatenación sintáctica, lo tenemos entre /klub.a.me.ri.ka.no/ [klu.ba.me.ri.ka.no] y /klub.lin.do/ *[klu.blin.do]» (882).

24.5 Conclusiones

Se ha presentado en este capítulo una visión panorámica de la sílaba del español abordando los puntos más destacados, desde la definición misma de esa unidad fonético-fonológica hasta las aproximaciones teóricas que han pretendido esclarecer su estructura y su funcionamiento. Así, se ha repasado la distinción entre sílaba fonética y sílaba fonológica, poniendo un énfasis particular en las dificultades que aún impiden elaborar un concepto universalmente válido de la primera; por esta razón, se ha optado en este capítulo por considerar tanto la sílaba fonética como la fonológica, más que como conceptos, como constructos operativos. Seguidamente se ha descrito la estructura de la sílaba del español distinguiendo sus diferentes tipos, así como las restricciones que presentan ciertos segmentos y grupos de segmentos para ocupar algunas de las posiciones intrasilábicas. En el último apartado del capítulo se han presentado, de manera sucinta y esquemática, las explicaciones que diversas teorías fonológicas han elaborado de la sílaba como un todo y de cada uno de sus constituyentes inmediatos. A pesar de los avances que a lo largo de las últimas décadas se han logrado respecto a la comprensión de la estructura y del funcionamiento de la sílaba en español, quedan no pocos aspectos cuyo análisis no ha arrojado aún resultados totalmente satisfactorios. De todo lo expuesto en este capítulo se deduce que una unidad, la sílaba, tan evidente para todo hablante, se muestra, sin embargo, bastante esquiva e inasible para los especialistas que pretenden dar cuenta de todos los detalles sobre su naturaleza y su función.

Referencias bibliográficas

Aguilar, Lourdes. 2010. *Vocales en grupo*. Madrid: Arco/Libros.

Alarcos, Emilio. (1950) 1965. *Fonología española*. 4.ª ed. aumentada y revisada. Madrid: Gredos.

Alcina, Juan y José Manuel Blecua. 1975. *Gramática española*. Barcelona: Ariel.

Armario, Jerónimo. 2003–2008. «Silabeador y transcriptor fonético y fonológico». Recurso en línea. http://www.respublicae.net/lengua/silabas.

Blevins, Juliette. 1995. «The Syllable in Phonological Theory». En *The Handbook of Phonological Theory*, editado por John A. Goldsmith, 206–44. Oxford: Blackwell.

Breen, Gavan y Rob Pensalfini. 1999. «Arrernte: A Language with No Syllable Onsets». *Linguistic Inquiry* 30 (1): 1–26. https://doi.org/10.1162/002438999553940.

Catford, John C. 1977. *Fundamental Problems in Phonetics*. Edimburgo: Edinburgh University Press; Bloomington: Indiana University Press.

Clements, George N. y Samuel J. Keyser. 1983. *cv Phonology. A Generative Theory of the Syllable*. Cambridge, MA: MIT Press.

Colina, Sonia. 1997. «Identity Constraints and Spanish Resyllabification». *Lingua* 103 (1): 1–23. https://doi.org/10.1016/S0024-3841(97)00011-9.

———. 2009. *Spanish Phonology. A Syllabic Perspective*. Washington D. C.: Georgetown University Press.

———. 2012. «Syllable Structure». En *The Handbook of Hispanic Linguistics*, editado por José Ignacio Hualde, Antxon Olarrea y Erin O'Rourke, 133–51. Malden: Wiley-Blackwell. https://doi.org/10.1002/9781118228098.ch7.

Dell, François y Mohamed Elmedlaoui. 2002. *Syllables in Tashlhiyt Berber and in Moroccan Arabic*. Dordrecht: Kluwer. https://doi.org/10.1007/978-94-010-0279-0.

Gili Gaya, Samuel. (1950) 1966. *Elementos de fonética general*. 5.ª ed. corregida y ampliada. Madrid: Gredos.

Goldsmith, John A. (1995) 2011. «The Syllable». En *The Handbook of Phonological Theory*, editado por John A. Goldsmith, Jason Riggle y Alan C. L. Yu, 2.ª ed., 164–96. Malden: Wiley-Blackwell. https://doi.org/10.1002/9781444343069.ch6.

Harris, James W. 1985. «Spanish Diphthongisation and Stress: A Paradox Resolved». *Phonology Yearbook* 2: 31–45. https://doi.org/10.1017/S0952675700000373. Trad. y ed. de Juana Gil en *Panorama de la fonología española actual*, 255–72. Madrid: Arco/Libros, 2000.

———. 1989. «Our Present Understanding of Spanish Syllable Structure». En *American Spanish Pronunciation. Theoretical and Applied Perspectives*, editado por Peter C. Bjarkman y Robert M. Hammond, 151–69. Washington D. C.: Georgetown University Press. Trad. y ed. de Juana Gil en *Panorama de la fonología española actual*, 485–510. Madrid: Arco/Libros, 2000.

———. (1983) 1991. *La estructura silábica y el acento en español. Análisis no lineal*. Traducido por Olga Fernández Soriano. Madrid: Visor.

Harris, James W. y Ellen K. Kaisse. 1999. «Palatal Vowels, Glides and Obstruents in Argentinian Spanish». *Phonology* 16 (2): 117–90. https://doi.org/10.1017/S0952675799003735.

Hernández Figueroa, Zenón, Gustavo Rodríguez Rodríguez y Francisco Javier Carreras. 2012. «Separador de sílabas del español – Silabeador TIP». Recurso en línea. Tulengua.es. https://tulengua.iatext.ulpgc.es/es/separar-en-silabas.

Hooper, Joan B. 1972. «The Syllable in Phonological Theory». *Language* 48 (3): 525–40. https://doi.org/10.2307/412031.

———. 1976. *An Introduction to Natural Generative Phonology*. Nueva York: Academic Press.

Hualde, José Ignacio. 1989. «Silabeo y estructura morfémica en español». *Hispania* 72 (4): 821–31. https://doi.org/10.2307/343560.

———. 1991. «On Spanish Syllabification». En *Current Studies in Spanish Linguistics*, editado por Héctor Campos y Fernando Martínez-Gil, 475–93. Washington D. C.: Georgetown University Press.

———. 1999. «La silabificación en español». En *Fonología generativa contemporánea de la lengua española*, de Rafael A. Núñez Cedeño y Alfonso Morales-Front, 170–88. Washington D. C.: Georgetown University Press.

———. 2005. *The Sounds of Spanish*. Cambridge: Cambridge University Press.

Hualde, José Ignacio y Patricio G. Carrasco. 2009. «/tl/ en español mexicano. ¿Un segmento o dos?» *Estudios de Fonética Experimental* 18: 175–91.

Hualde, José Ignacio, Miquel Simonet y Francisco Torreira. 2008. «Postlexical Contraction of Non-High Vowels in Spanish». *Lingua* 118 (12): 1906–25. https://doi.org/10.1016/j.lingua.2007.10.004.

Kahn, Daniel. 1976. «Syllable-Based Generalizations in English Phonology». Tesis de doctorado, Massachusetts Institute of Technology. http://hdl.handle.net/1721.1/16397. Reed., Nueva York: Garland, 1980. https://doi.org/10.4324/9781315688121.

Ladefoged, Peter. (1975) 2001. *A Course in Phonetics*. 4.ª ed. Fort Worth: Harcourt College.

Levin, Juliette. 1985. «A Metrical Theory of Syllabicity». Tesis de doctorado, Massachusetts Institute of Technology. http://hdl.handle.net/1721.1/15321.

López Morràs, Xavier. 2004. «Transcriptor fonético automático del español». Recurso en línea. https://xavierlopez.dev/transcriptorfonetico/.

Malmberg, Bertil. 1955. «The Phonetic Basis for Syllable Division». *Studia Linguistica. A Journal of General Linguistics* 9 (1–2): 80–87. https://doi.org/10.1111/j.1467-9582.1955.tb00521.x.

———. 1971. *Les domaines de la phonétique*. París: Presses Universitaires de France.

———. 1974. *Manuel de phonétique générale*. París: Picard.

Martínez-Gil, Fernando. 1997. «Obstruent Vocalization in Chilean Spanish: A Serial versus a Constraint-Based Approach». *Probus. International Journal of Latin and Romance Linguistics* 9 (2): 167–202. https://doi.org/10.1515/prbs.1997.9.2.167.

———. 2016. «Syllable Merger in Chicano Spanish: A Constraint-Based Analysis». En *The Syllable and Stress. Studies in Honor of James W. Harris*, editado por Rafael A. Núñez Cedeño, 139–86. Berlin: de Gruyter. https://doi.org/10.1515/9781614515975-007.

Martínez-Gil, Fernando y Sonia Colina, eds. 2006. *Optimality-Theoretic Studies in Spanish Phonology*. Ámsterdam: John Benjamins. https://doi.org/10.1075/la.99.

McCarthy, John J. y Alan S. Prince. 1993. «Generalized Alignment». En *Yearbook of Morphology 1993*, editado por Geert E. Booij y Jaap van Marle, 79–153. Dordrecht: Kluwer. https://doi.org/10.1007/978-94-017-3712-8_4.

Méndez Seijas, Jorge e Iraida González González. 2009. «Silabificación del grupo consonántico /tl/ en español». *Lenguaje (Universidad del Valle)* 37 (2): 255–70. http://hdl.handle.net/10893/2828.

Meynadier, Yohann. 2001. «La syllabe phonétique et phonologique : une introduction». *Travaux Interdisciplinaires du Laboratoire Parole et Langage d'Aix-en-Provence (TIPA)* 20: 91–148.

Molino de Ideas. 2012. «Silabeador». Recurso en línea. FonemoLabs. https://www.fonemolabs.com/silabeador.html.

Monroy, Rafael. (1980) 2004. *Aspectos fonéticos de las vocales españolas*. 2.ª ed. Buenos Aires: LibrosEnRed.

Mora Gallardo, Elsa, Christian Cavé, Christine Meunier y Yohann Meynadier. 2000. «El grupo consonantico [tl] en el español y su aspecto silábico fonológico». *Lingua Americana. Revista de Lingüística* 6: 34–46.

Morales-Front, Alfonso. 2018. «The Syllable». En *The Cambridge Handbook of Spanish Linguistics*, editado por Kimberly L. Geeslin, 190–210. Cambridge: Cambridge University Press. https://doi.org/10.1017/9781316779194.010.

Moreno Sandoval, Antonio, Doroteo Torre, Natalia Curto y Raúl de la Torre. 2006. «Inventario de frecuencias fonémicas y silábicas del castellano espontáneo y escrito» En *IV Jornadas en Tecnología del Habla. Zaragoza, 8–10 de noviembre de 2006*, editado por Luis Buera, Eduardo Lleida, Antonio Miguel y Alfonso Ortega Giménez, 77–81. Zaragoza: Universidad de Zaragoza.

Navarro Tomás, Tomás. (1918) 1977. *Manual de pronunciación española*. 19.ª ed. Madrid: Consejo Superior de Investigaciones Científicas.

Núñez Cedeño, Rafael A. 1986. «Teoría de la organización silábica e implicaciones para el análisis del español caribeño». En *Estudios sobre la fonología del español del Caribe*, editado por Rafael A. Núñez Cedeño, Iraset Páez y Jorge M. Guitart, 75–94. Caracas: La Casa de Bello. Reed. en *Panorama de la fonología española actual*, editado por Juana Gil, 455–74. Madrid: Arco/Libros, 2000.

———. 1989. «CV Phonology and Its Impact on Describing American Spanish Pronunciation». En *American Spanish Pronunciation. Theoretical and Applied Perspectives*, editado por Peter C. Bjarkman y Robert M. Hammond, 319–35. Washington D. C.: Georgetown University Press.

Obediente, Enrique. 1982. «El fonetismo del español hablado en Venezuela». *Phonos. Revista de la Asociación Venezolana de Fonética y Fonología* 1 (1): 62–109.

———. (1983) 1998. *Fonética y fonología*. 3.ª ed. Mérida: Universidad de Los Andes, Facultad de Humanidades y Educación, Consejo de Publicaciones.

Prince, Alan S. y Paul Smolensky. 2004. *Optimality Theory: Constraint Interaction in Generative Grammar*. Malden: Blackwell. https://doi.org/10.1002/9780470759400. Versión corregida de «Optimality Theory: Constraint Interaction in Generative Grammar». Technical Report CU-CS-696-93. Boulder: University of Colorado at Boulder, 1993.

Ridouane, Rachid. 2008. «Syllables without Vowels: Phonetic and Phonological Evidence from Tashlhiyt Berber». *Phonology* 25 (2): 321–59. https://doi.org/10.1017/S0952675708001498.

Roca, Iggy. 2016. «Gliding Ghosts or Ghostly Glides, and Does It Matter Which?» En *The Syllable and Stress. Studies in Honor of James W Harris*, editado por Rafael A. Núñez Cedeño, 51–105. Berlín: de Gruyter. https://doi.org/10.1515/9781614515975-005.

Rosetti, Alexandre. (1959) 1963. *Sur la théorie de la syllabe*. 2.ª ed. reelaborada y aumentada. La Haya: Mouton.

Rousselot, Pierre-Jean. 1897–1908. *Principes de phonétique expérimentale*. París: H. Welter.

Sadowsky, Scott. 2016. *Perkins. El ayudante del fonetista* (versión 1.0.6). Programa informático. Santiago de Chile: Pontificia Universidad Católica de Chile. https://sadowsky.cl/perkins-es.html.

Saporta, Sol y Rita Cohen. 1958. «The Distribution and Relative Frequency of Spanish Diphthongs». *Romance Philology* 11 (4): 371–77.

Saporta, Sol y Heles Contreras. 1962. *A Phonological Grammar of Spanish*. Seattle: University of Washington Press.

Scripture, Edward W. 1902. *The Elements of Experimental Phonetics*. Nueva York: Scribner.

Sievers, Eduard. 1881. *Grundzüge der Phonetik zur Einführung in das Studium der Lautlehre der indogermanischen Sprachen*. Leipzig: Breitkopf und Härtel. Reed., Hildesheim: Georg Olms, 1976.

Stetson, Raymond H. (1928) 1951. *Motor Phonetics. A Study of Speech Movements in Action*. 2.ª ed. Ámsterdam: North-Holland. https://doi.org/10.1007/978-94-015-3356-0.

Trubetzkoy, Nikoláj Sergéevič. (1939) 1973. *Principios de fonología*. Editado por Luis Jorge Prieto. Traducido por Delia García Giordano. Madrid: Cincel.

Zec, Draga. 2007. «The Syllable». En *The Cambridge Handbook of Phonology*, editado por Paul de Lacy, 161–93. Cambridge: Cambridge University Press. https://doi.org/10.1017/CBO9780511486371.009.

 DESCRIPCIÓN FONÉTICA DEL ACENTO

Joaquim Llisterri

25.1 El acento léxico y otros tipos de acento

El presente capítulo se centra en las características fonéticas del acento léxico en español, pero, antes de abordarlas, conviene concretar qué se entiende por este concepto y diferenciarlo de otras clases de acento que se consideran en los estudios sobre la prosodia del español. Por tal motivo, se empieza planteando una definición del acento (§ 25.1.1) para, a continuación, exponer sucintamente los distintos tipos de acento en relación con su dominio (§ 25.1.2), su jerarquía (§ 25.1.3) y sus funciones en el discurso (§ 25.1.4). Finalmente, se realizan algunas precisiones relativas a la terminología empleada para describir los fenómenos acentuales (§ 25.1.5).

En el segundo apartado del capítulo se explican los correlatos fonéticos del acento (§ 25.2.1) y se ofrece una breve panorámica del tratamiento que este elemento suprasegmental ha recibido en la lingüística hispánica desde la perspectiva de su definición en términos fonéticos (§ 25.2.2). En el § 25.3 se describen los estudios experimentales sobre la producción del acento léxico en español, resumiendo en primer lugar los de naturaleza articulatoria (§ 25.3.1) y, seguidamente, los realizados desde el punto de vista acústico (§ 25.3.2); en el § 25.3.3 se plantean los factores que inciden en la producción del acento. Los trabajos experimentales que tratan la percepción del acento léxico en español se exponen en el § 25.4, y en el § 25.5 se resumen las investigaciones que, también con un enfoque experimental, se han ocupado del acento secundario en esta lengua. El capítulo se cierra con unas conclusiones (§ 25.6) en las que se señalan algunas líneas de investigación que podrían contribuir a un mejor conocimiento del fenómeno estudiado.

Siguiendo las directrices del Alfabeto Fonético Internacional (International Phonetic Association 1999, 15, 22), en esta obra el acento se transcribe antes de la sílaba acentuada, con el símbolo ['] si se trata del acento léxico o primario, y mediante [ˌ] si se hace referencia al acento secundario. En las publicaciones de tradición hispánica se emplea, a veces, la convención propia de la *Revista de Filología Española*, consistente en indicar el acento sobre la vocal, como si se tratara de la tilde ortográfica («Alfabeto fonético» 1915); el acento secundario se suele marcar, en estos casos, con el mismo signo que en algunas lenguas se utiliza para señalar las vocales abiertas: [`].

25.1.1 Definición del acento

En las definiciones del acento recogidas en los tratados sobre fonética y fonología del español, lo primero que se advierte es que sus autores recurren muy a menudo a las nociones de 'relieve' y de 'prominencia' para transmitir la idea de que el acento consiste, esencialmente, en un contraste entre la unidad acentuada —es decir, la que se pone de relieve otorgándole una mayor prominencia— y el resto de unidades que no son portadoras de acento. En una lengua como el español, no resulta posible establecer el carácter acentuado o inacentuado de una sílaba aislada; únicamente al contrastar, por ejemplo, las dos sílabas de una palabra como *papá* [pa'pa], se puede determinar que la acentuada es, en este caso, la segunda.

Tanto Quilis (1981a, 310, [1993] 1999, 388, [1997] 2010, 70) como Hidalgo y Quilis Merín ([2002] 2004, 221, 2012, 254) y Gil (1988, 129, 2007, 535) emplean el concepto de 'relieve' en sus definiciones del acento, mientras que Hualde (2005, 220, 300, 2012, 153, 2014, 224, 311, y también en el § 26.1 de esta obra) utiliza 'prominencia' (*prominence* en sus textos en inglés), al igual que lo hacen Aguilar, de-la-Mota y Prieto Vives (2009–2014), la Real Academia Española en sus dos obras más recientes (Real Academia Española y Asociación de Academias de la Lengua Española 2010, 190, 2011, 355, 357) y Rico (2019, 13). La combinación de ambas nociones se encuentra en las definiciones de D'Introno, del Teso y Weston (1995, 126), de Gil (2007, 285) y de Hualde ([2001] 2010, 103). Por su parte, otros autores añaden a los dos conceptos anteriores propiedades como 'fuerza' (Aguilar, de-la-Mota y Prieto Vives 2009–2014) y términos como 'destacar' (Fernández Planas 2005a, 53; Martínez Celdrán 1984, 243) o 'resaltar' (Mora Gallardo y Asuaje 2009, 41), en el mismo sentido en el que Cuervo ([1891] 2016, 408) y Gili Gaya ([1950] 1971, 35) usaron 'realzar' para explicar la función principal del acento.

Puesto que lo pertinente es el contraste que se crea entre distintas partes del enunciado y, además, el acento no constituye una característica intrínseca de un segmento, se considera que el acento es un elemento suprasegmental porque, en cierto modo, se 'superpone' a las propiedades inherentes a las vocales y a las consonantes al igual que en una partitura la notación musical se superpone al texto que se canta; también se define, de una manera más tradicional, como un rasgo o un fenómeno de naturaleza prosódica. La expresión 'acento prosódico', por otro lado, se emplea cuando conviene diferenciarlo del acento ortográfico [→ § 26.10] para referirse, específicamente, a una prominencia que los hablantes pueden realizar mediante diversos recursos fónicos.

En la gran mayoría de las obras anteriormente citadas se aprecia una notable unanimidad en convenir que la sílaba es la unidad lingüística sobre la que recae el acento, en consonancia con la transcripción propuesta por la Asociación Fonética Internacional (§ 25.1). Aun así, Quilis indica que mediante el acento se pone de relieve «una unidad lingüística superior al fonema» (Quilis 1981a, 310, [1993] 1999, 388, [1997] 2010, 70), en Hidalgo y Quilis Merín ([2002] 2004, 221, 2012, 254) se habla de «unidad sintagmática» y Martínez Celdrán (1984) alude a «una parte de la cadena hablada» (243). En cambio, Cantero (2002, 42–43, 56–57) adopta una perspectiva diferente al considerar, siguiendo a Trubetzkoy ([1939] 1973, 167–70), que si la parte prosódicamente relevante de una sílaba es su núcleo y, en español, únicamente las vocales pueden constituir el núcleo de una sílaba [→ § 24.2], «sólo las vocales son relevantes en los fenómenos del acento y la entonación» (43).

25.1.2 Ámbito del acento

Una vez se ha establecido que la sílaba es la unidad prominente que se pone de relieve frente a las que la rodean, surge la cuestión de dilucidar el dominio del acento, o, en otras palabras, el ámbito en el que se produce el contraste entre la sílaba acentuada y las inacentuadas.

Dado que en español el acento en ciertos casos tiene una función contrastiva (Gil 2007, 286) o distintiva (Hualde 2014, 224–25; Quilis 1981a, 313–14, [1993] 1999, 389–90; Rico 2019, 25–27), es decir, distingue significados de palabras [→ § 26.8.2], puede considerarse que la palabra constituiría la unidad en la que se manifiesta tal función. Por ello, es habitual referirse al 'acento léxico' o 'acento de palabra' (Gil 2007, 284, 535; Hidalgo y Quilis Merín 2012, 252; Hualde 2005, 302), que puede definirse como «un acento subyacente que pertenece a la estructura fonológica de una unidad léxica, que, a su vez, concurre en su identificación y debe figurar en las entradas léxicas del diccionario de la lengua» (Mora Gallardo y Asuaje 2009, 48). Este acento sería el que permitiría crear diferencias de significado entre palabras con un idéntico contenido fónico en el nivel segmental, pero con una distinta posición de la sílaba prominente, como en *válido* (adjetivo), *valido* (1.ª persona de singular del presente de indicativo del verbo *validar*) y *validó* (3.ª persona del singular del pretérito perfecto del mismo verbo).

No obstante, existen en español diversas clases de palabras que carecen de acento léxico [→ § 26.5], y por esta razón se ha recurrido, en fonología, al concepto de 'palabra prosódica' [→ § 1.21.6] para delimitar el dominio del acento [→ § 26.1]. Esta consiste en un «Conjunto de sílabas que se pronuncian agrupadas y con un solo acento» (Hualde 2014, 318) y no siempre coincide con la palabra morfológica. Así, como se explica en el § 26.5, el sintagma *los elefantes* está compuesto por dos palabras que corresponderían a dos entradas en el diccionario, pero forma una sola palabra prosódica, pues solamente contiene un acento: [losele'faɲtes].

La idea de que el ámbito del acento no tiene que coincidir necesariamente con la palabra, sino que más bien lo constituye una agrupación de sílabas o de palabras en la que se da un único acento, se recoge también en los estudios de índole fonética. Para la descripción del español se han propuesto unidades como el 'grupo de intensidad', el 'grupo tónico', el 'grupo rítmico-semántico' o el 'grupo acentual'; todas ellas tienen en común la propiedad de estar formadas por una sílaba o una palabra acentuada, la de mayor prominencia, acompañada de otras sílabas o palabras inacentuadas que gravitan a su alrededor; por ello, estas unidades resultan también relevantes para describir la entonación [→ § 27.2.1]. El hecho de que en un determinado dominio por lo general solamente pueda existir una sílaba acentuada se relaciona con la función del acento conocida como 'culminativa' [→ § 26.1], que se manifiesta «agrupando alrededor de la unidad central otras unidades inacentuadas» (Quilis [1993] 1999, 390).

En lo que respecta al grupo de intensidad, Navarro Tomás ([1918] 1980) lo define como «un conjunto de sonidos que se pronuncian subordinados a un mismo acento espiratorio principal» (29); precisa que, pese a su extensión variable, oscila entre una y ocho sílabas y que «los tipos más repetidos son los de tres, cuatro y cinco sílabas» (Navarro Tomás [1946] 1966, 73). Así, la frase *Arrebataron las hojas a los árboles* constaría de tres grupos de intensidad, *Arrebataron | las hojas | a los árboles,* correspondientes a los tres acentos principales que contiene (Navarro Tomás [1918] 1980, 29). Gili Gaya ([1950] 1971, 35–37) recoge esta misma noción —aunque en ocasiones usa el término «grupo intensivo» (59)— y la ejemplifica explicando que «Las frases *te lo diré; en la carretera; ¡cabeza a pájaros!,* son como vocablos únicos de acentuación aguda, llana y esdrújula, respectivamente» (35); señala, al igual que Navarro Tomás ([1918] 1980, 29n1, [1946] 1966, 73), las dificultades que puede plantear la segmentación de un enunciado en grupos de intensidad y observa que el «acento dominante» del grupo coincide con una palabra «de plena significación» (36).

Un segundo tipo de agrupación propuesto por Navarro Tomás ([1918] 1980) es el grupo tónico, que «consta de un cierto número de sílabas, de entre las cuales se destaca una que por su altura musical domina sobre todas las demás» (29). Cabe recordar que, tradicionalmente, se había distinguido entre la prominencia marcada por la intensidad, la señalada por el tono y la que es consecuencia de la duración (§ 25.2.1), lo que daba lugar a diferenciar entre el acento espiratorio o de fuerza, relacionado con la intensidad, y el acento tónico, ligado a la altura tonal (Gil 1988, 130; Navarro Tomás [1918] 1980, 26; Quilis 1981a, 311–12). Puesto que en la actualidad se sabe que, en determinadas circunstancias, estos parámetros pueden actuar conjuntamente para señalar la prominencia asociada al acento (§ 25.3.2 y 25.4), parece hasta cierto punto lógico que Navarro Tomás ([1918] 1980) llegara a la conclusión de que «Frecuentemente, en español el grupo tónico y el de intensidad coinciden, siendo la sílaba más aguda la que lleva al mismo tiempo el principal acento de fuerza» (30), aunque no dejara de advertir que «esta coincidencia no es indispensable ni constante» (30).

El grupo tónico, definido como el formado por la sílaba acentuada y las átonas que la preceden, se ha empleado como unidad de análisis en algunas descripciones de la entonación del español como las de Fant (1984) o de Alcoba y Murillo (1998) [→ § 27.2.1]; estos últimos autores postulan, además, que el grupo tónico constituye la unidad más adecuada para caracterizar el ritmo del español. También se ha utilizado, aunque entendiéndolo como la agrupación de una palabra acentuada con todas las inacentuadas que la preceden, para describir los movimientos de la curva melódica con el objetivo de generarlos automáticamente a partir de un texto escrito en los sistemas de conversión de texto en habla (Garrido Almiñana 1996, 95–156) o, en este mismo tipo de aplicaciones, para insertar las pausas que permiten obtener una realización fonética natural si al grupo tónico se le añaden etiquetas que incorporen información morfosintáctica (Garrido Almiñana *et al.* 2000, 189–90).

> Canellada y Madsen (1987, 101–2) equiparan el grupo de intensidad al grupo tónico y argumentan que las unidades mediante las que se definen —la sílaba y la palabra— forman unidades mayores en el discurso, puesto que
>
> a pesar de todo lo que se diga, no hablamos ni con sílabas, ni con palabras. En el desarrollo del habla, las fronteras entre estas pequeñas unidades se borran. Hablamos con grupos fónicos, formados por cláusulas allegadas unas a otras (102).
>
> Para estos autores, la cláusula, delimitada a partir de los cambios de intensidad en el enunciado, se corresponde con el grupo de intensidad y «se extiende hasta que, tras un mínimo, una nueva altura dé comienzo a otra unidad» (84) durante un máximo, según sus análisis, de tres sílabas.

Aunque se trate más bien de una unidad propia del estudio de la entonación [→ § 27.2.1] y del ritmo, debe mencionarse también, ya que una de sus características específicas reside en que presenta un único acento, el grupo rítmico-semántico —«la parte del discurso que tiene por base prosódica un solo acento espiratorio y por contenido ideológico un núcleo de significación no susceptible de divisiones más pequeñas» (Navarro Tomás [1944] 1974, 29)—, unidad que Gili Gaya ([1950] 1971, 59) equipara al grupo de intensidad [→ § 36.3.1]. Así ilustra Navarro Tomás ([1944] 1974, 30) la división de un enunciado en grupos rítmico-semánticos: *Por el fondo | de la calle | pasaban | en cuadrillas | los soldados*. Cantero (2002, 52–53, 57) señala que en esta definición se confunden el nivel fónico con el léxico, por lo que opta por los términos «palabra fónica» o «grupo rítmico» para referirse al conjunto de sonidos agrupados en torno a un acento. Por su parte, Kullová (1988, 29–47) analiza la presencia del grupo rítmico-semántico en los inventarios de unidades rítmicas del español propuestos por diversos autores, para concluir con una definición propia a la que incorpora los factores fónicos que lo caracterizan y lo delimitan y en la que, además, toma en consideración el carácter gramatical y semántico de la unidad.

> Igualmente presenta un acento único el denominado 'sirrema' [→ § 35.6.1], que consiste en «la agrupación de dos o más palabras que constituyen una unidad gramatical, unidad tonal, unidad de sentido y que, además, forman la unidad intermedia entre el sintagma y la frase» (Quilis [1993] 1999, 372). Se trata, pues, de combinaciones entre una palabra con acento y otras palabras inacentuadas —«artículo, pronombre átono, adjetivos posesivos apocopados, preposiciones y conjunciones» (373)— caracterizadas por el hecho de que «Las palabras que constituyen un sirrema permanecen siempre íntimamente unidas, no permitiendo la realización de una pausa en su interior» (372).

Con el término 'grupo acentual' se designa, como sucede con todas las que se han descrito hasta aquí, una unidad formada por una sílaba o una palabra acentuada rodeada de sílabas o palabras que no llevan acento. La definición que ofrece la *Nueva gramática de la lengua española* se basa en la palabra: «La unidad acentual mínima superior a la palabra es el grupo acentual, que está integrado por una palabra acentuada y por una o varias palabras no acentuadas, como en *el coche* o en *de mi madre*» (Real Academia Española y Asociación de Academias de la Lengua Española 2011, 16, 421). Por lo tanto, como señalan Alcina y Blecua (1975), «el análisis en grupos acentuales coincide en algún caso con las unidades tradicionalmente designadas como 'palabra', mientras que en otros, dos o tres 'palabras' quedan agrupadas en la misma unidad» (254).

En la palabra también se fundamenta la definición propuesta en varios estudios que recurren al grupo acentual con objeto de modelar la curva melódica, tanto para describir las unidades tonales que la forman (Alcoba, Le Besnerais y Murillo 1992) como para desarrollar aplicaciones relacionadas con la conversión de texto en habla (Cardeñoso y Escudero Mancebo 2002; Escudero Mancebo y Cardeñoso 2006; Escudero Mancebo, Cardeñoso y Bonafonte 2002, 2003; López Gonzalo *et al.* 1994). El grupo acentual enriquecido con información morfosintáctica relativa a la palabra que constituye su núcleo y a las que inician y finalizan el grupo se ha revelado también útil para definir los movimientos melódicos y para asignar automáticamente las pausas cuando un texto escrito debe convertirse en su forma sonora (Aguilar, Casacuberta Sevilla y Marín Gálvez 2000; Casacuberta Sevilla, Marín Gálvez y Aguilar 1998; Marín Gálvez, Aguilar y Casacuberta Sevilla 1996, 2002). A su vez, Madrid (2008) caracteriza igualmente el grupo acentual a partir de la palabra, en su caso para compararlo con otras unidades y establecer cuál de ellas es la más adecuada para cuantificar la velocidad de habla en español [→ § 1.5.5, § 33.3, § 33.5.2].

El grupo acentual, considerado como «una sílaba tónica y todas las átonas que le siguen hasta la siguiente sílaba tónica o el final del grupo entonativo que lo contiene» (Garrido Almiñana 2012, 80), es uno de los niveles propios del modelo de análisis de la entonación del español desarrollado por Garrido Almiñana (2001, 2012) y constituye, en su propuesta, el ámbito en el que se definen los patrones melódicos locales [→ § 28.2.4]. También Alcoba (2007) describe el grupo acentual atendiendo a la sílaba; un análisis de 1604 grupos acentuales extraídos de cinco textos permite a este autor establecer que el grupo acentual regular en español comprende entre dos y tres sílabas y que «cualquier grupo acentual de [5 < x] sílabas se ha de considerar irregular y más raro cuanto mayor sea el valor de [x]» (55).

> En el estudio del ritmo se suelen mencionar el 'grupo de acento' y el 'pie acentual'. Toledo (1988, 86, 156) equipara el grupo de acento al grupo de intensidad propuesto por Navarro Tomás, y lo define como «una palabra lexical con acento primario y palabras funcionales inacentuadas en posición proclítica o enclítica de acuerdo con esa palabra lexical» (86). Por su parte, el pie acentual en español «está constituido por una sílaba tónica o por una sílaba tónica y una o dos sílabas átonas» (Gil 2007, 283), de modo que igualmente comprende un componente acentuado y los inacentuados que lo circundan. El papel de estas unidades en la caracterización rítmica del español se expone en el § 36.3.

En resumen, y prescindiendo de las diferencias de matiz o de tradición, cabe concluir que el contraste acentual se produce en una unidad formada por un elemento —sílaba o palabra— portador de la prominencia que señala el acento, precedido o seguido de elementos inacentuados. Por ello, en la gramática de Alcina y Blecua (1975, 445–46) se consideran equivalentes el grupo acentual y el grupo de intensidad, mientras que Gil (2007) subsume bajo la misma definición el grupo tónico, el de intensidad y el rítmico-semántico: «Un grupo tónico, de intensidad o rítmico-semántico, es la parte del discurso que se apoya en un solo acento, el acento de grupo, y con un núcleo significativo no susceptible de dividirse» (283n14).

En lo que atañe a los ámbitos más extensos que la palabra, ya Navarro Tomás ([1918] 1980) postulaba que «Por lo general, en cada frase hay siempre un acento principal que, reforzado por circunstancias lógicas o emocionales, predomina sobre los restantes, recayendo precisamente sobre aquella palabra en cuya significación hace mayor apoyo el pensamiento» (195). Se trata del denominado tradicionalmente 'acento de frase', 'acento oracional', 'acento sintáctico' y, en ocasiones, 'acento principal' o 'acento de enunciado' (Alarcos [1950] 1965, 111; Aguilar, de-la-Mota y Prieto Vives 2009–2014; Gil 2007, 284; Hidalgo y Quilis Merín [2002] 2004, 227, 2012, 257, 259). Otros autores se refieren al 'acento nuclear' —también a la 'sílaba nuclear'— o al 'acento de grupo' como el más prominente de una oración, de un enunciado (Hualde 2005, 299, 2012, 153; Mora Gallardo y Asuaje 2009, 48), de un grupo melódico (Aguilar, de-la-Mota y Prieto Vives 2009–2014; Mora Gallardo y Asuaje 2009, 58; Sosa 1999, 56) o de un sintagma prosódico (Hualde 2014, 311). Este acento de frase, cuyo estudio suele llevarse a cabo en el marco de los trabajos sobre las unidades entonativas [→ § 27.1, § 28.1.1], se ha relacionado con la inflexión melódica que precede a una frontera prosódica; sobre su papel en la descripción del español, véanse el § 28.2.3 y las referencias que allí se citan para una discusión detallada.

La posibilidad de que el acento actúe en dominios más o menos amplios se refleja también en la distinción que establece Cantero (2002) entre «acento paradigmático» (51–52), propio de la palabra, y «acento sintagmático» (75–76), que constituiría el núcleo de un grupo fónico [→ § 1.6.8], así como en la necesidad de diferenciar, en la terminología de Cortés Moreno (2002, 20–21), entre el «acento de palabra fónica» y el «acento de grupo fónico».

25.1.3 Niveles de acento

Una segunda cuestión que se plantea en relación con el acento es la posibilidad de establecer una jerarquía entre distintos niveles o grados de acentuación [→ § 26.8.5]. Se habla de 'acento primario' para describir al que recibe la sílaba más prominente en una palabra —y, en este sentido, sería equivalente tanto al acento léxico (Aguilar, de-la-Mota y Prieto Vives 2009–2014) como al que Alarcos ([1950] 1965, 201) caracteriza como culminativo— o también en una frase (Hualde 2014, 311). El denominado 'acento secundario' correspondería, en cambio, a una sílaba menos prominente que la portadora del acento primario, pero, a su vez, más prominente que las demás de la palabra o del enunciado (Hualde 2014, 311) [→ § 1.21.2].

En el § 25.5 se presentan los correlatos fonéticos del acento secundario en español y en los § 26.6 y 26.9 se consideran los aspectos fonológicos; asimismo, en el trabajo de Ortiz Lira (2000, 17–20, 22–24) se encuentra una revisión del tratamiento que el acento secundario ha recibido en la lingüística hispánica.

También se suele hacer referencia, en lo que respecta a los diversos grados de acentuación, al 'acento rítmico' [→ § 26.9.1]. Navarro Tomás ([1918] 1980) plantea la cuestión del siguiente modo:

> en series silábicas de cierta extensión, el oído, por lo que al acento se refiere, cree percibir un movimiento alternativo de aumento y disminución, en virtud del cual las sílabas débiles, a partir de la sílaba fuerte de cada grupo, se distinguen entre sí, destacándose u oscureciéndose sucesivamente (195);

sin embargo, este mismo autor había ya señalado que «en el acento rítmico colaboran diversos factores —intensidad, tono, cantidad, perceptibilidad, timbre, etcétera— entre los cuales la intensidad no es siempre el elemento predominante» (Navarro Tomás 1917, 378), por lo que, desde su perspectiva, se trata de un acento distinto del que denomina «espiratorio» (el que correspondería, en otros términos, al acento primario o léxico). De hecho, diversos investigadores consideran que, en realidad, el acento rítmico sería un acento secundario, como puede leerse, por ejemplo, en Canellada y Madsen (1987): «Cuando en la cadena hablada se juntan varias sílabas átonas seguidas, se desarrolla un acento secundario, o varios, el cual no tiene más valor que el expresivo o rítmico, no el fonológico» (101); también Aguilar, de-la-Mota y Prieto Vives (2009–2014) caracterizan el acento rítmico como un tipo de acento secundario, al igual que se propone en el § 26.9.1 de esta obra.

Como se explica en el § 28.1, en ocasiones el acento léxico recibe el nombre de 'acento rítmico' por su papel determinante en el ritmo de la frase. La alternancia de acentos con diferentes grados de prominencia tiene consecuencias relevantes en la estructura rítmica del español y en la determinación de las unidades empleadas para describirla y clasificarla, por lo que se remite al lector a la exposición detallada que se encuentra en los capítulos 36 y 37 de esta obra.

25.1.4 Funciones del acento

Además de la función culminativa y de la contrastiva o distintiva, a las que ya se ha aludido en el § 25.1.2, en los trabajos sobre fonética y fonología del español se menciona otro papel que puede desempeñar el acento, ligado, en general, a efectos de naturaleza pragmática y que suele ser propio del nivel discursivo. Se trata de la función relacionada con los denominados 'acento enfático', 'acento de insistencia', 'acento expresivo' o 'acento retórico' [→ § 26.9.1].

Los términos 'acento enfático' y 'acento de insistencia' se presentan habitualmente como sinónimos (Gil 1988, 132; Mora Gallardo y Asuaje 2009, 49; Quilis 1981a, 319, [1993] 1999, 399, [1997] 2010, 75; Real Academia Española y Asociación de Academias de la Lengua Española 2011, 424) y, a veces, también como equivalentes a 'acento expresivo' (Gil 2007, 286) o a 'acento afectivo' (Quilis y Fernández [1964] 1979, 160); otros autores recurren a una única denominación, como 'acento de insistencia' (Obediente [1983] 1998, 367), 'acento enfático' (Hualde 2005, 246 y en el § 26.9.1 de esta obra), 'acento de énfasis' (Hidalgo y Quilis Merín [2002] 2004, 227, 2012, 260), 'acento de expresividad' (Canellada y Madsen 1987, 91) o 'acento retórico' (Hualde 2014, 252–53; Hualde y Nadeu 2014, 229, 231), en este último caso agrupando bajo un solo término el acento rítmico y el acento enfático (Hualde y Nadeu 2014, 232 y el § 26.9.1 de la presente obra). En Vivanco (1995, 571–74) se revisan algunos aspectos del tratamiento que ha recibido esta clase de acentos en la lingüística hispánica.

A pesar de la diversidad de denominaciones empleadas, existe un cierto consenso en considerar que este tipo de acento viene dado por la prominencia que recibe una sílaba que normalmente no estaría acentuada o, incluso, una sílaba acentuada, con objeto de poner de relieve —«dar énfasis», «destacar», «realzar», «resaltar» o «subrayar» son otros de los términos habitualmente usados por los autores que describen el fenómeno— una palabra o un fragmento del discurso. Por eso se encuentran también los términos 'acento contrastivo' o 'acento focal' cuando se hace referencia al que indica al oyente que una parte del enunciado es relevante, por ejemplo, porque contiene información nueva. En última instancia, se trata, como explican Hidalgo y Quilis Merín (2012), de un «signo de la importancia que el hablante atribuye a ciertas partes del mensaje» (260) y, por ello, tiene carácter intencional y depende del hablante y de la situación comunicativa.

En el § 30.6 de esta obra se analizan diversas muestras de habla espontánea en las que se observan los procedimientos fónicos que permiten poner de relieve un elemento del enunciado con fines pragmáticos, es decir, casos de focalización prosódica en los que el hablante intenta llamar la atención de su interlocutor o bien destacar la importancia de determinadas partes de su discurso.

Existen ciertos estilos en los que la mayoría de los investigadores que han tratado el tema mencionan la presencia de acentos enfáticos, de insistencia o retóricos: el habla de los profesionales de los medios de comunicación, los políticos, los profesores, los conferenciantes y, en general, de las personas que suelen intervenir ante el público. Puesto que esta categoría de acentos tiende a aparecer dos sílabas antes del acento léxico (Canellada y Madsen 1987, 91) —aunque puede situarse en otras posiciones [→ § 26.9.1]—, Obediente ([1983] 1998, 367) alude a la «esdrujulización», un proceso que es propio del estilo de locutores y políticos pero que, desde su punto de vista, se extiende progresivamente al habla cotidiana. Canellada y Madsen (1987) se muestran sumamente críticos con el exceso de acentos enfáticos («expresivos», en su terminología), al considerarlo una tendencia

> que viene teniendo desde hace unos años una extensión y un auge que llega a convertirlo en peligroso.
> . . . La razón de que aparezca tal acento es el querer focalizar demasiado, o demasiado frecuentemente.
> Es como el querer ponerlo todo de relieve. Es completamente inadmisible (91).

Con un enfoque más descriptivo, Belda y de-la-Mota (2010) hacen referencia a la «sobreacentuación», que estudian en los informativos radiofónicos españoles; desde esta misma perspectiva se han llevado a cabo otros trabajos en los que se analizan los fenómenos acentuales relacionados con el énfasis en el habla dirigida al público en los medios de comunicación oral (Hualde 2007b; Machuca 2009; Martínez Martín 2004; Solé 2020; Yasutomi 1988), en las intervenciones de los políticos (de-la-Mota 2015; de-la-Mota y Puigvert 2012) o en la publicidad (Machuca y de-la-Mota 2006). También el discurso didáctico orientado a hablantes no nativos de español se ha examinado bajo este punto de vista en aportaciones como la de Kimura (2006), en la que se muestran varios ejemplos, tomados de un curso de español emitido por la radio japonesa, en los que la frecuencia fundamental presenta un máximo en la sílaba anterior a la pretónica, disminuye en la pretónica y aumenta de nuevo en la tónica, o la de Rao (2011), en la que se compara la lectura de textos realizada por profesores simulando que se dirigían a un grupo de estudiantes con la misma lectura preparada para una audiencia hispanohablante y en la que se muestra también que la prominencia de la sílaba anterior a la pretónica puede constituir una estrategia para dotar de énfasis a una palabra. Más recientemente, Kuder (2020) ha abordado el discurso de los docentes de español como lengua extranjera analizando acústicamente un corpus de 337 palabras extraídas de las clases de español como lengua extranjera impartidas por dos profesores hispanohablantes y dos profesores de español hablantes nativos de inglés; los resultados obtenidos ponen de manifiesto, en palabras de la autora, que el acento retórico que se produce en sílabas pretónicas mediante un incremento de la frecuencia fundamental y de la intensidad «is used by teachers to establish authority and get students' attention» (225).

25.1.5 Cuestiones terminológicas

El hecho de que en inglés existan los términos *accent* y *stress*, mientras que en español se dispone únicamente de la palabra 'acento', puede dar lugar a algún problema terminológico. En general, tanto *accent* como *stress* se asocian a la prominencia de una sílaba, pero *stress* suele usarse en relación con el esfuerzo articulatorio y el incremento de la intensidad y *accent* tiende a emplearse cuando la prominencia viene dada por el tono, es decir, por la frecuencia fundamental desde el punto de vista acústico (§ 25.2.1). Así, *stress*, en expresiones como *lexical stress* o *word stress*, equivaldría al acento léxico que en la tradición hispánica se ha denominado 'acento de intensidad' (§ 25.2.2); en cambio, *accent* haría referencia a una prominencia de naturaleza tonal en el ámbito del enunciado, equiparable al acento melódico (Hidalgo y Quilis Merín [2002] 2004, 223–24) o al acento de frase (Gil 2007, 284–285n17).

Para resolver este problema, Monroy (1972, 19, 1980a, 135–36) propone distinguir, en español, entre «acento léxico» y «acento prosódico». El primero correspondería al «acento espiratorio» o «intrínseco», con tres grados: primario, secundario y mínimo; el acento prosódico, al que está supeditado el acento léxico, a su vez se dividiría en «rítmico» (o «contrastivo»), que se muestra en las relaciones paradigmáticas y sintagmáticas entre palabras que contrastan por la posición del acento, y en «acento melódico», marcado por una prominencia tonal que puede coincidir o no con el acento rítmico en función de la realización fonética del enunciado. En cambio, Ortiz Lira (2000, 21) equipara *stress* a «acento léxico» y *accent* a «acento contextual».

En el marco de la Teoría Métrica-Autosegmental se recurre a la noción de 'acento tonal' (en inglés, *pitch accent*), concebido como un movimiento de la frecuencia fundamental —es decir, del tono *(pitch)*, desde un punto de vista perceptivo— que se refleja en la curva melódica y que dota de prominencia a una sílaba (§ 25.2.1); por ello, en este modelo se diferencian dos acentos de naturaleza fonológica: por una parte, el acento léxico *(stress)* y, por otra, el acento tonal *(accent)*. Más adelante se volverá sobre esta distinción en el momento de presentar algunos experimentos sobre la producción y la percepción del acento que recurren a ella, pero conviene precisar que en el presente capítulo no se tratan los estudios sobre los acentos tonales del español, en la medida en que este 'acento', propuesto inicialmente por Bolinger (1959), se ha convertido en uno de los conceptos básicos del modelo de análisis de la entonación propio de la Teoría Métrica-Autosegmental, que se expone detalladamente en los § 28.2.3 y 28.3 y se caracteriza, en líneas generales, en el § 11.21.13 de esta obra.

Finalmente, es habitual referirse a las sílabas acentuadas como 'tónicas' y a las inacentuadas como 'átonas', al igual que es corriente clasificar las palabras según su patrón acentual en oxítonas o agudas, paroxítonas o graves —también denominadas 'llanas'— y proparoxítonas o esdrújulas. Tanto Navarro Tomás ([1918] 1980, 25n1) como Gili Gaya ([1950] 1971, 32) llaman la atención sobre tales denominaciones, pues remiten a nociones heredadas de la tradición clásica (Azorín y Martínez Linares 1988–1989; Gili Gaya [1955] 2016, LI-LVI) y las consideran inadecuadas, dada su convicción de que el acento en español se relaciona más estrechamente con la intensidad que con el tono (§ 25.2.2), por lo que consideran que convendría utilizar 'sílabas fuertes' y 'sílabas débiles'. En este capítulo se emplean, en ocasiones, los términos 'tónico' y 'átono' sin asumir, naturalmente, que cuando se habla de una sílaba tónica el tono constituya la única propiedad perceptiva que determina su prominencia.

25.2 La definición del acento desde el punto de vista fonético

En el apartado anterior se ha explicado que el acento puede entenderse, esencialmente, como el relieve o la prominencia de una unidad con respecto a las demás de su entorno. Cabe ahora centrarse en los mecanismos fónicos que proporcionan su prominencia al elemento acentuado, es decir, en el estudio de los correlatos fonéticos del acento. Se expondrá, en primer lugar, cuáles son estos mecanismos (§ 25.2.1) para pasar, a continuación, a revisar brevemente el distinto papel que a cada uno de ellos se le ha otorgado en la tradición lingüística hispánica (§ 25.2.2).

25.2.1 Correlatos fonéticos del acento

En español, como en muchas otras lenguas, existen, básicamente, tres procedimientos para realizar una sílaba acentuada: desde el punto de vista acústico, consisten en un incremento de la amplitud, de la frecuencia fundamental o del tiempo de emisión, lo que en términos perceptivos se traduce en una intensidad, un tono o una duración más elevados. En función del contexto fonético, de la situación comunicativa y del hablante, los tres recursos fónicos pueden llegar a actuar de forma simultánea o bien pueden darse mecanismos de compensación cuando alguno de ellos cumple otras funciones.

Los conceptos de fonética acústica y perceptiva a los que se alude a continuación se explican en el capítulo 1 de esta obra y en la mayoría de los manuales sobre el tema, pero, para las nociones generales se han consultado, fundamentalmente, Ladefoged ([1962] 1996) y Hewlett y Beck (2006) y, en lo que se refiere específicamente al acento, Lehiste (1970, 1996). Además de en estas obras y en las que se citan a lo largo del capítulo, también se encuentra información relevante en Cruttenden ([1986] 1990, 15-32), Laver (1994, 511–33), Cutler (2005), Fletcher (2010, 530–40), Gordon y Roettger (2017), van Heuven (2019), van Heuven y Turk (2020), Cantarutti y Reed (2021, 159–65) y en Cutler y Jesse (2021), así como en el texto clásico de Garde ([1968] 1972). Sobre el concepto de prominencia, véanse las reflexiones que se recogen en Wagner *et al.* (2015), así como los trabajos de Cole *et al.* (2019) y de Jiménez-Bravo (2019) en los que se aborda específicamente el español.

Uno de los recursos fónicos para dotar de prominencia a una sílaba acentuada implica aumentar su intensidad con respecto a la de las sílabas adyacentes. En términos articulatorios, esto supone incrementar la actividad de la musculatura relacionada con la respiración y aumentar la presión subglótica por medio de un mayor esfuerzo espiratorio. En términos acústicos, dichas acciones se traducen en un aumento de la amplitud de la presión sonora, lo que conlleva un incremento de la intensidad sonora. El efecto resultante es una intensidad perceptiva —una sonía— más elevada.

Conviene aclarar que, en muchas ocasiones, en las obras en español, la palabra 'intensidad' se emplea en dos sentidos diferentes: el que se relaciona con la amplitud de los cambios de presión en la onda sonora —es decir, con una magnitud puramente física— y el que remite a la sensación perceptiva que hace que un sonido se interprete como más fuerte o más débil o flojo que otro. Este segundo significado es el que correspondería a la sonía, concepto que en inglés se expresa mediante el vocablo *loudness* (Gil 2007, 60–63). En ciertos casos se encuentra, para referirse a la sonía, el término 'sonoridad' (Sociedad Española de Acústica 2012) o incluso, en textos menos técnicos, el de 'volumen'. En este capítulo se usarán preferentemente 'amplitud' o 'intensidad', puesto que, por una parte, son escasos los autores que, en sus descripciones del acento en español, emplean 'sonía' para aludir a la percepción y, por otra, 'sonoridad' puede llevar a confusión al remitir también a la clasificación de los sonidos en función de la actividad de los pliegues vocales.

En la Figura 1 se muestra un ejemplo del uso de la amplitud (representada en términos de la intensidad expresada en decibelios) como estrategia para dotar de prominencia a la sílaba sobre la que recae el acento léxico. Como puede observarse, en cada una de las palabras la amplitud de la sílaba acentuada es más elevada que la de las inacentuadas, por lo que la acentuada se percibiría como más intensa que las demás sílabas de la palabra. Esta prominencia que, a grandes rasgos, depende articulatoriamente de la presión subglótica, acústicamente de la amplitud de la presión sonora y perceptivamente de la intensidad o sonía, es la que da lugar a que en las obras de los autores que han tratado el acento en español se encuentren términos como 'acento de intensidad', 'acento intensivo' o 'acento de sonoridad', que remiten a características perceptivas, junto con descripciones como 'acento espiratorio', 'acento dinámico' (es decir, relacionado con el movimiento producido por una fuerza), 'acento de energía', 'acento de fuerza' o 'acento articulatorio', más bien relacionadas con los mecanismos implicados en su producción,

en particular con el esfuerzo requerido para incrementar la presión subglótica y, aumentar, así, la amplitud de la onda sonora. La denominación empleada más habitualmente por Navarro Tomás fue la de 'acento de intensidad' (Navarro Tomás [1918] 1980, 26, 182, [1944] 1974, 21) y es la que, como se explica en el § 25.2.2, se ha mantenido durante un largo período de tiempo en la tradición hispánica.

La medición de la amplitud plantea algunos problemas, fundamentalmente derivados del hecho de que la intensidad de una señal sonora grabada depende, entre otros factores, de la distancia entre el micrófono y el locutor y, lógicamente, del grado de esfuerzo vocal en la emisión. Por ello, en los estudios sobre este parámetro acústico (§ 25.3.2) se han aplicado diversas estrategias de normalización. En algunos casos, los datos se presentan en relación con un valor

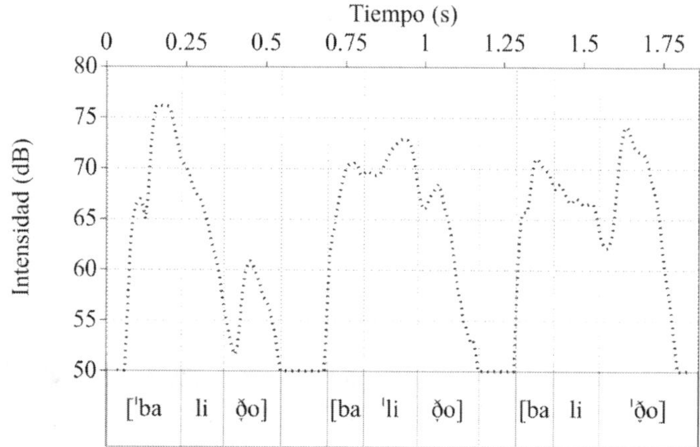

FIGURA 1. Curva de intensidad correspondiente a la realización aislada de las palabras *válido*, *valido* y *validó* leídas por un hablante masculino.

de referencia (bien sea global, como la amplitud media del conjunto del enunciado, o bien local, como la amplitud de un sonido adyacente) y en otros se obtienen proporciones entre valores de distintos segmentos (por ejemplo, los acentuados frente a los inacentuados o la vocal con respecto a la consonante), aunque también se ha recurrido a nivelar las grabaciones con respecto a una amplitud de referencia antes del análisis. Así se explican, en parte, las diferencias de magnitud en los valores que se recogen, más adelante, en la Tabla 1 (§ 25.3.2).

En los primeros experimentos sobre el efecto del acento en la intensidad de los segmentos del español (§ 25.3.2), las mediciones se llevaron a cabo localizando el valor máximo correspondiente a las vocales en la curva de amplitud (o curva de intensidad) que se obtenía mediante un espectrógrafo, sobre papel impreso en los modelos más antiguos. Para reflejar mejor la relación perceptiva entre intensidad y tiempo, en algunos trabajos se calculó el área bajo la curva de amplitud en toda la duración de la vocal (véanse los comentarios de Konopczynski *et al.* [1978, 144] y de Pamies [1997, 24–25] a propósito de las limitaciones de esta técnica). En los estudios más recientes, además del valor máximo de la amplitud, que continúa siendo uno de los parámetros acústicos habitualmente considerados en las investigaciones sobre el acento, se han introducido nuevos parámetros como la intensidad global de la parte estable del segmento vocálico o la pendiente espectral de la vocal, es decir, la diferencia de intensidad entre las bandas de frecuencia más bajas y las más altas del espectro, que proporciona una indicación sobre cómo se distribuye la energía sonora en el conjunto del segmento analizado.

El segundo mecanismo para lograr que una sílaba acentuada resulte más prominente consiste en incrementar la frecuencia de abertura y cierre de los pliegues vocales, lo que provoca, en términos acústicos, una frecuencia fundamental (f_0) más elevada, que se traduce en que la sílaba acentuada se perciba con un tono más alto o más agudo que las emitidas con una frecuencia fundamental más baja.

Así como la intensidad puede considerarse, en términos generales, el correlato perceptivo de la amplitud, el tono lo es de la frecuencia fundamental. Se usan en español varios términos para referirse al concepto que en inglés se expresa mediante la voz *pitch*, que describe la sensación que resulta de la percepción de un sonido como agudo —de tono alto— o como grave —de tono bajo—; entre ellos se cuentan 'tono', 'altura tonal' y 'tonía', este último en evidente paralelo con 'sonía'.

Las variaciones de la frecuencia fundamental a lo largo del tiempo se representan, en fonética, mediante lo que se conoce como 'curva melódica' [→ § 1.5.5, 27.1]; sus movimientos corresponden, articulatoriamente, a la mayor o menor frecuencia de vibración de los pliegues vocales y los segmentos con valores frecuenciales altos de la curva melódica se perciben como más agudos —con un tono más elevado— que los que los que muestran valores más bajos. Conviene, pues, recordar que en la curva melódica se visualiza, estrictamente hablando, un parámetro físico (la frecuencia fundamental) y no un parámetro perceptivo (el tono o *pitch*), aunque, naturalmente, ambos estén relacionados.

La correspondencia entre las sílabas acentuadas y un valor máximo de la frecuencia fundamental en la palabra puede observarse en la Figura 2. Así, las sílabas acentuadas se percibirían con un tono más alto o más agudo que las inacentuadas, a causa de su frecuencia fundamental más elevada.

En la bibliografía hispánica se recogen denominaciones como 'acento tónico' o 'acento de altura', que hacen referencia, de alguna manera, a la percepción, junto a otras como 'acento cromático' o 'acento musical', relacionadas con la vinculación entre la altura tonal y la melodía en la música. Puesto que la frecuencia fundamental es también el correlato acústico de la melodía [→ § 27.1], en ocasiones se habla de 'acento melódico' [→ § 28.1] o de 'acento de entonación' cuando la prominencia de una sílaba viene señalada, perceptivamente, por el tono. Como se ha explicado en el § 25.1.5, en el marco de la Teoría Métrica-Autosegmental se emplea la noción de 'acento tonal' en un sentido especializado y predominantemente abstracto, pero que remite, en última instancia, a la prominencia de una sílaba asociada a un movimiento de la frecuencia fundamental [→ § 28.1].

Para medir la frecuencia fundamental en los trabajos sobre el acento léxico del español (§ 25.3.2) se ha recurrido a diversas técnicas. En los experimentos

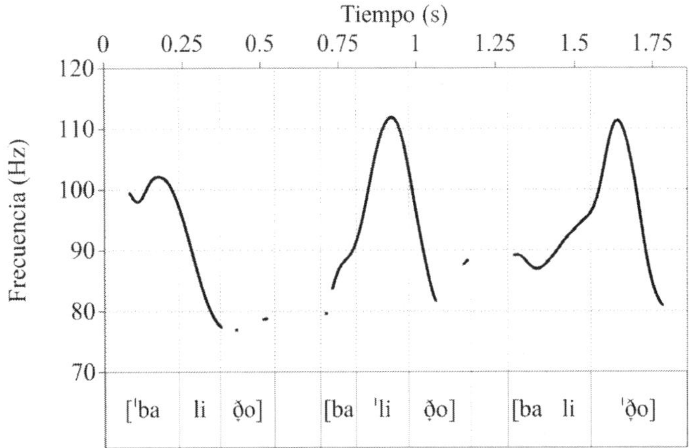

FIGURA 2. Curva melódica correspondiente a la realización aislada de las palabras *válido*, *valido* y *validó* leídas por un hablante masculino. La curva melódica representada se ha suavizado mediante el algoritmo del que dispone el programa Praat (Boersma y Weenink 2023).

clásicos realizados con los primeros modelos de espectrógrafo, la frecuencia fundamental se observaba ampliando la escala frecuencial, para obtener una mejor resolución de los armónicos de frecuencia baja, o bien a partir de un espectrograma de banda estrecha, en ocasiones duplicando la velocidad de la señal grabada para conseguir una mejor visualización de la f_0 (Quilis 1960, 428). Posteriormente, en varios estudios se empleó el Visi-Pitch (Kay Elemetrics), una herramienta que permitía obtener datos de manera más directa, a partir de un registro gráfico en las primeras versiones del sistema y en forma de listados numéricos en modelos más modernos. La estimación de la frecuencia fundamental, aun con algoritmos recientes como el del programa Praat (Boersma y Weenink 2023), no deja de plantear ciertos problemas técnicos, por lo que suele ser aconsejable realizar una revisión manual de los resultados obtenidos de forma automática.

En las investigaciones llevadas a cabo (§ 25.3.2) se suelen proporcionar valores máximos de la f_0 en las vocales, aunque existe también la posibilidad de calcular la pendiente de la curva melódica entre el inicio y el final de la vocal, de analizar una secuencia de valores que describa la trayectoria de los movimientos tonales o de establecer rangos de variación de la f_0 como indicadores de la prominencia. Puesto que la frecuencia fundamental es un parámetro que, en cierta medida, depende del hablante, para obtener datos comparables se emplean procedimientos de normalización; uno de ellos consiste en el uso de una escala en semitonos, mientras que en otros casos se presentan valores que reflejan diferencias o proporciones entre segmentos adyacentes.

Como se expondrá en el § 25.2.2, la importancia que se ha otorgado a cada recurso fónico empleado para marcar la prominencia de las sílabas acentuadas en español ha ido variando a lo largo del tiempo. Sin embargo, muy a menudo se ha reconocido la existencia de una interrelación entre amplitud y frecuencia fundamental o, en términos perceptivos, entre intensidad y tono [→ § 2.5.1]. Si se observa la Figura 3, se puede apreciar que, al menos en la palabra aislada, los valores máximos de amplitud tienden a coincidir con los valores más elevados de la frecuencia fundamental en la sílaba acentuada.

Finalmente, la prominencia de una sílaba acentuada puede conseguirse aumentando el tiempo durante el cual se produce el sonido, lo que perceptivamente implica un incremento de la duración. Así, una sílaba acentuada, en este caso, presentará un tiempo de emisión más largo que el de las inacentuadas y, por consiguiente, se percibirá como larga, frente a las demás, que se perciben como breves o cortas.

En la Figura 4 se aprecia que la duración de ['ba] en *válido* es mayor que la de [ba] en *valido* y en *validó* y que lo mismo sucede con ['li] en *valido* con respecto a [li] en *válido* y en *validó*. La comparación puede realizarse más fácilmente en la Figura 5, que muestra el tiempo que ocupa cada sílaba en la emisión de cada una de las tres palabras consideradas.

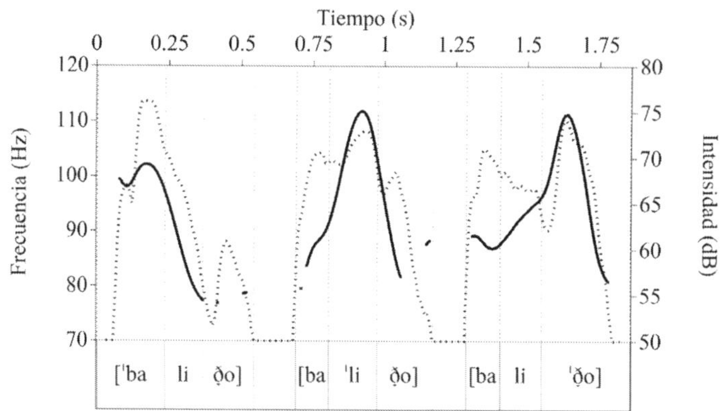

FIGURA 3. Curva de intensidad (línea de puntos) y curva melódica (línea continua) correspondientes a las realizaciones aisladas de las palabras *válido*, *valido* y *validó* leídas por un hablante masculino. La curva melódica representada se ha suavizado mediante el algoritmo del que dispone el programa Praat (Boersma y Weenink 2023).

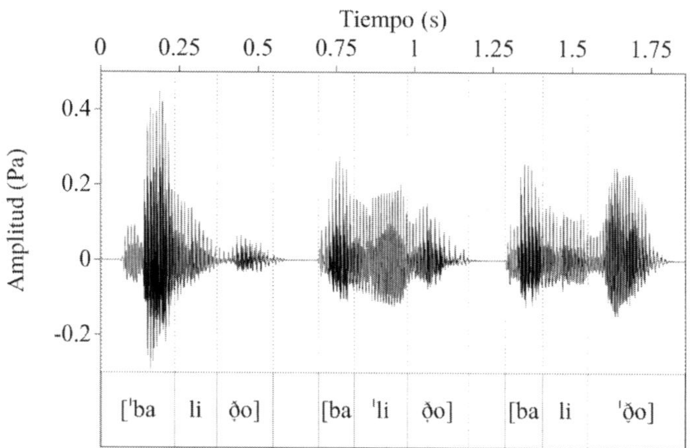

FIGURA 4. Oscilograma de la realización aislada de las palabras *válido*, *valido* y *validó* leídas por un hablante masculino.

['ba	li	ðo]
[ba	'li	ðo]
[ba	li	'ðo]

FIGURA 5. Comparación de la duración silábica en la realización aislada de las palabras *válido*, *valido* y *validó* leídas por un hablante masculino.

El caso de la sílaba /do/ debe considerarse de modo algo distinto, pues se encuentra en posición prepausal, un contexto que en español y en otras lenguas propicia un alargamiento [→ § 2.5.1, § 27.7], como puede observarse en los datos recogidos, más adelante, en la Tabla 3 (§ 25.3.2). Aun así, la duración de [ˈo̞o] en *validó* es superior a la que se observa para la misma sílaba, también ante pausa, en las otras dos palabras.

La prominencia marcada acústicamente por el tiempo de emisión y, perceptivamente, por la duración se ha descrito en la bibliografía en español como 'acento de cantidad' o 'acento cuantitativo'. Para aludir a la duración, se emplea también 'cantidad', denominación tradicional que da título, por ejemplo, a un capítulo del *Manual de pronunciación española* de Navarro Tomás ([1918] 1980); sin embargo, como señala Gil (2007, 63–64n19), este término es, en la actualidad, más bien propio de los trabajos de carácter fonológico [→ § 1.11, § 1.19.3, § 26.7].

En los estudios acústicos sobre al acento léxico del español (§ 25.3.2) suelen proporcionarse datos sobre duración vocálica y sobre la duración de las sílabas, pero, como sucede con los parámetros anteriormente mencionados, los valores de duración obtenidos en los experimentos dependen, en parte, de la precisión del instrumento de medida. También pueden venir condicionados por las decisiones tomadas en la segmentación del enunciado, especialmente en los contextos en que resulta difícil deslindar el inicio y el final de un segmento o, en el caso de las vocales, por el hecho de considerar las transiciones [→ § 1.10.2] de los formantes como parte de la vocal o bien de la consonante adyacente. La comparación entre emisiones realizadas con distintas velocidades de habla requiere, como es lógico, recurrir a procedimientos de normalización.

En las Figuras 6, 7 y 8 se representa la curva melódica de tres enunciados que contienen las tres palabras que hasta ahora se han considerado aisladamente en los ejemplos anteriores; tanto las realizaciones de las palabras aisladas como las de los enunciados proceden de un mismo hablante y se obtuvieron mediante la lectura de las palabras y de las frases correspondientes (Llisterri *et al.* 2014). En todas ellas se aprecia que, en las sílabas acentuadas de *válido, valido* y *validó*, la curva melódica presenta un perfil ascendente, pero que, contrariamente a lo que sucedía en las palabras aisladas, el valor máximo de la frecuencia fundamental no coincide con la sílaba acentuada, sino con la inacentuada que la sigue.

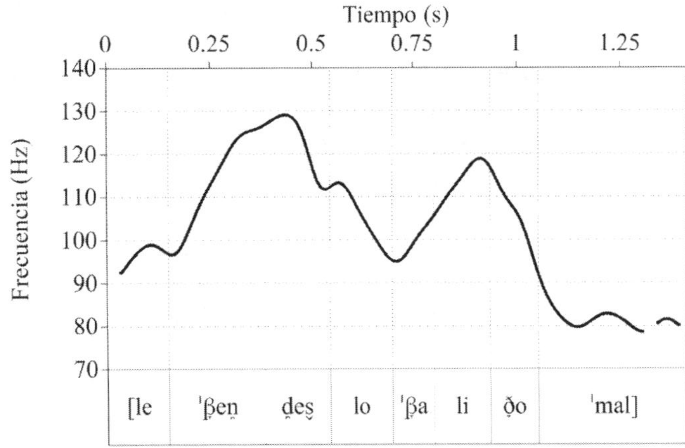

FIGURA 6. Curva melódica del enunciado *Le vendes lo válido mal* leído por un hablante masculino. La curva melódica representada se ha suavizado mediante el algoritmo del que dispone el programa Praat (Boersma y Weenink 2023).

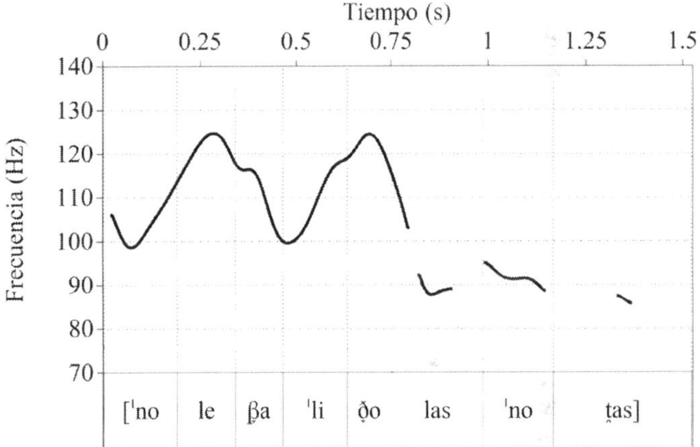

FIGURA 7. Curva melódica del enunciado *No le valido las notas* leído por un hablante masculino. La curva melódica representada se ha suavizado mediante el algoritmo del que dispone el programa Praat (Boersma y Weenink 2023).

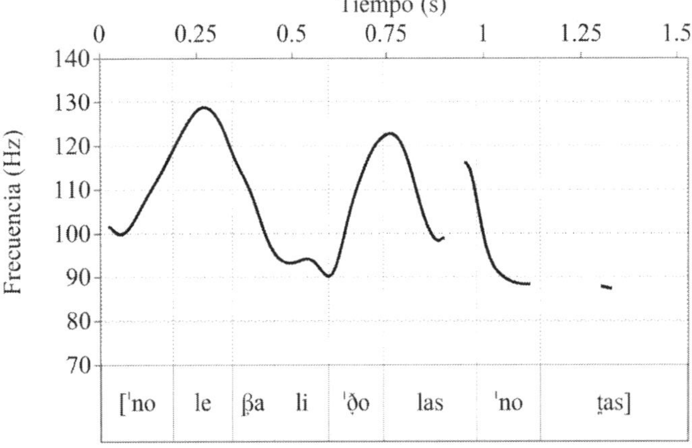

FIGURA 8. Curva melódica del enunciado *No le validó las notas* leído por un hablante masculino. La curva melódica representada se ha suavizado mediante el algoritmo del que dispone el programa Praat (Boersma y Weenink 2023).

El fenómeno ilustrado en las Figuras 6, 7 y 8 se conoce como 'desplazamiento acentual', 'desplazamiento del pico de frecuencia fundamental', 'desplazamiento del pico tonal', 'posrealización del pico tonal' o, en inglés, *overshooting*. Mora Gallardo y Asuaje (2009) lo definen como «el desplazamiento del pico de f0 desde la sílaba acentuada hasta la sílaba post acentual» (46) y se da habitualmente en posiciones que no sean prepausales —por ello no se encuentra en la palabra aislada— ni finales de frase, así como en ausencia de fronteras prosódicas o sintácticas, o cuando se producen fenómenos de focalización que inhiben el desplazamiento. Se ha documentado en diversas lenguas y, en el caso del español, se encuentran ya alusiones a su existencia, como se explica más adelante, en las observaciones de autores clásicos como Navarro Tomás ([1944] 1974, 23–24) y Canellada y Madsen (1987, 65–74), que señalaron la falta de correspondencia entre el acento léxico y un pico tonal que, posteriormente, se ha analizado con detalle desde diversas perspectivas (Amorós 2004b; Face 1999, 2001, [2001] 2002, 2003b; Garrido Almiñana 1996; Garrido Almiñana *et al.* 1993; Garrido Almiñana, Llisterri, de-la-Mota, *et al.* 1995; Garrido Almiñana, Llisterri, Marín Gálvez, *et al.* 1995; Llisterri *et al.* 1995; Pamies y Amorós 2003, 2005; Prieto Vives, van Santen y Hirschberg 1994, 1995; Sosa 1995, 1999, entre otros). En este mismo sentido, en la Teoría Métrica-Autosegmental [→ § 28.1] se postula que, en el enunciado, en determinados contextos la sílaba léxicamente acentuada no necesariamente tiene que coincidir —'alinearse' es el término usado en este modelo— con un valor máximo de la f_0, sino que la curva melódica puede presentar una trayectoria ascendente, de modo que el 'acento tonal', al que ya se ha hecho referencia en el § 25.1.5, se inicie en la sílaba tónica y culmine en la postónica. Queda patente, pues, que en el estudio de los correlatos fonéticos del acento resulta esencial distinguir entre la palabra en su forma aislada y la palabra en el contexto de un enunciado. De hecho, ya Bolinger y Hodapp (1961) apuntaban que «el acento pertenece a la frase, no a la palabra. Lo único que hay, en un vocablo como *pesadumbre,* es la POTENCIALIDAD DE RECIBIR acento en la sílaba *-dum-*» (40).

Este repaso, aunque relativamente simplificado, de las principales estrategias de las que se dispone en español para marcar la prominencia de una sílaba acentuada permite apreciar la complejidad de lo que se describe como 'acento', pues resulta difícil, tanto en términos articulatorios como acústicos, individualizar los parámetros que contribuyen a la sensación perceptiva de relieve. Así lo puso ya de manifiesto Quilis (1971) cuando, refiriéndose a los diversos correlatos del acento, escribía que «La complejidad del acento reside en que todos estos elementos pueden intervenir en su configuración; cada uno de ellos en diferente proporción: desde ser el único, hasta estar presente en cierta medida como elemento integrador secundario» (55). Es comprensible, pues, que como se expone en el siguiente apartado, la caracterización fonética del acento en la lingüística hispánica haya estado marcada por el debate sobre la mayor o menor importancia de cada correlato en función de los conocimientos vigentes en un momento histórico dado.

25.2.2 Caracterización fonética del acento en la lingüística hispánica

Los estados de la cuestión más o menos extensos que pueden leerse, por ejemplo, en Quilis (1981a, 327–30, [1993] 1999, 398–400), Mora Gallardo (1998, 70–74), Ortiz Lira (2000, 13–17), Hidalgo y Quilis Merín ([2002] 2004, 222–23, 2012, 255–57), Mora Gallardo y Asuaje (2009, 44–45), o en Hernando Cuadrado (2015, 133–39), ponen claramente de manifiesto que, como se acaba de explicar, la caracterización fonética del acento ha constituido un asunto no exento de controversias en la tradición lingüística hispánica.

En su detallado estudio sobre la definición del acento en los tratados de ortología y métrica del español en el siglo XIX, Azorín y Martínez Linares (1988–1989) explican que «los prosodistas del XIX mantienen dos posturas claramente diferenciadas: para unos el acento se identifica con la altura tonal; para otros, por el contrario, es la intensidad el elemento predominante» (85), a la vez que ponen de manifiesto la influencia de la retórica clásica en la vinculación que, para la mayoría de los autores de la primera mitad del siglo, se establece entre acento y duración (véase, también, a este respecto, Navarro Tomás 1921a). El análisis de las distintas definiciones permite observar cómo, en las obras sobre ortología y métrica, la idea de que el tono constituye el principal correlato fonético del acento —presente ya, para Dorta (2004, 428), en la *Gramática sobre la lengua castellana* de Nebrija— va dando paso a una concepción en la que la intensidad se considera determinante y hace patente que, a medida que se van incorporando las aportaciones de la fonética experimental, en los tratadistas de la segunda mitad del XIX se aprecia «una más clara discriminación de los componentes del sonido articulado y, como consecuencia, un rigor en el empleo de la terminología del que carecían los tratadistas anteriores» (Azorín y Martínez Linares 1988–1989, 86).

También en las gramáticas del español que han dedicado una cierta atención a los aspectos fónicos pueden apreciarse, como se explica seguidamente, planteamientos divergentes en lo que se refiere a los tres procedimientos empleados para dotar de una mayor prominencia a una sílaba que se han expuesto en el § 25.2.1.

Entre los autores del siglo XIX que vinculan el acento con el tono, diferencian el carácter largo o breve de una sílaba en función de su duración y establecen su tono como grave o agudo en relación con el acento, se encuentra, por ejemplo, Salvá (1830), quien define el acento como una «elevación o depresión de la voz» (480) y lo caracteriza como agudo, grave o circunflejo. La distinción entre vocales agudas (es decir, acentuadas) y graves (inacentuadas) se mantiene en Bello ([1847] 2016), aunque, para este gramático, «El *acento* consiste en una levísima prolongación de la vocal que se acentúa, acompañada de una ligera elevación del tono» (21). La idea de que el acento se realiza tanto por medio de la duración como del tono aparecía ya en sus *Principios de la ortología y métrica de la lengua castellana:*

> Se llama *acento* aquel esfuerzo particular que se hace sobre una vocal de la dicción, dándole un tono algo más fuerte y alargando un tanto el espacio de tiempo en que se pronuncia. . . . Las vocales acentua-das se llaman *agudas*, y las inacentuadas *graves* (Bello [1835] 2016, 46–47).

En sus notas a la tercera edición de los *Principios* (Bello [1835] 1859), Caro remite a Coll y Vehí ([1866] 2010, 110–18) para criticar esta concepción, precisando que «El acento no depende ni de la *cantidad* o *duración,* ni del *tono* o grado de elevación de la voz, sino de la *intensidad* o esfuerzo con que se produce» (en Bello [1835] 2016, 46). Igualmente Cuervo ([1891] 2016), en las *Notas* a la edición de 1891 de la gramática de Bello (Bello [1847] 1891), introduce la noción de intensidad, al señalar que

> Por el acento se realza una sílaba entre las demás de una palabra, o una sílaba que de por sí forma palabra entre otras sílabas inmediatas. Esto se consigue o aumentando la expiración [*sic*] con que producimos el sonido o alzando el tono; el primer acento, llamado de intensidad o expiratorio [*sic*], es el que conocemos en castellano (Cuervo [1891] 2016, 408).

Aunque Cuervo admite que «la sílaba acentuada, por el hecho de pronunciarse con mayor intensidad, se presta mejor que las demás a prolongarse o a elevarse de tono» (408), no deja de añadir que «éstas son circunstancias accidentales que en nada modifican la naturaleza del acento expiratorio [*sic*]» (408).

Al igual que Caro y que Cuervo, también Benot ([1910] 1991) considera que las vocales de las sílabas acentuadas se pronuncian con «mayor intensidad», «mayor fuerza», «mayor empuje del aliento» o «mayor impulso» (45–46). Como explica Battaner (2005),

> Benot recurre a todo el arsenal científico de la época para demostrar que el acento es intensidad; que se equivocan aquellos que apuntan a su naturaleza cuantitativa, y que por tanto no existen los acentos grave, agudo o circunflejo; y que la entonación, a diferencia del acento (y aunque convive con él), es un fenómeno que se corresponde con la altura (grave-agudo), y que está asociado a la realidad (hoy diríamos 'pragmática') del habla (110).

Así, como apuntan Azorín y Martínez Linares (1988–1989), las aportaciones de este autor —tanto en su *Arte de hablar* (Benot [1910] 1991) como en el *Examen crítico de la acentuación castellana* (Benot 1888) y en la *Prosodia caste-llana y versificación* (Benot 1892)— constituyen un punto de inflexión en lo que concierne a la definición del acento con criterios propios de la fonética y a la distinción entre el acento, cuyo dominio es la palabra, y la entonación, que tiene la frase como ámbito. En la misma línea que sigue Benot, Fernández Ramírez ([1951] 1986) emplea ya explícitamente el término «acento de intensidad» (22) para referirse al grado de fuerza espiratoria. Sin embargo, menciona también la existencia del «acento melódico» o «tono», entendido como «una variable subordinada sobre todo a los momentos expresivos y afectivos y a las funciones de apelación del lenguaje» (24), frente al acento de intensidad, que «está en mayor dependencia de la estructura gramatical de las palabras» (24). En conjunto, para Fernández Ramírez, «Acento de intensidad y acento melódico caracterizan . . . la estructura fonética de la lengua española, sin un predominio destacado de uno sobre otro» (25).

La combinación entre intensidad y tono como correlatos fonéticos del acento se mantendrá en la gramática de Alcina y Blecua (1975) —«*tono* y *acento de intensidad* aparecen íntimamente ligados, pues en la palabra aislada el acento de intensidad supone siempre una elevación de tono, como observó S. Gili Gaya» (438)— y en la de Alarcos (1994), para quien el acento se realiza, en español, «mediante el incremento de la intensidad espiratoria (y la elevación del tono) en una sola sílaba determinada del significante» (44). La duración a la que aludía Bello reaparece en estas dos obras, pues, aun refiriéndose siempre al acento como «acento de intensidad», Alcina y Blecua (1975) remiten a los resultados de Contreras (1963, 1964) —véase el § 25.3.2—, indicando que «cuando hay ausencia de claves tonales, el acento es marcado perceptivamente por la duración y la intensidad, pero cuando estos factores entran en conflicto, parece predominar la cantidad» (438). Alarcos (1994) también introduce el factor temporal, al reconocer que en la realización fonética del acento intervienen los mismos parámetros acústicos mediante los que se manifiesta la entonación —«Los rasgos físicos manifestados en la entonación son comunes con los del acento. En ambos interviene el tono, la intensidad y la cantidad de los sonidos, pero difieren en cuanto a su papel funcional» (49)—, pese a señalar igualmente que

> Del mismo modo que en la producción de los esquemas acentuales pueden primar los rasgos de tono sobre la intensidad, ocurre también que sea esta (y aun la duración y la cantidad) lo que, en lugar del tono, pueda caracterizar a los segmentos realzados del contorno de entonación (50),

con lo cual, parece que el acento se vincule predominantemente con la intensidad y con el tono.

Por lo que respecta a la concepción del acento en las obras de la Real Academia Española (véase Navarro Tomás [1921b], para una revisión histórica), en la última edición de la *Gramática de la lengua española* que llevó este título, publicada en 1931, se lee que «En la voz se han de considerar tres circunstancias principales: la fuerza relativa de los vocablos y de sus partes componentes, el tiempo y la entonación; es decir, el *acento,* la *cantidad* y el *tono*» (Real Academia Española 1931, 448). El acento queda, pues, asociado a la intensidad, aunque unas páginas más adelante se defina como «la máxima entonación con que en cada palabra se pronuncia una sílaba determinada» (459), para añadir, inmediatamente a continuación, que *«Acento* se denomina también el signo ortográfico con que frecuentemente se indica en la escritura esta mayor intensidad» (459). Queda patente, pues, como señalaron, entre otros, Gallinares (1944, 120) y Gili Gaya ([1955] 2016, LVI), la confusión entre tono e intensidad que se encuentra en esta obra.

Puesto que el capítulo sobre fonología del *Esbozo de una nueva gramática de la lengua española* (Real Academia Española 1973) fue, básicamente, redactado por Fernández Ramírez (Fernández Ramírez 1987), se mantiene el concepto de acento de intensidad de su autor —que da título al apartado 1.5 del *Esbozo* y al 3 del segundo volumen de la edición que Polo realizó de la *Gramática española* (Fernández Ramírez [1951] 1986)—, de modo que se afirma que «El acento de intensidad máxima es el que denominamos usualmente acento y el que aparece marcado en la escritura, aunque no en todas sus posiciones» (Fernández Ramírez 1968, 425; Real Academia Española 1973, 14). Sin embargo, se reconoce, nuevamente, la interrelación entre acento y tono —o entonación— (Real Academia Española 1973, 65), que constituyen, según el *Esbozo,* los dos prosodemas del español que permiten «poner de relieve determinada o determinadas sílabas, en contraste con las demás, que las preceden o las siguen» (64).

Con la aparición de la *Nueva gramática de la lengua española* (Real Academia Española y Asociación de Academias de la Lengua Española 2011), la noción de acento de intensidad viene reemplazada por un planteamiento, como se verá en los § 25.3 y 25.4, más ajustado a los conocimientos actuales: «Desde el punto de vista fonético, el acento prosódico se manifiesta acústicamente gracias a la combinación de las variaciones de los valores de tres parámetros en la articulación de la vocal: el TONO, la DURACIÓN y la INTENSIDAD» (365). Aunque se remita a parámetros perceptivos para definir acústicamente el acento, en esta obra se ponen de manifiesto la multiplicidad de estrategias de las que disponen los hablantes para marcar una prominencia acentual, la interacción entre la melodía y el acento en los dominios mayores que la palabra y el papel predominante que desempeña el tono en la percepción del acento según «los estudios experimentales realizados en los últimos años» (365). Aun así, se explica que «Toda palabra acentuada se caracteriza por poseer un solo acento de intensidad» (370) y que «Se distinguen por el acento de intensidad los adverbios *aún* (tónico y bisílabo) y *aun* (átono y monosílabo)» (420).

Como es lógico, las ortografías académicas reflejan también este cambio de perspectiva: si en la *Ortografía de la lengua española* de 1999 se leía que

> El acento prosódico es la mayor intensidad con la que se pronuncia una sílaba dentro de una palabra aislada o un monosílabo dentro de su contexto fónico. Por ello se le llama también acento de intensidad. Se suele producir, además, una elevación del tono de voz o una mayor duración en la emisión de esa sílaba (Real Academia Española 1999, 24),

en la de 2010 se afirma ya, tras explicar que tradicionalmente el acento se había definido en función de la intensidad, que siendo el acento en español un fenómeno complejo en el que intervienen diferentes parámetros acústicos, el factor más relevante, tanto en su producción como en su percepción, especialmente cuando se trata de la acentuación de palabras pronunciadas de forma aislada, es una elevación del tono, esto es, de la frecuencia fundamental. Este ascenso tonal viene asociado normalmente a un aumento de la duración o de la intensidad (Real Academia Española y Asociación de Academias de la Lengua Española 2010, 192).

En este recorrido —necesariamente breve y parcial— por las obras gramaticales de la tradición hispánica, se constata que, hasta una época relativamente reciente, la intensidad, relacionada con el esfuerzo articulatorio, ha sido el correlato fonético más frecuentemente asociado al acento léxico del español; por ello, como apunta Martínez Celdrán (1984),

El acento dinámico, espiratorio, o simplemente de intensidad, es el rasgo que ha recibido el nombre de *acento*, sin calificativo alguno, entre los fonetistas españoles; hasta tal punto, que hablar de acento era equivalente a tratar de los elementos intensivos de una sílaba (255–56).

El tono, en cambio, se encuentra presente en las primeras definiciones del acento —entre las que destacan las de Bello ([1847] 2016, [1835] 2016), valoradas en su justa medida años después por Quilis (Quilis 1982, 144–45)— y aparece como factor concomitante, pero no determinante, en algunos autores, hasta que en la *Nueva gramática de la lengua española* se le otorga un papel predominante en consonancia con los trabajos experimentales que se expondrán en el § 25.3 y en el § 25.4. El papel de la duración se reconoce en esta última obra, así como en Bello ([1847] 2016, [1835] 2016) entre los autores del siglo XIX y, en parte, en Alcina y Blecua (1975), que incorporan algunos de los resultados de los primeros estudios acústicos y perceptivos realizados sobre el acento en español.

Los manuales dedicados a la descripción fonética y fonológica del español contienen, en casi todos los casos, información sobre los correlatos fonéticos del acento, naturalmente más detallada que la ofrecida en las gramáticas examinadas hasta este punto. Como es lógico, la posición de los distintos autores depende, como se verá a continuación, del momento en el que escriben y de sus vínculos con una determinada escuela o con un modelo en particular.

En su *Manual de pronunciación española,* Navarro Tomás ([1918] 1980) define los sonidos acentuados como aquellos en los que «recaen principalmente la intensidad, la cantidad y el tono» (26), con lo que establece tres clases de acentos —de intensidad, de cantidad y tónico o de altura—, siendo el de intensidad, al que también denomina «dinámico», el que en el *Manual de entonación española* considera como «el elemento esencial en la estructura prosódica de las palabras» (Navarro Tomás [1944] 1974, 21) en español. En consonancia con tal planteamiento, en el *Manual de pronunciación* trata los aspectos relacionados con el acento léxico en el capítulo titulado «Intensidad», mientras que las modificaciones en la duración de las vocales producidas por el acento se abordan en el capítulo dedicado a la cantidad y el tono se estudia en el capítulo sobre entonación, al igual que sucede en otras obras que mantienen la tradición clásica como, por ejemplo, la de Gili Gaya ([1950] 1971). Navarro Tomás ([1918] 1980) explica también que en las palabras aisladas

coinciden en líneas generales el tono y el acento de intensidad, recayendo de ordinario el tono normal sobre la misma sílaba que lleva el acento y pronunciándose por debajo de este tono, con inflexión ascendente o descendente, según los casos, las demás sílabas de la palabra (215),

por lo que asigna a la palabra determinados movimientos tonales en función de la sílaba en la que se encuentra el acento (Navarro Tomás [1918] 1980, 215, [1944] 1974, 21–22).

Sin embargo, Navarro Tomás ([1918] 1980) distingue claramente entre la palabra aislada y las palabras en contexto al afirmar que, en la frase, «la entonación de las palabras va ordinariamente modificada por la del grupo fónico, apareciendo muy frecuentemente divorciados el tono y el acento de intensidad» (215–16). También en el *Manual de entonación española* (Navarro Tomás [1944] 1974) se indica que, en las palabras pronunciadas aisladamente, «el tono sigue a la intensidad con regular correspondencia. La sílaba fuerte de la palabra es al mismo tiempo la sílaba tónica, es decir, la que se pronuncia con mayor altura de tono» (21), mientras que «Dentro de la frase, la palabra no tiene entonación propia. Las diferencias de estructura melódica entre las palabras agudas, graves o esdrújulas, desaparecen en la línea musical de la oración» (22–23).

En conjunto, pues, en la obra de Navarro Tomás el acento (de intensidad) se diferencia de la melodía (el tono): el dominio del primero sería la palabra; el de la segunda correspondería al «período, de acuerdo con las exigencias que el sentido impone en cada caso» (Navarro Tomás [1944] 1974, 24); seguramente por ello señala el autor la importancia de distinguir entre los términos «fuerte» y «débil» en función de la intensidad y entre «tónico» y «átono» según el tono (Navarro Tomás [1918] 1980, 25, 29). Aunque admita que existe una correspondencia entre ambos parámetros —«De un modo general, en la serie sucesiva de los núcleos silábicos de una frase, el tono en español se eleva más o menos sensiblemente en las sílabas fuertes y desciende en las inacentuadas» (Navarro Tomás [1944] 1974, 24)—, Navarro Tomás no considera que esta sea regular, puesto que «La función significativa de las inflexiones tónicas de la voz da lugar a que en determinados puntos de la curva melódica una sílaba débil reciba el tono más agudo, y una sílaba fuerte, el tono más grave» (Navarro Tomás [1944] 1974, 23–24).

La vinculación entre acento e intensidad se mantiene en la *Fonología española* de Alarcos —«La propiedad prosódica relevante del español es el *acento,* que es realizado mediante un refuerzo de la intensidad espiratoria en un solo lugar dentro de la palabra» (Alarcos [1950] 1965, 201)—, así como en los *Elementos de fonética general* de Gili Gaya ([1950] 1971). Es interesante advertir que, para este último, al igual que para Navarro Tomás,

> En español, aparece con regularidad el hecho de que, en la palabra aislada, la sílaba fuerte sea a la vez aguda. En la frase, si bien la curva de entonación suele presentar elevaciones de tono en relación con los acentos, en las ramas inicial y media, la correspondencia no se produce siempre; y los movimientos de la melodía en la rama final del grupo fónico obedecen a leyes propias desligadas de los acentos (Gili Gaya [1950] 1971, 34).

El investigador que, después de Navarro Tomás, ha ejercido una mayor influencia en la descripción fonética del español es, bien posiblemente, Quilis. Los detalles de su trabajo experimental sobre el acento se presentarán en el § 25.3.2, pero cabe mencionar aquí que en la *Fonética acústica de la lengua española* se introduce un cambio esencial respecto a la tradición anterior, pues se afirma con claridad que «la intensidad desempeña un papel prácticamente despreciable en la función del acento español» (Quilis 1981a, 330), ya que el principal correlato perceptivo del acento en esta lengua sería la frecuencia fundamental (es decir, el tono), que tanto puede presentar una mayor altura como mostrar una discontinuidad en la sílaba acentuada. El segundo indicio perceptivamente relevante vendría dado por la duración (Quilis 1981a, 332). Estos mismos postulados se mantienen en el *Tratado de fonología y fonética españolas,* aunque otorgando un cierto papel a la intensidad:

> el índice principal es la frecuencia del fundamental, sola o acompañada de la duración; ésta ocupa, en orden de importancia, el segundo lugar. Por último, y en contados casos, cuando no actúan ni la frecuencia del fundamental, ni la duración, es la intensidad la que pone de relieve el prosodema acentual (Quilis [1993] 1999, 399–400).

Una perspectiva diferente es la que adoptan Canellada y Madsen (1987) a partir de los numerosos ejemplos que recogen y comentan en su *Pronunciación del español. Lengua hablada y literaria.* Aducen, en primer lugar, que «La intensidad, por sí . . . no parece marcar el acento, aunque sus máximos coinciden muchas veces con la vocal acentuada» (65) para sostener, a continuación, que el acento tampoco puede venir marcado por el tono, «desde el momento que las cumbres tónicas aparecen frecuentemente sobre vocales átonas, y que las vocales tónicas ocupan muchas veces los lugares más bajos en la línea tonal» (65). Su argumentación se centra en que la melodía («línea tonal») es independiente de los acentos, pues cumple una función comunicativa, y en que, al analizar las palabras en una frase, se están confundiendo los correlatos acústicos del acento léxico con los de la melodía; así, para estos autores, las prominencias tonales de la palabra se adaptan a las de la curva melódica en la que esta se integra, de modo que «la línea tonal no viene dada ni hacia arriba ni hacia abajo por ningún acento, y . . . el acento no produce ninguna discontinuidad en la curva tonal» (74). La consecuencia de todo ello es que el acento de la palabra queda «sometido a la línea tonal» (74) por lo que, en una interrogativa como *¿el nuevo papa?* en la que la segunda [a] es léxicamente inacentuada, pero presenta una frecuencia fundamental más elevada por su posición en la curva melódica que la primera, léxicamente acentuada, «tiene que haber otro elemento que lo sustituya en el papel de hacer destacar la primera a frente a la segunda. Tal elemento es la *cantidad*» (65). Por tanto, Canellada y Madsen, así como Canellada (1988), consideran que el principal correlato fonético del acento es la duración, aunque no descartan que, en ocasiones, la intensidad pueda compensar una disminución en la duración de las vocales tónicas.

En los manuales publicados con posterioridad a las obras hasta ahora mencionadas, en general se reconoce que la intensidad no constituye el principal correlato fonético del acento en español; en textos como los de D'Introno, del Teso y Weston (1995, 127), de Martínez Celdrán y Fernández Planas ([2007] 2013, 200) y de Obediente ([1983] 1998, 363–64), por ejemplo, así se indica explícitamente. No obstante, al describir los mecanismos fonéticos (cualitativos, intensivos y frecuenciales) mediante los cuales se pone de relieve una parte del enunciado, Hidalgo y Quilis Merín (2012) se inclinan por considerar que «En español es preferible . . . reservar el término *acento* para el *intensivo*» (254), aunque concluyen que «el acento de intensidad viene a constituirse como amalgama de hechos físicos, ya que en su producción no sólo intervienen la *intensidad* y el *tono,* sino también la *cantidad* y las diferencias de *timbre*» (Hidalgo y Quilis Merín [2002] 2004, 223, 2012, 257). Una excepción a esta tendencia general se encuentra en el manual de Clegg y Fails (2018, 417–46), en el que se sostiene que ni la duración ni el tono son indicadores fiables del acento en español, mientras que sí lo es la intensidad en la mayoría de los casos, aunque considerada en términos relativos.

Algunos autores se decantan por otorgar el papel predominante al tono, con la duración o la intensidad como parámetros concomitantes que señalan la presencia del acento. Así, para D'Introno, del Teso y Weston (1995) «el tono es el principal índice del acento» (129), si bien, en algunos casos, la duración pueda ser un factor determinante para compensar el hecho de que una sílaba acentuada presente, a causa del contorno melódico en el que se encuentra, una frecuencia fundamental baja. En cierto modo, se refleja aquí la idea de «alargamiento compensatorio» que introducen Canellada y Madsen (1987, 77–79) para explicar el aumento de duración de las sílabas tónicas prepausales situadas en una curva melódica que acaba en descenso o el de las sílabas acentuadas de las palabras paroxítonas cuando se hallan en un punto bajo de la curva melódica; también Hualde (2012, 64, 2014, 250) menciona este papel que cumple la duración cuando los correlatos tonales no son suficientes para marcar una prominencia acentual.

En el mismo sentido, tanto Gil (1988, 131) como Martínez Celdrán y Fernández Planas ([2007] 2013, 200) opinan que los resultados de diversos estudios experimentales indican que la duración sería, por orden de importancia, el segundo parámetro que señalaría la presencia de un acento. El papel que desempeña la combinación entre frecuencia fundamental y tiempo de emisión en el nivel acústico se pone igualmente de manifiesto en Mora Gallardo y Asuaje (2009); para estas autoras, «el acento se caracteriza por un alargamiento de la sílaba acentuada y por una variación de la línea de frecuencia fundamental que recorre el enunciado» (47). Por su parte, Gil (2007, 280) y Hualde (2005, 245, 2014, 251), basándose en algunos de los trabajos que se presentan en el § 25.4, inciden en la idea de que el tono es el factor más relevante en la percepción del acento, aunque acompañado o de la duración o de la intensidad.

Otros especialistas consideran que son los tres parámetros —tono, duración e intensidad— los que contribuyen a señalar la prominencia acentual. Por ejemplo, para Fernández Planas (2005a), «el acento en español comporta un aumento de intensidad, de tono fundamental y de duración en las sílabas tónicas frente a las átonas» (156), al igual que para Aguilar, dela-Mota y Prieto Vives (2009–2014) y que para Obediente ([1983] 1998), quien establece, sin embargo, una jerarquía: «La sílaba portadora del acento es más perceptible; esta cualidad viene dada por los siguientes parámetros (en orden de importancia): altura del fundamental más elevada, más duración y una intensidad algo mayor» (363–64). Algunos autores matizan, com hace Rico (2019), que los tres parámetros a los que se está haciendo referencia no necesariamente se modifican de forma simultánea, puesto que «unas veces las sílabas tónicas parecen más intensas, otras más agudas, otras más largas» (13).

En algunas obras, especialmente en las que la descripción del español se contrasta con la del inglés, se menciona el timbre vocálico en relación con el acento. A este respecto, Hualde (2012, 165) alude, en función de los datos recogidos en Martínez Celdrán y Fernández Planas ([2007] 2013, 188–91), a un cierto grado de centralización de las vocales átonas con respecto a las tónicas [→ § 2.5.2], aunque señala que la diferencia entre ambas «es relativamente pequeña» (Hualde 2014, 245) y no puede compararse con la que se encuentra en otras lenguas, por lo que el timbre vocálico no llegaría a constituir un correlato del acento (§ 25.3.2).

En varias publicaciones se establece claramente una diferencia entre el modo de marcar la prominencia acentual en palabras aisladas o en elementos focalizados y en palabras que forman parte de un enunciado (D'Introno, del Teso y Weston 1995, 127–28; Fernández Planas 2005a, 104, 156; Hualde 2005, 243, [2001] 2010, 118, 2014, 246, 250–52; Prieto y Roseano 2018, 214–16); así, como explican Martínez Celdrán y Fernández Planas ([2007] 2013),

> Cuando las palabras se pronuncian aisladas se puede constatar que los tres parámetros: F0, duración e intensidad, se destacan con diferencias notables . . . cosa que no sucede dentro de la frase, donde uno de los tres se destaca por encima de los demás (202).

El hecho de considerar el acento léxico en el contexto de un enunciado plantea la cuestión del desplazamiento acentual, ilustrado en las Figuras 6, 7 y 8. Por ello, en determinadas posiciones en las oraciones declarativas, una sílaba acentuada no es, necesariamente, la que presenta la frecuencia fundamental más elevada, sino que

Lo que suele acompañar a la sílaba acentuada es un cambio brusco, en la mayoría de los casos una subida brusca del tono desde un nivel bajo al principio de la sílaba a un nivel bastante alto al final de la sílaba. Este nivel puede mantenerse o incluso subir en las sílabas siguientes. Lo que importa para caracterizar la sílaba tónica en este contexto es precisamente el movimiento tonal ascendente a lo largo de la sílaba, no el nivel tonal máximo (Hualde [2001] 2010, 119).

De tal modo se explica, pues, que no siempre los valores máximos de la frecuencia fundamental correspondan a sílabas léxicamente acentuadas, como ya habían apuntado, entre otros, Navarro Tomás ([1944] 1974, 23–24) y Canellada y Madsen (1987, 65).

La complejidad que entrañan las distintas manifestaciones fonéticas del acento en función del contexto se refleja en la conclusión a la que llega Hualde (2014) sobre la prominencia acentual:

Esta es una prominencia abstracta, que se manifiesta de manera más nítida en palabras pronunciadas aisladas o focalizadas en la frase. En este contexto la sílaba acentuada se realiza con gestos articulatorios más amplios y precisos y el tono, la duración y la intensidad contribuyen a su identificación en la señal acústica. En otros contextos, los correlatos del acento pueden ser más sutiles o incluso estar ausentes (251–52).

La introducción de la Teoría Métrica-Autosegmental en el estudio de la entonación del español ha comportado que en los manuales dedicados a la descripción fonética y fonológica de la lengua se se hayan incorporado las nociones de 'acento tonal', 'alineación' (en inglés, *alignment*) y 'anclaje' (*anchoring*) vinculadas a este modelo [→ § 1.21.13, § 28.2.3]. Al asumir que «La frecuencia fundamental (F0) o tono es un correlato del acento porque las sílabas con acento léxico sirven como 'punto de anclaje' de movimientos locales en la curva de F0» (Hualde 2014, 246), se establece una relación muy estrecha entre acento y melodía, que lleva a que uno de los elementos básicos a los que se recurre para la formalización del análisis de la curva melódica sea el denominado 'acento tonal', es decir, un «Evento melódico asociado fonológicamente con una sílaba acentuada» (Hualde 2014, 311). Conviene recordar que con ello no se presupone que todas las sílabas con acento léxico tengan que coincidir necesariamente con un valor máximo en la curva melódica [→ § 28.1], sino que lo que se pone de relieve es que «las sílabas tónicas o léxicamente acentuadas tienen la propiedad de atraer ciertos movimientos tonales cuyo contorno viene determinado en el discurso» (Hualde 2014, 250). De hecho, en las descripciones fonéticas de la entonación del español es frecuente referirse a los movimientos melódicos en relación con la sílaba tónica [→ § 27.2], pero el 'acento tonal' tal como se concibe en la Teoría Métrica-Autosegmental no parece que deba interpretarse estrictamente como una descripción física de la curva melódica, sino más bien como una noción teórica propia de un modelo fonológico. Los fundamentos de este tipo de análisis se presentan sucintamente en los § 1.21.2 y 1.21.13, se tratan detalladamente en el § 28.2.3 y su aplicación al español se expone en el § 28.3, por lo que, como ya se ha indicado, esta clase de acento no se abordará de un modo directo en el presente capítulo.

Finalmente, tras considerar las diversas posturas sobre los correlatos fonéticos del acento en gramáticas y en manuales, puede resultar útil completar esta panorámica con la mención a algunos trabajos que no pueden considerarse experimentos sistemáticos como los que se exponen en los § 25.3 y 25.4 o que no aportan informaciones detalladas sobre la metodología empleada por los autores, pero que contienen indicaciones relevantes y que suelen citarse en ocasiones para apoyar las hipótesis o las conclusiones de algunos estudios.

Entre las propuestas que destacan el papel de la intensidad se encuentra la de Wallis (1951), que analiza auditivamente ejemplos procedentes de grabaciones de hablantes mexicanos, la mayoría de ellos profesores universitarios; para esta autora, específicamente interesada en contrastar el ritmo del inglés y el español con fines pedagógicos, «Once the placement and intensity of the 'beat' or stress are determined, the other prosodemes of length and pitch, for much of the spoken language, seem to follow» (146–47).

En cambio, en trabajos como el de Bolinger y Hodapp (1961) o el de Monroy (1972, 1980a), se cuestiona que la intensidad constituya un correlato del acento en español. En el primero, al que se hará nuevamente referencia en el § 25.4.1, se recurre a un análisis más cualitativo que cuantitativo de las grabaciones de un curso de español para extranjeros (Bolinger *et al.* 1960) para mostrar, por una parte, que el acento puede manifestarse en una ruptura de la curva melódica y, por otra, que los valores máximos de intensidad no siempre coinciden con las vocales acentuadas, puesto que se encuentran vocales inacentuadas con una amplitud mayor o igual que la de las acentuadas (véanse, sin embargo, los comentarios de Canellada [1988] y de Fuller y Clegg [1990, 121–23] a propósito de este estudio). Apoyándose en los datos obtenidos, en los resultados de una prueba de percepción (§ 25.4.1) y en las opiniones de otros autores (§ 25.2.2), Bolinger y Hodapp concluyen, aunque a la espera de experimentos más detallados, que «el tono es el elemento imperante en el acento del español» (47); añaden, aun sin haberla estudiado experimentalmente en su trabajo, que la duración «sirve de segunda línea de defensa, dada alguna ambigüedad tonal» (48). Por su parte, Monroy (1972, 1980a) proporciona datos sobre duración vocálica (§ 25.3.2) y varias muestras de curvas de intensidad para concluir que el porcentaje relativamente bajo de diferencia entre la duración de una vocal acentuada y la de una inacentuada, sumado a la falta de correspondencia entre los valores máximos de intensidad y las sílabas tónicas «parecen favorecer a la frecuencia fundamental sobre los otros dos parámetros analizados» (Monroy 1972, 20, 1980a, 139).

En conjunto, por una parte, resulta interesante constatar —como señala Dorta (2004, 428)— que la importancia decisiva otorgada al tono en la tradición clásica reaparece en cierto modo en los trabajos más recientes, tanto en los de carácter experimental, que se presentan a continuación, como en los de índole más fonológica [→ § 28.1.1, § 28.2.3]. Por otra, se observa que en el estudio de los correlatos fonéticos del acento en español se ha puesto cada vez más de manifiesto la complejidad del fenómeno, y se ha pasado de una etapa en la que se intentaba relacionar el acento con un único parámetro acústico o perceptivo a una perspectiva en la que se pone de relieve el carácter multiparamétrico de la prominencia asociada al acento, especialmente cuando no se considera únicamente la palabra aislada, sino que se aborda su análisis en el enunciado y en el discurso. En resumen, y en palabras de Gil (1988), puede concluirse que

> el fenómeno del acento se materializa en muchas ocasiones mediante la combinación de dos o tres de los parámetros indicados. Unas veces prevalecerá uno de ellos; otras, en cambio, será el propio efecto de la combinación el que nos hará sentir que la sílaba está acentuada (130).

25.3 La producción del acento

Este apartado se centra ya específicamente en las aportaciones experimentales en las que se tratan los correlatos articulatorios y acústicos del acento léxico en español. En primer lugar, se resumen los trabajos en los que se utilizan técnicas de análisis articulatorio (§ 25.3.1) para describir, a continuación, los estudios dedicados a los parámetros acústicos que señalan la prominencia acentual (§ 25.3.2). Finalmente, se consideran, de un modo global, algunos de los factores que inciden en la producción del acento (§ 25.3.3).

25.3.1 Correlatos articulatorios del acento

En su *Curso de fonética y fonología españolas para estudiantes angloamericanos*, Quilis y Fernández ([1964] 1979) exponen algunas de las propiedades articulatorias de las sílabas acentuadas del español, entre las que se cuentan:

1.º)   Una mayor energía articulatoria.
2.º)   Derivada de esta mayor energía articulatoria, las vocales presentan mayor tensión, y también mayor abertura.
3.º)   Las consonantes que rodean el núcleo silábico tónico presentan también mayor tensión y mayor cierre de los órganos articulatorios (154).

Hidalgo y Quilis Merín ([2002] 2004, 221, 2012, 255) reproducen esta información, en tanto que, como ya se ha visto, Hualde (2014) alude a «gestos articulatorios más amplios y precisos» (252), pero no parece que en ningún caso se aporten referencias específicas, lo que no es de extrañar dado el escasísimo número de publicaciones sobre los correlatos articulatorios del acento en español. Por otra parte, los trabajos experimentales sobre el tema no se han ocupado directamente de la diferencia entre sílabas acentuadas e inacentuadas, sino que se han centrado en la posibilidad de establecer distintos grados o niveles de acento (§ 25.1.3); no obstante, ofrecen datos relevantes para caracterizar el acento léxico en términos articulatorios, que se presentan a continuación.

El estudio realizado por Scharf *et al.* (1995a) —publicado, en una versión más detallada, en Scharf *et al.* (1995b) y resumido, posteriormente, en Dogil y Williams (1999)— tenía como objetivo establecer los correlatos articulatorios del acento secundario en español y en polaco y determinar si este se manifiesta con los mismos rasgos articulatorios que el primario o mediante rasgos distintos. Aunque se volverá sobre el experimento en el § 25.5, se explican aquí los aspectos que son pertinentes para describir articulatoriamente las sílabas con acento léxico. El corpus analizado consistió en las palabras *Constantino, constantinoplear* y *constantinopleño,* en las que la sílaba /ti/ presenta acento primario (es decir, léxico) en la primera, es inacentuada en la segunda y debería realizarse con un acento secundario en la tercera. Estas palabras se insertaron en la frase marco *No he dicho . . . jamás,* y uno de los investigadores (Roca, hablante nativo de español peninsular) leyó ocho repeticiones de cada frase. Los datos se recogieron mediante articulografía electromagnética (véanse, por ejemplo, Cagigal y Recasens [1997] y Romero Gallego [2008] para una presentación de esta técnica) [→ § 1.7] y, aunque se tomaron en consideración diversos parámetros articulatorios, las conclusiones que se presentan se ciñen al desplazamiento del ápice de la lengua.

> En las descripciones de los corpus que se analizan en varios de los experimentos mencionados en este capítulo se hará referencia a la noción de 'frase marco' o 'frase portadora' (en inglés, *carrier sentence*). En estos casos, la palabra estudiada se incluye en una estructura fija, del tipo *Digo la palabra . . .* o *Digo la palabra . . . otra vez,* con objeto de controlar algunas variables de naturaleza prosódica y de lograr que la lectura se realice con un cierto grado de naturalidad (Llisterri 1991, 72–76).

Los resultados ponen de manifiesto que en la sílaba con acento primario se produce un desplazamiento más amplio del ápice de la lengua que en las sílabas con acento secundario o que en las átonas, tanto en la dimensión horizontal —ligada al grado de anterioridad o posterioridad— como en la vertical —relacionada con el grado de abertura o cierre—. Las diferencias halladas resultaron significativas y los autores las relacionan con una mayor sonicidad [→ § 1.21.9] de la sílaba léxicamente acentuada, que se conseguiría mediante movimientos más amplios de la mandíbula.

Erickson *et al.* (2016) se propusieron explorar la correlación entre el movimiento de la mandíbula y los distintos grados de acento que la sílaba puede adquirir en una frase tal como los predice la Fonología Métrica [→ § 1.21.12, § 26.8.5]. El marco teórico en el que se basó el experimento es el denominado 'modelo C/D' *(Converter and Distributor)* desarrollado por Fujimura (2000), en el que, a grandes rasgos, se asume que el ritmo de las lenguas —su estructura métrica— se refleja en patrones de desplazamiento de la mandíbula (Erickson 2015).

Se analizaron las realizaciones de tres hablantes femeninas de español, procedentes de El Salvador. El corpus consistió en siete repeticiones de dos frases de 12 sílabas cada una (*Mamá valsará «Casablanca» mañana* y *Ana valsará «Casablanca» mañana*) en las que se empleó siempre la misma vocal para poder comparar el efecto del acento en el movimiento vertical de la mandíbula. Además de estudiar los parámetros acústicos clásicos que se han mencionado en el § 25.2.1, se cuantificó el grado de desplazamiento de la mandíbula mediante el cálculo de la distancia, en una grabación en vídeo digital, entre dos marcadores situados sobre la nariz —en el puente de unas gafas sin cristales— y en la barbilla. Los datos obtenidos muestran, en primer lugar, que el grado de abertura varía según la posición de la sílaba en la palabra, en el pie, en el sintagma y en la frase. Se encuentran, además, correlaciones significativas, aunque débiles, entre la amplitud del movimiento y el nivel de acento que se deriva de la estructura métrica, de modo que las sílabas léxicamente acentuadas ['a], ['ma], ['ra] y ['ɲa] se articulan con un mayor grado de desplazamiento vertical de la mandíbula que las restantes sílabas del enunciado.

Puede resultar pertinente, en este punto, revisar el estudio que llevó a cabo Delattre (1969), en el que contrastó acústica y articulatoriamente las vocales acentuadas e inacentuadas de cinco pares de palabras (*achican-achicaban, alternan-alternaban, agradan-agradaban, recobran-recobraban* y *ocupan-ocupaban*) leídos dos veces por cinco hablantes masculinos de español. El examen cinerradiológico [→ § 1.7] pone de manifiesto que las vocales átonas anteriores presentan un lugar de articulación ligeramente más posterior que el de las correspondientes tónicas, que las átonas posteriores avanzan ligeramente su lugar de articulación con respecto a las tónicas y que, en el caso de /a/, la realización átona presenta una mayor elevación del dorso de la lengua, así como un mayor grado de constricción faríngea que la tónica. Parece, pues, que el aumento de la abertura mandibular de la vocal acentuada con respecto a la inacentuada se produciría en la vocal media abierta, en consonancia con los resultados de Erickson *et al.* (2016). En cambio, Martínez Celdrán y Fernández Planas ([2007] 2013, 190) no constatan diferencias estadísticamente significativas al comparar los datos electropalatográficos correspondientes a vocales tónicas y átonas pronunciadas por una única hablante.

En resumen, la información de la que se dispone sobre los correlatos articulatorios del acento léxico en español es todavía escasa y reposa sobre un corpus de datos muy reducido, tanto en lo que se refiere al número de hablantes como en lo que respecta al contenido fónico. Puede apuntarse que una mayor amplitud del movimiento de la mandíbula parece ser una característica de las sílabas tónicas, pero se requieren investigaciones sistemáticas que aporten datos más completos.

25.3.2 Correlatos acústicos del acento

Los estudios sobre la amplitud, la frecuencia fundamental, la duración y la estructura formántica de los sonidos del español que incluyen entre sus variables el carácter acentuado o inacentuado de la sílaba en la que se encuentran los segmentos analizados pueden proporcionar una primera aproximación al comportamiento de cada uno los correlatos acústicos del acento léxico considerados aisladamente. Por ello, antes de presentar los trabajos específicos sobre el acento, en los que se describe la acción conjunta de varios parámetros acústicos para señalar la prominencia acentual, se recopilarán algunos de los datos relevantes que cabe extraer de las investigaciones centradas en las propiedades acústicas de los elementos segmentales del español. A fin de facilitar la comparación entre resultados, en las tablas que siguen se incluirán también los valores obtenidos en los experimentos relativos al acento que se exponen más adelante en este mismo apartado.

En el momento de valorar la precisión de los datos de naturaleza acústica con lo que se cuenta y, especialmente, al establecer comparaciones entre ellos como se hará en el presente apartado, conviene recordar el momento histórico en el que se obtuvieron. Las observaciones de Navarro Tomás y de Gili Gaya, por ejemplo, se realizaron a partir de trazados recogidos mediante un quimógrafo, un procedimiento mecánico que permitía, con un sistema de membranas con agujas inscriptoras conectadas a través de bocinas a la boca, la nariz o la laringe del hablante, trasladar las vibraciones de la onda sonora a un papel ahumado que recubría un cilindro giratorio (Albalá 2014b); las mediciones temporales debían ajustarse en función de la velocidad de rotación del cilindro y las frecuenciales requerían la inscripción de las vibraciones de un diapasón que se tomaban como referencia. En los estudios publicados en los años sesenta y setenta, entre ellos, los llevados a cabo por Quilis y sus colaboradores, se utilizó principalmente el espectrógrafo, una herramienta analógica comercializada por la empresa Kay Elemetrics con la marca Sona-Graph (Albalá 2014a), por lo que también se conoce como 'sonógrafo'. En estos casos, los análisis se realizaban sobre documentos impresos en papel termosensible, lo que después exigía convertir las mediciones iniciales, en milímetros, en las correspondientes unidades acústicas. En el caso del Sona-Graph, el tiempo máximo de grabación era de 2,4 segundos y la representación acústica ocupaba sobre el papel una longitud de unos 31 cm; la altura del documento era de unos 9,7 cm para una escala de frecuencia de 8000 Hz (Quilis 1960, 422); así, 1 mm en el eje temporal representaba unos 7,7 ms y, en el frecuencial, unos 82,5 Hz si se mantenía esa escala. Prácticamente hasta la década de los noventa no se contó con instrumentos y programas de análisis acústico del habla que proporcionaran datos obtenidos directamente a partir de la señal sonora; algunos de ellos se utilizaron en diversos estudios sobre el acento en español, como CSL (Computerized Speech Lab), Multi-Speech y las versiones digitales del Sona-Graph y del Visi-Pitch, todos ellos de la empresa Kay Elemetrics (actualmente, Pentax Medical), MacSpeech Lab y SoundScope de GW Instruments, WinCECIL y Speech Analyzer del antiguo Summer Institute of Linguistics (hoy, SIL International) o PCquirer de Scicon R&D. No está de más recordar que el programa seguramente más usado en la actualidad, Praat (Boersma y Weenink 2023), no empezó a desarrollarse hasta 1992 (Goedemans 2001) y que la publicación de referencia sobre esta herramienta apareció en el año 2001 (Boersma 2001).

Aunque en pocos trabajos se especifica el error de medida, autores como Konopczynski *et al.* (1978, 143–44) mencionan márgenes de error de 5 ms en la escala temporal y de 10 Hz en la frecuencial en las mediciones efectuadas sobre espectrogramas; Vargas Calderón (1986, 6) indica que, en sus oscilogramas, un milímetro equivale a una centésima de segundo y Figueras y Santiago (1993a, 90) explican que, en el modelo de Visi-Pitch usado en su experimento, los valores de duración se registran en intervalos de 7 ms. También es interesante señalar, en el estudio de Candia, Urrutia y Fernández Ulloa (2006), la diferencia entre las mediciones automáticas y las manuales de la intensidad (Tabla 1) y de la frecuencia fundamental (Tabla 2) realizadas empleando las opciones que ofrece una misma herramienta.

Igualmente resulta pertinente situar en su contexto histórico los tratamientos estadísticos de los datos en los que se basan los distintos autores de los trabajos que se examinarán a continuación, pues de ellos dependen, hasta cierto punto, las conclusiones a las que se llega. Así, en los estudios más clásicos se ofrecen valores medios acompañados de rangos, mientras que más adelante se encuentran también los valores correspondientes a las desviaciones típicas, como indicadores de la variación en los datos. La introducción de pruebas estadísticas como el test de Student o el análisis de varianza (ANOVA), gracias a la amplia difusión de programas como el SPSS (Statistical Package for the Social Sciences, adquirido por IBM a SPSS Inc. en 2009), permitió establecer la significación estadística de las diferencias observadas y las relaciones entre variables. Más recientemente, se ha generalizado el uso modelos de regresión logística de efectos mixtos, una técnica que permite poner de relieve de manera más precisa efectos e interacciones entre variables (Baayen 2008; Baayen, Davidson y Bates 2008), aunque, en ocasiones, la forma de presentar los resultados propia de estos modelos no permite consultar directamente los datos que se obtienen mediante el análisis acústico y por esta razón algunos trabajos recientes no quedan recogidos en las tablas que se muestran más adelante. Además, la progresiva sofisticación en los análisis, facilitada por herramientas de dominio público como R (R Core Team 2023), puede conllevar, a la hora de interpretar los resultados, una cierta dependencia del procedimiento estadístico empleado y exige una comprensión profunda de los tratamientos realizados para garantizar, con ello, interpretaciones correctas.

Los tres correlatos acústicos del acento que se han mencionado en el § 25.2.1, así como las frecuencias de los formantes de las vocales, han sido objeto de numerosas investigaciones, que se presentan en los capítulos correspondientes a la descripción fonética de los elementos segmentales de esta obra [→ § 1.11.1]. En las páginas que siguen, el interés se centrará en algunos de los trabajos en los que, como se acaba de explicar, se comparan realizaciones acentuadas con realizaciones inacentuadas sin que el análisis del acento constituya su finalidad primordial. Se empezará por los estudios sobre la amplitud, para seguir con las que tratan la frecuencia fundamental, la duración y, finalmente, la estructura formántica.

Las vocales poseen, como se explica en el § 2.3.1, una amplitud o intensidad intrínseca que puede verse modificada por diversos factores, entre los que se cuenta el acento [→ § 2.5.1]. Las investigaciones dedicadas de forma monográfica a la intensidad de los sonidos del español son poco numerosas y no siempre coincidentes en cuanto a la metodología y a los resultados, pero contienen datos (resumidos en la Tabla 1) que atañen al acento y que se presentan a continuación.

En un análisis acústico de las diferencias entre las vocales tónicas y átonas en el español del sur de Chile, Urrutia (1976) recogió valores de amplitud correspondientes a 20 vocales situadas en palabras bisílabas que, insertadas en una frase marco, fueron leídas por tres locutores de Valdivia; las mediciones se realizaron sobre la curva de amplitud representada en un espectrograma. Como se observa en la Tabla 1, las vocales acentuadas presentan una amplitud superior a la de las inacentuadas (23,09 dB frente a 18,53 dB), aunque la contribución del acento al incremento de la amplitud no es equivalente en todas las vocales.

Uno de los trabajos específicamente dedicados a la intensidad de las vocales y las consonantes del español es el de Albalá y Marrero-Aguiar (1995), en el que se proporcionan datos procedentes de la lectura, por parte de 10 hablantes de español peninsular, de 73 palabras integradas en una frase marco; la amplitud se calculó en valores relativos con respecto a una vocal de referencia incluida en la frase y las mediciones se realizaron, como en el estudio de Urrutia, a partir de la curva de amplitud en espectrogramas. En los resultados no se aprecian prácticamente diferencias entre consonantes en sílaba acentuada (16,9 dB) y en sílaba inacentuada (17,95 dB), pero sí se observan, en cambio, entre vocales tónicas (25,05 dB) y átonas (21,38 dB) en posición interior del enunciado. Globalmente, las vocales acentuadas muestran un incremento de 3,67 dB con respecto a las inacentuadas y señalan las autoras que «es en /a/ donde más se nota la diferencia (6,4 dB), seguida de /u, e, o/» (130); sin embargo, en el caso de /i/, la realización átona resulta ligeramente más intensa (1,6 dB) que la tónica.

Los datos de Blecua Falgueras y Acín (1995) provienen de un corpus de frases leídas por dos hablantes de español peninsular, y corresponden, en total, a 960 realizaciones vocálicas (Tabla 1). En este caso, los valores relativos de amplitud se normalizaron tomando como referencia el valor medio de cada locutor y los datos se obtuvieron de la curva de energía proporcionada por el programa de análisis acústico SoundScope (GW Instruments). El tratamiento estadístico llevado a cabo muestra diferencias significativas entre los valores medios de las vocales acentuadas (10,04 dB) e inacentuadas (7,68 dB); por otra parte, el carácter más intenso de las vocales acentuadas se mantiene tanto cuando estas se encuentran en posición prepausal (7,52 dB en las vocales tónicas y 2,29 dB en las átonas) como en el interior del enunciado —aunque con una diferencia algo más reducida en este último contexto (11,92 dB y 10,42 dB)—, así como en las distintas posiciones que las vocales ocupan en las frases del corpus: inicial (9,13 dB en las vocales acentuadas frente a 8,87 dB en las inacentuadas), media (12,64 dB y 11,78 dB) y final (14,32 dB y 11,31 dB).

Un cuarto conjunto de valores se encuentra en el análisis que D. Rojas Avendaño y Palma (2015) realizaron a partir de un corpus de palabras en frase marco leído por un único locutor, diseñado inicialmente para desarrollar un conversor de texto en habla en español de Venezuela (N. Rojas Avendaño, Blondet y Mora Gallardo 2012). En la Tabla 1 se aprecia, como en los trabajos anteriores, que los valores medios de amplitud de las vocales acentuadas (75,26 dB) son superiores a los de las inacentuadas (68,91 dB).

Los datos que aparecen en la Tabla 1 correspondientes a los estudios específicos sobre el acento llevados a cabo por Quilis (1971, 1981c), Fuller y Clegg (1990), Figueras y Santiago (1993a), Candia, Urrutia y Fernández Ulloa (2006) y Ruiz Mella y Pereira Reyes (2010) se agrupan con los de los trabajos que se acaban de presentar para facilitar las comparaciones, aunque los aspectos más relevantes de estos estudios se comentan con detalle más adelante.

En la Tabla 1 se puede comprobar que, aunque las vocales acentuadas muestran en todos los casos una mayor amplitud que las inacentuadas, tanto el incremento global como el grado en el que este afecta a cada vocal difieren según el experimento. Conviene tener presente, sin embargo, que los datos se han obtenido mediante distintos procedimientos de medida y aplicando diversas técnicas de normalización; además, en la tabla se ofrecen promedios generales, que deben interpretarse de forma orientativa, pues no siempre reflejan de forma detallada el efecto de las variables que se consideran en algunos estudios como, por ejemplo, la posición de la vocal en la palabra o en el conjunto del enunciado.

El efecto del acento en la amplitud de las vocales se ve corroborado —y, en parte, matizado— en el estudio que Jorge Trujillo, Dorta y Betancort (2017) llevaron a cabo sobre un total de 324 oraciones declarativas y otras tantas interrogativas leídas por 12 informantes de El Hierro y Fuerteventura (Islas Canarias); la metodología seguida fue la propia del proyecto AMPER

Tabla 1 *Efecto del acento en la amplitud (en dB) de las vocales del español*

		[i]	**[e]**	**[a]**	**[o]**	**[u]**	**Media**
Quilis (1971, 1981c)	Inacentuadas	12,98	14,87	14,38	10,41	10,9	13,23
	Acentuadas	17,7	16,74	16,87	16,9	17,2	17,02
	Diferencia (%)	36,42	12,6	17,29	62,28	57,8	28,69
Urrutia (1976)	Inacentuadas	18,15	20,05	17,5	18,15	19,25	18,53
	Acentuadas	22,95	22,05	21,55	25,1	23,8	23,09
	Diferencia (%)	26,45	9,98	26,39	38,29	23,64	24,61
Fuller y Clegg (1990)	Inacentuadas	19,5	4	19	20	20	16,5
	Acentuadas	24	29,5	28,5	29,5	26,5	27,6
	Diferencia (%)	23,08	637,5	50	47,5	32,5	67,27
Figueras y Santiago (1993a)	Inacentuadas	48,67	50,98	55,26	56,43	51,38	52,45
	Acentuadas	49,72	51,25	56,17	56,35	52,5	53,2
	Diferencia (%)	2,16	0,52	1,64	−0,15	2,17	1,42
Albalá y Marrero-Aguiar (1995)[a]	Inacentuadas						21,38
	Acentuadas						25,05
	Diferencia (%)						17,16
Blecua Falgueras y Acín (1995)	Inacentuadas	7,60	7,51	8,62	7,65	7,03	7,68
	Acentuadas	10,3	10,07	10,75	10,16	8,95	10,04
	Diferencia (%)	35,56	34,18	24,65	32,83	27,3	30,78
Candia, Urrutia y Fernández Ulloa (2006)[b]	Inacentuadas	68,69	64,77	65,82	64,86	67,82	66,14
	Acentuadas	69,72	68,09	69,31	70,09	68,69	69,24
	Diferencia (%)	1,49	5,11	5,3	8,06	1,28	4,67
Candia, Urrutia y Fernández Ulloa (2006)[c]	Inacentuadas	58,43	54,38	54,87	47,98	57,30	54,33
	Acentuadas	60,21	60,37	63,37	60,06	57,26	60,26
	Diferencia (%)	3,06	11,02	15,5	25,19	−0.07	10,91
Ruiz Mella y Pereira Reyes (2010)	Inacentuadas	65,33	66,5	67,17	67,17	65,5	66,39
	Acentuadas	66,17	67,83	68,67	67,83	67	67,5
	Diferencia (%)	1,28	2,01	2,23	0,99	2,29	1,67
D. Rojas Avendaño y Palma (2015)	Inacentuadas	67,82	67,61	68,55	67,23	73,35	68,92
	Acentuadas	75,17	76,5	76	74	74,67	75,27
	Diferencia (%)	10,83	13,15	10,86	10,06	1,78	9,22

Nota. Cada fila corresponde a un único experimento, aunque sus resultados se hayan presentado en diversas publicaciones. Los valores mostrados, excepto los de los trabajos de Albalá y Marrero-Aguiar (1995) y de D. Rojas Avendaño y Palma (2015), se han reelaborado a partir de los datos recogidos en las publicaciones. La diferencia indica el porcentaje de aumento de la amplitud de las vocales acentuadas con respecto a las inacentuadas.

[a] Los datos de cada vocal se encuentran en la figura 9 del trabajo, de la que no resulta posible extraer los valores exactos.

[b] Valores correspondientes a la medición manual realizada mediante el programa Multi-Speech 3.1 (Kay Elemetrics).

[c] Valores correspondientes a la medición automática realizada mediante el programa Multi-Speech 3.1 (Kay Elemetrics).

(*Atlas Multimedia de la Prosodia del Espacio Románico*; Fernández Planas 2005b) y se empleó un procedimiento de normalización basado en el promedio de amplitud de cada oración. Tras el análisis global de los datos, los autores concluyen que «la vocal acentuada es más intensa que las dos adyacentes, pretónica y postónica, en un 77,8 % de los casos considerados» (162), pero destacan el efecto de la posición de la vocal en la frase, debido al descenso de la amplitud que se produce tanto en el interior del sintagma como en el conjunto de la oración; la modalidad oracional y el patrón acentual constituyen dos variables que también inciden en los resultados. Los datos previamente obtenidos por Dorta, Hernández Díaz y Díaz Cabrera (2009) para el español de Canarias y por Muñetón (2016) para el de Medellín (Colombia) con un corpus de oraciones interrogativas, igualmente elaborado y analizado siguiendo los criterios del proyecto AMPER, confirman que la coincidencia entre un valor máximo de amplitud y una vocal léxicamente acentuada viene condicionada por la posición de la vocal en la frase y por el patrón acentual de la palabra.

Al igual que sucede con la amplitud, las vocales poseen una frecuencia fundamental intrínseca [→ § 1.5.5, § 2.3.1] que puede verse alterada en función de diferentes factores [→ § 2.5.1]. Uno de los trabajos pioneros en lo que respecta a la influencia del acento en la frecuencia fundamental fue el de Gili Gaya (1924), en el que el autor analizó, mediante inscripciones quimográficas, la lectura por parte de cuatro hablantes de español peninsular de 45 palabras aisladas y de dos textos. Sus resultados ponen de manifiesto que, si bien en la palabra aislada, en la vocal léxicamente acentuada se da siempre un incremento de la frecuencia fundamental, en la lectura de textos tal coincidencia es menos frecuente en las ramas ascendentes o descendentes de la curva melódica; en cambio, en la rama intermedia de la curva —es decir, la situada entre el primer acento y el último—, la coincidencia entre acento y aumento de la f_0 sucede en porcentajes que oscilan entre el 56,8 % y el 70 %, dependiendo del locutor. Las causas a las que alude Gili Gaya para explicar este fenómeno se relacionan con el mayor o menor grado de énfasis en la realización de una palabra en contexto y con la disminución de la variabilidad en los movimientos de la curva melódica a medida que aumenta la fatiga del lector.

Como se muestra en la Tabla 2, en algunas de las investigaciones que se han ocupado de la descripción acústica del vocalismo del español se proporcionan valores de frecuencia fundamental en relación con el carácter átono o tónico de la vocal. En el experimento de Mateo (1988) sobre la frecuencia fundamental intrínseca [→ § 2.3.1] se recogen datos numéricos derivados del análisis de la lectura, por parte de cuatro hablantes de español peninsular, de 10 palabras bisílabas, paroxítonas y oxítonas, incluidas en una frase marco; la herramienta utilizada para las mediciones fue un Visi-Pitch (Kay Elemetrics) conectado a un sistema informático, tal como se describe en Romera Barrios y Salcioli (1986). Se observa —y así lo corroboran, según la autora, los resultados de los otros 26 locutores para los que no se presentan los valores desglosados— la existencia de diferencias estadísticamente significativas entre los valores de la f_0 de las vocales acentuadas y los de las inacentuadas, aunque se encuentran también casos de valores de frecuencia fundamental más elevados en la sílaba postónica que en la tónica, así como una reducción de la distancia entre los valores de la f_0 de la vocal tónica y los de la átona en las palabras paroxítonas frente a las oxítonas. Mateo atribuye estas diferencias a la posición que ocupa la palabra en la frase por lo que, probablemente, se trate de un efecto del desplazamiento acentual al que se ha aludido en el § 25.2.1.

La tendencia a que las vocales acentuadas arrojen valores de frecuencia fundamental más elevados que los de las inacentuadas se aprecia también en los resultados de Albalá *et al.* (2008), procedentes del análisis de 1867 vocales extraídas, tras seleccionar un conjunto de contextos fonéticos controlados, de la lectura de un texto fonéticamente equilibrado por parte de 30 hablantes masculinos de español peninsular. En este trabajo se concluye que, globalmente, existen diferencias entre los valores de la f_0 de las vocales acentuadas (123 Hz) y los de las inacentuadas (117 Hz); considerando individualmente cada vocal, las diferencias entre átonas y tónicas resultan significativas en el caso de [i] y, en menor medida, de [o], pero no lo son ni en [e] ni en [a]. Los datos del estudio ya mencionado de D. Rojas Avendaño y Palma (2015) ponen también de relieve, para un locutor masculino venezolano, la frecuencia fundamental más elevada de las vocales acentuadas frente a las inacentuadas (Tabla 2).

Los valores presentados en la Tabla 2 procedentes de los estudios específicamente dedicados al acento realizados por Quilis (1971, 1981c), Fuller y Clegg (1990), Figueras y Santiago (1993a), Romera Barrios (1999a, 1999b), Candia, Urrutia y Fernández Ulloa (2006) y Ruiz Mella y Pereira Reyes (2010) se recogen aquí para facilitar las comparaciones con otros trabajos, aunque estos estudios se discuten con detalle más adelante.

En conjunto, los datos recogidos en la Tabla 2 ponen de manifiesto la tendencia común a un valor más elevado de la frecuencia fundamental en las vocales acentuadas con respecto a las inacentuadas; en cuatro de los estudios examinados, las mayores diferencias entre átonas y tónicas se encuentran en la vocal anterior cerrada [i], pero no parece que se detecten patrones regulares en lo que respecta a las demás vocales. Nuevamente, sin embargo, conviene recordar que se trata de promedios globales en los que no se refleja completamente el efecto de algunas variables contempladas en los experimentos, en particular el de la posición de la vocal en el enunciado. En este sentido, como se ha explicado en el § 25.2.2, la disminución de los valores de la f_0 al final de un enunciado declarativo [→ § 27.2.2, § 28.3.1] ha llevado a varios autores a otorgar un papel relevante a la duración como marca del acento en contextos en los que los valores de la frecuencia fundamental en la vocal vienen condicionados por un patrón melódico descendente.

Como ocurre con la amplitud y la frecuencia fundamental, las vocales poseen un tiempo de emisión intrínseco [→ § 2.3.1] que puede variar, entre otros factores, por su carácter acentuado o inacentuado o por su posición con respecto a la pausa [→ § 2.5.1]. Los primeros datos empíricos sobre duración vocálica en español se encuentran en los trabajos de Navarro Tomás, realizados mediante un quimógrafo y con un único hablante —el autor— leyendo series de palabras aisladas. Las mediciones recogidas en Navarro Tomás (1917) corresponden a un total de 427 vocales y permiten establecer diferencias entre átonas y tónicas, así como distinguir entre la posición interior de palabra y la prepausal. En la Tabla 3 se puede apreciar el efecto de ambos factores, así como la gradación que se establece desde los valores temporales más

Tabla 2 *Efecto del acento en la frecuencia fundamental (en Hz) de las vocales del español*

		[i]	[e]	[a]	[o]	[u]	**Media**
Quilis (1971, 1981c)[a]	Inacentuadas	102,5	102,68	99,06	96,24	107,5	99,95
	Acentuadas	136,16	122,58	118,13	112,85	121	121,5
	Diferencia (%)	32,84	19,38	19,24	21,81	12,56	21,56
Mateo (1988)	Inacentuadas	160	142,5	133,88	144,25	161,75	148,48
	Acentuadas	193,5	170	159,38	162,75	193,13	175,75
	Diferencia (%)	20,94	19,3	19,05	12,82	19,4	18,37
Fuller y Clegg (1990)[b]	Inacentuadas	195	173	153,5	198,5	173	178,6
	Acentuadas	237	213	238	228	240	231,2
	Diferencia (%)	21,54	23,12	55,05	14,86	38,73	29,45
Figueras y Santiago (1993a)[c]	Inacentuadas	234,08	226,1	248,57	241	248,88	239,73
	Acentuadas	256,1	241,78	239	252,27	255,63	248,96
	Diferencia (%)	9,41	6,94	−3,85	4,67	2,71	3,85
Romera Barrios (1999a, 1999b)	Inacentuadas	141,24	140,7	145,7	144,59	158,5	146,15
	Acentuadas	138,08	141,67	139,61	139,49	143,2	140,41
	Diferencia (%)	−2,23	0,69	−4,18	−3,53	−9,65	−3,93
Albalá *et al.* (2008)[d]	Inacentuadas						117
	Acentuadas						123
	Diferencia (%)						5,13
Candia, Urrutia y Fernández Ulloa (2006)[e]	Inacentuadas	100	97,67	97,33	95	101,5	97,92
	Acentuadas	99	99,3	97	102,67	107,67	101
	Diferencia (%)	−1	1,71	−0,34	13,33	6,08	3,14
Candia, Urrutia y Fernández Ulloa (2006)[f]	Inacentuadas	100,5	84	80,33	85,33	65,5	83,15
	Acentuadas	94,33	100,33	100,67	102	96,33	98,73
	Diferencia (%)	−6,14	19,44	25,31	19,53	47,07	18,74
Ruiz Mella y Pereira Reyes (2010)[g]	Inacentuadas	132,33	133,67	126	142,33	150	136
	Acentuadas	143	142,33	139,67	151,33	156,67	146,6
	Diferencia (%)	8,06	6,48	10,85	6,32	4,1	7,79
D. Rojas Avendaño y Palma (2015)	Inacentuadas	92,9	94,1	95,5	91,5	102,7	95,34
	Acentuadas	148,5	139,12	124,33	129	147,83	137,32
	Diferencia (%)	59,85	47,84	30,19	40,98	43,94	44,49

Nota. Cada fila de la tabla corresponde a un único experimento, aunque sus resultados se hayan presentado en diversas publicaciones. Los valores mostrados, excepto los de los trabajos de Albalá *et al.* (2008) y de D. Rojas Avendaño y Palma (2015), se han reelaborado a partir de los datos obtenidos de las publicaciones. La diferencia indica el porcentaje de aumento de la frecuencia fundamental de la vocal acentuada con respecto a la inacentuada.

[a] Se recogen únicamente los valores procedentes de los cuatro hablantes masculinos que participaron en el experimento para facilitar la comparación con otros datos.

[b] Los autores únicamente precisan que «The sentences were read by three sociolinguistically equivalent Spanish speakers from Chihuahua, Mexico» (125). En los anteriores trabajos de Clegg (Clegg y Brannen 1985; Clegg y Fails 1987) se analizaron hablantes femeninas.

[c] Las autoras solo indican que se consignan «los datos obtenidos de la medición de un informante» (88).

[d] Los datos de cada vocal se encuentran en la figura 1 del trabajo, de la que no resulta posible extraer los valores exactos.

[e] Valores obtenidos para los hablantes masculinos que participaron en el estudio, correspondientes a la medición manual realizada mediante el programa Multi-Speech 3.1 (Kay Elemetrics).

[f] Valores obtenidos para los hablantes masculinos que participaron en el estudio, correspondientes a la medición automática realizada mediante el programa Multi-Speech 3.1 (Kay Elemetrics).

[g] Se recogen los datos correspondientes al único hablante masculino del estudio.

elevados de las vocales acentuadas prepausales hasta los más reducidos de las inacentuadas interiores. Los resultados de Quilis (1967, [1967] 1981) se basaron también en la lectura de palabras aisladas, realizada por tres hablantes de español de Castilla, y en ellos se aprecia igualmente la gradación mencionada (Tabla 3). Posteriormente, Quilis y Esgueva (1983) publicaron valores de duración procedentes de la lectura de 30 palabras incluidas en una frase marco por parte de 10 informantes hispanoamericanos y de 12 hablantes de español del centro y del norte de la Península; en la Tabla 3 se

Tabla 3 *Efecto del acento y de la posición en la duración (en ms) de las vocales del español*

	Acentuadas			Inacentuadas		
	Prepausales		**Interiores**	**Prepausales**		**Interiores**
Navarro Tomás (1917)	156,93		100,36	116,19		57,26
		108,6			78,47	
Quilis (1967, [1967] 1981)	189,33		117,47	141,33		76,15
		141,42			94,26	
Quilis (1971, 1981c)	93,33		83,91	72,48		67,91
		85,26			68,54	
Urrutia (1976)		106,7			82,3	
Konopczynski *et al.* (1978)	185		105	140		75
		145			107,5	
Monroy (1980b)		76,65			55,61	
Quilis y Esgueva (1983)						
Español peninsular		58			48,4	
Español de América		64,7			47,6	
de Manrique y Signorini (1983)						
Corpus completo	111		80,6	88,75		55,1
		89,29			64,71	
Corpus reducido	121,5		92,6	91,33		58,7
		105,44			66,23	
Almeida (1986)						
Habla cuidada		105,4			65,6	
Habla coloquial		76,4			54,2	
Fuller y Clegg (1990)	144,8		105,8	72,6		75,6
		125,3			74,1	
Vaquero de Ramírez y Guerra (1992)		91,6			77	
Figueras y Santiago (1993a)		116,67			109,43	
Marín Gálvez (1994–1995)	100,93		–	91,57		–
		70,17			58,31	
Cuenca Villarín (1996–1997)	95,01		69,95	78,8		62,9
		82,48			70,85	
Romera Barrios (1999a, 1999b)		77,57			63,79	
Candia, Urrutia y Fernández Ulloa (2006)	107		72,65	104,67		63,75
		83,31			73,19	
Ruiz Mella y Pereira Reyes (2010)		65,37			52,68	
Nadeu (2014)		56,6			53	
D. Rojas Avendaño y Palma (2015)		114,6			93,1	
Krohn (2019)		99			70	
Rodríguez Ordóñez (2023)		74,5			58,93	

Nota. Cada fila de la tabla corresponde a un único experimento, aunque sus resultados se hayan presentado en diversas publicaciones. Excepto los de los trabajos de Quilis y Esgueva (1983), Vaquero de Ramírez y Guerra (1992), Marín Gálvez (1994–1995), D. Rojas Avendaño y Palma (2015), Krohn (2019) y Rodríguez Ordóñez (2023), el resto de los datos se ha reelaborado a partir de los valores recogidos en las publicaciones.

comprueba que los valores resultan más bajos que en los estudios anteriores, probablemente debido a la mayor naturalidad que proporciona la frase marco frente a la palabra aislada, aunque se observa también que se mantiene la distinción temporal entre vocales acentuadas e inacentuadas.

Urrutia (1976), en la investigación ya mencionada, ofrece valores de duración para la lectura de palabras en frase marco realizada por tres hablantes de Valdivia (Chile), que muestran también, como se recoge en la Tabla 3, un incremento de duración de las vocales acentuadas en relación con las inacentuadas, en este caso en posición interior de palabra y con la vocal precedida y seguida de consonante bilabial. En el estudio de Monroy (1980b), en el que se analizaron cinco hablantes de distintas variedades del español peninsular, se constata nuevamente la mayor duración de las vocales tónicas frente a las átonas (Tabla 3) en un corpus de 390 vocales en palabras insertas en frases marco y con las mediciones realizadas sobre mingogramas y espectrogramas.

El trabajo de de Manrique y Signorini (1983) contiene valores procedentes de la lectura de 120 frases por parte de un hablante de español de la Argentina y de la lectura de un corpus más reducido realizada por tres hablantes; las autoras presentan los datos de forma separada, como también se hace en las Tablas 3 y 4, debido a las diferencias en la velocidad de elocución. En los resultados se observa un incremento medio de un 48 % en la duración de la vocal acentuada con respecto a la de la inacentuada para el informante que leyó el corpus completo, y de un 58 % para los otros tres locutores, a la vez que se comprueba que las vocales con mayor duración corresponden a las tónicas prepausales. Los datos de Almeida (1986) provienen, en cambio, del análisis espectrográfico de unas 800 vocales en español de Canarias y permiten contrastar resultados obtenidos en un estilo de habla cuidado con los correspondientes a un estilo coloquial; como se muestra en la Tabla 3, los valores en este último son más reducidos en relación con los propios de un estilo formal, aunque sigue manteniéndose la mayor duración de las vocales acentuadas respecto a las inacentuadas. También en el estudio de Vaquero de Ramírez y Guerra (1992) se recurrió a un corpus en estilo espontáneo, en este caso seleccionado entre el material recogido en 41 de las entrevistas realizadas en Puerto Rico para el *Proyecto de estudio coordinado de la norma lingüística culta del español hablado en las principales ciudades del mundo hispánico* (Lope Blanch 1986); en total, se analizaron espectrográficamente 1043 vocales seguidas y precedidas de consonante nasal. Las características de la muestra considerada permiten a las autoras afirmar que ni la edad ni el sexo del locutor inciden en la mayor duración de las vocales tónicas con respecto a las átonas, aunque en los hablantes mayores de 55 años la diferencia es más reducida (4,88 %) que en los de edades comprendidas entre 36 y 55 años (28 %) y entre 25 y 35 años (22,37 %); por otra parte, en los informantes masculinos, la diferencia entre acentuadas e inacentuadas resulta más reducida en comparación con los femeninos (11,57 % y 25,3 %, respectivamente).

En el experimento de Marín Gálvez (1994–1995) se analizaron, mediante el programa MacSpeech Lab (GW Instruments), 491 vocales procedentes de la lectura de dos textos periodísticos por parte de dos hablantes de español peninsular. En los datos (Tablas 3 y 4) se pone de manifiesto un incremento del 23,3 % en la duración de las vocales acentuadas frente a las inacentuadas, así como una mayor duración propiciada por la posición prepausal. Estos resultados coinciden con los de Cuenca Villarín (1996–1997), que provienen de la lectura de palabras en frase marco realizada por un único hablante de español peninsular. En su estudio, la autora considera también la posición con respecto al acento, para constatar una mayor duración media de las vocales que aparecen después del acento léxico (77 ms) en contraste con las situadas en posiciones preacentuales (63,58 ms); de hecho, las vocales posacentuales resultan, en sus valores medios, ligeramente más largas que las acentuadas (74,2 ms; Tabla 3), tendencia que, señala Cuenca Villarín, se encuentra también en los datos de Simões (1991) y de Macarrón, Escalada y Rodríguez Crespo (1991), y que resulta, además, especialmente marcada cuando las átonas posacentuales se encuentran en posición prepausal; estos hechos parecen ir también en la dirección apuntada por Navarro Tomás (1917): «La final átona es, pues, la más larga de las vocales inacentuadas; es más larga asimismo que la tónica en las palabras esdrújulas, e igual que ésta aproximadamente en las palabras llanas» (384). En el trabajo de Nadeu (2013, 2014) se estudiaron 1996 vocales obtenidas mediante la lectura realizada por 10 hablantes de español centropeninsular de palabras bisílabas, oxítonas y paroxítonas, incluidas en una frase marco; a fin de controlar que las vocales se encontraran siempre entre oclusivas bilabiales sordas, tuvo que recurrirse a palabras con una baja frecuencia de aparición en la lengua. Los datos que la autora recoge en la tabla A.13 del apéndice con material complementario de su publicación (Nadeu 2014) y resumidos aquí en las Tablas 3 y 4 muestran, como en los estudios anteriores, una mayor duración de las vocales acentuadas (56,6 ms) frente a las inacentuadas (53 ms), aunque con una diferencia más reducida que la hallada en otros trabajos.

Finalmente, en las Tablas 3 y 4 se incluyen también los valores de D. Rojas Avendaño y Palma (2015), en los que se aprecia, para un solo locutor, la misma tendencia documentada en otros experimentos, así como los de Krohn (2019), basados en la lectura de 75 palabras contextualizadas en oraciones, y los de Rodríguez Ordóñez (2023), correspondientes a 1006 vocales extraídas de 83 enunciados procedentes de las entrevistas realizadas en Medellín (Colombia) para el proyecto PRESEEA (*Proyecto para el Estudio Sociolingüístico del Español de España y América*); en ambos estudios la diferencia de duración entre vocales tónicas y átonas resultó ser estadísticamente significativa. Aunque únicamente se analizaron las vocales /a e o/, en los trabajos de Romanelli, Menegotto y Smyth (2018) y de Romanelli *et al.* (2022) también se señala la existencia de diferencias significativas entre la duración de las vocales tónicas y la de las átonas en el español rioplatense (Argentina). La misma tendencia se pone de manifiesto en los datos correspondientes al español de Bogotá (Colombia): en el estudio de Correa (2017), llevado a cabo con 5 hablantes, las vocales tónicas resultadon 16,6 ± 0,9 ms más largas que las átonas; en Correa (2021), una investigación en la que participaron 22 hablantes, en la lectura de textos a velocidad lenta las vocales tónicas resultaron ser 17,55 ms más largas que las átonas, diferencia que se reduce a 11,55 ms al leer a velocidad normal.

Tabla 4 *Diferencias de duración (en porcentajes) entre vocales acentuadas e inacentuadas en español*

	Diferencia		Diferencia
Navarro Tomás (1917)	38,4	Vaquero de Ramírez y Guerra (1992)	18,96
Quilis (1967, [1967] 1981)	50,04	Figueras y Santiago (1993a)	6,61
Quilis (1971, 1981c)	24,38	Marín Gálvez (1994–1995)	20,34
Urrutia (1976)	29,65	Cuenca Villarín (1996–1997))	16,41
Konopczynski *et al.* (1978)	34,88	Romera Barrios (1999a, 1999b)	21,62
Monroy (1980b)	37,84	Candia, Urrutia y Fernández Ulloa (2006)	13,82
Quilis y Esgueva (1983)		Ruiz Mella y Pereira Reyes (2010)	24,09
Español peninsular	19,83	Nadeu (2014)	6,79
Español de América	35,92	D. Rojas Avendaño y Palma (2015)	23,09
de Manrique y Signorini (1983)		Romanelli, Menegotto y Smyth (2018)	28
Corpus completo	37,97	Krohn (2019)	41,43
Corpus reducido	59,21	Correa (2021)	
Almeida (1986)		Lectura a velocidad normal	13
Habla cuidada	60,67	Lectura a velocidad lenta	19,5
Habla coloquial	40,96	Lectura a velocidad rápida	2
Fuller y Clegg (1990)	69,1	Rodríguez Ordóñez (2023)	26,42

Nota. Las diferencias indican el porcentaje de alargamiento de las vocales acentuadas con respecto a las inacentuadas.

Los valores recogidos en las Tablas 3 y 4 relativos a los estudios dedicados específicamente al acento realizados por Quilis (1971, 1981c), Konopczynski *et al.* (1978), Fuller y Clegg (1990), Figueras y Santiago (1993a), Romera Barrios (1999a, 1999b), Candia, Urrutia y Fernández Ulloa (2006) y Ruiz Mella y Pereira Reyes (2010) se discuten más adelante aunque se presenten conjuntamente con los de los trabajos ya mencionados para facilitar las comparaciones.

Al considerar los porcentajes de diferencia reunidos en la Tabla 4 se pone de manifiesto que, si se exceptúan los valores proporcionados por Figueras y Santiago (1993a), por Nadeu (2014) y por Correa (2021), en este último caso específicamentee para la lectura de textos a velocidad rápida, todos ellos notablemente más bajos que en el resto de estudios, el incremento en el tiempo de emisión de las vocales acentuadas con respecto a las inacentuadas oscila entre el 69,1 % en los datos de Fuller y Clegg (1990), procedentes de la lectura de frases por tres hablantes de español de México, y el 13% hallado por Correa (2021) para el español de Bogotá (Colombia) en la lectura de textos a velocidad normal llevada a cabo por 22 hablantes, o el 13,82 % obtenido por Candia, Urrutia y Fernández Ulloa (2006) mediante el análisis de la lectura de frases que realizaron cuatro hablantes del norte de España. No puede obviarse, sin embargo, que resulta sumamente problemático comparar datos recogidos mediante diferentes procedimientos, que en algunos casos los valores corresponden a un único hablante y que los resultados pueden diferir en función de la velocidad de elocución [→ § 33.5] y de si se han aplicado procedimientos de normalización para analizar las duraciones; además, en algunos de los trabajos examinados se constata que existen factores geográficos y sociolingüísticos que pueden condicionar la variación. Por otra parte, conviene también tener en cuenta que la interacción entre el acento y otras variables —el alargamiento prepausal o la posición de la vocal con respecto a la sílaba tónica, por ejemplo— dificulta el establecimiento de una correlación directa entre tonicidad y tiempo de emisión.

La información recogida aquí sobre las vocales puede completarse con la discusión sobre la incidencia del acento en las propiedades temporales de los diptongos y los hiatos que se presenta en el § 6.6.1.

Por lo que atañe a la influencia del acento en la duración consonántica, cabe mencionar, en primer lugar, el resumen de sus observaciones —realizadas a partir del análisis quimográfico de su propia pronunciación de palabras aisladas— que ofrece Navarro Tomás (1918):

> Resulta, pues, de una manera constante que, prescindiendo de la posición final e inicial absolutas . . . las consonantes en posición postónica intervocálica, entre la vocal acentuada y la final, son bastante más largas que en cualquier otra posición, superando en un 49 %, por término medio, . . . a la duración de las consonantes protónicas, y en un 36 ó 33 %, respectivamente, a la de las consonantes iniciales o finales de sílaba acentuada (388).

Los valores temporales de las consonantes en el estudio, ya citado, que llevaron a cabo de Manrique y Signorini (1983) muestran una tendencia similar a la encontrada para las vocales: las consonantes en sílaba acentuada poseen una mayor duración que las que se hallan en sílaba inacentuada (un 22 %) y, en general, las duraciones más largas corresponden a la posición prepausal. El alargamiento de las consonantes ante pausa se aprecia también en el análisis de del Barrio y Torner (1999a, 1999b), basado en la lectura de textos periodísticos realizada por dos hablantes de español peninsular y con una normalización de los datos en función de la velocidad de habla; sin embargo, los autores llegan a la conclusión de que las únicas diferencias estadísticamente significativas en la duración consonántica debidas al acento se dan en la rótica simple [ɾ], en la nasal alveolar [n] y en la lateral alveolar [l], solamente cuando se encuentran en coda silábica; en estos casos, los porcentajes de alargamiento de la consonante en sílaba tónica oscilan entre el 28 % y el 53 %. Takasawa (2003, 2004) observa también una mayor duración de [ɾ], así como de [m], [ɲ] y [ʎ] en las sílabas tónicas de palabras en frase marco leídas por siete hablantes de español de Castilla cuando se contrastan con las consonantes correspondientes en sílabas átonas; las diferencias, en cambio, no resultaron significativas desde un punto de vista estadístico. En el caso de las consonantes que se encuentran en un ataque silábico complejo, en el estudio de Caño (2021), basado en la lectura por parte de 16 hablantes de español peninsular septentrional de 44 palabras insertadas en tres textos narrativos, se pone de manifiesto que, en esta posición, /f/ y /l/ son las dos consonantes cuya duración aumenta significativamente con la tonicidad. En el caso de las consonantes en coda silábica, la duración de /s/ se reduce significativamente cuando se realiza como átona.

En el capítulo 18 de esta obra se ofrecen informaciones más detalladas sobre la influencia del acento en las características acústicas de las consonantes laterales y, en lo que respecta a las róticas, en el § 21.3.1 se discute el efecto del acento en la vocal intrusiva de los grupos consonánticos con rótica; en los § 15.3.3 y 15.7.2 se presentan los datos de naturaleza temporal correspondientes, respectivamente, a las consonantes fricativas y a la africada.

Si bien el análisis de la duración silábica suele abordarse en el marco de los trabajos sobre el ritmo [→ § 36.3.1, § 36.3.2], algunas investigaciones realizadas desde otras perspectivas permiten disponer de documentación complementaria acerca de las diferencias temporales entre sílabas acentuadas e inacentuadas en español. Así, los valores recogidos por Delattre (1966) en un corpus de cinco minutos de habla espontánea muestran una duración media de 256,8 ms para las sílabas tónicas y de 197,5 ms para las átonas, es decir, un incremento de duración de un 30 % debido a la influencia del acento; al igual que sucede en las vocales, las sílabas en posición final resultan más largas que las que se encuentran en posición interior, tal como ya puso de manifiesto Gili Gaya (1940) en un corpus leído. En conjunto, los resultados de Delattre muestran que las sílabas de mayor duración corresponden a tónicas, finales y cerradas (321,3 ms), mientras que las de duración menor serían las inacentuadas, interiores y también cerradas (192,7 ms). En relación con el carácter abierto o cerrado de la sílaba [→ § 1.21.8, § 24.2], cabe mencionar el estudio de Clegg y Fails (1987), en el que el efecto de esta variable se considera conjuntamente con el del acento y el de la posición. El análisis de los datos procedentes de la lectura de una lista de 20 palabras por seis locutoras femeninas hablantes de seis variedades distintas de español americano revela que, tanto en posición final como en interior, la mayor duración corresponde a las sílabas acentuadas cerradas (406 ms en final y 355 ms en interior) y la menor, a las inacentuadas abiertas (262 ms y 146 ms); de los datos publicados se desprende que, con independencia de su estructura, en posición final las sílabas tónicas se alargan un 34,87 % con relación a las átonas, mientras que en posición interior lo hacen en un 74,89 %, siempre con valores de duración sistemáticamente más elevados en las sílabas cerradas que en las abiertas. De los valores recogidos por Clegg y Brannen (1985) en un estudio con informantes de las mismas características que el de Clegg y Fails (1987) y con una muestra de 94 palabras, en la que se excluyeron del análisis las sílabas en posición final, se deduce que la duración de las sílabas tónicas aumenta en un 41,19 % en relación con la de las átonas, dato que concuerda con el 50,45 % de alargamiento hallado en Clegg y Fails (1987) si se incluyen en el cálculo todas las sílabas analizadas con independencia de su posición. En el trabajo de Ríos (1991), basado en un conjunto de 717 sílabas extraídas de una entrevista de una hora de duración, se constata también el efecto de la estructura silábica hallado por Clegg y Fails (1987), aunque la diferencia de duración entre sílabas acentuadas e inacentuadas se sitúa en torno al 14 %, valor notablemente más bajo que el establecido por Delattre (1966) en su corpus de habla espontánea.

Finalmente, algunas investigaciones sobre las características acústicas de las vocales del español permiten evaluar el efecto del acento en la frecuencia de los formantes y, por consiguiente, en el timbre vocálico [→ § 2.5.2]. Cabe referirse, en primer lugar, a aquellos estudios que aportan valores de formantes correspondientes a vocales acentuadas e inacentuadas. En la Tabla 5 se muestra el porcentaje de diferencia entre los valores medios de F1 y de F2 obtenidos para las vocales tónicas y para las átonas en cada uno de estos trabajos; a fin de que los datos resulten comparables, se recogen únicamente los valores correspondientes a hablantes masculinos.

Tabla 5 *Efecto del acento en la frecuencia de los dos primeros formantes (F1 y F2) de las vocales del español*

	[i]		[e]		[a]		[o]		[u]	
	F1	**F2**	**F1**	**F2**	**F1**	**F2**	**F1**	**F2**	**F1**	**F2**
Cárdenas (1960)[a]	14,53	−4,96	7,04	11,46	12,7	−11,37	0	−7,02		
Delattre (1969)	0	2,27	0	8,33	15,38	3,7	0	−5	0	0
Urrutia (1976)	−2,5	−0,29	12,90	9,76	31,8	19,23	6,25	7,67	−2,56	−3,13
Quilis y Esgueva (1983)	2,92	2,09	−1,15	6,07	2,6	0,73	0,53	0,59	2,68	4,91
Martínez Celdrán (1984)	−0,86	0,41	4,43	4,01	9,23	−5,38	2,02	2,98	−6,23	−5,36
Almeida (1990)	9,52	−0,63	1,93	−6,02	4,41	−0,8	5,97	5,22	6,84	11,06
Vaquero de Ramírez y Guerra (1992)	−4,77	−4,46	3,81	0,77	2,91	−5,03	−0,19	−0,5	3,25	0,2
Soto (2007)	0,32	3,43	1,58	1,97	8,03	−1,06	0,94	3,27	1,66	1,74
Kim (2011)										
Argentina	−6,69	−1,67	6,41	7,76	15,25	−2,39	9,4	−6,28	0,59	−16,5
Perú	−8,01	6,27	−0,48	2,32	14,9	0,86	4,71	−17,18	−0,29	−12,7
Nadeu (2014)	−0,95	5,01	0,44	0,75	3,31	2,43	0,44	1,74	−3,24	0,7
D. Rojas Avendaño y Palma (2015)	0	0	0	0	0	0	6,31	−1,03	16,61	27,18

Nota. Los valores presentados en la tabla corresponden al porcentaje de diferencia entre los valores medios (en Hz) de la vocal acentuada y los de la vocal inacentuada en hablantes masculinos. Los valores positivos indican un valor más alto de la acentuada con respecto a la inacentuada y los negativos, un valor más bajo.
[a] En el trabajo no se incluyen palabras con [u] átona.

Puesto que el porcentaje se ha calculado en relación con la vocal acentuada, en líneas generales, un valor positivo para el primer formante (F1) indica que la vocal tónica se realizaría con una mayor abertura que la átona, mientras que un valor positivo en el segundo formante (F2) señalaría una articulación más anterior de la acentuada con respecto a la inacentuada. La centralización de las vocales átonas se daría cuando se encuentran conjuntamente una diferencia positiva en el F1 y en el F2 de las vocales posteriores (es decir, la acentuada presenta un mayor grado de cierre y de anterioridad que la inacentuada) y una diferencia de signo positivo en el F1 y de signo negativo en el F2 en las vocales anteriores (en la acentuada se da un mayor grado de cierre y un menor grado de anterioridad). Otro procedimiento para determinar las diferencias de timbre vocálico en función del acento, que se ha empleado en algunos estudios sobre el acento en español, consistiría en calcular la distancia entre el F2 y el F1 (medida en unidades acústicas como el hercio o perceptivas como el bark [→ § 1.13.2]) para cuantificar el grado de centralización.

Por lo que respecta a los experimentos llevados a cabo con palabras aisladas, en el trabajo de Delattre (1969) al que ya se ha hecho referencia en el § 25.3.1 se constata, desde una perspectiva contrastiva, que el grado de reducción vocálica debido al acento es en español algo menor que en francés y en alemán y sensiblemente menos acusado que en inglés. En la Tabla 5 se hace patente la coincidencia de los valores frecuenciales de F1 excepto en el caso de [a], que se realizaría más cerrada —y algo más posterior— en posición inacentuada; el segundo formante muestra que las vocales anteriores átonas tienden a posteriorizarse, y que [o] átona se produciría como ligeramente más anterior que la correspondiente tónica. Por su parte, en el análisis espectrográfico de Martínez Celdrán (1984, 293–301) —presentado también en Martínez Celdrán y Fernández Planas ([2007] 2013, 188–91)— se destaca el hecho de que «el triángulo de las vocales átonas está incluido en el de las tónicas sistemáticamente» (Martínez Celdrán y Fernández Planas [2007] 2013, 188), pese a que «la diferencia acústicamente es tan pequeña que puede considerarse despreciable» (190).

Los valores hallados en los estudios, ya citados, de Urrutia (1976), Quilis y Esgueva (1983), Nadeu (2013, 2014) y de D. Rojas Avendaño y Palma (2015) provienen de palabras leídas en el contexto de una frase marco. Como puede apreciarse en la Tabla 5, las mayores diferencias en los datos de Urrutia (1976) se encuentran en las vocales [e] y [a], cuyas realizaciones inacentuadas serían más cerradas y más posteriores que las acentuadas. Una tendencia análoga al cierre de las átonas, aunque en mucho menor grado (Tabla 5), se refleja en los valores obtenidos por Quilis y Esgueva (1983). En el trabajo sobre el acento llevado a cabo por Kim (2011), cuyos resultados se presentan detalladamente más adelante, se analizaron 2400 vocales, extraídas de palabras leídas en frases marco —del tipo . . . *es un sustantivo y uso . . . como un adjetivo*— por cinco hablantes de español de la Argentina y cinco del Perú; los resultados muestran que tanto el F1 como el F2 se ven modificados por el acento, pese a que las únicas diferencias estadísticamente significativas entre vocales tónicas y átonas se dan en el primer formante, de modo que las vocales acentuadas tenderían a realizarse como más abiertas que las inacentuadas. Los análisis estadísticos realizados por Nadeu (2013, 2014) confirman el efecto del acento en los dos primeros formantes de las vocales, aunque con diferencias importantes entre los 20 participantes en su experimento; las tendencias más claras aparecen en el F1 y el F2 de la vocal [a], con una realización tónica más abierta y más anterior que la átona, y en el F2 de [i], que refleja un mayor grado de adelantamiento en la acentuada que en la inacentuada; estas tendencias pueden apreciarse en los datos procedentes de los hablantes masculinos (Nadeu 2014, Apéndice A, Material suplementario, tablas A.14, A.15) recogidos en la Tabla 5. En el caso del informante venezolano estudiado por D. Rojas Avendaño y Palma (2015) cabe destacar que las únicas diferencias se producen en las vocales posteriores, muy especialmente en [u], cuya realización átona sería más cerrada y considerablemente más posterior que la tónica.

Las 95 vocales analizadas espectrográficamente por Cárdenas (1960) formaban parte de palabras insertadas en 61 frases relativamente breves, de entre dos y siete sílabas, que fueron leídas por una hablante de español de Colombia y por el propio investigador, de familia mexicana aunque nacido y formado en los Estados Unidos (Navarro Tomás 1960, 342–43). En el trabajo no se presentan casos de [u] átona, pero los datos del locutor masculino (Tabla 5) muestran la tendencia a una mayor abertura de las vocales acentuadas, salvo en [o], y a una posición más adelantada de las tónicas, excepto en el caso de [e].

Un cuarto grupo de investigaciones viene dado por aquellas en las que se trabajó con un corpus de entrevistas. Así, Almeida (1990) presenta valores frecuenciales de F1 y F2 correspondientes a cinco hablantes masculinos de español de Canarias; señala el autor que las diferencias entre vocales acentuadas e inacentuadas son mínimas y afectan en mayor medida al segundo que al primer formante, aunque esto sucede en pocos casos. En el estudio ya mencionado de Vaquero de Ramírez y Guerra (1992) sobre el español de Puerto Rico se comparan datos procedentes de informantes masculinos y femeninos, así como de hablantes de tres generaciones; los resultados globales que se muestran en la figura 11 de la publicación ponen de relieve que las diferencias no son tampoco acusadas; en el caso de los hablantes masculinos, los valores correspondientes al promedio de las tres franjas de edad consideradas muestran mayores diferencias en las vocales anteriores y en la central que en las posteriores (Tabla 5). La aportación de Soto (2007), también de orientación sociolingüística, se apoya en una muestra de 3600 vocales, extraídas de entrevistas realizadas a 12 hablantes de español de la provincia de Ñuble (Chile) que representan tres niveles socioculturales; nuevamente, tras promediar los valores correspondientes a estos tres niveles, las diferencias más destacadas entre vocales tónicas y átonas se encuentran en las de la serie anterior y en la vocal central: tanto [i] como [e] inacentuadas se realizarían como algo más cerradas y posteriores que las correspondientes acentuadas, mientras que [a] átona tendría una articulación más cerrada que la tónica (Tabla 5).

En la Figura 9 se resume visualmente el conjunto de los datos recogidos en los trabajos que se acaban de comentar. Parece existir una tendencia general —aunque no del todo concluyente— a que las diferencias entre vocales acentuadas e inacentuadas se manifiesten con mayor claridad en la vocal central, cuyas realizaciones átonas serían algo más cerradas

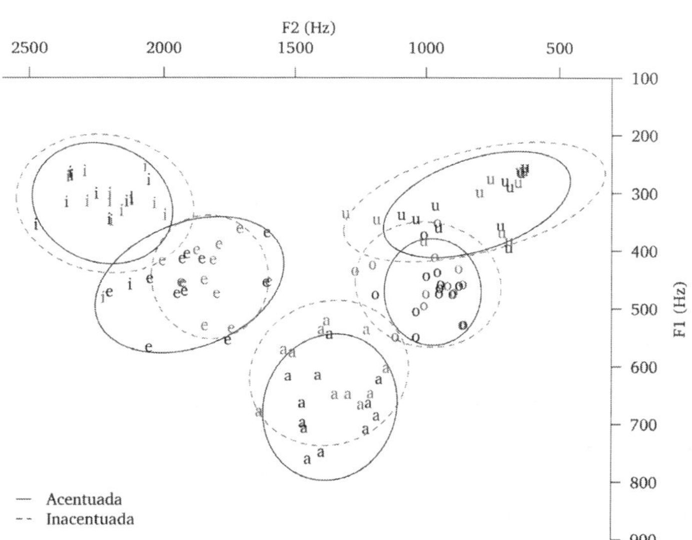

FIGURA 9. Valores medios y áreas de dispersión de los dos primeros formantes (F1 y F2) de las vocales acentuadas (en negro) e inacentuadas (en gris) del español según los datos procedentes de hablantes masculinos recogidos en los trabajos de Almeida (1990), Cárdenas (1960), Delattre (1969), Kim (2011), Martínez Celdrán (1984), Nadeu (2014), Quilis y Esgueva (1983), D. Rojas Avendaño y Palma (2015), Soto (2007), Urrutia (1976) y Vaquero de Ramírez y Guerra (1992). Las áreas de dispersión corresponden a una desviación típica de ± 1 y se han calculado mediante el programa phonR (McCloy 2016).

que las tónicas, lo que estaría en consonancia con las diferencias en el grado de abertura de la mandíbula observadas en los estudios articulatorios (§ 25.3.1). Se podría pensar que las vocales posteriores, como ya señaló Delattre (1969), estarían menos afectadas por las diferencias de tonicidad, aunque existen datos que parecen apuntar en otra dirección. Aun así, los valores reunidos en la Tabla 5 muestran, salvo alguna excepción, diferencias más bien reducidas entre los valores de los formantes de las vocales acentuadas e inacentuadas y ponen también de relieve que, en distintos estudios, el comportamiento de cada vocal con respecto al acento puede resultar distinto.

Como en las comparaciones anteriores, no debe olvidarse que se trata de valores medios, en algunos casos procedentes de un número muy reducido de hablantes o de un solo locutor, obtenidos mediante metodologías muy variadas —en ocasiones, a partir de mediciones realizadas sobre espectrogramas impresos—, correspondientes a estilos de habla distintos, a diferentes posiciones en el enunciado y a diversas variedades del español, por lo que las conclusiones que se pueden extraer no dejan de ser puramente orientativas. Además, como señala Nadeu (2014, 17), existe una notable variación, tanto entre hablantes como en las realizaciones de un mismo locutor, que, cuando se promedian datos de un grupo de hablantes, puede contribuir a que en los valores medios se neutralicen las diferencias que resultan de las estrategias individuales para distinguir, en el plano acústico, el timbre de las vocales acentuadas del de las inacentuadas.

Se han llevado a cabo también para el español otros estudios que, aunque no ofrecen los valores detallados de los formantes de las vocales tónicas y átonas, contienen, asimismo, informaciones pertinentes para determinar el efecto del acento en el timbre vocálico. En la obra pionera de Skelton (1969), en la que se analizaron espectrográficamente un total de 1700 vocales correspondientes a las realizaciones de 20 hablantes de distintas variedades del español, se destacan algunos de los solapamientos entre las áreas de dispersión debidos a las vocales átonas, así como el mayor grado de diferencia entre las realizaciones acentuadas e inacentuadas de [a] que el que se encuentra en el resto de vocales. El carácter más abierto de las vocales tónicas (relacionado con los valores de F1), al que ya se ha aludido, se pone asimismo en evidencia en el trabajo de Álvarez González (1981), que partió de una muestra de 4815 vocales procedentes de palabras incluidas en una frase marco leídas por cinco hablantes de español peninsular. También en la lectura, en este caso de un texto, se basó el estudio ya mencionado de Albalá *et al.* (2008), en el que se constata de nuevo una mayor abertura de las vocales acentuadas, aunque la diferencia entre átonas y tónicas en el F1 resulta significativa en términos estadísticos únicamente para las dos vocales medias; en estas mismas vocales, las realizaciones tónicas resultan más anteriores que las átonas, comportamiento contrario al observado para [a] e [i], que presentan un carácter más posterior en las realizaciones acentuadas que en las inacentuadas.

En lo que respecta a las investigaciones sobre estilos más espontáneos, cabe mencionar, en primer lugar, el estudio sociolingüístico de Cepeda (2001), en el que se empleó un corpus de entrevistas realizadas en la ciudad de Valdivia (Chile); sus resultados muestran la mayor abertura de [a] acentuada documentada en otros trabajos, así como el adelantamiento del lugar de articulación de las vocales anteriores tónicas con respecto a las átonas; la variación entre acentuadas e inacentuadas resulta mucho menor en el caso de las vocales posteriores, pese a que al comparar los datos por grupos de edad en esta serie, la autora observa que «son los jóvenes quienes hacen un mayor contraste entre las variantes tónicas y átonas, separándose de este modo de los adultos, por lo que esta separación acústico-fonológica sirve como un marcador social de edad» (§ 2.2). Por su parte, Torreira y Ernestus (2011) examinaron 727 vocales extraídas de las conversaciones entre universitarios madrileños recopiladas en el *Nijmegen Corpus of Casual Spanish* (Torreira y Ernestus 2010); sus análisis ponen de manifiesto que, aunque las vocales acentuadas tienden, como ya se ha visto, a valores del F1 más elevados que las inacentuadas, las diferencias solo resultan significativas para todos los hablantes en las vocales medias [e] y [o] y en [a] para las informantes femeninas; los autores concluyen que, al encontrarse únicamente diferencias en el primer formante, no llega a producirse una centralización.

En las investigaciones de Correa (2017, 2021) sobre la reeducación vocálica en el español de Bogotá (Colombia) se recurrió a la lectura de frases y a la narración de una historia mostrada en vídeo realizadas por cinco hablantes masculinos (Correa 2017), así como a la lectura de cuatro textos y a conversaciones en parejas en las que participaron 22 hablantes (Correa 2021). Los análisis llevados a cabo por el autor incluyen el acento léxico entre las variables consideradas, lo que permite observar que los valores de F1 tienden a ser más elevados en las vocales tónicas que en las átonas y que, en lo que respecta a F2, [i] y [e] tónicas tienden a realizarse como más anteriores que las átonas, mientras que [o] y [u] tónicas tienen un carácter más posterior que las átonas; en ambos casos, el grado de diferencia depende en gran medida del timbre de la vocal y del estilo de habla. En conjunto, puede concluirse que las vocales acentuadas presentan una mayor dispersión en el espacio vocálico y, por tanto, una menor centralización que las no acentuadas, aunque, como precisa Correa (2021), esto «no debe interpretarse como una evidencia a favor de la hipótesis de que el timbre es un correlato acústico del acento léxico en el español bogotano. Se trata de tendencias asistemáticas y no convencionalizadas que dependen del hablante y el dialecto» (179).

En resumen, los datos sobre el efecto del acento en el timbre de las vocales del español que han podido consultarse distan de resultar concluyentes y, en ocasiones, se encuentran, como ponen de relieve tanto Nadeu (2014) como Santiago y Mairano (2018), resultados contradictorios. Parece evidente, sin embargo, que no se produce una reducción vocálica en el mismo sentido en el que este fenómeno se da en otras lenguas, como ya se ha indicado en el § 25.2.2, y únicamente cabría apuntar una cierta tendencia, aunque no siempre presente en todos los estudios, hacia la mayor abertura de las realizaciones tónicas con respecto a las átonas, tal vez algo más marcada en el caso de la vocal central [a].

Una vez considerados los trabajos que describen las características acústicas de los elementos segmentales, cabe centrarse en aquellos experimentos cuyo objetivo primordial ha sido el estudio del acento léxico en español y en los que se han analizado de forma conjunta los tres parámetros que tradicionalmente se han asociado a la prominencia acentual: amplitud, frecuencia fundamental y duración (§ 25.2.1).

En la Tabla 6 se sintetizan los aspectos metodológicos más relevantes de estos experimentos en lo que se refiere a los hablantes y al corpus analizado, con objeto de proporcionar una visión de conjunto de las características de los datos en los que se basan los resultados alcanzados. Más adelante, en la Tabla 7, se ofrece esta misma información para los trabajos en los que se han estudiado solo algunos de los correlatos acústicos del acento.

En diversas investigaciones mencionadas a continuación y también en varios estudios sobre la percepción del acento que se describen en el § 25.4 se emplea lo que en este capítulo se denomina 'pseudopalabra', y que se conoce también como 'logatoma' o 'palabra sin sentido'. Se trata de formas léxicas inexistentes en la lengua, pero que cumplen todos los requisitos de buena formación propios de una palabra, en este caso, del español (por ejemplo, *mizo* o *máledo*), y se utilizan para neutralizar los posibles efectos derivados del conocimiento o del desconocimiento de una palabra real por parte de los participantes en los experimentos. También se hace referencia a 'pares' y a 'tripletas', para describir series de palabras que presentan contrastes acentuales, como *paso* y *pasó* en el caso de los pares, o *número, numero* y *numeró* en el de las tripletas.

Si se agrupan las investigaciones en función del estilo de habla analizado, del más formal al más espontáneo, debe considerarse en primer lugar el estudio de Konopczynski *et al.* (1978), en el que los participantes leyeron series de palabras, en pares o en tripletas, que presentaban contrastes acentuales; como señalan los autores, este procedimiento dio lugar a una curva melódica y a una curva de amplitud descendentes, lo que afecta a los valores de la última vocal de cada serie. Las mediciones, realizadas en espectrogramas, ponen de manifiesto una jerarquía en la duración de las vocales en consonancia con la hallada en otros estudios (Tabla 3): la mayor duración corresponde a las prepausales tónicas, seguida de las prepausales átonas, de las tónicas en posición interior y de las átonas en esta misma posición. El análisis de la f_0 muestra que las vocales acentuadas no siempre se caracterizan sistemáticamente por un valor máximo de este parámetro y que los movimientos ascendentes o descendentes de la curva melódica en la vocal varían en función de su posición en la palabra, pudiendo aparecer el mismo tipo de movimiento tanto en vocales tónicas como en átonas. Aunque la coincidencia entre máximos de intensidad y sílabas acentuadas únicamente se da en un 54,5 % de ocasiones, el hecho de que la intensidad global de la vocal —calculada como el área delimitada por la curva de intensidad a lo largo de la duración del segmento— en el 72,7 % de los casos resulte más elevada en las vocales tónicas que en las átonas lleva a los autores a concluir que este sería el parámetro más adecuado para caracterizar la prominencia acentual en español. Posteriormente se han empleado también palabras aisladas en el experimento de MacLeod y Di Lonardo Burr (2022), cuyos datos proceden de 48 hablantes de español mexicano que imitaron las producciones de cuatro hablantes de la misma variante. Los resultados del análisis acústico muestran la importancia de la frecuencia fundamental, el papel intermedio que desempeña la duración y el menor peso de la intensidad en la imitación del patrón acentual de palabras bisílabas.

En el trabajo clásico de Quilis (1971) —reproducido en Quilis (1981c) y resumido en Quilis (1981a, 330–32)— se estudiaron tanto palabras aisladas (6) como insertadas en una frase marco (15); en este contexto, dos de las palabras aparecían en posición prepausal (*Digo la palabra . . .*) y 13 en el interior de un grupo fónico (*Digo la palabra . . . otra vez*). Se analizaron, en espectrogramas, cuatro parámetros acústicos de las vocales: la duración (Tablas 3 y 4), la frecuencia fundamental (Tabla 2), la intensidad máxima (Tabla 1) y el área definida bajo la curva de intensidad. Los resultados permiten constatar que, por una parte, los valores máximos de los cuatro parámetros en la vocal acentuada solo se dan simultáneamente en el 30,47 % de las palabras del corpus; por otra, el valor máximo de la f_0 se encuentra en la vocal tónica en el 77,14 % de las palabras, y el de la duración en el 65,71 %; por último, en un 22,85 % de las palabras la vocal acentuada no presenta un valor máximo de la f_0, pero muestra o bien un valor similar o bien un valor más bajo que la inacentuada;

Tabla 6 *Características de los hablantes y del corpus en los estudios experimentales sobre los correlatos acústicos del acento en español en los que se analizan conjuntamente la amplitud, la frecuencia fundamental y la duración*

	Hablantes		Corpus	
	N	**Características**	N^a	**Características**
Quilis (1971, 1981c)	5	3 hablantes masculinos y 1 hablante femenina de español peninsular (León y Madrid). 1 hablante masculino de español de Chile (Santiago).	57	18 vocales en 2 tripletas de palabras aisladas. 35 vocales en 3 pares y 3 tripletas de palabras en frase marco.
Konopczynski *et al.* (1978)[b]		Hablantes masculinos hispanoamericanos.	33	Sílabas en 6 pares y 7 tripletas de palabras presentadas en series.
Vargas Calderón (1983, 1986)	5	2 hablantes masculinos y 3 hablantes femeninas de español de Costa Rica (San José).	364	291 sílabas en 135 pares y 7 tripletas de palabras incluidas en 72 oraciones. 73 sílabas en palabras en frase marco.
Fuller y Clegg (1990)	3	Hablantes de español de México (Chihuahua).	35	Palabras incluidas en 18 oraciones.
Figueras y Santiago (1993a)[c]	1		60	Vocales en 15 pares de palabras y pseudopalabras bisílabas incluidas en oraciones.
Pamies (1997)[d]	5	3 hablantes femeninas (Almería, La Rioja y León) y 1 hablante masculino (Cuenca) de español peninsular. 1 hablante femenina de español de Argentina (Córdoba).	23	Sílabas acentuadas en palabras incluidas en 9 oraciones.
Face (1998–1999)	6	3 hablantes masculinos y 3 hablantes femeninas de español centropeninsular.	60	Sílabas en 20 tripletas de palabras incluidas en 60 frases marco.
Romera Barrios (1999a, 1999b)	2	Hablantes masculinos de español peninsular.	332	Vocales en 16 palabras paroxítonas, 4 oxítonas y 4 proparoxítonas, incluidas en posición inicial, penúltima o final de 48 oraciones.
Rubio Ayuso y Milone (2002), Milone y Rubio Ayuso (2003)	12	6 hablantes masculinos y 6 hablantes femeninas de español peninsular.	50	Enunciados procedentes de un corpus simulando la consulta a una base de datos geográficos.
Candia, Urrutia y Fernández Ulloa (2006)	4	2 hablantes masculinos y 4 hablantes femeninas de español del norte de la Península.	1024	Sílabas en palabras incluidas en 72 oraciones.
Ortega-Llebaria (2006))	5	3 hablantes femeninas (Barcelona, Bilbao y Valencia) y 1 hablante masculino de español peninsular (Santiago). 1 hablante masculino de español de México (Veracruz).	90	Tres últimas sílabas con las vocales /a o/ en una pseudopalabra oxítona incluida en 15 oraciones declarativas y en 15 enunciados parentéticos.
Ortega-Llebaria y Prieto Vives (2005, 2007a), Prieto Vives y Ortega-Llebaria (2006)	5	3 hablantes femeninas y 2 hablantes masculinos de español peninsular (Barcelona).	60	Sílabas con las vocales /i o/ en 15 formas verbales paroxítonas y 15 oxítonas incluidas en 15 oraciones declarativas y en 15 enunciados parentéticos.
Ruiz Mella y Pereira Reyes (2010)	3	2 hablantes femeninas y 1 hablante masculino de español de Chile (Concepción).	1041	Vocales en palabras incluidas en 72 oraciones.

(Continuación)

Tabla 6 (*Continuación*)

	Hablantes		**Corpus**	
	N	**Características**	**N^a**	**Características**
Ortega-Llebaria y Prieto Vives (2011)	10	7 hablantes femeninas y 3 hablantes masculinos de español peninsular.	120	Última y penúltima sílaba con las vocales /i o/ en 15 formas verbales paroxítonas y 15 oxítonas incluidas en 15 oraciones declarativas y en 15 enunciados en estilo indirecto.
Llisterri *et al.* (2014)	6	Hablantes masculinos de español peninsular.	120	72 vocales en 4 tripletas de palabras y 4 de pseudopalabras, trisílabas, incluidas en 24 oraciones. 48 vocales que preceden o siguen a la palabra analizada.
Torreira, Simonet y Hualde (2014)[d]	9	5 hablantes masculinos y 4 hablantes femeninas de español peninsular.	50	Sílabas con las vocales /a o/ en 10 repeticiones de formas verbales de presente y de pasado de 3 verbos incluidos en oraciones interrogativas.
MacLeod y Di Lonardo Burr (2022)	48	Hablantes femeninas de español mexicano.	40	Palabras bisílabas, 20 oxítonas y 20 paroxítonas, presentadas aisladamente.

Nota. Cada fila de la tabla corresponde a un único experimento, aunque sus resultados se hayan presentado en diversas publicaciones.

[a] *N* corresponde al número de ítems analizados para cada hablante.

[b] El número de hablantes no se menciona en la publicación.

[c] Las autoras solo explican que se consignan «los datos obtenidos de la medición de un informante» (88).

[d] Se indica que «nuestro corpus consta de 36 enunciados (9 frases x 4 hablantes, con un total de 116 acentos)» (17), pero en la misma página se mencionan 5 hablantes: «(F) Antas (Almería), (M) Cuenca, (F) León, (M) Córdoba de Argentina, (F) La Rioja»; el número de sílabas acentuadas estudiadas para cada hablante oscilaría, pues, entre 23 y 24 si se considera que el total fue de 116. En la publicación no se precisa el número de sílabas inacentuadas que contiene el corpus en español.

[d] De las 60 realizaciones obtenidas para cada hablante se excluyeron del análisis un total de 84 casos, por lo que el promedio de realizaciones estudiadas para cada hablante oscilaría entre 50 y 51.

se observa también que cuando en la palabra no aparece un valor máximo de la frecuencia fundamental, la duración de la vocal tónica se incrementa en un 25 % con respecto a la de las vocales átonas, lo que, a juicio de Canellada (1988), implica que es la duración la que señala el acento, al estar este «sometido a la línea tonal, en vez de ser su determinante» (371). No obstante, del conjunto de datos acústicos obtenidos Quilis (1971) infiere que

> el íncide [*sic*] más importante para la percepción del acento español es la frecuencia del tono fundamental, que se puede reflejar en una mayor altura, en una discontinuidad de él y de los armónicos, o en ambas a la vez. La duración sería el segundo componente. Los otros dos factores no desempeñan prácticamente ninguna función (71).

También se recurrió a la frase marco en el estudio de Face (1998/999), orientado a determinar los efectos del acento léxico en la vocal y las consonantes que constituyen la sílaba. Para ello, se buscaron grupos palabras en las que la primera sílaba mantenía la misma estructura CVC e idéntico contenido segmental y el acento se desplazaba de la primera a la segunda y a la tercera sílaba, como en *balda*, *baldado* y *baldaquín*. Mediante el programa PCquirer (Scicon R&D) se determinaron la amplitud, la frecuencia fundamental y la duración en el punto de medio de cada uno de los segmentos de la sílaba inicial en cada palabra. Los resultados en lo que se refiere a la duración muestran diferencias estadísticamente significativas entre sílabas acentuadas e inacentuadas tanto en la vocal como en la consonante del ataque silábico, pero no en el caso de la consonante en coda; en cambio, la f_0 resulta significativamente más elevada en la consonante en coda que en la situada en el ataque, manteniéndose también más elevada en la vocal de las sílabas tónicas que en la de las átonas; la amplitud, por su parte, alcanza igualmente un valores superiores en la vocal de las sílabas acentuadas en comparación con los de las inacentuadas, con un mayor efecto del acento en la consonante final de sílaba que en la inicial. El grado de proximidad de las sílabas átonas respecto a la tónica, sin embargo, no incide en los resultados. Todo ello permite a Face (1998/999) concluir que «el acento afecta la duración de la consonante prevocálica y de la vocal de la sílaba acentuada, así como la frecuencia fundamental y la intensidad de la vocal y de la consonante postvocálica» (28–29).

En un segundo grupo de estudios, las palabras empleadas para el análisis del acento léxico forman parte de oraciones con una estructura controlada en mayor o menor medida, pero con una variabilidad mayor que la proporcionada por las frases marco; las investigaciones se han centrado tanto en las variedades americanas como en la peninsular. En cuanto a las primeras, Vargas Calderón (1983, 1986) constata, para el español de Costa Rica, una mayor duración de las vocales acentuadas frente a las inacentuadas, tendencia que se muestra más claramente en posición final de palabra y en palabras de tres y cuatro sílabas; también en la duración silábica se aprecia la influencia de la tonicidad, especialmente en las sílabas cerradas, en consonancia con lo observado en el trabajo ya mencionado de Clegg y Fails (1987); por lo que respecta a la frecuencia fundamental, Vargas Calderón pone de relieve la falta de coincidencia entre el valor máximo de la f_0 y la vocal acentuada, así como la presencia de una ruptura de la curva melódica antes de la vocal tónica y de «un léger continuum de la montée de la fréquence fondamentale après la tonique» (Vargas Calderón 1986, 12). Los datos obtenidos muestran, a juicio de la autora, que la frecuencia fundamental constituye el correlato más constante del acento, aunque existen diferencias en función de la posición de la sílaba en la palabra: en las sílabas iniciales, el incremento de la f_0 y de la amplitud revestirían mayor importancia que el de la duración, mientras que en las que se encuentran en interior de palabra, el acento estaría marcado, en orden de importancia, por la f_0, la duración y la amplitud; en las sílabas en final de palabra, intervendrían los tres correlatos.

En el experimento de Ruiz Mella y Pereira Reyes (2010) sobre el español de Chile, la posición de la sílaba acentuada en la palabra se consideró también una variable relevante; las autoras destacan que las tendencias más claras aparecen en la posición inicial y en la interior, aunque en posición final observan un incremento de la duración de las vocales tónicas, que, por otra parte, en casi todos los casos, resultaron más largas que las átonas (Tablas 3 y 4). En cuanto a la frecuencia fundamental, los valores de las vocales acentuadas en posición inicial tienden a ser más elevados que los de las inacentuadas; no obstante, las diferencias globales entre átonas y tónicas resultan bajas en comparación con otros estudios, salvo el de Albalá *et al.* (2008) y el de Candia, Urrutia y Fernández Ulloa (2006) (Tabla 2). En lo que se refiere a la amplitud, las tónicas en posición final presentan valores superiores a los de las átonas pese a que, considerando todas las posiciones, la diferencia entre acentuadas e inacentuadas es poco marcada (Tabla 1). Aun así, se aprecian excepciones a estas tendencias que, en ciertos casos, podrían venir condicionadas por las propiedades intrínsecas de las vocales. Las autoras concluyen, por una parte, que las tendencias más claras se aprecian en las posiciones inicial e interior de la palabra y, por otra, «que, aparentemente, la duración tiene incidencia en la producción del acento léxico» (54), sin que pueda corroborarse el predominio de la intensidad al que aluden Candia, Urrutia y Fernández Ulloa (2006) a partir del análisis de un corpus de características muy similares (Tabla 6).

El trabajo de Fuller y Clegg (1990), en el que los datos provienen de tres hablantes de español de México, contempla la interacción entre el carácter acentuado o inacentuado de la vocal (Tablas 1, 2 y 3) y la posición que la palabra objeto de estudio ocupa en el enunciado. Los autores proponen, basándose en las mediciones en registros en papel obtenidos mediante un Visi-Pitch (Kay Elemetrics), que puesto que los valores de amplitud y de duración de las vocales tónicas en final de oración son considerablemente superiores a los de sus equivalentes átonas en la misma posición (en un 116 % para la amplitud y un 98 % para la intensidad), mientras que sus valores de frecuencia fundamental son semejantes a los de las vocales tónicas en interior de frase, la prominencia acentual al final de un enunciado declarativo —es decir, con una curva melódica descendente— vendría marcada, en este orden, por la duración, la amplitud y la frecuencia fundamental.

Entre las investigaciones sobre el español peninsular que abordan el análisis de palabras que forman parte de oraciones, los datos obtenidos y analizados mediante un VisiPitch (Kay Elemetrics) conectado a un sistema informático (Romera Barrios y Salcioli 1986) por Figueras y Santiago (1993a) llevan a las autoras a proponer que, pese a la tendencia a una mayor duración de las vocales acentuadas frente a las inacentuadas (Tablas 3 y 4), las variaciones más significativas se encuentran en la frecuencia fundamental (Tabla 2), aunque condicionadas por el patrón acentual: en las palabras paroxítonas, son las vocales tónicas las que presentan una f_0 más elevada que las átonas, mientras que en las oxítonas sucede lo contrario; las variaciones de amplitud detectadas (Tabla 1) no pueden relacionarse de un modo regular, según Figueras y Santiago, ni con la tonicidad ni con la posición en la palabra. También la aportación de Romera Barrios (1999a, 1999b) se centró en el análisis de las vocales de palabras insertadas en oraciones, incluyendo como variables la posición de la palabra en el enunciado, así como la estructura silábica. Los valores hallados mediante el programa Multi-Speech

(Kay Elemetrics) muestran la ausencia de variaciones estadísticamente significativas en la amplitud de las vocales acentuadas con respecto a las inacentuadas —hecho que puede atribuirse a la curva de intensidad descendente al final de los enunciados declarativos—, y una frecuencia fundamental más elevada, aunque no significativamente, pues las diferencias oscilan entre los 2 Hz y los 6 Hz, en las vocales átonas cuando se comparan con las tónicas (Tabla 2). La duración, sin embargo, resulta ser el único parámetro acústico para el que se obtienen diferencias relevantes (Tablas 3 y 4), de modo que las vocales acentuadas presentan una mayor duración que las inacentuadas, tanto si se consideran globalmente como si se analizan atendiendo al timbre de la vocal o a la estructura silábica. Aunque Romera Barrios (1999a) apunta que «la duración aparece como el parámetro acústico más importante en la determinación del acento» (315), la autora señala la necesidad de contar con un corpus más equilibrado en lo que se refiere al timbre vocálico y a la estructura silábica, por una parte, y de ampliar el estudio a un mayor número de hablantes, por otra.

En cambio, en el trabajo Candia, Urrutia y Fernández Ulloa (2006) —resumido en Urrutia (2007)— se concluye que «por razones de fundamento empírico, claridad y simplicidad, la intensidad debe describirse como la variable fundamental en la marcación de la prominencia acentual, en cualquier constituyente prosódico (palabra, frase, enunciado)» (31). Aunque no deja de reconocerse que se da una interrelación entre los tres parámetros acústicos relacionados con el acento y que se observa una tendencia a valores temporales más elevados en las vocales tónicas que en las átonas (Tablas 3 y 4), los autores sostienen que la duración cumple una función principal como marcador de límite de enunciado y una secundaria, en correlación con la intensidad (Tabla 1), como indicio de la prominencia acentual; en este sentido, de los valores publicados se desprende que, en conjunto, las sílabas prepausales se alargan un 61,73 % en relación con las no prepausales, y las vocales lo hacen en un 55,52 %, mientras que la diferencia global entre sílabas tónicas y átonas se sitúa en un 11,29 % y, entre vocales, en un 13,82 %. Las variaciones de la frecuencia fundamental, con un comportamiento menos sistemático en los datos analizados (Tabla 2), posiblemente constituirían «un efecto contingente, no indispensable, de las variaciones de intensidad motivadas por el rasgo acentual» (29), puesto que su función principal se situaría en el nivel de la oración y no en el de la palabra.

La estrategia adoptada por Pamies (1997) podría considerarse, en cierto modo, similar a la del experimento de Quilis (1971, 1981c), en la medida en que se evalúa el porcentaje de coincidencia entre la sílaba acentuada y los valores máximos de amplitud, f_0 y duración. Del análisis acústico de un corpus de frases en siete lenguas, entre ellas el español, mediante el programa CECIL (Summer Institute of Linguistics), se deduce que «ni la duración, ni la intensidad, ni el tono parecen poder aspirar a ser el correlato acústico del acento fonológico en estas lenguas, al menos cuando se estudian por separado y en cualquier posición de la frase» (19); en el caso del español, las discrepancias con los resultados de Quilis se explican, según el autor, por el hecho de no considerar el acento en una única posición fija en el contexto de una frase marco, sino en diversos puntos en el enunciado. Para dar cuenta de los mecanismos de compensación entre los parámetros acústicos responsables de la prominencia acentual, Pamies (1994) propuso el denominado 'coeficiente de prominencia silábica', calculado e interpretado del siguiente modo:

> traducimos en forma de ratio todas las diferencias duracionales, intensivas y tonales entre las vocales tónicas y sus vecinas. En caso de que, por ambos lados, la suma de prominencias «positivas» (que recaen en la tónica) supere la suma de las prominencias «negativas», habrá compensación física (97).

Los resultados de Pamies (1997), así como los de Amorós (2007), confirman que, excluyendo los acentos finales y los contiguos, parece darse, en efecto, una interacción entre los tres parámetros, de modo que los valores bajos en alguno de ellos podrían quedar compensados por valores más elevados en otros.

Rubio Ayuso y Milone (2002) y Milone y Rubio Ayuso (2003) estudiaron igualmente la coincidencia entre la vocal tónica y los parámetros acústicos que marcan el acento, aunque su objetivo era establecer una correlación que resultara útil en el reconocimiento automático del habla; para ello, recurrieron a un subconjunto de enunciados del corpus *Albayzín* (Casacuberta Nolla *et al.* 1992), de los que se eliminaron los monosílabos. Los resultados, sobre un total de 2929 palabras, muestran que los valores máximos de amplitud, frecuencia fundamental y duración coinciden con la vocal léxicamente acentuada en un 17,71 % de los casos —un porcentaje mucho más bajo que el obtenido por Quilis (1971, 1981c) para las palabras en frase marco—, mientras que en el 14,68 % de las vocales ninguno de esos tres parámetros alcanza su valor máximo en la tónica; las combinaciones más frecuentemente asociadas a la vocal acentuada corresponden a un valor máximo de la duración (18,03 %), de la amplitud y de la duración (17,26 %) y de la f_0 y de la amplitud (13,14 %). En cambio, si se consideran los valores mínimos de la frecuencia fundamental o la presencia de un ascenso en su trayectoria en lugar de los valores máximos —reflejando, así, el efecto del desplazamiento acentual (§ 25.2.1)—, y si se eliminan las palabras que aparecen antes o después de pausa —neutralizando el efecto del alargamiento prepausal (Tabla 3)—, la correlación entre los valores de los parámetros acústicos y la vocal acentuada ofrece mejores resultados.

En el experimento llevado a cabo por Llisterri *et al.* (2014) se tuvieron en cuenta, además de los valores de los parámetros acústicos en las vocales de las palabras con contrastes acentuales objeto de estudio, los de la vocal anterior y siguiente a dicha palabra en la frase en la que se incluyeron, con el fin de determinar el papel del contexto en la manifestación acústica del acento léxico. Los resultados, procedentes de valores normalizados en función del valor medio para cada parámetro de todas las vocales de cada frase, ponen de manifiesto, en primer lugar, la regularidad del ya mencionado alargamiento prepausal y la mayor duración de las vocales tónicas con respecto a las átonas, así como un desplazamiento sistemático del valor máximo de la frecuencia fundamental hacia la derecha de la sílaba acentuada (§ 25.2.1); el comportamiento de la amplitud, en cambio, difiere en función del patrón acentual: las vocales tónicas de las palabras oxítonas y proparoxítonas muestran valores similares a los de las vocales que se encuentran al inicio de la oración en la que se insertan, mientras que en las paroxítonas la amplitud máxima se alcanza en la sílaba que sigue a la tónica de la palabra estudiada. La influencia del patrón acentual y de la posición en el enunciado se pone también de manifiesto en el hecho de que, en las palabras oxítonas, las vocales acentuadas presentan una amplitud mayor que las inacentuadas, en tanto que, en las proparoxítonas, situadas siempre en posición final de oración en el corpus analizado, ocurre lo contrario.

Las investigaciones de Ortega-Llebaria (2006), Ortega-Llebaria y Prieto Vives (2005, 2007a, 2011), Prieto Vives y Ortega-Llebaria (2006) y de Torreira, Simonet y Hualde (2014) se enmarcan en la Teoría Métrica-Autosegmental [→ § 1.21.13, § 28.2.3] y, por tal motivo, sus autores distinguen, por una parte, entre sílabas portadoras de acento léxico *(stressed)* y sílabas sin acento léxico (*unstressed*) y, por otra, entre sílabas sobre las que recae el movimiento de la curva melódica conocido como 'acento tonal' (*accented*) y sílabas carentes de acento tonal (*unaccented* o *deaccented*); así pues, el acento léxico sería una propiedad intrínseca de la palabra, mientras que el acento tonal vendría dado por las características prosódicas del enunciado del que la palabra forma parte. Desde la óptica de este modelo, se postula que en los estudios sobre el acento en español se han tenido solo en cuenta los casos en los que coinciden el acento léxico y el acento tonal o en los que no aparece ninguno de estos dos acentos, sin tomar en consideración las sílabas con acento léxico pero carentes de acento tonal, es decir, las desacentuadas; así, para Ortega-Llebaria y Prieto Vives (2007a) «Thus far, acoustic cues to stress prominence in Spanish have been studied in words and sentences spoken in intonation patterns that exhibited covariation between stress and accent» (56); el hecho de no diferenciar entre acento léxico y acento tonal ha llevado a «misleading conclusions» (106) y, en opinión de Ortega-Llebaria (2006), las investigaciones precedentes «have eliminated the variation induced by sentence intonation and defined stress by generalizing the results obtained from isolated words or short declarative sentences to any possible context» (106). En consecuencia, los protocolos para la obtención de los datos usados en los experimentos vinculados al modelo métrico-autosegmental se orientan a conseguir realizaciones en las que aparezcan sílabas con acento léxico que no sean portadoras de un acento tonal; para ello, se recurre tanto a oraciones parentéticas o enunciados en estilo indirecto (Ortega-Llebaria 2006; Ortega-Llebaria y Prieto Vives 2005, 2007a, 2011; Prieto Vives y Ortega-Llebaria 2006) como a la posición interior de un sintagma entonativo (Torreira, Simonet y Hualde 2014) [→ § 1.21.6, § 28.1.1], que deberían favorecer una curva melódica relativamente plana, sin los movimientos de la frecuencia fundamental asociados al acento tonal. El objetivo, como indica claramente el título del trabajo de Ortega-Llebaria y Prieto Vives (2005, 2007a), «Disentangling stress from accent in Spanish», es diferenciar la prominencia debida al acento léxico de la que viene dada por el acento tonal, para explicar que una sílaba con acento léxico se siga percibiendo como prominente aunque no presente, simultáneamente, un acento tonal.

En el estudio de Ortega-Llebaria (2006), los participantes recibían unas fichas con una frase declarativa del tipo *El guardia les amonestó con energía su imprudencia* y otras con una frase declarativa seguida de un enunciado parentético como en —*El acusado no hará declaraciones a la prensa*— *les manifestó su abogado*; en todas ellas, el verbo estaba conjugado en 3.ª persona del singular del pretérito indefinido y aparecía subrayado. La investigadora leía la frase en voz alta y la tarea de los participantes consistía en repetirla, sustituyendo el verbo subrayado por la pseudopalabra *agagagó* e imitando el patrón melódico empleado por la investigadora. En el caso de las parentéticas, la autora precisa que «In order to avoid any noticeable pitch accents, parenthetic phrases were uttered in a low register with a deliberate flat intonation» (107). El contraste entre declarativas y enunciados que deberían propiciar una curva melódica plana se empleó también en Ortega-Llebaria y Prieto Vives (2005, 2007a, 2011) y en Prieto Vives y Ortega-Llebaria (2006); en este caso, los participantes contaban con una ficha que contenía un verbo en infinitivo (siempre acabado en *-minar* o en *-nimar*), un contexto para enmarcar comunicativamente el enunciado y dos preguntas con su correspondiente respuesta, una en forma de oración declarativa y otra con un enunciado descrito como discurso indirecto en el trabajo de 2011 y como parentético en los anteriores. La investigadora leía el verbo, el contexto y la pregunta, y los participantes debían leer la respuesta; con respecto a este procedimiento, Ortega-Llebaria y Prieto Vives (2007a) puntualizan que

> If the experimenter thought that the subject's pronunciation or intonation of an utterance was unnatural, the speaker was asked to repeat the sentence. . . . target utterances were double-checked to make sure that they had been produced with the intended prosody (159).

Al emplear formas verbales de presente y de pretérito indefinido, se obtuvieron contrastes entre sílabas que presentaban simultáneamente un acento léxico y un acento tonal (como ['mi] en *Determino la masa*), sílabas con acento léxico pero sin acento tonal (['mi] en —*La masa del átomo es medible*— *determino complacida*) y sílabas sin acento léxico ni tonal ([mi] en —*La masa del átomo es medible*— *determinó complacida*); además, de este modo se pudo establecer el efecto del acento léxico en las realizaciones de la penúltima (*-mi-*) y la última sílaba (*-no*) de cada forma verbal.

Ortega-Llebaria (2006) analizó la frecuencia fundamental y la intensidad global en las vocales de las tres últimas sílabas de *agagagó,* mientras que la duración se cuantificó tanto en las vocales como en las sílabas. En el experimento descrito en Ortega-Llebaria y Prieto Vives (2005, 2007a, 2011) y en Prieto Vives y Ortega-Llebaria (2006) se consideraron estos mismos parámetros en las dos últimas sílabas de cada forma verbal (*-ni-/-mi* y *-no-/-mo*), así como las frecuencias de los dos primeros formantes de las vocales /i o/ para determinar el grado de reducción vocálica mediante el cálculo de la diferencia entre el F2 y el F1; a fin de contar con un indicador de la intensidad en cada zona frecuencial del espectro que complementara los datos sobre intensidad global, se calculó también la pendiente espectral [→ § 1.9] de estas dos vocales.

En las mediciones se aplicaron procedimientos que implican una normalización de los datos, basados en la desviación típica y en el rango tonal para la f_0, en proporciones entre los valores de la vocal y los de la consonante adyacente o entre valores de sílabas consecutivas para la duración, y en el uso de una escala en barks en lo que se refiere a la frecuencia de los formantes; la amplitud de las grabaciones se niveló en relación con una amplitud de referencia antes del análisis y también se consideraron valores proporcionales en el tratamiento de la intensidad.

Globalmente, los resultados del trabajo de Ortega-Llebaria (2006) y del presentado en Ortega-Llebaria y Prieto Vives (2005, 2007a, 2011) y en Prieto Vives y Ortega-Llebaria (2006), que comparten tanto presupuestos teóricos como procedimientos experimentales, muestran que en las sílabas con vocales /a i o/ de palabras oxítonas y paroxítonas en oraciones declarativas, en las que según el modelo métrico-autosegmental el acento léxico coincide con el acento tonal, aparecen tendencias similares a las descritas en estudios anteriores: en la sílaba léxicamente acentuada se inicia un movimiento ascendente de la frecuencia fundamental, que culmina en la postónica, y que no se da en las sílabas carentes de acento léxico; la duración es regularmente más elevada en las sílabas portadoras de acento léxico que en las léxicamente inacentuadas; la intensidad global de la vocal, por su parte, no refleja de un modo concluyente la presencia o la ausencia de acento léxico; los datos sobre la frecuencia de los formantes muestran una ligera centralización de [o] cuando no lleva acento léxico en un primer análisis con cinco hablantes (Ortega-Llebaria y Prieto Vives 2005, 2007a; Prieto Vives y Ortega-Llebaria 2006), aun cuando no se aprecian diferencias significativas en función del acento léxico al estudiar un grupo de 10 locutores (Ortega-Llebaria y Prieto Vives 2011), lo que puede relacionarse, tal vez, con la variabilidad observada por Nadeu (2012, 2013) a la que ya se ha hecho referencia. Los resultados del análisis de la pendiente espectral, un parámetro acústico que no se había contemplado en estudios previos, parecen depender, en parte, del método de cálculo utilizado, pues si en Prieto Vives y Ortega-Llebaria (2006) y en Ortega-Llebaria y Prieto Vives (2005, 2007a) se propone que la intensidad más elevada de las frecuencias altas con respecto a las bajas en el espectro de [o] constituye un correlato del acento léxico —en línea con las observaciones de Renato (2007)—, e incluso más sistemático que la intensidad global, los procedimientos de medida empleados en Ortega-Llebaria y Prieto Vives (2011) llevan a las autoras a concluir que el acento léxico no vendría marcado por las diferencias en la pendiente espectral.

Como posiblemente era de esperar, dado el protocolo experimental utilizado, en las sílabas producidas en enunciados que favorecen un contorno melódico plano no se detectan movimientos de la frecuencia fundamental, con independencia de que posean o no un acento léxico. En cambio, la duración es significativamente más elevada en las sílabas con acento léxico con respecto a las que carecen de él y el aumento de duración relacionado con el acento léxico siempre resulta mayor que el que puede asociarse al acento tonal; por ello, en ausencia de un movimiento de la f_0, la duración constituiría un correlato acústico del acento léxico en las sílabas que en el modelo métrico-autosegmental se describen como desacentuadas. En lo que respecta a la intensidad global de /i o/, este parámetro sería también relevante, aunque en menor medida, para señalar la presencia del acento léxico cuando no se da un acento tonal.

Para obtener sílabas sin acento tonal en las que apareciera un acento léxico, en el estudio de Torreira, Simonet y Hualde (2014) se recurrió a la posición interior de un sintagma entonativo [→ § 28.1.1], puesto que, en opinión de los autores, este contexto es mucho más frecuente que los enunciados parentéticos o que las expresiones en estilo indirecto. En el experimento se empleó el contraste entre la 1.ª persona del singular del pretérito perfecto y la misma persona del presente de indicativo en tres verbos bisílabos de la primera conjugación: *tocar, cortar* y *tapar*. Los participantes veían una pantalla con un estímulo del tipo PASADO/*él: ¿Cómo/tocar/tu estrella?* y debían construir el enunciado interrogativo *¿Cómo tocó tu estrella?* Los parámetros acústicos analizados en las formas verbales estudiadas fueron la frecuencia fundamental y la de F1 y F2 en el centro de las vocales [a o], así como la duración y la amplitud máxima de las dos sílabas; el tratamiento estadístico de los datos se realizó considerando las diferencias en los valores de cada una de las dos sílabas de los verbos. Se tomó en consideración también la sonoridad de las consonantes oclusivas y la posibilidad de que se realizaran como aproximantes [→ § 9.4] para disponer de un indicio complementario del grado de acentuación de la sílaba.

Los resultados confirman la ausencia de acento tonal buscada en el experimento, y una tendencia a una mayor duración y amplitud en la penúltima sílaba de las paroxítonas —es decir, la que según el modelo métrico-autosegmental presenta un acento léxico y carece de acento tonal— que en la de las oxítonas, tendencia más marcada en lo que respecta a la duración que a la intensidad, coincidiendo, por tanto, con las observaciones de los estudios que se acaban de describir. Por otra parte, en las sílabas sin acento léxico, el porcentaje de sonorización de las consonantes es significativamente más elevado que en las sílabas léxicamente acentuadas, mientras que los datos sobre la realización aproximante de las oclusivas no resultan concluyentes. A partir de sus datos, y con el apoyo de una simulación estadística para predecir el patrón acentual mediante los parámetros acústicos analizados, Torreira, Simonet y Hualde (2014) concluyen que «duration and intensity, in this order, provide the best cues to lexical stress in Spanish unaccented words in phrase-medial position» (199). En el § 25.4.1 se volverá sobre el experimento perceptivo realizado para corroborar esta afirmación.

Además de las aportaciones mencionadas, se han publicado otros trabajos sobre el acento léxico en español que se ocupan específicamente de algunos de los correlatos acústicos que señalan la prominencia acentual. Sus principales características en lo que se refiere a los hablantes, al corpus empleado en los experimentos y a los parámetros analizados se resumen en la Tabla 7.

En las investigaciones dedicadas al estudio específico de algunos de los correlatos acústicos del acento léxico en español se encuentran, como en los trabajos que se han resumido hasta este punto, diversos experimentos llevados a cabo con corpus consistentes en palabras incluidas en una frase marco. En el de Ferreira (2008) se empleó este procedimiento para analizar dos parámetros: la configuración espectral de las vocales y la duración silábica. El análisis de los formantes de las vocales se limitó, en este estudio, a los de /i/ y de /a/; los valores medios hallados muestran un ligero incremento —alrededor de un 5 %— del valor de F1 en la vocal abierta tónica (796,98 Hz) con respecto a la átona (762,28 Hz), mientras que en la cerrada sucede lo contrario (395,1 Hz en la tónica y 413,52 Hz en la átona); en el caso del F2, las diferencias no superan el 2 %: 1615,68 Hz en la acentuada y 1610,33 Hz en la inacentuada para /a/, y 2342,21 Hz en la tónica y 2317,38 Hz en la átona para /i/. Los valores de la proporción que resulta de calcular la diferencia entre las frecuencias de F2 y F1 tampoco muestran prácticamente diferencias entre vocales acentuadas e inacentuadas. Sin embargo, tras diversos análisis de varianza sobre el conjunto de los datos, Ferreira (2008) concluye que «stress type does not affect F1 results significantly . . . On the other hand, stress type is a very significant variable for F2 results, meaning that the second formant is highly affected by stress type» (182). En todo caso, conviene precisar que, en lo que se refiere a los valores medios de los formantes, en el estudio no parece que se mencionen procedimientos de normalización —salvo en la interpretación de la distancia entre F2 y F1— que permitan tratar conjuntamente las realizaciones procedentes de hablantes de distinto sexo (Tabla 7). En cuanto a los aspectos temporales —presentados de forma más resumida en Ferreira (2014)—, los datos muestran un aumento estadísticamente significativo de la duración de las sílabas acentuadas con respecto a las inacentuadas que se sitúa entre el 11,28 % y el 14,74 %, valores que entran en el rango de algunos de los recogidos en la Tabla 4; no se constata una influencia del timbre vocálico ni de la consonante adyacente, pero, en cambio, se aprecian diferencias relevantes entre los cuatro participantes en el experimento.

En el estudio de Kim (2011) se analizaron la duración de la sílaba, la de dos consonantes (/s x/) en posición de ataque y la de las vocales en el núcleo, así como la intensidad global y las características espectrales tanto de las vocales como de las dos consonantes fricativas. Puesto que uno de los objetivos de la investigación, llevada a cabo en el contexto del modelo métrico-autosegmental, era diferenciar los efectos del acento léxico de los del acento tonal, se emplearon frases marco del tipo *. . . es el apellido de alguien y uso . . . con su nombre,* en las que se repite la misma palabra; la primera aparición se considera información nueva o focalizada y, por tanto, debería presentar un acento tonal, mientras que la

Tabla 7 *Características de los hablantes y del corpus en los estudios experimentales en los que se analizan algunos de los correlatos acústicos del acento en español*

| | Hablantes | | Corpus | | |
	N	Características	N[a]	Características	Correlatos
Simões (1996)[b]	9	4 locutores profesionales femeninos y 3 masculinos de la televisión mexicana. 1 hablante masculino de español de México (Ciudad de México). 1 hablante femenina de español de Colombia (Bogotá).	178	Vocales en 360 palabras procedentes de noticiarios de la televisión mexicana y en 86 palabras extraídas de 2 entrevistas semidirigidas.	Duración
Mora Gallardo (1998)[c]	8	4 hablantes masculinos y 4 hablantes femeninas de español de Venezuela.	158	Sílabas en grupos acentuales extraídos de muestras de habla espontánea.	Duración Frecuencia fundamental
Amorós (2004a)	6	3 hablantes masculinos y 3 hablantes femeninas de español peninsular (Granada, Madrid y Salamanca).	24	Sílabas con la vocal /e/, 12 con la consonante /θ/ y 12 con /t/ en ataque, en palabras con 3 patrones acentuales incluidas en 3 posiciones en 18 oraciones declarativas y en posición final en 6 oraciones interrogativas.	Amplitud Frecuencia fundamental
Ferreira (2008)	4	3 hablantes femeninas y 1 hablante masculino de español peninsular (Bilbao).	144	3 repeticiones de 6 casos de cada una de las 4 sílabas analizadas / ma na ni ɾi/ en 2 condiciones acentuales (átona y tónica) en posición interior de 138 palabras incluidas en 46 frases marco.	Configuración espectral Duración
Kim (2011)	10	3 hablantes masculinos y 2 hablantes femeninas de español de Argentina (Buenos Aires). 3 hablantes masculinos y 2 hablantes femeninas de español de Perú (Lima).	240	3 repeticiones de 20 sílabas con la consonante /s/ y 20 con /x/ en ataque, situadas en 2 posiciones (inicial e interior) en palabras trisílabas incluidas en frases marco.	Amplitud Configuración espectral Duración
Kimura *et al.* (2015)	1	Hablante masculino de español peninsular (Cuenca).	90	1 tripleta de palabras y 1 de pseudopalabras, trisílabas, incluidas 5 veces cada una en 3 tipos de frase marco.	Duración Frecuencia fundamental
Romanelli y Menegotto (2018), Romanelli, Menegotto y Smyth (2018)	10	Hablantes femeninas de español de Argentina (Río de la Plata).	54	Palabras terminadas en /a e o/ tónicas y átonas precedidas de /p t k/ leídas en lista e insertas en un texto.	Configuración espectral Duración
Santiago y Mairano (2018)	22	5 hablantes masculinos y 5 hablantes femeninas de español de México. 5 hablantes masculinos y 5 hablantes femeninos de español peninsular.	56733	Vocales extraídas de una tarea de lectura de textos cortos y de diálogos, de una entrevista semidirigida y de la descripción de un cuadro.	Configuración espectral Duración

[a] *N* corresponde al número de ítems analizados para cada hablante.

[b] Se indica únicamente que se analizaron «a total of over 1600 syllables» (357); la estimación del número de sílabas analizadas para cada hablante se ofrece únicamente para facilitar la comparación con otros estudios.

[c] En total se analizan 1267 sílabas, sin especificar su distribución por hablante; el promedio de sílabas por locutor se situaría en torno a las 158.

segunda corresponde a información dada y no debería darse la prominencia tonal —véase también, en relación con este tema, el trabajo de Ortega-Llebaria (2008), en el que se comparan los efectos del acento y los del foco [→ § 30.5]—. Los resultados en los parámetros temporales muestran un alargamiento de las sílabas acentuadas con respecto a las inacentuadas, que se refleja en un aumento de duración tanto en las consonantes como en las vocales —en consonancia con los datos de Face (1998/999) para las consonantes en ataque silábico—, aunque modulado por factores como la posición de la sílaba en la palabra, la presencia de un acento tonal y las propiedades intrínsecas de los segmentos.

Es interesante señalar que, al comparar la proporción entre la duración de la consonante y la de la vocal en función del acento, aparecen diferencias entre las dos variedades estudiadas: si bien en el español del Perú tiende a hallarse una misma proporción, en el de la Argentina la vocal es el segmento cuya duración resulta más afectada por el acento. Las medidas de la intensidad global resultan más elevadas en las vocales acentuadas que en las inacentuadas y el acento tonal contribuye a aumentar la intensidad de las tónicas, en un efecto que Kim (2011) describe como acumulativo; al considerar las proporciones entre la intensidad de la consonante y la de la vocal aparecen de nuevo diferencias entre los hablantes peruanos y los argentinos, lo que lleva a la autora a postular la importancia de valorar la contribución relativa de cada constituyente silábico en la manifestación acústica de la prominencia acentual. La distribución de la energía en el espectro de las vocales y de las consonantes se ve también afectada por el acento; en las vocales, la energía en las frecuencias altas —especialmente las superiores a 500 Hz— aumenta cuando son tónicas, en línea con los resultados de Renato (2007), Prieto Vives y Ortega-Llebaria (2006) y de Ortega-Llebaria y Prieto Vives (2007a), y presenta los valores máximos al coincidir el acento léxico y el acento tonal. Como ya se ha explicado anteriormente, en el estudio se observa un incremento de los valores de las frecuencias de los formantes en las vocales acentuadas con respecto a las inacentuadas, aumento que resulta estadísticamente significativo en el caso de F1 y que únicamente aparece como una tendencia en el F2 viéndose, además, reforzado por la presencia de un acento tonal.

La aportación de Kimura *et al.* (2015) se centró en el estudio de la frecuencia fundamental y de la duración en casos en los que la sílaba acentuada se encuentra en una curva melódica ascendente. Para ello, se estudió un subconjunto de las oraciones que se habían empleado en un experimento previo sobre la percepción del acento léxico en español por parte de hablantes de japonés (Kimura *et al.* 2012), considerando tres categorías: los enunciados interrogativos (*¿Dijo la palabra . . . la semana pasada?*) y aquellos en los que la palabra analizada aparecía al final de un grupo entonativo [→ § 28.1.1] en la primera mitad de una oración declarativa, tanto afirmativa (*Dijo la palabra . . . la semana pasada*) como negativa (*No dijo la palabra . . . la semana pasada. La dijo ayer*). Los datos normalizados relativos a la frecuencia fundamental muestran que en los enunciados declarativos los valores máximos de la palabra analizada se alcanzan sistemáticamente en la sílaba acentuada, que viene precedida de un valor bajo de la f_0, en tanto que, en los interrogativos, el máximo se encuentra en la segunda sílaba de las palabras proparoxítonas y en la última de las paroxítonas y de las oxítonas. Los valores correspondientes a la duración, también normalizados, ponen de relieve el alargamiento de la sílaba acentuada con respecto a la inacentuada.

En el experimento de Amorós (2004a), basado en los presupuestos metodológicos de Amorós y Pamies (2002), se consideraron conjuntamente la amplitud y la frecuencia fundamental, en este caso en frases diseñadas específicamente para incluir en ellas cada uno de los ítems analizados, circunscritos a las sílabas /θen/ y /ten/. Los resultados, tras una normalización de los datos, se ofrecen en función de la presencia o ausencia de prominencia de las vocales acentuadas con respecto a las inacentuadas (cf. el 'coeficiente de prominencia silábica' ya mencionado) y teniendo en cuenta umbrales perceptivos para determinar la relevancia de los contrastes (§ 25.4.1). En conjunto, la amplitud de la vocal tónica ['e] resulta ser superior a la de las átonas circundantes en un 35 % de los casos y equivalente en el 46 % para la sílaba ['θen], mientras que para ['ten] los porcentajes de prominencia alcanzan el 47 % y los de igualdad el 31 %; la frecuencia fundamental, en cambio, otorga una prominencia a la vocal tónica en el 21 % de los casos de ['θen] y en el 24 % de los de ['ten], y muestra valores equivalentes a los de las vocales átonas que la rodean en el 50 % de las apariciones de ['θen] y en el 43 % de las de ['ten]. Un análisis más detallado muestra que pueden establecerse relaciones entre la prominencia marcada por la amplitud, el movimiento de la curva melódica, el patrón acentual, la posición en el enunciado y la modalidad oracional; así, las prominencias positivas en la amplitud tienden a asociarse a movimientos ascendentes o descendentes de la f_0, en tanto que las negativas o la igualdad en la prominencia lo hacen con contornos melódicos estables; las amplitudes más altas se observan, como es de esperar, en las posiciones iniciales del enunciado, al tiempo que los valores más elevados de la frecuencia fundamental aparecen en posición final, lo que resulta lógico en el caso de las interrogativas que formaban parte del corpus analizado.

En los trabajos de Romanelli y Menegotto (2018) y de Romanelli, Menegotto y Smyth (2018) se recurrió a la lectura de un texto —la adaptación de una fábula de Esopo— y de una lista de palabras por parte de 10 hablantes femeninas de español rioplatense (Argentina) para valorar el efecto del estilo de habla y del acento léxico en la frecuencia de los dos primeros formantes y en la duración de las vocales; en cada estilo se analizaron 54 palabras, la mayoría de ellas (el 74,1 %) bisílabas, acabadas en las vocales /a e o/ tanto tónicas como átonas y precedidas en todos los casos de /p t k/ (Tabla 7). Los resultados mostraron que el acento afecta el timbre de las vocales en posición final de palabra, favoreciendo una realización más cerrada (es decir, con un F1 más bajo) de las vocales átonas con respecto a las tónicas. La duración, por su parte, fue, globalmente, un 28 % mayor en las vocales acentuadas que en las inacentuadas, tal como se recoge en la Tabla 4.

El estilo espontáneo, así como el de los presentadores de televisión, constituyeron el centro de interés del trabajo de Simões (1996), dedicado a un único parámetro acústico: la duración. Puesto que los datos se organizaron atendiendo a las variables que se tuvieron en cuenta al diseñar el estudio (Tabla 7), es posible observar la incidencia de cada una de ellas en los resultados, que se analizaron en función del porcentaje de casos en los que la sílaba léxicamente acentuada es la que muestra una mayor duración en el corpus. El rango de variación oscila entre el 29 % en las formas no verbales de las presentadoras de televisión mexicanas y el 79 % en los verbos de los presentadores. Agrupando las variables, se observa que solamente en el 50 % de los casos la vocal léxicamente acentuada supera en duración a todas las demás del corpus, mientras que la otra mitad corresponde a las vocales postónicas; se observan, además, diferencias estadísticamente significativas entre la duración media de las vocales acentuadas y la duración de la primera y de la segunda postónicas, incluso cuando las postónicas no aparecen en un contexto prepausal; la duración de las pretónicas (que incluyen las cuatro sílabas previas al acento), en cambio, resulta sistemáticamente menor que la de la vocal tónica y que la de las postónicas. Ello conduce al autor a cuestionar el papel de la duración como correlato del acento léxico en los estilos de habla examinados y a proponer que este parámetro puede señalar otros fenómenos lingüísticos de naturaleza discursiva.

La duración se contempla también, junto con la frecuencia fundamental, en el estudio de Mora Gallardo (1998), en el que los datos procedían igualmente de un corpus de habla espontánea. Los resultados del análisis de estos dos parámetros en secuencias formadas por una sílaba acentuada, la inacentuada que la precede y la inacentuada que la sigue, muestran que la configuración más frecuente (48,9 %) es la que presenta una duración (normalizada) de la sílaba tónica mayor que la de las átonas que la rodean; en segundo lugar, aparecen las configuraciones en las que el valor máximo de la frecuencia fundamental coincide con la sílaba postónica (36,88 %); por tanto, a juicio de la autora, «el acento se caracteriza por un alargamiento de la sílaba acentuada y por una variación de la f_0 que se manifiesta principalmente por presentar el pico en la sílaba inacentuada posterior a la sílaba portadora del acento» (77). Parece, pues, que, en este estudio, los datos de habla espontánea tienden, al menos en parte, a corroborar algunos de los obtenidos en estilos más controlados.

En la contribución de Santiago y Mairano (2018) se analiza igualmente el habla espontánea, obtenida, en este caso, mediante una entrevista semidirigida y la descripción de un cuadro de Renoir y se contrasta con la lectura de textos y diálogos breves en dos grupos de diez hablantes cada uno, procedentes, respectivamente, de México y de España (Tabla 7). Como en estudios anteriores, se halló que las vocales acentuadas presentan una mayor duración que las no acentuadas, aunque con una diferencia más marcada entre tónicas y átonas en español de México que en español peninsular, de modo que el acento afectaría de modo diferente a la duración en cada una de las dos variantes geográficas consideradas. En lo que respecta a las características espectrales, el carácter átono de las vocales no se traduce en una reducción o compresión del espacio vocálico, sino que este viene condicionado más bien por el estilo de habla. Finalmente, los autores observaron, al igual que en otros trabajos, que la presencia o ausencia de acento léxico afecta de modo diferente al timbre cada vocal, resultando /a/ y /o/ las que muestran una mayor influencia del acento; así, /a/ átona se realizaría menos abierta que la tónica, mientras que /o/ átona se acercaría a la zona propia de /u/.

Complementando las investigaciones mencionadas hasta este punto, se cuenta con diversas publicaciones en las que se explora la relación entre el acento léxico y la curva melódica. Además del estudio de Gili Gaya (1924), ya comentado en este mismo apartado, cabe mencionar, entre las primeras aportaciones, las de Franchon Cabrera (1994, 1995), en las que la autora se interesó específicamente por el papel que desempeña la estructura sintáctica; en conjunto, puede establecerse que los grupos acentuales (§ 25.1.2) contribuyen a delinear el perfil de la curva melódica, que se configura según el patrón acentual del grupo, su posición en el enunciado y la modalidad oracional; la prominencia acentual vendría dada por la frecuencia fundamental —no solamente por un incremento, sino también por una ruptura en su trayectoria—, por la duración y, en menor medida, por la amplitud. En los estudios sobre el español de la Argentina, resumidos en Massone (1982) y en Massone y de Manrique (1985), se muestra que el acento léxico suele manifestarse mediante movimientos más o menos amplios de la frecuencia fundamental en posiciones iniciales e intermedias en el enunciado, mientras que en posición final el parámetro acústico responsable de señalar la prominencia sería la duración; con ello, se pone de manifiesto la diferencia con respecto a la realización del acento en palabras aisladas, en las que la vocal tónica tiende a presentar valores más elevados de f_0, duración y amplitud y un menor grado de centralización con respecto a las átonas (de Manrique y Signorini 1983, 126; de Manrique, Signorini y Massone 1982; Massone 1983, 156–57); en estos trabajos se muestra también que la trayectoria del movimiento de la curva melódica en la sílaba acentuada viene afectada por la consonante que precede a la vocal, por la posición de la palabra en el enunciado, por la presencia de fronteras sintácticas y por otros factores de naturaleza léxica, sintáctica y semántica.

Las investigaciones de Franchon Cabrera (1994, 1995) se llevaron a cabo en el mismo centro de la Université Stendhal - Grenoble III en el que años más tarde se desarrollaría el ya mencionado proyecto AMPER (Fernández Planas 2005b), en cuyo marco se ha abordado también el estudio de los efectos del acento léxico en la curva melódica atendiendo, como en los trabajos de Franchon Cabrera, a la influencia de variables sintácticas y a las diferencias entre modalidades oracionales. Puesto que en el corpus del proyecto se incluyen palabras proparoxítonas, paroxítonas y oxítonas en sintagmas nominales y en sintagmas preposicionales, es posible comparar, por ejemplo, una oxítona en el sintagma nominal en la frontera con el sintagma verbal con una oxítona en final de enunciado y situada en un sintagma preposicional (*El saxofón se toca con obsesión*), estudiar el efecto de la expansión del sintagma nominal (*El saxofón español se toca con obsesión*), contrastar patrones acentuales en la misma posición (*La guitarra se toca con obsesión* frente a *La cítara se toca con obsesión*) o analizar la correlación entre acento léxico y prominencia de la frecuencia fundamental tanto en el pretonema como en el tonema de los enunciados (Congosto, Fabián y Fernández Barranco 2008; Dorta 2006; Dorta y Hernández Díaz 2005a, 2005b; Dorta, Hernández Díaz y Díaz Cabrera 2007, Dorta y Jorge Trujillo 2022, entre otros). El lector interesado puede encontrar en la web de AMPER (Martínez Celdrán y Fernández Planas 2003–2018) otros trabajos realizados por los distintos equipos que participan en el proyecto en los que se ofrecen datos relativos a la interacción entre el acento léxico y las distintas variables que se contemplan en el diseño del corpus.

Finalmente, otro aspecto que ha despertado el interés de los investigadores es la manifestación acústica del fenómeno conocido como 'choque acentual' o 'colisión acentual' (en inglés, *stress clash*), que resulta de la aparición de dos acentos léxicos consecutivos [→ § 1.21.12, § 2.5.1, § 36.4]. Los datos obtenidos por los diversos autores que se han ocupado de esta cuestión muestran que en español se tienden a mantener ambos acentos, sin adoptar ninguna estrategia para evitar el choque, y que incluso puede llegar a producirse un refuerzo incrementando la duración de la segunda sílaba, darse fenómenos de compensación entre la frecuencia fundamental y la duración, o puede suceder que cada uno de estos dos parámetros desempeñe un papel diferente (Almeida y San Juan 1999, 2001; Dorta y Hernández Díaz 2007; Hualde 2010; Martínez Celdrán 2016; Toledo 1997, 2007; Toledo y Gurlekian 2011), teniendo en cuenta, además, que la frecuencia fundamental resulta también afectada por la entonación global del enunciado, determinada, en parte, por la modalidad oracional (Martínez Celdrán y Roseano 2019). No obstante, en otros trabajos se observa un debilitamiento de uno de los dos acentos (Pamies 1994), un efecto en las características temporales de la trayectoria de la f_0 (Prieto Vives y Shih 1995) o la aparición de un único pico tonal, así como el uso, aunque en menor medida, de otros procedimientos como el adelantamiento del acento a la sílaba anterior a la primera que entra en colisión (situación descrita como 'retracción acentual' o 'inversión yámbica') o la reducción del tiempo de emisión de la primera de las dos sílabas (Atria 2009).

En todo caso, conviene tener presente que, en general, se han utilizado corpus diseñados *ad hoc* para el estudio del fenómeno, constituidos por series que oscilan entre dos y siete elementos léxicos —por ejemplo, *maní lomo* y *maní lomo mora lima yema mole mero* en Prieto Vives y Shih (1995)—, por sintagmas o frases breves —del tipo *papá Paco* y *papá pasa* en Almeida y San Juan (2001) o *su papá pasa* y *su mamá mata* en Atria (2009)—, por enunciados producidos imitando un modelo entonativo proporcionado al principio de la lectura por el investigador (Hualde 2010), o se ha recurrido a los enunciados del corpus recogido en el proyecto AMPER, a los que ya se ha hecho referencia (Dorta y Hernández Díaz 2007; Martínez Celdrán y Roseano 2019; Toledo y Gurlekian 2011). Por otra parte, en los trabajos de Prieto Vives y Shih (1995) y de Toledo (1997) se estudia un único hablante, mientras que en el de Atria (2009) se cuenta con 15; en la mayoría de los experimentos se analizan cuatro locutores entre los que, en ocasiones, se encuentran variaciones en cuanto a las estrategias empleadas para resolver la colisión. Finalmente, con objeto de determinar la existencia de diferencias entre las sílabas en situación de choque, algunos autores aplican procedimientos de normalización de los valores de los parámetros acústicos analizados, en tanto que otros, como Martínez Celdrán (2016), Martínez Celdrán y Roseano (2019) y Toledo (2007), establecen la existencia de diferencias en función de umbrales perceptivos (§ 25.4.1).

25.3.3 Factores que inciden en la producción del acento

Consideradas en su conjunto, las investigaciones sobre los correlatos acústicos del acento léxico en español no ofrecen, como ya se apuntaba en el § 25.2.2, una total unanimidad en sus conclusiones. Parece claro, en cambio, que la manifestación acústica —y, posiblemente, también la articulatoria— del acento viene condicionada por un amplio conjunto de factores interrelacionados y cabría pensar que, al menos en parte, las discrepancias entre los resultados de los diversos estudios podrían obedecer tanto a las variables que se han analizado como a las que no se han examinado en cada uno de ellos.

Un primer conjunto de factores que inciden en la realización acústica del acento se relaciona con características de los segmentos, de la sílaba, de la palabra y del enunciado. Es sabido que las vocales poseen una amplitud, una frecuencia fundamental y una duración intrínsecas [→ § 2.3.1], por lo que cabe suponer que estas propiedades afectarán al modo de manifestarse la prominencia acentual, al igual que lo harán también las consonantes del contexto, tal como parece apuntarse en algunos de los estudios mencionados en el apartado anterior. En el ámbito de la sílaba, se ha puesto de manifiesto la influencia de su estructura —en particular de la distinción entre abiertas y cerradas— y de su composición segmental en uno de los parámetros acústicos relacionados con el acento, la duración [→ § 36.3.1], y resulta también interesante constatar el papel que parece que pueden desempeñar las diferencias en las relaciones temporales que se establecen entre los constituyentes silábicos [→ § 24.4.2] para caracterizar las estrategias empleadas para marcar la prominencia en distintas variedades geográficas del español.

Puesto que, como es lógico, el patrón acentual constituye una de las variables necesariamente examinada en los trabajos hasta ahora analizados, su influencia ha podido también documentarse; así, tanto el carácter proparoxítono, paroxítono u oxítono de la palabra como el lugar que ocupa la sílaba con respecto al acento —en especial, su condición de pretónica o postónica— pueden afectar a los valores de los parámetros acústicos, al igual que sucede con la posición inicial, interior o final de la sílaba tónica; en algunos estudios se aprecia, además, un efecto del número de sílabas de la palabra, que se relaciona con la distancia de las sílabas átonas con respecto a la tónica. También se ha considerado, en algunos trabajos, la influencia de la categoría léxica y de la distinción entre palabras 'llenas' y palabras funcionales en la manifestación fonética del acento.

Como se explicaba en el § 25.2, al estudiar el acento resulta esencial distinguir entre su realización fonética en la palabra aislada y la que se encuentra cuando la palabra forma parte de un enunciado. Por tal razón, en el diseño experimental de diversos trabajos se han introducido variables relacionadas con el enunciado y se ha puesto de manifiesto su efecto en los parámetros acústicos asociados a la prominencia acentual. Se ha mostrado que la posición final, especialmente si se trata de una posición prepausal, conlleva una serie de consecuencias, entre las que pueden destacarse el incremento de la duración segmental y el descenso de la amplitud, así como el de la frecuencia fundamental en determinados contextos; puesto que en el final del enunciado es, precisamente, donde suele situarse el tonema [→ § 27.2.1], la modalidad oracional declarativa, con una frecuencia fundamental descendente, o la interrogativa, con un ascenso de la f_0, afectan necesariamente los valores de la frecuencia fundamental de la vocal, con lo que pueden producirse fenómenos de compensación entre parámetros acústicos para lograr mantener la prominencia de la sílaba léxicamente acentuada. Por otra parte, se han descrito también efectos de la posición pospausal o inicial absoluta, especialmente en lo que se refiere a la duración. En algunos experimentos, el corpus se concibió de manera que aparecieran fronteras prosódicas o sintácticas en el interior del enunciado, lo que ha permitido comprobar fenómenos como la ausencia de desplazamiento acentual en estos límites, ya mencionada en el § 25.2.1. Finalmente, la distinción propia del modelo métrico-autosegmental entre acento léxico y acento tonal, así como el análisis de la interacción entre el acento y fenómenos de naturaleza pragmática como el foco, requieren también considerar el acento en un contexto más amplio que la palabra.

El segundo grupo de factores que influyen en la realización fonética del acento léxico vendría definido por el estilo de habla y por la variedad geográfica estudiada. Aunque parece claro que el estilo de habla que se analiza en un experimento constituye un factor relevante en la medida en que puede condicionar, por ejemplo, los factores temporales —que dependen de la velocidad de elocución [→ § 33.5]—, el grado de reducción vocálica [→ § 4.1] y la presencia de procesos de debilitamiento consonántico, en los estudios sobre el acento en español, como se observa en las Tablas 6 y 7, predominan los corpus leídos, con lo que no se dispone de un conjunto de datos suficientemente amplio, salvo algunas excepciones en lo que se refiere a la duración (Tablas 3 y 4) y a la frecuencia de los formantes, que permita contrastar de forma directa el comportamiento de los parámetros acústicos responsables de la prominencia acentual en diversos estilos de habla. Aun ciñéndose al estilo leído, es posible que los hallazgos de los experimentos reflejen, en una cierta medida, las diferencias entre la lectura de palabras aisladas, de palabras insertadas en una frase marco, de palabras en enunciados menos controlados y de palabras que forman parte de textos más amplios. Tampoco se cuenta con comparaciones entre variedades geográficas del español, si bien existen datos que sugieren una cierta incidencia de esta variable en algunos de los parámetros acústicos relacionados con la manifestación fonética del acento. Aunque en varios trabajos las grabaciones procedan de informantes de distintas zonas geográficas, en ocasiones los resultados tienden a presentarse de forma conjunta, asumiendo, en cierto modo, una homogeneidad que tal vez no todos los datos disponibles confirman plenamente.

En tercer lugar, cabe considerar los factores relacionados con el hablante, tanto con características intrínsecas como el sexo y la edad, o extrínsecas como el nivel sociocultural. En las aportaciones de orientación sociolingüística que se han ocupado de las propiedades acústicas de los elementos segmentales del español se proporcionan indicaciones sobre la influencia de estas tres variables en parámetros como la duración o en fenómenos fonéticos como la reducción vocálica, y en algunos estudios sobre el acento léxico también se apuntan diferencias de comportamiento de ciertos parámetros acústicos, especialmente en relación con el género. Sin embargo, aunque, como en el caso del estilo de habla y de la variación geográfica, cabría suponer que los factores vinculados al hablante podrían tener una cierta incidencia en los parámetros acústicos relacionados con el acento, esta cuestión no se ha abordado todavía de un modo sistemático.

25.4 La percepción del acento

Las investigaciones centradas en los parámetros acústicos relacionados con el acento léxico que se acaban de presentar se complementan con los estudios que han tenido como objetivo establecer los correlatos perceptivos de la prominencia acentual en español. En el § 25.4.1 se resumen estos trabajos, en tanto que en el § 25.4.2 se consideran algunos de los factores fonológicos y léxicos que inciden en la percepción del acento.

25.4.1 Correlatos perceptivos del acento

El análisis experimental de los correlatos perceptivos del acento léxico en español empezó a suscitar el interés de los investigadores a principios de los años sesenta, especialmente a partir del trabajo de Bolinger y Hodapp (1961), en el que se intentaba demostrar para esta lengua la validez de los planteamientos de Bolinger (1959) sobre el inglés. Si en una primera etapa los estímulos empleados en las pruebas perceptivas eran pronunciados por los propios investigadores, las posibilidades abiertas por la síntesis del habla en lo que al control de los valores de los parámetros acústicos se refiere abrió nuevos caminos a la investigación a partir de la década de los ochenta. Cuando se generalizó el uso del programa Praat (Boersma y Weenink 2023) a principios del siglo XXI, fue posible manipular el habla natural, logrando estímulos de mayor calidad que los puramente sintetizados, lo que permitió avanzar de forma más segura en las investigaciones.

En sus trabajos sobre el acento, algunos autores consideran necesario tener en cuenta la existencia de umbrales por debajo de los cuales una diferencia acústica no llega a ser percibida [→ § 1.13.2]. En el caso del español, Elvira-García y Martínez Celdrán (en prensa, citado en Martínez Celdrán [2016, 28–29]) establecen un valor de 5 dB para la intensidad; Pamies *et al.* (2002) proponen un intervalo de 1,5 semitonos para el tono; en cuanto a la duración, Pamies y Fernández Planas (2006) sitúan el umbral en un incremento del 36 %. Además de resultar pertinentes para la creación de los estímulos empleados en los estudios perceptivos, en ocasiones se utilizan también estos valores para interpretar los resultados de los análisis acústicos, descartando como irrelevantes las diferencias que no superan los umbrales adoptados como referencia.

En la Tabla 8 se resumen las características relativas a los oyentes que participaron en los experimentos y a los estímulos presentados en las pruebas realizadas en algunos de los estudios que han tratado conjuntamente el papel de la intensidad, el tono y la duración en la percepción de la prominencia acentual en español, con el fin de facilitar al lector una panorámica general de las opciones metodológicas asumidas por los distintos investigadores que han abordado este tema. Más adelante (Tabla 9) se ofrece esta misma información para trabajos en los que solamente se toman en consideración alguno de los tres correlatos mencionados o en los que se analizan otros factores que contribuyen a la percepción del acento léxico.

Inspirándose en el estudio de Bolinger y Hodapp (1961) que se describe más adelante, Contreras (1963) llevó a cabo tres experimentos, tomando como estímulos para el primero de ellos sus propias realizaciones de palabras bisílabas en las que introdujo, al emitirlas, modificaciones del tono, de la intensidad y de la duración, verificadas posteriormente mediante un análisis espectrográfico; de este modo se obtuvieron palabras con, aproximadamente, la misma frecuencia fundamental en las dos sílabas pero con variaciones en la duración y en la intensidad, palabras sin diferencias de intensidad entre las dos sílabas pero con cambios de la f_0 y de la duración, palabras con un movimiento descendente de la frecuencia fundamental —«con descenso brusco del tono» (224)— y otras con un movimiento ascendente de iguales características, variando también en estos dos últimos casos las propiedades temporales y la intensidad. La tarea de los oyentes consistía en señalar en cuál de las dos sílabas de la palabra recaía el acento. A partir de los resultados obtenidos y reconociendo las limitaciones que implica una prueba con tres participantes, Contreras concluye que «El tono es un poderoso indicio

Tabla 8 *Características de los participantes y de los estímulos en los estudios experimentales sobre los correlatos perceptivos del acento en español en los que se analizan conjuntamente la intensidad, el tono y la duración*

	Participantes		**Estímulos**	
	N	**Características**	**N**[a]	**Características**
Contreras (1963)	3	2 participantes femeninas y 1 masculino, hablantes de español de Chile.	100	4 repeticiones de 3 palabras bisílabas (14 casos de /papa/, 9 de /paro/ y 2 de /pego/) presentadas aisladamente.
Contreras (1963)	3	2 participantes femeninas y 1 masculino, hablantes de español de Chile.	61	2 repeticiones de 27 palabras bisílabas presentadas aisladamente. 7 palabras bisílabas presentadas aisladamente.
Contreras (1963)[b]	38	2 participantes femeninas y 1 masculino, hablantes de español de Chile. 35 participantes.	24	2 repeticiones de 4 palabras bisílabas presentadas en 3 oraciones para cada palabra.
Henry (1983)	200	100 participantes masculinos y 100 femeninos, hablantes de español de Chile.	6	Versiones de la pseudopalabra /papapa/ en posición final de una frase marco.
Solé Sabater (1982, 1984)[c]	160	2 grupos de 80 hispanohablantes, cada uno de los cuales respondió a 51 estímulos.	102	3 pseudopalabras bisílabas sintetizadas (60 casos de /miθo/, 18 de /xaxa/, 10 de /tude/ y 14 casos de cambios con inflexión tonal) presentadas en posición final de una frase marco.
Enríquez, Casado y Santos (1989)	55	Hablantes de español peninsular de zonas no marcadas dialectalmente.	132	5 tripletas de palabras trisílabas y 2 pares de palabras bisílabas, y 2 tripletas de pseudopalabras trisílabas y 1 par de pseudopalabras bisílabas presentadas aisladamente.
Figueras y Santiago (1993b)[d]	28			2 sílabas /pa/ concatenadas.
Llisterri *et al.* (2003b, 2006)	30	Hablantes de español peninsular.	336	7 conjuntos de 40 estímulos con manipulaciones y 56 estímulos de control formados por 4 tripletas de palabras y 4 de pseudopalabras, trisílabas, presentadas aisladamente.
			280	7 conjuntos de 46 estímulos con manipulaciones y 29 estímulos de control formados por 4 tripletas de palabras y 4 de pseudopalabras, trisílabas, presentadas en pares.
Llisterri *et al.* (2016)	39	20 hablantes de español de Costa Rica (San José y Heredia). 19 hablantes de español peninsular (Barcelona).	432	3 conjuntos de 144 estímulos formados por 4 tripletas de palabras y 4 de pseudopalabras, trisílabas, producidas por 6 locutores e incluidas en 24 oraciones.

Nota. Cada fila de la tabla corresponde a un único experimento, aunque sus resultados se hayan presentado en diversas publicaciones.

[a] N corresponde al número total de estímulos presentados en cada experimento.

[b] No se mencionan las características de los 35 oyentes que realizaron la prueba además de los tres que participaron en los otros dos experimentos descritos en el mismo artículo.

[c] Se explica únicamente que «Los informantes que tomaron parte en el test eran hispanohablantes nativos» (170).

[d] No se mencionan las características de los participantes ni se especifica el número y la forma de presentación de los estímulos de los que consta la prueba.

de acento, que actúa reforzado o en conflicto con la duración y la intensidad» (229) y añade que la prominencia acentual puede lograrse bien mediante una ruptura de la curva melódica en sentido ascendente o descendente, bien por el contraste entre una sílaba con variaciones tonales y otra que mantenga una f_0 estable; además, precisa que la duración y la intensidad marcan el acento en ausencia de correlatos tonales y que, en caso de conflicto entre ambos parámetros, el mayor peso recae sobre la duración.

En un segundo experimento, Contreras (1963) utilizó como estímulos palabras bisílabas extraídas de enunciados reales producidos por los participantes en sus pruebas. Constata, en primer lugar, que pese a ello en varias ocasiones los oyentes no reconocieron la posición correcta del acento —cabe señalar, no obstante, que el propio autor menciona que «Desafortunadamente, la grabación utilizada no resultó muy clara debido a dificultades del procedimiento empleado para islar [*sic*] y regrabar las palabras» (230)—; en segundo lugar, observa que la percepción del acento puede obedecer al contraste entre diversos tipos de movimientos tonales y que el rango [→ § 1.5.5] y la velocidad del movimiento de la f_0 serían factores relevantes; finalmente, en este experimento se confirma la idea de que la frecuencia fundamental es el único parámetro acústico que puede señalar el acento por sí mismo, aunque «En la mayoría de los casos, son dos o más factores los que determinan el acento de una sílaba. Además del tono, la duración y la intensidad, interviene a veces la sonoridad» (234).

El tercer experimento consistió en la presentación —en este caso a 38 oyentes— de cuatro palabras bisílabas en oraciones en las que el contexto no permitía determinar si se trataba de una paroxítona o de una oxítona; el autor pronunció cada palabra con los dos patrones acentuales realizados de forma canónica e introdujo una tercera variante acentuando las dos sílabas. El examen de las respuestas de los oyentes, complementado por un análisis acústico de los estímulos, corrobora las conclusiones de los dos experimentos anteriores, al tiempo que pone de manifiesto el papel más relevante de la duración con respecto a la intensidad como correlato perceptivo del acento léxico. Las dificultades para detectar correctamente la posición del acento en algunos de los estímulos de este último trabajo llevaron al autor a estudiar con más detalle el movimiento de la curva melódica y a asociar un perfil plano con un final rápidamente ascendente a la expresión de la sorpresa y uno con un final con descenso también brusco a la decepción; una nueva prueba, descrita en Contreras (1965), mostró que, en algunos de estos casos, no hubo unanimidad en las respuestas sobre la posición del acento, lo que, en opinión del autor, se debe a una neutralización del contraste acentual.

Los experimentos de Contreras (1963) y su propuesta de que la intensidad sería el parámetro de menor importancia para percibir una prominencia acentual en español suscitaron una respuesta por parte de Navarro Tomás (1964) en la que, básicamente, cuestiona la precisión de las mediciones realizadas sobre la curva de amplitud en los espectrogramas de la palabra /papa/ y su congruencia con la clasificación binaria —como «más intenso» y «menos intenso»— de los estímulos realizada por Contreras, al tiempo que sugiere la existencia de problemas técnicos que incidieron en la representación mostrada en los documentos. En su réplica, Contreras (1964) muestra nuevos espectrogramas, con sus respectivas curvas de amplitud, en los que se aprecian vocales tónicas con una intensidad menor que la de las átonas, pero que fueron percibidas como acentuadas por los participantes en su experimento y se reafirma en sus conclusiones, insistiendo en que lo relevante no es tanto el valor absoluto de la frecuencia fundamental de la vocal, sino «el *quiebre* de la línea melódica, sea hacia arriba o hacia abajo» (238), tal como propusieron Bolinger y Hodapp (1961). Años más tarde, Fuller y Clegg (1990, 123–24) formularon, a su vez, algunas objeciones metodológicas al trabajo de Contreras, centradas especialmente en la presentación aislada de los estímulos en los dos primeros experimentos y en la interpretación de algunos de los resultados.

Al igual que en los estudios de Bolinger y Hodapp (1961) y de Contreras (1963), en el de Henry (1983) también fue el propio investigador quien produjo los estímulos, en este caso seis versiones de la pseudopalabra /papapa/ en las que la prominencia acentual venía dada por la intensidad, por el tono o por la duración; la adecuación a los propósitos del experimento se comprobó mediante un análisis espectrográfico. En las instrucciones a los oyentes, estudiantes de enseñanza básica, secundaria y universitaria, se indicó que debían señalar «la sílaba más notoria, la más resaltante, la que más se destaca» (71) de cada pseudopalabra, que aparecía en posición prepausal en una frase marco. El recuento de las 1200 respuestas recogidas muestra que en el 40,5 % de ellas se consideró que la sílaba más prominente de la pseudopalabra era la que presentaba un valor tonal más elevado, en el 36,66 % la que poseía una intensidad más alta, y en el 22,83 % de las respuestas las sílabas con mayor duración se percibieron como las más prominentes. Para el autor, estos resultados no cuestionan ni los planteamientos de Navarro Tomás ni los de Bolinger y Contreras, pues, en su opinión, la intensidad tiene en español un carácter fonológico, ya que permite establecer diferencias de significado, mientras que la asociación entre prominencia y tono es un fenómeno de naturaleza psicolingüística (psicoacústica, en términos más actuales), que refleja una mayor sensibilidad auditiva hacia este parámetro.

El primer trabajo en el que se recurrió a estímulos sintetizados para estudiar la percepción del acento léxico en español fue el de Solé Sabater (1982, 1984), en el que el sistema de síntesis desarrollado por Klatt (1980) se empleó para modificar de forma controlada los valores de los parámetros acústicos asociados al acento léxico en tres pseudopalabras bisílabas. Además de los dos correlatos tradicionales —amplitud y duración vocálicas— se consideraron dos posibilidades con respecto a la frecuencia fundamental: estímulos que presentaban variaciones de la f_0 en la misma vocal, es decir, inflexiones tonales, y estímulos sin inflexión, pero con valores de f_0 diferentes en cada una de sus dos vocales; en cada estímulo, estas cuatro dimensiones se modificaron tanto de forma aislada como en distintas combinaciones. Los valores de los parámetros usados para las vocales acentuadas (181 Hz, 58 dB) y para las inacentuadas (131 Hz, 48 dB) se obtuvieron tanto de los datos recogidos en la bibliografía previa (§ 25.3.2) como mediante el análisis acústico de las grabaciones de las palabras objeto de estudio leídas por cinco hispanohablantes; por ello, los valores de duración se modificaron de manera diferente para cada vocal, atendiendo a su posición en la palabra, a la estructura silábica y a la consonante del contexto. Los resultados globales del experimento confirman, en líneas generales, las conclusiones de Bolinger y Hodapp (1961), de Contreras (1963) y de Quilis (1971, 1981c): el correlato más relevante para la percepción del acento léxico sería el tono, tanto en combinación con otros parámetros como cuando es el único que se emplea para crear la sensación de prominencia acentual, seguido por la duración y, en mucha menor medida, por la intensidad; estos dos últimos parámetros cobran mayor importancia en ausencia de marcas tonales y, en caso de conflicto, predomina la duración sobre la intensidad. El estudio específico de las variaciones de la frecuencia fundamental muestra, en cambio, que estas únicamente señalan la presencia del acento en una de las dos vocales de la palabra si la otra vocal presenta un valor de f_0 a una frecuencia más baja, pero no si su f_0 es más elevada.

En el estudio llevado a cabo por Enríquez, Casado y Santos (1989) se emplearon también estímulos sintetizados, en este caso mediante una implementación del sintetizador de Klatt que formaba parte de un sistema de conversión de texto en habla para el español diseñado por Santos Lleó *et al.* (1985). En cambio, en este experimento se introdujeron palabras trisílabas juntamente con las bisílabas y la mayoría de los estímulos correspondían a palabras existentes en la lengua, aunque se consideraron también tres pseudopalabras. Los resultados de incrementar de manera individual la frecuencia fundamental (de 100 Hz a 116 Hz), la duración (de 60 ms a 120 ms) y la amplitud (de 60 dB a 68 dB) de la vocal tónica en cada palabra, manteniendo los valores medios del sistema de síntesis para las átonas (100 Hz, 60 ms y 60 dB) muestran, en conjunto, que

> es la Frecuencia Fundamental la que determina siempre una mayor percepción del acento . . . mientras que la actuación de la Duración depende mucho del tipo de esquema acentual de la palabra . . . la influencia de la Intensidad en el acento español parece, hoy por hoy, poder desecharse (268).

El mayor grado de dependencia con respecto al patrón acentual se observa en la duración: al aumentarla se favorece que la vocal se perciba como acentuada en las proparoxítonas y, en menor medida, en las paroxítonas —es decir, en posiciones interiores de la palabra—, mientras que sucede lo contrario en las oxítonas, en las que la vocal acentuada se encuentra en posición prepausal, un contexto que, como ya se ha visto en el § 25.3.2, propicia el alargamiento; por ello, un incremento de la duración de la vocal no se interpretaría como una marca del acento léxico, sino como un fenómeno vinculado a su posición.

Para construir sus estímulos, Figueras y Santiago (1993b) utilizaron un sintetizador Philips PCF 8200 controlado por un programa elaborado por la empresa barcelonesa Tecnivoz y partieron de los datos que obtuvieron en un experimento anterior sobre la producción del acento léxico (Figueras y Santiago 1993a; véase el § 25.3.2). Tras dos pruebas preliminares, las autoras optaron por concatenar dos versiones de la sílaba /pa/ para estudiar la influencia de cada parámetro acústico y de sus posibles combinaciones en la percepción de la secuencia como oxítona o como paroxítona. Los resultados coinciden con los de Solé Sabater (1984) y de Enríquez, Casado y Santos Lleó (1989) que se acaban de exponer, confirmándose además la relevancia del patrón acentual, puesto que se halló que «La duración refuerza la sensación de acento en una palabra llana, pero resulta insuficiente para crear una aguda» (128).

El procedimiento empleado en el trabajo de Llisterri *et al.* (2006) —resumido en Llisterri *et al.* (2003b)— se basó en las posibilidades de manipulación del habla natural que ofrece el programa Praat (Boersma y Weenink 2023) mediante la resíntesis llevada a cabo con el algoritmo PSOLA (*Pitch-Synchronous Overlapp-and-Add*), que permite crear nuevos estímulos una vez modificados los valores de los parámetros acústicos del enunciado original. Tras dos estudios centrados en la frecuencia fundamental (Llisterri *et al.* 2002) y en la combinación de la f_0 con la duración (Llisterri *et al.* 2003a), se diseñó un experimento en el que se consideraron los tres correlatos del acento léxico. Para ello, se partió de un conjunto de cuatro palabras y cuatro pseudopalabras trisílabas en las que pueden darse los tres patrones acentuales del español (como en *válido, valido* y *validó* o, en el caso de las pseudopalabras, *ládebo, ladebo* y *ladebó*), grabadas 10 veces por un hablante de español peninsular; los valores medios obtenidos en el análisis acústico de estas 240 realizaciones sirvieron de base para la elaboración de los estímulos de las pruebas. En cada una de las vocales de las 24 palabras del corpus se reemplazaron sus valores originales de frecuencia fundamental, duración y amplitud por los promedios de las 10 repeticiones, creando así los estímulos de base, que se presentaron también como materiales de control en el experimento para confirmar la validez de la técnica empleada; la manipulación llevada a cabo en estos estímulos consistió en sustituir, de forma aislada o en combinación, los valores de los parámetros acústicos de todas las vocales de las palabras proparoxítonas por los valores de todas las vocales de las paroxítonas, y los de las paroxítonas por los de las oxítonas, creando así lo que puede describirse como un 'desplazamiento acentual' hacia la derecha. Se realizaron dos pruebas perceptivas: una en la que se solicitaba a los oyentes que identificaran la sílaba portadora de acento léxico en palabras aisladas, y otra en la que se presentaban pares de palabras que debían clasificarse como iguales o diferentes en función del patrón acentual.

Considerando conjuntamente los resultados de ambas pruebas se observa, en primer lugar, que una modificación de la frecuencia fundamental no resulta suficiente para que una proparoxítona se perciba como paroxítona o una paroxítona como oxítona, mientras que los porcentajes de identificación y de discriminación aumentan al combinar los cambios tonales con modificaciones en la duración o en la intensidad; sin embargo, las modificaciones simultáneas de la duración y de la intensidad, sin alterar la frecuencia fundamental, no inducen la percepción de un patrón acentual distinto del original. Por otra parte, la manipulación de la intensidad tiende a favorecer que un patrón paroxítono se perciba como oxítono, mientras que la alteración de las duraciones afecta en mayor medida a las palabras proparoxítonas, que se perciben como paroxítonas, lo que refuerza la relevancia del tipo de patrón acentual y de la diferencia entre posiciones interiores en la palabra y el contexto prepausal observadas por Enríquez, Casado y Santos Lleó (1989).

La percepción del acento léxico en el marco de una oración se abordó en Llisterri *et al.* (2016). Para ello, se partió del corpus empleado en un experimento previo (Llisterri *et al.* 2014), ya descrito en el § 25.3.2, y se crearon tres condiciones para presentar las palabras y las pseudopalabras objeto de estudio: palabras leídas en el contexto de una oración (de las que se muestra un ejemplo en las Figuras 6, 7 y 8 del § 25.2.1), palabras grabadas en forma aislada e insertadas posteriormente en la frase marco *Ha dicho . . . y se ha ido,* y palabras extraídas de la oración en la que originalmente fueron producidas e incluidas en la misma frase marco que en la condición anterior. Las pruebas se llevaron a cabo en línea, mediante la plataforma Labguistic (Ménétrey y Schwab 2014), y la tarea de los participantes consistió en marcar la casilla correspondiente a la sílaba que se percibía como acentuada en la palabra que aparecía en la pantalla (escrita en mayúsculas y sin tildes) al tiempo que escuchaban la frase correspondiente. En las respuestas se detecta una tendencia general consistente en un porcentaje de identificación correcta de la sílaba tónica más bajo en el caso de las palabras extraídas de su contexto original y situadas en una frase marco que en el de las otras dos condiciones y se observa también que, en todos los contextos, en los oyentes costarricenses los porcentajes más bajos de identificación correcta de la sílaba acentuada se dan en las palabras paroxítonas, mientras que en los hablantes de español peninsular se encuentran en el patrón oxítono; cabe señalar, a este respecto, que en el estudio de Enríquez, Casado y Santos Lleó (1989) las palabras proparoxítonas fueron las mejor identificadas, lo que sucede también en este caso.

Dado que el porcentaje de identificación correcta de la sílaba acentuada de las palabras que se habían extraído de su contexto original en una oración para incluirlas en una frase marco oscilaba entre el 79,6 % y el 49,78 %, se realizó, en primer lugar, una validación de la calidad de los estímulos, de la que se dedujo que este factor no había influido en los resultados. Por ello, se procedió a comparar los valores relativos de frecuencia fundamental, duración y amplitud de las vocales correspondientes a las realizaciones que, en la prueba de percepción, habían obtenido un reconocimiento correcto del lugar del acento inferior al 80 % con los valores de los estímulos que habían superado este porcentaje. De este modo se puede observar que se produce una interacción entre los tres parámetros que señalan la prominencia y que el efecto de cada uno de ellos depende del patrón acentual; así, en las palabras proparoxítonas la identificación correcta de la vocal acentuada viene dada por las relaciones que se establecen entre los valores de f_0 y de amplitud de la vocal tónica y los de la átona que la sigue, mientras que en las paroxítonas y oxítonas son las relaciones entre los valores de frecuencia fundamental y de duración de la tónica y los de la átona precedente las que determinarían el acierto en la percepción de la sílaba acentuada, comportamiento que no coincide con el hallado para las palabras aisladas (Llisterri *et al.* 2003a, 2006); no obstante, como en experimentos anteriores, la frecuencia fundamental interviene siempre que se percibe una prominencia asociada a un acento léxico.

Además de los trabajos mencionados, se han llevado a cabo, para el español, otras investigaciones en las que se considera únicamente el papel de alguno de los correlatos perceptivos del acento. En la Tabla 9 se resumen las principales características metodológicas de algunos de estos estudios y, a continuación, se sintetizan sus resultados más relevantes.

Cabe mencionar, en primer lugar, la prueba de percepción descrita en Bolinger y Hodapp (1961), que complementa las observaciones acústicas realizadas por los autores a las que ya se ha aludido en el § 25.2.2 y que constituye, probablemente, el primer estudio experimental sobre la percepción del acento en español. Los estímulos consistieron en dos

Tabla 9 *Características de los participantes y de los estímulos en los estudios experimentales sobre el acento en español en los que se analizan algunos de sus correlatos perceptivos o se consideran otros factores relacionados con su percepción*

	Participantes		Estímulos		Correlatos Factores
	N	Características	N^a	Características	
Bolinger y Hodapp (1961)[b]	6		36	2 oraciones a partir de las que se obtienen 9 contrastes acentuales repetidas 2 veces.	Intensidad Tono
Mora Gallardo, Courtois y Cavé (1997, 1998a, 1998b)[c]	6		381	Acentos léxicos extraídos de grabaciones de habla espontánea realizadas por 4 hablantes masculinos y 4 femeninos.	Duración Tono
Face (2000)	10	Hablantes de variedades estándar del español peninsular y del español de América.	100	5 casos de pseudopalabras bisílabas y trisílabas para cada una de las 12 combinaciones posibles de sílabas CV y CVC sintetizadas sin marcas acentuales y presentadas aisladamente. 40 pseudopalabras sintetizadas con contrastes acentuales.	Peso silábico
Face (2000, 2003a, 2003c, 2004, 2006)	10	Hablantes de variedades estándar del español peninsular y del español de América.	30	3 grupos de 10 pseudopalabras trisílabas sintetizadas con tres modificaciones en la sílaba final y presentadas aisladamente.	Semejanza fonética
Face (2004, 2006)	10	Hablantes de variedades estándar del español peninsular y del español de América.	40	5 casos de pseudopalabras trisílabas para cada una de las 8 combinaciones posibles de sílabas CV y CVC presentadas aisladamente.	Peso silábico
Face (2003c, 2004, 2006)	10	Hablantes de variedades estándar del español peninsular y del español de América.	30	3 grupos de 10 pseudopalabras acabadas en /an/, /en/ y /on/ presentadas aisladamente.	Subregularidades en el léxico
Face (2003c, 2004, 2006)	10	Hablantes de variedades estándar del español peninsular y del español de América.	20	10 pseudopalabras trisílabas presentadas en 2 frases marco.	Categoría léxica
Ortega-Llebaria y Prieto Vives (2007b, 2009), Ortega-Llebaria, Prieto Vives y Vanrell (2007)	20	2 grupos de 10 hablantes de español peninsular (Madrid). 350 estímulos por grupo.	700	2 palabras (/mama mimi/) presentadas en frase marco, con 7 repeticiones de 25 estímulos para cada uno de los 2 continuos con manipulaciones de los parámetros acústicos.	Duración Intensidad global Pendiente espectral
Torreira, Simonet y Hualde (2014)	13	Hablantes de español peninsular.	100	Palabras bisílabas en posición interior de sintagma entonativo en enunciados interrogativos.	Duración Intensidad

Nota. Cada fila de la tabla corresponde a un único experimento, aunque sus resultados se hayan presentado en diversas publicaciones.

[a] *N* corresponde al número total de estímulos presentados en cada experimento.

[b] No se proporciona información sobre las características de los participantes.

[c] En lo que se refiere a los participantes en el estudio, únicamente se especifica que «Les sujets hispanophones qui résident en France depuis au moins deux mois et au plus deux ans ont une connaissance du français allant de faible à bonne» (Mora Gallardo, Courtois y Cavé 1997, 78).

oraciones (*Juan me mandaba el regalo* y *Pues Lolita en más bonita que Pepita*) que se pronunciaron y grabaron «variando cuidadosamente la intensidad o el tono para confrontar ambos elementos en las mismas o en distintas sílabas» (44). Se crearon así nueve versiones de cada una de las dos frases en las que las sílabas acentuadas presentaban una prominencia marcada por el tono, por la intensidad o por ambos parámetros a la vez; para cada versión se ofrecían tres interpretaciones (*Era Juan, y no otra persona, el que me mandaba el regalo, Me lo mandaba, no me lo quitaba* y *Me mandaba el regalo y no la carta* eran las respuestas posibles para la primera oración); en función de la interpretación que eligen los oyentes se infiere cuál es la sílaba que estos han considerado que era la más prominente en la frase. Los resultados muestran que, en la mayoría de los casos, la percepción de una sílaba como acentuada viene dada por el tono, lo que lleva a Bolinger y Hodapp a reafirmarse en su hipótesis inicial sobre el papel determinante de este parámetro como correlato del acento. No obstante, Fuller y Clegg (1990, 122–23) consideran que el diseño de la prueba implica suponer que el acento se comporta del mismo modo en la oración y en la palabra, cosa que, a juicio de estos autores, Bolinger y Hodapp no llegan a demostrar, por lo que sus conclusiones únicamente resultarían válidas para el caso del acento de frase.

En el experimento presentado en Ortega-Llebaria y Prieto Vives (2007b, 2009) y en Ortega-Llebaria, Prieto Vives y Vanrell (2007), en cambio, no se contempla de modo directo el tono, ya que, como en los trabajos de estas investigadoras que se han descrito en el § 25.3.2, se asume la distinción entre acento léxico y acento tonal propia del modelo métrico-autosegmental y, en consecuencia, el análisis se centra en las llamadas 'sílabas desacentuadas' o 'inacentuadas', es decir, las que según este modelo carecen de acento tonal pero presentan un acento léxico. Al igual que en el caso de la producción, las autoras consideran que, puesto que en los estudios previos sobre los correlatos perceptivos del acento en español se han presentado estímulos aislados en los que coinciden un acento léxico y un acento tonal, además del alargamiento prepausal, la frecuencia fundamental, seguida de la duración, deben aparecen necesariamente como los correlatos más relevantes del acento.

Para la preparación de los estímulos utilizados en su experimento, Ortega-Llebaria y Prieto Vives (2007b, 2009) y Ortega-Llebaria, Prieto Vives y Vanrell (2007) partieron del enunciado *Hola —saluda mama contenta,* en el que el fragmento correspondiente al estilo indirecto se emitió con una curva melódica plana; la grabación —realizada por una hispanohablante monolingüe de Barcelona— de 15 repeticiones de cuatro versiones del enunciado en las que se introdujeron los contrastes en el acento léxico objeto de estudio (['mãma ~ mã'ma] y ['mĩmi ~ mĩ'mi) se analizó acústicamente para obtener los valores promediados de duración, intensidad global y pendiente espectral de las vocales que, posteriormente, se manipularon. Para cada una de las dos palabras se crearon tres series de seis estímulos con valores de los parámetros acústicos de las vocales que variaban gradualmente desde los propios de una paroxítona hasta los característicos de una oxítona; en el dominio temporal, se utilizaron las proporciones de duración entre las vocales de la palabra obtenidas en el análisis acústico de cada patrón acentual, con cambios graduales de 14 ms en la vocal tónica, mientras que la intensidad global se varió en intervalos de 1,5 dB; para manipular la pendiente espectral se aplicaron, también gradualmente, cambios de amplitud de 4 dB en la banda de frecuencias entre 500 Hz y 3000 Hz. De este modo se crearon dos grupos de estímulos para cada palabra: uno con la manipulación conjunta de la duración y de la intensidad global, y otro en el que se alteró simultáneamente la duración y la pendiente espectral; de los 20 participantes en el experimento, 10 respondieron a estímulos con la palabra /mama/ y 10 a estímulos con /mimi/. La tarea consistía en pulsar la barra espaciadora de un teclado en el momento en que se oyera la palabra oxítona, presentada en el enunciado *Hola —saluda . . . contenta.*

Las respuestas obtenidas en la prueba ponen de manifiesto, además de la posibilidad de percibir el acento léxico sin que se dé un acento tonal, que la pendiente espectral de /a i/ no incide en la percepción del acento léxico, al contrario de lo que ocurre con la intensidad global y con la duración, en línea con los resultados sobre los correlatos acústicos presentados en Ortega-Llebaria y Prieto Vives (2011; véase el § 25.3.2). Sin embargo, en el estudio perceptivo se observan diferencias entre los dos segmentos considerados: en los estímulos con la vocal /a/ los oyentes reaccionaron principalmente a las alteraciones en la duración, recurriendo a los cambios de intensidad únicamente cuando los indicios temporales eran ambiguos, de forma que, en la percepción de esta vocal como léxicamente acentuada, se acumula el efecto de ambos parámetros; en cambio, en el caso de las palabras con /i/, el papel predominante corresponde a la intensidad, con un peso mucho menor de la duración; las autoras relacionan este resultado con el hecho de que en su análisis previo (Ortega-Llebaria y Prieto Vives 2011) las diferencias de duración debidas al acento léxico en /na/ fueron de 14 ms, mientras que en /mi/ se redujeron a 8,7 ms; en cambio, el incremento de intensidad que conlleva el acento léxico afectó en igual medida a ambas vocales. En conjunto, concluyen que la suma del efecto de la duración y del de la intensidad global en /a/ hacen que esta vocal, en palabras paroxítonas bisílabas incluidas en enunciados con un perfil melódico plano, se perciba como portadora de un acento léxico con más facilidad que /i/.

En la prueba de percepción diseñada por Torreira, Simonet y Hualde (2014) para corroborar los resultados de su estudio acústico (§ 25.3.2), se presentaron 100 enunciados extraídos del corpus analizado previamente y los oyentes debían decidir si la forma verbal que aparecía en el enunciado correspondía a una palabra paroxítona o a una oxítona; conviene recordar que se trataba de enunciados en los que se favorecía la realización de una curva melódica plana en la parte correspondiente a la forma verbal analizada, del tipo *¿Cómo toco tu estrella?*, empleados para obtener sílabas carentes de acento tonal, y que las alternancias estaban limitadas a las formas de 1.ª persona de singular del presente de indicativo y de 3.ª de singular del pretérito indefinido de los verbos *tocar*, *tapar* y *cortar*. Si bien los resultados globales muestran una clasificación correcta del patrón acentual en un 62,9 % de los estímulos, los porcentajes oscilan entre el 55 % y el 70 %, con casos que presentan un tanto por ciento de identificación inferior al nivel de azar. Mediante un modelo estadístico que permite relacionar las respuestas de los oyentes con los valores observados en los parámetros acústicos, se comprueba que en la identificación del patrón acentual intervienen casi con igual peso la duración y la intensidad. Como conclusión, Torreira, Simonet y Hualde (2014) plantean que el grado de solapamiento entre los datos detectado en el análisis acústico y la presencia de errores en la tarea de identificación sugieren que, en contextos como el estudiado, la información contextual debería suplir el hecho de que no siempre se establezca una distinción clara entre la forma verbal oxítona y la paroxítona.

Finalmente, resulta interesante apuntar que, en el experimento de Mora Gallardo, Courtois y Cavé (1997, 1998a, 1998b), en una tarea consistente en marcar las sílabas prominentes en una transcripción ortográfica de un corpus de habla espontánea —en la que se omitieron las tildes, las mayúsculas y la puntuación— que un grupo de hispanohablantes escuchó tres veces, la tasa de detección correcta de las sílabas acentuadas fue del 85,59 %; un 6,87 % de los acentos no se percibieron y un 3,54 % se marcó en sílabas anteriores o posteriores a la acentuada, con una tendencia clara a situarlo, en estos casos, en la sílaba que precede a la tónica. Puesto que el corpus empleado se había analizado acústicamente en Mora Gallardo (1998; véase el § 25.3.2), se pudo establecer que la duración resulta un parámetro bien percibido, mientras que, en el caso del tono, el hecho de que los oyentes señalaran una prominencia en la sílaba pretónica se explicaría por el ascenso de la frecuencia fundamental que se inicia en esta sílaba y que culmina en la tónica.

25.4.2 Factores que inciden en la percepción del acento

En general, los resultados de los estudios sobre la percepción del acento en español ofrecen un panorama algo más homogéneo que el que se desprende de los trabajos que examinan los correlatos acústicos presentados en el § 25.3.2. El papel del tono como el principal correlato perceptivo del acento léxico parece fuera de duda, así como el de la duración; los datos, en cambio, tal vez no resultan tan concluyentes en cuanto a la intensidad, pues si en algunos experimentos resulta tener una escasa relevancia, en otros aparece como un parámetro que actúa juntamente con el tono. En ausencia de marcas tonales son, lógicamente, la duración y la intensidad las que proporcionan información sobre la prominencia acentual. El mayor o menor peso de estos dos últimos correlatos vendría condicionado, esencialmente, por el tipo de patrón acentual.

La importancia del tono viene corroborada por experimentos como el de Schwab y Dellwo (2017) en el que se pone de manifiesto que la identificación de la sílaba acentuada resulta más difícil en palabras con la entonación ascendente característica de una interrogativa que en los mismo estímulos con la entonación descendente propia de una declarativa.

Sin embargo, las aportaciones de Face (2000, 2003a, 2003c, 2004, 2006) han puesto de relieve la existencia de una serie de factores que no se abordaron en trabajos anteriores: el peso silábico [→ § 1.21.8, § 24.4.1, § 26.7], la semejanza fonética, las subregularidades en el léxico y la categoría léxica. Las principales características de estos estudios en lo que se refiere a los participantes y a los estímulos se resumen en la Tabla 9.

En todos sus experimentos, Face trabajó con estímulos sintetizados creados mediante la herramienta MBROLI, integrada en MBROLA (*Multi Band Resynthesis OverLap Add*), un sistema de dominio público desarrollado por Dutoit *et al.* (1996) que permite, a partir de una base de datos de difonemas previamente creada, alterar los valores de la frecuencia fundamental y de la duración de los segmentos. En este tipo de programas, las palabras que se desea reproducir se forman concatenando difonemas o difonos, esto es, agrupaciones de dos segmentos (fonemas o fonos) constituidas por la segunda mitad de la parte estacionaria del primero, la transición al segmento siguiente y la primera mitad de la parte estacionaria del segundo; con ello se evita unir dos elementos por la parte que resulta más afectada por la coarticulación, minimizando así las discontinuidades en la señal sonora que se obtiene tras el proceso de síntesis.

Para valorar el efecto del peso silábico en la percepción del acento léxico, Face (2000) diseñó dos corpus de pseudopalabras bisílabas y trisílabas sintetizadas: uno en el que en el que aparecían todas las combinaciones posibles de sílabas ligeras (CV) y pesadas (CVC) [→ § 1.21.8] y todas las vocales de la palabra poseían la misma frecuencia fundamental

(100 Hz), duración (90 ms) e intensidad (aproximadamente 70 dB), y otro en el que se introdujeron contrastes acentuales, con los valores de las sílabas tónicas empleados en los estímulos de Enríquez, Casado y Santos Lleó (1989) descritos en el apartado anterior; se comprobó, también, que las pseudopalabras no fueran similares a palabras existentes en español. Los resultados de la prueba de percepción realizada muestran, en primera instancia, que los estímulos carentes de indicios acústicos del acento tienden a percibirse como oxítonos cuando la sílaba final de la palabra es pesada (68 %) y como paroxítonos cuando es ligera (80,3 %), lo que corresponde a los casos no marcados de asignación del acento en español en la forma singular de sustantivos y adjetivos [→ § 26.3]; cuando se percibe el acento en un caso marcado, existe también una tendencia —secundaria, para el autor— a identificar como acentuada la penúltima sílaba, en consonancia con la elevada frecuencia de aparición del patrón paroxítono en español (Quilis 1981b, 1983). Por otra parte, el análisis de los errores en las palabras sintetizadas con contrastes acentuales pone de relieve una propensión a elegir como tónica la sílaba que correspondería a una asignación no marcada, basada más en el peso silábico que en los indicios acústicos presentes en la señal. En conjunto, Face concluye que «syllable weight is an important factor in the perception of stress in Spanish. The primary factor is the final syllable, which is perceived as stressed when heavy and which causes the perception of penultimate stress when light» (8).

En un experimento posterior, Face (2004, 2006) reconsidera sus conclusiones, pues la consonante final contribuye a incrementar la duración de las sílabas pesadas y, como todas las vocales de los estímulos se sintetizaron con la misma duración, podría darse el caso de que las sílabas con estructura CVC se percibieran como tónicas por el simple hecho de ser más largas que las que presentan la estructura CV. Por tanto, preparó un nuevo corpus en el que la suma de la duración de la vocal y de la consonante en coda en las sílabas pesadas era idéntica a la de la vocal de las sílabas ligeras, y la consonante en ataque se mantuvo a una duración constante. Las respuestas de los oyentes muestran, al igual que en Face (2000), aunque con proporciones mucho menores, que cuando la sílaba final es pesada la palabra se percibe como oxítona en el 67,5 % de los casos y, cuando es ligera, se identifica como paroxítona en el 56 % de ocasiones, siguiendo las pautas de la asignación no marcada del acento; sin embargo, en los estímulos acabados en sílaba ligera, el peso de la penúltima sílaba no condiciona la identificación del patrón acentual, como tampoco lo hace la antepenúltima sílaba cuando las dos últimas son ligeras. Estos datos, junto con los resultados de los trabajos de Alvord (2003) y de Bárkányi (2002), llevan a Face (2004) a postular que la percepción del patrón acentual viene condicionada, en realidad, por el carácter abierto o cerrado de la sílaba final, ya que la coda consonántica de la penúltima o la antepenúltima sílaba no ejerce ninguna influencia en la identificación del lugar del acento [→ § 26.7, § 26.8.4].

El efecto del segundo factor considerado, la semejanza fonética, se estudió en Face (2003a, 2003c, 2004, 2006) mediante un corpus de pseudopalabras sintetizadas. Los estímulos se diseñaron de modo que correspondieran a una palabra trisílaba oxítona existente en la lengua, pero con elisión de la consonante final y manteniendo constantes los valores de los parámetros acústicos relacionados con el acento en las dos primeras sílabas; en una de las versiones sintetizadas, la vocal final presentaba las mismas características acústicas que tendría si la palabra acabara en consonante, mientras que en otra versión se usaron los valores de los parámetros propios de una vocal en posición prepausal; en una tercera variante, se añadió la consonante [s] al final de la palabra; así, partiendo de una palabra como *hospital,* se obtuvieron las pseudopalabras /ospita/ con dos tipos de /a/ final, y /ospitas/. Las respuestas obtenidas en la prueba confirman que, globalmente, los estímulos se perciben en un 59 % de los casos como oxítonos —es decir, con el patrón de la palabra semejante existente en la lengua y no con el paroxítono, que sería el esperable en una trisílaba acabada en vocal o en [s]—, con una mayor frecuencia cuando la vocal final posee las características acústicas propias de una palabra acabada en consonante que cuando sus propiedades corresponden a las de una vocal final; en el conjunto de palabras acabadas en [s] se observa un 45 % de casos en los que la palabra se percibe como oxítona, un porcentaje claramente superior al correspondiente a un patrón de este tipo en estímulos sin marcas acústicas del acento obtenido en los estudios sobre el peso silábico que se acaban de exponer. Estos datos sugieren que el mayor o menor grado de semejanza fonética entre las pseudopalabras y las palabras existentes en la lengua constituye uno de los factores que intervienen en la determinación del lugar del acento, por lo que puede hablarse, en opinión del autor, de la presencia de un proceso basado en la analogía.

En Face (2003c, 2004, 2006) se examina un tercer factor, las subregularidades en el léxico que se observan en las formas no verbales acabadas en [en], estudiadas en un experimento sobre la validez psicolingüística de las reglas de asignación del acento en español realizado por Aske (1990): mientras que en las formas que terminan en [n] el patrón acentual predominante es el oxítono, en las finalizadas en [en] se encuentra una distribución equilibrada entre el oxítono (por ejemplo, *andén*) y el paroxítono (*orden*). Para comprobar el papel que desempeña este fenómeno en la percepción del acento, se sintetizaron, con la ausencia de marcas acústicas del acento ya mencionada, tres grupos de 10 pseudopalabras trisílabas cada uno, con una estructura CV.CVC.CVC y acabadas en /an/, /en/ y /on/. Los resultados no muestran diferencias estadísticamente significativas en lo que se refiere a la posición de la sílaba que se percibe como acentuada en función de los segmentos finales de la palabra, pero se observa que en los estímulos cuyo final coincide con terminaciones de formas verbales existe una mayor tendencia a que se perciban como paroxítonos (29 % en el caso de /en/ y 19 % en el de /an/) que en aquellos que no pueden interpretarse como verbos (12 % en los acabados en /on/). La menor proporción de estímulos percibidos como paroxítonos en los terminados en /en/ en comparación con las formas acabadas en /an/ puede responder, en opinión de Face (2004, 2006), a las regularidades detectadas por Aske (1990), aunque con un efecto mucho menor que el que previamente se había apuntado, pues los estímulos con /en/ se interpretan como oxítonos en un 59 % de los casos y como paroxítonos en un 29 % de sus apariciones en la prueba.

Finalmente, Face (2003c, 2004, 2006) considera un cuarto factor, la categoría léxica, en términos de la distinción entre nombre y verbo, partiendo nuevamente de las observaciones realizadas por Aske (1990) y apoyándose en el papel que otorga Eddington (2004) a las variables morfológicas en la asignación del acento en español. Los estímulos del experimento consistieron en las mismas palabras acabadas en /an/ utilizadas para determinar el efecto de las subregularidades en el léxico, pero situadas en una frase marco que condicionaba su interpretación como nombre (*María quiere un . . .*) o como verbo (*Los alumnos . . . en la clase*). Los oyentes que participaron en la prueba identificaron como oxítonas las palabras en la frase marco que favorece que se interpreten como nombres (en un 81 % de los casos en esta categoría) y como paroxítonas las que aparecen en la frase que favorece la interpretación como verbos (86 %), lo que coincide con los resultados esperables. Por tanto, se deduce que, puesto que en los estímulos no aparece ninguna información acústica que señale la presencia del acento, la determinación del patrón acentual se basa en la categoría léxica de la palabra.

En un resumen de conjunto de las aportaciones de los experimentos mencionados, Face (2006) concluye que el examen de las pseudopalabras sintetizadas sin información acústica sobre el acento pone de relieve que la percepción de los patrones acentuales viene condicionada por un conjunto de factores cognitivos —ya que no son de naturaleza acústica— entre los que se cuentan los de carácter fonológico como la estructura abierta o cerrada de la sílaba final y el grado de semejanza entre una pseudopalabra y una palabra existente en la lengua —teniendo en cuenta, en este caso, aspectos subfonémicos relacionados con la vocal final—, y los de tipo morfológico y léxico, como la categoría de la palabra y, en mucho menor medida, algunas subregularidades en el léxico que hacen pensar que para identificar el patrón acentual no únicamente influye el segmento final de la palabra. Estos factores interactúan con los correlatos perceptivos que se han descrito en el apartado anterior y, como señala Face (2006, 1262), no hacen sino corroborar que «en los hechos del lenguaje hay que tener en cuenta que la sensación del estímulo físico se canaliza a través de las estructuras de cada lengua» (Quilis 1971, 54).

25.5 El acento secundario

Como se ha explicado en el § 25.1.3, el denominado 'acento secundario' se encuentra en una sílaba que se percibe como menos prominente que la portadora del acento léxico o primario, pero, a su vez, como más prominente que las demás de la palabra o del enunciado (Hualde 2014, 311) [→ § 1.21.12]. Esta clase de acento se ha asociado al que aparece en palabras compuestas, en los adverbios de modo acabados en *-mente,* en formas derivadas por prefijación —especialmente, en el caso de prefijos tónicos— o sufijación y en los patrones acentuales sobreesdrújulos (Aguilar, de-la-Mota y Prieto Vives 2009–2014; Fernández Planas 2005a, 53; Navarro Tomás [1918] 1980, 186; Quilis 1981a, 314, [1993] 1999, 391), así como también en pronombres enclíticos [→ § 26.9.2]. Además de en los casos condicionados por la morfología, se da al sucederse varias sílabas átonas consecutivas, creándose una alternancia que se ha relacionado con el ritmo [→ § 36.4], por lo que, en este contexto, se habla de 'acento rítmico'; se encuentra igualmente cuando la prominencia de una sílaba sirve para realzar o dar énfasis a una parte del enunciado por motivos pragmáticos, lo que corresponde al tradicional 'acento enfático'; estas dos últimas categorías se incluyen bajo el término general de 'acento retórico' en trabajos como el de Hualde y Nadeu (2014), que se comenta más adelante.

En el § 25.3.1 ya se ha mencionado, a propósito de las diferencias entre vocales acentuadas e inacentuadas, el experimento de Scharf *et al.* (1995b, 1995a) —también expuesto en Dogil y Williams (1999)—, en el que se examinan los correlatos articulatorios del acento secundario en español. Conviene recordar que el corpus consistió en ocho repeticiones de las palabras *Constantino, constantinoplear y constantinopleño* insertadas en una frase marco y leídas por uno de los autores del estudio; puesto que la sílaba /ti/ es acentuada en la primera palabra, inacentuada en la segunda y debería presentar un acento secundario en la tercera, puede establecerse una correlación entre el grado de acentuación y los movimientos de los articuladores. El análisis de los datos obtenidos mediante articulografía electromagnética muestra que, mientras que la sílaba con acento primario se caracteriza por la amplitud del movimiento del ápice de la lengua, en la que lleva acento secundario es relevante la trayectoria de dicho movimiento en la dimensión horizontal, con una tendencia a una realización posterior; sin embargo, los autores precisan que, con los datos recogidos en el experimento, no resulta factible establecer si ello se debe a efectos relacionados con el tipo de acento, con la coarticulación o con una tendencia propia del único hablante considerado.

Los estudios dedicados a los correlatos acústicos del acento secundario son más abundantes que los centrados en sus propiedades articulatorias, y pueden dividirse, a grandes rasgos, entre los que abordan procesos morfológicos como la flexión, la derivación y, especialmente, la composición, y los que se interesan por los contrastes entre niveles acentuales en relación con las hipótesis de naturaleza rítmica formuladas en el marco de la Teoría Métrica-Autosegmental [→ § 26.8.5, § 26.9].

Entre los trabajos del primer grupo, en el de Figueras y Santiago (1993a), al que se ha hecho ya referencia en el § 25.3.2, se analizaron 10 compuestos constituidos por dos nombres, leídos por siete hablantes —cuatro femeninas y tres masculinos— en una frase marco (*Decid . . . con fuerza*), y se compararon los datos con los obtenidos para las formas simples. Los resultados permiten, en primer lugar, apreciar que existe una cierta variabilidad entre los informantes; en cuanto a los parámetros acústicos, las autoras no constatan cambios relevantes en la amplitud, pero apuntan la posibilidad de que la duración señale la presencia de un acento secundario; sin embargo, el parámetro que definen como esencial es la frecuencia fundamental, pues en los casos de compuestos bien consolidados en la lengua, «en la palabra simple la segunda sílaba es más alta que la primera, mientras que formando parte del compuesto la segunda sílaba es más baja» (111). Esta «inversión de la relación entre las frecuencias en el compuesto» (104) —aunque los valores temporales experimenten también variaciones con respecto a la palabra aislada—, sería, para Figueras y Santiago, lo que caracterizaría el acento secundario.

Por su parte, Rao (2015) se centró en el estudio de la frecuencia fundamental en 30 compuestos formados por dos nombres, leídos por cuatro hablantes masculinos y cuatro femeninos de español de México, una vez en posición inicial y otra en el final de una frase marco, como en *El hombre lobo está allí* y *Está allí el hombre lobo*. El análisis acústico de un total de 960 sílabas permitió establecer una clasificación basada en la presencia o ausencia de acentos tonales, así como una transcripción fonológica siguiendo las convenciones propias del modelo métrico-autosegmental. Mediante estos criterios, las formas estudiadas se agrupan en dos categorías, especialmente claras en la posición inicial de enunciado: los compuestos que presentan dos acentos, que corresponden a los que se representan ortográficamente mediante dos palabras, y los que únicamente poseen un acento en el segundo miembro del compuesto, asociados a los escritos como una sola palabra; en las formas con dos acentos, una mayor distancia entre ellos favorece la aparición del acento en la primera parte del compuesto y condiciona el perfil de los movimientos tonales; también en estas formas se observa que sus acentos tonales corresponden a los propios de las palabras que constituyen el compuesto cuando se pronuncian aisladamente, cosa que no tiende a suceder en los compuestos con un solo acento.

Las formas compuestas, junto con las derivadas y las flexionadas, se analizaron también en el estudio de Riera *et al.* (2002). En la flexión se consideraron 192 sílabas, extraídas de formas verbales llanas, con infinitivo bisílabo y trisílabo, que permitieron obtener tres posibles grados de acentuación en la misma sílaba, como en *reza* [ˈreθa], *rezaba* [reˈθaβa] y *rezaremos* [ˌreθaˈremos]; en las palabras derivadas, se analizaron 432 sílabas, procedentes de sustantivos bisílabos, trisílabos y cuatrisílabos, con los que se crearon derivados acabados en *-al*, de los que, a su vez, se derivaron formas en *-ista*, como en *documento* [dokuˈmẽn̪to], *documental* [dokumẽn̪ˈtal] y *documentalista* [dokuˌmẽn̪taˈlista]; finalmente, en las palabras compuestas se estudiaron 168 sílabas, en formas constituidas por un verbo y un nombre en las que los dos acentos estaban separados por una sílaba (*posavasos* [ˌposaˈβasos]) o por dos sílabas (*lavavajillas* [ˌlaβaβaˈxiʎas]). Las 360 palabras del corpus se incluyeron en oraciones declarativas en las que se controló la estructura acentual del fragmento anterior y posterior a la forma estudiada, y que leyeron dos hablantes masculinos de español peninsular. Pese a que los datos obtenidos no son completamente sistemáticos, se aprecia una tendencia a la mayor duración de las sílabas y de las vocales con acento primario y a un incremento de la amplitud del primer formante de la vocal en este mismo caso; los valores de frecuencia fundamental en las vocales con acento secundario se sitúan entre los de las vocales con acento primario y los de las inacentuadas, salvo en el caso de los compuestos en las realizaciones de uno de los dos informantes, en las que la f_0 llega a alcanzar los valores del acento primario; aun así, no se encuentran máximos de f_0 asociados a un acento secundario.

Toyomaru (2001) dedicó su trabajo a los adverbios acabados en *-mente,* uno de los pocos casos en los que, en la tradición lingüística hispánica, se admite que en una palabra pueden coexistir dos acentos (Navarro Tomás [1918] 1980, 186; Quilis 1981a, 314, [1993] 1999, 391). El corpus estaba formado por 11 adverbios de modo derivados de adjetivos y por cuatro sustantivos con el sufijo -*mento,* con objeto de poder contrastar formas que potencialmente llevarían dos acentos (los adverbios) con casos en los que únicamente existe uno (los nombres). Estas 15 palabras se incluyeron en frases marco, que los seis hablantes masculinos de español peninsular que participaron en el experimento leyeron cinco veces cada una. El análisis acústico realizado pone de relieve tres tendencias: por una parte, una mayor duración de la sílaba /men/, tanto en adverbios como en nombres, con respecto al resto de las sílabas del enunciado; por otra, la presencia de un valor máximo de la frecuencia fundamental en la raíz de los adverbios, mientras que la sílaba /men/ en los nombres muestra o bien un máximo o bien una trayectoria ascendente de la f_0; en tercer lugar, una ausencia de valores elevados de la frecuencia fundamental en la terminación de los adverbios, con independencia del patrón acentual del adjetivo del que derivan. De todo ello concluye la autora que el acento en la parte adjetival del adverbio (el primario) vendría marcado por la frecuencia fundamental, mientras que el del sufijo (el secundario) se manifestaría por medio de la duración. Más recientemente, Lin (2022) se ha centrado en investigar los correlatos fonéticos del acento en compuestos propiamente dichos (por ejemplo, *aguanieve*), compuestos sintagmáticos (como *caja fuerte*) y adverbos acabados en -*mente.* Los resultados de un análisis acústico de 4043 ítems incluidos en frases cortas obtenidas mediante preguntas a partir de una imagen muestran, según la autora, la presencia de un acento secundario en el primer elemento de los dos tipos de compuestos estudiados y la existencia de dos acentos primarios en los adverbios en -*mente.* Se constata también la ausencia de diferencias entre hablantes de Argentina, Chile, Colombia, España y México.

Los estudios que consideran el carácter rítmico del acento secundario se iniciaron con el de Prieto Vives y van Santen (1996), en el que se analizaron dos corpus de datos: en el primero, se controlaron las variables que inciden en los parámetros acústicos relacionados con el acento y consistió en 550 palabras formadas a partir de un conjunto de 12 sílabas e inseridas en la frase marco *Él murmura . . . nuevo* ([*sic*], 342); así, por ejemplo, la sílaba /tin/ pudo estudiarse en formas como *tíntola, tintero, tintorera, tintorería* y *retintorería;* el segundo corpus contenía 54 palabras, en general procedentes de tripletas con contrastes acentuales (del tipo *número ~ numero ~ numeró*) y seleccionadas de modo que todas las consonantes fueran sonoras para facilitar el análisis acústico; en este caso, se incluyeron en la frase marco *Él murmura . . . muy rápidamente.* Un hablante de español de México leyó tres veces cada frase, con lo que se obtuvieron 1650 enunciados y 1712 vocales. En el análisis temporal se distinguieron las tres posiciones posibles de la vocal en la palabra —inicial, interior y final— y se consideró también la estructura silábica abierta o cerrada; en todos los casos, como en los estudios descritos en el § 25.3.2, las vocales con acento primario resultan más largas que las demás del corpus, pero no se hallan diferencias de duración entre las vocales con acento secundario y las inacentuadas, lo que coincide con los resultados de Scharf *et al.* (1995b, 1995a), quienes tampoco encontraron diferencias de duración estadísticamente significativas entre las sílabas inacentuadas (90,6 ms) y las sílabas con acento secundario (97,5 ms). El estudio de la frecuencia fundamental y de la amplitud se realizó en un subconjunto de 342 palabras del primer corpus y en la totalidad del segundo, adoptando la sílaba como unidad de análisis; mientras que los valores máximos de la f_0 siempre coinciden o con el acento primario o con la sílaba postónica y no se detectan diferencias significativas entre sílabas con acento secundario y sílabas inacentuadas, en las sílabas con acento secundario situadas en posición inicial de palabra se da un valor máximo de la amplitud, que constituiría el único correlato acústico del acento secundario detectado en el experimento. Por tanto, Prieto Vives y van Santen (1996) concluyen que

> perceptual and acoustic evidence coincide in attributing secondary stress exclusively to one position in the word, namely, in word initial position. An important result of our analysis has been to identify amplitude peak as the unique acoustic correlate of secondary stress in Spanish (352).

No obstante, cuatro años después Díaz-Campos (2000) afirmaba que «The differences found in syllables produced with different levels of prominence clearly indicate that intensity is not a phonetic cue separating any level of stress» (64), basándose en su análisis acústico de dos tripletas de palabras trisílabas con contrastes acentuales (*estímulo ~ estimulo ~ estimuló* y *depósito ~ deposito ~ depositó*) en tres tipos de frase marco que permitían observar los niveles de acento considerados en el trabajo; por ejemplo, en *Necesitas estímulo grande* /es/ carecería de acento y /ti/ llevaría acento primario, en *A Campos estimulo por la tarde* /es/ podría ser portadora de acento secundario y /ti/ sería inacentuada, y en *Casas estimuló confianza* /es/ aparecería como inacentuada y /ti/ podría llevar acento secundario. Para compensar la falta de naturalidad de algunas frases, reconocida por el propio autor, en el momento de presentar el corpus a los informantes se añadió una oración que creara un contexto (*Creo que has estado deprimida últimamente —Necesitas estímulo grande; Entrego un estímulo a los mejores trabajadores hoy —A Campos estimulo en la tarde; Nombraron a Casas como el nuevo presidente del Banco Central —Casas estimuló confianza*). Cinco hablantes nativas de español grabaron dos veces los enunciados objeto de estudio «after being instructed to read as carefully and clearly as possible» (Díaz-Campos 2000, 54); para el análisis se escogió la versión que presentaba una mejor calidad acústica.

En los resultados no aparecen correlaciones estadísticamente significativas entre la amplitud, cuantificada en términos del valor máximo en la vocal, y el grado de acentuación, y lo mismo sucede con los valores máximos de la frecuencia fundamental en el centro del segmento vocálico; en cambio, los datos temporales ponen de manifiesto, además de un valor más elevado en las sílabas con acento primario que en las demás sílabas de la frase, que en el caso de la sílaba /es/ la duración difiere significativamente entre la inacentuada y la que lleva acento secundario, lo que no ocurre, en cambio, en la sílaba /de/, por lo que también cabe descartar, en opinión del autor, el papel de la duración como correlato acústico del acento secundario. En un estudio posterior, del que únicamente se ha podido consultar el resumen, Piña y Díaz-Campos (2005) cuantificaron la amplitud en el conjunto de la sílaba y tomaron como valores de la f_0 los del inicio y los del final de la sílaba; con estos nuevos criterios de medida, tanto la duración como la frecuencia fundamental aparecen como correlatos del acento secundario.

A propósito de algunos de los trabajos que se acaban de resumir, escribía Hualde (2007a) que «What Spanish phoneticians have failed to do in their attempts to measure the correlates of secondary stress is precisely to elicit speech containing secondary stresses» (436). Por ello, en Hualde (2010) y en Hualde y Nadeu (2014) se propuso una estrategia consistente en la lectura de enunciados del tipo *Tenemos hondureños, franceses, españoles, . . .*—que se contextualizaron como la respuesta a la pregunta *¿Qué nacionalidades están representadas en tu empresa?*—, realizada imitando la entonación de los modelos grabados por el propio investigador. Estos correspondían a tres versiones diferentes de un mismo enunciado: *Tenemos alemanes, portugueses, . . .*; la primera, con una única prominencia situada en la sílaba acentuada del adjetivo, mientras que en la segunda y en la tercera, las sílabas prominentes en el adjetivo fueron tanto la tónica como la inicial; en la tercera versión, además, se enfatizó la pronunciación de la sílaba inicial del adjetivo. Tales variaciones se explican por la hipótesis planteada por los autores respecto a los enunciados con dos sílabas prominentes: un modelo más enfático debería propiciar realizaciones con una prominencia en la sílaba tónica (por ejemplo, en /e/ de *hondureños*), mientras que el modelo con menor grado de énfasis favorecería que la prominencia se situara dos sílabas antes de la tónica (es decir, en /on/) [→ § 25.1.4, § 26.9.1]. Los adjetivos incluidos en el corpus eran paroxítonos y con un número variable de sílabas pretónicas. Tras escuchar uno de los modelos, los cinco hablantes de español peninsular que participaron en el experimento leyeron dos veces el corpus y repitieron esta operación después de la presentación de cada modelo que debían imitar. Mediante este procedimiento se obtuvieron 1486 segmentos vocálicos, de los que se analizó el valor máximo de la frecuencia fundamental, la intensidad media y la duración; antes de proceder al análisis estadístico, los valores se normalizaron.

Los resultados sobre la intensidad muestran efectos significativos únicamente en el caso de las palabras con tres sílabas pretónicas, en las que se encuentran máximos de intensidad en las dos sílabas que preceden a la que lleva el acento léxico; para los valores temporales, se observa que, en todos los casos, la vocal de la sílaba con acento léxico presenta una mayor duración que las del resto de la palabra y que en las palabras con dos sílabas pretónicas existe una tendencia, estadísticamente no significativa, a una duración más elevada de la vocal situada dos sílabas antes de la tónica en comparación con la duración de la pretónica, mientras que en las palabras de tres sílabas también es la vocal que aparece dos sílabas antes de la tónica la que presenta una duración mayor que el resto de pretónicas. Hualde y Nadeu (2014) sostienen, en sus conclusiones, que el acento secundario ('retórico', en la terminología empleada por estos autores) en una sílaba pretónica vendría marcado principalmente por la frecuencia fundamental —y, en menor medida, por la intensidad—, pues los datos muestran que en la sílaba pretónica, o en la anterior a la pretónica cuando aparecen dos o tres sílabas antes de la tónica, se da un valor máximo de la f_0 superior al de la sílaba léxicamente acentuada, sin que esta última pierda, sin embargo, su prominencia debida a la duración (véanse también Hualde 2012, 163, y el § 26.9.1 de esta obra).

En lo que respecta a la percepción del acento secundario, en el estudio ya mencionado de Prieto Vives y van Santen (1996) se describe sucintamente la evaluación de la prominencia acentual en 100 frases del corpus que grabó un locutor mexicano, realizada por un hispanohablante de Madrid y por la primera autora del trabajo. Estos dos oyentes identificaron claramente una prominencia secundaria cuando la primera sílaba de la palabra estaba separada de la léxicamente acentuada por una o más sílabas, mientras que en posición interior o final de palabra no se detectaron acentos secundarios; en cambio, la asignación de un nivel de prominencia resultó una tarea mucho más compleja, pues ambos oyentes emplearon únicamente los valores 2 y 3 en una escala con un rango entre el 1 y el 5.

Tal como se ha visto en el estudio de los correlatos acústicos del acento léxico —es decir, el primario—, los resultados alcanzados en los experimentos que se acaban de presentar distan también de ser concluyentes en lo que se refiere al acento secundario. La disparidad en el diseño de los corpus, los diferentes parámetros acústicos considerados y, muy especialmente, los distintos tipos de fenómenos analizados —los de naturaleza morfológica, por una parte, y los relativos al ritmo o al énfasis en el discurso, por otra— dificultan la comparación entre las diversas aportaciones; asimismo, el número de hablantes de los que proceden los datos —que oscila entre uno en el caso de Prieto Vives y van Santen (1996) y ocho en el de Rao (2015), con la notable excepción de los 30 participantes en el estudio de Lin (2022)— y la escasa naturalidad de algunos de los enunciados empleados no siempre contribuyen a establecer con precisión el modo en el que las prominencias que no obedecen al acento léxico se manifiestan acústicamente en español.

25.6 Conclusiones

De todo lo expuesto en el presente capítulo se desprende que caracterizar en términos fonéticos el mayor relieve que recibe la sílaba acentuada de una palabra no resulta una tarea sencilla, tanto por la diversidad de factores que inciden en la manera de manifestarse la prominencia como por las distintas funciones lingüísticas que esta desempeña en la oración y en el discurso. A ello se añade que los parámetros acústicos y perceptivos responsables de destacar una sílaba con respecto a las demás de su entorno son también portadores de información sobre otros fenómenos prosódicos como la entonación o el ritmo, con lo que en ciertos casos se hace difícil deslindar la contribución de cada parámetro a la producción o a la percepción de un determinado elemento suprasegmental.

Así se explica que en la lingüística hispánica se evidencie una notable variedad de opiniones, que cambian según el período histórico, a la vez que evolucionan en función de las herramientas de análisis puestas a disposición de los investigadores y de los modelos conceptuales vigentes en cada momento. No obstante, lo que sí se aprecia con claridad es una transición desde la búsqueda de una única propiedad que definiera inequívocamente al acento léxico hasta una concepción multiparamétrica de la prominencia acentual. Si bien todavía no parece que se haya alcanzado una postura unánime en cuanto a la importancia de cada uno de los correlatos acústicos del acento, en los estudios publicados se hace patente la multiplicidad de factores que condicionan el mayor o menor peso de cada parámetro, así como la importancia de distinguir entre las formas aisladas y la realización del acento léxico cuando las palabras aparecen en un contexto. En los trabajos centrados en la percepción, en cambio, tiende a encontrarse un mayor grado de convergencia en lo que se refiere a la jerarquía de los parámetros responsables de que se identifique una prominencia acentual. Las investigaciones articulatorias son escasas, seguramente debido a las dificultades que entrañan, por lo que no se dispone aún de datos suficientes sobre los mecanismos implicados en la producción del acento léxico en español.

Desde el punto de vista metodológico, conviene llamar la atención sobre dos aspectos, relacionados con los participantes en los experimentos y con los corpus que han sido objeto de análisis, que pueden contribuir, además, a detectar las áreas en las que la investigación todavía no se ha desarrollado suficientemente.

En los estudios acústicos que se han podido consultar, el número de hablantes de los que proceden los datos suele oscilar, con alguna excepción, entre un máximo de 12 y un mínimo de uno, siendo lo más habitual contar con cinco o seis locutores; entre las contribuciones específicas sobre temas más problemáticos como la colisión acentual o el acento secundario, se encuentran también investigaciones con un único informante y, por lo general, se consideran unos cinco locutores; por su parte, en los experimentos perceptivos examinados, salvo algunas excepciones, suelen participar entre 10 y 55 oyentes. Aunque en ocasiones un número no demasiado elevado de hablantes o de oyentes se compense con una mayor cantidad de ítems analizados acústicamente o presentados en las pruebas de percepción, cabría quizás reflexionar sobre el nivel de representatividad de determinados estudios en lo que respecta a la muestra de hablantes que en ellos intervienen.

Una cuestión algo más general, pero tal vez no exenta de una cierta importancia, atañe al perfil lingüístico de los participantes en los experimentos y al entorno en el que estos se llevaron a cabo. Aunque, como es lógico, se cuenta siempre con hablantes nativos de español (o con bilingües que tengan el español como lengua dominante), en algunos de los trabajos realizados en lugares en los que el español no es la lengua principal se recurre a personas que pueden llevar un cierto tiempo residiendo fuera de un país hispanohablante y los datos, sean acústicos o perceptivos, se obtienen igualmente en un contexto en el que los participantes pueden estar más o menos expuestos a otro idioma distinto del español. Aunque, en general, los investigadores intentan controlar, en mayor o menor medida, estos factores, no deja de ser oportuno valorar su posible influencia.

También en referencia al perfil lingüístico, podría resultar pertinente considerar la congruencia, en el caso de las pruebas de percepción, entre la variedad del español empleada en los estímulos presentados y la hablada por los participantes.

Sin embargo, con los datos a los que se ha tenido acceso no parece posible determinar el grado en el que la variedad geográfica incide en la producción y en la percepción del acento, por lo que sería deseable dotarse de estudios en los que se contrastaran de modo sistemático diferentes variedades de la lengua. Se sabe poco, además, acerca de la importancia de las variables de naturaleza sociolingüística en la manifestación fonética del acento, por lo que nuevos trabajos con esta perspectiva serían de utilidad para alcanzar un conocimiento más detallado del acento léxico en español.

La segunda cuestión relevante desde el punto de vista metodológico se plantea al observar los corpus analizados en las publicaciones consultadas, pues por lo general, las frases marco o las oraciones relativamente breves y con distintos grados de naturalidad parecen ser los contextos privilegiados en el estudio acústico del acento, mientras que el estilo de habla más frecuentemente contemplado es el propio de la lectura, al menos, en los trabajos más clásicos; a su vez, en las pruebas perceptivas, en varios casos se presentan palabras o pseudopalabras aisladas, aunque en algunos experimentos estas se inserten también en frases marco o en oraciones. Por ello, convendría contar con un mayor número de investigaciones en las que se tomaran en consideración estilos de habla más espontáneos y contextos más naturales, como se hace en los trabajos de orientación sociolingüística y también en algunos estudios fonéticos recientes en los que se emplean corpus creados, precisamente, para explorar los estilos menos formales. Asimismo, el análisis de distintos tipos de discurso, como el mediático o el didáctico, ya iniciado por algunos autores, podría aportar nuevas informaciones que complementaran las contribuciones de corte más tradicional.

Finalmente, existen otras líneas de investigación que, por razones de espacio y de coherencia temática de la obra, no se han abordado en este capítulo. Entre ellas, cabe citar los estudios experimentales sobre el papel del acento en la segmentación de la señal del habla o en la adquisición de la lectura realizados desde la óptica de la psicolingüística, los trabajos orientados a determinar las diferencias en la producción y en la percepción del acento léxico entre hablantes con diferentes grados de conocimiento de la lengua desarrollados por investigadores que se ocupan de la adquisición del sistema fónico del español como lengua extranjera o como lengua de herencia, y los análisis acústicos de la manifestación fonética del acento en las alteraciones de la producción del habla en pacientes hispanohablantes, tanto en las de origen neurológico como en las derivadas de trastornos de la fonación, llevados a cabo por especialistas en fonética clínica. Las aportaciones realizadas en estos ámbitos ofrecen perspectivas que, sin duda, contribuyen a una mejor comprensión de las características fonéticas del acento en español y de su funcionamiento en la lengua.

Referencias bibliográficas

Aguilar, Lourdes, David Casacuberta Sevilla y Rafael Marín Gálvez. 2000. «Labeling Melodic Movements at the Stress Group Level». *Catalan Working Papers in Linguistics* 8: 7–21.

Aguilar, Lourdes, Carme de-la-Mota y Pilar Prieto Vives, eds. 2009–2014. «Guía multimedia de la prosodia del español». Recurso en línea. http://prado.uab.cat/guia/es/index.html.

Alarcos, Emilio. (1950) 1965. *Fonología española*. 4.ª ed. aumentada y revisada. Madrid: Gredos.

———. 1994. *Gramática de la lengua española*. Madrid: Espasa Calpe.

Albalá, María José. 2014a. «Espectrógrafo». Documento en línea. Museo Virtual de la Ciencia del CSIC. http://museovirtual.csic.es/csic75/instrumentos/espectrografo/espectrografo.html.

———. 2014b. «Quimógrafo portátil». Documento en línea. Museo Virtual de la Ciencia del CSIC. http://museovirtual.csic.es/csic75/instrumentos/quimografo/quimografo.html.

Albalá, María José, Elena Battaner, Mario Carranza, Juana Gil, Joaquim Llisterri, María Jesús Machuca, Natalia Madrigal, *et al.* 2008. «VILE: nuevos datos acústicos sobre vocales del español». En *Language Design. Journal of Theoretical and Experimental Linguistics. Special Issue 1. New Trends in Experimental Phonetics: Selected papers from the IV International Conference on Experimental Phonetics. Granada, 11–14 February 2008*, editado por Antonio Pamies y Elisabeth Melguizo, 1–14. Granada: Método Ediciones.

Albalá, María José y Victoria Marrero-Aguiar. 1995. «La intensidad de los sonidos españoles». *Revista de Filología Española* 75 (1–2): 105–32. https://doi.org/10.3989/rfe.1995.v75.i1/2.424.

Alcina, Juan y José Manuel Blecua. 1975. *Gramática española*. Barcelona: Ariel.

Alcoba, Santiago. 2007. «Usos de *cual*, grupo acentual y unidad melódica». *Moenia. Revista Lucense de Lingüística & Literatura* 13: 39–68. http://hdl.handle.net/10347/6066.

Alcoba, Santiago, Martine Le Besnerais y Julio Murillo. 1992. «Unité tonale et structure prosodique de l'espagnol». *Revue de Phonétique Appliquée* 105: 261–85.

Alcoba, Santiago y Julio Murillo. 1998. «Intonation in Spanish». En *Intonation Systems. A Survey of Twenty Languages*, editado por Daniel Hirst y Albert Di Cristo, 152–66. Cambridge: Cambridge University Press.

«Alfabeto fonético». 1915. *Revista de Filología Española* 2 (4): 374–76.

Almeida, Manuel. 1986. «La cantidad vocálica en el español de Canarias. Estudio acústico». *Revista de Filología de la Universidad de La Laguna* 6–7: 73–82.

———. 1990. «El timbre vocálico en español actual». *Revista de Filología Románica* 7: 75–85.

Almeida, Manuel y Esteban San Juan. 1999. «Alternancia y ritmo en español: el *clash* silábico». En *Actes del I Congrés de Fonètica Experimental. Tarragona, 22, 23 i 24 de febrer de 1999*, 105–10. Tarragona: Universitat Rovira i Virgili; Barcelona: Universitat de Barcelona.

———. 2001. «*Clash* silábico y desplazamiento acentual en el español canario». *Estudios de Fonética Experimental* 11: 160–71.

Álvarez González, Juan Antonio. 1981. «Influencias de los sonidos contiguos en el timbre de las vocales (Estudio acústico)». *Revista Española de Lingüística* 11 (2): 427–45.

Alvord, Scott M. 2003. «The Psychological Unreality of Quantity Sensitivity in Spanish: Experimental Evidence». *Southwest Journal of Linguistics* 22 (2): 1–13.

Amorós, Mari Cruz. 2004a. «Intensidad, entonación y acento». En *Actas del V Congreso de Lingüística General. León, 5–8 de marzo de 2002*, editado por Milka Villayandre, 1: 247–57. Madrid: Arco/Libros.

———. 2004b. «Sincronización entre pico tonal y acento: resultados según posición métrica y morfológica». *Estudios de Fonética Experimental* 13: 203–23.

———. 2007. «Coeficiente de prominencia silábica (CPS)». En *Actas del VI Congreso de Lingüística General. Santiago de Compostela, 3–7 de mayo de 2004*, editado por Pablo Cano López, Isabel Fernández López, Miguel González Pereira, Gabriela Prego y Montserrat Souto, 2:1895–1904. Madrid: Arco/Libros.

Amorós, Mari Cruz y Antonio Pamies. 2002. «Sobre la relación entre acento y entonación: observaciones metodológicas». En *Actas del II Congreso de Fonética Experimental. Sevilla, 5, 6 y 7 de marzo de 2001*, editado por Jesús Díaz García, 91–95. Sevilla: Universidad de Sevilla, Facultad de Filología, Laboratorio de Fonética.

Aske, John. 1990. «Disembodied Rules versus Patterns in the Lexicon: Testing the Psychological Reality of Spanish Stress Rules». En *Proceedings of the Sixteenth Annual Meeting of the Berkeley Linguistics Society. General Session and Parasession on The Legacy of Grice*, editado por Kira Hall, Jean-Pierre Koenig, Michael Meacham, Sondra Reinman y Laurel A. Sutton, 30–45. Berkeley: Berkeley Linguistics Society. https://doi.org/10.3765/bls.v16i0.1685.

Atria, José Joaquín. 2009. «Estrategias de resolución de choques acentuales en el castellano hablado en Santiago de Chile». *Onomázein. Revista de Filología, Lingüística y Traducción* 19: 11–31. https://doi.org/10.7764/onomazein.19.01.

Azorín, Dolores y María Antonia Martínez Linares. 1988–1989. «El acento en la lingüística española del siglo xix: aspectos del desarrollo de una teoría». *Estudios de Lingüística. Universidad de Alicante (ELUA)* 5: 83–91. https://doi.org/10.14198/ELUA1988-1989.5.07.

Baayen, R. Harald. 2008. *Analyzing Linguistic Data. A Practical Introduction to Statistics Using R*. Cambridge: Cambridge University Press. https://doi.org/10.1017/CBO9780511801686.

Baayen, R. Harald, Doug J. Davidson y Douglas M. Bates. 2008. «Mixed-Effects Modeling with Crossed Random Effects for Subjects and Items». *Journal of Memory and Language* 59 (4): 390–412. https://doi.org/10.1016/j.jml.2007.12.005.

Bárkányi, Zsuzsanna. 2002. «A Fresh Look at Quantity Sensitivity in Spanish». *Linguistics. An Interdisciplinary Journal of the Language Sciences* 40 (2): 375–94. https://doi.org/10.1515/ling.2002.016.

del Barrio, Laura y Sergio Torner. 1999a. «La duración consonántica en castellano». *Estudios de Lingüística. Universidad de Alicante (ELUA)* 13: 9–36. https://doi.org/10.14198/ELUA1999.13.01.

———. 1999b. «La duración consonántica en castellano». *Lingüística Española Actual* 21 (1): 99–126.

Battaner, Elena. 2005. «El gabinete de física en la gramática: apuntes sobre acústica en Eduardo Benot». En *Palabras, norma, discurso. En memoria de Fernando Lázaro Carreter*, editado por Luis Santos Río, Julio Borrego, Juan Felipe García Santos, José Jesús Gómez Asencio y Emilio Prieto de los Mozos, 109–24. Salamanca: Ediciones Universidad de Salamanca.

Belda, Beatriz y Carme de-la-Mota. 2010. «Sobreacentuación en la locución de boletines informativos en radio: Radio Nacional de España». En *Actas del XXXIX Simposio Internacional de la Sociedad Española de Lingüística. Santiago de Compostela, 1–4 de febrero de 2010*, editado por Pablo Cano López, Soraya Cortiñas, Beatriz Dieste, Isabel Fernández López y Luz Zas, 67. Santiago de Compostela: Universidade de Santiago de Compostela. CD-ROM.

Bello, Andrés. (1835) 1859. *Principios de la ortología y métrica de la lengua castellana*. 3.ª ed. revisada. Santiago de Chile: Imprenta de La Opinión.

———. (1847) 1891. *Gramática de la lengua castellana destinada al uso de los americanos por D. Andrés Bello. Edición hecha sobre la última del Autor con extensas notas y un copioso índice alfabético de D. Rufino José Cuervo*. París: A. Roger y F. Chernoviz.

———. (1847) 2016. *Gramática de la lengua castellana destinada al uso de los americanos*. Edición digital a partir de la 3.ª ed. de *Obras completas. Tomo Cuarto*, Caracas, La Casa de Bello, 1995. Alicante: Biblioteca Virtual Miguel de Cervantes.

———. (1835) 2016. «Principios de la ortología y métrica de la lengua castellana». En *Obras completas de Andrés Bello. Estudios filológicos. Tomo I. Principios de la ortología y métrica de la lengua castellana y otros escritos. Introducción a los estudios ortológicos y métricos de Bello por Samuel Gili Gaya*, Edición digital a partir de la 2.ª ed. de *Obras completas. Tomo Sexto*, Caracas, La Casa de Bello, 1981, 3–329. Alicante: Biblioteca Virtual Miguel de Cervantes.

Benot, Eduardo. 1888. *Examen crítico de la acentuación castellana*. Madrid: Librería de la Viuda de Hernando.

————. 1892. *Prosodia castellana y versificación*. Madrid: Juan Muñoz Sánchez. Reed., Sevilla: Padilla Libros, 2003.

————. (1910) 1991. *Arte de hablar. Gramática filosófica de la lengua castellana*. Editado por Ramón Sarmiento. Ed. facsímil. Barcelona: Anthropos.

Blecua Falgueras, Beatriz y Vanessa Acín. 1995. «Propuesta de un modelo de intensidad vocálica del castellano y el catalán aplicable a un sistema de conversión de texto a habla». *Procesamiento del Lenguaje Natural* 17: 257–71.

Boersma, Paul. 2001. «Praat, a System for Doing Phonetics by Computer». *Glot International* 5 (9–10): 341–45.

Boersma, Paul y David Weenink. 2023. «Praat: Doing Phonetics by Computer». Programa informático. Ámsterdam: University of Amsterdam. http://www.praat.org.

Bolinger, Dwight L. 1959. «A Theory of Pitch Accent in English». *Word* 14 (2–3): 109–49. https://doi.org/10.1080/00437956.1958.11659660.

Bolinger, Dwight L., J. Donald Bowen, Agnes M. Brady, Ernest F. Haden, Lawrence Poston Jr y Norman P. Sacks. 1960. *Modern Spanish. A Project of the Modern Language Association*. Nueva York: Harcourt, Brace & World.

Bolinger, Dwight L. y Marion Hodapp. 1961. «Acento melódico. Acento de intensidad». *Boletín de Filología (Universidad de Chile)* 13: 33–48.

Cagigal, Macarena y Daniel Recasens. 1997. «El sistema de magnetometría EMA aplicado al estudio de la producción del habla». *Estudios de Fonética Experimental* 9: 11–35.

Candia, Luis, Hernán Urrutia y Teresa Fernández Ulloa. 2006. «Rasgos acústicos de la prosodia acentual del español». *Boletín de Filología (Universidad de Chile)* 41: 11–44.

Canellada, María Josefa. 1988. «Sobre el acento español». En *Homenaje a Alonso Zamora Vicente*, 1: 369–71. Madrid: Castalia.

Canellada, María Josefa y John Kuhlmann Madsen. 1987. *Pronunciación del español. Lengua hablada y literaria*. Madrid: Castalia.

Caño, Almudena. 2021. «La influencia del acento léxico en la coordinación temporal de las sílabas con ataque complejo en español». *Loquens. Spanish Journal of Speech Sciences* 8 (1–2): e081. https://doi.org/10.3989/loquens.2021.081.

Cantarutti, Marina M. y Beatrice Szczepek Reed. 2021. «Stress and Rhythm». En *The Cambridge Handbook of Phonetics*, editado por Rachael-Anne Knight y Jane Setter, 159–84. Cambridge: Cambridge University Press. https://doi.org/10.1017/9781108644198.007.

Cantero, Francisco José. 2002. *Teoría y análisis de la entonación*. Barcelona: Edicions de la Universitat de Barcelona.

Cárdenas, Daniel N. 1960. «Acoustic Vowel Loops of Two Spanish Idiolects». *Phonetica* 5 (1): 19–34. https://doi.org/10.1159/000258037.

Cardeñoso, Valentín y David Escudero Mancebo. 2002. «Statistical Modelling of Stress Groups in Spanish». En *Speech Prosody 2002, International Conference. Aix-en-Provence, France, April 11–13, 2002*, 207–10. International Speech Communication Association (ISCA) Online Archive. https://doi.org/10.21437/SpeechProsody.2002-37.

Casacuberta Nolla, Francisco, Ramón García Gómez, Joaquim Llisterri, Climent Nadeu, José Manuel Pardo y Antonio José Rubio Ayuso. 1992. «Desarrollo de corpus para investigación en tecnologías del habla (Albayzín)». *Procesamiento del Lenguaje Natural* 12: 35–42.

Casacuberta Sevilla, David, Rafael Marín Gálvez y Lourdes Aguilar. 1998. «Parsing Unrestricted Text into Prosodic Units. A Formal Description». En *Mathematical and Computational Analysis of Natural Language. Selected Papers from the 2nd International Conference on Mathematical Linguistics (ICML'96). Tarragona, 1996*, editado por Carlos Martín Vide, 281–94. Ámsterdam: John Benjamins. https://doi.org/10.1075/sfsl.45.26cas.

Cepeda, Gladys. 2001. «Estudio descriptivo del español de Valdivia, Chile». *Estudios Filológicos* 36: 81–97. https://doi.org/10.4067/S0071-17132001003600006.

Clegg, J. Halvor y Joseph Brannen. 1985. «Phonological Distribution and Syllable Length in Spanish». *Deseret Language and Linguistic Society Symposium* 11 (1): 51–57.

Clegg, J. Halvor y Willis C. Fails. 1987. «Structure of the Syllable and Syllable Length in Spanish». *Deseret Language and Linguistic Society Symposium* 13 (1): 47–54.

Clegg, J. Halvor y Willis C. Fails. 2018. *Manual de fonética y fonología españolas*. Londres: Routledge. https://doi.org/10.4324/9781315544212.

Cole, Jennifer, José Ignacio Hualde, Caroline L. Smith, Christopher D. Eager, Timothy Mahrt y Ricardo Napoleão de Souza. 2019. «Sound, Structure and Meaning: The Bases of Prominence Ratings in English, French and Spanish». *Journal of Phonetics* 75: 113–47. https://doi.org/10.1016/j.wocn.2019.05.002.

Coll y Vehí, José. (1866) 2010. *Diálogos literarios*. Ed. facsímil. Alicante: Biblioteca Virtual Miguel de Cervantes; Madrid: Biblioteca Nacional.

Congosto, Yolanda, María Dolores Fabián y Concepción Fernández Barranco. 2008. «Picos tonales, acentos y límites sintagmáticos en enunciados declarativos e interrogativos absolutos sin expansión vs. con expansión (en el sujeto y en el objeto)». En *Language Design. Journal of Theoretical and Experimental Linguistics. Special Issue, 2: Experimental Prosody*, editado por Antonio Pamies, Mari Cruz Amorós y José Manuel Pazos, 203–12. Granada: Método Ediciones.

Contreras, Heles. 1963. «Sobre el acento en español». *Boletín de Filología (Universidad de Chile)* 15: 223–37.

————. 1964. «¿Tiene el español un acento de intensidad?» *Boletín de Filología (Universidad de Chile)* 16: 237–39.

———. 1965. «The Neutralization of Stress in Chilean Spanish». *Phonetica* 13 (1–2): 27–30. https://doi.org/10.1159/000258461.

Correa, José Alejandro. 2017. «Caracterización acústica de la reducción vocálica en el español de Bogotá (Colombia)». *Estudios de Fonética Experimental* 26: 63–91.

———. 2021. «Reducción fonética de las vocales del español de Bogotá (Colombia)». Tesis de doctorado, Universitat Autònoma de Barcelona. https://hdl.handle.net/10803/673154.

Cortés Moreno, Maximiano. 2002. *Didáctica de la prosodia del español: acentuación y entonación*. Madrid: Edinumen.

Cruttenden, Alan. (1986) 1990. *Entonación. Teoría general y aplicación al inglés*. Traducido por Ignasi Mascaró. Barcelona: Teide.

Cuenca Villarín, María Heliodora. 1996–1997. «Análisis instrumental de la duración de las vocales en español». *Philologia Hispalensis. Revista de Estudios Lingüísticos y Literarios* 11 (1): 295–307. https://doi.org/10.12795/PH.19961997.v11.i01.20.

Cuervo, Rufino José. (1891) 2016. «Notas a la Gramática de la lengua castellana de D. Andrés Bello e índice alfabético de la misma obra». En *Gramática de la lengua castellana destinada al uso de los americanos*, de Andrés Bello, Edición digital a partir de la 3.ª ed. de *Obras completas. Tomo Cuarto*, Caracas, La Casa de Bello, 1995, 385–510. Alicante: Biblioteca Virtual Miguel de Cervantes.

Cutler, Anne. 2005. «Lexical Stress». En *The Handbook of Speech Perception*, editado por David B. Pisoni y Robert E. Remez, 264–89. Oxford: Blackwell. https://doi.org/10.1002/9780470757024.ch11.

Cutler, Anne y Alexandra Jesse. 2021. «Word Stress in Speech Perception». En *The Handbook of Speech Perception*, editado por Jennifer S. Pardo, Lynne C. Nygaard, Robert E. Remez y David B. Pisoni, 239–65. Oxford: Wiley-Blackwell. https://doi.org/10.1002/9781119184096.ch9.

Delattre, Pierre C. 1966. «A Comparison of Syllable Length Conditioning among Languages». *International Review of Applied Linguistics in Language Teaching* 4 (1–4): 183–89. https://doi.org/10.1515/iral.1966.4.1-4.183.

———. 1969. «An Acoustic and Articulatory Study of Vowel Reduction in Four Languages». *International Review of Applied Linguistics in Language Teaching* 7 (4): 294–325. https://doi.org/10.1515/iral.1969.7.4.295.

Díaz-Campos, Manuel. 2000. «The Phonetic Manifestation of Secondary Stress in Spanish». En *Hispanic Linguistics at the Turn of the Millennium. Papers from the 3rd Hispanic Linguistics Symposium*, editado por Héctor Campos, Elena Herburger, Alfonso Morales-Front y Thomas J. Walsh, 49–65. Somerville: Cascadilla Press.

D'Introno, Francesco, Enrique del Teso y Rosemary Weston. 1995. *Fonética y fonología actual del español*. Madrid: Cátedra.

Dogil, Grzegorz y Briony Williams. 1999. «The Phonetic Manifestation of Word Stress». En *Word Prosodic Systems in the Languages of Europe*, editado por Harry van der Hulst, 273–334. Berlín: Mouton de Gruyter. Reed., Berlín: de Gruyter Mouton, 2008. https://doi.org/10.1515/9783110197082.1.273.

Dorta, Josefa. 2004. «La prosodia en la tradición gramatical hispánica». En *Nuevas aportaciones a la historiografía lingüística. Actas del IV Congreso Internacional de la SEHL. La Laguna (Tenerife), 22 al 25 de octubre de 2003*, editado por Cristóbal José Corrales, Josefa Dorta, Dolores Corbella, Antonia Nelsi Torres González y Francisca del Mar Plaza, 1:425–38. Madrid: Arco/Libros.

———. 2006. «Función delimitadora: entonación y acento en un corpus de habla experimental». En *Actes del VII Congrés de Lingüística General. Barcelona, 18–21 d'abril de 2006*. Barcelona: Universitat de Barcelona, Departament de Lingüística General. CD-ROM.

Dorta, Josefa y Beatriz Hernández Díaz. 2005a. «Acento y entonación: interrogativas *vs.* declarativas *SVO* sin expansión en Canarias». *Revista Internacional de Lingüística Iberoamericana* 3 (6): 85–108.

———. 2005b. «Intonation et accentuation dans le cadre d'*AMPER* : déclaratives *vs.* interrogatives sans expansion à Tenerife et à la Grande Canarie». En *Géolinguistique. Hors-série, 3*, 187–215. Grenoble: Université Stendhal - Grenoble III, Centre de Dialectologie.

———. 2007. «El choque de acentos en español». *Síntesis Tecnológica* 3 (2): 111–23. https://doi.org/10.4206/sint.tecnol.2007.v3n2-06.

Dorta, Josefa, Beatriz Hernández Díaz y Chaxiraxi Díaz Cabrera. 2007. «Picos tonales, acentos y límites sintagmáticos en el pretonema». En *La prosodia en el ámbito lingüístico románico*, editado por Josefa Dorta, 313–45. Santa Cruz de Tenerife: La Página Ediciones.

———. 2009. «Interrogativas absolutas: relación entre F0, duración e intensidad». *Estudios de Fonética Experimental* 18: 123–44.

Dorta, Josefa y Carolina Jorge Trujillo. 2022. «Frecuencia y relevancia del desplazamiento del pico tonal en el primer acento del español». *Onomázein. Revista de Filología, Lingüística y Traducción* Número especial XI: Aproximaciones actuales a la entonación en rumano y español: 33–60. https://doi.org/10.7764/onomazein.ne11.04.

Dutoit, Thierry, Vincent Pagel, Nicolas Pierret, François Bataille y Oliver van der Vrecken. 1996. «The MBROLA Project: Towards a Set of High-Quality Speech Synthesizers Free of Use for Non-Commercial Purposes». En *The 4th International Conference on Spoken Language Processing. Philadelphia, PA, USA. October 3–6, 1996*, 1393–96. International Speech Communication Association (ISCA) Online Archive. https://doi.org/10.1109/ICSLP.1996.607874.

Eddington, David. 2004. «A Computational Approach to Resolving Certain Issues in Spanish Stress Placement». En *Laboratory Approaches to Spanish Phonology*, editado por Timothy L. Face, 95–116. Berlín: Mouton de Gruyter.

Elvira-García, Wendy y Eugenio Martínez Celdrán. En prensa. «El umbral de intensidad en español». *Estudios de Fonética Experimental*.

Enríquez, Emilia Victoria, Celia Casado y Andrés Santos Lleó. 1989. «La percepción del acento en español». *Lingüística Española Actual* 11 (2): 241–69.

Erickson, Donna. 2015. «Basic Idea of the C/D Model, Including Its Advantages and Limits». *The C/D Model Forum* (blog). 11 de febrero de 2015. https://cdmodel.wordpress.com/papers-for-discussion/basic-idea-of-the-cd-model-including-its-advantages-and-limits/.

Erickson, Donna, Julián Villegas, Ian Wilson, Yuki Iguro, Jeff Moore y Daniel Erker. 2016. «Some Acoustic and Articulatory Correlates of Phrasal Stress in Spanish». En *Speech Prosody 2016, Eighth International Conference. Boston, MA, USA, 21 May - 3 June, 2016*, editado por Jon Barnes, Alejna Brugos, Stefanie Shattuck-Hufnagel y Nanette Veilleux, 450–54. International Speech Communication Association (ISCA) Online Archive. https://doi.org/10.21437/SpeechProsody.2016-92.

Escudero Mancebo, David y Valentín Cardeñoso. 2006. «Visualization of Prosodic Knowledge Using Corpus Driven MEMOInt Intonation Modelling». En *Text, Speech and Dialogue. 9th International Conference (TSD 2006). Brno, Czech Republic, September 11–15, 2006. Proceedings*, editado por Petr Sojka, Ivan Kopeček y Karel Pala, 645–52. Berlín: Springer. https://doi.org/10.1007/11846406_81.

Escudero Mancebo, David, Valentín Cardeñoso y Antonio Bonafonte. 2002. «Corpus Based Extraction of Quantitative Prosodic Parameters of Stress Groups in Spanish». En *2002 IEEE International Conference on Acoustics, Speech, and Signal Processing. Proceedings. 13–17 May, 2002, Orlando, FL, USA*, 4: 481–84. Piscataway: Institute of Electrical and Electronic Engineers. https://doi.org/10.1109/ICASSP.2002.5743759.

———. 2003. «Experimental Evaluation of the Relevance of Prosodic Features in Spanish Using Machine Learning Techniques». En *8th European Conference on Speech Communication and Technology (EUROSPEECH 2003 - INTERSPEECH 2003). Geneva, Switzerland, September 1–4, 2003*, 2309–12. International Speech Communication Association (ISCA) Online Archive. https://doi.org/10.21437/Eurospeech.2003-209.

Face, Timothy L. 1998/999. «Efectos segmentales del acento en español». *Boletín de Lingüística* 14: 18–32.

———. 1999. «A Phonological Analysis of Rising Pitch in Castilian Spanish». *Hispanic Linguistics* 11: 37–49.

———. 2000. «The Role of Syllable Weight in the Perception of Spanish Stress». En *Hispanic Linguistics at the Turn of the Millennium. Papers from the 3rd Hispanic Linguistics Symposium*, editado por Héctor Campos, Elena Herburger, Alfonso Morales-Front y Thomas J. Walsh, 1–13. Somerville: Cascadilla Press.

———. 2001. «Focus and Early Peak Alignment in Spanish Intonation». *Probus. International Journal of Latin and Romance Linguistics* 13 (2): 223–46. https://doi.org/10.1515/prbs.2001.004.

———. (2001) 2002. *Intonational Marking of Contrastive Focus in Madrid Spanish*. Múnich: LINCOM.

———. 2003a. «Degrees of Phonetic Similarity and Analogically-Driven Stress Perception in Spanish». En *15th International Congress of Phonetic Sciences. Barcelona, Spain, August 3–9, 2003*, editado por Maria-Josep Solé, Daniel Recasens y Joaquín Romero Gallego, 1723–26. International Congress of Phonetic Sciences (ICPhS) Online Archive.

———. 2003b. «Un análisis fonológico del acento nuclear en el español de Madrid». En *La tonía: dimensiones fonéticas y fonológicas*, editado por Pedro Martín Butragueño y Esther Herrera Zendejas, 221–43. México, D. F.: El Colegio de México.

———. 2003c. «Where Is Stress? Synchronic and Diachronic Spanish Evidence». En *Theory, Practice and Acquisition. Papers from the 6th Spanish Linguistics Symposium and the 5th Conference on the Acquisition of Spanish and Portuguese*, editado por Paula Kempchinsky y Carlos-Eduardo Piñeros, 21–39. Somerville: Cascadilla Press.

———. 2004. «Perceiving What Isn't There: Non-Acoustic Cues for Perceiving Spanish Stress». En *Laboratory Approaches to Spanish Phonology*, editado por Timothy L. Face, 117–42. Berlín: Mouton de Gruyter.

———. 2006. «Cognitive Factors in the Perception of Spanish Stress Placement: Implications for a Model of Speech Perception». *Linguistics. An Interdisciplinary Journal of the Language Sciences* 44 (6): 1237–67. https://doi.org/10.1515/LING.2006.040.

Fant, Lars. 1984. *Estructura informativa en español. Estudio sintáctico y entonativo*. Uppsala: Uppsala Universitet; Estocolmo: Almqvist & Wiksell.

Fernández Planas, Ana María. 2005a. *Así se habla. Nociones fundamentales de fonética general y española. Apuntes de catalán, gallego y euskara*. Barcelona: Horsori.

———. 2005b. «Aspectos generales acerca del proyecto internacional "AMPER" en España». *Estudios de Fonética Experimental* 14: 13–27.

Fernández Ramírez, Salvador. 1968. «Cuatro capítulos de fonología». *Boletín de la Real Academia Española* 48 (185): 419–79.

———. (1951) 1986. *Gramática española 2. Los sonidos*. Editado por José Polo. Madrid: Arco/Libros.

———. 1987. *La nueva gramática académica. El camino hacia el* Esbozo *(1973)*. Editado por José Polo. Madrid: Paraninfo.

Ferreira, Letânia Patricio. 2008. «High Initial Tones and Plateaux in Spanish and Portuguese Neutral Declaratives: Consequences to the Relevance of F0, Duration and Vowel Quality as Stress Correlates». Tesis de doctorado, University of Illinois at Urbana-Champaign. ProQuest (304606269).

———. 2014. «A duração como correlato acústico do acento de palavra no português brasileiro e no espanhol: desafios para o ensino de suprassegmentais e preparação de material didático». *Signum. Estudos da Linguagem* 17 (1): 74–101. https://doi.org/10.5433/2237-4876.2014v17n1p74.

Figueras, Carolina y Marisa Santiago. 1993a. «Investigaciones sobre la naturaleza del acento a través del Visi-Pitch». *Estudios de Fonética Experimental* 5: 81–112.

———. 1993b. «Producción del rasgo acentual mediante síntesis de voz». *Estudios de Fonética Experimental* 5: 113–28.

Fletcher, Janet. 2010. «The Prosody of Speech: Timing and Rhythm». En *The Handbook of Phonetic Sciences*, editado por William J. Hardcastle, John Laver y Fiona E. Gibbon, 2.ª ed., 523–602. Chichester: Wiley-Blackwell. https://doi.org/10.1002/9781444317251.ch15.

Franchon Cabrera, Claudine. 1994. «Accent et intonation en castillan: phrases affirmative et interrogative». Tesis de doctorado, Université Stendhal - Grenoble III.

————. 1995. «Stress and Intonation in Spanish for Affirmative and Interrogative Sentences». En *Fourth European Conference on Speech Communication and Technology (EUROSPEECH'95). Madrid, Spain, September 18–21, 1995*, 2085–88. International Speech Communication Association (ISCA) Online Archive. https://doi.org/10.21437/Eurospeech.1995-499.

Fujimura, Osamu. 2000. «The C/D Model and Prosodic Control of Articulatory Behavior». *Phonetica* 57 (2–4): 128–138. https://doi.org/10.1159/000028467.

Fuller, Michael P. y J. Halvor Clegg. 1990. «The Phonological Elements of the Spanish Accent». *Deseret Language and Linguistic Society Symposium* 16 (1): 113–32.

Gallinares, Joaquín. 1944. «Nuevos conceptos de la acentuación española». *Boletín de Filología (Instituto de Estudios Superiores de Montevideo)* 4 (25–26–27): 126–41.

Garde, Paul. (1968) 1972. *El acento*. Traducido por Julio Balderrama. Buenos Aires: Editorial Universitaria de Buenos Aires.

Garrido Almiñana, Juan María. 1996. «Modelling Spanish Intonation for Text-to-Speech Applications». Tesis de doctorado, Universitat Autònoma de Barcelona. http://hdl.handle.net/10803/4885.

————. 2001. «La estructura de las curvas melódicas del español: propuesta de modelización». *Lingüística Española Actual* 23 (2): 173–210.

————. 2012. «Análisis fonético de los patrones melódicos locales en español: patrones acentuales». *Revista Española de Lingüística* 42 (1): 79–107.

Garrido Almiñana, Juan María, Joaquim Llisterri, Rafael Marín Gálvez, Carme de-la-Mota y Antonio Ríos. 1995. «Prosodic Markers at Syntactic Boundaries in Spanish». En *Proceedings of the 13th International Congress of Phonetic Sciences (ICPhS 95). Stockholm, Sweden, 13–19 August, 1995*, editado por Kjell Elenius y Peter Branderud, 2: 370–73. Estocolmo: Royal Institute of Technology (KTH), Department of Speech Communication and Music Acoustics; Estocolmo: Stockholm University, Department of Linguistics.

Garrido Almiñana, Juan María, Joaquim Llisterri, Carme de-la-Mota y Antonio Ríos. 1993. «Prosodic Differences in Reading Style: Isolated vs. Contextualized Sentences». En *Third European Conference on Speech Communication and Technology (EUROSPEECH'93). Berlin, Germany, September 22–25, 1993*, 573–76. International Speech Communication Association (ISCA) Online Archive. https://doi.org/10.21437/Eurospeech.1993-135.

————. 1995. «Estudio comparado de las características prosódicas de la oración simple en español en dos modalidades de lectura». En *Phonetica. Trabajos de fonética experimental*, editado por Ana Elejabeitia y Alexander Iribar, 173–94. Bilbao: Universidad de Deusto.

Garrido Almiñana, Juan María, Isabel Ortín, Silvia Quazza, Pier Luigi Salza y Franca Mancini. 2000. «Desarrollo de un módulo de asignación de parámetros prosódicos para la versión en español del sistema de conversión texto-habla ACTOR®». *Procesamiento del Lenguaje Natural* 26: 183–90.

Gil, Juana. 1988. *Los sonidos del lenguaje*. Madrid: Síntesis.

————. 2007. *Fonética para profesores de español: de la teoría a la práctica*. Madrid: Arco/Libros.

Gili Gaya, Samuel. 1924. «Influencia del acento y de las consonantes en las curvas de entonación». *Revista de Filología Española* 11: 154–77. http://hdl.handle.net/10459.3/10.

————. 1940. «La cantidad silábica en la frase». *Castilla* 1: 287–98.

————. (1950) 1971. *Elementos de fonética general*. 5.ª ed. corregida y ampliada. Madrid: Gredos.

————. (1955) 2016. «Introducción a los Estudios ortológicos y métricos de Bello». En *Obras completas de Andrés Bello. Estudios filológicos. Tomo I. Principios de la ortología y métrica de la lengua castellana y otros escritos. Introducción a los estudios ortológicos y métricos de Bello por Samuel Gili Gaya*, de Andrés Bello, Edición digital a partir de la 2.ª ed. de *Obras completas. Tomo Sexto*, Caracas, La Casa de Bello, 1981, XI–CIII. Alicante: Biblioteca Virtual Miguel de Cervantes.

Goedemans, Rob. 2001. «Introduction». *Glot International* 5 (9–10): 341.

Gordon, Matthew K. y Timo B. Roettger. 2017. «Acoustic Correlates of Word Stress: A Cross-Linguistic Survey». *Linguistics Vanguard* 3 (1): 20170007. https://doi.org/10.1515/lingvan-2017-0007.

Henry, M. Edgardo. 1983. «Dificultades en la percepción del acento». *RLA. Revista de Lingüística Teórica y Aplicada* 21: 65–80.

Hernando Cuadrado, Luis Alberto. 2015. «Acento prosódico y acentuación gráfica en español». *Archivum. Revista de la Facultad de Filología* 65: 133–64. https://doi.org/10.17811/arc.65.2015.133-164.

van Heuven, Vincent J. 2019. «Acoustic Correlates and Perceptual Cues of Word and Sentence Stress: Towards a Cross Linguistic Perspective». En *The Study of Word Stress and Accent: Theories, Methods and Data*, editado por Rob Goedemans, Jeffrey Heinz y Harry van der Hulst, 15–59. Cambridge: Cambridge University Press. https://doi.org/10.1017/9781316683101.002.

van Heuven, Vincent J. y Alice E. Turk. 2020. «Phonetic Correlates of Word and Sentence Stress». En *The Oxford Handbook of Language Prosody*, editado por Carlos Gussenhoven y Aoju Chen, 150–65. Oxford: Oxford University Press. https://doi.org/10.1093/oxfordhb/9780198832232.013.8.

Hewlett, Nigel y Janet Beck. 2006. *An Introduction to the Science of Phonetics*. Mahwah: Lawrence Erlbaum. https://doi.org/10.4324/9780203053867.

Hidalgo, Antonio y Mercedes Quilis Merín. (2002) 2004. *Fonética y fonología españolas*. 2.ª ed. corregida y ampliada. Valencia: Tirant lo Blanch.

————. 2012. *La voz del lenguaje: fonética y fonología del español*. Valencia: Tirant Humanidades.

Hualde, José Ignacio. 2005. *The Sounds of Spanish*. Cambridge: Cambridge University Press.

————. 2007a. «Review of *Spanish Phonology and Morphology: Experimental and Quantitative Perspectives* by David Eddington». *Language* 83 (2): 435–38. https://doi.org/10.1353/lan.2007.0074.

————. 2007b. «Stress Removal and Stress Addition in Spanish». *Journal of Portuguese Linguistics* 6 (1): 59–89. https://doi.org/10.5334/jpl.145.

————. (2001) 2010. «Los sonidos de la lengua: fonética y fonología». En *Introducción a la lingüística hispánica*, editado por José Ignacio Hualde, Antxon Olarrea, Anna María Escobar y Catherine E. Travis, 2.ª ed., 45–122. Cambridge: Cambridge University Press. https://doi.org/10.1017/CBO9780511808821.003.

————. 2010. «Secondary Stress and Stress Clash in Spanish». En *Selected Proceedings of the 4th Conference on Laboratory Approaches to Spanish Phonology*, editado por Marta Ortega-Llebaria, 11–19. Somerville: Cascadilla Proceedings Project.

————. 2012. «Stress and Rhythm». En *The Handbook of Hispanic Linguistics*, editado por José Ignacio Hualde, Antxon Olarrea y Erin O'Rourke, 153–71. Malden: Wiley-Blackwell. https://doi.org/10.1002/9781118228098.ch8.

————. 2014. *Los sonidos del español*. Cambridge: Cambridge University Press. https://doi.org/10.1017/CBO9780511719943.

Hualde, José Ignacio y Marianna Nadeu. 2014. «Rhetorical Stress in Spanish». En *Word Stress. Theoretical and Typological Issues*, editado por Harry van der Hulst, 228–52. Cambridge: Cambridge University Press. https://doi.org/10.1017/CBO9781139600408.010.

International Phonetic Association. 1999. *Handbook of the International Phonetic Association. A Guide to the Use of the International Phonetic Alphabet*. Cambridge: Cambridge University Press.

Jiménez-Bravo, Miguel. 2019. «Multimodal Perception of Acoustic Prominence in Spanish». Tesis de doctorado, Universidad Nacional de Educación a Distancia.

Jorge Trujillo, Carolina, Josefa Dorta y Moisés Betancort. 2017. «Estudio de la intensidad en el marco de la prosodia de Canarias». *Onomázein. Revista de Filología, Lingüística y Traducción* 35: 145–72. https://doi.org/10.7764/onomazein.35.09.

Kim, Miran. 2011. «The Phonetics of Stress Manifestation: Segmental Variation, Syllable Constituency and Rhythm». Tesis de doctorado, Stony Brook University. http://hdl.handle.net/1951/56031.

Kimura, Takuya. 2006. «Mismatch of Stress and Accent in Spoken Spanish». En *Prosody and Syntax. Cross-Linguistic Perspectives*, editado por Yuji Kawaguchi, Ivan Fónagy y Tsunekazu Moriguchi, 141–55. Ámsterdam: John Benjamins. https://doi.org/10.1075/ubli.3.09kim.

Kimura, Takuya, Hirotaka Sensui, Miyuki Takasawa, Atsuko Toyomaru y José Joaquín Atria. 2012. «Influencia de la entonación española en la percepción del acento por parte de estudiantes japoneses». *Estudios de Fonética Experimental* 21: 11–42.

————. 2015. «Realización fonética del acento español en entonación ascendente». En *Perspectivas actuales en el análisis fónico del habla. Tradición y avances en la fonética experimental*, editado por Adrián Cabedo, 99–112. Valencia: Universitat de València.

Klatt, Dennis H. 1980. «Software for a Cascade/Parallel Formant Synthesizer». *The Journal of the Acoustical Society of America* 67 (3): 971–95. https://doi.org/10.1121/1.383940.

Konopczynski, Gabrielle, S. Prudham, Rosa Vargas Calderón y C. Viteri. 1978. «Les indices de l'accent tonique et leur hiérarchie : application à l'espagnol». En *Actes des 9ᵉˢ Journées d'Études sur la Parole. Lannion, 31 mai-2 juin 1978*, 1: 141–48. Lannion: Centre National d'Études des Télécommunications.

Krohn, Haakon S. 2019. «Duración vocálica en el español de la Gran Área Metropolitana de Costa Rica». *Revista de Filología y Lingüística de la Universidad de Costa Rica* 45 (1): 215–24. https://doi.org/10.15517/rfl.v45i1.36736.

Kuder, Emily. 2020. «Rhetorical Stress in Spanish Second Language Classroom Instruction». *Hispania* 103 (2): 225–43. https://doi.org/10.1353/hpn.2020.0034.

Kullová, Jana. 1988. *Modulaciones de la cadena hablada en español*. Praga: Univerzita Karlova.

Ladefoged, Peter. (1962) 1996. *Elements of Acoustic Phonetics*. 2.ª ed. Chicago: University of Chicago Press.

Laver, John. 1994. *Principles of Phonetics*. Cambridge: Cambridge University Press. https://doi.org/10.1017/CBO9781139166621.

Lehiste, Ilse. 1970. *Suprasegmentals*. Cambridge, MA: MIT Press.

————. 1996. «Suprasegmental Features of Speech». En *Principles of Experimental Phonetics*, editado por Norman J. Lass, 226–44. St. Louis: Mosby.

Lin, Dongmei. 2022. «Stress in Spanish Compounds». Tesis de doctorado, The University of Auckland. https://hdl.handle.net/2292/61082.

Llisterri, Joaquim. 1991. *Introducción a la fonética: el método experimental*. Barcelona: Anthropos.

Llisterri, Joaquim, María Jesús Machuca, Carme de-la-Mota, Montserrat Riera y Antonio Ríos. 2002. «The Role of F0 Peaks in the Identification of Lexical Stress in Spanish». En *Phonetics and Its Applications. Festschrift for Jens-Peter Köster on the Occasion of His 60th Birthday*, editado por Angelika Braun y Herbert R. Masthoff, 350–361. Stuttgart: Franz Steiner.

————. 2003a. «Algunas cuestiones en torno al desplazamiento acentual en español». En *La tonía: dimensiones fonéticas y fonológicas*, editado por Esther Herrera Zendejas y Pedro Martín Butragueño, 163–85. México, D. F.: El Colegio de México.

————. 2003b. «The Perception of Lexical Stress in Spanish». En *15th International Congress of Phonetic Sciences. Barcelona, Spain, August 3–9, 2003*, editado por Maria-Josep Solé, Daniel Recasens y Joaquín Romero Gallego, 2023–26. International Congress of Phonetic Sciences (ICPhS) Online Archive.

————. 2006. «La percepción del acento léxico en español». En *Filología y lingüística. Estudios ofrecidos a Antonio Quilis*, 1:271–97. Madrid: Consejo Superior de Investigaciones Científicas; Madrid: Universidad Nacional de Educación a Distancia; Valladolid: Universidad de Valladolid.

Llisterri, Joaquim, María Jesús Machuca, Antonio Ríos y Sandra Schwab. 2014. «El acento léxico en contexto: datos acústicos». En *Fonética experimental, educación superior e investigación*, editado por Yolanda Congosto, María Luisa Montero Curiel y Antonio Salvador Plans, 1: 357–76. Madrid: Arco/Libros.

———. 2016. «La percepción del acento léxico en un contexto oracional». *Loquens. Spanish Journal of Speech Sciences* 3 (2): e033. https://doi.org/10.3989/loquens.2016.033.

Llisterri, Joaquim, Rafael Marín Gálvez, Carme de-la-Mota y Antonio Ríos. 1995. «Factors Affecting F0 Peak Displacement in Spanish». En *Fourth European Conference on Speech Communication and Technology (EUROSPEECH'95). Madrid, Spain, September 18–21, 1995*, 2061–64. International Speech Communication Association (ISCA) Online Archive. https://doi.org/10.21437/Eurospeech.1995-493.

Lope Blanch, Juan Miguel. 1986. *El estudio del español hablado culto. Historia de un proyecto*. México, D. F.: Universidad Nacional Autónoma de México, Instituto de Investigaciones Filológicas.

López Gonzalo, Eduardo, Eduardo Rodríguez Banga, Carmen García Mateo y Luis Alfonso Hernández Gómez. 1994. «Modelado lingüístico y acústico para un sistema de conversión de texto a habla». *Procesamiento del Lenguaje Natural* 14: 257–72.

Macarrón, Alejandro, José Gregorio Escalada y Miguel Ángel Rodríguez Crespo. 1991. «Generation of Duration Rules for a Spanish Text-to-Speech Synthesizer». En *Second European Conference on Speech Communication and Technology (EUROSPEECH'91). Genova, Italy, September 24–26, 1991*, 617–20. International Speech Communication Association (ISCA) Online Archive. https://doi.org/10.21437/Eurospeech.1991-152.

Machuca, María Jesús. 2009. «Locución y prosodia en los medios de comunicación oral». En *Lengua, comunicación y libros de estilo*, editado por Santiago Alcoba, 107–21. Barcelona.

Machuca, María Jesús y Carme de-la-Mota. 2006. «Estrategias pragmalingüísticas orales: el énfasis en la publicidad». En *Actas del XXXV Simposio Internacional de la Sociedad Española de Lingüística. León, 12–15 de diciembre de 2015*, editado por Milka Villayandre, 1126–42. León: Universidad de León, Departamento de Filología Hispánica y Clásica.

MacLeod, Bethany y Sabrina M. Di Lonardo Burr. 2022. «Phonetic Imitation of the Acoustic Realization of Stress in Spanish: Production and Perception». *Journal of Phonetics* 92: 101139. https://doi.org/10.1016/j.wocn.2022.101139.

Madrid, Edgar Alberto. 2008. «Hacia el establecimiento de unidades para la medición de la velocidad de habla. El caso del español». En *Fonología instrumental: patrones fónicos y variación*, editado por Esther Herrera Zendejas y Pedro Martín Butragueño, 257–74. México, D. F.: El Colegio de México.

de Manrique, Ana María Borzone y Angela Signorini. 1983. «Segmental Duration and Rhythm in Spanish». *Journal of Phonetics* 11 (2): 117–28.

de Manrique, Ana María Borzone, Angela Signorini y María Ignacia Massone. 1982. «Rasgos prosódicos: el acento». *Fonoaudiológica* 28 (1): 19–36.

Marín Gálvez, Rafael. 1994–1995. «La duración vocálica en español». *Estudios de Lingüística. Universidad de Alicante (ELUA)* 10: 213–26. https://doi.org/10.14198/ELUA1994-1995.10.11.

Marín Gálvez, Rafael, Lourdes Aguilar y David Casacuberta Sevilla. 1996. «El grupo acentual categorizado como unidad de análisis sintáctico-prosódico». En *Lenguajes naturales y lenguajes formales. Actas del XII Congreso de Lenguajes Naturales y Lenguajes Formales. La Seu d'Urgell, 23–27 de septiembre de 1996*, editado por Carlos Martín Vide, 487–94. Barcelona: Promociones y Publicaciones Universitarias.

———. 2002. «Placing Pauses in Read Spoken Spanish: A Model and an Algorithm». *Language Design. Journal of Theoretical and Experimental Linguistics* 4: 49–66.

Martínez Celdrán, Eugenio. 1984. *Fonética (Con especial referencia a la lengua castellana)*. Barcelona: Teide.

———. 2016. «Acentos contiguos en español y catalán». En *Lectio magistralis de Eugenio Martínez Celdrán*, editado por Wendy Elvira-García y Paolo Roseano, 25–49. Barcelona: Universitat de Barcelona, Laboratori de Fonètica.

Martínez Celdrán, Eugenio y Ana María Fernández Planas, eds. 2003–18. «Atlas multimedia de la prosodia del espacio románico». Recurso en línea. http://stel.ub.edu/labfon/amper/cast/index.html.

———. (2007) 2013. *Manual de fonética española. Articulaciones y sonidos del español*. 2.ª ed. Barcelona: Ariel.

Martínez Celdrán, Eugenio y Paolo Roseano. 2019. «Stress Clash in Spanish, Catalan, and Friulian from a Prosodic Perspective». *Spanish in Context* 16 (3): 475–522. https://doi.org/10.1075/sic.00048.cel.

Martínez Martín, Francisco Miguel. 2004. «Medios de comunicación y acento prosódico. Razones históricas de una ruptura de la norma». En *Medios de comunicación y enseñanza del español como lengua extranjera. Actas del XIV Congreso Internacional de ASELE. Burgos, 2003*, editado por Hermógenes Perdiguero y Antonio Álvarez Tejedor, 434–43. Burgos: Universidad de Burgos, Servicio de Publicaciones. Reed., Madrid: Instituto Cervantes, Centro Virtual Cervantes.

Massone, María Ignacia. 1982. «Relationship between Stress and F0 in Spanish». *The Journal of the Acoustical Society of America* 72 (S1): S101–S102. https://doi.org/10.1121/1.2019687.

———. 1983. «Los rasgos prosódicos en el proceso de producción del habla». *Revista de Logopedia, Foniatría y Audiología* 3 (3): 155–64. https://doi.org/10.1016/S0214-4603(83)75275-7.

Massone, María Ignacia y Ana María Borzone de Manrique. 1985. «Fundamental Frequency and Its Relationship to Spanish Stress». *The Journal of the Acoustical Society of America* 78 (S1): S19–S20. https://doi.org/10.1121/1.2022683.

Mateo, Ana. 1988. «Experimento sobre el tono intrínseco de las vocales castellanas». *Estudios de Fonética Experimental* 3: 157–80.

McCloy, Daniel R. 2016. «Normalizing and Plotting Vowels with PhonR 1.0.7». Documento en línea. http://drammock.github.io/phonR/.

Ménétrey, Pierre y Sandra Schwab. 2014. «Labguistic: A Web Platform to Design and Run Speech Perception Experiments». En *Fonética experimental, educación superior e investigación*, editado por Yolanda Congosto, María Luisa Montero Curiel y Antonio Salvador Plans, 1: 543–56. Madrid: Arco/Libros.

Milone, Diego Humberto y Antonio José Rubio Ayuso. 2003. «Prosodic and Accentual Information for Automatic Speech Recognition». *IEEE Transactions on Speech and Audio Processing* 11 (4): 321–33. https://doi.org/10.1109/TSA.2003.814368.

Monroy, Rafael. 1972. «¿"Acento de intensidad" en español?» *Español Actual. Revista de español vivo* 32: 18–26.

———. 1980a. «¿Acento de intensidad en español?» En *Aspectos fonéticos de las vocales españolas*, 133–40. Madrid: SGEL.

———. 1980b. «Sobre la duración vocálica en español». En *Aspectos fonéticos de las vocales españolas*, 17–47. Madrid: SGEL.

Mora Gallardo, Elsa. 1998. «Acústica del acento español en su variedad venezolana». *Lengua y Habla. Revista del Centro de Investigación y Atención Lingüística C.I.A.L.* 3: 70–78.

Mora Gallardo, Elsa y Rosa Amelia Asuaje. 2009. *El canto de la palabra: una iniciación al estudio de la prosodia*. Mérida: Universidad de Los Andes, Centro de Investigación y Atención Lingüística, Grupo de Investigación en Ciencias Fonéticas.

Mora Gallardo, Elsa, Fabienne Courtois y Christian Cavé. 1997. «Étude comparative de la perception par des sujets francophones et hispanophones de l'accent lexical en espagnol». *Revue PArole* 1: 75–86.

———. 1998a. «L'accent lexical espagnol: perception par des francophones et des hispanophones». En *Proceedings of the XVIth International Congress of Linguists*, editado por Bernard Caron, Paper 0176. Oxford: Pergamon. CD-ROM.

———. 1998b. «L'accent lexical espagnol : perception par des francophones et des hispanophones». *Travaux de l'Institut de Phonétique d'Aix* 18: 105–12.

de-la-Mota, Carme. 2015. «La adecuación a la situación discursiva: la voz y la comunicación no verbal de la periodista y política Uxue Barkos». En *Problemas actuales de la lingüística ibero-románica*, editado por Elena A. Pleuchova, 9–18. Kazán: Kazan Federal University.

de-la-Mota, Carme y Gemma Puigvert. 2012. «Retórica, prosodia y gesto en la comunicación política: la voz de Gaspar Llamazares». *Oralia. Análisis del Discurso Oral* 15: 241–78.

Muñetón, Mercedes Amparo. 2016. «La F0, duración e intensidad en las oraciones interrogativas absolutas en un informante varón de Medellín». *Estudios de Fonética Experimental* 25: 167–92.

Nadeu, Marianna. 2012. «Effects of Stress and Speech Rate on Vowel Quality in Catalan and Spanish». En *INTERSPEECH 2012, 13th Annual Conference of the International Speech Communication Association. Portland, OR, USA, September 9–13, 2012*, 1396–99. International Speech Communication Association (ISCA) Online Archive. https://doi.org/10.21437/Interspeech.2012-45.

———. 2013. «The Effects of Lexical Stress, Intonational Pitch Accent, and Speech Rate on Vowel Quality in Catalan and Spanish». Tesis de doctorado, University of Illinois at Urbana-Champaign. http://hdl.handle.net/2142/45547.

———. 2014. «Stress- and Speech Rate-Induced Vowel Quality Variation in Catalan and Spanish». *Journal of Phonetics* 46 (1): 1–22. https://doi.org/10.1016/j.wocn.2014.05.003.

Navarro Tomás, Tomás. 1917. «Cantidad de las vocales inacentuadas». *Revista de Filología Española* 4 (4): 371–88.

———. 1918. «Diferencias de duración entre las consonantes españolas». *Revista de Filología Española* 5 (4): 367–93.

———. 1921a. «Historia de algunas opiniones sobre la cantidad silábica española». *Revista de Filología Española* 8 (1): 30–57.

———. 1921b. «Lecciones de pronunciación española. Comentarios a la prosodia de la Real Academia Española. III. El acento». *Hispania* 4 (2): 51–55. https://doi.org/10.2307/330997.

———. 1960. «Reseña de Daniel N. Cárdenas, "Acoustic vowel loops of two Spanish idiolects", en *Phonetica*, Münster, 5 (1960), pp. 9–34». *Nueva Revista de Filología Hispánica* 14 (3–4): 342–45. https://doi.org/10.24201/nrfh.v14i3/4.357.

———. 1964. «La medida de la intensidad». *Boletín de Filología (Universidad de Chile)* 16: 231–35.

———. (1946) 1966. «Grupos de intensidad». En *Estudios de fonología española*, 2.ª ed., 72–76. Nueva York: Las Americas Publishing Company.

———. (1944) 1974. *Manual de entonación española*. 4.ª ed. Madrid: Guadarrama.

———. (1918) 1980. *Manual de pronunciación española*. 20.ª ed. Madrid: Consejo Superior de Investigaciones Científicas.

Obediente, Enrique. (1983) 1998. *Fonética y fonología*. 3.ª ed. Mérida: Universidad de Los Andes, Facultad de Humanidades y Educación, Consejo de Publicaciones.

Ortega-Llebaria, Marta. 2006. «Phonetic Cues to Stress and Accent in Spanish». En *Selected Proceedings of the 2nd Conference on Laboratory Approaches to Spanish Phonetics and Phonology*, editado por Manuel Díaz-Campos, 104–18. Somerville: Cascadilla Proceedings Project.

———. 2008. «Comparing the 'Magnifying Lens' Effect of Stress to That of Contrastive Focus in Spanish». En *Selected Proceedings of the 3rd Conference on Laboratory Approaches to Spanish Phonology*, editado por Laura Colantoni y Jeffrey Steele, 155–66. Somerville: Cascadilla Proceedings Project.

Ortega-Llebaria, Marta y Pilar Prieto Vives. 2005. «Disentangling Stress from Accent in Spanish: Production Patterns of the Stress Contrast in Deaccented Syllables». GGT Resarch Report 05-11. Bellaterra: Universitat Autònoma de Barcelona. https://clt.uab.cat/publicacions_clt/reports/pdf/GGT-05-11.pdf.

———. 2007a. «Disentangling Stress from Accent in Spanish: Production Patterns of the Stress Contrast in Deaccented Syllables». En *Segmental and Prosodic Issues in Romance Phonology*, editado por Pilar Prieto Vives, Joan Mascaró y Maria-Josep Solé, 155–76. Ámsterdam: John Benjamins. https://doi.org/10.1075/cilt.282.11ort.

———. 2007b. «Spanish Speakers Perceive Stress More Easily in Vowel [a] than in Vowel [i]». GGT Research Report 07-16. Bellaterra: Universitat Autònoma de Barcelona. https://clt.uab.cat/publicacions_clt/reports/pdf/GGT-07-16.pdf.

———. 2009. «Perception of Word Stress in Castilian Spanish. The Effects of Sentence Intonation and Vowel Type». En *Phonetics and Phonology. Interactions and Interrelations*, editado por Marina Vigário, Sónia Frota y Maria João Freitas, 35–50. Ámsterdam: John Benjamins. https://doi.org/10.1075/cilt.306.02ort.

———. 2011. «Acoustic Correlates of Stress in Central Catalan and Castilian Spanish». *Language and Speech* 54 (1): 73–97. https://doi.org/10.1177/0023830910388014.

Ortega-Llebaria, Marta, Pilar Prieto Vives y Maria del Mar Vanrell. 2007. «Perceptual Evidences for Direct Acoustic Correlates of Stress in Spanish». En *Proceedings of the 16th International Congress of Phonetic Sciences (ICPhS XVI). 6–10 August 2007, Saarbrücken, Germany*, editado por Jürgen Trouvain y William J. Barry, 1121–1124. Saarbrücken: Universität des Saarlandes.

Ortiz Lira, Héctor. 2000. «La acentuación contextual en español». *Onomázein. Revista de Filología, Lingüística y Traducción* 5: 11–41.

Pamies, Antonio. 1994. «Los acentos contiguos en español». *Estudios de Fonética Experimental* 6: 91–111.

———. 1997. «Consideraciones sobre la marca acústica del acento fonológico». *Estudios de Fonética Experimental* 8: 11–49.

Pamies, Antonio y Mari Cruz Amorós. 2003. «The Relation between Stress and Tonal Peaks». En *15th International Congress of Phonetic Sciences. Barcelona, Spain, August 3–9, 2003*, editado por Maria-Josep Solé, Daniel Recasens y Joaquín Romero Gallego, 2031–34. International Congress of Phonetic Sciences (ICPhS) Online Archive.

———. 2005. «Pico tonal, acento y fronteras morfo-semánticas: experimento con hablantes granadinos». *Estudios de Fonética Experimental* 14: 202–23.

Pamies, Antonio y Ana María Fernández Planas. 2006. «La percepción de la duración vocálica en español». En *Actas del V Congreso Andaluz de Lingüística General. Homenaje al profesor José Andrés de Molina Redondo. Granada, 17, 18 y 19 de noviembre de 2004*, editado por Juan de Dios Luque, 1:501–512. Granada: Granada Lingvistica.

Pamies, Antonio, Ana María Fernández Planas, Eugenio Martínez Celdrán, Alicia Ortega Escandell y Mari Cruz Amorós. 2002. «Umbrales tonales en español peninsular». En *Actas del II Congreso de Fonética Experimental. Sevilla, 5, 6 y 7 de marzo de 2001*, editado por Jesús Díaz García, 272–278. Sevilla: Universidad de Sevilla, Facultad de Filología, Laboratorio de Fonética.

Piña, Raiza Patricia y Manuel Díaz-Campos. 2005. «Revising Secondary Stress: A Laboratory Phonology Approach Study of Spanish Prosody». Presentado en 2nd Phonetics and Phonology in Iberia (PaPI 2005), Bellaterra, España, junio.

Prieto Vives, Pilar y Marta Ortega-Llebaria. 2006. «Stress and Accent in Catalan and Spanish: Patterns of Duration, Vowel Quality, Overall Intensity, and Spectral Balance». En *Speech Prosody 2006, Third International Conference. Dresden, Germany, May 2–5, 2006*, editado por Rüdiger Hoffmann y Hansjörg Mixdorff, 337–40. International Speech Communication Association (ISCA) Online Archive. https://doi.org/10.21437/SpeechProsody.2006-82.

Prieto Vives, Pilar y Paolo Roseano. 2018. «Prosody: Stress, Rhythm, and Intonation». En *The Cambridge Handbook of Spanish Linguistics*, editado por Kimberly L. Geeslin, 211–36. Cambridge: Cambridge University Press. https://doi.org/10.1017/9781316779194.011.

Prieto Vives, Pilar y Jan P. H. van Santen. 1996. «Secondary Stress in Spanish: Some Experimental Evidence». En *Aspects of Romance Linguistics. Selected Papers from the Linguistic Symposium on Romance Languages XXIV. March 10–13, 1994*, editado por Claudia Parodi, Carlos Quicoli, Mario Saltarelli y María Luisa Zubizarreta, 336–56. Washington D. C.: Georgetown University Press.

Prieto Vives, Pilar, Jan P. H. van Santen y Julia Hirschberg. 1994. «Patterns of F0 Peak Placement in Mexican Spanish». En *Second ISCA/IEEE Workshop on Speech Synthesis. Mohonk Mountain House, New Paltz, NY, USA, September 12–15, 1994*, 33–36. International Speech Communication Association (ISCA) Online Archive.

———. 1995. «Tonal Alignment Patterns in Spanish». *Journal of Phonetics* 23 (4): 429–51. https://doi.org/10.1006/jpho.1995.0032.

Prieto Vives, Pilar y Chilin Shih. 1995. «Effects of Tonal Clash on Downstepped H* Accents in Spanish». En *Fourth European Conference on Speech Communication and Technology (EUROSPEECH'95). Madrid, Spain, September 18–21, 1995*, 1307–10. International Speech Communication Association (ISCA) Online Archive. https://doi.org/10.21437/Eurospeech.1995-340.

Quilis, Antonio. 1960. «El método espectrográfico (Notas de fonética experimental)». *Revista de Filología Española* 43 (3–4): 415–28. https://doi.org/10.3989/rfe.1960.v43.i3/4.1019.

———. 1967. «La percepción de los versos oxítonos, paroxítonos y proparoxítonos en español». *Revista de Filología Española* 50 (1–4): 273–86. https://doi.org/10.3989/rfe.1967.v50.i1/4.855.

———. 1971. «Caracterización fonética del acento español». *Travaux de Linguistique et de Littérature* 9 (1): 53–72.

———. 1981a. *Fonética acústica de la lengua española*. Madrid: Gredos.

———. 1981b. «Frecuencia de los esquemas acentuales en español». En *El acento español*, 43–52. México, D. F.: Universidad Nacional Autónoma de México, Instituto de Investigaciones Filológicas, Centro de Lingüística Hispánica.

———. 1981c. «La naturaleza del acento». En *El acento español*, 19–42. México, D. F.: Universidad Nacional Autónoma de México, Instituto de Investigaciones Filológicas, Centro de Lingüística Hispánica.

———. (1967) 1981. «La percepción de los versos oxítonos, paroxítonos y proparoxítonos en español». En *El acento español*, 53–66. México, D. F.: Universidad Nacional Autónoma de México, Instituto de Investigaciones Filológicas, Centro de Lingüística Hispánica.

———. 1982. «Vigencia de las teorías ortológicas y métricas de Bello». *Diálogos Hispánicos de Ámsterdam* 3: 139–52.

———. 1983. «Frecuencia de los esquemas acentuales en español». En *Estudios ofrecidos a Emilio Alarcos Llorach (con motivo de sus xxv años de docencia en la Universidad de Oviedo)*, 5:113–26. Oviedo: Universidad de Oviedo, Servicio de Publicaciones.

———. (1993) 1999. *Tratado de fonología y fonética españolas*. 2.ª ed. Madrid: Gredos.

———. (1997) 2010. *Principios de fonología y fonética españolas*. 10.ª ed. Madrid: Arco/Libros.

Quilis, Antonio y Manuel Esgueva. 1983. «Realización de los fonemas vocálicos españoles en posición fonética normal». En *Estudios de fonética I*, editado por Manuel Esgueva y Margarita Cantarero, 159–252. Madrid: Consejo Superior de Investigaciones Científicas.

Quilis, Antonio y Joseph A. Fernández. (1964) 1979. *Curso de fonética y fonología españolas para estudiantes angloamericanos*. 9.ª ed. Madrid: Consejo Superior de Investigaciones Científicas.

R Core Team. 2023. «R: A Language and Environment for Statistical Computing». Programa informático. Viena: R Foundation for Statistical Computing. http://www.r-project.org.

Rao, Rajiv. 2011. «Intonation in Spanish Classroom-Style Didactic Speech». *Journal of Language Teaching and Research* 2 (3): 493–507. https://doi.org/10.4304/jltr.2.3.493-507.

———. 2015. «On the Phonological Status of Spanish Compound Words». *Word Structure* 8 (1): 84–118. https://doi.org/10.3366/word.2015.0074.

Real Academia Española. 1931. *Gramática de la lengua española*. 34.ª ed. Madrid: Espasa-Calpe.

———. 1973. *Esbozo de una nueva gramática de la lengua española*. Madrid: Espasa-Calpe.

———. 1999. *Ortografía de la lengua española*. Madrid: Espasa-Calpe.

Real Academia Española y Asociación de Academias de la Lengua Española. 2010. *Ortografía de la lengua española*. Madrid: Espasa Libros.

———. 2011. *Nueva gramática de la lengua española. Fonética y fonología*. Madrid: Espasa Libros.

Renato, Alejandro Carlos. 2007. «Spectral Emphasis as a Stress Cue in the Latinamerican Spanish». *The Journal of the Acoustical Society of America* 121 (5): 3200. https://doi.org/10.1121/1.4782463.

Rico, Jorge. 2019. *Acento y ritmo en español*. Madrid: Arco/Libros.

Riera, Montserrat, Antonio Ríos, Carme de-la-Mota, Carme Carbó y María Jesús Machuca. 2002. «Acento secundario y complejidad morfológica». En *Actas del II Congreso de Fonética Experimental. Sevilla, 5, 6 y 7 de marzo de 2001*, editado por Jesús Díaz García, 307–12. Sevilla: Universidad de Sevilla, Facultad de Filología, Laboratorio de Fonética.

Ríos, Antonio. 1991. «Caracterización acústica del ritmo del castellano». Trabajo de investigación de Tercer Ciclo, Universitat Autònoma de Barcelona.

Rodríguez Ordóñez, Franklin. 2023. «Estudio acústico de la duración de las vocales del habla en uso a partir del corpus Preseea-Medellín». *Lingüística y Literatura* 83: 110–38. https://doi.org/10.17533/udea.lyl.n83a05.

Rojas Avendaño, Darcy y Emmanoelia Palma. 2015. «Vocales y glides». En *Análisis acústico de los sonidos del español venezolano*, editado por Elsa Mora Gallardo y Hernán Martínez Matos, 27–54. Mérida: Universidad de Los Andes.

Rojas Avendaño, Nelson, María Alejandra Blondet y Elsa Mora Gallardo. 2012. «Diccionario de difonos del sintetizador de voz SEVEN. Manual de instalación y uso». *Lengua y Habla. Revista del Centro de Investigación y Atención Lingüística C.I.A.L.* 16: 172–85.

Romanelli, Sofía y Andrea Menegotto. 2018. «Características acústicas de las vocales tónicas y átonas del español rioplatense: efectos del estilo de habla y del contexto consonántico». *Signo y Seña. Revista del Instituto de Lingüística* 33: 157–79. https://doi.org/10.34096/sys.n33.5263.

Romanelli, Sofía, Andrea Menegotto y Ron Smyth. 2018. «Stress-Induced Acoustic Variation in L2 and L1 Spanish Vowels». *Phonetica* 75 (3): 190–218. https://doi.org/10.1159/000484611.

Romanelli, Sofía, Camilo Vélez, Florencia Martínez, Santiago Plana y Tomás Torres Barbero. 2022. «Efecto del acento léxico y del contexto fonético sobre la duración de las vocales del español». *Revista Argentina de Ciencias del Comportamiento* Suplemento (Abril): Actas de Resúmenes de la XVIII Reunión Nacional y VII Encuentro Internacional de la Asociación Argentina de Ciencias del Comportamiento (AACC): 106–7. https://doi.org/10.32348/1852.4206.v.n.

Romera Barrios, Lourdes. 1999a. «La interacción del F0 y la duración en el reconocimiento automático del habla en español». En *Actes del I Congrés de Fonètica Experimental. Tarragona, 22, 23 i 24 de febrer de 1999*, 309–16. Tarragona: Universitat Rovira i Virgili; Barcelona: Universitat de Barcelona.

———. 1999b. «Reconocimiento automático del acento en español: estudio preliminar». En *Actas del VI Simposio Internacional de Comunicación Social. Santiago de Cuba, 25–28 de enero de 1999*, editado por Leonel Ruiz Miyares, 1387–94. Santiago de Cuba: Oriente.

Romera Barrios, Lourdes y Valeria Salcioli. 1986. «Los instrumentos en un laboratorio de fonética: el Visi-Pitch controlado por ordenador». *Estudios de Fonética Experimental* 2: 249–79.

Romero Gallego, Joaquín. 2008. «La electromagnetometría en el estudio de la producción del habla». *Estudios de Fonética Experimental* 17: 359–74.

Rubio Ayuso, Antonio José y Diego Humberto Milone. 2002. «Información prosódica y acentual para el reconocimiento automático del habla». En *Actas del II Congreso de Fonética Experimental. Sevilla, 5, 6 y 7 de marzo de 2001*, editado por Jesús Díaz García, 56–77. Sevilla: Universidad de Sevilla, Facultad de Filología, Laboratorio de Fonética.

Ruiz Mella, Magaly y Yasna Pereira Reyes. 2010. «Acento léxico: tendencias de los correlatos acústicos». *Onomázein. Revista de Filología, Lingüística y Traducción* 22: 43–58. https://doi.org/10.7764/onomazein.22.02.

Salvá, Vicente. 1830. *Gramática de la lengua castellana según ahora se habla*. París: Librería Hispano-Americana. Reed., Madrid: Arco/Libros, 1988.

Santos Lleó, Andrés, Juan Carlos Olabe, Elías Muñoz Merino, Carlos López Barrio, Antonio Quilis y Francisco Miguel Martínez Martín. 1985. «Sistema de conversión de texto a voz en español el tiempo real». *Procesamiento del Lenguaje Natural* 3: 21–28.

Santiago, Fabián y Paolo Mairano. 2018. «The Role of Lexical Stress on Vowel Duration and Vowel Space in Two Varieties of Spanish». En *Speech Prosody 2018. Poznań, Poland, 13–16 June, 2018*, 453–57. International Speech Communication Association (ISCA) Online Archive. https://doi.org/10.21437/SpeechProsody.2018-92.

Scharf, Gabriele, Ingo Hertrich, Iggy Roca y Grzegorz Dogil. 1995a. «Articulatory Correlates of Secondary Stress in Polish and Spanish». En *Proceedings of the 13th International Congress of Phonetic Sciences (ICPhS 95). Stockholm, Sweden, 13–19 August, 1995*, editado por Kjell Elenius y Peter Branderud, 4: 634–37. Estocolmo: Royal Institute of Technology (KTH), Department of Speech Communication and Music Acoustics; Estocolmo: Stockholm University, Department of Linguistics.

———. 1995b. «Articulatory Correlates of Secondary Stress in Polish and Spanish». *Arbeitspapiere Des Instituts Für Maschinelle Sprachverarbeitung Universität Stuttgart (AIMS)* 2 (2): 242–64.

Schwab, Sandra y Volker Dellwo. 2017. «The Role of Intonation in the Perception of Lexical Stress in Spanish». En *XXI Congreso de la Asociación Alemana de Hispanistas. Múnich, Alemania, del 29 de marzo al 2 de abril de 2017*.

Simões, Antônio R. M. 1991. «Rhythmic Patterns of the Discourse in Mexican Spanish and Brazilian Portuguese». En *Actes du XIIe Congrès International de Sciences Phonétiques / Proceedings of the XIIth International Congress of Phonetic Sciences. Aix-en-Provence, France, 19–24 août 1991*, 4:190–93. Aix-en-Provence: Université de Provence, Service des Publications.

———. 1996. «Duration as an Element of Lexical Stress in Spanish Discourse: An Acoustical Study». *Hispanic Linguistics* 8 (2): 352–68.

Skelton, Robert B. 1969. «The Pattern of Spanish Vowel Sounds». *International Review of Applied Linguistics in Language Teaching* 7 (3): 231–37. https://doi.org/10.1515/iral.1969.7.3.231.

Sociedad Española de Acústica. 2012. *Glosario de términos acústicos*. Madrid: Sociedad Española de Acústica.

Solé, Alessandra Santos. 2020. «Correlatos acústicos do acento secundário no espanhol mexicano». Tesis de doctorado, Universidade Federal do Rio Grande do Sul. http://hdl.handle.net/10183/214034.

Solé Sabater, Maria-Josep. 1982. «Fonètica experimental: domini, objectius i mètodes. Quatre aplicacions de la metodologia experimental a l'estudi de la fonètica i la fonologia». Tesis de doctorado, Universitat de Barcelona. http://hdl.handle.net/10803/295460.

———. 1984. «Experimentos sobre la percepción del acento». *Estudios de Fonética Experimental* 1: 131–242.

Sosa, Juan Manuel. 1995. «Nuclear and Pre-Nuclear Tonal Inventories and the Phonology of Spanish Declarative Intonation». En *Proceedings of the 13th International Congress of Phonetic Sciences (ICPhS 95). Stockholm, Sweden, 13–19 August, 1995*, editado por Kjell Elenius y Peter Branderud, 4: 646–49. Estocolmo: Royal Institute of Technology (KTH), Department of Speech Communication and Music Acoustics; Estocolmo: Stockholm University, Department of Linguistics.

———. 1999. *La entonación del español. Su estructura fónica, variabilidad y dialectología*. Madrid: Cátedra.

Soto, Jaime. 2007. «Variación del F1 y del F2 en las vocales del español urbano y rural en la provincia de Ñuble». *RLA. Revista de Lingüística Teórica y Aplicada* 45 (2): 143–65. https://doi.org/10.4067/S0718-48832007000200011.

Takasawa, Miyuki. 2003. «The Duration of the Consonants in Syllable-Final and Syllable-Initial Positions in Castilian Spanish». En *15th International Congress of Phonetic Sciences. Barcelona, Spain, August 3–9, 2003*, editado por Maria-Josep Solé, Daniel Recasens y Joaquín Romero Gallego, 3053–3056. International Congress of Phonetic Sciences (ICPhS) Online Archive.

———. 2004. «La duración de las consonantes en la posición final silábica y en la inicial en castellano». *Sophia Linguistica* 52: 83–93.

Toledo, Guillermo Andrés. 1988. *El ritmo en el español. Estudio fonético con base computacional*. Madrid: Gredos.

———. 1997. «Prominencia melódica y temporal: la colisión acentual en español». *Estudios de Fonética Experimental* 9: 201–19.

———. 2007. «Choque tonal en español». En *Actas do III Congreso Internacional de Fonética Experimental. Santiago de Compostela, 24–26 de outubro de 2005*, editado por Manuel González González, Elisa Fernández Rei y Begoña González Rei, 593–602. Santiago de Compostela: Xunta de Galicia.

Toledo, Guillermo Andrés y Jorge Alberto Gurlekian. 2011. «Choque de acentos tonales frente al fraseo». *Ianua. Revista Philologica Romanica* 11: 41–66.

Torreira, Francisco y Mirjam Ernestus. 2010. «The Nijmegen Corpus of Casual Spanish». En *Proceedings of the 7th International Conference on Language Resources and Evaluation (LREC 2010). 17–23 May 2010, Valletta, Malta*, editado por Nicoletta Calzolari, Khalid Choukri, Bente Maegaard, Joseph Mariani, Jan Odijk, Stelios Piperidis, Mike Rosner y Daniel Tapias, 2981–85. European Language Resources Association.

———. 2011. «Realization of Voiceless Stops and Vowels in Conversational French and Spanish». *Laboratory Phonology* 2 (2): 331–53. https://doi.org/10.1515/labphon.2011.012.

Torreira, Francisco, Miquel Simonet y José Ignacio Hualde. 2014. «Quasi-Neutralization of Stress Contrasts in Spanish». En *Social and Linguistic Speech Prosody. Proceedings of the 7th International Conference on Speech Prosody. Trinity College Dublin, May 20–23, 2014*, editado por Nick Campbell, Dafydd Gibbon y Daniel Hirst, 197–201. https://doi.org/10.21437/SpeechProsody.2014-27.

Toyomaru, Atsuko. 2001. «El acento en los adverbios españoles con el sufijo "-mente". Un estudio acústico». *Sophia Linguistica* 48: 225–42.

Trubetzkoy, Nikoláj Sergéevič. (1939) 1973. *Principios de fonología*. Editado por Luis Jorge Prieto. Traducido por Delia García Giordano. Madrid: Cincel.

Urrutia, Hernán. 1976. «Análisis fónico del español en el sur de Chile: los segmentos vocálicos átonos y tónicos (Provincia de Valdivia)». *Estudios Filológicos* 11: 161–79.

———. 2007. «La naturaleza del acento en español: nuevos datos y perspectivas». *RLA. Revista de Lingüística Teórica y Aplicada* 45 (2): 135–42. https://doi.org/10.4067/S0718-48832007000200010.

Vaquero de Ramírez, María y Lourdes Guerra. 1992. «Fonemas vocálicos de Puerto Rico (Análisis acústico realizado con los materiales grabados para el estudio de la norma culta de San Juan)». *Revista de Filología Española* 72 (3–4): 555–582. https://doi.org/10.3989/rfe.1992.v72.i3/4.584.

Vargas Calderón, Rosa. 1983. «Analyse acoustique de l'accent de l'espagnol parlé au Costa Rica». Tesis de doctorado, Université de Strasbourg.

———. 1986. «Analyse acoustique de l'accent de l'espagnol parlé au Costa Rica». *Travaux de l'Institut de Phonétique de Strasbourg* 18: 1–23.

Vivanco, Hiram. 1995. «Algunas consideraciones sobre el acento enfático en el español de Chile. A propósito de una idea de Rodolfo Oroz». *Boletín de Filología (Universidad de Chile)* 35: 567–82.

Wagner, Petra, Antonio Origlia, Cinzia Avesani, George Christodoulides, Francesco Cutugno, Mariapaola D'Imperio, David Escudero Mancebo, *et al.* 2015. «Different Parts of the Same Elephant: A Roadmap to Disentangle and Connect Different Perspectives on Prosodic Prominence». En *Proceedings of the 18th International Congress of Phonetic Sciences*, editado por The Scottish Consortium for ICPhS 2015, Paper 0202.1-5. Glasgow: University of Glasgow. International Congress of Phonetic Sciences (ICPhS) Online Archive.

Wallis, Ethel. 1951. «Intonational Stress Patterns of Contemporary Spanish». *Hispania* 34 (2): 143–147. https://doi.org/10.2307/333564.

Yasutomi, Yuhei. 1988. «Acento de insistencia en el español actual: desde el punto de vista acústico». *Sophia Linguistica* 26: 9–16.

26 DESCRIPCIÓN FONOLÓGICA DEL ACENTO

José Ignacio Hualde

26.1 El acento: definición

Se puede definir el acento como la mayor prominencia que se da a una sílaba sobre las demás en un cierto dominio o ámbito. Este dominio es la palabra prosódica [→ § 1.21.6] en el caso del acento de palabra. Una propiedad que define al acento es, pues, su carácter culminativo (Trubetzkoy [1939] 1973, 181): en el dominio acentual hay una única sílaba que recibe más prominencia que las demás y que constituye su cumbre prosódica. En esto se diferencia el acento de otras propiedades fonológicas. En una palabra pueden aparecer varias sílabas que contengan, por ejemplo, una vocal baja, una consonante nasal o, incluso (en lenguas tonales [→ § 1.13.2, § 1.19.3]) un tono alto, pero no más de una sílaba con acento primario [→ § 1.21.6]. Por ejemplo, como se muestra en la Tabla 1, en una lengua tonal hipotética con dos tonos fonológicos, alto y bajo, en principio se podrían encontrar cuatro contornos tonales en palabras bisílabas: tono alto en la primera /nána/, tono alto en la segunda /naná/, tono alto en ambas sílabas /náná/ y tono bajo en ambas sílabas /nana/. En una lengua acentual, como el español, el acento permite por el contrario solo una oposición binaria: acento de palabra sobre la primera sílaba /'na.na/ o acento de palabra sobre la segunda sílaba /na.'na/. La propiedad culminativa del acento hace imposible que se pueda tener acento primario sobre ambas sílabas. En español, *vendo* /'ben.do/ y *vendó* /ben.'do/ forman un par mínimo [→ § 1.17.1] que contrasta en la posición del acento, pero una secuencia como /'ben.'dos/, con dos acentos, necesariamente se interpreta como constituida por dos palabras: *ven dos*.

Hyman (2006) argumenta que más importante incluso que la propiedad culminativa es el carácter obligatorio del acento: en las lenguas acentuales, en la palabra hay necesariamente una sílaba que recibe acento. Una definición basada en esta propiedad de obligatoriedad del acento dejaría fuera de la clase de lenguas acentuales a lenguas como el japonés en su variante estándar o a ciertos dialectos vascos hablados en Vizcaya (Bizkaia) que poseen una clase de palabras inacentuadas (Hualde 1999). Para Hyman (2006), por tanto, estas no serían lenguas acentuales. En el § 26.5 se considerarán, no obstante, posibles excepciones a la obligatoriedad del acento en español entre las llamadas palabras funcionales o gramaticales (preposiciones, artículos, conjunciones, etcétera).

Antes de continuar, es conveniente realizar algunas precisiones a propósito de la notación. En el presente capítulo, algunas veces se presentarán ejemplos en transcripción fonológica entre barras inclinadas //. En estas transcripciones, al igual que se hace en el resto de la obra, se recurre a los símbolos del Alfabeto Fonético Internacional [→ § 1.15.2] para la transcripción del acento: acento primario indicado por /'/ antes de la sílaba acentuada, como en /meloko'tones/ *melocotones,* y acento secundario indicado por /ˌ/, también antes de la sílaba acentuada, como en el vocablo inglés /ˌælə'bæmə/ *Alabama.* En la mayoría de ocasiones, sin embargo, se utilizarán transcripciones ortográficas y se indicará el acento, incluso cuando no esté señalado ortográficamente pero sea útil hacerlo, con la vocal de la sílaba acentuada en negrita: *melocotones.* En el apartado dedicado al acento secundario (§ 26.9) se emplearán los diacríticos del Alfabeto Fonético Internacional, además de la negrita en las representaciones ortográficas.

Tabla 1 *Comparación entre la distribución posible del tono en una lengua tonal hipotética con dos tonos, alto y bajo, y las posibilidades de patrones acentuales en una lengua acentual*

Lengua tonal	Lengua acentual	
/nána/	/ˈnana/	
/naná/	/naˈna/	
/nánáˊ/	*\/ˈnaˈna/	infracción de la culminatividad
/nana/	*\/nana/	infracción de la obligatoriedad

Nota. El tono alto se marca con acento agudo y el tono bajo no lleva marca. El asterisco indica que el patrón es imposible.

26.2 Distribución del acento en español. La ventana de tres sílabas

En muchas lenguas, pero no en todas, se constata que la posición del acento está regulada y restringida con respecto al principio o al final de la palabra (§ 26.8). Así, en húngaro y en finlandés, entre otras muchas lenguas, el acento recae siempre sobre la primera sílaba de la palabra y, en suajili (o *swahili*), sobre la penúltima. En latín el acento iba sobre la penúltima *(amīca)* o la antepenúltima *(anima)* de manera predecible, como se explicará más adelante (§ 26.7). En muchos dialectos vascos de Guipúzcoa (Gipuzkoa) y zonas colindantes, el acento aparece sobre la primera o sobre la segunda sílaba empezando a contar desde el principio de la palabra (*liburuak* 'los libros', *emakume* 'mujer', *emakumeari* 'a la mujer'). En español, el acento ha de recaer necesariamente sobre una de las tres últimas sílabas de la palabra [→ § 8.4.3]. Existen, pues, palabras agudas (u oxítonas) como *jabalí,* llanas o graves (o paroxítonas) como *elefante* y esdrújulas (o proparoxítonas) como *búfalo,* según el acento vaya sobre la última, la penúltima o la antepenúltima sílaba de la palabra, respectivamente, pero el acento no puede estar a mayor distancia desde el final de la palabra: **élefante.* Esta misma 'ventana de tres sílabas' (Harris 1983) se documenta en lenguas como el griego moderno, el holandés, el árabe egipcio y en muchas otras.

En términos de las funciones fonológicas reconocidas por Trubetzkoy [→ § 1.17], puede afirmarse que, en las lenguas con estas restricciones, el acento cumple una función delimitativa o demarcativa, en tanto que permite determinar los límites de las palabras. Naturalmente, esta función es mucho más evidente en lenguas en las que la posición del acento es fija (por ejemplo, siempre en la primera o siempre en la penúltima sílaba), que en una lengua como el español, que goza de una cierta libertad en cuanto a la posición exacta del acento, dentro de los límites impuestos por la ventana de tres sílabas.

La restricción que prescribe que el acento ha de recaer sobre una de las tres últimas sílabas afecta a todas las palabras en español e incluye los elementos flexivos dentro de su dominio de aplicación. La importancia de esta restricción es evidente cuando se considera que es la que impide tener un plural regular para palabras como *régimen*. El plural regular de *régimen* debería ser **régimenes,* pero esta forma tendría el acento en la cuarta sílaba contando desde el final, es decir, fuera de la ventana. Esto se evita trasladando el acento en el plural *regímenes*. Por otra parte, no se cuenta con una regla general que pueda seguirse para formar el plural en estos casos, y la alternancia que se observa en *régimen/regímenes* y *espécimen/especímenes* no se extiende fácilmente a otras palabras como *ómicron, asíndeton, déficit* o *Júpiter,* cuyo plural es problemático.

> Según las últimas normas al respecto de la Real Academia Española y de la Asociación de Academias de la Lengua Española (2005, 506), el plural de palabras como *polisíndeton* es invariable *(los polisíndeton)*, pero, excepcionalmente, el plural de *hipérbaton* es *hipérbatos*. No obstante, pueden encontrarse también otras formas de plural en las que el acento se ha desplazado dos sílabas hacia la derecha como *polisindetones, hiperbatones* y *omicrones*.

Nótese que los pronombres enclíticos no se toman en cuenta para esta restricción. Estos elementos resultan simplemente invisibles a efectos de acentuación. Así, en formas como *cantando, cantándolo* y *cantándomelo,* el acento recae sobre la misma sílaba del verbo del que derivan. Dado que el número máximo de pronombres clíticos que permite la morfosintaxis del español es tres, en estas formas verbales el acento puede recaer hasta en la quinta sílaba contando desde el final de la palabra ortográfica: *castíguesemela* (Real Academia Española 1973, 67n9). Estos casos no son verdaderas excepciones a la restricción de la ventana de tres sílabas. Simplemente, la explicación radica en que, por lo que respecta al acento, los pronombres no se integran con la forma verbal.

Por otra parte, los adverbios en *-mente* son compuestos con dos acentos, como se verá en el § 26.6. Palabras como *rápidamente* no son, pues, sobreesdrújulas, sino que tienen dos sílabas acentuadas. No existen realmente en español excepciones a la restricción impuesta por la ventana de tres sílabas.

Harris (1983, 88–89) propone que, en algunos casos específicos, la ventana acentual se reduce aún más. En palabras con un diptongo en la última sílaba, no puede haber acento antepenúltimo. Es decir, no hay palabras como *énvidia, *bóricua. Las únicas excepciones son *ventrílocuo* y *grandílocuo*. En este caso parece, pues, que la ventana está limitada a dos sílabas. Para explicar el por qué histórico de estos hechos conviene notar que una palabra como *invidia* tenía acento antepenúltimo en latín, dado que las secuencias vocálicas de sonicidad creciente formaban hiato en esta lengua: *in.vi.di .a*, lo que hacía totalmente imposible una acentuación *invidia, en que el acento recaería en la cuarta sílaba desde el final. En las dos excepciones mencionadas se trata de compuestos con -*loquus* en los que *qu* parece que representaba una consonante velar labializada.

La restricción es mayor si el diptongo de la última sílaba es de tipo decreciente o si hay un triptongo final de palabra, como en *carey, Paraguay*. En tales casos, el acento suele ir siempre sobre la última sílaba, aunque hay que decir que esto sucede en muy pocas palabras y, además, de nuevo, se encuentran excepciones en algunos préstamos, como *hockey* y *yóquey*.

Según Harris (1983), la ventana se reduciría también a las últimas dos sílabas en las palabras en las que la penúltima está cerrada por una consonante, como en *Salamanca*, o tiene un diptongo, como en *Venezuela*. Se volverá sobre esta cuestión en el § 26.7, donde se discute el papel de la cantidad silábica en las reglas de acentuación del español.

Aparte del 'tamaño de la ventana acentual', otras posibles generalizaciones sobre la posición del acento en español requieren una distinción entre clases de palabras. En concreto, los patrones de acentuación de los verbos han de diferenciarse de los de las otras clases léxicas. Las llamadas 'palabras gramaticales' o 'funcionales' también presentan ciertas peculiaridades que hacen conveniente su estudio independiente.

En las últimas décadas han proliferado las propuestas para formalizar las generalizaciones acerca del acento en español en el marco de la llamada Fonología Métrica [→ § 1.21.12]. Tal abundancia y diversidad de análisis es quizá sorprendente, dado que los hechos básicos de distribución del acento están relativamente claros, al ser el acento fonológicamente contrastivo en español. Dos autores excepcionalmente prolíficos en investigaciones sobre este tema y en este marco teórico han sido James W. Harris e Iggy Roca (véanse, entre otros trabajos, Harris 1983, 1989, 1991, 1995; Roca 1986, 1988, 1990, 1999, 2005, 2006). Un trabajo importante anterior al desarrollo de la Fonología Métrica y a su aplicación al español es el de Hooper y Terrell (1976). Otras propuestas de formalización se hallan, por ejemplo, en Lipski (1997) y en Oltra-Massuet y Arregi (2005). Asimismo, se pueden encontrar aplicaciones de la Teoría de la Optimidad [→ § 1.22] al análisis del acento en español en Roca (2006), Cabré y Ohannesian (2009) y Gibson (2011). La mayoría de estos análisis, pero no todos, proponen reglas o formalismos diferentes para los verbos y para las otras categorías léxicas. La acentuación de las palabras funcionales, por otra parte, no ha recibido apenas atención en estas propuestas. Una perspectiva diferente, basada en la analogía, y que niega la utilidad de formular algoritmos precisos —o por lo menos su realidad psicológica—, se halla en Aske (1990) y en Eddington (2000).

26.3 Acentuación de sustantivos, adjetivos y adverbios

Cuando se considera la acentuación de los sustantivos y de los adjetivos en el singular, es obvio que, en la gran mayoría de los casos, el acento aparece en la penúltima sílaba en las palabras terminadas por vocal, y en la sílaba final en las palabras acabadas en consonante. Más del 95 % de los sustantivos y adjetivos se ajustan a esta regla en el singular.

Si para formular la generalización propuesta en el párrafo anterior se ha hecho referencia al singular es porque, aunque los plurales terminan en -*s*, no se les aplica la regla de las palabras terminadas en consonante. El plural sigue la acentuación del singular; es decir, el acento va sobre la misma vocal en el singular y el plural: *azul, azules; árbol, árboles; rectángulo, rectángulos*. Esto es siempre así salvo en algunas palabras como *régimen*, ya mencionadas, y con la única excepción no motivada de la palabra *carácter*, cuyo plural normativo es *caracteres* (a pesar de que *carácteres* no infringiría ninguna restricción).

Nótese que, al igual que ocurre con el plural, el acento se mantiene también sobre la misma vocal en el masculino y en el femenino en aquellos sustantivos y adjetivos en los que el femenino consta de una sílaba más: *inglés, inglesa; huésped, huéspeda*. Si se considera que la vocal final de los sustantivos y adjetivos es, como el sufijo de plural, un elemento flexivo (cf. *libr-o, libr-e-t-a, libr-et-ín*), puede formularse una generalización más amplia: en la inmensa mayoría de los sustantivos y de los adjetivos el acento recae sobre la sílaba que contiene la última vocal de la base, sin contar los sufijos flexivos (Hooper y Terrell 1976): *movimient(o), calabaz(a), rinoceront(e), portugués, portugues(a), portugues(es), institución, institucion(es), español, español(a), español(es)*.

Tabla 2 *Patrones de acentuación de sustantivos y adjetivos*

Regla general: acento sobre el último núcleo silábico de la base	*calabaz(a), fusil, alhelí*
Patrón marcado: acento sobre el penúltimo núcleo silábico de la base	*capítul(o), útil*
Patrón excepcional: acento sobre el antepenúltimo núcleo silábico de la base (esdrújulas terminadas en consonante)	*régimen, ómnibus*

Un grupo bastante menor de palabras pertenecientes a estas clases gramaticales lleva el acento en la sílaba anterior, la que contiene la penúltima vocal de la base. En él se incluyen las esdrújulas terminadas en vocal y las llanas acabadas en consonante: *ángul(o), álgebr(a), ápic(e), apóstol, cráter, cráter(es), examen, exámen(es)*.

Por último, se encuentran dos tipos de patrones que parecen excepcionales. Por una parte, el de las palabras agudas terminadas en vocal: *Panamá, canapé, alhelí, dominó, marabú*. Estos vocablos no serían, en realidad, excepcionales, sino que entrarían dentro de la generalización principal en la medida en que puede considerarse que la última vocal es parte de la base y no un sufijo flexivo. Nótese que, generalmente, en la derivación no se pierde la última vocal de estas palabras: *sofá, sofacito* (no **sofito*), *maní, manisero* (no **manero*), etcétera, aunque con este análisis no se explicaría el caso de *Panamá, panameño*.

Por otra parte, se encuentran algunas voces esdrújulas terminadas en consonante: *régimen, Álvarez, análisis, ómicron*. Como ya se ha señalado, estas palabras sí son realmente excepcionales, puesto que no pueden formar el plural de manera regular sin que el acento se traslade (excepto en las terminadas en *-s*, como *análisis, síntesis, diálisis, ómnibus*, cuyo plural es idéntico al singular, como sucede también en las llanas, *lunes, tesis*). En algunos vocablos de este grupo, como *currículum, déficit, superávit*, la dificultad para formar el plural tiene que ver, además de con la ventana de tres sílabas, con el hecho de que estas palabras terminan en consonantes que no son normales a final de palabra en español.

En la Tabla 2 se ilustran los patrones de acentuación regular, marcado y excepcional, definidos hasta ahora.

Adviértase de nuevo que, aunque las generalizaciones sobre la posición del acento resumidas en la Tabla 2 dejan aparte los sufijos de flexión, estos se toman en cuenta para la restricción de la ventana de tres sílabas.

Es posible observar determinadas tendencias en cuanto a la distribución léxica de los patrones marcado y excepcional de nombres y adjetivos cuando se tienen en cuenta ciertas terminaciones específicas. Así, entre las palabras esdrújulas, son muchas las que acaban en *-ula/o (brújula, cenáculo)*, *-ísimo/a (blanquísimo)* e *-ico/a (pánico, física)*. Por lo que respecta a las palabras de estas clases gramaticales terminadas en consonante que reciben acentuación llana, se constata que aproximadamente la mitad de las terminadas en *-en* son llanas (*volumen, crimen, joven* frente a *retén, terraplén*), y que la acentuación llana también es frecuente entre las terminadas en *-il* (*fácil, útil* frente a *sutil, infantil*) (Aske 1990).

En las palabras abreviadas en las que se mantienen solo las dos primeras sílabas, el acento recae siempre sobre la primera de ellas, independientemente del patrón acentual de la palabra completa de la que derivan y de cuál sea el último segmento (aunque son raras las abreviadas terminadas en consonante): *la bici, la uni, la mani, el profe, la facu(l), la moto, el zoo*. Se incluyen aquí también hipocorísticos como *Tere* (de *Teresa*), *Manu* (de *Manuel*), *Jose* (de *José*), *Ramon* (de *Ramón*), etcétera.

Los adverbios muestran básicamente los mismos patrones de acentuación que los sustantivos y los adjetivos: *luego, después; mañana, ayer*; si bien algunos adverbios muy comunes terminan en vocal acentuada: *aquí, allá, así*. Es interesante señalar que las terminaciones de determinados adverbios se comportan como los sufijos de flexión de los sustantivos y de los adjetivos, en el sentido de que se eliminan en la derivación: *cerc-a, cerqu-ita; lej-os, lej-ano*. Como ya se ha señalado, los adverbios de modo en *-mente* son palabras compuestas con dos acentos (véase el § 26.6).

26.4 El acento en los verbos

La acentuación de los verbos en español presenta características bastante diferentes de las de las otras clases de palabras, aunque siempre se respeta la ventana de tres sílabas. Incluso dentro del sistema verbal, es necesario distinguir entre grupos de tiempos verbales con reglas de acentuación radicalmente diferentes. Por su patrón acentual, entre las formas conjugadas simples pueden diferenciarse los tres grupos que se indican en la Tabla 3.

Si se soslaya el obsolescente futuro de subjuntivo, los tres grupos de la Tabla 3 pueden definirse como grupo de presente, grupo de pasado y grupo de futuro.

Tabla 3 *Clasificación de los tiempos verbales por su patrón acentual*

Grupo 1:	presente de indicativo *(canto, cantamos)*
	presente de subjuntivo *(cante, cantemos)*
	imperativo *(canta, cantad)*
Grupo 2:	imperfecto de indicativo *(cantaba, cantábamos)*
	pretérito *(canté, cantamos)*
	imperfecto de subjuntivo *(cantara, cantáramos; cantase, cantásemos)*
	futuro de subjuntivo *(cantare, cantáremos)*
Grupo 3:	futuro de indicativo *(cantaré, cantaremos)*
	condicional *(cantaría, cantaríamos)*

En los tiempos del grupo 1 (o de presente), el acento se asigna contando desde el final, como en los sustantivos, los adjetivos y los adverbios. El acento recae sobre la penúltima sílaba *(organizo, organizamos, organizan)* excepto en las formas de segunda persona del plural *(organizáis, organicéis, organizad)* y en las de voseo etimológicamente relacionadas *(organizás, organizá)*, en las que es final.

En los otros grupos de tiempos verbales, por el contrario, el acento está regido morfológicamente y cae sobre la sílaba que contiene un morfema específico. En estos casos, pues, el acento es morfológico o 'columnar'. En los tiempos del grupo 2, el morfema que atrae el acento es la vocal temática (es decir, la vocal que sigue inmediatamente a la raíz) y pueden darse formas con acento sobre cualquiera de las tres últimas sílabas, según la posición de este morfema con respecto al final de la palabra: *organiz-**a**-ba, organiz-**á**-bamos, organic-**é***.

En los tiempos del grupo 3, el acento es también morfológico, pero recae sobre la sílaba que contiene el morfema temporal (es decir, la sílaba que empieza por *r-*): *organiz-a-**ré**, organiz-a-**re**-mos, organiz-a-**ría**-mos*. Como puede observarse, con respecto al final de la palabra, la sílaba acentuada puede ser también la última, la penúltima o la antepenúltima, al igual que sucedía en las formas del grupo 2.

Aunque en español muchos verbos son morfológicamente irregulares, se dan poquísimas irregularidades con respecto a la acentuación. Una excepción es el verbo *estar*, que en el presente tiene acento final en sus formas bisílabas *(estoy, estás, está)*, en vez de llevar acento penúltimo. El motivo es histórico: en latín este verbo no tenía la *e-* inicial que aparece en español, por lo que estas formas eran monosílabas *(stō, stās, stat)*. La segunda irregularidad viene dada por los llamados pretéritos fuertes, cuyas primera y tercera personas del singular son rizotónicas, es decir, tienen acento en la raíz: *p**u**d-e, p**u**d-iste, p**u**d-o, p**u**d-imos, p**u**d-isteis, p**u**d-ieron*. No se presentan otras irregularidades. En concreto, no hay verbos en los que, excepcionalmente, el acento vaya sobre la antepenúltima en el presente (como sí pasa, por el contrario, en italiano, cf. *abita* 'habita'). Obsérvese que en los verbos derivados de sustantivos y de adjetivos esdrújulos el acento se desplaza obligatoriamente: *número* → (yo) *numero*, *límite* → (yo) *limito*, *fábrica* → (él) *fabrica*, *líquido* → (yo) *liquido*.

La acentuación del grupo de presente de los verbos con base acabada en vocal requiere un comentario específico. En los verbos cuya raíz termina en vocal baja o media el acento recae siempre sobre la última vocal de la raíz en las formas del grupo de presente con acento penúltimo, dado que, en español, las secuencias sin vocales altas se silabean siempre como hiato —aunque existe dialectalmente una tendencia a la pronunciación diptongada de los verbos derivados de *línea*, *alinear* y *delinear*, con desplazamiento del acento: por ejemplo, *alínea* frente a la forma normativa *alinea*, como ya señaló Menéndez Pidal (Menéndez Pidal [1904] 1973, 276)— [→ § 6.7.2, § 24.3.2].

Según se aprecia en los ejemplos de la Tabla 4, en los verbos con infinitivo en *-iar* y *-uar*, por otra parte, se dan dos posibilidades de silabación [→ § 1.21.11], lo que a su vez determina que el acento aparezca en posiciones diferentes. Estas dos posibilidades consisten en que el elemento final de la raíz puede tratarse como una vocal, formando hiato con la vocal temática y recibiendo el acento *(envía, espía, evalúa, continúa)*, o bien como una paravocal, en cuyo caso aparece un diptongo y el acento va sobre la sílaba anterior *(cambia, limpia, averigua)*. Nótese que, aunque la posición del acento varía con respecto al final de la raíz, en ambos casos el acento recae sobre la penúltima sílaba. Estas dos posibilidades de silabación, con hiato o con diptongo, y, por consiguiente, de acentuación, en estas formas verbales corresponden a las que se encuentran en algunos sustantivos y adjetivos como *vacío, María*, frente a *limpio, Mario*: la base puede terminar en vocal nuclear o en paravocal. No se puede predecir siempre a cuál de los dos grupos pertenece un verbo determinado. De hecho, como se puede observar en el *DLE* en línea (Real Academia Española y Asociación

Tabla 4 *Acentuación en el presente de los verbos con base terminada en vocal*

-aer		*caer*	*cae*	*caemos*
-ear		*pelear*	*pelea*	*peleamos*
-eer		*leer*	*lee*	*leemos*
-eir		*reír*	*ríe*	*reímos*
-oar		*incoar*	*incoa*	*incoamos*
-oer		*roer*	*roe*	*roemos*
-oir		*oír*	*oye*	*oímos*
-iar	hiato	*enviar*	*envía*	*enviamos*
	diptongo	*cambiar*	*cambia*	*cambiamos*
-uar	hiato	*evacuar*	*evacúa*	*evacuamos*
	diptongo	*averiguar*	*averigua*	*averiguamos*
-uir		*influir*	*influye*	*influimos*

Tabla 5 *Verbos con raíz terminada en vocal relacionados con sustantivos y adjetivos*

a. diptongo		b. hiato		c. diptongo → hiato	
N/Adj	V	N/Adj	V	N/Adj	V
cambio	*cambia*	*espía*	*espía*	*vario*	*varía*
limpio	*limpia*	*vacío*	*vacía*	*amplio*	*amplía*
sucio	*ensucia*	*cría*	*cría*	*vacuo*	*evacúa*
recio	*arrecia*	*desafío*	*desafía*	*continuo*	*continúa*
quicio	*desquicia*	*lío*	*deslía*	*perpetuo*	*perpetúa*
fragua	*fragua*	*frío*	*enfría*	*ansia*	*ansía*
ambiguo	*desambigua*	*amnistía*	*amnistía*	*contrario*	*contraría*

de Academias de la Lengua Española 2022), para algunos verbos como *licuar* la Real Academia permite ambas posibilidades: *licúa* o *licua*.

Incluso en los verbos derivados de (o relacionados con) un sustantivo o un adjetivo se produce alguna desviación del patrón esperable, que sería el mantenimiento de la misma silabación que en el sustantivo o en el adjetivo. Así, relacionado con el adjetivo *amplio/a*, con diptongo, se encuentra el verbo *ampliar*, cuya forma de tercera persona del singular del presente de indicativo es *amplía*, con hiato, frente a lo que cabría esperar (compárese con *limpiar*, etcétera), como se muestra en la Tabla 5. Las desviaciones de la regla de mantenimiento de la estructura silábica van todas en la misma dirección: verbo con hiato relacionado con sustantivo o adjetivo con diptongo. No parece que existan verbos con diptongo derivados de sustantivos o de adjetivos con hiato (Cabré y Ohannesian 2009; Harris y Kaisse 1999).

Introduciendo un elemento de abstracción en el análisis, se diría que los sustantivos y los adjetivos del grupo *c* en la Tabla 5 se comportan como si fueran palabras esdrújulas. Debe tenerse en cuenta que en posición postónica no hay contraste posible entre [i.a] y [i̯a]. Por ejemplo, ['an.si.a], trisílaba esdrújula, no puede contrastar con ['an.si̯a], bisílaba llana. Solo puede tratarse de dos pronunciaciones, más lenta y más rápida, de la misma palabra.

Los sustantivos y los adjetivos esdrújulos pierden necesariamente su marca acentual en los verbos derivados, según el patrón general que se observa en *número* (N) → *numera* (V), *fábrica* (N) → *fabrica* (V), etcétera. Es decir, se podría, por ejemplo, postular una consonante muda al final de la raíz de palabras como *ansia*. La marca acentual de palabra esdrújula, que se indica aquí con la vocal en la representación subyacente en negrita, se pierde en la derivación del verbo: /ansiC-a/ (N) ['an.si̯a] → /ansiC-a/ (V) [an.'si.a]; compárese con /fabrik-a/ (N) ['fa.βri.ka] → /fabrik-a/ (V) [fa.'βri.ka] (N). En este análisis abstracto, la consonante muda subyacente no impediría la silabación (no contrastiva) en diptongo cuando la vocal alta no recibe el acento en la forma nominal 'esdrújula' —véase Cabré y Ohannesian (2009) para un análisis algo diferente, y quizá preferible, basado en marcar en las representaciones subyacentes el carácter excepcionalmente silábico de la vocal alta al final de la raíz—.

La reducción a diptongo de la secuencia /ea/, que es especialmente común en los verbos con infinitivo en *-ear* en muchas partes del mundo hispanohablante, puede causar confusión entre los verbos en *-ear* y una u otra clase de verbos en *-iar*, produciéndose a veces fenómenos de hipercorrección, tanto con cambio en la posición del acento, como en *copea* por *copia*, *rumea* por *rumia*, como sin alteración del patrón acentual, *vacea* por *vacía*, por ejemplo. Si se lleva a cabo una búsqueda en internet, es fácil encontrar ejemplos de estos fenómenos.

26.5 Palabras funcionales con y sin acento

Entre las palabras funcionales o gramaticales, en las que se incluyen los determinantes (artículos definidos e indefinidos, posesivos y demostrativos), los cuantificadores, los pronombres, las preposiciones y las conjunciones, algunas tienen acento léxico y otras no (Hualde 2005, 233–35, 2007; Navarro Tomás [1918] 1977; Quilis 1993, 390–95; Real Academia Española 1973, 69–74). La carencia de acento léxico se hace evidente cuando la palabra funcional no aparece en posición final de sintagma prosódico. En este contexto, la preposición *para*, por ejemplo, contrasta con la forma verbal *para* en que la primera no lleva acento léxico: *para las máquinas* (sintagma preposicional, con un único acento) frente a *para las máquinas* (verbo + sintagma nominal, con dos acentos = 'detiene las máquinas'). Por el contrario, el contraste desaparece en posición final de sintagma prosódico [→ § 1.21.6]: *la preposición 'para'*. Se incluye aquí también el caso en el que la palabra funcional recibe foco [→ § 30.5] contrastivo [→ § 32.3.4], lo que conlleva la introducción de una frontera prosódica inmediatamente después de la palabra: *he dicho que es* PARA *Manolo, no de Manolo*. Nótese que también desaparece el contraste acentual entre preposición y verbo cuando la preposición no acompaña a un sintagma nominal (Hualde 2009): *'para' es un verbo = 'para' es una preposición*.

En el caso de los pronombres, es tradicional distinguir —dado que muestran evoluciones históricas diferentes— entre pronombres tónicos o acentuados, entre los que se incluyen los pronombres de sujeto y los preposicionales, y pronombres átonos o clíticos, que van unidos al verbo: *yo digo, para ti* frente a *lo digo, te lo conté*.

Un aspecto un tanto sorprendente es que el carácter tónico o átono de las palabras funcionales no parece siempre predecible a partir de consideraciones morfosintácticas. Así, entre los determinantes, el artículo definido y el posesivo son átonos: *las camisas, mis camisas, nuestras camisas*, pero el artículo indefinido y el demostrativo son tónicos: *unas camisas, estas camisas*. Tanto *unos/as* (con valor aproximativo) como *otros/as* pierden su acento antes de un numeral: *unos cuarenta días, otras cuatro cervezas* (frente a *otra cerveza*).

En posición de foco contrastivo es posible, naturalmente, acentuar cualquier palabra. La división entre palabras tónicas y átonas se basa, pues, en oraciones pragmáticamente neutras. Se ha observado que existe alguna variación dialectal en el estatus tónico o átono de ciertas palabras. En concreto, en zonas del noroeste de España se acentúan los posesivos (Quilis 1993, 394).

Como cuantificador adjetival, *medio* es átono, pero no lo es cuando modifica a un sustantivo: *medio seco* frente a *medio saco*, y *casi* suele serlo también. Por otra parte, *muy* es palabra tónica: *muy seco*.

Las preposiciones son todas átonas: *de María, con mis amigos, bajo las sábanas*, excepto *según*: *según Antonio*. También son átonas las conjunciones: *Juan y María, sabe que vendrás, pero para Antonio*.

Un contraste marcado ortográficamente es el que se hace patente en palabras como *que, cuando, como*, que son átonas cuando funcionan como conjunciones, pero tónicas cuando actúan como palabras interrogativas o exclamativas: *sabe que quiere estudiar* frente a *sabe qué quiere estudiar; cerraron la puerta cuando llegaron* frente a *no sé cuándo llegaron; como llegaba tarde, fue en taxi* frente a *no me dijo cómo lo hizo*.

También está reflejado ortográficamente el contraste acentual (y de silabación) entre la preposición *aun* 'incluso' y el adverbio de tiempo *aún* 'todavía'.

Otro contraste, esta vez sin correlato ortográfico, es el que se da entre los cuantificadores tónicos *más* y *menos* y las mismas palabras usadas como conjunciones con valor de 'además de' y 'excepto', respectivamente, que son átonas: *tengo más libros que tú* frente a *necesito todo eso, más dinero para el viaje; sé menos que Antonio* frente a *menos Antonio, llegaron todos a tiempo*.

Más predecible, al basarse frecuentemente en la presencia de fronteras de sintagma prosódico, es el carácter tónico o átono de *mientras* y *luego*, según funcionen, respectivamente, como adverbios de tiempo o como conjunciones: *mientras, conversaban* frente a *mientras conversaban, llegó el autobús; luego te lo digo* (= después) frente a *luego te lo dijo* (= por consiguiente); *luego, iremos a su casa* frente a *luego iremos a su casa*.

Por otra parte, las locuciones conjuntivas no son todas átonas, como se pone de manifiesto en los siguientes ejemplos: *aunque se lo dije, aun cuando se lo dije* frente a *a pesar de que se lo dije; puesto que se lo dije* frente a *dado que se lo dije*.

Si se toma la presencia de acento léxico como definitoria del concepto de palabra prosódica [→ § 1.21.6], debe concluirse que las palabras átonas se integran con la palabra morfológica siguiente en una única palabra acentual. En los casos recogidos en (1) existe, pues, una única palabra prosódica [→ § 1.18.1, § 23.2.2].

(1) {los elef**a**ntes}
     {para los elef**a**ntes}
     {para los de nuestros elef**a**ntes}
     {aunque bajo la m**e**sa}
     {mientras que para los otros d**o**s}

Las palabras funcionales tónicas, por otra parte, establecen el límite final de una palabra acentual, sin integrarse prosódicamente con la palabra morfológica siguiente, como se muestra en los ejemplos de (2).

(2) {**u**nos} {elef**a**ntes}
     {para **u**nos} {elef**a**ntes}
     {seg**ú**n} {los astr**ó**logos}
     {para los de **e**stos} {elef**a**ntes}
     {mientras que seg**ú**n} {los otros d**o**s} {astr**ó**logos}

Es fácil apreciar que las palabras prosódicas así definidas a menudo no coinciden con constituyentes sintácticos.

26.6 El acento en los compuestos

De manera semejante al contraste que se establece entre palabras gramaticales tónicas y átonas, entre los compuestos los hay con acento en cada miembro del compuesto y los hay con un solo acento.

La conservación o la pérdida del acento están relacionadas con la mayor o menor fusión léxica o cohesión interna de los compuestos. Así, mantienen el acento en cada miembro la mayoría de los compuestos nominales N + N del tipo de *cartón piedra, pez espada*, pero no algunos como *telaraña* y *bocacalle*, que se escriben como una sola palabra y pluralizan al final (*las telarañas* frente a *los peces espada*). Idéntico fenómeno se observa en los compuestos nominales formados por un nombre y un adjetivo: *marcha real, caja fuerte* frente a *yerbabuena, camposanto*, incluyéndose en este segundo grupo los descriptivos con *-i-* como vocal de enlace, *barbilampiño, pelirrojo, cejijunto, manirroto*. Poseen dos acentos los compuestos referidos a colores como *azul cielo, amarillo limón*, compuestos que, además, son invariables: *dos sombreros verde oliva*.

El hecho de que los adverbios en *-mente* presenten dos acentos (*rápidamente, tranquilamente, formalmente*) es indicativo de la falta de cohesión interna entre sus elementos, que se pone de manifiesto en la coordinación: *tranquila y lentamente*.

En los numerales, la fusión acentual es patente en ejemplos como *cinco mil cuatrocientos dieciocho euros*. Compárese *cinco mil euros* con *cinco millones de euros*, donde *millones* funciona como sustantivo.

Por otra parte, mantienen solo el último acento los compuestos nominales con estructura V + N: *lavaplatos, sacacorchos, limpiaparabrisas*, que contrastan por su patrón acentual con frases verbales: *lavaplatos* frente a *lava platos*. También se pierden los acentos de los elementos no finales en nombres propios compuestos como *María Rosa, José Antonio*, incluyendo tratamientos, *doña Emilia, don Manuel, don Juan Antonio*, pero no en las secuencias de nombre y apellido, *Manuel Antúnez Pérez* frente a *Manuel Antonio Pérez*.

Compuestos con un único acento como *limpiaparabrisas, cejijunto, don José Antonio* y *cuatro mil* formarían, pues, una única palabra prosódica, mientras que en, por ejemplo, *casa cuartel, rojo carmín, José García* y *sencillamente*, existirían dos palabras prosódicas en cada caso.

26.7 Acento y cantidad silábica

En algunas lenguas, la posición del acento está regulada por la distinción de cantidad silábica, y así se establece una diferencia entre sílabas 'pesadas', que tienen mayor duración fonológica y atraen el acento, y sílabas 'ligeras' [→ § 1.21.8, § 24.4.1]. Este era el caso del latín clásico, lengua en la que en las palabras de tres o más sílabas el acento recaía siempre sobre la penúltima si era pesada, y sobre la antepenúltima en caso contrario (en palabras de solo dos sílabas el acento iba siempre sobre la penúltima). En latín existía un contraste fonológico entre vocales largas y breves. Las sílabas que cuentan como pesadas en dicha lengua son las que tienen una vocal fonológicamente larga y también las que terminan en consonante. Solo el peso de la penúltima es relevante para la asignación del acento. Así, pues, llevan acento penúltimo palabras como *amīca, consulōrum, lēgālis,* que tienen una vocal larga en la penúltima sílaba, y también otras como *monumentum, intactus,* cuya penúltima sílaba está cerrada por consonante; el acento está en antepenúltima posición, por el contrario, en *insula, consulēs* y *hominibus.* Esta regla no admitía ninguna excepción en latín.

El español, como las demás lenguas románicas, ha perdido el contraste entre vocales largas y breves propio del latín, lo que hace que, por ejemplo, el acento marcado de *sábana, ánima* frente al regular de *sabana, amiga,* sea una propiedad impredecible de estas palabras. Se ha pensado, sin embargo, que el español ha podido mantener, de todas formas, la restricción acentual del latín referida a la estructura de la penúltima sílaba que impediría la acentuación esdrújula de palabras, como *Salamanca,* en las que la penúltima sílaba está cerrada por consonante. Se trata de un tema controvertido, como se verá inmediatamente.

A este respecto, se puede observar que la posición del acento en el léxico derivado del latín se ha mantenido inalterada con poquísimas excepciones, como señaló Menéndez Pidal ([1904] 1973, 36), si bien ha aumentado el tamaño de la ventana acentual y se ha creado una posibilidad que no existía en latín: el acento agudo. El acento agudo ha resultado, en el léxico patrimonial, de la pérdida y contracción de segmentos finales: *amōrem > amor, cantāui > canté.* Como, por el contrario, no ha habido procesos diacrónicos del latín al español que hayan podido producir palabras esdrújulas con una penúltima sílaba cerrada por consonante, este patrón no puede darse ni en palabras patrimoniales ni en cultismos latinos, y solo puede aparecer en préstamos de otras lenguas. Los nombres propios, topónimos y otras palabras del inglés y de otros idiomas germánicos, como *Anderson, Washington, Manchester, Buckingham* o *bádminton,* son una fuente abierta de excepciones, ya que, aun cuando se adaptan a la pronunciación del español, no suelen alterar su patrón acentual.

Resumiendo, se constata que la acentuación esdrújula en palabras con la penúltima sílaba cerrada, que era totalmente irrealizable de acuerdo con el sistema de acento de cantidad del latín, sigue teniendo un carácter marginal en español, aunque no es imposible (véase Martínez-Gil [2010], a propósito del español antiguo). La pregunta sobre la relevancia de estos hechos surge, sobre todo, a la hora de formalizarlos: en un análisis formal de la acentuación del español, ¿se debe formular la regla de tal modo que esta posibilidad quede sistemáticamente excluida? Harris (1983, 1995) asume que esta es, en efecto, una generalización importante en español, con lo cual un algoritmo que diera cuenta adecuadamente de las posibilidades de distribución del acento de palabra en esta lengua debería excluir la posibilidad de tener palabras con la penúltima sílaba cerrada y con acento esdrújulo. Harris incluye dentro de la misma generalización la ausencia de acento esdrújulo cuando la penúltima sílaba contiene un diptongo, aunque, de nuevo, existe alguna excepción en palabras que no derivan del latín, como el topónimo mexicano *Pátzcuaro.* Roca (1990), por el contrario, es de la opinión de que la rareza de palabras como *Frómista* es un simple residuo histórico, una laguna léxica sin relevancia para el análisis sincrónico de la lengua. Los estudios de aceptabilidad que se han llevado a cabo han tendido a mostrar que los hispanohablantes consideran aceptable este patrón en neologismos (Alvord 2003; Bárkányi 2002). Este resultado no es sorprendente, dado que el patrón se encuentra, como se ha señalado, en préstamos del inglés y de otros idiomas. De todas maneras, otros estudios ulteriores y que han empleado técnicas psicolingüísticas más sofisticadas constatan que una palabra esdrújula inventada con la penúltima sílaba cerrada como *dóvalda* resulta, de hecho, más difícil de producir sin errores para los hispanohablantes que otras palabras esdrújulas igualmente inventadas, pero con la penúltima sílaba abierta como *dóvasa* (Shelton, Gerfen y Gutiérrez Palma 2009).

En los análisis en el marco de la Teoría de la Optimidad, el problema se plantea como la existencia o inexistencia de una restricción que requiere acentuar ciertos tipos de sílaba (según se discute, por ejemplo, en Gibson [2011]). Es interesante notar que este debate sobre la naturaleza cuantitativa del acento de la lengua española y la relevancia de palabras como *Frómista* es esencialmente el mismo que se documenta ya en el siglo XVIII, como se verá en el § 26.10.

Si se atiende a la frecuencia, más que a la existencia de restricciones ineludibles, está claro que, en español, aparte de ser muy raras las voces esdrújulas con penúltima sílaba cerrada, importa también el carácter abierto o cerrado de la última sílaba. Como se ha explicado ya (§ 26.2), las palabras terminadas en vocal son generalmente llanas y las acabadas en consonante son generalmente agudas, lo que muestra que el español es una lengua en la que el peso silábico es relevante para el acento, a pesar de no darse un contraste entre vocales breves y largas. De todas maneras, según se vio en el § 26.2, los patrones de las palabras terminadas en vocal y en consonante pueden recibir un análisis unitario si se atiende a su morfología, con lo cual el algoritmo o la generalización sobre la posición del acento en el caso no marcado no precisa hacer referencia al peso silábico.

26.8 El acento español en el marco de la tipología de los sistemas acentuales

Las lenguas pueden distinguirse por —entre otros factores— sus sistemas acentuales. Así, como se explica en los siguientes subapartados, existen lenguas con acento fijo y lenguas con acento libre (§ 26.8.1), lenguas con acento contrastivo y lenguas con acento no contrastivo (§ 26.8.2), y lenguas que favorecen el acento ubicado en una determinada posición de la palabra, frente a otras que privilegian emplazamientos diferentes (§ 26.8.3, § 26.8.4). Finalmente, el dominio en el que se asigna el acento también establece diferencias tipológicas entre unas lenguas y otras (§ 26.8.5).

26.8.1 Acento fijo y acento libre

Una distinción importante en las lenguas con acento de palabra es la que puede establecerse entre lenguas con acento fijo y lenguas con acento libre. En las lenguas con acento fijo la posición del acento es totalmente predecible. Puede ser invariable, como en suajili (o *swahili*), lengua en la que siempre recae sobre la penúltima sílaba de la palabra, o en húngaro, en la que va siempre sobre la primera, o puede presentar una posición variable, pero con una variabilidad que es predecible a partir de otros datos que permiten formular una regla carente de excepciones. Un ejemplo es el latín, lengua en la que el acento puede caer sea sobre la penúltima, sea sobre la antepenúltima sílaba, en función de la cantidad silábica de la penúltima, como se expuso en § 26.7. Algunos autores usan el término 'acento fijo' únicamente para referirse a lenguas en las que la posición del acento, contando desde el principio o desde el final de la palabra, no varía de una palabra a otra, excluyendo de esta clase a lenguas como el latín.

En lenguas con acento libre, por el contrario, la posición del acento no es predecible. En principio, en una lengua con acento realmente libre, este debería poder recaer sobre cualquier sílaba, sin ninguna restricción. El español, como se ha explicado ya en este capítulo, es una lengua en la que el acento goza de una libertad limitada en cuanto a su posición. Como se comprueba al comparar, por ejemplo, los topónimos *Gólgota*, *Bargota* y *Bogotá*, la posición del acento no es predecible; sin embargo, como se ha visto también, esta libertad de colocación está circunscrita a las tres últimas sílabas de la palabra, y se limita aún más en ciertos casos (§ 26.2). Tal es la situación más común en las lenguas con acento 'libre': la libertad en la posición del acento suele ser reducida, de manera que las excepciones a los patrones o reglas más generales se restringen a ciertas posiciones.

26.8.2 Acento contrastivo y acento no contrastivo

Una clasificación similar, pero no idéntica, es la que se puede establecer entre lenguas con acento contrastivo y no contrastivo. El acento es contrastivo o 'fonémico' si sirve para establecer contrastes léxicos. El vasco estándar o *euskara batua*, por ejemplo, es una lengua con acento no contrastivo, dado que no es posible distinguir palabras únicamente por la posición del acento, pero tal posición no es fija en esta variedad vasca y la misma palabra puede recibir el acento en sílabas diferentes sin variar el significado: *neskari ~ neskari* 'a la niña', *telebista ~ telebista* 'televisión', *dugu ~ dugu* 'lo hemos' —sin embargo, otros dialectos vascos sí tienen acento contrastivo (Hualde 1999)—. El español es, obviamente, una lengua con acento contrastivo, en la que las diferencias en la posición del acento resultan en pares mínimos [→ § 1.17.1]. La posibilidad contrastiva del acento en español alcanza su mayor rendimiento en las formas verbales: *alabo*, *alabó; alabaras, alabarás*. De hecho, los ejemplos de contrastes que pueden darse entre tres palabras, del tipo *término, termino, terminó; número, numero, numeró; hábito, habito, habitó*, incluyen siempre dos formas verbales entre los tres vocablos. Son también muy pocos los pares mínimos acentuales que se encuentran si se excluyen las formas verbales, aunque hay algunos ejemplos como *sábana, sabana; plato, plató; Gales, galés*.

26.8.3 Acento morfológico y acento demarcativo

Cuando se analizan las reglas que rigen la posición del acento primario se pueden diferenciar dos tipos de sistemas: aquellos con acento morfológico y aquellos con acento demarcativo. Se habla de 'acento morfológico' cuando ciertos morfemas atraen el acento. Así, por ejemplo, en el vasco de Guernica (Gernika), algunas raíces y afijos tienen acento léxico o subyacente y otros no. En caso de que el vocablo en cuestión contenga más de un morfema acentuado, la posición del acento de la palabra la determina el primero de ellos (Hualde 1999). En español, como ya se ha explicado, el acento viene determinado morfológicamente en las formas verbales de pasado y futuro. Nótese, además, que es posible analizar la acentuación de las palabras derivadas mediante una regla de acento morfológico según la cual el último sufijo derivativo determina la acentuación de la palabra. Los sufijos derivativos pueden ser acentuados (la mayoría) o preacentuantes, es decir, que atraen el acento a la sílaba precedente, como el adjetival *-ic(o/a)*: **urb**(*e*), *urb-***an**(*o*), *urb-an-***idad**, *urb-an-***ist**(*a*), *urb-an-***íst**-*ic*(*o*); *ciudad, ciudad-**an**(o), ciudad-an-**í**(a); **núm**er(o), numer-**os**(o),numer-os-**idad**, numér-ic(o)*.

En los sistemas de acento demarcativo, por otra parte, la posición del acento se determina contando desde el principio o desde el final de la palabra. Este es el tipo de regla que opera en español tanto en la acentuación de nombres, adjetivos y adverbios como en la de las formas verbales del grupo de tiempos de presente. Incluso en el análisis morfológico expuesto en el párrafo anterior para las palabras derivadas, el resultado es que el acento es también demarcativo, al ser el último sufijo derivativo el que determina su posición. También en los tiempos verbales con acento columnar se constata su función demarcativa, en el sentido de que el acento en ningún caso sobrepasa la 'ventana de tres sílabas'. En cambio, en el vasco de Gernika, que se ha mencionado ya, en las palabras que contienen morfemas con acento léxico, no hay ninguna 'ventana' para la colocación del acento, sea contando desde el principio, sea contando desde el final de la palabra.

> En el marco de la Teoría de la Optimidad estos efectos de 'ventana' se obtienen mediante restricciones de alineación que requieren que los pies métricos [→ § 1.21.12] estén alineados con el margen inicial o final de la palabra prosódica o de otra unidad. Para el español, véanse, por ejemplo, Roca (2006) y Cabré y Ohannesian (2009).

26.8.4 Tipología de los sistemas de acento demarcativo

Desde que empezaron a realizarse estudios comparativos sobre el acento, se puso claramente de manifiesto que, en las lenguas del mundo, todas las posiciones en la palabra no se hallan igualmente privilegiadas para recibirlo. Existe una asimetría clara en las reglas acentuales encontradas, de modo que se favorecen tres sílabas como posición en la que puede recaer el acento primario: la inicial, la penúltima y la final (Hyman 1977). Por el contrario, son pocas las lenguas en las que normalmente se asigna el acento a la segunda sílaba contando desde el principio de la palabra (aunque esta es la regla de acentuación que opera en variedades vascas como las de Oñati y Goizueta). También es poco frecuente encontrar lenguas en las que, por regla general, el acento aparezca en la antepenúltima sílaba (el macedonio es una de ellas) y, sobre todo, en la tercera contando desde el principio —como en el vasco de Azkoitia—.

> Los estudios más recientes y más completos han establecido la jerarquía de posiciones acentuales en función de su frecuencia de aparición en las lenguas del mundo que se recoge en (3). El número de lenguas con cada patrón se recoge en Goedemans y van der Hulst (2013a).
>
> (3)   Penúltima (-2) >> Inicial (+1) >> Final (-1) >> Segunda (+2) >> Antepenúltima (-3) >> Tercera (+3)

En los trabajos sobre el acento llevados a cabo en el marco de la llamada Teoría Métrica [→ § 1.21.12], se han propuesto una serie de mecanismos para dar cuenta de la tipología de los sistemas acentuales (Halle e Idsardi 1995; Halle y Vergnaud 1987; Hayes 1995, entre otros). En este marco teórico se ha defendido que la posición del acento se determina mediante la construcción de uno de los dos 'pies métricos binarios' [→ § 1.21.12] siguientes: un pie trocaico, con prominencia sobre la primera de las dos sílabas (x .), o un pie yámbico, con prominencia sobre la segunda (. x). La sílaba prominente se marca con una equis (x) y la sílaba débil, con un punto (.). El pie binario se puede construir sea a partir del principio de la palabra, sea a partir del final, como se muestra en los ejemplos de la Tabla 6. De ello resulta una tipología con cuatro tipos básicos de acento demarcativo: acento en la primera o en la segunda sílaba, contando desde el principio o desde el final.

Mediante este formalismo, los dos tipos acentuales más comunes en las lenguas del mundo —acento penúltimo y acento inicial— se conceptualizan como el resultado de la asignación de un pie trocaico a uno u otro margen de la palabra.

En este tipo de formalismo, el acento sobre la antepenúltima o sobre la tercera sílaba se obtiene mediante el mecanismo de la 'extrametricidad' o invisibilidad de una sílaba. Los pies binarios proporcionan una ventana de dos sílabas, sea al principio o al final de la palabra, para la colocación del acento. El mecanismo de la extrametricidad expande la ventana a tres sílabas. El carácter menos común de estos sistemas acentuales tiene su correlato formal en la utilización de un mecanismo más marcado. La justificación de la extrametricidad o invisibilidad métrica se encuentra en lenguas como el latín. En latín, la última sílaba no recibe nunca el acento; por tanto, esta sílaba es invisible para el acento, es decir, es extramétrica. En algunos análisis del español se ha utilizado la extrametricidad como un diacrítico léxico para marcar las palabras esdrújulas (Harris 1983).

Tabla 6 *Tipología acentual resultante de la asignación de pies métricos binarios*

a. Pie trocaico al principio	b. Pie trocaico al final
(x .)	(x .)
tá ta ta ta	ta ta **tá** ta
c. Pie yámbico al principio	d. Pie yámbico al final
(. x)	(. x)
ta **tá** ta ta	ta ta ta **tá**

En el § 26.7 se ha hecho referencia ya a la cantidad silábica como fenómeno que puede afectar la colocación del acento. En muchas lenguas, la cantidad silábica (esto es, el carácter ligero o pesado de una determinada sílaba) es relevante para determinar la posición del acento. Por ejemplo, son comunes los sistemas acentuales 'cuantitativos' en los que el acento recae sobre la última sílaba si es pesada, y sobre la penúltima si la última es ligera; aun así, no son tan comunes como las reglas más simples que asignan acento siempre a la penúltima o siempre a la última sílaba sin otras consideraciones (Goedemans y van der Hulst 2013b). El patrón general del español puede considerarse como representante de este tipo acentual cuantitativo: acento final si la última sílaba es pesada (terminada en consonante) y acento penúltimo en caso contrario [→ § 25.4.2].

El que la cantidad silábica condicione o no la posición del acento es un parámetro tipológicamente importante. Como se explicó en el § 26.7, el latín, por ejemplo, es una lengua en la que los contrastes de cantidad (en la penúltima sílaba) determinan claramente la posición del acento. En la Teoría Métrica, el mecanismo que se emplea en las lenguas con acento de cantidad es el 'pie métrico cuantitativo'. Lo que en este modelo hace que las lenguas de este tipo sean diferentes de las otras es que una sílaba fonológicamente pesada no puede ocupar la posición débil del pie métrico. Por ejemplo, un pie trocaico cuantitativo situado al final de la palabra tendrá la estructura (x .), lo que hará recaer el acento sobre la penúltima sílaba; pero si la penúltima es pesada, el pie será monosilábico, (x), para evitar que una sílaba pesada coincida con la posición débil del pie. La combinación de la extrametricidad (indicada con paréntesis angulares) con un pie trocaico al final de la palabra produce el sistema del latín clásico, tal como se muestra en (4) (Hayes 1995, 91).

(4) (x .) <.>   (x .)<.>   (x)<.>
     con.su.lēs   *con.su.li.bus*   *con.su.lō.rum*

Como se vio también en § 26.7, para algunos autores, en español se han mantenido los contrastes de cantidad en la penúltima sílaba a pesar de la pérdida del contraste entre vocales largas y breves, con lo cual en algunos análisis tanto la cantidad de la última como de la penúltima sílaba se considera relevante para el cómputo del acento en esta lengua.

En la Fonología Métrica se distingue entre estructuras acentuales limitadas a dos sílabas (en inglés, *bounded feet*) y estructuras de tamaño ilimitado, que abarcan toda la palabra prosódica (en inglés, *unbounded feet*). Los efectos demarcativos o de 'ventana acentual' se derivan del empleo del primer tipo de estructura, mientras que las lenguas en las que, por ejemplo, la última o la primera sílaba pesada o el primer o último morfema morfológicamente marcado, donde quiera que esté en la palabra, determina la posición del acento, requieren la construcción de dominios ilimitados.

26.8.5 Niveles de acento léxico

Otro elemento de variación entre los sistemas acentuales tiene que ver con el dominio en el que se asigna el acento. El acento se puede asignar solo en el nivel de la frase (como en francés; véase, por ejemplo, Walker [2001, 178–81]), en el nivel de la palabra o incluso en dominios inferiores a la palabra, en cuyo caso aparecen acentos secundarios además del primario.

En una lengua como el inglés, la existencia y la posición de los acentos secundarios permite establecer contrastes léxicos. En inglés las vocales con acento secundario no se reducen (Pater 2000). Así, se dan contrastes léxicos como el existente entre *tempest* /ˈtɛmpɪst/, *carton* /ˈkɑrtən/ con un único acento (y vocal reducida en la segunda sílaba) frente a *conquest* /ˈkɑŋˌkwɛst/, *futon* /ˈfuˌtɑn/ con dos acentos (y vocales no reducidas en ambas sílabas). Un par de palabras como *elevation* /ˌɛləˈveɪʃən/ y *elevator* /ˈɛləˌveɪtər/ se diferencian en la prominencia relativa de los acentos sobre la primera y la tercera sílaba.

Como se explicará en el § 26.9, aunque en español a veces puede detectarse la presencia de acentos secundarios, su posición nunca es distintiva en el nivel léxico. El único acento léxico del español es el primario. Si se considera, como se ha hecho aquí, que el acento viene dado por la prominencia de un elemento sobre otros dentro de un dominio prosódico, el acento secundario supone la existencia de un nivel prosódico entre la sílaba y la palabra prosódica. Este dominio es el pie métrico, al que ya se ha hecho referencia en el § 26.8.4. Así, en inglés, palabras como *Mississippi* y *conquest* contienen dos pies métricos, (*Missi*)(*ssippi*), (*con*)(*quest*), en cada uno de los cuales se asigna prominencia a una sílaba, mientras que *tempest* contiene un único pie (*tempest*). En español, por el contrario, no existen pruebas que avalen la existencia de este tipo de estructura métrica, excepto por lo que se refiere al fenómeno 'posléxico' [→ § 1.18.6] del acento secundario que se discutirá en la sección siguiente.

En su origen, la Teoría Métrica se basa en el análisis de la lengua inglesa (Liberman 1975; Liberman y Prince 1977), que es un ejemplo paradigmático de lengua con 'ritmo acentual' [→ § 36.2, § 37.2]. Es decir, en inglés el ritmo de los enunciados se establece mediante la alternancia de grados de prominencia. Las sílabas se agrupan en pies, estos en palabras prosódicas y estas, en dominios mayores. En cada uno de estos dominios se asigna prominencia a uno de los elementos constitutivos, de forma que los grados de prominencia se acumulan sobre la sílaba más prominente en cada dominio, tal como se muestra en (5).

(5)   (. . . . . . . x . . .)   frase
     (x . . . (x . . .)(x . . .)   palabras
     (x .)(x .) (x .)(x .)(x .) (x .)   pies
     twenty-seven Mississippi legislators

El término 'métrico' deriva del análisis de la poesía que, en la tradición inglesa, utiliza los pies métricos como unidad de cómputo. Así, cada verso de un soneto en inglés es un pentámetro yámbico, es decir, una secuencia de cinco pies yámbicos.

Algunos autores, al extender la teoría al análisis de otras lenguas, han mantenido este aspecto de prominencia cumulativa, según el cual la asignación de acento de palabra requiere la metrificación completa de la palabra en pies (Halle y Vergnaud 1987; Harris 1983). En una lengua como el español, sin embargo, no parece que exista nada parecido al acento secundario del inglés o, en la medida en que se pueden identificar acentos secundarios, se trata de un fenómeno a nivel 'posléxico' o de frase (§ 26.9), no de un nivel de prominencia sobre el que se compute la posición del acento de palabra (van der Hulst 1997; Roca 1986).

26.9 Acento secundario

La existencia de un acento secundario en español y su naturaleza han sido cuestiones ampliamente tratadas en la bibliografía especializada. A continuación se exponen las características de este tipo de acento y se sintetizan las propuestas más relevantes a este respecto.

26.9.1 Acento rítmico y acento enfático

Para Navarro Tomás (Navarro Tomás [1918] 1977, 195–96), además del acento primario, sería posible distinguir en español una prominencia secundaria sobre ciertas sílabas de la palabra prosódica. Estos acentos secundarios recaerían, de manera rítmica, en sílabas alternas a partir de la que lleva el acento primario: ˌcontraˌproduˈcente, ˌcontra ˌlo traˈtado, ˌlo que ˌpromeˈtieron, reˈtóriˌca. Tal regla tendría una excepción: «En los grupos formados por cuatro o cinco sílabas con acento principal sobre la cuarta, el acento secundario no recae sobre la sílaba segunda, como haría esperar el principio alternativo, sino sobre la primera» (195), como en ˌemperaˈdor, ˌpor la maˈñana, ˌsobre la ˈfrente. Es decir, para Navarro Tomás la colocación del acento secundario en posición inicial (siempre que no sea adyacente al primario) tendría prioridad sobre el principio de alternancia binaria (este autor otorga preferencia, por ejemplo, a ˌemperaˈdor sobre emˌperaˈdor). A diferencia del acento primario, el acento secundario no es contrastivo en español y se aplica en el nivel de la palabra prosódica, incluyendo las palabras funcionales átonas, como se comprueba en algunos de los ejemplos del propio

Navarro Tomás. Otros autores han propuesto generalizaciones algo diferentes, pero mayoritariamente coincidentes en asignar acento secundario sea en sílabas alternas desde la que lleva acento léxico o tónica, sea en la sílaba inicial cuando existe al menos otra sílaba antes de la tónica (Harris 1983; Roca 1986; Stockwell, Bowen y Silva-Fuenzalida 1956).

Aunque algunas descripciones del acento secundario en español no son demasiado explícitas a este respecto, el acento secundario en esta lengua no es, en absoluto, como el del inglés (§ 26.8.5); se trata de una potencialidad, más que de una propiedad inherente de ciertas sílabas. En determinados estilos, como en la lectura de poesía, marcar los acentos secundarios produce un efecto rítmico, que puede ser apropiado para este estilo: ˌAbeˈnámar, ˌAbeˈnámar/ˈmoro ˌde la ˌmoreˈría. Sin embargo, ello no quiere decir, naturalmente, que esta sea la única forma posible de hablar. En el habla ordinaria, los acentos secundarios, o prominencias sobre sílabas sin acento léxico, son poco frecuentes. No debe sorprender, por tanto, que en los estudios fonéticos sobre el tema, basados en habla de laboratorio (lectura de palabras y frases aisladas), no se hayan encontrado correlatos acústicos que muestren la existencia de los patrones de acento secundario descritos por otros autores (Díaz-Campos 2000; Prieto Vives y van Santen 1996) [→ § 25.5].

En español, un estilo en el que es frecuente colocar una prominencia sobre ciertas sílabas sin acento léxico es el del habla pública, dirigida a un grupo amplio de personas, incluyendo el habla de los locutores de radio y de televisión, los discursos y otros tipos de intervenciones públicas de los políticos, las clases magistrales de algunos profesores, etcétera. En estos estilos es frecuente encontrar ejemplos como haˈbían moˌviliˈzado, sin diˌficulˈtad, inˌtroduˈcir, etcétera (Hualde 2005, 246, 2007). Un patrón muy frecuente en este estilo es el ilustrado por los ejemplos anteriores, con acento secundario dos sílabas antes de la sílaba con acento primario. Este patrón de acentos secundarios puede caracterizarse como 'didáctico'. Otro patrón, menos común y más enfático, consiste en otorgar prominencia a la sílaba inicial, con una bajada brusca del tono en las sílabas siguientes: ˌsolidariˈdad. Tanto en un caso como en el otro, la sílaba con acento secundario recibe la prominencia tonal, mientras que el acento léxico se expresa por medio de la duración (Hualde y Nadeu 2014). La sílaba que se marca con el diacrítico de acento secundario no es necesariamente menos prominente que la léxicamente tónica. Se emplea este diacrítico para indicar que su acento no corresponde al léxicamente primario. Es interesante notar que el acento secundario puede recaer en la sílaba inmediatamente anterior a la que recibe el acento léxico cuando es la única sílaba disponible, como puede ocurrir en la palabra *polacos* en un ejemplo como haˈbía ˌportuˈgueses, ˌpoˈlacos, ˌargenˈtinos... o en la palabra *Sevilla* en los ˌpasajeros con desˈtino ˌBarceˈlona, ˌSeˈvilla... (Hualde 2010). Es relativamente poco frecuente, por muy enfático, tener más de un acento secundario en el dominio de la palabra prosódica, como en de ˌla liˌteraˈtura o en el ejemplo de Navarro Tomás ˌcontra ˌlo traˈtado.

26.9.2 Enclíticos acentuados

Un tipo diferente de acento secundario es el que puede darse en los enclíticos. Como se ha visto (§ 26.5), los pronombres de objeto son átonos. Sin embargo, cuando se usan como enclíticos pueden, optativamente, recibir prominencia en las formas verbales colocadas antes de pausa. Así, un imperativo como *¡dámelos!* puede pronunciarse ¡ˈdámelos!, ¡ˈdámeˌlos!, con dos prominencias o ¡(ˈ)dámeˌlos!, con prominencia acentual solo sobre la última sílaba (Colantoni, Hualde e Icardo 2019). Este fenómeno parece ser particularmente común en el español de la Argentina (Moyna 1999), pero se da también en el español peninsular y en otras variedades. Es también especialmente habitual en los imperativos, pero puede encontrarse asimismo en otras formas con enclíticos situadas al final de un sintagma prosódico: para entreˈgarteˌlos. El acento enclítico recae siempre sobre la última sílaba y no puede ser adyacente a la sílaba del verbo que lleva el acento léxico (*ˈdaˌme, *ˈdámeˌlos a mí). Ejemplos de Cervantes como *No me atajes, dexamé* (Real Academia Española 1973, 71) son una prueba ortográfica de que, también en siglos pasados, el acento podía recaer en el pronombre enclítico.

26.10 Acento ortográfico y acento prosódico

El hecho de que la ortografía convencional del español emplee marcas acentuales es coherente con el objetivo de indicar sin ambigüedades la pronunciación de cada palabra, dado el carácter fonémico del acento en esta lengua. Se lograría una adecuación exacta a la fonología del idioma si se señalara la sílaba acentuada en todas las palabras, como se haría en una transcripción fonológica. De esta manera, llevarían acento ortográfico todos los vocablos, excepto las palabras funcionales átonas y los miembros no finales de ciertos compuestos que se escriben por separado. Los adverbios en -*mente* portarían dos acentos.

La ortografía convencional del español, junto a este criterio fonológico, emplea también un principio de economía al no indicar el acento en las palabras que se ajustan a las reglas generales, señalándolo solo en las que se apartan de estas. Los cambios y las reformas que han sufrido las reglas de acento ortográfico desde la fundación de la Real Academia Española se basan, en parte, en los diferentes modos de conceptualizar cuáles son los patrones generales y cuáles son las excepciones.

Las primeras normas ortográficas académicas que aparecen en el *Discurso proemial* de 1726 (Real Academia Española [1726] 1964) asumían que el español mantenía las reglas de acentuación del latín, a pesar del hecho evidente de que no existe un contraste entre vocales largas y breves. Según este razonamiento, se recomendaba escribir el acento en palabras llanas de más de dos sílabas cuya penúltima es abierta, como *famóso, cabálléro, apercibído* «para denotar quando la penúltima sylaba es larga» y, por tanto, lleva el acento, pero no en palabras cuya penúltima va cerrada por consonante como *ilustre, madrastra, enseñanza.* También se aconsejaba, sin embargo, escribir el acento sobre las esdrújulas, con lo cual se genera una cierta redundancia. Muy pronto, otros autores, como de Larramendi (1729, 341–49), en la introducción al tratamiento del acento en su gramática de la lengua vasca, se mostraron en desacuerdo con esta opinión por lo que respecta al acento en español, al precisar que no solo la penúltima vocal no es intrínsecamente larga en palabras como *caballero,* con acento en la penúltima sílaba, sino que se encuentran también palabras como *Frómista* y *límiste* con acento antepenúltimo, a pesar de que la penúltima sílaba está cerrada por consonante. Las excepciones notadas por de Larramendi son préstamos de otros idiomas: *Frómista* es un topónimo de origen gótico y el obsoleto *límiste* era un paño procedente de Inglaterra. En las reglas ortográficas posteriores, la Real Academia Española abandona ya toda referencia al carácter abierto o cerrado de la penúltima sílaba al determinar qué palabras deben llevar acento ortográfico (véase Esteve 1982, 430–59).

El carácter marcado de la acentuación esdrújula se refleja en las normas ortográficas y, de hecho, se ha venido indicando así sistemáticamente en todas las ediciones de las normas de la Real Academia. Si se consideran las palabras llanas y las agudas, por otra parte, está claro que las reglas ortográficas actuales, con las excepciones relativas a las palabras terminadas en *-n* y *-s,* no coinciden con las generalizaciones que se han expuesto en otras secciones de este capítulo. El motivo reside en que tales generalizaciones se basan en el análisis morfológico de las palabras, mientras que en las reglas ortográficas no se distingue entre morfemas ni entre clases de vocablos. Fonológicamente, los acentos de *lunes* y de *panes,* por ejemplo, son diferentes. El de *panes* es predecible, dado que se asigna a la base *pan.* El de *lunes,* sin embargo, es marcado, porque va sobre la penúltima sílaba de la base, como en *césped* o *árbol,* donde se señala ortográficamente. El hecho de distinguir *-s* y *-n* de las otras consonantes finales de palabra —distinción que se documenta ya en las reglas ortográficas de 1880 (Esteve 1982, 447)— permite una mayor economía en cuanto al uso del acento, dado que entre las palabras terminadas en *-s* son muchísimo más frecuentes textualmente las que son plurales o formas verbales que las que carecen de flexión y, por otra parte, muchas de las terminadas en *-n* son también formas verbales.

El acento ortográfico sirve para distinguir diptongos de hiatos, como en *Mario, historia* frente a *María, fonología.* A este respecto, es interesante notar que el catalán y el portugués siguen una convención opuesta a la del español, escribiéndose con acento gráfico palabras como *Màrius* e *història* en catalán, o *Mário* e *história* en portugués, que se consideran esdrújulas en estas lenguas, y sin acento palabras como *Maria* y *fonologia,* cuya representación ortográfica coincide en catalán y en portugués. La regla en español prescribe que el acento se marque sobre las vocales altas *i, u* cuando forman hiato con *a, e, o* y reciben el acento prosódico. En las secuencias *iu, ui,* sin embargo, no se señala el contraste entre diptongo e hiato, con la consecuencia de que, por una parte, *huida* (trisílaba) y *cuida* (bisílaba) no se acentúan ortográficamente y, por otra, mientras que el acento se escribe en *oír, oído,* no se escribe en *huir, huida,* que también tienen hiato.

En la silabación de las secuencias en las que el acento recae sobre una vocal no alta en contacto con otra alta se produce bastante variación dialectal e incluso individual. Generalmente, esto no tiene consecuencias ortográficas. En una palabra como *enviamos,* no importa si el hablante realiza la secuencia con diptongo, *en.via.mos* o con hiato, *en.vi.a.mos,* por lo que respecta a las reglas del acento ortográfico. El caso podría ser diferente en las palabras en las que la pronunciación con diptongo resulta en un monosílabo, dado que, según otra regla ortográfica, los monosílabos no llevan acento (excepto para desambiguar homónimos). Este es el caso de *guion, Sion,* etcétera, que son bisílabas agudas terminadas en *-n* si se pronuncian con hiato (y, por tanto, deberían en principio llevar acento gráfico: *gui.ón*), pero que no deberían escribirse con acento si son monosílabas (*guion*). En las penúltimas reglas ortográficas, de 1999, la Academia admitía ambas formas de escritura, con y sin acento gráfico, según la pronunciación del que escribe, si bien consideraba preferente la forma sin acento (Real Academia Española 1999, 46). En la última edición, de 2010, se admite ya solo la forma sin acento gráfico (Real Academia Española y Asociación de Academias de la Lengua Española 2010, 236); es decir, a efectos ortográficos una palabra como *guion* se considera monosílaba (y por eso no se acentúa), aunque el hablante la pronuncie en dos sílabas.

El acento se utiliza también para marcar la distinción entre palabras tónicas y átonas en el caso de pares de monosílabos que son segmentalmente idénticos. Corresponden a la distinción prosódica entre palabras tónicas y átonas las diferencias ortográficas entre *si* frente a *sí*, *te* frente a *té*, *mi* frente a *mí*, *tu* frente a *tú*, *se* frente a *sé*, *aun* frente a *aún*, *que* frente a *qué*. Por otra parte, como se ha explicado en el § 26.5, *más*, con el valor de 'además de', es palabra átona, a pesar de su acento ortográfico —igual que la conjunción *mas* 'pero'—, a diferencia del cuantificador *más*. Con palabras polisílabas, el acento gráfico se usa para diferenciar homófonos segmentales en el caso de las formas interrogativas (*cómo, cuándo,* etcétera) para distinguirlas de otras funciones, de modo que aquí se sigue también un criterio que refleja la pronunciación. El carácter átono de otras palabras funcionales no se indica ortográficamente.

Algunos usos del acento diacrítico para distinguir homófonos que se encontraban en normas ortográficas anteriores han desaparecido ya en las más recientes. Así, poseía un valor puramente diacrítico el empleo optativo, eliminado ya en las reglas actuales, del acento sobre los demostrativos para indicar que desempeñan una función pronominal, pues son tónicos también cuando preceden a un nombre en el sintagma nominal: *estos libros, son éstos* (§ 26.5). El contraste que se señalaba ortográficamente, por ejemplo, en *esta mañana llegará* frente a *ésta mañana llegará*, en realidad depende de la realización en el segundo caso de una frontera prosódica después del demostrativo: *esta, mañana llegará*. En el caso del adverbio *sólo*, el empleo del acento gráfico es posible según las últimas normas (de 2023) cuando pueda haber ambigüedad con el adjetivo homófono. Tanto el adverbio como el adjetivo son palabras tónicas y de nuevo el fraseo puede establecer la distinción oralmente: *trabajo, sólo los viernes* frente a *trabajo solo, los viernes*, donde con la coma indicamos una inflexión entonativa.

26.11 Conclusiones

En este capítulo se han analizado las pautas que rigen el acento léxico en español, enmarcándolas en la tipología de los sistemas acentuales. Una generalización fundamental es que todas las palabras en español reciben el acento sobre una de sus tres últimas sílabas. Atendiendo a la frecuencia, lo más normal es que (dejando aparte los verbos y considerando solo el singular de nombres y adjetivos) las palabras terminadas en consonante sean agudas y las acabadas en vocal sean llanas. Si se descartan los elementos flexivos, puede formularse una generalización más amplia: en los nombres, los adjetivos y los adverbios, el acento recae normalmente sobre la sílaba que contiene la última vocal de la base. No hay palabras esdrújulas con la penúltima sílaba cerrada por consonante o que contengan un diptongo en esta sílaba, salvo algún topónimo y algunos préstamos de otros idiomas. Este es un dato cuya relevancia sincrónica ha sido objeto de debate. La acentuación de los verbos se rige por reglas diferentes a las de otras palabras, dada la existencia de morfemas específicos que atraen el acento en ciertas formas verbales.

Entre las palabras compuestas se encuentran algunas en las que cada miembro recibe un acento (incluyendo los adverbios en *-mente*) y otras en las que solo se preserva el acento del último miembro. En las palabras funcionales se establece también un contraste entre elementos tónicos y átonos, sin que, en muchos casos, sea fácil derivar estos hechos de consideraciones morfosintácticas.

En ocasiones, puede marcarse una prominencia acentual en una sílaba que no es la que normalmente recibe el acento léxico o primario, lo que se ha descrito como 'acento secundario'. Se ha señalado que es diferente del acento secundario de lenguas como el inglés, al tratarse de un fenómeno optativo en el nivel de la frase, no de una característica intrínseca de ciertas sílabas.

Por último, se ha examinado también la relación entre las generalizaciones relativas al acento prosódico y las reglas de acento ortográfico en español.

En general, se puede afirmar que el acento léxico en español, incluyendo sus funciones y las generalizaciones sobre su distribución, es un fenómeno bien entendido. Todavía requieren más investigación otros fenómenos acentuales en el ámbito del discurso que en este capítulo solo se han tratado en parte, como la presencia de prominencia en sílabas léxicamente átonas (fenómenos de acento secundario y desplazamiento del acento) y la posible pérdida de distinciones léxicas en ciertos contextos sintácticos y discursivos.

Referencias bibliográficas

Alvord, Scott M. 2003. «The Psychological Unreality of Quantity Sensitivity in Spanish: Experimental Evidence». *Southwest Journal of Linguistics* 22 (2): 1–13.

Aske, John. 1990. «Disembodied Rules versus Patterns in the Lexicon: Testing the Psychological Reality of Spanish Stress Rules». En *Proceedings of the Sixteenth Annual Meeting of the Berkeley Linguistics Society. General Session and Parasession on The Legacy of Grice*, editado por Kira Hall, Jean-Pierre Koenig, Michael Meacham, Sondra Reinman y Laurel A. Sutton, 30–45. Berkeley: Berkeley Linguistics Society. https://doi.org/10.3765/bls.v16i0.1685.

Bárkányi, Zsuzsanna. 2002. «A Fresh Look at Quantity Sensitivity in Spanish». *Linguistics. An Interdisciplinary Journal of the Language Sciences* 40 (2): 375–94. https://doi.org/10.1515/ling.2002.016.

Cabré, Teresa y María Ohannesian. 2009. «Stem Boundary and Stress Effects on Syllabification in Spanish». En *Phonetics and Phonology. Interactions and Interrelations*, editado por Marina Vigário, Sónia Frota y Maria João Freitas, 159–80. Ámsterdam: John Benjamins. https://doi.org/10.1075/cilt.306.08cab.

Colantoni, Laura, José Ignacio Hualde y Ane Icardo. 2019. «Stressed Clitic Pronouns in Two Spanish Varieties: A Perception Study». *Catalan Journal of Linguistics* 18: 105–29. https://doi.org/10.5565/rev/catjl.260.

Díaz-Campos, Manuel. 2000. «The Phonetic Manifestation of Secondary Stress in Spanish». En *Hispanic Linguistics at the Turn of the Millennium. Papers from the 3rd Hispanic Linguistics Symposium*, editado por Héctor Campos, Elena Herburger, Alfonso Morales-Front y Thomas J. Walsh, 49–65. Somerville: Cascadilla Press.

Eddington, David. 2000. «Spanish Stress Assignment within the Analogical Modeling of Language». *Language* 76 (1): 92–109. https://doi.org/10.2307/417394.

Esteve, Abraham. 1982. *Estudios de teoría ortográfica del español*. Murcia: Universidad de Murcia, Departamento de Lingüística General y Crítica Literaria.

Gibson, Mark. 2011. «A Typology of Stress in Spanish Non-Verbs». *Ianua. Revista Philologica Romanica* 11: 1–30.

Goedemans, Rob y Harry van der Hulst. 2013a. «Fixed Stress Locations». En *The World Atlas of Language Structures Online*, editado por Matthew S. Dryer y Martin Haspelmath. Leipzig: Max Planck Institute for Evolutionary Anthropology. https://wals.info/chapter/14.

———. 2013b. «Weight-Sensitive Stress». En *The World Atlas of Language Structures Online*, editado por Matthew S. Dryer y Martin Haspelmath. Leipzig: Max Planck Institute for Evolutionary Anthropology. https://wals.info/chapter/15.

Halle, Morris y William J. Idsardi. 1995. «General Properties of Stress and Metrical Structure». En *The Handbook of Phonological Theory*, editado por John A. Goldsmith, 403–43. Oxford: Blackwell.

Halle, Morris y Jean-Roger Vergnaud. 1987. *An Essay on Stress*. Cambridge, MA: MIT Press.

Harris, James W. 1983. *Syllable Structure and Stress in Spanish. A Nonlinear Analysis*. Cambridge, MA: MIT Press. Trad. de Olga Fernández Soriano, *La estructura silábica y el acento en español. Análisis no lineal*. Madrid: Visor, 1991.

———. 1989. «How Different Is Verb Stress in Spanish?» *Probus. International Journal of Latin and Romance Linguistics* 1 (3): 241–58. https://doi.org/10.1515/prbs.1989.1.3.241.

———. 1991. «With Respect to Metrical Constituents in Spanish». En *Current Studies in Spanish Linguistics*, editado por Héctor Campos y Fernando Martínez-Gil, 447–73. Washington D. C.: Georgetown University Press.

———. 1995. «Projection and Edge Marking in the Computation of Stress in Spanish». En *The Handbook of Phonological Theory*, editado por John A. Goldsmith, 867–88. Oxford: Blackwell.

Harris, James W. y Ellen K. Kaisse. 1999. «Palatal Vowels, Glides and Obstruents in Argentinian Spanish». *Phonology* 16 (2): 117–90. https://doi.org/10.1017/S0952675799003735.

Hayes, Bruce. 1995. *Metrical Stress Theory. Principles and Case Studies*. Chicago: University of Chicago Press.

Hooper, Joan B. y Tracy D. Terrell. 1976. «Stress Assignment in Spanish: A Natural Generative Analysis». *Glossa. A Journal of Linguistics* 10 (1): 64–110.

Hualde, José Ignacio. 1999. «Basque Accentuation». En *Word Prosodic Systems in the Languages of Europe*, editado por Harry van der Hulst, 947–94. Berlín: Mouton de Gruyter. Reed., Berlín: de Gruyter Mouton, 2008. https://doi.org/10.1515/9783110197082.2.947.

———. 2005. *The Sounds of Spanish*. Cambridge: Cambridge University Press.

———. 2007. «Stress Removal and Stress Addition in Spanish». *Journal of Portuguese Linguistics* 6 (1): 59–89. https://doi.org/10.5334/jpl.145.

———. 2009. «Unstressed Words in Spanish». *Language Sciences* 31 (2–3): 199–212. https://doi.org/10.1016/j.langsci.2008.12.003.

———. 2010. «Secondary Stress and Stress Clash in Spanish». En *Selected Proceedings of the 4th Conference on Laboratory Approaches to Spanish Phonology*, editado por Marta Ortega-Llebaria, 11–19. Somerville: Cascadilla Proceedings Project.

Hualde, José Ignacio y Marianna Nadeu. 2014. «Rhetorical Stress in Spanish». En *Word Stress. Theoretical and Typological Issues*, editado por Harry van der Hulst, 228–52. Cambridge: Cambridge University Press. https://doi.org/10.1017/CBO9781139600408.010.

van der Hulst, Harry. 1997. «Primary Stress Is Non-Metrical». *Rivista di Linguistica* 9 (1): 99–127.

Hyman, Larry M. 1977. «On the Nature of Linguistic Stress». En *Studies in Stress and Accent*, editado por Larry M. Hyman, 37–82. Los Ángeles: University of Southern California, Department of Linguistics.

———. 2006. «Word-Prosodic Typology». *Phonology* 23 (2): 225–57. https://doi.org/10.1017/S0952675706000893.

de Larramendi, Manuel. 1729. *El impossible vencido. Arte de la lengua bascongada*. Salamanca: Antonio Joseph Villargordo Alcaráz. Reed., San Sebastián: Hordago, 1979.

Liberman, Mark Y. 1975. «The Intonational System of English». Tesis de doctorado, Massachusetts Institute of Technology. http://hdl.handle.net/1721.1/27376.

Liberman, Mark Y. y Alan S. Prince. 1977. «On Stress and Linguistic Rhythm». *Linguistic Inquiry* 8 (2): 249–336.

Lipski, John. 1997. «Spanish Word Stress: The Interaction of Moras and Minimality». En *Issues in the Phonology and Morphology of the Major Iberian Languages*, editado por Fernando Martínez-Gil y Alfonso Morales-Front, 559–93. Washington D. C.: Georgetown University Press. Trad. y ed. de Juana Gil en *Panorama de la fonología española actual*, 625–60. Madrid: Arco/Libros, 2000.

Martínez-Gil, Fernando. 2010. «Word-Minimality and Sound Change in Hispano-Romance». En *Romance Linguistics 2009. Selected Papers from the 39th Linguistic Symposium on Romance Languages (LSRL). Tucson, Arizona, March 2009*, editado por Sonia Colina, Antxon Olarrea y Ana Maria Carvalho, 129–52. Ámsterdam: John Benjamins. https://doi.org/10.1075/cilt.315.08mar.

Menéndez Pidal, Ramón. (1904) 1973. *Manual de gramática histórica española*. 14.ª ed. Madrid: Espasa-Calpe.

Moyna, María Irene. 1999. «Pronominal Clitic Stress in Río de La Plata Spanish: An Optimality Account». *The SECOL Review* 23: 15–44.

Navarro Tomás, Tomás. (1918) 1977. *Manual de pronunciación española*. 19.ª ed. Madrid: Consejo Superior de Investigaciones Científicas.

Oltra-Massuet, Isabel y Karlos Arregi. 2005. «Stress-by-Structure in Spanish». *Linguistic Inquiry* 36 (1): 43–84. https://doi.org/10.1162/0024389052993637.

Pater, Joe. 2000. «Non-Uniformity in English Secondary Stress: The Role of Ranked and Lexically Specific Constraints». *Phonology* 17 (2): 237–74. https://doi.org/10.1017/S0952675700003900.

Prieto Vives, Pilar y Jan P. H. van Santen. 1996. «Secondary Stress in Spanish: Some Experimental Evidence». En *Aspects of Romance Linguistics. Selected Papers from the Linguistic Symposium on Romance Languages XXIV. March 10–13, 1994*, editado por Claudia Parodi, Carlos Quicoli, Mario Saltarelli y María Luisa Zubizarreta, 336–56. Washington D. C.: Georgetown University Press.

Quilis, Antonio. 1993. *Tratado de fonología y fonética españolas*. Madrid: Gredos.

Real Academia Española. (1726) 1964. «Discurso proemial de la ortographia de la lengua castellana». En *Diccionario de autoridades*, Ed. facsímil, 1:LXI–LXXXIV. Madrid: Gredos.

———. 1973. *Esbozo de una nueva gramática de la lengua española*. Madrid: Espasa-Calpe.

———. 1999. *Ortografía de la lengua española*. Madrid: Espasa-Calpe.

Real Academia Española y Asociación de Academias de la Lengua Española. 2005. *Diccionario panhispánico de dudas*. Madrid: Santillana. https://www.rae.es/dpd/.

———. 2010. *Ortografía de la lengua española*. Madrid: Espasa Libros.

———. 2022. «Diccionario de la lengua española». Versión electrónica 23.6. Recurso en línea. https://dle.rae.es.

Roca, Iggy. 1986. «Secondary Stress and Metrical Rhythm». *Phonology Yearbook* 3: 341–370. https://doi.org/10.1017/S0952675700000683.

———. 1988. «Theoretical Implications of Spanish Word Stress». *Linguistic Inquiry* 19 (3): 393–423. Trad. y ed. de Juana Gil en *Panorama de la fonología española actual*, 583–623. Madrid: Arco/Libros, 2000.

———. 1990. «Diachrony and Synchrony in Word Stress». *Journal of Linguistics* 26 (1): 133–64. https://doi.org/10.1017/S0022226700014456.

———. 1999. «Stress in the Romance Languages». En *Word Prosodic Systems in the Languages of Europe*, editado por Harry van der Hulst, 658–812. Berlín: Mouton de Gruyter. Reed., Berlín: de Gruyter Mouton, 2008. https://doi.org/10.1515/9783110197082.2.659.

———. 2005. «Saturation of Parameter Settings in Spanish Stress». *Phonology* 22 (3): 345–94. https://doi.org/10.1017/S0952675705000655.

———. 2006. «The Spanish Stress Window». En *Optimality-Theoretic Studies in Spanish Phonology*, editado por Fernando Martínez-Gil y Sonia Colina, 239–77. Ámsterdam: John Benjamins. https://doi.org/10.1075/la.99.10roc.

Shelton, Michael, Chip Gerfen y Nicolás Gutiérrez Palma. 2009. «Proscriptions... Gaps... and Something in between: An Experimental Examination of Spanish Phonotactics». En *Romance Linguistics 2007. Selected Papers from the 37th Linguistic Symposium on Romance Languages (LSRL). Pittsburgh, 15–18 March 2007*, editado por Pascual José Masullo, Erin O'Rourke y Chia-Hui Huang, 261–75. Ámsterdam: John Benjamins. https://doi.org/10.1075/cilt.304.17she.

Stockwell, Robert P., J. Donald Bowen y Ismael Silva-Fuenzalida. 1956. «Spanish Juncture and Intonation». *Language* 32 (4): 641–65. https://doi.org/10.2307/411088.

Trubetzkoy, Nikoláj Sergéevič. (1939) 1973. *Principios de fonología*. Editado por Luis Jorge Prieto. Traducido por Delia García Giordano. Madrid: Cincel.

Walker, Douglas C. 2001. *French Sound Structure*. Calgary: University of Calgary Press.

Juan María Garrido Almiñana

27.1 Introducción

Dentro del amplio abanico de definiciones que se han propuesto para el término 'entonación', se aprecia un acuerdo general en señalar que su correlato fonético fundamental son las variaciones tonales que se dan a lo largo de los enunciados, representadas habitualmente en forma de curvas melódicas. Como señala Roach (1983) «no definition is completely satisfactory, but any attempt at a definition must recognise that the pitch of the voice plays the most important part» (112). La 'altura tonal' o 'melodía' (los términos más cercanos en español para traducir el concepto al que se refiere *pitch* en inglés) podría definirse como la sensación perceptiva que dichas variaciones tonales provocan en los oyentes, relacionada en el plano articulatorio con la vibración de las cuerdas vocales y, en el plano acústico, con la denominada 'frecuencia fundamental' (f_0) [→ § 1.5.4] de la señal sonora. Tan fuerte es la relación entre entonación y melodía que en algunas definiciones se llegan a identificar plenamente: «the entire ensemble of pitch contours, pitch levels, and stress levels that occurs when a sentence is spoken» (Lieberman 1965, 40); «la línea melódica con que se pronuncia un mensaje recibe el nombre de entonación» (Alcina y Blecua 1975, 452); «la entonación resulta de la consideración colectiva de la melodía y el acento, junto con dos factores adicionales: la realización de tonemas . . ., asociados a una melodía, y el desarrollo de un ritmo específico vinculado al mensaje» (Hidalgo 2006, 15).

Sin embargo, la identificación plena entre entonación y melodía pasa por alto el hecho de que no todas las variaciones tonales que se producen en un enunciado tienen una función entonativa. Así ocurre, por ejemplo, con las denominadas 'variaciones micromelódicas' [→ § 1.5.5], esto es, con aquellos cambios de la f_0 relacionados con las propiedades fonéticas de los segmentos que componen un enunciado. Se trata de pequeñas fluctuaciones que no son relevantes desde el punto de vista lingüístico, ya que no transmiten ningún tipo de información en el proceso comunicativo, pero es importante tenerlas en cuenta a la hora de observar los contornos melódicos. En Di Cristo (1982), Mateo (1988) o Buenafuentes, Madrigal y Garrido Almiñana (2000), entre otros, puede encontrarse una descripción más detallada de estas variaciones. Lo mismo cabe afirmar de los movimientos tonales relacionados con el acento [→ § 25.2.1]. Igualmente, la identificación plena entre entonación y melodía no tiene en cuenta que existen otros correlatos fonéticos además de la melodía (alargamientos prepausales, cambios en la amplitud global de los enunciados) que desempeñan un papel importante en la percepción de la entonación. Por ello, otras definiciones matizan que solo deben relacionarse con la entonación aquellas variaciones melódicas que realizan unas determinadas funciones (como la expresión de la estructura sintáctica), y que se dan en un ámbito determinado (la oración es la unidad más frecuentemente aludida):

> I shall use the term pitch to refer to the perceptual correlates of frequency, tone to refer to the feature when it functions distinctively at word level, and intonation to refer to the feature when it functions at sentence level (Lehiste 1976, 229).

> Cuando . . . las variaciones de frecuencia se producen en la oración y aportan, por tanto, información sintáctica, se habla de entonación (Gil 1988, 133).

> la entonación es la función lingüísticamente significativa, socialmente representativa e individualmente expresiva de la frecuencia fundamental en el nivel de la oración (Quilis 1993, 410).

La descripción fonética de la entonación del español que se presenta en este capítulo asume el segundo tipo de definición. Así, en los próximos apartados se describen los fenómenos melódicos que se considera que cumplen una función entonativa, excluyendo de la descripción aquellos que presentan otros usos (los movimientos de f_0 relacionados con el acento, por ejemplo, abordados en el capítulo 25). Igualmente, se dedica la parte final del capítulo a tratar los usos entonativos de las variaciones de la duración segmental y de la intensidad; los de las pausas, en cambio, se presentan en el capítulo 35.

Se entienden por entonativos en este capítulo aquellos fenómenos que se relacionan con las siguientes funciones lingüísticas y paralingüísticas:

- La expresión de la organización jerárquica de los enunciados orales. Se trata de la función delimitadora a la que se refiere Quilis (1993). Gracias a la entonación se reconoce la estructura lingüística asociada a los grupos fónicos, ya sea sintáctica (oraciones, sintagmas...) o pragmática (la división en tema y rema, por ejemplo) [→ § 30.4]. La entonación organiza los enunciados en una jerarquía de unidades fónicas que permite a los oyentes descodificar la estructura lingüística que el mensaje contiene. La unidad básica de organización de la entonación de los enunciados es el 'grupo entonativo'. Tal como se describe en el § 28.1 de esta obra, el grupo entonativo es una unidad fonológica suprasegmental que recibe diferentes denominaciones según el autor o la teoría que la defina ('grupo fónico', 'unidad tonal', 'grupo tonal', 'macrosegmento', 'grupo melódico', 'frase entonativa' o 'unidad entonativa', entre otras), pero en general su definición es fundamentalmente fonética, ya que se relaciona con la presencia de un contorno melódico 'completo', es decir, con un movimiento tonal de límite, o tonema, al final del mismo («corresponds to a span of the sentence associated with a characteristic intonational contour or melody», Selkirk [1984, 27]). En algunos casos se distinguen dos tipos de grupos entonativos, en función de si el movimiento tonal va precedido o no de pausa. Así ocurre, por ejemplo, en el modelo autosegmental, que emplea la denominación 'sintagma entonativo' [→ § 1.21.6, § 28.1.1] (en inglés, *Intonational Phrase*) para los grupos entonativos cerrados por tonema [→ § 28.1.1, § 31.2.1] y pausa, y 'sintagma intermedio' (en inglés, *Intermediate Phrase*) para los que solo presentan movimiento tonal al final. No obstante, como se verá en el § 27.4 (véase también el § 31.4), es posible reconocer unidades de ámbito superior, que pueden llegar a la oración o incluso al párrafo. En la realización fonética del grupo entonativo desempeñan un papel fundamental la melodía, tanto a nivel local (tonemas) como global (reajustes tonales), pero también otros correlatos fonéticos no tonales, como las pausas o la duración de determinados segmentos.
- La transmisión de ciertos significados lingüísticos o paralingüísticos, como la modalidad oracional o las emociones. La modalidad oracional se ha relacionado tradicionalmente con los tonemas, pero también se puede expresar mediante otros parámetros más globales, como el rango y la altura tonales. Lo mismo ocurre, por otra parte, en la expresión de las emociones [→ § 32.3].

El objetivo del capítulo es, pues, ofrecer un panorama de las investigaciones sobre los recursos fonéticos que pueden considerarse entonativos en español, en el sentido descrito en esta introducción. Los fenómenos que se tratarán en los siguientes apartados son, fundamentalmente, melódicos —los tonemas o tonos de límite (§ 27.2), los patrones entonativos globales (§ 27.3, § 27.4), el reajuste tonal (§ 27.5) y el rango y la altura tonales (§ 27.6)—, pero se repasarán también los usos entonativos de las variaciones de la duración segmental (§ 27.7) y de la amplitud global (§ 27.8) de los enunciados.

27.2 La realización fonética de la entonación en español

En el presente apartado se aborda el análisis de los tonemas o tonos de límite, esto es, de los fragmentos de la curva melódica correspondientes al final de un grupo entonativo, según se explica en el § 27.2.1. A continuación, en los subapartados 27.2.2., 27.2.3 y 27.2.4, se discuten las distintas trayectorias que puede presentar dicho movimiento final.

27.2.1 Tonemas o tonos de límite

Existe un consenso bastante generalizado en afirmar que la parte de la curva melódica [→ § 1.5.5, § 25.2.1] que posee una función entonativa más clara es la que corresponde al final de un grupo entonativo, concretamente la que abarca desde la última sílaba acentuada del grupo hasta su conclusión. Este movimiento final ha recibido diferentes denominaciones, pero quizá las más extendidas son 'tonema' y 'tono de límite', que son las que se emplean en el presente capítulo.

No existe hoy en día un acuerdo en la bibliografía a la hora de establecer la unidad fonológica que constituiría el ámbito natural de aplicación de los tonemas o tonos de límite. Se han propuesto unidades diferentes, como el grupo rítmico-semántico, o grupo tónico (Fant 1984; Navarro Tomás [1944] 1974, 29), el sintagma acentual (Beckman y Pierrehumbert 1986), la palabra fonológica (Nespor y Vogel 1986) o el grupo acentual (Garrido Almiñana 2001; Thorsen 1979). En general, la definición de todas estas unidades tiene como elemento común la presencia de una sola sílaba acentuada, en torno a la cual se agrupa una serie de sílabas átonas vecinas (véase también el § 31.2.1 de la presente obra).

Desde la descripción clásica realizada por Navarro Tomás ([1944] 1974), los tonemas se han definido en función de la dirección del movimiento tonal que la melodía traza desde la última sílaba tónica hasta el final del grupo entonativo. En general, se distinguen tres tipos de tonemas: descendentes, ascendentes y circunflejos. Algunos inventarios (Navarro Tomás [1944] 1974, por ejemplo) incluyen también el llamado 'tonema de suspensión' [→ § 28.2.1], aunque en la bibliografía existente aún no se han aportado datos concluyentes que confirmen la necesidad de considerarlo un tipo de tonema diferente.

Estos tres tipos de tonemas serían, en realidad, categorías generales, en las que, de hecho, cabe diferenciar patrones melódicos con una forma fonética diferente, y en algunos casos también con una función entonativa específica. La descripción detallada de estos patrones melódicos, así como la de sus usos entonativos, es aún una tarea pendiente de completar, si bien en los últimos años se han obtenido ya avances, que se repasarán en los próximos apartados.

Según la posición dentro la oración (interior o final) del grupo entonativo en que aparecen, los tonemas desempeñan una función diferente. Aunque en general se asume que los tonemas empleados en final y en interior de oración son iguales, se cuenta con datos, expuestos en los próximos apartados, que muestran que esto no es así en todos los casos. En el de los tonemas finales de oración, su uso se asocia fundamentalmente con la expresión de la modalidad oracional [→ § 30.3.1]. El exponente más claro y repetido de esta función es el empleo de tonemas diferentes para indicar si una oración es declarativa (tonema descendente) o interrogativa (tonema ascendente). En otros casos, sin embargo, el uso de un tonema específico no parece determinante para el reconocimiento de una modalidad. Así ocurre, por ejemplo, con las oraciones exclamativas, en las que pueden encontrarse tanto tonemas circunflejos como descendentes y ascendentes. La situación es parecida si el tonema no se encuentra en posición final de oración: se ha señalado reiteradamente (Canellada y Madsen 1987, o Navarro Tomás [1944] 1974, por citar dos ejemplos) que la selección del patrón final depende del límite sintáctico que coincida con el final del grupo, pero, como se muestra en Garrido Almiñana (1996), no existe una relación directa entre un límite sintáctico y el patrón utilizado, sino que en ciertos límites puede utilizarse indistintamente más de un tipo de patrón. Este hecho hace pensar, como ya se ha mencionado en otros estudios (Fant 1984, por ejemplo), que la selección de este tipo de patrones no está directamente determinada por factores sintácticos, o al menos no únicamente, sino que también influirían en ella otros factores, como la estructura informativa del enunciado [→ § 30.4].

27.2.2 Tonemas descendentes

Los tonemas descendentes son los que presentan un descenso tonal desde la última sílaba del grupo entonativo hasta el final del mismo («terminación grave»; Navarro Tomás [[1944] 1974]). Dentro de esta categoría general, sin embargo, es posible distinguir diferentes realizaciones, tal como el propio Navarro Tomás daba ya a entender, y como estudios más recientes (Estebas-Vilaplana y Prieto Vives 2008; Garrido Almiñana 1996, 2001, 2012, entre otros) han confirmado. Aunque la descripción de estas variantes no es aún ni mucho menos un capítulo cerrado, se ha comprobado que algunas aparecen de manera recurrente, con independencia del enfoque teórico empleado para su análisis y del estilo de habla estudiado. Ya Navarro Tomás ([1944] 1974) sugería que los tonemas descendentes podían iniciar el descenso bien en la última, bien en la penúltima sílaba, lo que implicaría, de hecho, la existencia de dos variantes, como parece confirmarse en estudios posteriores (Garrido Almiñana 2012, por ejemplo):

- Nivel alto de la f_0 al inicio de la última sílaba tónica, y descenso tonal durante la sílaba tónica, que puede prolongarse a lo largo de las sílabas átonas siguientes, si existen, o mantenerse en un nivel bajo desde el

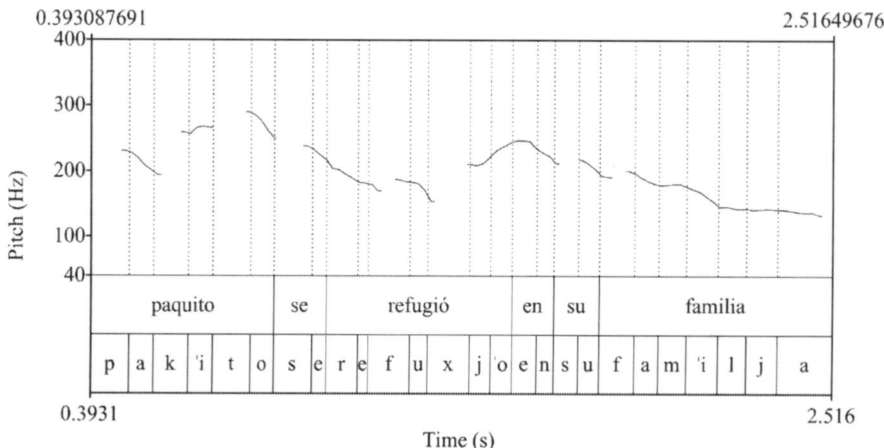

FIGURA 1. Ejemplo de patrón final de enunciado en el grupo acentual *milia*, dentro del enunciado *Paquito se refugió en su familia*, pronunciado por una hablante femenina (adaptado de Garrido Almiñana [2012, 115]).

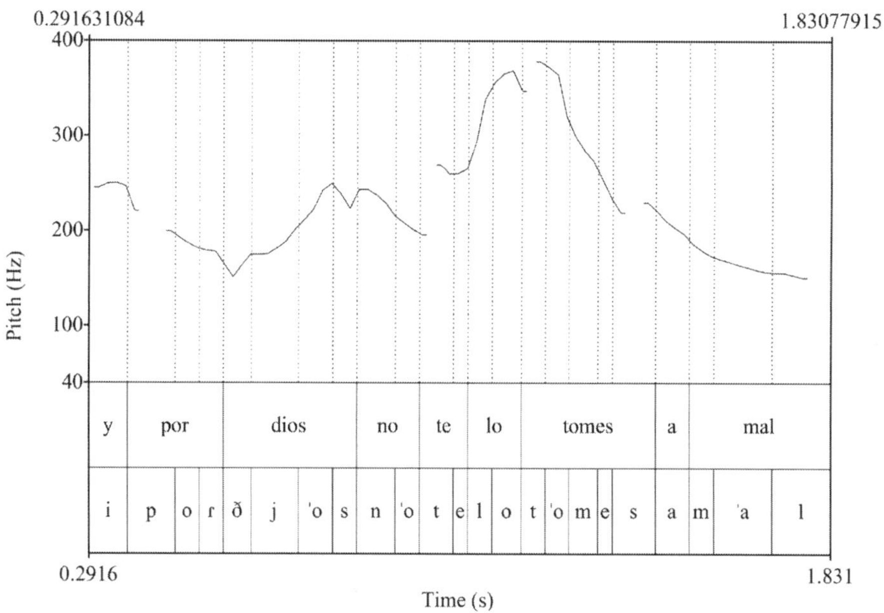

FIGURA 2. Ejemplo de patrón final de enunciado en el grupo acentual *mal*, dentro del enunciado *¡Y por Dios, no te lo tomes a mal!*, pronunciado por una hablante femenina (adaptado de Garrido Almiñana [2012, 117]).

final de la tónica hasta el final del grupo entonativo. Su forma general sería la ejemplificada en la Figura 1. Este patrón podría corresponderse con el tono de límite definido en el marco del modelo autosegmental [→ § 1.21.13] como H+L* L%.

En efecto, en el modelo autosegmental, este tono de límite se correspondería con un nivel alto (H) al inicio de la última sílaba tónica antes del límite, seguido de un descenso hacia un tono bajo aún durante la sílaba tónica (L*), que se prolonga más allá de esta hasta el final del tono (L%). Para más detalles sobre el uso de este tipo de notación para la descripción de los tonos de límite en español, pueden consultarse Estebas-Vilaplana y Prieto Vives (2008) y el § 28.2.3 de la presente obra.

- Nivel bajo de la f_0 a lo largo de toda la sílaba tónica, que puede prolongarse durante las sílabas átonas siguientes, si existen. El inicio del descenso tonal se localiza en la penúltima sílaba tónica, de forma que, al llegar a la última, la curva melódica ha alcanzado ya un nivel bajo, o presenta una pendiente descendente mucho menos pronunciada que antes de la última tónica. La Figura 2 ilustra este caso. Este patrón correspondería a la configuración tonal L* L% del modelo autosegmental (Estebas-Vilaplana y Prieto Vives 2008, y el § 28.2.3 de la presente obra), la considerada típica para los finales de enunciado declarativo.

Estebas-Vilaplana y Prieto Vives (2008) consideran también un tercer tipo de patrón descendente, con una f_0 alta a lo largo de la sílaba tónica, y un descenso a partir del final de la misma (configuración tonal H* L%), pero en los datos que se presentan en Garrido Almiñana (2012) no se ha registrado este patrón con una frecuencia apreciable.

La función entonativa de los tonemas descendentes se ha asociado tradicionalmente, en posición final de oración, con la expresión de la modalidad declarativa, aunque también se ha registrado el uso de este tipo de patrones al final de enunciados interrogativos parciales y exclamativos (Canellada y Madsen 1987; Navarro Tomás [1944] 1974; Quilis 1981); aun así, no se sabe todavía con certeza si se trata de los mismos patrones que en el caso de las declarativas. Estebas-Vilaplana y Prieto Vives (2008) afirman que el patrón con una f_0 alta y un descenso en la postónica sería propio de las interrogativas parciales y de las exclamativas [→ § 28.3.2], pero, como ya queda dicho, los datos presentados en Garrido Almiñana (2012) no confirman este uso. Dichos resultados no muestran, en general, diferencias entre los patrones descendentes que se emplean en las distintas modalidades (enunciativa, interrogativa y exclamativa); probablemente las distinciones se marcan con otros recursos más globales, como el rango o la altura tonales, como se explica en el § 27.6.

En los grupos entonativos no finales de oración, el uso de los tonemas se ha asociado con la expresión de determinados límites sintácticos (los que se dan en las enumeraciones o antes de aposición, entre otros). Tampoco se aprecian diferencias significativas, al menos según los datos presentados en Garrido Almiñana (2012), entre los tonemas empleados en final de oración y los no finales. Navarro Tomás ([1944] 1974) propuso dos variantes para el tonema descendente, la «cadencia» y la «semicadencia», que se usarían, respectivamente, en grupos entonativos finales y no finales de oración. La diferencia formal entre uno y otro residiría no tanto en su forma, sino en su grado de pendiente, mayor en el caso de la cadencia que en el de la semicadencia. Los resultados presentados en Estruch, Garrido Almiñana y Riera (1997) sugerían, sin embargo, que los oyentes no distinguían perceptivamente ambos tipos de tonemas, por lo que no es del todo evidente que quepa diferenciar entre las dos clases de patrones. Probablemente, las diferencias se marcan con otros recursos más globales, como la pendiente global de la curva melódica a lo largo de todo el grupo entonativo, como se expone en el § 27.3.

27.2.3 Tonema ascendente

El tonema ascendente se describe tradicionalmente como el que presenta un ascenso tonal en la parte final del grupo entonativo. Aunque algunos autores lo describen como un único patrón (Fant 1984 o Quilis 1981, 1993, por ejemplo), otros distinguen diferentes tipos. Ya Navarro Tomás ([1944] 1974) diferenciaba entre tonema de «anticadencia» y de «semianticadencia», en función de la pendiente del patrón, y, más recientemente, las descripciones de Estebas-Vilaplana y Prieto Vives (2008) o de Garrido Almiñana (2012) sugieren la idea de que, en realidad, existen distintas variantes dentro de esta categoría general de 'final en ascenso'. Así, por ejemplo, los datos de Garrido Almiñana (2012) reflejan la existencia de, al menos, dos variantes. Una de ellas sería la que se ilustra en las Figuras 3 y 4, y que se correspondería con la definición clásica de este tonema: ascenso tonal desde el inicio de la sílaba tónica hasta el final de grupo, con independencia del número de átonas que se encuentren después de la tónica. En este patrón, que sería el típico de los grupos enunciativos no finales, la curva melódica alcanzaría un nivel alto hacia la mitad de la sílaba tónica, para mantenerse alto hasta el final del grupo si este se prolonga lo suficiente. En la propuesta de Estebas-Vilaplana y Prieto Vives (2008), tal variante se correspondería con la configuración tonal L+H* HH%.

Existiría una segunda variante, en cambio, que es la que se emplearía para marcar entonativamente el final de los enunciados interrogativos. En los grupos entonativos en los que la última sílaba tónica no es asimismo la última sílaba del grupo entonativo (es decir, cuando hay sílabas átonas tras la tónica) se emplearía una variante que consistiría en un movimiento ascendente que comenzaría al final de la sílaba tónica y que se prolongaría durante la postónica (o postónicas) hasta el final del mismo. Este patrón, que se ilustra en la Figura 5, podría corresponder a la configuración tonal L* HH% del modelo autosegmental en la propuesta de Estebas-Vilaplana y Prieto Vives (2008) [→ § 28.3.2].

En cambio, si la sílaba tónica es la última del grupo, se aprecia un movimiento tonal más parecido al de la primera variante: el movimiento ascendente comienza al inicio de la tónica y se prolonga hasta el final del grupo, como se muestra en la Figura 6. Podría decirse, entonces, que los patrones ascendentes que se emplean para marcar las interrogaciones se alinearían siempre con la última sílaba del grupo entonativo, con independencia de que esta sea átona o tónica, tal como ya señalaban Canellada y Madsen (1987, 149).

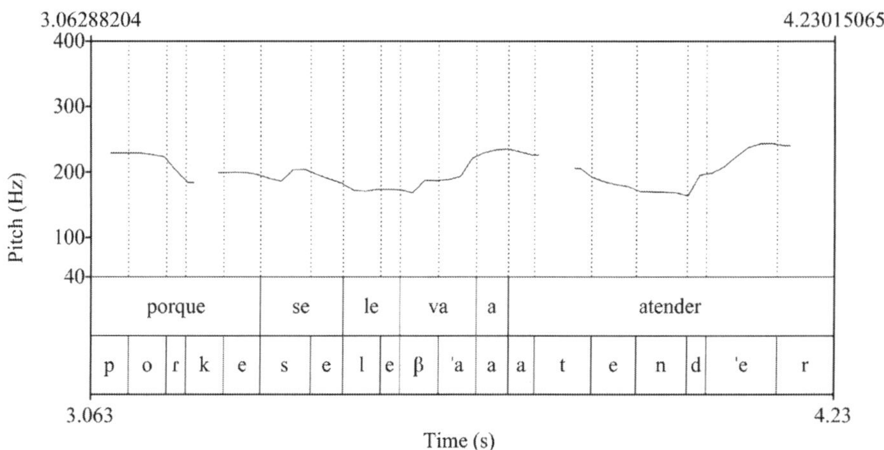

FIGURA 3. Ejemplo de patrón final (no final de enunciado) en el grupo acentual *der*, dentro del enunciado *todo aquel que considere que está mal, que venga, porque se le va a atender, y sin ningún problema*, pronunciado por una hablante femenina (adaptado de Garrido Almiñana [2012, 107]).

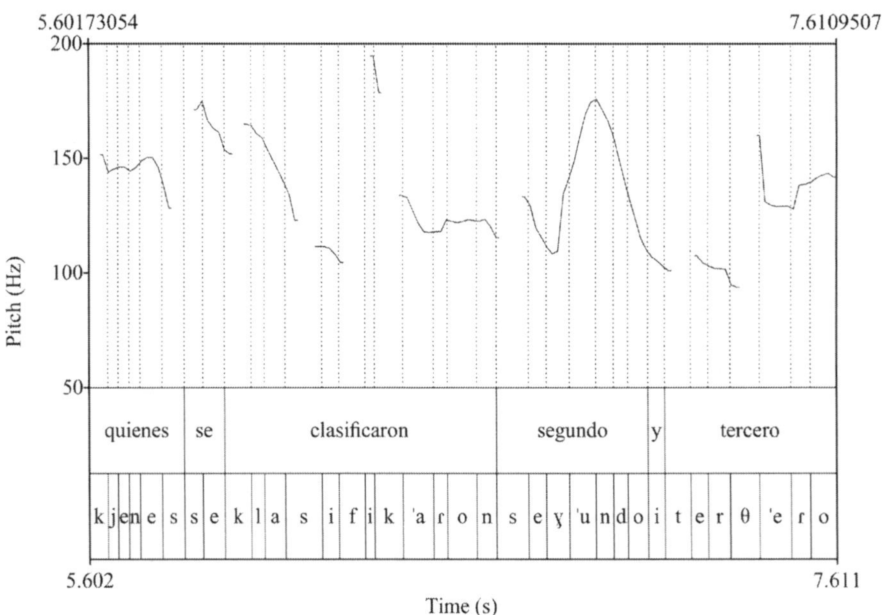

FIGURA 4. Ejemplo de patrón final (no final de enunciado) en el grupo acentual *cero*, dentro del enunciado *El ganador fue escoltado por Néstor Percaz (Ford Escort) e Iván Arbusti (VV Golf), quienes se clasificaron segundo y tercero, respectivamente*, pronunciado por un hablante masculino (adaptado de Garrido Almiñana [2012, 109]).

De acuerdo con esta descripción, la forma de los patrones que se emplean en posición no final y en las interrogativas acabadas en sílaba tónica sería semejante, lo que hace pensar que podría darse confusión entre ambos tipos de significado en los grupos con tónica al final. Los datos presentados en Garrido Almiñana (2012) indican, en todo caso, que, aunque la forma del patrón es muy semejante, la altura tonal que alcanza la melodía al final del grupo es mayor en las interrogativas que en los grupos no finales. Probablemente, Navarro Tomás ([1944] 1974) se refería a esta diferencia de altura al distinguir entre la anticadencia y la semianticadencia en su descripción de los tonemas del español y, aunque los resultados presentados en Estruch, Garrido Almiñana y Riera (1997) tampoco mostraban diferencias perceptivas entre ambos tipos de tonemas, parece claro que la altura final del contorno desempeña un papel en su identificación, al menos en el caso de los patrones ascendentes.

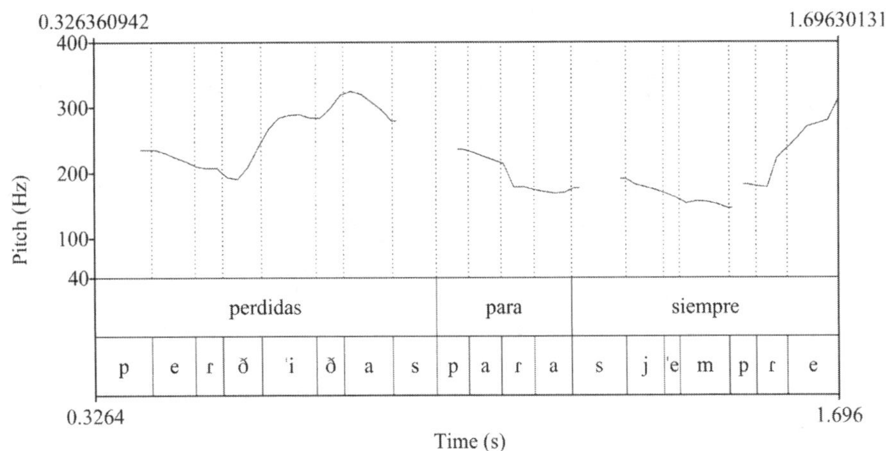

FIGURA 5. Ejemplo de patrón final de enunciado en el grupo acentual *siempre*, dentro del enunciado *¿Perdidas para siempre?*, pronunciado por una hablante femenina (adaptado de Garrido Almiñana [2012, 116]).

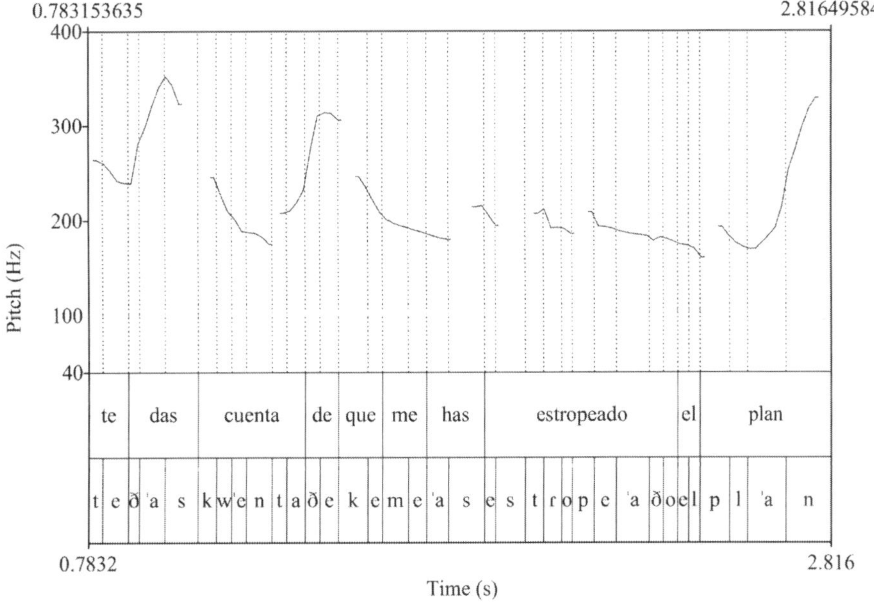

FIGURA 6. Ejemplo de patrón final de enunciado en el grupo acentual *plan*, dentro del enunciado *¿Te das cuenta de que me has estropeado el plan?*, pronunciado por una hablante femenina (adaptado de Garrido Almiñana [2012, 116]).

En grupos entonativos situados en posición final de oración, el uso de tonemas ascendentes se ha asociado por lo general con las oraciones interrogativas, especialmente con las absolutas [→ §29.2.2], pero también con ciertas exclamativas (Canellada y Madsen 1987; Navarro Tomás [1944] 1974; Quilis 1981). Es aún cuestión pendiente de investigación detallada el determinar si los patrones que se emplean en una y otra modalidad son iguales o diferentes, aunque los datos de que se dispone apuntan a que son distintos: el patrón de las exclamativas sería más parecido al no final de oración, probablemente con diferencias en la altura global y en la altura del ascenso final.

En el interior de la oración, se ha señalado el uso de patrones ascendentes para marcar determinados límites sintácticos: complementos circunstanciales, locuciones adverbiales, coordinaciones de primer grado, límite de la subordinada principal (el final de la denominada rama tensiva; cf. Navarro Tomás [[1944] 1974]), y, en general, cualquier límite que asuma una continuación del enunciado, aunque nuevamente el estudio detallado de estas relaciones está pendiente en su mayor parte.

27.2.4 Tonema circunflejo

De acuerdo con la definición de Navarro Tomás ([1944] 1974, 105), en los tonemas circunflejos el tono se eleva en la última sílaba tónica para descender nuevamente en la misma sílaba tónica o en la siguiente, formando un contorno típico en forma de pico que da origen a su denominación. La descripción de Navarro Tomás da a entender, de hecho, que existen dos variantes: una consistente en un movimiento ascendente seguido de otro descendente dentro de la misma sílaba tónica, y otra que se iniciaría igualmente con un movimiento ascendente desde el inicio de la tónica hasta la mitad de la misma, pero que continuaría con un nivel alto hasta la sílaba postónica, en la que comenzaría el movimiento descendente. Ninguna de estas dos variantes se correspondería con la propuesta de configuración tonal circunfleja (L+H* L%) de Estebas-Vilaplanas y Prieto Vives (2008), que asume un primer movimiento de ascenso hasta el final de la tónica, y el movimiento descendente ya en la postónica, y que tampoco aparece en los datos recogidos en Garrido Almiñana (2012).

Los resultados presentados en Garrido Almiñana (2012) sí revelan, en cambio, el uso relativamente frecuente de la primera variante descrita por Navarro Tomás (Figura 7), con independencia del número de sílabas átonas que se encuentren después de la última tónica, y un uso menos habitual de la segunda, restringido, por razones obvias, a grupos entonativos con una o más átonas tras la última tónica (Figura 8).

El uso del tonema circunflejo se ha asociado tradicionalmente con el final de las oraciones exclamativas (Canellada y Madsen 1987) o de las interrogativas relativas (Navarro Tomás [1944] 1974) y, en general, con la entonación expresiva

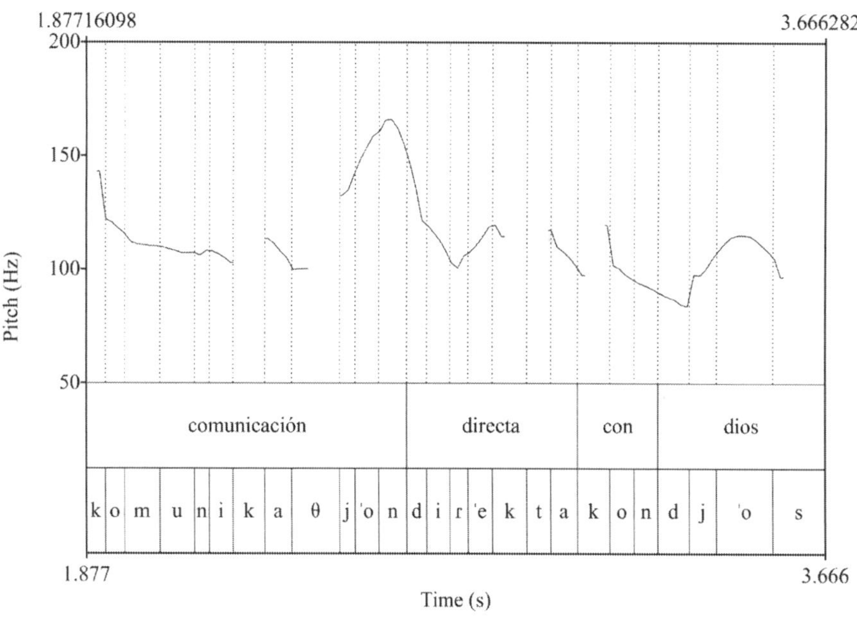

FIGURA 7. Ejemplo de patrón final (no final de enunciado) en el grupo acentual *Dios*, dentro del enunciado *¿Mantiene Juan Pablo II una comunicación directa con Dios o la Virgen, quienes a través del sucesor de Pedro, rigen los destinos de la humanidad creyente?* pronunciado por un hablante masculino (adaptado de Garrido Almiñana [2012, 108]).

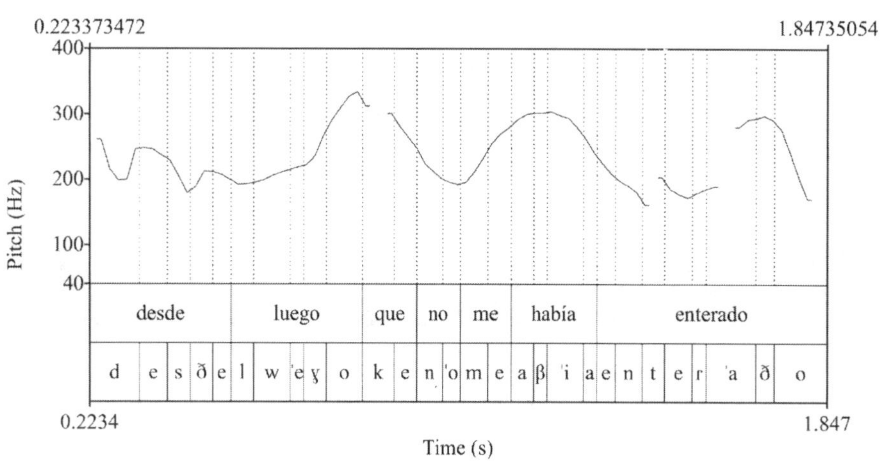

FIGURA 8. Ejemplo de patrón final de enunciado en el grupo acentual *rado*, dentro del enunciado *¡Desde luego que no me había enterado!*, pronunciado por una hablante femenina (adaptado de Garrido Almiñana [2012, 118]).

y emocional (Navarro Tomás [1944] 1974; Quilis 1993) [→ § 32.3.2]. En los datos de Garrido Almiñana (2012), sin embargo, el tonema circunflejo aparece, en posición final de oración, no solo en oraciones exclamativas, sino también en declarativas e interrogativas, y asimismo se da con cierta frecuencia en grupos no finales de oración, sin que se hayan apreciado diferencias en la forma de los patrones en función de su posición.

27.3 Patrones en el ámbito del grupo entonativo

Es un hecho generalmente asumido que la forma global de los contornos melódicos, y no solo su forma final, desempeña un papel fundamental en la percepción de la entonación. Por ello, ya desde las primeras descripciones del español se ha prestado una especial atención a la definición de los llamados 'patrones entonativos', formas recurrentes en los contornos melódicos de los grupos entonativos, que resultan de eliminar del contorno melódico las variaciones que no se consideran entonativas, como los ascensos y descensos tonales relacionados con el acento. Sin embargo, a día de hoy no se ha alcanzado un acuerdo unánime sobre el procedimiento más adecuado para representar tales patrones.

Durante años, la completa propuesta de patrones de Navarro Tomás ([1944] 1974) ha sido aceptada, más o menos implícitamente, en la mayoría de los estudios posteriores, como los de Alcina y Blecua (1975), Garrido Almiñana (1991) o Alarcos (1994), y aún hoy tiene vigencia. La descripción de Navarro Tomás asume que en los contornos melódicos es posible diferenciar tres partes: un segmento inicial, hasta la primera sílaba acentuada; una parte central, desde la primera hasta la última sílaba acentuada; y una parte final, de forma variable, que contendría el tonema correspondiente al grupo entonativo, desde la última sílaba tónica del grupo hasta el final del mismo. La Figura 9 representa esquemáticamente uno de los patrones propuestos de acuerdo con este esquema (Navarro Tomás definió patrones diferentes en función de cada modalidad), aquel que correspondería a un enunciado declarativo final de oración: un segmento inicial ascendente, hasta la primera sílaba acentuada; una parte central, plana, desde la primera hasta la última sílaba acentuadas; y una parte final, de forma variable, que contendría el tonema, en este caso, descendente.

FIGURA 9. Patrón enunciativo (un grupo fónico), según Navarro Tomás ([1944] 1974). Las líneas verticales indican los límites entre los segmentos inicial, central y final del patrón.

La Figura 10, extraída de Alarcos (1994, 54), muestra un ejemplo de representación de un enunciado de tres grupos entonativos de acuerdo con el esquema propuesto por Navarro Tomás.

Este tipo de descripción, sin embargo, no recoge adecuadamente determinados fenómenos melódicos relevantes descritos para el español en estudios ulteriores. Por ejemplo, la tendencia general de las curvas melódicas a ir reduciendo su altura tonal a medida que estas avanzan, fenómeno ya identificado previamente en lenguas como el inglés, el holandés o el sueco, y descrito para el español en trabajos como los de Fant (1984), Garrido Almiñana *et al.*

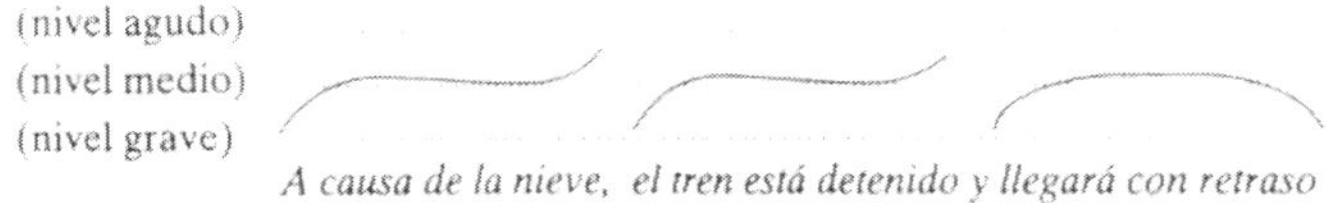

FIGURA 10. Patrones entonativos correspondientes al enunciado *A causa de la nieve, el tren está detenido y llegará con retraso*, según Alarcos (1994, 54).

(1993, 1995), Garrido Almiñana (1996, 2001) o Prieto Vives, Shih y Nibert (1996). Aunque en inglés puede recibir diferentes denominaciones (*declination,* en los trabajos de cariz más fonético; *downstep,* en el modelo autosegmental; véase el § 28.2), se utilizará el término 'declinación' para hacer referencia a él a lo largo de este capítulo.

En Garrido Almiñana (1996) se mostró que el fenómeno de la declinación en español no se comporta exactamente igual con los máximos (o 'picos') que con los mínimos (o 'valles') de f_0 de la curva melódica: si se trazan dos líneas, una que siga la evolución de los picos de un grupo entonativo, por un lado, y otra la de los valles, por otro (en adelante, 'líneas de referencia'), se observará que las dos líneas presentan, en general, pendientes diferentes, más acentuada en el caso de los picos y más suave en el de los valles, con lo que las diferencias de rango tonal [→ § 1.5.5] entre picos y valles suelen ser más acusadas al inicio que al final del grupo, y ambas líneas tienden a converger desde el comienzo hasta el final, como se observa en el ejemplo de la Figura 11.

Hay que tener en cuenta, con todo, que este efecto de convergencia se observa si se emplea una escala lineal (en hercios) para obtener la representación, según se aprecia también en la Figura 11. En cambio, si se recurre a una escala

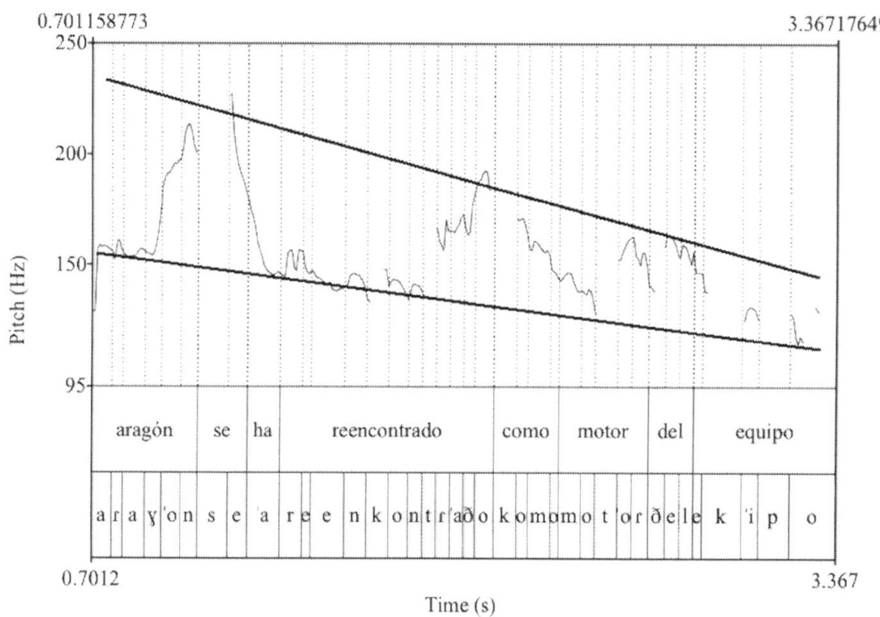

FIGURA 11. Contorno de f_0 del enunciado *Aragón se ha reencontrado como motor del equipo*, pronunciado por una hablante femenina. Sobre el contorno de f_0 aparecen dibujadas las líneas de referencia superior e inferior. El enunciado pertenece al corpus *UPC ESMA* (Bonafonte y Moreno Bilbao 2008).

logarítmica (en semitonos, por ejemplo), estas líneas son, en general, paralelas, como resulta patente en las descripciones del holandés llevadas a cabo utilizando este método (Garrido Almiñana 2003; 't Hart, Collier y Cohen 1990).

En la bibliografía sobre la entonación se recoge un amplio debate acerca de si la declinación es un fenómeno puramente fisiológico —relacionado con el descenso del flujo respiratorio a medida que se avanza en un enunciado— o determinado lingüísticamente. Los datos presentados en Garrido Almiñana (1996) sobre el comportamiento de las líneas de declinación en español no ponen de manifiesto que la modalidad oracional influya sobre la pendiente de declinación, pero sí algunos de sus efectos sobre los valores iniciales de las líneas (más altos en el caso de las oraciones exclamativas que en el de las declarativas, por ejemplo). Además, como se señala en el § 27.6, existe una asociación clara entre rango y altura tonales, directamente vinculados con el fenómeno de la declinación, y la modalidad oracional. Todo ello iría a favor de la idea de que, si bien intervienen factores fisiológicos, la altura tonal a lo largo de los grupos entonativos está condicionada por los factores lingüísticos vinculados a la entonación.

Los resultados descritos en Garrido Almiñana (1996) mostraron igualmente una relación entre el comportamiento de la pendiente de declinación y la duración del grupo entonativo: cuanto más largo es un grupo, menor es la pendiente. En cambio, los valores iniciales y finales tienden a mantenerse constantes con independencia de la duración, tal como también se ha señalado en otros estudios (Prieto Vives, Shih y Nibert 1996; Toledo y Gurlekian 1990; Toledo y Martínez Celdrán 1997). Resultados semejantes se habían descrito previamente para otras lenguas (Bruce 1984; Grønnum Thorsen 1986; Maeda 1976). Esta invariabilidad de los valores iniciales y finales se ha utilizado en los trabajos llevados a cabo desde una perspectiva autosegmental (Prieto Vives, Shih y Nibert 1996; Toledo y Gurlekian 1990; Toledo y Martínez Celdrán 1997) como un argumento a favor de considerar la declinación como un fenómeno local, controlado sílaba a sílaba con independencia de la duración del grupo. Sin embargo, las diferencias en la pendiente pueden considerarse también como la prueba de la existencia de una preplanificación, lo que reforzaría la tesis de que la declinación es un fenómeno global.

Independientemente de su uso para modelizar la declinación en los contornos melódicos, el empleo de líneas para marcar los límites inferior y superior del campo tonal del locutor a lo largo de un grupo presenta otras ventajas para la definición de los patrones entonativos en el ámbito del grupo fónico. La principal es, probablemente, que permite integrar de una manera sencilla en la descripción de los patrones dos fenómenos que, como se señala más adelante, son fundamentales en la descripción de los contornos melódicos, pero a los que hasta ahora se les ha prestado una atención secundaria, como son el rango y la altura tonales. Otra ventaja reside en que permite también representar los patrones que se dan en ámbitos superiores al grupo entonativo, según se describe en el § 27.4.

Este modelo de líneas de referencia está inspirado en los planteamientos del IPO, siglas correspondientes a *Instituut voor Perceptie Onderzoek,* o Instituto para la Investigación en Percepción, con sede en Eindhoven (Holanda), donde se formuló, y que se suele denominar por ello 'modelo IPO'. Es un modelo entonativo de base marcadamente fonética que describía las curvas melódicas como el resultado de la superposición de una serie de movimientos relevantes de la f_0 sobre tres líneas de referencia paralelas que definían la altura relativa del rango del locutor a lo largo de un grupo entonativo. En 't Hart, Collier y Cohen (1990) y en Garrido Almiñana (2003), así como en el § 28.2.4 de esta obra, se presenta una descripción más detallada de este modelo, que se ha empleado para describir la forma global de los contornos melódicos del español en trabajos como los de Garrido Almiñana (1996, 2001) o en el de Martínez Celdrán y Fernández Planas (2007).

27.4 Patrones de ámbito superior al grupo entonativo

Navarro Tomás ([1944] 1974) ya apuntaba la existencia de una organización prosódica de los enunciados más allá del grupo entonativo, con su teoría de las ramas «tensiva» y «distensiva», según la cual los grupos entonativos de una oración se dividen en dos bloques, las mencionadas rama tensiva y rama distensiva, cuyos límites se marcarían melódicamente con el uso de determinados tonemas: anticadencia para el final de la rama tensiva, y cadencia (en el caso de las declarativas) para el final de la distensiva [→ § 28.2.1]. Esta propuesta no supone estrictamente la existencia de patrones melódicos más allá del grupo entonativo, sino más bien la de una superestructura fonológica que condicionaría el uso de los tonemas en cada una de las partes. Como más tarde señalaron Canellada y Madsen (1987, 132), la segmentación en estas dos ramas se correspondería con la división entre el tema (información conocida) y el rema (información nueva) de la oración [→ § 30.4.3].

Algunos datos recogidos en estudios posteriores, sin embargo, parecen indicar explícitamente la existencia de patrones entonativos en el ámbito de unidades más amplias. Ya en Garrido Almiñana (1993) y en Garrido Almiñana *et al.* (1993) se constataba que en español se produce la denominada 'declinación de párrafo' o 'supradeclinación', fenómeno descrito anteriormente en lenguas como el danés (Grønnum Thorsen 1985, 1986), el inglés (Ladd 1988) o el holandés (Sluijter y Terken 1993), y que consistiría en un descenso tonal progresivo a lo largo de las diferentes oraciones que componen un párrafo durante su lectura [→ § 28.2.4, § 31.2, § 32.3.1]. De la misma forma que la melodía tiende a descender a lo largo de un grupo entonativo, también parecería existir un control global de la altura tonal a lo largo de todo un párrafo. En la Figura 12 puede observarse un ejemplo de este fenómeno.

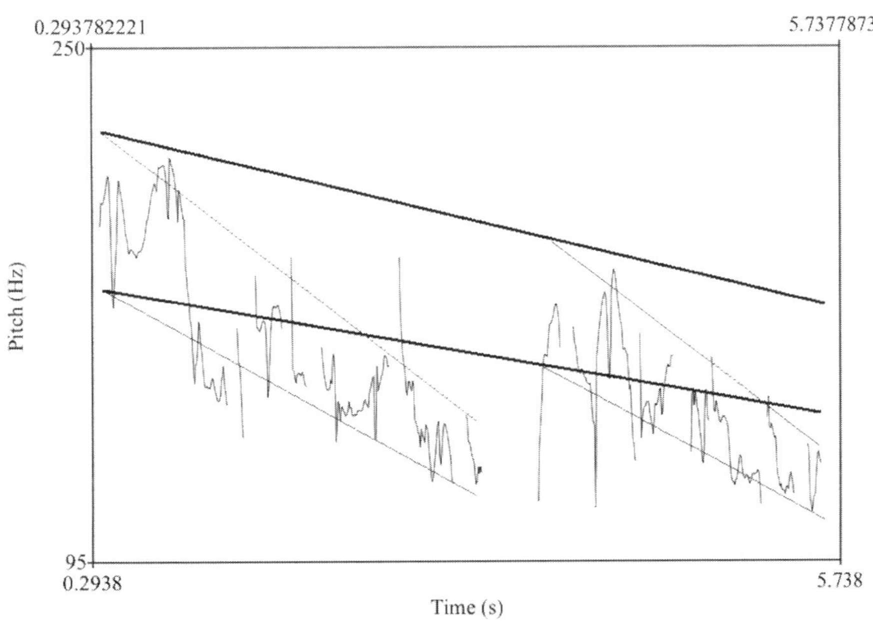

FIGURA 12. Contorno de f_0 correspondiente al enunciado *Todo el mundo le deificaba tras su reingreso en el grupo. Era sin duda alguna el rey de los naipes,* pronunciado por una hablante femenina. Las líneas de referencia superior e inferior de la supradeclinación (trazo grueso) se han superpuesto a las de cada grupo entonativo (trazo fino). El enunciado pertenece al corpus *UPC ESMA* (Bonafonte y Moreno Bilbao 2008).

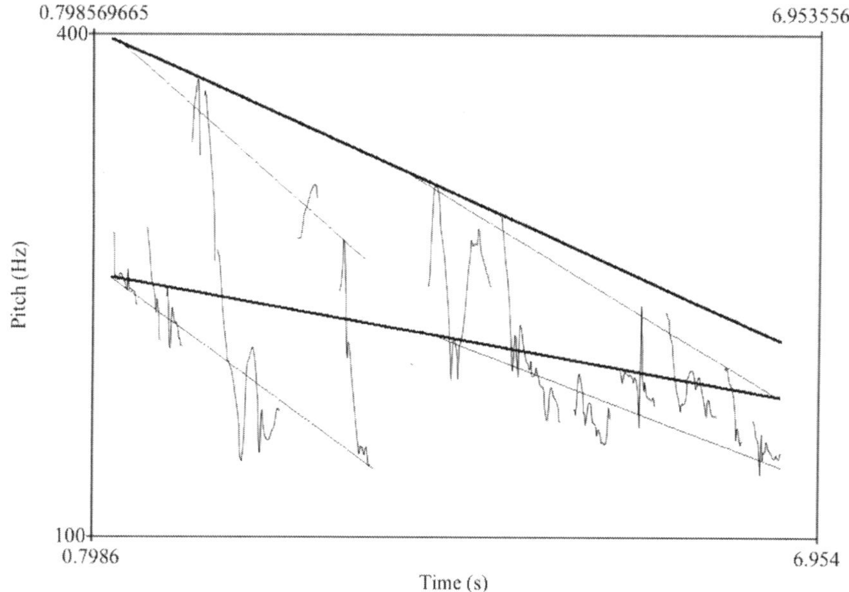

FIGURA 13. Contorno de f_0 correspondiente al enunciado *La sorpresiva ganadora fue 'Crash', un drama sobre la discriminación racial en Los Ángeles,* pronunciado por una hablante femenina. Las líneas de referencia superior e inferior de la supradeclinación (trazo grueso) se han superpuesto a las de cada grupo entonativo (trazo fino).

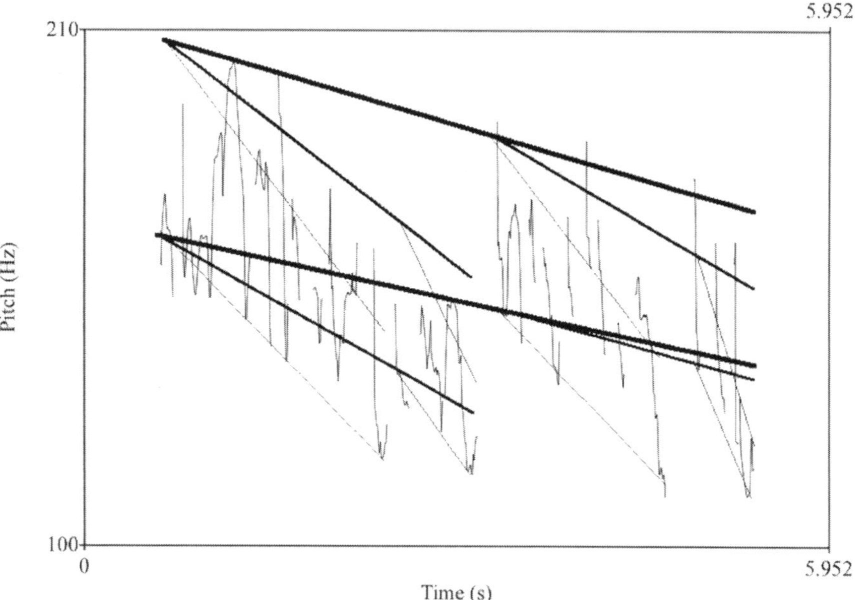

FIGURA 14. Contorno de f_0 correspondiente al enunciado *Lo atribuyeron a cientos de especialistas, maquilladores, técnicos en efectos especiales, etcétera,* pronunciado por una hablante femenina. Las líneas de referencia superior e inferior correspondientes a los diferentes niveles de supradeclinación (trazo grueso) se han superpuesto a las de cada grupo entonativo (trazo fino). El enunciado pertenece al corpus *UPC ESMA* (Bonafonte y Moreno Bilbao 2008).

Más adelante, en Garrido Almiñana (1996, 2001) se observó que era posible reconocer también patrones de supradeclinación semejantes en unidades más pequeñas, tales como oraciones o fragmentos de oraciones. Se trata de conjuntos de grupos entonativos que comparten un mismo patrón de supradeclinación, en el sentido de que el primero muestra una altura tonal mayor que los que vienen a continuación. La Figura 13 presenta un ejemplo de oración en la que los grupos entonativos que la componen responden a este tipo de patrón de supradeclinación.

En Garrido Almiñana (1996) se proponía denominar 'cláusula entonativa' a esta unidad formada por un conjunto de grupos entonativos que comparten un mismo patrón de supradeclinación.

Asimismo, se observó que las cláusulas entonativas podían a su vez agruparse en otras cláusulas de ámbito mayor, formando toda una estructura jerárquica de unidades que organizaría entonativamente el enunciado. La Figura 14 presenta un ejemplo de este tipo de estructura.

El párrafo constituiría así uno de los ámbitos de agrupación de estas cláusulas, probablemente el mayor. Esta estructura reflejaría en el plano fonético la organización pragmático-sintáctica del enunciado. El estudio detallado de la relación entre ambos planos, sin embargo, es aún una tarea pendiente en su mayor parte [→ § 31.2.2].

27.5 El reajuste tonal

Muy ligado con la declinación, el reajuste tonal no es propiamente un patrón entonativo, pero sí un fenómeno que parece desempeñar un papel muy importante en la estructuración de los enunciados, una de las funciones de la entonación. Si se observa la altura tonal global de dos grupos entonativos consecutivos dentro de una oración, se apreciará que, al comenzar el segundo, el nivel global de f_0 se resitúa en valores más altos que al final del grupo entonativo anterior, indicando así el inicio de un nuevo patrón. Se trata del denominado 'reajuste de f_0' (en inglés, f_0 *reset*) o 'reajuste tonal', descrito para el inglés en Cooper y Sorensen (1977) y en Sorensen y Cooper (1980). La Figura 15 ilustra este fenómeno (véase también el § 31.2 de la presente obra).

Los análisis presentados en Garrido Almiñana (1996, 1999) pusieron de relieve que el fenómeno del reajuste de la f_0 se documenta en español en la gran mayoría de los límites entre grupos entonativos, por lo que puede considerarse una marca fonética adicional que indica el inicio de un grupo entonativo, junto con las pausas, los alargamientos silábicos y las inflexiones tonales. Su importancia sería aún mayor, porque este reajuste puede darse aunque no exista una pausa que separe los dos grupos entonativos, mientras que, a la inversa, se encuentran pausas que no llevan asociada la realización de un reajuste [→ § 35.2]. La Figura 16 presenta un ejemplo de reajuste al final de un grupo entonativo (con un tonema final en *nación*) que no viene marcado por la presencia de una pausa.

Cooper y Sorensen (1977), además, cuantificaron el 'nivel de reajuste' entre grupos como la diferencia en hercios entre el nivel tonal al final de un grupo y el nivel al inicio del siguiente; esto les permitió distinguir dos tipos de reajuste: el denominado 'reajuste parcial', que no sitúa la f_0 al mismo nivel tonal que en el grupo entonativo anterior, sino ligeramente por debajo, con lo que el reajuste no marcaría el inicio de un nuevo patrón de supradeclinación; y el llamado 'reajuste

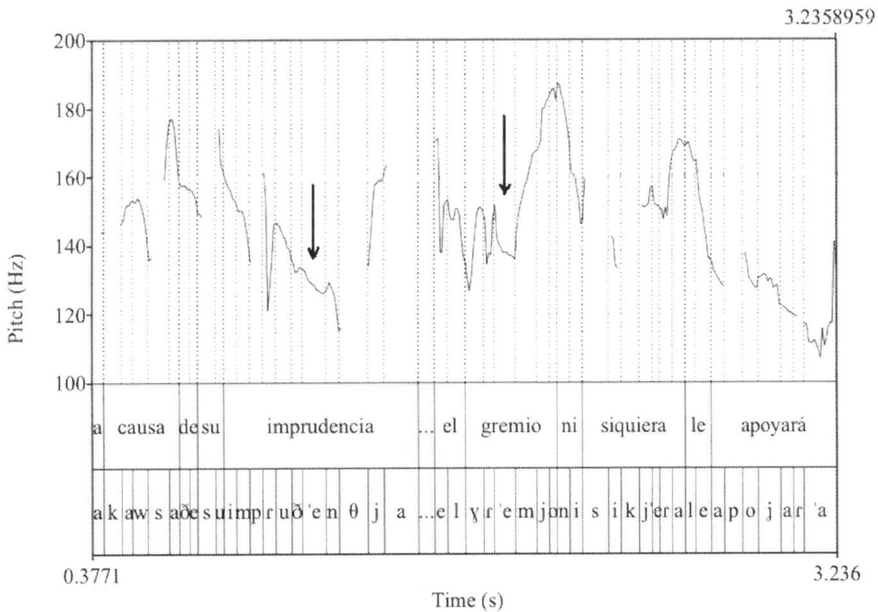

FIGURA 15. Contorno melódico y segmentación en palabras y fonos correspondientes a la oración *A causa de su imprudencia, el gremio ni siquiera le apoyará,* pronunciada por una hablante femenina. Como referencia para comprobar mejor el efecto del reajuste, se han marcado con sendas flechas la posición de la última sílaba tónica del primer grupo entonativo y la de la primera tónica del segundo. El enunciado pertenece al corpus *UPC ESMA* (Bonafonte y Moreno Bilbao 2008).

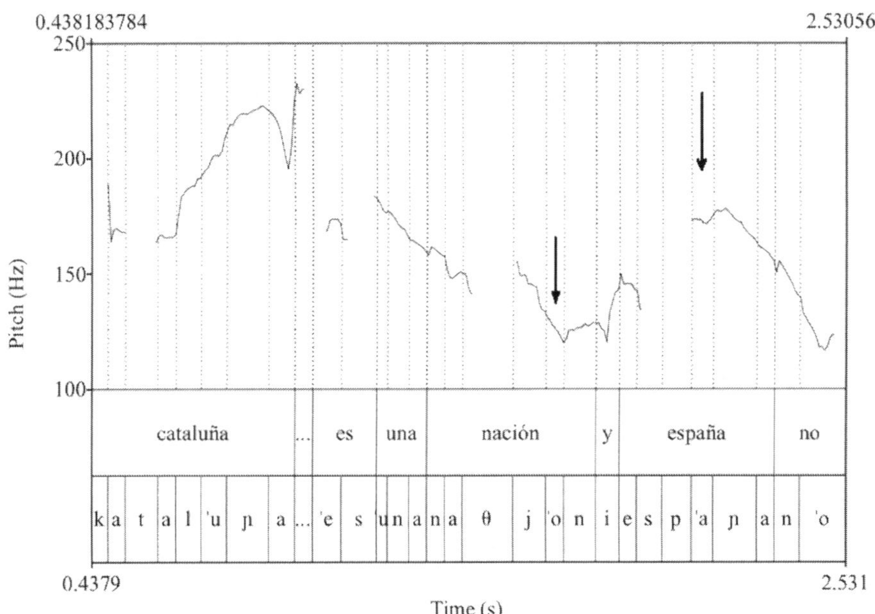

FIGURA 16. Contorno melódico y segmentación en palabras y fonos correspondientes al enunciado *Cataluña es una nación, y España no*, pronunciado por una hablante femenina. Como referencia para comprobar mejor el efecto del reajuste, se han marcado con sendas flechas la posición de la última sílaba tónica del primer grupo entonativo y la de la primera tónica del segundo. El enunciado pertenece al corpus *UPC ESMA* (Bonafonte y Moreno Bilbao 2008).

total', cuando el reajuste de f_0 sitúa el nivel global de la f_0 del nuevo grupo por encima del nivel que presenta la f_0 al principio del grupo anterior, lo que indicaría, además de un nuevo patrón de declinación, el comienzo de un nuevo patrón de supradeclinación. El reajuste total marcaría el inicio de una nueva cláusula entonativa, en tanto que un reajuste parcial indicaría que la cláusula entonativa aún no ha finalizado.

Por lo que se refiere al español, los análisis de Garrido Almiñana (1996, 1999) revelaron la existencia de diferentes niveles de reajuste, tanto total como parcial, en el material estudiado. También mostraron una relación entre reajuste y límite sintáctico en dos aspectos: la frecuencia con la que se producen reajustes en un límite determinado y el nivel de reajuste. Con todo, el estudio de esta relación es una tarea en su mayor parte pendiente en lo que respecta al español.

27.6 Altura y rango tonales

La altura y el rango tonales [→ § 1.5.5] son dos fenómenos entonativos también relacionados con la forma global de los contornos melódicos y que desempeñan un papel importante en la transmisión de la información entonativa, aunque hasta ahora su descripción no ha recibido una atención prioritaria en español. La altura tonal podría definirse como el nivel tonal medio de un grupo entonativo, en tanto que el rango tonal resultaría de la diferencia tonal existente entre los picos y los valles en un contorno. En la Figura 17 se muestran los contornos melódicos de tres realizaciones del mismo enunciado en las que el locutor intentaba expresar, en este orden, ausencia de emotividad, sorpresa y tristeza. Como puede observarse, el rango y la altura tonales son mucho mayores en la segunda, la que expresa sorpresa, que en las otras dos realizaciones.

Como efecto de la declinación, ambos parámetros suelen evolucionar a lo largo del grupo entonativo: rango y altura tonales más altos al inicio, y más bajos al final. Se trata también de dos parámetros relacionados con el reajuste tonal (§ 27.5), puesto que los cambios en la altura y en el rango entre dos grupos determinan el nivel de reajuste que se produce.

En la bibliografía sobre la entonación del español el tratamiento de la altura y el rango tonales no suele pasar de menciones puntuales. Sin embargo, se apuntan sus diversos usos entonativos, que merecerían todos ellos análisis más detallados: la diferenciación entre modalidades oracionales (la altura tonal constituye un parámetro importante para distinguir

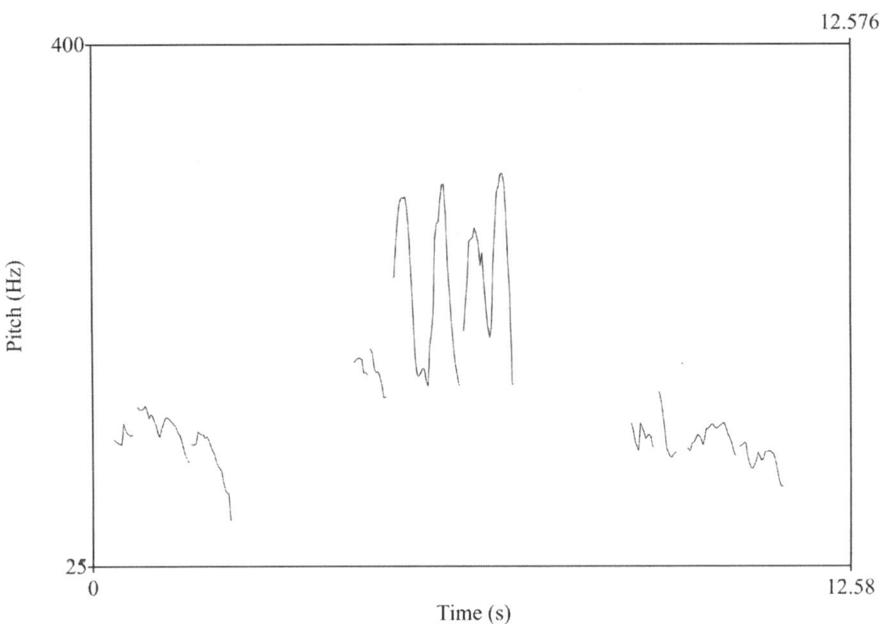

FIGURA 17. Contorno melódico de tres realizaciones diferentes del enunciado *La tensión volvió a aumentar el domingo*, pronunciado por un hablante masculino. La primera corresponde a una realización neutra, la segunda a una realización que expresa sorpresa, y la última expresa tristeza. Los enunciados pertenecen al corpus *Interface* (Hozjan *et al.* 2002).

entre enunciados declarativos e interrogativos; Canellada y Madsen [1987, 148]); la expresión de la estructura sintáctica (los elementos parentéticos se marcan entonativamente con una altura tonal más baja que la de los grupos que les rodean; Navarro Tomás [[1944] 1974, 82–83]; Quilis [1993, 445]); y, finalmente, la expresión de las emociones (los valores altos en la altura tonal y en el rango tienden a indicar alegría, mientras que los bajos se asocian con la tristeza; Quilis [1993, 447]) [→ § 29.4, § 31.1, § 31.2.1, § 32.3.1, § 32.3.2, § 34.2.3].

27.7 Usos entonativos de la duración

Estudios ya clásicos como el de de Manrique y Signorini (1983) señalan la existencia en español del denominado 'alargamiento prepausal', que supone un incremento en la duración de las vocales y en la de determinadas consonantes que aparecen en la última sílaba de un grupo entonativo [→ § 2.5.1]. Este alargamiento constituiría una marca adicional, además de las pausas y de los tonemas, del final de una unidad entonativa (Martínez Celdrán y Fernández Planas 2007, 196; Navarro Tomás [1944] 1974, 32), y su función es aún más importante en los casos en los que no se realiza una pausa para marcar el final de la unidad. Tiene, además, otros usos, como la expresión de emociones, puesto que determinados alargamientos pueden transmitir sorpresa o enfado, por ejemplo (Montero Martínez *et al.* 1999) [→ capítulo 34].

27.8 Usos entonativos de la amplitud

Las variaciones, locales o globales, en la amplitud de los enunciados pueden tener también un uso entonativo, aunque su descripción está hoy día prácticamente pendiente. A nivel local, los descensos en la amplitud que se registran al final de una unidad entonativa son una marca fonética más de límite entonativo (Navarro Tomás [1944] 1974, 32). Por otra parte, las variaciones de la amplitud global de los enunciados se emplean en la modalidad exclamativa para marcar determinadas emociones. Igualmente, la amplitud global de un enunciado estaría directamente vinculada con el nivel de expresividad que quiere transmitirse. Nuevamente, el estudio detallado de estas relaciones está pendiente en su mayor parte por lo que se refiere al español [→ capítulo 34].

27.9 Conclusiones

En este capítulo se ha repasado brevemente la realización fonética de la entonación en español, entendida esta como un fenómeno lingüístico global —equiparable al acento o al ritmo— que estructura el discurso oral en una jerarquía de unidades, y que permite la transmisión, de forma directa o indirecta, de determinada información lingüística y paralingüística (estructura sintáctica, modalidad oracional, estructura informativa, emociones). Esta realización es fundamentalmente melódica (tonemas, patrones entonativos, reajuste, rango), pero otros elementos, como las pausas, la duración y la amplitud, desempeñan también su papel.

Tras la descripción de los diferentes fenómenos, melódicos o no, locales o globales, la principal conclusión que cabe extraer es que hasta el momento presente, en el estudio de la entonación del español se ha prestado mucha más atención a los fenómenos melódicos que a los de otra naturaleza y, entre los melódicos, a los fenómenos de 'nivel bajo' (tonemas, patrones de grupo entonativo) más que a los de 'nivel alto' (reajustes, rango y altura tonales, patrones de supradeclinación), que parecen desempeñar, sin embargo, un papel decisivo en la expresión oral de la estructura lingüística de los enunciados. Incluso en aquellos aspectos a los que se han dedicado mayores esfuerzos, como la definición de los tonemas, el trabajo pendiente es aún importante, ya que tan solo ahora se comienza a apreciar la gran variedad de movimientos tonales que pueden aparecer, no solo en la lectura, sino también en otros tipos de discurso, como el diálogo.

Referencias bibliográficas

Alarcos, Emilio. 1994. *Gramática de la lengua española*. Madrid: Espasa Calpe.

Alcina, Juan y José Manuel Blecua. 1975. *Gramática española*. Barcelona: Ariel.

Beckman, Mary E. y Janet B. Pierrehumbert. 1986. «Intonational Structure in Japanese and English». *Phonology Yearbook* 3: 255–309. https://doi.org/10.1017/S095267570000066X.

Bonafonte, Antonio y Asunción Moreno Bilbao. 2008. «Documentation of the UPC ESMA Spanish Database». Technical Report. Barcelona: Universitat Politècnica de Catalunya. http://metashare.talp.cat/media/narratives/upc_esma.pdf.

Bruce, Gösta. 1984. «Aspects of F_0 Declination in Swedish». *Working Papers (Lund University, Department of Linguistics)* 27: 51–64.

Buenafuentes, Cristina, Natalia Madrigal y Juan María Garrido Almiñana. 2000. «Análisis acústico de las variaciones micromelódicas en las curvas del F0 en español». *Español Actual. Revista de español vivo* 73: 65–77.

Canellada, María Josefa y John Kuhlmann Madsen. 1987. *Pronunciación del español. Lengua hablada y literaria*. Madrid: Castalia.

Cooper, William E. y John M. Sorensen. 1977. «Fundamental Frequency Contours at Syntactic Boundaries». *The Journal of the Acoustical Society of America* 62 (3): 683–92. https://doi.org/10.1121/1.381556.

Di Cristo, Albert. 1982. *Prolégomènes à l'étude de l'intonation : micromélodie*. París: Centre National de la Recherche Scientifique.

Estebas-Vilaplana, Eva y Pilar Prieto Vives. 2008. «La notación prosódica del español: una revisión del Sp-ToBI». *Estudios de Fonética Experimental* 17: 263–83.

Estruch, Mònica, Juan María Garrido Almiñana y Montserrat Riera. 1997. «Estudio perceptivo de los tonemas del español». Presentado en XXVII Simposio de la Sociedad Española de Lingüística, Palma de Mallorca, España, diciembre. Resumen publicado en *Revista Española de Lingüística* 28 (1): 178–79.

Fant, Lars. 1984. *Estructura informativa en español. Estudio sintáctico y entonativo*. Uppsala: Uppsala Universitet; Estocolmo: Almqvist & Wiksell.

Garrido Almiñana, Juan María. 1991. *Modelización de patrones melódicos del español para la síntesis y el reconocimiento del habla*. Bellaterra: Universitat Autònoma de Barcelona, Seminari de Filologia i Informàtica.

———. 1993. «Analysis of Global Pitch Contour Domains at Paragraph Level in Spanish Reading Text». En *ESCA Workshop on Prosody. Lund, Sweden, September 27–29, 1993*, editado por David House y Paul Touati, 104–07. International Speech Communication Association (ISCA) Online Archive.

———. 1996. «Modelling Spanish Intonation for Text-to-Speech Applications». Tesis de doctorado, Universitat Autònoma de Barcelona. http://hdl.handle.net/10803/4885.

———. 1999. «El reajuste de F0 como marca fonética de límite entre unidades entonativas: un estudio experimental». En *Actes del I Congrés de Fonètica Experimental. Tarragona, 22, 23 i 24 de febrer de 1999*, 233–39. Tarragona: Universitat Rovira i Virgili; Barcelona: Universitat de Barcelona.

———. 2001. «La estructura de las curvas melódicas del español: propuesta de modelización». *Lingüística Española Actual* 23 (2): 173–210.

———. 2003. «La escuela holandesa: el modelo IPO». En *Teorías de la entonación*, editado por Pilar Prieto Vives, 97–122. Barcelona: Ariel.

———. 2012. «Análisis fonético de los patrones melódicos locales en español: patrones entonativos». *Revista Española de Lingüística* 42 (2): 95–125.

Garrido Almiñana, Juan María, Joaquim Llisterri, Carme de-la-Mota y Antonio Ríos. 1993. «Prosodic Differences in Reading Style: Isolated vs. Contextualized Sentences». En *Third European Conference on Speech Communication and Technology (EUROSPEECH'93). Berlin, Germany, September 22–25, 1993*, 573–76. International Speech Communication Association (ISCA) Online Archive. https://doi.org/10.21437/Eurospeech.1993-135.

———. 1995. «Estudio comparado de las características prosódicas de la oración simple en español en dos modalidades de lectura». En *Phonetica. Trabajos de fonética experimental*, editado por Ana Elejabeitia y Alexander Iribar, 173–94. Bilbao: Universidad de Deusto.

Gil, Juana. 1988. *Los sonidos del lenguaje*. Madrid: Síntesis.

Grønnum Thorsen, Nina. 1985. «Intonation and Text in Standard Danish». *The Journal of the Acoustical Society of America* 77 (3): 1205–16. https://doi.org/10.1121/1.392187.

———. 1986. «Sentence Intonation in Textual Context - Supplementary Data». *The Journal of the Acoustical Society of America* 80 (4): 1041–47. https://doi.org/10.1121/1.393845.

't Hart, Johan, René Collier y Antonie Cohen. 1990. *A Perceptual Study of Intonation. An Experimental-Phonetic Approach to Speech Melody*. Cambridge: Cambridge University Press. https://doi.org/10.1017/CBO9780511627743.

Hidalgo, Antonio. 2006. *Aspectos de la entonación española: viejos y nuevos enfoques*. Madrid: Arco/Libros.

Hozjan, Vladimir, Zdravko Kačič, Asunción Moreno Bilbao, Antonio Bonafonte y Albino Nogueiras. 2002. «Interface Databases: Design and Collection of a Multilingual Emotional Speech Database». En *Proceedings of the 3rd International Conference on Language Resources and Evaluation (LREC 2002). May 29–31, 2002, Las Palmas, Canary Islands, Spain*, 2024–28. European Language Resources Association.

Ladd, D. Robert. 1988. «Declination "Reset" and the Hierarchical Organization of Utterances». *The Journal of the Acoustical Society of America* 84 (2): 530–44. https://doi.org/10.1121/1.396830.

Lehiste, Ilse. 1976. «Influence of Fundamental Frequency Pattern on the Perception of Duration». *Journal of Phonetics* 4 (2): 113–17.

Lieberman, Philip. 1965. «On the Acoustic Basis of the Perception of Intonation by Linguists». *Word* 21 (1): 40–54. https://doi.org/10.1080/00437956.1965.11435417.

Maeda, Shinji. 1976. «A Characterization of American English Intonation». Tesis de doctorado, Massachusetts Institute of Technology. http://hdl.handle.net/1721.1/29189.

de Manrique, Ana María Borzone y Angela Signorini. 1983. «Segmental Duration and Rhythm in Spanish». *Journal of Phonetics* 11 (2): 117–28.

Martínez Celdrán, Eugenio y Ana María Fernández Planas. 2007. *Manual de fonética española. Articulaciones y sonidos del español*. Barcelona: Ariel.

Mateo, Ana. 1988. «Experimento sobre el tono intrínseco de las vocales castellanas». *Estudios de Fonética Experimental* 3: 157–80.

Montero Martínez, Juan Manuel, Juana María Gutiérrez Arriola, José Colás, Emilia Victoria Enríquez y José Manuel Pardo. 1999. «Analysis and Modelling of Emotional Speech in Spanish». En *14th International Congress of Phonetic Sciences. San Francisco, CA, USA, August 1–7, 1999*, editado por John J. Ohala, Yoko Hasegawa, Manjari Ohala, Daniel Granville y Ashlee C. Bailey, 957–60. International Congress of Phonetic Sciences (ICPhS) Online Archive.

Navarro Tomás, Tomás. (1944) 1974. *Manual de entonación española*. 4.ª ed. Madrid: Guadarrama.

Nespor, Marina y Irene Vogel. 1986. *Prosodic Phonology*. Dordrecht: Foris. https://doi.org/10.1515/9783110977790. Trad. de Ana Ardid, *La prosodia*. Madrid: Visor, 1994.

Prieto Vives, Pilar, Chilin Shih y Holly J. Nibert. 1996. «Pitch Downtrend in Spanish». *Journal of Phonetics* 24 (4): 445–73. https://doi.org/10.1006/jpho.1996.0024.

Quilis, Antonio. 1981. *Fonética acústica de la lengua española*. Madrid: Gredos.

———. 1993. *Tratado de fonología y fonética españolas*. Madrid: Gredos.

Roach, Peter. 1983. *English Phonetics and Phonology. A Practical Course*. Cambridge: Cambridge University Press.

Selkirk, Elisabeth O. 1984. *Phonology and Syntax. The Relation between Sound and Structure*. Cambridge, MA: MIT Press.

Sluijter, Agaath M. C. y Jacques M. B. Terken. 1993. «Beyond Sentence Prosody: Paragraph Intonation in Dutch». *Phonetica* 50 (3): 180–88. https://doi.org/10.1159/000261938.

Sorensen, John M. y William E. Cooper. 1980. «Syntactic Coding of Fundamental Frequency in Speech Production». En *Perception and Production of Fluent Speech*, editado por Ronald A. Cole, 399–440. Hillsdale: Lawrence Erlbaum. https://doi.org/10.4324/9781315638935.

Thorsen, Nina. 1979. «Interpreting Raw Fundamental-Frequency Tracings of Danish». *Phonetica* 36 (1): 57–78. https://doi.org/10.1159/000259946.

Toledo, Guillermo Andrés y Jorge Alberto Gurlekian. 1990. «Entonación del español: ¿Existe la preplanificación?» *Estudios de Fonética Experimental* 4: 28–49.

Toledo, Guillermo Andrés y Eugenio Martínez Celdrán. 1997. «Preplanificación psicolingüística y entonación en el español mediterráneo». *Estudios de Fonética Experimental* 8: 185–206.

28 DESCRIPCIÓN FONOLÓGICA DE LA ENTONACIÓN

Eva Estebas-Vilaplana

28.1 De la fonética a la fonología de la entonación

El principal objetivo de los estudios fonológicos sobre la entonación es identificar las entidades tonales mínimas capaces de generar diferencias de significado entre enunciados. En este sentido, la fonología de la entonación investiga la relación entre el componente físico o fonético de la curva melódica y el componente semántico de la misma [→ § 1.5.5, § 27.1]. Como apunta Prieto Vives (2002, 24), los estudios sobre entonación abarcan, por tanto, tres niveles de análisis distintos, a la vez que complementarios: 1) el nivel fonético, que trata de la evolución temporal, en la emisión de un enunciado, de la frecuencia fundamental (f_0) [→ § 1.5.4], en tanto que parámetro físico [→ capítulo 27]; 2) el nivel fonológico, que busca las unidades tonales que tienen relevancia significativa en una lengua; y 3) el nivel semántico, que investiga los efectos significativos que las variaciones entonativas producen en un enunciado. Las siguientes páginas se centrarán en la descripción de la entonación desde el punto de vista fonológico. Para ello, se repasarán los principales modelos y propuestas de análisis entonativo, así como el modo en que se han aplicado a la descripción del español.

La modelización o descripción fonológica de la entonación siempre ha sido una tarea compleja. La mayoría de los especialistas en este campo coinciden en poner de relieve la dificultad que supone abstraer unidades fonológicas que describan adecuadamente las oposiciones entonativas. Como señaló Stockwell (1972), los principales motivos de dicha complejidad radican: 1) en la propia naturaleza de la entonación, es decir, en sus características fonéticas, y 2) en su efecto significativo, esto es, en la delimitación de los matices semánticos de la entonación.

En el nivel fonético, la entonación es un fenómeno continuo, pues viene dada por una melodía asociada a un enunciado [→ § 27.1]. Hockett (1958, 34) establece, por primera vez, la distinción entre melodía y entonación y apunta que, mientras que la melodía es un evento fonético relacionado con los cambios del tono de la voz, la entonación se entiende como el conjunto de rasgos distintivos que determinan un contorno melódico concreto. La segmentación del continuo melódico en entidades funcionales suele estar vinculada a la estructura segmental (y, más concretamente, silábica o rítmica) de la oración. En este sentido, la mayoría de los modelos de la entonación postulan la necesidad de analizar las curvas melódicas en relación con el 'texto' al que van asociadas. Para ello es importante discernir entre tres tipos de sílabas: 1) sílabas acentuadas o tónicas (solamente con acento 'léxico'), 2) sílabas acentuadas con acento léxico y con acento 'melódico', y 3) sílabas inacentuadas o átonas. La asignación de sílabas acentuadas (con acento léxico) e inacentuadas en una palabra se determina en el léxico [→ § 1.18.1]. Cualquier hablante de español, por ejemplo, sabe que la primera sílaba de la palabra *balón* es átona o inacentuada y la última es acentuada. En su manifestación fonética, una sílaba acentuada se produce con mayor amplitud y duración que una sílaba inacentuada, por lo que se percibe como más prominente [→ capítulo 25]. La sucesión de sílabas acentuadas e inacentuadas determina el ritmo de una frase [→ capítulo 36]. De ahí que, a veces, las sílabas acentuadas se conozcan como sílabas con acento 'rítmico'. Las sílabas acentuadas con acento léxico (o rítmico) pueden, además, ir acompañadas de un movimiento o cambio entonativo (como un aumento o una disminución relevante de la frecuencia fundamental). En este caso, pasan a ser sílabas acentuadas con acento melódico. Esto implica

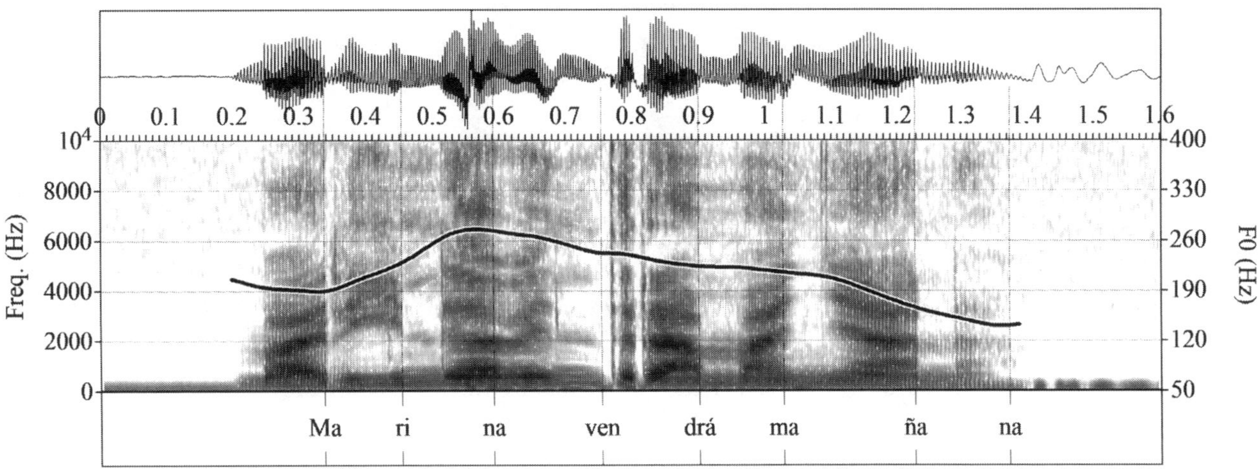

FIGURA 1. Oscilograma, espectrograma y curva de f_0 correspondientes a la oración declarativa neutra *Ma*rina ven*drá ma*ñana*.

que cualquier acento melódico está asociado a un acento léxico. Por el contrario, una sílaba con acento léxico no siempre presenta necesariamente una prominencia entonativa. Por ejemplo, la frase *Ma*rina ven*drá ma*ñana* tiene tres acentos léxicos marcados con un asterisco antepuesto. En la Figura 1 se aprecia cómo solo el primer y el último acento de carácter léxico (**ri* y **ña*) se asocian a un movimiento de la f_0 o acento melódico. La sílaba acentuada de la palabra *ven*drá* no va acompañada de un movimiento entonativo relevante, por lo que solo tiene un acento léxico o rítmico, pero no melódico.

Diversos estudios sobre la percepción del acento en español han demostrado que cuando los tres parámetros (amplitud, duración y frecuencia fundamental) interactúan sobre una sílaba, el índice acústico que determina la presencia de una sílaba acentuada es, en primer lugar, la frecuencia fundamental, seguida de la duración (Monroy 1980; Quilis 1971; véase también el capítulo 25 de la presente obra). Sin embargo, para el estudio de la entonación es importante recordar que no todas las sílabas acentuadas van acompañadas de un cambio relevante de la f_0 y, aun así, siguen percibiéndose como acentuadas, es decir, con prominencia rítmica pero no tonal. El acento melódico ha recibido varias designaciones: 'acento tónico', 'musical', 'de altura' o 'cromático' (véase Gil 1988, 130). También se ha denominado 'acento tonal', pero, dado que este término es propio del modelo métrico-autosegmental (véase el § 28.2.3), aquí se empleará únicamente cuando se haga referencia a esta teoría. A lo largo del presente capítulo, se utilizarán las denominaciones 'sílaba acentuada' o 'sílaba con acento léxico' indistintamente para aludir a una sílaba que únicamente presenta una prominencia rítmica. Las sílabas con prominencia entonativa (además de rítmica) se denominarán 'sílabas con acento melódico'.

Además de las sílabas acentuadas, existe otro punto de la cadena segmental, concretamente el final de la frase entonativa o grupo melódico, que también presenta movimientos tonales significativos [→ § 27.2.1]. En el ejemplo de la Figura 1, la última sílaba del enunciado, *-na,* experimenta un descenso final de la f_0 que es pertinente para señalar una entonación declarativa neutra. En el § 28.2, se analizarán con más detenimiento los principales rasgos fonológicos de las trayectorias tonales al final de un enunciado.

A pesar de las diferencias en el análisis de la entonación propuesto por los distintos modelos que han abordado su estudio, la mayoría de ellos coinciden, sin embargo, en dos aspectos: 1) la segmentación de la curva melódica con relación a la estructura segmental y, más concretamente, a la estructura silábica del 'texto', y 2) la apreciación de movimientos tonales relevantes al final de un grupo melódico. Aunque en enfoques como el de la Teoría Métrica-Autosegmental [→ § 1.21.13] (§ 28.2.3) se reconoce de manera más explícita la necesidad de analizar la entonación a partir de la estructura métrica de un enunciado, muchos de los modelos más tradicionales de descripción entonativa, como el de la escuela británica (§ 28.2.1), también examinan los contornos melódicos en términos de prominencia rítmica y establecen una clara distinción entre sílabas con acento léxico (en inglés, *stress*) y sílabas con acento melódico (en inglés, *accent*). Asimismo, aunque en modelos como el de la escuela americana de niveles (§ 28.2.2), el de la Teoría Métrica-Autosegmental o el de Aix-en-Provence (§ 28.2.5) claramente se postule la presencia de entidades que marcan el final de un dominio prosódico (como los 'tonos de frontera' o los 'tonos de juntura' [→ § 1.21.11]), otros enfoques, como el análisis configuracional británico o el modelo adoptado por Navarro Tomás, proponen una serie de categorías tonales que solo pueden aparecer en posición final de frase, reconociendo, de esta forma, la relevancia de los movimientos tonales al final de una oración o de un sintagma entonativo [→ § 1.21.6, § 31.2.1]. Por todo ello —al contrario de lo que sucede con el canto, en el cual el texto y la melodía se pueden analizar por separado y, por consiguiente, una melodía se puede cantar sin texto—, en el habla la curva melódica no se entiende si no está vinculada a un enunciado y, por tanto, la segmentación de la entonación no puede ir separada de la cadena segmental a la que va asociada.

Como se ha apuntado al principio de este apartado, otro problema que se plantea al sistematizar la entonación es el efecto semántico de los cambios melódicos. Mientras que en la fonología segmental detectar una unidad contrastiva es una tarea relativamente fácil, ya que la identificación de un fonema siempre implica una diferencia léxica (por ejemplo, /n/ y /m/ son dos fonemas distintos en español porque suponen un contraste significativo entre dos palabras como *cana* y *cama* [→ § 1.17.1]), en la entonación las variaciones melódicas solo producen contrastes léxicos en lenguas tonales como el chino, en algunos de cuyos dialectos la palabra *ta,* por ejemplo, puede adquirir cuatro significados distintos según las variaciones tonales con las que se produce: 'sonido de trompeta' con tono ascendente, 'responder' con tono descendente bajo, 'pegar' con tono descendente alto y 'grande' con tono descendente-ascendente (Cruttenden 1986, 9). En las lenguas no tonales o entonativas, entre ellas el español, las variaciones melódicas no inducen a contrastes en el nivel léxico, sino que aportan diferencias de significado en el ámbito de la frase. En español, por tanto, si se pronuncia la palabra *mamá* con distintos movimientos tonales (ascendente, descendente o suspensivo), el significado propio de la palabra no varía y lo que se modifica es el efecto semántico de la frase (interrogativo, declarativo o vocativo), tal y como se ejemplifica en la Figura 2 (véase también el § 30.3.1).

La relación entre un cambio melódico y un efecto semántico no es siempre tan evidente. A veces, ciertos movimientos tonales que no parecen relevantes en un análisis instrumental pueden acarrear matices significativos importantes a nivel perceptivo y, por tanto, semántico. Por ejemplo, la Figura 3 ilustra dos contornos melódicos parecidos asociados al mismo enunciado *(Ma*rina)*. En ambos casos, la curva melódica presenta un pico de f_0 en la sílaba acentuada -*ri*- y un descenso de la f_0 al final de la frase (más pronunciado en el primer contorno). Las diferencias entre los dos niveles de f_0 del final del enunciado (un descenso a un tono bajo y a un tono menos bajo o medio) son suficientes para proporcionar significados distintos. Los dos enunciados se pueden producir como respuesta a la pregunta *¿Quién vendrá?,* pero mientras que el primer contorno implica una aseveración concluyente, final y definitiva, es decir, *(Vendrá) Marina (y nadie más),* el segundo contorno expresa algo no final, inconcluso y, a la vez, incierto, que equivaldría a la frase *(Vendrá posiblemente) Marina (y a lo mejor más gente, aunque no es seguro).*

En otras ocasiones, por el contrario, existen cambios de la f_0 que parecen relevantes en un análisis acústico de la curva melódica, pero que no lo son desde un punto de vista semántico. La mayoría de estas alteraciones se deben a efectos segmentales y se denominan efectos de 'microprosodia' o 'micromelodía' [→ § 1.5.5, § 27.1]. Por ejemplo, las consonantes que se articulan con una constricción fuerte en el tracto vocal muestran alteraciones en la frecuencia fundamental, de modo que después de consonantes obstruyentes suele producirse un incremento de la f_0. En el caso de las consonantes sordas no se registra la f_0 y esta interrupción en la curva melódica puede influir en el tono de la vocal siguiente, haciéndolo más agudo (Lehiste 1970). Asimismo, las vocales cerradas presentan una f_0 intrínseca [→ § 1.5.5] ligeramente más

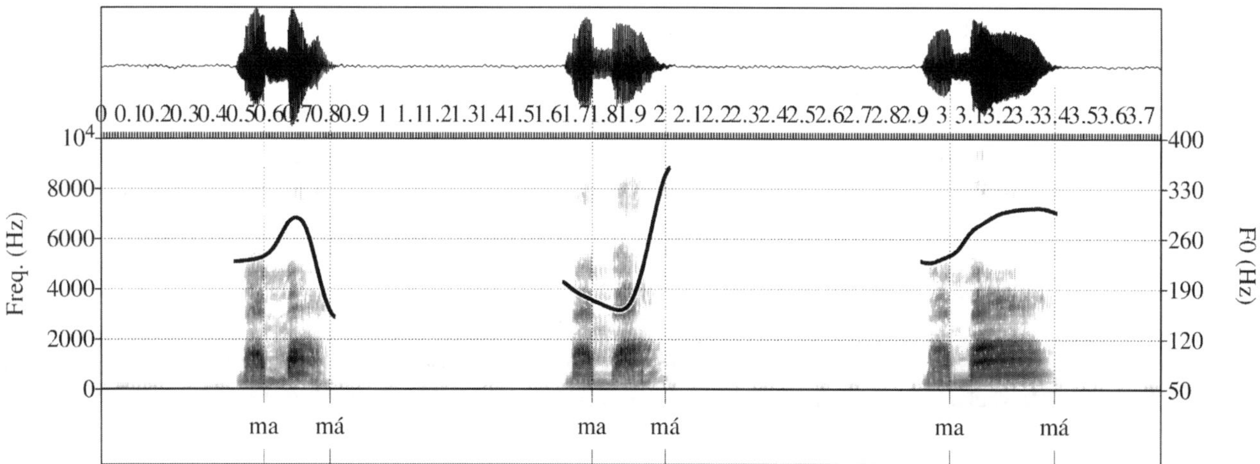

FIGURA 2. Oscilogramas, espectrogramas y curvas de f_0 correspondientes a tres producciones de la palabra *ma*má* con entonación descendente (típica de una declarativa), ascendente (típica de una interrogativa) y suspensiva (propia de un vocativo).

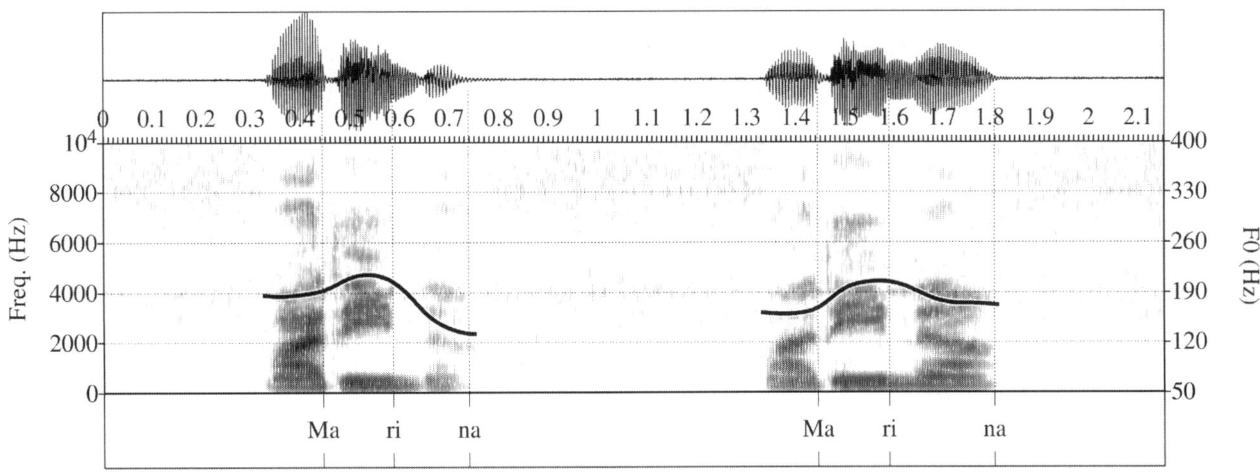

FIGURA 3. Oscilogramas, espectrogramas y curvas de f_0 correspondientes a la palabra *Ma*rina* producida con una entonación declarativa final y con una entonación declarativa no final.

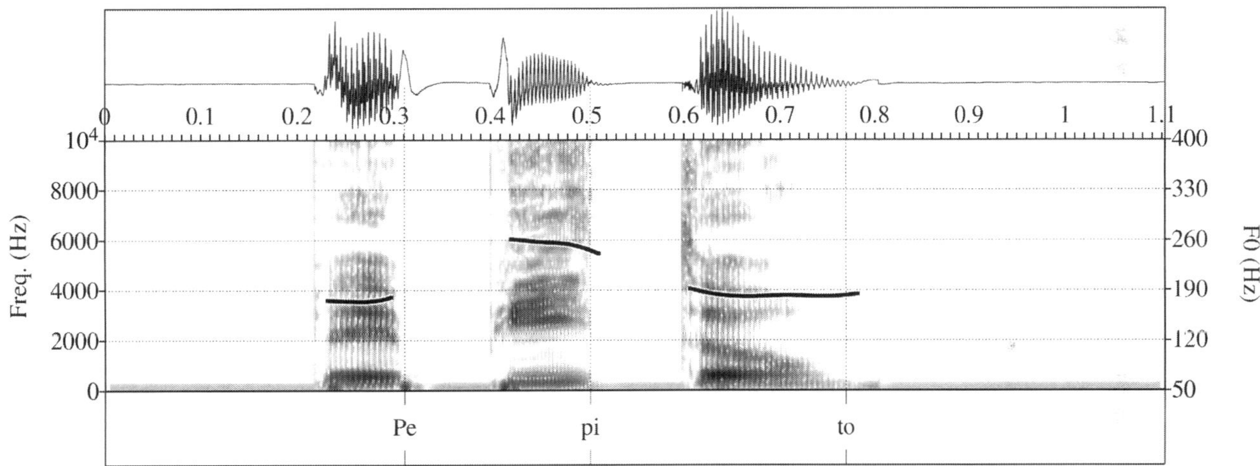

FIGURA 4. Oscilograma, espectrograma y curva de f_0 correspondientes a la palabra *Pe*pito* producida con una entonación declarativa no final.

alta, probablemente debido a los efectos de la altura de la lengua sobre la posición del tiroides (véanse Lehiste y Peterson [1961], para el inglés, y Gili Gaya [1924], Mateo [1988], y el § 2.3.1 de la presente obra, para el español). Paralelamente, distintas cualidades de voz, como la 'voz crepitante' (en inglés, *creaky voice*) o la 'voz soplada' (en inglés, *breathy voice*) [→ § 1.5.6], afectan a la curva entonativa. A pesar de todo ello, en la percepción de la curva melódica se prescinde de estas perturbaciones y los hablantes, en este caso de español, son capaces de identificar en la producción de *Pepito* ilustrada en la Figura 4 una entonación declarativa no final o inconclusa, independientemente de las interrupciones y alteraciones de la f_0 provocadas por las consonantes sordas del enunciado.

Debido a la dificultad que conlleva sistematizar la entonación, los estudios entonativos se incorporaron más tardíamente que otras subdisciplinas fónicas a los tratados de fonética y fonología. Por lo que se refiere al español, los primeros trabajos sobre la entonación, realizados por Navarro Tomás (1939, [1944] 1974, [1918] 1968) suponen una minuciosa descripción de los principales patrones melódicos elaborada a partir de un análisis auditivo-intuitivo que, a pesar de haberse llevado a cabo en una época de escaso avance en las técnicas de investigación instrumental, ha resultado enormemente ajustada en sus conclusiones. Esta primera aproximación a la entonación del español ha servido de base e inspiración para la mayoría de los trabajos posteriores enmarcados en las distintas tradiciones de análisis fonológico. Antes de revisar dichas propuestas, en los siguientes apartados se repasarán: 1) las principales características de la entonación como fenómeno fonológico y, más concretamente, aquellos aspectos descriptivos del fenómeno entonativo comunes a todas las teorías, como la identificación de las unidades melódicas, la distribución de los acentos melódicos y su categorización

(§ 28.1.1); y 2) los métodos que los diversos enfoques han utilizado para identificar las unidades contrastivas de la entonación, concretamente, el análisis auditivo-intuitivo, la observación acústica-instrumental y el paradigma de la percepción categorial (§ 28.1.2).

28.1.1 La entonación como fenómeno fonológico

Como ya se ha apuntado brevemente en el apartado anterior, las variaciones entonativas pueden ser contrastivas a dos niveles: 1) pueden alterar el significado de una palabra (en lenguas tonales) y 2) pueden alterar el significado de una frase (tanto en lenguas no tonales o entonativas como en lenguas tonales). Es decir, mientras que en las lenguas tonales la entonación es responsable de las diferencias fonológicas en dos ámbitos de aplicación (palabra y frase), en las lenguas entonativas la entonación solo tiene capacidad distintiva en el nivel de la frase. Este apartado se centrará en el fenómeno fonológico de la entonación en el ámbito de la frase.

A pesar del distinto enfoque que adoptan los diferentes modelos fonológicos de descripción entonativa, es importante destacar que, de manera implícita o explícita, todas las teorías de la entonación reflejan la necesidad de describir los contornos melódicos a partir de tres aspectos básicos: 1) la división de un 'texto' en unidades melódicas, 2) la distribución de las entidades tonales dentro de cada unidad melódica y 3) el sistema o inventario de entidades tonales propias de cada lengua. Estos tres pilares de la descripción entonativa se conocen, en términos de Halliday (1967), como «tonalidad», «tonicidad» y «tono». Sosa (1999), a su vez, los denomina «fraseo prosódico», «acentuación» y «melodía».

La tonalidad, o división de un texto o de un fragmento de habla en unidades melódicas o en grupos entonativos, es el primer paso para una modelización de los contornos melódicos. Como indica Navarro Tomás ([1944] 1974), «la unidad melódica es la porción mínima de discurso con forma musical determinada, siendo al propio tiempo una parte por sí misma significativa dentro del sentido total de la oración» (29). Según Quilis (1993), «los límites de la unidad melódica coinciden en español con los del grupo fónico» (418) [→ § 1.6.8], definido como la «porción de discurso comprendido entre dos pausas» [→ § 35.2]. Aunque en muchas ocasiones, en efecto, una unidad melódica está delimitada por pausas, existen otros fenómenos que también contribuyen a la demarcación de dichas unidades, como el alargamiento silábico final (Cruttenden 1986) o una reducción en la intensidad de las últimas sílabas (Prieto Vives 2002). Asimismo, el inicio de un nuevo grupo entonativo conlleva un reajuste del nivel tonal del enunciado, de forma que la nueva unidad entonativa se pronuncia con un campo tonal más amplio que el final del grupo anterior (Cooper y Sorensen 1977; Garrido Almiñana 1999; Pierrehumbert y Hirschberg 1990, entre otros) [→ § 27.5, § 27.6, § 31.2.1].

Los distintos modelos fonológicos han adoptado términos dispares, pero con un significado prácticamente equivalente, para referirse al concepto de unidad entonativa: «grupo fónico» (Navarro Tomás [1944] 1974; Quilis 1993), «unidad tonal» (Crystal 1969), «grupo tonal» (Halliday 1967), «macrosegmento» (Hockett 1958), «grupo melódico» (Sosa 1991, 1999), «sintagma entonativo» (Nespor y Vogel 1986; Pierrehumbert 1980), «grupo de palabras» (O'Connor y Arnold 1973), «grupo entonativo» (Garrido Almiñana 1996) o «unidad entonativa» (Hirst y Di Cristo 1998). Basándose en el grado de independencia de cada unidad entonativa, algunos modelos fonológicos han propuesto la definición de dos dominios prosódicos. Ladd (1986), por ejemplo, distingue entre un nivel de estructura prosódica mayor delimitado por una pausa y un nivel menor definido por la presencia de un acento tonal nuclear. Beckman y Pierrehumbert (1986) y Pierrehumbert y Beckman (1988) postulan que una frase entonativa se descompone en una serie de unidades menores denominadas «frases intermedias» delimitadas por un «acento de frase» (véase el § 28.2.3). Garrido Almiñana (1996) establece una diferencia entre un grupo entonativo y una «cláusula entonativa» formada por un conjunto de grupos entonativos que comparten un mismo patrón de supradeclinación [→ § 27.4, § 31.2, § 32.3.1]. Quilis (1993) distingue entre «grupo fónico», delimitado por pausas, y «grupo de entonación», definido como:

> la porción de discurso comprendida entre dos pausas, entre pausa e inflexión del fundamental, entre inflexión del fundamental y pausa, o entre dos inflexiones del fundamental, que configura una unidad sintáctica más o menos larga o compleja (sintagma, cláusula, oración) (419).

Una unidad melódica menor, por tanto, suele delimitarse por un movimiento relevante de la f_0 sin necesidad de que se produzca una pausa real.

Tal y como indican Alcina y Blecua (1975, 456), la división de un enunciado en unidades melódicas mayores o menores puede variar según la voluntad del hablante. De esta forma, una frase como *Mañana por la mañana vendrá Marina* puede producirse con dos unidades melódicas de carácter superior, separadas por una pausa y con una inflexión relevante de la f_0 (1a), o con una única unidad melódica integrada por dos grupos de entonación separados por un cambio de la f_0, pero sin pausa intermedia (1b). La realización ilustrada en (1a), por tanto, contiene dos unidades melódicas acabadas en pausa (#) y con distinta inflexión tonal final: ↑ (tono ascendente) y ↓ (tono descendente). Por el contrario, la de (1b) está formada por una única unidad melódica (delimitada por una pausa final) que, a su vez, contiene dos grupos de entonación menores delimitados por los tonos ↑ y ↓. Finalmente, otros autores, como Hirst y Di Cristo (1998), proponen una organización jerárquica de los dominios prosódicos en tres niveles: una unidad mayor (la «unidad entonativa») comprendida entre dos pausas; una unidad menor (la «unidad tonal»), que contiene una sílaba acentuada y las átonas que la preceden, y una unidad intermedia (la «unidad rítmica») caracterizada por contener una o más unidades tonales (véase el § 28.2.5 para más detalles).

(1)   a. Mañana por la mañana ↑ # vendrá Marina ↓#.
        b. Mañana por la mañana ↑ vendrá Marina ↓#

La idea de una organización jerárquica de la estructura prosódica está estrechamente vinculada a la teoría de la Fonología Prosódica o Jerarquía Prosódica [→ § 1.21.6] desarrollada por Selkirk (1984), Nespor y Vogel (1986) o Hayes (1989). A diferencia de la fonología entonativa, que define los constituyentes prosódicos según criterios entonativos, la Fonología Prosódica propone identificar los distintos dominios fonológicos en función de la aplicación de los fenómenos que se producen en el decurso fónico. Por ejemplo, mientras que Pierrehumbert y Beckman (1988) definen una frase intermedia [→ § 27.1] como el dominio del acento de frase, Nespor y Vogel (1986) distinguen entre un sintagma entonativo (de nivel superior) y un sintagma fonológico (de nivel inferior) basándose en la aparición de los fenómenos de juntura o *sandhi*. Según estas autoras, en español, por ejemplo, la asimilación del punto de articulación de una nasal en posición final de palabra con la obstruyente al inicio de la siguiente palabra se bloquea entre dos sintagmas entonativos, pero no entre dos sintagmas fonológicos (Nespor y Vogel 1986, 211).

A pesar de las distintas propuestas de descripción fonológica de la entonación, todos los modelos coinciden en que las unidades tonales mínimas (a veces denominadas 'tonemas', → capítulo 27) se deben identificar en el ámbito del grupo entonativo. Es decir, para analizar la entonación de cualquier enunciado, es preciso dividirlo primero en las distintas unidades melódicas que lo componen. En este capítulo se utilizan los términos 'unidad melódica' o 'grupo entonativo' indistintamente para hacer referencia a un fragmento de un enunciado dotado de una curva melódica completa. La terminología específica de los distintos modelos se revisará en los apartados dedicados a cada uno de ellos.

Una vez establecidos los grupos entonativos, se debe investigar dónde están localizados los movimientos tonales relevantes. La tonicidad o distribución de los acentos entonativos en una unidad melódica está estrechamente ligada a la estructura informativa de la frase, es decir, a la señalización de aquellos elementos de la frase que el hablante considera que aportan información nueva o relevante para el acto comunicativo. Cuando un enunciado incluye información nueva en su totalidad, esto es, cuando todo lo que se dice es desconocido por el oyente, el movimiento tonal más importante recae en la sílaba acentuada de la última palabra y se expande a lo largo de las sílabas postónicas (si existen). Si el enunciado contiene más palabras con acento léxico, estas también pueden presentar algún tipo de movimiento tonal (o acento melódico). El enunciado declarativo de la Figura 1, *Marina vendrá mañana,* es un ejemplo de una frase con 'foco amplio' (toda la oración presenta información nueva) que podría dar respuesta a preguntas del tipo *¿Qué sucede?* o *¿Qué hay de nuevo?* La última palabra *(mañana)* recibe un acento melódico, en este caso precedido de otro acento melódico sobre la segunda sílaba de la palabra *Marina.* Cuando la información nueva no recae en toda la frase, sino en un elemento concreto, se habla de frases con 'foco estrecho'. Por ejemplo, la frase *Mañana vendrá* MARINA producida como respuesta a la pregunta *¿Quién vendrá mañana?* es un enunciado con foco estrecho sobre la palabra MARINA (el resto de la frase contiene información compartida) [→ capítulo 30].

Una vez detectados los puntos de la cadena segmental que han recibido un acento melódico, el tercer paso para la modelización entonativa consiste en discernir el tipo de entidades tonales o unidades de significado asociadas a dichos puntos. Las entidades capaces de acarrear contrastes tonales significativos se denominan 'tonemas' [→ capítulo 27 y § 31.2.1]. El término 'tonema', propuesto por primera vez por Navarro Tomás ([1944] 1974) para describir la entonación del español, no siempre se ha utilizado con el mismo significado. En la propuesta inicial de Navarro Tomás, un tonema era la inflexión melódica que sigue la curva entonativa a partir de la última sílaba acentuada del grupo tónico. El tonema, por tanto, representa el contorno terminal de una unidad melódica y explica el movimiento de la f_0 desde la última sílaba acentuada hasta las sílabas finales (si existen). El tonema de Navarro Tomás se asemeja al concepto de 'tono nuclear' de la escuela británica o a la 'configuración raíz' de la escuela holandesa. En otros trabajos, enmarcados en la escuela americana de niveles o en la Teoría Métrica-Autosegmental, el tonema se entiende como un primitivo fonológico o unidad tonal pertinente asociada a una sílaba acentuada (independientemente de su posición en la unidad melódica) o a la frontera final de un grupo entonativo. Esta concepción del tonema distingue, por tanto, entre los primitivos fonológicos propios de las sílabas acentuadas como los 'niveles tonales' (escuela americana) o los 'acentos tonales' (Teoría Métrica-Autosegmental) y los primitivos fonológicos vinculados al final de los dominios prosódicos como las 'junturas terminales' (escuela americana) o los 'tonos de frontera' y 'acentos de frase' (Teoría Métrica-Autosegmental).

Como se verá con más detalle en el § 28.2, las distintas interpretaciones del concepto de tonema están estrechamente vinculadas a la manera de describir el contorno melódico, ya sea a partir de la 'trayectoria' de la f_0 (escuela británica, escuela holandesa, o el modelo de Navarro Tomás), ya sea mediante 'niveles' de f_0 (escuela americana, Teoría Métrica-Autosegmental, o el modelo de Aix-en-Provence). Las propuestas de la escuela británica, de la escuela holandesa o de Navarro Tomás describen los primitivos fonológicos en función de la trayectoria de f_0 que presentan (por ejemplo, tonos ascendentes o descendentes), ya que de esta forma pueden dar cuenta no únicamente del movimiento tonal de la última sílaba acentuada, sino también de la trayectoria melódica hasta el final del enunciado. Por el contrario, la escuela americana, la Teoría Métrica-Autosegmental o el modelo de Aix-en-Provence describen la entonación mediante tonos estáticos (por ejemplo, tono alto, medio o bajo) asociados a las sílabas acentuadas y al final de un dominio prosódico. Por ejemplo, las Figuras 5 y 6 incluyen dos realizaciones de la frase *Ma*rina ven*drá ma*ñana*, una con entonación declarativa con matiz de reserva y otra con entonación interrogativa absoluta neutra (*¿Ma*rina ven*drá ma*ñana?*). Ambas frases contienen tres acentos léxicos y dos melódicos (en *-ri-* y *-ña-*). Como se puede apreciar en estos ejemplos, la trayectoria de la f_0 de los acentos melódicos es distinta en los dos enunciados y responde a entidades de significado o tonemas distintos. La sílaba *-ri-* se produce con un ascenso de la f_0 en el enunciado declarativo con matiz de reserva (Figura 5) y con una f_0 baja con ascenso en la postónica en la frase interrogativa (Figura 6). Por su parte, la última sílaba acentuada *-ña-* presenta una f_0 alta con posterior descenso a un tono medio en la declarativa con reservas (Figura 5) y una f_0 baja con ascenso final en la interrogativa absoluta (Figura 6). En ambos casos, las distintas melodías se deben modelar como unidades contrastivas diferentes, ya que son responsables de un cambio semántico entre los dos enunciados.

Según los modelos que caracterizan la entonación en función de su trayectoria, el tono final de la declarativa con matiz de reserva se representa mediante un tono descendente medio (escuela británica) o con un «tonema de semicadencia» (Navarro Tomás) que describe el movimiento de la f_0 de la sílaba acentuada y de las sílabas finales del enunciado. A su vez, el final de la declarativa absoluta se modela con un tono ascendente alto o «tonema de anticadencia». Por el contrario, en líneas generales, la escuela americana, la Teoría Métrica-Autosegmental o el modelo de Aix-en-Provence describen la entonación declarativa con matiz de reserva con un acento melódico alto seguido de un tono de frontera medio. La entonación interrogativa absoluta se analiza mediante un acento melódico bajo y un tono de frontera alto. En el siguiente subapartado se repasarán las aportaciones concretas de cada modelo de manera más detallada.

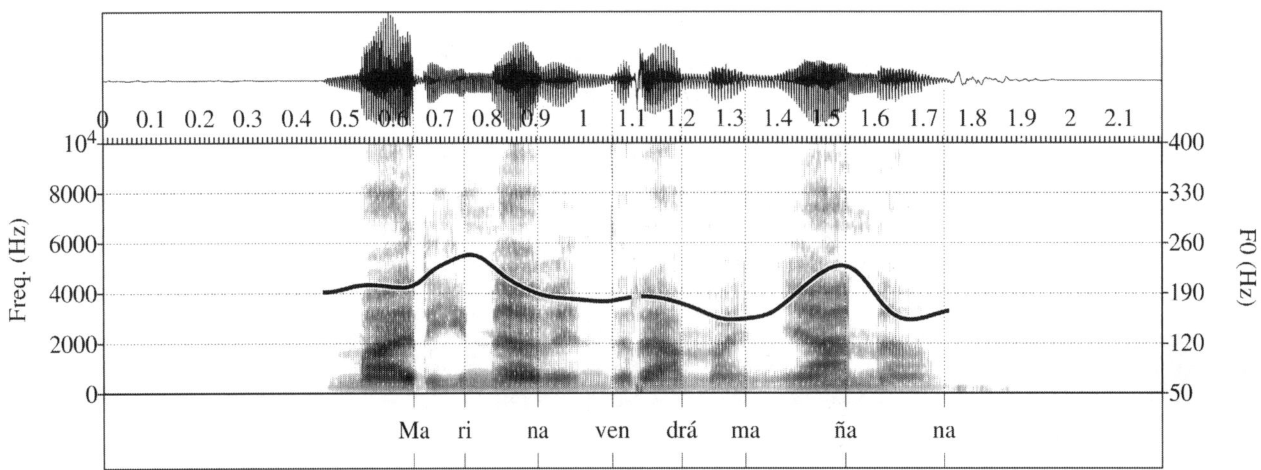

FIGURA 5. Oscilograma, espectrograma y curva de f_0 correspondientes a la oración *Ma*rina ven*drá ma*ñana* producida con una entonación declarativa con matiz de reserva.

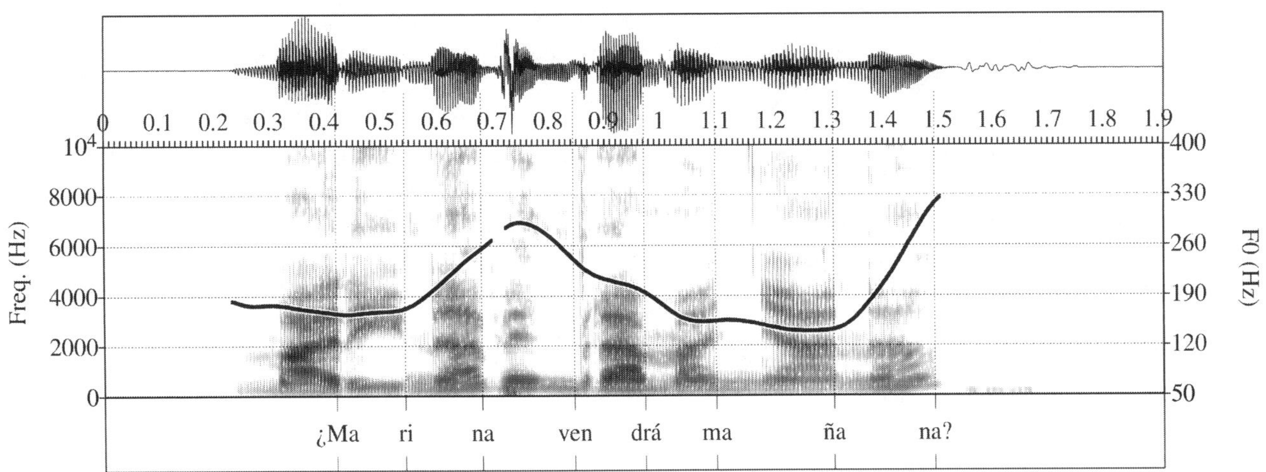

FIGURA 6. Oscilograma, espectrograma y curva de f_0 correspondientes a la oración *¿Ma*rina ven*drá ma*ñana?* producida con una entonación interrogativa absoluta.

28.1.2 La identificación de unidades de significado

Para identificar las unidades entonativas con valor contrastivo, los especialistas han recurrido a distintos métodos de análisis que han evolucionado con el tiempo y con la incorporación de nuevos instrumentos y programas para el análisis acústico. Los métodos o técnicas de análisis entonativo se pueden englobar en tres áreas que responden también a una evolución cronológica de los estudios sobre la entonación: 1) análisis auditivo-intuitivo; 2) método instrumental (con análisis acústico como apoyo a las impresiones auditivas); y 3) estudios de percepción (para verificar las observaciones auditivas y acústicas).

Los primeros modelos lingüísticos de la entonación, como el de la escuela británica (§ 28.2.1) o el de la escuela americana (§ 28.2.2), analizaron las curvas melódicas a partir de juicios auditivo-intuitivos. En la época en la que se desarrollaron estas teorías, las técnicas de análisis acústico y cuantitativo todavía no estaban consolidadas y, por tanto, los fonólogos tuvieron que confiar en su percepción auditiva para describir los movimientos tonales. Para ello, se idearon sistemas de representación que permitían plasmar de manera gráfica lo que oía el transcriptor. En el marco de la escuela británica se desarrolló el sistema de representación tonal interlineal (Cruttenden 1986; Crystal 1969; Gimson [1962] 1980; Halliday 1967, 1970; O'Connor y Arnold 1973). Este método consistía en representar las curvas melódicas entre dos líneas horizontales que simbolizaban los límites superior e inferior de la tesitura [→ § 1.5.5] del hablante y en asignar a cada sílaba un círculo que representaba su nivel tonal. Un círculo de mayor tamaño indicaba una sílaba con acento léxico; un círculo más pequeño representaba una sílaba inacentuada. La altura de los círculos representaba la curva melódica que percibía el analista. En las palabras monosílabas el movimiento entonativo se trazaba con una línea consecutiva al círculo. Quilis y Fernández ([1964] 1985) adaptaron este tipo de notación tonal al español. En la Figura 7 se incluyen unos ejemplos para la oración declarativa neutra *Ma*rina ven*drá ma*ñana* y la oración interrogativa absoluta *¿*Juan *llega *hoy?* Incluso al adoptarse el método instrumental, esta representación se siguió utilizando básicamente para fines didácticos.

Navarro Tomás ([1944] 1974) utilizó un sistema de transcripción por trazos que representaban la altura tonal de las vocales obtenida mediante inscripciones quimográficas. Cada trazo estaba ubicado en torno a tres líneas de puntos que servían de pauta para indicar respectivamente un tono agudo, medio o grave del campo tonal [→ § 1.5.5] del hablante. La Figura 8 representa las mismas frases que las de la Figura 7

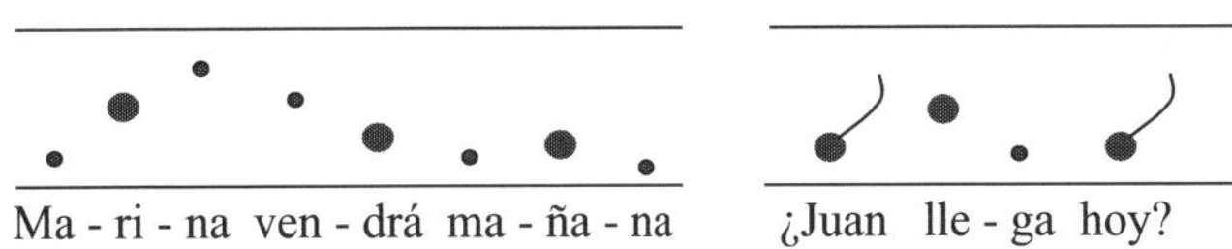

FIGURA 7. Representación de una oración declarativa neutra y de una interrogativa absoluta según el sistema tonal interlineal.

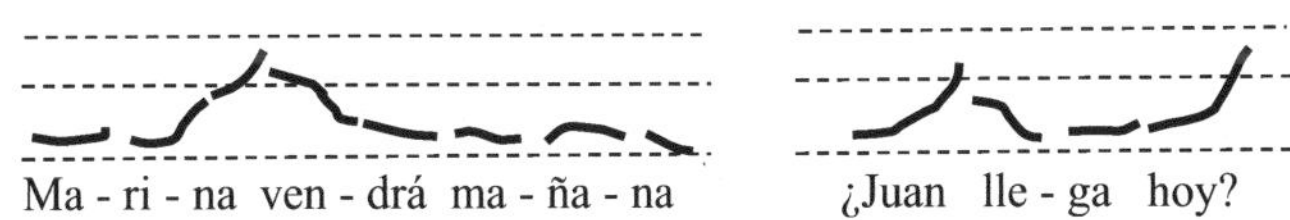

FIGURA 8. Representación de una oración declarativa neutra y de una interrogativa absoluta según el sistema de Navarro Tomás.

según el sistema propuesto por Navarro Tomás. Al separar la curva melódica en sílabas, se observa claramente el nivel tonal de cada vocal. Alarcos (1994) utiliza un sistema parecido, con líneas que indican los tres niveles tonales, pero con una representación ininterrumpida del contorno.

En el contexto de la escuela americana, Pike (1945) propuso un sistema de transcripción prosódica en el que empleaba una línea (continua y discontinua), solapada con la frase escrita, que simbolizaba los supuestos niveles tonales. La línea continua marcaba las sílabas con acento melódico y la discontinua indicaba las sílabas inacentuadas o con acento léxico, pero no melódico. La Figura 9 ilustra la aplicación del sistema de Pike a los ejemplos presentados.

Quilis (1993) propone una representación estilizada de la curva, en cierta manera inspirada en la esquematización avanzada por Pike, pero con dos diferencias: 1) la curva no se solapa con la secuencia segmental, y 2) las líneas discontinuas marcan la interrupción de la f_0 propia de las consonantes sordas. En las representaciones de Quilis, la parte segmental solía aparecer en transcripción fonética, no en su forma ortográfica. La Figura 10 presenta una adaptación (sin transcripción fonética) de la esquematización de la curva de f_0 propuesta por Quilis.

Asimismo, Bolinger (1955, 1986) plasma las fluctuaciones tonales en la misma secuencia ortográfica separada en sílabas (Figura 11) que se ubican en un nivel más alto o más bajo reproduciendo su altura tonal. Para el español, este sistema se ha utilizado en el trabajo de Cantero (2002). Este tipo de transcripción presenta un problema tipográfico cuando se deben simbolizar movimientos tonales complejos en una misma sílaba.

A pesar de que actualmente el estudio de las curvas melódicas siempre viene respaldado por un análisis instrumental, muchas publicaciones siguen incorporando representaciones esquemáticas de los contornos para ilustrar las configuraciones tonales. En

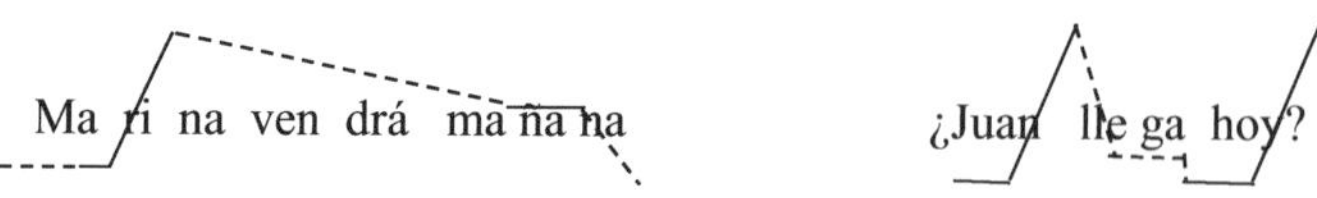

FIGURA 9. Representación de una oración declarativa neutra y de una interrogativa absoluta según el sistema de Pike.

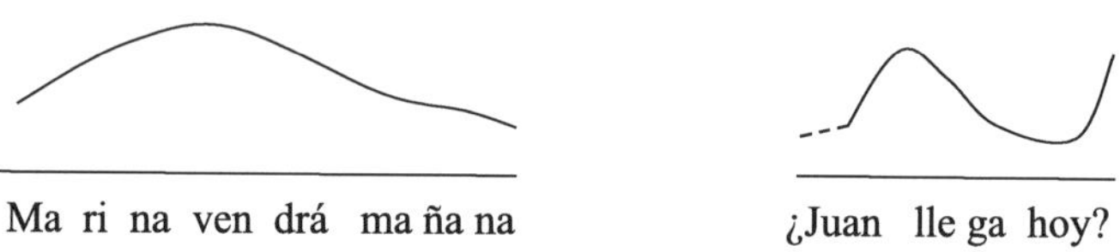

FIGURA 10. Representación de una oración declarativa neutra y de una interrogativa absoluta según el sistema de Quilis.

FIGURA 11. Representación de una oración declarativa neutra y de una interrogativa absoluta según el sistema de Bolinger.

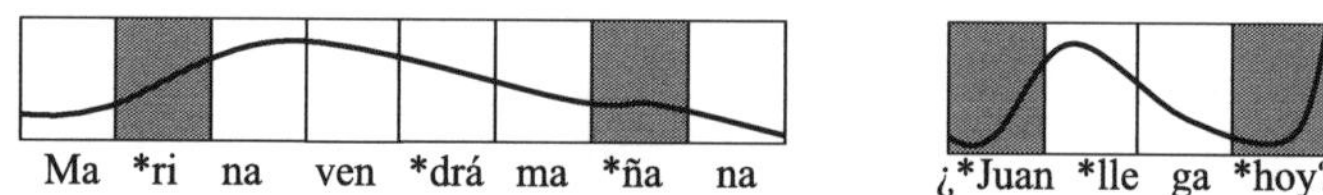

FIGURA 12. Representación de una oración declarativa neutra y de una interrogativa absoluta adaptando algunas propuestas inspiradas en la Teoría Métrica-Autosegmental y en el sistema Sp_ToBI.

este capítulo se utilizará una representación gráfica por cajas, inspirada en algunos estudios elaborados en el marco de la Teoría Métrica-Autosegmental o del sistema Sp_ToBI (para la explicación de este sistema de anotación prosódica véase, más adelante, el § 28.2.3), como el de Grabe (1998) o el de Estebas-Vilaplana y Prieto Vives (2008). En esta esquematización del contorno (Figura 12), cada caja representa una sílaba y la línea curva reproduce la trayectoria de la f_0. Las cajas sombreadas indican que se produce un movimiento significativo de la f_0 en la sílaba correspondiente y que, por tanto, se trata de una sílaba con acento melódico. Las cajas blancas representan sílabas átonas o sílabas con acento léxico, pero no melódico. En algunas ocasiones, las sílabas átonas que preceden o siguen al acento melódico también pueden presentar un movimiento relevante de la f_0 como parte del movimiento tonal de la sílaba acentuada. Por ejemplo, en la sílaba -ri- se inicia un ascenso de la f_0 cuyo pico se realiza en la sílaba postónica (-na). En la transcripción ortográfica del enunciado, las sílabas con acento léxico se marcan mediante un asterisco, tal como se ha venido haciendo a lo largo del capítulo.

Al incorporar nuevas técnicas de análisis instrumental, los estudios sobre la entonación se beneficiaron de la exploración de la curva de f_0 desde el punto de vista acústico. De esta manera, modelos como el de la escuela holandesa (§ 28.2.4), el de la Teoría Métrica-Autosegmental o el de Aix-en-Provence (§ 28.2.5) analizan los contornos melódicos no únicamente con base en la percepción auditiva, sino también con la ayuda de la imagen de la curva de f_0 obtenida mediante programas de análisis acústico. Algunos ejemplos de la aplicación de estas técnicas se pueden ver en la Figura 1, al principio del capítulo, con la oración declarativa neutra *Marina vendrá mañana,* y, en la Figura 13, con la oración interrogativa absoluta *¿Juan llega hoy?* En estas imágenes la curva de f_0 se presenta superpuesta al espectrograma y se puede examinar con relación al oscilograma de la parte superior, permitiendo de esta forma un análisis de la alineación de los cambios melódicos relevantes con la estructura segmental.

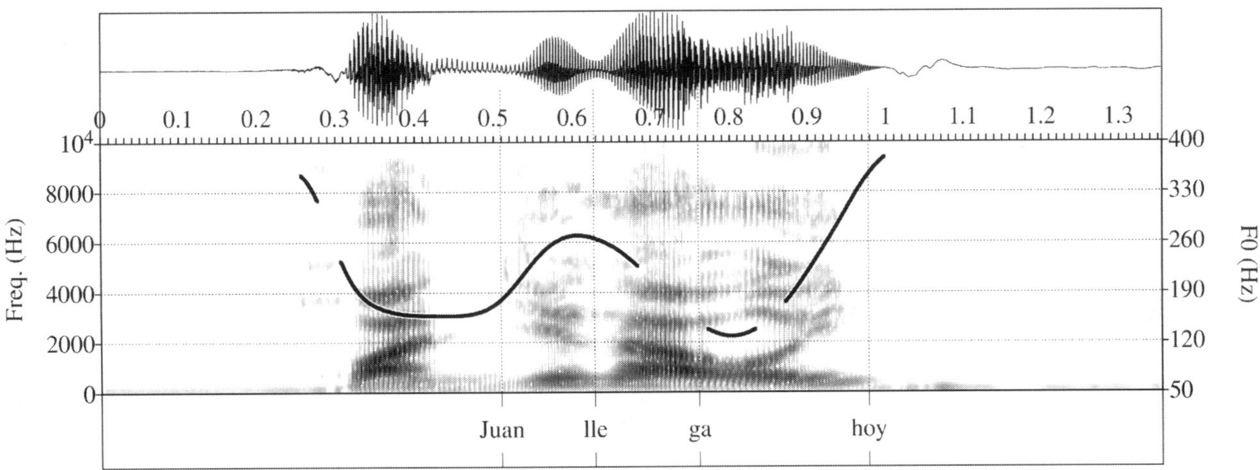

FIGURA 13. Oscilograma, espectrograma y curva de f_0 correspondientes a la oración interrogativa absoluta *¿*Juan *llega *hoy?*

Aparte de los juicios auditivos y del análisis acústico empleados para modelizar las curvas entonativas, en varios trabajos, la mayoría de ellos enmarcados en la Teoría Métrica-Autosegmental, se han diseñado experimentos perceptivos para intentar discernir entre lo que es categórico o lingüístico y lo que es gradual en la entonación (véanse Gussenhoven [2004, 2006], para una revisión de estos estudios). Entre los distintos métodos utilizados cabe destacar las tareas de imitación (Dilley 2005; Pierrehumbert y Steele 1989), las tareas de congruencia (Rathcke y Harrington 2006), los juicios de prominencia (Gussenhoven y Rietveld 1988; Ladd, Verhoeven y Jacobs 1994), los juicios semánticos (Gussenhoven y Rietveld 2000; Nash y Mulac 1980) o los experimentos por pistas (Face 2007). La mayoría de estos estudios examinan las diferencias tonales en dos dimensiones: 1) la alineación del pico de la f_0, es decir, la posición más temprana o más tardía del pico de la f_0 con relación a la sílaba acentuada; y 2) la altura tonal, esto es, las variaciones del campo o del nivel tonal de la f_0 en una determinada posición de la frase entonativa.

Una metodología que deriva del estudio de los contrastes consonánticos y que se ha aplicado a contrastes entonativos es el paradigma de la percepción categórica o categorial (Alvin M. Liberman *et al.* 1957) [→ § 1.14.1]. Este método utiliza dos tipos de experimentos diferentes para identificar si una serie de estímulos de un continuo fonético responden o no a dos categorías fonológicas distintas: 1) experimentos de identificación y 2) experimentos de discriminación (véase Repp 1984). Para ello, se utilizan estímulos obtenidos a partir de la manipulación de las curvas de f_0 correspondientes a dos oraciones de base, esto es, dos estructuras iguales desde el punto de vista segmental producidas con una diferencia concreta en la trayectoria melódica. Por ejemplo, para discernir, según el paradigma de la percepción categórica, si las dos curvas de f_0 descendentes presentadas en la Figura 3 (descenso de la f_0 a un tono bajo o descenso de la f_0 a un tono medio) representan un contraste categórico o son realizaciones alofónicas de un mismo movimiento tonal, sería necesario crear un conjunto de estímulos que se obtendrían manipulando el nivel tonal de la f_0 al final de los dos contornos de base. Para ello, se modificaría la altura de la f_0 final en intervalos iguales desde el tono bajo al tono medio y a la inversa, creando un conjunto gradual de estímulos, encajados entre los dos contornos iniciales. En el experimento de identificación los informantes oyen los estímulos presentados en orden aleatorio y deben decidir a qué categoría, entre dos posibles, pertenecen dichos estímulos. En el caso de los movimientos finales descendentes, los oyentes deberían indicar si perciben, por ejemplo, un 'enunciado acabado' o un 'enunciado inacabado'. Si la percepción es categórica, los resultados de este experimento deben mostrar un cambio brusco en la identificación de los estímulos, es decir, todos aquellos estímulos próximos a un final bajo de la f_0 se asociarían a un enunciado acabado, mientras que los estímulos cercanos al descenso a un tono medio se interpretarían como un enunciado inacabado. Los estímulos intermedios suelen interpretarse de modo más variable por los oyentes, ya que son los menos afines a los contornos de base. Por el contrario, si la percepción no es categórica, la identificación de los estímulos no se divide en dos grupos claros, sino que muestra dispersión en las interpretaciones. Esto indicaría que los dos contornos son variantes alofónicas de una misma entidad tonal. En el experimento de discriminación, los informantes escuchan pares de estímulos que difieren dentro de un continuo y deben decidir si los dos miembros son iguales o no. Cuando la percepción es categórica, se espera que los dos estímulos se valoren como diferentes de manera tanto más clara cuanto más alejados sean los valores de la f_0 que se analizan. Si la percepción no es categórica, los oyentes interpretarán los pares de estímulos como iguales, incluidos aquellos con valores de f_0 más distantes.

En el ámbito del español, el paradigma de la percepción categórica se ha utilizado en los trabajos de Méndez Seijas (2009) y de Prieto Vives, Estebas-Vilaplana y Vanrell (2010) para analizar las diferencias de altura y de alineación tonales. Méndez Seijas (2009) estudió, para el español venezolano, si las diferencias en la altura tonal del pico de la f_0 eran responsables de la distinción entre una declarativa neutra (con pico alto) y una interrogativa absoluta (con pico más alto) en enunciados con una composición segmental idéntica del tipo *manda*rina*. Para ello, alteró de manera artificial la altura del pico de la f_0 de la sílaba acentuada. Los resultados demostraron que, conforme aumentaba la altura tonal del pico de la f_0, los hablantes pasaban de manera categórica de la percepción de un enunciado declarativo a la de un enunciado interrogativo, lo que muestra que las diferencias en la altura tonal del pico de la f_0 son distintivas en el español de Venezuela. En Prieto Vives, Estebas-Vilaplana y Vanrell (2010), se llevaron a cabo dos pruebas perceptivas (identificación y discriminación) para comprobar si los cambios en la alineación del pico de la f_0 ayudaban a identificar secuencias ambiguas que se distinguían por la presencia de una frontera de palabra oxítona o la de una paroxítona del tipo *compra*ré mostazas* frente a *compra*remos tazas*. Los resultados revelaron un cambio progresivo en la identificación, que pasaba de *mostazas* a *tazas* según la posición del pico de la f_0 (más desplazado en las palabras paroxítonas del tipo *compra*remos*), pero no se registró un cambio perceptivo abrupto, sino un cambio gradual y no categórico, por lo que las diferencias en la alineación del pico de la f_0 se interpretaron como variaciones alofónicas.

La introducción del paradigma de la percepción categórica ha supuesto un paso importante en los estudios sobre la entonación dirigidos a determinar la fonología entonativa de una lengua en particular, ya que ha permitido identificar la existencia de categorías contrastivas en sus hablantes nativos. Los estudios actuales sobre la identificación de las unidades de significado en la entonación se benefician, por tanto, de la aplicación combinada y complementaria del método auditivo tradicional, del análisis instrumental y de la verificación categórico-perceptiva.

28.2 Los modelos fonológicos de la entonación

Según Ladd (1996, 12), las primeras investigaciones en el campo de la entonación se enmarcaban en dos corrientes claramente diferenciadas que se conocen, respectivamente, como la tradición instrumental o 'fonética' y la tradición impresionista o 'protofonológica'. El principal objetivo de la tradición instrumental era describir los rasgos acústicos de la entonación sin identificar las unidades fonológicas que formaban las distintas curvas melódicas. La perspectiva impresionista, por otro lado, tenía una orientación más fonológica, ya que pretendía definir el inventario de tonos de una determinada lengua a partir de datos auditivos, aunque sin recurrir al análisis instrumental. A partir de los años ochenta, la modelización fonológica de la entonación se beneficia —como se ha explicado en el § 28.1.2—, del método experimental, que ayuda a validar instrumentalmente la interpretación tonal de los contornos melódicos.

Vinculadas a la perspectiva impresionista se encuentran dos de las tradiciones más relevantes en lo que respecta a los estudios entonativos: la de la escuela británica y la de la escuela americana (véanse Cruttenden 1986 y Ladd 1980). Estas dos escuelas constituyen el principal exponente de un largo debate sobre el análisis de la entonación, concretamente, el suscitado por la cuestión de si los fenómenos entonativos se deben describir en términos de «configuraciones» o de «niveles» (denominaciones sugeridas por Bolinger [1951]). La tradición británica de análisis por configuraciones, iniciada ya en los trabajos de Sweet (1877, 1892) y de Jones (1918), abogó por una descomposición del contorno melódico en una parte nuclear y una parte prenuclear, y por un análisis de las unidades distintivas según su trayectoria tonal, de tipo ascendente, descendente o suspensiva. Por el contrario, la tradición americana propuso una descripción de la entonación en términos de niveles distintivos estáticos, como un nivel alto, medio o bajo, asociados a puntos concretos de la cadena segmental. La polémica sobre si la entonación se debe modelizar a través de configuraciones o de niveles ha sido motivo de debate durante varias décadas y, a pesar de la aparición de nuevas propuestas de análisis entonativo, la dicotomía entre configuraciones y niveles permanece vigente en la actualidad, ya que los nuevos modelos fonológicos de la entonación han optado, a grandes rasgos, por un sistema u otro de representación. Mientras que, por ejemplo, la Teoría Métrica-Autosegmental y el modelo de Aix-en-Provence se enmarcan en la tradición basada en niveles, el modelo de la escuela holandesa aboga por un análisis en términos de configuraciones y movimientos tonales parecido al de la tradición británica.

En los siguientes apartados se llevará a cabo una aproximación a los principales modelos y a las más destacadas contribuciones teóricas al estudio de la entonación. Para una panorámica más detallada de la evolución de los distintos enfoques, véanse Prieto Vives (2003) o Hidalgo (2006).

28.2.1 El análisis por configuraciones (escuela británica)

Uno de los principales objetivos de la tradición británica ha sido describir la entonación para fines didácticos. Los trabajos desarrollados en este marco coinciden en dos aspectos fundamentales: 1) la subdivisión de los contornos melódicos en distintos constituyentes o configuraciones, y 2) el análisis del tono según su trayectoria. Palmer (1922) fue el primero en dividir un contorno melódico en una configuración «nuclear» (formada por el «núcleo» y la «cola») y una configuración «prenuclear» (formada por la «cabeza»). Kingdon (1958) añadió una subdivisión a la parte prenuclear: «precabeza» y «cabeza».

De esta manera, un grupo entonativo constaba de un elemento obligatorio, que es el núcleo, y de tres elementos optativos: precabeza, cabeza y cola. Crystal (1969) describió estos cuatro constituyentes en términos de prominencia rítmica. El núcleo es la última sílaba de una frase entonativa que presenta un acento melódico (esto implica que después del núcleo puede haber más sílabas inacentuadas o con acento léxico, pero no con acento melódico). La cola está formada por las sílabas que aparecen después del núcleo y que solo pueden ser inacentuadas o llevar acento léxico. La cola es opcional, por lo que puede darse un grupo entonativo formado únicamente por un núcleo. La cabeza empieza en la primera sílaba con acento melódico y finaliza en la anterior al núcleo. Incluye, por tanto, al menos una sílaba con acento melódico y puede contener sílabas inacentuadas, con acento léxico e, incluso, otras sílabas con acento melódico. Cuando en la cabeza se encuentra más de una sílaba con acento melódico se la denomina 'cabeza compleja'. La precabeza está compuesta por las sílabas inacentuadas antes de la cabeza. Pueden encontrarse frases sin cabeza, pero con precabeza (sílabas inacentuadas, en este caso, anteriores al núcleo).

Según el modelo británico, por tanto, la configuración nuclear incluye la última sílaba con acento melódico y las subsiguientes sílabas inacentuadas o con acento léxico (si existen). La configuración prenuclear, a su vez, está formada por todas las sílabas (acentuadas e inacentuadas) que preceden al último acento melódico. El esquema mostrado en (2) resume los componentes de la frase entonativa tal como se describen en la tradición británica. Los elementos entre paréntesis son opcionales.

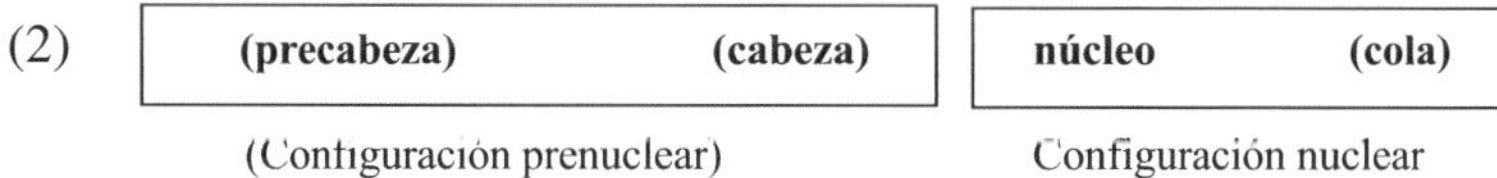

(2)

La propuesta de análisis de la escuela británica adaptada a contornos del español se ilustra en los ejemplos de (3). La frase de (3a) está formada por un núcleo *(-*ña-)*, seguido de una cola *(-na)*, y precedido de una cabeza *(-*rina ven*drá ma-)* y de una precabeza *(Ma-)*. El ejemplo de (3b) contiene un núcleo *(*hoy)* precedido de una cabeza *(*Juan *llega)*. Esta frase no contiene ni cola ni precabeza. Aparte del estudio de Cabrera (1991), no existe ningún trabajo que describa la entonación del español siguiendo las premisas exactas de la escuela británica. Como se verá más adelante, el modelo de Navarro Tomás, inspirado en esta tradición, presenta variaciones destacadas con respecto a ella.

(3)

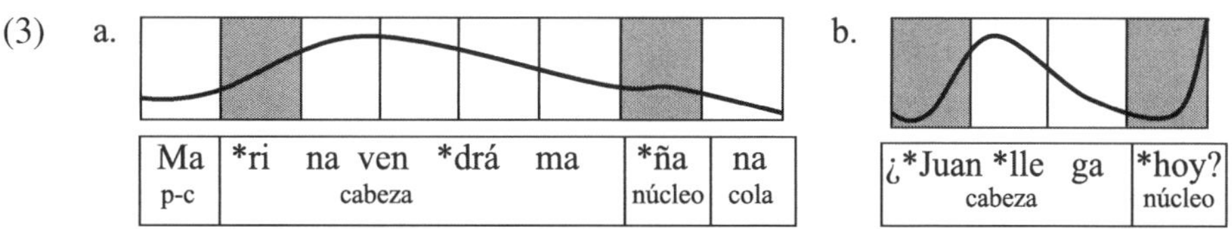

Además del análisis composicional de las curvas melódicas, otra de las principales características de la tradición británica reside en que modeliza dichas curvas según la trayectoria melódica del contorno. En esta escuela los primitivos fonológicos se clasifican, por tanto, mediante categorías como tono ascendente, tono descendente o tono ascendente-descendente (Couper-Kuhlen 1986; Cruttenden 1986; Gimson [1962] 1980; O'Connor y Arnold 1973; Schubiger 1958; Tench 1996; John C. Wells 2006).

Según este modelo, los tonemas o primitivos fonológicos se asocian a dos elementos: 1) al núcleo (o última sílaba con acento melódico), y 2) a las sílabas acentuadas prenucleares que forman parte de la cabeza (si existen). Los tipos de tonemas difieren según su posición (nuclear o prenuclear) y los tonemas que describen la entonación nuclear no pueden aparecer en posición prenuclear, y viceversa. Esto se debe a que los tonemas en posición nuclear no representan únicamente el movimiento tonal de la última sílaba acentuada, sino también la entonación final del contorno (que incluye el movimiento tonal de las sílabas posnucleares, si las hay). Esta propuesta, por tanto, a diferencia de la de otros modelos, como el del análisis por niveles de la escuela americana o el de la Teoría Métrica-Autosegmental, no incorpora tonos de frontera de frase para describir la trayectoria final de un grupo entonativo, y el propio acento nuclear incluye información sobre el movimiento entonativo final. Los tonos nucleares propuestos por varios autores en el marco de la escuela británica se dividen en simples (con una única trayectoria tonal) y complejos (con dos trayectorias tonales). Los tonos simples describen el movimiento de la trayectoria tonal (ascendente/descendente/suspensiva) y la altura tonal original de dicho movimiento (alto/bajo). El inventario de tonos simples y los diacríticos que los representan son los siguientes: 1) descendente-alto (`): movimiento descendente de un nivel alto a uno bajo; 2) descendente-bajo (ˎ): movimiento descendente de un nivel medio a uno bajo; 3) ascendente-alto (´): movimiento ascendente de un nivel medio a uno alto; 4) ascendente-bajo (ˏ): movimiento ascendente de un nivel bajo a uno medio; 5) suspensivo (>): movimiento sostenido de un tono medio. Los tonos compuestos describen dos trayectorias entonativas: 6) descendente-ascendente (˅): tono alto o medio que baja y sube de nuevo a alto o medio y 7) ascendente-descendente (˄): tono bajo que sube a alto o medio y baja de nuevo. A la hora de transcribir la entonación de una frase, dichos tonos se ubican delante de la sílaba nuclear. Si el grupo entonativo solo consta de una sílaba, todo el movimiento de la f_0 se realizará en dicha sílaba. Si existe una cola (sílabas posnucleares), el movimiento se expandirá a lo largo de la cola.

Los tonos prenucleares difieren de los nucleares en que no describen el movimiento entonativo final, sino que solo describen el tono alrededor de la sílaba acentuada. En las cabezas simples (constituidas por una sola sílaba acentuada), los tonos prenucleares son: alto ('), bajo (ˎ), ascendente (↗) o descendente (↘). En las cabezas complejas (constituidas por más de una sílaba acentuada), cada sílaba con acento melódico repite el mismo tono, es decir, no puede haber un tono alto y un tono bajo en la misma cabeza. Las cabezas complejas se clasifican en: 1) escalonadas descendentes (en inglés, *downstepping*) con un acento alto en cada sílaba acentuada, 2) deslizantes (en inglés, *sliding*) con un acento descendente en cada sílaba acentuada o 3) escalonadas ascendentes (en inglés, *climbing*) con un acento ascendente en cada sílaba acentuada. Si existen sílabas acentuadas, pero sin acento melódico, tanto en la cabeza como en la cola, se marcan con un círculo. A modo de ejemplo, la aplicación de esta propuesta a las frases de (3) se reproduce en (4).

(4)   a. Ma ↗rina ven°drá ma ˎñana   b. ¿ ↗Juan °llega ˎhoy?

El modelo sobre la entonación del español más influido por la escuela británica es el que propuso Navarro Tomás ([1944] 1974) [→ § 27.2]. Aunque este autor no aplicó de manera exacta la teoría de configuraciones británica, existen muchas similitudes entre ambas descripciones. Al igual que se hacía en la escuela británica, Navarro Tomás analiza la entonación del español a partir de una división configuracional de la unidad melódica y mediante entidades fonológicas que indican la trayectoria de los movimientos tonales. Según este autor, una unidad melódica se divide en: 1) una «inflexión inicial», que incluye las sílabas inacentuadas del principio del enunciado (equivalente a la precabeza del sistema británico), 2) el «cuerpo» de la unidad, que va desde la primera sílaba acentuada hasta la que precede a la última sílaba acentuada (cabeza), y 3) el «fin de la unidad», que comprende las sílabas finales, a partir de la que lleva el último acento melódico. A diferencia de lo que es práctica habitual en el modelo británico, Navarro Tomás no distingue entre núcleo y cola, por lo que el fin de la unidad equivaldría a la configuración nuclear británica. El esquema recogido en (5) resume los componentes de la unidad melódica de acuerdo con la propuesta de Navarro Tomás. Los elementos entre paréntesis son optativos.

(5) | **(inflexión inicial)**   **(cuerpo)** | **fin de la unidad** |

El ejemplo de (6) muestra la división del contorno *vendrá mañana*, el cual estaría constituido, según la propuesta de Navarro Tomás, por una inflexión inicial (ii), el cuerpo y el fin de la unidad o inflexión final.

(6)

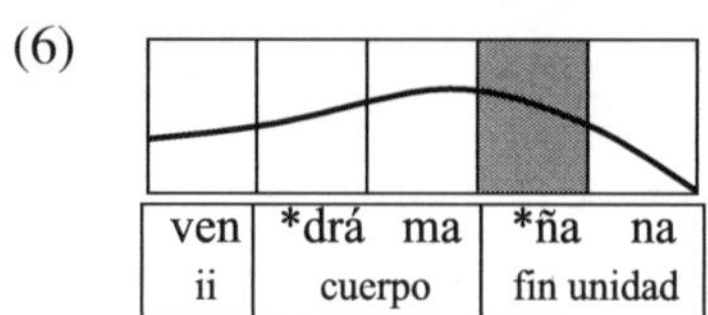

Para Navarro Tomás ([1944] 1974), «el principio y el cuerpo de dicha unidad son elementos cuya estructura varía relativamente poco» (51) y no tienen valor fonológico. El autor describe las variaciones melódicas de esta parte de la unidad en las distintas modalidades de oraciones (es decir, declarativas, interrogativas, imperativas) desde una perspectiva fonética. Por ejemplo, la inflexión inicial de un enunciado declarativo se produce «en tono más grave que el que corresponde a la primera sílaba fuerte de ese mismo grupo» (46). El cuerpo, a su vez, «mantiene la altura de la voz en un nivel relativamente uniforme» (48). Por el contrario, los tonos que cierran una unidad melódica tienen capacidad distintiva y reciben el nombre de «tonemas». Como ya se ha comentado al final del § 28.1.1, esta interpretación del término tonema es distinta a la que se postula en otros modelos en los que el tonema representa una entidad fonológica que no debe exclusivamente cerrar un enunciado, sino que puede aparecer en otras posiciones, como en las sílabas acentuadas prenucleares.

Los tonemas de Navarro Tomás describen, al igual que los tonos nucleares de la escuela británica, el movimiento de la f_0 desde la última sílaba con acento melódico hasta el final del enunciado. Navarro Tomás distingue cinco tonemas para la descripción de las frases declarativas en español: 1) «cadencia»: movimiento descendente hacia un tono bajo (abreviación: C); 2) «anticadencia»: movimiento ascendente hacia un tono alto (A); 3) «semicadencia»: movimiento descendente hacia un tono medio (c); 4) «semianticadencia»: movimiento ascendente hacia un tono medio (a); y 5) tonema de «suspensión»: terminación en el mismo nivel que el cuerpo del grupo (s). Como indica García Lecumberri (2003), no se da una equivalencia exacta entre los tonemas propuestos por Navarro Tomás y los de la escuela británica; la principal diferencia radica en la trayectoria del movimiento de la f_0. Mientras que los tonos del inglés se definen a partir del tono de partida —por ejemplo, *high-fall*—, los tonos del español se clasifican según la terminación del movimiento. Por ejemplo, cadencia implica una terminación grave y semicadencia, una terminación media. El único tono parecido en ambos modelos es el tonema de suspensión. A diferencia de la escuela británica, Navarro Tomás no considera la existencia de tonos complejos como entidad fonológica. Con todo, en el caso de la entonación exclamativa, enfática o incluso interrogativa, Navarro Tomás menciona la posibilidad de realizar un movimiento tonal «circunflejo» (ascendente-descendente) para expresar determinados estados afectivos [→ § 27.2.4]. El tono circunflejo no es equivalente al *rise-fall* del inglés, ya que ambos presentan distintos patrones de alineación: mientras que en español el pico del ascenso de la f_0 se produce en la sílaba acentuada y el descenso en la(s) siguiente(s), en inglés la sílaba acentuada es predominantemente baja y el ascenso-descenso suele realizarse en la cola, si existe.

Siguiendo la propuesta de Navarro Tomás, el ejemplo de (6) se modelaría con un tonema de cadencia que daría razón del movimiento de la f_0 desde la última sílaba con acento melódico (-*ña*-) hasta el final del grupo fónico. A diferencia de lo que se hace en el modelo británico, Navarro Tomás no describe la configuración prenuclear o pretonemática como fonológicamente relevante, por lo que la inflexión inicial y el cuerpo no se vinculan a ninguna entidad fonológica concreta.

Aparte de proponer un inventario de tonemas específicos para describir la entonación de las oraciones declarativas, Navarro Tomás también argumenta que dichas oraciones están formadas por dos grupos entonativos o unidades melódicas que constituyen la rama tensiva (prótasis) y la rama distensiva (apódosis) de la oración. Por lo tanto, las frases enunciativas son, por lo general, bimembres, con una rama tensiva y una rama distensiva, cada una de ellas constituida por una unidad melódica. Sin embargo, también pueden darse frases de una única unidad melódica que, en tal caso, es de tipo distensivo, y ramas, siempre de carácter tensivo, formadas por más de una unidad melódica. En los ejemplos de (7) a (9), la frase (7) constituye un enunciado bimembre formado por una rama tensiva y una distensiva con una unidad melódica en cada rama; el fin de la primera unidad presenta un tonema de anticadencia (A) y el fin de la segunda, un tonema de cadencia (C). La frase (8), reproducción del enunciado de (6), no contiene rama tensiva; la rama distensiva acaba con un tonema de cadencia (C). La frase (9) está formada por un enunciado con una rama tensiva compuesta por dos unidades melódicas: la primera unidad de la rama tensiva finaliza con un tonema de semicadencia (s), mientras que la segunda lo hace con un tonema de anticadencia (A); el grupo melódico de la rama distensiva concluye, como en los demás casos, con un tonema de cadencia (C).

(7) 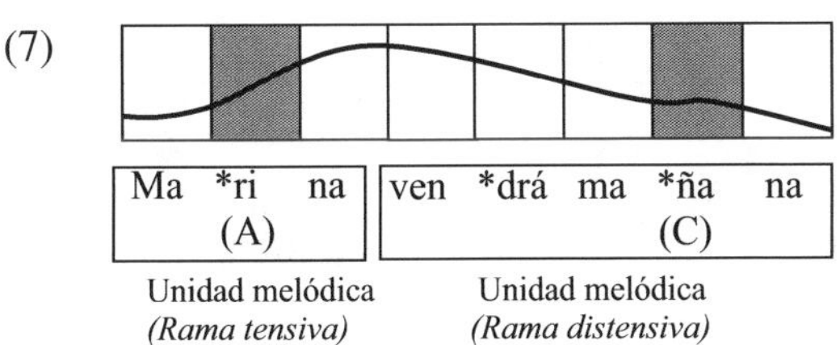

(8) 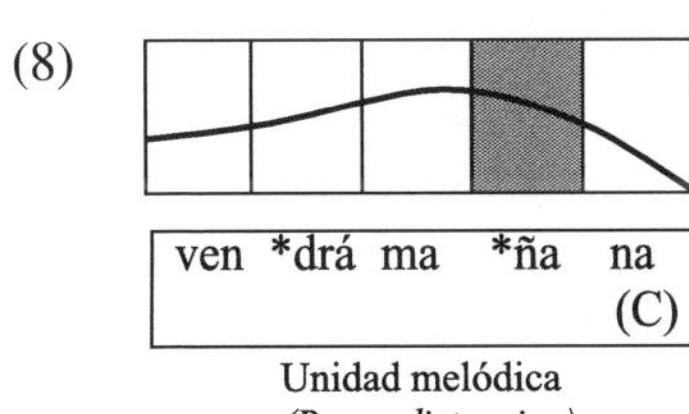

(9)

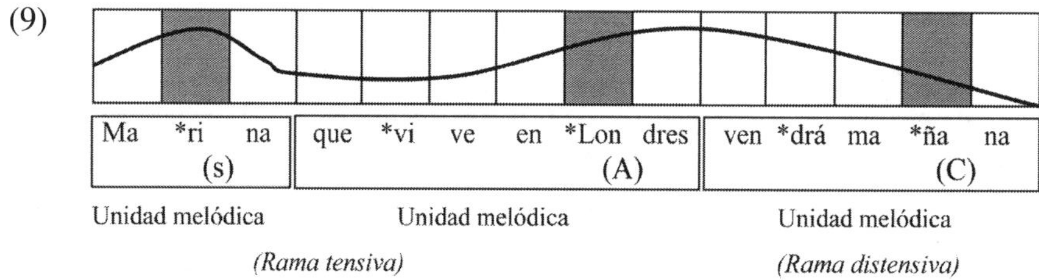

Aparte de la entonación declarativa, Navarro Tomás define otros tipos de entonación: interrogativa, volitiva y emocional. En el caso de las oraciones interrogativas el autor diferencia distintos tipos de melodía relacionados con cinco modalidades interrogativas —absoluta, relativa/pronominal, aseverativa, intensificativa/reiterativa y continuativa— y describe el movimiento de la curva asociada al cuerpo y a la inflexión final en cada tipo de modalidad. El cuerpo y la inflexión final presentan un movimiento descendente-ascendente en una interrogativa absoluta, descendente-descendente en una aseverativa o pronominal, descendente-circunflejo en una continuativa, alto-circunflejo en una relativa y ascendente-agudo en una intensificativa o reiterativa. Una vez descritos estos movimientos tonales, Navarro Tomás establece una analogía entre los patrones finales de las interrogativas y los tonemas especificados para la entonación declarativa. De esta forma, la anticadencia corresponde al final de una interrogativa absoluta (abreviada IA), la cadencia equivale al final de una interrogativa aseverativa o pronominal (IC), la suspensión corresponde al final de una continuativa (Is) y la semicadencia y la semianticadencia se atribuyen al final de una relativa (Ir). El final agudo de una interrogativa intensificativa o reiterativa no presenta correspondencia con los tonemas iniciales. De acuerdo con esta clasificación, una interrogativa absoluta como la del ejemplo (10) presenta una inflexión final IA que equivaldría al tonema de anticadencia. Los elementos pretonemáticos, a pesar de no tener valor fonológico, muestran una forma inclinada en las frases interrogativas, a diferencia de lo que sucede en el movimiento pretonemático propio de una declarativa que, según Navarro Tomás, tiende a sostenerse en una altura uniforme.

(10)

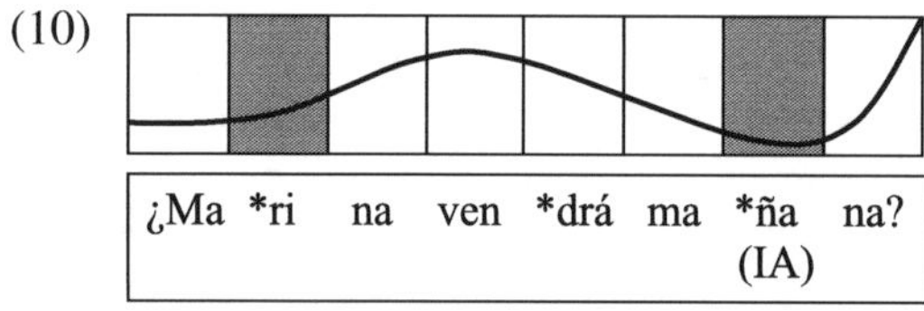

La entonación volitiva y la entonación emocional no disponen de unidades tonales propias y se sirven de los mismos tipos de tonemas asociados a las oraciones declarativas y a las interrogativas, aunque a veces conllevan modificaciones en el rango tonal [→ § 27.6], en la intensidad y en la duración de los segmentos. Por ejemplo, el mandato se articula con una ampliación en las inflexiones del tono y un aumento del esfuerzo espiratorio y de la tensión muscular. Para las formas volitivas correspondientes al deseo, Navarro Tomás ([1944] 1974, 142) especifica la existencia de un «tonema desiderativo» que presenta un descenso desde un nivel un poco superior a un tono medio. En el caso de la entonación emocional, uno de los movimientos tonales más recurrentes es la modulación circunfleja (Navarro Tomás [1944] 1974, 159).

El modelo de Navarro Tomás ha servido de inspiración a muchos autores para describir las curvas melódicas del español (Alarcos 1950, 1994; Alcina y Blecua 1975; Canellada y Madsen 1987; Gili Gaya 1950, entre otros). Sus acertadas apreciaciones auditivas de los contornos melódicos constituyen incluso un punto de partida para modelos de distintas tradiciones posteriores.

28.2.2 El análisis por niveles (escuela americana)

El principal objetivo de la tradición americana de estudios entonativos fue describir la entonación a partir de una serie de unidades distintivas. Dicha propuesta se enmarca en la fonología descriptivista americana de Bloomfield (1933), quien, por primera vez, propuso identificar los fonemas secundarios o tonemas que configuran un contorno melódico mediante la comparación sistemática de enunciados diferenciados solo en el nivel entonativo. Después de publicarse la obra de Bloomfield, surgieron varios estudios cuyo interés común fue determinar las unidades mínimas de descripción entonativa para el inglés americano. Entre los distintos trabajos cabe destacar las aportaciones de Pike (1945), Wells (1945), Trager y Smith

(1951) y Mark Y. Liberman (1975), así como los estudios, en el marco de la Fonología Autosegmental [→ § 1.21.2], de Leben (1976) y de Goldsmith ([1976] 1979).

Como indica Martínez Celdrán (2003) en una detallada revisión de la propuesta de la escuela americana, el estudio de la entonación más exhaustivo en el contexto de este modelo fue el que realizaron Trager y Smith en 1951.

Estos autores consideran que la descripción del sistema prosódico del inglés americano incluye los siguientes elementos: 1) dos niveles de juntura interna [→ § 1.21.11], 2) cuatro tipos de acentos, 3) cuatro niveles tonales y 4) tres junturas terminales. Con relación a la juntura interna, Trager y Smith examinan las fronteras entre morfemas a través de la composición segmental de las palabras y establecen una diferencia entre «transición normal», que implica la producción de dos consonantes consecutivas en la misma sílaba (por ejemplo, *ni-trate* /naɪ.treɪt/), y «transición abrupta», que separa dos consonantes consecutivas en dos sílabas distintas (*night-rate* /naɪt.reɪt/). Como señala Martínez Celdrán (2003, 85), la juntura interna no desempeña ningún papel desde el punto de vista entonativo. Por el contrario, el acento, los niveles tonales y las junturas terminales constituyen los denominados 'fonemas tonales' o 'prosódicos' y se usan para la descripción de la entonación propiamente dicha.

Los tipos de acentos establecidos responden a los cuatro grados de acentuación típicos del inglés: acento primario, acento secundario, acento terciario y ausencia de acento. El acento primario corresponde al acento principal o nuclear de una palabra; va acompañado de un acento melódico, se produce con un golpe rítmico y contiene una vocal fuerte; se marca con el símbolo ' ´ ' (por ejemplo, *mány*). El acento secundario se encuentra en palabras de más de dos sílabas y suele preceder al acento primario; sus características fonéticas son parecidas a las del acento primario (se produce con acento melódico, golpe rítmico y vocal fuerte), pero no es nuclear, es decir, no se percibe como el acento principal de la palabra; se indica con el diacrítico ' ˆ ' (por ejemplo, *fûndamental*). El acento terciario es más débil que el secundario; contiene un golpe rítmico de menos intensidad y una vocal fuerte, pero no un movimiento tonal; por lo general, se ubica entre los acentos secundario y primario o después del primario, y se marca con el símbolo ' ` ' (por ejemplo, *dictionàry*). Finalmente, las sílabas inacentuadas no tienen prominencia rítmica ni tonal y se producen, en inglés, con una vocal débil; el diacrítico para indicar la ausencia de acento es ' ˇ ' (por ejemplo, *mány̆, díctiŏnàry̆*).

Con respecto a los niveles tonales, Trager y Smith (1951) proponen cuatro tonemas representados por un valor numérico /1 2 3 4/, de modo que /1/ significa bajo, /2/ medio, /3/ alto y /4/ extralto. Dichos niveles se asocian a distintos puntos de la cadena segmental y no simbolizan valores absolutos de f_0, sino que indican valores relativos según los tonos adyacentes y la tesitura [→ § 1.5.5] de cada hablante. Estos cuatro fonemas tonales pueden presentar variantes alofónicas que se caracterizan por diferencias en altura tonal dentro de cada nivel. Para cada tonema se establecen cuatro alófonos: 1) extra elevado, 2) elevado, 3) poco elevado y 4) nada elevado (o grave), que se simbolizan con los siguientes diacríticos [_], [˄], [˳] y [˅], respectivamente. Así, por ejemplo, [1] y [4] son los alófonos más altos dentro del nivel /1/ y del /4/.

Finalmente, la escuela americana de análisis por niveles introduce el concepto de 'fonema de juntura terminal' o 'tono de frontera', que representa el movimiento tonal al final de una unidad melódica. Trager y Smith (1951), por ejemplo, proponen tres tonos de frontera: descendente /#/, ascendente /| |/ y sostenido /|/. En esta tradición, por tanto, el contorno tonal se describe a partir de una serie de niveles tonales distribuidos a lo largo de la cadena segmental y seguidos de un tono de frontera al final de la unidad. Los fonemas prosódicos (niveles tonales y tonos de frontera) se insertan en una unidad superior denominada 'morfema tonal', que establece contrastes de carácter semántico entre los enunciados. Por ejemplo, el patrón o morfema tonal /2 1 #/ sería propio de una oración declarativa y estaría en contraste con el patrón /1 2 | |/, típico de una interrogativa. A diferencia de lo propuesto por la escuela británica, los contornos melódicos no se subdividen en constituyentes o configuraciones, por lo que el inventario de unidades fonológicas —en este caso, niveles tonales— es el mismo, independientemente de si tales unidades están asociadas con la última sílaba acentuada o con las sílabas anteriores o posteriores.

Las primeras aplicaciones al español del modelo de niveles americano vienen de la mano de Bowen (1956), Stockwell, Bowen y Silva-Fuenzalida (1956) y Silva-Fuenzalida (1956–1957), y continúan con las nuevas aportaciones de Matluck (1965) y de Stockwell (1972). Según estos autores, el sistema fonológico del español se describe jerárquicamente mediante cuatro niveles de estructura fonológica: 1) segmentos, 2) acentos, 3) junturas terminales y 4) tonos. Una vez delimitados los fonemas segmentales del español, distinguen, al igual que en inglés, dos tipos de juntura interna, es decir, dos tipos de transición entre segmentos: normal y abierta. Estos dos tipos de juntura equivalen, en términos de Hockett (1958), a la juntura continua y a la discontinua, respectivamente. Entre /n/ y /o/ en la secuencia *en ojo* se produce un ejemplo de juntura abierta o discontinua, frente a la juntura normal o continua que se produce en *enojo* (véase Martínez Celdrán [2003], para más detalles sobre estos ejemplos).

Los niveles acentuales del español que, coincidiendo con Trager (1939), proponen los autores anteriormente mencionados son tres: 1) fuerte (marcado con el símbolo ' ´ '), 2) medio (' ` ') y 3) débil (sin símbolo). Un ejemplo de una palabra con los tres tipos de acentos es *màravílla,* con acento fuerte en la penúltima sílaba, medio en la preantepenúltima y débil en la última y en la antepenúltima.

Al igual que en el modelo americano, la propuesta de Stockwell, Bowen y Silva-Fuenzalida (1956) y de Silva-Fuenzalida (1956–1957) para el español distingue tres junturas terminales, que en Hockett (1958) reciben el nombre de «inflexión terminal»: 1) descendente o «caída terminal» (simbolizada por '↓'), 2) ascendente o «elevación terminal» (↑) y 3) suspensiva o «terminal a nivel» (|). Otros autores, como Alcina y Blecua (1975), Kovacci (1963) o Quilis y Fernández ([1964] 1985), utilizan el símbolo '→' para indicar el tono suspensivo. Según apuntan Alcina y Blecua (1975, 464), esta nueva propuesta supone una reducción de los cinco tonemas de Navarro Tomás (cadencia, anticadencia, semicadencia, semianticadencia y suspensión) a tres. De hecho, el propio Navarro Tomás y otros autores como Alarcos (1994) establecen una cierta jerarquización de dichos tonemas, ya que distinguen entre tonemas de contraste máximo (tonemas de cadencia y anticadencia), que marcan la oposición entre ramas (tensiva y distensiva), y tonemas de contraste menor (tonemas de semicadencia y semianticadencia), que no se usan al final de las ramas. Según Alarcos (1994, 52), el tonema suspensivo no es tampoco distintivo, ya que se puede alternar indistintamente con la semicadencia o con la semianticadencia. La simplificación de los cinco tonemas tradicionales a tres tonos de juntura terminal en el modelo de niveles no siempre ha seguido las mismas directrices. Mientras que autores como Kovacci (1963) y Quilis y Fernández ([1964] 1985) apostaron por un tono descendente que incluía cadencia y semicadencia, un tono ascendente que amalgamaba anticadencia y semianticadencia y un tono suspensivo, Bowen (1956), Matluck (1965) y Stockwell (1972) propusieron un tono descendente equivalente a la cadencia, un tono ascendente que representaba la anticadencia y un tono suspensivo que incluía la semicadencia, la semianticadencia y la suspensión.

Además de los tonos de juntura terminal, en el modelo de niveles propuesto para el español se distinguen también tres tonemas asociados a los puntos de inflexión en la cadena segmental: /1/ tono bajo, /2/ tono medio y /3/ tono alto. El tono /3/ se reserva únicamente para la expresión del énfasis. Al igual que en inglés, cada nivel tonal puede presentar cuatro variantes alofónicas que indican distinciones de altura tonal para cada uno de los tres tonemas (extra elevado, elevado, poco elevado y grave). Asimismo, las posiciones de los niveles tonales se establecen con relación al tipo de sílabas y a su distribución. Los puntos donde se ubican los niveles tonales son:

(a) la posición inicial absoluta de un enunciado (después de pausa o de juntura terminal),
(b) las sílabas con acento fuerte,
(c) la sílaba con acento débil después de la última con acento fuerte,
(d) la sílaba con acento débil antes de la última con acento fuerte (esta posición no siempre lleva un tono asociado).

En el ejemplo de oración declarativa neutra *Marina vendrá mañana,* las posiciones que potencialmente pueden estar vinculadas a un nivel tonal se especifican en (11).

(11) Ma*rina ven*drá ma*ñana
     a   b   b d b c

Una vez determinados los puntos de la cadena segmental a los que se vinculan los niveles tonales, la modelización de una oración declarativa neutra seguiría la propuesta presentada en (12). Las sílabas acentuadas —o con acento fuerte, según la terminología propia del modelo— (-*ri-, -*drá* y -*ña-) reciben los tonos /2/, /1/ y /1/, respectivamente. Las sílabas átonas —o con acento débil— en posición inicial y final del enunciado también se asocian a un tono bajo /1/. La juntura terminal es descendente (↓).

(12) Ma*rina ven*drá ma*ñana
     1   2   1   1 1↓

Aun en el marco del mismo modelo, se constatan diferencias entre autores. Por ejemplo, Hockett (1958) no suele colocar un nivel tonal en las sílabas acentuadas interiores de una frase, por lo que la sílaba final de *vendrá* no llevaría un nivel tonal asociado. Además, para Hockett, el final de una oración declarativa neutra se describiría como /2 1↓/, y no como /1 1↓/ según postulaban Stockwell, Bowen y Silva-Fuenzalida (1956) y también Silva-Fuenzalida (1956–1957). La propuesta de Hockett se reproduce en (13). Quilis (1993) aboga asimismo por una modelización final /2 1↓/; además, precisa sistemáticamente el nivel tonal de la sílaba débil que precede al último acento, tal y como se aprecia en (14).

(13) Ma*rina ven*drá ma*ñana
        1   2   2 1↓

(14) Ma*rina ven*drá ma*ñana
        1   2   2 1   2 1↓

Martínez Celdrán (2003), basándose en nuevas aportaciones al estudio de la entonación del español, adapta ligeramente la modelización de las curvas propuesta en el análisis por niveles. En los ejemplos (15) y (16) se compara la descripción de una oración declarativa neutra y de una interrogativa absoluta según el modelo tradicional de niveles con su descripción siguiendo la nueva propuesta de Martínez Celdrán (2003). Para la modelización del contorno final de una declarativa neutra este autor recupera el análisis /1 1↓/ de Stockwell, Bowen y Silva-Fuenzalida (1956) y de Silva-Fuenzalida (1956–1957), que refleja la presencia de un tono bajo en la última sílaba acentuada. En cuanto a la posición prenuclear, desplaza el tono alto /2/ de la primera sílaba acentuada (-*ri-) a la postónica (-na). Esta propuesta se justifica a partir de las observaciones recogidas en varios estudios sobre la entonación del español, desde los de Navarro Tomás ([1944] 1974) hasta los trabajos experimentales más recientes (Calleja 2004; Estebas-Vilaplana 2006; Face 2001; Face y Prieto Vives 2007; Llisterri *et al.* 1995; Prieto Vives, van Santen y Hirschberg 1995; Sosa 1999, entre otros), en los que se ha demostrado que los acentos prenucleares en las frases declarativas muestran un ascenso de la f_0, cuyo pico se ubica en la sílaba postónica. Martínez Celdrán opta por la misma descripción de la configuración prenuclear de la frase interrogativa absoluta aunque, como se verá con más detalle en el § 28.3.2, en este caso el contorno melódico no es exactamente igual al de la declarativa, ya que el ascenso de la f_0 no se inicia en la sílaba acentuada, sino en la postónica. La propuesta de Martínez Celdrán de asociar el tono /2/ a la sílaba postónica refleja el contorno real de la f_0, pero presenta un problema en el nivel fonológico, dado que se vincula un nivel tonal a una posición que en el modelo no se considera relevante. En cuanto al contorno final de la interrogativa absoluta, Martínez Celdrán, al igual que Quilis (1993), propone el morfema tonal /1 2↑/, que indica que la sílaba acentuada es baja y que el ascenso se realiza en la postónica (si existe) hasta el final del enunciado.

(15) Ma*rina ven*drá ma*ñana
        1   2   1 1↓   (modelo tradicional)
        1   2   1 1↓   (Martínez Celdrán 2003)

(16) ¿Ma*rina ven*drá ma*ñana?
        1   2   2 2↑   (modelo tradicional)
        1   2   1 2↑   (Martínez Celdrán 2003)

La descripción de la entonación del español siguiendo el análisis en niveles tonales encontró su mayor exponente en los trabajos de Quilis (1975, 1981, 1993), quien por primera vez modeló las principales curvas melódicas del español a partir de curvas melódicas reales. Asimismo, algunas descripciones, como la propuesta por Alcina y Blecua (1975), integraron ciertos aspectos del análisis entonativo de Navarro Tomás con las representaciones propias de la tradición del análisis por niveles. Los autores mencionados, por ejemplo, analizan los contornos melódicos mediante su subdivisión en rama inicial, cuerpo y rama final, tal y como propuso Navarro Tomás, al tiempo que utilizan un sistema de notación prosódica basado en los niveles y en las junturas terminales.

28.2.3 El modelo métrico-autosegmental y el sistema Sp_ToBI

El modelo de análisis entonativo de la Teoría Métrica-Autosegmental tiene sus orígenes en la tesis doctoral de Janet Pierrehumbert (1980), basada a su vez en las tesis de Mark Y. Liberman (1975) y de Bruce (1977). Desde entonces muchos investigadores han adoptado las premisas propuestas en este marco y han elaborado y modificado aspectos de la teoría adaptándola a la descripción entonativa de varias lenguas (Grice 1995; Gussenhoven 2004; Ladd 1996; Pierrehumbert y Beckman 1988; Post 2000, entre muchos otros).

El modelo métrico-autosegmental hereda de la tradición americana tanto el concepto de análisis de la entonación por niveles, si bien reducido, en un principio, a dos (alto y bajo), como la noción de tono de frontera. En el marco de la Teoría Métrica-Autosegmental, las curvas entonativas se modelan a partir de una secuencia de entidades distintivas asociadas a las sílabas con acento léxico y a las fronteras de los dominios prosódicos, como el final de una frase entonativa. En el modelo se postulan dos tipos de unidades fonológicas: los 'acentos tonales' y los 'tonos de frontera'. Los acentos tonales se caracterizan por un movimiento relevante de la f_0 asociado a una sílaba acentuada. Los tonos de frontera, por su parte, describen el movimiento entonativo al final de una frase. Las propiedades melódicas de los acentos tonales y de los tonos de frontera se especifican mediante dos tonos, un tono alto, representado por la inicial 'H' (del inglés *High*) y un tono bajo, representado por la inicial 'L' (del inglés *Low*). Dichos tonos van acompañados del símbolo ' * ' (L* y H*) si se trata de un acento tonal, y del diacrítico '%' (L% y H%) para indicar un tono de frontera. Los acentos tonales pueden ser monotonales (L*, H*) o bitonales (L*+H, L+H*, H+L*, H*+L). En el caso de los acentos bitonales, el tono con el asterisco está asociado a la sílaba acentuada y el tono que le precede o que le sigue indica el movimiento de la sílaba inacentuada anterior o posterior. El ejemplo reproducido en (17) pone de manifiesto la diferencia en el movimiento de la f_0 en los acentos L+H* y L*+H para el sintagma *a *Málaga*. Mientras que L+H* implica una sílaba pretónica baja y un pico de f_0 en la sílaba acentuada *(*Mál-)*, L*+H simboliza una sílaba acentuada baja con un pico en la postónica. A diferencia de la práctica habitual en la escuela británica, el modelo métrico-autosegmental no distingue entre acentos melódicos nucleares y prenucleares, y en él los acentos tonales se pueden asociar con cualquier sílaba acentuada independientemente de su posición.

(17) a. 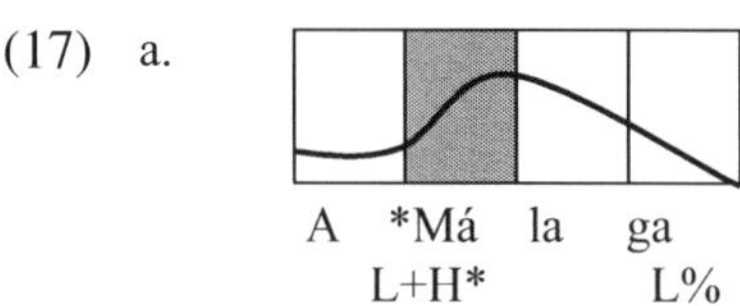

b. 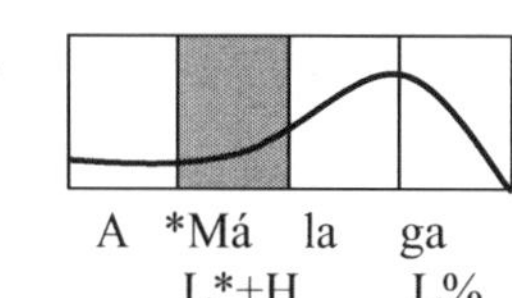

La descripción entonativa que propone el sistema métrico-autosegmental mediante solo dos tonos (H y L) es posible porque H y L no se corresponden con ningún valor concreto de la f_0. H y L, por tanto, son abstracciones fonológicas que se pueden realizar de distintas maneras. Para explicar esta idea, se hace preciso recurrir a un ejemplo en inglés, puesto que esta lengua, a diferencia del español, presenta el tono H*+L, del que conviene partir en aras de una mayor claridad expositiva. Así, una frase como la del ejemplo (18) **Melanie's *sister's *nice* se emite con una serie de acentos altos que varían en cuanto a la altura de la f_0. A pesar de que cada acento alto es un poco más bajo que el acento alto anterior, todos ellos responden a la misma interpretación fonológica (H*). De acuerdo con este modelo, el descenso gradual de la f_0 que se observa en la producción de una frase no se explica como un efecto global y fisiológico de la 'declinación', según han postulado varios autores (Bruce 1977; Cooper y Sorensen 1981; Fujisaki 1988; Mark Y. Liberman 1975; Lieberman 1967; Thorsen 1980, entre otros; véase también el § 27.3 en la presente obra), sino que responde a un mecanismo local controlado e intencionado por parte del hablante denominado 'escalonamiento descendente' (en inglés, *downstep*). Para Pierrehumbert (1980) y Mark Y. Liberman y Pierrehumbert (1984), la idea de considerar que el descenso de la f_0 es un fenómeno intencionado deriva de la observación de que el valor de la f_0 de cada tono alto en un contorno descendente se puede expresar como una proporción constante del valor del pico anterior. Asimismo, el último pico de f_0 en una secuencia de tonos altos experimenta un descenso mayor que el esperado si se produjera un escalonamiento descendente. Esta bajada abrupta de la f_0 se conoce como 'descenso final' (en inglés, *final lowering*).

El escalonamiento descendente y el descenso final se han observado en varias lenguas, entre ellas, el español (Prieto Vives, Shih y Nibert 1996). La representación fonológica del escalonamiento descendente ha ido variando a lo largo del desarrollo de la teoría. Al principio, Pierrehumbert (1980) propuso que dicho fenómeno derivaba de ciertas secuencias tonales en las que un tono L estaba flanqueado por dos tonos H. Así, por ejemplo, en la secuencia H*+L H*, el segundo tono H* era más bajo debido a la presencia de un tono L anterior. En este caso, el tono L no se manifestaba como un valle de f_0, sino que solo producía un descenso en el siguiente tono H*. Esta representación del escalonamiento descendente recibió varias críticas y, en 1983, Ladd apuntó que tal fenómeno no se debe describir como parte de una secuenciación tonal específica, sino como una elección entonativa independiente. Por tanto, Ladd propuso asociar un rasgo [+*downstep*] (simbolizado por el diacrítico ' ! ') a los tonos H* con escalonamiento descendente. De acuerdo con esta propuesta, la secuencia H*+L H* se retranscribe como H* !H*, tal y como se muestra en el ejemplo (18). Esta sistematización del escalonamiento descendente se ha mantenido en las nuevas versiones del modelo (Beckman y Ayers 1997; Beckman y Hirschberg 1994), de modo que cualquier tono alto se puede realizar con escalonamiento descendente (!H), o incluso ascendente (¡H) si el hablante decide producirlo con un rango tonal más alto que un tono alto anterior.

(18)

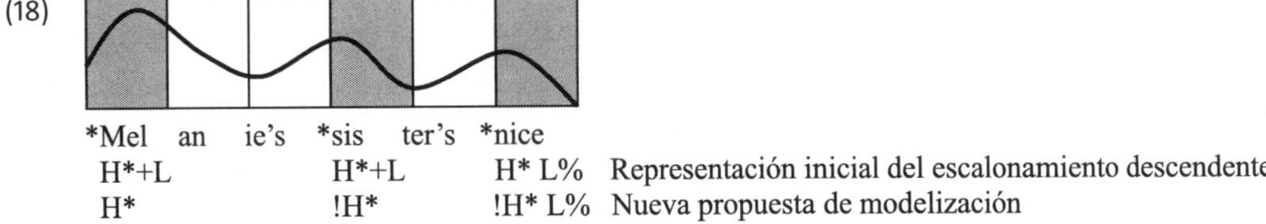

H*+L	H*+L	H* L% Representación inicial del escalonamiento descendente
H*	!H*	!H* L% Nueva propuesta de modelización

Aparte de los fenómenos de declinación y escalonamiento descendente, la Teoría Métrica-Autosegmental también incorpora información sobre cuestiones tales como la 'alineación tonal' y la 'altura tonal' para la descripción de los acentos tonales. En el modelo métrico-autosegmental estándar se considera que las variaciones en la alineación tonal son decisivas para distinguir las categorías entonativas (Ladd 1996; Pierrehumbert 1980; Pierrehumbert y Beckman 1988, entre otros). Varios estudios han demostrado que las diferencias en la alineación tonal, es decir, en la posición de un pico o de un valle de f_0 con relación a la sílaba acentuada, conllevan diferencias de significado en múltiples lenguas, por ejemplo, en alemán (Kohler 1987), en italiano (D'Imperio 2000) o en inglés (Dilley 2005; Pierrehumbert y Steele 1989). Como se ha puesto de manifiesto en el ejemplo (17), los acentos tonales ascendentes L+H* y L*+H codifican las diferencias en la alineación de la f_0 en el propio primitivo fonológico. En L+H* el pico se realiza en la sílaba acentuada, mientras que, en L*+H, el pico se ubica en la postónica. Los cambios en la alineación de los picos y de los valles de la f_0, por tanto, son relevantes para la distinción de las categorías fonológicas.

En cuanto a las variaciones relacionadas con la altura tonal, en el modelo se considera que no desencadenan contrastes fonológicos, sino que representan grados variables de implicación por parte del hablante con relación al acto de habla. En las primeras versiones de la Teoría Métrica-Autosegmental las variaciones en el rango (o campo) tonal de los contornos melódicos se atribuían a variaciones fonéticas y a la expresión paralingüística del énfasis y del grado de implicación del hablante (véanse Beckman y Pierrehumbert 1986 y Pierrehumbert 1980). Según Ladd (1994, 1996), esta asunción se conoce como la 'Hipótesis de la Variabilidad Gradual Libre' (en inglés, *Free Gradient Variability Hypothesis*). Algunos estudios sobre el español (Estebas-Vilaplana 2009 o Méndez Seijas 2009) y también sobre otras lenguas como el catalán (Vanrell 2006) están demostrando que la altura tonal se debe integrar en el sistema fonológico. Como ya se ha apuntado en el § 28.1.2, en el español venezolano (y también en el tinerfeño: véase el § 28.3.1), las diferencias de altura tonal en el pico de f_0 son responsables de la distinción entre un contorno declarativo, con el pico más bajo (L+H*), y un contorno interrogativo, con el pico más elevado (L+¡H*).

Otros conceptos que han ido evolucionando en el modelo métrico-autosegmental son: 1) los niveles de la estructura prosódica y 2) la noción de 'acento de frase'. En la primera versión del modelo, Pierrehumbert (1980) postulaba un único nivel en la estructura prosódica (la frase entonativa), que se definía por la presencia de un tono de frontera final (L% o H%), normalmente seguido de una pausa. En esta primera propuesta, además de los tonos de frontera y de los acentos tonales, también se incorporó otra categoría entonativa, el acento de frase, descrito como un acento flotante —es decir, no asociado ni a una sílaba acentuada ni al final de un dominio prosódico—, que daba razón de la trayectoria de la f_0 entre el último acento tonal y el tono de frontera. Otros estudios posteriores (Beckman y Pierrehumbert 1986) distinguieron dos niveles en la estructura prosódica, la frase entonativa y la frase intermedia, representando esta última un dominio prosódico menor delimitado por un cambio relevante en la f_0. Con la incorporación de este nivel estructural, el acento de frase pasó a delimitar el final de una frase intermedia. Los estudios sobre el español realizados en este mismo marco (Estebas-Vilaplana y Prieto Vives 2008, 2010) también abogan por la presencia de dos dominios prosódicos en esta lengua, pero consideran, en línea con los trabajos de Sosa (1999) o de Vizcaíno *et al.* (2008), que el acento de frase no es una categoría necesaria para la descripción entonativa del español.

La primera aplicación del modelo métrico-autosegmental al español la realizó Sosa (1991) y, desde entonces, se ha utilizado en muchos trabajos sobre entonación del español tales como Prieto Vives, van Santen y Hirschberg (1995), Sosa (1999), Nibert (2000), Face (2001, 2002a, 2002b), Willis (2002), Hualde (2002, 2003a), Fernández Planas *et al.* (2002), Fernández Planas y Martínez Celdrán (2003), Martínez Celdrán y Fernández Planas (2003), Toledo (2003), Martín Butragueño (2004), Calleja (2004), Estebas-Vilaplana (2006, 2007, 2008) o Face y Prieto Vives (2007), entre otros. El modelo métrico-autosegmental también se ha utilizado para la interpretación fonológica de un corpus de oraciones enunciativas e interrogativas de distintas variedades de las lenguas románicas, entre ellas del español, obtenidas en el marco del proyecto *AMPER (Atlas Multimedia de la Prosodia del Espacio Románico)*. Aunque el enfoque de este proyecto es principalmente fonético, las implicaciones fonológicas derivadas se analizan según las premisas de la Teoría Métrica-Autosegmental (véanse, por ejemplo, los trabajos de Ramírez Verdugo 2005, de Romera Barrios *et al.* 2007 y de Dorta y Jorge Trujillo 2022).

Recientemente, para desarrollar los sistemas de anotación prosódica ToBI (siglas de *Tone and Break Indices*) se ha adoptado la propuesta de análisis entonativo del modelo métrico-autosegmental. En su origen, el sistema ToBI se concibió como un tipo estandarizado de notación prosódica desarrollado para la transcripción entonativa del inglés (véanse Beckman y Ayers 1997 o Beckman y Hirschberg 1994). En los últimos años, este sistema se ha utilizado para la anotación prosódica de una gran variedad de lenguas.

Uno de los principales objetivos del sistema ToBI es proporcionar un marco descriptivo universal para transcribir o etiquetar las curvas melódicas. Para ello, en el sistema se distinguen cuatro niveles de representación: 1) el nivel ortográfico, en el que se transcriben los enunciados por palabras o por sílabas; 2) el nivel tonal, en el que se transcriben los acentos tonales asociados a las sílabas acentuadas y los tonos de frontera; 3) el nivel de separación prosódica, donde se marca la presencia o ausencia de los dominios prosódicos, desde las frases entonativas hasta los casos de reducción silábica, y 4) el nivel misceláneo, que se utiliza para dar cuenta de los fenómenos paralingüísticos, como las risas, las vacilaciones o los distintos tipos de cualidad de voz [→ § 1.5.6], que pueden influir en el análisis melódico. Atendiendo a las bases descriptivas del modelo métrico-autosegmental, en el sistema ToBI se representan las curvas melódicas con relación a la estructura métrica de los enunciados y se propone la existencia de dos unidades fonológicas: 1) acentos tonales, que se asocian a sílabas con acento léxico, y 2) tonos de frontera, que se vinculan a las fronteras de los dominios prosódicos. Al igual que en el modelo métrico-autosegmental, ambas entidades tonales se representan mediante las categorías H y L.

La primera aplicación del sistema ToBI a la descripción entonativa del español fue llevada a cabo por Ortiz Lira (1999) para el español de Chile. Más adelante, Beckman *et al.* (2002) formalizaron una propuesta de notación prosódica específica para el español denominada 'Sp_ToBI'. En esta propuesta se distinguen los siguientes acentos tonales: L*+H (acento con el pico de f_0 después de la sílaba acentuada), L+H* (acento con el pico de f_0 alineado durante la sílaba acentuada) y H+L* (acento con una clara caída de la f_0 durante la sílaba acentuada). También se incluye un tono alto H*, que se utiliza cuando una sílaba se produce con una f_0 sin valle anterior. Este primer planteamiento de Sp_ToBI recoge el análisis tradicional de los acentos tonales no finales o prenucleares (con pico desplazado: L*+H) y finales o nucleares (con pico alineado: L+H*) descritos en Face (2001), Hualde (2003a) y Sosa (1999, 2003). En un estudio posterior, Face y Prieto Vives (2007) ven la necesidad de incorporar un tercer acento tonal ascendente en español y proponen las siguientes categorías tonales: L*+H, L+H* y L+>H*. El acento tonal L*+H se utiliza para aquellos casos en los que el ascenso de la f_0 empieza en la sílaba postónica; se trata del acento tonal prenuclear típico de una oración interrogativa absoluta. El acento tonal L+>H* refleja una subida de la f_0 durante la sílaba tónica con pico desplazado; suele aparecer en posición prenuclear en oraciones declarativas neutras. Finalmente, L+H* se usa para describir un acento ascendente con pico alineado dentro de la sílaba acentuada; se observa en el acento nuclear de las oraciones declarativas con foco estrecho.

En la versión de Sp_ToBI formulada por Estebas-Vilaplana y Prieto Vives (2008), se mantiene la distinción entre estos tres acentos ascendentes, a la par que se introduce un acento tonal bajo (L*) que se utiliza para aquellos casos en los que la sílaba acentuada se produce con una f_0 baja. Por tanto, el inventario de acentos tonales propuesto en ese trabajo para la descripción del español centropeninsular incluye: 1) dos acentos monotonales (L* y H*) y 2) cuatro acentos bitonales, tres ascendentes (L*+H, L+H*, L+>H*) y uno descendente (H+L*). Los ejemplos de (19) muestran el análisis de una oración declarativa neutra y de una interrogativa absoluta representado mediante el sistema Sp_ToBI. Como se ha comentado ya, los movimientos ascendentes de la sílaba prenuclear de ambos enunciados se modelan de manera distinta (L+>H* y L*+H) debido a las diferencias de alineación que se observan en los contornos de f_0 (Figuras 1 y 6).

(19) a. Ma*rina ven*drá ma*ñana   b. ¿Ma*rina ven*drá ma*ñana?
      L+>H*   L* L%   L*+H   L* HH%

En cuanto a los tonos de frontera, en el sistema Sp_ToBI inicial (Beckman *et al.* 2002) se reconoce que no es posible describir los movimientos tonales finales en español solo mediante dos tonos (H% y L%), por lo que se incorpora una nueva categoría tonal M% (tono de frontera medio) para aquellos casos en que el ascenso o el descenso finales de la f_0 concluyen en un nivel tonal medio. La adopción de este tono refleja lo que Navarro Tomás ya describió en su día como tonemas de semicadencia (descenso a un tono medio) y semianticadencia (ascenso a un tono medio). Además del tono M%, en la nueva propuesta de Sp_ToBI (Estebas-Vilaplana y Prieto Vives 2008) también se ha visto la necesidad de incorporar tonos de frontera complejos que describan los movimientos tonales con más de una inflexión de f_0 al final de un enunciado. Por ejemplo, las esquematizaciones de (20) ilustran el contraste entre una oración declarativa neutra acabada con un tono de frontera monotonal (L%) y una declarativa con matiz de obviedad que finaliza con un acento bitonal LM% que da razón de la trayectoria descendente-ascendente final.

(20) a. 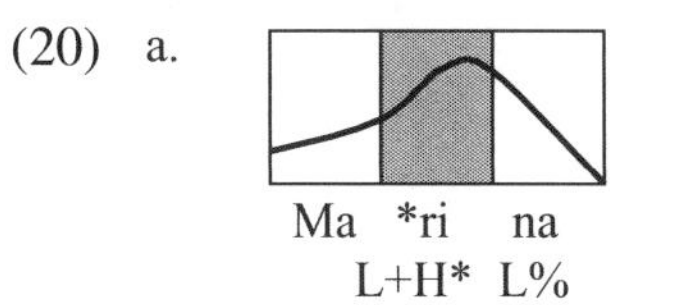

b. 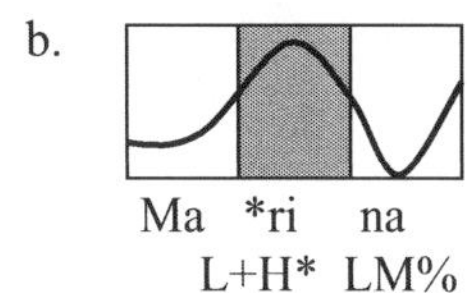

El inventario de tonos de frontera que presentan Estebas-Vilaplana y Prieto Vives (2008) incluye, por tanto, las siguientes categorías: 1) tres acentos monotonales: L% (bajo), M% (medio) y H% (alto), y 2) cuatro acentos bitonales: LH% (bajo-alto), LM% (bajo-medio), HL% (alto-bajo) y HH% (extra-alto). La diferencia entre un tono LH% y uno LM%, por ejemplo, se ha observado, respectivamente, al final de una pregunta absoluta antiexpectativa y de una oración declarativa de obviedad. Asimismo, mientras que un tono H% señala el final de la rama tensiva de un enunciado declarativo, HH% indica el final de una interrogativa absoluta neutra, como se ha ejemplificado en (19b). Según este modelo, el mismo inventario de tonos de frontera puede aparecer al final de un dominio mayor (frase entonativa) y de uno menor (frase intermedia) [→ § 1.21.6]. Cuando los tonos señalan el final de una frase intermedia se marcan con un guion después del tono (por ejemplo, H-, L- LH- o HL-).

En varios trabajos recientes sobre la entonación del español en los que se ha aplicado el sistema Sp_ToBI (Hualde y Prieto Vives 2015 o Prieto Vives y Roseano 2018), el tono de frontera medio (M%) y el bitonal (LM%) se reescriben como !H% y L!H% respectivamente. Esta propuesta ya se había utilizado en otros estudios como el de Cabrera, Vizcaíno y Hernández Flores (2013). Ambas notaciones representan la misma curva melódica con un final de f_0 a un tono medio.

Actualmente, el modelo Sp_ToBI se está empleando para la descripción de distintas variedades del español tanto peninsulares como iberoamericanas (Prieto Vives y Roseano 2010; Hualde y Prieto Vives 2015; Armero, Moreno Torres y Roseano 2021) y se está trabajando para conseguir un sistema de notación consensuado que pueda servir para la descripción de corpus lingüísticos que incluyan distintos estilos de habla.

28.2.4 El modelo del IPO (escuela holandesa)

El modelo del IPO (siglas correspondientes a *Instituut voor Perceptie Onderzoek*, o Instituto para la Investigación en Percepción), conocido también como 'escuela holandesa', se inició con los trabajos de A. Cohen y 't Hart (1968), 't Hart y Collier (1975) o 't Hart, Collier y A. Cohen (1990) para el holandés, y se aplicó a la descripción de otras lenguas, entre ellas el español (véanse Garrido Almiñana 1996, 2001, 2003 o Garrido Almiñana *et al.* 2000).

Uno de los principales objetivos de la escuela holandesa era describir la entonación a partir de la percepción de los hablantes y de su capacidad para discriminar las entidades melódicas abstractas de una curva melódica. Para poder discernir entre los movimientos tonales relevantes en una curva melódica y aquellas otras variaciones que no tenían efectos perceptivos, los investigadores de la escuela holandesa desarrollaron un método de estilización de curvas conocido como *close copy stylization* o 'estilización perceptivamente equivalente a la curva original' ('t Hart, Collier y Cohen 1990), que sustituía el trazado original de la f_0 por un contorno artificial que contuviese el número mínimo de líneas, pero que a la vez conservase todas las variaciones de f_0 relevantes desde el punto de vista perceptivo. La curva estilizada representa, por tanto, los puntos de inflexión que marcan los cambios relevantes de la f_0 y elimina todas las variaciones micromelódicas, propias de los sonidos que componen el enunciado. Posteriormente, la curva estilizada se sintetizaba y se comprobaba su equivalencia con el contorno original mediante pruebas de percepción. La Figura 14 representa una reducción de la curva melódica de la frase *Ma*rina ven*drá ma*ñana* a una serie de puntos de inflexión relevantes que permiten obtener el contorno estilizado (trazo negro fino). Las variaciones micromelódicas no se tienen en cuenta para la estilización de la curva.

Según la propuesta de la escuela holandesa, las curvas melódicas presentan una serie de formas o patrones melódicos recurrentes, que se repiten independientemente del locutor y del enunciado. Existen dos tipos de patrones melódicos: 1) patrones melódicos 'globales' ('declinación') que actúan en el ámbito del grupo entonativo y 2) patrones melódicos 'locales'

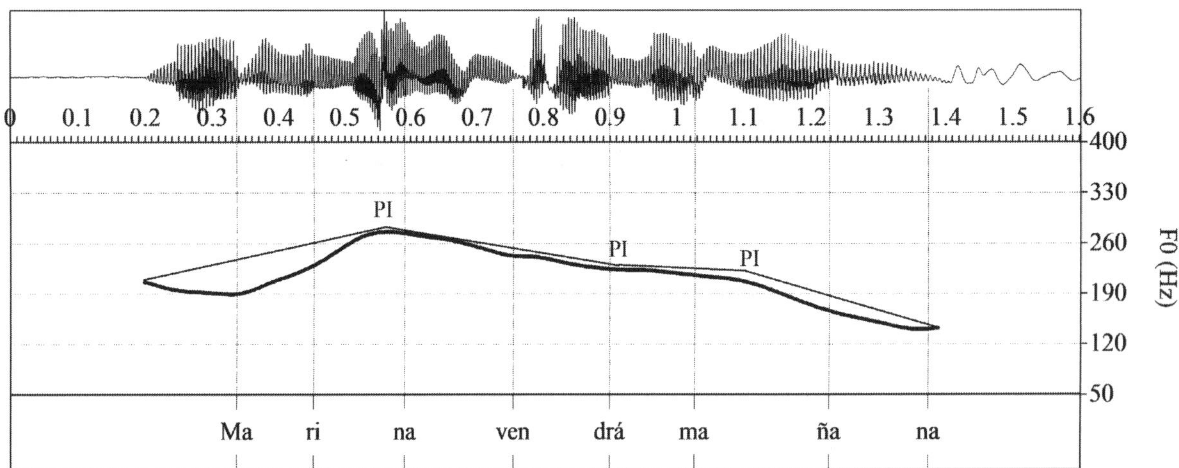

FIGURA 14. Reducción de la frase *Ma*rina ven*drá ma*ñana* a una serie de puntos de inflexión (PI), y curva estilizada del contorno (trazo negro fino).

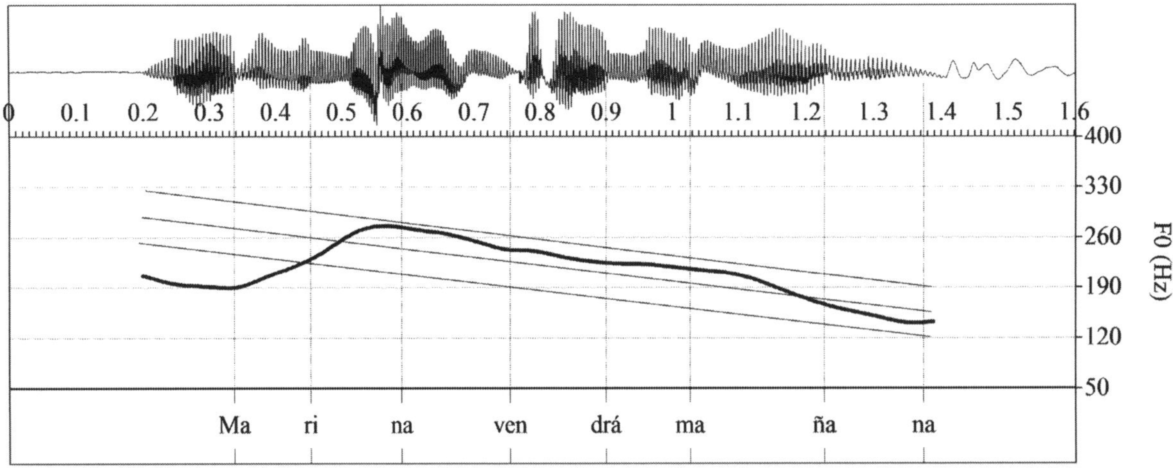

FIGURA 15. Oscilograma, espectrograma y curva de f_0 correspondientes a la oración *Ma*rina ven*drá ma*ñana* con las líneas de declinación superpuestas.

('movimientos y configuraciones') que actúan en el ámbito de la sílaba. Las curvas melódicas son, por tanto, el resultado de la superposición a un patrón entonativo global de una serie de patrones melódicos de ámbito reducido relacionados con las sílabas acentuadas y con el final de los enunciados.

Con respecto a los patrones globales, el modelo del IPO define la forma global de las curvas de f_0 a partir del fenómeno de la declinación o descenso progresivo de la f_0 a lo largo de un enunciado (véanse Pike 1945; A. Cohen y 't Hart 1967; y el § 27.3 de la presente obra). Según este modelo, la declinación se representa a través de dos líneas rectas que marcan el límite superior e inferior de las curvas melódicas y de una línea intermedia, equidistante de las dos anteriores. Estas líneas son paralelas y representan tres niveles tonales (alto, medio y bajo) en los que se definirán los contornos melódicos. En la Figura 15 se muestra la curva melódica de la frase *Ma*rina ven*drá ma*ñana* y sus correspondientes líneas de declinación. Para describir el contorno global de las curvas melódicas, el modelo del IPO también tiene en cuenta dos fenómenos más: 1) el 'reajuste tonal' y 2) la 'supradeclinación'. El reajuste tonal (en inglés *pitch reset*; cf. Grønnum Thorsen [1985], y el § 27.5 de la presente obra) implica que la f_0 al inicio de un nuevo grupo entonativo se sitúa a un nivel más alto que la f_0 del final del grupo anterior. La altura del reajuste de la f_0 entre dos grupos entonativos consecutivos estaría controlada, como indica Garrido Almiñana (2003), por la supradeclinación, es decir, por un fenómeno de declinación superior al del grupo entonativo que da razón del descenso general de la f_0 entre grupos entonativos consecutivos. Este fenómeno, también denominado 'declinación de párrafo', se ha atestiguado en varias lenguas, como en danés (Grønnum Thorsen 1985), en holandés (Sluijter y Terken 1993), en inglés (Ladd 1988) o en español (Garrido Almiñana 2003; y el § 27.4 de esta obra).

Con relación a los patrones melódicos de ámbito local, el modelo del IPO analiza las curvas melódicas mediante una serie de líneas rectas (o 'movimientos tonales') que describen la trayectoria de la f_0 asociada a una o varias sílabas y que se superponen a las líneas de declinación. Cada lengua tiene un número concreto de movimientos tonales. Para el holandés, 't Hart, Collier y Cohen (1990) distinguen 10 movimientos tonales que se definen mediante números (/1/, /2/, /3/, /4/ y /5/) si la dirección del movimiento es ascendente, y mediante letras (/A/, /B/, /C/, /D/ y /E/) si la dirección es descendente. Aparte de por la dirección de la f_0, los movimientos tonales se caracterizan por otros cuatro tipos de rasgos: 1) velocidad del movimiento, 2) amplitud del campo tonal, 3) alineación con la estructura segmental y 4) número de sílabas que abarca el movimiento. Según estos parámetros de análisis entonativo, la gramática que proponen 't Hart, Collier y Cohen (1990) para el holandés contiene 10 movimientos tonales definidos a partir de las siguientes categorías: 1) movimiento [±ascendente] (según la dirección), 2) movimiento [±rápido] (en función de la velocidad), 3) movimiento [±completo] (de acuerdo con el campo tonal), 4) movimiento [±anticipado] (según la alineación con la estructura silábica) y 5) movimiento [±extendido] (en función del número de sílabas que abarca). Así, por ejemplo, el movimiento tonal /1/ se caracteriza por los siguientes rasgos: [+ascendente], [+anticipado], [−retardado], [−extendido] y [+completo]. El movimiento tonal /A/ se define, a su vez, como [−ascendente], [−anticipado], [+retardado], [+extendido] y [+completo].

Una vez establecidos los movimientos tonales, estos se combinan para producir estructuras superiores denominadas 'configuraciones', que se dividen en tres tipos: 1) configuraciones 'raíz', que son obligatorias y se sitúan sobre el acento más prominente (este concepto es similar a la noción de 'núcleo' de la escuela británica), 2) configuraciones 'prefijo', que son opcionales y preceden a la raíz (equivaldrían a la 'cabeza' y 'precabeza' de la propuesta británica), y 3) configuraciones 'sufijo', que también son optativas y se sitúan detrás de la raíz (corresponderían al concepto británico de 'cola'). Mientras que las configuraciones prefijo se pueden repetir, las configuraciones sufijo no pueden hacerlo. Las configuraciones se modelan a partir de uno o más movimientos melódicos. De esta forma, la combinación de los movimientos melódicos /1A/ representa una configuración raíz que modelaría el contorno melódico ascendente-descendente propio de un enunciado declarativo con un solo acento (por ejemplo, *ma*ñana*).

La aplicación del modelo del IPO al español llevada a cabo por Garrido Almiñana (1996, 2001, 2003) hereda de su formulación inicial la concepción de las curvas melódicas como el resultado de la superposición de patrones globales (declinación y supradeclinación) y patrones locales (movimientos y configuraciones). Una de las principales diferencias de la propuesta de Garrido Almiñana con respecto al planteamiento original reside en que el número de rasgos que definen los movimientos melódicos son solo tres: P (pico) o nivel tonal alto que se asocia a los puntos de inflexión más elevados del enunciado, V (valle) o nivel tonal bajo para aquellos puntos de inflexión situados en la parte más baja del rango tonal y M (nivel tonal medio), que se vincula a puntos de inflexión situados a una altura intermedia de la f_0. Garrido Almiñana también propone un nivel P+ (extraalto) para aquellos casos en los que el pico de la f_0 se sitúa por encima del nivel P, como en los movimientos tonales finales de las interrogativas absolutas. Según esta propuesta, la notación P-V, por ejemplo, representaría una trayectoria descendente de un nivel tonal alto a un nivel tonal bajo. Al igual que en el modelo del IPO, los movimientos tonales se agrupan en configuraciones superiores que se definen según su posición dentro de la curva melódica. Garrido Almiñana propone cuatro tipos de patrones: 1) patrones iniciales, que aparecen al principio de un grupo entonativo; 2) patrones finales, asociados al final de la curva entonativa; 3) patrones intermedios, que no son ni iniciales ni finales, y 4) patrones iniciales-finales, asociados a un grupo entonativo completo breve. Así, los contornos pueden ser el resultado de una de estas combinaciones: 1) patrón inicial + (patrón intermedio) + patrón final, y 2) patrón inicial-final. La Figura 16 incluye un ejemplo de representación, adaptado del modelo de Garrido Almiñana, de la combinación patrón inicial + patrón intermedio + patrón final para la frase *Ma*rina ven*drá ma*ñana*.

Como indica el propio Garrido Almiñana (2001), este sistema de notación prosódica se aproxima más a un análisis fonético que a una representación fonológica, puesto que los distintos puntos de inflexión que determinan la curva estilizada se establecen en función del rango tonal del hablante y no se abstraen entidades contrastivas mínimas. Ya desde una perspectiva mucho más fonológica, la propuesta de la escuela holandesa ha servido de inspiración a un nuevo modelo de análisis entonativo del español, desarrollado por Cantero (2002), denominado Análisis Melódico del Habla. Este estudio hereda de la escuela holandesa la idea de estilización de curvas para el análisis entonativo y la subsiguiente validación de los patrones estilizados mediante estudios perceptivos en los que se presentan los contornos descontextualizados. Para Cantero, el contorno entonativo, definido como la melodía contenida en un grupo fónico, está dividido en tres partes,

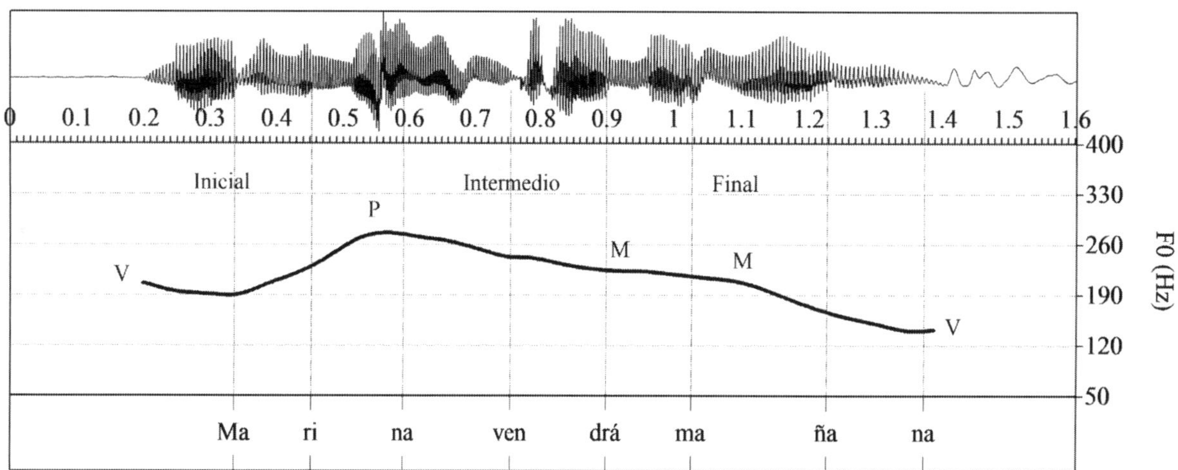

FIGURA 16. Representación del contorno melódico de la frase *Ma*rina ven*drá ma*ñana* con patrones inicial + intermedio + final según el modelo de Garrido Almiñana.

parecidas a las propuestas realizadas por el modelo británico o por Navarro Tomás: 1) «anacrusis» que incluye los segmentos anteriores a la primera vocal acentuada (o primer pico de la f_0); 2) «cuerpo» que empieza después del primer pico hasta la última vocal acentuada denominada 'núcleo', y 3) «inflexión final» que va desde el núcleo hasta el final del contorno.

Para describir fonológicamente la entonación, Cantero distingue entre el significado propiamente fonológico y el significado semántico o pragmático. Los tonemas, entendidos como contornos fonológicamente significativos, se describen como signos lingüísticos cuyos significados se establecen en relación paradigmática con los demás tonemas del mismo nivel fonológico. Los tonemas del castellano se definen a partir de tres rasgos distintivos: 1) /±interrogación/, 2) /±énfasis/ y 3) /±suspensión/. El rasgo /±interrogación/ sirve para distinguir una entonación neutra o no marcada (/−interrogativa/) de una entonación marcada (/+interrogativa/). Dicho rasgo no aporta por sí mismo el significado de 'pregunta' ni ningún otro significado, ya que se trata de un rasgo puramente fonológico. De esta forma, la entonación, por ejemplo, de una pregunta pronominal como *¿Quién vendrá?* producida con una inflexión final descendente se describe de la misma manera que la entonación no marcada (/−interrogativa/) propia de los enunciados declarativos. El hecho de que una pregunta pueda definirse como /−interrogativa/ corrobora la naturaleza fonológica (no pragmática ni semántica) de la entonación. De la misma manera, el contorno /+interrogativo/ marca el significado de pregunta en un enunciado solo si el contexto gramatical y pragmático lo permiten, pero puede marcar otros significados. El rasgo /±énfasis/ indica el carácter marcado de los contornos típicos /−interrogativo/ y /+interrogativo/. Así, el contorno /+enfático/ altera el modelo general de los contornos /−interrogativo/ y /+interrogativo/. Finalmente, el rasgo /±suspensión/ sirve para marcar la finalización del contorno (/−suspensión/) o su interrupción (/+suspensión/). Dichos rasgos pueden combinarse entre sí generando ocho tonemas. La entonación declarativa correspondería al tonema /−interrogativo −enfático −suspendido/ y la interrogativa se expresaría con el tonema /+interrogativo −enfático −suspendido/. El modelo de análisis entonativo propuesto por Cantero (2002) se ha desarrollado y consolidado en los trabajos de Cantero y Font-Rotchés (2007, 2009) y de Font-Rotchés y Mateo-Ruiz (2011). Hidalgo (2019) parte del modelo Análisis Melódico del Habla para desarrollar un método descriptivo de base funcional, denominado Análisis Interactivo Funcional, que le permite analizar la prosodia del habla coloquial en español.

28.2.5 El modelo de Aix-en-Provence

El modelo de Aix-en-Provence surge en el *Laboratoire Parole et Langage* de la Universidad de Aix-en-Provence con los estudios de Hirst y Di Cristo (1984, 1998) y Hirst, Di Cristo y Espesser (2000). Sus principales objetivos se materializan en dos direcciones opuestas y complementarias a la vez: 1) modelizar la curva entonativa de distintas lenguas mediante una secuenciación de segmentos tonales o categorías simbólicas estáticas, y 2) realizar el procedimiento inverso, es decir, poder derivar la curva entonativa a partir de su representación simbólica (véase Baqué y Estruch [2003], para un claro resumen del modelo). Para los seguidores de este marco teórico, la prosodia es una parte fundamental del componente fonológico de la lengua que actúa después de la formación sintáctica y semántica de los enunciados.

Como señalan Baqué y Estruch (2003), el concepto de prosodia que postula dicho modelo se fundamenta en dos ideas básicas. Por un lado, la prosodia no se limita a un análisis temporal de la curva de f_0, sino que se aboga por una estructura pluriparamétrica en la que se solapan variaciones de f_0, duración e intensidad. Por otro lado, el modelo presupone que las lenguas utilizan distintas formas prosódicas para codificar funciones prosódicas idénticas. El modo en que dichas funciones se estructuran varía de una lengua a otra y, por tanto, se definen mediante parámetros específicos de cada una de ellas. Para poder determinar cómo las funciones prosódicas se estructuran en las distintas formas prosódicas, el modelo de Aix-en-Provence establece cuatro niveles distintos de análisis prosódico, cada uno de los cuales se interpreta a partir de los niveles adyacentes: 1) un nivel físico, que es universal para todas las lenguas y que se caracteriza por la obtención de la curva de f_0; 2) un nivel fonético, en el que se determinan qué aspectos de la curva son relevantes y qué otros responden a variaciones microprosódicas; 3) un nivel fonológico superficial, en el cual se describen las curvas a partir de una codificación simbólica, y 4) un nivel fonológico profundo, en el que se determinan las unidades lingüísticamente significativas aplicando una serie de reglas que actúan en distintos niveles prosódicos.

La primera fase para modelizar un enunciado, correspondiente al nivel físico, consiste en extraer su curva de f_0. A partir de ahí, y mediante un programa de estilización automática denominado MOMEL *(MOdelling MELody)*, se pasa al análisis fonético, cuyo principal objetivo es conseguir una curva estilizada de la que se hayan eliminado todos los componentes microprosódicos, pero que mantenga la información macroprosódica relevante. En esta fase, por tanto, se analiza la curva de f_0 como una secuencia de puntos de inflexión que permiten obtener una curva estilizada perceptivamente equivalente a la original (véase Astésano *et al.* 1997, de Pijper 1979 o Llisterri 1996, entre otros).

En el nivel fonológico superficial, los puntos de inflexión obtenidos con el sistema MOMEL se codifican mediante un sistema de anotación entonativa conocido como INTSINT *(INternacional Transcription System for INTonation)*, cuyo objetivo es describir los patrones entonativos de las distintas lenguas a través de una misma serie de símbolos (Hirst, Di Cristo y Espesser 2000). Para ello, cada punto de la curva estilizada se codifica según un 'tono absoluto' (de carácter global) o un 'tono relativo' (de carácter local). Los tonos absolutos son: 1) T *(Top)*, correspondiente a la altura tonal máxima del hablante (⇑); 2) B *(Bottom)*, correspondiente a la altura tonal mínima (⇓), y 3) M *(Mid)*, que equivale a un valor tonal intermedio (⇒). Los tonos relativos se dividen en 1) 'iterativos', que constituyen puntos de inflexión intermedios, y 2) 'no iterativos', que indican puntos de inflexión que no corresponden a tonos absolutos y no señalizan puntos intermedios. Los tonos relativos iterativos son dos: U *(Up/Upstepped)* o punto ascendente (<) y D *(Down/Downstepped)* o punto descendente (>). Los tonos relativos no iterativos son: H *(Higher)* o punto más alto que los adyacentes (↑), L *(Lower)* o punto más bajo que los adyacentes (↓), S *(Same)* o punto igual que el anterior (→). Este sistema de notación entonativa convierte la curva estilizada en una secuencia de categorías discretas a partir de las cuales se puede generar de nuevo la curva.

En el nivel fonológico profundo se forjan los patrones entonativos concretos de cada lengua. Para ello se deben cumplir dos objetivos: 1) codificar la información básica para la interpretación semántica y sintáctica del enunciado, y 2) proporcionar la información necesaria para su correcta pronunciación. En este nivel, la secuencia lineal de tonos se estructura en tres unidades: 1) la 'unidad tonal', constituida por la sílaba acentuada y las átonas que la preceden; 2) la 'unidad rítmica', que contiene una o más unidades tonales, y 3) la 'unidad entonativa', comprendida entre dos pausas. Además, el modelo postula dos niveles de representación: 1) los 'tonos fonológicos' o segmentos tonales discretos y 2) una 'rejilla métrica', que indica la distribución de acentos. Existen dos primitivos tonales, H y L. El tono H se asocia a todas las sílabas acentuadas y el tono L, a las inacentuadas. El principio y el final de una unidad entonativa también se marcan con tonos de frontera L o H. Un ejemplo de este sistema de modelización se presenta en la rejilla métrica de (21) para la frase *Si se lo co*mentas a su *madre, ven*drá ma*ñana*. El símbolo ' + ' indica sílaba prominente y el símbolo ' . ' indica sílaba no prominente.

<pre>
(21)   Unidades entonativas   (.   .   .   +   .   .   .   +   .) (.   +   .   + .)
       Unidades rítmicas   (.   .   .   +   .) (.   .   +   .) (.   +) (.   +   .)
       Unidades tonales   (.   .   .   +) .   (.   .   +) .   (.   +) (.   +) .
       Sílabas   Si se lo co*mentas a su *madre, ven*drá ma*ñana
                               L (L   H)   (L   H) H   L   (LH)   (L H) L
</pre>

Una vez especificada la rejilla métrica, se asigna un tono H a cada sílaba acentuada y se delimita una unidad tonal según la configuración LH o HL en función de si los constituyentes métricos presentan el núcleo a la derecha (LH) o el núcleo a la izquierda (HL). En el ejemplo anterior las unidades tonales son del tipo LH. Las unidades entonativas también tienen un tono L o H inicial y final. En la frase de (21), la primera unidad entonativa está delimitada por un tono L inicial y un tono H final, mientras que la segunda unidad entonativa está enmarcada entre dos tonos L. Una vez asignados los tonos, se aplican una serie de 'reglas de reajuste' y 'linearización' que se resumen a continuación de manera muy general: 1) dos tonos L iniciales se fusionan en un tono M (esta combinación se denomina 'principio de simplificación', por el que se especifica el tono medio propio del registro de referencia del locutor); 2) dos tonos H finales se fusionan en un tono absoluto T; 3) la L final se realiza como un tono absoluto B; 4) la H precedida de HL se produce con escalonamiento descendente; 5) la L precedida de LH se produce con escalonamiento ascendente, y 6) la H inicial se realiza como un tono absoluto T (siempre y cuando no haya otra T, ya que no pueden aparecer dos T en una oración). Según estas reglas, la oración ejemplificada en (21) se reescribiría tal y como se presenta en (22). Así se obtiene una secuencia lineal de tonos ([MHTMHDB]) que incluye la información necesaria para la pronunciación del enunciado.

```
(22)   L (L H)  (L H) H L (L H)  (L H) L
        \/  |      \/    \/  |     |  |
        M  H        T    M   H     D  B
```

La aplicación del sistema de Aix-en-Provence al español se ha llevado a cabo en los trabajos de Mora Gallardo (1996), Le Besnerais (1996), Alcoba, Le Besnerais y Murillo (1992) o Alcoba y Murillo (1998). Según esta propuesta, una declarativa neutra como *Ma*rina ven*drá ma*ñana* se modelaría según las reglas reproducidas en (23). El punto M inicial representa la fusión de los dos tonos L del principio del enunciado. El tono T representa el punto más alto de la frase, que en este caso coincide con la primera sílaba acentuada. La segunda sílaba acentuada presenta un tono H precedido de un tono L en la pretónica. El último tono H, asociado a la última sílaba acentuada, se realiza como un tono D (con escalonamiento descendente), ya que sigue a un tono L que a su vez está precedido por una secuencia de tonos L y H. El tono L que provoca el descenso desaparece en la modelización final. Por último, el tono L final se realiza como un tono bajo absoluto B que corresponde al valor mínimo inferior del rango tonal del locutor. La secuencia de tonos para una declarativa neutra con tres unidades tonales sería, por tanto, [MTLHDB].

```
(23)   Ma*rina ven*drá ma*ñana
        L (L H)  (L  H)  (L H) L
         \/  |               |
         M  T   L   H        D  B
       ─────────────────────────────
       [   ⇑   ↓   ↑    >  ⇓ ]
```

Alcoba y Murillo (1998), basándose en la descripción de la entonación del español propuesta por Fant (1984), representan distintos enunciados declarativos mediante el sistema de transcripción INSTINT. En (24) se reproduce la notación planteada por Alcoba y Murillo para un enunciado formado por dos unidades tonales (24a) y para dos enunciados constituidos por una sola unidad tonal, con sílaba acentuada en posición no final (24b) y en posición final (24c). Como comentan los autores mencionados, en frases de una sola unidad tonal (24b, c), la interacción entre el ascenso inicial y el descenso final de la curva produce un efecto sobre el nivel tonal de la única sílaba acentuada, que no se realiza con el nivel tonal más alto T (⇑), sino con H (↑), debido al efecto de 'compresión' (esto es, la reducción del campo tonal de un acento melódico) para poder conseguir los niveles B [⇓] o D [>] del final del enunciado. Además, cuando el enunciado acaba en palabra oxítona, como el de (24c), el último tono no se modela como B [⇓], sino como D [>] (con escalonamiento descendente), ya que en este caso la curva melódica no consigue llegar al nivel más bajo del rango tonal a causa de un efecto de 'truncamiento' (esto es, la realización parcial de un movimiento de la f_0 debido a la falta de espacio segmental).

```
(24)  a.  Ven*drá ma*ñana        b.  Ma*ñana        c.  Ven*drá
          ─────────────────          ────────           ────────
          [   ⇑    >   ⇓ ]            [  ↑⇓ ]             [  ↑> ]
```

Asimismo, el patrón propio de una interrogativa absoluta como *¿Ma*rina ven*drá ma*ñana?* se describe a partir las reglas de modelización reproducidas en (25) según la descripción de Baqué y Estruch (2003). La secuenciación tonal que proponen dichas autoras, [MHDBT] ([↑>⇓⇑]), difiere de la de Alcoba y Murillo (1998), ([⇑>>⇑]), en la cual la última sílaba acentuada se modela con un tono con escalonamiento descendente (nivel D [>]) y no como el tono más bajo del enunciado (nivel B [⇓]). Además, según Alcoba y Murillo, el primer acento melódico del enunciado se describe igual que el último movimiento tonal del contorno [⇑]. Por el contrario, en Baqué y Estruch el primer acento melódico se modela como [↑] y el tono final como [⇑]. La propuesta de Baqué y Estruch parece más acertada por dos razones: 1) el acento melódico de la última sílaba acentuada de una interrogativa absoluta se produce con el tono más bajo de la curva, en el límite inferior del rango tonal del hablante y, por tanto, no se trata de un escalonamiento descendente, sino de un objetivo correspondiente a un tono bajo, y 2) no puede haber dos tonos T *(top)* [⇑] en un mismo enunciado. Como en una interrogativa absoluta el nivel más alto de la f_0 suele aparecer al final del enunciado, el tono [⇑] debe estar asociado a dicha posición.

(25)   ¿Ma*rina ven*drá ma*ñana?
       L (LH) (L H) (L H) H
        V   V
       M H   D B T
       ——————————————
       [↑   > ⇓ ⇑]
       ——————————————

Como se acaba de exponer, el modelo de Aix-en-Provence aboga por una descripción de la entonación más cercana al análisis de niveles que al de configuraciones entonativas, ya que los elementos primitivos son puntos estáticos y no movimientos tonales. Este modelo, por tanto, comparte con el análisis de niveles y con la Teoría Métrica-Autosegmental una descripción de la entonación mediante segmentos tonales que implica concebirla como una serie de elementos discretos que se yuxtaponen a lo largo de un enunciado. Por otro lado, se trata de una teoría jerárquica que analiza la entonación en función de tres dominios prosódicos (unidad entonativa, unidad rítmica y unidad tonal). En esto difiere de otras propuestas que postulan dos niveles de fraseo prosódico, como la de Ladd (1986), la de Pierrehumbert y Beckman (1988) o la de Quilis (1993). Al igual que otros modelos, como el métrico-autosegmental, el marco teórico de Aix-en-Provence se ha utilizado para la descripción entonativa de varias lenguas (véase Hirst y Di Cristo 1998) facilitando, así, los estudios comparativos entre sistemas lingüísticos distintos.

28.3 Aplicación de los distintos modelos al español

En este apartado se repasarán brevemente las propuestas de descripción entonativa de distintos patrones melódicos del español atendiendo a los modelos presentados en el § 28.2. Concretamente, se revisará la modelización de los siguientes tipos de entonación: 1) declarativa neutra y declarativa marcada (con foco estrecho, con matiz de obviedad y con matiz de incertidumbre); 2) interrogativa neutra (absoluta, pronominal) e interrogativa marcada (confirmativa, reiterativa y con matiz de cortesía); 3) imperativa neutra e imperativa marcada (con matiz de insistencia), y 4) vocativa neutra y vocativa marcada (con matiz de insistencia). Con respecto a cada tipo de patrón entonativo, la discusión se centrará en los modelos que lo han tratado.

28.3.1 *Entonación declarativa*

A pesar de que la entonación declarativa neutra ha sido la más estudiada por los especialistas y pese a disponerse de numerosos trabajos descriptivos y experimentales sobre sus características, la modelización fonológica de los patrones entonativos declarativos ha sido una de las tareas más controvertidas. En el nivel descriptivo, todos los estudios coinciden en que la entonación declarativa no marcada, es decir, con expresión enunciativa o aseverativa, presenta las siguientes características en frases de un solo grupo melódico: 1) cuando la frase consta de una sola sílaba acentuada, esta se produce con un pico de f_0 seguido de un descenso tonal hasta el final del enunciado (véase el primer contorno de la Figura 3 para el enunciado *Ma*rina*); 2) cuando la frase consta de dos (o más) sílabas acentuadas, las sílabas acentuadas en posición prenuclear suelen producirse con un ascenso de la f_0 con el pico desplazado en la postónica, en tanto que la última sílaba acentuada se caracteriza por un descenso progresivo de la f_0 que se inicia después del último acento alto prenuclear y se prolonga hasta el final de la frase. Mientras que la primera sílaba prenuclear con acento léxico siempre se realiza con un acento melódico ascendente, las demás sílabas acentuadas prenucleares pueden producirse sin acento melódico. El ejemplo de la Figura 1 para la frase *Ma*rina ven*drá ma*ñana* presenta tres acentos léxicos y dos acentos melódicos.

Como se ha apuntado en el § 28.2.1, según Navarro Tomás ([1944] 1974), el descenso de la f_0 propio de las oraciones declarativas se describe como un tonema de cadencia. Si bien Navarro Tomás no otorga valor distintivo a los acentos prenucleares, el autor reconoce diferencias entonativas entre el cuerpo del grupo melódico de una declarativa (con un tono sostenido) y el de una interrogativa (con forma inclinada del tono). Contrariamente a esta propuesta, en el análisis por niveles se describe el movimiento prenuclear de una declarativa neutra como lingüísticamente relevante y se modeliza mediante la combinación de niveles /1 2/. El descenso final, por el contrario, presenta disparidad de análisis en el marco de este modelo. Por un lado, autores como Stockwell, Bowen y Silva-Fuenzalida (1956), Stockwell y Bowen (1965) o Martínez Celdrán (2003) consideran que la configuración nuclear de la declarativa neutra sigue el patrón /1 1↓/. Por el contrario, Hockett (1958), Quilis (1981, 1993) e Hidalgo (2006) proponen el patrón final /2 1↓/. El hecho de que a veces el descenso se conciba como más abrupto, /2 1/, o menos abrupto, /1 1/, está relacionado con la presencia o ausencia de acentos prenucleares. Cuando no aparecen acentos prenucleares el pico es más pronunciado, mientras que, cuando los hay, el último acento presenta un pico de f_0 menos pronunciado o incluso no presenta ningún pico debido a las tendencias de descenso progresivo (declinación y escalonamiento descendente) propias de los enunciados declarativos. Esta dicotomía también se ve reflejada en otros modelos, como el de la Escuela de Aix-en-Provence o el de la Teoría Métrica-Autosegmental y el sistema Sp_ToBI. Según Alcoba y Murillo (1998), el final de una declarativa neutra con un solo acento se transcribe como [↑⇓], mientras que cuando hay acentos prenucleares la configuración final presenta la combinación [> ⇓] indicando un escalonamiento descendente en la última sílaba acentuada. Asimismo, en el sistema Sp_ToBI la configuración nuclear de las declarativas neutras se describe como L+H* L% cuando tienen un solo acento y como L* L% cuando aparecen acentos prenucleares (Estebas-Vilaplana y Prieto Vives 2008, 2010).

La modelización final de una declarativa neutra con acentos prenucleares en la Teoría Métrica-Autosegmental no siempre ha sido L* L%. En algunas propuestas iniciales, como la de Prieto Vives, Shih y Nibert (1996) o la de Hualde (2003a), la configuración final se representaba como un tono alto con escalonamiento descendente del tipo L+!H* o !H*. Otro tema que ha sido también motivo de debate, en el entorno de este modelo, es la interpretación de los acentos prenucleares. Los primeros estudios sobre el español en el marco de esta teoría (Sosa 1999) describían los acentos tonales prenucleares de una declarativa como L*+H. Trabajos posteriores como el de Face y Prieto Vives (2007) demostraron que existía una diferencia en el nivel perceptivo entre L*+H (valle de la f_0 en la sílaba acentuada, con pico en la postónica) y L+>H* (ascenso de la f_0 durante la sílaba acentuada, con pico desplazado en la postónica). Según estos autores, L*+H es el acento tonal prenuclear propio de las interrogativas absolutas, mientras que L+>H* es el acento tonal prenuclear de las declarativas neutras. En tanto que la sílaba tónica del primer acento se percibe como baja, la sílaba tónica del segundo acento es alta. Un estudio de Face (2007) sobre la percepción de los acentos tonales prenucleares en estos dos tipos de frases corroboró dichas observaciones. Face demostró que los hablantes nativos de español son capaces de discernir el tipo de frase (declarativa neutra o interrogativa absoluta) con solo oír su configuración prenuclear. Por tanto, si escuchaban, por ejemplo, la palabra *Ma*rina* en la frase *Ma*rina ven*drá ma*ñana* con L*+H sin oír el final del enunciado, interpretaban la frase como una interrogativa absoluta *(¿Ma*rina ven*drá ma*ñana?)*. Por el contrario, si la primera palabra del enunciado se producía con el acento tonal L+>H*, reconocían la frase como declarativa. Cuando los oyentes percibían pistas o claves contradictorias, por ejemplo, una entonación prenuclear propia de una interrogativa seguida de una entonación nuclear de una declarativa, siempre se interpretaba la entonación de la configuración nuclear (en este caso declarativa), con lo que se corrobora la idea de Navarro Tomás ([1944] 1974) sobre la mayor importancia a nivel fonológico del acento nuclear frente a la de la entonación prenuclear. Dorta y Hernández Díaz (2004) confirman la relevancia de la configuración final para distinguir entre frases declarativas e interrogativas absolutas en el español tinerfeño.

Cuando una declarativa neutra está formada por dos grupos melódicos, el primero termina en un ascenso de la f_0 que, según Navarro Tomás, se modela como un tonema de anticadencia. En la teoría de niveles esta subida de la f_0 equivaldría al patrón /1 2↑/; en el marco de Aix-en-Provence se transcribiría como [↑⇑], y en el modelo Sp_ToBI se analizaría como una frase intermedia que acabaría con la configuración L+H* H-. En la Figura 17 se incluye un ejemplo de una frase declarativa con dos grupos melódicos, el enunciado *Si se lo co*mentas, ven*drá ma*ñana*. En oraciones declarativas con sujeto corto del tipo *Ma*rina ven*drá ma*ñana* algunos modelos presentan diferencias de interpretación en lo que concierne

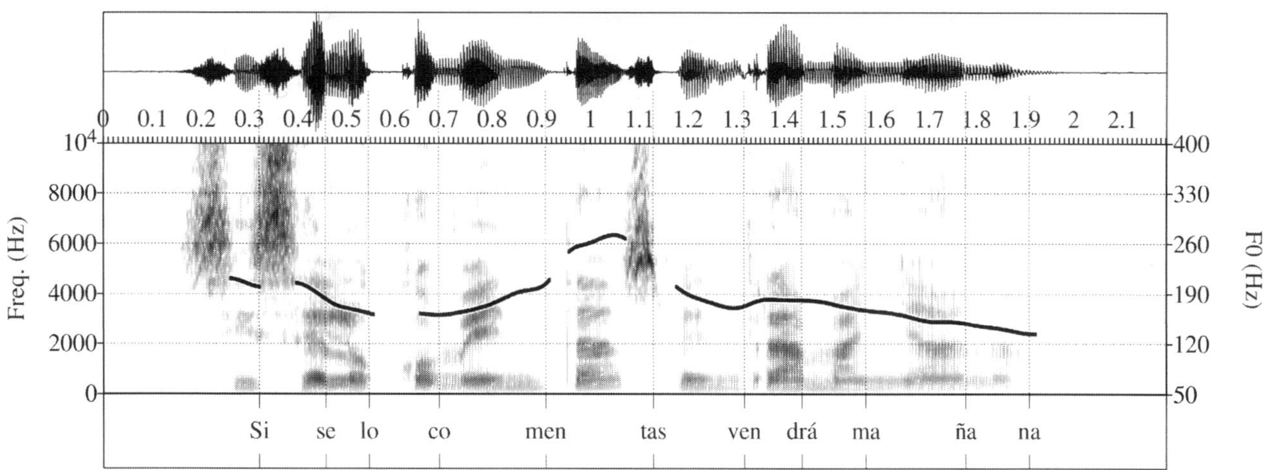

FIGURA 17. Oscilograma, espectrograma y curva de f_0 correspondientes a la oración *Si se lo co*mentas, ven*drá ma*ñana* producida con una entonación declarativa no marcada.

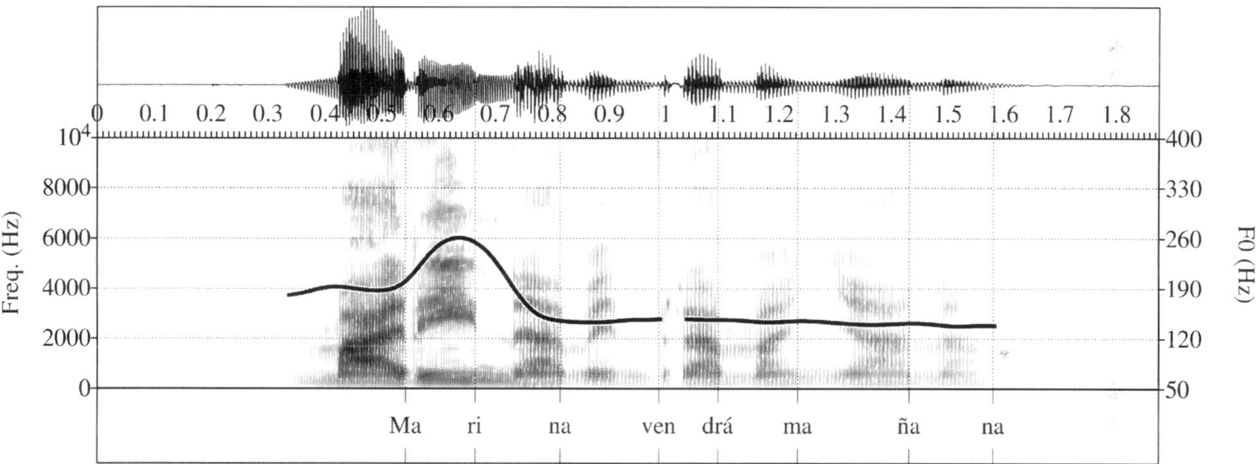

FIGURA 18. Oscilograma, espectrograma y curva de f_0 correspondientes al enunciado MA*RINA *ven*drá ma*ñana* producido con foco estrecho.

a la división en grupos melódicos. Según Navarro Tomás ([1944] 1974) esta frase respondería a la típica división tema *(Marina)* / rema *(vendrá mañana)* [→ § 30.4.3] con entonación de anticadencia y cadencia respectivamente. El hecho de contener dos tonemas (anticadencia y cadencia) implica dos grupos fónicos. En el caso del modelo de Aix-en-Provence, en el del sistema Sp_ToBI o en el del análisis por niveles, el ascenso de la f_0 que se observa sobre la sílaba acentuada de la palabra *Ma*rina* se representaría como [⇑], L+>H* o /1 2/ respectivamente, es decir, con algún tipo de acento melódico o configuración ascendente, pero sin acento de frontera final. A diferencia de la propuesta de Navarro Tomás, estos modelos reconocen la existencia de acentos tonales prenucleares, que permiten modelar la f_0 de la palabra *Ma*rina* sin necesidad de recurrir a otro grupo fónico. Por el contrario, Navarro Tomás debe postular dos unidades melódicas con dos tonemas finales, ya que, según su teoría, los movimientos tonales antes del tonema final no son lingüísticamente relevantes.

Las oraciones declarativas con foco estrecho [→ § 30.5], es decir, las producidas con énfasis sobre un elemento concreto de la frase que aporta información nueva o contrasta con otros elementos del discurso, se producen con un ascenso de la f_0 sobre dicho elemento. En la Figura 18 se presenta un ejemplo de frase declarativa con foco estrecho sobre el sujeto *(MA*RINA ven*drá ma*ñana)*, en la que se observa un ascenso de la f_0 con el pico alineado dentro de la sílaba acentuada de la palabra focalizada seguido de un descenso abrupto de la f_0. Según Navarro Tomás ([1944] 1974), la expresión del énfasis, así como la expresión de los estados afectivos, se materializa a través de una inflexión circunfleja que presenta una entonación ascendente-descendente [→ § 27.2.4]. Para la escuela de niveles, un elemento focalizado recibe el nivel /3/, que es el tono más alto que propone el sistema y que justamente se reserva para los casos de énfasis. En el modelo de

Aix-en-Provence, el elemento focalizado recibe un tono ⇑. En la transcripción propuesta por Garrido Almiñana (2001), la sílaba acentuada del elemento focalizado se marcaría con un punto de inflexión P. Según el modelo métrico-autosegmental y el sistema Sp_ToBI, el acento tonal asociado a un elemento focalizado es L+H*. En algunos casos este acento se puede producir con escalonamiento ascendente (L+¡H*), indicando que el pico de la f_0 es más alto que el anterior.

Las frases declarativas pueden, además, adquirir distintos matices según el contexto y la intención del hablante. Los trabajos de Navarro Tomás ([1944] 1974), Quilis (1993), Sosa (1999) y Estebas-Vilaplana y Prieto Vives (2008, 2010) analizan diversos tipos de entonación declarativa no neutra desde la perspectiva del modelo adoptado por cada autor. A modo de ejemplo, a continuación se resumen las principales características de dos tipos de matices de la entonación declarativa: 1) el matiz de obviedad y 2) el matiz de incertidumbre.

Como se describe en Estebas-Vilaplana y Prieto Vives (2008, 2010), la declarativa de obviedad presenta una configuración final compleja que implica un acenso de la f_0 en la última sílaba acentuada seguido de un descenso y subsiguiente ascenso de la f_0 a un tono medio. Este movimiento de ascenso-descenso-ascenso se puede realizar en una misma sílaba en caso de que la última palabra del enunciado sea oxítona, o puede acomodarse a lo largo de las sílabas postónicas en caso de que las hubiera. En la Figura 19 se ofrece un ejemplo de esta configuración entonativa con la frase *Sí, *hombre, ven*drá ma*ñana,* en la que se puede observar un ascenso de la f_0 en la sílaba acentuada de *ma*ñana* seguido de un descenso-ascenso en la postónica. La representación tonal completa del enunciado *ven*drá ma*ñana* con matiz de obviedad incluye un acento tonal L+H* asociado a la primera sílaba acentuada *ven*drá,* seguido de la configuración final L+H* LM% o L+H* L!H%, según la nomenclatura de Hualde y Prieto Vives (2015). El mismo movimiento complejo descendente-ascendente se observa al final del primer grupo entonativo de la frase, es decir, en **hombre* ((L)+H* LM%). Como se ha indicado en el § 28.2.3, la revisión del modelo Sp_ToBI llevada a cabo por Estebas-Vilaplana y Prieto Vives (2008) explicita por primera vez la existencia en español de tonos de frontera complejos. Anteriormente, Quilis (1993) había utilizado la combinación tonal /2 1 2↑/ para describir un movimiento melódico descendente-ascendente al final en una interrogativa absoluta con matiz de cortesía. A su vez, Alcoba y Murillo (1998) presentan la configuración [⇑↓⇑], también descendente-ascendente, al final de una unidad melódica que denota continuidad. Ambas notaciones reflejan la presencia de movimientos finales complejos, pero no se especifica su distribución en la cadena segmental.

Como comenta Navarro Tomás ([1944] 1974), si la línea tonal de una frase enunciativa o declarativa no baja hasta el nivel esperado, la entonación adquiere un matiz de duda e incertidumbre o expresa algo inacabado. Según este autor, en tal caso se daría un tonema de semicadencia. Este descenso a un punto medio se ejemplifica en la Figura 20 con la frase **Puede que *venga ma*ñana* producida con vacilación. En el sistema de notación Sp_ToBI, esta configuración final con un tono de frontera a un nivel medio se modela como L+H* M% (Estebas-Vilaplana y Prieto Vives 2008, 2010) o como L+H* !H% (Hualde y Prieto Vives 2015). Los acentos tonales prenucleares, como el que aparece en **puede,* se describen mediante el tono L+>H*.

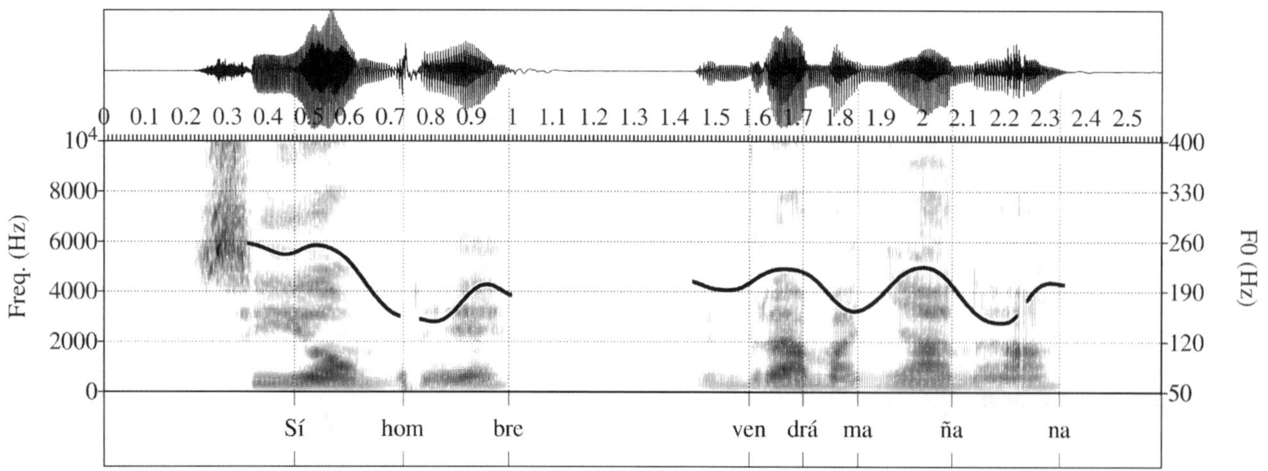

FIGURA 19. Oscilograma, espectrograma y curva de f_0 correspondientes a la oración *Sí, *hombre, ven*drá ma*ñana* producida con matiz de obviedad.

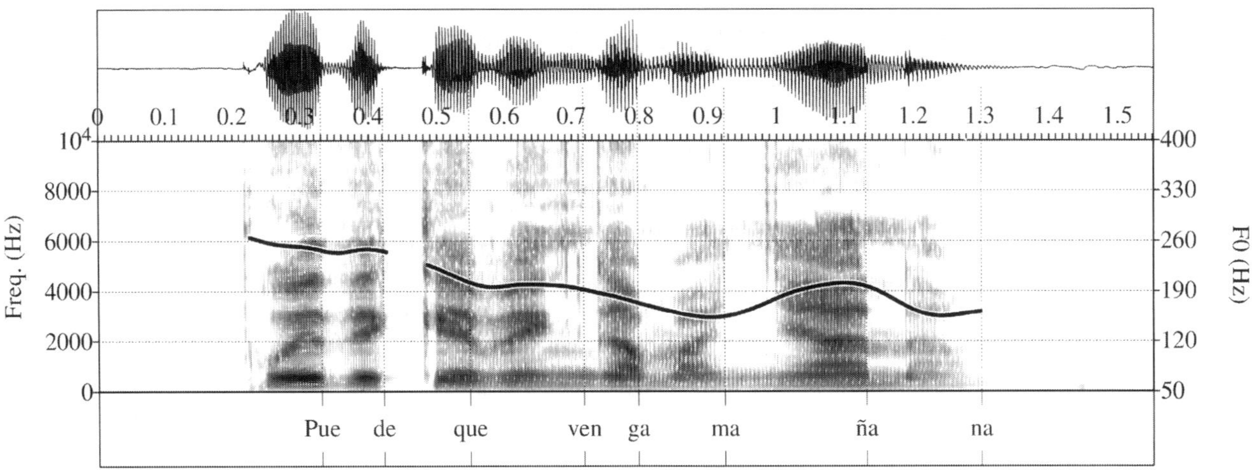

FIGURA 20. Oscilograma, espectrograma y curva de f_0 correspondientes a la oración *Puede que *venga ma*ñana* producida con matiz de incertidumbre.

28.3.2 Entonación interrogativa

La entonación interrogativa se divide en dos grandes grupos: 1) interrogativas absolutas y 2) interrogativas parciales, también denominadas 'pronominales', ya que empiezan por un pronombre o adverbio pronominal. La respuesta que se espera en una interrogativa absoluta del tipo ¿ *Vendrá ma*ñana? es una respuesta categórica, es decir, un sí o un no. En las interrogativas parciales, como por ejemplo ¿ *Quién ven*drá?, se espera una respuesta abierta que aporte aquella parte del enunciado desconocida por quien formula la pregunta.

La entonación neutra de una interrogativa absoluta suele presentar un pronunciado ascenso final de la f_0. Si hay sílabas acentuadas iniciales, estas suelen ser bajas con un ascenso de la f_0 en la postónica. Un ejemplo de tal entonación se puede observar en la Figura 6 con la oración ¿Ma*rina *vendrá ma*ñana? producida con un acento melódico en *Ma*rina y otro en *ma*ñana. En el modelo métrico-autosegmental (Face y Prieto Vives 2007) y en Sp_ToBI (Estebas-Vilaplana y Prieto Vives 2008, 2010), la interrogación absoluta neutra se ha modelado con un tono L*+H en el acento prenuclear que indica una sílaba acentuada grave con ascenso en la sílaba siguiente. Si hubiese más acentos tonales prenucleares, seguirían el mismo patrón con un posible escalonamiento descendente en el pico (L*+!H). La configuración final es del tipo L* HH%, con un tono de frontera complejo caracterizado por un doble acento alto (HH%) que contrasta con H%. En la primera descripción de la entonación interrogativa absoluta en español propuesta por Navarro Tomás ([1944] 1974) ya se señalaba el final ascendente del contorno que, para el autor, correspondía a una configuración IA, equivalente a la anticadencia (§ 28.2.1). Según Navarro Tomás, la parte pretonemática de una interrogativa absoluta presenta una trayectoria melódica descendente. Esta descripción explica el movimiento inclinado que se produce después del primer pico de la f_0. Como en los otros tipos de oraciones, Navarro Tomás tampoco concede valor fonológico a esta parte del contorno.

En los demás marcos teóricos se modela la entonación de una interrogativa absoluta con una configuración tonal final ascendente que se representa, en el modelo de Aix-en-Provence, como [>⇑] (según Alcoba y Murillo 1998) o como [↓⇑] (según Baqué y Estruch 2003). El primer acento melódico se caracteriza por un tono alto transcrito como [⇑] (en el trabajo de Alcoba y Murillo) y como [↑] (en el estudio de Baqué y Estruch) y, si hay más acentos melódicos prenucleares, presentan *downstep* [>]. Al final del § 28.2.5 se exponen las implicaciones que se derivan de estas dos propuestas de formalización en el modelo de Aix-en-Provence. En la teoría de niveles, el ascenso final de una interrogativa absoluta se representa como [1 2↑], el primer acento prenuclear como [1 2] y, si hay acentos melódicos intermedios, como [2 1] (Quilis 1993). Es importante señalar que, mientras que en estos dos últimos enfoques fonológicos la descripción de los acentos melódicos prenucleares de una interrogativa absoluta neutra y de una declarativa neutra no presenta diferencias, en Sp_ToBI dichos acentos responden a entidades fonológicas distintas (L+>H* para una declarativa neutra y L*+H para una interrogativa absoluta neutra) reflejando de esta manera tanto diferencias perceptivas como de alineación de la curva de f_0.

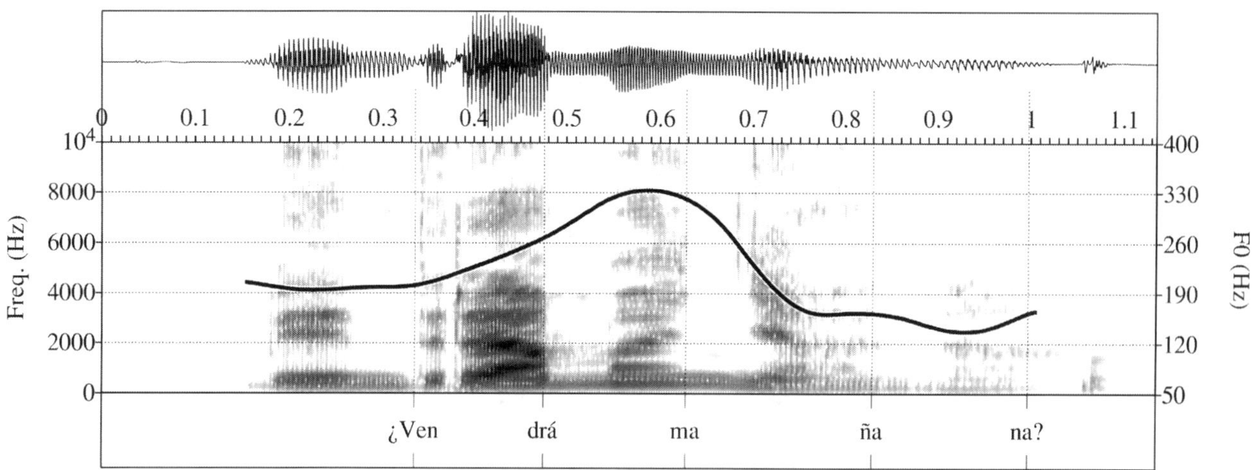

FIGURA 21. Oscilograma, espectrograma y curva de f_0 correspondientes a la interrogativa absoluta confirmativa *¿Ven*drá ma*ñana?* con matiz de incredulidad.

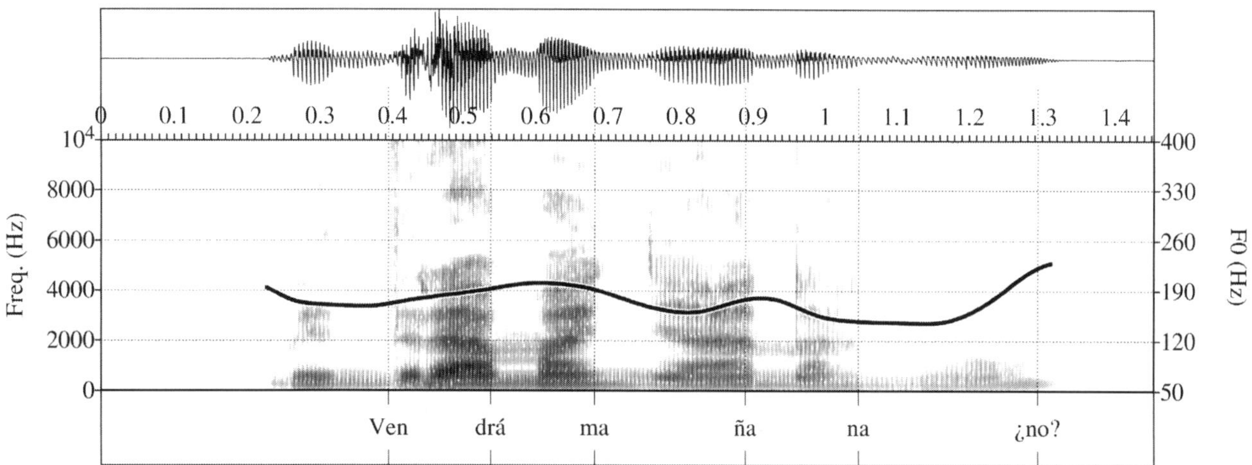

FIGURA 22. Oscilograma, espectrograma y curva de f_0 correspondientes a la interrogativa absoluta confirmativa *¿Ven*drá ma*ñana, no?*

Algunos estudios sobre las interrogativas absolutas han demostrado que a veces el objetivo de una pregunta absoluta no es recibir información, sino obtener confirmación acerca de algo que el hablante ya presupone (Escandell 1996, 1999; Pérez Broncano *et al.* 2011). Siguiendo el modelo Sp_ToBI, Estebas-Vilaplana y Prieto Vives (2010) han atestiguado dos tipos de entonaciones para las interrogativas absolutas confirmativas: uno con final descendente (H+L* L%) y otro con final ascendente (L* H%). Mientras que el primer patrón comporta un matiz de incredulidad, el segundo busca únicamente confirmación. En este caso, la frase suele ir acompañada de una partícula final como *¿no?*, *¿eh?* o *¿verdad?* La Figura 21 contiene un ejemplo de pregunta interrogativa absoluta confirmativa con final descendente para la frase *¿Ven*-drá ma*ñana?*, y la Figura 22 incluye un ejemplo de pregunta interrogativa absoluta confirmativa con final ascendente para el enunciado *¿Ven*drá ma*ñana, *no?* Quilis (1993) menciona la existencia del segundo patrón entonativo para la interrogación absoluta confirmativa (con final ascendente) y propone la combinación final [1 2↑]. En tanto que en el trabajo de Quilis la configuración final de una interrogativa absoluta neutra (informativa) es igual que la de una interrogativa absoluta confirmativa, en la propuesta de Sp_ToBI se explicita un contraste fonológico entre L* HH% con tono de frontera extraalto para las informativas y L* H% con tono de frontera alto para las confirmativas [→ § 27.2.3].

Como expone Navarro Tomás ([1944] 1974), las preguntas pronominales o parciales neutras presentan un cuerpo alto y una inflexión final descendente que el autor describe con el tonema IC, equivalente a la cadencia. En la Figura 23 se muestra, como ejemplo de este contorno, la interrogativa *¿*Quién ven*drá?* En el modelo de niveles, la interrogativa

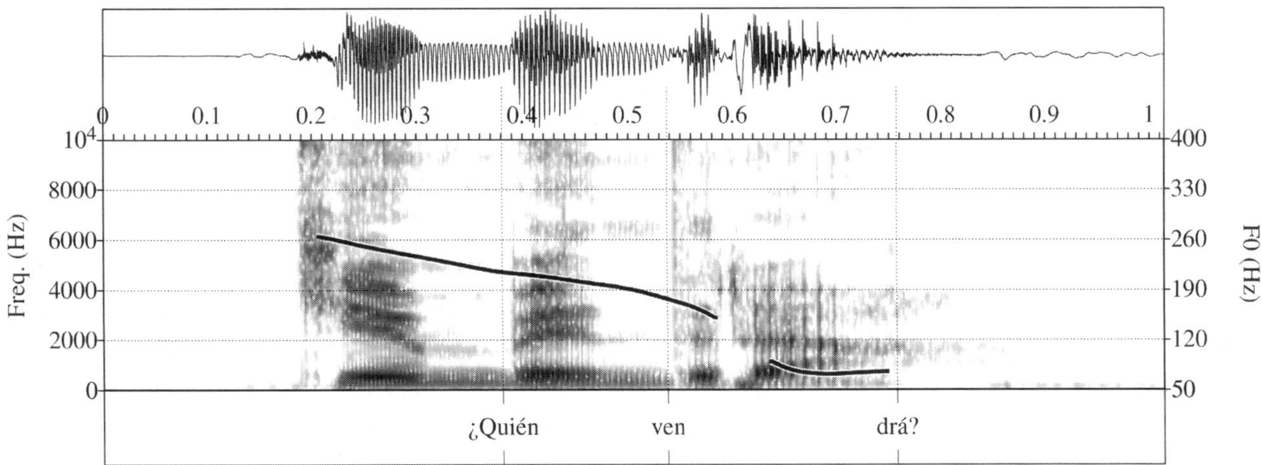

FIGURA 23. Oscilograma, espectrograma y curva de f_0 correspondientes a la interrogativa pronominal neutra *¿ *Quién ven*drá?*

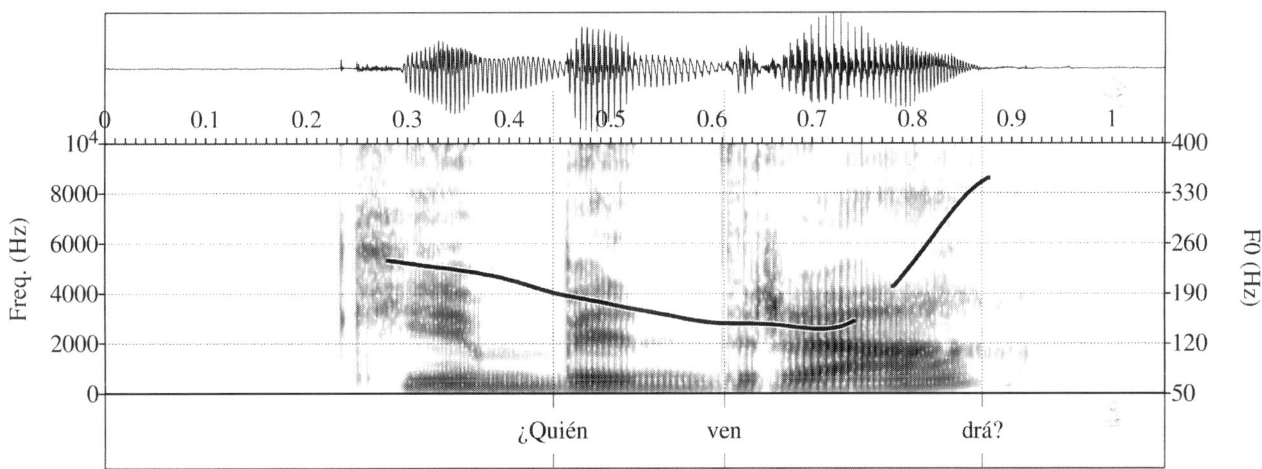

FIGURA 24. Oscilograma, espectrograma y curva de f_0 correspondientes a la interrogativa pronominal con matiz de cortesía *¿ *Quién ven*drá?*

pronominal neutra se ha descrito con el patrón /1 2 (2 1)/ para los acentos prenucleares y con el patrón final /2 1↓/ (según Quilis 1993) o /1 1↓/ (según Stockwell, Bowen y Silva-Fuenzalida 1956 o Stockwell y Bowen 1965), reflejando así la misma dicotomía que se observaba para las declarativas neutras. De acuerdo con las premisas del modelo de Aix-en-Provence, Alcoba y Murillo (1998) describen las interrogativas pronominales neutras según la siguiente combinación tonal: [⇑] para el acento prenuclear inicial, [>] para los acentos prenucleares siguientes (si existen) y [>⇓] para la configuración nuclear. A su vez, el sistema Sp_ToBI propone la notación (L+)H* L*L% para representar este tipo de interrogativas. Como la primera palabra de estas oraciones suele ser un pronombre o adverbio pronominal monosílabo, el acento tonal L+H* se produce por lo general con truncamiento del valle inicial de la f_0. Es importante destacar que, mientras que en la teoría de niveles y en el modelo de Aix-en-Provence la configuración prenuclear de una interrogativa absoluta neutra y de una interrogativa pronominal neutra se describen según la misma combinación tonal, en el modelo Sp_ToBI se postulan dos entidades tonales distintas para cada tipo de interrogativa (L*+H para las absolutas y (L+)H* para las pronominales), reflejando de este modo las diferencias de alineación del pico de f_0 con respecto a la sílaba acentuada.

Aparte de la interrogativa pronominal con final descendente, es también frecuente encontrar interrogativas pronominales con un final ascendente que expresa cortesía o un mayor grado de interés por parte del hablante. La Figura 24 incluye un ejemplo de este contorno para la frase *¿ *Quién ven*drá?* Los trabajos que han descrito este tipo de entonación proponen la misma combinación tonal final que la que se observa en una interrogativa absoluta neutra. Así, Quilis (1993) modela el contorno final de una interrogativa pronominal con matiz de cortesía como /1 2↑/ y el sistema Sp_ToBI, como

L* HH%. Los acentos prenucleares suelen asociarse también a un tono alto, que se describe como /1 2/ en la teoría de niveles y como (L+)H* en Sp_ToBI.

Cuando el interlocutor no entiende una pregunta y quiere ratificar si la ha oído bien, se produce una interrogativa reiterativa del tipo *¿ *Qué *dices que ven*drá ma*ñana?* Las preguntas reiterativas, también denominadas 'preguntas eco', se manifiestan con una considerable variedad de contornos dependiendo de los matices que el hablante desee proyectar. Navarro Tomás ([1944] 1974) describe el contorno de la interrogación intensificativa, exclamativa y reiterativa con cuerpo ascendente y terminación final aguda. En la Figura 25 se incluye un ejemplo de interrogativa reiterativa con final ascendente. En Stockwell y Bowen (1965) y en Sp_ToBI (Estebas-Vilaplana y Prieto Vives 2010) también se menciona este tipo de entonación con una notación final /2 2↑/ y L+H* HH%, respectivamente. Otro patrón reiterativo recurrente implica la producción de un acento melódico extraalto en la sílaba acentuada de la última palabra del enunciado con final descendente. Este contorno, reproducido en la Figura 26, se modela con la combinación tonal /3 1↓/ en el análisis de niveles y, según el sistema Sp_ToBI, con la notación L+¡H* L%, que presenta un acento tonal alto con escalonamiento ascendente. Finalmente, en el marco Sp_ToBI se considera otro tipo de pregunta reiterativa con matiz antiexpectativo que muestra un tono de frontera complejo con una trayectoria descendente-ascendente final. Este contorno se ilustra en la Figura 27 y se modela con la combinación L+H* LH%. Quilis (1993) propone una composición parecida (/2 1 2↑/) para una interrogativa absoluta con matiz de cortesía. En todos estos ejemplos, el primer grupo entonativo *¿ *Qué *dices?* presenta un final descendente (H* L*L%) propio de una interrogativa pronominal.

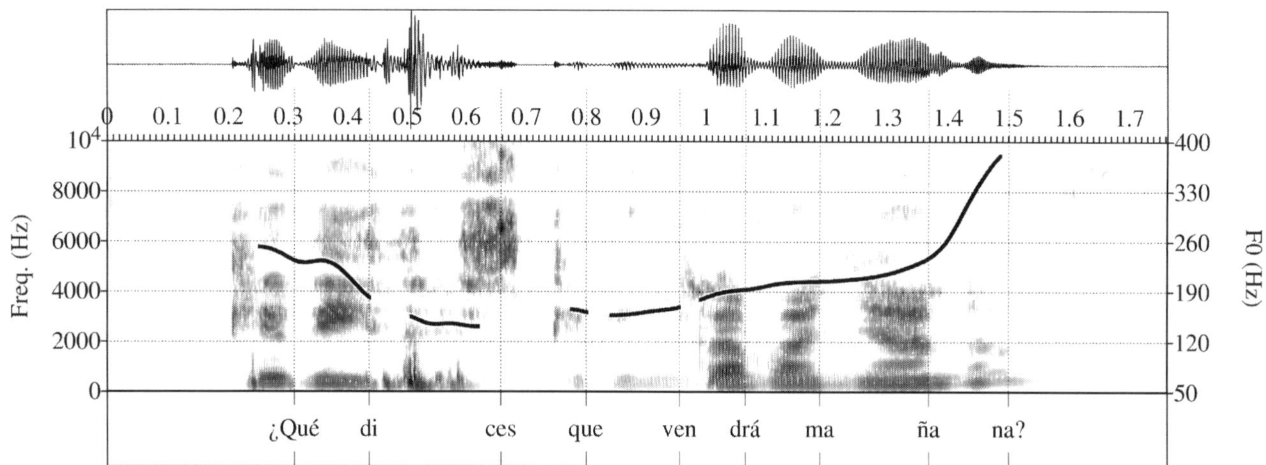

FIGURA 25. Oscilograma, espectrograma y curva de f_0 correspondientes a la oración interrogativa reiterativa *¿ *Qué *dices que ven*drá ma*ñana?*

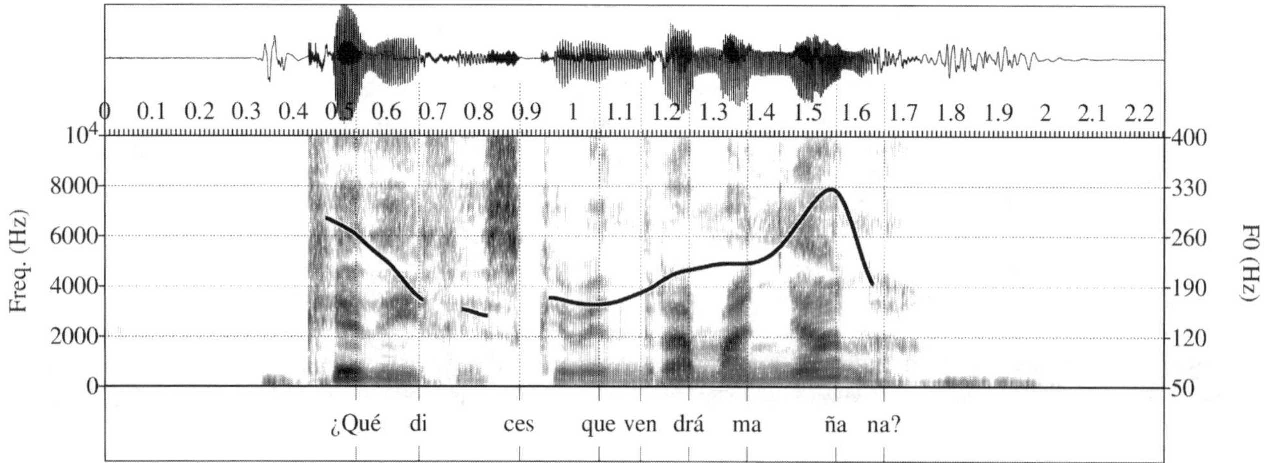

FIGURA 26. Oscilograma, espectrograma y curva de f_0 correspondientes a la oración interrogativa reiterativa *¿ *Qué *dices que ven*drá ma*ñana?*

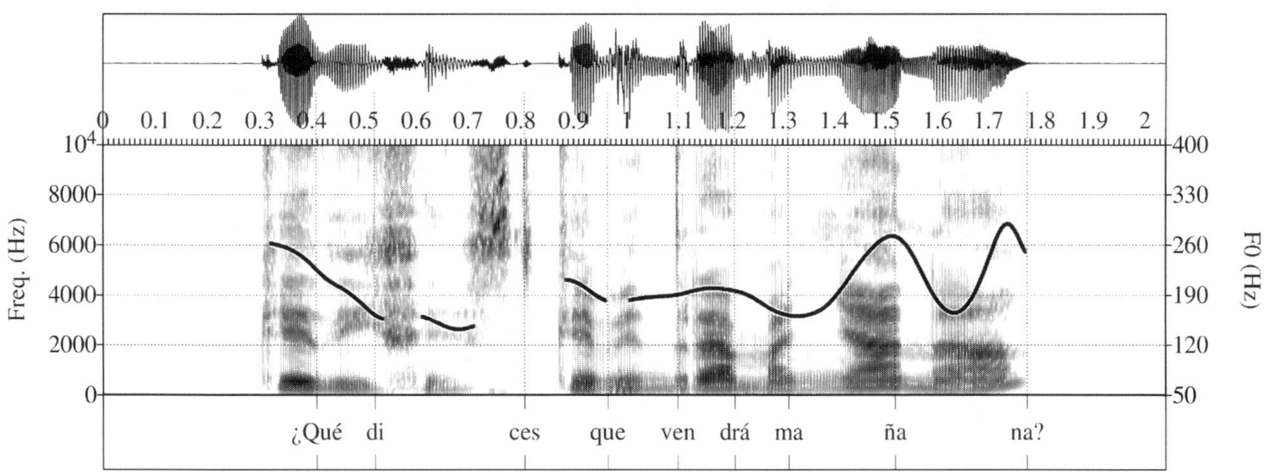

FIGURA 27. Oscilograma, espectrograma y curva de f_0 correspondientes a la oración interrogativa reiterativa ¿ *Qué dices que ven*drá ma*ñana? con matiz antiexpectativo.

28.3.3 Entonación imperativa

El principal objetivo de la entonación imperativa es que el interlocutor realice la acción descrita en el enunciado. Para ello, las oraciones con entonación imperativa pueden presentar varias manifestaciones melódicas, desde la correspondiente a una orden o a un mandato hasta la propia de una súplica o de un ruego. Según el sistema Sp_ToBI, la entonación imperativa más común presenta un descenso de la f_0 a un tono de frontera medio que corresponde a la combinación tonal L+H* M% (Estebas-Vilaplana y Prieto Vives 2008, 2010) o L+H* !H% (Hualde y Prieto Vives 2015). En la Figura 28 se incluye un ejemplo con el enunciado *Ven a*quí, por fa*vor constituido por dos frases entonativas producidas con el mismo contorno melódico (L+H* M% o L+H* !H%). Si el mandato adquiere un matiz más fuerte, el tono de frontera puede realizarse como grave (L+H* L%). Además de la trayectoria melódica, Navarro Tomás ([1944] 1974) enumera varias características propias de la entonación imperativa, como la expansión en el campo tonal, más intensidad en la tensión muscular y una duración reducida de los segmentos [→ § 32.3.1].

En el modelo Sp_ToBI también se ha descrito otro patrón melódico imperativo con intención de convencer y con matiz de insistencia que responde a la configuración nuclear L* HL%, en la que se observa un movimiento de f_0 final complejo representado por un tono de frontera bitonal HL%. En la Figura 29 se reproduce un ejemplo de este contorno con la oración *Va, *ven ma*ñana, *hombre, formada por tres frases entonativas con la misma combinación tonal (L* HL%).

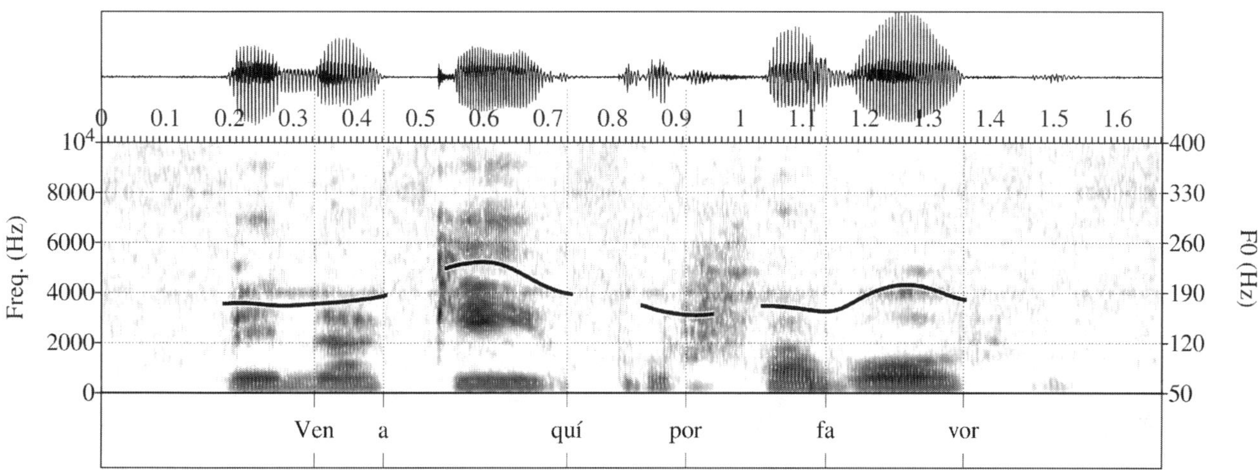

FIGURA 28. Oscilograma, espectrograma y curva de f_0 correspondientes a la oración *Ven a*quí, por fa*vor producida con una entonación imperativa.

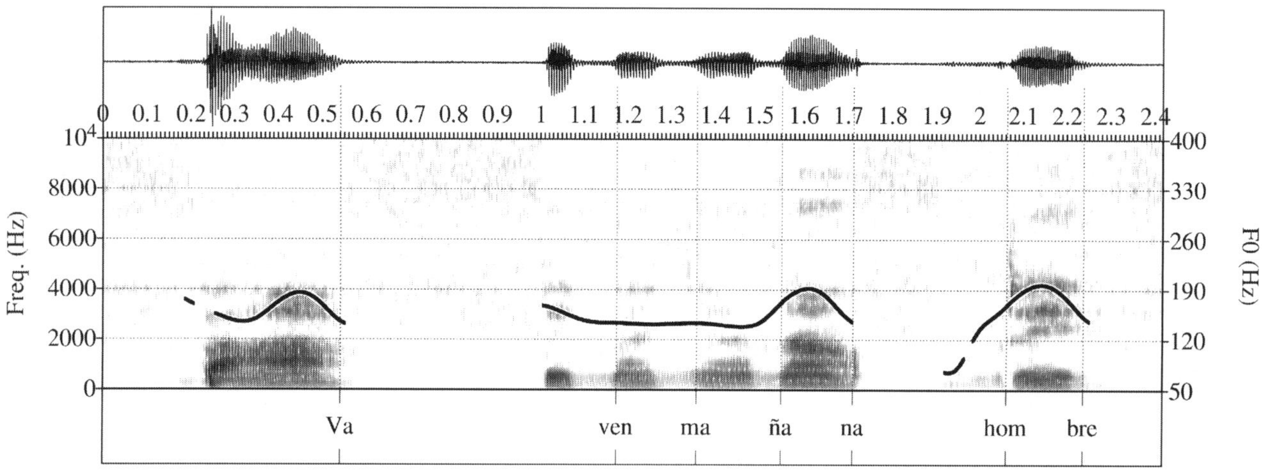

FIGURA 29. Oscilograma, espectrograma y curva de f_0 correspondientes a la oración imperativa *Va, *ven ma*ñana, *hombre producida con un matiz de insistencia.

28.3.4 Entonación vocativa

La entonación vocativa, y más concretamente la entonación de los contornos de llamada, suele producirse con un tono medio sostenido final que, en el sistema Sp_ToBI, se modela como L+H* M% (Estebas-Vilaplana y Prieto Vives 2008, 2010) o como L+H* !H% (Hualde y Prieto Vives 2015). Esta configuración tonal es igual que la propuesta para las frases imperativas. Sin embargo, dado que en los vocativos la duración de la última sílaba es más larga, el tono medio final (M% o !H%) también se prolonga provocando un tono sostenido. Esta trayectoria melódica se puede observar en la Figura 30 para el enunciado *Ma*rina. A veces el vocativo puede producirse con matiz de insistencia. Esto suele ocurrir cuando no hay respuesta a la primera llamada. En tal caso, el contorno melódico muestra un pico de f_0 en la sílaba acentuada, que se alarga en la postónica con un descenso final de la f_0. Según el modelo Sp_ToBI, la descripción tonal de dicho patrón es L+H* HL%. Un ejemplo de este contorno se reproduce en la Figura 31. A diferencia de los vocativos descritos en el marco de Sp_ToBI, que aparecen como locuciones aisladas, típicas de los contornos de llamada, las locuciones vocativas estudiadas por Navarro Tomás ([1944] 1974) forman parte de un texto más largo. Aun así, los patrones melódicos atestiguados en ambos modelos presentan similitudes destacadas. Navarro Tomás describe los contornos vocativos neutros con terminación de semicadencia, parecida a la trayectoria que se muestra en la Figura 30, sin mencionar las diferencias de duración específicas de los contornos de llamada. Asimismo, Navarro Tomás propone una terminación de anticadencia para las locuciones vocativas enfáticas o afectadas.

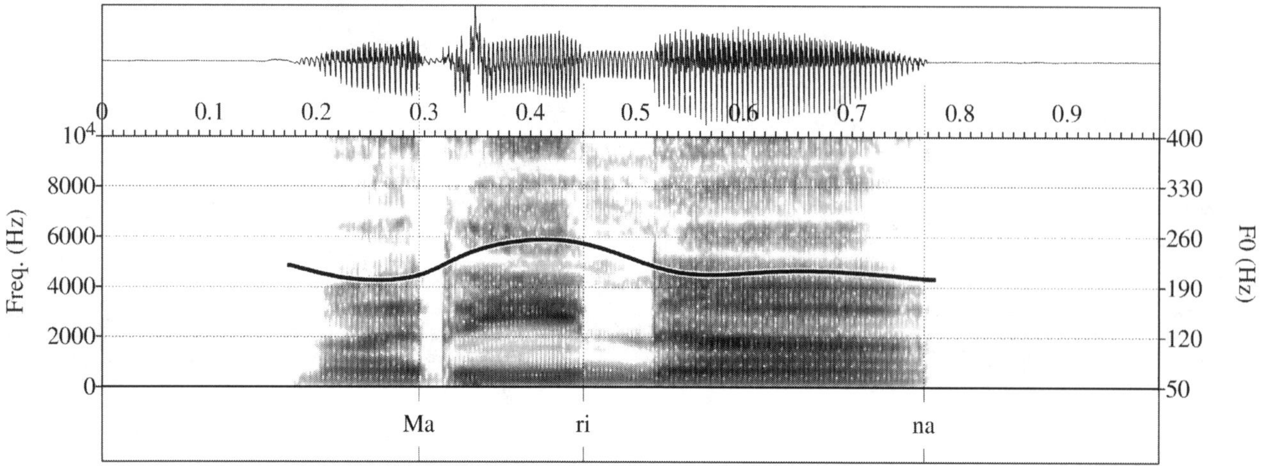

FIGURA 30. Oscilograma, espectrograma y curva de f_0 correspondientes al vocativo *Ma*rina producido con entonación neutra.

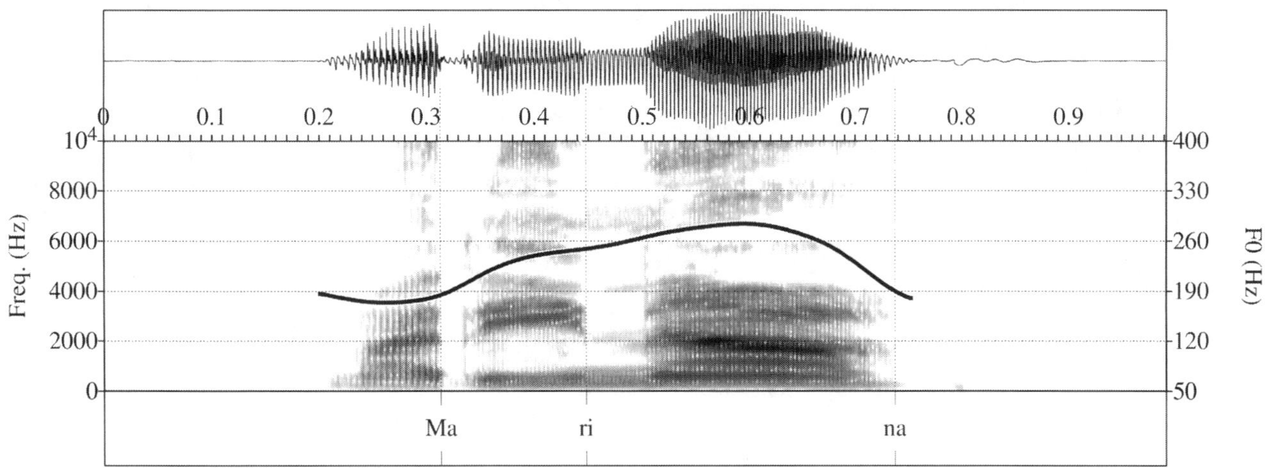

FIGURA 31. Oscilograma, espectrograma y curva de f_0 correspondientes al vocativo *Ma*rina* producido con matiz de insistencia.

28.4 Conclusiones

En las últimas décadas la descripción fonológica de la entonación del español ha dejado de ser uno de los campos menos estudiados de la lingüística para consolidarse como una de las áreas con más interés y atractivo para los especialistas. A pesar de la proliferación de trabajos sobre esta materia, aún restan muchas parcelas en las que profundizar. Desde el punto de vista específico de los estudios fonológicos, uno de los principales retos pendientes sería el de constituir un modelo estándar que fuese aceptado por la mayoría de los fonólogos y que permitiese abordar las investigaciones sobre la prosodia contando con un único sistema de referencia. Aunque, por un lado, el análisis de la entonación desde perspectivas distintas puede ser beneficioso, ya que fomenta el debate y el enfoque crítico, por otro lado, tal diversidad es causa de dispersión y, en ocasiones, dificulta y ralentiza el trabajo de los expertos. Tanto el modelo métrico-autosegmental (véase Ladd 1996) como el modelo de Aix-en-Provence (véase Hirst y Di Cristo 1998) fueron dos de los marcos teóricos que, desde sus inicios, se utilizaron para describir la entonación de varias lenguas, facilitando los estudios contrastivos. Recientemente, una de las teorías que ha adquirido mayor presencia en el ámbito de las descripciones prosódicas, no únicamente del español, sino también de muchas otras lenguas, es la propuesta de etiquetado ToBI. El objetivo de los últimos trabajos sobre la entonación del español elaborados, total o parcialmente, en este marco (véanse Hidalgo, Congosto y Quilis Merín 2011; Face 2014; Hualde y Prieto Vives 2015; Prieto Vives y Roseano 2010), así como el de los distintos seminarios y talleres organizados para debatir aspectos concretos del modelo, ha sido conseguir elaborar un sistema de notación de la entonación consensuado que permitiese la comparación de resultados.

Si bien actualmente el sistema Sp_ToBI parece que está adquiriendo el estatus de marco de referencia generalizado para analizar la entonación del español debido a la gran cantidad de fonólogos que lo utilizan, es importante no relegar las aportaciones que los demás modelos han realizado no únicamente en el nivel teórico, sino también en el descriptivo y en el metodológico. A pesar del gran avance que ha supuesto estudiar la entonación con apoyo instrumental, no se pueden obviar las acertadas descripciones de la entonación del español elaboradas en los trabajos de los primeros fonólogos en este campo. Es frecuente que los distintos marcos teóricos trabajen desde sus propias premisas y no profundicen en los resultados de otros estudios. Esto da lugar a que las teorías más recientes expongan, como nuevas, descripciones que ya han sido atestiguadas en trabajos anteriores, aunque desde enfoques distintos. Cualquier modelo fonológico que opte por consolidarse como marco de referencia debería, por tanto, beneficiarse de la riqueza de los resultados obtenidos desde otras perspectivas teóricas y metodológicas.

Trabajar con un modelo estándar ofrece muchas ventajas, no solo en el campo de los estudios fonológicos sobre la entonación, sino también para aplicarlos a otras áreas. Por ejemplo, el uso de un marco fonológico consensuado resulta beneficioso de cara a la enseñanza de la entonación a estudiantes de una segunda lengua, ya que facilita la comparación de los patrones entonativos en sistemas lingüísticos distintos. Asimismo, también favorece el análisis de las diferentes estructuras entonativas en el contexto de las lenguas románicas con el fin de establecer tanto una comparación sincrónica (véanse Dorta 2007 o Frota y Prieto Vives 2015) como una reconstrucción diacrónica del sistema entonativo protorrománico (véase Hualde 2003b).

Otro de los retos importantes de los estudios fonológicos de la entonación es el análisis de su interacción con disciplinas como la pragmática [→ capítulo 30] y la semántica, o con otros campos de estudio, como el de los gestos faciales [→ § 32.3.4] o el de las marcas morfosintácticas y discursivas [→ capítulo 31]. Múltiples trabajos han reflejado la necesidad de analizar el papel de los patrones melódicos para la codificación del significado y el procesamiento del lenguaje. En este sentido, el uso de un modelo estándar para la descripción entonativa también puede presentar numerosas ventajas.

Un tercer reto sobre el que asimismo se sigue trabajando es la descripción de corpus de habla más amplios (véanse Garrido Almiñana, Aguilar y Escudero Mancebo 2011 o Hidalgo y Congosto 2011), que incluyan patrones entonativos obtenidos en distintos estilos de habla, es decir, no únicamente a partir de una lectura o de una encuesta guiada, sino también procedentes de otras variantes discursivas como, por ejemplo, el habla espontánea o el habla radiada. Estos estudios pretenden encontrar y analizar estructuras discursivas más complejas y distintas de las que aparecen en un corpus leído. Una vez más, contar con un modelo de referencia puede ayudar a comparar datos provenientes de diversos tipos de discurso.

Finalmente, uno de los retos con mayor repercusión en la actualidad es la creación de herramientas automatizadas para el análisis de la prosodia con aplicaciones didácticas y clínicas. Dentro de esta línea se están diseñando sistemas automáticos de etiquetaje prosódico para el español basados muchos de ellos en categorías ToBI (véanse, por ejemplo, Elvira-García, Roseano, Fernández Planas y Martínez Celdrán, 2016; Escudero Mancebo, González Ferreras, Vivaracho y Cardeñoso 2014; o Escudero Mancebo, González Ferreras, Gutiérrez González y Rodero 2017, entre otros). Asimismo, dentro del marco del proyecto ProA (Garrido Almiñana, Estebas-Vilaplana, Machuca, Baqué, Elvira-García y Escandell 2022) se está desarrollando un sistema automático de evaluación de la prosodia del español que abarca distintas funciones comunicativas y estilos de habla. El uso de un modelo consensuado de análisis de la entonación es crucial para el posterior diseño y elaboración de herramientas y aplicaciones automáticas para el estudio de la prosodia.

La presentación de los distintos enfoques fonológicos de análisis entonativo que se ha realizado en este capítulo es un mero esbozo de unos modelos que son muchísimo más ricos y complejos. Sin lugar a duda, lo más interesante de estas brevísimas exposiciones es que demuestran que la prosodia es una ciencia viva, que evoluciona y progresa, y que se ha consolidado como una de las disciplinas más destacadas en el ámbito de la fonética y de la fonología.

Referencias bibliográficas

Alarcos, Emilio. 1950. *Fonología española*. Madrid: Gredos.

———. 1994. *Gramática de la lengua española*. Madrid: Espasa Calpe.

Alcina, Juan y José Manuel Blecua. 1975. *Gramática española*. Barcelona: Ariel.

Alcoba, Santiago, Martine Le Besnerais y Julio Murillo. 1992. «Unité tonale et structure prosodique de l'espagnol». *Revue de Phonétique Appliquée* 105: 261–85.

Alcoba, Santiago y Julio Murillo. 1998. «Intonation in Spanish». En *Intonation Systems. A Survey of Twenty Languages*, editado por Daniel Hirst y Albert Di Cristo, 152–66. Cambridge: Cambridge University Press.

Armero, María Cristina, Ignacio Moreno-Torres y Paolo Roseano. 2022. «Transcripción de la entonación de la variedad del andaluz de Álora según el sistema Sp_ToBI». *Rilce. Revista de Filología Hispánica* 38 (2): 579–616. https://doi.org/10.15581/008.38.2.579-616.

Astésano, Corine, Robert Espesser, Daniel Hirst y Joaquim Llisterri. 1997. «Stylisation automatique de la fréquence fondamentale : une évaluation multilingue». En *Actes du 4ᵉ Congrès Français d'Acoustique. Marseille, 14–18 avril 1997*, 1:441–44. Toulouse: Teknea.

Baqué, Lorraine y Mònica Estruch. 2003. «Modelo de Aix-en-Provence». En *Teorías de la entonación*, editado por Pilar Prieto Vives, 123–53. Barcelona: Ariel.

Beckman, Mary E. y Gayle M. Ayers. 1997. «Guidelines for ToBI Labelling (Version 3, March 1997)». Documento en línea. http://www.ling.ohio-state.edu/research/phonetics/E_ToBI/.

Beckman, Mary E., Manuel Díaz-Campos, Julia T. McGory y Terrell A. Morgan. 2002. «Intonation across Spanish, in the Tones and Break Indices Framework». *Probus. International Journal of Latin and Romance Linguistics* 14 (1): 9–36. https://doi.org/10.1515/prbs.2002.008.

Beckman, Mary E. y Julia Hirschberg. 1994. «The ToBI Annotation Conventions». Documento en línea. https://www.ling.ohio-state.edu/~tobi/ame_tobi/annotation_conventions.html.

Beckman, Mary E. y Janet B. Pierrehumbert. 1986. «Intonational Structure in Japanese and English». *Phonology Yearbook* 3: 255–309. https://doi.org/10.1017/S095267570000066X.

Bloomfield, Leonard. 1933. *Language*. Chicago: University of Chicago Press. Trad. de Alma Flor Ada de Zubizarreta, *Lenguaje*, editado por Alberto Escobar. Lima: Universidad Nacional Mayor de San Marcos, Departamento de Publicaciones, 1964.

Bolinger, Dwight L. 1951. «Intonation: Levels versus Configurations». *Word* 7 (3): 199–210. https://doi.org/10.1080/00437956.1951.11659405.

———. 1955. «The Melody of Language». *Modern Language Forum* 40: 19–30.

———. 1986. *Intonation and Its Parts. Melody in Spoken English*. Stanford: Stanford University Press.

Bowen, J. Donald. 1956. «A Comparison of the Intonation Patterns of English and Spanish». *Hispania* 39 (1): 30–35. https://doi.org/10.2307/335189.

Bruce, Gösta. 1977. *Swedish Word Accents in Sentence Perspective*. Lund: Gleerup.

Cabrera, Mercedes. 1991. «The Forms of Intonation: An Overview of Spanish». Tesis de maestría, University College London.

Cabrera, Mercedes, Francisco Vizcaíno y Carmen Hernández Flores. 2013. «Production Errors in the Learning Process of Falling and Falling-Rising Tones». En *Proceedings of PTLC2013. Papers from the Phonetics Teaching and Learning Conference. UCL, London, 8–10 August 2013*, editado por Joanna Przedlacka, John Maidment y Michael Ashby, 23–26. Londres: Phonetics Teaching and Learning Conference.

Calleja, Nagore. 2004. «Alineamiento fonético de acentos tonales en el castellano de Vitoria». *Estudios de Fonética Experimental* 13: 40–63.

Canellada, María Josefa y John Kuhlmann Madsen. 1987. *Pronunciación del español. Lengua hablada y literaria*. Madrid: Castalia.

Cantero, Francisco José. 2002. *Teoría y análisis de la entonación*. Barcelona: Edicions de la Universitat de Barcelona.

Cantero, Francisco José y Dolors Font-Rotchés. 2007. «Entonación del español peninsular en habla espontánea: patrones melódicos y márgenes de dispersión». *Moenia. Revista Lucense de Lingüística & Literatura* 13: 69–92. http://hdl.handle.net/10347/6067.

———. 2009. «Protocolo para el análisis melódico del habla». *Estudios de Fonética Experimental* 18: 18–32.

Cohen, Antonie y Johan 't Hart. 1968. «On the Anatomy of Intonation». *Lingua* 19 (1–2): 177–92. https://doi.org/10.1016/0024-3841(69)90118-1.

Cooper, William E. y John M. Sorensen. 1977. «Fundamental Frequency Contours at Syntactic Boundaries». *The Journal of the Acoustical Society of America* 62 (3): 683–92. https://doi.org/10.1121/1.381556.

———. 1981. *Fundamental Frequency in Sentence Production*. Nueva York: Springer. https://doi.org/10.1007/978-1-4613-8093-1.

Couper-Kuhlen, Elizabeth. 1986. *An Introduction to English Prosody*. Londres: Edward Arnold.

Cruttenden, Alan. 1986. *Intonation*. Cambridge: Cambridge University Press. Trad. de Ignasi Mascaró, *Entonación. Teoría general y aplicación al inglés*. Barcelona: Teide, 1990.

Crystal, David. 1969. *Prosodic Systems and Intonation in English*. Cambridge: Cambridge University Press.

Dilley, Laura C. 2005. «The Phonetics and Phonology of Tonal Systems». Tesis de doctorado, Massachusetts Institute of Technology. http://hdl.handle.net/1721.1/30274.

D'Imperio, Mariapaola. 2000. «The Role of Perception in Defining Tonal Targets and Their Alignment». Tesis de doctorado, Ohio State University.

Dorta, Josefa, ed. 2007. *La prosodia en el ámbito lingüístico románico*. Santa Cruz de Tenerife: La Página Ediciones.

Dorta, Josefa y Beatriz Hernández Díaz. 2004. «Prosodia de las oraciones SVO declarativas e interrogativas en el español de Tenerife». *Estudios de Fonética Experimental* 13: 226–73.

Dorta, Josefa y Carolina Jorge Trujillo. 2022. «Frecuencia y relevancia del desplazamiento del pico tonal en el primer acento del español». En «Aproximaciones actuales a la entonación en rumano y español», editado por Anca-Diana Bibiri y Cristina Bleortu. Número especial, *Onomázein. Revista de Filología, Lingüística y Traducción* XI: 33–60. https://doi.org/10.7764/onomazein.ne11.04.

Elvira-García, Wendy, Paolo Roseano, Ana María Fernández Planas y Eugenio Martínez Celdrán. 2016. «A Tool for Automatic Transcription of Intonation: Eti_ToBI a ToBI Transcriber for Spanish and Catalan». *Language Resources and Evaluation* 50: 767–92. https://doi.org/10.1007/s10579-015-9320-9.

Escandell, María Victoria. 1996. «Intonation and Procedural Encoding in Spanish Interrogatives». En *Perspectives on Spanish Linguistics*, editado por Javier Gutiérrez-Rexach y Luis Silva-Villar, 35–54. Los Ángeles: University of California, Los Angeles, Department of Linguistics.

———. 1999. «Los enunciados interrogativos: aspectos semánticos y pragmáticos». En *Gramática descriptiva de la lengua española. Vol. 3. Entre la oración y el discurso. Morfología*, editado por Ignacio Bosque y Violeta Demonte, 3929–91. Madrid: Espasa Calpe.

Escudero Mancebo, David, César González Ferreras, Yurena Gutiérrez González, y Emma Rodero. 2017. «Identifying Characteristic Prosodic Patterns through the Analysis of the Information of Sp_ToBI Label Sequences». *Computer Speech & Language* 45: 39–57. https://doi.org/10.1016/j.csl.2017.02.011.

Escudero Mancebo, David, César González Ferreras, Carlos Vivaracho y Valentín Cardeñoso. 2014. «A Fuzzy Classifier to Deal with Similarity between Labels on Automatic Prosodic Labeling». *Computer Speech & Language* 28 (1): 326–41. https://doi.org/10.1016/j.csl.2013.08.001.

Estebas-Vilaplana, Eva. 2006. «Word Edge Tones in Spanish Prenuclear Accents». *Estudios de Fonética Experimental* 15: 12–42.

———. 2007. «The Phonological Status of English and Spanish Prenuclear F0 Peaks». *Atlantis. Journal of the Spanish Association for Anglo-American Studies* 29 (2): 39–57.

———. 2008. «Modelling Final Declarative Intonation in English and Spanish». En *Estudios de filología inglesa. Homenaje a la Dra. Asunción Alba Pelayo*, editado por Teresa Gibert y Laura Alba Juez, 109–29. Madrid: Universidad Nacional de Educación a Distancia.

———. 2009. «Cuatro niveles de altura tonal en la frontera de frase en español peninsular». *Onomázein. Revista de Filología, Lingüística y Traducción* 20: 11–32.

Estebas-Vilaplana, Eva y Pilar Prieto Vives. 2008. «La notación prosódica del español: una revisión del Sp-ToBI». *Estudios de Fonética Experimental* 17: 263–83.

———. 2010. «Castilian Spanish Intonation». En *Transcription of Intonation of the Spanish Language*, editado por Pilar Prieto Vives y Paolo Roseano, 17–48. Múnich: LINCOM.

Face, Timothy L. 2001. «Intonational Marking of Contrastive Focus in Madrid Spanish». Tesis de doctorado, Ohio State University. Reed., Múnich: LINCOM, 2002.

———. 2002a. «Local Intonational Marking of Spanish Contrastive Focus». *Probus. International Journal of Latin and Romance Linguistics* 14 (1): 71–92.

———. 2002b. «Spanish Evidence for Pitch-Accent Structure». *Linguistics. An Interdisciplinary Journal of the Language Sciences* 40 (2): 319–46. https://doi.org/10.1515/ling.2002.014.

———. 2007. «The Role of Intonational Cues in the Perception of Declaratives and Absolute Interrogatives in Castilian Spanish». *Estudios de Fonética Experimental* 16: 186–225.

———. 2014. «Sp_ToBI and the Phonological Analysis of Spanish Intonation: A Critical Perspective». *Studies in Hispanic and Lusophone Linguistics* 7 (1): 185–210. https://doi.org/10.1515/shll-2014-1163.

Face, Timothy L. y Pilar Prieto Vives. 2007. «Rising Accents in Castilian Spanish: A Revision of Sp_ToBI». *Journal of Portuguese Linguistics* 6 (1): 117–46. https://doi.org/10.5334/jpl.147.

Fant, Lars. 1984. *Estructura informativa en español. Estudio sintáctico y entonativo*. Uppsala: Uppsala Universitet; Estocolmo: Almqvist & Wiksell.

Fernández Planas, Ana María y Eugenio Martínez Celdrán. 2003. «El tono fundamental y la duración: dos aspectos de la taxonomía prosódica en dos modalidades de habla (enunciativa e interrogativa) del español». *Estudios de Fonética Experimental* 12: 166–200.

Fernández Planas, Ana María, Eugenio Martínez Celdrán, Valeria Salcioli, Guillermo Andrés Toledo y Joan Castellví. 2002. «Taxonomía autosegmental en la entonación del español peninsular». En *Actas del II Congreso de Fonética Experimental. Sevilla, 5, 6 y 7 de marzo de 2001*, editado por Jesús Díaz García, 180–86. Sevilla: Universidad de Sevilla, Facultad de Filología, Laboratorio de Fonética.

Font-Rotchés, Dolors y Miguel Mateo-Ruiz. 2011. «Absolute Interrogatives in Spanish, a New Melodic Pattern». En *Anais do VII Congresso Internacional da ABRALIN*, 1111–25. Curitiba: Editora da Universidade Federal do Paraná.

Frota, Sónia y Pilar Prieto Vives, eds. 2015. *Intonation in Romance*. Oxford: Oxford University Press. https://doi.org/10.1093/acprof:oso/9780199685332.001.0001.

Fujisaki, Hiroya. 1988. «A Note on the Physiological and Physical Basis for the Phrase and Accent Components in the Voice Fundamental Frequency Contour». En *Vocal Physiology. Voice Production, Mechanisms and Functions*, editado por Osamu Fujimura, 347–55. Nueva York: Raven Press.

García Lecumberri, María Luisa. 2003. «Análisis por configuraciones: la escuela británica». En *Teorías de la entonación*, editado por Pilar Prieto Vives, 35–61. Barcelona: Ariel.

Garrido Almiñana, Juan María. 1996. «Modelling Spanish Intonation for Text-to-Speech Applications». Tesis de doctorado, Universitat Autònoma de Barcelona. http://hdl.handle.net/10803/4885.

———. 1999. «El reajuste de F0 como marca fonética de límite entre unidades entonativas: un estudio experimental». En *Actes del I Congrés de Fonètica Experimental. Tarragona, 22, 23 i 24 de febrer de 1999*, 233–39. Tarragona: Universitat Rovira i Virgili; Barcelona: Universitat de Barcelona.

———. 2001. «La estructura de las curvas melódicas del español: propuesta de modelización». *Lingüística Española Actual* 23 (2): 173–210.

———. 2003. «La escuela holandesa: el modelo IPO». En *Teorías de la entonación*, editado por Pilar Prieto Vives, 97–122. Barcelona: Ariel.

Garrido Almiñana, Juan María, Lourdes Aguilar y David Escudero Mancebo. 2011. «Glissando, un corpus de habla anotado para estudios prosódicos en catalán y en español.» En *El estudio de la prosodia en España en el siglo xxi: perspectivas y ámbitos*, editado por Antonio Hidalgo, Yolanda Congosto y Mercedes Quilis Merín, 321–32. Valencia: Universitat de València, Facultad de Filologia, Traducció i Comunicació.

Garrido Almiñana, Juan María, Eva Estebas-Vilaplana, María Jesús Machuca, Lorraine Baqué, Wendy Elvira-García, y María Victoria Escandell. 2022. «Diseño de una batería de pruebas para la evaluación de la prosodia en el marco del proyecto ProA». En *Propuestas en fonética experimental: enfoques metodológicos y nuevas tecnologías*, editado por Beatriz Blecua Falgueras, Jordi Cicres, Marina Espejel, y María Jesús Machuca, 118–21. Gerona: Universitat de Girona, Servei de Publicacions. http://hdl.handle.net/10256/20770.

Garrido Almiñana, Juan María, Isabel Ortín, Silvia Quazza, Pier Luigi Salza y Franca Mancini. 2000. «Desarrollo de un módulo de asignación de parámetros prosódicos para la versión en español del sistema de conversión texto-habla ACTOR®». *Procesamiento del Lenguaje Natural* 26: 183–90.

Gil, Juana. 1988. *Los sonidos del lenguaje*. Madrid: Síntesis.

Gili Gaya, Samuel. 1924. «Influencia del acento y de las consonantes en las curvas de entonación». *Revista de Filología Española* 11: 154–77. http://hdl.handle.net/10459.3/10.

———. 1950. *Elementos de fonética general*. Madrid: Gredos.

Gimson, Alfred C. (1962) 1980. *An Introduction to the Pronunciation of English*. 3.ª ed. Londres: Edward Arnold.

Goldsmith, John A. (1976) 1979. *Autosegmental Phonology*. Nueva York: Garland.

Grabe, Esther. 1998. «Comparative Intonational Phonology: English and German». Tesis de doctorado, Radboud University Nijmegen. https://doi.org/10.17617/2.2057683.

Grice, Martine. 1995. *The Intonation of Interrogation in Palermo Italian. Implications for Intonation Theory*. Tubinga: Niemeyer. Reed., Berlín: de Gruyter Mouton, 2017. https://doi.org/10.1515/9783110932454.

Grønnum Thorsen, Nina. 1985. «Intonation and Text in Standard Danish». *The Journal of the Acoustical Society of America* 77 (3): 1205–16. https://doi.org/10.1121/1.392187.

Gussenhoven, Carlos. 2004. *The Phonology of Tone and Intonation*. Cambridge: Cambridge University Press. https://doi.org/10.1017/CBO9780511616983.

———. 2006. «Experimental Approaches to Establishing Discreteness of Intonational Contrasts». En *Methods in Empirical Prosody Research*, editado por Stefan Sudhoff, Denisa Lenertová, Roland Meyer, Sandra Pappert, Petra Augurzky, Ina Mleinek, Nicole Richter y Johannes Schließer, 321–34. Berlín: de Gruyter. https://doi.org/10.1515/9783110914641.321.

Gussenhoven, Carlos y Antonius C. M. Rietveld. 1988. «Fundamental Frequency Declination in Dutch: Testing Three Hypotheses». *Journal of Phonetics* 16 (3): 355–69.

———. 2000. «The Behavior of H* and L* under Variations in Pitch Range in Dutch Rising Contours». *Language and Speech* 43 (2): 183–203. https://doi.org/10.1177/00238309000430020301.

Halliday, Michael A. K. 1967. *Intonation and Grammar in British English*. La Haya: Mouton. Reed., Berlín: de Gruyter Mouton, 2015. https://doi.org/10.1515/9783111357447.

———. 1970. *A Course in Spoken English: Intonation*. Oxford: Oxford University Press.

't Hart, Johan y René Collier. 1975. «Integrating Different Levels of Intonation Analysis». *Journal of Phonetics* 3 (4): 235–55.

't Hart, Johan, René Collier y Antonie Cohen. 1990. *A Perceptual Study of Intonation. An Experimental-Phonetic Approach to Speech Melody*. Cambridge: Cambridge University Press. https://doi.org/10.1017/CBO9780511627743.

Hayes, Bruce. 1989. «The Prosodic Hierarchy in Meter». En *Rhythm and Meter*, editado por Paul Kiparsky y Gilbert Youmans, 201–60. San Diego: Academic Press. https://doi.org/10.1016/B978-0-12-409340-9.50013-9.

Hidalgo, Antonio. 2006. *Aspectos de la entonación española: viejos y nuevos enfoques*. Madrid: Arco/Libros.

Hidalgo, Antonio. 2019. *Sistema y uso de la entonación en español hablado. Aproximación interactivo-funcional*. Santiago de Chile: Ediciones Universidad Alberto Hurtado.

Hidalgo, Antonio y Yolanda Congosto. 2011. «PROE. Corpus para la caracterización prosódica de los registros orales del español». En *El estudio de la prosodia en España en el siglo xxi: perspectivas y ámbitos*, editado por Antonio Hidalgo y Yolanda Congosto, 333–49. Valencia: Universitat de València, Facultat de Filologia, Traducció i Comunicació.

Hidalgo, Antonio, Yolanda Congosto y Mercedes Quilis Merín, eds. 2011. *El estudio de la prosodia en España en el siglo xxi: perspectivas y ámbitos*. Valencia: Universitat de València, Facultat de Filologia, Traducció i Comunicació.

Hirst, Daniel y Albert Di Cristo. 1984. «French Intonation: A Parametric Approach». *Die neueren Sprachen* 83 (5): 554–69.

———, eds. 1998. *Intonation Systems. A Survey of Twenty Languages*. Cambridge: Cambridge University Press.

Hirst, Daniel, Albert Di Cristo y Robert Espesser. 2000. «Levels of Representation and Levels of Analysis for the Description of Intonation Systems». En *Prosody: Theory and Experiment. Studies Presented to Gösta Bruce*, editado por Merle Horne, 51–87. Dordrecht: Kluwer. https://doi.org/10.1007/978-94-015-9413-4_4.

Hockett, Charles F. 1958. *A Course in Modern Linguistics*. Nueva York: MacMillan. Trad. de Emma Gregores y Jorge Alberto Suárez Savini, *Curso de lingüística moderna*. Buenos Aires: Editorial Universitaria de Buenos Aires, 1971.

Hualde, José Ignacio. 2002. «Intonation in Spanish and the Other Ibero-Romance Languages. Overview and Status Quaestionis». En *Romance Phonology and Variation. Selected Papers from the 30th Linguistic Symposium on Romance Languages. Gainesville, Florida, February 2000*, editado por Caroline R. Wiltshire y Joaquim Camps, 101–15. Ámsterdam: John Benjamins. https://doi.org/10.1075/cilt.217.10hua.

———. 2003a. «El modelo métrico y autosegmental». En *Teorías de la entonación*, editado por Pilar Prieto Vives, 155–84. Barcelona: Ariel.

———. 2003b. «Remarks on the Diachronic Reconstruction of Intonational Patterns in Romance with Special Attention to Occitan as a Bridge Language». *Catalan Journal of Linguistics* 2: 181–205. https://doi.org/10.5565/rev/catjl.49.

Hualde, José Ignacio y Pilar Prieto Vives. 2015. «Intonational Variation in Spanish: European and American Varieties». En *Intonation in Romance*, editado por Sónia Frota y Pilar Prieto Vives, 350–91. Oxford: Oxford University Press. https://doi.org/10.1093/acprof:oso/9780199685332.003.0010.

Jones, Daniel. 1918. *An Outline of English Phonetics*. Cambridge: W Heffer & Sons.

Kingdon, Roger. 1958. *The Groundwork of English Intonation*. Londres: Longmans.

Kohler, Klaus J. 1987. «Categorical Pitch Perception». En *Proceedings XIth ICPhS. The Eleventh International Congress of Phonetic Sciences. August 1–7, 1987, Tallinn, Estonia, U.S.S.R.*, 5:331–333. Tallin: Academy of Sciences of the Estonian S.S.R., Institute of Language and Literature.

Kovacci, Ofelia. 1963. «La oración en español y la definición de sujeto y predicado». *Filología* 9: 103–17.

Ladd, D. Robert. 1980. *The Structure of Intonational Meaning. Evidence from English*. Bloomington: Indiana University Press.

———. 1986. «Intonational Phrasing: The Case for Recursive Prosodic Structure». *Phonology Yearbook* 3: 311–40. https://doi.org/10.1017/S0952675700000671.

———. 1988. «Declination "Reset" and the Hierarchical Organization of Utterances». *The Journal of the Acoustical Society of America* 84 (2): 530–44. https://doi.org/10.1121/1.396830.

———. 1994. «Constraints on the Gradient Variability of Pitch Range, or, Pitch Level 4 Lives!» En *Phonological Structure and Phonetic Form. Papers in Laboratory Phonology III*, editado por Patricia A. Keating, 43–63. Cambridge: Cambridge University Press. https://doi.org/10.1017/CBO9780511659461.004.

———. 1996. *Intonational Phonology*. Cambridge: Cambridge University Press. https://doi.org/10.1017/CBO9780511808814.

Ladd, D. Robert, Jo Verhoeven y Karen Jacobs. 1994. «Influence of Adjacent Pitch Accents on Each Other's Perceived Prominence: Two Contradictory Effects». *Journal of Phonetics* 22 (1): 87–99.

Le Besnerais, Martine. 1996. «Contribution à l'étude des paramètres rythmiques de la parole. Analyse contrastive de réalisations phoniques en espagnol et en français». Tesis de doctorado, Universitat Autònoma de Barcelona.

Leben, William R. 1976. «The Tones in English Intonation». *Linguistic Analysis* 2 (1): 69–107.

Lehiste, Ilse. 1970. *Suprasegmentals*. Cambridge, MA: MIT Press.

Lehiste, Ilse y Gordon E. Peterson. 1961. «Some Basic Considerations in the Analysis of Intonation». *The Journal of the Acoustical Society of America* 33 (4): 419–25. https://doi.org/10.1121/1.1908681.

Liberman, Alvin M., Katherine S. Harris, Howard S. Hoffman y Belver C. Griffith. 1957. «The Discrimination of Speech Sounds within and across Phoneme Boundaries». *Journal of Experimental Psychology: General* 54 (5): 358–68. https://doi.org/10.1037/h0044417.

Liberman, Mark Y. 1975. «The Intonational System of English». Tesis de doctorado, Massachusetts Institute of Technology. http://hdl.handle.net/1721.1/27376.

Liberman, Mark Y. y Janet B. Pierrehumbert. 1984. «Intonational Invariance under Changes in Pitch Range and Length». En *Language Sound Structure. Studies in Phonology Presented to Morris Halle by His Teacher and Students*, editado por Mark Aronoff y Richard T. Oehrle, 157–233. Cambridge, MA: MIT Press.

Lieberman, Philip. 1967. *Intonation, Perception and Language*. Cambridge, MA: MIT Press.

Llisterri, Joaquim. 1996. «Prosody Tools Efficiency and Failures. WP 4 Corpus. T4.6 Speech Markup and Validation». Technical report. MULTEXT Multilingual Text Tools and Corpora (LRE Project 62-050) Deliverable 4.5.2. Bellaterra: Universitat Autònoma de Barcelona. https://joaquimllisterri.cat/publicacions/Prosody_tools_96.pdf.

Llisterri, Joaquim, Rafael Marín Gálvez, Carme de-la-Mota y Antonio Ríos. 1995. «Factors Affecting F0 Peak Displacement in Spanish». En *Fourth European Conference on Speech Communication and Technology (EUROSPEECH'95). Madrid, Spain, September 18–21, 1995*, 2061–64. International Speech Communication Association (ISCA) Online Archive. https://doi.org/10.21437/Eurospeech.1995-493.

Martín Butragueño, Pedro. 2004. «Configuraciones circunflejas en la entonación del español mexicano». *Revista de Filología Española* 84 (2): 347–73. https://doi.org/10.3989/rfe.2004.v84.i2.111.

Martínez Celdrán, Eugenio. 2003. «Análisis por niveles: la escuela americana». En *Teorías de la entonación*, editado por Pilar Prieto Vives, 63–96. Barcelona: Ariel.

Martínez Celdrán, Eugenio y Ana María Fernández Planas. 2003. «Taxonomía de las estructuras entonativas de las modalidades declarativa e interrogativa del español estándar peninsular según el modelo AM en habla de laboratorio». En *La tonía: dimensiones fonéticas y fonológicas*, editado por Esther Herrera Zendejas y Pedro Martín Butragueño, 267–94. México, D. F.: El Colegio de México.

Mateo, Ana. 1988. «Experimento sobre el tono intrínseco de las vocales castellanas». *Estudios de Fonética Experimental* 3: 157–80.

Matluck, Joseph H. 1965. «Entonación hispánica». *Anuario de Letras* 5: 5–32.

Méndez Seijas, Jorge. 2009. «El *scaling* tonal como herramienta prosódica de distinción fonológica: un caso de español caraqueño». Trabajo de maestría, Universidad Internacional Menéndez Pelayo y Consejo Superior de Investigaciones Científicas.

Monroy, Rafael. 1980. *Aspectos fonéticos de las vocales españolas*. Madrid: SGEL.

Mora Gallardo, Elsa. 1996. «Caractérisation prosodique de la variation dialectale de l'espagnol parlé au Venezuela». Tesis de doctorado, Université d'Aix-en-Provence.

Nash, Rose y Anthony Mulac. 1980. «The Intonation of Verifiability». En *The Melody of Language*, editado por Linda R. Waugh y Cornelis H. van Schooneveld, 219–41. Baltimore: University Park Press.

Navarro Tomás, Tomás. 1939. «El grupo fónico como unidad melódica». *Revista de Filología Hispánica* 1: 3–19.

———. (1918) 1968. *Manual de pronunciación española*. 14.ª ed. Madrid: Consejo Superior de Investigaciones Científicas.

———. (1944) 1974. *Manual de entonación española*. 4.ª ed. Madrid: Guadarrama.

Nespor, Marina e Irene Vogel. 1986. *Prosodic Phonology*. Dordrecht: Foris. https://doi.org/10.1515/9783110977790. Trad. de Ana Ardid, *La prosodia*. Madrid: Visor, 1994.

Nibert, Holly J. 2000. «Phonetic and Phonological Evidence for Intermediate Phrasing in Spanish Intonation». Tesis de doctorado, University of Illinois at Urbana-Champaign.

O'Connor, Joseph D. y Gordon F. Arnold. 1973. *Intonation of Colloquial English*. Londres: Longman.

Ortiz Lira, Héctor. 1999. «La aplicación de ToBI a un corpus del español de Chile». *Onomázein. Revista de Filología, Lingüística y Traducción* 4: 429–42.

Palmer, Harold E. 1922. *English Intonation with Systematic Exercises*. Cambridge: Heffer.

Pérez Broncano, Olimpia, Eva Estebas-Vilaplana, Maria del Mar Vanrell y Pilar Prieto Vives. 2011. «La expresión del grado de confianza en las preguntas: análisis de un corpus de *map tasks*». En *El estudio de la prosodia en España en el siglo XXI: perspectivas y ámbitos*, editado por Antonio Hidalgo, Yolanda Congosto y Mercedes Quilis Merín, 71–78. Valencia: Universitat de València, Facultat de Filologia, Traducció i Comunicació.

Pierrehumbert, Janet B. 1980. «The Phonology and Phonetics of English Intonation». Tesis de doctorado, Massachusetts Institute of Technology. http://hdl.handle.net/1721.1/16065.

Pierrehumbert, Janet B. y Mary E. Beckman. 1988. *Japanese Tone Structure*. Cambridge, MA: MIT Press.

Pierrehumbert, Janet B. y Julia Hirschberg. 1990. «The Meaning of Intonational Contours in the Interpretation of Discourse». En *Intentions in Communication*, editado por Philip R. Cohen, Jerry L. Morgan y Martha E. Pollack, 271–312. Cambridge, MA: MIT Press.

Pierrehumbert, Janet B. y Shirley A. Steele. 1989. «Categories of Tonal Alignment in English». *Phonetica* 46 (4): 181–96. https://doi.org/10.1159/000261842.

de Pijper, Jan R. 1979. «Close-Copy Stylisation of British English Intonation Contour». *IPO Annual Progress Report* 14: 66–71.

Pike, Kenneth L. 1945. *The Intonation of American English*. Ann Arbor: University of Michigan Press.

Post, Brechtje. 2000. *Tonal and Phrasal Structures in French Intonation*. La Haya: Thesus.

Prieto Vives, Pilar. 2002. *Entonació. Models, teoria, mètodes*. Barcelona: Ariel.

———, ed. 2003. *Teorías de la entonación*. Barcelona: Ariel.

Prieto Vives, Pilar, Eva Estebas-Vilaplana y Maria del Mar Vanrell. 2010. «The Relevance of Prosodic Structure in Tonal Articulation. Edge Effects at the Prosodic Word Level in Catalan and Spanish». *Journal of Phonetics* 38 (4): 687–705. https://doi.org/10.1016/j.wocn.2010.10.004.

Prieto Vives, Pilar y Paolo Roseano, eds. 2010. *Transcription of Intonation of the Spanish Language*. Múnich: LINCOM.

———. 2018. «Prosody: Stress, Rhythm and Intonation». En *The Cambridge Handbook of Spanish Linguistics*, editado por Kimberly L. Geeslin, 211–36. Cambridge: Cambridge University Press. https://doi.org/10.1017/9781316779194.011.

Prieto Vives, Pilar, Jan P. H. van Santen y Julia Hirschberg. 1995. «Tonal Alignment Patterns in Spanish». *Journal of Phonetics* 23 (4): 429–51. https://doi.org/10.1006/jpho.1995.0032.

Prieto Vives, Pilar, Chilin Shih y Holly J. Nibert. 1996. «Pitch Downtrend in Spanish». *Journal of Phonetics* 24 (4): 445–73. https://doi.org/10.1006/jpho.1996.0024.

Quilis, Antonio. 1971. «Caracterización fonética del acento español». *Travaux de Linguistique et de Littérature* 9 (1): 53–72.

———. 1975. «Las unidades de entonación». *Revista Española de Lingüística* 5 (2): 261–80. Reed. en *Panorama de la fonología española actual*, editado por Juana Gil, 235–51. Madrid: Arco/Libros, 2000.

———. 1981. *Fonética acústica de la lengua española*. Madrid: Gredos.

———. 1993. *Tratado de fonología y fonética españolas*. Madrid: Gredos.

Quilis, Antonio y Joseph A. Fernández. (1964) 1985. *Curso de fonética y fonología españolas para estudiantes angloamericanos*. 11.ª ed. Madrid: Consejo Superior de Investigaciones Científicas.

Ramírez Verdugo, María Dolores. 2005. «Aproximación a la prosodia del habla de Madrid». *Estudios de Fonética Experimental* 14: 310–26.

Rathcke, Tamara y Jonathan Harrington. 2006. «Is There a Distinction between H+! H* and H+L* in Standard German? Evidence from an Acoustic and Auditory Analysis». En *Speech Prosody 2006, Third International Conference. Dresden, Germany, May 2–5, 2006*, editado por Rüdiger Hoffmann y Hansjörg Mixdorff, 783–86. International Speech Communication Association (ISCA) Online Archive. https://doi.org/10.21437/SpeechProsody.2006-164

Repp, Bruno H. 1984. «Categorical Perception: Issues, Methods, Findings». En *Speech and Language. Advances in Basic Research and Practice*, editado por Norman J. Lass, 10:243–335. Nueva York: Academic Press. https://doi.org/10.1016/B978-0-12-608610-2.50012-1.

Romera Barrios, Lourdes, Ana María Fernández Planas, Valeria Salcioli, Josefina Carrera-Sabaté y Domingo Román. 2007. «Una muestra del español de Barcelona en el marco AMPER». *Estudios de Fonética Experimental* 16: 148–84.

Schubiger, Maria. 1958. *English Intonation. Its Form and Function*. Tubinga: Niemeyer.

Selkirk, Elisabeth O. 1984. *Phonology and Syntax. The Relation between Sound and Structure*. Cambridge, MA: MIT Press.

Silva-Fuenzalida, Ismael. 1956–1957. «La entonación en el español y su morfología». *Boletín de Filología (Universidad de Chile)* 9: 177–87.

Sluijter, Agaath M. C. y Jacques M. B. Terken. 1993. «Beyond Sentence Prosody: Paragraph Intonation in Dutch». *Phonetica* 50 (3): 180–88. https://doi.org/10.1159/000261938.

Sosa, Juan Manuel. 1991. «Fonética y fonología de la entonación del español hispanoamericano». Tesis de doctorado, University of Massachusetts Amherst.

———. 1999. *La entonación del español. Su estructura fónica, variabilidad y dialectología*. Madrid: Cátedra.

———. 2003. «La notación tonal del español en el modelo Sp-ToBI». En *Teorías de la entonación*, editado por Pilar Prieto Vives, 185–208. Barcelona: Ariel.

Stockwell, Robert P. 1972. «The Role of Intonation: Reconsiderations and Other Considerations». En *Intonation. Selecting Readings*, editado por Dwight L. Bolinger, 87–109. Harmondsworth: Penguin Books.

Stockwell, Robert P. y J. Donald Bowen. 1965. *The Sounds of English and Spanish*. Chicago: University of Chicago Press.

Stockwell, Robert P., J. Donald Bowen y Ismael Silva-Fuenzalida. 1956. «Spanish Juncture and Intonation». *Language* 32 (4): 641–65. https://doi.org/10.2307/411088.

Sweet, Henry. 1877. *A Handbook of Phonetics. Including a Popular Exposition of the Principles of Spelling Reform*. Oxford: Clarendon Press. Reed., Cambridge: Cambridge University Press, 2013.

———. 1892. *A Primer of Phonetics*. Oxford: Clarendon Press.

Tench, Paul. 1996. *The Intonation Systems of English*. Londres: Cassell.

Thorsen, Nina. 1980. «Intonation Contours and Stress Group Patterns in Declarative Sentences of Varying Length in ASC Danish». *Annual Report of the Institute of Phonetics of the University of Copenhagen (ARIPUC)* 14: 1–29.

Toledo, Guillermo Andrés. 2003. «Modelo autosegmental y entonación: los corpus DIES-RTVP». *Estudios de Fonética Experimental* 12: 144–63.

Trager, George L. 1939. «The Phonemes of Castilian Spanish». En *Études phonologiques dédiées à la mémoire de M. le Prince N. S. Trubetzkoy*, 217–22. Travaux du Cercle Linguistique de Prague 8. Praga: Jednota československých matematiků a fyziků. Reed., Alabama: University of Alabama Press, 1964.

Trager, George L. y Henry L. Smith. 1951. *An Outline of English Structure*. Norman: Battenburg Press.

Vanrell, Maria del Mar. 2006. «The Phonological Role of Tonal Scaling in Majorcan Catalan Interrogatives». Tesis de maestría, Universitat Autònoma de Barcelona.

Vizcaíno, Francisco, Mercedes Cabrera, Eva Estebas-Vilaplana y Lluïsa Astruc. 2008. «The Phonological Representation of Edge Tones in Spanish Alternative Questions». En *Language Design. Journal of Theoretical and Experimental Linguistics. Special Issue, 2: Experimental Prosody*, editado por Antonio Pamies, Mari Cruz Amorós y José Manuel Pazos, 31–38. Granada: Método Ediciones.

Wells, John C. 2006. *English Intonation. An Introduction*. Cambridge: Cambridge University Press.

Wells, Rulon S. 1945. «The Pitch Phonemes of English». *Language* 21 (1): 27–39. https://doi.org/10.2307/410202.

Willis, Erik W. 2002. «Is There a Spanish Imperative Intonation Revisited: Local Considerations». *Linguistics. An Interdisciplinary Journal of the Language Sciences* 40 (2): 347–74. https://doi.org/10.1515/ling.2002.015.

29 LA VARIACIÓN EN LA ENTONACIÓN

Juan Manuel Sosa

29.1 Variación tonal y variación entonativa

La entonación es uno de los aspectos que mayor variabilidad presenta en la lengua española. Esta variabilidad responde a un conjunto de factores, entre los que se incluyen aspectos tanto lingüísticos e inherentes al sistema como extralingüísticos.

Por supuesto, no se puede desligar la entonación, definida como la melodía del habla, del tono o altura tonal, dado que ambos fenómenos dependen, en su génesis, de la velocidad de vibración de las cuerdas vocales durante la producción del habla [→ § 1.5.4, § 27.1]. Toda variación entonativa se deriva en esencia de los movimientos de la frecuencia fundamental, de acuerdo con los patrones específicos del enunciado al que se haga referencia. Gran parte de la variación depende de la modalidad oracional, ya sea esta declarativa, interrogativa o exclamativa [→ § 28.3] y de su función en el discurso [→ capítulos 31 y 32]. Para describir las posibles variantes es menester, necesariamente, definir en primer lugar cuál se consideraría la norma.

El tono o altura tonal en general varía en función de factores relacionados con todos los aspectos condicionantes de la variabilidad en el habla, que incluyen, entre otros, la identidad de edad y de género de los hablantes (niño o adulto, hombre o mujer), el espacio físico donde se produce la interacción lingüística, la mayor o menor distancia social entre los participantes en ella o el grado de formalidad de la situación.

Una descripción que dé cuenta de la variación del tono y de la entonación debe responder las siguientes preguntas: ¿por qué algunas personas hablan naturalmente con un tono más grave o más agudo que otras?, ¿por qué las mismas personas utilizan registros o alturas musicales más bajas o más altas según con quién, dónde y de qué hablan o por qué hablan?

La respuesta a la primera pregunta es simple y tiene que ver con la anatomía y la fisiología de las cuerdas vocales. Las personas de menor estatura, que naturalmente tienen las cuerdas vocales más pequeñas y delgadas, tenderán a hablar con registros más altos, puesto que estas, por razones puramente físicas, se abrirán y se cerrarán más rápidamente durante la fonación que las cuerdas vocales largas y gruesas. Así, los niños se caracterizan por poseer voces agudas, pero también las mujeres en general se expresan con voces más agudas que los hombres, y esto no solamente por razones de condicionamiento o de socialización femenina, sino por motivos esencialmente fisiológicos, dado que sus cuerdas vocales tienden a ser de menor volumen, y los tonos más agudos dependen de la mayor velocidad de vibración de las cuerdas vocales (Titze 1994).

La segunda pregunta, esto es, por qué las mismas personas pueden variar su registro tonal global en función de sus interlocutores y de la situación comunicativa, remite a un fenómeno más complejo dependiente, entre otros factores, de lo que se ha denominado 'código de frecuencia' (Gussenhoven 2004, 81–83; Ohala 1983), que responde a las modalidades de interacción entre los hablantes y a la expresión de ciertas actitudes. Se ha establecido, por ejemplo, que en las interacciones cara a cara, el interlocutor dominante o más asertivo tiende a emitir vocalizaciones de frecuencia fundamental más baja, mientras que, por el contrario, el interlocutor que muestra cierta sumisión, deferencia o cortesía tiende a utilizar un tono global más alto.

Existen paralelismos y similitudes notables con respecto a la expresión del dominio y de las emociones entre los seres humanos y otras especies animales como las aves y los mamíferos. La frecuencia fundamental (tono), en los encuentros competitivos cara a cara, identifica al dominante con un tono más bajo, a veces áspero. Una vocalización sumisa, por el contrario, presenta sistemáticamente una frecuencia fundamental más alta; un ejemplo puede ser el gruñido ronco de un perro agresivo frente al aullido agudo de su oponente, más sumiso. El tamaño de los animales determina el posible desenlace de una competición, por lo que estos utilizan los recursos auditivos a su alcance para señalar tamaño, poder y fuerza. La frecuencia fundamental de las vocalizaciones de un animal es inversamente proporcional a su corpulencia, por lo que un tono bajo puede significar un gran tamaño y, por lo tanto, una amenaza potencial. Por el contrario, un animal que se somete para evitar una confrontación emplea un tono alto con el fin de producir la impresión de pequeñez y de ausencia de agresividad (Ohala 1983, 1994) [→ § 32.3.3].

En las personas, una frecuencia fundamental baja también transmite confianza en uno mismo y asertividad, mientras que hablar en tonos altos y ascendentes trasluce falta de agresividad o bien deferencia. Este código de frecuencia puede explicar los patrones globales del habla, como los de los enunciados declarativos, que concluyen siempre con tonos bajos y descendentes, y como los de las preguntas, siempre de frecuencia más elevada, ascendentes y con picos tonales más altos en alguna de sus partes.

Sin embargo, ninguna de las variaciones tonales mencionadas puede considerarse realmente fonológica o parte del sistema de la lengua, sino que todas deben interpretarse como modalidades de realización del estrato tonal o esquema melódico cercanas a las emociones y a la fisiología. En otras palabras, no todas las modificaciones de la frecuencia fundamental obedecen a patrones conscientes de los hablantes como parte de los mensajes. Lo que sí debe considerarse lingüístico y sistemático es la entonación, entendida como la modulación de la voz con intenciones comunicativas en el marco de modalidades oracionales determinadas, con sentidos y significados específicos.

29.1.1 Variación y registro lingüístico

Quizás más que otros aspectos y niveles del lenguaje, la entonación varía como respuesta a las dimensiones sociales y al entorno lingüístico. Quién habla, cuándo, dónde, a quién, sobre qué, todos estos factores influyen directamente en la manera de enunciar y de entonar un mensaje. Igualmente, la utilización de los distintos estilos y registros de voz está condicionada por los requisitos funcionales de la comunicación, por la situación, y por el rol u ocupación profesional del hablante.

Con relación al interlocutor u oyente, cuanto menos se conozca a una persona, más formal y estructurado será el estilo de habla utilizado. De igual modo, cuanto menos cercanos se sientan los interlocutores en términos de distancia social y de estatus, en la sociedad o dentro de un grupo determinado, el habla será más formal. Desde un punto de vista prosódico, la formalidad se expresa mediante enunciados más largos, con mayor amplitud de movimientos de la frecuencia fundamental, mayor número de sílabas acentuadas en la frase y mayor descenso tonal final, acompañados de una velocidad de elocución más variable y de un mayor volumen de voz (Sityaev *et al.* 2007; Winter y Grawunder 2012).

La distancia social la determina la edad relativa, el género, los roles sociales, si los interlocutores se conocen bien o trabajan juntos, o si forman parte de la misma familia, entre otros factores. La cortesía lingüística funciona de acuerdo con estas dimensiones de distancia social y de solidaridad, de poder y de estatus relativo. Puede tenerse en cuenta de un modo positivo, para demostrar cercanía y solidaridad, o negativamente, mostrando respeto y estableciendo distancia [→ § 31.3.4, § 32.3].

En muchos casos, como cuando se habla en público y, en especial, en los medios de comunicación de masas, el interlocutor o receptor del mensaje no es una persona que establece un diálogo cara a cara con el emisor, sino una audiencia que puede estar o no presente, como les sucede a los locutores de radio y de televisión, que se dirigen a un grupo virtual de oyentes con los cuales no interactúan. En este tipo de mensaje, al igual que en el teatro o en los discursos políticos y las prédicas religiosas, en general, las modalidades de la entonación tienen sus propias características que la diferencian de la del habla normal o de la del diálogo.

En este subapartado se ofrecerán algunos ejemplos representativos de estos tipos de registro, relacionados con la profesión de los comunicadores sociales, los reporteros, los narradores y los oradores en general; se ejemplificarán algunos patrones tonales declarativos del español en un estilo pragmáticamente marcado: el estilizado, formal y de larga extensión, propio de la voz declamada o de la narración. La intención es mostrar los diferentes tipos melódicos globales que se identifican con los diversos registros reconocibles en el discurso.

El análisis de las configuraciones que se presenta se basa en la presuposición de que las curvas melódicas constan de gestos tonales subyacentes —altos (H) y bajos (L)—, de los que se derivan la frecuencia fundamental y la melodía [→ capítulos 27 y 28]; sin embargo, la descripción que sigue se limita a ilustrar los diseños tonales globales y los patrones de las distintas oraciones, sin referirse a los acentos tonales ni a sus composiciones. Los ejemplos consisten, pues, en enunciados declamados, estilizados, propios del habla pública y de las lecturas formales, así como del habla de los locutores de radio y de televisión. En términos entonativos, lo que distingue más específicamente a estos textos declamativos es que presentan una configuración global característica, que los diferencia tanto de las declarativas normales o neutras como del habla emotiva o enfática.

El habla emotiva o enfática, en particular la que expresa alegría, sorpresa, temor e ira, se caracteriza por una mayor desviación tonal, con frecuencias más elevadas y de gama más extensa, y con subidas y bajadas tonales amplias y pronunciadas. El énfasis y la exclamación, y a veces también la focalización de algunos elementos [→ § 30.5], pueden influir en la amplitud y en la forma del movimiento melódico. Sin embargo, la configuración global de la oración tiende a mantenerse, lo cual pone de manifiesto que son las mismas secuencias fonológicas tonales las que generan tanto las formas marcadas como las neutras. En otras palabras, los patrones globales de las declarativas o de las interrogativas mantienen su diseño básico, pero con picos más altos, una mayor altura tonal y un mayor movimiento descendente al final, según señala Quilis (1993) en referencia al español.

El primer ejemplo, ilustrado en la Figura 1, presenta una secuencia bastante larga, con una duración de 27 segundos. Se trata de la parte final de la retransmisión de una carrera de caballos, en la que se hace evidente el ascenso progresivo de los acentos tonales altos y del registro tonal global, hasta llegar a la cima más alta, cuando termina la carrera con el triunfo de uno de los caballos, el ejemplar Rompe Carga en el Clásico Simón Bolívar 2005, corrido en el Hipódromo de La Rinconada en Caracas. El narrador es, en este caso, Gustavo Ravell.

Todos los análisis melódicos y temporales, y todas las figuras que se presentan en este capítulo se realizaron mediante el programa Praat, creado por Paul Boersma y David Weenink (2018). Las menciones cuantitativas con las que se describen los desplazamientos melódicos en función de octavas y de fracciones de octavas responden a las observaciones del autor referentes a las magnitudes entre las cuales se inscriben los límites tonales en los datos de que él dispone. Se ha comprobado que, al utilizar estas unidades, el alcance de la variación tonal se expresa de manera más clara e intuitiva que cuando se reportan simplemente los valores en hercios o, incluso, en semitonos. Las regularidades melódicas que aquí se exponen están en concordancia con la propuesta que considera a la octava y sus fracciones, partiendo de la línea media tonal del hablante, como la medida de los límites del registro global, hacia arriba y hacia abajo (De Looze y Hirst 2014). En lo relativo a la producción y la percepción de las melodías del habla, el autor considera a la octava y sus fracciones como la unidad psicoacústica más natural.

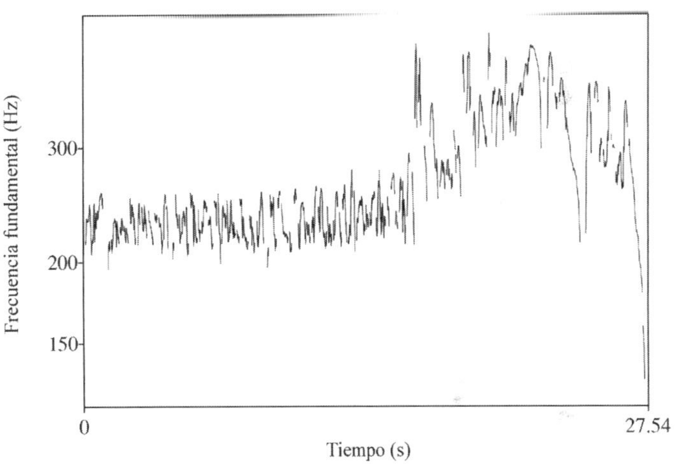

FIGURA 1. Curva melódica correspondiente a la retransmisión de la parte final de una carrera de caballos: … *Cheirón domina, el caballo Continental insiste ahora por la parte de afuera, está también tratando de atropellar por la parte de afuera el caballo Rompe Carga, Latino Estelar, está tratando de descontar terreno, pero en segundo Latino Estelar, mantiene el segundo, aquí viene atropellando, ahora Rompe Carga, con Rosendo, ¡Rompe Carga! Por la parte de afuera, ¡Rompe Carga! ¡Por fuera! ¡Pasóoo y ganóoooooo! ¡Rompe Cargaaaaa! ¡Gran triunfo para Irwin Rosendooooo!*

En los primeros 16 segundos de la curva melódica [→ § 1.5.5, § 25.2.1] que se muestra en la Figura 1, se aprecia que el campo tonal fluctúa entre los 200 y los 270 Hz, valores ya de por sí bastante altos incluso para el registro normal del hablante masculino que realiza la transmisión. El campo o rango tonal se estima examinando las diferencias entre la altura tonal mínima, o línea de base tonal, y la altura tonal máxima de un hablante en concreto [→ § 1.5.5]. A partir de este punto en el ejemplo, se acrecienta la impresión de emotividad, lo que es acorde con un género que trata de mantener la atención del oyente y de describir sin pausas el suspense de lo que sucede en la pista. A medida que se acerca el final de la carrera resulta patente cómo todo el registro sube aún más, y, durante los últimos 11 segundos, el registro global asciende y se amplía súbitamente, entre una base de 250 Hz y un techo de 400 Hz, hasta la culminación con la victoria de Rompe Carga, cuando el tono se eleva hasta 440 Hz antes de bajar drásticamente en los últimos cinco segundos. Después del desenlace, el tono cae incluso más de una octava hasta los 120 Hz, concentrándose el descenso en las sílabas inacentuadas al final de las palabras, que se alargan considerablemente. En la Figura 1 los picos más altos corresponden a las sílabas acentuadas de *Rompe Carga* (tres veces), *por fuera* y *ganóoooooo*. Nótese también que, en los últimos segundos de la narración, además de ser más altos el tono mínimo y el máximo, y de ser el campo tonal o distancia entre los puntos extremos mucho más amplio, se produce un menor número de oraciones por unidad de tiempo, lo que indica que los enunciados individuales tienen comparativamente una duración mucho mayor.

Este estilo, empleado para narrar apasionadamente los acontecimientos deportivos, en particular en sus momentos finales, como se vio en el caso de la carrera de caballos (o, en general, en el de cualquier tipo de carrera), se utiliza igualmente en la narración de eventos deportivos de otra índole. En aquellos en los que se enfrentan equipos o individuos, si se produce algún tanto, alguna marca o alguna acción que otorgue una ventaja a uno de los equipos o de los participantes, la voz de los narradores manifiesta cualidades muy propias de la entonación enfática y emotiva, como se expondrá en el § 29.4.1.

Un atributo importante que cabe destacar es el patrón geométrico global que adoptan los enunciados más largos formados por varios grupos melódicos. Como se ilustra en las figuras siguientes (de la Figura 2 a la 7), en los patrones que se producen al hablar en público alternan registros tonales altos con bajos en aras de la elocuencia, con subidas y bajadas amplias y bruscas, con énfasis en ciertas palabras u oraciones de un tono muy elevado. El rasgo más característico de todos los enunciados extensos es que muestran una pendiente descendente gradual durante largos fragmentos de habla, que generalmente llega hasta el registro más bajo.

La amplitud de los movimientos tonales que se producen sin que estén vinculados a las emociones se ilustra con dos curvas melódicas procedentes de un noticiero televisado de Puerto Rico (*Noticiero TV,* Canal 6, abril de 1988). En el caso que se muestra en la Figura 2, la reportera, María Falcón, está informando sobre la escasa oferta de pescado durante la Semana Santa, concluyendo que quien quiera obtenerlo deberá ir temprano a comprarlo. Lo más notorio aquí es el extraordinario cambio de frecuencia, de muy alta a baja, al igual que lo empinado de las subidas y bajadas, lo cual dota al mensaje de una calidad cantarina, incluso afectada.

En la curva melódica mostrada en la Figura 2, el tono se eleva desde una frecuencia relativamente baja, en un ascenso de 260 Hz —casi una octava y media—, hasta el pico correspondiente a la palabra *pescado,* para luego bajar drásticamente en la siguiente oración, *que se levante temprano.* Esta última empieza con un tono muy alto, alrededor de los 420 Hz, en la palabra inacentuada *que,* antes de caer hasta la base del registro de esta hablante, con el tonema final descendente en la palabra *temprano.* La exagerada excursión melódica en este contorno y el énfasis tonal asociado con la palabra gramatical *que,* sin contenido léxico, parecen ser característicos de este género noticioso, que busca interesar al oyente por su tono altisonante, aunque el contenido de lo dicho sea trivial.

En el ejemplo de la Figura 3, la misma reportera identifica la emisión y su persona, y comienza

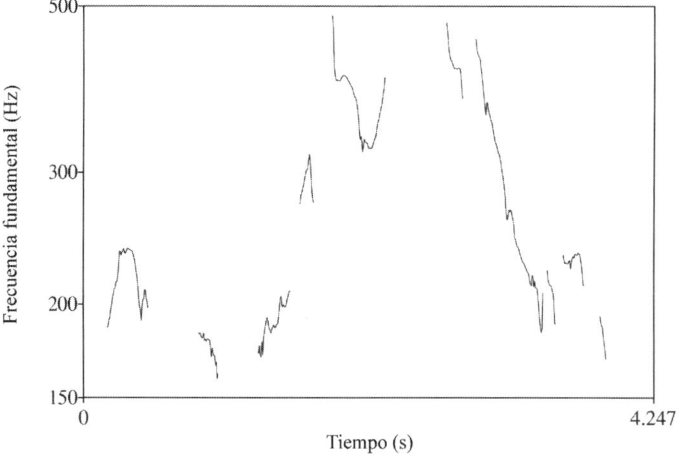

FIGURA 2. Curva melódica correspondiente a los enunciados *¡Nada!* ... *Que el que quiera pescado, ... que se levante temprano.*

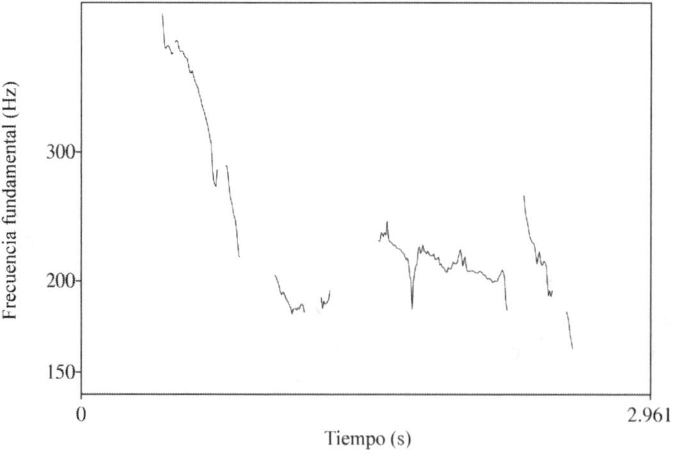

FIGURA 3. Curva melódica del enunciado *Para Notiséis, María Falcón.*

con un elevadísimo nivel tonal en la preposición *para,* durante la cual se produce una pronunciada bajada enfática desde unos 460 Hz, que continúa hasta la base de su registro en la palabra *Notiséis.* En la frase siguiente, la locutora prolonga el nombre *María* en un tono nivelado medio, antes de completar el enunciado con su apellido, descendiendo de nuevo hasta su tono de base al final.

Además del exagerado uso del campo tonal, un aspecto notable y recurrente en este tipo de discurso televisivo es el énfasis en las palabras gramaticales. Chela Flores (2002, 64) ha referido que las variantes entonativas de los enunciados declarativos en un corpus de locutores hispanohablantes analizado por esta autora difieren regularmente del patrón general del español, y que abundan casos en los que, sin ninguna razón fonológica, rítmica o relacionada con el discurso, se dota de acento secundario a palabras de contenido y se acentúan las palabras gramaticales, de modo que el locutor ubica claramente las cimas tonales más altas en las sílabas con acentuación secundaria o en dichas palabras gramaticales [→ § 26.5]. En las Figuras 2 y 3 se muestran ejemplos de este tipo, con una prominencia tonal exagerada en las palabras gramaticales *que* y *para,* sin que en ello intervenga ninguna razón pragmática, como podrían ser la focalización o el contraste.

En la Figura 4 se representa un contorno melódico de la versión conversada del tango *Cambalache,* ejecutada por la cantante Susana Rinaldi. La importante subida del tono, de unos 150 Hz hasta el primer pico, se corresponde con la palabra *mundo,* después de la cual, en el resto de la primera frase *fue y será una porquería,* el tono desciende gradualmente casi en línea recta. Cuando llega a la palabra *porquería,* sube de nuevo 150 Hz hasta su punto más alto, en torno a los 460 Hz. Con la siguiente oración, *ya lo sé,* el tono cae hasta la línea de base tonal. La estilizada simetría tonal de este contorno constituye su rasgo más llamativo, lo mismo que el constante descenso hasta la subida súbita en el último pico, en *porquería,* tras el cual se produce el descenso final con una inclinación mucho mayor.

De nuevo, resulta característico cómo se hace uso de movimientos tonales amplios, cómo es de regular y gradual el descenso en el cuerpo del enunciado, y cómo es evidente la intención de la intérprete de jugar con lo dramático.

El ejemplo de la Figura 5 corresponde a *Afro Perú,* en una grabación del artista peruano Nicomedes Santa Cruz recitando una de sus poesías, «La pelona». En la curva melódica se aprecia cómo el tono cae abruptamente más de 160 Hz en la primera palabra de la exhortación *¡Deja ese estilo bellaco!,* tras lo cual sigue su trayectoria descendente de una manera mucho más suave hasta la base tonal. La siguiente exhortación, *¡Vuelve a ser la misma de antes!,* llama la atención porque el registro tonal de todo el enunciado se ha elevado una octava hasta los 250 Hz; desde allí se mantiene en el mismo nivel aproximado hasta el descenso final de la última

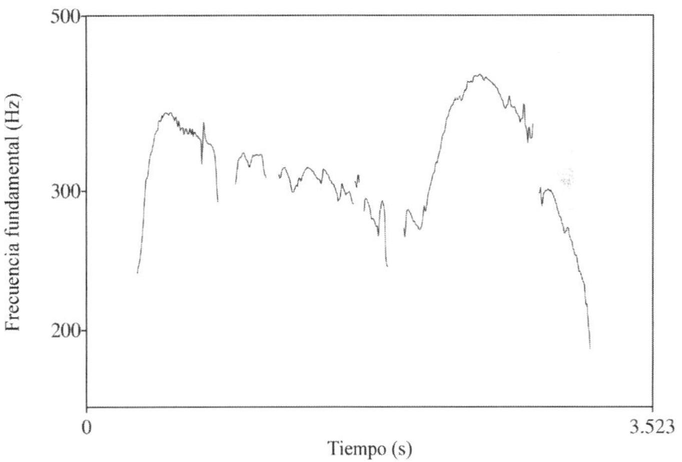

FIGURA 4. Curva melódica del enunciado *Que el mundo es y será siendo una porquería, ya lo sé.*

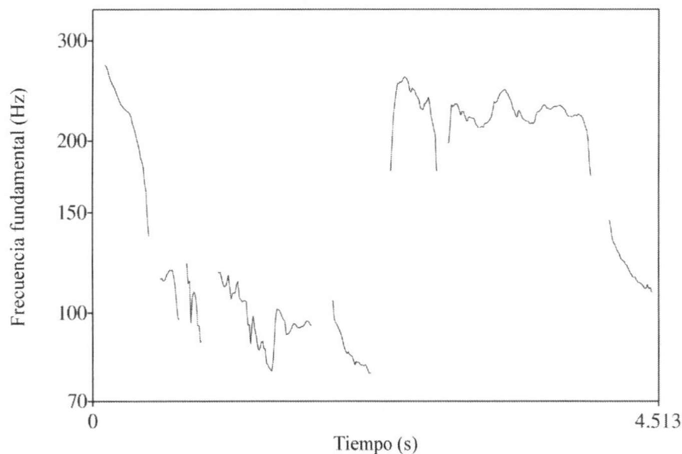

FIGURA 5. Curva melódica de los enunciados *¡Deja ese estilo bellaco! ¡Vuelve a ser la misma de antes!*

palabra, de unos 120 Hz, pero sin alcanzar la misma base tonal de la oración precedente. Los picos tonales (tonos H*) [→ § 28.2.3] se corresponden con las sílabas acentuadas, lo cual es una constante en este tipo de estilo declamativo [→ § 25.2.1].

En la Figura 6 se presenta un enunciado largo de un declamador venezolano, Guillermo León Calles, grabado en directo recitando ante un numeroso público el poema «Mañana es septiembre». Lo más llamativo es la línea recta en ángulo de 45 grados con la que el tono desciende desde la cima, que corresponde a la palabra *porvenir,* a lo largo de todo el resto del enunciado. Se trata de un contorno excepcional, teniendo en cuenta que es un enunciado de duración considerable, unos 10 segundos sin pausas para respirar, lo que, en el habla, constituye un fragmento muy extenso. La altura tonal alcanza los 170 Hz en el primer pico en *¡Yo!,* después del cual la curva del fundamental se reinicia a un nivel bajo, antes de subir de nuevo media octava a una altura máxima de 185 Hz con la sílaba acentuada de la palabra *porvenir.* A continuación, el descenso se produce de manera gradual hasta el final del enunciado, punto en el que se llega a la base del registro de este hablante con la última palabra, *colorado*.

Otra peculiaridad notoria del fragmento en la Figura 6 viene dada por el hecho de que tanto las sílabas acentuadas como las inacentuadas siguen el mismo camino descendente, sin que ninguna alteración hacia arriba o hacia abajo sea audible o visible en la curva melódica. Se puede afirmar, no obstante, que, a pesar de su diseño tan extraordinario, este tipo de curva melódica es frecuente en ciertas modalidades de discursos formales en español, en particular en los de contenido político en actos públicos (Sosa 2001).

El último ejemplo que se presenta para ilustrar este apartado sobre la entonación del habla en público es bastante largo y consta de una secuencia de contornos descendentes; corresponde a un poema leído por el famoso poeta chileno Pablo Neruda. En la representación de la Figura 7 se distinguen cuatro contornos descendentes: el de *Vendrá luego la aurora,* que empieza alrededor de los 130 Hz sobre la palabra *vendrá,* antes de descender

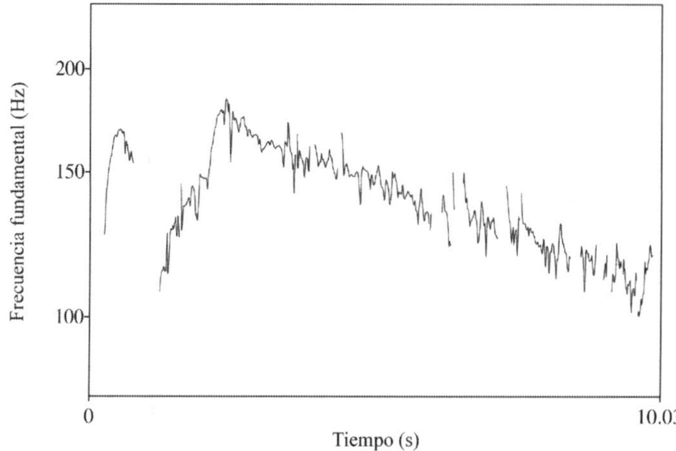

FIGURA 6. Curva melódica de los enunciados *¡Yo! ¡Con mi porvenir de ignorante porque no me aprendería de memoria la historia del torito negro y el torito colorado!*

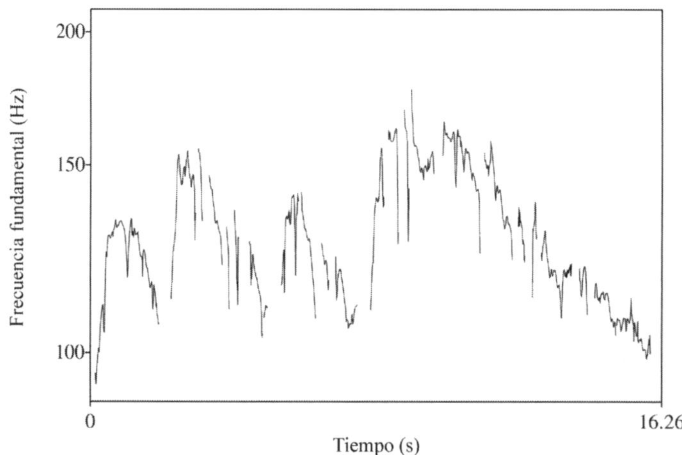

FIGURA 7. Curva melódica correspondiente a los enunciados *Vendrá luego la aurora … ¡Y yo mientras tanto te escribo, para decirte te amo! ¡Para decirte te amo, cuida, limpia, levanta, defiende nuestro amor, alma mía!*

a la línea de base tonal, cerca de los 100 Hz; el segundo contorno descendente *Y yo mientras tanto te escribo,* en el cual el tono inicial es más alto, 150 Hz, antes de caer también hasta la línea de base tonal; el tercer contorno, más breve, *para decirte te amo,* que comienza a 140 Hz, antes de bajar; y el último contorno y el más largo, *¡Para decirte te amo, cuida, limpia, levanta, defiende nuestro amor, alma mía!,* en el que el tono inicial es bastante más alto, 170 Hz, antes de bajar gradualmente hasta la línea de base tonal.

Es interesante subrayar que los picos iniciales, antes del comienzo del descenso propio de las declarativas, se hacen proporcionalmente más altos cuanto más largo es el enunciado. Esto sugiere que el hablante controla tanto el campo tonal global de los enunciados como el ángulo de descenso del tono en función de la longitud del enunciado. Así, si se compara la inclinación de los descensos de los tres primeros contornos de la Figura 7 (de siete, nueve y ocho sílabas, respectivamente) con el final y más largo (de 25), se observa claramente que cuanto más corto sea el enunciado, el descenso se iniciará a una altura tonal más baja y será más inclinado y súbito.

En la Figura 7 se aprecia la intención por parte del hablante o narrador de progresar desde los picos iniciales hasta la base del registro, de manera sostenida y gradual y en línea más o menos recta. En el último contorno, el ángulo es mucho menos agudo, dado el mayor número de sílabas que el hablante (Neruda) incluye en el grupo melódico. Efectos como este, que afectan a enunciados largos y hasta cierto punto estilizados y formulaicos, son solamente apreciables en textos de larga duración, como en los casos que se han ejemplificado y que tan drásticamente difieren de los enunciados sistemáticamente cortos, poco estructurados, que corresponden al diálogo normal y a la conversación diaria. Se trata, hasta cierto punto, de secuencias de palabras previamente establecidas, parcialmente almacenadas en la memoria, que, por tanto, no se generan ni se analizan por la gramática de los hablantes en el momento mismo de la comunicación.

Hasta ahora se ha presentado la variación entonativa relacionada con el registro, entendido este como el uso del lenguaje para efectos particulares, en situaciones en las que se habla en público o en medios de comunicación, por parte de hablantes que se dirigen a una audiencia con la cual no interactúan en forma de diálogo. A continuación, se aborda la variación entonativa en función del sexo (biológico) y del género del hablante.

29.1.2 Variación y género

Es evidente que los hombres y las mujeres emplean entonaciones y alturas tonales distintas al hablar, por lo que los oyentes, en general, no tienen dificultad alguna en identificar el sexo de un hablante basándose tan solo en estos aspectos. Las mujeres presentan habitualmente frecuencias fundamentales más elevadas, además de formantes vocálicos [→ § 1.10.2] más altos que los hombres; estas diferencias responden a las divergencias anatómicas entre ambos sexos, si bien se ha observado que no todas las diferencias en frecuencia fundamental que se dan entre ellos se pueden atribuir únicamente a la anatomía.

En distintos estudios en varias lenguas, entre los que destacan los de Lakoff ([1975] 2004) sobre el inglés y la tesis doctoral de Pépiot (2013) sobre el inglés y el francés, los investigadores han llegado a la conclusión de que muchas de tales diferencias se basan realmente en fenómenos sociales, relacionados con las normas establecidas para los dos sexos. Es decir, las sociedades asignan a hombres y mujeres distintos roles y conductas, que se reflejan también en el uso del lenguaje; un ejemplo puede ser el empleo sistemático de una frecuencia fundamental más alta y de un mayor número de entonaciones ascendentes por parte de las mujeres, por razones distintas a las derivadas de la mera fisiología de las hablantes.

En las investigaciones de Sosa (1999, 2001) sobre los patrones entonativos que caracterizan las distintas modalidades oracionales (declarativas, interrogativas, volitivas, exclamativas), no se han documentado, en ningún dialecto del ámbito hispánico, diferencias sistemáticas entre hombres y mujeres en lo relativo a las estructuras fonológicas de la entonación. Es decir, dejando de lado los aspectos que ya se han mencionado acerca de la variación de la frecuencia fundamental y del empleo de ciertos patrones ascendentes, especialmente por lo que se refiere a su frecuencia de uso, no puede afirmarse que existan patrones que sean exclusivos de los hombres o de las mujeres, ni que los tonos subyacentes (el diseño melódico) de las frases sean distintos entre ambos grupos. Así pues, los tonemas (contornos finales) y los pretonemas (movimientos tonales en el cuerpo del enunciado) de los hombres y mujeres tendrán los mismos acentos tonales, y serán descendentes o ascendentes (local y globalmente) de acuerdo con la configuración particular de las modalidades oracionales para cada dialecto, sin que el sexo del hablante modifique su diseño correspondiente [→ § 27.2, § 28.1.1].

Dicho esto, debe añadirse que la realización de tales estructuras tonales subyacentes sí puede ser distinta, de modo que es en el nivel fonético, más que en el fonológico, en el que se ponen de manifiesto las diferentes formas de realizar las mismas melodías, pero con regularidades marcadas como 'femeninas' o 'masculinas'. El campo tonal de los enunciados —también llamado «desviación» por autores como Quilis (1993, 447)—, o «rango» [→ § 1.5.5, § 27.6] es un ejemplo claro de ello, puesto que el de las mujeres es bastante más extenso, mientras que el de los hombres tiende a ser más bien monótono.

Globalmente, las mujeres poseen un campo o rango tonal más amplio, lo que se ha relacionado con el hecho de que expresen las emociones durante la comunicación verbal en mayor medida que los hombres. Estos, por el contrario, se inclinan a no extender mucho el campo tonal, lo que puede responder a un condicionamiento cultural, según el cual no es deseable transmitir un gran contenido emocional al hablar. Otra hipótesis para explicar esta diferencia en cuanto al campo tonal sostiene que las mujeres tienden a manifestar una mayor empatía y un mayor acercamiento con la persona con quien hablan, por lo cual exagerarían los giros melódicos para interactuar de manera más personal con el interlocutor (Lakoff [1975] 2004).

El otro aspecto que se ha señalado como diferenciador de hombres y mujeres es la frecuencia y la rapidez de las subidas y las bajadas melódicas, además de la variación cuantitativa ascendente o descendente del tono en relación con el tono medio del hablante. En este sentido, los hombres presentan patrones entonativos menos dinámicos que las mujeres, lo cual sugiere que estas expresan mejor las emociones durante la conversación.

En las Figuras 8 y 9 se muestran las curvas melódicas correspondientes a fragmentos de narraciones espontáneas con la misma duración relativa, realizadas por dos hablantes, un hombre y una mujer, ambos de la República Dominicana y de la misma edad aproximada (45 años). Las dos narraciones, grabadas en 1999 por el autor, corresponden a temas de interés de los hablantes: en el caso de la del hombre, se refiere a sus paseos en bote por el mar; la de la mujer trata de su experiencia como cantante aficionada en coros de ópera y de zarzuela. La escala tonal que se emplea (a la izquierda de los gráficos) es la misma para las dos figuras, de 70 a 500 Hz, a fin de mostrar las diferencias melódicas relativas entre ambas.

Puede apreciarse que en la Figura 8 el tono se mantiene entre un mínimo de 70 Hz, que se alcanza solamente al final de la narración, y los picos más altos al principio y hacia la mitad del contorno, que no superan los 130 Hz, a pesar de que se trata de un relato en el cual el hablante explica una situación de riesgo potencial para su vida.

En el ejemplo del diálogo mantenido con la informante y grabado por el autor que se muestra en la Figura 9, la línea de base tonal o tono mínimo gravita en torno a los 140 Hz, y el máximo, al principio del contorno, en la frase *hasta cierto punto,* se sitúa a 450 Hz. Eso supone una diferencia de más de 300 Hz —más de octava y media—, lo que contrasta con un campo tonal de solamente 60 Hz en el caso del hablante masculino. En otros momentos de la misma entrevista sociolingüística, esta hablante alcanza los 600 Hz en frases exclamativas. Nótese también que la última oración de la Figura 9, la declarativa *he tenido papeles de más importancia,* termina en tono ascendente, a pesar de tratarse de una afirmación categórica.

Es patente a simple vista en las Figuras 8 y 9 que el hombre presenta un registro global mucho más bajo y un campo tonal mucho menor. Además, se aprecia que la mujer sube y baja alternadamente el registro durante su discurso, que la altura relativa de sus picos tonales se eleva mucho más que en el habla masculina, y que emplea más los cambios melódicos rápidos y repentinos, todo lo cual crea

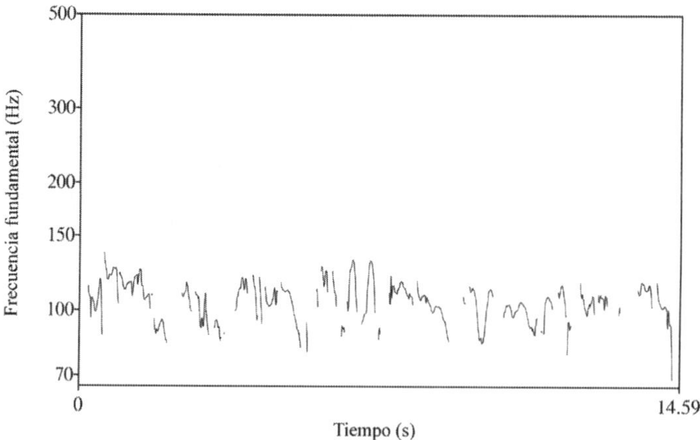

FIGURA 8. Curva melódica correspondiente al enunciado *Pero yo casi siempre voy la orillita, no… no me arriesgo a tanto, a menos que sea, porque el bote de … de esos que se avientan, de aire, si fuera uno más seguro, más … de esos de madera, así bien, con motor, pero el de él es con dos cositas ahí. No, no es muy seguro no* emitido por un hablante masculino dominicano.

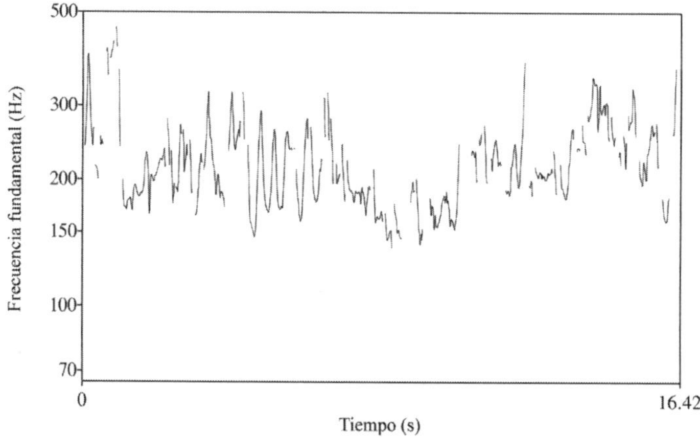

FIGURA 9. Curva melódica correspondiente al enunciado *Bueno, y hasta cierto punto y como no … no he hecho papeles principales, ¿no? Definitivamente si … ¡no, no no! y esporádicamente, porque aquí en Santo Domingo no se monta ópera, ¡ópera! de manera regular. He hecho zarzuelas también, he trabajado en zarzuelas, en zarzuelas he tenido papeles de más importancia* emitido por una hablante femenina dominicana.

una clara impresión de emotividad e interés en lo que está diciendo.

Otra característica entonativa que distingue a las mujeres de los hombres es la tendencia a terminar los enunciados declarativos finales con una entonación ascendente, como si se tratara de preguntas o de oraciones incompletas. Ya se pudo observar un ejemplo de este tipo de contorno en la Figura 9, con una subida en lugar de un descenso en el enunciado afirmativo final. La entonación enunciativa ascendente dominicana se tratará de nuevo en el § 29.3.3.

En algunos estudios sobre lenguas en los que se describen este tipo de contornos femeninos (constituyentes del llamado *uptalk* en inglés), como en Ritchart y Arvaniti (2014), se atribuye a las mujeres una mayor inseguridad lingüística que a los hombres. Así, un tono ascendente al final de las oraciones enunciativas, como el que aparece en las preguntas y en los enunciados incompletos, se interpreta en las mujeres como dubitativo, incierto o desprovisto de asertividad. Esta supuesta tendencia femenina a terminar en subidas los enunciados declarativos dejaría traslucir una escasa seguridad en lo que se dice, la búsqueda de aprobación y de asentimiento o la necesidad de suavizar el sentido real del mensaje. Se trata de una de las características que el conocido trabajo de Lakoff ([1975] 2004) sobre el habla femenina atribuye principalmente a las mujeres, y que Coates ([1986] 2004) discute, al atribuir a las mujeres mayor uso de elogios y mayor cortesía hacia el interlocutor.

En efecto, una interpretación probablemente más acertada de la mayor incidencia de las terminaciones declarativas ascendentes en las mujeres que en los hombres es la que asigna a este tipo de entonación funciones de cortesía y de urbanidad más que de inseguridad. Es decir, el objetivo sería tratar de usar en el diálogo un tono menos litigante, menos categórico y que implique una menor confrontación, tomando en cuenta la sensibilidad del interlocutor y permitiendo una mayor interacción con este mediante el empleo de tonos altos y ascendentes, lo cual, como se ha expuesto, indica mayor comedimiento, suavidad, respeto o afecto. La deferencia y la cortesía, y su expresión en lo entonativo, no son, en modo alguno, exclusivas o predominantes en las mujeres, ni es la expresión de duda e inseguridad ajena al discurso y al tono de voz masculinos. Recuérdese que las entonaciones finales ascendentes también indican apertura y continuación del discurso, mientras que las descendentes significan cierre, final de la idea o de la emisión. Las personas que usan un mayor número de finales enunciativos ascendentes estarían, pues, más abiertas al diálogo, a la interacción y a relacionarse lingüística y socialmente con su interlocutor [→ § 32.3].

29.2 La variación entonativa y las modalidades oracionales

Además de aportar información sobre el discurso y sobre los aspectos pragmáticos de la comunicación, la entonación es crucial para indicar la modalidad oracional de los enunciados. Los detalles acerca del uso de los distintos tipos oracionales en sus vertientes funcionales y pragmáticas quedan para los próximos capítulos de esta obra, que tratan sobre la relación entre la entonación, la pragmática, el discurso y la conversación. Sin embargo, resulta indispensable para establecer comparaciones y poder hacer referencia a las variantes entonativas distinguir, al menos, entre oraciones declarativas e interrogativas, y entre la llamada entonación 'lógica' y la 'emocional'.

Tradicionalmente, como se ha ido ilustrando en los apartados anteriores, los enunciados declarativos se han asociado con movimientos tonales finales descendentes, pero, tal como ya se explicó, pueden también presentar un final ascendente en ciertos contextos sociales y entre interlocutores específicos. Estos contornos finales ascendentes, por su parte, generalmente se corresponden con una interrogación, en particular en las preguntas absolutas. Sin embargo, en español no es solamente el contorno final ascendente el que marca las preguntas, sino también la altura tonal del enunciado, ya sea global o localizada en algún punto del mismo [→ § 27.6]. En general, para indicar que el enunciado es una pregunta y no una afirmación, el hablante emplea algún tipo de elevación del tono, habitualmente hacia el final del enunciado.

Las modalidades básicas de actos de habla que se van a tener en cuenta para describir la variabilidad entonativa son la declarativa (acto de aserción) y la interrogativa (acto de pregunta), esta última en sus dos categorías fundamentales: la pregunta absoluta (que se responde con un sí o con un no) y la pregunta pronominal (aquella que contiene un pronombre interrogativo como *qué, quién, cómo, dónde, cuándo, por qué*, etcétera). Las preguntas, en particular, tienden a presentar un mayor número de diseños entonativos distintos, que vienen determinados tanto por la pragmática interna del diálogo en español como por consideraciones de carácter geolingüístico. La forma de entonar ciertas locuciones y de realizar preguntas varía entre las regiones de España y de la América hispanohablante, de modo que el sentido sería el mismo, aun con una melodía diferente.

29.2.1 Enunciados declarativos

Un enunciado declarativo, en su variedad neutra, que contenga únicamente información nueva, presentaría típicamente una entonación progresivamente descendente, desde un pico inicial asociado con su primera sílaba acentuada. Se ha descrito gráficamente con anterioridad como un contorno con forma de tobogán, esto es, que sube directamente con la primera sílaba acentuada, para luego bajar en un declive más o menos inclinado hacia la línea de base tonal (Sosa 1999, 119) [→ capítulo 27; § 28.3.1]. El ángulo del declive y las posibles mesetas tonales dependen del número de sílabas del enunciado y de la identidad de los acentos tonales pretonemáticos. Esta categoría neutra es la que permite «exponer de la manera más simple la idea que queremos comunicar a los demás, asegurando lo que decimos», como precisan Canellada y Madsen (1987, 106), y es la que responde a una pregunta y expresa hechos determinados, juicios categóricos o aseveraciones. En la Figura 10 se muestra un ejemplo de este tipo de enunciado común, emitido por un hablante porteño (de Buenos Aires).

Por supuesto, existe un notable grado de variabilidad en lo relativo a la entonación declarativa, como se verá a continuación, pero, para los efectos de este apartado, lo que es importante destacar es que, según se deduce de la experiencia del autor, tal variabilidad está condicionada más por factores pragmáticos, de énfasis y de grado de emoción, que por otros factores como la edad, el sexo, la región de origen o el estatus socioeconómico de los hablantes. Sin embargo, las configuraciones distintas a la neutra (globalmente descendente) constituyen en su mayoría realizaciones pragmáticamente distintas, es decir, con valores comunicativos diferentes. Los resultados de Sosa (1999) permiten concluir que, con sus excepciones, existe una gran regularidad en lo relativo a la estructura tonal subyacente de esta modalidad oracional en todos los dialectos estudiados.

En los trabajos recientes (como los referidos a la entonación en esta misma obra) que abordan los

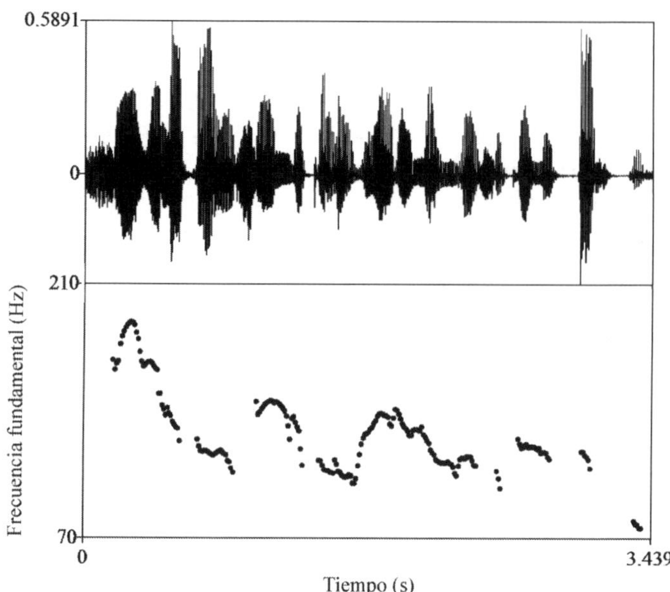

FIGURA 10. Curva melódica correspondiente al enunciado declarativo neutro ... *Sigue la tradición de que los días domingo se come pasta* emitido por un hablante porteño.

diversos tipos de entonación declarativa, se establece claramente la necesidad de diferenciar sus modalidades pragmáticas, como en el caso de la distinción entre las declarativas con foco amplio o ancho (neutras) y las de foco estrecho [→ § 30.5], las declarativas exclamativas, las declarativas inciertas o las que expresan algo obvio. Ya Navarro Tomás (1944) distinguía entre declarativas ordinarias, categóricas, dubitativas e insinuativas, según el tipo de descenso final, e igualmente Quilis (1993) diferencia la afirmación enfática de la normal. Por lo que respecta a las distintas focalizaciones u oraciones contrastivas, como se expone en el capítulo 30, las diversas formas del enunciado toman en cuenta la información considerada nueva y la que se asume como compartida o dada. Ello tiene como consecuencia que el esquema en tobogán que se ilustró en la Figura 10 cambie hacia uno con las cimas tonales ubicadas en puntos del enunciado distintos de la primera palabra acentuada. Junto con la focalización, los motivos de naturaleza pragmática por los que se modifica en mayor medida el esquema entonativo de estos enunciados declarativos son el énfasis que se les añade y la emoción o urgencia con que se producen. Para Navarro Tomás (Navarro Tomás [1918] 1965, 216) el descenso del enunciado será tanto mayor cuanto más categórica resulte la afirmación (lo cual implica que el descenso se producirá desde una altura tonal mayor). Quilis (1993, 447), por su parte, explica que la afirmación enfática se distingue del enunciado declarativo normal en que este último tendría un patrón /2 1 ↓/, con juntura terminal descendente [→ § 1.21.11] precedida por un nivel tonal bajo, mientras que en la afirmación enfática aparece el nivel tonal /3/ en algún punto del enunciado, también con juntura terminal descendente y, por lo tanto, con una frecuencia fundamental más alta en el punto correspondiente al nivel /3/ [→ § 28.2.2].

Así, según Quilis, la mayor diferencia que aporta la entonación enfática es la altura más elevada en la cima máxima, además de la contribución concomitante de otros parámetros como el registro y la desviación tonal, y de variables extratonales como la duración y la intensidad. La Figura 11 ilustra bien el efecto del énfasis y el contraste en el campo tonal y en la altura alcanzados con la exclamación, en frases sucesivas producidas por la misma hablante dominicana de Santiago de los Caballeros (Cibao). Se trata de contornos contrastivos y enfáticos, en los que, en respuesta al entrevistador (el autor), quien le había preguntado si tenía esposo, la hablante respondió aclarando que *No, novio*. El entrevistador inmediatamente le preguntó cuántos novios tenía, a lo que ella respondió con algo de sorpresa y enfáticamente *¡Un novio!*, acentuando el *Un*, repitiendo seguidamente con mayor énfasis *¡Un novio!* Se nota claramente el contraste de altura en el inicio de las tres frases y en la palabra *novio* las tres veces que la hablante la pronuncia; también se aprecia el efecto del destaque focalizado de la palabra *Un*.

La primera versión de la palabra *novio* es descendente-ascendente, con un tonema de contradicción o aclaratorio y con foco estrecho. En el segundo contorno, en el centro de la figura, la hablante enfatiza contrastivamente que tiene uno solo (y no varios) novios al prolongar la duración y subir muchísimo el tono en la palabra *Un* (foco estrecho), antes del descenso aseverativo en *novio*. En el último contorno de la Figura 11, se reitera que se trata de un solo novio, con un acento tonal alto en *Un* y, de nuevo y por tercera vez, con un tonema bajo-descendente en *novio*. Como se puede observar, el contraste y la ratificación pueden realizarse de distintas formas, pero generalmente se asocian a tonos altos y presentan mucha mayor altura tonal en los elementos focalizados o destacados en el discurso.

Es interesante notar que en el español en general, ya sea en el peninsular, en el de Canarias o en el hispanoamericano, se encuentra una gran regularidad, tanto en la expresión de las declarativas neutras como en la de las marcadas, en los distintos dialectos y registros estilísticos y pragmáticos. Es la conclusión a la que llegó Sosa (1999) tras muchos años de estudios sobre la dialectología de la entonación y que se ve corroborada en los informes sobre la variación dialectal y pragmática realizados por los distintos autores que colaboran en la obra de Prieto Vives y Roseano (2010) *Transcription of Intonation of the Spanish Language,* en la que se describen los patrones entonativos básicos de 10 dialectos del español. Para completar los datos del presente capítulo, se remite a este trabajo, en el que puede encontrarse una descripción detallada de los distintos tipos de enunciados en los dialectos del español estudiados y en sus variantes.

Puede concluirse, pues, que las declarativas llamadas 'neutras' se caracterizan por un descenso progresivo hasta la línea tonal de base del hablante, culminando en acentos tonales bajos (del tipo L* L%) en todas las variedades del español, como se ilustra en la Figura 10 y en las Figuras 1–7 (con la posible excepción del español dominicano, como se verá en el § 29.3.3). En lo que respecta a la entonación de las declarativas marcadas, ya sean enfáticas, con foco estrecho o exclamativas, también se produce un descenso hasta la base al final del enunciado, pero con una elevación importante —pico tonemático— antes del mismo, o con una meseta

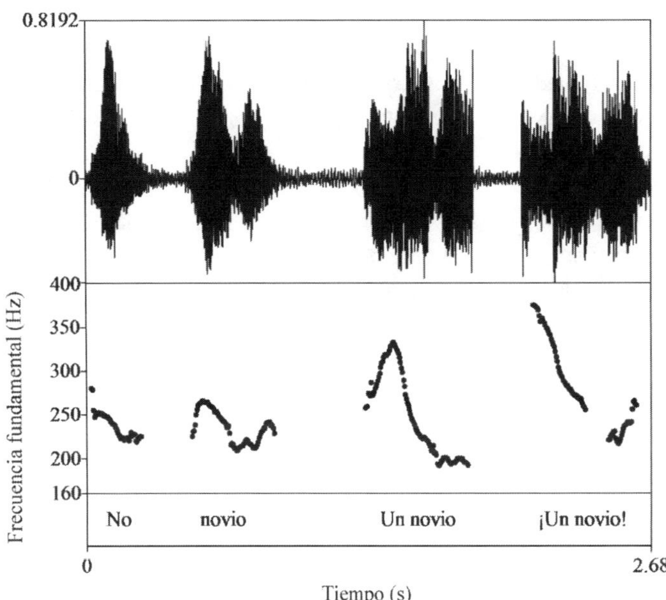

FIGURA 11. Curva melódica correspondiente a tres declarativas enfáticas o contrastivas *No, novio. (…) Un novio. ¡Un novio!* emitidas por una hablante dominicana.

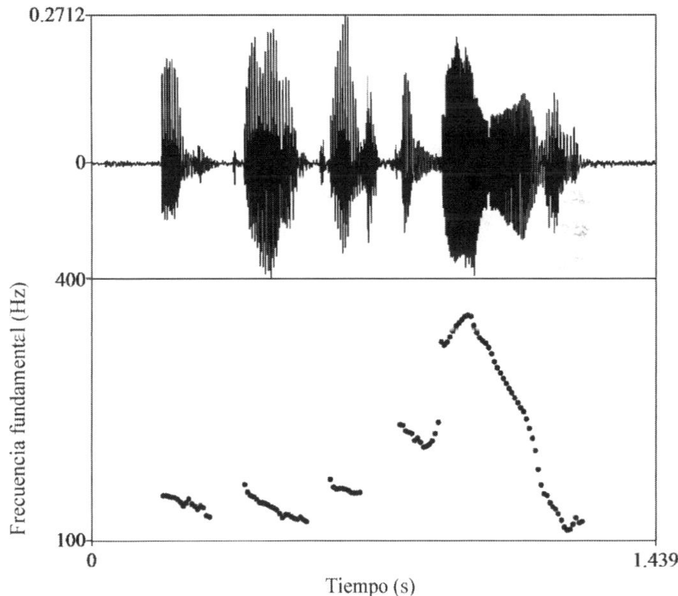

FIGURA 12. Curva melódica correspondiente al enunciado exclamativo *¡Lo encuentro estupendo!* emitido por una hablante madrileña.

tonal antes del importante descenso, lo que en la bibliografía a veces se denomina 'tono circunflejo' [→ § 27.2.4]. En la Figura 12 se muestra un ejemplo de una aseveración exclamativa producida por una hablante madrileña.

En la Figura 12 se observa que el tono que aparece antes del acento tonal final que corresponde a la palabra *estupendo* es, en este caso, ascendente, en contraste con el pretonema declarativo normal, que es descendente (realizado como secuencias de acentos tonales individuales del tipo L*H). El pico tonemático es bastante alto, como corresponde a la forma marcada de los enunciados declarativos. En este tipo de enunciados también existe una gran homogeneidad en el español general, que distingue tonemáticamente, por una parte, los enunciados neutros y focalizados y, por otra, los exclamativos y enfáticos.

29.2.2 Enunciados interrogativos absolutos

Los enunciados interrogativos absolutos corresponden a las preguntas que se pueden responder con un sí o un no. Dentro de esta categoría se encuentran, por supuesto, un buen número de variantes, como las preguntas relativas, las aseverativas, las reiterativas o 'de eco', y también las preguntas que no son realmente preguntas, aquellas que no se articulan para pasar de lo desconocido a lo conocido, como es el caso de las preguntas retóricas del tipo *¿Será verdad que existe un Dios?* Estas interrogativas no se consideran preguntas genuinas, porque realmente no se espera una respuesta. En español, la entonación es virtualmente el único elemento que distingue las interrogativas absolutas de las declarativas, dado el muy escaso rendimiento funcional en el habla de la inversión sintáctica del sujeto y el verbo (Sosa 1999). Un rasgo constante de la entonación interrogativa del español es, además del contorno final generalmente elevado, la mayor altura tonal que se manifiesta desde el principio del enunciado. Desde el primer pico tonal (con tono H) de la pregunta, la frecuencia fundamental es sistemáticamente más alta que la de cualquier correspondiente pico inicial de una declarativa, lo que constituye uno de los elementos pertinentes para la distinción entre ambos tipos de enunciado.

En la mayoría de los dialectos, tanto geográfica como diastráticamente, las preguntas absolutas tienden a manifestarse con un final ascendente (caracterizado por el tono de frontera H%), que comienza desde un registro bajo en la última sílaba acentuada. En la Figura 13 se muestra un contorno clásico para este tipo de interrogación, que comienza alto, desciende hasta la última sílaba acentuada y luego sube hasta un tono medio-alto debido al acento tonal nuclear L*H%. El ejemplo procede de un hablante culto de Sevilla.

En la Figura 13 se aprecia que, a pesar de terminar este enunciado interrogativo en palabra aguda, *universidad,* todo el ascenso se concentra en su última sílaba, *dad.* Si aparecen una o más sílabas acentuadas después de la última o nuclear, el ascenso final aún se hace más claramente patente.

Para ejemplificar mejor la distinción entre el contorno declarativo y el interrogativo absoluto ascendente, en la Figura 14 se superponen los dos tipos de enunciado, el declarativo y el interrogativo, con la misma frase y con las mismas palabras, *Ya llegó* y *¿Ya llegó?*, producidos por una hablante limeña. El contraste entre los dos se puede considerar típico o estándar en los dialectos del español que presentan esta clase de diseño en las preguntas absolutas.

Lo que más llama la atención en la comparación que se muestra en la Figura 14 es, sin duda, el contorno final, descendente hasta la base tonal para la declarativa (con tonema final L* L%), y ascendente hasta un registro bastante alto para la interrogativa (tonema L* H%). No obstante, esta no constituye la única diferencia entre ambos contornos, ya que una peculiaridad de varias lenguas y, en particular, del español es la apreciable mayor altura del primer pico (inicio del pretonema) de la

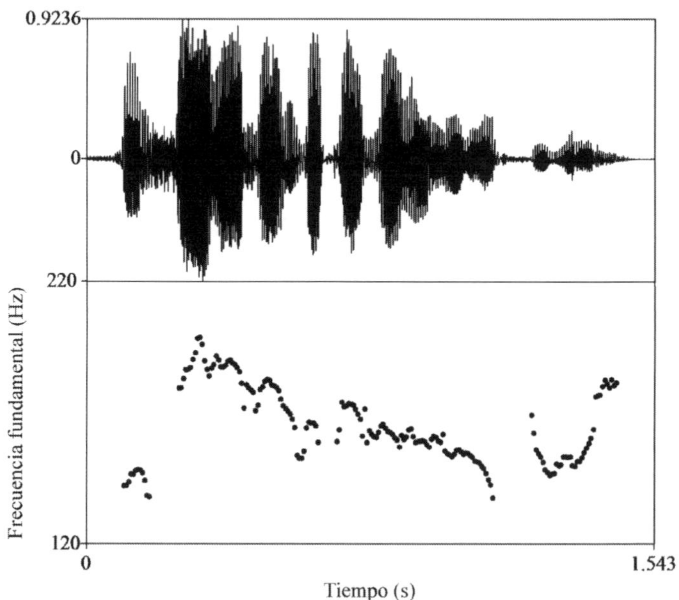

FIGURA 13. Curva melódica correspondiente al enunciado *¿Tú sabes dónde queda la universidad?* emitido por un hablante culto de Sevilla.

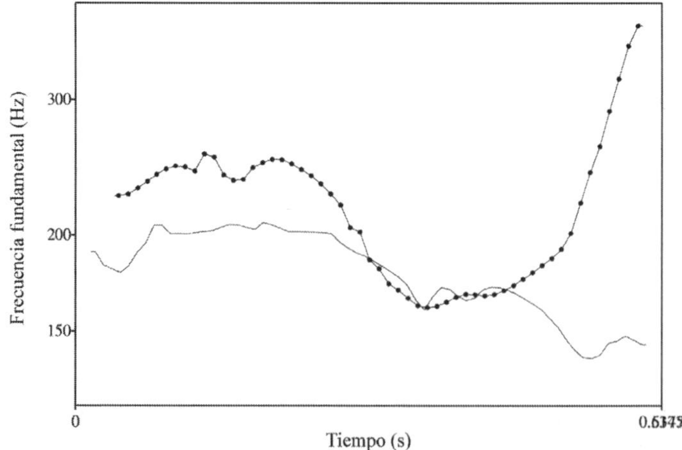

FIGURA 14. Curvas melódicas correspondientes a los contornos declarativo descendente (línea continua) e interrogativo ascendente (línea punteada) de los enunciados *Ya llegó. ¿Ya llegó?* emitidos por una hablante limeña.

interrogativa comparada con la del pico de la declarativa, como se observa en la Figura 14. Cabe reiterar que los contornos de la figura son representativos de la distinción entre estas dos modalidades oracionales en los dialectos que, como el castellano, el mexicano, el colombiano y el peruano, poseen contornos interrogativos finales ascendentes.

Es, sin embargo, muy común, tanto pragmática como dialectalmente, encontrar interrogativas absolutas con contornos finales alto-descendentes. Estos tipos de pregunta normalmente muestran patrones circunflejos (ascendentes-descendentes), con una subida que culmina con la sílaba nuclear final (la más importante del grupo entonativo), después de la cual el tono baja hasta el final del enunciado. Puede afirmarse que los dialectos del español se diferencian por la presencia o por la ausencia de esta entonación descendente-circunfleja como forma neutra o no marcada, como se explicará en el § 29.3.

En el español de Madrid y en el dialecto castellano en general, en los que se utilizan contornos ascendentes para las preguntas absolutas no marcadas, también existen estos contornos interrogativos descendentes. Concretamente, como explican Quilis (1993, 451) y Navarro Tomás ([1918] 1965, 225), estos contornos están marcados pragmáticamente y se usan sobre todo para las confirmaciones, en los casos en los que el hablante quiere verificar algo de lo que tiene solo una idea. Se trata de las llamadas 'interrogativas relativas' que, en contraste con las 'absolutas' —que tienen por objeto indagar acerca de si todos los conceptos de una frase corresponden o no a la realidad—, presuponen que la persona que formula la pregunta posee ya cierto grado de certeza y se inclina a creer que la respuesta tendrá un sentido determinado, ya sea afirmativo o negativo. Desde el punto de vista melódico, la pregunta relativa se caracteriza por un fundamental que desciende muy rápidamente hacia el final (Quilis 1993, 450), pero antes la voz se eleva al principio de la frase para mantenerse a continuación en un nivel relativamente uniforme, realizar posteriormente un nuevo ascenso en la última sílaba acentuada y finalmente descender tras esta en un movimiento circunflejo (Navarro Tomás [1918] 1965, 226). De existir sílabas inacentuadas después de la nuclear, el descenso se prolonga en estas sílabas, pero se produce en su totalidad en la última sílaba acentuada si tras ella no aparece ninguna sílaba débil.

Es bien conocido que, en el Caribe hispánico y en Canarias, se emplea como forma neutra de interrogar, cuando se solicita información no conocida y se ignora si la respuesta será un sí o un no, un tipo análogo a la pregunta relativa castellana descendente (Quilis 1993, 469; Sosa 1999, 207). En Sosa (1999) se documenta la existencia de preguntas con terminación circunfleja en la generalidad del Caribe hispánico, tanto insular como continental. Esta configuración representa la forma no marcada y neutra de la pregunta de foco amplio mediante la que se solicita información no conocida, y esta configuración también ocurre en el español del noroeste de España, en Galicia, en Asturias y en Cantabria. Como ya señalaba Sosa (1999, 227), una de las posibles diferencias entre dialectos reside en que las formas marcadas con funciones pragmáticas y significados restringidos en un dialecto particular pueden constituir el patrón no marcado, normal, en otro dialecto. Así, la forma melódica que correspondería a una pregunta relativa en el dialecto castellano sería la forma neutra de la pregunta absoluta en los dialectos caribeños, en el canario y en el español noroccidental de la Península.

En la Figura 15 se muestran dos realizaciones superpuestas de la misma frase, *Mañana en la mañana,* en sus modalidades declarativa e interrogativa absoluta. Las ha pronunciado un hablante de español caribeño, concretamente caraqueño (el autor), y la diferencia entre ambas se manifiesta claramente: la interrogativa se caracteriza por una pronunciada cima circunfleja en la sílaba nuclear, después de la cual se produce un descenso final bastante extenso hasta un nivel medio-bajo. Nótese que el esquema melódico sigue exactamente la trayectoria tonal que Navarro Tomás y Quilis describieron como propia de las preguntas relativas en el español castellano.

Al igual que sucede con los pares declarativa-interrogativa en los dialectos que muestran tonemas ascendentes en las preguntas absolutas, el tono general de la pregunta es sistemáticamente más alto que el de la declarativa. Se trata, como se ha

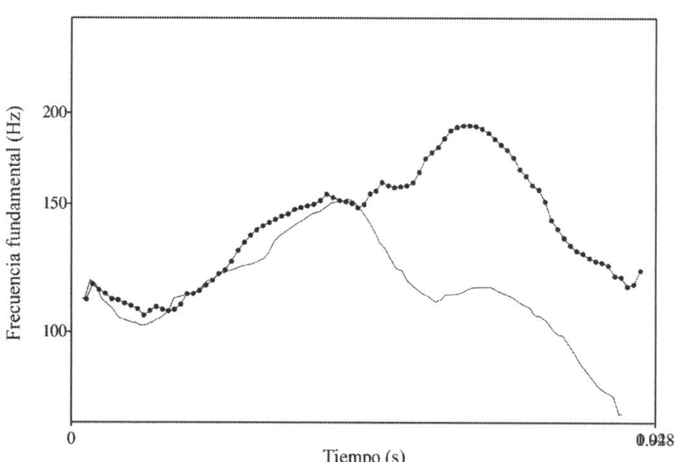

FIGURA 15. Curvas melódicas correspondientes al contorno declarativo descendente (línea continua) y al contorno interrogativo también descendente (línea punteada) de los enunciados *Mañana en la mañana. ¿Mañana en la mañana?* emitidos por un hablante caribeño (el autor).

afirmado con anterioridad, de una de las claves que permiten al oyente reconocer que se le ha dirigido una pregunta y no una afirmación o un mandato. Además de responder a consideraciones pragmáticas relacionadas con el flujo del discurso, la variabilidad en la estructura y en la forma de las interrogativas absolutas tiene también que ver con el sistema interno de oposiciones entonativas de cada dialecto. En este sentido, puede afirmarse que la manera más productiva de describir la variabilidad entonativa es distinguir, en cada modalidad, dos tipos globalmente distintos de enunciados por lo que respecta a su tonema final: los ascendentes y los descendentes.

29.2.3 Enunciados interrogativos pronominales

Los enunciados interrogativos pronominales —es decir, las preguntas con palabra interrogativa— son aquellos que contienen un pronombre interrogativo como *qué, quién, cómo, dónde, cuándo, por qué*, etcétera, y, en su forma más neutra, se caracterizan por su diseño descendente, casi análogo al de las declarativas. La parte más alta del contorno coincide normalmente con la primera palabra acentuada, que se corresponde con el elemento gramatical interrogativo (ya sea este un pronombre o un adverbio interrogativo). Es en ese punto donde se concentra la intención interrogativa, ya que se pregunta sobre la circunstancia particular a la que refiere dicha palabra. Una vez alcanzado el nivel tonal máximo al principio del enunciado, se produce un descenso gradual que culmina con un tonema descendente. Como sucede por lo general con las preguntas, la altura global de las interrogativas pronominales es más elevada que la de cualquier enunciado declarativo.

Las preguntas pronominales se caracterizan por su gran variabilidad tonemática, que responde a consideraciones pragmáticas y a sus funciones discursivas, así como a diferencias dialectales. El contorno que se considera el más representativo y menos marcado es el descendente gradual, terminado en cadencia, en el cual el interés de la interrogación se centra en la palabra interrogativa situada al principio del enunciado, y que corresponde, en realidad, a lo que se pregunta; no obstante, la trayectoria del movimiento final del tonema puede ser distinta si el enunciado contiene connotaciones afectivas, si se quieren enfatizar o resaltar particularmente las palabras finales, o si las preguntas se expresan con mayor o menor grado de cortesía.

En la bibliografía sobre las interrogativas pronominales, se describen tres configuraciones bien definidas según su uso y su función pragmática: 1) la de terminación descendente; 2) la de terminación ascendente; y 3) la de terminación circunfleja. En el corpus manejado por el autor en un trabajo anterior sobre estas interrogativas (Sosa 2003), se han encontrado las tres configuraciones, además de una cuarta, con un final ascendente, pero sin que se produzca un descenso anterior hasta la línea de base tonal en el núcleo entonativo; este último diseño melódico se emplea principalmente para solicitar una aclaración sobre algo ya mencionado o acerca de un elemento que se refiere a información ya proporcionada en el discurso.

En la Figura 16 se muestra un ejemplo de la que constituye la forma canónica, no marcada, de la pregunta pronominal. En este enunciado interrogativo el informante (un joven de 17 años de Guadalajara, México) indaga sobre la situación económica de la familia de la entrevistadora (una joven de 20 años), preguntándole *¿Quién sostiene a tus papás?*

En la Figura 16 se aprecia un tono que empieza en un nivel alto en la palabra *Quién,* luego sube hasta el nivel más alto en la siguiente sílaba inacentuada *sos,* desciende levemente con el verbo *sostiene* (que está ligeramente focalizado) y llega hasta el nivel más bajo del registro del hablante, por efecto del acento tonal nuclear bajo y del tono de frontera también bajo (L* L%). Mediante este tipo de pregunta se solicita una información precisa con relación a la gama de respuestas posibles suscitadas por la palabra interrogativa. Por ejemplo, en la pregunta correspondiente al contorno melódico representado

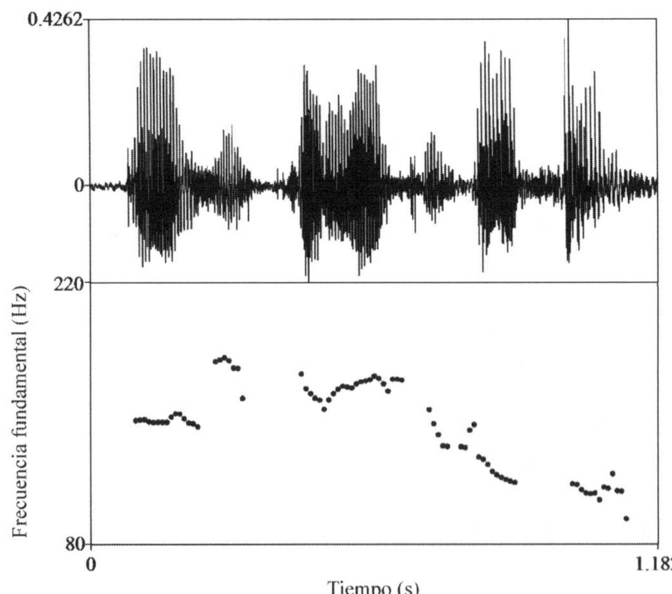

FIGURA 16. Curva melódica correspondiente a la pregunta pronominal descendente *¿Quién sostiene a tus papás?* emitida por un hablante de Guadalajara (México).

en la Figura 16, *¿Quién sostiene a tus papás?*, se sobrentiende que alguien mantiene a los padres de la oyente, y es esa precisamente la información requerida; además, la pregunta implica que la persona a la que se dirige sabe la respuesta y está en situación de proporcionarla.

La pregunta pronominal ascendente, por su parte, cumple funciones distintas y da cabida a la duda. Al ser menos directa que la versión neutra descendente, se utiliza en situaciones en las que la relación de poder y de solidaridad entre los interlocutores no es de igualdad, lo que provoca que la pregunta se suavice. Si, por ejemplo, la misma pregunta representada en la Figura 16 terminara en ascenso en vez de acabar en cadencia, la base afirmativa de la pregunta se debilitaría y se atenuaría, implicando alguna inseguridad con respecto a la posible verdad de lo preguntado, y dejando así abierta la posibi-

lidad de que nadie, de hecho, mantenga a los padres de la interrogada. Este tipo de pregunta pronominal con tonema ascendente es el que Quilis (1993, 449) denominó «pregunta pronominal con matiz de cortesía», en los mismos términos en que Navarro Tomás describía estos contornos para el español castellano, tanto por lo que se refiere a su forma melódica ascendente como a su uso con intención de cortesía.

En la Figura 17 se recoge un ejemplo de este tipo de contorno ascendente realizado por una hablante joven de Lima (Perú). Como se puede observar, el ascenso final, producto de un tonema L* H%, es bastante pronunciado, lo cual confiere a este enunciado un matiz de suavidad y un aire informal.

El enunciado empieza en un nivel alto con la palabra interrogativa *Cuántos* y desciende gradualmente hasta un punto bastante bajo, para finalizar con una prolongada subida que se inicia con la sílaba acentuada *dian* de la palabra final *estudiando*.

El patrón ascendente-descendente conocido como 'circunflejo' [→ § 27.2.4] es característico de una pregunta pronominal que expresa, además, sorpresa o extrañeza con relación a lo que se pregunta; también puede asociarse con la exclamación, a causa del mayor recorrido tonal del tonema final. La cima final añade énfasis a la palabra con el acento nuclear e implica un grado mayor de urgencia o de aserción que la pregunta pronominal sin este pico.

En la Figura 18 se reproduce un enunciado exclamativo que refleja asimismo extrañeza, *¿Qué diablos hace usted aquí?*, pronunciado por un hablante de Bogotá (Colombia); en la última palabra aparece el tono circunflejo.

En la curva melódica representada en la Figura 18 se puede apreciar el tonema final ascendente-descendente, a pesar de que el material silábico es breve, porque la palabra final nuclear es una palabra aguda, *aquí*, y todo el ascenso y el descenso del tonema debe realizarse en la sílaba acentuada, en este caso, la última. El cuerpo del enunciado es alto y ascendente también al principio, lo cual otorga a este contorno una cierta carga de excitación derivada del campo tonal recorrido.

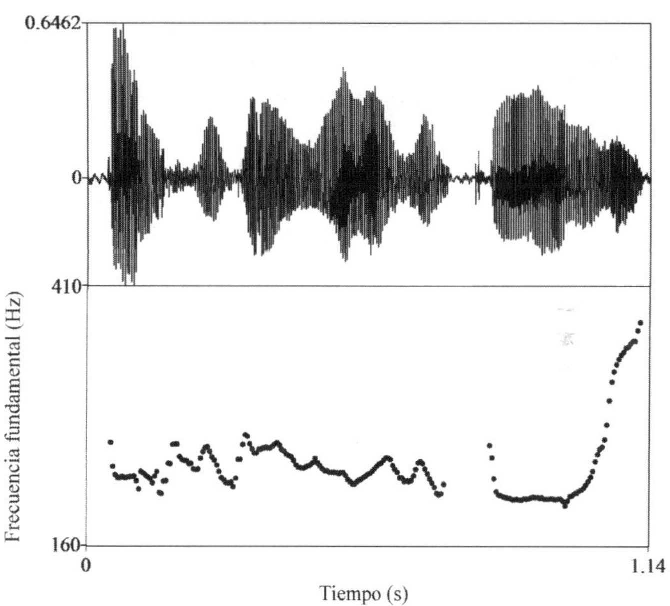

FIGURA 17. Curva melódica correspondiente a la pregunta pronominal con matiz de cortesía *¿Cuántos años llevas estudiando?* emitida por una hablante de Lima (Perú).

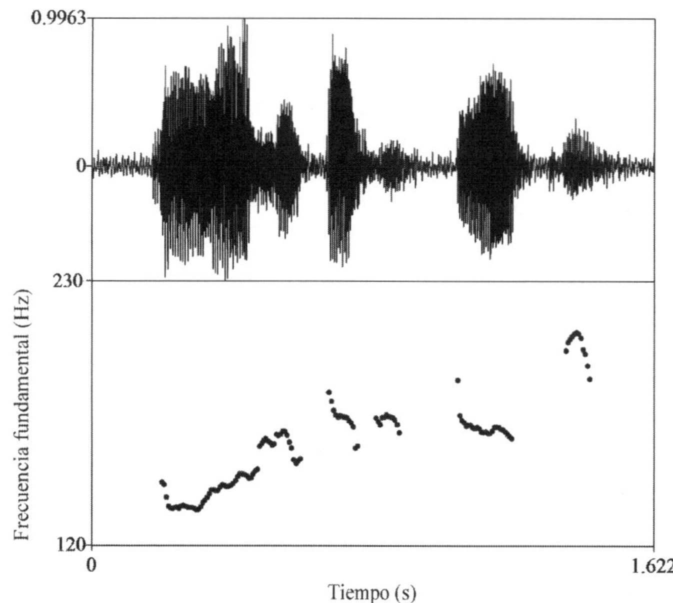

FIGURA 18. Curva melódica correspondiente a la pregunta pronominal con terminación circunfleja *¿Qué diablos hace usted aquí?* emitida por un hablante de Bogotá (Colombia).

Es necesario aclarar que los tres patrones entonativos mostrados para las interrogativas pronominales no son intercambiables ni se usan en los mismos contextos. La pregunta pronominal neutra, la pregunta pronominal con matiz de cortesía y la enfática o exclamativa están condicionadas situacional e interactivamente por el dinamismo del diálogo entre el interrogador y el interrogado. Las variantes marcadas, por lo demás, no sugieren por sí solas los tipos de respuestas que puedan ser más factibles que otras, es decir, estas preguntas no implican que quien las hace tenga *a priori* algún tipo de expectativa en función de cuál pueda ser la respuesta.

Existe otro patrón entonativo para las preguntas pronominales, con un uso y un sentido pragmático distintos, que se manifiesta por un ascenso tonal constante en el cuerpo del enunciado hasta culminar en niveles bastante altos, sin llegar a bajar antes del tonema ascendente. En este tipo de pregunta, el punto más elevado no se sitúa en la palabra interrogativa, como sucede en los otros tres tipos anteriormente mencionados, sino en el final del enunciado. Es el caso de las preguntas confirmativas, en las cuales la persona que interroga o bien busca cerciorarse de que la información con la que cuenta es fidedigna o confirmar si entendió correctamente algún elemento de la conversación o del contexto, o bien pide que se le repita alguna información que no escuchó bien.

En la Figura 19 se muestra un ejemplo de este tipo de contorno ascendente, en la voz de una caraqueña de 50 años. En este caso, la hablante está solicitando los datos a un paciente para una consulta médica, y le vuelve a preguntar cuándo nació, al no haber oído bien lo que dijo la primera vez, o al parecerle extraña la respuesta escuchada: *Ajá. ¿En qué año naciste?*

En la Figura 19 se aprecia que el primer contorno correspondiente a *Ajá* es descendente; a continuación, se articula la pregunta, toda ella ascendente hasta la palabra final *naciste*. El tono final alcanza casi los 500 Hz, por tanto, una altura mayor de la que normalmente se esperaría en los tonemas ascendentes de las preguntas con matiz de cortesía; cabe añadir que en este ejemplo la palabra interrogativa *qué* no es la que se emite con mayor altura en el enunciado. Se trata, en este caso, de una pregunta cuyo objetivo es confirmar una información previamente recibida, que no se escuchó bien. Este patrón entonativo se usa también cuando la persona que interroga considera que debería saber lo que está preguntando aunque no lo recuerde.

Otro tipo de terminación que puede presentar la pregunta pronominal es el tonema suspensivo [→ § 28.2], en los casos en los que el nivel tonal se mantiene alto durante casi todo el enunciado, incluyendo el tonema. Estas configuraciones se pueden dar cuando se encuentra un foco estrecho en el cuerpo del enunciado, y se trata de un tipo de interrogativa distinto a la pregunta que tiene por objetivo recibir información para pasar de lo desconocido a lo conocido. En la Figura 20 se recoge un contorno con final suspensivo producido por un hablante culto de

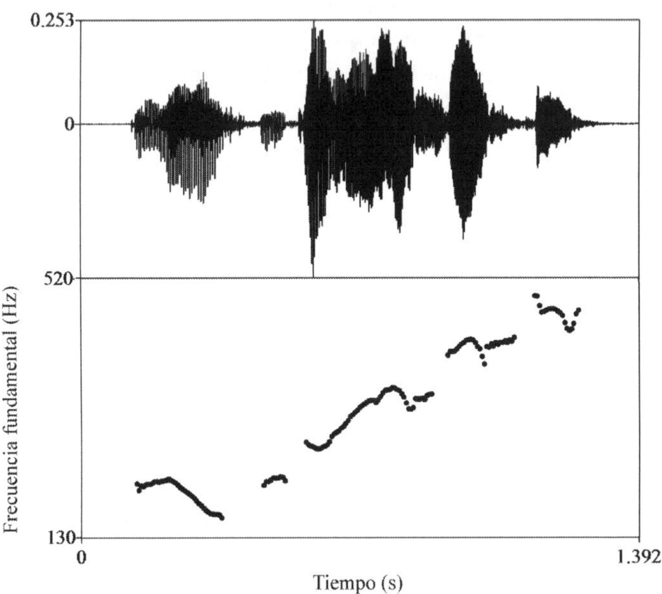

FIGURA 19. Curva melódica correspondiente al enunciado con una pregunta pronominal de confirmación *Ajá. ¿En qué año naciste?* emitido por una hablante caraqueña.

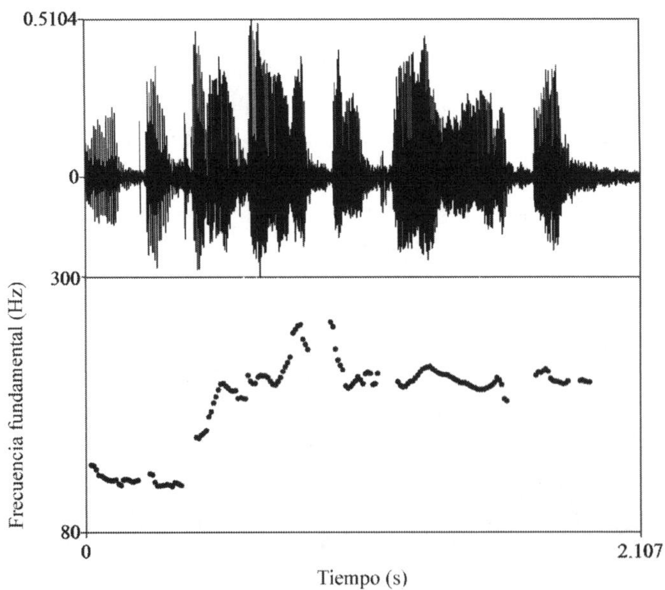

FIGURA 20. Curva melódica correspondiente a la pregunta pronominal suspensiva *¿Y por qué no regresas a estudiar a la universidad?* emitida por un hablante de La Habana (Cuba).

La Habana (Cuba): *¿Y por qué no regresas a estudiar a la universidad?* En este contorno, se aprecia la horizontalidad de la línea tonal (pronunciada en el mismo tono) como resultado del foco estrecho o del destaque otorgado a la palabra *regresas*.

El primer pico tonal en la curva melódica de la Figura 20 se realiza sobre la palabra interrogativa *qué*, y el punto más alto del enunciado corresponde, pues, a la sílaba acentuada de la palabra focalizada, que es la forma verbal *regresas,* como ya se apuntó. Este contorno suspensivo cumple una función que no es la habitual de las preguntas, si bien su valor y su uso son análogos a los de las terminaciones ascendentes. En este caso, no se trata de una pregunta indagatoria sobre las motivaciones del oyente para estudiar, sino más bien de una sugerencia o de una exhortación.

Finalmente, para concluir la presente caracterización de la amplia variabilidad que ofrecen las preguntas pronominales, se describen las exclamativas y las enfáticas. Ya se ha mencionado la afinidad existente, en cuanto al diseño tonal, entre las preguntas pronominales y las oraciones declarativas, pues ambas comparten una trayectoria descendente desde el tono inicial más alto (asociado con la primera sílaba acentuada y con la que la sucede); también se ha establecido que la diferencia más relevante entre ambas modalidades oracionales reside en la mayor altura global de la interrogativa con respecto a la declarativa. Pues bien, cuando se trata de la exclamación y del énfasis, los paralelismos entre ellas se mantienen. En el § 29.2.1 se explicó que el descenso del enunciado declarativo será tanto mayor cuanto más categórica sea la afirmación (lo cual implica que tal descenso se producirá desde una altura tonal mayor), y que la diferencia cualitativa y cuantitativa que aporta la entonación enfática consiste en la mayor altura en la cima máxima, además de la contribución concomitante de otros parámetros, como son el registro y la desviación tonal. En las preguntas pronominales, estas mismas condiciones también entran en juego, sumadas a la mayor altura de la palabra interrogativa en las formas enfáticas y expresivas, lo cual, según Quilis (1993, 448), constituye su rasgo más definitorio.

El contorno de la pregunta pronominal exclamativa que se muestra en la Figura 21 fue producido por una hablante de 60 años de Pamplona (España). En él se aprecia una elevación drástica del tono en *Cómo* (la palabra interrogativa inicial), un campo tonal ampliado en todo el enunciado, y un descenso muy pronunciado en el tonema, desde un tono muy alto hasta la línea de base tonal del hablante. Todo ello confiere a este enunciado un sentido de interpelación, de excitación y de insistencia.

En el ejemplo de pregunta pronominal enfática que se muestra en la Figura 21, el tono en la palabra interrogativa *Cómo* llega a un nivel altísimo, hasta los 470 Hz, nivel en el que se mantiene hasta la última sílaba acentuada, en la cual se produce un descenso muy pronunciado en el tonema, de unos 280 Hz, lo que supone un cambio de gran magnitud —cerca de octava y media— teniendo en cuenta que la voz de la hablante presenta un registro bastante alto.

A pesar de la considerable diferencia cuantitativa, que tiene que ver con la mayor extensión del campo tonal y con la amplia excursión melódica desde los tonos altos hasta los bajos, el esquema fonológico descendente de la pregunta, con su cima máxima en la palabra interrogativa, no es distinto cualitativamente del de la forma neutra y no marcada. Es decir, los tonos subyacentes que generan el contorno siguen siendo los mismos, aunque los incrementos tonales y la desviación entre los extremos altos y bajos sean mayores. Como afirmaba Quilis (1993, 449), las preguntas pronominales exclamativas no difieren fundamentalmente de las que no son exclamativas, y la ampliación del registro constituye la principal tendencia de las primeras con relación a las segundas.

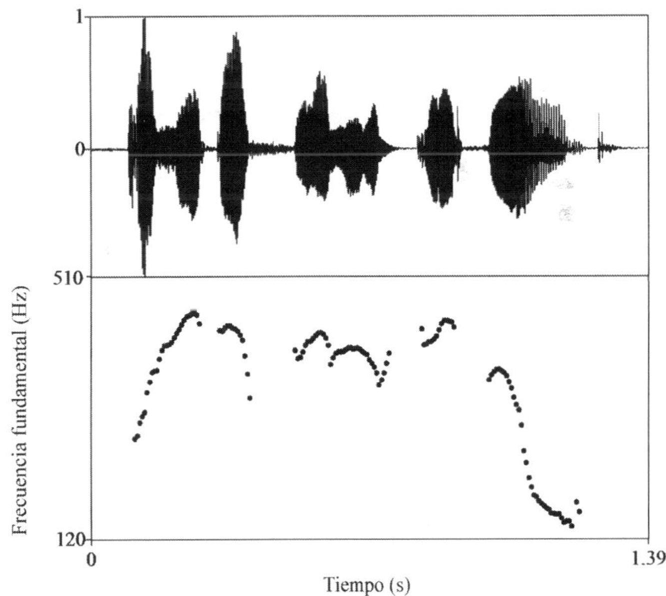

FIGURA 21. Curva melódica correspondiente a la pregunta pronominal exclamativa *¿Cómo te fue en el picnic?* emitida por una hablante de Pamplona (España).

Para concluir este apartado sobre la entonación de las modalidades oracionales cabe señalar que, desde un punto de vista tanto estructural como funcional, y tanto descriptivo como semántico, la diferencia más importante y más definitoria entre ellas reside, en definitiva, en el carácter ascendente o descendente del enunciado (o de parte de él). Los elementos más relevantes para diferenciar las modalidades oracionales resultan ser, pues, los tonemas finales ascendentes o descendentes.

29.3 La variación entonativa geográfica

En el apartado anterior ya se ha expuesto que la forma más productiva de describir y caracterizar la variación entonativa consiste en tomar en cuenta el parámetro de la dirección ascendente o descendente del tono final. A ello hay que añadir el modo en el que el tono asciende o desciende globalmente a lo largo del enunciado y en qué puntos precisos lo hace. El grado de ascenso o de descenso es, sin duda, también importante, puesto que fonéticamente están estipulados los niveles o registros hasta los que debe llegar el tono en términos relativos, dependiendo de la estructura tonal de los enunciados en cuestión, así como de acuerdo a su modalidad oracional y a su función discursiva. Esto último es lo que se denomina 'la implementación fonética'. Con respecto a las diferencias cuantitativas, en todo momento debe considerarse si son sistemáticas y regulares —y forman, por lo tanto, parte del sistema fonológico—, o si se trata de variaciones de las mismas unidades subyacentes, es decir, si se mantienen los mismos patrones básicos en la amplitud de los movimientos melódicos, con independencia de ciertos factores derivados de la emoción, el registro, la edad y el sexo del hablante.

Se ha dicho que las diferencias entonativas identificadas en los distintos países y en las diversas regiones de habla hispana pueden ser fonológicas —propias del sistema de la lengua—, fonéticas —o de implementación—, o distribucionales —en función del uso de cada patrón para una determinada finalidad—. Además de a la variabilidad relacionada con las consideraciones contextuales, discursivas y pragmáticas, la mayor riqueza de variantes tonales y melódicas responde a consideraciones diatópicas o geográficas. Por supuesto, el objetivo de este capítulo no es identificar y describir en detalle todas las variedades entonativas documentadas que se dan en la amplia extensión geográfica del español, sino que solamente se pretende mencionar e ilustrar algunas variantes consideradas típicas de ciertas variedades concretas.

Con relación a la descripción exhaustiva de los distintos dialectos o variedades entonativas del español, se cuenta con el ya mencionado volumen editado por Pilar Prieto Vives y Paolo Roseano (2010), en el que se describen en detalle y con precisión los dialectos más representativos por lo que hace a la entonación en varios tipos de enunciado. Por ello, en el presente capítulo únicamente se ilustrarán y esquematizarán las diferencias principales y más notorias en lo que se refiere a la melodía y, específicamente, a las melodías de los enunciados enunciativos e interrogativos.

29.3.1 ¿Existen áreas dialectales entonativas?

En la delimitación dialectal del español y, en particular, del español hispanoamericano, se han planteado desde el siglo xix diversas propuestas, que tratan de organizar en áreas dialectales las distintas variedades geolingüísticas de la lengua, recurriendo a distintas variables y con diferentes puntos de partida. Por lo que respecta a la variabilidad, el trabajo que más resonancia tuvo a principios del siglo xx fue la propuesta que Pedro Henríquez Ureña avanzó en 1921, «Observaciones sobre el español de América», en la cual se aludía a una serie de factores, tanto lingüísticos como extralingüísticos, que permiten demarcar las áreas dialectales en función de las afinidades entre los dialectos adyacentes. Para dividir el español americano en cinco zonas principales, Henríquez Ureña se basó en el contacto real o supuesto del español con una serie de lenguas indígenas «principales», lo que se ha considerado desde entonces un factor determinante de un buen número de fenómenos distintivos, entre ellos la entonación.

Así, en opinión de varios filólogos del siglo pasado como el mencionado Henríquez Ureña (1921) y Rosenblat ([1962] 1965), las lenguas indígenas habladas en determinadas comarcas habrían condicionado la entonación local del español americano, y, de hecho, se llegó a explicar la característica entonación de los peruanos y de los ecuatorianos por la influencia del quechua, la de los paraguayos por la del guaraní, y la de los hablantes mexicanos por la del náhuatl. Con relación a la entonación mexicana, explica Lope Blanch (1967) que, al menos en México, «se suele considerar unánimamente fenómeno de origen nahua la entonación de la frase» (160), pero muy lúcidamente también señala que «se trata siempre de opiniones impresionistas, nunca sustentadas por un estudio comparativo riguroso de las entonaciones indígenas y españolas» (161).

Sí es, por supuesto, un hecho que la entonación constituye, junto con el léxico y la fonética segmental, el rasgo que permite con mayor rapidez y facilidad la identificación inmediata de la procedencia geográfica de un hablante de español; la mención a los diferentes 'tonos de voz', 'tonadas' o 'melodías' de los distintos países es frecuente en las obras que abordan los problemas dialectales del español hispanoamericano. Zamora Munné y Guitart (1982), por ejemplo, observan que «dentro de cada país cada dialecto tiene su tonillo o melodía característica, hecho sobre el cual suelen comentar los mismos hablantes» (134). La forma corriente de referirse a las diferencias melódicas de las variedades regionales es aludiendo a la idea de 'canto', lo que demuestra que existen diferencias dialectales basadas en la entonación, que los hablantes son conscientes de tales diferencias, y que los rasgos entonativos que les permiten en general reconocer el tipo de dialecto geográfico al que pertenece su interlocutor son limitados y están circunscritos.

En este capítulo se propone, como ya se ha hecho en una oportunidad anterior (Sosa 2000), tomar como rasgo definitorio la forma del tonema de la entonación interrogativa absoluta como variable para distinguir entre dos grandes grupos de dialectos del español por lo que a la entonación se refiere: los de terminación ascendente (castellano, mexicano, peruano) y los de terminación descendente (caribeño, canario, cantábrico). En el § 29.2.2 ya se expuso la forma entonativa de los dos modos de preguntar cuando se espera una respuesta afirmativa o una negativa.

29.3.2 Variantes peninsulares

Ya se ha explicado que la mayor parte de las distintas configuraciones entonativas que se documentan en español son producto de consideraciones discursivas, de su función, del énfasis, de la exclamación, de la estructura informativa (focalización amplia o estrecha) y de la información nueva o de la compartida. En ese sentido, la variabilidad del español peninsular habría quedado ya más o menos expuesta, con la salvedad de la referida a las variantes regionales, algunas de las cuales vendrían dadas por el contacto con otras lenguas, como sucede en las zonas bilingües. Desde la perspectiva puramente fonológica, por otro lado, las diferencias entre dialectos no afectan al diseño estructural subyacente de los tonos de base que integran las diversas melodías.

Existen, sin embargo, excepciones que son harto conocidas, como la de la pregunta absoluta que, como ya se ha mencionado, tiene distintas forma y trayectoria en Canarias y en el noroeste de España si se compara con la de la mayoría de los restantes dialectos. Es la que muestra la terminación descendente desde un pico máximo, y en la que tanto la cima como el descenso se concentran en la última sílaba tónica y en las subsiguientes átonas, de haberlas. Con respecto a la forma de pregunta más frecuente en Gran Canaria, Quilis (1993, 469–71) señala que este tipo de configuraciones recuerda a la que se utiliza en el español de Madrid para las preguntas relativas, que aparecen con un amplio movimiento circunflejo del fundamental, si bien lingüísticamente se usan con valor de pregunta absoluta. Cabrera y Vizcaíno (2010) confirman la configuración circunfleja del tonema entonativo para las interrogativas absolutas que solicitan información directa, aunque señalan que no encuentran casos como los descritos por Quilis, para quien el ascenso-descenso también podría extenderse a lo largo de toda la pregunta.

Este tipo de contorno es el que se recoge en la Figura 22. En el contexto de un diálogo jocoso entre dos mujeres de Canarias, una de ellas habla de la falta de higiene y de los malos olores corporales, y la otra le pregunta, con cierta ironía, con relación a su salud, *¿Y te has notado algo raro?* El diseño de la entonación de todo el enunciado, y el del peculiar tonema que sube bastante antes de bajar casi hasta la base, es el mismo (obviando los detalles fonéticos) que se ha descrito para las preguntas relativas castellanas y para las absolutas caribeñas (Sosa 1999).

En el contorno mostrado en la Figura 22 el registro global de la pregunta es alto, y el tonema correspondiente a la última palabra acentuada *raro* —el núcleo entonativo— sube hasta más de 500 Hz, antes de bajar bastante con la sílaba postónica *ro*.

Como ya se ha dicho, este tonema circunflejo también se ha descrito como el no marcado para las preguntas absolutas en el noroeste de España, Asturias y Cantabria. En particular, en este último lugar, Cantabria, se da la interesante situación de que coexisten, según López Bobo y Cuevas (2010), los dos tipos de terminaciones: la descendente (que

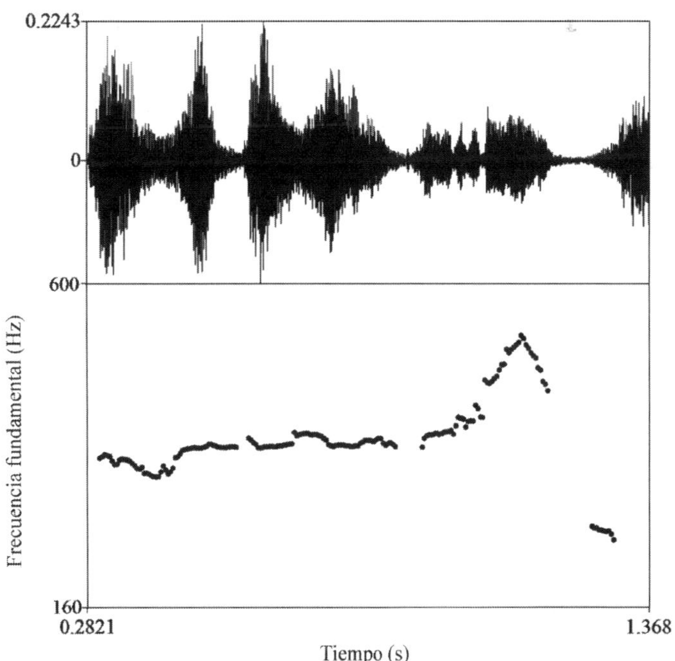

FIGURA 22. Curva melódica correspondiente al enunciado interrogativo absoluto con tonema circunflejo *¿Y te has notado algo raro?* emitido por una mujer de Canarias.

estos autores denominan «tradicional»), y la ascendente, idéntica a la castellana. La primera se daría principalmente en el oeste de la provincia, mientras que la segunda, más castellanizada, es más frecuente en el oriente de la misma y en zonas urbanas.

En el caso de Cantabria, podría tratarse de un conflicto entre dos normas, o de un cambio lingüístico en desarrollo, mediante el cual se va imponiendo gradualmente la variante mayoritaria en el resto de España sobre la tradicional descendente. Por lo que respecta a la melodía, los gráficos y las grabaciones correspondientes a la versión descendente que se han analizado en esta variedad de español (Sosa 1999) ponen de manifiesto que la trayectoria tonal circunfleja del tonema parece idéntica a la de los tonemas de Canarias y del Caribe, descendente tras una cima tonal, con la última palabra acentuada.

29.3.3 Variantes hispanoamericanas

Un dialecto muy particular del español hispanoamericano es, sin duda, el mexicano, en concreto el 'chilango', variedad hablada en la Ciudad de México. Es una de las variantes que se ha descrito como «cantada» y de «tono agudo», en la que el grupo fónico [→ § 1.6.8] se realiza como una especie de «canto», con su «curiosa» cadencia final, según señala Matluck (1952), atribuyéndole esta distintiva línea tonal al movimiento propio del náhuatl. El trabajo de Henríquez Ureña (1921) parece ser el origen de tal asociación, al dar por sentada la supuesta identidad náhuatl del habla popular del centro de México y de su «curiosa» cadencia final.

El autor del presente capítulo interpreta que esa «curiosa» cadencia final del dialecto de la Ciudad de México no es otra que la terminación circunfleja de los enunciados declarativos descritos por Quilis (1993) y por Sosa (1999) entre otros investigadores y, especialmente y en profundidad, por Martín Butragueño (2004). En realidad, este patrón circunflejo consta de una variedad de contornos finales caracterizados por un tono ascendente que coincide con la sílaba acentuada nuclear, seguido de un descenso marcado en su culminación. Sosa (1999, 189) ya había señalado que en el español de México esta configuración puede asociarse a afirmaciones sin foco estrecho o sin un destaque particular y, claro está, no es la única manera de expresar las declarativas neutras en este dialecto, puesto que la terminación descendente (sin la subida antes del descenso) está ampliamente documentada.

En la Figura 23 se presenta un ejemplo de un enunciado declarativo que ilustra el tonema circunflejo al que se hacía referencia, pronunciado por un joven de la Ciudad de México que describe su vivienda y precisa que *Se puede decir que no es muy lujosa pero tampoco muy humilde*. Este enunciado es el normal, neutro o no marcado en este dialecto para las declarativas, lo que contrasta con otras variedades del español en las que este tipo de tonema ascendente-descendente se utiliza principalmente en los contextos exclamativos o enfáticos. El aparente refuerzo insistente de las palabras al final de las frases en contextos no necesariamente enfáticos constituye uno de los rasgos que más sorprenden a los hablantes de otras comarcas al visitar la Ciudad de México. Tal apreciación coincide con la conclusión de Quilis (1993), quien señala que el enunciado declarativo con sentido completo de México presenta un movimiento circunflejo del fundamental en la parte final del enunciado, evidentemente descendente (456).

La máxima altura tonal del enunciado que se muestra en la Figura 23 se localiza en el primer pico tonal, tal como se ha descrito para la generalidad de las oraciones declarativas en español, y desde allí desciende gradualmente, con picos y valles alternados, hasta la base del registro del hablante. Lo peculiar («lo curioso») es únicamente el tonema final con su terminación circunfleja, que es lo que confiere a estas declarativas ese 'sabor mexicano' que para hablantes de otros dialectos puede sonar extraño, porfiado y cantadito.

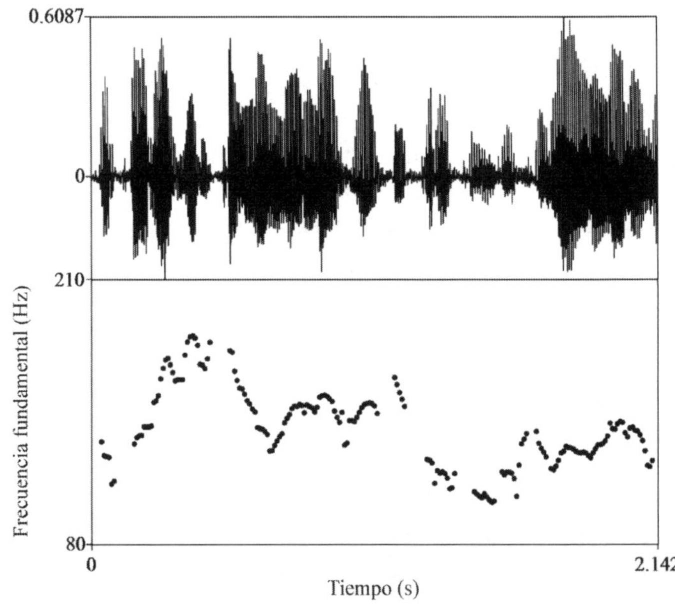

FIGURA 23. Curva melódica correspondiente al enunciado declarativo con tonema circunflejo *Se puede decir que no es muy lujosa pero tampoco muy humilde* emitido por un hablante de Ciudad de México.

Incluso en el mismo México, según Lipski ([1994] 1996), «muchos mexicanos encuentran afectada y petulante la melodiosa entonación de Ciudad de México, por mucho que se esfuercen en imitarla tras una breve visita a la capital» (158). Es evidente, sin embargo, que debe precisarse el tipo de «entonación melodiosa» al que se esté haciendo referencia, puesto que existen variedades marcadas precisamente por su afectación y petulancia, como los llamados estilos 'fresa' urbanos de la capital, que se presentarán en el § 29.4.3.

Cabe a estas alturas preguntarse si, dada la gran variedad y riqueza de contornos con sentidos divergentes existente, ciertos usos de la entonación pueden causar en oyentes de otra variedad dialectal confusiones y malas interpretaciones con respecto a la intención de los enunciados y a la actitud del hablante. La respuesta es afirmativa: en algunos casos se pueden tomar preguntas normales como exclamaciones o malinterpretar ruegos como mandatos, y es frecuente que algunos contornos perfectamente normales y corteses en un dialecto suenen rudos, agresivos y hasta ofensivos en otro. Ciertos contornos descendentes del español porteño (Buenos Aires y Montevideo), por ejemplo, con sus amplios descensos tonales y su incrementada duración de las vocales en las sílabas nucleares, si bien pueden corresponder a curvas melódicas normales no marcadas en estos dialectos, pueden sonar para los oídos de otros hablantes de español como implicando algo así como *¡Claro tonto!*, lo cual hace que se pueda interpretar al hablante porteño como pretencioso, pedante o arrogante, sin que sea esta necesariamente su intención o su actitud.

Con respecto a este problema, Zamora Munné y Guitart (1982, 134) señalan que, a pesar de la gran variabilidad de la entonación del español de América, las diferencias no son fonológicas sino fonéticas, porque, según estos autores, en ninguna parte del ámbito hispanoamericano los oyentes confundirían afirmaciones con preguntas o mandatos si escucharan a un hablante proveniente de otra área dialectal. Si bien es cierto que rara vez se producen tales confusiones, en realidad sí ocurren, como lo atestigua la expresión que el autor ha escuchado en más de una oportunidad en distintas situaciones: *¿Me lo estás diciendo o me lo estás preguntando?* Lo que quizá sucede aquí es que ciertos patrones que tienen un uso y un sentido en una variedad determinada pueden significar otra cosa o emplearse con otra función o intención en otros dialectos. Tal como, una vez más, señala Quilis (1993, 471), un patrón que se utiliza con una función puramente lingüística en unos dialectos pasa a desempeñar una función meramente expresiva en otros.

Una interesante variante, característicamente ascendente, de los enunciados declarativos es la que se usa en la República Dominicana. Aunque en Sosa (1999, 238–40) se había descrito como propia de la entonación marcada y categórica en este dialecto, Willis (2010) explica que este tipo de contorno parece emplearse igualmente, y con mucha frecuencia, en las declarativas neutras de foco amplio, y no únicamente en la entonación expresiva. De hecho, afirma este autor que, al menos en la muestra de enunciados declarativos en habla de laboratorio que analizó, la práctica totalidad de los finales registrados fueron ascendentes en el español de Santiago de los Caballeros.

En la Figura 24 se muestra un ejemplo del tonema ascendente dominicano; el hablante, precisamente de Santiago de los Caballeros, opina sobre el último disco del cantante Juan Luis Guerra.

Puede apreciarse en la Figura 24 que el tono sube al principio, en *Yo digo,* sigue elevándose (por efecto de una subida tonal localizada) en la palabra *muy,* que está focalizada, desciende luego hasta la base del registro del hablante, para posteriormente ascender de nuevo a partir de la sílaba tónica de la última palabra, *bonito.* El pico más alto alcanza los 300 Hz, el descenso siguiente cae hasta cerca de los 80 Hz, una octava, para ascender después considerablemente, hasta los 200 Hz. Se trata de un contorno que, como se puede apreciar, manifiesta un amplio movimiento tonal.

Como ya se mencionó, en un trabajo anterior (Sosa 1999) se habían identificado estos contornos ascendentes dominicanos como propios y privativos del habla enfática y categórica, cuando su radio de

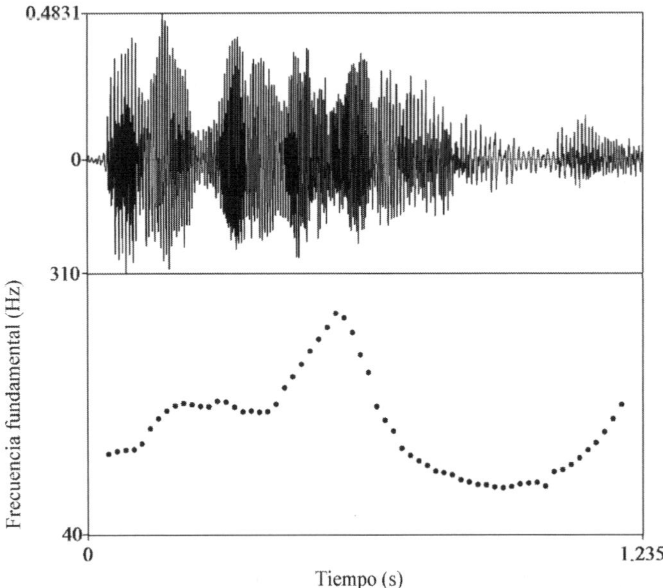

FIGURA 24. Curva melódica correspondiente al enunciado declarativo ascendente *¡Yo digo que es muy bonito!* emitido por un hablante dominicano.

acción parece incluir, como lo señalaba Willis (2010), tanto las declarativas neutras de foco amplio como las de foco estrecho y, previsiblemente, las exclamativas. Sosa es hablante de un dialecto caribeño y de niño vivió durante cuatro años en la República Dominicana, pero al interpretar el sentido del contorno ascendente dominicano como primariamente categórico (tanto durante las entrevistas como en su posterior análisis) pudo estar influido por su competencia como hablante de otro dialecto, aunque muy próximo (el caraqueño). El español dominicano emplea contornos ascendentes en las declarativas, pero también descendentes; sus formas interrogativas para las preguntas absolutas son primordialmente descendentes (circunflejas), aunque es posible encontrarlas también con tonemas ascendentes. A pesar de ello, como se señalaba en Sosa (1999, 240), los dominicanos jamás confunden un enunciado declarativo con tonema ascendente con una pregunta. Esto muestra cuánto resta por hacer en el estudio de la variabilidad interna de numerosos dialectos concretos, en el análisis de la función discursiva de los distintos contornos en su contexto para cada dialecto, y en el examen de cómo se distribuyen estos contornos de acuerdo con su sentido y a su uso entre todos los dialectos en general.

Como ya ha quedado dicho, el diseño tonemático de los enunciados interrogativos absolutos —es decir, de las preguntas que se contestan con un sí o un no— posiblemente sea el que mejor se presta para dividir los dialectos del español en dos grupos o zonas. Por un lado, los de tonemas descendentes, como los del Caribe, de Canarias y del noroeste de España; por otro, los demás dialectos, cuyas terminaciones en las preguntas absolutas son ascendentes, canónicas, y suben desde un punto bajo correspondiente a la sílaba tónica nuclear. Sin embargo, el panorama dialectal no es tan simple, puesto que no todos los dialectos y variedades del español caribeño emplean categóricamente el tonema circunflejo alto para la interrogación absoluta, y porque también en otros ámbitos de habla hispana, como en Argentina, la forma normal que adoptan dichas preguntas es igualmente descendente, si bien con un diseño particular que la distingue de la que ya se ha descrito como circunfleja. En lo que respecta a la entonación, sin embargo, diferenciar los dialectos en función de sus tipos de terminaciones sigue siendo un procedimiento con un rendimiento metodológico válido desde un punto de vista práctico.

Volviendo a las interrogativas absolutas del Caribe, en la Figura 25 se presenta un contorno descendente, que termina en palabra acentuada monosílaba, y en el cual todo el descenso a partir del pico interrogativo se produce en dicha sílaba. El informante es un pescador de la Isla de Margarita (Venezuela), de 52 años y de registro tonal bastante alto.

La entrevista a este hablante, pescador artesanal, la realizó el autor en condiciones ideales para obtener los enunciados más auténticos y espontáneos, distintas a las de laboratorio: tomando cerveza un sábado en una playa de Pampatar, al este de la isla. El dialecto particular de Margarita es muy distintivo y 'cantadito' y, además, produce en los hablantes de otras partes la impresión subjetiva de una velocidad de elocución más 'rapidita' y de un volumen de voz 'subido'.

En la curva melódica de la Figura 25 se puede apreciar la altura elevada de todo el enunciado y el amplio movimiento tonal, cuyo descenso final se efectúa enteramente en la palabra *bien*. Una vez más, cabe señalar que se trata de la forma más neutra y corriente de la pregunta absoluta en caribeño.

La entonación de las preguntas absolutas ·en el español porteño, de Buenos Aires, también muestra un esquema con cadencia, pero con una trayectoria tonal antes del tonema descendente, distinta a aquella ilustrada anteriormente, que mantiene una meseta tonal alta antes del movimiento circunflejo tonal: en la interrogación porteña se manifiesta un descenso antes del último pico que precede a la bajada final. Se opone así este patrón al tipo de pregunta ascendente del español castellano, y se distingue igualmente del caribeño y del canario. En anteriores estudios, Sosa (1999, 2000) había descrito la pregunta absoluta bonaerense como preferentemente ascendente, con la sílaba acentuada final alta, con un acento tonal H* (y no baja con un acento L*, como en otras variedades), pero los datos recogidos apuntan a que la

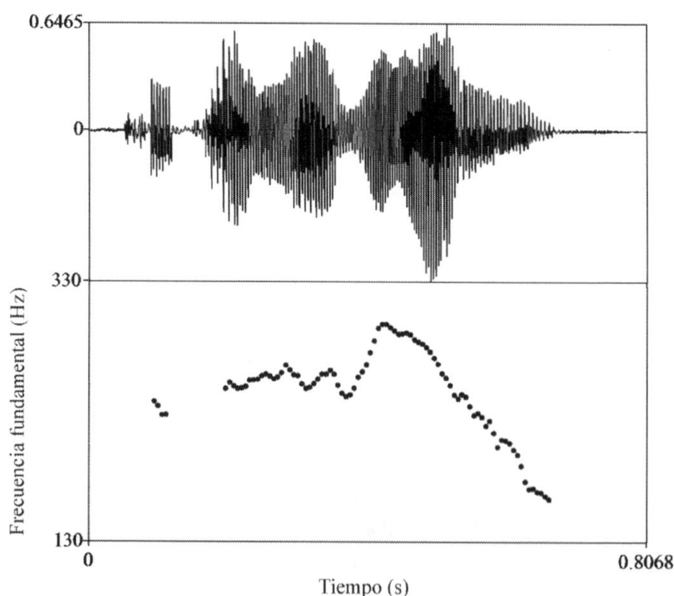

FIGURA 25. Curva melódica correspondiente al enunciado interrogativo absoluto descendente ¿*Estamos bien?* emitido por un hablante de la Isla de Margarita (Venezuela).

pregunta de foco amplio en la que se solicita información es regularmente descendente después de esa cima tonal alta asociada al tono H*. Es interesante cómo reciben e interpretan este tipo de contorno interrogativo no marcado en porteño los hablantes de otras variedades, a quienes este esquema les suena, más que como una pregunta que busca una respuesta de sí o no, casi como un reclamo, o como una pregunta con un cierto deje de impaciencia. Se trata, en opinión del autor, de otro caso más de un esquema marcado en algunos dialectos que se usa como canónico y neutro en otros, con las posibles implicaciones que este hecho conlleva en la comunicación interdialectal.

En la Figura 26 se muestra un enunciado interrogativo absoluto de Buenos Aires en el que se manifiesta claramente el descenso final, tras un ascenso desde un tono bajo. Se trata del enunciado *¿La punta de los pelos negros?*, y el contexto es el siguiente: en una discusión sobre perros, el hablante masculino pregunta a la oyente si, como él cree, cierta raza canina de color rojizo existente en Argentina se caracteriza, además de por ser de ese color, por tener la punta de los pelos negra.

En la pregunta que se muestra en la Figura 26, el primer pico corresponde a la sílaba tónica de la palabra *punta,* y va seguido por un descenso pronunciado en las sílabas inacentuadas siguientes; luego viene la palabra *pelos,* emitida en un tono bajo y, durante la última palabra del enunciado, *negros,* tienen lugar íntegramente la importante subida al punto más alto del enunciado, situado a más de 300 Hz, y el posterior descenso, en un amplio movimiento tonal de poco más de una octava. Se puede apreciar la forma ascendente-descendente del tonema final, que, para los hablantes que no son argentinos, puede sonar casi exclamativo o incrédulo debido a su altura tonal y a su trayectoria.

Finalmente, se consideran aquí dos tipos de pregunta pronominal característicos del español de Puerto Rico: la primera, la no marcada, definida por un descenso brusco que llega a su punto más bajo con la sílaba nuclear; la segunda, otro tipo de pregunta pronominal, la expresiva o emocional, como la califica Quilis (1993), quien precisamente recalcaba la coincidencia de la afirmación enfática con la pregunta pronominal enfática. Esta última se produce en la isla con una caída tonal final que no se corresponde con la sílaba acentuada, sino con el principio de la inacentuada siguiente.

En la Figura 27 se presenta este diseño típico de las preguntas pronominales puertorriqueñas mediante un enunciado producido por una hablante de 30 años, originaria de San Juan. Se trata del conocido ejemplo *¿Cómo cocinastes [sic] el pollo?* Se puede apreciar que la configuración se corresponde con la normalmente descrita para este tipo de enunciado en el español general, con el primer pico coincidente con la palabra interrogativa *Cómo,* con un ascenso desde su primera sílaba acentuada que culmina con la segunda inacentuada. No se observa el descenso gradual hasta el final normalmente descrito para estas preguntas, sino que se produce, por

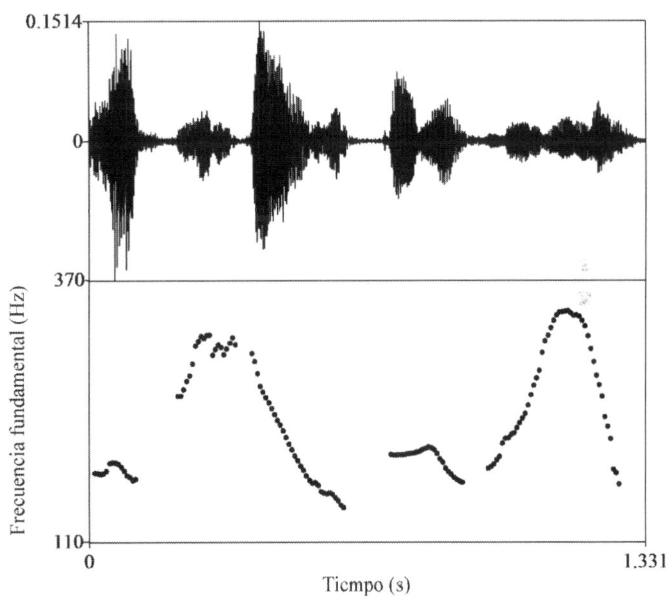

FIGURA 26. Curva melódica correspondiente a la pregunta absoluta neutra *¿La punta de los pelos negros?* emitida por un hablante argentino.

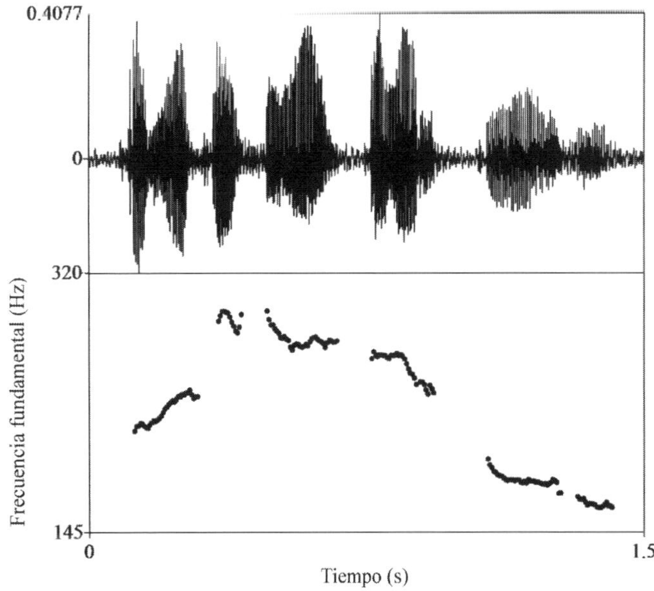

FIGURA 27. Curva melódica correspondiente a la pregunta pronominal inclinada descendente *¿Cómo cocinastes el pollo?* emitida por una hablante puertorriqueña.

el contrario, un brusco descenso en la sílaba nuclear, que continúa luego hacia el registro más bajo; la caída tonal se concentra principalmente en la última sílaba acentuada de la última palabra, *pollo*.

En el contorno mostrado en la Figura 27, después del pico alcanzado en la palabra interrogativa *Cómo*, el tono se mantiene alto en una especie de meseta tonal hasta el importante descenso tonemático, en este caso de unos 100 Hz —seis semitonos, o media octava—, que se produce enteramente sobre la sílaba nuclear *po* de *pollo*. La cadencia concentrada en la sílaba nuclear distingue la pregunta pronominal, no marcada en este dialecto, de la del castellano y también de la de otros dialectos cercanos, como el venezolano, en los cuales el descenso tiende a ser gradual a lo largo del grupo melódico.

El otro contorno típicamente puertorriqueño se manifiesta en enunciados marcados, tanto declarativos como interrogativos pronominales, y consiste en una subida en la última sílaba tónica seguida de un descenso que, sin embargo, no se produce sino en la sílaba inacentuada siguiente (en las palabras de acen-

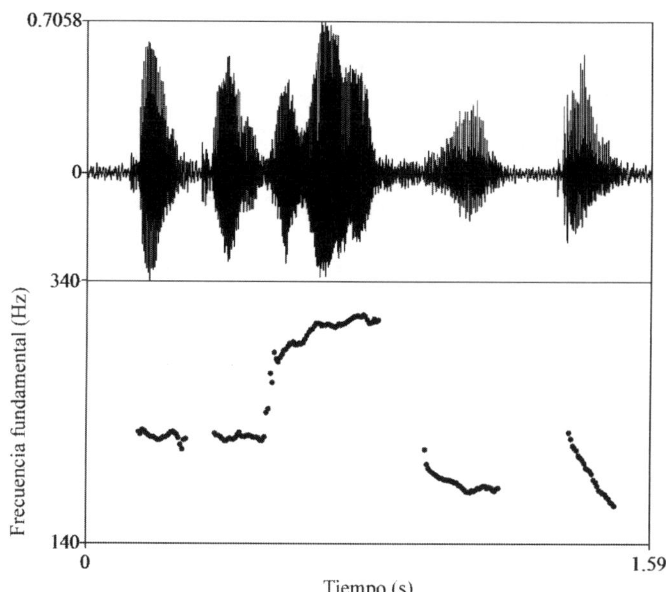

FIGURA 28. Curva melódica correspondiente a la pregunta pronominal con inclinación descendente exclamativa *¿Con quién llegó a la fiesta?* emitida por una hablante puertorriqueña.

tuación grave). En este tipo de enunciado ascendente-descendente, el centro de atención es la última palabra y el movimiento se reparte entre las sílabas acentuada e inacentuada finales, alta o ascendente la primera, descendente hasta la base la segunda. El contorno que se presenta para ilustrar este tonema en la Figura 28, *¿Con quién llegó a la fiesta?*, funciona como una exclamación admirativa más que como una pregunta destinada a obtener información.

Este tipo de tonema enfático con descenso tardío, tan característico de Puerto Rico, se hace patente principalmente en la conversación emotiva, por ejemplo, cuando se expresa incredulidad. Por esta razón, el contorno resultante se considera una forma marcada y, por ende, pragmáticamente distinto a los contornos de las preguntas pronominales más neutras puertorriqueñas.

Para terminar esta breve relación de la variabilidad entonativa geográfica, se invita al lector a consultar dos valiosos recursos accesibles por internet, en los cuales se pueden escuchar numerosas muestras del español de España y de Hispanoamérica: el *Atlas interactivo de la entonación del español*, de la Universitat Pompeu Fabra (Prieto Vives y Roseano 2009–2013); y el *Catálogo de voces hispánicas* del Centro Virtual Cervantes (Instituto Cervantes), que incluye grabaciones y videos, además de descripciones de las distintas variantes del español en el mundo (Moreno Fernández 2010).

29.4 Entonación y estratificación social

A pesar de su amplia gama de variabilidad, buena parte de la cual ya se ha ilustrado en los apartados anteriores, la entonación no funciona realmente en su dimensión fonológica como una variable sociolingüística. Es decir, no se ha comprobado en ninguna comunidad hispanohablante que el uso de determinados tipos de tonemas finales o de diseños entonativos globales constituya una variable o un marcador sociolingüístico. No se tiene, pues, noticia de la existencia de patrones regulares que sean sistemáticamente más abundantes, o incluso exclusivos, en algún dialecto social en el sentido diastrático clásico. Tampoco se han podido encontrar, como ya se ha mencionado, diseños de la frase que en su estructura subyacente difieran sistemáticamente entre distintos grupos de edad o entre mujeres y hombres.

Aunque se han documentado abundantemente ciertos rasgos segmentales —como las distintas pronunciaciones de la /s/ (véase el capítulo 16) y de otras consonantes implosivas en final de sílaba o de palabra— que actúan como variables sociolingüísticas, no sucede lo mismo, cuantitativamente hablando, en el caso de la entonación. Así, por lo que se sabe en la actualidad, no se puede afirmar que en ningún lugar del ámbito hispanohablante determinados rasgos entonativos se consideren, como tales, 'correctos' y otros sean tenidos por 'incorrectos'. No significa esto, por supuesto, que no se produzcan giros entonativos que puedan valorarse como inadecuados o inapropiados en contextos específicos, por ser característicos de la entonación expresiva, ritualizada o estereotipada. Sin embargo, desde la perspectiva sociolingüística cuantitativa y variacionista, no se puede sostener que existan variables, dentro del repertorio de los tonos, que distingan cuantitativa o cualitativamente a los dialectos sociales.

La entonación, como se ha visto, está muy próxima a los significados, y el tipo de patrón entonativo empleado es decisivo e indispensable para la comunicación y para la expresión de las actitudes y de los estados de ánimo. Las comunidades hispanohablantes adquieren sus giros y sus melodías particulares, pero, en general, todos los hablantes tienen la capacidad de expresar sus significados, sus sentimientos y sus emociones de manera efectiva con el mismo repertorio de patrones entonativos de la lengua, aunque no utilizando necesariamente los mismos recursos melódicos o las mismas estructuras tonales. Pueden transmitirse muchos matices de significado manipulando la frecuencia fundamental (acompañada por otros rasgos, como las variaciones en la cualidad de voz [→ § 1.5.6], en la intensidad y en la duración), pero, posiblemente desde el punto de vista sociolingüístico, los factores más importantes sean el campo tonal y la altura alcanzada durante la parte más alta del enunciado, es decir, el fenómeno de la ampliación del campo tonal, el desplazamiento melódico cuantitativo, que se asocia con la expresividad [→ § 27.6].

29.4.1 Variantes marcadas y entonación expresiva

Existen determinadas curvas melódicas marcadas que se manifiestan únicamente en algunos registros o en situaciones en las que el uso de expresiones enfáticas o exclamativas es de rigor. Ya se ha explicado que algunos diseños de oraciones, tanto declarativas como interrogativas, se emplean preferentemente cuando el contexto exige la implicación del hablante en la situación, con los consiguientes incrementos de volumen, de velocidad de elocución, de registro y de campo tonal. La denominada 'entonación emocional', distinta de la lógica, entra en juego y forma parte del mensaje; cuando se trata de mantener la atención del interlocutor o de la audiencia, se apela a estos recursos relacionados con el aspecto suprasegmental, prosódico, del lenguaje.

En relación con el habla expresiva, es muy característico y llamativo el estilo apasionado y marcado emotivamente de la narración de los partidos de fútbol, especialmente cuando se producen jugadas de peligro (con posibilidad de gol) cerca de la portería de uno de los dos equipos. Cuando esto ocurre, la voz de los narradores puede llegar a niveles de paroxismo y, si se marca un tanto, el grito de *¡Gol!* puede subir a niveles muy altos en tono y en volumen, y prolongarse durante varios segundos, reflejando una extrema exaltación de afectos y pasiones.

Como ilustración, en la Figura 29 se muestra un ejemplo, que será fácil recordar, con una duración de cerca de 15 segundos. Se trata de la descripción de la jugada que culminó con una anotación para el equipo nacional de España en la Eurocopa de fútbol de 2009. Llama la atención el cambio de registro que se produce en el conjunto del fragmento recogido, compuesto por varias frases individuales cortas: primero sube, luego se queda alto, para, finalmente, descender a un nivel bajo.

Nótese cómo la voz sube progresivamente de registro mientras se juega la pelota cerca de la meta contraria, cómo se mantiene luego por varios segundos la palabra *gol*, y el descenso declarativo prolongado en la información de que fue el jugador Torres quien marcó. A continuación se repite el grito *gol* 12 veces, y culmina todo ello con un descenso largo y profundo, de casi una octava, en el sintagma *de España*, con una duración exagerada de la sílaba inacentuada final.

Pueden encontrarse muchos ejemplos de narraciones famosas de goles importantes. En la narración deportiva existen, en los distintos países y en las diferentes lenguas, patrones generales, fórmulas frecuentes y clichés, relacionados con los desenlaces.

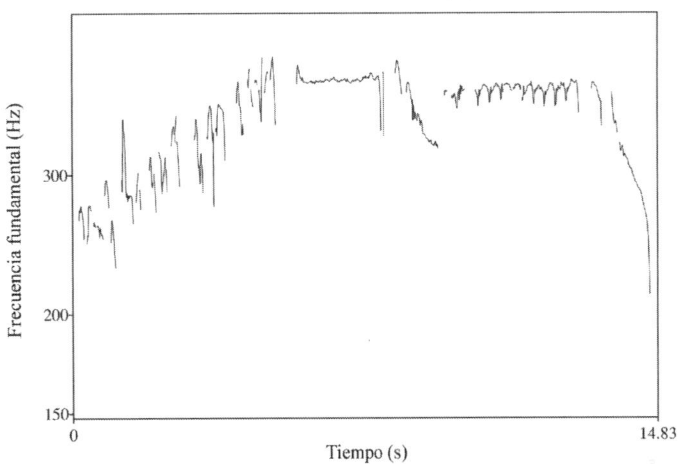

FIGURA 29. Curva melódica correspondiente a la narración de un gol de la selección española de fútbol: … *Jugó la pelota para Villa, Villa la pone para Silva, ¡Pégale Silva! Silva centraaa. Se la toca a To … ¡Gol! ¡Gooollllllllllll, de Torreees! ¡Gol gol gol gol gol gol gol gol gol go gol gol, de Españaaa!*

Ciertamente, con los abundantes ejemplos de los que se dispone, se podría afirmar que los comentaristas españoles e iberoamericanos que retransmiten partidos de fútbol son muchísimo más apasionados, melodramáticos y, literalmente, gritones que sus homólogos franceses, ingleses o alemanes.

29.4.2 La entonación y los grupos sociales

Normalmente, en la diferenciación sociolingüística, la variación es concomitante con la evaluación. Esto es, si dos o más formas compiten o coexisten, se puede llegar a considerar, tarde o temprano, que una forma es mejor o más correcta que la otra o las otras, por razones ajenas al sistema lingüístico *per se*. Ello puede desembocar en el abandono de una de las formas en beneficio de la rival, y constituye uno de los factores que impulsan el cambio lingüístico. Por lo que respecta a la entonación, las diferencias de entonación y de manejo de la frecuencia fundamental apuntan, dentro de la amplia comunidad de habla española, más a lo espacial y geográfico que a lo social y diastrático. No obstante, es un hecho que en nuestras sociedades existen estilos, registros, los llamados 'engolamientos de voz' (el hablar excesivamente grave o enfático), que responden a consideraciones de estructuración social, de estatus y de género. El prestigio relativo de ciertas variantes lingüísticas y de sus entonaciones generalmente se relaciona con la actitud que se tenga respecto a los orígenes de los hablantes con los que se las asocia.

El prestigio de determinados registros y el desprestigio de lo que subjetivamente se califica como 'tonos desagradables de voz', especialmente de las llamadas 'voces chillonas', viene al caso. Existe en español una preferencia histórica por los tipos de habla 'sobrios' en detrimento de los atiplados y cantarines. En ese sentido, Henríquez Ureña (1940) distingue los países o ciudades donde «predomina el tono agudo», de otros donde «es más general la entonación grave». En general, esas hablas muy agudas y de variados giros se consideran poco elegantes, especialmente en los hombres, y resulta preferible el mencionado tono 'sobrio', lo que da origen a los juicios de valor. De nuevo, sin embargo, no se trata de diferenciaciones en el nivel fonológico o subyacente, sino en el superficial, en sentido lingüístico, es decir, diferencias en el plano fonético y de producción, e incluso en el nivel idiosincrático e idiolectal. Aun así, no queda claro, en términos inequívocamente entonativos y cuantitativos, qué se entiende exactamente por 'sobrio' o por 'atiplado'. Puede ser que los hablantes de ciertos dialectos geográficos o sociales usen un mayor porcentaje de acentos tonales altos o ascendentes del tipo H* en contextos en los que otros hablantes emplearían acentos bajos del tipo L*, lo que justificaría una cierta percepción subjetiva de que existen dialectos de tono 'agudo' y otros de tono 'grave'. Cabe pensar que ciertos grupos dentro del tejido social llegan a percatarse del uso frecuente y reiterado de ciertas inflexiones finales ascendentes (que, normalmente, marcan continuidad o interrogación) que realizan determinados hablantes en contextos correspondientes a enunciados declarativos.

Volviendo a la entonación circunfleja mexicana, en este caso parece ponerse de manifiesto, en la Ciudad de México, una distinción en el sentido vertical diastrático, relacionada con las terminaciones de los contornos declarativos. Martín Butragueño (2004) concluye que se trata de un rasgo sujeto a variabilidad sociolingüística, y señala que en la capital de México se dan diferencias en el uso de los patrones entonativos, según los datos obtenidos de hombres y de mujeres de distintas edades y de diversos perfiles sociolingüísticos. Ello apunta quizá a un posible cambio diacrónico en curso, relacionado con el tipo de movimiento de los tonos finales.

En particular, las terminaciones circunflejas parecen relevantes pragmática y sociolingüísticamente, teniendo en cuenta que no presentan un único diseño, sino que pueden darse varios tipos, correlacionados con efectos tales como la focalización, el estatus informativo y el grado de implicación del hablante en la situación. Por esta razón, en opinión del autor del presente capítulo, los contornos declarativos circunflejos deben entenderse como el resultado de una serie de factores parcialmente interpretables en términos del variacionismo sociolingüístico.

Estos diversos tipos de tonemas circunflejos coexisten con las terminaciones descendentes normales (L* L%), menos frecuentes, pero los que parecen tener mayores connotaciones sociolingüísticas son, por un lado, el tonema de movimiento amplio, que sube hasta un tono alto por efecto del escalonamiento ascendente, desciende levemente y vuelve a subir al final (L+¡H* LH% en la notación métrica-autosegmental) [→ § 1.21.13, § 28.2.3], y, por otro lado, el tonema que también sube, aunque a una escala menor, y luego baja, sin ulteriores movimientos en la frontera del dominio (transcrito como L+H* L%). La primera configuración circunfleja, la más amplia, parece ser menos frecuente en las mujeres, en hablantes de mayor estatus socioeconómico y en situaciones de mayor formalidad; en estos últimos casos, la forma preferida tiende a ser el tonema menos complejo, el de menor excursión tonal (L+H* L%). Es interesante señalar que el contorno de menor prestigio aparente es, precisamente, el de mayor movimiento y el de mayor complejidad tonal. Sin duda, se trata de un efecto de la identificación de los mayores desplazamientos de la frecuencia tonal con la emotividad y la exclamación, lo que en contextos formales podría equivaler a 'subir la voz', algo posiblemente considerado descortés.

Otro ejemplo de posible variabilidad de origen sociolingüístico, en lo que se refiere a tonemas específicos vinculados con la función expresiva y con la diferencia entre los sexos, se da en el maracucho, el dialecto hablado en Maracaibo, la segunda ciudad de Venezuela. Como señala Chela Flores (1994), los hablantes de esta ciudad se distinguen inmediatamente de los del resto del país y de los del Caribe, sobre todo por los rasgos prosódicos en su habla. Aunque la mayoría de los enunciados declarativos del maracucho responden a la norma entonativa del patrón general del español, existen otras configuraciones que divergen tanto en el cuerpo del grupo melódico como en la última sílaba tónica. La variante marcada a la que aquí se alude es una entonación declarativa que se manifiesta por un movimiento de ascenso-descenso muy prolongado en su parte final, acompañado por un aumento concomitante de la duración del segmento vocálico de la sílaba tónica.

En la Figura 30 se muestra un enunciado producido por una maracucha de clase media, de 40 años, *¡Como vos queráis!* (con voseo), en el que se expresa una cierta impaciencia, como si se tratara de terminar una conversación incómoda. Pueden observarse claramente la larga duración de la vocal tonemática y el amplio campo tonal recorrido durante la misma.

En la curva recogida en la Figura 30, el diptongo nuclear *ái* de la palabra *queráis* presenta una duración equivalente a la de casi la mitad de todo el enunciado, lo cual acentúa el carácter circunflejo y amplio del tonema. Como se ha venido explicando, estas son configuraciones marcadas y emotivas, divergentes, y, por ende, mucho menos frecuentes que las no marcadas. Chela Flores (1994) concluye que su frecuencia de uso es diversa en los distintos grupos de la sociedad maracucha, puesto que los hombres del grupo generacional más joven las utilizan bastante más que los demás, pero sin que las diferencias entre los niveles socioeconómicos

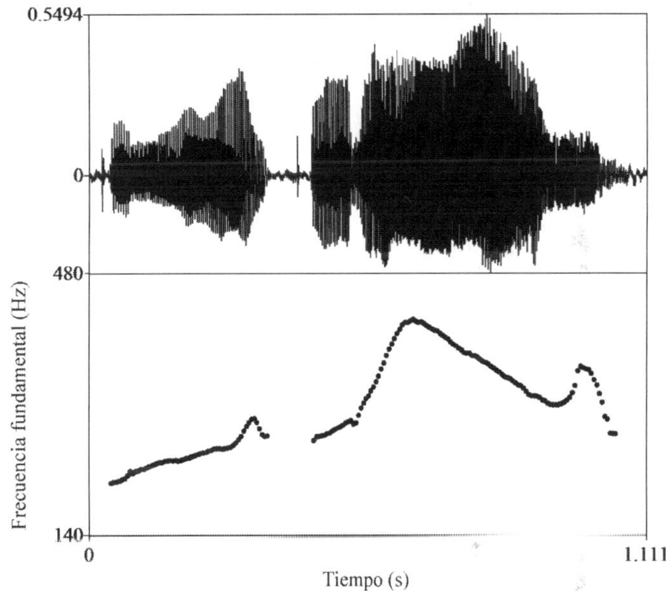

FIGURA 30. Curva melódica correspondiente al enunciado *¡Como vos queráis!* emitido por una hablante femenina de Maracaibo (Venezuela).

sean significativas. También son más frecuentes en aquellas partes del discurso en las que no se produce una secuencia organizada, al contrario de lo que ocurre, por ejemplo, en la narración de un evento o en la explicación de un proceso. Se trataría, pues, de una variante regida por el estilo, el contexto, el sexo y la generación de los hablantes.

29.4.3 Los estereotipos entonativos

Existen modos de hablar sociolingüísticamente asociados con ciertos grupos sociales de jóvenes adultos urbanos, generalmente de clase media o alta, que se distinguen por su interés y su deseo de diferenciarse, de buscar la elegancia en el vestir, en el comportamiento, en la expresión, en el lenguaje y en la dicción, lo que puede derivar en afectación y caricatura. Esos grupos sociales tienen correlatos más o menos equivalentes en las principales ciudades del mundo hispánico, y se ubican sociolingüísticamente, de acuerdo con sus ingresos, vivienda, edad, género y ocupación de los padres, en los niveles altos. Las coincidencias en el ámbito de la conducta y en la esfera lingüística y prosódica de los miembros de estos grupos de élite en los distintos países es notable: se caracterizan por varios usos y giros, por su léxico y sus expresiones que se utilizan como marca de pertenencia. Son los llamados 'pijos' en España, 'cuicos' en Chile, chicos 'fresa' en México, 'pitucos' en Perú, 'conchetos' en Argentina y 'sifrinos' en Venezuela.

Aunque no hay que olvidar que se trata de estereotipos, estos grupos se han definido por su comportamiento frívolo y superficial, por la ostentación de sus posesiones, por actuar o presentarse como se supone que lo debe hacer una persona de clase social pudiente y por moverse en grupos exclusivos. En el plano lingüístico, de acuerdo con las caracterizaciones informales que se han recogido sobre todo en la prensa y otros medios de comunicación, se destaca el uso de muletillas como *o sea, sabes, ¿viste?*, pero, en particular, se destaca la cuidadosa y exagerada articulación y el uso de ciertos rasgos prosódicos (velocidad de habla, volumen de voz), así como de una entonación con giros amplios y expresivos.

Así, el pijo o la pija españoles «hablan con acento pijo, super bien y con afectación»; en Chile, el cuico o la cuica «suelen hablar como si tuviera [*sic*] una papa en la boca y tienden a ser bastante amanerados»; los fresas y las fresas de México «suenan como que tienen una fresa en la boca y no la quieren mascar y quieren hablar al mismo tiempo, o sea bien fresa»; en Perú, el pituco «habla fuerte y estirando las sílabas: «Oyeee … , qué te pasaaaa»; en Argentina, el concheto pone de manifiesto su ostentación «por su tonada al hablar»; y en Venezuela, los sifrinos y, especialmente, las sifrinas «hablan y se comportan con el amaneramiento típico de los niños mimados». Estas expresiones entre comillas las obtuvimos por medio de una búsqueda por internet sobre las actitudes relacionadas con esta modalidad de registro expresivo socialmente condicionado, en los países respectivos.

Como ilustración de este tipo de lenguaje que se sirve de los giros entonativos como marca de identidad, en la Figura 31 se presenta un enunciado interrogativo absoluto producido por una sifrina caraqueña (de clase media-alta y 40 años de edad), *¿Te gusta mi Toyota nuevo?* En este contorno, se pone de manifiesto el gran desplazamiento tonal, la altura incrementada de los picos, la mayor duración de las sílabas acentuadas y, más en particular, el hecho de que el descenso final llega hasta la línea de base tonal, en un amplio y deliberado movimiento, que contrasta con la forma normal de las preguntas en este dialecto, en la cual la cadencia final llega solo hasta un tono medio o medio-bajo.

El movimiento tonal, como se aprecia en la Figura 31, llega hasta la base, realizando un amplio recorrido y en la última palabra *(nuevo)* se concentran tanto el gran ascenso tonal como el descenso de una octava hasta la línea de base tonal, lo cual contrasta con lo que sucede en las formas no marcadas de la interrogativa absoluta del dialecto caraqueño. Movimientos como este, y sus equivalentes en las demás versiones de este tipo de habla de los ambientes *chics y branchés* de las principales ciudades del mundo hispánico, funcionan como medios expresivos de identidad, principalmente entre las mujeres jóvenes de posición económica acomodada.

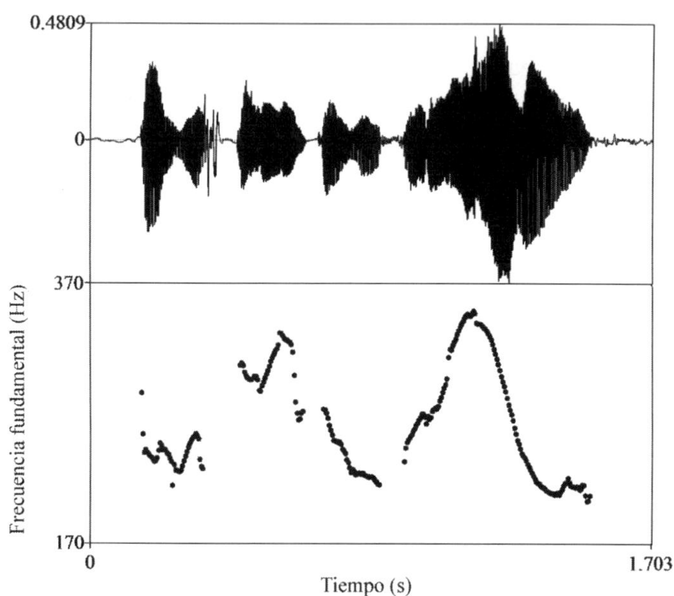

FIGURA 31. Curva melódica correspondiente a un enunciado interrogativo de desplazamiento amplio *¿Te gusta mi Toyota nuevo?* emitido por una típica hablante 'sifrina' de Caracas (Venezuela).

29.5 Conclusiones

Como se ha expuesto a lo largo de este capítulo, la entonación en español se caracteriza por una gran variabilidad, que responde tanto a factores sistemáticos, estructurales y fonológicos como a factores fonéticos y realizativos. El diseño entonativo es sensible a la modalidad del enunciado que se emita (declarativo, interrogativo), a ciertas necesidades expresivas como el énfasis y la exclamación, y a la estructura informativa y a la focalización o destaque de palabras o de sintagmas específicos dentro del enunciado. Sin embargo, de modo análogo, la forma melódica se ve profundamente afectada y moldeada por variables extralingüísticas como las relativas a la identidad del hablante (y del oyente), al tipo de comunicación (diálogo, habla en público), a la situación lingüística (dónde, por qué y de qué se habla), a las actitudes e intenciones comunicativas del hablante, y, por supuesto, a la expresión de las emociones.

La otra variable que influye sustancialmente en la diferenciación entonativa entre las variedades del español es la dimensión diatópica o geográfica. Como se pudo comprobar en los ejemplos mostrados, las distintas regiones dialectales que configuran la lengua española muestran peculiaridades, algunas compartidas por varios dialectos, otras idiosincráticas o exclusivas de alguno de ellos. De todos los factores o parámetros que se pudieran tomar en cuenta para caracterizar lo que es común y lo que es distintivo en la entonación del español, el más revelador e importante para las modalidades oracionales, para las variantes y para las divergencias dialectales, es la distinción entre contornos con finales descendentes, por un lado, y contornos con finales ascendentes, por el otro.

Quedan todavía pendientes de resolver algunos problemas relacionados con la variabilidad del estrato tonal y entre las cuestiones no zanjadas se encuentra la caracterización precisa de la primera parte de los enunciados (el llamado 'pretonema'). En ciertos dialectos, como el chileno o el maracucho, la diferenciación entonativa respecto a otras variedades parece incluir variaciones en los diseños pretonemáticos que sería interesante analizar en profundidad. Por lo demás, es necesario seguir estudiando más variedades, más dialectos; en particular, se hace perentorio indagar en la dimensión diastrática o de los niveles sociales, tanto en lo que se refiere a la faceta fonológica de la entonación como a la fonética. Todavía se precisan descripciones más completas sobre el papel de la entonación en el discurso en función de los contextos de habla, de los sentidos y de las significaciones apuntadas por los hablantes, así como de los efectos que conlleva la identificación de la información dada y compartida. La entonación, significativa como es y parte esencial de todo mensaje, debe siempre describirse con relación a su empleo en los diversos contextos del discurso.

Referencias bibliográficas

Boersma, Paul y David Weenink. 2018. *Praat: Doing Phonetics by Computer* (versión 6.0.42). Programa informático. Ámsterdam: University of Amsterdam. http://www.praat.org.

Cabrera, Mercedes y Francisco Vizcaíno. 2010. «Canarian Spanish Intonation». En *Transcription of Intonation of the Spanish Language*, editado por Pilar Prieto Vives y Paolo Roseano, 87–122. Múnich: LINCOM.

Canellada, María Josefa y John Kuhlmann Madsen. 1987. *Pronunciación del español. Lengua hablada y literaria*. Madrid: Castalia.

Chela Flores, Bertha. 1994. «Entonación dialectal del enunciado declarativo de una región de Venezuela». *Lexis. Revista de Lingüística y Literatura* 18 (1): 55–68.

———. 2002. «Algunas consideraciones sobre patrones entonativos de los locutores de radio y televisión». En *Habla pública: de lo pragmático a lo fónico*, de Bertha Chela Flores, Godsuno Chela Flores e Iraima Palencia, 52–69. Caracas: Fondo Editorial Tropikos.

Coates, Jennifer. (1986) 2004. *Women, Men and Language. A Sociolinguistic Account of Gender Differences in Language*. 3.ª ed. Harlow: Pearson Longman. https://doi.org/10.4324/9781315835778.

De Looze, Céline y Daniel Hirst. 2014. «The OMe (Octave-Median) Scale: A Natural Scale for Speech Prosody». En *Social and Linguistic Speech Prosody. Proceedings of the 7th International Conference on Speech Prosody. Trinity College Dublin, May 20–23, 2014*, editado por Nick Campbell, Dafydd Gibbon y Daniel Hirst, 910–14.

Gussenhoven, Carlos. 2004. *The Phonology of Tone and Intonation*. Cambridge: Cambridge University Press. https://doi.org/10.1017/CBO9780511616983.

Henríquez Ureña, Pedro. 1921. «Observaciones sobre el español en América». *Revista de Filología Española* 8 (4): 357–90.

———. 1940. *El español en Santo Domingo*. Buenos Aires: Universidad de Buenos Aires, Instituto de Filología.

Lakoff, Robin T. (1975) 2004. *Language and Woman's Place. Text and Commentaries*. Editado por Mary Bucholtz. Ed. revisada y ampliada. Oxford: Oxford University Press.

Lipski, John. (1994) 1996. *El español de América*. Traducido por Silvia Iglesias. Madrid: Cátedra.

Lope Blanch, Juan Miguel. 1967. «La influencia del sustrato en la fonética del español de México». *Revista de Filología Española* 50 (1–4): 145–61. https://doi.org/10.3989/rfe.1967.v50.i1/4.851.

López Bobo, María Jesús y Miguel Cuevas. 2010. «Cantabrian Spanish Intonation». En *Transcription of Intonation of the Spanish Language*, editado por Pilar Prieto Vives y Paolo Roseano, 49–85. Múnich: LINCOM.

Martín Butragueño, Pedro. 2004. «Configuraciones circunflejas en la entonación del español mexicano». *Revista de Filología Española* 84 (2): 347–73. https://doi.org/10.3989/rfe.2004.v84.i2.111.

Matluck, Joseph H. 1952. «La pronunciación en el español en el Valle de México». *Nueva Revista de Filología Hispánica* 6 (2): 109–20. https://doi.org/10.24201/nrfh.v6i2.248.

Moreno Fernández, Francisco, ed. 2010. «Catálogo de voces hispánicas». Recurso en línea. Centro Virtual Cervantes. http://cvc.cervantes.es/lengua/voces_hispanicas/.

Navarro Tomás, Tomás. 1944. *Manual de entonación española*. Nueva York: Hispanic Institute.

———. (1918) 1965. *Manual de pronunciación española*. 12.ª ed. Madrid: Consejo Superior de Investigaciones Científicas.

Ohala, John J. 1983. «Cross-Language Use of Pitch: An Ethological View». *Phonetica* 40 (1): 1–18. https://doi.org/10.1159/000261678.

———. 1994. «The Frequency Code Underlies the Sound Symbolic Use of Voice Pitch». En *Sound Symbolism*, editado por Leanne Hinton, Johanna Nichols y John J. Ohala, 325–47. Cambridge: Cambridge University Press. https://doi.org/10.1017/CBO978051175 1806.022.

Pépiot, Erwan. 2013. «Voix de femmes, voix d'hommes: différences acoustiques, identification du genre par la voix et implications psycholinguistiques chez les locuteurs anglophones et francophones». Tesis de doctorado, Université Paris VIII, Vincennes-Saint Denis.

Prieto Vives, Pilar y Paolo Roseano, eds. 2009–2013. «Atlas interactivo de la entonación del español». Recurso en línea. http://prosodia.upf .edu/atlasentonacion/.

———, eds. 2010. *Transcription of Intonation of the Spanish Language*. Múnich: LINCOM.

Quilis, Antonio. 1993. *Tratado de fonología y fonética españolas*. Madrid: Gredos.

Ritchart, Amanda y Amalia Arvaniti. 2014. «The Form and Use of Uptalk in Southern Californian English». En *Social and Linguistic Speech Prosody. Proceedings of the 7th International Conference on Speech Prosody. Trinity College Dublin, May 20–23, 2014*, editado por Nick Campbell, Dafydd Gibbon y Daniel Hirst, 331–35.

Rosenblat, Ángel. (1962) 1965. *El castellano de España y el castellano de América. Unidad y diferenciación*. 2.ª ed. Caracas: Universidad Central de Venezuela, Facultad de Humanidades y Educación.

Sityaev, Dmitry, Gabriel Webster, Norbert Braunschweiler, Sabine Buchholz y Kate Knill. 2007. «Some Aspects of Prosody of Friendly Formal and Friendly Informal Speaking Styles». En *Proceedings of the 16th International Congress of Phonetic Sciences (ICPhS XVI). 6–10 August 2007, Saarbrücken, Germany*, editado por Jürgen Trouvain y William J. Barry, 2141–44. Saarbrücken: Universität des Saarlandes.

Sosa, Juan Manuel. 1999. *La entonación del español. Su estructura fónica, variabilidad y dialectología*. Madrid: Cátedra.

———. 2000. «Sobre el consonantismo, el vocalismo y la entonación en la delimitación dialectal del español de América». *Zeitschrift für romanische Philologie* 116 (3): 487–509. https://doi.org/10.1515/zrph.2000.116.3.487.

———. 2001. «The Intonational Structure of Declamatory Declaratives in Spanish». En *Meaning and the Components of Grammar / El significado y los componentes de la gramática*, editado por Javier Gutiérrez-Rexach, 133–48. Múnich: LINCOM.

———. 2003. «Wh-Questions in Spanish: Meanings and Configuration Variability». *Catalan Journal of Linguistics* 2: 229–47. https://doi .org/10.5565/rev/catjl.51.

Titze, Ingo R. 1994. *Principles of Voice Production*. Englewood Cliffs: Prentice Hall.

Willis, Erik W. 2010. «Dominican Spanish Intonation». En *Transcription of Intonation of the Spanish Language*, editado por Pilar Prieto Vives y Paolo Roseano, 123–53. Múnich: LINCOM.

Winter, Bodo y Sven Grawunder. 2012. «The Phonetic Profile of Korean Formal and Informal Speech Registers». *Journal of Phonetics* 40 (6): 808–15. https://doi.org/10.1016/j.wocn.2012.08.006.

Zamora Munné, Juan Clemente y Jorge M. Guitart. 1982. *Dialectología hispanoamericana. Teoría, descripción, historia*. Salamanca: Almar.

30 ENTONACIÓN Y PRAGMÁTICA

Josefa Dorta

30.1 Introducción

La comunicación humana se realiza mediante signos simples y complejos que han sido estudiados tradicionalmente por diversas disciplinas lingüísticas, entre ellas la gramática y la semántica. No obstante, el semiotista y filósofo norteamericano Charles W. Morris se planteó en su obra de 1938, *Foundations of the Theory of Signs* (Morris [1938] 1985), que existen aspectos relacionados con el uso lingüístico, esto es, con el empleo de los signos, que no son considerados por ninguna de las dos disciplinas lingüísticas mencionadas; por tanto, concluye, el estudio de esos signos debe abordarse desde tres perspectivas: la sintáctica, la semántica y, además, la pragmática.

Esta última disciplina se ha desarrollado en los decenios finales del siglo xx y en los inicios del xxi y trata de establecer tanto los principios que regulan los intercambios comunicativos como los factores que intervienen en ellos. Se parte del aserto siguiente: la comunicación no es una mera transmisión de información de un lugar a otro o de un individuo a otro mediante los componentes lingüísticos o del código, sino que en el acto comunicativo aparecen implicados otros factores, como son la intencionalidad del emisor y su comprensión por parte del receptor, los sentimientos de ambos, las circunstancias o situaciones en las que se da el acto comunicativo (lugar, tiempo, etcétera), las relaciones sociales entre emisor y receptor, etcétera. Desde este enfoque pragmático de la comunicación se considera que muchas veces la finalidad comunicativa de los hablantes no es intercambiar información, sino más bien realizar acciones como 'saludar', 'rogar', 'insultar', 'agradar', etcétera.

Si cuando salgo de la peluquería alguien me dice *¡Anda, te has cortado el pelo!*, difícilmente podría pensar que mi interlocutor trata de informarme de algo que desconozco (a saber: que me he cortado el pelo); su intervención tiene que ver, más bien, con otros aspectos del mantenimiento de las relaciones sociales. En consecuencia, la transmisión de información es simplemente una más de las finalidades de la comunicación humana, pero no la única y tampoco la más importante (Escandell 2004, 179–80).

La intervención de un hablante puede, incluso, tener un interés o una intencionalidad diferente a la significada 'literalmente' o convencionalmente por los signos lingüísticos que emplea, puesto que muchas veces se dice más de lo que se quiere decir o se interpreta algo que no se quiso decir. Para ejemplificarlo, considérense algunas expresiones simples del español.

(1)   Contexto: un profesor y un alumno esperan un autobús.
       El alumno dice al profesor: *Profesor, ¡ya son las cinco!*

En el caso de (1), el interés comunicativo del alumno es relacionar la hora con la llegada del autobús. En cambio, la cuestión puede variar en el ejemplo de (2):

(2)   Contexto: en una clase el profesor está enfrascado en su explicación; son las cinco (hora en que ha de
       concluir) y no parece que vaya a hacerlo.
       Un alumno dice: *Profesor, ¡ya son las cinco!*

En casos como el de (2), la intervención del alumno no centra el interés en la hora como tal, puesto que lo que persigue es que el profesor se dé cuenta de que debe finalizar la clase. Así pues, al variar los contextos, cambia también la intencionalidad del acto comunicativo: mientras que en el ejemplo (1) el alumno está interesado realmente por la hora, en (2) no es esta el centro de su interés.

30.2 Unidades del análisis pragmático

La pragmática se sitúa en el campo de la acción lingüística concreta, es decir, del habla, o, más específicamente, de las emisiones realmente ejecutadas por un emisor e interpretadas por uno o varios receptores, y en el de los procesos inferenciales que se hallan implicados en la comunicación oral. De ahí que el estudio pragmático del habla se lleve a cabo a partir de unidades relativamente simples o complejas que no siempre coinciden con las unidades gramaticales tradicionales como la oración.

30.2.1 Enunciado frente a oración

El enunciado es la unidad comunicativa o pragmática mínima emitida por un hablante; es una unidad del habla [→ § 31.2.2]. En el ejemplo de (3) se muestra este tipo de unidad en el discurso:

(3)   Situación: en un banco, un grupo de clientes hace cola ante la ventana en la que está un administrativo
       atendiendo (a = administrativo; b = cliente).
           a. Por la ventana siguiente.
           b. ¿Por la grande o la pequeña?
           a. Por la grande.

Como puede verse, en (3) no se producen oraciones, si se entienden como tales las categorías gramaticales que contienen un sujeto y un predicado que mantienen una relación de concordancia, como sucede en (4) si el administrativo hubiese dicho:

(4)   Vayan por la ventana siguiente.

Por el contrario, en el diálogo de (3) se producen enunciados, esto es, secuencias que, según Rojo (siguiendo a Stati 1972, 245 y siguientes), poseen tres características: ser predicativos (o comunicativos, según Stati); no mantener relaciones sintagmáticas con elementos externos, es decir, ser independientes desde el punto de vista sintáctico; y, por último, ser completos desde la perspectiva semántica, característica que va ligada a la independencia sintáctica (Rojo 1978, 24). Escandell (2004), por su parte, define esta unidad de la manera siguiente:

> Enunciado (e): Es la expresión lingüística que produce el emisor. Funciona como la unidad mínima de comunicación y está delimitada por el cambio de emisor, sin que se tomen en consideración otros factores estructurales como la complejidad sintáctica o la longitud (183).

Las características señaladas se cumplen en los enunciados de (3); así, cuando el administrativo dice *Por la ventana siguiente,* se entiende que 'se debe hacer cola por otra ventana diferente' a la que el cliente se acerca; cuando el cliente pregunta *¿Por la grande o la pequeña?,* se comprende perfectamente que quiere saber 'si debe hacer cola por la ventana grande o por la pequeña'; y, cuando el administrativo responde *Por la grande,* se interpreta que aclara exactamente 'el lugar donde quiere que se coloquen los clientes'. Por tanto, en rigor, no hay oraciones, pero, como afirma Portolés Lázaro (1998, 45), no por ello se resiente la gramática del español, y la comunicación se resuelve con éxito.

Las nociones de enunciado y de oración aparecen confundidas en la gramática tradicional por lo que su separación, como afirma Gutiérrez Ordóñez, es «uno de los aciertos más importantes de la lingüística española de los últimos años» (1997a, 33). Desde el punto de vista pragmático, resulta más interesante la noción de enunciado, al entenderse como tal una unidad del habla perfectamente contextualizada y menos restrictiva, ya que puede referirse a una oración gramatical, a una frase o a una palabra.

30.2.2 Enunciado y acto de habla

Cuando el hablante emite un enunciado, ello implica que está realizando un 'acto de habla' (Fuentes Rodríguez 2014), por lo que es evidente que su valor comunicativo «siempre se determina en un acto comunicativo que actualiza su sentido y permite establecer la comunicación» (García Riverón 1998, 30). Véase el ejemplo de (5):

(5)   Hola, Juan. Mira a ver si puedes pasarte hoy por aquí; te dejé un mensaje ayer.

Es obvio que fuera de un contexto discursivo no se podría actualizar el sentido completo del mensaje, ya que no se entenderían con propiedad las circunstancias de la comunicación ni algunos de sus elementos: ¿de qué días se trata cuando se dice *hoy* y *ayer*?, o ¿de qué lugar se habla cuando se usa el adverbio *aquí*? Sin embargo, en un acto comunicativo concreto, como una conversación telefónica, el oyente que interviene en el proceso comunicativo interpretará debidamente todos los elementos porque conoce las circunstancias que rodean la comunicación y los actos de habla 'saludar', 'pedir' y 'afirmar' que le transmite el hablante. Los actos de habla, por tanto, no solo permiten la expresión de pensamientos o la transmisión de contenidos sino, además, la realización de una acción por medio de la palabra.

El filósofo John L. Austin afirmaba en su obra *How to Do Things with Words*, publicada en 1962 (Austin [1962] 1982), que todos los comunicados que se realizan son actos de habla, y distinguía tres tipos:

1.º Acto 'locutivo': se trata de una expresión lingüística que 'dice' o 'comunica algo'. Es la idea de 'aquello que se dice'.
2.º Acto 'ilocutivo': el hablante no solo pretende 'decir algo' (acto locutivo), sino que el acto de habla se realiza con una intención o finalidad concreta (prometer, rogar...).
3.º Acto 'perlocutivo': el acto de habla se emite con la intención de producir un efecto determinado en el receptor, esto es, convencerle de algo, sorprenderle, engañarle, etcétera.

Para interpretar el valor comunicativo de cada uno de los actos mencionados, es fundamental que los enunciados se emitan con una entonación adecuada que permita reflejar la intencionalidad del hablante y conseguir el efecto deseado en el oyente. Así, en la conversación telefónica de (6) entre un hombre (H) y una mujer (M), se podrán comprender cabalmente los actos implicados en cada uno de los enunciados, esto es, 'pregunta', 'disculpa', 'advertencia' ..., gracias, en buena medida, a la entonación, como se verá en el § 30.3.

(6)   a. H: ¿Metiste los cambios en la web?
      b. M: No he tenido tiempo.
      c. H: Te dije que tenía prisa.
      d. M: Lo haré cuando pueda.
      e. H: Tú verás.

30.3 La entonación de las unidades en el nivel pragmático o comunicativo

En efecto, la entonación es uno de los medios de que dispone el hablante para realzar partes de su discurso y, en general, para conseguir que sus emisiones tengan éxito en el acto comunicativo. Tal recurso permite extraer informaciones de tipo lingüístico (por ejemplo: reconocer la modalidad declarativa en contraste con la interrogativa, y delimitar el discurso en unidades entonativas para su comprensión), sociolingüístico y pragmático (identificar el origen de los interlocutores, su nivel sociocultural, sus intenciones, su estado de ánimo…). Sin embargo, la funcionalidad pragmática de la entonación se ha ignorado hasta tiempos muy recientes, incluso en los propios estudios de pragmática, argumentándose casi siempre que no existen trabajos sistemáticos que permitan delimitar dicha funcionalidad. Tal apreciación no carece de fundamento si se tiene en cuenta que, hasta el siglo xx, las teorías y los estudios sobre este fenómeno suprasegmental fueron, en general, prácticamente ignorados, con lo cual es obvio que no podía considerarse su importancia ni siquiera en la investigación lingüística.

Ello se ha debido, en gran medida, a la complejidad de este suprasegmento. En relación con tal hecho, decía Dorta hace algunos años que hasta fechas muy recientes la entonación no ha sido

objeto de interés para los lingüistas con lo cual se nos ha privado, entre otras cosas, de la posibilidad de conocer cuál es su función en la unidad y en la diversidad de las lenguas, en general, y del español, en particular (Dorta 2007, 161).

Por otra parte, se refería a la parcialidad de los estudios realizados, puesto que, por una parte, la mayoría de las veces el estudio de la entonación se ha limitado al análisis físico o acústico, casi siempre restringido al análisis melódico y, también, porque se ha centrado, fundamentalmente,

en el ámbito de las oraciones aisladas (correspondientes muchas veces a habla formal o de laboratorio) en íntima conexión con las sílabas y los acentos … y partiendo muchas veces de la premisa de que unas mismas estructuras sintácticas se correlacionan con idénticas entonaciones, es decir, cada estructura sintáctica tiene una entonación particular con lo cual se obvia la complejidad semántico-pragmática de la entonación (Dorta 2007, 162).

En la actualidad, el estudio prosódico, en general, y el de la entonación del español, en particular, si bien no cuentan con demasiados trabajos amplios y sistemáticos, han despertado un gran interés, especialmente entre fonetistas y fonólogos. Además —y esto es lo que más interesa resaltar en este capítulo—, desde la perspectiva pragmática se reconoce ampliamente la importancia de la prosodia, por lo que es preciso incorporarla en los estudios de tipo pragmático no solo desde una perspectiva teórica, sino también desde la del análisis objetivo de los discursos realmente emitidos por los hablantes.

30.3.1 La entonación de las oraciones y de los enunciados

Es un hecho, efectivamente, que en los estudios de lingüística ha cobrado especial interés el análisis de la entonación por reconocerse que ejerce una funcionalidad lingüística fundamental. Los trabajos se centran, en su mayoría, en el ámbito de la oración para investigar, fundamentalmente, el comportamiento melódico como marca formal que distingue la modalidad oracional, como sucede en (7):

(7)   a. Te compro una casa.
        b. ¿Te compro una casa?

Como se puede observar, la estructura de ambas oraciones es idéntica desde el punto de vista gramatical, léxico y fonológico-segmental; sin embargo, el significado cambia: en (7a) se afirma la compra de una casa debido a que la estructura oracional interactúa con un patrón melódico que en español se caracteriza por una subida tonal inicial y una bajada, generalmente escalonada, de la melodía [→ § 27.2, § 27.3, § 28.3.1]; en cambio, el contenido interrogativo de (7b) se asocia a un patrón que, igual que en las declarativas, se inicia con un ascenso tonal, pero que, dependiendo de las variedades del español, termina con ascenso final (por ejemplo, en castellano peninsular, aunque no siempre) o con ascenso-descenso (por ejemplo, en Canarias, Cuba o Venezuela) [→ § 27.2, § 28.3.2, § 29.2, § 29.3]. Ello implica que desde la perspectiva fonológica-suprasegmental las dos oraciones no sean idénticas, puesto que la entonación es la responsable de que haya cambiado su significado. Véanse los esquemas de la Figura 1 (véase también el capítulo 28).

De la misma manera, los hablantes distinguen, por el diferente comportamiento prosódico, que en (8a) se afirma que *María va al cine* y que en (8b) alguien pregunta 'si María va al cine'. En el primer caso, se da un único grupo melódico con la configuración que se muestra en la Figura 2; en (8b) no solo se observa un comportamiento tonal diferente, como se aprecia en la Figura 3, sino que la hablante realiza dos grupos melódicos, con lo cual, además de la función distintiva, la entonación cumple una función demarcativa [→ § 32.3.1].

FIGURA 1. Esquemas tonales de la misma oración *Te compro una casa* emitida como declarativa y como interrogativa.

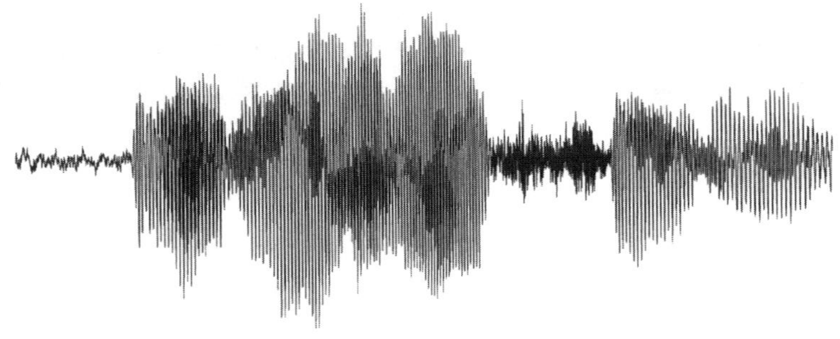

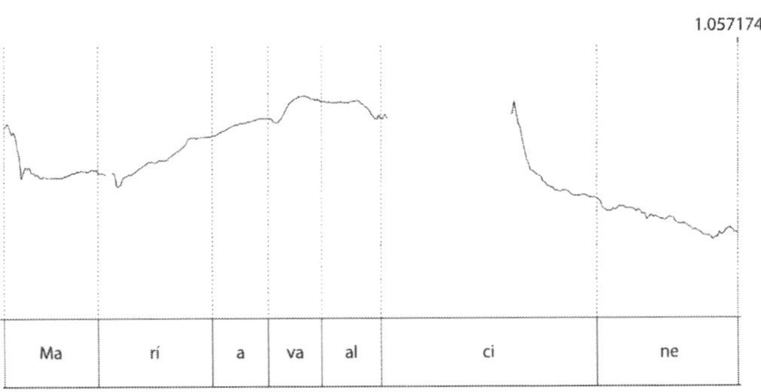

FIGURA 2. Oscilograma y curva melódica correspondientes a la oración *María va al cine.*

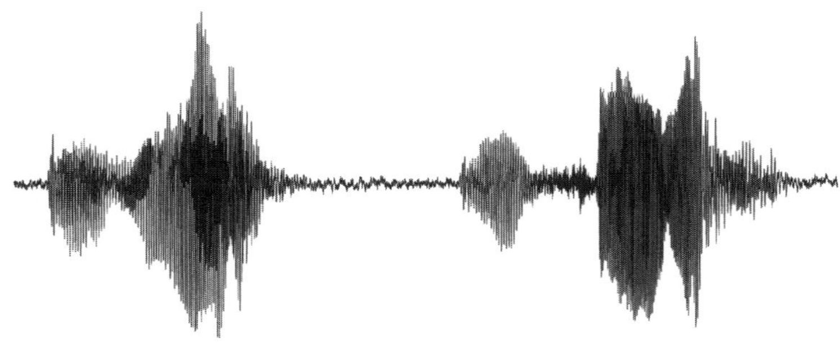

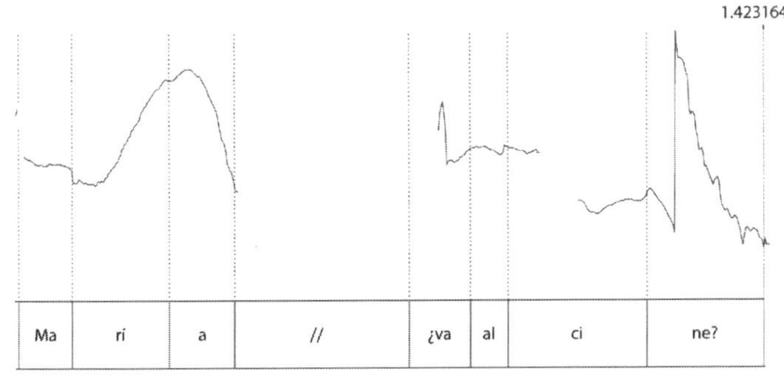

FIGURA 3. Oscilograma y curva melódica correspondientes a la oración *María// ¿Va al cine?*

En la Figura 3, el grupo melódico 1 corresponde a *María* y el 2 a *¿va al cine?*, en este caso con final circunflejo; obsérvese que el pico tonal se ha desplazado a la sílaba *ne,* es decir, no coincide con la tónica, sino con la postónica.

(8)   a. María va al cine.
      b. María ¿va al cine?

Igual que en el nivel oracional, la entonación es fundamental en los enunciados que se dan en el habla; de ahí que Gutiérrez Ordóñez defina esta unidad pragmática como «el segmento de secuencia abrazado por un contorno melódico, *i.e.* comprendido entre una pausa inicial y una pausa final» (1997a, 14), de donde se deriva la importancia de los elementos prosódicos, particularmente de la melodía, como marca formal para delimitar e interpretar el enunciado. En efecto, la entonación constituye uno de los medios que poseen las lenguas para contextualizar las unidades de habla y, por tanto, su interpretación. Considérese nuevamente el ejemplo de (3):

(3)   Situación: en un banco, un grupo de clientes hace cola ante la ventana en la que está un administrativo atendiendo (a = administrativo; b = cliente).
      a. Por la ventana siguiente.
      b. ¿Por la grande o la pequeña?
      a. Por la grande.

El enunciado *Por la ventana siguiente,* emitido por el administrativo con la entonación que se muestra en la Figura 4, permite al oyente interpretar que se trata de una orden muy atenuada debido a la larga duración de *siguiente* y al comportamiento tonal uniforme, aunque con una subida progresiva; en cambio, en el enunciado *Por la grande,* emitido por el mismo hablante, la entonación —reproducida en la Figura 5— hace que el oyente interprete el enunciado como una afirmación categórica debido a la gran prominencia tonal que culmina en la sílaba acentuada y en el brusco descenso de la melodía.

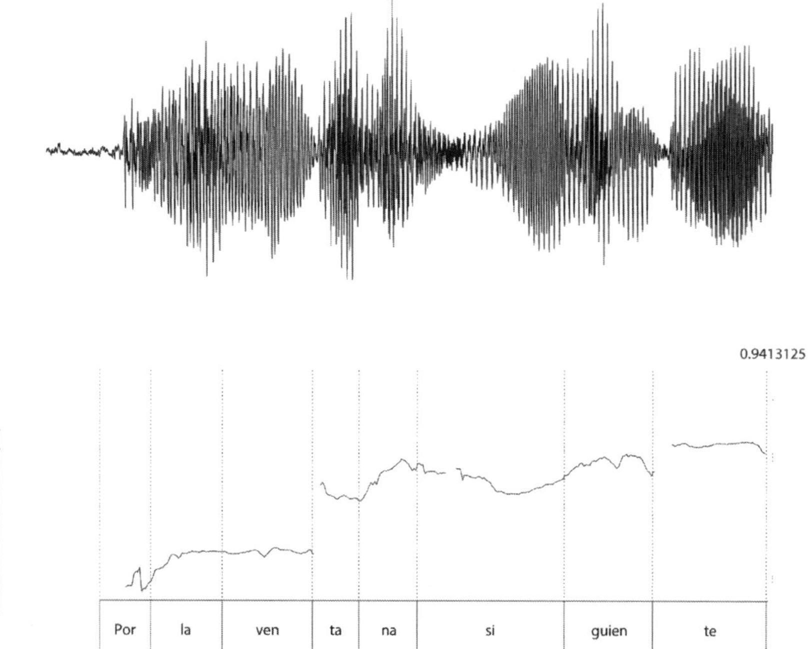

FIGURA 4. Oscilograma y curva melódica correspondientes al enunciado *Por la ventana siguiente.*

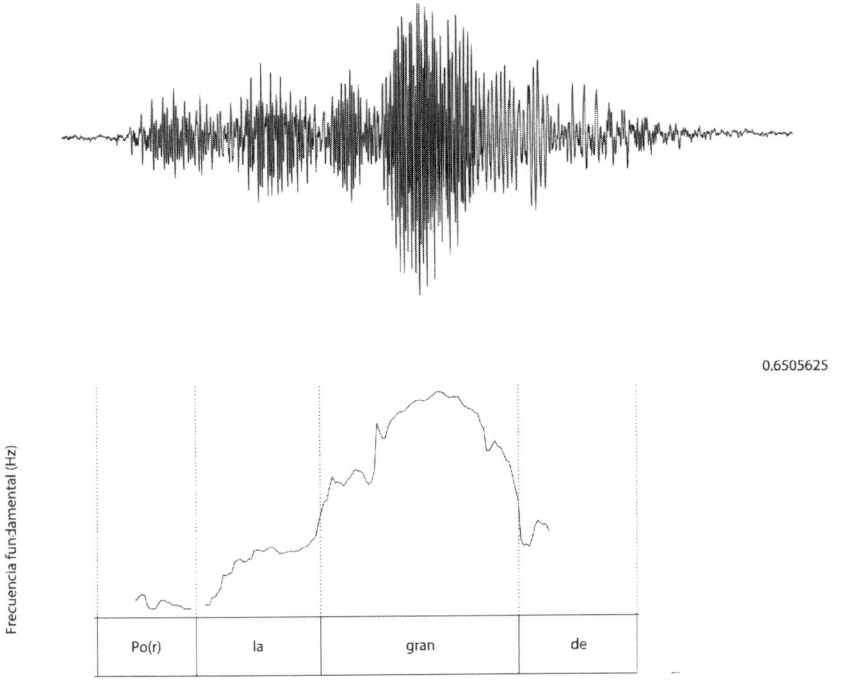

FIGURA 5. Oscilograma y curva melódica correspondientes al enunciado *Por la grande.*

30.3.2 Entonación y actos de habla

Por lo expuesto en el apartado anterior, para interpretar debidamente el valor comunicativo de los actos de habla implicados en la conversación del ejemplo (6) es fundamental la entonación. Así, los actos de 'preguntar', 'afirmar con matiz de ironía', 'advertir', 'afirmar con tono enfadado' y 'advertir de manera atenuada' se interpretan a partir de las curvas melódicas, producidas en un contexto concreto, que se muestran de la Figura 6 a la Figura 10.

En la interpretación de dichos actos adquieren importancia también otros factores como la velocidad de habla, la duración o la intensidad.

(6)　a. 'Pregunta'. H: ¿Metiste los cambios en la web?
　　　b. 'Afirmación con matiz irónico o de remedo'. M: No he tenido tiempo.
　　　c. 'Advertencia'. H: Te dije que tenía prisa.
　　　d. 'Afirmación con tono enfadado'. M: Lo haré cuando pueda.
　　　e. 'Advertencia atenuada'. H: Tú verás.

La entonación constituye, en definitiva, uno de los medios más eficaces para lograr que el enunciado tenga éxito; la finalidad explícita que persigue quien lo emite debe resultar suficientemente visible o reconocible para el destinatario; por lo tanto, uno de los objetivos que ha de proponerse el emisor al construir su enunciado es que este refleje convenientemente las actitudes y los objetivos que quiere comunicar abiertamente (Escandell 1999, 3943).

30.3.3 Entonación y actos de habla indirectos

Al analizar los actos de habla, el filósofo norteamericano John R. Searle definió los llamados 'actos de habla indirectos', es decir, enunciados en los que no se expresa directamente la intención del hablante y, por tanto, el aspecto locutivo (aquello que se dice) y el ilocutivo (la intención o finalidad concreta del acto de habla) —véase el § 30.2.2— no

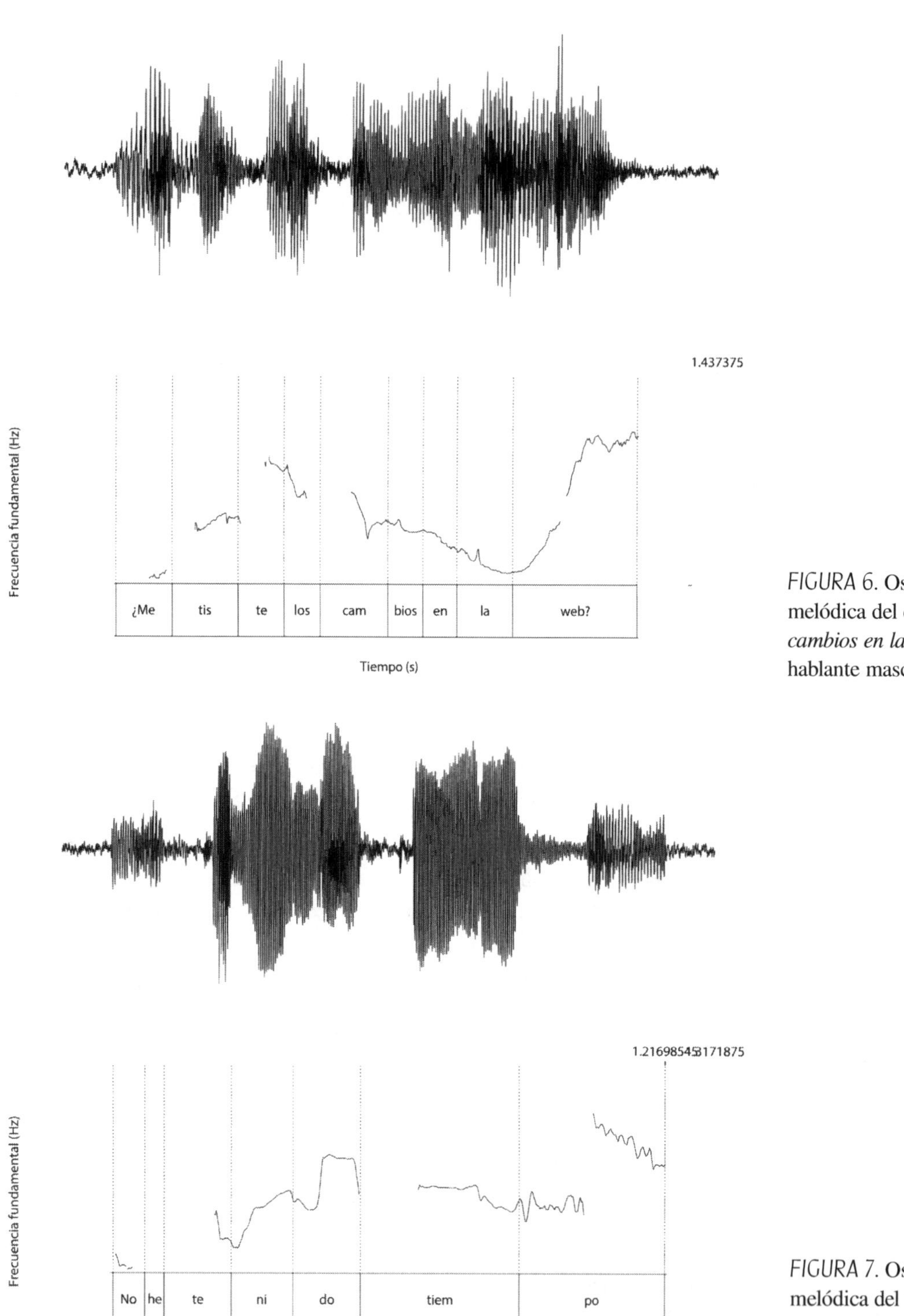

FIGURA 6. Oscilograma y curva melódica del enunciado *¿Metiste los cambios en la web?* emitido por un hablante masculino.

FIGURA 7. Oscilograma y curva melódica del enunciado *No he tenido tiempo* emitido por una hablante femenina.

coinciden, por lo que la finalidad de lo que se dice es distinta a lo que se expresa directamente. Ello se observa, explica Searle ([1975] 1977), cuando los hablantes usan la forma de un acto de habla determinado (por ejemplo, 'preguntar') para realizar un acto diferente ('pedir'), como sucede en el famoso ejemplo de (9), usado de manera reiterada en la bibliografía sobre pragmática.

(9)   ¿Puedes pasarme la sal?

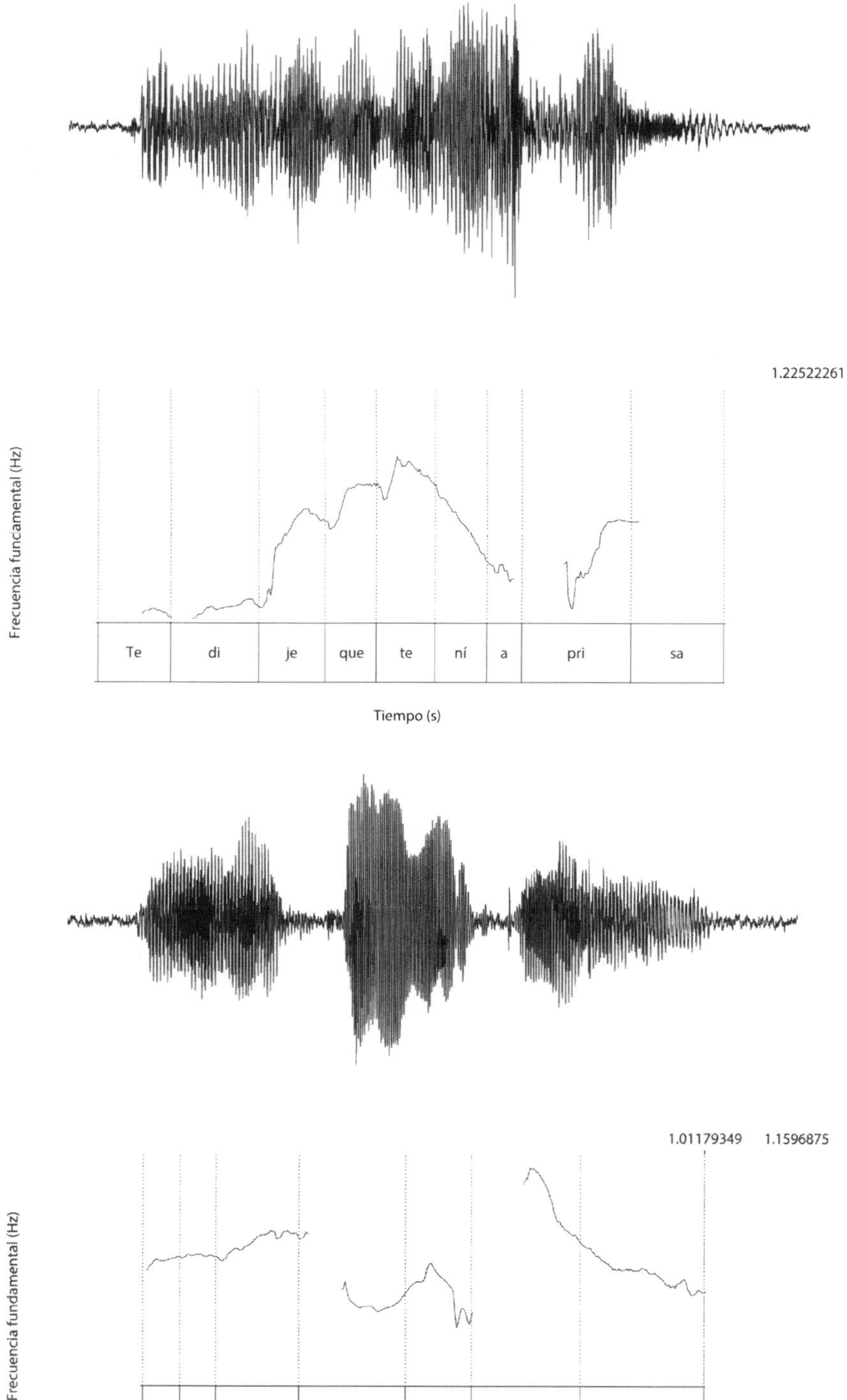

FIGURA 8. Oscilograma y curva melódica del enunciado *Te dije que tenía prisa* emitido por un hablante masculino.

FIGURA 9. Oscilograma y curva melódica del enunciado *Lo haré cuando pueda* emitido por una hablante femenina.

No obstante, reconoce Searle (44) que existen fórmulas lingüísticas que se asocian con determinados tipos de actos como 'pedir' o 'rogar'. Sucede así con la marca *por favor* en el acto de 'pedir' ejemplificado en (10):

(10) *Por favor,* me das el libro.

Este hecho es muy importante por cuanto, como indica Gutiérrez Ordóñez (2002),

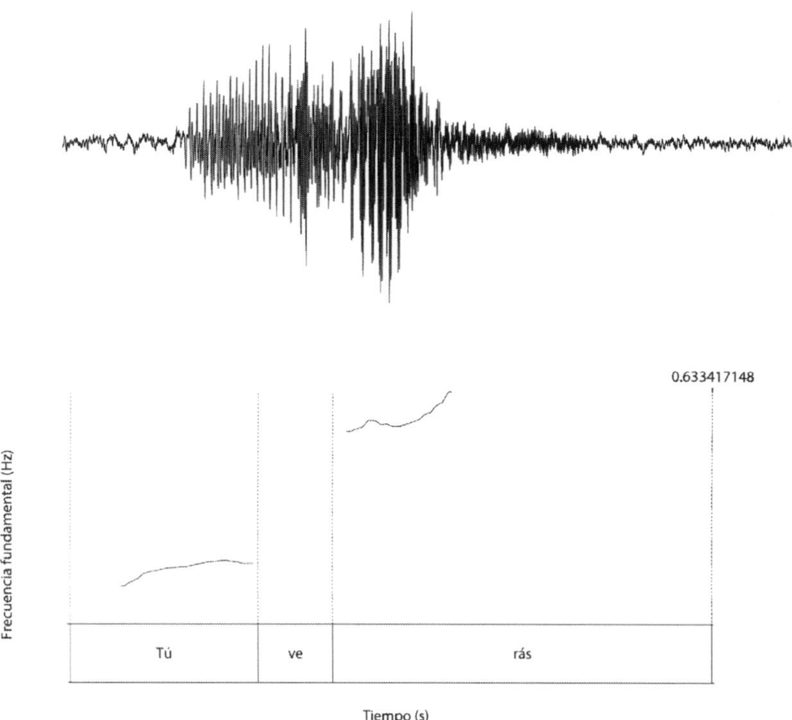

FIGURA 10. Oscilograma y curva melódica del enunciado *Tú verás* emitido por un hablante masculino.

> muestra que en el proceso de señalización e interpretación de los actos de habla no todo es pragmático. Intervienen también factores lingüísticos, codificados. Cuando el hablante incorpora la unidad *por favor* no solamente asimila su significación sino su uso exclusivo con actos de habla que son peticiones (170).

En la cita anterior cabe subrayar que en los actos de habla «no todo es pragmático» y, asimismo, que «intervienen también factores lingüísticos, codificados», poniéndose de relieve, una vez más, que la entonación es uno de ellos y que su papel es fundamental en todos los actos de habla, incluidos los denominados 'actos de habla indirectos'. Así puede deducirse del análisis que, en su estudio sobre las funciones de la entonación en el español de Cuba, propone García Riverón (1998, 40) para los ejemplos (11a, b) y de los sentidos implicados de (11c) a (11f).

(11)   a. Pásame la sal.
       b. ¿Puedes pasarme la sal?

   Sentidos implicados
   a) orden neutral
   b) petición que puede llegar al ruego
   c) orden cercana a la amenaza
   d) orden con matiz de apremio
   e) petición cortés
   f) petición cercana al ruego

Debido a la variedad de sentidos implicados, se considera que los actos de (11a, b) son actos de habla indirectos que pueden entrañar ambigüedad. Sin embargo, de acuerdo con García Riverón, no existe ambigüedad comunicativa desde el momento en que cada uno de los sentidos interactúa con una curva melódica determinada, esto es, con una marca prosódica formal y, por ello mismo, no es necesario recurrir a procesos desambiguadores de tipo pragmático.

Los esquemas entonativos que en español cubano delimitan los diferentes sentidos mencionados y que contribuyen, como marcas formales, a que el oyente interprete lo que el hablante le quiere transmitir, son los que se ilustran en la Figura 11.

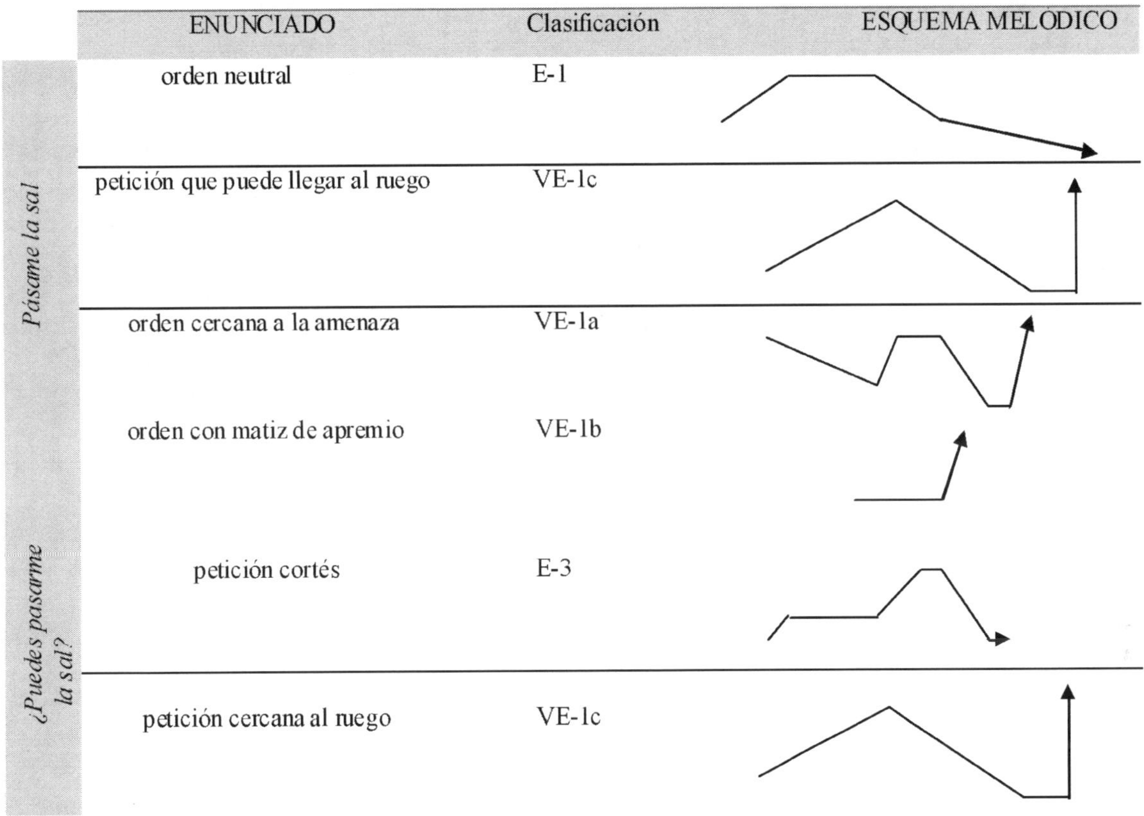

FIGURA 11. Esquemas entonativos de enunciados del tipo *Pásame la sal / ¿Puedes pasarme la sal?* según sus diferentes sentidos. E = entonema; V = variante de un entonema.

En definitiva, muchas veces se considera que determinados enunciados son o pueden ser 'ambiguos' debido, entre otras posibles razones, a que se analizan aisladamente o a que se parte del ámbito de la lengua escrita; por ello, para explicarlos o desambiguarlos se recurre muchas veces a procedimientos inferenciales. No obstante, es sabido que en la comunicación oral se dispone, entre otros medios, de la entonación, que interactúa con esos enunciados como una marca prosódica que fija su sentido, de lo que se deriva la importancia de la oralidad desde el punto de vista pragmático o comunicativo. De la misma manera que se asume que la competencia comunicativa o pragmática de un hablante (Hymes 1971, 1972) es la que determina que elija en cada momento el enunciado más adecuado para sus propósitos comunicativos, cabe afirmar que dicha competencia determina también la elección de la entonación más adecuada para expresar lo que se desea comunicar.

30.4 La estructura de los enunciados: las funciones sintácticas, semánticas e informativas o discursivas

En la década de los sesenta, el lingüista checo František Daneš —perteneciente a la nueva escuela de Praga— propuso distinguir tres niveles en la organización sintáctica, de manera que una de sus aportaciones fundamentales a los estudios lingüístico-pragmáticos actuales ha sido la distinción entre las funciones 'informativas' (llamadas también 'pragmáticas'), las funciones 'sintácticas' y las 'semánticas' (Daneš 1964). De lo dicho se deriva la necesidad de una interfaz entre tales funciones.

30.4.1 Las funciones sintácticas

Las funciones sintácticas son de tipo formal y posibilitan que diferentes signos cumplan una misma función. Así, por ejemplo, 'sujeto' es una función sintáctica que puede ser desempeñada por un nombre propio como *María* o por otro sintagma como *el coche,* como sucede en las oraciones de (12a, b):

(12) a. *María* canta en la ópera.
     b. *El coche* estaba viejo.

Un mismo signo puede cumplir más de una función. Así, *María* y *El coche* pueden desempeñar otras funciones como, por ejemplo, la de 'complemento' en (13a, b):

(13) a. Pedro comió con *María*.
     b. Juan compró *el coche*.

Estos ejemplos ponen de manifiesto, además, que las funciones sintácticas establecen formalmente la conexión entre los signos que intervienen en el mensaje. Así, la relación predicativa entre el sujeto y el predicado permite ver la relación sintagmática o combinatoria existente entre ambas funciones.

30.4.2 Las funciones semánticas

Las funciones semánticas posibilitan las relaciones de contenido entre los sintagmas que intervienen en una estructura dada. Así, mientras que la función sintáctica 'sujeto' refleja el comportamiento formal de un signo en una secuencia determinada, la función 'agente' significa que el signo que representa dicha función semántica interviene de manera activa en el proceso que se denota. Véanse los ejemplos de (14a, b):

(14) a. *María* regaló un libro.
     b. *María* recibió un libro.

En ambas oraciones, *María* desempeña idéntica función formal o sintáctica, esto es, la de sujeto; en cambio, no cumple la misma función semántica, pues en (14a) es agente —es la persona que ejecuta la acción denotada por el verbo, esto es, 'regalar algo a alguien'—, mientras que en (14b) es la beneficiaria de lo denotado por el verbo —es la que 'recibe algo de alguien'—. Se constata, pues, que la función sintáctica 'sujeto' y la semántica 'agente' no se corresponden necesariamente con un mismo nivel de análisis.

30.4.3 Las funciones informativas: tema, rema y foco

Se considera, además, que cuando un hablante construye su mensaje no solo lo estructura sintáctica y semánticamente, sino que lo hace teniendo en cuenta que debe transmitir a su interlocutor conocimientos nuevos o que cree que este desconoce, recordar los que considera que su interlocutor ha olvidado o destacar lo que piensa que es importante en su comunicación. En definitiva, el hablante ordena sus emisiones de acuerdo con una serie de intereses o necesidades informativas que supone o presupone en su interlocutor, de manera que oraciones sintáctica y semánticamente idénticas no cumplen la misma función informativa. Véanse los ejemplos de (15) y (16):

(15) a. ¿Quién comió en la cafetería?
     b. Juan comió en la cafetería.

(16) a. ¿Dónde comió Juan?
     b. Juan comió en la cafetería.

En (15b) y (16b) *Juan comió en la cafetería* es la misma oración, tanto desde el punto de vista sintáctico como desde el semántico, puesto que en ella se manifiestan las mismas relaciones sintácticas y el significado es idéntico; sin embargo, el interés informativo difiere, dado que puede estar centrado en *Juan* o *en la cafetería* dependiendo de si el enunciado es una respuesta a la pregunta de (15a) o a la de (16a). Así pues, se considera que

> todos los enunciados informativos se organizan como respuesta a una pregunta inicial (real o hipotética).
> Esto ocurre así incluso cuando nadie ha formulado previamente un interrogante. El emisor, al hacerse

composición de lo que el destinatario sabe o ignora, realiza una segmentación idéntica a la de una pregunta (Gutiérrez Ordóñez 1997b, 21).

Tradicionalmente se ha postulado que los enunciados informativos constan de dos constituyentes: la 'información conocida' o supuestamente conocida y la 'información nueva', la que se asume que el oyente no conoce. De esta manera, frente a las funciones de sujeto y predicado que estructuran sintácticamente las oraciones, se distinguen dos funciones informativas, esto es, 'tema' y 'rema' (cuyo origen se encuentra en la vieja distinción aristotélica entre *ónoma* y *rema* que, en su evolución, se llegó a identificar con las nociones lógicas de sujeto y predicado), las cuales relacionan los dos tipos de constituyentes: 'aquello de lo que se habla' y 'lo que se dice de ello' [→ § 28.3.1]; por consiguiente, tienen carácter sintagmático: la función del tema es insertar la oración o el enunciado en un contexto para que sea coherente con lo que se viene diciendo; la función del rema responde a la voluntad de facilitar nuevos conocimientos sobre el tema y hacer que el discurso siga desarrollándose.

Es importante destacar que, al tratarse de funciones pragmáticas, algunos autores consideran más adecuado analizarlas «en el marco de textos complejos, y no de oraciones aisladas» (de Bustos Gisbert 1996, 83); otros, en cambio, aun planteando su funcionalidad y su análisis en una gramática del discurso, afirman que ambas funciones «son relevantes a la hora de describir ciertos órdenes de palabras en el nivel de la cláusula» (Zubizarreta 1999, 4217).

La información nueva o 'remática', por oposición a la información dada o 'temática', se delimita de diversas maneras. Mathesius (1964), Firbas (1964) o Clark y Haviland (1977) aluden a un contexto que podría identificarse como «de experiencia del hablante»; se trata de lo que el hablante conoce o cree conocer de su interlocutor, por lo que información nueva sería aquella que, a juicio del hablante, el oyente no conoce. En este caso, no es el contexto lingüístico o extralingüístico el que determina el tipo de información dada o nueva. Halliday (1967, 1985), por su parte, recurre al concepto de «recuperación» para determinar la información dada (la que es recuperada por el oyente) o la nueva (la que no es recuperada) y considera que la posibilidad de recuperar la información viene determinada por el contexto lingüístico (anafórico) o extralingüístico. Chafe (1974, 1976), en fin, parte de la noción de «conciencia» y de la perspectiva del hablante para concebir la información dada como el conocimiento que, según el emisor, está en la conciencia del oyente, mientras que la información nueva es la que el emisor está proporcionando al oyente, información que este desconoce o de la que no es consciente.

Las nociones de rema e información nueva aparecen asociadas en diversos estudios a la de 'foco informativo' pues se entiende por este aquel que presenta información no presupuesta (Chomsky 1976; Zubizarreta 1999) como en 17 (a, b). Este tipo de foco se distingue del llamado 'contrastivo' que niega una presuposición (Zubizarreta 1999) como en (17 c, d).

> (17) a. ¿Qué cenaste anoche?
>   b. Anoche cené TORTILLA
>
>   c. ¿Lo hizo Juan o María?
>   d. JUAN lo hizo (no María).

La función de 'foco' se delimita y se define en términos sintáctico-discursivos atendiendo, en primera instancia, a la importancia comunicativa de los elementos que constituyen la oración o el enunciado y, en última, al discurso. Así, pues, en la comunicación se realzan determinadas partes del discurso con el propósito comunicativo de llamar la atención del interlocutor por razones diversas, como hacer que se percate de la importancia del elemento o de los elementos que se destacan, querer evitar posibles ambigüedades, etcétera. La alteración del orden de una parte del discurso puede obedecer a la intención del hablante de destacar o focalizar el sujeto de la acción con la finalidad comunicativa de que al oyente no le quepa la menor duda de quién realizó la acción de la que se habla. Se considera que, en estos casos de alteración distribucional de los componentes de un enunciado, la prosodia, en general, y la entonación, en particular (Face 2002; Güemes *et al.* 2016), también desempeñan un papel fundamental para comunicar las intenciones del hablante y llamar la atención del oyente, aspecto en el que se centrarán los apartados siguientes.

30.5 Foco y entonación

En el nivel oracional o del enunciado se considera que cualquier emisión es respuesta a una pregunta supuesta o implicada. De ahí que, en las investigaciones sobre el foco, su delimitación se haya realizado frecuentemente a partir de la prueba de preguntas y respuestas ('prueba de la interrogación'): la pregunta constituye el contexto previo, que motiva la respuesta en la que se daría el 'foco'; este puede afectar a uno o más elementos léxicos e, incluso, a toda la oración.

30.5.1 Extensión y localización de los focos en el nivel sintáctico

A partir de la pregunta pronominal de (18a) se puede obtener la oración declarativa de (18b), que aparece focalizada en su conjunto, puesto que no estaría presupuesta por los interlocutores o, dicho de otra manera, no se trataría de información que el hablante y el oyente conocen o comparten en el momento en que se comunican; se daría, por tanto, un foco 'neutro' o 'normal'.

 (18) a. ¿Qué pasó?
    b. MARÍA COMIÓ CON PEDRO.

En cambio, si el contexto es la pregunta de (19a), en (19b) el sujeto constituye la presuposición y, el predicado, el foco denominado 'amplio' o 'ancho'.

 (19) a. ¿Qué hizo María?
    b. María COMIÓ CON PEDRO.

El foco puede identificarse únicamente con una palabra (sola o con los clíticos que la acompañan), en cuyo caso se habla de foco 'estrecho', como en el ejemplo de (20b).

 (20) a. Contexto: ¿Con quién comió María?
    b. María comió CON PEDRO.

Por otra parte, emplear la prueba de la interrogación puede provocar, asimismo, que la distribución del foco en la emisión sea distinta y, por tanto, como se dijo ya, interfiera en el orden de las palabras haciéndolo variar. Así, partiendo del contexto interrogativo de (21a), el foco en (21b) se situaría al final.

 (21) a. ¿Dónde compró María el traje?
    b. María compró el traje EN LA TIENDA.

En cambio, ante la pregunta de (22a), en la respuesta de (22b) el foco se sitúa en el inicio.

 (22) a. ¿Quién compró el traje?
    b. MARÍA compró el traje.

30.5.2 Las marcas prosódicas del foco

Los lingüistas del Círculo de Praga (Vilém Mathesius, František Daneš, Jan Firbas), al intentar definir cómo se suceden los miembros de una frase desde la perspectiva de la comunicación teniendo en cuenta las intenciones comunicativas de los hablantes, consideraron que la carga semántica va aumentando desde el inicio hasta el final de la oración, lo que se correlaciona con el incremento de la prominencia prosódica. Por otra parte, observaron que, en las emisiones de los hablantes, la información dada o conocida era prosódicamente menos relevante que aquella que no había sido mencionada, esto es, que constituía información nueva.

 Es así como se llega a considerar que el foco se manifiesta por una mayor prominencia prosódica y de ahí que Eady *et al.* (1986) lo definan como la «tendencia a acentuar o destacar porciones de una oración por razones relacionadas con el significado» (233, traducción propia). Precisamente la mayor prominencia prosódica es lo que permite, según Zubizarreta, desambiguar «en cuanto al ámbito del foco» (1999, 4225) una oración como (23a), pues el foco puede ser toda la cláusula, como en (23b), el predicado verbal, como en (23c), o el objeto directo, como en (23d), dependiendo de si es respuesta a las preguntas de (24a), (24b) y (24c), respectivamente.

(23) a. El gato se comió un ratón.
   b. EL GATO SE COMIÓ UN RATÓN.
   c. El gato SE COMIÓ UN RATÓN.
   d. El gato se comió UN RATÓN.

(24) a. ¿Qué ocurrió?
   b. ¿Qué hizo el gato?
   c. ¿Qué se comió el gato?

Por otra parte, en trabajos experimentales (véase, entre otros, Touati 1987) se ha observado que la mayor prominencia prosódica se concreta en una subida tonal, es decir, que el foco se manifiesta por una subida de tono respecto de los tonos precedentes [→ § 28.1.1]. Siendo esto así, cabría afirmar que los focos de (23b, c, d) tendrían los esquemas tonales que se reflejan en las Figuras 12, 13 y 14, respectivamente (en los tres gráficos, la línea negra que se superpone a la gris es una estilización de esta última).

Sin embargo, en diversos trabajos sobre el español realizados aplicando la prueba de la interrogación (Dorta y Toledo 1992, 1997; Toledo y Martínez Celdrán 1992, 1994), se comprobó la falta de correspondencia entre el foco sintáctico y el foco prosódico, pues, como cabía esperar, tal prueba no provocó que los focos sintácticos se destacaran por medios prosódicos, esto es, ni por la frecuencia fundamental (f_0) [→ § 1.5.4], responsable de la melodía, ni por la duración ni por la intensidad [→ § 1.8.2]. Lo dicho se puede comprobar en la Figura 15, procedente del trabajo de Dorta y Toledo (1997, 63), en la que se ilustran los contornos tonales estilizados a partir de los valores máximos y mínimos de la f_0 (en Hz) de oraciones de foco neutro, foco ancho y foco estrecho emitidas por siete informantes masculinos de las islas Canarias. Toledo y Martínez Celdrán (1992, 1994) llegaron a resultados análogos con hablantes de español peninsular. El análisis estadístico (análisis de varianza) indica que no existen diferencias significativas entre las configuraciones analizadas, y el mismo resultado se obtuvo al cambiar la posición de los focos.

Los ejemplos analizados por Dorta y Toledo en el trabajo aludido (1997, 82–83) son del tipo siguiente:

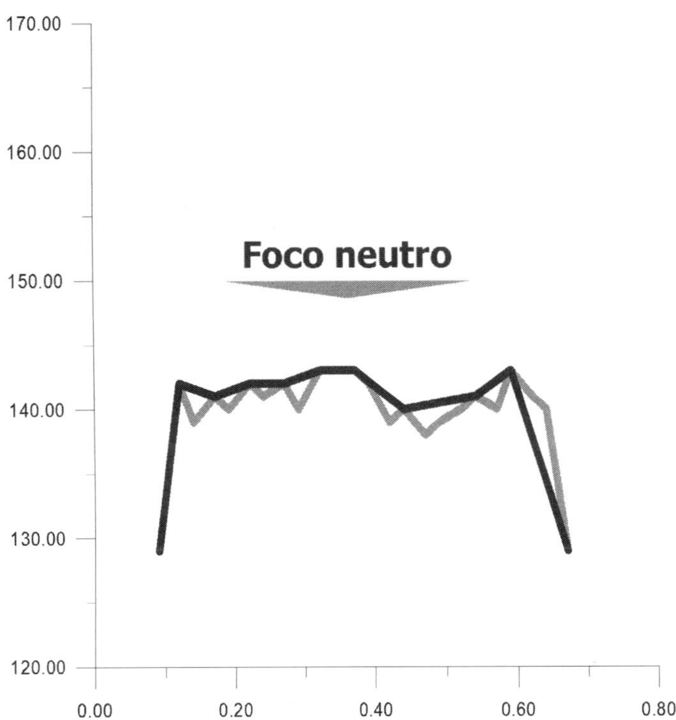

FIGURA 12. Esquema tonal del foco neutro o normal.

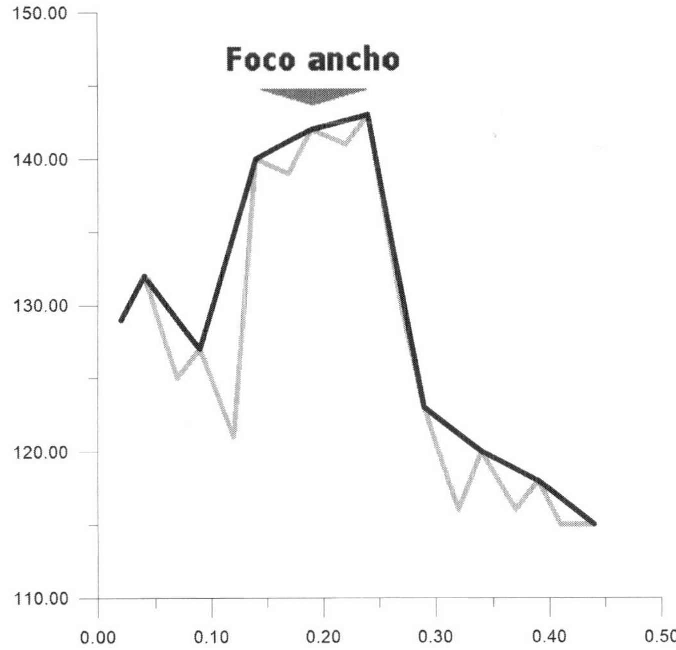

FIGURA 13. Esquema tonal del foco ancho.

1. Contexto: ¿Qué pasó? / Foco neutro: BENITA MANCHÓ A SAN FELIPE CON UNA LATA.
2. Contexto: ¿Qué hizo Teresa? / Foco ancho: Teresa SALVÓ A SAN JUAN CON UNA TAZA.
3. Contexto: ¿Qué hizo Benita? / Foco estrecho: Benita manchó a FRAY FELIPE con una lata.

Con el propósito de comprobar si en oraciones emitidas con mayor naturalidad los resultados eran diferentes, en un trabajo posterior (Dorta 1999) se analizó un corpus de oraciones producidas en un contexto de diálogo pregunta-respuesta

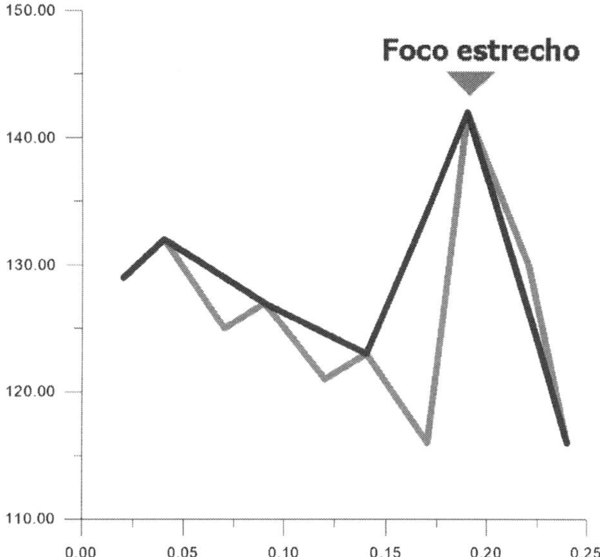

FIGURA 14. Esquema tonal del foco estrecho al final.

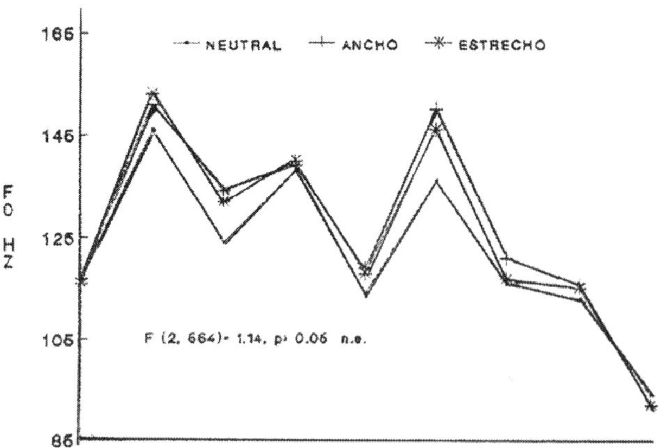

FIGURA 15. Esquemas tonales correspondientes a enunciados con foco neutro, ancho y estrecho (Dorta y Toledo 1997, 63).

por sujetos masculinos entre los cuales existía una gran amistad; todos ellos tenían idéntico nivel cultural y procedían de la isla de La Palma (Islas Canarias): las preguntas del emisor constituían los contextos interrogativos previos que provocarían las focalizaciones en las respuestas del receptor. Como corpus de contraste, se emplearon los resultados obtenidos del análisis experimental de los datos procedentes de informantes de otra isla canaria (Gran Canaria) llevado a cabo por Dorta y Toledo (1997). A partir de los resultados alcanzados, se concluyó que las diferencias de prominencia, tanto de la f_0 como de la duración, tampoco se relacionan con el contraste entre información nueva e información dada (Dorta 1999, 213), tal como se pone de manifiesto en la Figura 16.

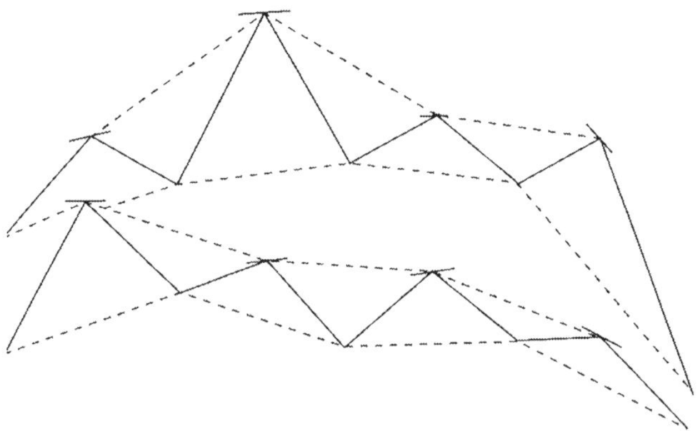

FIGURA 16. Contornos tonales estilizados correspondientes a oraciones de foco estrecho en el medio, emitidas por informantes de La Palma (superior) y de Las Palmas de Gran Canaria (inferior) (Dorta 1999, 207).

En efecto, los esquemas tonales de la Figura 16 ponen de manifiesto que los hablantes no focalizan en el tercer pico, que es el que aporta la información nueva. Este pico se caracteriza por tener un rango tonal [→ § 1.5.5, § 27.6] más comprimido que el segundo, en el caso de los informantes palmeros, y que el primero, en el caso de los hablantes de Gran Canaria.

Si en lugar de obtener un contorno tonal como el de la Figura 16 (a partir de los máximos y de los mínimos de f_0), se traza una curva solo con los valores máximos de f_0, el resultado es el que se ilustra en la Figura 17, en donde se puede observar que el tercer pico, en el que se da la información nueva, obedece al perfil normal de una declarativa neutra: la f_0 comienza su descenso después de un pico tonal, que en la gráfica superior, correspondiente a La Palma, es el 2 (PMx2 'pico máximo 2'), y en la inferior, correspondiente a Las Palmas, es el 1 (PMx1 'pico máximo 1').

> Los ejemplos analizados por Dorta en el trabajo al que se ha hecho referencia (1999, 203) son del tipo siguiente:
>
> 1. Contexto: ¿De qué habló Ana? / Foco neutro: DE LA GENTE PALMERA DE SU PUEBLO.
> 2. Contexto: ¿De qué habló Ana? / Foco ancho: Ana habló DE LA MISERIA CON QUE VIVIMOS TODOS.
> 3. Contexto: ¿De qué comida casera habló Ana? / Foco estrecho: Ana habló DE LAS SOPAS caseras.

A la misma conclusión se llega en un trabajo de Martín Butragueño (2005). Este autor aplicó un cuestionario a cuatro informantes de la Ciudad de México (dos hombres y dos mujeres con estudios universitarios) partiendo en buena medida del ejemplario de Zubizarreta (1999) y del supuesto de que las focalizaciones de (23b) a (23d) se diferencian

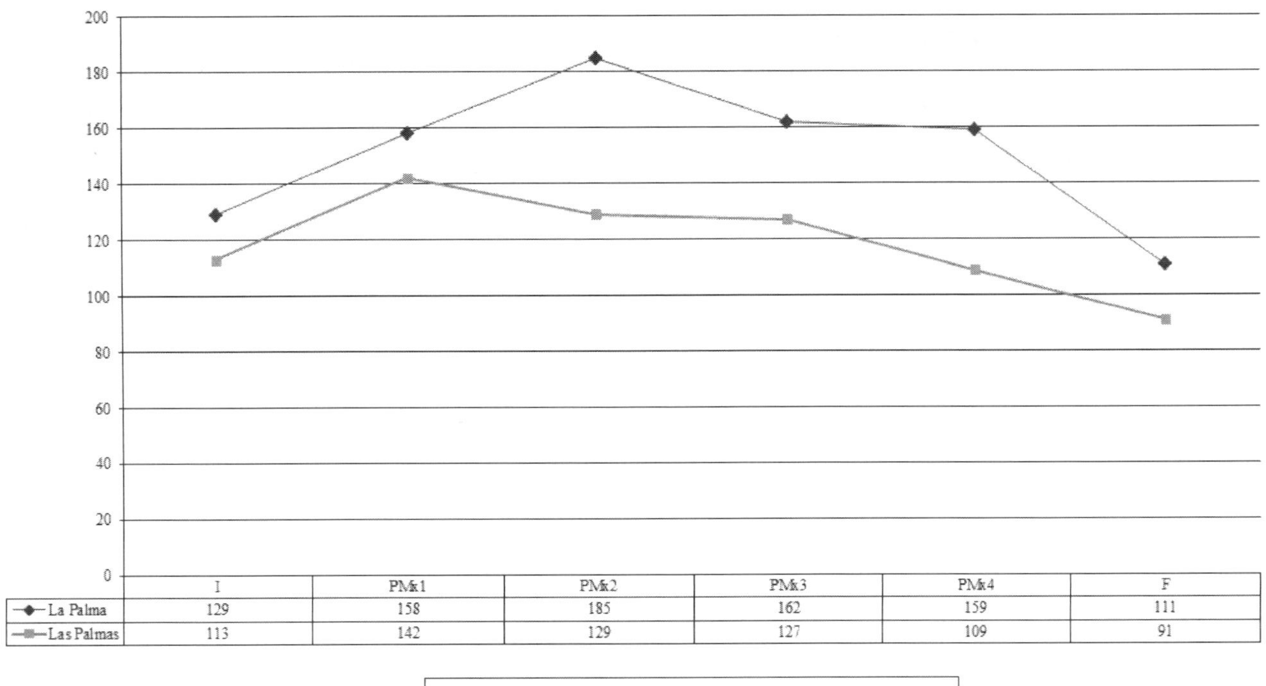

FIGURA 17. Media de los valores máximos de los picos de f_0 en oraciones de foco estrecho en el medio, emitidas por informantes de La Palma (superior) y de Las Palmas de Gran Canaria (inferior).

prosódicamente. No obstante, los resultados permitieron comprobar que los focos sintácticos delimitados no se correspondían con diferentes estructuras prosódicas, puesto que dos de los informantes organizaron la oración de idéntica manera, esto es, en dos grupos melódicos (gm), como se muestra en (25).

(25) ($_{gm}$ El gato) ($_{gm}$ se comió un ratón)

Los dos grupos melódicos de (25) presentaron la misma estructura prosódica en estos dos informantes. El primero se caracteriza por un acento tonal alto en *gato* y un tonema suspensivo al final del grupo; el segundo se caracteriza por un tono bajo en *ratón* y un tono de frontera final bajo [→ § 1.21.11, § 28.2.2].

Los otros dos informantes coinciden, asimismo, en realizar el único grupo melódico de (26).

(26) ($_{gm}$ El gato se comió un ratón)

La estructura prosódica que produjeron estos dos últimos informantes solo se diferencia de la de los dos anteriores en que, al formar un único grupo melódico, obviamente no presenta el tonema suspensivo con el que finaliza el primer grupo melódico de los hablantes cuyas realizaciones corresponden a las mostradas en (25).

Además de por la prominencia tonal, algunos estudiosos han concluido que los focos delimitados con la misma prueba de la interrogación se caracterizan también, aunque en menor medida, por una mayor duración e intensidad.

Así, Eady *et al.* (1986) observaron con respecto al inglés que, en las oraciones con foco único, este destacó por el tono y por la duración. Por el contrario, en las oraciones con varios focos, estos no se asociaron a picos tonales, por lo que se concluyó que cuanto más localizado está el foco (menos elementos focalizados), mayor es la prominencia prosódica. Botinis (1989), por su parte, analizó oraciones declarativas con un contexto interrogativo previo que es el que determinaría la focalización de las palabras de la oración; comprobó que las sílabas acentuadas presentaban una duración más elevada en los elementos focalizados y, por otra parte, que la f_0 incrementaba su valor desde el inicio de la sílaba acentuada del foco hasta la segunda mitad de la misma sílaba. Además, observó que la sílaba acentuada que sigue a la acentuada del foco, esto es, la posfocal, era significativamente menos prominente en cuanto al tono.

Por el contrario, en los trabajos ya citados de Dorta y Toledo (1997) y Dorta (1999) se concluyó, también mediante la prueba de la interrogación, que la media de duración de todos los elementos focalizados no mostraba diferencias estadísticamente significativas con la de los no focalizados, como puede verse en la Figura 18.

Los mismos resultados se observaron en relación con los promedios de intensidad, según se puede apreciar en la Figura 19.

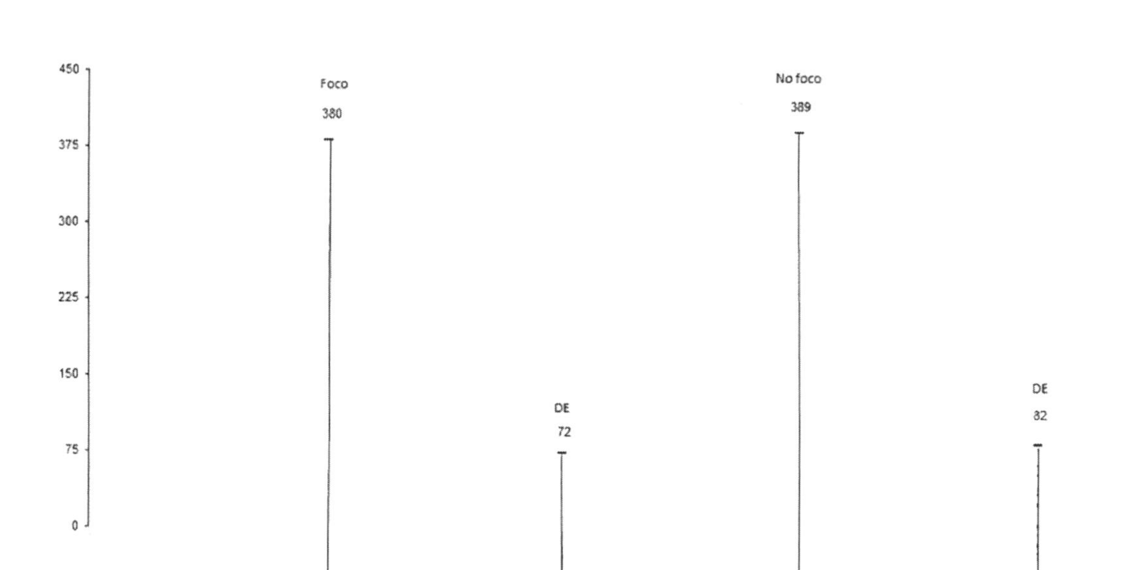

FIGURA 18. Media y desviación típica (DE) de los valores de duración en los elementos focalizados frente a los no focalizados (Dorta y Toledo 1997, 69).

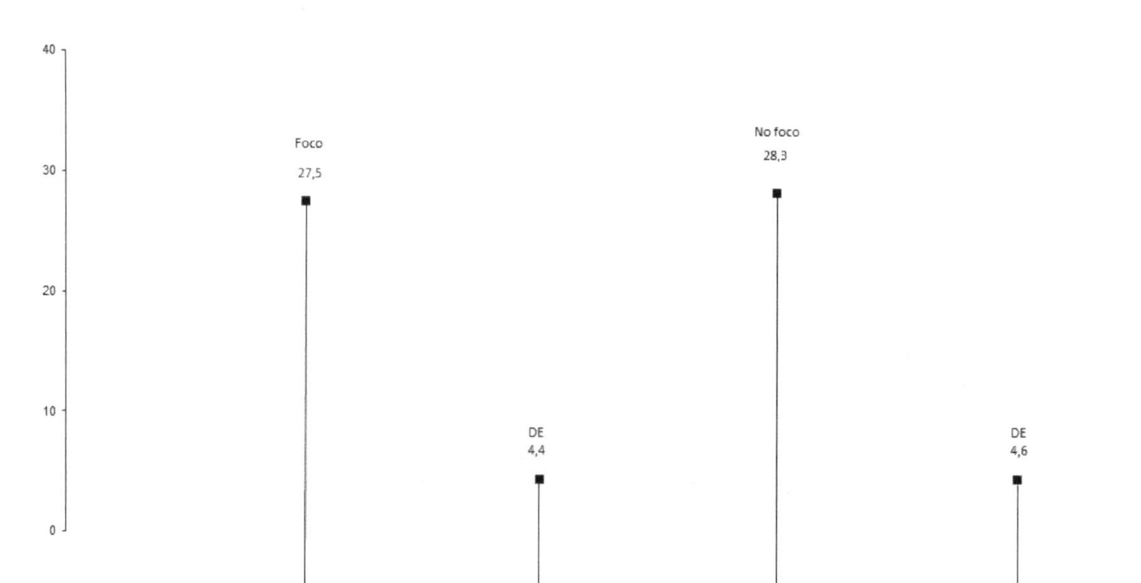

FIGURA 19. Media y desviación típica (DE) de los valores de intensidad en los elementos focalizados frente a los no focalizados (Dorta y Toledo 1997, 72).

La ausencia de sincronización entre el foco sintáctico y el foco prosódico que se ha comprobado podría deberse a que se leyeron enunciados aislados, por lo que en el trabajo de Dorta y Toledo ya citado se concluyó que las estrategias de focalización no funcionan en diseños experimentales basados en la lectura de oraciones a partir de contextos interrogativos previos: «Sólo en la comunicación espontánea podrían registrarse estrategias de focalización o no focalización relacionadas con cambios en la información nueva o dada, y con intereses ilocutivos de los informantes, necesarios para una eficiente comunicación del mensaje» (Dorta y Toledo 1997, 76).

30.6 Focalización prosódica e interpretación de algunos enunciados procedentes de habla espontánea

Desde un punto de vista pragmático, el interés reside en los discursos realmente emitidos; por ello, lo más coherente es que se parta de textos orales espontáneos o semiespontáneos (como sucede, por ejemplo, en un trabajo de Perea [2017] donde se estudian las estrategias de focalización en el discurso político), con el objetivo de comprobar la relevancia de la prosodia y su función en la organización, estructuración o jerarquización del discurso en unidades comunicativas, su papel en la expresividad del mensaje, que permite mostrar actitudes del hablante —como alegría, sorpresa o cortesía, entre otras— respecto de los enunciados que emite, o, en fin, su función en el realce o focalización de elementos de un enunciado, no necesariamente debidos solo a cambios en la información nueva, sino también a 'intereses ilocutivos' de los informantes.

Dado que en los dos capítulos siguientes de esta obra se tratará ampliamente el papel de la entonación en el discurso [→ capítulo 31] y en un tipo de discurso concreto —la conversación [→ capítulo 32]—, este apartado se centrará en el análisis de cinco ejemplos procedentes del habla espontánea a fin de ilustrar cómo utiliza el hablante la prosodia para focalizar partes de su discurso con el propósito de llamar la atención de su interlocutor o de realzar la importancia de determinados elementos en el proceso informativo en el que se halla en el momento de su comunicación.

Hace años, Canellada y Madsen (1987) se referían al llamado 'acento de insistencia' como uno de los medios empleados para focalizar un elemento de la secuencia. Decían así: «cuando en una sílaba vemos un máximo de los tres parámetros prosódicos, es señal de que esa palabra lleva una carga enfática extraordinaria y decimos que está 'focalizada', como aislada o hecha resaltar sobre un fondo» (91). Se asume entonces que, aunque este tipo de acento afecta particularmente a una sílaba de la secuencia, sus efectos se dejan sentir en todo el elemento en el que se encuentra dicha sílaba.

Se considerará, pues, que se da un 'foco prosódico', o que un elemento del enunciado está focalizado prosódicamente, cuando en él aparezca un refuerzo, ya sea de un único parámetro, como la f_0, o de varios, aunque dicho refuerzo afecte particularmente a una sílaba. Como la finalidad del refuerzo es llamar la atención del oyente o destacar la importancia de lo que se dice, la condición es que la prominencia prosódica sea perceptible para el oyente, de modo que se garantice la eficacia del acto comunicativo, sea cual sea la marca o las marcas que la definen.

El umbral tonal perceptivo que se utiliza normalmente en los estudios de entonación es el establecido primero por 't Hart (1981) y luego por Rietveld y Gussenhoven (1985), esto es, el que se sitúa entre 1,5 y 2 semitonos.

30.6.1 La aseveración categórica en un enunciado parentético

Cuando un enunciado parentético se emite de manera neutra, se caracteriza por una melodía más baja que la del resto de la frase y por una juntura terminal ascendente [→ § 28.2.2] al final del mismo (Quilis 1993, 445); concretamente, según Navarro Tomás, «se desenvuelve de ordinario a unos seis o siete semitonos por debajo de la altura media de la frase en que se halla intercalado» ([1944] 1974, 83).

En efecto, el análisis del ejemplo (27) ilustrado en la Figura 20, emitido en un estilo formal por un hombre joven, muestra que, cuando se inicia el paréntesis, la melodía se sitúa en una frecuencia muy inferior (125,3 Hz) respecto del final del grupo melódico anterior (186 Hz) —e, incluso, del inicio de la frase—, con lo que se pone de manifiesto una clara frontera prosódica (6,8 st) que separa el grupo parentético (*según mi abuela*) del primer grupo melódico (*En una tarde de verano*); por tanto, es obvia la función demarcativa de la entonación. Además, la melodía se mantiene en frecuencias muy bajas hasta el final del grupo parentético en donde sube, como indica Quilis.

(27) En una tarde de verano, *según mi abuela,* se murió su padre.

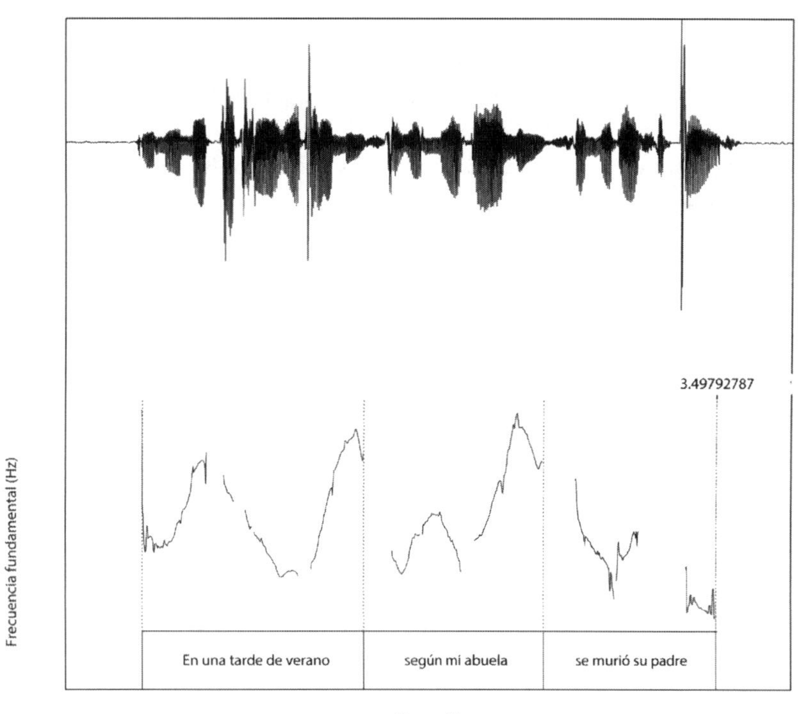

FIGURA 20. Oscilograma y curva melódica del enunciado *En una tarde de verano, según mi abuela, se murió su padre.*

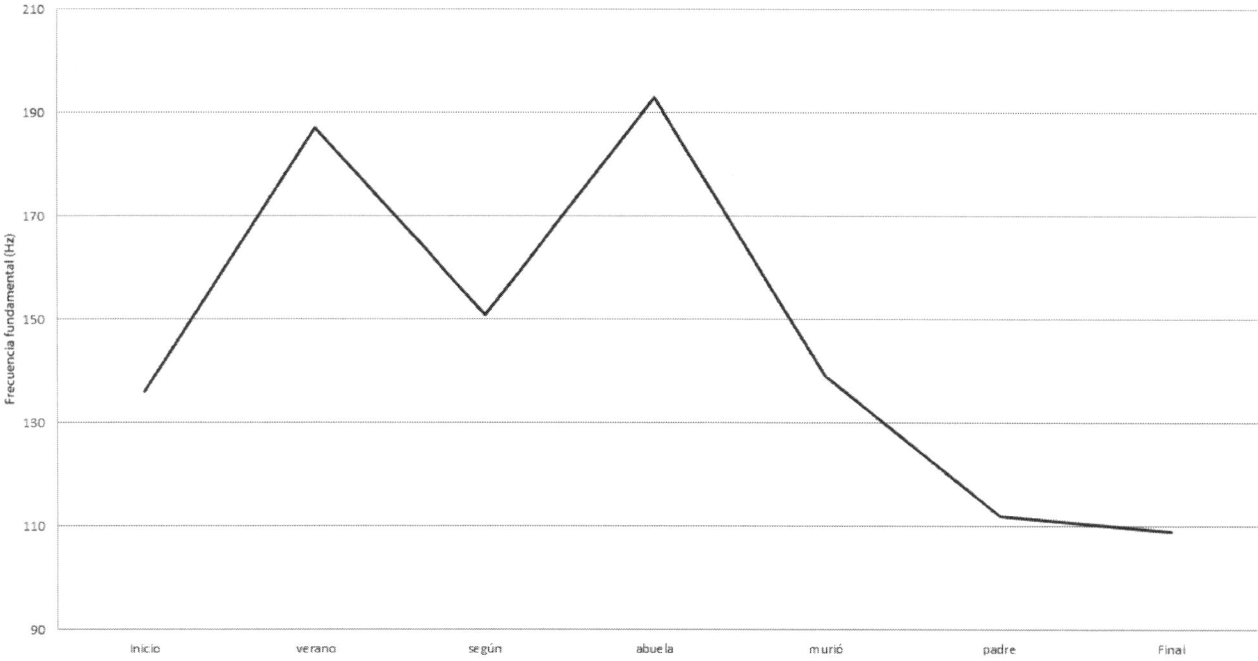

FIGURA 21. Representación estilizada de los picos tonales del enunciado *En una tarde de verano, según mi abuela, se murió su padre.*

En la Figura 21 se ilustra la curva melódica estilizada del mismo ejemplo (27) teniendo en cuenta, además del inicio y del final de la frase, los valores de f_0 de los picos acentuales. Se puede observar así que el pico correspondiente a la palabra que inicia el paréntesis, esto es, *según*, aparece en una frecuencia muy inferior a la del pico anterior (3,6 st), por lo que es evidente la ruptura, causada por el paréntesis, de la trayectoria melódica de la curva.

Ahora bien, el hablante puede enfatizar el enunciado parentético, como sucede en la secuencia *no las tres vías*, extraída del diálogo espontáneo entre M y H que se transcribe ortográficamente en (28).

(28) M: Bueno// a ver e y a(de)más// a lo mejor puedes ser el hombre de m// que unifique las tres vías// o no//
     H y M: (superposición de voces)
     M: Que las tre// las tres vías que se presentan al Tenerife ¿o no? //¿con Javier Pérez usted se lleva bien?
     H: Jo yo sí/ si pudiera hacer una// *no las tres vías*/ si pu// si si en mi mano estuviera que se uniera todo el mundo em en beneficio del Tenerife y que todo el mundo y que saliera adelante todo// ¡jobar! Mañana/ me prostituía si hacía falta pa(ra) eso (risas).

Los ejemplos proceden de una conversación radiofónica muy espontánea entre M y un directivo de un equipo de fútbol, H (véase Dorta 2008). El carácter espontáneo determina que muchas veces se 'roben' el turno de palabra, superpongan sus voces o, en definitiva, que organicen su discurso de manera que los enunciados, como advierte Briz, «parecen añadirse muchas veces conforme vienen a la mente del que habla», de modo que se da «un continuo ir y venir en un intento de explicarlo todo con detalle, de hacerse entender al instante, para preservar la comunicación y asegurar la correcta interpretación» (Briz 1996, 34–35). Los ejemplos que aquí se utilizan proceden exclusivamente de la intervención del hombre (H), cuya variedad de habla es el castellano.

Como puede verse en (28), el hablante interrumpe su discurso para emitir el paréntesis aclaratorio *no las tres vías*. Se trata de una aseveración categórica cuya finalidad comunicativa o pragmática no es la de transmitir simplemente una información nueva, sino la de realzar el contenido informativo de lo que quiere transmitir y que podría parafrasearse, teniendo en cuenta el conocimiento del contexto discursivo, del siguiente modo: 'no sólo sacaría el tema de las tres vías para adelante, sino que haría mucho más' (llegaría hasta a 'prostituirse', como afirma en la misma intervención).

Ese realce informativo se correlaciona con determinadas marcas prosódicas. Así, como se ilustra en la Figura 22, H interrumpe la formulación de la hipótesis ya iniciada con una pausa (524 ms) para introducir la aclaración parentética.

En la Figura 22 se observa que la melodía del paréntesis focalizado, como sucedía en el paréntesis neutro (Figura 20) se inicia significativamente por debajo del final del grupo melódico anterior (3,8 st, es decir, 84,9 Hz y 105,9 Hz, respectivamente) pero, en lugar de mantenerse baja, como ocurre en el enunciado neutro, se produce una subida tonal significativa

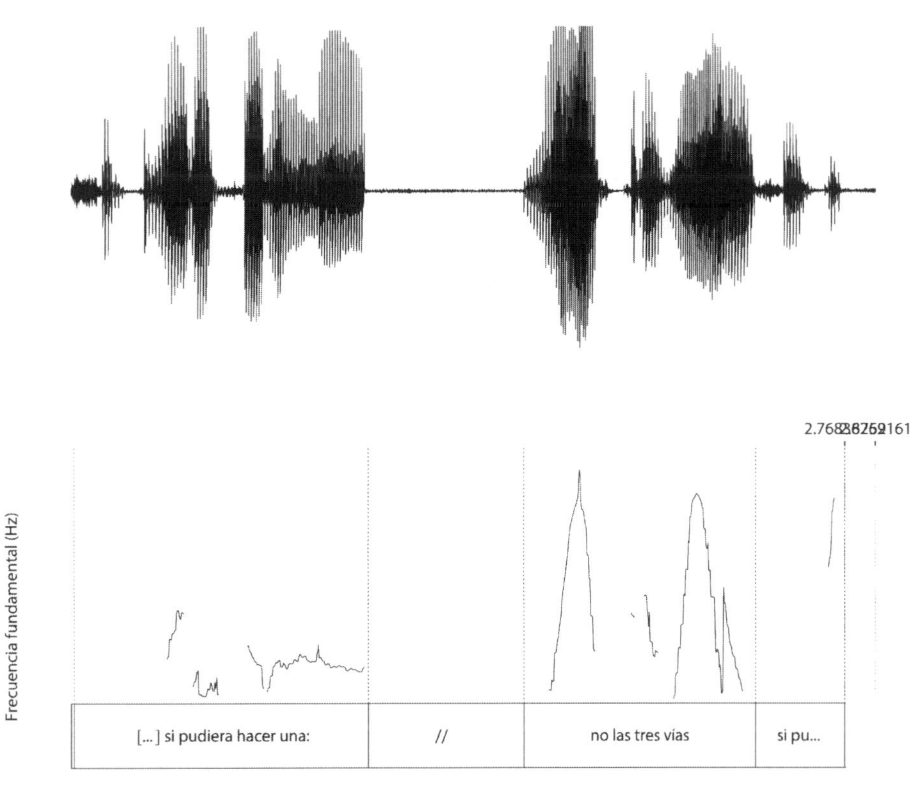

FIGURA 22. Oscilograma y curva melódica del enunciado *[...] si pudiera hacer una// no las tres vías/ si pu// si [...]* con elementos focalizados en el paréntesis *no las tres vías*.

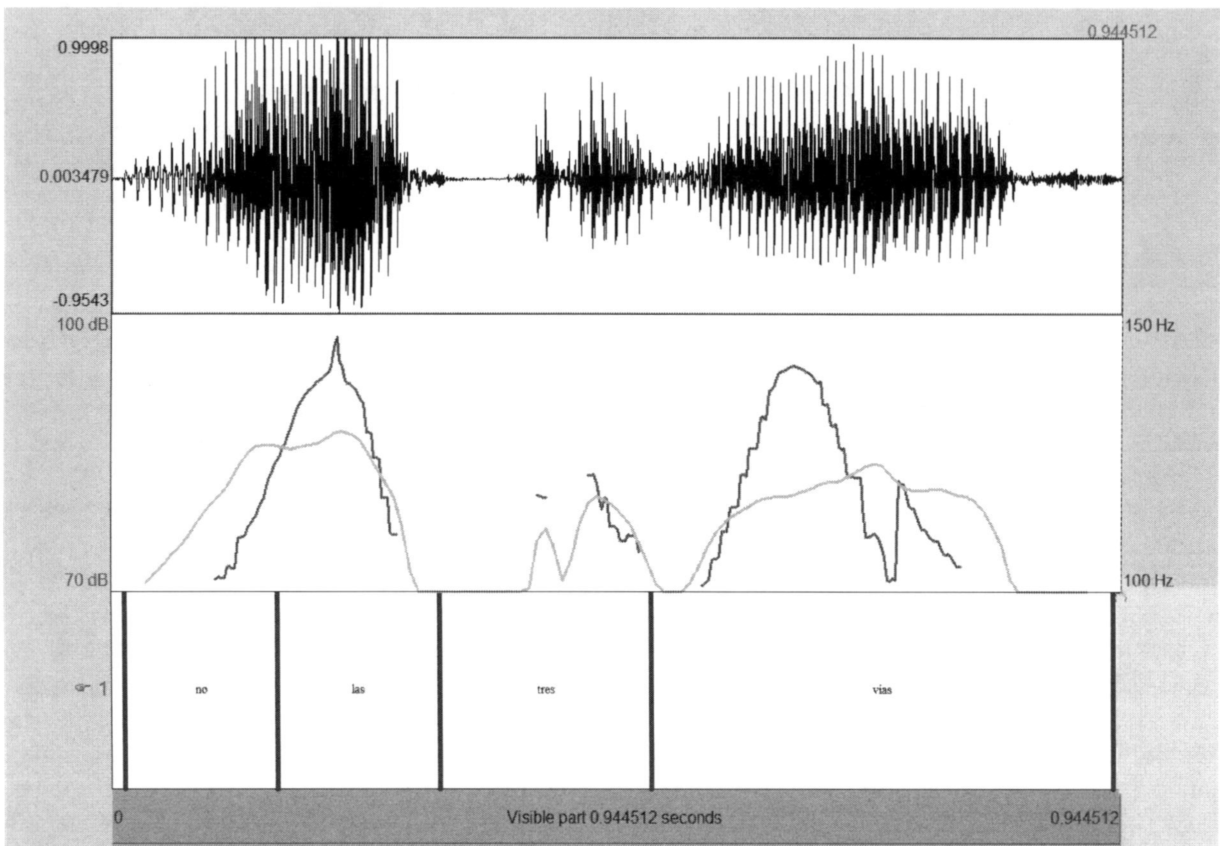

FIGURA 23. Oscilograma, curva melódica (en negro) y curva de intensidad (en gris) del fragmento *no las tres vías* perteneciente al enunciado ilustrado en la Figura 22.

en *no las* (debido a la introducción de un acento enfático [→ § 25.1.4, § 26.9.1] en una sílaba normalmente átona) y otro ascenso en *vías* por encima del tono normal del hablante para, finalmente, realizarse un tono de juntura [→ § 1.21.11] bajo donde cabría esperar uno alto, según se ha visto en la Figura 20. Esta caída de la melodía, al igual que la inicial del paréntesis, permite delimitarlo prosódicamente con respecto al discurso siguiente.

En definitiva, la aclaración parentética está especialmente focalizada porque el informante ha utilizado varias estrategias de focalización: hacer una pausa antes del paréntesis; introducir un acento enfático en sílaba átona, esto es, en *no las,* produciéndose un pico que contrasta con los tonos precedentes (el rango tonal desde el valle al pico es de 9 st); destacar el acento tonal de *vías* por encima de los acentos tonales precedentes igualándolo en frecuencia con el de *no las;* y, por último, realizar un tono de juntura bajo en el final del paréntesis (la caída tonal desde el pico es de 9,2 st), donde cabría esperar un tono alto si se tratara de un paréntesis neutro. Además, la focalización parentética no está marcada solo por la f_0, pues fundamentalmente en *no la*s se aprecia un pico de intensidad acusado (véase la Figura 23, en la que se ha ampliado el fragmento *no las tres vías* eliminando el contexto precedente y siguiente) que dota de una especial expresividad al enunciado. En cambio, la duración no contribuye a destacar la focalización.

30.6.2 Las oraciones condicionales

En las oraciones condicionales la f_0 actúa como frontera prosódica entre los dos períodos que las integran pues, con independencia del orden sintáctico, es decir, de si la prótasis está antepuesta o pospuesta a la apódosis, el primer período se caracteriza por una declinación ascendente y el segundo por una declinación descendente.

«El orden de dichos elementos es reversible, pero no el de los sintonemas, cuya disposición responde siempre al esquema *A × C*: 'Si vives envidioso| | no dormirás tranquilo'. 'No dormirás tranquilo| | si vives envidioso'.» Así expresaba este hecho hace años Navarro Tomás ([1944] 1974, 92) —A y C corresponden a 'anticadencia' y 'cadencia', respectivamente [→ § 28.2.1]—.

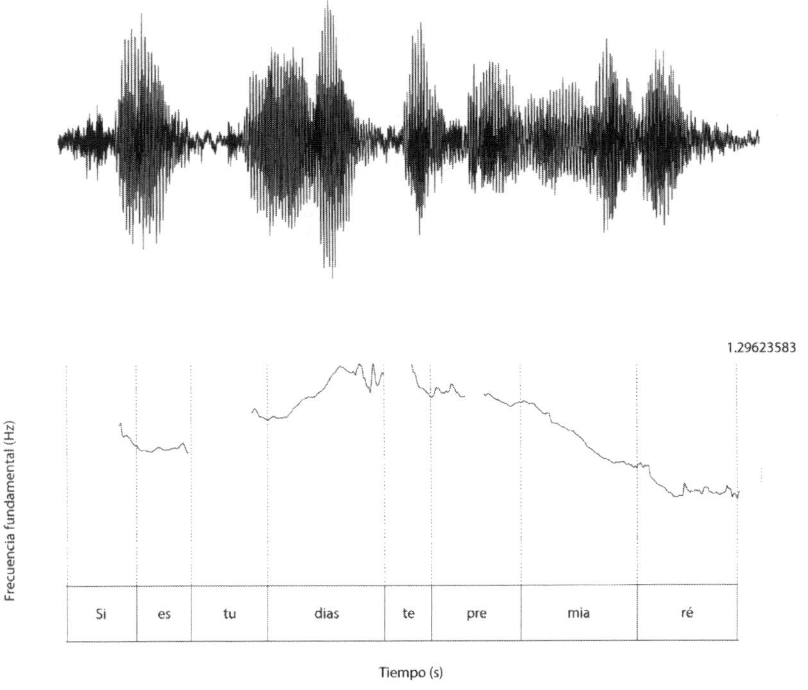

FIGURA 24. Oscilograma y curva melódica del enunciado *Si estudias te premiaré*.

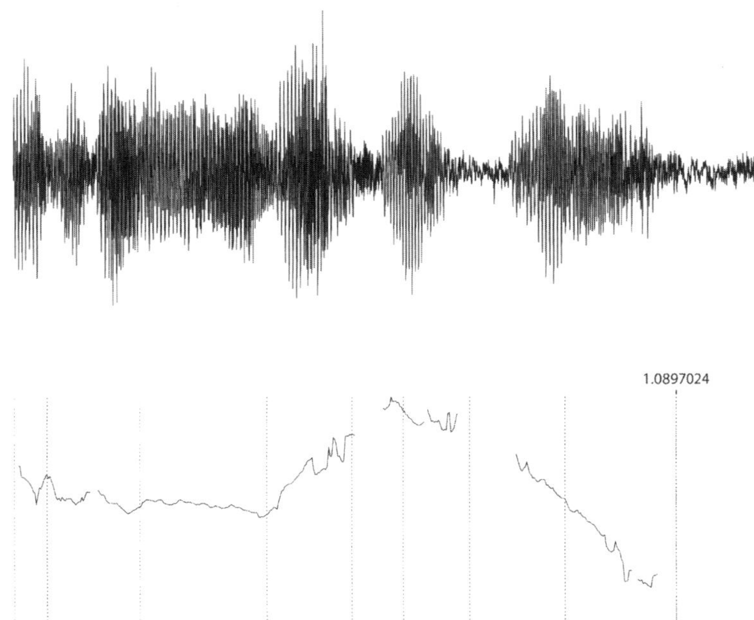

FIGURA 25. Oscilograma y curva melódica del enunciado *Te premiaré si estudias*.

Obsérvense las Figuras 24 y 25 correspondientes a dos oraciones condicionales emitidas con entonación neutra, sin pausa entre los dos períodos condicionales, por un hombre joven.

Ahora bien, en el discurso espontáneo, cualquiera de los dos periodos o cualquiera de sus elementos puede estar focalizado.

(28)   M: Bueno// a ver e y a(de)más// a lo mejor puedes ser el hombre de m// que unifique las tres vías// o no//
H y M: (superposición de voces)
M: Que las tre// las tres vías que se presentan al Tenerife ¿o no? //¿con Javier Pérez usted se lleva bien?

H: Jo yo sí/ si pudiera hacer una// no las tres vías/ si pu si si en mi mano estuviera que se uniera todo el mundo em en beneficio del Tenerife y que todo el mundo y que saliera adelante todo// ¡jobár! *Mañana/ me prostituía si hacía falta pa(ra) eso* (risas).

Volviendo al ejemplo de (28), si de este discurso se extrae el fragmento *Mañana/ me prostituía si hacía falta pa(ra) eso* y se analiza prosódicamente, se obtiene el resultado que se muestra en la Figura 26.

Se puede observar en la Figura 26 que el comportamiento prosódico no es el que se ha recogido en las Figuras 24 y 25. En primer lugar, *mañana* y *prostituía* no forman parte de un mismo grupo melódico —como cabría esperar por formar parte de la apódosis de la oración condicional—, sino de dos grupos, debido a la focalización claramente perceptible de ambas palabras, que, desde el punto de vista informativo, se asocian con información nueva y también con el interés del hablante en destacar lo que llegaría a hacer por su equipo (metafóricamente, se entiende) de manera inmediata.

En efecto, ambas focalizaciones son evidentes en la trayectoria melódica del hablante. *Mañana* se caracteriza por un notable incremento tonal y, más aún, de intensidad, especialmente localizado en la sílaba acentuada, como se pone de manifiesto tanto en la forma de onda como en la curva melódica de la Figura 26.

Téngase en cuenta que el rango tonal y de intensidad desde la sílaba pretónica *(ma)* hasta la sílaba acentuada *(ña)* es superior a 5 st y 8 dB, respectivamente, diferencias muy relevantes desde el punto de vista perceptivo. El descenso posterior es de 2,9 st y 9 dB (ya se ha dicho que una diferencia superior a 1,5 st es perceptivamente significativa; el umbral de intensidad es 4 dB según Dorta, Martín Gómez y Jorge Trujillo [2017]).

El salto abrupto de subida y bajada, sobre todo en la sílaba tónica, es lo que confiere una gran expresividad al sintagma y lo que determina fundamentalmente que se perciba como un grupo prosódico claramente delimitado de lo que sigue. A ello se añade que la duración de la tónica también destaca ligeramente (153 ms), por lo que, sin duda, la conjunción de los tres parámetros y su comportamiento determinan que *mañana* se perciba como focalizado respecto de su entorno (foco estrecho).

La forma verbal *prostituía* se caracteriza, asimismo, por una prominencia prosódica evidente asociada a la sílaba acentuada, que se enfatiza de manera relevante. En este caso, el parámetro más destacado es la altura tonal [→ § 27.6], debido a que se produce una variación de más de 8 st desde la sílaba precedente, para luego caer de manera abrupta con un intervalo tonal similar (7 st), cuando lo que cabría esperar, de acuerdo con lo que ya se dijo a propósito de la separación

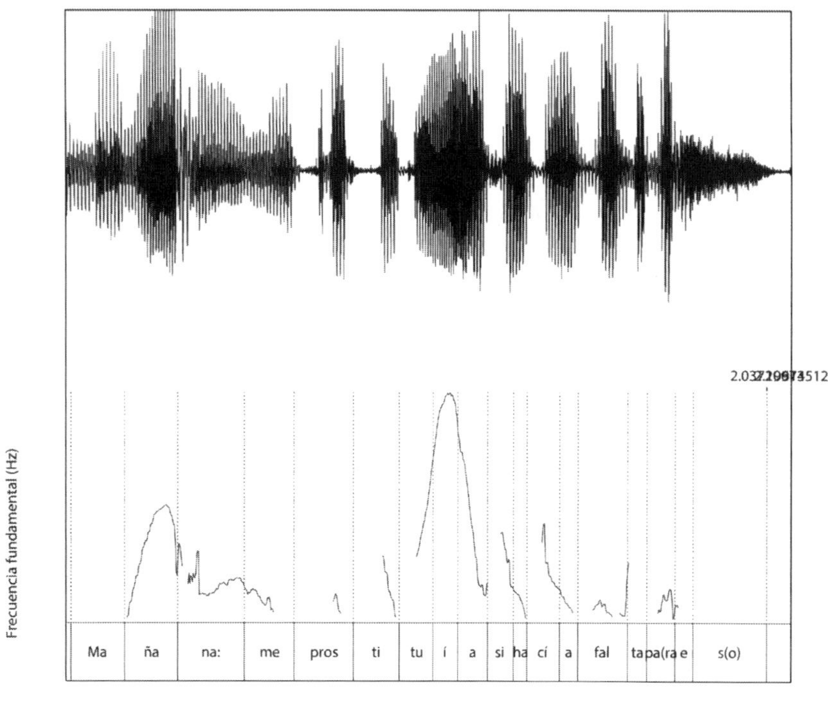

FIGURA 26. Oscilograma y curva melódica del enunciado *Mañana/ me prostituía si hacía falta pa(ra) eso.*

prosódica de los dos períodos de las condicionales, es una subida de la f_0 al terminar la apódosis. Además, la intensidad también contribuye a la focalización, como puede verse en la forma de onda de la Figura 26.

Frente a la media de 75 dB en las sílabas precedentes, la acentuada en *prostituía* se diferencia en más de 5 dB.

30.6.3 *Conclusión con advertencia atenuada*

El hablante concluye a veces su discurso de manera tajante y con un matiz de advertencia atenuada que determina una focalización prosódica destacada en el enunciado conclusivo. Así se pone de manifiesto en *Pero que todo el mundo está apretado, eh*, extraído del discurso reproducido en (29), enunciado que resume las dificultades de las que ha venido hablando el informante en su intervención anterior: 'no es un único equipo el que atraviesa por dificultades, sino que son todos los equipos'.

(29) M: Fíjate // antes que se jugaba con treinta y siete treinta y ocho treinta y nueve años // y ahora hay gente con treinta y dos treinta y tres// y treinta y uno que no tiene equipo //
H: sí con veinte y seis// y con veintiocho y a lo mejor con veintidós te quedas sin equipo// que te quiero decir que// el fútbol está difícil// para todo (…) y y en otros equipos // pues bueno// estarán no sé si las mismas cantidades así// *pero que todo el mundo está apretado eh*// todo el mundo del fútbol se ha puesto muy (interrumpe M)//

Obsérvese en la Figura 27 la monotonía tonal del informante en la secuencia en *las mismas cantidades,* para luego realizar un brusco ascenso después de *así* e inmediatamente focalizar de manera destacada *todo el mundo está apretado, eh*. La focalización aparece realzada, en primer lugar, por la elevación tonal que se da en *todo el mundo,* cuyo pico máximo se alcanza en la sílaba tónica *mun* (218 Hz, 15 st desde el valle anterior situado en 90,22 Hz) y el brusco descenso de la melodía. Por otra parte, la sílaba acentuada de *apretado* y la interjección vuelven a ser más prominentes en cuanto al tono, aunque en menor medida que el foco anterior (162 Hz y 159 Hz, respectivamente). Sin embargo, *apretado* aparece reforzado por una mayor intensidad y por una elevada duración, particularmente en la sílaba acentuada, como se puede apreciar en la forma de onda; de ahí que, en su conjunto, a partir de *así* el comportamiento prosódico se aleje considerablemente de las pautas normales del hablante.

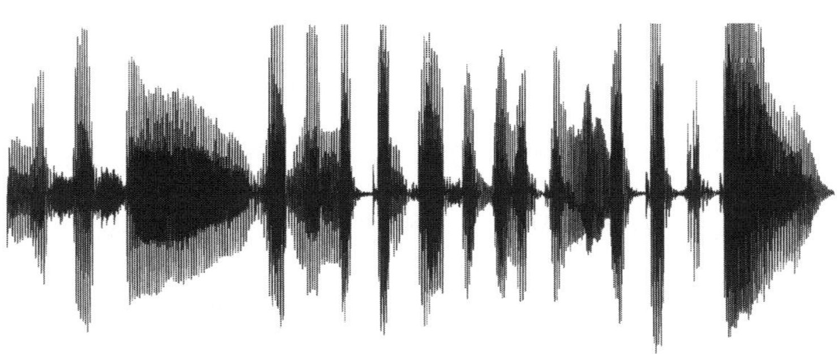

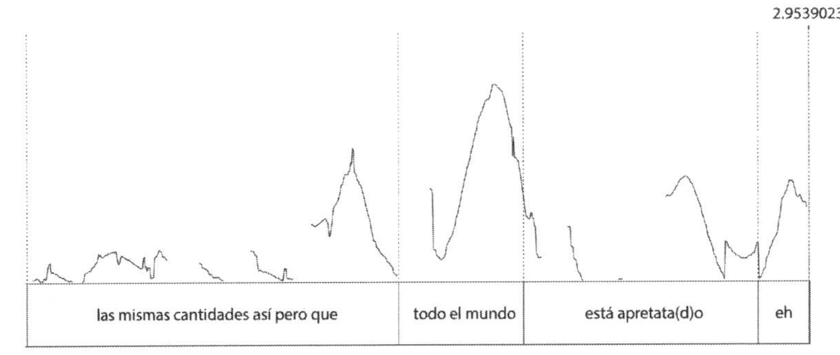

FIGURA 27. Oscilograma y curva melódica del enunciado *[…] las mismas cantidades así// pero que todo el mundo está apretado eh//.*

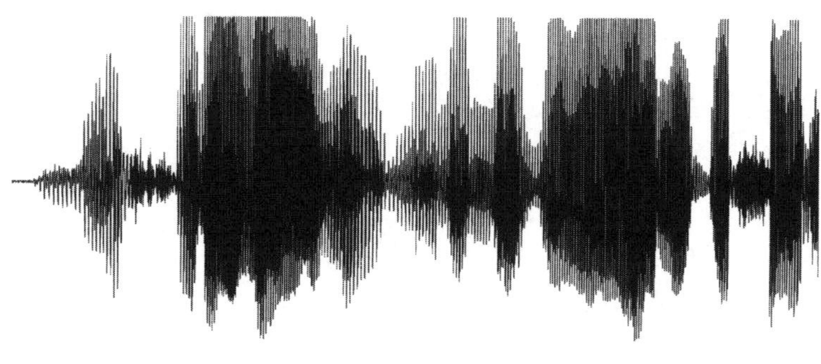

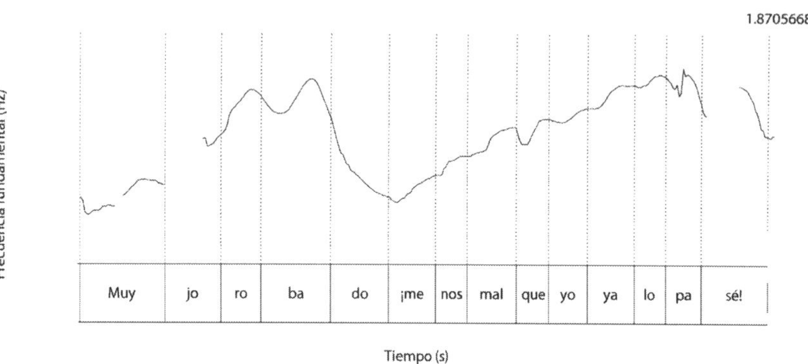

FIGURA 28. Oscilograma y curva melódica del enunciado *Muy jorobado ¡menos mal que yo ya lo pasé!* con foco en la reiteración enfática *Muy jorobado*.

30.6.4 Ratificación enfática

En bastantes ocasiones el hablante focaliza algún elemento de su intervención para ratificar la que ha hecho inmediatamente antes su interlocutor. Así sucede en *muy jorobado* del ejemplo de (30).

(30) H: sí con veinte y seis// y con veintiocho y a lo mejor con veintidós te quedas sin equipo// que te quiero decir que// el fútbol está difícil// para todo (…) y y en otros equipos // pues bueno// estarán no sé si las mismas cantidades así// pero que todo el mundo está apretado eh// todo el mundo del fútbol se ha puesto muy (interrumpe M)//
M: ¿Muy jorobado?
H: *Muy jorobado* ¡menos mal que yo ya lo pasé! (risas).

La focalización prosódica determina que el enunciado *muy jorobado* se presente como un grupo melódico claramente delimitado, según se pone de manifiesto en la Figura 28.

En realidad, toda la secuencia *Muy jorobado ¡menos mal que yo ya lo pasé!* está muy enfatizada pero, sin duda, *muy jorobado* lo está especialmente.

Obsérvese, en la misma Figura 28, la destacada subida tonal de *muy jorabado* en la sílaba pretónica (una octava desde el valle anterior) y en la tónica (supera la octava, esto es, 12,7 st) desde la cual cae abruptamente situándose en el nivel de partida. Se produce, así, un foco estrecho debido no solo al comportamiento tonal, sino también a que *muy* se realza prosódicamente por su elevada duración (279 ms) y, en general, porque el elemento focalizado presenta una gran intensidad, como se puede apreciar en la forma de onda.

30.6.5 La pregunta como fórmula para realzar el contenido informativo

Considérese, finalmente, un ejemplo bastante usual en el habla espontánea. Se trata de las preguntas que formula el hablante (incluso a sí mismo) empleando un tono exclamativo sin que, en realidad, espere una respuesta por parte de su interlocutor. La finalidad comunicativa no se centra en el contenido de estas preguntas (aspecto locutivo), puesto que el hablante se sirve de ellas para incrementar la importancia de lo que está transmitiendo en el acto comunicativo en el que

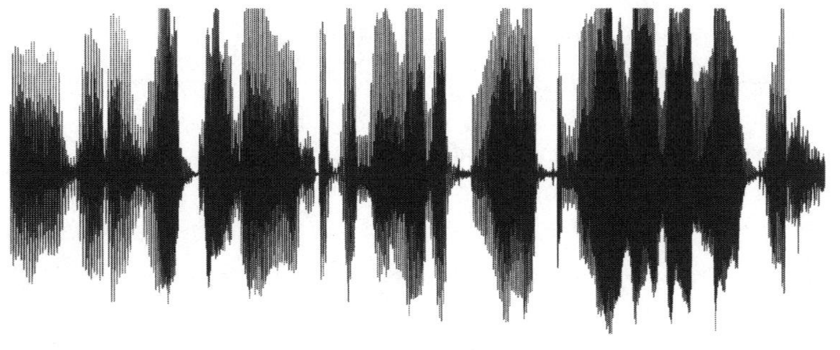

FIGURA 29. Oscilograma y curva melódica del enunciado con elementos focalizados *¿os volvéis locos?* (balbuceo) *empezamos a hablar de fútbol en las comidas y os volvéis locos.*

se encuentra inmerso. Es el caso del ejemplo de (31), en el que el locutor emite este tipo de pregunta y él mismo se da la respuesta con cierta admiración, de manera que tanto la pregunta como la respuesta se focalizan en el elemento que se desea destacar para magnificar lo que se viene diciendo.

(31) M: Oye// ¡qué curioso!// Siempre están tus amigos al otro lado de la barrera de (…)//
H: Hasta ahora// no m: bueno menos mal que salió (…) que ahí (risas) pero es que un momento dado dije//
¿os volvéis locos? (balbuceo) empezamos a hablar de fútbol en las comidas y *os volvéis locos* (risas).

Obsérvese, en la Figura 29, la monotonía tonal que precede y sigue al foco estrecho que se da en el primer *locos* de la pregunta; en cambio, en la respuesta, el foco se hace más ancho, por lo cual el primero es más expresivo que el segundo. Es obvio que la f_0, responsable de la melodía, es el parámetro más destacable en estos focos. En el inicial se produce un salto evidente de la f_0 desde *volvéis* (96,6 Hz) hasta la sílaba tónica de *locos* (216 Hz, es decir, un salto de 13,9 st), lo cual confiere una gran expresividad a la locución. Asimismo, la intensidad aparece también muy destacada, pero no así la duración, que no aumenta respecto del acento tonal precedente. Este foco se percibe claramente diferenciado del discurso siguiente, que se inicia con un tono bajo. El segundo foco, en cambio, es ancho, puesto que se comienza a focalizar en la sílaba tónica de *comidas* hasta culminar la focalización en *locos,* situándose la mayor prominencia tonal en la sílaba acentuada de este último elemento (259 Hz), desde donde la f_0 cae (11,4 st). La intensidad, como puede apreciarse en la forma de onda, también pone de manifiesto un foco ancho al mantenerse muy alta desde *comidas* hasta el final.

30.7 Conclusiones

En el presente capítulo se ha pretendido poner de relieve el hecho de que la entonación constituye un recurso formal, lingüístico y fundamental que utilizan los hablantes para comunicarse. En contra de lo que ha sucedido tradicionalmente, no se concibe en la actualidad un estudio lingüístico, sociolingüístico o pragmático que niegue la importancia de este suprasegmento, puesto que su función no es solo lingüística o sociolingüística ni está limitada a otorgar una mayor o menor expresividad al habla —lo cual es también muy importante—, sino que, además, desde el punto de vista pragmático, permite realizar los contenidos informativos. Lo hace no solo por tratarse de información nueva o que se presupone como nueva, sino por otro tipo de intereses que tiene el hablante en el momento en el que se halla inmerso en un discurso. Ello contribuye de manera decisiva a evitar las posibles o supuestas ambigüedades de los enunciados.

En relación con el foco prosódico puede concluirse lo siguiente:

1.º Se ha comprobado que la prominencia tonal es un índice fundamental en la focalización de determinados elementos del discurso, aunque normalmente aparece reforzada por la intensidad y por la duración, o por ambos parámetros; asimismo, se ha observado que los focos más prominentes son los que añaden matices expresivos y énfasis en la locución. Los valores tonales y de intensidad en los focos siempre superan los de los acentos tonales precedentes y siguientes.

2.º En lo que respecta a la extensión de los focos, los ejemplos de habla espontánea analizados en este capítulo han puesto de manifiesto que predominan claramente los focos estrechos que afectan a un único elemento, cuya sílaba acentuada se destaca como posición focal más prominente.

3.º Lo más habitual es que después de la prominencia tonal en la sílaba acentuada se dé una caída más o menos abrupta de la f_0.

4.º El realce prosódico o focalización que realiza el hablante obedeciendo a los intereses que tiene en cada momento se relaciona tanto con grupos sintácticos claramente diferenciados como con grupos melódicos no diferenciados sintácticamente. Así, en el ejemplo relativo a las condicionales analizado en este trabajo (§ 30.6.2, Figura 26) se ha visto que en el mismo período de la apódosis se encuentran dos grupos melódicos, y que en cada uno de ellos se da un foco. Ese ejemplo muestra, además, que es precisamente la focalización lo que determina la delimitación de los grupos melódicos.

5.º Una de las estrategias usadas por el hablante para focalizar consiste en emplear un tono alto donde se esperaba uno bajo (§ 30.6.2, Figura 26).

6.º En los casos en los que se da un foco prosódico, no se advierte ni el adelantamiento del pico tonal ni su retraso respecto de la sílaba acentuada [→ § 25.2.1], puesto que la mayor prominencia prosódica siempre se alinea con el acento.

7.º Finalmente, la focalización se puede lograr introduciendo un acento tonal suplementario alto en una sílaba normalmente átona sin que ello comporte una división melódica suplementaria (§ 30.6.1, Figuras 22 y 23).

Se concluye, por último, que el análisis de la entonación de los enunciados concretos considerados, tal como postulan los presupuestos pragmáticos, no de manera aislada, sino en los actos de habla en los que se hallan inmersos, permite aprehender sin ambigüedad alguna los contenidos lingüísticos, sociolingüísticos y pragmáticos que aparecen implicados en dichos actos de habla. Asimismo, resulta evidente que un análisis pragmático de la entonación debe realizarse a partir de diferentes tipos de corpus lo más espontáneos posible. De ahí que no resulte extraña la ausencia de focalización en enunciados formales obtenidos a partir de la técnica de la interrogación y, como consecuencia, la falta de correspondencia entre el foco sintáctico y el foco prosódico en este tipo de enunciados.

Agradecimientos

Este trabajo se ha realizado en el marco del proyecto de I+D *Estudio comparativo de la entonación y del acento en zonas fronterizas del español* (FFI2014-52716-P) del Programa Estatal de Fomento de la Investigación Científica y Técnica de Excelencia, Subprograma Estatal de Generación del Conocimiento (2015–2017) del Ministerio de Economía y Competitividad de España —en la actualidad Ministerio de Ciencia, Innovación y Universidades—.

Referencias bibliográficas

Austin, John L. (1962) 1982. *Palabras y acciones. Cómo hacer cosas con palabras.* Editado por James O. Urmson. Traducido por Genaro Rubén Carrió y Eduardo Antonio Rabossi. Barcelona: Paidós.

Botinis, Antonis. 1989. *Stress and Prosodic Structure in Greek. A Phonological, Acoustic, Physiological and Perceptual Study.* Lund: Lund University Press.

Briz, Antonio. 1996. *El español coloquial: situación y uso*. Madrid: Arco/Libros.

de Bustos Gisbert, José Manuel. 1996. *La construcción de textos en español*. Salamanca: Ediciones Universidad de Salamanca.

Canellada, María Josefa y John Kuhlmann Madsen. 1987. *Pronunciación del español. Lengua hablada y literaria*. Madrid: Castalia.

Chafe, Wallace L. 1974. «Language and Consciousness». *Language* 50 (1): 111–33. https://doi.org/10.2307/412014.

———. 1976. «Givenness, Contrastiveness, Definiteness, Subjects, Topics, and Point of View». En *Subject and Topic*, editado por Charles N. Li, 25–55. Nueva York: Academic Press.

Chomsky, Noam. 1976. «Conditions on Rules of Grammar». *Linguistic Analysis* 2 (4): 303–51.

Clark, Herbert H. y Susan E. Haviland. 1977. «Comprehension and the Given-New Contract». En *Discourse Production and Comprehension. Vol. 1: Discourse Processes. Advances in Research and Theory*, editado por Roy O. Freedle, 1–40. Norwood: Ablex.

Daneš, František. 1964. «A Three-Level Approach to Syntax». En *Travaux linguistiques de Prague, 1. L'École de Prague d'aujourd'hui*, editado por Josef Vachek, 225–40. Praga: Éditions de l'Académie Tchécoslovaque des Sciences.

Dorta, Josefa. 1999. «Focalización y tendencias prosódicas en la entonación canaria». En *Actas del XI Congreso Internacional de la Asociación de Lingüística y Filología de la América Latina (ALFAL). Las Palmas de Gran Canaria, España, del 22 al 27 de julio de 1996*, editado por José Antonio Samper Padilla y Magnolia Troya, 1:201–18. Las Palmas de Gran Canaria: Universidad de Las Palmas de Gran Canaria, Servicio de Publicaciones; Las Palmas de Gran Canaria: Librería Nogal.

———. 2007. «La entonación hispánica y su desarrollo desde principios del siglo xx hasta nuestros días». En *Historiografía de la lingüística en el ámbito hispánico. Fundamentos epistemológicos y metodológicos*, editado por Josefa Dorta, Cristóbal José Corrales y Dolores Corbella, 161–99. Madrid: Arco/Libros.

———. 2008. «La focalización prosódica: funcionalidad en los niveles lingüístico y pragmático». *Estudios de Fonética Experimental* 17: 106–138.

Dorta, Josefa, José Antonio Martín Gómez y Carolina Jorge Trujillo. 2017. «Intensity Threshold: Beyond Pure Tones». *Estudios de Fonética Experimental* 26: 133–63.

Dorta, Josefa y Guillermo Andrés Toledo. 1992. «Focus in Insular Spanish». *The Journal of the Acoustical Society of America* 91 (4): 2403. https://doi.org/10.1121/1.403261.

———. 1997. «Foco en el español de Canarias: dos experimentos». *Estudios de Fonética Experimental* 8: 51–84.

Eady, Stephen J., William E. Cooper, Gayle V. Klouda, Pamela R. Mueller y Dan W. Lotts. 1986. «Acoustical Characteristics of Sentential Focus: Narrow vs. Broad and Single vs. Dual Focus Environments». *Language and Speech* 29 (3): 233–51. https://doi.org/10.1177/002383098602900304.

Escandell, María Victoria. 1999. «Los enunciados interrogativos: aspectos semánticos y pragmáticos». En *Gramática descriptiva de la lengua española. Vol. 3. Entre la oración y el discurso. Morfología*, editado por Ignacio Bosque y Violeta Demonte, 3929–3991. Madrid: Espasa Calpe.

———. 2004. «Aportaciones de la pragmática». En *Vademécum para la formación de profesores. Enseñar español como segunda lengua (L2)/lengua extranjera (LE)*, editado por Jesús Sánchez Lobato y Isabel Santos Gargallo, 179–97. Madrid: SGEL.

Face, Timothy L. 2002. «El foco y la altura tonal en español». *Boletín de Lingüística* 14 (17): 30–52.

Firbas, Jan. 1964. «On Defining the Theme in Functional Sentence Analysis». En *Travaux linguistiques de Prague, 1. L'École de Prague d'aujourd'hui*, editado por Josef Vachek, 267–80. Praga: Éditions de l'Académie Tchécoslovaque des Sciences.

Fuentes Rodríguez, Catalina. 2014. «Los límites del enunciado». *Estudios de Lingüística del Español* 35: 137–60.

García Riverón, Raquel. 1998. *Aspectos de la entonación hispánica III. Las funciones de la entonación en el español de Cuba*. Cáceres: Universidad de Extremadura, Servicio de Publicaciones.

Güemes, Mercedes, Bárbara Sampedro, Christian Cossio-Mercado y Jorge Alberto Gurlekian. 2016. «La relación entre foco y prosodia: análisis de la percepción de las prominencias acentuales en un corpus del español de Buenos Aires». *Estudios de Lingüística. Universidad de Alicante (ELUA)* 30: 129–39. https://doi.org/10.14198/ELUA2016.30.06.

Gutiérrez Ordóñez, Salvador. 1997a. *La oración y sus funciones*. Madrid: Arco/Libros.

———. 1997b. *Temas, remas, focos, tópicos y comentarios*. Madrid: Arco/Libros.

———. 2002. *De pragmática y semántica*. Madrid: Arco/Libros.

Halliday, Michael A. K. 1967. «Notes on Transitivity and Theme in English: Part 2». *Journal of Linguistics* 3 (2): 199–244. https://doi.org/10.1017/S0022226700016613.

———. 1985. *An Introduction to Functional Grammar*. Londres: Edward Arnold.

't Hart, Johan. 1981. «Differential Sensitivity to Pitch Distance, Particularly in Speech». *The Journal of the Acoustical Society of America* 69 (3): 811–21. https://doi.org/10.1121/1.385592.

Hymes, Dell. 1971. «Competence and Performance in Linguistic Theory». En *Language Acquisition: Models and Methods. Proceedings of a C.A.S.D.S. Study Group on «Mechanisms of Language Development» Held Jointly with the Ciba Foundation, London, May 1968, Being the Third Study Group in a C.A.S.D.S. Programme on «The Origins of Human Behaviour»*, editado por Renira Huxley y Elizabeth Ingram, 3–23. Nueva York: Academic Press.

———. 1972. «On Communicative Competence». En *Sociolinguistics. Selected Readings*, editado por John B. Pride y Janet Holmes, 269–93. Harmondsworth: Penguin Books.

Martín Butragueño, Pedro. 2005. «La construcción prosódica de la estructura focal en español». En *Variación sintáctica en español. Un reto para las teorías de la sintaxis*, editado por Gabriele Knauer y Valeriano Bellosta, 117–44. Tubinga: Niemeyer. https://doi.org/10.1515/9783110923353.117.

Mathesius, Vilém. 1964. «On Linguistic Characterology with Illustrations from Modern English». En *A Prague School Reader in Linguistics*, editado por Josef Vachek, 59–67. Bloomington: Indiana University Press.

Morris, Charles. (1938) 1985. *Fundamentos de la teoría de los signos*. Traducido por Rafael Grasa. Barcelona: Paidós.

Navarro Tomás, Tomás. (1944) 1974. *Manual de entonación española*. 4.ª ed. Madrid: Guadarrama.

Perea, Francisco Javier. 2017. «Estrategias de focalización prosódica en cuatro políticos españoles». *Pragmalingüística* 25: 490–507. https://doi.org/10.25267/Pragmalinguistica.2017.i25.

Portolés Lázaro, José. 1998. *Marcadores del discurso*. Barcelona: Ariel.

Quilis, Antonio. 1993. *Tratado de fonología y fonética españolas*. Madrid: Gredos.

Rietveld, Antonius C. M. y Carlos Gussenhoven. 1985. «On the Relation between Pitch Excursion Size and Prominence». *Journal of Phonetics* 13 (3): 299–308.

Rojo, Guillermo. 1978. *Cláusulas y oraciones*. Santiago de Compostela: Universidade de Santiago de Compostela, Secretariado de Publicaciones.

Searle, John R. (1975) 1977. «Actos de habla indirectos». Traducido por Luis Manuel Valdés Villanueva. *Teorema. Revista Internacional de Filosofía* 7 (1): 25–53.

Stati, Sorin. 1972. *Teoria e metodo nella sintassi*. Bolonia: Il Mulino.

Toledo, Guillermo Andrés y Eugenio Martínez Celdrán. 1992. «Focus in Peninsular Spanish». *The Journal of the Acoustical Society of America* 91 (4): 2403. https://doi.org/10.1121/1.403260.

———. 1994. «Foco en el español mediterráneo». *Estudios de Fonética Experimental* 6: 133–52.

Touati, Paul. 1987. *Structures prosodiques du suédois et du français. Profils temporels et configurations tonales*. Lund: Lund University Press.

Zubizarreta, María Luisa. 1999. «Las funciones informativas: tema y foco». En *Gramática descriptiva de la lengua española. Vol. 3. Entre la oración y el discurso. Morfología*, editado por Ignacio Bosque y Violeta Demonte, 4215–44. Madrid: Espasa Calpe.

31 ENTONACIÓN Y DISCURSO

Gorka Elordieta

Magdalena Romera

31.1 Introducción

Los estudios sobre la entonación y el discurso representan un campo interdisciplinar en el que se han dado cita investigadores provenientes de dos ámbitos diferentes: el de la prosodia y el del análisis del discurso. Se podría decir que ambas áreas han alcanzado espacios de confluencia, como más adelante se verá al tratar los marcadores discursivos en el § 31.3.4. Sin embargo, en general, los objetivos de cada una de ellas se mantienen diferenciados.

Podría afirmarse que los especialistas en prosodia que se han acercado al estudio del discurso representan la perspectiva fonético-fonológica. Heredera de una visión estructuralista del análisis lingüístico en la que se considera que las lenguas están constituidas por unidades jerárquicamente organizadas, esta perspectiva se centra en el estudio prosódico y, en concreto, entonativo del discurso, interesándose por su división en constituyentes. En general, las unidades estudiadas en el marco de este planteamiento se correlacionan con unidades sintácticas iguales o superiores a la palabra, como el sintagma y la oración. Sin embargo, se reconoce que la prosodia supera el ámbito oracional y que existe una estructura prosódica más allá de la oración. Por ello, se exploran las características prosódicas de la combinación de oraciones y, en ciertos casos, se recurre a algunos elementos del discurso como el 'enunciado' o el 'párrafo' (o, en el análisis de la conversación, a los 'turnos de habla' o a las 'intervenciones', como se explica detalladamente en el capítulo 32 de la presente obra). De cualquier modo, los aspectos discursivos no constituyen más que meras herramientas para lograr el verdadero objetivo de estos estudios, que es analizar la estructura prosódico-entonativa de las combinaciones de oraciones, más concretamente, la división del discurso en sus constituyentes prosódicos a partir de las marcas acústicas que indican las fronteras entre ellos (pausas, tonos de frontera, alargamientos finales, etcétera). Esta perspectiva no se ocupa, pues, de la búsqueda de correlaciones entre la estructura prosódico-entonativa y sus posibles funciones discursivas.

El interés por los aspectos prosódicos también se ha desarrollado en el ámbito del análisis del discurso, en el cual abundan los trabajos en los que se analiza tanto el propio discurso como la prosodia (véanse del § 31.3.2 al § 31.3.4). Sin embargo, su objetivo es distinto al de las investigaciones llevadas a cabo desde la perspectiva fonético-fonológica. El fin último de una teoría discursiva es dar cuenta de la estructuración y de la funcionalidad del discurso espontáneo. En consecuencia, los objetivos principales de tales estudios son delimitar la estructura del discurso, dividirlo en unidades y establecer la función que estas cumplen, para todo lo cual se recurre a la prosodia como herramienta que puede ayudar a conseguir estos objetivos. Las unidades que se trata de delimitar en este caso no son unidades prosódicas, sino 'unidades discursivas', es decir, unidades que desde el punto de vista del análisis del discurso puedan dar cuenta de su organización. Se recurre entonces a los rasgos prosódicos (pausas, inflexiones de la frecuencia fundamental [→ § 1.5.4], realineamiento tonal, etcétera) en tanto que mecanismos que, junto con otros rasgos, permiten definir esas unidades mínimas discursivas y precisar las diferencias funcionales entre ellas. El análisis prosódico en estos trabajos representa, pues, solo un elemento más para determinar las funciones discursivas. Por ello, aquí se hará referencia a esta perspectiva con el término 'discursivo-prosódica'.

Finalmente, existen algunas otras áreas en las que los investigadores que se dedican al análisis prosódico y los que se centran en el análisis del discurso han llegado a confluir. Es el caso, por ejemplo, del estudio de un aspecto ampliamente tratado en el análisis del discurso: los marcadores discursivos. Como se verá más adelante (§ 31.3.4), en algunos trabajos se ha conseguido una descripción prosódica exhaustiva de estas unidades y, al mismo tiempo, se ha logrado delimitar sus funciones discursivas en distintos contextos, con lo cual ambos objetivos (el prosódico-entonativo y el discursivo) se han cumplido al unísono. Otro de los ámbitos en los que los investigadores han convergido es en el estudio, aún incipiente, de las correspondencias entre los patrones entonativos y las estructuras discursivas para determinar las diferencias de significado entre ellas.

En el caso del español, la práctica totalidad de las investigaciones sobre la prosodia del discurso se han centrado en aspectos que tienen que ver más bien con su segmentación en unidades entonativas. Existe en este campo, no obstante, un estudio de naturaleza distinta, que se ocupa del papel de la prosodia en la desambiguación de antecedentes de anáforas en el discurso en español. Llisterri y Rello (2012) se proponen observar si existen correlaciones entre la lejanía o cercanía en el discurso de un antecedente del pronombre anafórico *ella* y la presencia de pausas, mayor prominencia prosódica y diferencias en duración e intensidad asociadas a este pronombre. Los resultados del trabajo indican que, cuando el antecedente se encuentra alejado de la anáfora y existe un potencial antecedente más cercano a esta, el pronombre anafórico tiende a pronunciarse con un rango tonal más amplio [→ § 1.5.5, § 27.6] y una mayor intensidad, además de observarse un porcentaje más elevado de aparición de pausas ante él. Este tipo de investigaciones son ciertamente novedosas en el campo de la relación entre discurso y prosodia, y sin lugar a duda merecen gozar de continuidad en el futuro. Sin embargo, con objeto de acotar su enfoque, en este capítulo la atención se centra en el carácter de los análisis sobre la segmentación del discurso en unidades entonativas, que copan la casi totalidad de las investigaciones acerca de la relación entre discurso y entonación del español.

Por lo tanto, en las páginas que siguen se presentarán, en primer lugar, los estudios que se aproximan al discurso desde la perspectiva fonético-fonológica (§ 31.2). En segundo lugar, se abordarán los trabajos realizados desde la perspectiva discursivo-prosódica (§ 31.3). A continuación, se repasarán exhaustivamente los estudios centrados en los marcadores discursivos (§ 31.3.4) y, finalmente, se analizarán los escasos trabajos que tratan de establecer los patrones prosódicos de las unidades discursivas en español (§ 31.3.5).

31.2 Los estudios fonético-fonológicos

En la perspectiva fonético-fonológica, así como en la discursivo-prosódica, cobra especial importancia la idea de que el discurso oral, leído o espontáneo, se divide en unidades o grupos prosódicos por razones relacionadas con la comprensión del mensaje, es decir, para hacer posible el procesamiento sintáctico-semántico. Las pistas o señales acústicas que actúan como delimitadoras de las unidades prosódico-entonativas son la pausa, las inflexiones de la frecuencia fundamental y los alargamientos silábicos, como se describirá a continuación (véanse del § 28.2.3 al § 28.2.7 para más detalles). Estas pistas pueden aparecer combinadas o individualmente.

31.2.1 El enunciado

Para Escandell (2004), la unidad mínima de comunicación en el discurso es el 'enunciado'. Según varios autores, los enunciados deben ser predicativos o comunicativos (es decir, se debe predicar algo de alguien o de algo), independientes sintácticamente y completos semánticamente [→ § 30.2.1]. Por norma general, el enunciado coincide en extensión con una oración gramatical completa, sea esta simple o compuesta de una oración principal y de una subordinada. También puede abarcar dos oraciones coordinadas, si entre ellas existe una relación semántica que lleve a conformar una unidad de sentido o de información. No obstante, como se recuerda en el § 30.2.1, el enunciado no tiene por qué expresar todos los componentes de una oración gramatical, sino fragmentos de esta (Hidalgo 1997; García Riverón 1998, entre otros). Hidalgo (1997) define el enunciado como un

> Conjunto unitario de elementos agrupados en torno a una curva melódica . . . , que representa siempre
> un aporte semántico (unidad informativa) y que manifiesta una estructura interna específica (curva

melódica completa) que le permite ser descodificada sin necesidad de sobrepasar sus propios límites (unidad de planificación) (26–27, 177).

El enunciado sería, pues, la primera unidad de segmentación del discurso oral para cuya descripción son necesarios criterios semántico-discursivos o comunicativos. Así se aborda en el trabajo de Hidalgo (1997), en el que se analizan las características prosódicas del enunciado en el habla conversacional en español.

El enunciado suele presentar una curva melódica completa [→ § 1.5.5, § 25.2.1, § 27.1], con un final descendente si es un enunciado declarativo o interrogativo parcial (es decir, con partícula interrogativa), y con un final ascendente si es un enunciado interrogativo absoluto [→ § 27.2, § 28.1.1, § 29.2.2]. Pueden darse enunciados con un final en tonema de suspensión, si el hablante expresa duda o vacilación (Hidalgo 1997, 177–221). Es preciso recordar, no obstante, que a veces se encuentran enunciados fragmentarios, que carecen de una curva melódica completa, en el sentido de que no terminan con la inflexión característica de un enunciado declarativo, interrogativo, exclamativo o volitivo, pero que poseen una fuerza ilocutiva implícita, derivada del contexto comunicativo (Hidalgo 1997, 179). Por otro lado, se pueden dar casos en los que el hablante ve interrumpido su discurso por su interlocutor y debe continuarlo tras la interrupción; si eso ocurre, el enunciado sería discontinuo (Hidalgo 1997, 179).

En el ejemplo (1) se presenta la segmentación, en 13 enunciados, de una conversación natural entre dos hablantes, A y B (Hidalgo [1997, 180–81]; en el § 32.3 pueden encontrarse más ejemplos de segmentaciones en enunciados). Los criterios seguidos para la división son la presencia de una curva melódica completa con una inflexión final (ascendente, descendente, circunfleja o en suspensión) y el hecho de que un enunciado constituya por sí mismo una unidad informativa completa. El enunciado 1, correspondiente al hablante A, es discontinuo, pues se interrumpe al intervenir el hablante B (enunciado 2); por este motivo, el fragmento que sigue a 2 aparece codificado como una continuación del enunciado 1. El enunciado 7, por otro lado, se encuentra escindido en dos partes para señalar que la intervención de B se solapa con una de las palabras de A.

Las direcciones de las flechas representan inflexiones de la altura tonal [→ § 27.6] al final de la porción de discurso inmediatamente precedente. Una flecha horizontal hacia la derecha indica un tono sostenido; una flecha vertical hacia arriba, una inflexión ascendente; y una flecha vertical hacia abajo corresponde a un tono descendente. Los números entre paréntesis señalan la duración de las pausas en los puntos del enunciado en los que aparecen. El símbolo '^' al final de la interrogativa en el enunciado 2, y de la declarativa en el enunciado 6, representa un final circunflejo, de subida y bajada del tono en las dos últimas sílabas de la oración interrogativa [→ capítulo 32].

(1)   1 A: siempre tienes→ (0,5) laa la desviación profesional↑ la enfermedad profesional↑ (0,2)
     2 B: ¿el qué?↓ ¿lo de ser filólogo^?↑ (0,1)
     1 A: de observar↑ a los demás↑ (0,17) y ahora↑ es- sentirse observado ess (0,2) una sensación extraña↓ (0,2)
     3 B: ya↓
     4 B: pero si me dices eso ya↑ estamos tergiversando los resultados↓
     5 A: no↓
     6 A: porque yo realmente↑ no me doy cuenta de que has apretado el botón que has apretado^
     7 A: entonces↑ estoy hablando con toda la [naturalidad =]
     8 B: [yaa]
     7 A: = del mundo↓
     9 A: te lo prometo↓ (0,2)
     10 B: sí↓
     11 B: seguro↓
     12 B: seguro↓
     13 A: en SErio↓ (0,1)

Un aspecto interesante del componente entonativo de los enunciados radica en las inflexiones tonales en su interior. Si las inflexiones de la altura tonal de (1) marcan una frontera o un límite entre porciones de la unidad semántica que constituye el enunciado, cabe preguntarse si dichas porciones también deben tenerse en cuenta en el análisis de la prosodia del discurso. No constituyen unidades de significado semántico completo ni son independientes sintácticamente, pero, desde luego, aportan significado, y en sus inflexiones tonales finales se ha centrado el estudio de la entonación en la tradición hispánica.

Estas inflexiones son conocidas como 'tonemas' [→ § 27.2, § 28.1.1] desde Navarro Tomás ([1918] 1999, 1939, [1944] 1966) o Gili Gaya ([1950] 1988), entre otros. Más recientemente, en la escuela métrica-autosegmental [→ § 1.21.13] los tonemas se conciben como secuencias de acentos nucleares y 'tonos de frontera' (cf. Toledo 2008a) [→ § 28.2.2, § 28.2.3]. Los tonemas pueden ser ascendentes, descendentes o en suspensión, denominados, respectivamente, 'anticadencia', 'cadencia' y 'suspensión' en la terminología tradicional hispana, con variantes semiascendentes y semidescendentes para los dos primeros ('semianticadencia' y 'semicadencia', respectivamente). Navarro Tomás ([1918] 1999, 1939, [1944] 1966), Gili Gaya ([1950] 1988), Quilis (1981, 1993) y Canellada y Madsen (1987) describen los contextos sintácticos de aparición de cada uno de estos tonemas y las funciones semántico-pragmáticas asociadas a ellos.

Además, existen estudios que demuestran que la elección de puntos concretos para la realización de inflexiones tonales internas está sujeta a criterios semánticos, como la estructura informativa del enunciado. Concretamente, la división entre tema y rema, tópico y foco, o información conocida e información nueva de un enunciado [→ capítulo 30] se manifiesta entonativamente en forma de segmentaciones de dichos constituyentes mediante inflexiones tonales en su final. Estos constituyentes han recibido distintas denominaciones en la bibliografía [→ § 28.1.1].

En la tradición hispana, Quilis (1993) define el 'grupo fónico' como «la porción de discurso comprendida entre dos pausas» (418) [→ § 1.6.8]. Por otro lado, desde la perspectiva de la Fonología Prosódica y la Fonología de la Entonación [→ § 1.21.6, § 1.21.13] se ha propuesto un constituyente prosódico inferior al enunciado denominado 'sintagma entonativo' (otros autores se refieren a este constituyente como 'frase entonativa' [→ § 28.1.1, § 32.3.1], quizá como traducción literal del término original inglés *Intonational Phrase,* pero en español el término 'frase' es sinónimo de 'oración', y aquí se prefiere por ello el término 'sintagma' para referirse a una porción del enunciado menor que la oración) [→ § 27.1, § 28.1.1].

Nespor y Vogel (1986, 188) definen el sintagma entonativo como la parte del enunciado que posee una curva melódica propia y en cuyas fronteras podrían insertarse pausas, entendiendo por tales las determinadas por la gramática, no por razones vinculadas a la interacción comunicativa como son las dudas, las reformulaciones, las interrupciones, etcétera. Obviamente, un enunciado completo constituye un sintagma entonativo, pero, según señalan las autoras, existen ciertos tipos de construcciones lingüísticas menores que un enunciado que parecen conformar dominios entonativos propios —es decir, sintagmas entonativos—, como las expresiones parentéticas, las cláusulas de relativo no restrictivas o explicativas, las preguntas apositivas del tipo *¿verdad?* o *¿no?*, los vocativos, las expresiones exclamativas y los sintagmas desplazados a los extremos izquierdo o derecho de la oración, como los tópicos, las dislocaciones a izquierda y derecha o las aposiciones.

Las oraciones de (2) muestran ejemplos de enunciados del español compuestos por tres sintagmas entonativos (delimitados por corchetes) extraídos de los que ofrecen Nespor y Vogel (1986, 211).

(2)   a. [Un gran balcón], [como saben], [puede ofrecer mucho placer].
       b. [Carmen], [cántanos una nueva canción], [por favor].

Es importante destacar que la presencia de pausas no es necesaria para que una porción del enunciado constituya un sintagma entonativo (aunque algunos autores asumen lo contrario, como Aguilar, de-la-Mota y Prieto Vives [2009], y Rao [2010]). Existen otras marcas acústicas que indican la presencia de un límite de sintagma entonativo interno, no final. Por ejemplo, las inflexiones tonales al final de dichos sintagmas, mencionadas con anterioridad.

Autores como Garrido Almiñana (1993, 1996, 1999, 2001; véase el § 27.5) mantienen que en el estilo de habla propio de la lectura en español el reajuste tonal [→ § 27.5] es muy frecuente entre sintagmas entonativos, a los que él se refiere como «grupos entonativos» (véanse Benet [2010, 152], y Cabedo [2009], que presentan resultados distintos, e igualmente véase García Riverón [1996], quien utiliza el término «entonema»). En la Figura 1 se muestra un caso de reajuste parcial, tomado de Garrido Almiñana (2001, 184). La altura tonal del primer pico ('P') del segundo sintagma entonativo es superior a la del último pico ('P') del primer sintagma entonativo, pero no es superior (aunque por poco) a la altura tonal del primer pico del primer sintagma entonativo (sin marcar con 'P'); de ahí que el reajuste tonal se considere solo parcial. Garrido Almiñana (1993, 1996, 1999, 2001) también calcula la altura tonal de los valles, marcados como 'V' en la Figura 1; puede comprobarse cómo en los valles se produce igualmente un reajuste tonal parcial, pues el primer valle del segundo sintagma entonativo tiene un nivel superior al del último valle del primer sintagma entonativo. La altura tonal del primer valle del segundo sintagma entonativo no presenta un nivel superior al del primer valle del primer sintagma entonativo (por poco), por lo que no cabe hablar propiamente de un reajuste tonal total entonativo. Para

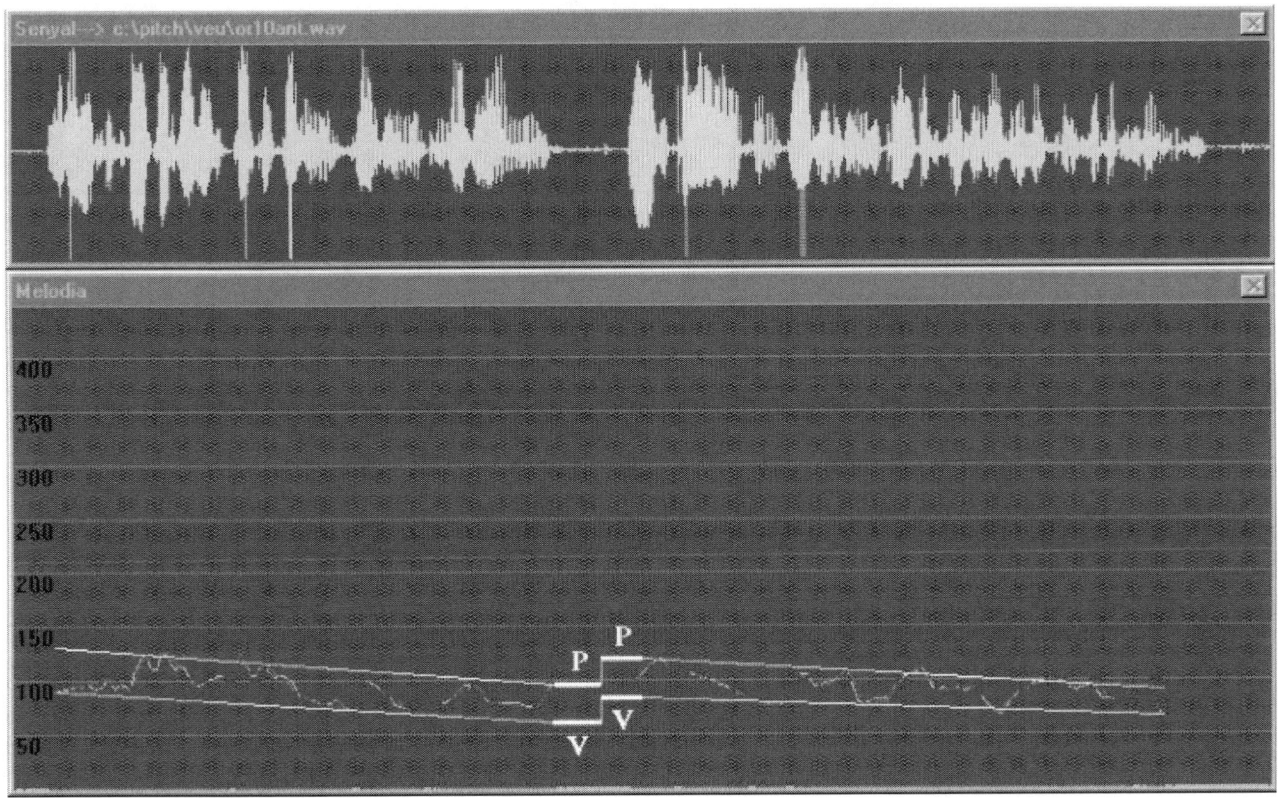

FIGURA 1. Oscilograma y curva melódica del enunciado *La organización terrorista ha protagonizado en lo que va de año / una escalada de atentados en los que han perdido la vida quince personas,* tomado de Garrido Almiñana (2001, 184). El enunciado está dividido en dos sintagmas entonativos, un primero que termina con *año* y un segundo que comienza con *una.* Las líneas superiores muestran el descenso tonal gradual en cada sintagma. Las líneas gruesas ponen de manifiesto la diferente altura tonal del último pico y del último valle ('P' y 'V', respectivamente) del primer sintagma entonativo y del primer pico y del primer valle del segundo sintagma entonativo.

Garrido Almiñana (1996), esta relación entre grupos entonativos conforma una 'cláusula entonativa', que sería equivalente al enunciado [→ § 28.1.1].

Otro rasgo acústico que puede aparecer al final de un sintagma entonativo es el alargamiento de la última sílaba o de la última vocal antes de la frontera prosódica (cf. Aguilar *et al.* 2009; Benet 2010; véase también el § 27.7). Al comienzo de un sintagma entonativo puede darse la hiperarticulación [→ § 1.6.7] de las consonantes o de las vocales iniciales. Por ejemplo, la hiperarticulación se manifestaría por la glotalización en la vocal inicial de la primera palabra tras la frontera prosódica o, en el caso de las obstruyentes sonoras /b/, /d/ y /g/, por la realización de sus alófonos oclusivos.

El sintagma entonativo no es el único constituyente prosódico que se ha propugnado como parte divisoria de un enunciado en español [→ § 28.1.1]. Tanto en los estudios sobre la entonación de tradición hispánica como en otros modelos de análisis de la entonación aplicados también a otras lenguas (por ejemplo, el modelo métrico-autosegmental) se ha propuesto la existencia de constituyentes que pueden presentar un grado de discontinuidad entonativa con el material siguiente menor que el que muestra el sintagma entonativo. Son el «grupo fónico» (Gili Gaya [1950] 1988; Navarro Tomás [1918] 1999, 1939, [1944] 1966), el «grupo de entonación» (Quilis 1993), el «sintagma fonológico» (Rao 2010) y el «sintagma intermedio» (Benet 2010; Nibert 2000; Toledo 2007, 2008b, 2010). Ha habido autores que han asumido que el sintagma entonativo va seguido de pausa, mientras que esto no sucede en el grupo fónico / de entonación o en el sintagma intermedio o, en todo caso, ocurre muy poco frecuentemente (cf. Aguilar, de-la-Mota y Prieto Vives 2009; Feldhausen 2014, 2016; Rao 2010). Sin embargo, el sintagma entonativo y el sintagma intermedio comparten la presencia de pausas, inflexiones tonales finales, reajustes tonales de un sintagma a otro, alargamientos finales o reforzamientos iniciales (véanse Aguilar, de-la-Mota y Prieto Vives 2009; Benet 2010; Canellada y Madsen 1987; Fant 1984; Feldhausen 2014, 2016; Frota *et al.* 2007; Gili Gaya [1950] 1988; Navarro Tomás [1918] 1999, 1939, [1944] 1966; Nibert 2000; Polo y Elordieta 2016; Quilis 1981, 1993; Rao 2010; Labastía 2018; entre otros). El sintagma entonativo se distingue del sintagma intermedio o del grupo fónico porque presenta un grado de discontinuidad entonativa con la parte del discurso siguiente mayor que el observado en los sintagmas intermedios o en los grupos fónicos. Parece, además, que lo mismo sucede en la percepción, dado que los resultados de las pruebas de Benet (2010, 180–227) indican que los sintagmas entonativos se perciben con mayor claridad que los sintagmas intermedios. Así pues, las diferencias en grado de juntura [→ § 1.21.11] entre los sintagmas intermedios y los entonativos parecen ser reales y perceptibles. Es preciso indicar que algunos autores no consideran que exista un constituyente entonativo intermedio entre la palabra y el sintagma entonativo (Beckman *et al.* 2002; Sosa 1999, 2003; Vizcaíno *et al.* 2008), argumentando que las marcas acústicas de frontera entre los constituyentes internos de un enunciado podrían ser las de un sintagma entonativo. Sin embargo, las pruebas aportadas en favor del sintagma entonativo intermedio son lo suficientemente claras para que pueda asumirse su existencia (véase especialmente Nibert 2000).

La velocidad de elocución [→ § 1.5.5; capítulos 33 y 34] constituye un aspecto importante en la identificación de los sintagmas intermedios y de los sintagmas entonativos. Un hablante diferente (o incluso el mismo) podría pronunciar los enunciados de (2) con una velocidad de elocución más rápida, sin las divisiones en sintagmas entonativos que se proponen en el ejemplo, produciendo fronteras de sintagmas intermedios allí donde en (2) se han marcado fronteras de sintagmas entonativos. Al contrario, podría ocurrir también que, con una velocidad de elocución más lenta, se realizaran fronteras de sintagma entonativo en los puntos en los que, con una velocidad normal, se encontrarían fronteras de sintagma intermedio. Labastía (2018) describe las principales características de los sintagmas intermedios y entonativos en habla monológica en español rioplatense.

Un último aspecto de los sintagmas entonativos que convendría destacar es el fenómeno que Garrido Almiñana (1996, 1999, 2001) denomina «supradeclinación»: el descenso gradual del nivel tonal a lo largo de los sucesivos sintagmas entonativos (véase también el § 27.4). El término supradeclinación se propone en el nivel del enunciado para distinguirlo de la declinación propiamente dicha, que consiste en el descenso gradual que afecta a los sintagmas entonativos. El reajuste tonal parcial que se observa entre los sintagmas entonativos en el interior de un enunciado constituye una manifestación acústica de la supradeclinación, pues al inicio de un sintagma entonativo no se supera el nivel tonal del comienzo del sintagma entonativo anterior. La Figura 2 muestra un ejemplo de supradeclinación.

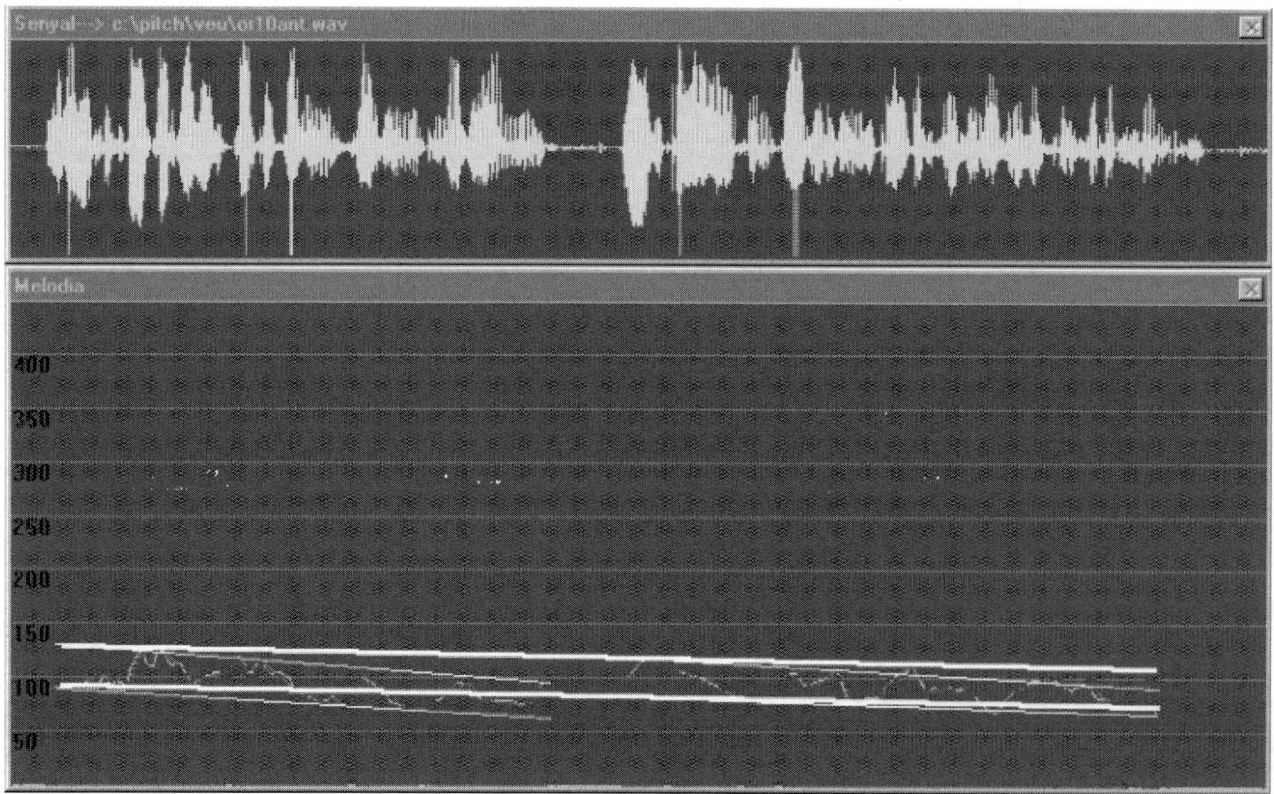

FIGURA 2. Oscilograma y curva melódica del enunciado *La organización terrorista ha protagonizado en lo que va de año / una escalada de atentados en los que han perdido la vida quince persona*s (Garrido Almiñana 2001, 185). Las líneas más delgadas muestran la declinación en cada sintagma entonativo, y las líneas gruesas muestran la declinación gradual a lo largo de los dos sintagmas entonativos (supradeclinación).

31.2.2 El párrafo

El enunciado no constituye el nivel más alto del discurso. El nivel superior al enunciado es el del párrafo, que comprende uno o más enunciados que versan sobre un mismo tema, emitidos por el mismo hablante. Garrido Almiñana (1993, 1996, 1999, 2001) y Garrido Almiñana *et al.* (1995) muestran que entre los enunciados que contiene un párrafo se mantiene una línea de supradeclinación [→ § 27.4]. A su vez, como ya se ha visto, entre los sintagmas entonativos que forman cada enunciado se mantiene igualmente una línea de supradeclinación. La Figura 3 reproduce un ejemplo de párrafo con dos enunciados, el primero de los cuales contiene tres sintagmas entonativos y el segundo, dos. Puede comprobarse que existe supradeclinación entre los enunciados, supradeclinación entre los sintagmas entonativos de cada uno de los enunciados y declinación en cada sintagma entonativo. La línea de declinación en los sintagmas entonativos es la más delgada, la de supradeclinación entre los sintagmas entonativos es de trazo medio, y la línea más gruesa representa la supradeclinación entre los enunciados.

La estructura jerárquica del párrafo que se muestra en la Figura 3 se podría representar como se hace en (3), adaptando la propuesta de Garrido Almiñana (2001, 196).

(3)

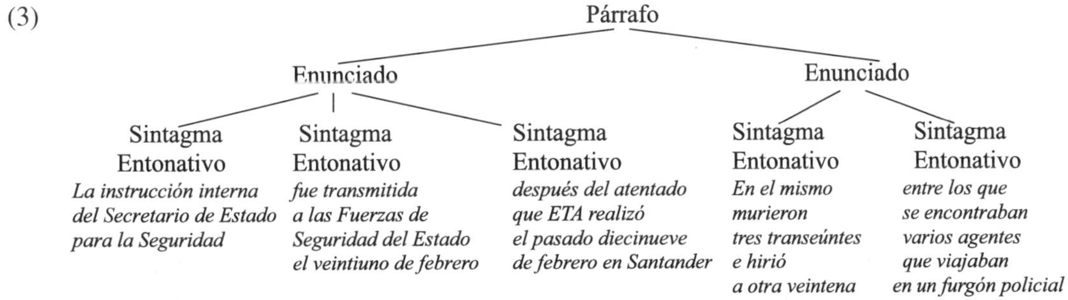

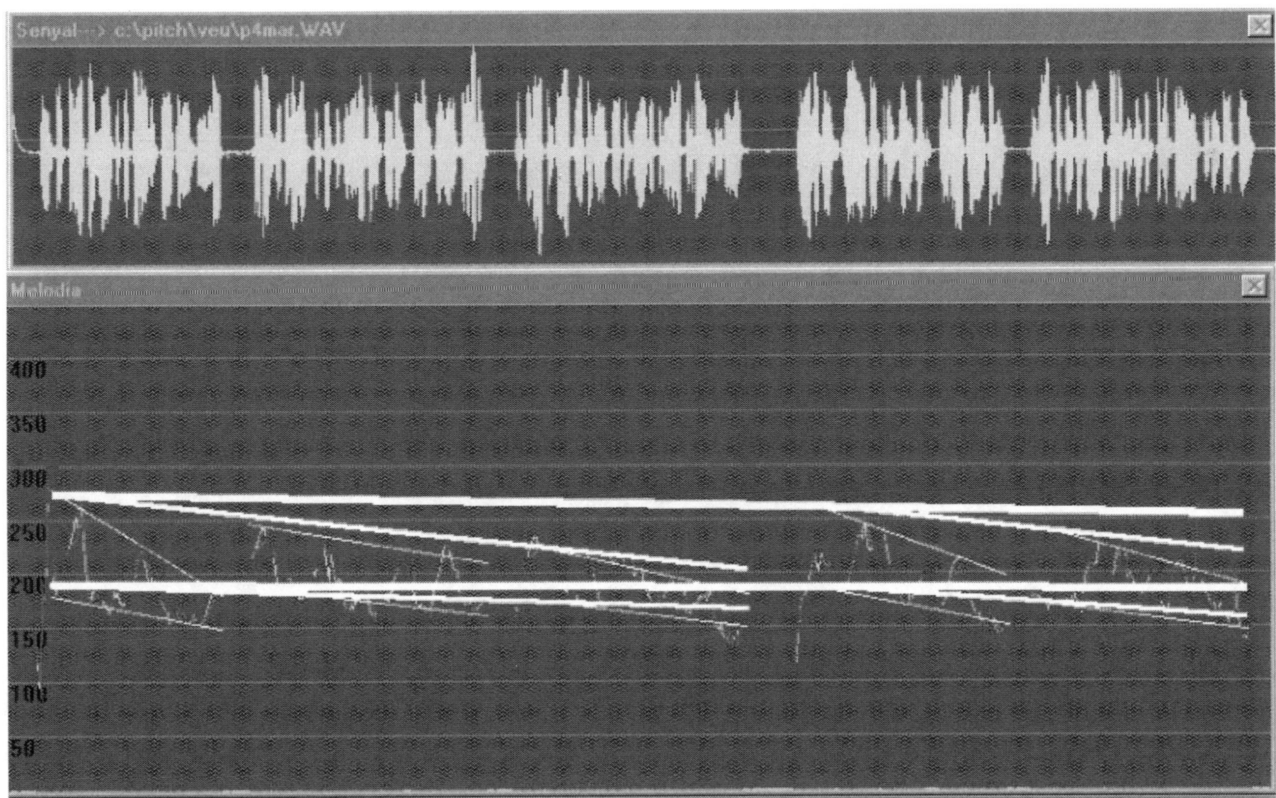

FIGURA 3. Oscilograma y curva melódica del párrafo *La instrucción interna del Secretario de Estado para la Seguridad fue transmitida a las Fuerzas de Seguridad del Estado el veintiuno de febrero, después del atentado que ETA realizó el pasado diecinueve de febrero en Santander. En el mismo murieron tres transeúntes e hirió a otra veintena, entre los que se encontraban varios agentes que viajaban en un furgón policial* (Garrido Almiñana 2001, 195). En el primer enunciado, el primer sintagma entonativo termina en *Seguridad;* el segundo acaba en *febrero,* y el tercero concluye con *Santander.* En el segundo enunciado, separado del primero por el punto y seguido, el primer sintagma entonativo termina en *veintena,* y el segundo y último es el que cierra el enunciado.

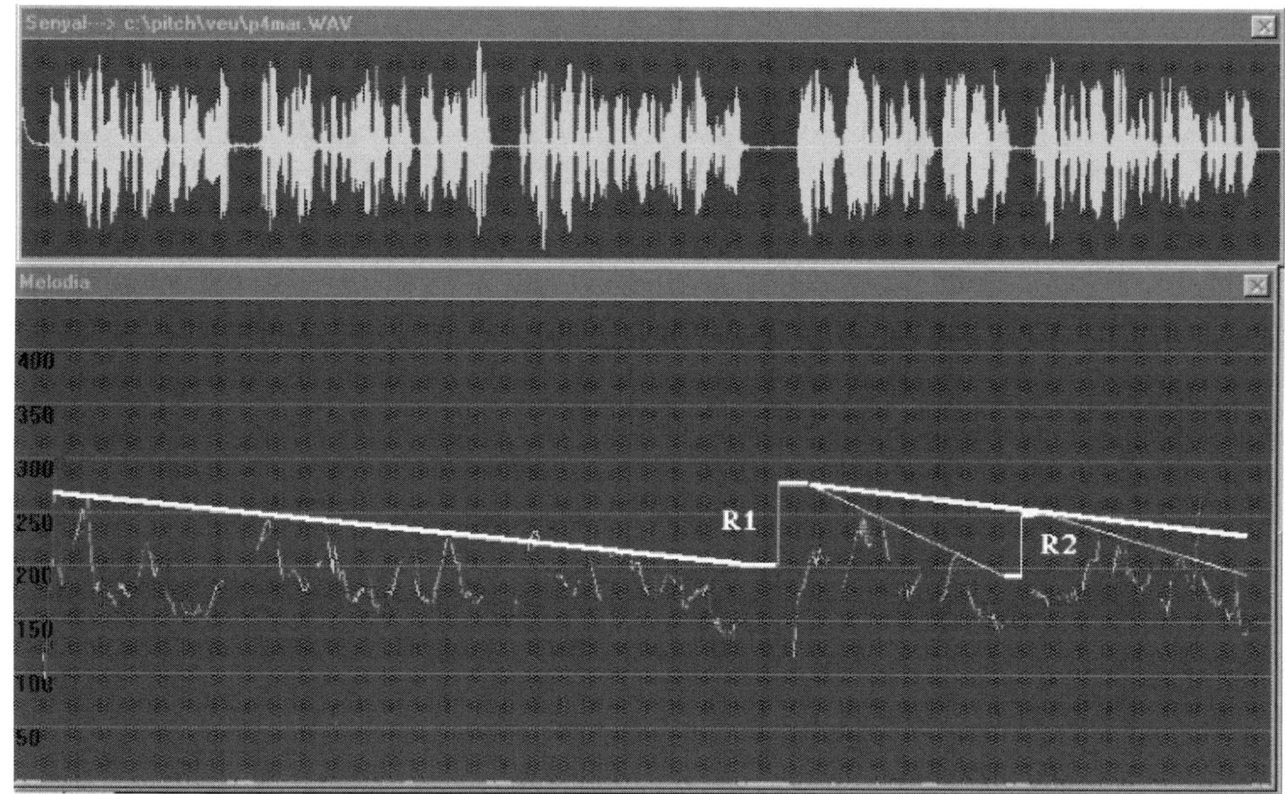

FIGURA 4. Oscilograma y curva melódica correspondientes al párrafo ilustrado en la Figura 13 (Garrido Almiñana 2001, 201), donde se observa tanto el grado de reajuste tonal entre las líneas de supradeclinación del primer y segundo enunciado del párrafo (R1) como el grado de reajuste entre las líneas de declinación de los dos sintagmas entonativos en el segundo enunciado (R2). R1 es un caso de reajuste tonal total y R2, de reajuste tonal parcial.

Al igual que sucede entre dos (o más) sintagmas entonativos de un enunciado, entre dos enunciados de un párrafo se produce también habitualmente un reajuste tonal, pero este es mayor que el que se da en el primer caso (Garrido Almiñana 1993, 1996, 1999, 2001). Tal fenómeno puede observarse en un contorno tonal como el de la Figura 4; el reajuste tonal se calcula tomando como referencia las líneas de supradeclinación de los dos enunciados del párrafo (dibujadas con trazo grueso) y las líneas de declinación de los dos sintagmas entonativos en el segundo enunciado (dibujadas con trazo fino). Esta estrategia es la que utiliza Garrido Almiñana para calcular los reajustes, en lugar de comparar las alturas tonales de los picos (y de los valles). Puede comprobarse que el grado de reajuste tonal entre las líneas de supradeclinación de los enunciados (R1) es mayor que el que se da entre las líneas de declinación dentro del segundo enunciado (R2). De hecho, mientras que R2 es un reajuste parcial, puesto que la altura inicial de la segunda línea de declinación no supera la altura de la primera línea, R1 es un reajuste total, ya que la altura inicial de la línea de supradeclinación del segundo enunciado supera a la de la primera línea de supradeclinación. Aunque sin utilizar el término 'párrafo', Labastía (2018) estudia la relación prosódica entre los sintagmas entonativos de una entidad discursiva mayor.

Con la descripción del párrafo termina la revisión de los constituyentes prosódico-entonativos propuestos para el español y para otras lenguas. Se considera que el párrafo es la unidad prosódico-entonativa de nivel más alto en el habla monológica (es decir, en las partes de un discurso que corresponden a un mismo hablante), no así en la dialógica (propia del diálogo o de la conversación), en la que se puede distinguir también la intervención (equiparable al turno de palabra), que engloba los párrafos de un interlocutor en una conversación, y el paratono, que incluiría las intervenciones de dos o más interlocutores sobre un tema de conversación (véanse Hidalgo 1997, 62–87, y el capítulo 32 de la presente obra). Este capítulo se ciñe al nivel monológico, puesto que el nivel dialógico se trata con detalle en el capítulo 32 de este volumen.

31.3 Los estudios discursivo-prosódicos

En las páginas que siguen se incide, en primer lugar, en las distintas maneras de entender el concepto de discurso (§ 31.3.1), para, en segundo lugar, exponer los principales resultados de los estudios desarrollados en este ámbito desde la perspectiva formal (§ 31.3.2) y la perspectiva funcional (§ 31.3.3).

31.3.1 El concepto de discurso

En la actualidad, el concepto de discurso puede concebirse fundamentalmente de dos maneras: desde una perspectiva estructuralista o formal, como un conjunto de unidades jerárquicamente estructuradas por encima de la oración; o desde un punto de vista funcional o interaccional, entendiéndolo como el producto del uso de la lengua. Cada uno de estos enfoques no solo comporta una concepción teórica del discurso, sino que además lleva aparejada la utilización de métodos de análisis diferentes.

La primera perspectiva surge en el marco de la lingüística formal a mediados del siglo xx (Harris 1952), a partir de la idea de que el discurso constituye un nivel de análisis superior al de la oración. La lingüística del texto (de Beaugrande y Dressler 1981; Bernárdez 1982; Brown y Yule [1983] 1993; Halliday y Hasan 1976; van Dijk 1977) propone el 'texto' como la unidad superior del lenguaje mediante la cual nos comunicamos, el producto de un acto lingüístico completo con sentido semántico-pragmático propio, que presenta además unidad intencional e interaccional (cf. Calsamiglia y Tusón 1999). El texto se divide en unidades menores organizadas mediante mecanismos que conectan las distintas partes entre sí y que garantizan su coherencia. Desde esta perspectiva, el análisis se realiza, generalmente sobre textos escritos, a partir de unidades sintácticas clásicas que habitualmente coinciden con la cláusula. Se han reconocido, sin embargo, los problemas que los criterios sintácticos plantean para identificar unidades discursivas, puesto que en muchos casos las unidades sintácticas no dan cuenta de un contenido semántico completo. De ahí que se hayan propuesto, especialmente en los estudios computacionales del discurso, unidades alternativas tales como la Unidad Constituyente del Discurso (Polanyi 1996, entre otros), identificada a partir de criterios exclusivamente semánticos:

> Una U[nidad] C[onstituyente] [del] D[iscurso] expresa un evento o, en general, un estado de cosas con una localización espacio-temporal, que implica la existencia de un grupo de participantes (definidos o indefinidos) (Davidson 1967). El evento puede ser positivo o negativo, genérico o específico (Polanyi 1996, 5–6; traducción propia).

Por otro lado, la visión del discurso como lengua en uso postula que el lenguaje tiene un carácter ante todo funcional, y que es una herramienta que el individuo utiliza diariamente para comunicarse en un entorno social determinado. El fin último del lenguaje, en suma, es la comunicación. Desde esta perspectiva, se concibe como discurso toda emisión de enunciados lingüísticos en un acto comunicativo. Una de las características principales de esta visión del lenguaje es que se considera necesario analizar datos provenientes del discurso oral espontáneo, puesto que, como acertadamente se ha señalado, un estudio tan complejo com es el del uso del lenguaje no puede basarse en datos creados *a priori* haciendo abstracción de las condiciones en las que se usa; ello abocaría a conclusiones simplificadas y poco ajustadas a la realidad. En esta corriente funcional o interaccional se incluyen los estudios de pragmática, de análisis de la conversación y de sociolingüística interaccional (Schiffrin 1987).

La unidad en la que se centran generalmente los estudios de pragmática es el 'acto de habla' (peticiones, ofertas, ruegos, mandatos, etcétera) [→ § 30.2.2]. En el campo del análisis de la conversación, por otra parte, se considera que en esta situación comunicativa se encuentran los patrones de interacción más espontáneos. Se propone, pues, que la conversación constituye un mecanismo que permite descubrir las pautas de comportamiento social del ser humano y, en consecuencia, se trata de determinar la estructura de los intercambios lingüísticos para obtener conclusiones acerca de su naturaleza. En el análisis de la conversación se llega a establecer patrones o unidades mínimas de intercambio, tales como los turnos de habla, los pares adyacentes, las respuestas preferidas o las no preferidas, las secuencias de apertura y de cierre, etcétera (véase el capítulo 32 de la presente obra para un repaso exhaustivo de las aproximaciones al estudio de la entonación en la conversación). La sociolingüística interaccional, finalmente, intenta averiguar cuáles son las funciones sociales de los intercambios discursivos, para descubrir los patrones de interacción entre distintos miembros de una comunidad.

Existe asimismo una visión más 'estructuralista' en el marco de la corriente basada en la interacción. Es aquella en la que, sin poner en duda que la comunicación es la función primordial del discurso, se entiende que este posee una coherencia interna que permite dividirlo en unidades mínimas vinculadas entre sí mediante relaciones lógico-semánticas (Schiffrin 1987; Stubbs 1983). Por consiguiente, el análisis debe arrojar luz tanto sobre los elementos mínimos interrelacionados dentro de la estructura del discurso como sobre las funciones textuales e interaccionales que esas unidades desempeñan. En esta corriente se postula que el 'enunciado' constituye la unidad mínima de análisis. Aunque la definición de esta unidad mínima todavía sigue suscitando debate en el campo, para la mayoría de los investigadores en análisis del discurso se trata de una unidad para cuya definición no resultan útiles los criterios sintácticos al uso. Schiffrin (1987, 41), por ejemplo, define el enunciado como una unidad de la producción lingüística de un hablante inherentemente contextualizada. Sin embargo, muchos otros investigadores han tratado de encontrar parámetros concretos que permitan delimitar con cierto grado de fiabilidad las fronteras del enunciado. Como se verá más adelante, este es uno de los aspectos cruciales del análisis del discurso, para el cual se ha recurrido a los rasgos prosódicos como elementos coadyuvantes a su definición y a su delimitación.

A continuación, se exponen los principales resultados de los trabajos llevados a cabo atendiendo a las dos perspectivas o visiones del discurso: la perspectiva formal y la perspectiva funcional. Dado su distinto acercamiento al estudio del discurso, el modo en el que cada una de estas corrientes se ha aproximado a la prosodia ha sido, asimismo, diferente.

31.3.2 La prosodia y la perspectiva formal del discurso

Los trabajos de lingüística textual abordan la prosodia generalmente a partir de estudios de carácter experimental, en los que, para esclarecer determinados aspectos de la estructura del texto, se analizan datos orales obtenidos en condiciones experimentales diseñadas al efecto, y no en conversaciones espontáneas.

Con respecto a lenguas como el inglés, el mandarín o el francés, se pueden encontrar numerosos estudios que utilizan distintos diseños experimentales. Nakajima y Allen (1993) analizaron, por ejemplo, la estructuración y la progresión temática mediante el diseño de lo que denominaban «diálogos cooperativos». El objetivo del hablante consistía en averiguar cuál era la ruta ferroviaria más corta entre varias ciudades, para recoger y llevar cargamentos de alimentos. Con ese fin, debía interactuar con otro hablante que se encontraba en otra habitación y que poseía parte de la información. La conversación se mantenía a través del teléfono, a la vez que era grabada. Los resultados obtenidos mostraron que la estructura del tema es la que marca los cambios en la frecuencia fundamental (f_0) de las unidades. Geluykens y Swerts (1993, 1994), Swerts y Geluykens (1993, 1994) y Swerts (1997) utilizan igualmente datos experimentales para determinar el modo en el que los hablantes se sirven de algunos rasgos prosódicos, como las inflexiones tonales (especialmente, los tonos de frontera) y las pausas, para gestionar el flujo de información en el discurso. Los datos provienen de monólogos en los que el locutor describe un elemento que se le ha entregado previamente o formula instrucciones sobre cómo ensamblar un rompecabezas.

Posteriormente, numerosos estudios experimentales se han centrado asimismo en el papel de los elementos prosódicos en la percepción de las fronteras en el discurso hablado. Todos ellos se basan en experimentos en los que se obtienen producciones de los hablantes a partir de instrucciones muy concretas. Una de las técnicas más conocidas es la denominada 'tarea del mapa', en la que dos participantes reciben sendos mapas, uno de los cuales contiene información completa sobre una ruta que deben seguir, y el otro solo contiene información parcial sobre ella. Ambos locutores deben trabajar juntos sin mostrarse los mapas, a fin de averiguar la ruta completa (cf. Li, Yang y Lu 2010; Lin y Fon 2011; y Tseng y Su 2010). En algunos casos, los experimentos incluyen la resíntesis del discurso de hablantes reales, con el objetivo de comprobar si la percepción de uno o de varios rasgos prosódicos puede darse en ausencia de significado. El trabajo de Auran *et al.* (2005) para el francés expone a los hablantes a dos tipos de estímulos; el primero de ellos corresponde a un fragmento de una grabación de un monólogo espontáneo, y el segundo, a una versión sintetizada del mismo fragmento en la que el discurso se ha sustituido por cadenas de sonidos sin significado y se han dejado intactos los rasgos prosódicos. El oyente debe indicar dónde encuentra lo que estos autores llaman «fronteras de los bloques del discurso».

En el ámbito hispánico han comenzado a desarrollarse las investigaciones en este campo. Los trabajos sobre la entonación de las distintas variedades del español, reunidos en Prieto Vives y Roseano (2010) y en Hualde y Prieto Vives (2015), se situarían en el ámbito de la perspectiva formal del estudio de la prosodia en el discurso, pues en ellos se utilizan métodos de tipo experimental para obtener los enunciados analizados. Mediante el procedimiento denominado 'Prueba de Compleción del Discurso' se proporciona al hablante información específica sobre una situación concreta y se le solicita que, teniendo en cuenta esa información, responda a las preguntas que le formula el investigador. Por ejemplo, se presenta el siguiente contexto: «María va a tener un bebé y todo el mundo sabe que el padre del bebé es su pareja Jaime. Usted se sorprende cuando una amiga común le pregunta quién es el padre del bebé. ¿Qué le diría usted?» (Prieto Vives y Roseano 2010, 5). Así se obtendrá como respuesta un enunciado que poseerá, en cada caso, los rasgos semánticos de una oración afirmativa, interrogativa absoluta, interrogativa parcial, interrogativa de confirmación, interrogativa retórica, mandato, ruego, petición, llamada, exclamación, etcétera. A pesar de que esta metodología se asemeja a la usada en el análisis del discurso —por ejemplo, cuando se obtiene un fragmento de discurso a partir de un contexto situacional—, los análisis prosódicos se realizan, sin embargo, sobre los contornos tonales de fragmentos coincidentes con oraciones y no se utilizan unidades discursivas al margen de los parámetros sintácticos.

Desde la esfera de la comunicación periodística, Mas (2008a, 2008b, 2009, 2014) y Morales Morante y Mas (2009) han estudiado los aspectos prosódicos de las noticias, al considerar que estas son representativas de la estructura del discurso periodístico. Tomando como base las teorías discursivas de corte formal, en las que se postula que el discurso se compone de unidades mínimas vinculadas entre sí a través de relaciones retóricas o de coherencia (Grosz y Sidner 1986; Taboada Gómez y Mann 2006), Mas (2008b) afirma que la noticia conlleva una «superestructura» entonativa, lo que hace que, independientemente de su contenido, cualquier oyente sea capaz de identificar sus distintas fases: comienzo, desarrollo y conclusión. Cada una de estas fases presenta correspondencias con formas entonativas diferentes, pero, al mismo tiempo, constantes en todos los análisis. Mas (2008a, 2008b) examina los rasgos prosódicos de tono, duración e intensidad de un corpus de noticias radiofónicas y muestra cómo estos parámetros son capaces de delimitar el principio y el fin de la noticia. Los acentos tonales más prominentes se concentran en el inicio, que a la vez se corresponde con la novedad de la información transmitida. Al llegar al cuerpo de la noticia, la velocidad de elocución decrece, se da un nivel tonal sostenido y una caída de los picos tonales, con algunos ascensos coincidentes con la presencia, más escasa, de información nueva. Por último, el final de la noticia presenta una tesitura tonal [→ § 1.5.5] bastante alta y sin picos en la primera mitad del fragmento, para dar prominencia a la parte final, que coincide con lo que se quiere resaltar. Este final presenta, según Mas (2008a), la siguiente forma: «prominencia después de un valle, y una subsiguiente caída acentuada de tono, ritmo e intensidad, con alargamiento y pequeña inflexión tonal en la última sílaba» (14). Mas (2014) comprueba en otro corpus que la información nueva, a diferencia de la información conocida, se corresponde con picos tonales más altos.

De-la-Mota y Rodero (2010, 2011) y Rodero (2007) describen otra realidad en la entonación del habla radiofónica, pues sostienen que, por norma general, los locutores aplican un patrón melódico circunflejo a los grupos entonativos en los que segmentan las noticias: con un ascenso tonal inicial hasta un nivel tonal alto, seguido de un descenso progresivo hasta el final del grupo entonativo. Este patrón se aplica a todos los grupos entonativos, tanto al inicio de la noticia como durante su desarrollo y su final, con lo que se repite la misma melodía de manera cíclica. (Véase Aguilar y Gutiérrez-González [2018], para una descripción detallada de la estructura acentual, de la organización prosódica y de la entonación en la lectura de noticias en español).

En otro tipo de estudio, Morales Morante y Mas (2009) comprueban los efectos pragmáticos de los aspectos entonativos en la organización de la información en la narrativa cinematográfica. Concretamente, muestran que, en el fenómeno denominado 'solapamiento', que consiste en adelantar la información sonora con respecto a la visual en el montaje, se utilizan los cambios de tono y de intensidad para conseguir un efecto de sorpresa en los receptores.

31.3.3 *La prosodia y la perspectiva interaccional del discurso. La identificación de las unidades del discurso*

Los trabajos relacionados con el estudio de la prosodia en el marco de la perspectiva interaccional del análisis del discurso también han sido muy importantes. Como se ha expuesto anteriormente, se considera, en este contexto, que el análisis del discurso debe centrarse en el estudio del lenguaje en su uso cotidiano, por lo que es necesario trabajar sobre datos reales y espontáneos, procedentes de hablantes también reales sobre los que no se haya ejercido ninguna manipulación. Esto entronca con el problema del llamado 'discurso espontáneo', más concretamente con la cuestión de hasta qué punto un discurso puede considerarse natural y no condicionado. Por lo general, se asume que el grado de espontaneidad depende del grado de reflexión y de conciencia acerca de su propio modo de expresarse que presente el locutor al hablar. Esto es, cuanto mayor sea la atención que se concede a cómo se habla en un momento determinado, menos espontáneo resultará el discurso. La atención prestada puede verse condicionada por distintos aspectos de la interacción. Biber (1994), entre otros, ha desgranado los parámetros sociales y situacionales que pueden modular la espontaneidad con la que el individuo se expresa, comenzando por las relaciones de estatus y de poder entre los participantes en una interacción comunicativa, y continuando por la configuración de lo que se conoce como 'parámetros situacionales de la comunicación', es decir, el espacio y el tiempo en el que esta se desarrolla, el propósito de la interacción, el tema que se trata, o el modo cómo se lleva a cabo (oral o escrito). El discurso que resulta de la configuración particular de estos parámetros en cada interacción se situará, entonces, a lo largo de un eje de espontaneidad, que oscila entre una variedad sumamente condicionada hasta una variedad carente de condicionantes o espontánea. El discurso más espontáneo y menos condicionado se correspondería con la conversación, como exponente del registro oral no formal.

En el contexto de esta corriente, la importancia de la prosodia para el análisis del discurso se puso de manifiesto ya en los años ochenta. Entre los estudiosos anglosajones del discurso oral surgieron voces que reivindicaban la necesidad de contar con los rasgos prosódicos para tratar de esclarecer dos aspectos esenciales de la teoría del discurso: la identificación de las unidades discursivas y la delimitación de las funciones que cumplen tales unidades.

La definición de las unidades discursivas es uno de los aspectos prioritarios para cualquier teoría del discurso. Incluso en los casos en los que se reconoce que la función primaria del discurso es la interactiva, también se constata la necesidad de encontrar unidades mínimas que permitan descubrir cómo se estructura la interacción. A pesar de seguir constituyendo objeto de debate hoy en día, a lo largo de los años se han propuesto diferentes tipos de unidades en función de la perspectiva teórica adoptada. Según se expondrá a continuación, los posibles elementos mínimos a los que se ha apuntado para segmentar el discurso son las cláusulas, las unidades ideacionales, los enunciados, los actos de habla, los turnos de palabra o las unidades entonativas. A pesar de las divergencias, parece existir acuerdo en que, al menos, se pueden distinguir dos tipos esenciales de unidades: aquellas que transmiten un contenido proposicional, es decir, que constituyen la representación del contenido del discurso; y aquellas que regulan las conexiones entre estos contenidos. A las primeras se las ha denominado 'unidades proposicionales' o 'constituyentes del discurso' (Degand y Simon 2009; Fraser 1990; Polanyi 1988; Redeker 1986, 1990; Romera 2004), mientras que las segundas se conocen como 'marcadores discursivos' o 'conectores'. Esta segunda categoría de elementos ha suscitado un gran interés desde que Schiffrin (1987) publicara el primer estudio sobre el tema centrado en el inglés. Durante los últimos treinta años se han analizado en un gran número de lenguas bajo la denominación general de 'marcadores discursivos' [→ § 31.3.4 y el capitulo 32], pero también se los conoce como 'conectores', 'partículas pragmáticas', 'unidades funcionales', 'unidades reguladoras' o 'funtores'. Su función consistiría en hacer explícitas las relaciones semántico-lógicas que se establecen entre las unidades proposicionales, así como regular las funciones interaccionales en la conversación. Para delimitar tanto las unidades proposicionales como las unidades funcionales o marcadores, la prosodia ha servido como una herramienta esencial que ha ayudado a todos los analistas del discurso. A continuación, se repasan brevemente las propuestas internacionales más relevantes, para situar las realizadas sobre el español en su justo contexto.

El grupo de lingüistas norteamericanos de la Universidad de Santa Bárbara (California) enmarcado en la tradición discursiva de los estudios sobre la interacción fue el primero en reivindicar la importancia de los aspectos prosódicos en la estructuración discursiva, especialmente para fines relacionados con la transcripción (Chafe 1987, 1994; Du Bois *et al.* 1993; Schuetze-Coburn, Shapley y Weber 1991). Para ellos, la prosodia es el elemento fundamental que permite conformar y enriquecer la expresión de las ideas, aportando información sobre su estatus más o menos activo, así como sobre su prominencia. Estas ideas están delimitadas en el flujo verbal del discurso no solamente por los rasgos semánticos, sino principalmente por un conjunto de rasgos prosódicos. Chafe (1994) propone el concepto de «unidad entonativa» como unidad básica en la constitución del discurso:

> Una unidad entonativa coherente está compuesta por la convergencia de a) pausas antes y después de la unidad, b) un patrón de aceleración-desaceleración, c) una declinación en la curva entonativa, d) una caída en la parte final de la curva, y e) la aparición de voz quebrada al final (Chafe 1994, 60, traducción propia).

Las unidades entonativas pueden ser de dos tipos, según el significado que conlleven. Chafe (1994) distingue, por un lado, las unidades entonativas «sustanciales», que se corresponden con unidades de pensamiento o ideacionales y que expresan la representación de estados, eventos o referentes presentes en nuestro pensamiento y, por otro, las unidades entonativas «reguladoras», que se encargan de regular la interacción y el flujo de información.

Ulteriormente, Simon (2001) y Degand y Simon (2009) se sirvieron de los rasgos prosódicos, además de los sintácticos, para delimitar unidades discursivas mínimas en un corpus de discurso oral en francés. Los resultados de su análisis sugieren que se pueden identificar tres tipos de unidades discursivas básicas: un primer tipo, en el que se da una correspondencia absoluta entre la unidad prosódica y la unidad sintáctica; un segundo tipo, en el que la unidad sintáctica se compone de varias unidades prosódicas; y un tercer tipo, en el que la unidad prosódica está formada por varias unidades sintácticas. Las autoras, sin embargo, emplazan para trabajos futuros el análisis de la correspondencia entre estas unidades y sus funciones en el discurso.

Con respecto al español, Hidalgo (1997) aborda el análisis prosódico de datos procedentes de conversaciones espontáneas para delimitar las unidades estructurales que las conforman [→ capítulo 32]. Combinando criterios semánticos y prosódicos, Hidalgo (1997, 73–87) utiliza la noción de «paratono» como una unidad superior del habla de carácter prosódico-informativo. Se trata de una secuencia de enunciados compuesta por una o varias intervenciones, acerca de un tema común, que tiene como características prosódicas un tono inicial alto y un tono final bajo con alargamiento de la sílaba final, con pérdida de intensidad y con pausa prolongada. En el nivel discursivo, el paratono presenta marcas acústicas que lo distinguen del enunciado, sobre todo la presencia de pausas y de un tono final bajo en las oraciones declarativas. Las pausas son menos frecuentes al final de enunciado, y en tal posición son de menor duración que al final de un paratono (en donde la duración media es de 700 ms, según Hidalgo [1997, 184]); por otro lado, los enunciados declarativos pueden presentar inflexiones finales no descendentes dependiendo de la función expresiva y pragmática del discurso (Hidalgo 1997, 193–209). En el mismo trabajo, el autor concluye que las marcas prosódicas de un paratono son más sólidas que las de un enunciado, por la «necesidad de precisar mejor los límites de las unidades superiores del discurso» (181).

Posteriormente, los trabajos de Briz y Grupo Val.Es.Co (2003), Hidalgo y Padilla (2006) e Hidalgo (2007) se adentran en la clasificación de las unidades de la estructura del discurso monológico. Se propone su división en «actos» y «subactos» [→ § 32.2]. El acto se define como una unidad estructural monológica, constituyente inmediata de la intervención, que posee unas marcas semánticas y prosódicas que permiten identificar sus límites en la cadena discursiva, y que, además, puede erigirse en intervención por sí misma. Por su parte, el subacto es una unidad estructural fonológica menor, constituyente inmediata del acto y caracterizada por ser un segmento informativo identificable en el discurso, pero que no puede conformar una intervención. Las marcas prosódicas que se analizan para delimitar los actos y los subactos son la presencia de pausas y de una curva melódica completa, o de contornos melódicos articulados aisladamente que no se hallan integrados en una curva melódica principal (Hidalgo 2007, 3594). Se puede encontrar una visión más completa y englobadora en Hidalgo (2019).

Elordieta y Romera (2004) también combinan criterios semánticos y prosódicos para delimitar las unidades en el discurso. En este caso, los criterios semánticos de los que estos autores se sirven se centran en la expresión de eventos o de estados. El criterio prosódico que se toma en cuenta es la presencia de alguno de los elementos constituyentes de juntura [→ § 1.21.11]: la pausa, el reajuste tonal y la aparición de un índice de juntura notorio. El elemento 'índice de juntura' procede del modelo de transcripción entonativa *Tone and Break Indices* (ToBI) [→ § 1.21.11, § 28.2.3], y hace referencia al grado de disyunción o de integración prosódica de una parte del enunciado o del discurso con respecto al material lingüístico precedente o siguiente. Se trata de una unidad establecida mediante criterios perceptivos. Un índice de grado 4 se corresponde con una frontera entre sintagmas entonativos, los constituyentes más amplios en la jerarquía de los constituyentes entonativos. Un índice de grado 3 corresponde a una frontera entre sintagmas intermedios, que son los constituyentes inmediatamente inferiores (§ 31.2.1). Con base en estos criterios prosódico-entonativos, Elordieta y Romera (2004) determinan la presencia de dos tipos de unidades discursivas en un corpus de entrevistas semidirigidas con hablantes de español centropeninsular: por una parte, las unidades proposicionales, que transmiten un contenido referencial y, por otra, las unidades funcionales, encargadas de explicitar las relaciones que se establecen entre las unidades proposicionales. Una conclusión importante de su estudio es que estas últimas presentan distintas características prosódicas vinculadas con la parte de la estructura narrativa o conversacional a la que pertenezcan (véase la discusión más detallada en el § 31.3.4).

Mora Gallardo, Martínez Matos y Domínguez Mújica (2009) abordan asimismo la correspondencia entre los segmentos delimitados a partir de criterios sintácticos y los delimitados a partir de criterios prosódicos en el español de Mérida (Venezuela). Sugieren que la prosodia es el elemento primordial a través del cual el oyente segmenta la cadena hablada, y que los elementos prosódicos, además, ofrecen información significativa acerca de la estructura sintáctico-semántica del discurso oral. Partiendo de un corpus de habla espontánea, los autores realizaron, en primer lugar, su segmentación manual en cláusulas. Las cláusulas resultantes se sometieron a un análisis acústico, en el que se midió la duración de las sílabas, los valores de la f_0 y la duración de las pausas iniciales y finales de dichas cláusulas. Al mismo tiempo, se dieron a escuchar las grabaciones a un grupo de 12 oyentes y se les pidió que identificaran las pausas que percibían en ellas. Los resultados de la prueba de percepción indicaron que las fronteras discursivas percibidas por los oyentes coincidían en un elevado porcentaje (96,8 %) con las segmentaciones sintácticas realizadas *a priori*. Por otra parte, los autores concluyeron del estudio acústico que los elementos prosódicos considerados se correspondían con la estructuración de la información en el discurso. Los niveles de f_0 variaron en función del objetivo de las cláusulas: la f_0 resultó ser más alta en las cláusulas que iniciaban el discurso, mientras que era más baja en las que lo desarrollaban o concluían. Un resultado interesante del estudio fue comprobar que la duración de las pausas se correspondía asimismo con la organización temática del discurso:

los valores más bajos estaban asociados a la progresión o al desarrollo del tema, mientras que los más altos se obtuvieron en la presentación y en el cierre de la información. El trabajo de Labastía (2018) proporciona información de este tipo con respecto al español rioplatense.

31.3.4 Los patrones prosódicos de los marcadores discursivos desde el punto de vista interaccional

El ámbito más productivo en el contexto de los estudios sobre los aspectos prosódicos del discurso oral en español es el referido a los denominados 'marcadores del discurso' o 'conectores discursivos', es decir, aquellos elementos como *bueno, esto es, o sea, además, no obstante, sin embargo, por tanto, entonces, pero, es que, pues, y,* o *si*, entre otros, que parecen comportarse de manera diferente a otras partes más amplias del discurso (véase el § 31.3.3).

Como se ha indicado anteriormente, los marcadores discursivos se consideran unidades de naturaleza funcional. Se han caracterizado frecuentemente como elementos provenientes de distintas categorías gramaticales que han sufrido un proceso de pérdida de contenido semántico y no poseen ninguna funcionalidad en el marco oracional. La definición de Portolés Lázaro ([1998] 2001) resume la concepción generalmente compartida de los marcadores discursivos:

> Los marcadores del discurso son unidades lingüísticas invariables, no ejercen una función sintáctica en el marco de la predicación oracional y poseen un cometido coincidente en el discurso: el de guiar, de acuerdo con sus distintas propiedades morfosintácticas, semánticas y pragmáticas, las inferencias que se realizan en la comunicación (25).

Sin embargo, todavía persisten desacuerdos sobre qué engloba la categoría de marcador discursivo. Existen, por ejemplo, elementos como los adverbios oracionales o frases adverbiales (*evidentemente, por supuesto, sin duda*), que parecen más bien cumplir funciones pragmáticas o de modificación de la fuerza ilocutiva del enunciado, y no tanto conectivas o interactivas, y a los que algunos analistas, no obstante, han incluido dentro de la categoría de los marcadores.

Desde los primeros estudios sobre los marcadores se ha venido haciendo mención a sus particularidades prosódicas. Muchos autores, entre los que cabe citar a Fuentes Rodríguez (1987, 62, 1996, 12), Álvarez Menéndez (1988, 217) y Fernández Fernández (1993, 213–15), señalan que los marcadores están separados de la línea entonativa del enunciado principal al ir precedidos y seguidos de pausas, que los aíslan del material discursivo anterior y posterior. También aluden a su carácter tónico, es decir, al hecho de que poseen acento léxico. Fernández Fernández (1993) llega incluso a caracterizar a los marcadores discursivos como «incisos». Los ejemplos de (4), con los marcadores *bueno* [→ § 32.2], *claro* y *por (lo) tanto,* servirían para ilustrar tales características. Los signos de puntuación reflejan ortográficamente la pausa o la marca entonativa de separación con el material lingüístico que se sitúa antes y después del marcador:

(4)   a. Bueno, creo que ya lo he entendido.
        b. El premio se lo darán a él, claro.
        c. Ya han servido la comida. Por tanto, vamos a comenzar a comer.

Además de *bueno, claro* y *por (lo) tanto,* entre los marcadores de este tipo se encuentran, igualmente, *pues bien, ahora, ahora bien, entonces, además, bien, también, encima, por otro lado, sin embargo, no obstante, por el contrario, hombre, o sea, es decir, a ver, qué se yo, qué quieres que te diga, vamos, no sé, digo yo, digamos, cómo te diría, oye, mira* o *la verdad,* sin que esta lista pretenda ser exhaustiva.

Algunos de estos marcadores gozan de libertad de colocación en la oración, en el sentido de que pueden aparecer en su comienzo, en su final, o insertados en el medio. Otros normalmente se encuentran cuando concluye el enunciado; es el caso de los llamados «marcadores conversacionales de control del contacto» (Briz 1998, 224–29), como *eh?, no?, verdad?, sabes?, me entiendes?, me explico?*

Una muestra de la independencia prosódica de los marcadores la constituiría el hecho de que algunos de ellos puedan aparecer de manera independiente en un turno de habla, sin estar necesariamente ligados a una oración. Sería el caso de *claro, encima, hombre, bueno, no sé, digo yo,* alguno de los cuales podría incluso constituir por sí solo un turno de habla.

Sin embargo, este argumento solo puede entenderse si se parte de la base de que entre los marcadores discursivos no está incluida la categoría de las conjunciones como *pues, pero, porque, es que, y,* o *entonces, si,* que normalmente no van separadas del material siguiente por una pausa (véanse, más adelante en este apartado, las reseñas de algunos trabajos empíricos al respecto). Así pues, para los autores que consideran que las conjunciones mencionadas son marcadores discursivos, la posible separación prosódica de los marcadores no es uno de sus rasgos definitorios, o al menos no lo es de todos ellos. Entre estos autores cabe mencionar a Gili Gaya ([1943] 1961), Martín Zorraquino (1998), Portolés Lázaro (1998, [1998] 2001), Pons Bordería (1998), Montolío (2001) y Romera (2004).

Además de las consideraciones sobre la tonicidad de los marcadores discursivos y sobre el hecho de que algunos de ellos puedan aparecer entre pausas, en algunos trabajos se ha aludido a otros aspectos prosódicos que los caracterizan, como su contorno melódico y su final entonativo en cadencia o descenso, suspensión y anticadencia o ascenso, si bien sus propiedades prosódicas se han determinado de una manera impresionista, basada en las propias intuiciones de los distintos autores; es el caso de Briz (1993, 1998), Martín Zorraquino (1998), o Martín Zorraquino y Portolés Lázaro (1999), entre otros. En Martín Zorraquino y Portolés Lázaro (1999), por ejemplo, se habla de entonaciones exclamativas, interrogativas, fáticas, de continuación, etcétera. En cualquier caso, la mayoría de las afirmaciones o de las tomas de posición reseñadas no se basan en análisis empíricos exhaustivos de los aspectos prosódico-entonativos de los marcadores discursivos, pues se encuentran en trabajos que tratan de establecer los rasgos morfosintácticos, semántico-pragmáticos y discursivos de los marcadores, no en trabajos de fonética.

Hidalgo (2010) revisa los estudios instrumentales más importantes sobre los principales patrones de comportamiento prosódico de los marcadores discursivos. Tales investigaciones tienen como objetivo fundamental averiguar si las relaciones de coherencia que los marcadores discursivos expresan en el discurso oral se manifiestan fonética y fonológicamente, es decir, comprobar si el hablante puede guiar al oyente en la interpretación de las relaciones que se establecen, a nivel pragmático-discursivo, entre las sucesivas unidades o grupos de unidades discursivas; tal posibilidad vendría dada por pistas acústicas localizadas en las expresiones lingüísticas que incardinan dichas relaciones, como son los marcadores discursivos. Si se tiene en cuenta que el objetivo central de toda expresión oral del lenguaje es lograr la fluidez en la comunicación y asegurar la transmisión de los contenidos, parecería razonable y eficaz que el discurso y la prosodia se correlacionaran mediante marcas prosódico-entonativas de las relaciones discursivas.

Los aspectos prosódico-entonativos que se analizan en este tipo de estudios son el grado de reajuste tonal al comienzo y al final de dichos marcadores, la presencia y la duración de las pausas que los flanquean, y el contorno tonal global del propio marcador. Los resultados obtenidos sugieren que las distintas funciones pragmático-discursivas de los marcadores pueden estar asociadas a diferentes formas o contornos prosódicos. Los trabajos en ese sentido son los más abundantes (Aguilar *et al.* 2006; Arana, Blázquez y Vázquez 2007; Briz e Hidalgo [1998] 2008; Cabedo 2013; Caldiz 2014; Cepeda 1999; Cepeda y Poblete Bennett 1997; Cid y Poblete Vallejos 1999; Dorta y Domínguez García 2001, 2004, 2006; Elordieta y Romera 2002, 2004; Hidalgo 1997, 2015; Martín Butragueño 2003, 2006; Martínez Matos y Domínguez Mújica 2006; Martínez Matos, Urdaneta y Domínguez Mújica 2003–2004; Pereira 2011; Romera y Elordieta 2002; Serrano Montesinos 2004; Soler Arechalde y Serrano Morales 2010; Tanghe 2015). El debate, sin embargo, no parece cerrado, y otras aportaciones también ponen de manifiesto que la relación entre rasgos prosódicos y funciones discursivas de los marcadores es, en la mayor parte de los casos, poco clara (Martínez Hernández 2015). Como apunta Hidalgo (2010), algunos trabajos no proporcionan datos cuantitativos de las mediciones acústicas, sino que se limitan a formular generalizaciones, a partir de observaciones empíricas en mayor o menor grado. Entre los estudios cuantitativos también se puede establecer diferencias según sea el nivel de detalle al que llegan en el análisis acústico y según se hayan realizado o no análisis estadísticos. A continuación, sin ánimo de exhaustividad, se resumen las principales contribuciones realizadas sobre este tema con respecto al español, centradas cada una de ellas en unos marcadores discursivos específicos.

Cid y Poblete Vallejos (1999) llevaron a cabo un análisis de los aspectos prosódicos de varios marcadores discursivos en el habla culta de Santiago de Chile. Su conclusión principal es que los marcadores presentan, en general, un comportamiento acentual y melódico determinado por la función comunicativa que cumplen. Distinguen tres tipos de marcadores, según sea su posición con respecto al enunciado con el que se asocian: iniciadores, continuadores y finalizadores. Los iniciadores se sitúan al comienzo del enunciado o del turno de palabra y tienen la función de conceder tiempo al hablante para ordenar sus ideas y organizar su discurso y, asimismo, para indicar que asume su turno. Es el caso, por ejemplo, de *a ver, bueno, eh, mm*. Los continuadores se sitúan dentro del enunciado o del turno de habla, interrumpiendo en cierta manera el flujo de su estructura gramatical. Cumplen distintas funciones: son indicadores de vacilación o indecisión (*qué sé yo, qué quieres que te diga, eh, no sé, a ver, em, mm*), reforzadores de la opinión del locutor (*bueno, claro, digamos, pienso yo*), apelativos pseudovocativos (*compadre, ponte tú, oye, oiga, mira, mire*), colaborativos o sustentadores de la opinión del interlocutor (*bueno, claro, ya, mm*) y conectores de enunciado (*ahora, así (es) que, entonces, o sea*). Los finalizadores cierran la intervención (*digo yo, digamos, fíjate, nomás, pues (oye), pu', po', p'*) o solicitan la aprobación del interlocutor

(*¿ah?*, *¿cachai?*, *¿(no es) cierto?*, *¿entiendes?*, *¿m?*, *¿no?*, *¿ya?*, *¿verdad?*). Entonativamente, los marcadores iniciadores comienzan con un nivel tonal alto, que empieza a descender durante el cuerpo del marcador. Pueden, también, ir seguidos de pausa. Cid y Poblete Vallejos (1999, 111) se refieren igualmente a lo que denominan «partículas» iniciadoras como *eh*, *m*, o *mm*, que parten de un nivel tonal medio y no muestran ningún tipo de movimiento ni de contorno tonal destacable.

Los marcadores continuadores que indican vacilación o indecisión presentan tres patrones prosódico-entonativos: o bien aparecen separados por pausas y con una entonación descendente o ascendente, o bien se pronuncian con un nivel tonal medio y con ausencia de pausas. Los marcadores continuadores que refuerzan la propia opinión y los apelativos seudovocativos pueden constituir grupos entonativos independientes, y, cuando no lo hacen, aparecen al final de un enunciado. Suelen presentar un patrón descendente. Por último, los marcadores continuadores colaborativos tienden a conformar un grupo entonativo propio, con contorno descendente; por su parte, los conectores de enunciado pueden constituir igualmente un grupo entonativo independiente, en cuyo caso presentan contornos tanto ascendentes como descendentes, o pueden aparecer integrados en el enunciado siguiente, sin un contorno tonal definido.

Los marcadores que señalan el final de la intervención presentan un contorno tonal bajo, como si se tratara de la «cola» del enunciado, en palabras de Cid y Poblete Vallejos (1999, 115), ya que aparecen tras su acento nuclear. Los marcadores finalizadores que persiguen la aprobación del interlocutor suelen presentar un contorno final ascendente.

Cid y Poblete Vallejos (1999) concluyen que existe una clara asociación entre las funciones pragmático-discursivas de los marcadores y sus patrones prosódicos, de modo que la prosodia sirve como marca oral de las relaciones y de las funciones de índole discursiva.

Dorta y Domínguez García (2001, 2006) estudian los patrones prosódico-entonativos del marcador *pues*, basándose en 109 casos en los que aparece este marcador, extraídos de las conversaciones semidirigidas que integran el *Corpus de habla de los universitarios salmantinos* de la Universidad de Salamanca. Con respecto al contorno tonal, el de este marcador es neutro, sin un movimiento tonal claro, excepto cuando *pues* ejerce una función conectora consecutivo-deductiva, en cuyo caso su curva melódica muestra una tendencia descendente. En relación con el discurso precedente, *pues* se separa de modo distinto según la función que realiza y según el sexo de los hablantes. Así, si *pues* desempeña la función organizadora, con valor continuativo, y el locutor es mujer, se produce un reajuste tonal negativo. En cambio, cuando *pues* introduce un nuevo aspecto del tema-marco de la conversación, las mujeres realizan pausas breves y un reajuste tonal positivo, mientras que este es negativo en el caso de los hombres. Si *pues* cumple la función conectora y esta tiene un valor consecutivo-deductivo, se observan pausas largas o breves en ambos sexos, pero solamente entre las mujeres si se trata de un valor consecutivo-procondicionante. También se marca la juntura con la porción discursiva precedente mediante el reajuste tonal, en ausencia de pausas (valor procondicionante en los hombres), de modo que, según interpretan Dorta y Domínguez García (2001, 2006), las pausas y el reajuste se distribuyen de manera complementaria para marcar una frontera prosódica en el discurso. En la función reformuladora ejemplificadora, las mujeres vuelven a presentar tanto pausas como reajuste tonal positivo, y los hombres, solo reajuste tonal negativo. En lo que se refiere a la porción discursiva posterior, por norma general no se observan pausas tras *pues,* y no existen reajustes tonales, excepto cuando el marcador cumple la función de organizador textual en interior de intervención —en cuyo caso el reajuste es positivo en ambos sexos— y cuando desempeña la función reformuladora ejemplificadora —que conlleva un reajuste positivo únicamente en el caso de los hombres—.

A partir de estos datos podría concluirse que, en general, el marcador *pues* aparece más ligado a la porción de discurso siguiente que a la precedente. Dorta y Domínguez García (2001, 53), 2006, 1282: Dorta y Domínguez García (2001, 53, 2006, 1282) recogen las principales marcas prosódicas de *pues,* según la función desempeñada y según el sexo de los hablantes, en un cuadro, al que se remite al lector, y en el que se pone de manifiesto la relación entre la función discursiva y la prosodia.

Dorta y Domínguez García (2004) realizan un trabajo en la misma línea con respecto al marcador discursivo *entonces,* basándose en 60 casos recogidos también en el *Corpus de habla de los universitarios salmantinos* de la Universidad de Salamanca. Las autoras concluyen, en primer lugar, que el marcador *entonces* va precedido de pausa con bastante frecuencia (entre un 66 % y un 71 % de los casos, dependiendo del sexo del hablante) en casi todas sus funciones, excepto en la función procondicionante; y, en segundo lugar, que la pausa es de larga duración en casi todos los casos (de entre medio segundo y un segundo). Sin embargo, no se encuentran pausas en proporciones significativas situadas entre *entonces* y la porción de discurso que lo sigue (solo entre un 33 % y un 25 % de los casos, según el sexo del hablante). Dorta y Domínguez García concluyen también que el reajuste tonal (sobre todo el reajuste positivo) actúa, junto con la pausa, como un refuerzo de la frontera entre el constituyente discursivo anterior y el encabezado por *entonces*. Además, lo que es más importante, el reajuste tonal puede aparecer por sí solo como indicador de frontera, ya sea positivo, ya sea negativo (con un cierto grado de variación entre las funciones y entre los sexos, que aquí no se detalla por límites de espacio).

Por lo tanto, del trabajo de Dorta y Domínguez García (2004) se desprende, como conclusión general, que el marcador *entonces* aparece asociado prosódicamente a la porción de discurso que lo sigue y no a la que lo precede: mientras que entre el marcador y el discurso anterior aparecen pausas o un reajuste tonal, tales marcas no se observan entre el marcador y el discurso siguiente. Este resultado concuerda con el observado con respecto al marcador *pues* por las mismas autoras.

Elordieta y Romera (2002) y, en la versión más desarrollada de este trabajo, Romera y Elordieta (2002), analizan el comportamiento prosódico-entonativo del mismo marcador, *entonces*. Basándose en 88 apariciones de este marcador en conversaciones naturales de hablantes del centro-norte peninsular (en concreto, de la provincia de Soria) recogidas por los investigadores, Elordieta y Romera (2002) y Romera y Elordieta (2002) avanzaron la misma conclusión que Dorta y Domínguez García (2004) con respecto a este marcador, es decir, que *entonces* aparece ligado prosódicamente al constituyente discursivo que lo sigue, y no al que lo precede. Observaron la presencia de pausas antes del marcador en el 76,13% de las ocasiones, lo cual contrasta con su aparición después del marcador solo en un 37,55 % de los casos. Únicamente en un 29,5 % de las ocasiones se observó que *entonces* estuviera precedido y seguido de pausas. Las diferencias fueron estadísticamente significativas. Por otro lado, los autores apreciaron también disparidad en cuanto a la frecuencia de aparición de un reajuste tonal antes y después del marcador: 67,9 % frente a 25,6 %, respectivamente. Aunque las divergencias no fueron estadísticamente significativas, sí se encontró una correlación significativa entre la presencia de pausas antes y después del marcador y la existencia de reajuste tonal antes y después del marcador.

Elordieta y Romera (2002) también codificaron los índices de juntura (véase el § 31.3.3) que aparecían inmediatamente antes y después del marcador. Los autores obtuvieron un porcentaje elevado de índices de juntura de sintagmas entonativos y de sintagmas intermedios que precedían al marcador (un 80,7 % de los casos de *entonces*), y un porcentaje menor de dichos índices inmediatamente después de él (56,6 %). Esta diferencia en grados de disyunción del marcador con respecto al contexto anterior y al posterior se añade a las existentes entre estos entornos por lo que se refiere a los porcentajes de aparición de pausas y de reajustes tonales, y muestra fehacientemente que el marcador *entonces* está más integrado prosódicamente con el fragmento de discurso siguiente que con el precedente. Otro dato significativo es que solo un 31,1 % del total de apariciones de *entonces* presentaba fronteras de sintagmas entonativos o intermedios a izquierda y derecha. Es decir, los casos en los que *entonces* formaba por sí solo un sintagma entonativo o intermedio eran una minoría, en un porcentaje similar al de los casos de *entonces* flanqueados por pausas (29,5 %).

Finalmente, Elordieta y Romera (2002) y Romera y Elordieta (2002) proporcionan datos que muestran que existe una asociación entre el contorno melódico del propio *entonces* y el tipo de secuencia introducida por este marcador en la línea narrativa o argumentativa del discurso elaborado por el hablante. Cuando *entonces* precede a proposiciones no finales, es decir, proposiciones que no constituyen la conclusión de un argumento o de una narración, el marcador presenta un contorno sostenido o uno ascendente (en proporciones similares de un 50 % y de un 48,4 %, respectivamente). Por el contrario, cuando *entonces* encabeza proposiciones finales (que concluyen un argumento o una narración), el marcador presenta patrones descendentes o bien suspendidos (62,5 % y 29,1 %, respectivamente), y no en ascenso (solo un 1,6 %). Estos resultados sugerirían que pueden existir marcas prosódicas del parámetro 'continuador-finalizador' en la línea narrativo-argumentativa del material discursivo encabezado por *entonces*.

Martín Butragueño (2003) llevó a cabo un estudio de las características prosódicas de varios marcadores discursivos en el español de la Ciudad de México, con datos procedentes de corpus en los que se recogen tres estilos de habla: conversaciones semiinformales, lectura de breves diálogos y lectura de un texto. Los marcadores analizados desempeñaban distintas funciones discursivas. Se recogieron —según la terminología y la clasificación del propio autor— marcadores estructuradores/organizadores de la información (*pues, primero, luego*), conectores (*además, entonces, pues, sin embargo*), reformuladores (*o sea*), operadores argumentativos (*por ejemplo*) y marcadores conversacionales (*claro, bueno, hombre, mira, oye, qué te diré, ya sabes, este*). Aunque los resultados del análisis acústico revelaron una cierta variedad de contornos tonales difíciles de clasificar con rigor en función del tipo de marcador, sí se pudo constatar que, por norma general, los marcadores se separan del material discursivo precedente mediante una frontera prosódico-entonativa en el 81 % de los casos, sin que el autor especifique cuáles de ellos corresponden a pausas y cuáles a reajustes tonales. Por el contrario, solo se detectó la presencia de un límite posterior al marcador en un 51 % de la muestra. Un dato interesante es que se dan más pausas y fronteras entonativas cuanto más formal es el registro o estilo de habla, y quizá sea esta la razón por la cual los porcentajes de aparición de las pausas o de las fronteras entonativas obtenidas en este estudio son más elevados que los de las contribuciones precedentes, que estaban basadas en conversaciones espontáneas. En cualquier caso, sin embargo, se podría concluir que los resultados del trabajo de Martín Butragueño (2003) concuerdan con los de las investigaciones citadas anteriormente, que indican que los hablantes tienden a preferir no incorporar en el mismo constituyente prosódico-entonativo el marcador y el material discursivo que lo precede, y tienden, en cambio, a incluir el marcador y el discurso siguiente en el mismo constituyente prosódico-entonativo.

Por lo que respecta al contorno tonal del marcador, Martín Butragueño apunta que se da una variedad de patrones considerable. El autor los analiza desde la perspectiva de la Teoría Métrica-Autosegmental de la fonología de la entonación [→ § 1.21.13] y, concretamente, empleando el sistema de anotación prosódica específico del español conocido como Sp_ToBI (véanse Hualde [2003]; Sosa [2003]; y, con posterioridad al estudio de Martín Butragueño, las revisiones y actualizaciones de Estebas-Vilaplana y Prieto Vives [2008, 2010], así como las de Hualde y Prieto Vives [2015]; cf. igualmente el capítulo 28 de la presente obra). Cuando existe un límite posterior al marcador (sobre todo en estilos de habla más formales) se observa el patrón entonativo H*(+H) L%, es decir, un acento tonal alto (H*), que puede ser suspendido —de ahí (+H)—, seguido de un descenso tonal (L%). Sin embargo, cuando el marcador se integra en el mismo constituyente prosódico-entonativo que el material posterior, el contorno tonal es menos específico, y adopta patrones que corresponderían a palabras en posición pretonemática, sobre todo L*+H, aunque a veces también H* y L+H* cuando sobre el marcador recae algún tipo de focalización o énfasis.

En un trabajo posterior, Martín Butragueño (2006) centró su atención en otro marcador discursivo, *bueno*. El autor resume así sus funciones principales (Martín Butragueño 2006, 19-20): a) marca de modalidad deóntica, indicando si el hablante acepta la inferencia del fragmento discursivo anterior (*—Pase por aquí. —Bueno*); b) enfocador de la alteridad, expresando disconformidad, desacuerdo, desaprobación atenuada (*—Está casada. —Bueno, en realidad solo es lo que dicen*); c) metadiscursivo, abriendo un tema o rectificando algún punto (*Bueno, de qué hablamos hoy; Siempre dudo de las cosas. Bueno, es de sabios corregir*). Este marcador puede desempeñar otras funciones, como, por ejemplo, la de intensificador, matizador, marcador de ruptura secuencial o de cambio temático secuencial, recuperador de la secuencia anterior tras una precisión, un cierre o una conclusión, indicador de aprobación, o marcador continuativo. Martín Butragueño se sirvió de 18 encuestas sociolingüísticas del *Corpus sociolingüístico de la Ciudad de México* (Martín Butragueño y Lastra 2011), correspondientes a otros tantos hablantes, para recoger 163 casos de *bueno*, que analizó acústicamente. En el análisis se tuvieron en cuenta una gran cantidad de variables prosódicas (Martín Butragueño 2006, 31-32), entre las que cabe mencionar las siguientes: altura tonal al inicio, en el pico y al final del marcador; movimiento tonal entre el inicio del marcador y el pico, y entre el pico y el final del marcador; altura relativa del pico con respecto al enunciado que encabeza; alineamiento del pico tonal; duraciones de *bue-* y de *-no* y percepciones de sus alargamientos; existencia de un linde previo; duración del silencio previo; existencia de un linde posterior; duración del silencio posterior; reajuste tonal entre la f_0 previa y la del inicio del marcador; diferencia tonal entre la f_0 previa y el pico; f_0 del material posterior al marcador; reajuste tonal entre el final del marcador y la f_0 posterior; configuración del acento tonal sobre la sílaba tónica; configuración de la sílaba postónica. A continuación, se exponen los resultados principales del análisis:

- El porcentaje de ocasiones en las que el marcador *bueno* representa la mayor altura tonal del enunciado que encabeza es mayor en la modalidad deóntica, indicando si el hablante acepta la inferencia del fragmento discursivo anterior. La altura tonal de *bueno* es más baja si existe un linde inmediatamente posterior a este marcador, en lo que Martín Butragueño interpreta como una suerte de reparto de tareas entre las marcas prosódicas: si existe un límite posterior, no es necesario recurrir a la altura tonal para destacar el marcador.
- *Bueno* aparece precedido de pausa en un 57 % del total de los casos, incluyendo sus apariciones al inicio de un turno de habla. La mayoría de las pausas son breves (inferiores a 400 ms) o medias (entre 400 y 800 ms). Son aún menos frecuentes las pausas al final del marcador (un 39 %, incluyendo los casos de *bueno* en la conclusión de un turno de habla), lo cual vendría a sugerir que *bueno* está más integrado con el material discursivo siguiente que con el precedente. Cuando existe un linde melódico posterior a *bueno*, este normalmente cumple funciones de enfocador de la alteridad (expresando disconformidad, desacuerdo, desaprobación atenuada) u otras funciones metadiscursivas (abriendo un tema o rectificando algún punto). Después de *bueno* puede producirse, con la misma frecuencia, un reajuste tonal positivo o negativo. Tampoco se observó relación alguna entre los valores discursivos y los reajustes tonales.
- Más de dos tercios de las apariciones de *bueno* presentan acentos tonales con un tono alto alineado fonéticamente dentro de los límites de la sílaba tónica: L+H* y H*. En tercer lugar en orden de frecuencia queda L*+H, y mucho menos frecuentes son H*+L y L*. El marcador muestra una acusada tendencia a finalizar en cadencia o descenso tonal, aunque en un tercio de los datos también se observa un final con tono suspendido. Los acentos tonales L*+H se asocian por norma general a los valores metadiscursivos, muy raramente al carácter deóntico y nunca al carácter de enfocador de la alteridad. Por el contrario, los acentos tonales

L+H* y H* se vinculan más frecuentemente con el valor de enfocador de la alteridad, seguido del valor deóntico y, en menor medida, con el valor metadiscursivo.

Por su parte, Martínez Matos y Domínguez Mújica (2006) analizaron las características prosódicas de los marcadores *o sea, este, pues, ¿no?, claro, ahora, bueno* y *pero,* en 163 muestras procedentes de tres hablantes incluidos en el *Corpus sociolingüístico de Mérida* (Venezuela). Los autores hallaron pausas anteriores a los marcadores en el 70 % de las ocasiones, y pausas posteriores, en el 55 %. Así pues, el porcentaje de casos en los que los marcadores aparecen entre pausas es considerable. A este hecho contribuyen la tendencia de algunos de estos marcadores a encabezar un enunciado tras pausa (*este, pues, claro, ahora*) y la tendencia del marcador *¿no?* a aparecer en posición final de enunciado, por tanto, siempre o casi siempre seguido de pausa. En cuanto a *bueno,* los autores encontraron que este marcador suele ir flanqueado por pausas en su modalidad metadiscursiva, y solo precedido de ellas en su modalidad deóntica. Por lo que respecta a la curva melódica, analizada desde la perspectiva de la Teoría Métrica-Autosegmental, la mayoría de los marcadores presentaban la secuencia tonal H* L%, es decir, un acento tonal H* seguido de un descenso, a excepción de *¿no?*, que muestra un contorno interrogativo con final ascendente, L* H%, y de *ahora,* que presenta un patrón en ascenso, que los autores transcriben como H* H [*sic*]. Este estudio corrobora y amplía las aportaciones anteriores de Martínez Matos, Urdaneta y Domínguez Mújica (2003–2004), que precisaban las principales características prosódicas de algunos de estos marcadores (*bueno, ahora, este* y *¿no?*). En ese trabajo, los autores afirmaban que los marcadores discursivos se caracterizan por una serie de rasgos prosódicos que, junto con sus rasgos morfológicos y sintácticos (de posición y combinatorios, sobre todo), pueden llegar a ser identificados apropiadamente tanto por los interlocutores de una conversación como por los sistemas informáticos de reconocimiento del habla.

Arana, Blázquez y Vázquez (2007) analizaron, en el español de Buenos Aires, los contornos tonales de algunos marcadores discursivos como *digamos, es decir, o sea, en realidad* y *en síntesis,* extraídos de una entrevista de televisión. Las autoras observaron que todos los marcadores analizados iban seguidos de una frontera entonativa de sintagma intermedio (en el 53 % de los casos) o de sintagma entonativo (en el 47 %), las cuales en el modelo métrico-autosegmental se corresponden con los constituyentes entonativos con los mayores grados de discontinuidad o de juntura prosódica. En segundo lugar, Arana, Blázquez y Vázquez (2007) apuntan la hipótesis de que los contornos melódicos de los marcadores puedan guiar las inferencias de los interlocutores. Concretamente, plantean la posibilidad de que un final en descenso se asocie a una menor necesidad de realizar inferencias y, por consiguiente, a un menor esfuerzo cognitivo por parte del interlocutor; un final sostenido podría relacionarse, en cambio, con contextos en los que el interlocutor debe esforzarse más para realizar inferencias. De todos modos, como las propias autoras reconocen, no se cuenta con datos cuantitativamente significativos para llevar a cabo generalizaciones sólidas, por lo que se requieren trabajos más exhaustivos antes de poder formular propuestas de este tipo, sin duda interesantes para el estudio de la interfaz entre la entonación y el análisis del discurso o la pragmática.

Briz e Hidalgo ([1998] 2008), por su parte, llevaron a cabo un análisis de los rasgos prosódico-entonativos del marcador discursivo *no* con función concesiva, como atenuador de posibles desacuerdos con el interlocutor. El diálogo recogido en (5) ilustraría esta función (Briz e Hidalgo [1998] 2008, 398).

(5)   A: no sé / yo he hecho algo mal? estás- es por algo que yo_
      B: NO, si- yo sé que el problema soy yo.

Este marcador apareció siempre con un contorno tonal circunflejo, de ascenso y descenso, contorno que puede darse también en el tonema del enunciado en el que se inserta el *no* concesivo. Teniendo en cuenta que el marcador es monosílabo y que no se detectaron duraciones fuera de lo esperado ni alargamientos finales significativos, este patrón entonativo resulta llamativo al oído del interlocutor, pues concentra en la misma sílaba un ascenso y un descenso tonales. Cabría añadir a este rasgo otra característica digna de destacar, a saber, que la altura tonal del pico en el marcador alcanza cotas relativamente elevadas. Por último, los autores apuntan que este marcador generalmente no va seguido de pausas.

Soler Arechalde y Serrano Morales (2010) analizaron un total de 194 casos del marcador discursivo *este* en el habla culta de la Ciudad de México, partiendo de un corpus formado por conferencias y por conversaciones tanto libres como dirigidas. La principal función discursiva de este marcador es indicar la toma o el mantenimiento del turno de habla; también puede emplearse para reformular o reelaborar el discurso, para la autocorrección, para que el hablante pueda ganar tiempo y buscar el elemento léxico apropiado o la expresión sintáctica más precisa, y para indicar que una enumeración continúa. En su uso principal como indicador del mantenimiento del turno de habla, *este* normalmente va precedido y seguido de pausas, pero no así en el resto de sus funciones. Otros rasgos característicos de este marcador son el alargamiento de la sílaba final y el contorno tonal plano, neutro, sin movimientos aparentes.

Pereira (2011) analiza los marcadores *a ver, bueno, claro, vale, ¿cómo?* y *ya* en enunciados semiespontáneos del español de Chile. Este trabajo se centra únicamente en los contornos tonales de los marcadores, y su conclusión más importante es que tales contornos pueden asociarse con las funciones pragmático-discursivas que desempeñen. Los marcadores *bueno, claro* y *vale* presentan contornos neutros (sin movimientos tonales destacables) cuando son simplemente afirmativos o manifiestan asentimiento. Los marcadores *bueno, claro, vale* y *a ver*, en contextos en los que se expresa irritación o enfado, muestran movimientos tonales más marcados, sobre todo con un fuerte descenso final, superior en un 30 % al resto de los descensos del enunciado en el que se insertan. También pueden ver reducido su campo tonal. Finalmente, cuando expresan extrañeza o incredulidad con respecto al mensaje emitido por el interlocutor, los marcadores *a ver* y *ya* presentan ascensos finales pronunciados. Obviamente, a estos dos marcadores con entonación final ascendente habría que añadir el marcador interrogativo *¿cómo?*

Cabedo (2013) lleva a cabo un estudio de las características prosódicas, en la conversación coloquial, de 11 marcadores discursivos del español (*¿eh?, ¿no?, bueno, claro, fíjate, mira, oye, total, vale, vamos* y *venga*), atendiendo a su grado de independencia como grupos entonativos y a las marcas prosódicas de juntura antes y después de los marcadores. La tendencia general observada es que en una media del 70 % de los casos los marcadores discursivos tienden a no constituir grupos entonativos independientes, con pausas o tonos de frontera ascendentes, descendentes o suspendidos tanto antes como después del marcador. Además, de ese 70 %, el 46 % lo conforman casos en los que el marcador no presenta ninguna marca prosódica, ni precedente ni subsiguiente; es decir, casi la mitad de los marcadores aparecen en el interior del grupo entonativo en el que se insertan. Tan solo *venga* surge en un 61 % de las ocasiones como grupo entonativo independiente, y *vale, vamos* y *claro* lo hacen entre un 40 % y un 45 % de las veces. De los casos en los que los marcadores constituyen grupos entonativos independientes, aproximadamente dos tercios corresponden a intervenciones completas, es decir, sin emisión de material fónico anterior o posterior. Cabedo atribuye este hecho al carácter comisivo de *venga* y *vamos,* y a la función de mostrar acuerdo con lo expresado por el interlocutor que *vale* y *claro* cumplen. Por otro lado, la marca prosódica más frecuente tras el marcador discursivo es la pausa breve (de hasta medio segundo), en un 29 % de las ocasiones. Los tonos de frontera descendente y ascendente quedan relegados a un 8 % y un 6 % de los casos, respectivamente. Cabedo no analiza las marcas prosódicas antes del marcador discursivo.

Caldiz (2014) examina las formas *bien* y *bueno* en un corpus oral académico del español de Argentina. La autora sitúa su trabajo en el ámbito de los estudios de la Teoría de la Argumentación de la Lengua y de la Teoría de la Polifonía Enunciativa (Carel y Ducrot 2005; Ducrot 1984), corriente en cuyo marco se han elaborado numerosas investigaciones sobre los marcadores discursivos. Caldiz constata la escasa utilización de *bien* en su corpus y la presencia casi exclusiva de *bueno*. Con respecto a este último, identifica dos grandes funciones: la estructuración de la información y la nueva planificación del tema. Desde el punto de vista prosódico analiza si esta forma constituye una unidad tonal independiente, su prominencia prosódica y su altura tonal. Los resultados muestran que, para ambas funciones, *bueno* presenta un tono descendente y una altura tonal baja. Sin embargo, parece que va precedido y seguido de pausa cuando funciona como planificador de un nuevo discurso. Caldiz constata asimismo la función demarcativa de *bueno*, pues en la mayoría de los casos se observó un reajuste tonal en el grupo entonativo siguiente.

Tanghe (2015) estudia las formas *anda, vamos, vaya* y *venga* en varios corpus orales del español peninsular. Tomando como punto de partida la clasificación de funciones de los marcadores discursivos propuesta por Loureda y Acín (2010), trata de delimitar si tales funciones se pueden asociar a características prosódicas propias. Sus resultados muestran que la función metadiscursiva de estas formas es la que se corresponde con dos de las marcas prosódicas analizadas: la aparición del marcador en la posición media del grupo fónico que lo contiene, y su f_0 media más baja, a diferencia de lo que sucede con otras funciones. Asimismo, estos marcadores no se presentan en un grupo fónico independiente, solo preceden a una pausa en el 32,4 % de las ocasiones, y mantienen una relación más estrecha con el material prosódico que los sigue.

En el marco del grupo Val.Es.Co, varios trabajos continúan con la búsqueda de correspondencias entre los rasgos prosódicos y las funciones de los marcadores discursivos. Hidalgo (2015) se adentra en los valores corteses de los marcadores y en su correlación con características prosódicas diferenciadas. Estudia las formas *bueno, hombre, ¿eh?* y *¿sabes?* en el corpus de Briz y el Grupo Val.Es.Co. (2002) [→ capítulo 32]. Toma como base de su trabajo las funciones (des)corteses identificadas para estas formas en el *Diccionario de partículas discursivas del español* (Briz, Pons Bordería y Portolés Lázaro 2008), y a partir de ellas, analiza la posición del marcador, su contorno melódico, su reajuste tonal con respecto al contexto anterior y posterior, y la reducción fónica. Hidalgo (2017), por su parte, analiza casi las mismas formas, *bueno, hombre, ¿eh?, y vamos,* cuando actúan como atenuantes de las repercusiones de lo dicho en la imagen de los miembros de la interacción. En ambos casos los resultados no son concluyentes para la mayoría de los rasgos prosódicos considerados, excepto en lo relativo a la utilización de las formas plenas sin reducción prosódica, lo que indica que la dependencia prosódica de estas expresiones del contexto discursivo es fuerte.

Otros trabajos dentro de la misma línea son los de Martínez Hernández (2016) y Llopis y Martínez Hernández (2018). El primero, basado en datos del corpus Val.Es.Co, analiza las funciones discursivas de *bueno* asociadas a diferencias en los parámetros acústicos de pausa y reajuste tonal. Este marcador presenta un contorno entonativo independiente cuando cumple funciones de marcador de modalidad deóntica y de enfocador de la alteridad, pero no cuando *bueno* actúa como estructurador temático del discurso. Por su parte, utilizando el mismo corpus, Llopis y Martínez Hernández (2018) analizan la correspondencia entre la función pragmática de atenuación y las características prosódicas de la expresión *más o menos*. Los resultados muestran que la función atenuante de *más o menos* se relaciona con tonos finales suspendidos o ascendentes, frente a casos con funciones diferentes, en los que presenta tonos finales descendentes.

Utilizando el mismo corpus, pero un modelo de análisis prosódico diferente, se sitúa el trabajo de Mateo Ruiz y Cantero (2022), en el que, mediante el modelo de Análisis Prosódico del Habla (Cantero y Mateo Ruiz 2011), se analizan los picos de intensidad, la duración relativa de los segmentos vocálicos y los contornos melódicos para algunos marcadores discursivos, entre los que destacan *claro* y *hombre*. Para ambas expresiones, los resultados indican que la intensidad y la duración vocálica de estas formas varían en distintos contextos. Los autores no establecen correlación alguna entre las funciones de estos marcadores y su configuración prosódica, pero sí señalan que en el 65% de los casos los picos de intensidad y los de duración no coinciden en la vocal tónica, y que esto sucede con significados enfáticos.

En otras variedades del español, Martínez Gómez e Ibarra (2017) estudian la correspondencia entre la duración de la expresión *o sea* y sus funciones en un corpus de datos conversacionales del español tapatío de México. Estas autoras identifican cuatro funciones del marcador: reformulación textual, reformulación subjetiva, reparación textual y marcación contra expectativa, y tras analizar la duración de la expresión se comprueba que para cada una de estas funciones existe una duración diferenciada: la menor se corresponde con la función de reparación discursiva, mientras que la mayor se presenta en los casos de marcación de un segmento en contra de lo esperado.

Igualmente, Gazdik (2022) analiza las características prosódicas de *¿no?* como pregunta de confirmación al final de un enunciado en un corpus de hablantes de español de Extremadura, construido a partir de elicitaciones guiadas utilizando la técnica del juego de rol. Sus resultados muestran que en la mayoría de las ocasiones *¿no?* presenta un tono ascendente, aunque influido por el tipo de cláusula a la que se une y por el acto de habla que representa, con mayor frecuencia de tonos ascendentes en exclamativas e interrogativas frente a imperativas y asertivas.

Como se puede comprobar, no todos los trabajos que se acaban de repasar ofrecen análisis con el mismo tipo de datos o siquiera con el mismo grado de precisión, y, entre los presentados, los hay que no proporcionan análisis estadísticos de la significatividad de lo obtenido. A pesar de ello, a partir de los resultados que aparecen de manera recurrente en estos estudios podrían considerarse rasgos prosódico-entonativos típicos de los marcadores discursivos los siguientes:

a) Los marcadores discursivos generalmente no se encuentran entre pausas, y, si estas existen, son más frecuentes entre el marcador y el fragmento previo de discurso que entre el marcador y la porción de discurso siguiente. Es decir, el marcador aparece más integrado prosódicamente con el material discursivo que lo sigue que con el que lo precede.

b) En estrecha relación con este punto, es mucho más frecuente el reajuste tonal entre el final del constituyente discursivo que antecede al marcador y este último, que entre el marcador y el comienzo del constituyente discursivo que lo sigue. Esto nos indica de nuevo que el marcador está predominantemente determinado por el contexto discursivo que introduce.

Por otro lado, aunque no todos los trabajos expuestos analizan las pausas como elemento que acompaña a los marcadores, podemos ver que, entre los que sí lo hacen, existen diferencias en cuanto a los porcentajes de aparición de las pausas que siguen a estas expresiones. Martín Butragueño (2003) observó lo que denomina «linde posterior» al marcador en un 51 % de sus datos, sin explicitar, como ya se ha señalado, los correlatos acústicos concretos de tal límite (quizá una combinación de pausas y de fronteras tonales). Los marcadores analizados fueron, recuérdese, *pues, primero, luego, además, entonces, sin embargo, o sea, por ejemplo, claro, bueno, hombre, mira, oye, qué te diré, ya sabes* y *este*. Martínez Matos y Domínguez Mújica (2006) y Arana, Blázquez y Vázquez (2007) obtuvieron porcentajes de aparición de pausas posteriores al marcador incluso mayores, y los marcadores analizados en esos trabajos fueron *o sea, este, pues, ¿no?, claro, ahora, bueno, pero, digamos, es decir, en realidad* y *en síntesis*. En cambio, los marcadores en los cuales se recogieron porcentajes menores de pausas posteriores fueron *pues y entonces* (Dorta y Domínguez García 2001, 2004, 2006; Elordieta y Romera 2002; Romera y Elordieta 2002), y *anda, vamos, vaya y venga* (Tanghe 2015). Como ya se apuntó al comienzo de este apartado, quizá la probabilidad de aparición de pausas tras un marcador discursivo podría correlacionarse con cuál sea su tipo (véase, a este respecto, Cabedo 2013): por un lado, existirían marcadores que pueden ir entre pausas, y, por otro, marcadores que van precedidos de pausas, pero que normalmente no van seguidos de ellas.

31.3.5 *Los patrones prosódicos de las unidades proposicionales desde el punto de vista interaccional*

Además del análisis de los marcadores discursivos desde el punto de vista prosódico, recientemente también se ha abordado el estudio prosódico de las unidades proposicionales, con el objetivo de dilucidar si los diferentes contenidos que se expresan en ellas se corresponden con un patrón entonativo igualmente distinto. En este punto cabe mencionar algunas propuestas que toman como base la estructura de la narración o de la conversación para determinar si las diversas partes de estos discursos se corresponden con valores prosódicos asimismo diferentes. Elordieta y Romera (2004) estudiaron los contornos entonativos (inflexiones finales ascendentes, descendentes o de suspensión, pausas e índices de frontera) de las unidades funcionales y proposicionales presentes en un corpus de discurso espontáneo en español centropeninsular. Los resultados pusieron de manifiesto que las unidades funcionales mostraban distintos contornos en correlación con el tipo de argumentación en el que estaban insertas. Así, se caracterizaban por una entonación ascendente o suspensiva si la unidad en cuestión encabezaba una proposición no final, es decir, cuando dicha proposición, desde el punto de vista de la argumentación o de la narración iniciada por el hablante, aún no constituía el argumento final; y se definían por un patrón de entonación descendente en los casos en los que la proposición encabezada por dicha unidad concluía la argumentación o la narración del hablante.

Las unidades proposicionales presentaban asimismo unos patrones entonativos que se correspondían con la línea argumental del fragmento en el que se hallaban inmersas. Los patrones prosódicos distintivos no se encontraban, sin embargo, en correlación con unidades mínimas, sino con unidades discursivas combinadas entre sí, es decir, con fragmentos discursivos más amplios formados por dos o más segmentos básicos vinculados por unidades funcionales. En trabajos posteriores en esta misma línea, Elordieta y Romera (2010) y Elordieta (2011) extraen unidades proposicionales identificando su función en la estructura narrativa o argumentativa del discurso en el que se insertan. La estructura narrativa forma parte de cualquier narración oral, que es un tipo de discurso que introduce sucesos o eventos reales en la secuencia verbal (Labov 1972; Silva-Corvalán 1983, 2001). Las unidades proposicionales en la estructura del discurso argumentativo pueden realizar, entre otras, funciones como la de introducir un tema, expresar una tesis, ofrecer una justificación o una ilustración, o bien exponer una conclusión (Silva-Corvalán 2001). Al mismo tiempo, y puesto que todas las muestras de discurso espontáneo analizadas en sus trabajos provienen de conversaciones, Elordieta y Romera (2010) y Elordieta (2011) incluyen también una tercera clasificación de las unidades en actos conversacionales (de iniciación, de respuesta, de seguimiento, entre otros) y en tipos de actos en función de la información discursiva que los caracteriza (petición, propuesta, réplica, objeción, conclusión, etcétera). En estas unidades discursivas los autores analizan una serie de rasgos prosódicos (el nivel tonal en su inicio y en su final, la presencia de reajuste tonal, el nivel tonal más alto y el más bajo de cada unidad, el nivel tonal medio, la duración de la unidad, y la presencia y la duración de las pausas) para determinar en qué medida existe correspondencia entre la configuración de cada uno de los parámetros entonativos analizados y las diferentes combinaciones de estructuras en el discurso. Los resultados de estos estudios indican, en primer lugar, una gran variabilidad con respecto a tal correspondencia, si bien se aprecian tendencias más o menos confirmadas. A partir de los valores de la f_0, se obtuvo un contorno inicial ascendente en las unidades en las que se expresaba desacuerdo, o se formulaba una pregunta enfática, o se expresaba reiteración, aseveración, justificación, ilustración; un contorno tonal suspensivo para transmitir la idea de resultado, de modificación, o en el estilo indirecto; y un contorno descendente para expresar reserva y conclusión.

Un trabajo innovador dentro de la perspectiva interaccional es el de Labastía (2018), que desde la Teoría de la Relevancia (Sperber y Wilson [1986] 1994, entre otros) argumenta que la prosodia es un recurso procedimental que codifica instrucciones para interpretar los enunciados (siguiendo a Escandell 1998, 2011, entre otros). Con datos empíricos del español rioplatense y utilizando el modelo de análisis de la entonación del español Sp_ToBI, Labastía (2018) sostiene que conceptos como el terreno común, la información de fondo, conocida o compartida, el trasfondo, el contexto, etcétera, pueden representarse prosódicamente utilizando acentos prenucleares y nucleares y tonos de frontera determinados. Las configuraciones tonales con final ascendente y suspensivo se asocian con información de fondo, que el hablante juzga como compartida con el oyente, o con enunciados incompletos, mientras que los contornos finales descendentes indican el final del enunciado y la compleción de la idea transmitida. Por otro lado, los acentos tonales con el pico entonativo retraído en la sílaba tónica se asocian a un mayor grado de énfasis, sobre todo el acento tritonal L+H*+L, tan propio del español rioplatense para indicar foco contrastivo sobre la palabra que lo lleva.

Algunos otros trabajos han abordado la correlación entre ciertos tipos concretos de unidades proposicionales y sus propiedades entonativas. Asuaje *et al.* (2005), por ejemplo, estudian la prosodia de los incisos, unidades que introducen información incidental o complementaria, generalmente de carácter explicativo (Asuaje *et al.* 2005, 451). Concretamente, analizan el contorno tonal de los incisos y su velocidad de elocución. En este trabajo, la velocidad de elocución se calcula contabilizando el número de sílabas que se articula en una unidad de tiempo [→ § 33.3]. Los resultados indican que, en los incisos, el contorno de la f_0 se sitúa por debajo de la línea de base. Asimismo, la velocidad de elocución durante la secuencia incidental es más rápida que la que el hablante emplea antes y después de haber introducido el inciso. Ello lleva a las autoras a concluir que la prosodia actúa como un marcador de inicio y de final de la información incidental que permite al interlocutor identificarla como un complemento del discurso de base.

Asimismo, estudios más recientes, principalmente sobre la estructura de la conversación, han abordado la utilización de distintos patrones prosódicos para expresar funciones (des)corteses. El § 32.3 de la presente obra repasa exhaustivamente los trabajos dedicados a esta cuestión.

31.4 Conclusiones

En este capítulo se ha llevado a cabo una revisión crítica de la investigación realizada sobre los aspectos entonativos (y prosódicos en general) del discurso oral en español. En el estudio de la entonación del discurso se distinguen dos tipos de aproximaciones. Por un lado, la perspectiva fonético-fonológica se ocupa de analizar la estructura prosódico-entonativa del discurso, más concretamente, su división en constituyentes prosódicos, sin pretender establecer las correlaciones existentes entre la estructura propuesta y sus posibles funciones discursivas. Los constituyentes prosódico-entonativos postulados se organizan jerárquicamente, de forma que el nivel más elevado, el párrafo, contiene uno o más enunciados; estos, a su vez, abarcan uno o más sintagmas entonativos, formados por uno o más sintagmas intermedios / sintagmas fonológicos / grupos fónicos; y, finalmente, estos últimos engloban una o más palabras prosódicas o fonológicas / frases acentuales / grupos rítmico-semánticos o tónicos / grupos acentuales. La variedad en las denominaciones de los dos últimos niveles responde a las diferentes orientaciones teóricas de los diversos autores. Los constituyentes prosódico-entonativos se identifican mediante el análisis acústico, que pone de manifiesto las fronteras existentes entre ellos (pausas, inflexiones finales, alargamientos finales, reajustes tonales, etcétera).

Por otro lado, la perspectiva que se ha denominado discursivo-prosódica se ocupa de indagar en la existencia de correlatos prosódico-entonativos de las relaciones discursivas entre dos o más unidades del discurso (sean estas enunciados o sean unidades menores, incluso marcadores discursivos). En el contexto de este último enfoque, se puede distinguir una corriente formal, en la cual, para esclarecer los aspectos de la estructura del texto, se analizan datos obtenidos en condiciones experimentales diseñadas al efecto; y una corriente interaccional, en la que los datos se obtienen a partir de conversaciones espontáneas o semiespontáneas. Pertenecen a esta última corriente los estudios sobre la prosodia de los marcadores discursivos, que se han reseñado aquí exhaustivamente, y los trabajos sobre la prosodia de las unidades proposicionales, línea de investigación sin desarrollar. En este sentido, es importante seguir explorando qué características prosódicas distintivas acompañan o incluso diferencian entre tipos de unidades proposicionales. Por ejemplo, qué permite que un movimiento discursivo pueda caracterizarse como un acto de petición, o más bien de imposición. Los pocos estudios al respecto (Elordieta y Romera 2010; Elordieta 2011) han puesto de manifiesto una gran variabilidad prosódica en la caracterización de un mismo tipo de unidad proposicional, y han sugerido que esto puede deberse al hecho de que cada unidad se inserte en una combinación superior de unidades hasta formar fragmentos mayores, es decir, actos discursivos, en función de la estructura argumentativa del discurso. Sin embargo, es necesario explorar la posibilidad de que existan elementos adicionales, tales como la expresión de la emotividad, la actitud del hablante, o el compromiso de este con lo que está diciendo, que contribuyan asimismo a la variación prosódica de las unidades proposicionales.

Agradecimientos

Queremos mostrar nuestra gratitud hacia los editores de esta importante obra colectiva por concebir la idea, por la confianza depositada en nosotros, y por la ingente labor de edición. Sus rigurosos y detallados comentarios y sugerencias a una versión anterior de este capítulo han contribuido a mejorar la calidad del mismo. Cualquier defecto del resultado final es responsabilidad nuestra. Varios aspectos tratados en este capítulo fueron objeto de estudio en los proyectos de investigación «Principales aspectos de la entonación del discurso en español. Estudio experimental de las unidades prosódicas del discurso y sus funciones» (2001–2004, ref. BFF2001-1593, Ministerio de Ciencia y Tecnología) y «Análisis de la prosodia de las unidades discursivas en la conversación en español» (2006–2010, ref. HUM2006-12695, Ministerio de Educación y Ciencia). Asimismo, el presente trabajo se enmarca en las líneas de investigación del Grupo de Investigación de Lingüística Teórica/Hizkuntzalaritza Teorikorako Ikerketa Taldea del Sistema Universitario Vasco (IT1537-22), el Grupo de Investigación en Lingüística/Hizkuntzalaritzako Ikerketa Taldea de la Universidad Pública de Navarra e I-COMMUNITAS, Institute for Advanced Social Research. Agradecemos la financiación recibida por parte de los organismos correspondientes.

Referencias bibliográficas

Aguilar, Lourdes, Santiago Alcoba, Carme Carbó y María Jesús Machuca. 2006. «Los marcadores discursivos en la lengua oral informativa». En *Análisis del discurso: lengua, cultura, valores. Actas del I Congreso Internacional. Universidad de Navarra, Pamplona, noviembre de 2002*, editado por Manuel Casado Velarde, Ramón González Ruiz y María Victoria Romero Gualda, 1:1183–96. Madrid: Arco/Libros.

Aguilar, Lourdes, Antonio Bonafonte, Francisco Campillo y David Escudero Mancebo. 2009. «Determining Intonational Boundaries from the Acoustic Signal». En *INTERSPEECH 2009, 10th Annual Conference of the International Speech Communication Association. Brighton, UK, September 6–10, 2009*, 2447–2450. International Speech Communication Association (ISCA) Online Archive. https://doi.org/10.21437/Interspeech.2009-311.

Aguilar, Lourdes y Yurena María Gutiérrez González. 2018. «Patterns of Prominence, Phrasing and Tonal Events in Spanish News Reading: An Illustrative Case Study». *Loquens. Spanish Journal of Speech Sciences* 5 (1): e048. https://doi.org/10.3989/loquens.2018.048.

Aguilar, Lourdes, Carme de-la-Mota y Pilar Prieto Vives, eds. 2009. «Sp_ToBI Training Materials». Recurso en línea. http://prosodia.upf.edu/sp_tobi/.

Álvarez Menéndez, Alfredo Ignacio. 1988. «El adverbio y la función incidental». *Verba. Anuario Galego de Filoloxía* 15: 215–36. http://hdl.handle.net/10347/2695.

Arana, Valeria Fernanda, Bettiana Andrea Blázquez y Mónica Vázquez. 2007. «Prosodia y relevancia en el comportamiento de los marcadores discursivos». Presentado en III Coloquio Argentino de la IADA (International Association for Dialogue Analysis), La Plata, Argentina, mayo.

Asuaje, Rosa Amelia, María Alejandra Blondet, Elsa Mora Gallardo y Enrique Rojas Freites. 2005. «Codificación prosódica de la información incidental en el discurso espontáneo: un estudio de caso». *Fermentum. Revista Venezolana de Sociología y Antropología* 44: 449–60.

Auran, Cyril, Annie Colas, Cristel Portes y Monique Vion. 2005. «Perception of Breaks and Discourse Boundaries in Spontaneous Speech: Developping an on-Line Technique». En *Proceedings of the International Symposium on Discourse-Prosody Interfaces (IDP-05). Aix-en-Provence, France, September 2005*, editado por Cyril Auran, Roxane Bertrand, Catherine Chanet, Annie Colas, Albert Di Cristo, Cristel Portes, Alain Reynier y Monique Vion, 1–7. CD-ROM.

de Beaugrande, Robert-Alain y Wolfgang U. Dressler. 1981. *Introduction to Text Linguistics*. Londres: Longman. Trad. de Sebastián Bonilla, *Introducción a la lingüística del texto*. Barcelona: Ariel, 1997.

Beckman, Mary E., Manuel Díaz-Campos, Julia T. McGory y Terrell A. Morgan. 2002. «Intonation across Spanish, in the Tones and Break Indices Framework». *Probus. International Journal of Latin and Romance Linguistics* 14 (1): 9–36. https://doi.org/10.1515/prbs.2002.008.

Benet, Ariadna. 2010. «El fraseig prosòdic en la parla espontània del català i del castellà». Tesis de doctorado, Universität Hamburg.

Bernárdez, Enrique. 1982. *Introducción a la lingüística del texto*. Madrid: Espasa-Calpe.

Biber, Douglas. 1994. «An Analytical Framework for Register Studies». En *Sociolinguistic Perspectives on Register*, editado por Douglas Biber y Edward Finegan, 31–56. Oxford: Oxford University Press.

Briz, Antonio. 1993. «Los conectores pragmáticos en español coloquial (I): su papel argumentativo». *Contextos (Universidad de León)* 11 (21–22): 145–88.

———. 1998. *El español coloquial en la conversación. Esbozo de pragmagramática*. Barcelona: Ariel.

Briz, Antonio y Grupo Val.Es.Co. 2002. *Corpus de conversaciones coloquiales*. Madrid: Arco/Libros.

———. 2003. «Un sistema de unidades para el estudio del lenguaje coloquial». *Oralia. Análisis del Discurso Oral* 6: 7–61.

Briz, Antonio y Antonio Hidalgo. (1998) 2008. «Conectores pragmáticos y estructura de la conversación». En *Los marcadores del discurso. Teoría y análisis*, editado por María Antonia Martín Zorraquino y Estrella Montolío, 2.ª ed., 121–42. Madrid: Arco/Libros.

Briz, Antonio, Salvador Pons Bordería y José Portolés Lázaro, eds. 2008. «Diccionario de partículas discursivas del español». Recurso en línea. http://www.dpde.es.

Brown, Gillian y George Yule. (1983) 1993. *Análisis del discurso*. Traducido por Silvia Iglesias. Madrid: Visor Libros.

Cabedo, Adrián. 2009. *La segmentación prosódica en español coloquial*. Valencia: Universitat de València, Facultat de Filologia, Traducció i Comunicació.

———. 2013. «Sobre prosodia, marcadores del discurso y unidades del discurso en español: evidencias de un corpus oral espontáneo». *Onomázein. Revista de Filología, Lingüística y Traducción* 28: 201–13.

Caldiz, Adriana Mabel. 2014. «Demarcación discursiva, prosodia y polifonía: *bien*, *bueno* y altura tonal en el discurso académico oral». En *Marcadores del Discurso. Perspectivas y contrastes*, editado por María Marta García Negroni, 97–122. Buenos Aires: Santiago Arcos.

Calsamiglia, Helena y Amparo Tusón. 1999. *Las cosas del decir. Manual de análisis del discurso*. Barcelona: Ariel.

Canellada, María Josefa y John Kuhlmann Madsen. 1987. *Pronunciación del español. Lengua hablada y literaria*. Madrid: Castalia.

Cantero, Francisco José y Miguel Mateo Ruiz. 2011. «Análisis Melódico del Habla: complejidad y entonación en el discurso». *Oralia. Análisis del Discurso Oral* 14: 105–27.

Carel, Marion y Oswald Ducrot. 2005. *La semántica argumentativa. Una introducción a la teoría de los bloques semánticos*. Editado y traducido por María Marta García Negroni y Alfredo M. Lescano. Buenos Aires: Colihue.

Cepeda, Gladys. 1999. «La variación pragmático-discursiva, entonacional y sociolingüística de los conectores conjuntivos en el habla de Valdivia, Chile». En *Estudios de variación sintáctica*, editado por María José Serrano Montesinos, 103–20. Madrid: Iberoamericana; Fráncfort: Vervuert. https://doi.org/10.31819/9783964564740-006.

Cepeda, Gladys y María Teresa Poblete Bennett. 1997. «Los marcadores discursivo-conversacionales en el habla femenina de Valdivia». *Boletín de Filología (Universidad de Chile)* 36: 25–35.

Chafe, Wallace L. 1987. «Cognitive Constraints on Information Flow». En *Coherence and Grounding in Discourse. Outcome of a Symposium. Eugene, Oregon, June 1984*, editado por Russel S. Tomlin, 21–51. Ámsterdam: John Benjamins. https://doi.org/10.1075/tsl.11.03cha.

———. 1994. *Discourse, Consciousness, and Time. The Flow and Displacement of Conscious Experience in Speaking and Writing*. Chicago: University of Chicago Press.

Cid, Miriam y Mario Poblete Vallejos. 1999. «Marcadores pragmáticos en el español culto de Santiago de Chile: aspectos prosódicos». *Onomázein. Revista de Filología, Lingüística y Traducción* 4: 103–23.

Davidson, Donald. 1967. «Truth and Meaning». *Synthese. An International Journal for Epistemology, Methodology and Philosophy of Science* 17 (3): 304–323. https://doi.org/10.1007/BF00485035.

Degand, Liesbeth y Anne-Catherine Simon. 2009. «On Identifying Basic Discourse Units in Speech: Theoretical and Empirical Issues». *Discours. Revue de Linguistique, Psycholinguistique et Informatique* 4: 1–19. https://doi.org/10.4000/discours.5852.

van Dijk, Teun A. 1977. *Text and Context. Explorations in the Semantics and Pragmatics of Discourse*. Londres: Longman. Trad. de Juan Domingo Moyano, *Texto y contexto. Semántica y pragmática del discurso*, editado por Antonio García Berrio. Madrid: Cátedra, 1980.

Dorta, Josefa y María Noemí Domínguez García. 2001. «Polifuncionalidad discursiva y comportamiento prosódico prototípico del marcador *pues*». *Español Actual. Revista de español vivo* 75: 45–54.

———. 2004. «La prosodia y las funciones de los marcadores del discurso». En *Actas del V Congreso de Lingüística General. León, 5–8 de marzo de 2002*, editado por Milka Villayandre, 1:757–71. Madrid: Arco/Libros

———. 2006. «La prosodia del marcador discursivo *pues*». En *Análisis del discurso: lengua, cultura, valores. Actas del I Congreso Internacional. Universidad de Navarra, Pamplona, noviembre de 2002*, editado por Manuel Casado Velarde, Ramón González Ruiz y María Victoria Romero Gualda, 2:1269–82. Madrid: Arco/Libros.

Du Bois, John W., Stephan Schuetze-Coburn, Susanna Cumming y Danae Paolino. 1993. «Outline of Discourse Transcription». En *Talking Data. Transcription and Coding in Discourse Research*, editado por Jane A. Edwards y Martin D. Lampert, 45–89. Hillsdale: Lawrence Erlbaum. https://doi.org/10.4324/9781315807928.

Ducrot, Oswald. 1984. *Le dire et le dit*. París: Les Éditions de Minuit. Trad. de Sara Vassallo, *El decir y lo dicho*. Buenos Aires: Hachette, 1984.

Elordieta, Gorka. 2011. «Aproximación a la prosodia de las unidades narrativo-argumentativas». Presentado en V Congreso Internacional de Fonética Experimental, Cáceres, España, octubre.

Elordieta, Gorka y Magdalena Romera. 2002. «Prosody and Meaning in Interaction: The Case of the Spanish Discourse Functional Unit *entonces* 'then'». En *Speech Prosody 2002, International Conference. Aix-en-Provence, France, April 11–13, 2002*, 263–66. International Speech Communication Association (ISCA) Online Archive. https://doi.org/10.21437/SpeechProsody.2002-51.

———. 2004. «Estudio experimental de las unidades prosódicas del discurso y sus funciones». *Círculo de Lingüística Aplicada a la Comunicación* 18.

———. 2010. «Análisis de la prosodia de las unidades discursivas en la conversación en español». Presentado en XXXIX Simposio Internacional de la Sociedad Española de Lingüística, Santiago de Compostela, España, febrero.

Escandell, María Victoria. 1998. «Intonation and Procedural Encoding: The Case of Spanish Interrogatives». En *Current Issues in Relevance Theory*, editado por Villy Rouchota y Andreas H. Jucker, 169–203. Ámsterdam: John Benjamins. https://doi.org/10.1075/pbns.58.09esc.

———. 2004. «Aportaciones de la pragmática». En *Vademécum para la formación de profesores. Enseñar español como segunda lengua (L2)/lengua extranjera (LE)*, editado por Jesús Sánchez Lobato e Isabel Santos Gargallo, 179–97. Madrid: SGEL.

———. 2011. «Prosodia y pragmática». *Studies in Hispanic and Lusophone Linguistics* 4 (1): 193–208. https://doi.org/10.1515/shll-2011-1096.

Estebas-Vilaplana, Eva y Pilar Prieto Vives. 2008. «La notación prosódica del español: una revisión del Sp-ToBI». *Estudios de Fonética Experimental* 17: 263–83.

———. 2010. «Castilian Spanish Intonation». En *Transcription of Intonation of the Spanish Language*, editado por Pilar Prieto Vives y Paolo Roseano, 17–48. Múnich: LINCOM.

Fant, Lars. 1984. *Estructura informativa en español. Estudio sintáctico y entonativo*. Uppsala: Uppsala Universitet; Estocolmo: Almqvist & Wiksell.

Feldhausen, Ingo. 2014. «The Intonation of Left-Dislocations in Spanish and Other Romance Languages. Experimental and Theoretical Studies on Prosodic Phrasing and Inter-Speaker Variation». Tesis de habilitación, Goethe-Universität Frankfurt am Main.

———. 2016. «The Relation between Prosody and Syntax: The Case of Different Types of Left-Dislocations in Spanish». En *Intonational Grammar in Ibero-Romance. Approaches across Linguistic Subfields*, editado por Meghan E. Armstrong, Nicholas Henriksen y Maria del Mar Vanrell, 153–80. Ámsterdam: John Benjamins. https://doi.org/10.1075/ihll.6.08fel.

Fernández Fernández, Antonio. 1993. *La función incidental en español. Hacia un nuevo modelo de esquema oracional*. Oviedo: Universidad de Oviedo, Departamento de Filología Española.

Fraser, Bruce. 1990. «An Approach to Discourse Markers». *Journal of Pragmatics* 14 (3): 383–98. https://doi.org/10.1016/0378-2166(90)90096-V.

Frota, Sónia, Mariapaola D'Imperio, Gorka Elordieta, Pilar Prieto Vives y Marina Vigário. 2007. «The Phonetics and Phonology of Intonational Phrasing in Romance». En *Segmental and Prosodic Issues in Romance Phonology*, editado por Pilar Prieto Vives, Joan Mascaró y Maria-Josep Solé, 131–54. Ámsterdam: John Benjamins. https://doi.org/10.1075/cilt.282.10fro.

Fuentes Rodríguez, Catalina. 1987. *Enlaces extraoracionales*. Sevilla: Alfar.

———. 1996. *La sintaxis de los relacionantes supraoracionales*. Madrid: Arco/Libros.

García Riverón, Raquel. 1996. *Aspectos de la entonación hispánica I. Metodología*. Cáceres: Universidad de Extremadura, Servicio de Publicaciones.

———. 1998. *Aspectos de la entonación hispánica III. Las funciones de la entonación en el español de Cuba*. Cáceres: Universidad de Extremadura, Servicio de Publicaciones.

Garrido Almiñana, Juan María. 1993. «Analysis of Global Pitch Contour Domains at Paragraph Level in Spanish Reading Text». En *ESCA Workshop on Prosody. Lund, Sweden, September 27–29, 1993*, editado por David House y Paul Touati, 104–7. International Speech Communication Association (ISCA) Online Archive.

———. 1996. «Modelling Spanish Intonation for Text-to-Speech Applications». Tesis de doctorado, Universitat Autònoma de Barcelona. http://hdl.handle.net/10803/4885.

———. 1999. «El reajuste de F0 como marca fonética de límite entre unidades entonativas: un estudio experimental». En *Actes del I Congrés de Fonètica Experimental. Tarragona, 22, 23 i 24 de febrer de 1999*, 233–39. Tarragona: Universitat Rovira i Virgili; Barcelona: Universitat de Barcelona.

———. 2001. «La estructura de las curvas melódicas del español: propuesta de modelización». *Lingüística Española Actual* 23 (2): 173–210.

Garrido Almiñana, Juan María, Joaquim Llisterri, Carme de-la-Mota y Antonio Ríos. 1995. «Estudio comparado de las características prosódicas de la oración simple en español en dos modalidades de lectura». En *Phonetica. Trabajos de fonética experimental*, editado por Ana Elejabeitia y Alexander Iribar, 173–94. Bilbao: Universidad de Deusto.

Gazdik, Anna. 2022. «On the Prosodic Realization of Spanish ¿*no?*-Tags from a Pragmatic Perspective». *Isogloss. Open Journal of Romance Linguistics* 8 (2): 1–19. https://doi.org/10.5565/rev/isogloss.134.

Geluykens, Ronald y Marc G. J. Swerts. 1993. «Local and Global Prosodic Cues to Discourse Organization in Dialogues». En *ESCA Workshop on Prosody. Lund, Sweden, September 27–29, 1993*, editado por David House y Paul Touati, 108–11. International Speech Communication Association (ISCA) Online Archive.

———. 1994. «Prosodic Cues to Discourse Boundaries in Experimental Dialogues». *Speech Communication* 15 (1–2): 69–77. https://doi.org/10.1016/0167-6393(94)90042-6.

Gili Gaya, Samuel. (1943) 1961. *Curso superior de sintaxis española*. 8.ª ed. corregida y ampliada. Barcelona: Publicaciones y Ediciones Spes.

———. (1950) 1988. *Elementos de fonética general*. 5.ª ed. corregida y ampliada. Madrid: Gredos.

Grosz, Barbara J. y Candace L. Sidner. 1986. «Attention, Intentions, and the Structure of Discourse». *Computational Linguistics* 12 (3): 175–204.

Halliday, Michael A. K. y Ruqaiya Hasan. 1976. *Cohesion in English*. Londres: Longman. https://doi.org/10.4324/9781315836010.

Harris, Zellig S. 1952. «Discourse Analysis: A Sample Text». *Language* 28 (4): 474–94. https://doi.org/10.2307/409683.

Hidalgo, Antonio. 1997. *La entonación coloquial. Función demarcativa y unidades de habla*. Valencia: Universitat de València, Facultat de Filologia, Departamento de Filología Española.

———. 2007. «Las unidades de la conversación: "acto" y "subacto" como segmentos menores del análisis». En *Actas del VI Congreso de Lingüística General. Santiago de Compostela, 3–7 de mayo de 2004*, editado por Pablo Cano López, Isabel Fernández López, Miguel González Pereira, Gabriela Prego y Montserrat Souto, 3:3365–80. Madrid: Arco/Libros.

———. 2010. «Los marcadores y su significante: en torno a la interfaz marcadores-prosodia en español». En *Los estudios sobre marcadores del discurso en español, hoy*, editado por Óscar Loureda y Esperanza Acín, 61–92. Madrid: Arco/Libros.

———. 2015. «Prosodia y partículas discursivas: sobre las funciones de atenuación, intensificación como valores (des) corteses en los marcadores conversacionales». *Círculo de Lingüística Aplicada a la Comunicación* 62: 76–104. https://doi.org/10.5209/rev_CLAC.2015.v62.49499.

———. 2017. «Marcadores discursivos y prosodia: parámetros acústicos y especialización funcional de partículas atenuantes en español». *Verba. Anuario Galego de Filoloxía* 44: 35–70. https://doi.org/10.15304/verba.44.2637.

———. 2019. *Sistema y uso de la entonación en español hablado. Aproximación interactivo-funcional*. Santiago de Chile: Ediciones Universidad Alberto Hurtado.

Hidalgo, Antonio y Xose A. Padilla. 2006. «Bases para el análisis de las unidades menores del discurso oral: los subactos». *Oralia. Análisis del Discurso Oral* 9: 109–43.

Hualde, José Ignacio. 2003. «El modelo métrico y autosegmental». En *Teorías de la entonación*, editado por Pilar Prieto Vives, 155–84. Barcelona: Ariel.

Hualde, José Ignacio y Pilar Prieto Vives. 2015. «Intonational Variation in Spanish: European and American Varieties». En *Intonation in Romance*, editado por Sónia Frota y Pilar Prieto Vives, 350–91. Oxford: Oxford University Press. https://doi.org/10.1093/acprof:oso/9780199685332.003.0010.

Labastía, Leopoldo Omar. 2018. «Entonación y estructura informativa en el español rioplatense». Tesis de doctorado, Universidad Nacional de Educación a Distancia.

Labov, William. 1972. *Sociolinguistic Patterns*. Filadelfia: University of Pennsylvania Press. Trad. de José Miguel Marinas, *Patrones sociolingüísticos*. Madrid: Cátedra, 1983.

Li, Xiao-Qing, Yu-Fang Yang y Yong Lu. 2010. «How and When Prosodic Boundaries Influence Syntactic Parsing under Different Discourse Contexts: An ERP Study». *Biological Psychology* 83 (3): 250–59. https://doi.org/10.1016/j.biopsycho.2010.01.009.

Lin, Hsin-Yi y Janice Fon. 2011. «The Role of Pitch Reset in Perception at Discourse Boundaries». En *17th International Congress of Phonetic Sciences. Hong Kong, 17–21 August, 2011*, editado por Wai-Sum Lee y Eric Zee, 1242–45. International Congress of Phonetic Sciences (ICPhS) Online Archive.

Llisterri, Joaquim y Luz Rello. 2012. «La interfaz entre prosodia y discurso en la resolución de la anáfora pronominal en español». En *Cum corde et in nova grammatica. Estudios ofrecidos a Guillermo Rojo*, editado por Tomás Jiménez Juliá, Belén López Meirama, Victoria Vázquez Rozas y Alexandre Veiga, 465–75. Santiago de Compostela: Universidade de Santiago de Compostela, Servizo de Publicacións e Intercambio Científico.

Llopis, Ana y Diana Martínez Hernández. 2018. «Análisis pragmático y fonoprosódico del aproximativo "más o menos"». *Rilce. Revista de Filología Hispánica* 34 (3): 1028–55. https://doi.org/10.15581/008.34.3.1028-55.

Loureda, Óscar y Esperanza Acín, eds. 2010. *Los estudios sobre marcadores del discurso en español, hoy*. Madrid: Arco/Libros.

Martín Butragueño, Pedro. 2003. «Hacia una descripción prosódica de los marcadores discursivos: datos del español de México». En *La tonía: dimensiones fonéticas y fonológicas*, editado por Esther Herrera Zendejas y Pedro Martín Butragueño, 375–402. México, D. F.: El Colegio de México.

———. 2006. «Prosodia del marcador *bueno*». *Anuario de Letras* 44: 17–76.

Martín Butragueño, Pedro y Yolanda Lastra, eds. 2011. *Corpus sociolingüístico de la Ciudad de México. Vol. 1: hablantes de instrucción alta*. México, D. F.: El Colegio de México.

Martín Zorraquino, María Antonia. 1998. «Los marcadores del discurso desde el punto de vista gramatical». En *Los marcadores del discurso. Teoría y Análisis*, editado por María Antonia Martín Zorraquino y Estrella Montolío, 19–55. Madrid: Arco/Libros.

Martín Zorraquino, María Antonia y José Portolés Lázaro. 1999. «Los marcadores del discurso». En *Gramática descriptiva de la lengua española. Vol. 3. Entre la oración y el discurso. Morfología*, editado por Ignacio Bosque y Violeta Demonte, 4051–213. Madrid: Espasa Calpe.

Martínez Gómez, Rebeca y Karol Ibarra. 2017. «Funciones y duración de "o sea": datos del corpus conversacional tapatío». *Anuario de Letras. Lingüística y Filología* 5 (1): 85–116. https://doi.org/10.19130/iifl.adel.5.1.2017.1415.

Martínez Hernández, Diana. 2015. «La importancia del factor prosódico en el estudio de los marcadores del discurso: algunos problemas de su análisis acústico-melódico». *Círculo de Lingüística Aplicada a la Comunicación* 62: 105–124. https://doi.org/10.5209/rev_CLAC.2015.v62.49500.

———. 2016. «Análisis pragmaprosódico del marcador discursivo *bueno*». *Verba. Anuario Galego de Filoloxía* 43: 77–106. https://doi.org/10.15304/verba.43.1888.

Martínez Matos, Hernán y Carmen Luisa Domínguez Mújica. 2006. «Análisis prosódico de algunos marcadores discursivos en el habla de Mérida, Venezuela». *Lingüística Española Actual* 28 (2): 247–64.

Martínez Matos, Hernán, Lino Urdaneta y Carmen Luisa Domínguez Mújica. 2003–2004. «Estudio fonético-sintáctico de algunos marcadores discursivos: propuesta de formalización para desambiguarlos automática o informáticamente». *Lengua y Habla. Revista del Centro de Investigación y Atención Lingüística C.I.A.L.* 8: 59–79.

Mas, Lluís. 2008a. «Estructura discursiva aplicada de la noticia. Un enfoque comunicológico para el diseño de un sistema de reconocimiento y segmentación automático de noticias. El caso del parámetro "Prosodia"». En *Investigar a comunicación / Investigar la comunicación / Investigar la comunicació / Komunikazio-ikerketa. Actas y memoria final. Congreso Internacional Fundacional AE-IC. Santiago de Compostela, 30, 31 de enero y 1 de febrero de 2008.* Santiago de Compostela: Asociación Española de Investigación de la Comunicación. CD-ROM.

———. 2008b. «Testeo de 3 procedimientos de obtención del pitch para la modelización prosódica del discurso noticia». *Phonica* 4: 76–94.

———. 2009. «Formas entonativas en las fases del discurso noticia». En *Anais do XXXII Congresso Brasileiro de Ciências da Comunicação: Comunicação, educação e cultura na era digital. Curitiba, 4 a 7 de setembro de 2009*, 1–15. São Paulo: Intercom. CD-ROM.

———. 2014. «Caracterización prosódica del foco de tema y rema en las noticias». *Círculo de Lingüística Aplicada a la Comunicación* 59: 35–60. https://doi.org/10.5209/rev_CLAC.2014.v59.46708.

Mateo Ruiz, Miguel y Francisco José Cantero. 2022. «Análisis prosódico de los marcadores discursivos en la conversación coloquial». *Revista da ABRALIN* 21 (2): 174–92. https://doi.org/10.25189/rabralin.v21i2.2082.

Montolío, Estrella. 2001. *Conectores de la lengua escrita.* Barcelona: Ariel.

Mora Gallardo, Elsa, Hernán Martínez Matos y Carmen Luisa Domínguez Mújica. 2009. «Análisis audio-perceptivo y acústico de la prosodia de las cláusulas en español venezolano». *Opción. Revista de Ciencias Humanas y Sociales* 25 (58): 54–69.

Morales Morante, Luis Fernando y Lluís Mas. 2009. «Estructura semántica e impresión emocional del overlapping o encabalgamiento con función expresiva». *ZER. Revista de Estudios de Comunicación* 14 (27): 125–47.

de-la-Mota, Carme y Emma Rodero. 2010. «La demarcación entonativa y el énfasis en la locución de los editores de boletines informativos radiofónicos». En *Actas del XXXIX Simposio Internacional de la Sociedad Española de Lingüística. Santiago de Compostela, 1–4 de febrero de 2010*, editado por Pablo Cano López, Soraya Cortiñas, Beatriz Dieste, Isabel Fernández López y Luz Zas, 69. Santiago de Compostela: Universidade de Santiago de Compostela. CD-ROM.

———. 2011. «La entonación en la información radiofónica». En *El estudio de la prosodia en España en el siglo xxi: perspectivas y ámbitos*, editado por Antonio Hidalgo, Yolanda Congosto y Mercedes Quilis Merín, 159–76. Valencia: Universitat de València, Facultat de Filologia, Traducció i Comunicació.

Nakajima, Shin'ya y James F. Allen. 1993. «A Study on Prosody and Discourse Structure in Cooperative Dialogues». *Phonetica* 50 (3): 197–210. https://doi.org/10.1159/000261940.

Navarro Tomás, Tomás. 1939. «El grupo fónico como unidad melódica». *Revista de Filología Hispánica* 1: 3–19.

———. (1944) 1966. *Manual de entonación española.* 3.ª ed. México, D. F.: Colección Málaga.

———. (1918) 1999. *Manual de pronunciación española.* 27.ª ed. Madrid: Consejo Superior de Investigaciones Científicas.

Nespor, Marina y Irene Vogel. 1986. *Prosodic Phonology.* Dordrecht: Foris. https://doi.org/10.1515/9783110977790. Trad. de Ana Ardid, *La prosodia.* Madrid: Visor, 1994.

Nibert, Holly J. 2000. «Phonetic and Phonological Evidence for Intermediate Phrasing in Spanish Intonation». Tesis de doctorado, University of Illinois at Urbana-Champaign.

Pereira, Daniel Ignacio. 2011. «Análisis acústico de los marcadores discursivos *a ver, bueno, claro, vale, ¿cómo? y ya*». *Onomázein. Revista de Filología, Lingüística y Traducción* 24: 85–100.

Polanyi, Livia. 1988. «A Formal Model of the Structure of Discourse». *Journal of Pragmatics* 12 (5–6): 601–38. https://doi.org/10.1016/0378-2166(88)90050-1.

———. 1996. «The Linguistic Structure of Discourse». Technical Report CSLI-96-200. Stanford: Center for the Study of Language and Information. http://liviapolanyi.com.

Polo, Nuria y Gorka Elordieta. 2016. «Evidencia segmental del sintagma fonológico en español». *Lingüística Española Actual* 38 (1): 43–67.

Pons Bordería, Salvador. 1998. *Conexión y conectores: estudio de su relación en el registro informal de la lengua.* Valencia: Universitat de València, Facultat de Filologia, Departamento de Filología Española.

Portolés Lázaro, José. 1998. «La teoría de la argumentación en la lengua y los marcadores del discurso». En *Los marcadores del discurso. Teoría y análisis*, editado por María Antonia Martín Zorraquino y Estrella Montolío, 71–92. Madrid: Arco/Libros.

———. (1998) 2001. *Marcadores del discurso.* 2.ª ed. revisada y ampliada. Barcelona: Ariel.

Prieto Vives, Pilar y Paolo Roseano, eds. 2010. *Transcription of Intonation of the Spanish Language.* Múnich: LINCOM.

Quilis, Antonio. 1981. *Fonética acústica de la lengua española.* Madrid: Gredos.

———. 1993. *Tratado de fonología y fonética españolas.* Madrid: Gredos.

Rao, Rajiv. 2010. «Final Lengthening and Pause Duration in Three Dialects of Spanish». En *Selected Proceedings of the 4th Conference on Laboratory Approaches to Spanish Phonology*, editado por Marta Ortega-Llebaria, 69–82. Somerville: Cascadilla Proceedings Project.

Redeker, Gisela. 1986. «Language Use in Informal Narratives. Effects of Social Distance and Listener Involvement». Tesis de doctorado, University of California, Berkeley. ProQuest (303461720).

———. 1990. «Ideational and Pragmatic Markers of Discourse Structure». *Journal of Pragmatics* 14 (3): 367–81. https://doi.org/10.1016/0378-2166(90)90095-U.

Rodero, Emma. 2007. «Caracterización de una correcta locución informativa en los medios audiovisuales». *Estudios sobre el Mensaje Periodístico* 13: 523–43.

Romera, Magdalena. 2004. *Discourse Functional Units. The Expression of Coherence Relations in Spoken Spanish.* Múnich: LINCOM.

Romera, Magdalena y Gorka Elordieta. 2002. «Características prosódicas de la unidad funcional del discurso *entonces*: implicaciones teóricas». *Oralia. Análisis del Discurso Oral* 5: 247–64.

Schiffrin, Deborah. 1987. *Discourse Markers*. Cambridge: Cambridge University Press. https://doi.org/10.1017/CBO9780511611841.

Schuetze-Coburn, Stephan, Marian Shapley y Elizabeth G. Weber. 1991. «Units of Intonation in Discourse: A Comparison of Acoustic and Auditory Analyses». *Language and Speech* 34 (3): 207–34. https://doi.org/10.1177/002383099103400301.

Serrano Montesinos, María José. 2004. «La entonación como unidad significativa en el uso de los marcadores discursivos». En *Actas del V Congreso de Lingüística General. León, 5–8 de marzo de 2002*, editado por Milka Villayandre, 3:2609–20. Madrid: Arco/Libros.

Silva-Corvalán, Carmen. 1983. «On the Interaction of Word Order and Intonation: Some OV Constructions in Spanish». En *Discourse Perspectives on Syntax*, editado por Flora Klein-Andreu, 117–40. Nueva York: Academic Press.

———. 2001. *Sociolingüística y pragmática del español*. Washington D. C.: Georgetown University Press.

Simon, Anne-Catherine. 2001. «Le rôle de la prosodie dans le repérage des unités textuelles minimales». *Cahiers de Linguistique Française* 23: 99–125.

Soler Arechalde, María Angeles y Julio César Serrano Morales. 2010. «El marcador discursivo *este…* Algunos aspectos prosódicos y estadísticos». En *Memorias del X Congreso Nacional de Lingüística*, 1–12. México, D. F.: Asociación Mexicana de Lingüística Aplicada; Cuernavaca: Universidad Autónoma del Estado de Morelos, Facultad de Lenguas. CD-ROM.

Sosa, Juan Manuel. 1999. *La entonación del español. Su estructura fónica, variabilidad y dialectología*. Madrid: Cátedra.

———. 2003. «La notación tonal del español en el modelo Sp-ToBI». En *Teorías de la entonación*, editado por Pilar Prieto Vives, 185–208. Barcelona: Ariel.

Sperber, Dan y Deirdre Wilson. (1986) 1994. *La relevancia. Comunicación y procesos cognitivos*. Traducido por Eleanor Leonetti. Madrid: Visor.

Stubbs, Michael. 1983. *Discourse Analysis. The Sociolinguistic Analysis of Natural Language*. Oxford: Blackwell. Trad. de Celina González, *Análisis del discurso. Análisis sociolingüístico del lenguaje natural*. Madrid: Alianza, 1987.

Swerts, Marc G. J. 1997. «Prosodic Features at Discourse Boundaries of Different Strength». *The Journal of the Acoustical Society of America* 101 (1): 514–21. https://doi.org/10.1121/1.418114.

Swerts, Marc G. J. y Ronald Geluykens. 1993. «The Prosody of Information Units in Spontaneous Monologue». *Phonetica* 50 (3): 189–196. https://doi.org/10.1159/000261939.

———. 1994. «Prosody as a Marker of Information Flow in Spoken Discourse». *Language and Speech* 37 (1): 21–43. https://doi.org/10.1177/002383099403700102.

Taboada Gómez, Maite y William C. Mann. 2006. «Applications of Rhetorical Structure Theory». *Discourse Studies* 8 (4): 567–88. https://doi.org/10.1177/1461445606064836.

Tanghe, Sanne. 2015. «Prosodia y polifuncionalidad de los marcadores *anda, vamos, vaya* y *venga*». *Círculo de Lingüística Aplicada a la Comunicación* 62: 125–47. https://doi.org/10.5209/rev_CLAC.2015.v62.49501.

Toledo, Guillermo Andrés. 2007. «Fraseo en español peninsular y modelo autosegmental y métrico». *Estudios Filológicos* 42: 227–43. https://doi.org/10.4067/S0071-17132007000100015.

———. 2008a. «Fonología de la frase entonativa». *Estudios Filológicos* 43: 207–22. https://doi.org/10.4067/S0071-17132008000100015.

———. 2008b. «Fonología entonativa: los acentos tonales finales de frase entonativa intermedia (ip T*) frente al tono de frontera (H-) en discursos y textos leídos en el español de Buenos Aires». En *Language Design. Journal of Theoretical and Experimental Linguistics. Special Issue, 2: Experimental Prosody*, editado por Antonio Pamies, Mari Cruz Amorós y José Manuel Pazos, 129–36. Granada: Método Ediciones.

———. 2010. «Prosodia de la frontera derecha». *Language Design. Journal of Theoretical and Experimental Linguistics* 12: 97–121.

Tseng, Chiu-yu y Zhao-yu Su. 2010. «Boundary and Lengthening - On Relative Phonetic Information». En *Frontiers in Phonetics and Speech Science. Festschrift for Professor Wu Zongji's 100th Birthday*, editado por Gunnar Fant, Hiroya Fujisaki y Jiaxuen Shen, 183–218. Pekín: Commercial Press.

Vizcaíno, Francisco, Mercedes Cabrera, Eva Estebas-Vilaplana y Lluïsa Astruc. 2008. «The Phonological Representation of Edge Tones in Spanish Alternative Questions». En *Language Design. Journal of Theoretical and Experimental Linguistics. Special Issue, 2: Experimental Prosody*, editado por Antonio Pamies, Mari Cruz Amorós y José Manuel Pazos, 31–38. Granada: Método Ediciones.

32 ENTONACIÓN Y CONVERSACIÓN

Antonio Hidalgo Navarro

32.1 Entonación y conversación. Entonación y conversación coloquial

La mayor parte de la actividad comunicativa habitual de las personas se traduce en el terreno de la conversación. La conversación, diálogo entre dos o más hablantes, generalmente espontáneo, muchas veces con propósito meramente interactivo (no transaccional), ocupa, pues, una gran parte del espacio lingüístico. De hecho, como indica Tusón (2002): «la conversación es una de las actividades más típicamente humana. Es la forma prototípica en que se manifiestan las lenguas, su forma primera de existencia y el modo universal de uso lingüístico» (134), de manera que «en la conversación las personas nos constituimos como seres sociales, construimos nuestras identidades y damos sentido al mundo que nos rodea» (134); este hecho en sí mismo justifica el estudio del papel de la entonación en la conversación, aspecto sobre el que tratará el presente capítulo.

Así pues, al hablar no solo se emiten sonidos articulados, morfemas organizados en lexemas, sintagmas engarzados en enunciados, series de enunciados constitutivas de intervenciones en la conversación (o en el monólogo)... Si todo cuanto se hiciera al hablar fuera esto, por extraño que parezca, la mayoría de las emisiones resultarían, en el mejor de los casos, ambiguas y, en su mayor parte, incomprensibles. Los elementos suprasegmentales no son meros 'aderezos' de los mensajes: sin tales elementos el oyente percibiría señales acústicas sin valor comunicativo efectivo.

En tal caso, no se puede reducir el análisis de la conversación al estudio de las formas lingüísticas vinculadas a la segunda articulación del lenguaje. La prosodia (curva entonativa, cualidad de voz, intensidad, ritmo, pausa, etcétera) precisa en muchos casos la intención última del hablante (expresar, por ejemplo, seriedad, alegría, dulzura, tristeza, agresividad). Así, cuando se escucha un mensaje, junto a los sonidos 'segmentales' que se suceden, se perciben informaciones prosódicas que permiten discriminar los datos de índole actitudinal, informativa, estilística, sociolingüística, dialectal, etcétera. Todo ello ocurre de manera simultánea y selectiva, de forma que el sistema perceptivo es capaz de discriminar perfectamente qué clase de información resulta relevante en cada acto comunicativo. Obviamente, a estos hay que sumar otros factores que, por razones de espacio, solo se abordarán aquí tangencialmente: los elementos paralingüísticos (como las vocalizaciones *buf, mm, ajá, psst,* etcétera) [→ § 1.5.5] aportan un valor comunicativo imprescindible en relación con la actitud del hablante; otros elementos no verbales (gestos, movimientos faciales, ...) desempeñan igualmente un papel relevante en el progreso conversacional, reforzando, matizando, refutando, etcétera, el sentido de lo dicho, o expresando a veces por sí mismos un contenido determinado. En cualquier caso, el objeto de estudio se circunscribe en este trabajo a la entonación, en la idea de que una misma sucesión de sonidos, en una situación determinada, puede admitir múltiples interpretaciones según los mecanismos aplicados.

Antes de continuar convendrá precisar algunas cuestiones tipológicas relativas al concepto de conversación. De acuerdo con Gallardo-Paúls (1994, 182) la conversación, como categoría pragmática, presenta:

- Rasgos interactivos, vinculados al sistema dual de la toma de turno (dado el carácter dinámico del diálogo, emisor y receptor intercambian sus papeles alternativamente), al carácter actual e inmediato del intercambio y a la estructura triple básica de la interlocución (Poyatos 1980).
- Rasgos pragmáticos: toma de turno libre (alternancia, orden variable, duración no fijada de antemano, contenido sin limitaciones, número de participantes variable, longitud del intercambio no predeterminada, evolución impredecible de la conversación) y retroalimentación (cada interlocutor solicita al participante anterior la prolongación de la línea discursiva).

La conversación, pues, es un tipo de discurso caracterizado por su carácter oral (se articula a través del canal fónico), dialogal (lo que implica, frente al monólogo, sucesión de intercambios), inmediato (a diferencia de un informativo o de un mensaje pregrabado, se desarrolla en la coordenada espaciotemporal *aquí / ahora / ante ti*), retroalimentado y cooperativo (se obra juntamente con otro y su intervención) y dinámico (como demuestra la alternancia de turnos no predeterminada, a diferencia de lo que ocurre en otros discursos dialogales como el debate, la entrevista, etcétera). Si la conversación es además no planificada (escaso control de la producción del habla, que favorece la aparición de reinicios, vacilaciones o vueltas atrás) y no transaccional (orientada por un fin interpersonal, de comunión fática, frente a la conversación transaccional, que pretende alcanzar un fin específico), puede hablarse de conversación coloquial.

La conversación coloquial maneja rasgos conversacionales, relativos al tipo de discurso, y rasgos coloquiales, propios del registro de uso, determinados a su vez por la situación comunicativa: relación de mayor o menor igualdad social y funcional entre los interlocutores, relación vivencial de mayor o menor proximidad (conocimiento mutuo compartido), marco de interacción más o menos familiar y temática más o menos especializada del discurso.

Por lo demás, lo coloquial se organiza en una escala gradual: a mayor presencia de rasgos coloquializadores, mayor coloquialidad (menor planificación, mayor carácter interpersonal y mayor informalidad). Ello significa que no todas las conversaciones muestran el mismo grado de coloquialidad; unas, con mayor presencia de rasgos coloquiales, se acercarán al prototipo de lo coloquial; otras, con menor presencia de estos, se alejarán del prototipo, constituyendo así la periferia de lo coloquial.

Con respecto al registro o modalidad de uso, la conversación coloquial prototípica presenta una mayor relación de igualdad social y funcional entre los interlocutores, una mayor relación vivencial de proximidad (conocimiento mutuo compartido), un marco de interacción familiar y una temática no especializada (por ejemplo, una conversación coloquial entre amigos en un bar hablando de un tema cotidiano). Por otro lado, la ausencia de alguno de los rasgos mencionados condicionará que la conversación coloquial resultante sea 'periférica' y no prototípica, aunque no por ello deje de ser coloquial. Cualquiera puede hablar coloquialmente con un desconocido, con personas de distinto nivel sociocultural (superior o inferior), sobre temas técnicos o en un marco de interacción no cotidiano, ya que la ausencia de uno o de varios rasgos puede ser compensada por otro u otros rasgos, que nivelan las diferencias y permiten un proceso de coloquialización.

32.2 La estructura conversacional y sus unidades. Nivel monológico y nivel dialógico

Es en ese complejo discursivo-conversacional (y coloquial) en el que se asienta el enfoque adoptado en este capítulo; se parte para ello del magisterio de Navarro Tomás y de su conocido *Manual de entonación española:* consciente de que no era de los textos escritos y de la lectura de estos de donde cabe obtener la entonación real de la lengua hablada, Navarro Tomás (1944) no dudó en afirmar que

> es, por supuesto, en la casa, en la oficina, en el comercio o en las tertulias y reuniones de sociedad donde la entonación se produce con espontaneidad y soltura. No pueden encontrarse en el discurso ni en la conferencia las mil facetas diferentes con que las inflexiones del tono vivifican y matizan las palabras en el ejercicio, muchas veces juego o esgrima del diálogo. Es preciso observar la palabra viva en su ambiente cotidiano para apreciar la variedad de reflejos de insinuación, reticencia, duda, ironía, etc., que la lengua española en su larga experiencia histórica y en su preferencia por la expresión oral ha ido componiendo y refinando . . . (216).

Cabe, pues, convenir en que no hay mensaje completo sin la presencia de recursos prosódicos (o suprasegmentales). Por supuesto, como ya se ha avanzado, los sistemas prosódicos no son los únicos que determinan el éxito de un mensaje (esto es, su pertinencia comunicativa); se cuenta además con otros factores: unos, los gestos, de naturaleza extralingüística, y otros, no necesariamente extralingüísticos, representados por fenómenos vocales asignados al paralenguaje.

Tal es así que una misma sucesión de sonidos, aceptada su adecuación pragmalingüística, requerirá diferentes interpretaciones según los mecanismos prosódicos aplicados en su articulación. Obsérvese la diferencia de valor y de sentido del marcador *bueno* en (1), (2) y (3) [→ § 31.3.4]:

(1) A: Luis ha llegado tarde a la reunión con el vicerrector
     B: ¡**bueenoo**↑ (entonación reprobatoria ascendente, a modo de previsión acerca de una situación desfavorable para Luis, a tenor de su impuntualidad)

(2) A: Y sobre lo que comentaste ayer, creo que está todo dicho
     B: **bueno**↓, pues cambiemos de tema (tonema descendente, neutro; el marcador en este caso indica el inicio de una nueva unidad temática)

(3) A: Estoy más que harto de tanto deshonrado en el mundo de la política…
     B: **bueno bueno**↓ no te pongas tan dramático (velocidad de elocución rápida y un solo tonema descendente demarcativo después de la segunda unidad; su valor aquí es de atenuador pragmático de la emisión previa de A)

o los diferentes valores modales y semánticos de la emisión *Cómete el potaje* en (4), (5) y (6):

(4) A: La verdad es que no sé qué plato escoger: hay tantos…
     B: Cómete el potaje (implicando sugerencia, similar a una aseveración 'insinuativa')

(5) A: Papá, no me gusta la comida
     B: ¡Cómete el potaje! (implicando volición marcada, orden tajante, amenazante)

(6) A: Cómete el potaje, que dentro de nada cerrará el restaurante (implicando orden perentoria, justificativa, cuyo cumplimiento es obligado y conveniente para el oyente)

Por otro lado, un análisis superficial de cualquier conversación revela que su organización no obedece a una sucesión lineal de enunciados (más propia de esquemas discursivos formales), pues, como ya advirtiera Navarro Tomás (1944),

> en el diálogo, la división de unidades melódicas es más irregular que en la narración seguida. Así como el diálogo se sirve principalmente de medidas cortas, el estilo del discurso aumenta la proporción de medidas cortas. En la lectura se usan de ordinario unidades más largas que en la conversación (46).

Por consiguiente, se hace necesario justificar la demarcación de unidades estructurales en la conversación, precisar sus marcos, antes de avanzar en su caracterización entonativa. Sobre dichas unidades hay que aplicar *a posteriori* los criterios demarcativos adecuados, comprobando al tiempo si tales unidades de habla manifiestan o no homogeneidad estructural. Para ello se parte de la idea de que en la conversación existe una estructura que determina su carácter (Levinson [1983] 1989): la estructura más simple posible es la del 'par adyacente' (enunciados pareados del tipo pregunta-respuesta, saludo-saludo, ofrecimiento-aceptación…). En todo caso, el inicio y el desarrollo de una conversación configuran un proceso de negociación condicionado por la intencionalidad comunicativa, objeto de constantes vaivenes, lo que suele determinar la estructura del intercambio verbal (Roulet 1992, 94; Roulet *et al.* 1985). De este modo, se puede decir que la estructura de la conversación es esencialmente pragmática: la conversación no debe verse como una sucesión aleatoria de turnos de habla, sino como una agrupación de estos en unidades superiores, organizadas de modo que la coherencia comunicativa esté garantizada.

Esta configuración conversacional abstracta, de naturaleza pragmática, permite abordar la descripción de las unidades de la conversación, y de las relaciones jerárquicas diversas que se establecen entre ellas —para el estudio del sistema de unidades de la conversación, véase la propuesta del grupo Val.Es.Co. (Valencia, Español Coloquial), tratada en los trabajos de Briz (2000, 2003), Briz y Grupo Val.Es.Co. (2003, 2014), Hidalgo (2003, 2006) o Hidalgo y Padilla (2006)—. Tales relaciones se organizan en dos niveles, el 'nivel dialógico', en el que funcionan como unidades el 'diálogo' (unidad máxima) y el 'intercambio' (sucesión de intervenciones de diversos hablantes), y el 'nivel monológico', cuya unidad máxima, la 'intervención', puede constituirse como inicio de habla posterior, reacción a una intervención precedente o reacción e inicio a la vez.

Detectar una intervención en la conversación implica identificar un 'cambio de voz', en cuyo caso se podrá considerar una intervención reactiva; este criterio no es, sin embargo, suficiente para llegar a delimitar intervenciones iniciativas. En este sentido, la intervención prototípica es la que se constituye a la vez como reacción a una intervención precedente y como inicio desencadenante de posteriores intervenciones. Permanece, sin embargo, el problema de la delimitación de intervenciones iniciativas, ya que en ocasiones no es obligado el cambio de voz para que se produzca un cambio de intervención; por ejemplo, cuando el hablante decide voluntariamente cambiar el tema de la conversación, de algún modo está rompiendo la continuidad de su intervención y abriendo una nueva, aunque, obviamente, sin cambio de voz. De cualquier forma, hay que pensar que un cambio de tema, de estrategia, implica la existencia de dos intervenciones (véase al respecto Briz y Grupo Val. Es.Co. 2003, 2014).

Además, en el nivel monológico se reconocen al menos otros dos tipos de segmentos específicos, jerárquicamente distintos; véanse así en (7) las intervenciones de A y B.

(7)   A: Cállate
        B: No, porque no me da la gana. No tengo por qué callarme

En (7A) se reconoce una unidad monologal menor que la intervención, el 'acto' (constituyente inmediato de aquella), capaz de funcionar aisladamente en el contexto dado y constituirse como intervención por sí mismo. Por su parte, la intervención (7B) agrupa dos segmentos informativos aislables en iguales condiciones que (7A), a saber, *No, porque no me da la gana* y *No tengo por qué callarme*. Obsérvese, además, que, dada la imposibilidad de aislar *porque no me da la gana* en ese contexto (pues no podría constituirse por sí solo como reacción lingüística de B hacia la intervención previa de A), se ha de considerar dicho segmento como un constituyente interno de un acto. Se percibe asimismo que ese fragmento aporta información pertinente (de índole justificativa) para la viabilidad del acto (en efecto, el sentido del acto cambiará sensiblemente si se prescinde de dicho segmento). Es evidente, por otra parte, que *porque no me da la gana* se halla delimitado por un tonema demarcativo, coincidente con el final de una estructura sintáctica y entonativa completa (descenso melódico pronunciado, sentido aseverativo categórico). A este constituyente interno que no puede ser acto se le puede denominar 'subacto', unidad con aporte o soporte informativo relevante para el acto, pero no aislable en ese contexto [→ § 31.3.3]. ¿Cómo cabe identificar los límites formales de estas unidades y subunidades? Según se verá más adelante en el § 32.3.1 es precisamente de los mecanismos prosódicos de donde arranca el proceso demarcativo-integrador de unidades y subunidades en el discurso conversacional.

32.3 Proyección funcional de la prosodia en la conversación. Acerca de la polifuncionalidad entonativa en la conversación

Hasta aquí debe admitirse que la asociación directa entre una estructura lingüística, actitud del hablante, función pragmática, etcétera, y una entonación dada es prácticamente imposible si no se atiende al conjunto de la interacción «de modo especial a la negociación que se produce entre los interlocutores» (Cortés Moreno 2002, 25), asumiendo, en cualquier caso, el contexto lingüístico, el contexto situacional comunicativo, el lugar y el momento de la interacción, el papel de cada participante, su relación, su experiencia compartida, … Es más, a la densidad de efectos modales o pragmáticos vinculados al comportamiento prosódico —muestra de lo cual han sido los ejemplos previos, del (1) al (6)— se añaden otros efectos comunicativos más sutiles como la intencionalidad irónica (véanse al respecto Attardo *et al.* 2003; o Bryant y Fox Tree 2002, 2005) [→ § 34.4.3], la expresión de afectividad y sentimiento, o la manifestación misma de lo que genéricamente se ha dado en llamar 'cortesía'; todos ellos, no obstante, están determinados por factores de índole subjetiva: el estado de ánimo, el carácter personal, la educación y la formación cultural del individuo, entre otros, y no de una forma asistemática, sino muy frecuentemente como opción lingüística convencional, selectiva y, por tanto, regular, codificada.

La entonación (y la prosodia, en su interpretación más amplia) es determinante para la construcción del sentido de un acto dado. Sin embargo, no solo se trata de la selección por parte del emisor de patrones prosódicos con intenciones semánticas o comunicativas específicas. En realidad, los mecanismos prosódicos permiten el avance discursivo en toda circunstancia, ya que, además de derivar del emisor, miran hacia el receptor, esto es, adquieren relevancia en la medida en que este ve reflejadas en la actuación lingüística de aquel sus expectativas comunicativas. De hecho, si tales expectativas no se cumplen, o si falla el intercambio (si el oyente no entiende al hablante) la comunicación estará abocada al fracaso. Efectivamente, esta capacidad de anclaje pragmático de la prosodia se comprueba de muchas formas y en muchos casos; el hablante puede indicar al oyente cuál es la información relevante de entre el continuo discursivo (uso del acento focal o de énfasis), puede minimizar prosódicamente lo que no resulta pertinente a la situación discursiva (que se articula parentéticamente, en tono más grave e intensidad más baja), o bien puede marcar prosódicamente, por lo general de manera ostensible, los cambios temáticos, ya sean matizaciones derivadas de temas previos, ya sean temas completamente nuevos en el seno del propio discurso [→ capítulo 30]; esto último se observa, por ejemplo, en la delimitación de secciones más o menos amplias de discurso que desarrollan un mismo tema ('paratonos', de acuerdo con Hidalgo [1997]). Así, en (8) el comienzo del Paratono II (secuencia de naturaleza prosódica y temática, según las propuestas de Gillian Brown y Yule [[1983] 1993], Hidalgo [1997, 2019] o Yule [1980]) se marca con claridad mediante la elevación ostensible de la frecuencia fundamental (de ahora en adelante, f_0) [→ § 1.5.4] inicial respecto de la f_0 final del Paratono I precedente (339,6 Hz frente a 100,6 Hz).

Las cifras que aparecen a continuación en los dos fragmentos de discurso segmentados en (8), es decir, los Paratonos I y II, indican el valor de la f_0 en esos puntos. Entre paréntesis se marca la duración de las pausas (en segundos). Así, al comienzo del Paratono II se observa que A, hablante con un promedio de f_0 de 206,82 Hz, eleva marcadamente este valor de f_0 alcanzando los 339,6 Hz; es decir, sobrepasa su promedio de f_0 en un 64 %. Este cambio de la f_0 sugiere entonces una interpretación discursiva relacionada con el cambio de tópico discursivo (del tema de las actividades de ocio se pasa al del aprendizaje de idiomas).

(8)   **PARATONO I:** *Marco tópico* «Actividades de tiempo libre»
B: no↓ pues yo↑192,1 el sol 169,9 sí que me gustaría tomarlo 192,1 (1) 157,4 pero no hay tiempo 67.6 (0,45)
A: 215,7 es- exactamente↓ 243,6 251,6 de eso se trata↓ 207,7 212,5 a mí↑381 realmente me gustaría ponerme morena↓ 208,1 algún año↓ 237,8 porque eso querría decir↑278,2 que- 212,5 (0,81) que he tenido vacaciones muy largas→ muy largas→ 196,3 muy largas→ 209,4 (0,21) °(porque desde luego↑que si tengoo dos horas libres al día↑)° (0,8) 192,1 no se me ocurre irme corriendo a la playa↑202,2 198,6 estar una hora al sol y volver 174,1
B: prefieres 119,4 (( ))[(( ))=]
A: [claro]
B: = descansando 93,5
A: prefiero dar un paseo↑237,8 o prefiero leer un rato↑203,9 °(o ver la televisión)° (0,52) [cualquier cosa =]
B: [leer]
A: = leer 264,2
B: ah↓ 125,2 yo hace mucho tiempo que ya ni **leo 100,6 (0,74)**
PARATONO II: *Marco tópico* «El comienzo del aprendizaje de una segunda lengua»
A: **339,6 yo estoy leyendo↑320** dirás↓ 187,4 209 cuando veas lo que estoy leyendo↑231 212,1 te vas a reír de mí 185 (1,15)
B: 123,8 ¿por qué me tengo que reír? 96,3
A: 219.5 porque estoy volviendo a la infancia constantemente↓ 213,4 234,5 esto de aprender lenguas nuevas es volver a la infancia↓ 163,5 porquee [(( ))]
B: [125,1 ah↑ que lees libros↑ 114,9] (0,26)
A: claro 191,8 (0,59) me sentí como una niña↑191,8 316 otra vez↑322 239,5 cuando empecé con el alemán 195,1 (0,84) 218,6 aprender a decir→ 206,4 *hola↓ 373,8 yo↑ soy↑394,5 fulanito↓* 223 *y tú↑ 404 ¿quién eres?* 111
B: 111,4 de todas maneras si ya estás en tercero→ 148,5
A: no↓ ahora estoy aprendiendo catalán↓ 187,1 (0,7) [y vuelvo=]
B: [también]
A: = 158,9 otra vez a la infancia^ 184,3 (0,47)

B: 140,7 ¿pero tú no hiciste→ 114,4 ah↓ 126,7 bueno↓ ya↓ 98 *Plom (( )) Plom* 149,6 (0,86)

A: 240,1 ¿tú te crees que puede leer esto una persona de veintiséis años? 204,7 (1,16)

B: (RISAS) pero esto te lo sabrás↓ 129,3 (0,5) no tendrás ningún problema §

A: § no te creas↓ hay- palabras↑378,1 que no

conozco↓ 299,9 315 hay bastantes palabras que no conozco 140,4

Otras veces el hablante actúa por omisión y no hace explícito lo que puede sobreentenderse al hilo del propio desarrollo discursivo, sea porque pertenece al bagaje de contenidos semánticos y pragmáticos compartidos por los interlocutores, sea porque forma parte del conocimiento enciclopédico de cualquiera; es el caso de la delimitación de actos suspendidos mediante un tonema de suspensión, de anticadencia o de semianticadencia [→ § 27.2].

A otros niveles, los recursos entonativos desarrollan un papel destacado, organizando la distribución y la sucesión de interlocutores en la conversación: la prosodia condiciona la regulación de las transacciones como marcador de la finalización potencial de un turno (mediante la presencia de un tonema descendente significativo al final de una intervención), lo que a su vez permite al oyente identificar la posibilidad de iniciar su propia intervención, y reconocer un 'lugar de transición pertinente' (LTP) [→ § 29.1.2]. Recíprocamente, si el oyente no desea ocupar el turno que le cede el hablante, recurrirá al empleo de fórmulas prosódicas continuativas de carácter fático (por ejemplo, mediante la articulación de un alargamiento consonántico nasal como marca de aceptación de lo dicho por el emisor y de renuncia momentánea a la ocupación del turno ofrecido por este). La producción de anomalías en la distribución de los turnos también se ve condicionada por los rasgos prosódicos: solapamientos o superposiciones de habla, interruptivos o no (Hidalgo 1998; Vázquez López 2002, 102). De ello se tratará más adelante en el § 32.3.2.

Se debería prestar atención, en fin, a otros efectos prosódicos no estrictamente entonativos, como son los factores temporales: la velocidad de elocución [→ § 1.5.5] rápida o lenta puede tener implicaciones comunicativas. De estas cuestiones se trata en detalle en el capítulo 34 de la presente obra.

Todo ello hace plausible la idea de que, sin los elementos prosódicos, se carecería de los instrumentos necesarios para hacerse entender cabalmente por los eventuales interlocutores, particularmente en la conversación cotidiana; dicho en otras palabras, los rasgos suprasegmentales juegan un papel esencial en la organización de la sintaxis, del léxico y en la interpretación semántica y pragmática de cuanto se dice. Efectivamente, todas las lenguas conocidas ponen en marcha una serie de recursos fónicos simultáneos al componente segmental, que otorgan a tal componente su sentido específico y concreto. Esos recursos fónicos coocurrentes con las palabras constituyen lo que se puede denominar, operativamente, 'entonación'; así, un enunciado tan simple como

(9)   He venido a Rusia a dar clases de fonética española

necesita vincularse con una entonación específica para que resulte patente si se trata de un acto aseverativo (10) o interrogativo (11).

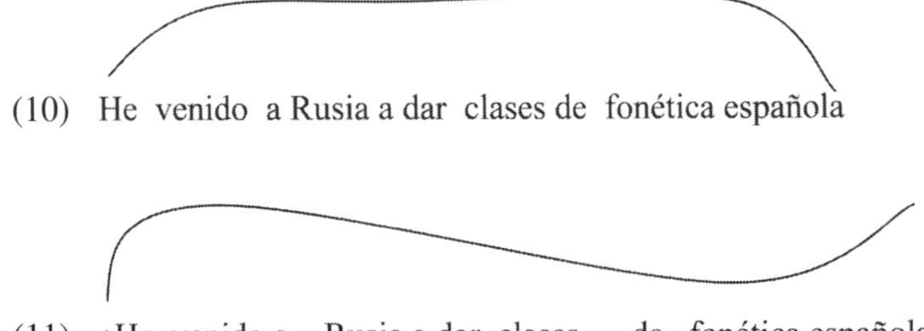

(10)   He venido a Rusia a dar clases de fonética española

(11)   ¿He venido a   Rusia a dar clases   de fonética española?

Para ser más exactos, la entonación es un efecto prosódico complejo derivado de la participación conjunta del tono (la altura musical de un sonido, esto es, el rasgo suprasegmental que permite considerar la estructura melódica del enunciado como una sucesión de niveles tonales, de acuerdo con Artemov [1962], Alcina y Blecua [[1975] 1980], Gili Gaya [[1950] 1978, 54], etcétera), el tonema terminal o juntura (dirección adquirida por el nivel tonal a partir de la última sílaba tónica de una frase: →, ↓, ↑; véanse Stockwell, Bowen y Silva-Fuenzalida [1956], Silva-Fuenzalida [1956–1957], Quilis [1981], etcétera), el acento principal del enunciado (normalmente el acento final) y la velocidad de elocución. Como advierte, en fin, Cortés Moreno (2002):

> la entonación es un cúmulo de rasgos prosódicos —entre los que cabe destacar la F0 en primer lugar, así como la cantidad, la intensidad y las pausas, en segundo lugar— que emplean los hablantes de una lengua o de un dialecto con fines comunicativos (24).

La confluencia de tales factores contribuye de forma definitiva a crear significados, por lo que puede aceptarse sin mayor discusión la función distintiva de la entonación [→ capítulos 27 y 28].

Unas veces, los significados generados por la entonación resultan más o menos sistemáticos, lo que se identifica con su Función Modal Primaria (FMP), creadora de significados objetivos y estables, propios de enunciados aseverativos, interrogativos e imperativos. Esta FMP se manifiesta en registros de corte formal, tales como la lectura de textos escritos, discursos o conferencias, y en general en cualquier manifestación oral en la que la relación entre el hablante y el oyente sea formal o distante. Tales manifestaciones entonativas se caracterizan por su comportamiento regular y sistemático y configuran valores recurrentes en la inflexión melódica de los enunciados. En la conversación diaria, sin embargo, son muy frecuentes los esquemas entonativos que se distancian de parámetros neutros. Se trata de situaciones de habla en las que la expresividad y la subjetividad de los individuos se desarrollan libremente: no hay necesidad de hacerse entender por un auditorio desconocido, ni tampoco de dirigirse a un oyente en una situación formal. Entra en acción entonces la Función Modal Secundaria (FMS) o Función Expresiva de la entonación, que provoca modificaciones, a veces de suma importancia, sobre los patrones melódicos primarios.

Abordar la descripción de tal diversidad funcional constituye una empresa vana si no se cuenta con un modelo de exposición ordenado o, al menos, operativo. Pues bien, con este ánimo operativo se partirá en este capítulo de un esquema de base estructural, integrador de la polifuncionalidad entonativa en la conversación y articulado en dos niveles fundamentales (como las unidades conversacionales de las que se ha hablado antes), el monológico y el dialógico, sobre los cuales los hablantes proyectan a discreción el crisol funcional de la entonación.

El desarrollo coherente de este boceto descriptivo podría verse complementado por muy diversos modelos descriptivos; sin embargo, no todos pueden darse por definitivos, por lo que no siempre es fácil su adaptación como referencia para el análisis de la conversación coloquial. En realidad, aunque algunas propuestas hayan demostrado su validez teórica y analítica en ámbitos restringidos como el del enunciado (Cantero 1995, 2002; García Riverón 1996a, 1996b, 1998; Garrido Almiñana 1991; Pierrehumbert 1980; Sosa 1999, etcétera), todavía no se han desarrollado, que este autor sepa, aplicaciones capaces de explicar fluidamente el funcionamiento global de los rasgos prosódicos en el diálogo espontáneo.

Consecuentemente, puede entenderse que la situación actual de las investigaciones sobre la interfaz entre la prosodia y la conversación aconseja estudiar las funciones de los rasgos prosódicos en dos ejes de análisis, uno sintagmático, vinculado a las unidades entonativas *in praesentia*, cuando se suceden en la línea horizontal del habla, y otro paradigmático, vinculado a las unidades entonativas *in absentia*, cuando se excluyen opositivamente y resultan conmutables en un contexto dado. Tales ejes de análisis se distribuyen en el nivel monológico (en el seno de la intervención, el acto y el subacto) y en el nivel dialógico (considerando el enlace entre dos o más intervenciones de dos o más hablantes), como se esquematiza en la Figura 1.

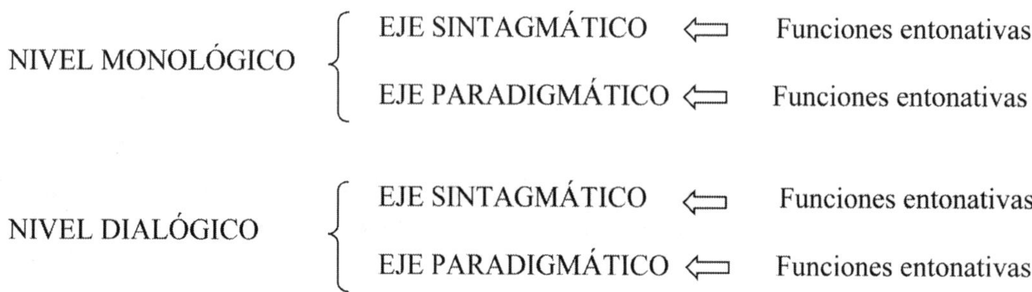

FIGURA 1. Las funciones entonativas y su distribución en los niveles monológico y dialógico de la conversación.

32.3.1 Nivel monológico. La entonación en el ámbito de la intervención

En una primera fase, los factores prosódicos permiten delimitar los diferentes grupos de entonación en el flujo de habla, constituidos como segmentos mínimos de discurso en el seno de las intervenciones de cada hablante (recuérdese al respecto la referencia a la 'frase entonativa' en el § 31.2.1 de la presente obra, como unidad relacionada con el 'grupo de entonación'). Los grupos de entonación se organizan, pues, a partir de la concatenación y superposición de distintos patrones melódicos locales: las funciones demarcativa e integradora canalizan estas actuaciones. Si tales grupos de entonación satisfacen ciertos requisitos estructurales (fundamentalmente, si no son grupos de entonación fragmentarios, reinicios, autocorrecciones, etcétera), constituirán subactos, unidades menores que se combinan entre sí para construir de forma pertinente las emisiones en el seno de cada intervención; de la combinación de subactos se deriva el acto [→ § 31.3.3].

A su vez, sobre los distintos actos reconocidos prosódica y contextualmente se proyecta otro grupo de funciones melódicas articuladas en el eje paradigmático que proporcionan los diferentes valores comunicativos de cada enunciado, ya sean funciones de orden primario (FMP), ya sean funciones de orden secundario (FMS). La estructura expositiva que se sigue en este epígrafe comienza, pues, con la revisión de las funciones monológicas sintagmáticas (demarcativa e integradora) de la entonación, para continuar con el estudio de sus funciones monológicas paradigmáticas (FMP y FMS).

Como se ha indicado, al eje sintagmático atañe el análisis de unidades entonativas sucesivas. Su consideración explica el comportamiento de la curva melódica [→ § 1.5.5, § 25.2.1, § 27.1] en orden a conformar un mensaje lingüístico coherente, mediante el recurso a dos funciones entonativas básicas, la 'demarcativa' y la 'integradora', que permiten articular, segmentar o integrar las unidades lingüísticas. La primera establece fronteras lingüísticas entre los distintos actos, y la segunda favorece la integración de distintos subactos en el marco de cada acto. Se observa, pues, un primer nivel de proyección funcional de los hechos prosódicos en la conversación, cuyos ámbitos son el del subacto y el del acto.

En sentido estricto, el acto es una unidad estructural monologal inmediatamente inferior a la intervención, con capacidad para ser aislable en un contexto dado; así pues, puede constituirse por sí mismo en intervención, y funcionar aisladamente en ese contexto.

La aislabilidad del acto tiene que ver con el contexto inmediato, en tanto que conceptos como 'identificable' o 'reconocible' constituyen criterios estructurales, esto es, cualquier unidad puede ser identificable como tal en el seno de otra unidad mayor. El acto es aislable e identificable, mientras que el subacto es identificable dentro de un acto, pero no aislable en un contexto dado. Por otro lado, debe insistirse en el hecho mismo de aislabilidad en un determinado contexto: una expresión lingüística puede actuar aisladamente en un contexto y ser acto, pero la misma expresión podría no ser aislable en otro contexto, y por tanto, no constituirse como acto.

El acto se caracteriza, además, por poseer: a) valor modal completo, una única función ilocutiva específica (pregunta, rechazo, etcétera) y b) unidad melódica, ya que su curva entonativa resulta completa en sí misma (la aseveración, p. ej., presenta un tonema descendente de carácter final). Por lo demás, al margen de la existencia de mecanismos demarcativos de carácter segmental (marcadores discursivos o conectores pragmáticos, elementos de carácter anafórico, etcétera), la prosodia es en muchos casos el único recurso disponible para segmentar una intervención en actos.

En apariencia, la pausa se comporta también como criterio prosódico válido para la demarcación de actos. Ahora bien, en ocasiones, como en (12) o en (13), las pausas no separan unidades estructurales, sino que actúan como mecanismos retardatarios o como instrumentos de planificación conversacional (adviértase que, en tales ejemplos, al margen de las convenciones generales de transcripción desarrolladas por el Grupo Val.Es.Co. —indicadas en el Anexo de este capítulo— aparece el símbolo '#' para expresar los límites inicial y final de cada acto).

> (12) G: #a ti te da lo mismo ¿no?# / #pues más o *menos / es* eso lo- lo que quiere decir más o menos la palabra liberal#

> (13) E: #es que- es que ee yo para mí↑ el hecho de ser conservadores y *taal / precisamente* radica en sus principios#/ y #para mí↑ hay unas- unos *valores // muy* fundamentales que a lo mejor para otra persona no lo son ¿no?/// (3") no sé#

Frente a las dudas que a veces despierta la presencia o ausencia de pausa, la presencia de una curva melódica completa es signo inequívoco de la existencia de acto; es lo que ocurre, por ejemplo, en el caso de las formas melódicas interrogativa o exclamativa. De hecho, como advierte Gil (2007), «lo importante de un grupo entonativo es que esté dotado de un patrón melódico concreto, sin importar si está delimitado por pausas o por inflexiones tonales o por pausas e inflexiones tonales» (337). Sin embargo, la existencia de curva melódica completa tampoco es *conditio sine qua non* para la identificación de un acto; algunas variables prosódicas pueden, ocasionalmente, determinar su reconocimiento. Así, son frecuentes las rupturas formales ocasionadas por truncamientos melódicos ('actos truncados'). Si estas estructuras apocopadas están condicionadas, además, por la intencionalidad del hablante, es decir, si su carácter aparentemente incompleto obedece a un propósito organizativo de naturaleza pragmática, a una estrategia preconcebida (como ocurre en 14B), puede hablarse de 'actos suspendidos'.

> (14) A: Ya le dije a Luisa que se dejara de tonterías y no insistiera tanto en quedar con Juan
> B: Te comprendo muy bien/ agua que no has de beber→

Por su parte, todo subacto constituye por definición un grupo de entonación (en la terminología de Quilis, Cantarero y Esgueva 1993, 56–57), de modo que la prosodia es índice seguro para la segmentación de un acto en dos o más subactos, esto es, para su escisión estructural en dos o más partes, constitutivas cada una de ellas de un grupo de entonación. Dada la diversidad terminológica que afecta a esta noción, conviene dejar claro de antemano que para definir el grupo de entonación como unidad se ha tomado como referencia el criterio de Quilis (1993) —no necesariamente generalizado entre los especialistas— que la considera como la porción de discurso comprendida entre dos pausas, entre pausa e inflexión del fundamental, entre inflexión del fundamental y pausa o entre dos inflexiones del fundamental, que configuran una unidad sintáctica más o menos larga o compleja (sintagma, cláusula, oración) (419). Se entiende así que el grupo de entonación es el segmento mínimo de habla en la conversación.

> Sin embargo, no todo grupo de entonación representa necesariamente un subacto; más exacto sería decir que la forma lingüística más habitual de representación del subacto es el grupo de entonación: es posible hallar grupos de entonación que no son ni actos ni subactos, sino simplemente segmentos fragmentarios de habla; esto ocurre, como se ha señalado, en los reinicios, autocorrecciones, etcétera, que configuran grupos de entonación, pero al margen de la estructura discursiva: son meras vacilaciones (véase al respecto Cabedo 2009).

Por lo demás, existen fenómenos estructurales de base entonativa que permiten articular la progresión discursiva y que contribuyen a la organización de actos y subactos. Entre ellos destaca la 'declinación tonal', progresivo descenso global de los valores de la f_0 a lo largo del grupo entonativo, cuyo final viene marcado por un descenso seguido de un ascenso o reajuste frecuencial al inicio del siguiente grupo entonativo. El nivel subsiguiente a la declinación es la 'supradeclinación', que actúa en ámbitos superiores al del grupo entonativo (oración, párrafo, etcétera). Sobre ambos conceptos ya se han introducido los comentarios oportunos en el § 27.3 y el § 27.4 de la presente obra.

La entonación empleada en una emisión permite, pues, crear secuencias lingüísticas organizadas jerárquicamente según su relación respectiva en la estructura de los turnos. Bolinger (1989) afirma al respecto que «probably the most indispensable use of prosody is to divide discourse into segments and to establish an informal hierarchy of beginnings and endings whereby major constituents can be distinguished from minor» (81). Se entra así de lleno en la función demarcativa de la entonación coloquial.

Pues bien, este proceso demarcativo responde en muchos casos a una regla estructural universal de organización enunciativa, obvia por lo razonable de la misma; tal regla suprasintáctica no supone, sin embargo, la evidencia de un paralelismo estricto entre estructura entonativa y estructura sintáctica. Esquemáticamente, la estructura configura una secuencia de grupos entonativos sucesivos, delimitados respectivamente por ↑ (primer grupo entonativo) y por ↓ (segundo grupo entonativo), como se muestra en los ejemplos de (15) y de (16). La mayoría de los ejemplos que se citan en adelante aparecen codificados de acuerdo con el sistema del Grupo Val.Es.Co. (donde RB: clave del informante; 37: n.º de grabación; B1: primera grabación en la cara B de la cinta; 58–59: líneas de la transcripción original en las que aparece el fragmento extraído como ejemplo; véase al respecto el Anexo al final de este capítulo).

> (15) A: (y yooo) digo por lo menos la **correa**↑ mil pesetas por lo menos la **correa**↑**valdrá**↓   [RB.37.B1.58-59]

> (16) A: doscientas mil **pesetas**↑ m'he encontrao este **reloj**↓ [RB.37.B1.137]

En los enunciados interrogativos como los de (17), la secuencia ↑↓ se invierte, apareciendo en su lugar la secuencia ↓ (primer grupo entonativo) ↑ (segundo grupo entonativo).

(17) A: ¿al pueblooↀ a ver↓ mañana↓/ sábado↓/ pero **¿cómo quiés decir↓ de vacacionesↀ?** [RB.37.B.1:2-3]

Por lo demás, la estructura ↑↓ no siempre se hace explícita. La situación comunicativa (y los conocimientos compartidos entre hablante y oyente) abren la posibilidad de aparición de estructuras truncadas (con ausencia del segundo miembro distensivo [→ § 27.4, § 28.2.1]), dado que el contexto suple la información no presente, lo que hace que tales construcciones suspendidas sean completas precisamente en tanto que suspendidas (Narbona 1986, 1988): la propia construcción genera en el oyente un proceso interpretativo de contextualización, favorecido por el empleo de marcas prosódicas pertinentes (↑ o →), que el emisor, dado su carácter convencional y sistemático, utiliza conscientemente, como se muestra en (18) y en (19).

(18) A: y mi marido en se(gu)ida dice OIGA↓ si es buenoↀ y vale la pena **arreglarloↀ** [RB.37.B.1:85-86]

(19) A: mira↓ hicimos una cara **to(do)sↀ** [RB.37.B.1:110]

Otra cuestión relevante que tiene que ver con la función demarcativa de la entonación es el número de grupos de entonación integrantes de un acto. Se trata de un aspecto determinado directamente por la velocidad de elocución y el estilo de habla; la mayor velocidad elocutiva en registros informales (o coloquiales) favorece el aumento del número de grupos de entonación sucesivos, lo que condiciona, obviamente, la segmentación interna del discurso. La función demarcativa de la entonación en la conversación se vincula además con la expresión de muy diversos significados gramaticales, afectivos, discursivos, etcétera, determinados por el componente melódico, lo que puede dificultar más, si cabe, el reconocimiento de dicha función en un contexto dado.

Tales estructuras dan fe, en definitiva, de la capacidad desambiguadora de la entonación y de su aptitud para precisar el aparente carácter incompleto de un enunciado, lo que, por supuesto, tiene que ver con una perspectiva descriptiva pragmática: merced a la prosodia se producen un esfuerzo de codificación (ostensión) mínimo por parte del emisor y un máximo posible de capacidad interpretativa (inferencia) por parte de receptor (Escandell [1993] 1996; Reyes 1995). Sin embargo, ante ↑ o ↓ no siempre hay que identificar una función pragmática desambiguadora de la estructura afectada: dada la inmediatez y el carácter espontáneo de la conversación coloquial, no es infrecuente que tales marcas obedezcan a vacilaciones expresivas propias del diálogo: sirven entonces para indicar la continuidad de un mismo turno, y permiten al emisor ganar tiempo, a fin de garantizar el mantenimiento de su turno de habla, como en (20).

(20) A: y digo es que es que no tiene NÚMEROS/ y dice no dice pero es que esta perla que lleva aquíↀ esta perlaↀ
      ¿sabes?/// [RB.37.B.1:145-147]

Por su parte, en el desempeño de su función integradora, la estructura entonativa da cohesión general al discurso oral, informando sobre la conclusión o continuidad del enunciado, por ejemplo, cuando segmenta las unidades internas de una serie enumerativa y permite reconocer sus diferentes componentes informativos. En otro sentido, una entonación descendente puede ser indicador útil de un cambio de tema, si a continuación se introduce el tema siguiente mediante un tono alto. La entonación contribuye, pues, a organizar estructuralmente las secuencias y participa en la construcción de la estructura informativa de la conversación (sobre este último aspecto recuérdese lo expuesto en el § 30.4.3 de la presente obra).

Por lo que respecta a la conversación coloquial, cabe considerar algunos comportamientos particulares de esta función integradora sintagmática. Puede ocurrir que una inflexión melódica descendente no represente el cierre de una idea, y sea más bien el marco formal de vínculos informativos. Véanse al respecto los ejemplos de (21) y de (22), en los que una primera unidad entonativa con tonema descendente (final potencial de enunciado) va seguida de otro grupo de entonación distinto que incorpora información suplementaria.

(21) A: a setiembre↓ **se le acababa↓ la primera semana↓** [RB.37.B.1:35]

(22) A: y dice *nooo* dice *no tiene el mismo paso // y aquel es más pequeñito qu'este* dice *no* dice ***tiene que ser pa'l mismo paso↓ qu'este↓/*** y diCEE *¿QUE qué es lo que le pasa↓?* y digo *es que mire↓ me s'ha...*
      [RB.37.B.1:83]

Por lo demás, no debe olvidarse que los recursos entonativos de integración suelen estar motivados por la intencionalidad comunicativa del hablante y que la distribución de la información puede depender de las circunstancias pragmáticas de la enunciación: cuando el hablante desea otorgar importancia a determinados elementos de su mensaje, los sitúa en una posición de relevancia disociados de la estructura principal; se trata, entonces, de dislocaciones entonativas a la derecha o a la izquierda (estas estructuras se relacionan estrechamente con la noción de foco informativo, mencionada en la presente obra en el § 30.4.3). En el primer caso, la marca prosódica que escinde la estructura disociada es un tonema descendente, como se muestra en (23).

(23)   D: o que se le había perdido↓ **a la chica**↓ [RB.37.B.1:216]

En cuanto a las dislocaciones a la izquierda, se tiende al empleo de un tonema ascendente como marca de escisión, a modo de advertencia hacia el oyente del carácter continuativo de la construcción (estrategia estructural e interactiva a la vez), tal como ocurre en la segunda intervención de A en (24).

(24)   A: luego han hecho fijo a mi marido↑§
      C: § que estaba en la fábrica↑ [((   ))]
      A: **[en la empresa**↑que estaba de contratos↑] ///
      y antes de ayer le dieron la noticia y ((digo)) *uuuy* ((   )) (RISAS) [RB.37.B.1:285-288]

Una unidad entonativa descendente previa puede constituirse también como un 'rodeo' si un par de grupos de entonación repiten una misma idea con idénticas o con diferentes palabras, como se aprecia en (25).

(25)   A: dice dice mi cuñao→ dice **ESTO que lleva aquí**↑ **esto será un rubí**↓ **eso será un rubí**↓ eso que te dije yo de las (( )) [RB.37.B.1:133-134]

El tonema ascendente funciona también como vínculo informativo que anuncia su término en una rama distensiva sucesiva. Se trata entonces de una entonación continuativa, como en los ejemplos (26) y (27).

(26)   A: yo- yo digo ¿la correa **ESTA**↑ digo se puede poner a esta↑? [RB.37.B.1:79]

(27)   A: y mi marido y **yo**↑ nos quedamos **mirándole**↑ y le digo *no no*↓ y mi marido dice *no*↓ *¡qué va a vendel-lo!?*
      [RB.37.B.1:128]

Otro caso típico de comportamiento metadiscursivo o fático es el de la suspensión entonativa, capaz por sí sola de introducir el estilo directo, sin presencia de verbo *dicendi* explícito. Prevalece, así, el recurso prosódico → (suspensión entonativa) sobre la marca verbal (*dice, digo, y va y dice*, etcétera), como en (28).

(28)   A: qué reloj m'he encontrao↓ y mi cuñá diu *¡ah! pues este reló es BUENO* / y empezó mi cuñao de **cachondeo**→ /
      VAMOS a una relojería y verás qué pronto lo sabemos/ VAMOS→ yo digo *pero déjaloo*→ *que ahora no quieroo*
      arreglarlo↓ *VAMOS*→ *que si es BUENO*↑ *ya te lo dirá*↓ *y si es malo*↑// en total que allá nos fuimos los cuatro→
      [RB.37.B.1:61-64]

Pasando ya al comentario de las funciones monológicas paradigmáticas de la entonación coloquial, cabe destacar en primer término que la función distintiva de la entonación (FMP) afecta a los actos oponiéndolos recíprocamente según su valor modal.

Apoyada en las funciones simbólica y apelativa del lenguaje, la FMP asume los valores comunicativos básicos de la curva entonativa, de aseveración, interrogación o volición, todos ellos objetivables. A esta FMP se añade la FMS, Función Modal Secundaria (o expresiva) ligada a la subjetividad del hablante. En este ámbito la entonación actúa también restrictivamente, afectando a unidades monológicas mínimas (actos) que opone según su valor expresivo. No hay que olvidar, sin embargo, la naturaleza oral de la conversación, en la que también convergen multitud de rasgos sonoros extralingüísticos que, dadas las perspectivas actuales de la investigación, todo analista debería tener en cuenta. A ello se añade la obligada contextualización del mensaje hablado y la necesidad de asumir su pertinencia contextual como criterio de adecuación pragmática.

En todo caso, la diferenciación paradigmática de los planos representativo y expresivo (FMP y FMS) rara vez es diáfana. En su mayor parte, los elementos suprasegmentales se manifiestan por interacción o polivalencia, hasta el punto de que es posible derivar, de un mismo rasgo entonativo, información relativa a aspectos tan diversos como la modalidad de la frase, la estructura sintáctica del enunciado, la organización de los elementos del mensaje, la actitud del hablante, el valor informativo de las unidades del mensaje, la realización de acentos enfáticos y no enfáticos, la edad, el sexo, las características individuales del hablante, sus características socioculturales, sus características dialectales, etcétera. Todo ello explica el problema de establecer recurrencias formales claras en la entonación en cuanto a los valores específicos que puedan desempeñar la inflexión final del contorno (descendente, ascendente o suspensiva), el pretonema (componente inicial de la curva melódica), el registro tonal (más alto o más bajo, en función de la intencionalidad comunicativa del hablante) o la gama tonal [→ § 1.5.5]. Buen ejemplo de esta dificultad son los diversos valores que presenta Gil (2007, 390–96) para tales parámetros: la inflexión final descendente, por ejemplo, puede aparecer en enunciados finales concluyentes, en todas las unidades internas de una enumeración (y también en la unidad final, si no va situada en la rama tensiva del enunciado), en los vocativos, en ciertos tipos de incisos parentéticos (situados en la rama distensiva), en algunos enunciados interrogativos pronominales, en preguntas eco (repetitivas o confirmativas), en la interrogación aseverativa o imperativa, en los imperativos, en ruegos insistentes, en ciertos tipos de exclamaciones, etcétera (Gil 2007, 390–92).

La FMP se manifiesta, pues, en registros más cuidados, tales como la lectura de textos escritos, discursos o conferencias y, en general, en cualquier manifestación oral en la que la relación entre el hablante y el oyente sea o tienda a ser de carácter formal; no parece tan constante su participación en situaciones informales de discurso como la conversación coloquial, aunque no por ello sea desconocida en este ámbito. Entre las formas más habituales de la FMP destacan la entonación enunciativa o declarativa, la interrogativa y la volitiva. Sobre sus características fonéticas ya se ha hablado en esta misma obra en el § 27.2, mientras que sus rasgos fonológicos fundamentales han sido comentados en los § 28.3.1, 28.3.2 y 28.3.3, respectivamente, de modo que no se insistirá en ello en este momento.

Por lo que respecta a la FMS, su cometido fundamental en el nivel monológico es generar infinidad de matices semánticos alterando de formas diversas las curvas melódicas neutras. También las expresiones exclamativas participan de esta FMS; la conversación espontánea, por su naturaleza, constituye una forma de discurso con altos niveles de rendimiento para la FMS. Efectivamente, ya Navarro Tomás (1944) hacía mención a estos múltiples usos expresivos, cuando advertía que

> En la expresión y en la percepción, a los tonos agudos y graves se asocian respectivamente aquellos sentimientos que representan mayor o menor energía en las reacciones del ánimo y en el esfuerzo vital. El tono agudo se presta a la evocación de todo aquello que se considera o siente como fuerte, alegre, vivo o claro, y el tono grave a la de las ideas y emociones de carácter oscuro, flojo, triste o pesado (19–20),

concluyendo que «las inflexiones del tono, combinadas con las modificaciones del acento y de la cantidad, reflejan todos los matices del sentimiento dentro de la infinita gama emocional» (20).

Entre las variantes expresivas de la entonación aseverativa, Navarro Tomás (1944) destacó la aseveración categórica (delimitada por un tonema descendente muy marcado, de ultracadencia), la dubitativa (rematada por un tonema de cadencia-semicadencia) o la insinuativa (que suele acabar con una breve inflexión ascendente en semianticadencia). Por otro lado, en la conversación coloquial, por interferencia de la función demarcativa (sintagmática) con la FMS (paradigmática) puede producirse una entonación elevada al final del enunciado, por encima del rango tonal [→ § 27.6] del hablante, para expresar énfasis (afirmación enfática, énfasis con valor de ironía, énfasis expresivo, negación enfática, refuerzo enfático, etcétera), exclamación (expresión de desagrado, apoyo de una afirmación anterior, intención humorística), o valores imperativos (mandato enfático, mandato de insistencia…).

A continuación, se muestran algunos ejemplos; como referencia de comparación, se indica en los casos pertinentes (al igual que en otros ejemplos sucesivos a lo largo de este capítulo) el valor en hercios de la f_0 final del grupo de entonación afectado, así como la duración de la pausa en segundos (en cifra numérica entre paréntesis, al final del grupo de entonación).

(29)   C: no/ solamente hay seis aparatos (0,8) no tenemos todos/ o sea sólo→ (0,8) no tenemos/ los que tenemos ventana↑ porque recogemos nosotros [la señal↑]

B: [la señal]

A: ah↓ claro (0,6)

C: *y entonces ↑ ellos la reciben a través del del teléfono ↓181* (f_0 final elevada en el rango tonal de C: *afirmación enfática*)

(30) C: aah o sea que [estáis=]

B: [pues-]

C: = igual 177,1

B: sí↓ 110 121,7 siempre 113,7 §

C: § (( ))

A: *sí↓ 222,5* (f_0 final elevada en el rango tonal de A: *reforzamiento de una afirmación anterior*) *ya ves*

(31) B: 139 pero es que las que hacen↑ 152,6 146,5 son todas iguales↓ 106,4 122,3 todas las películas 108

A: yo no- [(( ))]

B: [acoso↑] (0,4)

A: ah↓ 187,4 200,2 por favor 182,6

B: 172 están haciendo dos o tres↑ 166,3 154,9 que son iguales↓ 94,6 105,5 de acosos↓ 101,8 112,8 y cosas de esas 81 (0,75) 133,2 de sex- 133,2 vamos↓ 97,3 121 sexuales↓ 97,3 137,1 todas 94,7 (0,45)

A: *226 no llegan ni a eso ↓ 231,7 (0,82)* (f_0 final elevada en el rango tonal de A, seguida de pausa: *refutación enfática*)

(32) B: y entonces↑ 169,6 claro↓ 118,7 lógico 111,8 (0,24) claro 98,9 (0,66) y entonces 154,2 ¿qué estás haciendo? 91,5 (0,6) eee 119,4 (0,47) ¿en qué curso estás ahora? 104,5

A: en primero 260,1 (0,55)

B: ¿en primero? 115,5

A: *215,3 y sin profesor ↓284,5 (1,29)* (f_0 final elevada en el rango tonal de A, seguida de pausa: *desagrado*)

(33) A: *lo vi en un anuncio que decía→ era una mosca ↑ (0,69) como una croqueta ↓302,6* (f_0 final elevada en el rango tonal de A: *intención humorística*)

(34) A: *no me llame más ↓ 258,7* (f_0 final elevada en el rango tonal de A: *mandato enfático*)

(35) A: *quédate ↓ 305.3* (f_0 final elevada en el rango tonal de A: *mandato de insistencia*)

Otra posibilidad añadida, entre las múltiples funciones de esta f_0 final elevada, que sobrepasa el rango tonal del hablante, es la función pragmática de 'refuerzo del YO emisor', como en (36).

(36) A: *yo quiero uno portátil para llevarlo yo (0,48)* **sobre mí↓226,5** *(1,15)* (f_0 final elevada en el rango tonal de A, seguida de pausa: *refuerzo del YO*)

En determinadas circunstancias, incluso, la situación comunicativa hace emerger comportamientos prosódicos particulares en estructuras aparentemente aseverativas, dando lugar a entonaciones estereotipadas (a modo de clichés melódicos). Así, para presentar excusas, puede aparecer un tonema final ascendente en el enunciado aseverativo afectado, como en (37) al final de la segunda intervención de B.

(37) B: 123,5 y otro↓ 134,3 129,4 no me acuerdo el otro 94,1 (0,56) [y-]

A: [250,9 sería] Joseluis^ López Vázquez^ 275,9 [129,3 o alguno de esos 121,3]

B: *[138,4 noo no no]* no ERA José Luis López Vázquez↓ 113,6 no↓ *era otro ↑ 132 137,3 que no me acuerdo ↑ 150,3 (0,64)*

Algo similar, prosódicamente hablando, sucede al formular sugerencias (↑, en lugar de↓ al final del enunciado aseverativo), como ocurre en (38) y en (39).

(38)   B: *si te quieres quedar y charrar y eso* ↑ *169,3*

(39)   B: *pero→ cierra la puerta un poquitín si acaso* ↑ *147,2*

La naturaleza del fragmento discursivo afectado por la presencia de este rasgo entonativo (tonema final no descendente en un enunciado aseverativo) condiciona igualmente la elevación de la f_0 al final de la emisión. Es bastante frecuente que ocurra esto en situaciones discursivas de relato, a modo de recurso apelativo (del hablante hacia el oyente) o simplemente como mecanismo expresivo (intervención de A en 40 o de C en 41).

(40)   B: claro↓ no↓ eso está claro (0,22) ¿y esa teoría↑ cómo se explica↑?
       A: *eso*↑ *en un libro*↑ *ee sobre la historia de la filosofía griega* ↑ *215,3 (0,5)*

(41)   C: *con decirte→ (0,16) que cuando- no había ningún problema de espacio (0,5) porque→ en medio→ tenías un despacho*↑ *(1) Antonio tenía el suyo* ↑ *325,2*

Otras variantes expresivas vinculadas a la FMS corresponden en la conversación a algunos enunciados aseverativos (semánticamente completos) delimitados por tonema no descendente, construcciones suspendidas o enunciados aseverativos discontinuos; se trata en todos los casos de secuencias caracterizadas por la ausencia de rama distensiva, configuradoras de estructuras gramaticales 'incompletas' (al menos desde el rigor de la sintaxis al uso). Tales secuencias, no obstante, constituyen verdaderos enunciados (o actos), esto es, su sentido y su intención comunicativa son evidentes, ya que, o bien resultan inferibles por el oyente a partir del contexto compartido con su interlocutor, o bien el fragmento ausente forma parte de un fondo presuposicional general. Tal es el caso de la intervención de A en (42).

(42)   B: es que el hombre que lo hace un- unaa
       A: *una labia*↑ *116,8* (0,6) [con gran capacidad de diálogo, de convicción]

Las variantes expresivas de la entonación interrogativa parecen ser las más abundantes. Navarro Tomás (1944) destacaba entre ellas los casos de la pregunta restrictiva, la aseverativa, la reiterativa, la exclamativa o el paréntesis interrogativo.

Así, en la pregunta restrictiva (Navarro Tomás 1944, 148–50) la intención interrogativa recae principalmente sobre un elemento de la frase. En este caso se articula una inflexión circunfleja sobre el vocablo objeto de interrogación, y el cuerpo entonativo experimenta un movimiento descendente desde un nivel alto. En la pregunta aseverativa (Navarro Tomás 1944, 151–53) la interrogación se inclina hacia la aseveración; se produce así un descenso de la f_0 al final de la frase (en semicadencia o cadencia), y el cuerpo melódico presenta una altura inicial superior al nivel normal de la entonación aseverativa.

En el caso de la pregunta reiterativa (Navarro Tomás 1944, 157–60) el hablante insiste sobre lo que acaba de oír o de decir. Se mantiene la entonación en un nivel más alto de lo normal, sobre todo sobre las sílabas acentuadas, que muestran cierta progresión ascendente. El movimiento de la f_0 termina con inflexión aguda. Por lo demás, el cuerpo del grupo no desciende, sino que se mantiene en un nivel relativamente alto.

La pregunta exclamativa (Navarro Tomás 1944, 160–65) puede expresarse mediante distintas formas melódicas, según el carácter y la proporción de los elementos lógico-emocionales. En todo caso, la falta de certidumbre respecto del hecho del que se habla distingue la pregunta exclamativa de la mera exclamación. En general, en esta variante se amplifican notablemente las proporciones habituales de las formas interrogativas no marcadas: son más agudos o más graves los tonos e intervalos que normalmente corresponden a los diversos tipos de interrogativas (absoluta, relativa, restrictiva, aseverativa, pronominal, reiterativa...). Por otra parte, en la pregunta exclamativa desciende el nivel de la línea melódica y se refuerza la tensión articulatoria de los sonidos.

En otros casos, en fin, se articula un paréntesis interrogativo (Navarro Tomás 1944, 174–75), es decir, una pregunta dentro de una oración enunciativa, con un tono relativamente alto y una línea musical algo más elevada que la del resto del constituyente enunciativo.

Al margen de las variantes mencionadas, en los enunciados interrogativos absolutos la interferencia de la función demarcativa (sintagmática) y de la FMS (paradigmática) puede desencadenar valores atenuantes (corteses), como en la intervención de B en (43), mientras que por interferencia de la función demarcativa (sintagmática) y de la función fática (sintagmática) la interrogación puede continuar o completar un enunciado anterior, como en la intervención de B en (44).

(43)   A: siempre tienes→ (0,5) 227 laa la desviación profesional↑ 244,8 225 la enfermedad profesional↑ 322,1 (0,2)
       B: ¿134,7 el qué? 100,5 *¿138,2 lo de ser filólogo^113,6? (0,1)* (f_0 inferior a la normal en una interrogativa absoluta, seguida de pausa: interrogación con matiz de atenuación)
       A: 217,2 de observar↑ 225,5 210,7 a los demás↑ 201,4 (0,17) 194,7 y ahora↑ 297,2 209,4 es- sentirse observado ess 256,1 (0,2) una sensación extraña↓ 216,7 (0,2)

(44)   A: sí↓ 123,5 ahora lle- ahora llegará↓ 174,7 163,5 no- bueno ella↑ 255,4 (0,89) 257,4 una de sus principales características↑ 220,5 246,6 aparte de su encanto y belleza^ 201,8
       B: *127 ¿la falta de puntualidad↓118,8?* (f_0 inferior a la normal en la interrogativa absoluta: valor fático-continuativo)

La FMS puede materializarse también como elevación ostensible del nivel tonal final de la interrogativa absoluta, en los casos de interrogación enfática de (45) o admirativa de (46).

(45)   A: *lo que te iba diciendo↓ le preguntó→ (0,8) ¿se ha comprado usted muchos trajes↑últimamente↑407,3?*
       (f_0 elevada en alto grado respecto del rango tonal de A: interrogación enfática)

(46)   A: probablemente sean todavía más caros (0,57)
       B: *¿sí↑195,5?* (f_0 elevada en alto grado respecto del rango tonal de B: interrogación admirativa)
       C: *¿seguro↑186,7?* (f_0 elevada en alto grado respecto del rango tonal de C: interrogación admirativa)

También en enunciados interrogativos parciales (o pronominales) la interferencia de la función demarcativa (sintagmática) y la FMS (paradigmática) genera entonaciones peculiares como la interrogación de extrañeza de (47) o la interrogación exclamativa de (48).

(47)   C: *¿pero por qué no suena↓ 215,3? (0,6)* (f_0 elevada en alto grado respecto del rango tonal de C: interrogación de extrañeza)

(48)   A: *¿quién manda↓ 250?* (f_0 elevada en alto grado respecto del rango tonal de A: interrogación exclamativa)

No faltan, por lo demás, ejemplos de contornos entonativos interrogativos asociados a intenciones pragmáticas específicas, como la interrogación absoluta con tonema descendente, de solicitud de confirmación, en la segunda intervención de A en (49):

(49)   B: claro↓ 103,6 (0,6) 125,4 responsables y todo eso↑ 136,5 114,2
       B: quiero decir 107,2§
       A: § ah 102 bueno 189,6 (1,2)
       B: entonces 150,5 tú no- (( ))§
       A: § *¿139,4 les parece poco serio↓ 331,7? (0,3)*

o la interrogación parcial con tonema ascendente, de extrañeza-incredulidad en (50), o pregunta-eco, en la intervención de B en (51):

(50)   B: *¿y esa teoría↑ cómo se explica↑111,3?* (interrogación de extrañeza-incredulidad)

(51) A: Luchiano dii Creschento^ o algo así↓ que me perdonen el italiano porque no sé (0,3)
B: *¿di qué↑198,6? (0,3)* (pregunta-eco)

o la interrogación disyuntiva expresiva, truncada en (52), o elíptica en (53):

(52) B: *¿y de dónde e- dee e- de Albacete↑ me dijiste↑ oo?* (interrogación disyuntiva truncada)

(53) A: *¿y Alonso va a venir al final o no 190,7? (0,24)* (interrogación disyuntiva elíptica)

Hay, en fin, rupturas melódicas derivadas del carácter inmediato del discurso; el *aquí*, el *ahora*, la premura de tiempo, la necesidad de expresar con rapidez el pensamiento y plasmarlo al instante, condicionan la existencia de anacolutos suprasegmentales: ciertos enunciados comienzan siendo interrogativos y finalizan de forma aseverativa. Las razones de la ruptura melódica son diversas, desde la velocidad de elocución hasta la propia extensión de la emisión, pasando por múltiples factores subjetivos que dirigen la actuación lingüística del hablante, como en (54) y en (55).

(54) A:¿tú sabes que- por allí↑ ee por allí↑ por mi pueblo dicen que el que se CASA en verano↑ se casa dos veces↓
219,5

(55) A: pues ¿sabes quee hay→ una casaa (1,48) deee de golosinas↑ (0,6) y patatas fritas↑ y todo eso↓ que ha
sacado→ un producto que se llama finstro o fistro o yo qué sé o la cosa que dice ese hombre↓ que no sé lo
que dice 226,5

En cuanto a los esquemas expresivos de entonación imperativa o volitiva, Navarro Tomás (1944) destacaba, entre otros, el uso del mandato refrenado, el imperativo inverso, la recomendación, la exhortación, la súplica o la petición.

En el mandato refrenado (Navarro Tomás 1944, 188–91), se incrementa la tensión articulatoria de los sonidos, apoyada en la pronunciación de las consonantes, aumentándose así la duración del acento espiratorio. Las características de su curva son: entonación elevada y sostenida sobre el nivel medio desde la primera sílaba tónica, nueva elevación (hasta 7 semitonos sobre el nivel normal) sobre la última sílaba, descenso final a tono grave sobre la última sílaba tónica, si es la final, o sobre la inacentuada (o inacentuadas) siguiente (o siguientes).

El imperativo inverso (Navarro Tomás 1944, 191–93) carece de energía dinámica, y el valor literal de lo que se dice expresa lo contrario de lo que se desea. El tono se eleva más allá del nivel normal sobre la primera sílaba tónica y desciende gradualmente hasta el final de la frase (una octava aproximadamente).

En el caso de la recomendación (Navarro Tomás 1944, 193–95), se produce la elevación del tono 2 o 3 semitonos sobre el nivel normal, con retardamiento de la pronunciación. Se refuerza la claridad articulatoria y aumenta el número y duración de las pausas. El tono sube sobre la última sílaba tónica y desciende inmediatamente.

Si la recomendación está reforzada de tono, con giros amplios en la entonación, se trata de una nueva variante, la exhortación (Navarro Tomás 1944, 195–96). Se inicia con un tono grave y se produce una elevación gradual posterior. El final presenta modulación circunfleja.

En la súplica (Navarro Tomás 1944, 205–6), aumenta la duración de la última sílaba acentuada y se alarga la sílaba átona posterior a esta. En la petición, en fin, se acorta el descenso de la cadencia final y se elevan las sílabas tónicas sobre las sílabas iniciales (Navarro Tomás 1944, 206–9).

La expresión exclamativa, por su parte, no tiene exigencias gramaticales específicas que la distingan; cualquier emisión puede ser exclamativa. Presenta con frecuencia pronombres o adverbios interrogativo-exclamativos al inicio de la oración que se realizan habitualmente con énfasis sobre la sílaba tónica. Todas las exclamativas implican la expresión de un grado elevado, sea del orden de la cualidad, sea del orden de la cantidad.

Entre los tipos principales de exclamativas destacan, de acuerdo con González Calvo (1986, 1987):

• Estructuras exclamativas introducidas por elementos exclamativos: carecen de indicadores de grado superlativo
(muy, muchísimo), pero poseen indicadores sintácticos que aparecen también en contextos no exclamativos: *qué,
cuánto, cómo* y, en menor medida, *dónde* (González Calvo 1986, 149–53, 1987, 101–14).

- Estructuras exclamativas con ausencia de proposición subordinada: en los períodos comparativos y en los consecutivos de intensidad, la cláusula comparativa o consecutiva puede omitirse, permaneciendo la principal con el elemento correlativo intensivo *(más, menos, tan, tanto, tal, cada, un, de)*, con una curva melódica suspendida o semiascendente. Se trata de una estructura exclamativa configurada por el contexto y la entonación (González Calvo 1987, 114–17), como la que se ejemplifica en (56).

(56)   ¡Te he echado tanto de menos…!

Si falta el elemento intensivo es menos frecuente la formación de exclamativas truncadas. Si se trata de frases hechas el problema es menor, según se muestra en (57).

(57)   ¡Hoy las ciencias adelantan…!

- Estructuras exclamativas sin miembro principal: un elemento oracional puede quedar ponderado superlativamente por el contexto y la entonación, no siendo necesario el resto de la frase. Esto ocurre, por ejemplo, en las oraciones exclamativas reflejas; la oración se apoya en las palabras oídas, como un eco (González Calvo 1987, 117–26), tal y como ocurre en el caso de (58).

(58)   A: Me han tocado dos mil euros en las quinielas
       B: ¡Dos mil euros! ¡Enhorabuena!

- Las locuciones enfáticas o interjecciones como *caray, oh, ah, hay que ver, no veas, desde luego, madre mía, bendito sea Dios,* etcétera, pueden funcionar independientemente con entonación exclamativa; en realidad, cualquier palabra o forma simple puede adquirir una melodía exclamativa en el discurso conversacional.
- Estructuras exclamativas indirectas: se suelen confundir con las interrogativas indirectas. Las exclamativas indirectas no indican incertidumbre, sino que son estructuras factivas. Tienen necesariamente un valor extremo, positivo o negativo. Su interpretación como interrogativas o como exclamativas depende del contexto en el que ocurran (González Calvo 1987, 126–29), como sucede con el enunciado de (59).

(59)   ¡No sé quién ha sido el estúpido que ha llamado por teléfono!

- Preguntas retóricas con implicatura exclamativa: no requieren respuesta, puesto que el hablante no está solicitando información. Son preguntas, pero no hay intención de preguntar. En ocasiones, la aseveración de uno de los hablantes adopta en el otro la forma de una interrogación o exclamación ficticia (González Calvo 1987, 129–31), según ilustra la pregunta de (60).

(60)   ¿Has visto qué tirados de precio están los zapatos en esa tienda?

Caracterizar la entonación exclamativa en la conversación es, no obstante, tarea pendiente entre los especialistas; únicamente Navarro Tomás (1944) describe exhaustivamente este patrón, sobre el que deben todavía esperarse más aportaciones. En todo caso, destaca este autor tres formas fundamentales: la «exclamación descendente» (Navarro Tomás 1944, 242–45), la «exclamación ascendente» (Navarro Tomás 1944, 245–47) y la «exclamación ondulada» (Navarro Tomás 1944, 248). La cuestión es que la entonación exclamativa se adentra en muchos casos en el ámbito de la expresión de emociones, sentimientos o afectos del ánimo, lo que supone un uso frecuente de líneas melódicas ascendentes, descendentes y circunflejas, en lugar de las horizontales propias de la enunciación. La sistematización de los recursos entonativos en este campo representa, sin embargo, una tarea harto dificultosa, especialmente en el ámbito del discurso conversacional.

32.3.2 Nivel dialógico. Entonación y construcción interactiva del discurso

En el habla cotidiana, el objetivo primordial es la comunicación: la entonación guía al oyente a la hora de localizar dónde se sitúa la información más relevante, porque lo que interesa principalmente es hacer transparente la estructura informativa por encima de la estructura gramatical. En tal caso, enunciados como los de (61) o (62)

(61) El perro ve la comida↑/ y se vuelve loco↓

(62) Tan joven↑/ y ya le gusta pintarse↓

no expresan relaciones sintáctico-gramaticales de condicionalidad (*El perro ve la comida / y se vuelve loco* ≠ 'Si el perro ve la comida se vuelve loco') ni concesividad (*Tan joven / y ya le gusta pintarse* ≠ 'Aunque es joven, ya le gusta pintarse'), sino que manifiestan interrelación entre sus miembros, mediante un conector inespecífico *(y)* y una curva entonativa especial, esto es, una anticadencia marcada en la rama tensiva (primer miembro) y una cadencia en la rama distensiva (segundo miembro). Como se muestra en (63), la curva entonativa contribuye a resaltar los elementos tematizados, sirviendo como vehículo de una sintaxis parcelada, especialmente útil para una comunicación dinámica.

(63) Allí↑ la gente↑ / ¿qué son↓?/¿gente del campo todos↑?

En otras ocasiones, la entonación contribuye a dar un sentido especial a relaciones que desde un punto de vista estrictamente sintáctico ofrecerían otro tipo de lectura. Es el caso de (64),

(64) Si tú estás flaco↑/ yo estoy hecho un fideo↓

donde no existe relación de condicionalidad, sino un contraste de información expresado prosódicamente por el esquema reproducido en (65).

(65) Si tú estás flaco yo estoy hecho un fideo

Sirvan estas notas previas para dar una idea general del funcionamiento específico de la entonación en la conversación, resultado del comportamiento cooperativo de dos o más interlocutores, es decir, de la construcción interactiva del discurso, aspecto sobre el que se tratará a continuación: se estudiarán en primer lugar las funciones dialógicas sintagmáticas, para revisar después algunos aspectos relativos a las funciones dialógicas paradigmáticas.

Un primer elemento asociado a las funciones dialógicas sintagmáticas de la entonación es la presentación de información como mecanismo de índole colaborativa. Efectivamente, la inmediatez de la conversación obliga a los hablantes a avisar constantemente de los cambios temáticos, marcando la transición de una unidad conceptual a otra, de una idea a otra, o incluso de un bloque temático a otro distinto. Dichas marcas son en muchos casos de índole prosódica; el oyente debe ir interpretando las señales lanzadas por el hablante, de modo que «si la interacción funciona, las inferencias y las anticipaciones del oyente facilitan el desarrollo del discurso del hablante y potencian el intercambio interactivo produciendo una comunicación satisfactoria y eficaz» (Vázquez López 2002, 99). La entonación contribuye así a manifestar la organización informativa del discurso, resaltando el foco informativo y poniendo de relieve el contraste entre la información nueva y la información ya conocida por el oyente. Los mecanismos prosódicos utilizados a tal fin conjugan su participación con otras herramientas segmentales o gramaticales como el orden de palabras.

Esta faceta funcional de la entonación (función integradora) permite la delimitación del material lingüístico en varios niveles textuales, desde el enunciado (acto) al discurso en su conjunto. A su estudio corresponde la llamada Perspectiva Funcional de la Oración (en inglés, *Functional Sentence Perspective*, FSP) desarrollada, en lo que atañe a su componente prosódico, por Daneš (1960, 1972). Sobre estas cuestiones se ha tratado previamente en el § 30.4.3, de modo que se remite al lector a dicho epígrafe para el desarrollo del asunto.

Queda pendiente, no obstante, considerar los problemas evidentes que plantea la prosodia para su regularización desde la propia FSP. Así, considerando 'orden lineal' y 'entonación' como dos tipos de rasgos señalizadores de la estructura informativa, existe una notable ambigüedad en cuanto al protagonismo de cada uno, de sus prioridades y de sus posibles neutralizaciones, lo que conduce inexorablemente a la necesidad de establecer con claridad cuál es la marca más adecuada en cada caso y cuándo prevalece una sobre otra (Jiménez Juliá 1986, 46).

Por lo que respecta a la conversación, en muchas ocasiones el hablante, en el curso de su emisión, escinde ciertos fragmentos cuyo estatuto jerárquico plantea dudas sobre su segmentación; es el caso de los fenómenos de dislocación o de topicalización.

En general, de acuerdo con Padilla (2005), la dislocación, sea a la izquierda o a la derecha, es una estructura con los rasgos [+clítico referencial], [+se mueve un Objeto Directo/Objeto Indirecto], [−se mueve un elemento distinto de Objeto Directo/Objeto Indirecto]. En la topicalización, en cambio, se cumplen los rasgos [−clítico referencial], [−se mueve un Objeto Directo/Objeto Indirecto], [+se mueve un elemento distinto de Objeto]. El caso de las dislocaciones es bastante claro, ya que su vinculación sintáctica con el resto del acto (o construcción sintáctica en curso) impide que puedan considerarse como acto independiente, según se aprecia en el ejemplo (66).

(66) A: síi/ echa/ **este tronco** lo mandamos a tomar por culo

También la topicalización debe considerarse como parte integrante del acto. Así pues, en líneas generales, los elementos topicalizados o dislocados (a la derecha o a la izquierda) no deben interpretarse nunca como actos, sino, en su caso, como subactos.

Por lo que respecta a las topicalizaciones a la izquierda, cuando van disociadas de la curva principal se observa un comportamiento particular (Hidalgo y Padilla 2006, 130–31):

- Por lo general, en la conversación coloquial no se dan pausas silenciosas delimitando la topicalización.
- Existe una tendencia manifiesta a enfatizar prosódicamente el tonema final del grupo topicalizado, ya que en muchos casos el valor final de la f_0 alcanza o supera el promedio tonal del hablante. Estos valores de f_0 indican cierto grado de insistencia sobre lo dicho, teniendo en cuenta, además, que al elevar el tono el hablante rompe el desarrollo prosódico normal de la curva entonativa, favoreciendo así la ruptura de la estructura prosódica en curso, según ilustran los ejemplos de (67) y (68).

(67) B: 117,7 **una cafetera**↑ **128,9** 121,7 siempre viene bien 125,2 (1,4)

(68) A: 203,5 **ell auto**↑ **230,1** no recuerdo ahora mismo cómo se llama→ 182

Estos hechos significan que, efectivamente, las topicalizaciones a la izquierda incorporan suficientes recursos prosódicos, y lo suficientemente relevantes desde el punto de vista funcional, como para formar grupos de entonación independientes. A ello se añade que se trata de grupos de entonación informativamente sustanciales (es decir, aportan un realce semántico-pragmático sobre ciertas partes del acto, disociándolas del resto del acto y otorgándoles una posición inicial de privilegio). En este sentido, el ascenso entonativo final, así como el tono elevado sobre la línea melódica en curso, y en relación con el segmento discursivo siguiente, hace que estos segmentos se interpreten como señales anticipadoras de algo. En realidad, en las topicalizaciones a la izquierda el tonema ascendente representa una ruptura con respecto a la curva melódica general, lo que le confiere su especial carácter enfático.

Las topicalizaciones a la derecha, por su parte, no parecen tan frecuentes en la conversación como las topicalizaciones a la izquierda, quizás porque resulten menos eficaces como recurso enfático. Sus características prosódicas más habituales son (Hidalgo y Padilla 2006, 131–32):

- No suele producirse pausa silenciosa entre el segmento previo y la topicalización a la derecha.
- Por su ubicación entre dos tonemas demarcativos (el precedente y el final), constituyen un grupo de entonación independiente, si bien, por su posición (final), se integran cómodamente en el curso melódico general de la curva principal (es decir, presentan tonema descendente cuando la curva es aseverativa, y tonema ascendente si la curva principal es interrogativa o inacabada, como por ejemplo en los actos suspendidos).
- Tanto informativa como prosódicamente pueden considerarse como subactos independientes, ya que configuran un grupo de entonación individual con valor informativo efectivo (esto es, aportan información adicional o suplementaria a lo comunicado previamente en el discurso).
- Desde el punto de vista de su relación prosódica con el segmento previo, configuran 'segmentos señalados', es decir, determinan el final del acto y constituyen subactos relacionados con el segmento inmediatamente precedente. Véanse los ejemplos de (69) y (70).

(69) A: 205,5 o sea yo he vivido allí hasta los dieciocho años en el pueblo/211,2 196,7 **en Las Pedroñeras**↓187,4

(70)   B: 126 se llama↑142,3 (0,4) ¿126,7 Madrigueras↑ 149,1 123,7 **el pueblo**↑ 141,1?

Caso distinto es el de las focalizaciones (véase al respecto lo indicado en el § 30.5 y el § 30.6 de la presente obra), fenómenos de énfasis prosódico-entonativo menos 'regularizados'; su papel en la microestructura discursiva es escasamente relevante desde el punto de vista demarcativo. Su variedad formal, derivada de la intencionalidad específica del hablante, ofrece gran diversidad de elementos focalizados (sílaba, conjunto de sílabas o sonidos, palabra, conjunto de palabras, subacto, acto, e incluso toda una intervención o conjunto de intervenciones, a nivel dialógico) como se muestra en (71) y en (72).

(71)   A: por ejemplo↑ 211,6 272,9 una cafetera↓ 183,7 (0,2)
       B: estábamos hablando de **PONER UNA CAFETERA**
       A: 180,3 es que↑ 336,1 304,4 en las máquinas esas hacen un café horrible 279,7 (0,7)

(72)   A: 153,5 **NO ESTOY HABLANDO** de una cafetera es**PRÉS**↓292,8 de las del bar 203,9

Es menos predecible su capacidad para conformar subactos, y su presencia depende solo del deseo específico del hablante. Su función en la conversación no es organizar estructuralmente la intervención, sino realzar ostensiblemente un determinado segmento de discurso —véase el ejemplo (73)— según las necesidades situacionales: su valor es netamente pragmático y su función más razonable es la de intensificación, como se verá más adelante al revisar las relaciones entre entonación y (des)cortesía en el marco de las funciones dialógicas paradigmáticas de la entonación.

(73)   B: sí sí/ claro 120 (0,5) [supermorena]
       A: [soy-] 236,1 soy **BLAANCA COMO LA NIEVE**↓ 243,6

Además de desempeñar este papel informativo, en el ámbito dialógico la entonación funciona con igual o mayor actividad segmentando y organizando la conversación, y regulando la sucesión de turnos de habla en colaboración con otros recursos prosódicos como la cualidad de voz, los ajustes articulatorios, la velocidad de elocución, etcétera.

La distribución de los turnos obedece en realidad a reglas muy generales (Sacks, Schegloff y Jefferson 1974) y a señales específicas que regulan el acceso a la palabra y que pueden aparecer tanto al final de una intervención como durante su emisión (Auer 1996; Duncan 1972). Para evitar en lo posible la perturbación del desarrollo conversacional, conviene que tales índices coincidan con las partes finales de cada turno o 'lugares de transición pertinente'. La sucesión de hablantes en la conversación depende, pues, del necesario reconocimiento de estos lugares de transición pertinente por parte del oyente. En esta situación, los rasgos suprasegmentales funcionan como guías de la construcción del turno: ayudan al oyente a reconocer posibles lugares de transición pertinente, tanto en el interior como al final de cada turno (Gallardo-Paúls 1996, 78–79; Kotschi 1996, 189).

Puede comprobarse así que existen recurrencias prosódicas capaces de establecer límites potenciales de turno, organizando a la vez la alternancia de las intervenciones, tanto en los casos de sucesión fluida de hablantes como en situaciones de habla simultánea. Claro está que en el desarrollo de esta capacidad la prosodia no actúa aisladamente, sino acompañada de otros elementos, por lo que resulta imprescindible contextualizar de forma precisa su empleo en cada caso concreto.

En la sucesión fluida de turnos no se plantean problemas: basta con que se identifique un lugar de transición pertinente y que este coincida con el límite de un turno articulado por el hablante (en los ejemplos que siguen A = hablante), para que el oyente (en los ejemplos que siguen B = oyente) tenga abierto el camino de su intervención. Esto ocurre, por ejemplo, cuando el final de un enunciado aseverativo se articula con tonema descendente, un nivel tonal bajo (en el rango tonal de hablante) y, potestativamente, con un silencio-pausa demarcativo, como en (74).

(74)   A: porque ya comentándolo p'allá↑ le dije- digo *mira* digo *qué reloj m'he encontrao*↓ di(go) *¡madre mía!*
       d'algún trasto **será**↓
       B: sí↓ yooo hoombre↓ yo pienso en principio si sería de oro [RB37B1, Líneas 50–52]

Sin embargo, la participación de señales externas (lingüísticas, paralingüísticas o cinésicas) y de reglas de alternancia que aseguren la sucesión de los turnos de habla, sin vacíos ni superposiciones, representa una situación ideal; la realidad es que en la conversación son muy habituales las situaciones contingentes que divergen de las anteriores. Es el caso del habla simultánea.

Cuando ningún interlocutor está claramente designado por el hablante, se origina una competencia entre los sucesores potenciales (incluido el propio hablante), de modo que cada uno de ellos puede desarrollar su intención de tomar (o mantener) la palabra en el primer lugar de transición pertinente reconocible. Tales perturbaciones conducen a solapamientos que pueden derivar en superposiciones o interrupciones.

La superposición constituye un caso de simultaneidad de habla de corta duración, generalmente sobre las últimas sílabas del enunciado del hablante, un error de reglamentación de la alternancia que, sin embargo, no se percibe como una infracción; no perturba realmente la comunicación porque es demasiado breve. En la medida en que afecta al final de un turno de habla, se produce generalmente sobre expresiones fáticas o sobre las últimas sílabas, es decir, sobre elementos que funcionan como señales de parada, desprovistos de valor semántico propio.

Lo normal en las superposiciones de habla no competitivas es que el oyente tome la palabra cuando percibe alguna marca prosódica o algún índice sintáctico de finalización (real o virtual) del turno por parte del hablante (un lugar de transición pertinente). Marcas prosódicas frecuentes indicativas de ello son la mayor aceleración elocutiva en el segmento previo al habla simultánea, y ciertos índices entonativos de límite (tonema descendente, seguido o no de pausa). Por su parte, los valores medios de la f_0 antes y durante la superposición suelen ser similares o bien experimentar un leve incremento durante la superposición, aunque siempre sin 'excesos' prosódicos, eludiendo la lucha competitiva por el turno de habla. Con relación al valor medio de la amplitud [→ § 1.8, § 1.8.2], antes y durante la superposición, este suele mantenerse equilibrado en las situaciones de habla simultánea no interruptiva (Hidalgo 1998, 226). Para ilustrar esta tendencia, en los ejemplos de superposición que siguen se indica, por orden de aparición, la duración del fragmento de habla (número de sílabas por segundo), su f_0 en hercios y su intensidad en decibelios.

(75) A: eso parece/// {EEEs que a mi marido lo han hecho fijo↓ **7,603-189-68,96**-Aseveración Completa}
     B: [{en la fábrica}]
     {**4,551-197-69,33**}
     C: [{¿SÍIII?}]¡qué BIIEEN!
     [RB37B1, Líneas 26–28] (donde A = Hablante y B/C = Oyentes)

Otras veces, la intervención simultánea del oyente no aparece a continuación de una marca de finalización de turno, ya que el hablante ha manifestado su voluntad de continuarlo mediante la emisión de alguna marca prosódica de mantenimiento, previa a la superposición (fundamentalmente, un tonema ascendente de semianticadencia, un tonema suspensivo, o bien un tonema descendente no terminal de semicadencia), si bien parece que la perceptible aceleración elocutiva del hablante durante su emisión pesa bastante sobre la impresión del oyente a la hora de identificar la posición del hablante como lugar de transición pertinente. Estos casos suelen ir acompañados de una elevación importante de la f_0 durante la emisión superpuesta, como advertencia del hablante hacia el oyente para que abandone lo antes posible un turno que todavía no se le ha cedido. Puesto que lo deseable es el avance fluido de la conversación, el oyente aceptará generalmente su posición de transgresor ocasional y abandonará el turno rápidamente, de modo que no se producirá la interrupción del turno del hablante. La similitud de los promedios de intensidad antes y durante la superposición contribuye a corroborar la actitud de respeto del oyente hacia el ocupante del turno. Varias causas pueden explicar estas situaciones:

- Expansión sintáctica por parte del hablante e interpretación errónea de un lugar de transición pertinente por parte del oyente.

(76) X: ¿QUE cuándo iréis al pueblo por fin?
     A: ¿al pueblo? (a ver) mañana/ sábado/// {pero ¿cómo quiés decir↓{**6,882- 220- 71,55**- Interrogación Incompleta} de vaca [{ciones↑?}]
          {**2,926-263-68,23**}
     B: [{((¡ayyy!))}] [RB37B1, Líneas 1–4] (Donde A = hablante y B = oyente)

En (76) el oyente (B) aprovecha el tonema descendente propio de una interrogativa parcial emitido por el hablante (A). Sin embargo, el hablante introduce una expansión sintáctica en su turno. El oyente comprende que el hablante no ha terminado y cesa de inmediato su intervención.

- Propósito cooperativo del oyente, que no espera a que el hablante deje de hablar y provoca una superposición (no interruptiva).

(77)   X: parece que to(d)o nos venga rodando↓ (RISAS)
   A: {sí↓ no↓ desde luego habéis tenido}{**4,886- 195,5-70,75**-Aseveración incompleta}
    [{una suerte↑}]
   {2,766-257-68,61}
   B: [{por eso tu marido ha dicho *no lo vendáis*}] porque→ ha sido un golpe de suerte [RB37B1,
   Líneas 39–43] (Donde A = hablante y B = oyente)

En (77) la intervención del oyente (B) está vinculada desde un punto de vista semántico con la previa de X y no con la del hablante (A). El sentimiento de haber interrumpido al hablante hace que el oyente concluya su intervención recogiendo, cooperativamente, el contenido semántico de la intervención previa del hablante (A).

- Emisión fática de apoyo por parte del oyente.

(78)   A: {no no↓ si dijo que en seguida↓ dice→} {**5,281-222-69,226**- Aseveración Incompleta}
   [{*si los quiere*}=]
    {2,154/237,5/69,33}
   B: [{((pos claro))}]
   A: = *ahora↑ usted en seguida↑*[RB37B1, Líneas 165–167] (Donde A = hablante y B = oyente)

En (78) el oyente (B) aprovecha una marca de continuidad del hablante (→), pero en realidad su intervención carece de valor informativo. Representa simplemente una emisión fática de apoyo a la intervención previa del hablante (A), de ahí la brevedad de este proceso de habla simultánea.

Otras superposiciones no interruptivas se producen sin presencia de un lugar de transición pertinente, es decir, tras la emisión de alguna marca de continuidad de turno por parte del hablante. Pues bien, desde el punto de vista suprasegmental estos casos no comparten rasgos con los anteriores, ni en cuanto a la relación de la velocidad de elocución antes y durante la superposición ni en lo que respecta a la relación entre los valores medios de la f_0 antes y durante la superposición. No pocas veces estas situaciones de habla simultánea anómalas (es decir, con marcas de continuidad tales como el equilibrio o la ralentización respecto de la velocidad de habla en el segmento previo a la superposición por parte del hablante, o bien con una f_0 media durante la superposición similar a la del segmento previo) se derivan de un fuerte deseo de cooperación comunicativa del oyente respecto al hablante. Se podría decir que el entusiasmo interactivo del interlocutor le lleva a solaparse con el dueño del turno; a veces esta superposición se explica como una especie de apoyo sintáctico a la intervención del poseedor del turno, como en (79).

(79)   A: fíjate↓ el otro día comentándolo↑ ¿eh?/ {oye↓ pues estará} {**4,304-250-70,43**-Aseveración Incompleta}
   [{contento el hombre ¿no?=}]
    {4,421-250,5-71,38}
   B: [{contento (( )) sí}]
   A: = ¡vaya tela! [RB37B1, Líneas 11–14] (Donde A = hablante y B = oyente)

En (79) el oyente (B) desarrolla una breve intervención cooperativa con el hablante (A). Su contenido informativo es nulo, y se limita a coincidir con la elección léxica *(contento)* del hablante.

No son infrecuentes, por lo demás, los casos de superposición anómala no interruptiva ocupados por una emisión fática del oyente:

(80)   A: {porque tú fíjate mi marido cuando le dijo a él} {**6,65-244,5-71,36**-Aseveración Incompleta
   [{lo que} =]
   {1,964-238-66,85}

B: [{claro}]
*A: = valía↑ el hombre en seguida contestó/ cuando ustedes lo compraron↑/ mira si sabría→/ EN TOTAL↓ que
el hombre dice mire↓ sin mirarlo↓ sin ponerle la saeta// y dice doscientas mil pesetas si quiere↑ se lo doy yo
[RB37B1, Líneas 103–107] (Donde A = hablante y B = oyente)*

Se observa, pues, que la superposición de material fónico parece orientar a los hablantes a completar la estructura sintáctica al mismo tiempo que el final del turno (Auer 1996), lo que justifica la naturaleza interactiva de la estructura conversacional: la consideración por parte del receptor (oyente) de un punto de completitud sintáctica (lugar de transición pertinente) al final o en el interior de un turno le impulsa a intervenir (habla simultánea) en busca de la necesaria relevancia remática (añadiendo así nueva información), o bien mostrando su acuerdo o su comprensión hacia el contenido proposicional de la emisión del interlocutor previo (hablante). El caso es que los intervinientes prefieren la cooperación comunicativa a la interrupción del turno de habla.

No obstante, a veces se ocasionan procesos competitivos de habla simultánea que derivan en interrupciones del turno. Así, a diferencia de la superposición, que coincide con un lugar de transición pertinente, la interrupción suele producirse en el curso inicial o en el interior de un turno (Sacks, Schegloff y Jefferson 1974). Ello provoca ciertas perturbaciones en el proceso de alternancia de turnos:

- el oyente toma la palabra sin que exista una señal de parada por parte del hablante, es decir, se produce una interrupción cuando un segundo hablante toma la palabra sin que el primero haya terminado aún su turno (Kerbrat-Orecchioni 1990, 173);
- el hablante continúa su elocución aunque previamente haya emitido alguna señal anticipadora del final del turno en curso.

La interrupción suele ir asociada a la elevación del promedio de la f_0, lo que desencadena procesos competitivos de lucha por el turno. De cualquier forma, aunque no parece existir una relación directa entre la interrupción y el dominio que el hablante ejerza o intente ejercer sobre sus interlocutores, puede afirmarse que, por lo general, aquel que eleve más su f_0 media y la amplitud global de su enunciado acabará imponiéndose a los demás (Gallardo-Paúls 1996).

(81) A: ese redondelito→§
       B: § pero son [muy pequeñiNES]
       X: [no↓ es muy bonito]§
       A: § dice→§
       B: § {y todos se meten}
             {**6,474-219,5-66,53**-Aseveración Incompleta} [{con ella (( ))}]
       A: [{dice→*este reloj*↑}] {**1,691-250-70,07**} *no lo llevará usted
       para fregar↓ ni na↓ digo qué va↓ esto es pa cuando me visto bien↓ y el hombre se puso a reír/ dice no↓ es que
       este reloj es pa vestir*
       [RB37B1, Líneas 177–185] (Donde A = hablante y B = oyente)

En (81) el hablante (A) manifiesta su voluntad firme por recuperar el turno anterior y, con este propósito, reinicia su enunciado con idéntico marcador metadiscursivo *(dice→)*. La pugna por el turno se muestra aquí a través de la elevación del promedio de la f_0 y del de la amplitud respecto de los del turno previo del oyente (250 Hz frente a 219,5 Hz y 70,07 dB frente a 66,53 dB, respectivamente).

En cuanto a las funciones dialógicas paradigmáticas, resulta bastante evidente que la entonación desarrolla un papel activo en el proceso de construcción interactiva del sentido discursivo. Como advierte Vázquez López (2002),

> de la misma manera que al producir un acto de habla, dependiendo de las restricciones impuestas por el contexto, el interlocutor y la situación comunicativa, se escoge una determinada forma lingüística, en el momento de realizar la actuación de tal forma lingüística, según los condicionantes que imponen dichas restricciones, se seleccionará una específica entonación (95).

Dicho de otro modo, el funcionamiento de la entonación (particularmente, por razones obvias, en el ámbito conversacional) es esencialmente pragmático, de manera que si la entonación no es adecuada al contexto de uso, se puede producir un trasvase de intenciones comunicativas de un contexto a otro y, por lo tanto, la descodificación del mensaje se carga de elementos ajenos que pueden interferir en la percepción del oyente, afectando a la construcción del sentido subyacente (Vázquez López 2002, 96).

En este sentido, la entonación «tiene trascendencia interactiva porque puede variar o matizar la naturaleza ilocutiva de los enunciados . . . o alterar sus efectos perlocutivos» (Gil 2007, 370), determinando la interpretación pragmática del oyente. Ahora bien, no hay en el uso conversacional un repertorio cerrado y claro de patrones melódicos pragmáticamente estables, sino que,

> como se ha señalado en varios estudios (véanse Daneš 1960; Esser 1987; H. Douglas Brown 1980; por ejemplo) probablemente lo que existe es un repertorio relativamente pequeño de recursos entonativos, cada uno con un significado semántico-pragmático muy general (intensificación, atenuación, etc.) que, combinados en un contexto de habla dado con las estructuras léxicas y con otros recursos fónicos de tipo paralingüístico . . . provocan la inferencia por parte del oyente de un inmenso número de significados y/o matices significativos (Gil 2007, 371–72).

A decir verdad, la modalidad enunciativa queda fijada por muy diversos elementos vocales. Ciertas modulaciones de la voz, por ejemplo, pueden representar valores comunicativos cotidianos, como alegría, impaciencia, enfado, tristeza, etcétera; unas veces esta variación acústica del habla se manifiesta mediante una elevación de la intensidad (por ejemplo, cuando varias personas hablan simultáneamente y una de ellas pretende ganar el turno de habla); otras, como una matización de la entonación del enunciado (empleo de niveles tonales bajos en secuencias parentéticas de aclaración); otras, como una aceleración o un retardamiento en la velocidad de elocución (que suele ser más lenta en los estilos de habla formales que en los estilos informales); otras, mediante un determinado modo de fonación (el caso del habla susurrada), etcétera.

La manifestación concreta de tales características varía de unos individuos a otros, dado que los factores que interactúan en su producción son igualmente diversos: la intensidad, el timbre, la velocidad elocutiva, la gama tonal, el ritmo, entre otros. De cualquier forma, esta variación no solo está condicionada por la idiosincrasia de los individuos, ya que los factores situacionales o comunicativos determinan también tanto el empleo de unas u otras características vocales, como su frecuencia de aparición. Obviamente, su presencia es más relevante en estilos de discurso relajados o informales, como es el caso de la conversación coloquial, donde la espontaneidad del hablante y la inmediatez del evento comunicativo favorecen que aquel recurra a sus métodos expresivos más naturales.

Además, el papel desempeñado por las funciones entonativas ya estudiadas (integradora, demarcativa, modal primaria y modal secundaria) en el nivel monológico resulta matizado y complementado en la conversación por el papel relevante de eficacia comunicativa que ejercen los llamados rasgos paralingüísticos, diferentes por su naturaleza de la entonación. Dichos rasgos son entendidos aquí como

> las cualidades no verbales de la voz y sus modificaciones y las emisiones independientes cuasiléxicas, producidas o condicionadas en las zonas comprendidas en las cavidades supraglóticas (desde los labios y orificios nasales hasta la faringe), la cavidad laríngea y las cavidades infraglóticas (pulmones y esófago) hasta los músculos abdominales, así como los silencios momentáneos, que utilizamos consciente o inconscientemente para apoyar o contradecir los signos verbales, kinésicos [*sic*], proxémicos, químicos, dérmicos y térmicos, simultáneamente o alternando con ellos, tanto en la interacción como en la no-interacción (Poyatos 1994, 28).

Naturalmente, la presencia de uno o varios rasgos paralingüísticos no excluye una determinada pertinencia melódica del enunciado; lo que ocurre es que, como se avanzó unas líneas más arriba, dicho patrón melódico se halla matizado, es decir, mediatizado, por tales rasgos. Es esclarecedora en este sentido la afirmación de que «en la vida real una frase con su entonación se 'colorea' con ciertos elementos paralingüísticos y kinésicos [*sic*] . . . sólo entonces podrá expresar muchos cambios semánticos y matices de otro modo inefables porque es entonces cuando la frase alcanza su plenitud» (Poyatos 1997, 215).

Así pues, los hablantes emplean los recursos entonativos (o los paralingüísticos) para desencadenar conscientemente múltiples efectos pragmáticos o expresivos en la comunicación. Uno de los efectos pragmáticos más habituales de la presencia de estos elementos en la conversación es la ruptura de alguna máxima conversacional (cantidad, cualidad, relación o manera, de acuerdo con Grice [1975]), como se comprueba en los casos concretos a los que a continuación se hace referencia.

La máxima de cantidad (Grice 1975, 45) impone al hablante que su contribución sea todo lo informativa que requiera el propósito del diálogo y que, además, no sea más informativa de lo necesario. Así, cuando alguien añade a su emisión alguna información consabida por su interlocutor, suele hacerlo al final de la emisión o en su interior, con una velocidad de elocución generalmente rápida, un registro tonal inferior al ordinario y una intensidad relativamente baja. Efectivamente, el hablante está trasgrediendo la máxima de cantidad, pero simultáneamente emplea en su mensaje elementos paralingüísticos y prosódicos que capacitan al oyente para hacer la implicatura pertinente. Véase, al respecto, el caso de (82), en el que, siguiendo el sistema de transcripción de Val.Es.Co., º( )º representa una intensidad mínima.

(82)   Podemos dejar al niño con tus padres º(que no creo que pongan pegas)º

La máxima de cualidad (Grice 1975, 46) exige al hablante no decir aquello que considere falso, o bien no decir algo de lo que no tenga pruebas suficientes; sin embargo, en los enunciados irónicos esta máxima se trasgrede claramente. En estos casos, los índices paralingüísticos actúan gradualmente; Cutler (1974) menciona, por ejemplo, entre tales índices la nasalización global del enunciado, la lentitud elocutiva, la presencia exagerada de acentos y cierto alargamiento sobre las sílabas tónicas, como *MUY* en (83).

(83)   Toda su vida Luis ha trabajado MUY honradamente [aclaración: Luis es en realidad un estafador 'profesional']

La máxima de relación (Grice 1975, 46), en su caso, exige al hablante decir cosas relevantes, pertinentes a la situación comunicativa. Al incumplimiento de esta máxima puede contribuir el manejo de ciertas marcas prosódicas y paralingüísticas. Imagínese un enunciado como el de (84):

(84)   ¡Qué guapa voy!

articulado con voz de falsete (registro muy agudo), imitando la voz femenina, y pronunciado por un hombre, al que su esposa hubiera obligado a cambiarse de traje porque la ropa que llevaba no fuera de su agrado. En apariencia se trata de una secuencia irrelevante, no adecuada a la situación, pues al esposo se le supone el sexo masculino (por tanto, 'guapo' y no *guapa*). Sin embargo, su intención es introducir un efecto cómico-burlesco, para lo cual hace uso de un recurso paralingüístico que pueda favorecer la interpretación apropiada para esta situación comunicativa.

Finalmente, la máxima de manera (Grice 1975, 46) exige al hablante claridad y sinceridad. Un ejemplo de ruptura de esta máxima es el de la interrogación retórica, en la que el hablante conoce la respuesta a la pregunta que formula, por lo que no es pragmáticamente 'sincero'. En este caso, parece que los recursos paralingüísticos más usuales son una velocidad de elocución mayor que la de la pregunta 'normal', y un volumen y registro tonal globales superiores a los ordinarios, como en (85).

(85)   *¿¡Qué quieres que te diga!?* Ya no puedo hacer más de lo que hago

Por lo demás, aunque el conjunto de posibilidades sujetas a estudio en este apartado puede resultar prácticamente ilimitado, aquí se ha realizado una suerte de criba con objeto de profundizar en su descripción. Naturalmente, podrían incorporarse otros muchos puntos de discusión, si bien los aspectos seleccionados figuran, en la actualidad, entre los temas de mayor interés en la bibliografía especializada. En lo que sigue, pues, se tratará sobre las relaciones entre entonación y humor, entre entonación e ironía, y entre entonación y (des)cortesía.

En cuanto el primer aspecto, a fin de despejar en alguna medida la nebulosa que envuelve el estudio de las relaciones entre prosodia y humor, parece razonable someter a revisión algunos ejemplos conversacionales en los cuales los rasgos prosódicos aparecen asociados a la presencia de risas (mecanismo de intensificación humorística). Las siguientes líneas se organizan así a partir de casos en los que la entonación coloquial favorece, aporta junto con otros elementos o incluso desencadena efectos humorístico-intensificadores en un contexto dado.

Antes de iniciar la revisión de tales casos son precisas algunas consideraciones: se van a analizar situaciones en las que, de una u otra forma, la prosodia (en sus diversas manifestaciones) puede llegar a ejercer el efecto susodicho; se ha prescindido de numerosos ejemplos en los que el humor (representado por la palabra RISAS en mayúsculas en el sistema de transcripción del Grupo Val.Es,Co., según se indica en el Anexo de este capítulo) está presente, pero donde no quedaba claro el papel de lo prosódico. Por lo demás, el corpus manejado procede del publicado por Briz y Grupo Val.Es.Co. (2002); más concretamente, de conversaciones en las que participan individuos con relaciones sociales de igualdad, relación vivencial de proximidad, que desarrollan interacciones con temas de conversación no especializados y que se ubican en marcos de interacción cotidianos.

Así pues, en algunos casos el uso de la entonación exclamativa o del énfasis acentual puede favorecer el desencadenamiento de efectos humorístico-intensificadores. De este modo, si se analiza el ejemplo (86),

(86) A: no está↓ no
      C: có[gelo↑]
      A: [sí sí] CÓGELO
      C: pásame una poca/ bueno↓ me pongo yo cocacol– y lo cojo
      B: limpiarlo un poco **¡coño!**
      D: [(RISAS)]
      B: [(RISAS)] desde luego tío→
      D: (RISAS) es NAturaleza (RISAS) ¡hostia! esto estamos→een la jungla/ (RISAS)

se observan varios hechos relevantes con respecto a la generación del efecto humorístico. La primera intervención de B presenta una entonación exclamativa (con un rango tonal elevado) sobre la expresión malsonante *coño*, de manera que la prosodia actúa aquí asociada a un recurso de naturaleza léxica. En realidad, la presencia de este tipo de expresiones o manifestaciones lingüísticas contribuye a estrechar los lazos entre los interlocutores, que emplean un tipo de lenguaje «antinormativo, haciendo uso precisamente de los recursos lingüísticos proscritos por la sociedad dominante. Este uso continuo de lo proscrito . . . es parte de una estrategia global de manifestarse como diferente, con una identidad rebelde y en desacuerdo con las normas establecidas» (Zimmermann 2005, 255). Efectivamente tales recursos desencadenan las risas en las intervenciones siguientes de D y B, en sintonía con las de B.

Algo similar ocurre en (87).

(87) A: **¡¡qué más sano que una comida entre las moscas del campoo!?** (RISAS)§
      B: § [(RISAS)]
      D: [(RISAS) y una] mier–
      (RISAS) y la MIERda que hay
      B: °(hablando de mierda/ hay alguien cagando ahí)°
      A: seguro (5″)
      B: ¿esto es un parque natural↑nano?

La entonación exclamativa, en el rango tonal más elevado del hablante, asociada a un sentido irónico que se deriva del propio valor antifrástico del enunciado (evidentemente, comer entre las moscas del campo no es precisamente sano ni higiénico), se encarga de desencadenar el efecto humorístico, que se traduce con la presencia de risas. Esta línea humorística-disfemística se ve reforzada por el énfasis sobre la sílaba MIER- en la intervención de D.

La ampliación del campo tonal del hablante, en el estilo directo, puede estar también vinculada al humor en la conversación; en (88) el campo tonal ampliado evoca una llamada de atención (como si se tratara de un titular de prensa, de radio o de televisión). La situación contextual distendida, la coloquialidad extrema, los lazos sociales y vivenciales de los interlocutores, favorecen que este recurso prosódico (empleado para escenificar dramáticamente una situación virtual, no real, en la intervención de B) provoque las risas de los conversadores (intervenciones de A y D).

(88) D: ahora nos cogen
      B: ahora dicen ***cuatro incendiarios en el bosque del Saler*** ↓ tío [(RISAS)=]
      A: [(RISAS)]
      D: [(RISAS)]

Otras situaciones que suelen provocar el humor son aquellas en las que alguien recurre al registro de falsete [→ § 1.5.6] para imitar burlescamente la voz femenina. Es el caso de (89) en la intervención de C (un chico joven).

(89) D: la ley de la selva// pero después/ nada/ después nos lo pasamos bien con ellas§
      C: § y las tías→/ **ayy**
      ¿quedamos para mañana?
      A: (RISAS)

donde la imitación burlesca de la voz femenina (voz de falsete, en un registro muy agudo del hablante) genera el efecto humorístico con las risas de A.

En otras ocasiones es el recurso a mecanismos prosódicos continuativos lo que favorece el efecto humorístico-intensificador. Es el caso de la entonación suspendida o del ascenso tonemático implicativo. Así, en (90) se observa una entonación suspendida sugerente en la intervención de B: es posible que la causa de que la persona de quien se habla conozca a uno de los implicados en el fragmento (en concreto a A), sea la que indica B en su intervención; en realidad la suspensión, no exenta aquí de interpretación irónica, genera las risas del propio hablante (B), sabedor de lo improbable de su afirmación. Obviamente, A no ha cometido ningún delito de violación. De este modo, el uso de una entonación suspensiva en un contexto determinado desarrolla una interpretación específica (sentido irónico) que suscita irremediablemente las risas, es decir, el efecto humorístico.

(90) C: dijo que– que loh– co– que le conocía a él↑y que te conocía a ti/ yo había pasao desapercibido§
      A: § ¿a mí
      macho↑de qué?/ de haber hecho el bruto↑o algo↑[porquee]
      C: [sí]/ porque le preguntó por un amigo↑§
      B: § **la intentarías violar alguna vez→ nano** (RISAS)§
      C: § dice que le
      preguntó por un amigo muy alto↑y por uno bajito

En otro sentido, el empleo de una entonación ascendente después de *iba* en la primera intervención de D en el ejemplo (91) puede identificarse con lo que Brazil (1975, 1978) —citado por Fant (2006, 198)—, denomina «tono referente intensificado», indicador del carácter no final de una emisión (el enunciado está pendiente de finalización), ya que se requiere todavía una información necesaria ('¿quién o quiénes vino o vinieron?'); a ello se añade además un matiz de compromiso. Pues bien, a pesar de este tono referente intensificado, las expectativas del hablante se rompen bruscamente, la información que se aporta *(gente)* es irrelevante: el contraste ente lo esperado y lo efectivamente dicho genera el efecto humorístico proyectado en las risas de A y B.

(91) C: ¿no dijo que co– que te conocía a ti y a uun–?§
      D: §que– que me conocía a mí que– conmigo **iba↑ gente**
      A: [(RISAS)]
      B: [(RISAS)]§
      D: § que iban dos o tres [amigos]
      B: [una conclu]sión bastante acertada *(irónicamente)*

Análogamente, en (92) el empleo de un tono ascendente anticipador, que puede identificarse también como tono referente intensificado, en la segunda intervención de A (después de *Ana*), evoca en la mente del que habla toda una serie de informaciones asociadas a las circunstancias contextuales del fragmento conversacional, seguramente dignas de risa: el resultado son las RISAS del propio hablante (A), que imagina cómicamente la situación de Ana ('ella se fumaba tres cigarros en el rato en que yo me fumaba uno y decía que tenía bronquitis'; está claro que la razón de su tos no era la bronquitis, sino el exceso de tabaco). La prosodia, pues, asociada nuevamente al contexto, favorece el efecto humorístico y las risas.

(92) B: (es)tá bien
      A: la verdad es quee/ llevo poco tiempo sin fumar↓pero lo agraDEZco
      B: o sea que empezaste↑// pues// casi casi cuando se abrió el– este local↑
      A: sí/ a(d)emás empecé de tontería/// porque vino un día/ **Ana**↑// (RISAS) y me dijo quee– que tenía
      bronquitis aguda// y yo la veía pos que se fumabaa// en el rato que yo me fumaba un cigarro↑ella se
      fumaba tres

En otros casos, en cambio, lo que favorece el efecto humorístico es el recurso a magnitudes mínimas, como sucede con la emisión en voz baja (con una intensidad mínima) del fragmento parentético del ejemplo (93): la situación comunicativa en que se hallan inmersos los interlocutores (están comiendo en el campo) hace que la presencia de algún intruso involuntario genere motivos de complicidad burlesca. Al efecto humorístico se asocia aquí la evocación de las causas hipotéticas de la presencia de los intrusos. Obviamente, la causa de esa presencia solo puede expresarse en voz muy baja y las risas surgen de nuevo como señal de complicidad entre los interlocutores (tercera intervención de D).

(93) C: ee ¿la Caty de qué lo lleva↑?
      D: ¿yo?§
      A: § habas
      D: habas/ con pollo
      A: habas con pollo/ (RISAS) buena combinación// °(**estos van a cagar↓nano**)°
      D: (RISAS)

Finalmente, la pausa en sí misma o el manejo estratégico de la velocidad de elocución pueden también favorecer la generación de efectos humorístico-intensificadores, como en (94).

(94) B: lo que faltaba↓ nano
      A: da lo [mismo]
      D: [más] alimento
      A: **de algo hay que morirse///(4")** °(la policía secreta aún)° (RISAS)
      D: (RISAS)

El uso de una pausa prolongada (de 4 segundos) en la segunda intervención de A, asociada a una pronunciación con intensidad mínima, en susurro, constituyen recursos que colaboran con la situación interactiva desarrollando el esperable efecto humorístico (risas de A y D).

De los ejemplos revisados cabría extraer algunas ideas interesantes, aunque no definitivas, respecto de la implicación de la prosodia en la expresión del humor. En muchos casos no se trata de la actuación aislada de un único factor prosódico, sino que varios de ellos contribuyen a la expresión de un efecto humorístico-intensificador. Asimismo, la prosodia suele contribuir decisivamente a la delimitación de la frontera entre el estilo indirecto y el estilo directo, desarrollando este último en ocasiones un sentido humorístico, en cuyo caso podría hablarse de una doble función pragmática (demarcativa y modal-intensificativa). Por su parte, el registro agudo de falsete favorece con frecuencia la interpretación humorística de la emisión, vinculada, obviamente, al contexto lingüístico y al extralingüístico.

Efecto pragmático muchas veces vinculado al humor es el de la ironía [→ § 34.4.3], especialmente si con ello se hace referencia a un tipo de ironía 'cómplice'. Se han realizado investigaciones que ponen de relieve la manifestación multimodal de la ironía, siendo la prosodia una de las marcas especialmente indicadas para tal fin (véase el estudio de Martínez Hernández 2018). En este sentido, en el trabajo de Attardo *et al.* (2003) se presenta un exhaustivo estado de la cuestión con una importante revisión bibliográfica, se estudian algunos marcadores de la ironía y del sarcasmo en inglés, y se consideran como rasgos efectivos el tono (mecanismo lingüístico de contraste) y la expresión de la cara (que, obviamente, no constituye un rasgo lingüístico). Al margen de estos mecanismos, otros recursos reconocidos son los morfológicos, los sintácticos, los léxicos e incluso los tipográficos (en el texto escrito).

Del mencionado trabajo se deducen algunas conclusiones interesantes. Así, no parece factible estudiar el tono de los enunciados irónicos aisladamente: el contraste de patrones tonales va más allá de la frontera oracional (algo similar ocurre, como se ha visto unas líneas más arriba, con la expresión del humor en la conversación). Un hecho que parece incontestable, por lo demás, es que la entonación y los patrones tonales no pueden disociarse de la pragmática del enunciado particular en el que se dan, si bien no parece existir ningún patrón tonal que funcione como marcador absoluto de ironía o de sarcasmo: las claves entonativas para la ironía existen como recursos contrastivos no sustanciales; no hay una entonación irónica particular *per se,* sino que los patrones entonativos que contrastan con el patrón entonativo circundante (particularmente con el precedente) o con el patrón entonativo esperado, dan a entender que 'algo' cuestiona el enunciado y desencadena los procesos inferenciales necesarios para reconocer e interpretar el sentido irónico.

Por lo que respecta al español, Padilla (2004) ha mostrado que el análisis de la f_0 en la inflexión final de la curva entonativa puede constituirse como parámetro útil en la valoración del efecto irónico. Esta capacidad de la entonación queda codificada, retomando una idea anticipada por Fónagy (1991), en la «tercera articulación» del lenguaje. Ahora bien, en su estudio Padilla indica que las marcas entonativas de ironía aparecen combinadas habitualmente con otros indicadores fónicos (o paralingüísticos) o cinésicos que guían la interpretación pragmática del oyente. Todo ello, no obstante, está determinado por factores de índole subjetiva: estado de ánimo, carácter personal o educación y formación cultural del individuo, etcétera. No se trata solo de la selección por parte del emisor de ciertos patrones o indicadores prosódicos con una cierta intención semántica o comunicativa: en realidad, los mecanismos prosódicos permiten el avance discursivo en toda circunstancia, ya que, además de derivar del emisor, tales recursos miran hacia el receptor, esto es, adquieren relevancia en la medida en que este reconoce en la actuación lingüística del emisor sus expectativas comunicativas. Esta situación de construcción 'en equipo' de la conversación representa una ventaja indudable respecto del capital lingüístico invertido por los hablantes: a un mínimo esfuerzo de elaboración le corresponde habitualmente el suministro de un máximo de información.

Nada desdeñable es, en este mismo campo de las funciones dialógicas paradigmáticas de la entonación en la conversación, la capacidad de la prosodia para expresar efectos pragmáticos (des)corteses, ámbito de estudio sobre el que recientemente se han venido apuntando algunas vías de indagación (véase también el § 34.4.2 de la presente obra).

De acuerdo con la Teoría de la Cortesía postulada por Penelope Brown y Levinson (1987), cualquier intercambio comunicativo es potencialmente amenazante y la misión de la actividad cortés consistiría en reparar, mitigar o evitar esas amenazas, esto es, atenuar; de ahí que la atenuación se considere como una función pragmática asociada a la cortesía. Otros estudios, sin embargo, consideran que la cortesía no es solo una cuestión de mitigación de las amenazas que se ciernen sobre la comunicación, y se refieren a una «cortesía positiva», que realiza actos inherentemente corteses (Leech 1983, 83–84). Bravo (2000) asimismo advierte del uso de otras estrategias (no atenuadoras) que tienen que ver con la cortesía al afirmar «que el ser consistente con la imagen no se limitaría solo a establecer la relación entre amenazas y atenuaciones, sino que buena parte de los esfuerzos comunicativos están dedicados a la confirmación de la imagen social de los participantes» (1504–5). Kerbrat-Orecchioni (2004) habla por ello de una «cortesía valorizante», forma produccionista y creativa que se realiza sin riesgo de amenazas (Albelda 2007, 198); la manifestación pragmática de esa cortesía valorizante es la intensificación, mecanismo de filiación pragmática entre interlocutores.

En lo que sigue, pues, se intentará dilucidar si los recursos entonativos desempeñan algún papel en la manifestación de los efectos pragmáticos corteses y descorteses, particularmente de los vinculados a las funciones pragmáticas de atenuación e intensificación.

Efectivamente, la entonación suele ser un criterio determinante a la hora de interpretar una emisión como atenuada o no, especialmente en el ámbito de las expresiones imperativas (Haverkate 1994, 197–98); tal es el caso de algunas situaciones de contradicción entre hablantes (cuando uno de ellos no quiere parecer tajante y emplea valores bajos de f_0, reduciendo la impresión de polémica), o de una orden expresada sin exigencia (también mediante valores mínimos de la f_0), o de algunas construcciones sintácticas elípticas que pretenden disfrazar de algún modo la intencionalidad última del hablante; por ejemplo, si se va a viajar y no se desea un acompañante inoportuno, se puede fingir invitarlo con una emisión suspendida al modo de (95).

(95) si te quieres venir→

Es, pues, en el eje paradigmático, en la órbita de la función modal secundaria, donde cabe reconocer patrones melódicos atenuantes. Unas veces la intención del hablante es minorizar el valor modal del enunciado en sí, como en (96), en el que el sentido imperativo de la expresión (que debería ir asociado a una entonación con tonema demarcativo final descendente y pronunciado) se neutraliza con el uso del alargamiento vocálico y del tonema de suspensión, asociados a la forma verbal imperativa (*déjaloo→*).

(96)   A: *VAMOS a una relojería y verás qué pronto lo sabemos/ VAMOS*→ yo digo *pero* **déjaloo**→ *que ahora no quieroo arreglarlo / VAMOS↓ que si es BUENO↑ ya te lo dirá↓ y si es malo↑* [RB.37.B.1:61-64]

En líneas generales, la función atenuadora de la prosodia se ha considerado con cierta atención; se habla así de la trasposición de patrones melódicos, para posteriormente postular la existencia de patrones convencionales atenuantes (pretonema cortés) y de ciertas funciones atenuantes de la entonación. Otro de los recursos más estudiados en este ámbito ha sido el tonema circunflejo [→ § 27.2.4] atenuante.

Por lo que respecta a la trasposición de patrones melódicos, es común aludir a este recurso como mecanismo atenuador o de cortesía. Quilis (1993, 445) mencionaba el uso de expresiones interrogativas pronominales asociadas a una interpretación cortés cuando se articulan con esquemas melódicos propios de la interrogación con tonema ascendente. La interpretación cortés estaría, pues, relacionada con la entonación típica de pregunta, aplicada a cualquier acto enunciativo inicialmente no cortés o, incluso, descortés (asertivo, exhortativo, etcétera).

El uso de la forma interrogativa para la cortesía podría fundamentarse en razones psicofisiológicas universales: en la mayoría de las lenguas se realiza un descenso de la f_0 o de la melodía en los enunciados declarativos, en las órdenes, etcétera (Quilis 1981, 396). La frecuencia fundamental, en cambio, suele ser ascendente en las frases implicativas, interrogativas, etcétera, que son enunciados no finitos.

Así pues, cuando se trasponen funcionalmente las curvas melódicas, aparece una forma especial de expresividad; en español la entonación cortés tomaría prestada la curva melódica propia de las interrogativas para expresar ese valor (Quilis 1993, 445–48). Es, en todo caso, el contexto de situación el que define si se trata de una frase cortés o de una frase interrogativa. Waltereit (2005) habla en este sentido de «cita prosódica» del patrón entonativo ascendente propio de las preguntas absolutas; se recurre a dicho patrón en casos particulares, por ejemplo, cuando el hablante no está seguro de lo que dice y quiere cerciorarse ayudándose del oyente, cuando completa el turno de un interlocutor previo, cuando se corrige a sí mismo, etcétera, situaciones todas ellas identificables interactivamente como corteses. Más contundente es la afirmación de Haverkate (1994), para quien «en términos generales, puede formularse la hipótesis de que una curva melódica creciente refleja la intención del hablante de expresarse cortésmente» (197).

Esta idea coincide con la consideración de ciertos actos de habla indirectos como mecanismos lingüísticos de atenuación, según el grado de alteración ejercido sobre el patrón entonativo: a mayor grado de recorrido inferencial, mayor grado de cortesía (Escandell 1995, 37–38). Se trataría, pues, de un mecanismo atenuador basado en un trueque de patrones melódicos asociado a un cambio de modalidad enunciativa.

Por lo que respecta a la existencia de patrones melódicos atenuantes ('pretonema cortés'), Álvarez Muro y Blondet (2003) observan que la frase o expresión cortés para los hablantes de español de Mérida (Venezuela) no está determinada simplemente por la presencia de un tonema ascendente de base interrogativa, sino que concurren varias estrategias prosódicas: las modulaciones de la f_0 (variabilidad entonativa), la altura tonal [→ § 27.6] y la duración silábica son también parámetros asumibles en la interpretación cortés.

En lo que se refiere a la altura tonal, según los datos de Álvarez Muro y Blondet (2003), la frase interrogativa cortés presenta un tono global más agudo que la pregunta neutra, desde el inicio del acto y mantenido a lo largo del mismo. Asimismo, la duración silábica parece mostrarse también como factor desencadenante de la interpretación cortés; en este caso, ciertos cambios temporales podrían entenderse como claves de contextualización pragmática, en el sentido de que las sílabas en las expresiones corteses tenderían a desarrollar una mayor duración que en las expresiones carentes de cortesía. En todo caso, los recursos prosódicos apuntados como posibles para la expresión de la cortesía deben ser corroborados en estudios más avanzados. De lo que no cabe duda es del papel atenuante de la entonación en el marco de la cortesía negativa, a través de órdenes atenuadas expresadas prosódicamente mediante esquemas melódicos interrogativos, como en (97).

(97)   ¿Me compras el periódico? (en lugar de 'cómprame el periódico')

Las diferencias pragmáticas entre lo cortés y lo no cortés se reflejan, pues, en la prosodia: las modulaciones de la f_0, su variabilidad (las fluctuaciones que presenta la f_0 dentro de una misma frase), el conjunto de ascensos y de descensos abruptos de la curva melódica, la altura tonal, la duración silábica, etcétera. En consecuencia, matizando sensiblemente la propuesta inicial de Quilis (1981, 1993), la curva melódica de la frase cortés no sería una mera transposición de la de la pregunta, ya que las modulaciones de la curva melódica generan un ritmo melódico que distingue y caracteriza a las frases corteses: las fluctuaciones tonales se constituyen como claves acústicas relevantes para distinguir la frase cortés de la interrogativa neutra, pues mientras que en la frase cortés el pico tonal se sitúa sobre la sílaba acentuada, esto no ocurre en las preguntas 'normales' (Álvarez Muro y Blondet 2003). La frase cortés se realiza, además, en un tono más alto que la pregunta neutra.

Retomando la idea de fluctuación o variabilidad en el pretonema cortés, Briz e Hidalgo (2008) han analizado el papel de la entonación en las realizaciones del llamado 'no concesivo atenuante', empleado como estrategia que, ante ciertos obstáculos o situaciones de conficto en la conversación, refleja el acuerdo con el interlocutor como táctica de atenuación; sería un recurso propio de expresiones que adoptan la forma de un tonema circunflejo atenuante (^) como en la intervención de A en (98).

(98) B: ¿es que te quito mucho tiempo?§
      A: § **no**^ yo SÉ que debería darte más tiempo↓ del que te doy [ML.81.A.1: p. 76, líneas 156–157]

En algunos casos, el carácter atenuado de este marcador se ve reforzado por un tonema circunflejo final (^); esto es, la atenuación no solo se refleja prosódicamente en el marcador *no*, sino también al final del enunciado mediante el recurso al tonema circunflejo.

> De la relevancia de este tonema circunflejo ya había dado fe Navarro Tomás ([1918] 1974) al observar que
>
> [la inflexión circunfleja] se manifiesta . . . cuando se habla con simpatía de un asunto, o se desea atraer la confianza de los oyentes, o se interviene en una conversación mostrando una disposición de ánimo condescendiente, o se trata de calmar o estimular . . . al interlocutor aconsejándole o reprendiéndole con benévolo y persuasivo interés (160).
>
> Waltereit (2005) reconoce en la inflexión circunfleja española una forma de «cita prosódica» del habla dirigida a niños, cuando los hablantes, a modo de mitigación pragmática (intención atenuante-cortés), se distancian de lo que dicen y reducen su responsabilidad comunicativa. De acuerdo con su estudio, esto ocurre en el caso de preguntas potencialmente descorteses o en casos de incertidumbre sobre un nombre o término específicos, cuando el hablante busca el acuerdo con el oyente: el emisor no se hace plenamente responsable de sus actos de habla, como cuando los adultos se dirigen a los niños. Uno de los rasgos prosódicos más habituales de este estilo de habla es, precisamente, la inflexión circunfleja.

En cuanto al papel intensificador de la entonación en la conversación, este puede verse como una función de base sintagmática o paradigmática.

En el eje sintagmático, tal como se indicó en el § 32.3.1, la función monológica integradora de la entonación permite organizar estructuralmente las secuencias, construyendo la estructura informativa (sucesión de Tema-Rema, Tópico-Comentario, etcétera) [→ § 30.4.3]. De este comportamiento fundamental pueden derivarse también valores pragmáticos de intensificación, por ejemplo, cuando el hablante focaliza uno o más elementos, al situarlos en una posición de privilegio (véase al respecto el caso de las topicalizaciones estudiadas anteriormente en este mismo apartado). Así, en las topicalizaciones a la derecha la marca prosódica que escinde la estructura disociada es un tonema descendente, como en (99).

(99) D: o que se le había perdido↓ **a la chica**↓ [RB37B1:216]

En cambio, en las topicalizaciones a la izquierda (en primera posición de enunciado) se tiende al empleo de un tonema ascendente con cierto matiz apelativo, ya que representa también una advertencia al oyente (estrategia estructural e interactiva a la vez) del carácter continuativo de la construcción, como en la segunda intervención de A en (100).

(100) A: luego han hecho fijo a mi marido↑§
       C   § que estaba en la fábrica↑ [(( ))]
       A: [**en la empresa**↑ que estaba de contratos↑] ///
       y antes de ayer le dieron la noticia y ((digo)) *uuuy* (( )) (RISAS) [RB37B1:285-288]

Otras veces la intensificación sintagmática se manifiesta como rasgo asociado a la función demarcativa de la entonación: en realidad, la demarcación prosódica de los enunciados responde con frecuencia a una regla universal de organización coincidente con la secuencia de dos grupos entonativos sucesivos, delimitados respectivamente por ↑ (primer grupo entonativo) y ↓ (segundo grupo entonativo), como señala Hidalgo (2000, 274–75). Sin embargo, la estructura ↑/↓ no siempre se hace explícita. La propia situación comunicativa (y el fondo común de conocimientos compartidos por hablante y oyente) deja abierta la posibilidad de aparición de estructuras truncadas (con ausencia del segundo miembro distensivo). En tal caso, el contexto suple la información ausente y tales construcciones suspendidas resultan completas desde una perspectiva pragmática.

La propia construcción exige del oyente, por tanto, un esfuerzo interpretativo de contextualización, por lo que puede decirse que estas estructuras suspendidas funcionan como mecanismos capaces de intensificar el carácter cooperativo de la comunicación, esto es, un realce sobre el emisor, compartido con el receptor, y favorecido por el conocimiento mutuo entre ambos, como se puede apreciar en (101).

(101)   A: y mi marido en se(gu)ida dice// OIGA↓ si es bueno↑// y vale la pena **arreglarlo**↑ [RB37B1:85-86]

Puede considerarse, pues, que en estas construcciones suspendidas intensificadas la prosodia es responsable de trasmitir implícitamente la información ausente que corresponde al segmento omitido (Albelda 2004, 201). El tonema final de estos enunciados es, por lo general, ascendente, y funciona, por una parte, como síntoma de la intencionalidad comunicativa del hablante, y, por otra, como señal que indica al interlocutor la necesidad de construir el sentido de la suspensión (Albelda 2004, 202). El papel desambiguador de la prosodia es evidente en estos enunciados: podrían considerarse simplemente como enunciados aseverativos (si su tonema fuera descendente), pero con tonema ascendente deben interpretarse como enunciados intensificados.

En el eje paradigmático los valores modales de una emisión en la conversación varían según el estado de ánimo del hablante, según su intencionalidad comunicativa específica, etcétera, por lo que, en este ámbito discursivo, son frecuentes las construcciones entonativas que desarrollan su capacidad desambiguadora intensificando la expresión. Es el caso de la entonación exclamativa que aparece en (102) y en (103).

(102)   B: AAYYY **¡QUÉ ALEGRÍA!** ¿por qué no me lo has DICHO? [RB37B1:9] *Alegría*

(103)   B: **¡vaya tela!**[RB37B1:15] *Sorpresa*

En situaciones comunicativas coloquiales se desarrollan de forma abierta todos los recursos de la intensificación: los hablantes comparten suficientes elementos lingüísticos y extralingüísticos, desde una relación vivencial de proximidad, hasta una temática conversacional no especializada, pasando por una relación social o funcional de igualdad y un marco de interacción cotidiano; es fácil aquí que se desaten los recursos pragmáticos que intensifican el efecto del mensaje. Dos de los recursos más habituales en este sentido son la ironía (positiva o 'cómplice') y el humor, de los que ya se ha tratado anteriormente en este mismo apartado.

Al margen de los efectos corteses atenuadores o intensificadores favorecidos por la entonación (o por la prosodia en general), también pueden desencadenarse en otras condiciones efectos plenamente descorteses. Más exactamente, la participación de los factores prosódicos en la proyección pragmática de valores descorteses destaca en dos planos: el de la descortesía «descubierta» y el de la descortesía «encubierta» (Alba Juez 2008, 84).

Las formas de descortesía descubierta o directa son muchas y muy diversas, por lo que aquí solo se hará referencia a algunas en las que la entonación funciona como factor decisivo para la interpretación descortés del enunciado.

En determinadas circunstancias la cualidad de la voz [→ § 1.5.6] o la entonación aportan matices definitivos para la consideración de un mensaje en un sentido descortés. Piénsese por ejemplo en un medio de comunicación como la radio, o incluso la televisión, y tómese como circunstancia cualquiera de esos programas en los que importa más que los radioyentes o telespectadores se mantengan al otro lado del aparato que lo desagradable que pueda sonar lo dicho. No importa entonces que los intervinientes, ya se trate de tertulias, de debates, etcétera, se roben los turnos indiscriminadamente; en estos casos la descortesía actúa como forma de violación del principio de cooperación, empleándose para ello de forma sistemática la elevación ostensible de la f_0 y, por supuesto, de la intensidad, lo que muchas veces deriva en una suerte de griterío caótico.

Este caso de descortesía es más bien una manifestación espectacular hasta cierto punto artificial, ya que no debe olvidarse que las situaciones discursivas así establecidas no son naturales, sino configuradas *ad hoc*. No obstante, los mecanismos prosódicos empleados para romper con la regla de la alternancia de turnos sí son naturales, ya que son los utilizados habitualmente en situaciones de conversación espontánea. La interrupción, pues, como fenómeno de usurpación del turno del otro debe verse en el ámbito interactivo como una manifestación típica de descortesía interactiva pilotada desde la prosodia por medios diversos, particularmente por la intensidad de la voz, la elevación de la f_0 y el incremento de la velocidad elocutiva, como se indicó al estudiar las situaciones de habla simultánea.

No puede olvidarse, sin embargo, que la interpretación descortés de ciertas marcas prosódicas depende muchas veces del entorno sociogeográfico y cultural; suele decirse en este sentido que la conversación entre hablantes hispanoamericanos muestra menor agresividad que entre hablantes de España: de acuerdo con Andión (2003),

> las señales de final de turno (bajada de la voz, conectores que preludian el cierre, etc.) no son tomadas entre hispanoamericanos como una señal de inmediata incorporación a la conversación. Esto indicaría ansiedad y falta de respeto o interés hacia la opinión de quien se encuentra en el uso de la palabra. Mientras, en España, es usual y signo de activa participación en la conversación interrumpir e, inclusive, disputarse el turno de palabra elevando mucho la voz por encima de la del interlocutor. Esta sensación de algarabía es frecuente en bares y reuniones sociales y familiares en España, crean «ambiente», es decir, indican que la gente se lo está pasando bien. En América están justificadas en festejos populares, pero no en grupos pequeños o entre dos interlocutores que comparten una conversación, sobre todo si ésta es pública (137).

> La conclusión de la autora a este respecto es que «en sentido general hay una impresión de dulzura y suavidad en los acentos hispanoamericanos, frente a una dureza peninsular que puede provocar una primera reacción de inhibición o timidez en los interlocutores americanos» (Andión 2003, 139). Se esté o no de acuerdo con tales ideas, lo cierto es que la investigación de todas estas cuestiones está todavía pendiente y urge iniciarla.

En cuanto a situaciones de descortesía encubierta ('refuerzo intimidatorio') como la ironía negativa o el sarcasmo, donde la entonación, de forma sutil, capacita al enunciado para manifestar desprecio, desconsideración, e incluso para dirigir insultos subrepticios al destinatario, conviene advertir que en estos casos la interpretación descortés del enunciado sarcástico está muy vinculada al contexto de enunciación: depende no pocas veces de la habilidad del oyente para descifrar el sentido descortés de la expresión.

32.3.3 Entonación y paralenguaje en la conversación

Como ya se avanzó en los § 32.1 y 32.3.2, la comprensión del mensaje oral no solo se deriva de sus rasgos lingüísticos verbales (segmentales o suprasegmentales) codificados, sino que para llegar a entender el sentido completo de una emisión debe considerarse también el componente paralingüístico, relativo a ciertos elementos vocales del mensaje que no obedecen a códigos verbales establecidos, o al menos no con el rigor y sistematicidad con que lo hacen otros elementos vocales y suprasegmentales de la lengua. Además, debe tenerse en cuenta el componente cinésico, esto es, los diferentes gestos empleados intencionalmente por el hablante en la comunicación.

Así pues, en el presente apartado se tratará precisamente sobre las relaciones entre la entonación y el paralenguaje, mientras que en el apartado siguiente, el § 32.3.4, se comentarán las relaciones entre entonación y gesto. En ambos apartados la conversación se toma como forma discursiva de referencia.

Puede decirse que la línea de separación entre los rasgos prosódicos (entre ellos la entonación, claro está) y los rasgos paralingüísticos presenta una naturaleza gradual continua; en el extremo [+lingüístico] se situarían los rasgos prosódicos del enunciado, configuradores de sistemas cerrados de contrastes, integrados parcialmente en otros ámbitos de la estructura lingüística (como la gramática) y presentes constantemente en el habla (el acento, la entonación, etcétera). En el extremo opuesto [−lingüístico], se situarían los elementos paralingüísticos, más difícilmente integrables en la estructura lingüística y menos frecuentes: responden a características articulatorias menos comunes, y suelen confundirse con algunos rasgos no segmentales (Crystal 1969).

Análogamente debe advertirse que determinados fenómenos de índole suprasegmental pueden desarrollar también funciones paralingüísticas, no estrictamente codificadas, en el sentido de que su interpretación precisa se halla muy determinada por el contexto (por ejemplo, en el caso de la expresión de humor o burla mediante el falsete).

En el ámbito de las relaciones entre la entonación y el paralenguaje se plantea, pues, una doble cuestión:

- la necesidad de delimitar con claridad lo entonativo-lingüístico de lo vocal-paralingüístico;
- la determinación de ciertas áreas de intersección entre ambos polos, una de las cuales estaría representada, probablemente, por las funciones paralingüísticas de la entonación.

No es, evidentemente, este el lugar para responder en detalle a la primera de las cuestiones, dado que el centro de atención de este capítulo es la descripción de la entonación y su empleo en la conversación. Baste decir que el estudio de los fenómenos paralingüísticos no se ha desarrollado suficientemente en el ámbito de la hispanística. No obstante esto, existe la inquietud generalizada de proceder con urgencia a investigarlos. Prueba de ello son trabajos como el de Alonso-Cortés Fradejas (2000) y, especialmente, el de Poyatos (1994), en los que se incluye ya una exhaustiva descripción de los fenómenos paralingüísticos en español.

Sí cabe, en cambio, dedicar mayor atención al segundo de los aspectos, el de las funciones paralingüísticas que puede llegar a desempeñar la entonación; este ámbito, como el del paralenguaje mismo, está poco estudiado todavía, pero se pueden apuntar algunos hechos interesantes.

Por ejemplo, en la conversación, la prosodia del estilo directo (también conocido como 'relato dramatizado' o 'relato conversacional'), en español al menos, presenta algunas características peculiares que podrían hacer pensar en su especialización funcional paralingüística. De acuerdo con Cabedo (2007, 12), en el estilo directo la configuración tonal de sus grupos fónicos presenta dos parámetros significativos diferenciales con respecto a la de los fragmentos que no están en estilo directo, ya que los primeros presentan un promedio de f_0 y un rango tonal superiores a los de los segundos. Ello obedecería, en palabras de Cabedo (2007),

> a un mayor énfasis elocutivo y al hecho de que el hablante quiera distanciarse en cierta medida de lo dicho por otros; no tanto por el hecho de no estar de acuerdo con el *dictum* de esos otros (situación que podría darse), sino porque pretende, en la mayoría de lo casos, otorgar un valor de verosimilitud a sus palabras (12).

Por otra parte, no hay que desestimar la importancia del nivel gestual en esta intencionalidad enfática propia del estilo directo.

Asimismo, en el estilo directo, el reajuste total indica con mucha frecuencia el paso de grupos entonativos no representativos del estilo directo a grupos sucesivos con estilo directo; ello se explica «por la mayor amplitud tonal de los fragmentos orales con estilo directo» (Cabedo 2007, 12).

Así pues, merced a rasgos prosódicos como los indicados, especializados paralingüísticamente en la delimitación del discurso directo, es posible reconocer el comienzo del relato dramatizado en la conversación, tal como ocurre en (104), donde, siguiendo las convenciones de Val.Es.Co., se transcriben en cursiva los fragmentos en estilo directo.

(104) C: pues/ ¿qué me estabas diciendo del chiquillo?
P: nada/ quee lo operaron/ lo tuvieron que operar↑/ porque tenía una hernia en un testículo
C: PO[BRECITO]
P: [y– y] le dijeron// lo llevó Mari Ángeles a un cirujano→y le dijo dice *bueno/ esto puede pasar//* dice/ *porque→/ si fuese mayor↑/ aún aún/ pero aún es pequeñito//* pero luego lo he llevao a este y dice *NOO/ si fuese de ombligo/ le dejaríamos que el niño→§*
C: § se fuera desarrollando§
P: § *se fuese desarrollando* dice *pero esto/ YA//* dice *porque el niño se le puede estrangular///* [G68B1 + G69A1: 55-63]

Otro ejemplo de esta intersección funcional prosódico-paralingüística es el recurso a la amplitud global del enunciado empleado para generar efectos atenuadores; se trata en este caso de una amplitud global disminuida, en contraste con la amplitud global ampliada, propia de la función intensificadora. El efecto atenuante se obtiene mediante la reducción de la amplitud de la voz (que a veces llega a ser susurrante), con lo que se busca minorar la carga negativa que pueda tener la emisión, como en (105), donde se trata de evitar un exceso de comicidad, dada la proximidad espacial de los individuos que son objeto de la burla.

(105) C: eh ¿la Caty de qué lo lleva↑?
D: ¿yo?§
A: § habas
D: habas/ con pollo

> A: habas con pollo// (RISAS) buena combinación↓[en este momento los hablantes observan a dos personas que se aproximan hacia donde ellos se encuentran; el interlocutor baja el volumen de su voz para evitar ser escuchado] // °**(estos van a cagar↓ nano)**° [H38A1:318-319]

32.3.4 Entonación y gesto en la conversación

Otro componente que debe considerarse vinculado al uso de los rasgos prosódicos en la conversación es el gestual; efectivamente, como ya indicara Bloomfield (1933),

> we use features of pitch very largely in the manner of gestures, as when we talk harshly, sneeringly, petulantly, caressingly, cheerfully, and so on. In English . . . pitch is the acoustic feature where gesture-like variations, non-distinctive but socially effective, border most closely upon genuine linguistic distinctions (114).

Cabe diferenciar dos tipos de gestos vinculados a la entonación: los externos y los internos. Los primeros son ejercitados por diversas partes del cuerpo. Los segundos, propios de las cuerdas vocales, permiten entender la entonación como 'gesto articulatorio' y deducir que el movimiento melódico de la frase representa un signo lingüístico motivado (Léon y Martin 1970, 73). Las fluctuaciones tonales, pues, se relacionarían con los movimientos corporales, concurrentes con diversos estados emotivos y sentimientos. La entonación es determinante para establecer ciertas distinciones gramaticales y algo parecido ocurre con el gesto: un cambio de postura puede funcionar como señal de cambio de tema, o incluso como signo evidente de que el discurso ha terminado.

Bolinger (1983a, 157) defiende, en este sentido, que el flujo de habla y el gesto están coordinados. Como ejemplo de esta conexión entonativo-gestual, aduce que la sonrisa puede explicarse como efecto evolutivo del tono alto, a modo de signo de incapacidad: el tono alto se relaciona con el tamaño pequeño de los niños y con la indefensión de los animales, que utilizarían tal recurso para solicitar protección. Efectivamente, el efecto acústico de la sonrisa viene dado por un ascenso del segundo formante de los sonidos pronunciados, particularmente de las vocales, de modo que el hablante sonriente imitaría el registro alto de la voz del niño mostrando así una actitud no agresiva (Bolinger 1983b, 104). Ohala (1983) relaciona esta misma idea con un código de frecuencia general de comportamiento de los animales, según el cual las vocalizaciones que contienen frecuencias altas implican la pequeñez aparente del que las emite y, por extensión, su actitud no amenazante, sumisa, mientras que las vocalizaciones de baja frecuencia expresan gran tamaño aparente y amenaza, dominación, autoconfianza [→ § 29.1].

Existen, por otra parte, algunas pruebas de la relación entre tono y gesto: en el caso del movimiento de cabeza, exige mucha práctica la capacidad de articular melodías ascendentes con la cabeza hacia abajo o a la inversa (Cruttenden [1986] 1990, 169–70). Otros gestos se vinculan con melodías ascendentes: levantar las cejas, inclinar la cabeza hacia delante, alzar los hombros, mantener un contacto visual prolongado, elevar la mano o las palmas, etcétera. Ya Heese (1957) había mencionado la correlación estrecha entre la entonación interrogativa y el gesto de la mano elevada, e, inversamente, entre el descenso entonativo y el descenso de la mano. El énfasis se marcaría igualmente mediante un gesto amplio, la afirmación ruda mediante un gesto brusco, la irritación y la cólera mediante gestos desordenados, etcétera.

En el ámbito hispánico se ha estudiado escasamente el efecto de la interacción entre prosodia y gestos, si bien pueden apuntarse algunas observaciones interesantes que se han realizado al respecto.

Para Torrego (1974) existe cierta coincidencia entre la curva melódica y el gesto; a lo largo del enunciado el hablante realiza gestos que forman una «secuencia gestual», caracterizada por la progresión en cada uno de los gestos integrantes: el final del enunciado viene marcado simultáneamente por el suprasegmento de entonación y por el final de la secuencia gestual. Del mismo modo, los titubeos en el habla van acompañados por gestos de características vacilantes.

En este sentido, podría decirse, de acuerdo con Quilis (1981, 403–5), que la mano del hablante dibuja en el aire la línea melódica; en la expresión de la forma interrogativa, la mano se eleva, mientras que en la afirmativa desciende. La expresión enfática se manifiesta mediante un gesto amplio; la afirmación categórica, mediante un gesto seco, etcétera.

Más recientemente algunos estudios sobre el catalán, como el de Esteve-Gibert y Prieto Vives (2013), realizados en el marco del Grup d'Estudis de Prosòdia de la Universitat Pompeu Fabra, tratan de determinar hasta qué punto el papel ejercido por la parte más significativa del gesto (denominada en inglés *stroke*) se coordina temporalmente con la parte más prominente del habla (la sílaba tónica) en situaciones de foco [→ § 30.5] contrastivo [→ § 26.5]. Sus hipótesis de partida son las siguientes:

- el pico del acento tonal focalizado en la estructura entonativa sirve como punto de anclaje para la prominencia gestual;
- los tonos bajos de frontera próximos afectan a la sincronización de los movimientos entonativos y gestuales.

A partir del experimento realizado por estas autoras, se observa que, aunque no quedan del todo claros los puntos de anclaje prosódicos que funcionan como referentes de coordinación para los gestos, los picos entonativos (en la condición de foco contrastivo) parecen actuar como puntos de anclaje de los momentos culminantes de los gestos deícticos (como, por ejemplo, lo es el hecho de señalar con el dedo o con la mano). De hecho, la posición del pico del movimiento de la entonación (pico entonativo) y la posición del pico del movimiento gestual ('ápice') se comportan como las dos medidas que presentan un mayor grado de correlación.

Desde otras perspectivas, algunos estudios han puesto en entredicho, sin embargo, la relación armónica entre prosodia y gesto. Así, McClave (1998), a diferencia de lo mantenido previamente por Bolinger, considera que la coordinación de la dirección de la melodía y de los gestos manuales es una opción posible para los hablantes, pero no está determinada biológicamente. Loehr (2004), a su vez, no encuentra pruebas de que los movimientos ascendentes o descendentes de la melodía y del cuerpo tengan correspondencia entre sí, ni de que reflejen un significado de crecimiento o decrecimiento de la tensión. Análogamente, Payà (2004) afirma que no está suficientemente probada la iconicidad de las formas entonativa y gestual.

En la conversación, por su parte, la intersección entre prosodia y gesto se manifiesta de forma especialmente evidente en el caso de la denominada 'prosodia audiovisual': el soporte visual es relevante en el proceso de alternancia de turnos de habla, así como también lo es para expresar emociones o actitudes, para determinar el grado de confianza de las respuestas o para contribuir a la organización informativa del discurso oral (Borràs-Comes y Prieto Vives 2011).

32.4 Conclusiones

A lo largo del presente capítulo se ha pasado revista a las características particulares más relevantes de la entonación en sus usos conversacionales, y se ha observado que, a partir de la diversidad funcional inherente al suprasegmento entonativo, resulta posible formular su doble proyección hacia los niveles monológico y dialógico, teniendo siempre en cuenta que la forma discursiva considerada en este caso ha sido la conversación.

En ambos niveles, el monológico y el dialógico, se distinguen funciones entonativas de naturaleza sintagmática:

- demarcativa e integradora, en el nivel monológico;
- focalizadora y reguladora de la alternancia de turnos, en el nivel dialógico;

y de naturaleza paradigmática:

- modal primaria y modal secundaria, en el nivel monológico;
- desambiguadora-contextualizadora —expresión de humor, ironía, (des)cortesía, etcétera—, en el nivel dialógico.

Por supuesto, por lo novedoso del estudio entonativo-conversacional, persisten numerosos interrogantes y aspectos pendientes de investigación (el caso del estudio de las relaciones entre ironía y entonación es bastante ilustrativo en este sentido); no obstante, cabe pensar que el desarrollo de algunas líneas de investigación colindantes con el asunto (relaciones entre entonación y paralenguaje, relaciones entre entonación y gesto) permitirá configurar un marco teórico de referencia sobre el que apoyar futuras indagaciones.

Anexo. Convenciones de transcripción de la conversación coloquial (Grupo Val.Es.Co., Valencia, Español Coloquial)

:	Turno de palabra.
A:	Turno de palabra de un hablante identificado como A.
?:	Interlocutor no reconocido.
§	Sucesión inmediata, sin pausa apreciable, entre dos emisiones de distintos hablantes.
=	Mantenimiento del turno de un participante en un solapamiento.
[	Lugar donde se inicia un solapamiento o superposición.
]	Final del habla simultánea.

-	Reinicios y autointerrupciones sin pausa.
/	Pausa corta, inferior al medio segundo.
//	Pausa entre medio segundo y un segundo.
///	Pausa de un segundo o más.
(5″)	Silencio (lapso o intervalo) de 5 segundos; se indica el n.º de segundos en las pausas de más de un segundo, cuando sea especialmente significativo.
↑	Entonación ascendente.
↓	Entonación descendente.
→	Entonación mantenida o suspendida.
∧	Entonación circunfleja (expresiva, en enunciados aseverativos con tonema ascendente-descendente).
COCHE	Pronunciación marcada o enfática.
(( ))	Fragmento indescifrable.
((casa))	Transcripción dudosa.
((. . .))	Interrupciones de la grabación o de la transcripción.
(pe)ro	Reconstrucción de una unidad léxica que se ha pronunciado incompleta, cuando pueda perturbar la comprensión.
pa'l	Fenómenos de fonética sintáctica entre palabras, especialmente marcados.
°( )°	Inciso. Fragmento pronunciado en un tono de voz más bajo, próximo al susurro.
h	Aspiración de «s» implosiva.
l·l	Asimilación fonética.
(RISAS)	Cuando aparecen al margen de los enunciados. Si acompañan a lo dicho, se transcribe el enunciado y en nota al pie se indica «entre risas».
aaa	Alargamientos vocálicos.
nn	Alargamientos consonánticos.
¿¡ !?	Preguntas o exclamaciones retóricas (por ejemplo, las interrogaciones exclamativas: preguntas que no preguntan).
¿ ?	Interrogaciones. También para los apéndices del tipo «¿no?, ¿eh?, ¿sabes?»
¡ !	Exclamaciones.
Letra cursiva:	Reproducción e imitación de emisiones. Estilo directo, característico de los relatos conversacionales.
Notas a pie de página:	Anotaciones pragmáticas que ofrecen información sobre las circunstancias de la enunciación. Rasgos complementarios del canal verbal. Añaden informaciones necesarias para la correcta interpretación de determinadas palabras (por ejemplo, la correspondencia extranjera de la palabra transcrita en el texto de acuerdo con la pronunciación real), enunciados o secuencias del texto, de algunas onomatopeyas, etcétera.
Sangrados a la derecha:	Escisiones conversacionales.
*	Las incorrecciones gramaticales (fónicas, morfosintácticas y léxicas) no aparecen marcadas por lo general.

Referencias bibliográficas

Alba Juez, Laura. 2008. «Sobre algunas estrategias y marcadores de descortesía en español peninsular y argentino: ¿Son españoles y argentinos igualmente descorteses?» En *Cortesía y conversación: de lo escrito a lo oral. III Coloquio Internacional del Programa EDICE*, editado por Antonio Briz, Antonio Hidalgo, Marta Albelda, Josefa Contreras Fernández y Nieves Hernández Flores, 90–97. Valencia: Universitat de València, Departamento de Filología Española.

Albelda, Marta. 2004. «La intensificación pragmática y su reflejo a través de la prosodia». En *Actas del V Congreso de Lingüística General. León, 5–8 de marzo de 2002*, editado por Milka Villayandre, 1:199–210. Madrid: Arco/Libros.

———. 2007. *La intensificación como categoría pragmática: revisión y propuesta. Una aplicación al español coloquial.* Fráncfort: Peter Lang.

Alcina, Juan y José Manuel Blecua. (1975) 1980. *Gramática española.* 2.ª ed. Barcelona: Ariel.

Alonso-Cortés Fradejas, María Dolores. 2000. «La voz en la conversación: propuesta para el análisis de los rasgos del paralenguaje». Tesis de doctorado, Universidad de León.

Álvarez Muro, Alexandra y María Alejandra Blondet. 2003. «Cortesía y prosodia: un estudio de la frase cortés en el español de Mérida (Venezuela)». En *La tonía: dimensiones fonéticas y fonológicas*, editado por Pedro Martín Butragueño y Esther Herrera Zendejas, 319–330. México, D. F.: El Colegio de México.

Andión, María Antonieta. 2003. «El español y el comportamiento cultural de los hispanoamericanos: aspectos de interés». En *El español, lengua del mestizaje y la interculturalidad. Actas del XIII Congreso Internacional de la Asociación para la Enseñanza del Español como Lengua Extranjera (ASELE). Murcia, 2–5 de octubre de 2002*, editado por Manuel Pérez Gutiérrez y José Coloma, 130–40. Madrid: Asociación para la Enseñanza del Español como Lengua Extranjera. Reed., Madrid: Instituto Cervantes, Centro Virtual Cervantes.

Artemov, Vladimir. 1962. «Tone and Intonation». En *Proceedings of the Fourth International Congress of Phonetic Sciences, held at the University of Helsinki, 4–9 September 1961*, editado por Antti Sovijärvi y Pentti Aalto, 403–06. La Haya: Mouton.

Attardo, Salvatore, Jodi Eisterhold, Jennifer Hay e Isabella Poggi. 2003. «Multimodal Markers of Irony and Sarcasm». *Humor. International Journal of Humor Research* 16 (2): 243–260. https://doi.org/10.1515/humr.2003.012.

Auer, Peter. 1996. «On the Prosody and Syntax of Turn-Continuations». En *Prosody in Conversation. Interactional Studies*, editado por Elizabeth Couper-Kuhlen y Margret Selting, 57–100. Cambridge: Cambridge University Press. https://doi.org/10.1017/CBO9780511597862.004.

Bloomfield, Leonard. 1933. *Language*. Chicago: University of Chicago Press. Trad. de Alma Flor Ada de Zubizarreta, *Lenguaje*, editado por Alberto Escobar. Lima: Universidad Nacional Mayor de San Marcos, Departamento de Publicaciones, 1964.

Bolinger, Dwight L. 1983a. «Intonation and Gesture». *American Speech. A Quarterly of Linguistic Usage* 58 (2): 156–74. https://doi.org/10.2307/455326.

———. 1983b. «Where Does Intonation Belong?» *Journal of Semantics* 2 (2): 101–120. https://doi.org/10.1093/semant/2.2.101.

———. 1989. *Intonation and Its Uses. Melody in Grammar and Discourse*. Stanford: Stanford University Press.

Borràs-Comes, Joan y Pilar Prieto Vives. 2011. «'Seeing Tunes'. The Role of Visual Gestures in Tune Interpretation». *Laboratory Phonology* 2 (2): 355–80. https://doi.org/10.1515/labphon.2011.013.

Bravo, Diana. 2000. «La atribución de significados sociales en el discurso hablado: perspectivas extrapersonales e interpersonales». En *Lengua, discurso, texto. I Simposio internacional de Análisis del Discurso*, editado por José Jesús de Bustos Tovar, Patrick Charaudeau, José Luis Girón, Silvia Iglesias y Covadonga López Alonso, 2:1501–14. Madrid: Visor Libros.

Brazil, David. 1975. *Discourse Intonation*. Birmingham: University of Birmingham, English Language Research.

———. 1978. *Discourse Intonation II*. Birmingham: University of Birmingham, English Language Research.

Briz, Antonio. 2000. «Las unidades de la conversación». En *¿Cómo se comenta un texto coloquial?*, de Antonio Briz y Grupo Val.Es.Co., 51–80. Barcelona: Ariel.

———. 2003. «Las unidades de la conversación: el acto». En *Estudios ofrecidos al profesor José Jesús de Bustos Tovar*, editado por José Luis Girón, Silvia Iglesias, Francisco Javier Herrero Ruiz de Loizaga y Antonio Narbona, 2:953–968. Madrid: Editorial Complutense.

Briz, Antonio y Grupo Val.Es.Co. 2002. *Corpus de conversaciones coloquiales*. Madrid: Arco/Libros.

———. 2003. «Un sistema de unidades para el estudio del lenguaje coloquial». *Oralia. Análisis del Discurso Oral* 6: 7–61.

———. 2014. «Las unidades del discurso oral. La propuesta Val.Es.Co. de segmentación de la conversación (coloquial)». *Estudios de Lingüística del Español* 35: 13–73. https://doi.org/10.36950/elies.2014.35.8709.

Briz, Antonio y Antonio Hidalgo. 2008. «Marcadores discursivos y prosodia: observaciones sobre su papel modalizador atenuante». En *Estudios de cortesía sobre el español: de lo oral a lo escrito*, editado por Marta Albelda, Antonio Briz, Josefa Contreras Fernández y Antonio Hidalgo, 390–409. Valencia: Universitat de València.

Brown, Gillian y George Yule. (1983) 1993. *Análisis del discurso*. Traducido por Silvia Iglesias. Madrid: Visor Libros.

Brown, H. Douglas. 1980. *Principles of Language Learning and Teaching*. Englewood Cliffs: Prentice Hall.

Brown, Penelope y Stephen C. Levinson. 1987. *Politeness. Some Universals in Language Usage*. Cambridge: Cambridge University Press. https://doi.org/10.1017/CBO9780511813085.

Bryant, Gregory A. y Jean E. Fox Tree. 2002. «Recognizing Verbal Irony in Spontaneous Speech». *Metaphor and Symbol* 17 (2): 99–119. https://doi.org/10.1207/S15327868MS1702_2.

———. 2005. «Is There an Ironic Tone of Voice?» *Language and Speech* 48 (3): 257–77. https://doi.org/10.1177/00238309050480030101.

Cabedo, Adrián. 2007. «Caracterización prosódica del estilo directo de habla en la conversación coloquial». *Estudios de Lingüística. Universidad de Alicante (ELUA)* 21: 53–64. https://doi.org/10.14198/ELUA2007.21.04.

———. 2009. *La segmentación prosódica en español coloquial*. Valencia: Universitat de València, Facultat de Filologia, Traducció i Comunicació.

Cantero, Francisco José. 1995. «Estructura de los modelos entonativos. Interpretación fonológica del acento y la entonación en castellano». Tesis de doctorado, Universitat de Barcelona.

———. 2002. *Teoría y análisis de la entonación*. Barcelona: Edicions de la Universitat de Barcelona.

Cortés Moreno, Maximiano. 2002. *Didáctica de la prosodia del español: acentuación y entonación*. Madrid: Edinumen.

Cruttenden, Alan. (1986) 1990. *Entonación. Teoría general y aplicación al inglés*. Traducido por Ignasi Mascaró. Barcelona: Teide.

Crystal, David. 1969. *Prosodic Systems and Intonation in English*. Cambridge: Cambridge University Press.

Cutler, Anne. 1974. «On Saying What You Mean without Meaning What You Say». En *Papers from the 10th Regional Meeting of the Chicago Linguistic Society*, editado por Michael W. La Galy, Robert A. Fox y Anthony Bruck, 117–27. Chicago: Chicago Linguistic Society.

Daneš, František. 1960. «Sentence Intonation from a Functional Point of View». *Word* 16 (1): 34–54. https://doi.org/10.1080/00437956.1960.11659719.

———. 1972. «Order of Elements and Sentence Intonation». En *Intonation. Selecting Readings*, editado por Dwight L. Bolinger, 216–32. Harmondsworth: Penguin Books.

Duncan, Starkey. 1972. «Some Signals and Rules for Taking Speaking Turns in Conversations». *Journal of Personality and Social Psychology* 23 (2): 283–92. https://doi.org/10.1037/h0033031.

Escandell, María Victoria. 1995. «Cortesía, fórmulas convencionales y estrategias indirectas». *Revista Española de Lingüística* 25 (1): 31–66.

———. (1993) 1996. *Introducción a la pragmática*. 2.ª ed. Barcelona: Ariel.

Esser, Jürgen. 1987. «Functions of Intonation». En *Functionalism in Linguistics*, editado por René Dirven y Vilém Fried, 381–93. Ámsterdam: John Benjamins. https://doi.org/10.1075/llsee.20.19ess.

Esteve-Gibert, Núria y Pilar Prieto Vives. 2013. «Prosodic Structure Shapes the Temporal Realization of Intonation and Manual Gesture Movements». *Journal of Speech, Language, and Hearing Research* 56 (3): 850–64. https://doi.org/10.1044/1092-4388(2012/12-0049).

Fant, Lars. 2006. «La entonación, informatividad, emotividad y dialogicidad». En *Filología y lingüística. Estudios ofrecidos a Antonio Quilis*, 1:191–218. Madrid: Consejo Superior de Investigaciones Científicas; Madrid: Universidad Nacional de Educación a Distancia; Valladolid: Universidad de Valladolid.

Fónagy, Ivan. 1991. *La vive voix. Essais de psycho-phonétique*. París: Payot.

Gallardo-Paúls, Beatriz. 1994. «Conversación y conversación cotidiana: sobre una confusión de niveles». *Pragmalingüística* 2: 151–94. http://hdl.handle.net/10550/30569.

———. 1996. *Análisis conversacional y pragmática del receptor*. Valencia: Episteme. http://hdl.handle.net/10550/30479.

García Riverón, Raquel. 1996a. *Aspectos de la entonación hispánica I. Metodología*. Cáceres: Universidad de Extremadura, Servicio de Publicaciones.

———. 1996b. *Aspectos de la entonación hispánica II. Análisis acústico de muestras del español de Cuba*. Cáceres: Universidad de Extremadura, Servicio de Publicaciones.

———. 1998. *Aspectos de la entonación hispánica III. Las funciones de la entonación en el español de Cuba*. Cáceres: Universidad de Extremadura, Servicio de Publicaciones.

Garrido Almiñana, Juan María. 1991. *Modelización de patrones melódicos del español para la síntesis y el reconocimiento del habla*. Bellaterra: Universitat Autònoma de Barcelona, Seminari de Filologia i Informàtica.

Gil, Juana. 2007. *Fonética para profesores de español: de la teoría a la práctica*. Madrid: Arco/Libros.

Gili Gaya, Samuel. (1950) 1978. *Elementos de fonética general*. 5.ª ed. corregida y ampliada. Madrid: Gredos.

González Calvo, José Manuel. 1986. «Sobre la expresión de lo "superlativo" en español (III)». *Anuario de Estudios Filológicos* 9: 129–53. http://hdl.handle.net/10662/4399.

———. 1987. «Sobre la expresión de lo "superlativo" en español (IV)». *Anuario de Estudios Filológicos* 10: 101–32. http://hdl.handle.net/10662/3545.

Grice, H. Paul. 1975. «Logic and Conversation». En *Syntax and Semantics. Vol. 3: Speech Acts*, editado por Peter Cole y Jerry L. Morgan, 41–58. Nueva York: Academic Press. Trad. y ed. de Luis Manuel Valdés Villanueva en *La búsqueda del significado. Lecturas de filosofía del lenguaje*, 511–30. Madrid: Tecnos, 1991.

Haverkate, Henk. 1994. *La cortesía verbal. Estudio pragmalingüístico*. Madrid: Gredos.

Heese, Gerhard. 1957. «Akzente und Begleitgebärden». *Sprachforum* 2: 274–85.

Hidalgo, Antonio. 1997. «La estructura del discurso oral: en torno a las funciones lingüísticas de los suprasegmentos en la conversación coloquial». En *Sobre l'oral i l'escrit*, editado por Antonio Briz, Maria Josep Cuenca Ordinyana y Enric Serra, 147–63. Valencia: Universitat de València.

———. 1998. «Alternancia de turnos y conversación: sobre el papel regulador de los suprasegmentos en el habla simultánea». *Lingüística Española Actual* 20 (2): 217–38.

———. 2000. «Funciones de la entonación en la conversación coloquial». En *¿Cómo se comenta un texto coloquial?*, de Antonio Briz y Grupo Val.Es.Co., 265–86. Barcelona: Ariel.

———. 2003. «Microestructura discursiva y segmentación informativa en la conversación coloquial». *Estudios de Lingüística. Universidad de Alicante (ELUA)* 17: 367–385. https://doi.org/10.14198/ELUA2003.17.20.

———. 2006. «Estructura e interpretación en la conversación coloquial: el papel del componente prosódico». *Revista de Filología de la Universidad de La Laguna* 24: 129–51.

————. 2019. *Sistema y uso de la entonación en español hablado. Aproximación interactivo-funcional*. Santiago de Chile: Ediciones Universidad Alberto Hurtado.

Hidalgo, Antonio y Xose A. Padilla. 2006. «Bases para el análisis de las unidades menores del discurso oral: los subactos». *Oralia. Análisis del Discurso Oral* 9: 109–143.

Jiménez Juliá, Tomás. 1986. *Aproximación al estudio de las funciones informativas*. Málaga: Ágora.

Kerbrat-Orecchioni, Catherine. 1990. *Les interactions verbales. 1/Approche interactionnelle et structure des conversations*. París: Armand Colin.

————. 2004. «¿Es universal la cortesía?» En *Pragmática sociocultural. Estudios sobre el discurso de cortesía en español*, editado por Diana Bravo y Antonio Briz, 39–54. Barcelona: Ariel.

Kotschi, Thomas. 1996. «Procedimientos de producción y estructura informacional en el lenguaje hablado». En *El español hablado y la cultura oral en España e Hispanoamérica*, editado por Thomas Kotschi, Wulf Oesterreicher y Klaus Zimmermann, 185–206. Madrid: Iberoamericana; Fráncfort: Vervuert.

Leech, Geoffrey N. 1983. *Principles of Pragmatics*. Londres: Longman. https://doi.org/10.4324/9781315835976.

Léon, Pierre y Philippe Martin. 1970. *Prolégomènes à l'étude des structures intonatives*. Montreal: Didier.

Levinson, Stephen C. (1983) 1989. *Pragmática*. Traducido por Àfrica Rubiés. Barcelona: Teide.

Loehr, Daniel P. 2004. «Gesture and Intonation». Tesis de doctorado, Georgetown University. ProQuest (305187037).

Martínez Hernández, Diana. 2018. «La expresión de la ironía en la conversación. Estudio fonopragmático en un corpus de habla espontánea». Tesis de doctorado, Universitat de València. http://hdl.handle.net/10550/69155.

McClave, Evelyn. 1998. «Pitch and Manual Gestures». *Journal of Psycholinguistic Research* 27 (1): 69–89. https://doi.org/10.1023/A:1023274823974.

Narbona, Antonio. 1986. «Problemas de sintaxis coloquial andaluza». *Revista Española de Lingüística* 16 (2): 229–76.

————. 1988. «Sintaxis coloquial: problemas y métodos». *Lingüística Española Actual* 10 (1): 81–106.

Navarro Tomás, Tomás. 1944. *Manual de entonación española*. Nueva York: Hispanic Institute.

————. (1918) 1974. *Manual de pronunciación española*. 18.ª ed. Madrid: Consejo Superior de Investigaciones Científicas.

Ohala, John J. 1983. «Cross-Language Use of Pitch: An Ethological View». *Phonetica* 40 (1): 1–18. https://doi.org/10.1159/000261678.

Padilla, Xose A. 2004. «El tono irónico: estudio pragmático». *Español Actual. Revista de español vivo* 81: 85–98.

————. 2005. *Pragmática del orden de palabras*. Alicante: Publicaciones de la Universidad de Alicante.

Payà, Marta. 2004. «Interacció del grup tonal i el gest en el discurs: una aproximació d'anàlisi multimodal». En *Les fronteres del llenguatge. Lingüística i comunicació no verbal*, editado por Lluís Payrató, Núria Alturo y Marta Payà, 155–72. Barcelona: Promociones y Publicaciones Universitarias. https://doi.org/10.13140/RG.2.1.3430.1844.

Pierrehumbert, Janet B. 1980. «The Phonology and Phonetics of English Intonation». Tesis de doctorado, Massachusetts Institute of Technology. http://hdl.handle.net/1721.1/16065.

Poyatos, Fernando. 1980. «Interactive Functions and Limitations of Verbal and Nonverbal Behaviors in Natural Conversation». *Semiotica. Journal of the International Association for Semiotic Studies* 30 (3–4): 211–44. https://doi.org/10.1515/semi.1980.30.3-4.211.

————. 1994. *La comunicación no verbal*. Madrid: Istmo.

————. 1997. «La lengua hablada como realidad verbal-no verbal: nuevas perspectivas». En *Pragmática y gramática del español hablado. Actas del II Simposio sobre Análisis del Discurso Oral. Valencia, 14–22-de noviembre de 1995*, editado por Antonio Briz, José Ramón Gómez Molina, María José Martínez Alcaide y Grupo Val.Es.Co., 215–24. Valencia: Universitat de València, Departamento de Filología Española; Zaragoza: Libros Pórtico.

Quilis, Antonio. 1981. *Fonética acústica de la lengua española*. Madrid: Gredos.

————. 1993. *Tratado de fonología y fonética españolas*. Madrid: Gredos.

Quilis, Antonio, Margarita Cantarero y Manuel Esgueva. 1993. «El grupo fónico y el grupo de entonación en el español hablado». *Revista de Filología Española* 73 (1–2): 55–64. https://doi.org/10.3989/rfe.1993.v73.i1/2.555.

Reyes, Graciela. 1995. *El abecé de la pragmática*. Madrid: Arco/Libros.

Roulet, Eddy. 1992. «Searle on Conversation as Negotiation». En *(On) Searle on Conversation*, editado por Herman Parret y Jef Verschueren, 91–100. Ámsterdam: John Benjamins. https://doi.org/10.1075/pbns.21.05rou.

Roulet, Eddy, Antoine Auchlin, Jacques Moeschler, Christian Rubattel y Marianne Schelling. 1985. *L'articulation du discours en français contemporain*. Berna: Peter Lang.

Sacks, Harvey, Emanuel A. Schegloff y Gail Jefferson. 1974. «A Simplest Systematics for the Organization of Turn-Taking for Conversation». *Language* 50 (4): 696–735. https://doi.org/10.2307/412243.

Silva-Fuenzalida, Ismael. 1956–1957. «La entonación en el español y su morfología». *Boletín de Filología (Universidad de Chile)* 9: 177–87.

Sosa, Juan Manuel. 1999. *La entonación del español. Su estructura fónica, variabilidad y dialectología*. Madrid: Cátedra.

Stockwell, Robert P., J. Donald Bowen y Ismael Silva-Fuenzalida. 1956. «Spanish Juncture and Intonation». *Language* 32 (4): 641–65. https://doi.org/10.2307/411088.

Torrego, Esther. 1974. «Aportación al estudio de los gestos y sus relaciones con el español hablado». Tesis de doctorado, Universidad Complutense de Madrid.

Tusón, Amparo. 2002. «El análisis de la conversación: entre la estructura y el sentido». *Estudios de Sociolingüística* 3 (1): 133–53. https://doi.org/10.1558/sols.v3i1.133.

Vázquez López, Manuel. 2002. «Un ritmo para comunicar. Reflexiones sobre la entonación». *Cervantes. Revista del Instituto Cervantes en Italia* 3: 91–110.

Waltereit, Richard. 2005. «La polifonía prosódica: copiar un patrón entonativo». *Revista Internacional de Lingüística Iberoamericana* 3 (6): 137–50.

Yule, George. 1980. «Speakers' Topics and Major Paratones». *Lingua* 52 (1–2): 33–47. https://doi.org/10.1016/0024-3841(80)90016-9.

Zimmermann, Klaus. 2005. «Construcción de la identidad y anticortesía verbal: estudio de conversaciones entre jóvenes masculinos». En *Estudios de la (des)cortesía en español. Categorías conceptuales y aplicaciones a corpora orales y escritos*, editado por Diana Bravo, 245–71. Estocolmo: Programa EDICE; Buenos Aires: Dunken.

33 DESCRIPCIÓN FONÉTICA Y VARIACIÓN DE LA VELOCIDAD DE ELOCUCIÓN

Sandra Schwab

33.1 Introducción

El interés suscitado por la velocidad de elocución (y su variabilidad) nació en los años sesenta, y desde entonces el estudio de este fenómeno se ha abordado desde varias perspectivas. Los investigadores, a lo largo de los años, se han dedicado a describirlo en diversas lenguas y en diferentes estilos de habla, así como a determinar su significado en la producción del habla y a establecer su papel en la percepción. En los distintos trabajos se ha abordado también la influencia que ejerce la velocidad de elocución en la comprensión de los enunciados, ya sean en habla natural o en habla sintetizada. La velocidad de elocución, un campo vasto de investigación, tanto en producción como en percepción del habla, constituye el objeto de estudio de diversas disciplinas, como la psicolingüística, la lingüística, la fonética, el aprendizaje de lenguas extranjeras, las patologías del habla o las tecnologías del habla.

La velocidad de elocución (también conocida como 'tempo') está estrechamente vinculada con la noción de ritmo, y se incluye entre los rasgos prosódicos, asociados, a su vez, principalmente a tres parámetros: la frecuencia fundamental [→ § 1.9], la amplitud [→ § 1.8] y la duración segmental [→ § 1.11]. Si bien la velocidad de elocución deriva directamente de la duración segmental, es importante que el investigador tenga en cuenta tanto la interdependencia de los diversos parámetros prosódicos como el hecho de que estos nunca existen aislados ni se pueden aislar de los elementos segmentales. Por este motivo, la velocidad de elocución constituye un fenómeno complejo y su estudio es de gran interés. No obstante, es un tema que apenas se ha examinado en español.

En las páginas que siguen, se presentan, en primer lugar, algunas definiciones que facilitarán la comprensión del tema (§ 33.2). A continuación, se considera la problemática de las unidades de medida (§ 33.3) para, posteriormente, abordar las fuentes de variabilidad de la velocidad de elocución (§ 33.4) e intentar caracterizarla en español (§ 33.5).

33.2 Algunas definiciones

Cuando un locutor emite un enunciado, este se compone, generalmente, de una secuencia de sonidos articulados (grupos fónicos) [→ § 1.6.8, § 28.1.1] y de interrupciones (pausas). Con objeto de examinar la dimensión temporal del habla, Grosjean y Deschamps (1972, 1973, 1975) proponen y definen la noción de 'variables temporales', entre las cuales se encuentra la velocidad de elocución. Sus estudios abordan el francés y el inglés, pero constituyen una referencia ineludible en la investigación de la dimensión temporal del habla en general, por lo cual se expondrán aquí los conceptos más importantes que aparecen en sus trabajos y que se pueden aplicar a cualquier lengua.

Según Grosjean y Deschamps, las variables temporales se dividen en dos categorías: las variables primarias y las variables secundarias. Las primeras están presentes en la producción de cualquier enunciado (en habla espontánea, en

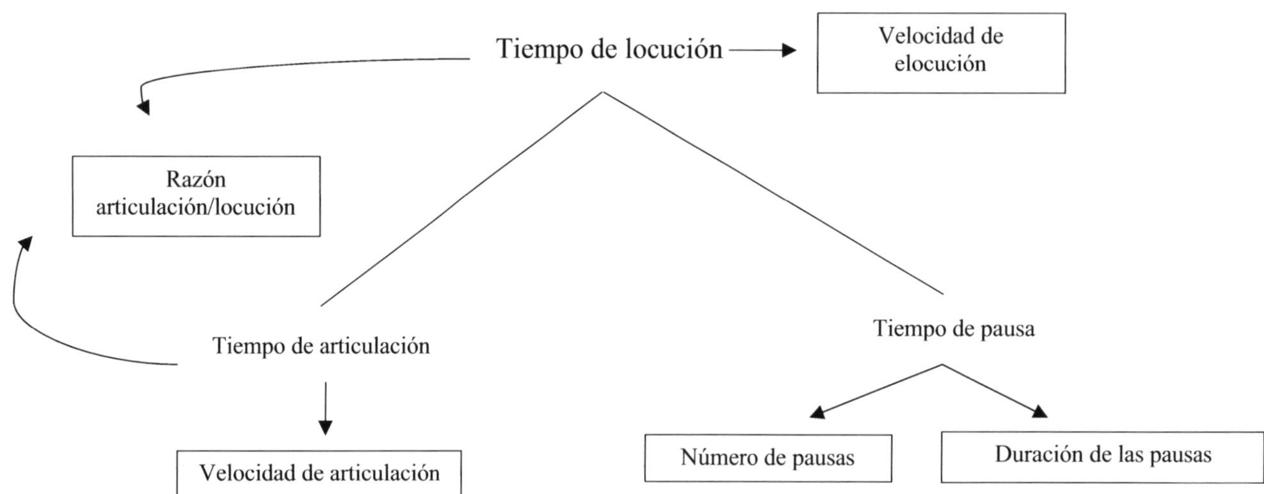

FIGURA 1. Variables temporales primarias (resaltadas mediante recuadros; figura adaptada de Grosjean y Deschamps [1975, 149]).

lectura, etcétera); en cambio, las segundas, que corresponden a fenómenos de vacilación (pausas llenas, repeticiones, falsos inicios, etcétera), aparecen raramente en la lectura. Este capítulo se centra, sobre todo, en las variables primarias: la velocidad de elocución, la razón entre el tiempo de articulación y el tiempo de locución, la velocidad de articulación y el número y la duración de las pausas silenciosas. Estas se abordarán de manera más detallada, junto con las pausas llenas, que forman parte de las variables secundarias, en el capítulo 35.

La velocidad de elocución (también denominada 'velocidad del habla' o, como ya se ha indicado, 'tempo') se obtiene a partir del tiempo total de locución, que se descompone en tiempo de articulación y tiempo de pausa (Figura 1). Por tanto, la velocidad de elocución refleja la velocidad general del locutor, ya que tiene en cuenta no solo la velocidad con la que el hablante articula, sino también el tiempo de pausa producido.

La razón entre el tiempo de locución y el tiempo de articulación proporciona una indicación sobre el tiempo que emplea el locutor articulando (y produciendo pausas) en la emisión de un enunciado. Por ejemplo, permite determinar qué fenómeno —el tiempo de articulación o el tiempo de pausa— desempeña el papel más importante en la aceleración o en la disminución de la velocidad de elocución. En lo que concierne a la velocidad de articulación (o velocidad de fonación), que depende únicamente del tiempo de articulación (Figura 1), esta refleja la velocidad con la cual un locutor articula un enunciado, sin considerar las pausas producidas. Finalmente, como se observa también en la Figura 1, el tiempo de pausa está determinado por dos variables, el número y la duración de las pausas silenciosas.

Grosjean y Deschamps (1972, 1973, 1975) ponen de relieve que el número de pausas depende considerablemente de si el enunciado es largo o corto: un enunciado largo tiende a presentar más pausas que un enunciado corto. En consecuencia, sugieren que se ha de examinar más bien la longitud de los grupos fónicos, variable entendida como el número de sílabas entre dos pausas.

Es preciso aclarar que no todos los investigadores coinciden respecto a lo que debe considerarse como pausa silenciosa. Para algunos, todo silencio de más de 250 ms constituye una pausa (Goldman-Eisler 1968; Grosjean y Deschamps 1972, 1973, 1975); para otros, la duración mínima de una pausa es de 130 ms (Stuckenberg y O'Connell 1988), o de 100 ms (Hieke, Kowal y O'Connell 1983; Riazantseva 2001). Otros (por ejemplo, Duez 1982) no definen la pausa con respecto a una duración concreta, sino en función de cada locutor y del estilo del enunciado. Cabe señalar que las pausas silenciosas pueden pertenecer a varias clases: pausas de respiración, interrupciones en emplazamientos sintácticos precisos, pausas de vacilación, etcétera (Grosjean 1980; Grosjean y Collins 1979; Grosjean y Deschamps 1975, entre otros) [→ § 35.4].

La diferenciación de las diversas variables temporales permite examinar si un locutor habla rápidamente (a través de la velocidad de elocución), si articula rápidamente (a través de la velocidad de articulación), en qué medida emplea más tiempo articulando que produciendo pausas (a través de la razón entre el tiempo de articulación y el tiempo de locución) y cómo organiza su tiempo de pausa (a través del número de pausas y de su duración).

33.3 Las unidades de medida

El problema que ha de abordar el investigador interesado en la velocidad de elocución reside en la selección de la unidad de medida. En general, la velocidad de elocución —al igual que la velocidad de articulación— se mide en 'unidades de habla por unidad de tiempo'.

Conviene precisar aquí que tanto la velocidad de elocución como la de articulación pueden medirse también en unidades de tiempo por unidad de habla (por ejemplo, en milisegundos por sílaba), pero, como subraya Carroll (1966), la media, en este caso, debe ser armónica y no aritmética.

Las unidades de tiempo no plantean problema, dado que pueden especificarse sin dificultad (minutos, segundos, milisegundos, etcétera) y que pueden medirse con distintos grados de precisión mediante los instrumentos que existen hoy en día, por ejemplo, empleando el programa Praat (Boersma 2001). En cambio, se ha discutido mucho cuáles han de ser las unidades de habla, si consisten en palabras, sílabas, sonidos o, en última instancia, en vocales, moras o pies.

Carroll, ya en 1966, ponía de relieve que la palabra no es una unidad adecuada, debido al hecho de que las palabras no presentan siempre la misma longitud; por ejemplo, ¿en qué medida se podría comparar razonablemente la velocidad de elocución en la emisión de las palabras españolas *a* y *anticonstitucionalmente?* Con el fin de defender su afirmación, Carroll menciona un experimento, llevado a cabo por uno de sus estudiantes, en el que varios locutores leyeron textos que se diferenciaban por la longitud de las palabras (en número de sílabas). Los resultados mostraron que la velocidad de elocución expresada en palabras por minuto se ve mucho más afectada por la longitud de las palabras que cuando está expresada en sílabas por minuto o en sonidos por minuto. Carroll, además, señala que las sílabas también varían en longitud (en número de sonidos), pero en menor proporción que las palabras. Así, aunque la medición en sonidos por minuto da resultados más coherentes que la realizada en función de la longitud de las palabras, Carroll recomienda el uso de la medición en sílabas por minuto, y lo justifica por la dificultad de contar el número de sonidos en un enunciado.

Tauroza y Allison (1990) también llegan a la conclusión de que la sílaba constituye la unidad más apropiada para medir la velocidad de elocución. Compararon la velocidad de elocución expresada en palabras por minuto y en sílabas por minuto en producciones pertenecientes a cuatro estilos de habla (retransmisiones radiofónicas, conversaciones, entrevistas y conferencias). Puesto que la longitud de las palabras variaba en función de la naturaleza de cada estilo, concluyen, como Carroll (1966), que la palabra no es la unidad adecuada para el estudio de la velocidad de habla.

Por el contrario, Madrid (2008) afirma que la palabra representa la unidad que se debe usar en el examen de la velocidad de habla. En su experimento, el autor analiza la velocidad de elocución, la velocidad de articulación y la velocidad continua (que corresponde a la velocidad de articulación sin las pausas llenas y las sílabas alargadas) de seis locutores, mediante cuatro unidades de medida: 1) sonidos por segundo, 2) sílabas por segundo, 3) palabras por minuto y 4) grupos acentuales por minuto. Los resultados muestran que la diferencia entre la velocidad de elocución de los locutores lentos y rápidos se establece con más claridad si se consideran como unidad de medida las palabras por minuto, en comparación con las otras tres unidades. Por tanto, el autor concluye que «son las palabras las que ponen más claramente en evidencia las diferencias de velocidad entre hablantes» (266), y recomienda que se empleen las palabras por minuto como unidad de medida. Sin embargo, podría considerarse que el experimento de Madrid plantea problemas en diversos aspectos. En primer lugar, el autor considera unidades de tiempo no comparables. De hecho, examina el número de sonidos (y de sílabas) por segundo, mientras que estudia el número de palabras (y de grupos acentuales) por minuto. Puesto que aparecen más unidades en un minuto que en un segundo, es lógico que la diferencia entre locutores lentos y rápidos sea más destacable con unidades por minuto. En segundo lugar, se comparan valores obtenidos en dos extractos diferentes de un mismo corpus: las mediciones en sonidos por segundo y en sílabas por segundo provienen de un fragmento de un minuto, mientras que las mediciones en palabras por minuto y en grupos acentuales por minuto proceden de otro fragmento de aproximadamente cinco minutos, lo que hace difícil la comparación entre los valores obtenidos en los dos extractos. Por estas razones, la conclusión según la cual la palabra constituye la unidad adecuada en el estudio de la velocidad de elocución parecería que no acaba de resultar plenamente fundamentada.

Por otra parte, cabe señalar que Ramus (2002) menciona la posibilidad de que la unidad apropiada no sea idéntica en todas las lenguas, dado que estas pueden diferir en su naturaleza rítmica; así, se podría estudiar la velocidad de elocución en pies [→ § 1.21.6] por segundo en inglés, en sílabas por segundo en francés y en moras [→ § 1.21.8] por segundo en japonés. Sin embargo, la selección de diferentes unidades para diversas lenguas plantea un problema evidente en los estudios interlingüísticos: es recomendable usar la misma unidad para todas las lenguas, y que esta no sea la palabra, cuya longitud puede variar en una misma lengua y entre las lenguas (Vallée y Rousset 2004).

Además, otro problema relacionado con las unidades de medida reside en la definición exacta de la unidad seleccionada (Ramus 2002). Al suponer que la sílaba constituye la unidad escogida, es indispensable decidir si se trata de sílabas fonológicas o fonéticas [→ § 1.21.7, § 24.1]; por ejemplo, un enunciado como *uno u otro* constaría de 5 sílabas fonológicas (/u.no.u.o.tɾo/) y de 4 sílabas fonéticas ([u.no.u̯o.t̪ɾo]) y, por lo tanto, los cálculos de la velocidad de elocución cambiarían en cada caso.

Finalmente, se ha de mencionar que, en las investigaciones en el campo de las tecnologías del habla, se usa la vocal como unidad de medida de la velocidad de habla (por ejemplo, Pellegrino, Farinas y Rouas 2004), puesto que se considera que el número de vocales en un enunciado permite estimar adecuadamente el número de sílabas, y se sabe que la detección automática de una vocal puede efectuarse independientemente de la lengua examinada, mientras que la detección de sílabas implica estrategias de silabación específicas para cada lengua [→ § 1.21.12, § 24.2].

En suma, entre las diversas unidades puestas a disposición del investigador, parece que la sílaba constituye la más apropiada, porque permite estudiar la velocidad de habla no solo en diferentes estilos de habla, sino también en distintas lenguas.

Ramus (2002) subraya, sin embargo, que la selección de la sílaba como unidad común en un estudio interlingüístico conduce al problema de que se ignoran las diferencias rítmicas debidas a la estructura silábica [→ § 1.21.8]. Por ejemplo, como las sílabas japonesas son más simples que las inglesas, se esperaría una velocidad de elocución (en sílabas por minuto) más rápida en japonés que en inglés.

33.4 La variabilidad en la velocidad de elocución

La velocidad de elocución es un fenómeno cuya variabilidad proviene de diversas fuentes [→ capítulo 34]. A este respecto, O'Connell y Kowal (1983) introducen la noción de «multideterminación», con la cual no solo hacen hincapié en la dificultad de considerar la totalidad de las fuentes de variabilidad que actúan sobre la velocidad de elocución, sino que también subrayan el hecho de que la influencia de una fuente no excluye la de las otras.

A continuación, se presenta una visión general de las fuentes de variabilidad susceptibles de afectar la velocidad de elocución (para una descripción más detallada, véanse, entre otros, Schwab [2007], y Trouvain [2004]). Una primera división se establecería entre aquellas que permiten explicar la variabilidad de la velocidad de elocución interlocutor (factores individuales y sociolingüísticos) y las que son responsables de la variabilidad intralocutor (factores lingüísticos, cognitivos y paralingüísticos).

33.4.1 Las fuentes de variabilidad interlocutor

La primera fuente de variabilidad depende de las características individuales del hablante. Distintos individuos pueden presentar diferencias importantes en su velocidad de elocución, aunque procedan del mismo grupo sociolingüístico. En este sentido, las investigaciones de Tsao y Weismer (1997) y de Tsao, Weismer e Iqbal (2006) permitieron concluir que la diferencia de velocidad de elocución entre los locutores depende más de factores neuromusculares —es decir, individuales— que de factores puramente sociolingüísticos.

Además del factor individual, intervienen una serie de factores sociolingüísticos —denominados por Trouvain (2004) «extralingüísticos»—. En primer lugar, la edad constituye una fuente de variabilidad demostrada ya en varias lenguas y en varias actividades lingüísticas (Jacewicz *et al.* 2009; Ramig 1983; Schwab y Racine 2013; Smith, Wasowicz y Preston 1987): la velocidad de elocución tiende a disminuir conforme aumenta la edad. Sin embargo, la influencia de la edad sobre la velocidad de elocución aún no está totalmente explicada y puede resultar de la interacción de varios factores fisiológicos, cognitivos, lingüísticos y sociales (Ramig 1983; Smith, Wasowicz y Preston 1987) [→ § 34.2.3].

En segundo lugar, a pesar de la opinión generalizada que sugiere que las mujeres presentan una velocidad de elocución más rápida que los hombres, algunas investigaciones empíricas han demostrado lo contrario: los hombres hablan más rápidamente que las mujeres o, por lo menos, articulan más rápidamente, conclusión a la que se ha llegado en varias lenguas y en varias tareas lingüísticas (Binnenpoorte *et al.* 2005; Jacewicz *et al.* 2009; Quené 2005; Schwab y Racine 2013; Verhoeven, De Pauw y Kloots 2004; Whiteside 1996; Yuan, Liberman y Cieri 2006).

Finalmente, la lengua misma puede constituir una fuente de variabilidad en la velocidad de elocución. El interés suscitado por el estudio interlingüístico de las variables temporales nació, como se ha explicado en el § 33.1, en los años sesenta. Sin embargo, las diferencias metodológicas entre las investigaciones en este campo hacen muy difíciles las comparaciones entre los resultados obtenidos. No obstante, los investigadores que examinaron, con una metodología similar, las variables temporales en dos lenguas —por ejemplo, Grosjean y Deschamps (1975) en francés y en inglés, y de Johnson, O'Connell y Sabin (1979) en español y en inglés— llegan a la siguiente conclusión: las lenguas no presentan necesariamente diferencias en todas las variables temporales (velocidad de elocución, de articulación, pausas, etcétera), por lo que es necesario examinar de manera detallada cada variable. De este modo, dos lenguas pueden presentar una velocidad de elocución similar, y organizar de manera distinta su tiempo de articulación y de pausa (como sucede en francés y en inglés), mientras que una diferencia de velocidad de elocución entre dos lenguas puede reflejar una velocidad de articulación diferente y un tiempo de pausa similar (como sucede en español y en inglés).

Se ha de señalar también que para superar las dificultades que conlleva la comparación entre lenguas que presentan diferencias de estructura silábica y léxica, los investigadores han examinado la velocidad de elocución en variantes de una misma lengua, ya sea en un mismo país —por ejemplo, el inglés en el norte y el sur de Estados Unidos (Jacewicz *et al.* 2009); el neerlandés en cuatro regiones de Holanda (Quené 2005)—, o en países diferentes —por ejemplo, el flamenco en Bélgica y en Holanda (Verhoeven, De Pauw y Kloots 2004); el francés en la Suiza francófona y en Francia (Schwab y Racine 2013)—.

33.4.2 Las fuentes de variabilidad intralocutor

La primera fuente de variabilidad intralocutor es de carácter lingüístico. Se ha demostrado que determinados factores 'estructurales' influyen en la velocidad de elocución. Entre ellos, se encuentran, por ejemplo, la complejidad de la estructura silábica —las sílabas que presentan una estructura compleja se pronuncian a una velocidad más lenta (véase, entre otros, Tiffany 1980)—, la longitud del enunciado —un enunciado largo se produce con mayor rapidez que un enunciado corto (véanse, entre otros, Goldman-Eisler 1954; Malécot, Johnston y Kizziar 1972; Quené 2005; Yuan, Liberman y Cieri 2006)— y la complejidad sintáctica del enunciado —cuanto más complejo es el contexto sintáctico en el que se realiza una pausa, más larga es esta (véase Ruder y Jensen 1972, entre otros)—.

Otra fuente de variabilidad intralocutor viene dada por los factores denominados 'cognitivos', entre los que cabe mencionar el esfuerzo cognitivo requerido por la tarea lingüística, la competencia en la lengua y la presencia de alguna patología del lenguaje [→ § 34.2.2]. La naturaleza de las tareas lingüísticas —que tienen como resultado diferentes estilos de habla— condiciona el esfuerzo cognitivo necesario en la actividad lingüística. Así, una tarea 'sencilla' (*aisée* en Grosjean y Deschamps [1975]) corresponde a una actividad lingüística que requiere un esfuerzo cognitivo mínimo (con poca planificación del discurso, como, por ejemplo, la lectura), mientras que una tarea 'compleja' (*contraignante* en Grosjean y Deschamps [1975]) exige un esfuerzo cognitivo considerable (con una planificación imprescindible, por ejemplo, como en la descripción de imágenes). Por lo tanto, los investigadores han examinado, en varias lenguas, en qué medida las tareas lingüísticas —con grados distintos de esfuerzo cognitivo— implican una velocidad de elocución diferente. Los resultados han mostrado que la lectura —que exige poco esfuerzo cognitivo— se caracteriza por una velocidad de elocución más rápida que el habla espontánea —una tarea cognitivamente más compleja—, ya sea en una conversación, en una descripción de imágenes o en una conferencia no leída (véanse, entre otros, Barik 1977; Lucci 1983).

No obstante, Goldman-Eisler (1968) precisa que la velocidad de articulación de un locutor no depende del estilo de habla (lectura o habla espontánea), lo que no se confirma en investigaciones posteriores (por ejemplo, Grosjean y Deschamps 1975).

Del mismo modo, en el habla espontánea aparecen diferencias en la velocidad de elocución (y en las otras variables temporales) entre las producciones procedentes de tareas que se distinguen por el esfuerzo cognitivo requerido —por ejemplo, una descripción de imágenes y una entrevista radiofónica preparada (Grosjean y Deschamps 1975)—, pero no entre las que implican un esfuerzo cognitivo similar —por ejemplo, una conversación espontánea y una entrevista (Tauroza y Allison 1990)—. Por consiguiente, se confirma la idea según la cual el esfuerzo cognitivo requerido por la actividad lingüística influye sobre la velocidad de elocución y sobre las otras variables temporales.

En cuanto a la influencia de la competencia lingüística, se ha demostrado que no solo los aprendices de una segunda lengua presentan una velocidad de elocución más lenta que los nativos (Flege y Hojen 2004; García Lecumberri, Cooke y Wester 2027; Kovács 2020; Munro y Derwing 1995), sino que esta varía también en función del grado de competencia (entre otros, Cenoz 2000; Riggenbach 1991; Sabin *et al.* 1979). El efecto denominado en inglés *non-native speaking rate effect* (Flege y Hojen 2004) se explica tanto por las diferencias fonéticas y fonológicas entre la lengua materna y la segunda lengua como por las dificultades de planificación del discurso en la lengua extranjera. Además, en los hablantes bilingües,

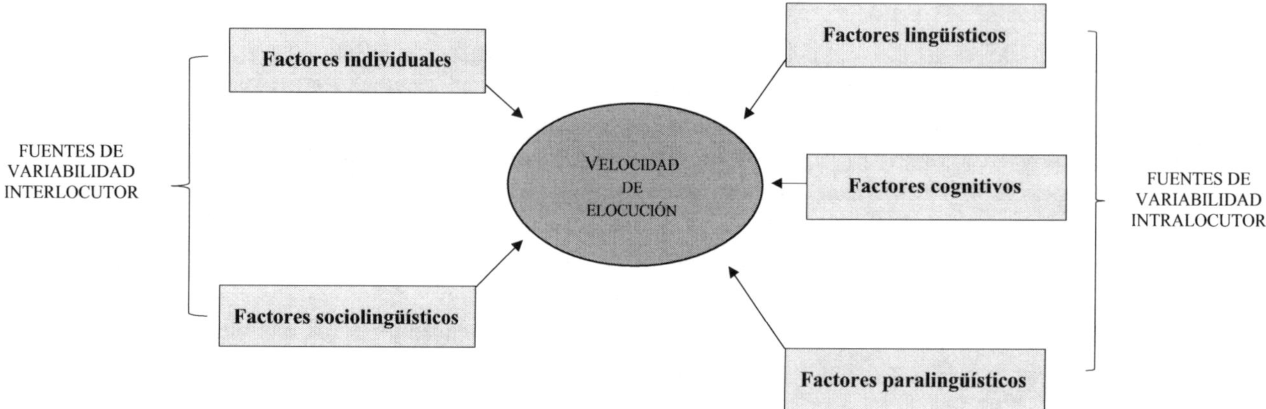

FIGURA 2. Fuentes de variabilidad en la velocidad de elocución.

la edad a la que se adquieren las lenguas es determinante en la velocidad de elocución: cuanto más joven se adquiere una lengua, más fácilmente se puede alcanzar una velocidad de elocución rápida (Guion *et al.* 2000; Mackay y Flege 2004).

Las investigaciones sobre las patologías del lenguaje han revelado que, en comparación con los hablantes sin alteraciones, los pacientes que padecen un trastorno del lenguaje (por ejemplo, disfemia, disartria o afasia) presentan una velocidad de elocución más lenta y menos estable y, aunque sean capaces de variarla, lo hacen de una forma más limitada (véanse, entre otros, Blomgren 2010; Dietz *et al.* 2006; Kent y McNeil 1987; Turner y Weismer 1993). La explicación proporcionada por los investigadores es de carácter tanto articulatorio como cognitivo: la mayor lentitud de la elocución en los pacientes resultaría no solo de una velocidad articulatoria más lenta, sino también de un procesamiento cognitivo menos rápido.

Finalmente, es preciso mencionar que algunos factores paralingüísticos pueden ser responsables de la variabilidad intralocutor (para una descripción detallada, véase Trouvain [2004]). Se ha demostrado que la velocidad de elocución se ve afectada por las emociones del locutor (véase, entre otros, Banse y Scherer 1996), por la situación comunicativa (como la relación entre los locutores o los temas abordados; véase, entre otros, Yuan, Liberman y Cieri [2006]), por la complejidad de la información enunciada (véanse, entre otros, Greene y Ravizza 1995; Nooteboom y Eefting 1994) o por el consumo de alcohol y de drogas (véanse, entre otros, Walker *et al.* 1992).

33.4.3 Resumen

Como se puede apreciar en la Figura 2, la velocidad de elocución se ve afectada por fuentes de variabilidad de carácter muy diverso. La presentación, en este apartado, de varios factores susceptibles de influir sobre la velocidad de elocución de un hablante permite entender mejor la noción de «multideterminación» propuesta por O'Connell y Kowal (1983). De hecho, la velocidad de elocución no se puede determinar por un factor único y resulta, por lo tanto, de la influencia conjunta de factores que actúan al mismo tiempo sobre varios aspectos.

33.5 La velocidad de elocución en español

La velocidad de elocución en español no ha suscitado mucho interés. De hecho, son pocos los trabajos que han investigado este fenómeno, y la mayoría lo han abordado de manera indirecta, al examinar otro objeto de estudio. Partiendo de esa base, en los subapartados que siguen se resumen los estudios llevados a cabo sobre la cuestión y se apunta una posible caracterización de la velocidad de elocución en español.

33.5.1 La velocidad de elocución, un fenómeno interdisciplinario

En relación con la velocidad de elocución y por lo que se refiere al nivel segmental, se ha analizado, por ejemplo, en qué medida los cambios de la velocidad de habla afectan a la duración del VOT *(Voice Onset Time)* [→ § 1.11.4] de las oclusivas en español (Magloire y Green 1999), a los grupos consonánticos intervocálicos (Fernández Planas 1999) o a la reducción silábica (Voigt y Schüppert 2013). Además, Carrió Font y Ríos (1991) estudiaron el efecto del aumento de la velocidad de elocución en la duración segmental y silábica, en un trabajo comparativo sobre el español y el catalán. En el nivel suprasegmental, se ha investigado el papel de la velocidad del habla —más bien de la velocidad de articulación— en la alineación tonal, es decir, en la sincronización entre los movimientos de la frecuencia fundamental y la secuencia de segmentos (de-la-Mota 2005), así como en la caracterización prosódica de los estilos de habla (Cabedo 2007). Además, se ha tratado la función de esta variable temporal en la interfaz entre la prosodia y la sintaxis, concretamente, el posible impacto de la variación de la velocidad de elocución (lenta, normal y rápida) sobre la duración silábica en las fronteras sintácticas mayores y menores (Blondet, Méndez Seijas y Mora Gallardo 2003–2004). Por otra parte, la velocidad de habla se ha estudiado como un indicio de la fluidez (García-Amaya 2008, 2009), como un criterio de comprensibilidad en hablantes no nativos de español (Llurda 1995) o como método de diagnóstico en pacientes con patologías del habla relacionadas con síndromes neurodegenerativos (García Meilán *et al.* 2020). Asimismo, la velocidad de elocución se ha examinado en niños de edades diferentes (Rojas Contreras *et al.* 2019) y se ha considerado tanto en la caracterización de emociones (Martínez Matos y Rojas Avendaño 2011) como en el estudio del habla política (Bañón, Arcos y Requena 2012; Perea 2017) [→ capítulo 34]. También se ha empleado la velocidad de habla como un instrumento para inducir errores de producción (Wells-Jensen 2007), y como una variable en trabajos que tratan sobre la percepción de la velocidad del habla en español lengua materna (Rojas Avendaño y Martínez Matos 2011) y en segundas lenguas, entre las cuales se encuentra el español (Vaane 1982). Finalmente, es preciso mencionar el importante papel que desempeña la velocidad de elocución en el campo de las tecnologías del habla, especialmente en el reconocimiento del habla (Martínez, Tapias y Álvarez Cercadillo 1998; Pellegrino, Farinas y Rouas 2004).

Así, a partir de esta breve revisión, se puede comprobar que el estudio de la velocidad de elocución abarca campos muy distintos y tiene un carácter interdisciplinario, pero los trabajos mencionados divergen considerablemente en el objetivo y en el campo de investigación, y cabe señalar que tampoco coinciden en la metodología seguida. Por tanto, resulta difícil —incluso imposible con los datos de los que se dispone— definir las características de la velocidad de habla del español, y la influencia, en esta lengua, del conjunto de factores descritos en los apartados previos.

33.5.2 Intento de caracterización de la velocidad de elocución en español

Se ha constatado que, a pesar de la importancia de la velocidad de elocución en el mundo de la lingüística, son muy pocos los estudios que se han fijado como meta caracterizarla en español. Las escasas investigaciones que la han examinado toman como referencia los datos recogidos en el *Manual de pronunciación española* de Navarro Tomás ([1918] 1996), en el que, sin realizar un estudio empírico, se menciona una velocidad normal de aproximadamente 200 palabras por minuto en la lectura.

> Concretamente, Navarro Tomás ([1918] 1996) escribe:
>
> En el siguiente trozo [que contiene 205 palabras], leído en alta voz en el tono ordinario que correspondería usar ante los estudiantes de una clase poco numerosa, la mayor parte de las personas consultadas han empleado de sesenta a sesenta y cinco segundos (198).
>
> De ahí se ha deducido que, para el español, la velocidad de elocución es de aproximadamente 200 palabras por minuto.

También se ha citado a menudo a Loprete (1984), que señala una velocidad normal entre 120 y 150 palabras por minuto en la conversación de hablantes de español rioplatense. A continuación, se presentan los escasos estudios sistemáticos sobre la velocidad de elocución tanto en español peninsular como en algunas variantes hispanoamericanas.

En cuanto al español peninsular, Tapia (1996), en un estudio comparativo entre el español peninsular y el español de Chile, examinó la velocidad de articulación y la razón entre el tiempo de articulación y el tiempo de locución en el habla de presentadores españoles de telediario, y obtuvo una velocidad de articulación media de 7,28 sílabas por segundo y una razón del 92 %. La velocidad de elocución, que se puede calcular a partir de los datos proporcionados por Tapia, es de 6,65 sílabas por segundo, lo que concuerda con los datos de Schwab (1999), que encontró, para la misma actividad lingüística, una velocidad de elocución de 6,64 sílabas por segundo, y de 190 palabras por minuto. Rodero (2012) examinó la velocidad de elocución en informativos radiofónicos españoles, italianos, franceses e ingleses, y observó, con respecto al español, una velocidad de elocución de 6,99 sílabas por segundo (207 palabras por minuto).

García-Amaya (2009), en un estudio sobre la fluidez en español como lengua extranjera, examina, con el propósito de comparar las producciones nativas y no nativas, la velocidad de elocución de cinco hablantes de español peninsular, que tenían que contestar a diversas preguntas sobre sus vacaciones, su familia, cómo cocinar, etcétera. El autor encontró una velocidad de elocución media de 4,88 sílabas por segundo —con velocidades que oscilaban entre 4,16 y 5,4 sílabas por segundo— y una media de 166,5 palabras por minuto.

Schwab (2015), con el fin de comparar el español peninsular y el español de Costa Rica, midió la velocidad de elocución y de articulación en una tarea de lectura. Sus resultados sobre el español peninsular indicaron una velocidad de elocución de 5,83 sílabas por segundo y una velocidad de articulación de 6,82 sílabas por segundo. Además, su investigación revela la influencia, sobre todo en la velocidad de articulación, de variables lingüísticas, como el número de sílabas en el enunciado, y de variables extralingüísticas, como la edad o la profesión de los hablantes.

Cremades (2016), en un trabajo orientado hacia la fonética judicial, estudió, entre otros aspectos, la velocidad de elocución y la velocidad de articulación en castellano y en catalán en tres estilos discursivos: lectura de un texto, habla semiespontánea (una narración en la que los hablantes resumían el texto leído) y habla espontánea (una entrevista en la que los locutores expresaban su opinión sobre temas polémicos). Encontró, en lo que concierne al castellano, una velocidad de elocución de 4,01 sílabas por segundo para el habla espontánea, 3,73 sílabas por segundo para el habla semiespontánea y 5,3 sílabas por segundo para la lectura. En lo que se refiere a la velocidad de articulación, registró una velocidad de 5,61 sílabas por segundo en habla espontánea, 5,28 sílabas por segundo en habla semiespontánea y 6,643 sílabas por segundo en la lectura.

En estos estudios sobre el español peninsular, destaca la importante diferencia de velocidad de elocución según la tarea lingüística realizada. La presentación de las noticias en un informativo (como en Rodero 2012; Schwab 1999; Tapia 1996) consiste en una lectura o una verbalización —generalmente, con limitaciones de tiempo— de un texto preparado, actividad que no exige una planificación previa del discurso y que, por consiguiente, requiere un esfuerzo cognitivo mínimo, lo que implica poder producir una velocidad de habla rápida. La lectura, que tampoco requiere planificación previa, también da lugar a una velocidad de elocución rápida (Schwab 2015). Por lo contrario, la actividad lingüística de responder a preguntas demanda una planificación del discurso (como en García-Amaya 2009, o en Cremades 2016), y, por lo tanto, un esfuerzo cognitivo más importante, de ahí que la velocidad de elocución suela ser más lenta. No obstante, no aparecen en el artículo de García-Amaya (2009) detalles en cuanto a posibles diferencias de velocidad de elocución según el tema abordado, a pesar de que García-Amaya (2008) subraye tales diferencias en su estudio con hablantes no nativos del español.

Por lo que concierne a las variantes hispanoamericanas, de Johnson, O'Connell y Sabin (1979), en un estudio en el que se comparaban diversas variables temporales del inglés y del español mexicano, solicitaron a 45 hablantes nativos de español de México que contaran una historia que se les había presentado previamente en tres modalidades: auditiva, audiovisual y visual. Reuniendo los datos de las tres modalidades —puesto que no había diferencias significativas entre ellas—, encontraron una velocidad de elocución media de 4,24 sílabas por segundo, una velocidad de articulación media de 6,08 sílabas por segundo, un número total de pausas de 908 y una duración media de las pausas de 733 ms (considerando como pausa todo silencio superior a 270 ms). Según las cifras que aparecen en el trabajo mencionado, puede deducirse una razón entre el tiempo de articulación y el tiempo de locución del 71,43 %, es decir, que los locutores invirtieron aproximadamente el 30 % del tiempo total de locución en la producción de pausas.

Madrid (2008) también examinó la velocidad de elocución y la velocidad de articulación en hablantes mexicanos, pero, contrariamente a de Johnson, O'Connell y Sabin (1979), lo hizo a partir de grabaciones de programas de televisión en los cuales seis especialistas hablaban de temas políticos, nacionales o internacionales. Tras el análisis de un extracto de un minuto de cada uno de los locutores, encontró una velocidad de elocución media de 5,2 sílabas por segundo y de 12,1 sonidos por segundo, y una velocidad de articulación media de 6 sílabas por segundo y de 13,7 sonidos por segundo. A partir de los datos de Madrid, se puede calcular una razón entre el tiempo de articulación y el tiempo de locución del 87,83 %, es decir, que los locutores produjeron pausas en menos del 15 % del tiempo total de locución. En otro extracto de cinco minutos por locutor, Madrid obtiene una velocidad de elocución de 173,5 palabras por minuto y una velocidad de articulación de 180,4 palabras por minuto, lo que significa una razón entre el tiempo de articulación y el tiempo de locución del 96,07 %; los locutores produjeron, en este extracto, muy pocas pausas.

La comparación de los resultados (en sílabas por segundo) de Madrid (2008) con los de de Johnson, O'Connell y Sabin (1979) muestra una velocidad de articulación muy similar (6 y 6,08 sílabas por segundo, respectivamente), pero una velocidad de elocución diferente (5,2 y 4,24 sílabas por segundos, respectivamente), lo que proviene de la diferencia en el tiempo de pausa (15 % y 30 %, respectivamente). Ahora bien, la actividad lingüística que llevaron a cabo los locutores en dichos estudios era distinta. En el primer caso, aunque no aparecen muchos detalles en el artículo de Madrid, los locutores, especialistas, hablaban de temas de actualidad, mientras que en el segundo caso los hablantes narraban una historia que acababan de oír o de ver. Así, se puede deducir que la tarea realizada en el estudio de Madrid requería menos esfuerzo cognitivo que la tarea de narración del trabajo de de Johnson, O'Connell y Sabin. Sin embargo, contrariamente a lo que ocurre en otras lenguas (francés e inglés, cf. Grosjean y Deschamps [1975]), pero de acuerdo con Goldman-Eisler (1968), la tarea lingüística no parece tener un impacto sobre la velocidad de articulación en español mexicano, mientras que desempeña un papel importante en la velocidad de elocución, concretamente, en el tiempo de pausa: cuanta más planificación requiere la tarea (por ejemplo, la narración), más pausas se producen, y más lenta es la velocidad de elocución. Esta breve comparación sobre datos mexicanos confirma la relevancia del papel de la tarea lingüística —es decir, del esfuerzo cognitivo implicado en la actividad lingüística— en el estudio de la velocidad de elocución.

Tapia (1996) estudió unas variables temporales en el habla de presentadores chilenos de noticias, con el fin de compararlas con las del español peninsular. Encontró una velocidad de articulación de 7,6 sílabas por segundo y una razón entre el tiempo de articulación y el tiempo de locución del 89 %. La velocidad de elocución obtenida a partir de los datos que aparecen en Tapia es de 6,79 sílabas por minuto. La comparación de los datos chilenos con los del español peninsular (para la misma actividad lingüística) muestra valores muy similares, aunque una velocidad un poco superior para el español chileno. Tapia concluye que las similitudes entre las variantes peninsular y chilena provienen del «hecho de que se trata de un tipo de locución fuertemente pautada» (31).

Blondet (2006) solicitó a cuatro hablantes venezolanos que leyeran un texto a tres velocidades: lenta, normal y rápida. El cálculo del promedio a partir de los datos recogidos en su trabajo proporciona una velocidad de elocución de 3,8 sílabas por segundo para la velocidad lenta, 5 sílabas por segundo para la velocidad normal y 6,6 sílabas por segundo para la velocidad rápida. En cuanto a la velocidad de articulación, es de 4,9 sílabas por segundo para la velocidad lenta, 6,1 sílabas por segundo para la velocidad normal y 7,43 sílabas por segundo para la velocidad rápida.

En su estudio ya mencionado, Schwab (2015) examinó, también en una tarea de lectura, la velocidad de elocución y de articulación en el español de Costa Rica. Encontró una velocidad de elocución de 5,32 sílabas por segundo y una velocidad de articulación de 6,48 sílabas por segundo. La comparación con los datos del español peninsular indica que, frente a la idea preconcebida de que los españoles hablan rápido, los valores del español costarricense no difieren significativamente de los del español peninsular. Con una metodología similar a la de Schwab (2015), Santiago y Mairano (2022), sin embargo, llegaron a la conclusión inversa: encontraron una velocidad de articulación más rápida para los madrileños (media de 7.07 sil/seg) que para los mexicanos (media de 6.46 sil/seg), independientemente de la tarea realizada (entrevista, descripción de imágenes, lectura). Esta diferencia también se observó en la velocidad de elocución en las dos tareas de habla espontánea, pero no en lectura.

También se ha examinado la velocidad de elocución en español rioplatense. Wainschenker, Doorn y Castro (2002) se fijaron como meta definir qué es una velocidad de elocución muy lenta, lenta, normal, rápida y muy rápida. Con este fin, seleccionaron grabaciones de textos provenientes de diversas fuentes: lecturas de artículos, conversaciones, locuciones de televisión, retransmisiones de partidos de fútbol, noticiarios, reportajes y monólogos. El conjunto de estas grabaciones (cuya duración oscilaba entre 16 y 40 segundos) presentaba una gran variabilidad en los datos, con una velocidad de elocución media de 13,83 sonidos por segundo y de 162,71 palabras por minuto (los autores consideraron que una palabra está constituida, de media, por 5,1 sonidos). En una prueba de percepción, 30 oyentes clasificaron cada producción como muy lenta, lenta, normal, rápida y muy rápida. Según se puede apreciar en la Tabla 1, los autores establecieron los valores que constituyen los límites inferiores y los superiores para determinar dichas velocidades, y consideraron como normal una velocidad de elocución entre 10,7 y 15,2 sonidos por segundo (o entre 126 y 179 palabras por minuto).

En la Tabla 2 se resumen los datos de los estudios presentados previamente, con el objetivo de clasificarlos según la propuesta de Wainschenker, Doorn y Castro (2002).

De Johnson, O'Connell y Sabin (1979) mencionan un número total de 9672 sílabas producidas por todos los locutores, y un número total de 5679 palabras, lo que da una proporción de 1,7 sílabas por palabra. Convirtiendo la velocidad de elocución en

Tabla 1 *Valores de velocidad de elocución obtenidos en Wainschenker, Doorn y Castro (2002)*

Velocidad de elocución		Muy lenta	Lenta	Normal	Rápida	Muy rápida
Sonidos por segundo	Media	3,3	8,5	12,9	17,7	24,4
	Límites	5,3	10,7	15,2	20,5	
Palabras por minuto	Media	39	100	152	208	287
	Límites	63	126	179	241	

Tabla 2 *Valores de velocidad de elocución y de articulación (expresados en varias unidades), ordenados por velocidad de elocución*

Autor	Variante lingüística	Tarea lingüística	N	Velocidad de elocución			Velocidad de articulación		
				Sonidos por segundo	Sílabas por segundo	Palabras por minuto	Sonidos por segundo	Sílabas por segundo	Palabras por minuto
Cremades (2016)	Peninsular	Narración	9	-	3,73	-	-	5,28	-
Santiago y Mairano (2022)	México	Descripción de imágenes	12	-	3,83	-	-	6,13	-
Cremades (2016)	Peninsular	Entrevista	9	-	4,01	-	-	5,61	-
Santiago y Mairano (2022)	México	Entrevista	12	-	4,22	-	-	6,37	-
Johnson *et al*, (1979)	México	Narración	45	-	4,24	150	-	6,08	212
Santiago y Mairano (2022)	Peninsular	Entrevista	10	-	4,65	-	-	6,85	-
Santiago y Mairano (2022)	Peninsular	Descripción de imágenes	10	-	4,76	-	-	7,04	-
García-Amaya (2009)	Peninsular	Entrevista	5	-	4,88	166,5	-	-	-
Blondet (2006)	Venezuela	Lectura	4	-	5	-	-	6,1	-
Madrid (2008)	México	Entrevista especialista	6	12,1	5,2	173,5	13,7	6	180,4
Cremades (2016)	Peninsular	Lectura	9	-	5,3	-	-	6,64	-
Schwab (2015)	Costa Rica	Lectura	8	-	5,32	153,28	-	6,48	188,15
Santiago y Mairano (2022)	Peninsular	Lectura	10	-	5,77	-	-	7,31	-
Santiago y Mairano (2022)	México	Lectura	12	-	5,81	-	-	6,89	-
Schwab (2015)	Peninsular	Lectura	8	-	5,83	168,33	-	6,82	197,81
Schwab (1999)	Peninsular	Presentación informativo	16	-	6,64	190,11	-	-	-
Tapia (1996)	Peninsular	Presentación informativo	4	-	6,65	-	-	7,28	-
Tapia (1996)	Chile	Presentación informativo	4	-	6,79	-	-	7,6	-
Rodero (2012)	Peninsular	Presentación informativo	10	-	6,99	207	-	-	-

palabras por segundo, se obtiene una velocidad de elocución de 150 palabras por minuto, y una velocidad de articulación de 212 palabras por minuto. Tanto el valor en sílabas por segundo como el valor en palabras por minuto de García-Amaya (2009) corresponden al promedio de los valores proporcionados por el propio autor. Los valores de Blondet (2006) se refieren a los datos procedentes de la lectura de un texto a velocidad normal. El valor de Tapia (1996), tanto para el español peninsular como para el de Chile, se obtuvo dividiendo el número de sílabas fonológicas por el tiempo total de locución, según los valores que aparecen en ese mismo trabajo.

Se observa que los datos obtenidos en narraciones, lecturas y entrevistas pertenecen a la categoría de velocidad normal, mientras que los datos calculados a partir de informativos entran en la categoría 'rápida', tal vez porque los hablantes estudiados llevan a cabo una tarea lingüística que exige poco esfuerzo cognitivo, en un tiempo limitado por las exigencias de la programación. A este respecto, Tapia (1996) precisa:

> La condición del locutor profesional, el apoyo gráfico que éste recibe se acerca en gran medida a la situación de lectura y, sobre todo, a la necesidad que se imponen las cadenas de televisión por entregar mayor cantidad de información en menor tiempo pueden ser los factores que determinan una velocidad de locución alta para este tipo de programas (31).

Del mismo modo, los datos de Madrid (2008), también obtenidos de programas de televisión, se acercan a la categoría 'rápida'. Por otra parte, la velocidad de elocución calculada a partir de la lectura de un texto es más rápida que la del habla espontánea.

Si se observan los datos de la Tabla 2, resulta innegable que las velocidades de elocución presentan diferencias, a pesar de que todas ellas, exceptuando el caso de las noticias de radio y de televisión, pertenezcan a la categoría 'normal' de acuerdo con los umbrales establecidos en Wainschenker, Doorn y Castro (2002). Sería necesario, por lo tanto, determinar los factores que justificasen la variabilidad en la velocidad de elocución (cf. el § 33.4). Al ser escasa la información relativa a los locutores en los diversos estudios, no se pueden explicar las divergencias encontradas por factores sociológicos como la edad y el sexo de los hablantes. Como sugiere Loprete (1984) y como han mostrado Santiago y Mairano (2022) —pero contradiciendo los resultados de Tapia (1996) y Schwab (2015)—, la variante lingüística estudiada (peninsular o hispanoamericana) podría constituir otra posible explicación, pues sí justifica diferencias encontradas en francés (Schwab y Racine 2013) o en neerlandés (Quené 2005). No obstante, puesto que la metodología seguida en los experimentos difiere mucho de uno a otro, tal conclusión no tendría un apoyo sólido; sería necesario ampliar notablemente el número de datos para poder confirmar esta hipótesis. Tal vez, a partir de los datos de los que se dispone, los factores que mejor permiten explicar las diferencias de velocidad de elocución son el esfuerzo cognitivo requerido por la tarea lingüística llevada a cabo, además de determinados factores paralingüísticos, como la situación comunicativa, la relación entre los locutores o los temas abordados. Mientras que el primer factor permitiría aclarar la diferencia entre, por ejemplo, la lectura de noticias en un medio de comunicación audiovisual y la narración espontánea a partir de una información que se ha presentado previamente al locutor, los segundos, por su parte, permitirían matizar las diferencias entre la velocidad de elocución de los hablantes entrevistados en Madrid (2008), en García-Amaya (2009) y en Cremades (2016).

33.5.3 Resumen

En este apartado se han puesto de relieve tanto el carácter interdisciplinario del estudio de la velocidad de elocución como el poco interés que ha suscitado este fenómeno en español. La presentación de las escasas investigaciones existentes sobre la velocidad de elocución en español pone de manifiesto la diversidad de las metodologías seguidas, lo cual hace difícil encontrar factores a los que se pueda atribuir la explicación de las diferencias observadas. Parece que los más relevantes para justificar estas divergencias son de carácter cognitivo y paralingüístico, ya que la velocidad de elocución dependería del esfuerzo cognitivo que exige la actividad lingüística y de la situación comunicativa en la que se encuentran los hablantes.

33.6 Conclusiones

Se constata, en conjunto, que el estudio de la velocidad de elocución en español apenas ha suscitado interés por parte de los investigadores, al contrario de lo que ha ocurrido en otras lenguas como el francés, el inglés o el neerlandés. Para remediar esta situación, se necesitan experimentos que, con una metodología rigurosa y un número de locutores considerable, tengan como objetivo describir de manera exhaustiva no solo la velocidad de elocución, sino también las demás variables temporales. En ellos, se deberían examinar los diversos factores susceptibles de afectar a estos fenómenos, como son la variante lingüística estudiada, las características sociolingüísticas de los locutores analizados (sexo, edad, etcétera) y la actividad lingüística llevada a cabo, controlando la interacción que se produce entre ellos.

Desde el punto de vista metodológico, se deben definir con precisión las unidades de medida (por ejemplo, el número de sílabas por minuto) y establecer unos criterios objetivos que determinen, entre otras cuestiones, lo que se deba considerar como pausa, o bien cómo se han de tratar los alargamientos finales. Por otro lado, también se habrá de considerar el estudio de la percepción de la velocidad de elocución, un tema poco tratado en general y aun menos presente en la investigación sobre el español.

En conclusión, la velocidad de elocución constituye un campo de estudio de gran interés, que merece abordarse de forma rigurosa y exhaustiva en futuros trabajos sobre fonética del español.

Referencias bibliográficas

Banse, Rainer y Klaus R. Scherer. 1996. «Acoustic Profiles in Vocal Emotion Expression». *Journal of Personality and Social Psychology* 70 (3): 614–36. https://doi.org/10.1037/0022-3514.70.3.614.

Bañón, Antonio, Juan Manuel Arcos y Samantha Requena. 2012. «La gestión del tiempo en el discurso parlamentario». *Discurso & Sociedad* 6 (1): 49–78.

Barik, Henri C. 1977. «Cross-Linguistic Study of Temporal Characteristics of Different Types of Speech Materials». *Language and Speech* 20 (2): 116–126. https://doi.org/10.1177/002383097702000203.

Binnenpoorte, Diana, Christophe van Bael, Els den Os y Lou Boves. 2005. «Gender in Everyday Speech and Language: A Corpus-Based Study». En *INTERSPEECH 2005 - EUROSPEECH, 9th European Conference on Speech Communication and Technology. Lisbon, Portugal, September 4–8, 2005*, 2213–2216. International Speech Communication Association (ISCA) Online Archive. https://doi.org /10.21437/Interspeech.2005-701.

Blomgren, Michael. 2010. «Stability of Segment Durations in Stutterers' and Nonstutterers' Speech: Task Complexity Effects». En *Proceedings of the 25th World Congress of the International Association of Logopedics and Phoniatrics. Montreal, Canada, August 5–9, 2001*. Montreal: International Association of Logopedics and Phoniatrics. CD-ROM.

Blondet, María Alejandra. 2006. «Variaciones de la velocidad de habla en español: patrones fonéticos y estrategias fonológicas. Un estudio desde la producción». Tesis de doctorado, Universidad de Los Andes.

Blondet, María Alejandra, Jorge Méndez Seijas y Elsa Mora Gallardo. 2003–2004. «Breve descripción de la duración silábica como señal de frontera sintáctica en tres velocidades de elocución». *Lengua y Habla. Revista del Centro de Investigación y Atención Lingüística C.I.A.L.* 8: 9–16.

Boersma, Paul. 2001. «Praat, a System for Doing Phonetics by Computer». *Glot International* 5 (9–10): 341–45.

Cabedo, Adrián. 2007. «Caracterización prosódica del estilo directo de habla en la conversación coloquial». *Estudios de Lingüística. Universidad de Alicante (ELUA)* 21: 53–64. https://doi.org/10.14198/ELUA2007.21.04.

Carrió Font, Mar y Antonio Ríos. 1991. «A Contrastive Analysis of Spanish and Catalan Rhythm». En *Actes du XIIe Congrès International de Sciences Phonétiques / Proceedings of the XIIth International Congress of Phonetic Sciences. Aix-en-Provence, France, 19–24 août 1991*, 4:246–249. Aix-en-Provence: Université de Provence, Service des Publications.

Carroll, John B. 1966. «Problems of Measuring Speech Rate». En *Proceedings of the Louisville Conference on Time Compressed Speech. October 19–21, 1966*, editado por Emerson Foulke, 88–94. Louisville: University of Louisville, Center for Rate Controlled Recordings.

Cenoz, Jasone. 2000. «Pauses and Hesitation Phenomena in Second Language Production». *International Journal of Applied Linguistics* 127–128 (1): 53–69. https://doi.org/10.1075/itl.127-128.03cen.

Cremades, Elga. 2016. «El tempo como factor discriminante en el análisis forense del habla: análisis descriptivo en hablantes bilingües (catalán-español)». *Estudios Interlingüísticos* 4: 13–35.

Dietz, Aimee, Karen Hux, Tom Carrell, Jordan Green, Jeff Snell y Samantha Zickefoose. 2006. «Slowed Speaking Rates in TBI: Motor Speech or Cognitive Processing Deficit?» Presentado en American Speech-Language and Hearing Association Annual National Convention, Miami, EE. UU., noviembre.

Duez, Danielle. 1982. «Silent and Non-Silent Pauses in Three Speech Styles». *Language and Speech* 25 (1): 11–28. https://doi.org/10.1177 /002383098202500102.

Fernández Planas, Ana María. 1999. «Aproximación al estudio de la influencia de la velocidad de habla en grupos consonánticos intervocálicos -ST-». En *Lingüística para el siglo XXI. III Congreso de Lingüística General*, editado por Jesús Fernández González, Carmen

Fernández Juncal, Mercedes Marcos Sánchez, Emilio Prieto de los Mozos y Luis Santos Río, 1:641–52. Salamanca: Ediciones Universidad de Salamanca.

Flege, James E. y Anders Hojen. 2004. «Why Are Non-Native (L2) Utterances Longer than Native-Produced Utterances?» *The Journal of the Acoustical Society of America* 116 (4): 2604. https://doi.org/10.1121/1.4785387.

García Lecumberri, María Luisa, Martin Cooke y Mirjam Wester. 2017. «A Bi-Directional Task-Based Corpus of Learners' Conversational Speech». *International Journal of Learner Corpus Research* 3 (2): 175–95. https://doi.org/10.1075/ijlcr.3.2.04gar.

García Meilán, Juan José, Francisco Martínez Sánchez, Israel Martínez Nicolás, Thide E. Llorente y Juan Carro. 2020. «Changes in the Rhythm of Speech Difference between People with Nondegenerative Mild Cognitive Impairment and with Preclinical Dementia». *Behavioural Neurology* 2020: 4683573. https://doi.org/10.1155/2020/4683573.

García-Amaya, Lorenzo. 2008. «The Effect of Topic on Rate of Speech». *ELIA. Estudios de Lingüística Inglesa Aplicada* 8: 117–50.

———. 2009. «New Findings on Fluency Measures across Three Different Learning Contexts». En *Selected Proceedings of the 11th Hispanic Linguistics Symposium*, editado por Joseph G. Collentine, Maryellen García, Barbara A. Lafford y Francisco Marcos Marín, 68–80. Somerville: Cascadilla Proceedings Project.

Goldman-Eisler, Frieda. 1954. «On the Variability of the Speed of Talking and on Its Relation to the Length of Utterances in Conversations». *The British Journal of Medical Psychology* 45 (2): 94–107. https://doi.org/10.1111/j.2044-8295.1954.tb01232.x.

———. 1968. *Psycholinguistics. Experiments in Spontaneous Speech*. Londres: Academic Press.

Greene, John O. y Susan M. Ravizza. 1995. «Complexity Effects on Temporal Characteristics of Speech». *Human Communication Research* 21 (3): 390–421. https://doi.org/10.1111/j.1468-2958.1995.tb00352.x.

Grosjean, François. 1980. «Linguistic Structures and Performance Structures: Studies in Pause Distribution». En *Temporal Variables in Speech. Studies in Honour of Frieda Goldman-Eisler*, editado por Hans W. Dechert y Manfred Raupach, 91–106. La Haya: Mouton. Reed., Berlín: de Gruyter Mouton, 2011. https://doi.org/10.1515/9783110816570.91.

Grosjean, François y Maryann Collins. 1979. «Breathing, Pausing and Reading». *Phonetica* 36 (2): 98–114. https://doi.org/10.1159/000259950.

Grosjean, François y Alain Deschamps. 1972. «Analyse des variables temporelles du français spontané». *Phonetica* 26 (3): 129–57. https://doi.org/10.1159/000259407.

———. 1973. «Analyse des variables temporelles du français spontané II. Comparaison du français oral dans la description avec l'anglais (description) et avec le français (interview radiophonique)». *Phonetica* 28 (3–4): 191–226. https://doi.org/10.1159/000259456.

———. 1975. «Analyse contrastive des variables temporelles de l'anglais et du français : vitesse de parole et variables composantes, phénomènes d'hésitation». *Phonetica* 31 (3–4): 144–84. https://doi.org/10.1159/000259667.

Guion, Susan S., James E. Flege, Serena H. Liu y Grace H. Yeni-Komshian. 2000. «Age of Learning Effects on the Duration of Sentences Produced in a Second Language». *Applied Psycholinguistics* 21 (2): 205–28. https://doi.org/10.1017/S0142716400002034.

Hieke, Adolf E., Sabine Kowal y Daniel C. O'Connell. 1983. «The Trouble with "Articulatory Pauses"». *Language and Speech* 26 (3): 203–14. https://doi.org/10.1177/002383098302600302.

Jacewicz, Ewa, Robert A. Fox, Caitlin O'Neill y Joseph Salmons. 2009. «Articulation Rate across Dialect, Age, and Gender». *Language Variation and Change* 21 (2): 233–56. https://doi.org/10.1017/S0954394509990093.

de Johnson, Teresa H., Daniel C. O'Connell y Edward J. Sabin. 1979. «Temporal Analysis of English and Spanish Narratives». *Bulletin of the Psychonomic Society* 13 (6): 347–50. https://doi.org/10.3758/BF03336891.

Kent, Raymond D. y Malcolm R. McNeil. 1987. «Relative Timing of Sentence Repetition in Apraxia of Speech and Conduction Aphasia». En *Phonetic Approaches to Speech Production in Aphasia and Related Disorders*, editado por John H. Ryalls, 181–220. Boston: College Hill.

Kovács, Dorottya. 2020. «La velocidad de articulación en la enseñanza de ELE». *Acta Hispanica* 25: 87–99. https://doi.org/10.14232/actahisp.2020.25.87-99.

Llurda, Enric. 1995. «Native Speaker Reactions to Nonnative Speech: A Review». *Sintagma. Revista de Lingüística* 7: 43–51.

Loprete, Carlos Alberto. 1984. *El lenguaje oral. Fundamentos, formas y técnicas*. Buenos Aires: Plus Ultra.

Lucci, Vincent. 1983. *Étude phonétique du français contemporain à travers la variation situationnelle*. Grenoble: Université des langues et lettres de Grenoble.

Mackay, Ian R. A. y James E. Flege. 2004. «Effects of the Age of Second Language Learning on the Duration of First and Second Language Sentences: The Role of Suppression». *Applied Psycholinguistics* 25 (3): 373–96. https://doi.org/10.1017/S0142716404001171.

Madrid, Edgar Alberto. 2008. «Hacia el establecimiento de unidades para la medición de la velocidad de habla. El caso del español». En *Fonología instrumental: patrones fónicos y variación*, editado por Esther Herrera Zendejas y Pedro Martín Butragueño, 257–74. México, D. F.: El Colegio de México.

Magloire, Joël y Kerry P. Green. 1999. «A Cross-Language Comparison of Speaking Rate Effects on the Production of Voice Onset Time in English and Spanish». *Phonetica* 56 (3–4): 158–85. https://doi.org/10.1159/000028449.

Malécot, André, Robyn Johnston y P. A. Kizziar. 1972. «Syllabic Rate and Utterance Length in French». *Phonetica* 26 (4): 235–51. https://doi.org/10.1159/000259414.

Martínez, Fernando, Daniel Tapias y Jorge Álvarez Cercadillo. 1998. «Towards Speech Rate Independence in Large Vocabulary Continuous Speech Recognition». En *Proceedings of the 1998 IEEE International Conference on Acoustics, Speech and Signal Processing (ICASSP'98). May 12–15, 1998, Seattle, WA, USA*, 2:725–28. Piscataway: Institute of Electrical and Electronic Engineers. https://doi.org/10.1109/ICASSP.1998.675367.

Martínez Matos, Hernán y Darcy Rojas Avendaño. 2011. «Prosodia y emociones: datos acústicos, velocidad de habla y percepción de un corpus actuado». *Lengua y Habla. Revista del Centro de Investigación y Atención Lingüística C.I.A.L.* 15: 59–72.

de-la-Mota, Carme. 2005. «Alignment, Word Boundaries and Speech Rate in Castilian Spanish». Presentado en 2nd Phonetics and Phonology in Iberia (PaPI 2005), Bellaterra, España, junio.

Munro, Murray J. y Tracey M. Derwing. 1995. «Processing Time, Accent, and Comprehensibility in the Perception of Native and Foreign-Accented Speech». *Language and Speech* 38 (3): 289–306. https://doi.org/10.1177/002383099503800305.

Navarro Tomás, Tomás. (1918) 1996. *Manual de pronunciación española*. 26.ª ed. Madrid: Consejo Superior de Investigaciones Científicas.

Nooteboom, Sieb G. y Wieke Eefting. 1994. «Evidence for the Adaptive Nature of Speech on the Phrase Level and Below». *Phonetica* 51 (1–3): 92–98. https://doi.org/10.1159/000261961.

O'Connell, Daniel C. y Sabine Kowal. 1983. «Pausology». En *Computers in Language Research 2. Part I: Formalization in Literary and Discourse Analysis. Part II: Notating the Language of Music, and the (Pause) Rhythms of Speech*, editado por Walter A. Sedelow y Sally Y. Sedelow, 221–301. Berlín: Mouton. Reed., Berlín: de Gruyter Mouton, 2011. https://doi.org/10.1515/9783110823349.221.

Pellegrino, François, Jérôme Farinas y Jean-Luc Rouas. 2004. «Automatic Estimation of Speaking Rate in Multilingual Spontaneous Speech». En *Speech Prosody 2004, International Conference. Nara, Japan, March 23–26, 2004*, editado por Bernard Bel e Isabelle Marlien, 517–20. International Speech Communication Association (ISCA) Online Archive. https://doi.org/10.21437/SpeechProsody.2004-119.

Perea, Francisco Javier. 2017. «Estrategias de focalización prosódica en cuatro políticos españoles». *Pragmalingüística* 25: 490–507. https://doi.org/10.25267/Pragmalinguistica.2017.i25.

Quené, Hugo. 2005. «Modeling of Variation between and within Speakers in Spontaneous Speech Tempo». En *INTERSPEECH 2005 - EUROSPEECH, 9th European Conference on Speech Communication and Technology. Lisbon, Portugal, September 4–8, 2005*, 2457–60. International Speech Communication Association (ISCA) Online Archive. https://doi.org/10.21437/Interspeech.2005-754.

Ramig, Lorraine A. 1983. «Effects of Physiological Aging on Speaking and Reading Rates». *Journal of Communication Disorders* 16 (3): 217–26. https://doi.org/10.1016/0021-9924(83)90035-7.

Ramus, Franck. 2002. «Acoustic Correlates of Linguistic Rhythm: Perspectives». En *Speech Prosody 2002, International Conference. Aix-en-Provence, France, April 11–13, 2002*, 115–20. International Speech Communication Association (ISCA) Online Archive. https://doi.org/10.21437/SpeechProsody.2002-16.

Riazantseva, Anastasia. 2001. «Second Language Proficiency and Pausing. A Study of Russian Speakers of English». *Studies in Second Language Acquisition* 23 (4): 497–526. https://doi.org/10.1017/S027226310100403X.

Riggenbach, Heidi. 1991. «Toward an Understanding of Fluency: A Microanalysis of Nonnative Speaker Conversations». *Discourse Processes* 14 (4): 423–41. https://doi.org/10.1080/01638539109544795.

Rodero, Emma. 2012. «A Comparative Analysis of Speech Rate and Perception in Radio Bulletins». *Text & Talk. An Interdisciplinary Journal of Language, Discourse & Communication Studies* 32 (3): 391–441. https://doi.org/10.1515/text-2012-0019.

Rojas Avendaño, Darcy y Hernán Martínez Matos. 2011. «Percepción de la velocidad de habla en el español de Mérida (Venezuela)». *Estudios de Fonética Experimental* 20: 179–203.

Rojas Contreras, Daniela Paz, Domingo Román, Camilo Quezada y Josué Pino. 2019. «Velocidad del habla en niños de Santiago de Chile. Una comparación entre tres niveles etarios». *Lengua y Habla. Revista del Centro de Investigación y Atención Lingüística C.I.A.L.* 23: 286–98. http://erevistas.saber.ula.ve/index.php/lenguayhabla/article/view/15674.

Ruder, Kenneth F. y Paul J. Jensen. 1972. «Fluent and Hesitation Pauses as a Function of Syntactic Complexity». *Journal of Speech and Hearing Research* 15 (1): 49–60. https://doi.org/10.1044/jshr.1501.49.

Sabin, Edward J., Edward J. Clemmer, Daniel C. O'Connell y Sabine Kowal. 1979. «A Pausological Approach to Speech Development». En *Of Speech and Time. Temporal Speech Patterns in Interpersonal Contexts*, editado por Aron W. Siegman y Stanley Feldstein, 35–55. Hillsdale: Lawrence Erlbaum.

Santiago, Fabián y Paolo Mairano. 2022. «Spaniards Articulate Faster than Mexicans: Temporal Patterns in Two Varieties of Spanish». *Spanish in Context* 19 (2): 244–64. https://doi.org/10.1075/sic.20013.san.

Schwab, Sandra. 1999. «La perception du débit en langue seconde». Tesis de maestría, Université de Neuchâtel.

———. 2007. «Les variables temporelles dans la production et la perception de la parole». Tesis de doctorado, Université de Genève. https://doi.org/10.13097/archive-ouverte/unige:5216.

———. 2015. «Las variables temporales en el español de Costa Rica y de España: un estudio comparativo». *Revista de Filología y Lingüística de la Universidad de Costa Rica* 41 (1): 127–39. https://doi.org/10.15517/RFL.V41I1.21193.

Schwab, Sandra e Isabelle Racine. 2013. «Le débit lent des Suisses romands: mythe ou réalité?» *Journal of French Language Studies* 23 (2): 281–95. https://doi.org/10.1017/S095926951200021X.

Smith, Bruce L., Jan Wasowicz y Judy Preston. 1987. «Temporal Characteristics of the Speech of Normal Elderly Adults». *Journal of Speech and Hearing Research* 30 (4): 522–29. https://doi.org/10.1044/jshr.3004.522.

Stuckenberg, Annette y Daniel C. O'Connell. 1988. «The Long and Short of It: Reports of Pause Occurrence and Duration in Speech». *Journal of Psycholinguistic Research* 17 (1): 19–28. https://doi.org/10.1007/BF01067179.

Tapia, Mónica. 1996. «Velocidad y ritmo en el español público de Chile y España». Tesis de maestría, Universidad de Concepción.

Tauroza, Steve y Desmond Allison. 1990. «Speech Rates in British English». *Applied Linguistics* 11 (1): 90–105. https://doi.org/10.1093/applin/11.1.90.

Tiffany, William R. 1980. «The Effects of Syllable Structure on Diadochokinetic and Reading Rates». *Journal of Speech and Hearing Research* 23 (4): 894–908. https://doi.org/10.1044/jshr.2304.894.

Trouvain, Jürgen. 2004. «Tempo Variation in Speech Production. Implications for Speech Synthesis». *Phonus. Research Reports of the Institute of Phonetics at the University of the Saarland* 8.

Tsao, Ying-Chiao y Gary Weismer. 1997. «Interspeaker Variation in Habitual Speaking Rate: Evidence for a Neuromuscular Component». *Journal of Speech, Language, and Hearing Research* 40 (4): 858–66. https://doi.org/10.1044/jslhr.4004.858.

Tsao, Ying-Chiao, Gary Weismer y Kamran Iqbal. 2006. «Interspeaker Variation in Habitual Speaking Rate: Additional Evidence». *Journal of Speech, Language, and Hearing Research* 49 (5): 1156–64. https://doi.org/10.1044/1092-4388(2006/083).

Turner, Greg S. y Gary Weismer. 1993. «Characteristics of Speaking Rate in the Dysarthria Associated with Amyotrophic Lateral Sclerosis». *Journal of Speech, Language, and Hearing Research* 36 (6): 1134–44. https://doi.org/10.1044/jshr.3606.1134.

Vaane, Eveline. 1982. «Subjective Estimation of Speech Rate». *Phonetica* 39 (2–3): 136–49. https://doi.org/10.1159/000261656.

Vallée, Nathalie e Isabelle Rousset. 2004. «Indices en typologie des structures lexicales et syllabiques pour la discrimination et l'identification des langues». En *Actes du colloque MIDL 2004, «Identification des langues et des variétés dialectales par les humains et par les machines». Paris, 29–30 novembre 2004*, 37–42. París: École Nationale Supérieure des Télécommunications; París: CNRS.

Verhoeven, Jo, Guy De Pauw y Hanne Kloots. 2004. «Speech Rate in a Pluricentric Language: A Comparison between Dutch in Belgium and the Netherlands». *Language and Speech* 47 (3): 297–308. https://doi.org/10.1177/00238309040470030401.

Voigt, Stefanie y Anja Schüppert. 2013. «Articulation Rate and Syllable Reduction in Spanish and Portuguese». En *Phonetics in Europe. Perception and Production*, editado por Charlotte Gooskens y Renée van Bezooijen, 317–32. Fráncfort: Peter Lang. https://doi.org/10.3726/978-3-653-03517-9.

Wainschenker, Rubén, Jorge Doorn y Marcela Castro. 2002. «Medición cuantitativa de la velocidad del habla». *Procesamiento del Lenguaje Natural* 28: 99–104.

Walker, Jean F., Lisa M. D. Archibald, Sharon R. Cherniak y Valerie G. Fish. 1992. «Articulation Rate in 3- and 5-Year-Old Children». *Journal of Speech, Language, and Hearing Research* 35 (1): 4–13. https://doi.org/10.1044/jshr.3501.04.

Wells-Jensen, Sheri. 2007. «A Cross-Linguistic Speech Error Investigation of Functional Complexity». *Journal of Psycholinguistic Research* 36 (2): 107–57. https://doi.org/10.1007/s10936-006-9036-5.

Whiteside, Sandra P. 1996. «Temporal-Based Acoustic-Phonetic Patterns in Read Speech: Some Evidence for Speaker Sex Differences». *Journal of the International Phonetic Association* 26 (1): 23–40. https://doi.org/10.1017/S0025100300005302.

Yuan, Jiahong, Mark Y. Liberman y Christopher Cieri. 2006. «Towards an Integrated Understanding of Speaking Rate in Conversation». En *INTERSPEECH 2006 - ICSLP, Ninth International Conference on Spoken Language Processing. Pittsburgh, PA, USA, September 17–21, 2006*, 541–44. International Speech Communication Association (ISCA) Online Archive. https://doi.org/10.21437/Interspeech.2006-204.

34 FUNCIONES DE LA VELOCIDAD DE ELOCUCIÓN

Leopoldo Omar Labastía

34.1 Introducción

Este capítulo tiene como propósito explorar las funciones de la velocidad de elocución como fenómeno pragmático, considerándola en sus diferentes aspectos: como signo natural, como señal natural y como señal (para)lingüística. Primeramente, en el presente apartado, se define el concepto y se explica por qué es un fenómeno vinculado al campo de la pragmática.

34.1.1 La velocidad de elocución

La velocidad de elocución es un fenómeno suprasegmental que, al igual que el ritmo [→ § 1.21.6] y la cualidad de voz [→ § 1.5.6], abarca unidades prosódicas superiores a la palabra y, por consiguiente, influye en todos los niveles del habla: condiciona la ubicación de los límites de las unidades prosódicas [→ § 1.21.6] y determina la realización de la secuencia de acentos tonales y de los tonos de juntura [→ § 1.21.11, § 25.2.2, § 28.2.3] en el interior de los sintagmas prosódicos (véase, por ejemplo, Prieto Vives y Torreira [2007], para el español). El aumento de la velocidad de elocución puede conducir a la desaparición de los límites de las frases prosódicas, a una reducción del rango tonal y a una simplificación del contorno entonativo (Fougeron y Jun [1998], para el francés), y puede reducir la frecuencia y la duración de las pausas (Trouvain y Grice [1999], para el alemán).Además, afecta la percepción de las fronteras léxicas (Schwab [2007], para el francés), conduce a la compresión silábica y al resilabeo [→ § 1.21.11] entre palabras, y altera la realización de los fonos [→ § 1.16], llegando a provocar omisiones de consonantes y reducción vocálica (Toledo 1988).

Existen rasgos prosódicos que están organizados como entidades categoriales nítidas, y que se pueden describir más claramente en términos de un sistema como, por ejemplo, los acentos tonales [→ § 28.2.3]. Tales rasgos se organizan como categorías contrastivas dentro de cada sistema lingüístico. Otros, en cambio, presentan una variación continua que es más difícil de segmentar en categorías discretas, son más difíciles de tratar como un sistema, y se los denomina 'paralingüísticos' (Ladd [1996] 2008, 34–39) [→ § 1.5.5]. Entre ellos se encuentra la velocidad de elocución, que forma un gradiente que va desde la muy rápida hasta una muy lenta. Crystal (1969, 156) propone, para el inglés, cinco niveles de velocidad de elocución, que toma de la notación musical: una velocidad normal, dos más lentas (*lento* y *lentissimo*) y dos más rápidas (*allegro* y *alegrissimo*). También propone dos direcciones de variación (*rallentando* y *acelerando*). Por otra parte —señala Cruttenden ([1986] 1997, 172–75)—, no es fácil relacionar sistemáticamente los significados con las diferentes variaciones de estos rasgos. Además, tales rasgos paralingüísticos interactúan con los rasgos propiamente lingüísticos y con frecuencia no resulta fácil distinguirlos de los rasgos prosódicos categoriales.

El término 'paralingüístico' abarca varios rasgos simultáneos que no poseen un significado convencional y que están condicionados por factores que el hablante no siempre controla. Algunos de estos factores pueden ser biológicos, como el sexo, la edad, la constitución física, y otros pueden ser el resultado de hábitos: un hablante en particular puede emplear una velocidad de elocución más rápida que los otros hablantes de la misma lengua. Varían de persona a persona, y de situación a situación. También pueden caracterizar tanto a individuos como a grupos sociales. Además, algunos de estos hábitos pueden ser específicos de una determinada lengua; por ejemplo, puede suceder que los hablantes de una lengua usen habitualmente una velocidad de elocución más rápida que los de otra, aunque se trata de un fenómeno muy difícil de comprobar [→ § 33.3]. Algunos rasgos y efectos fonéticos se pueden variar conscientemente, adquirirse, copiarse y utilizarse tanto en forma prosódica o lingüística como en forma paralingüística. Por ejemplo, las mujeres suelen hablar en un registro tonal [→ § 1.5.5] más alto que los varones, pero tanto mujeres como varones pueden utilizar un registro más elevado para expresar ciertos significados en ciertas situaciones, como la sorpresa o la incredulidad (véase, por ejemplo, S. A. Lee, Martínez-Gil y Beckman 2010).

La velocidad de elocución es un atributo de la dinámica vocal, ya que involucra rasgos que están presentes durante todo el tiempo que una persona habla, y puede variar constantemente durante la emisión de un enunciado. Junto con la altura tonal, la intensidad y el ritmo, esta se combina con los rasgos segmentales y con la cualidad de la voz para mostrar características que van desde las más personales e idiosincráticas hasta las peculiaridades relacionadas con la pertenencia a un grupo social o a una nacionalidad (Abercrombie 1967, 95–98).

La velocidad de elocución es uno de los atributos del habla a los que generalmente no se presta atención en la vida cotidiana, pero que, sin embargo, poseen la capacidad de revelar aspectos insospechados del comportamiento humano. Lo que los cambios en la velocidad de elocución transmiten está lejos de ser obvio, por lo que se requiere un nivel de análisis muy refinado para llegar a desentrañar sus funciones.

Abercrombie (1967, 5–9) señala que las propiedades paralingüísticas y extralingüísticas, si bien no son relevantes para establecer contrastes lingüísticos, cumplen otras funciones que pueden resultar más importantes que la comunicación lingüística propiamente dicha, especialmente para las relaciones humanas, y que, por ello, no pueden ignorarse. Cuando se conoce a una persona, la opinión que uno se forma sobre ella se basa en gran parte en los movimientos que realiza al caminar, al gesticular o al hablar, ya que estas acciones se interpretan, de manera consciente o inconsciente, como pistas del tipo de persona con quien se está tratando. Los juicios que se realizan sobre un individuo se basan no solo en lo que dice, sino también en cómo lo dice. En las interacciones comunicativas entre personas conocidas, los interlocutores se ajustan constantemente a su respectiva disposición de ánimo, interpretando inconscientemente las variaciones en el modo de hablar de uno u otro. Los signos que permiten este ajuste se pueden denominar 'índices', y los rasgos del habla que transmiten ese tipo de información se definen como 'rasgos de índice', para diferenciarlos de los rasgos lingüísticos. Algunos de estos rasgos se aprenden de la comunidad lingüística a la que el hablante pertenece, y son indicativos de su grupo social o nacional. Otros no se aprenden y forman parte de la personalidad individual, siendo de naturaleza más idiosincrática. Un tercer grupo de rasgos pone de manifiesto los estados emocionales y afectivos, así como las actitudes del hablante.

La velocidad de elocución es una variable temporal intrínsecamente vinculada al ritmo, el patrón de intervalos temporales entre determinados eventos del habla, bien sean estos las sílabas o las sílabas acentuadas. Dicha variable se mide por la velocidad de emisión de la sílaba en relación con una unidad de tiempo, teniendo en cuenta también el número de sílabas acentuadas por unidad de tiempo (cf. Uhmann 1992) [→ § 33.3]. Se considera que todo hablante posee una norma que caracteriza su velocidad de habla habitual en un estilo conversacional, que está íntimamente relacionada con la continuidad del habla y marcada por la presencia de pausas, ya sean estas pausas dubitativas o deliberadas [→ § 35.4]. Existe una norma social implícita que determina cuál es la velocidad habitual de habla, y a partir de la cual pueden evaluarse las variaciones que representan un aumento o una disminución. La norma también está relacionada con determinadas situaciones; por ejemplo, es habitual que un conferencista hable a menor velocidad en un discurso que cuando participa de una conversación normal. Una velocidad muy lenta y un nivel de fluidez bajo pueden indicar que el hablante está elaborando su mensaje a medida que lo verbaliza, y revelan su grado de involucramiento en el proceso. También es normal que un comentarista relate un evento deportivo (excluyendo un partido de críquet o de golf) a una velocidad mucho mayor que cuando participa de una conversación (véase el § 34.3.4).

La velocidad de elocución puede tener un efecto determinante sobre la comprensión del mensaje. Así, una velocidad de elocución muy elevada llega a dificultarla, especialmente en el caso de los hablantes de otros dialectos de la misma lengua, o de otras lenguas. De hecho, quien comienza a aprender un idioma extranjero tiene la impresión de que sus hablantes nativos utilizan una velocidad de elocución muy rápida, independientemente de cuál sea la valoración por parte de los hablantes de la lengua en cuestión.

Desde un punto de vista evolutivo, una función es el efecto de un ítem que contribuye a su reproducción o su propagación, tanto en el sentido biológico como en el sentido cultural. El lenguaje es una actividad intencional que requiere de una cierta regularidad para el logro de su función. Debe existir un patrón de correspondencia entre la intención del hablante que utiliza un determinado recurso lingüístico y la respuesta del oyente ante su uso. Es esta correspondencia estable la que permite que el recurso siga utilizándose. A esta correspondencia se la denomina 'uso convencional'. La proliferación y la estabilidad de los recursos lingüísticos puede explicarse por una combinación de factores biológicos —el desarrollo cognitivo de la facultad lingüística— y culturales —su reproducción en una comunidad lingüística— (Origgi y Sperber 2000; Sperber y Origgi 2012).

34.1.2 La velocidad de elocución como fenómeno pragmático

Se suele considerar que los recursos suprasegmentales constituyen el embalaje, más que el contenido, del mensaje (House 1990, 2006). Estos efectos dependen en gran medida del contexto en el que se producen, ya que el significado transmitido interactúa con información procedente de otras fuentes diferentes durante el proceso de comprensión de enunciados, y un mismo fenómeno puede tener distintos efectos en diferentes contextos. Por consiguiente, el estudio de las propiedades suprasegmentales de los mensajes puede vincularse también al campo de la pragmática, definida como el estudio de los principios que regulan el uso del lenguaje en la comunicación (Escandell [1993] 2013, 39). La comunicación verbal utiliza el resultado del proceso de codificación y descodificación solo como uno de los recursos que emplea el destinatario de un mensaje para llegar a descubrir la intención del emisor, y lo combina con informaciones provenientes de otras fuentes para llegar a inferir el significado deseado por el hablante.

Puede pensarse que, al igual que ciertos recursos prosódicos como la altura tonal [→ § 1.10], la intensidad [→ § 1.8.2], etcétera, la velocidad de elocución cumple diferentes funciones que varían de contexto en contexto. Según quién sea el hablante, qué tipo de actividad esté realizando mediante el lenguaje, cuál sea su relación con su audiencia, qué papel esté desempeñando, etcétera, una velocidad rápida y un elevado grado de fluidez pueden interpretarse como un signo de competencia del hablante, o como un indicador de un estado de ánimo alterado y exaltado. Este hecho justifica el tratamiento de la velocidad de elocución como un fenómeno también ligado al ámbito de la pragmática.

La existencia de una relación estable entre los recursos lingüísticos y su función ha dado lugar a una concepción de la comunicación según la cual esta se logra cuando un comunicador codifica el contenido en una señal, y la audiencia lo descodifica, recuperando el mismo contenido. Esta concepción está plasmada en el modelo clásico de Shannon y Weaver (1949), constituye la base del modelo semiótico, y ha sido denominada el 'modelo de código'. Un código es un emparejamiento sistemático de estímulos y respuestas cognitivas compartido por los comunicadores, de modo tal que la producción de un estímulo que forma parte del código cumple —tanto para la audiencia como para el mismo comunicador— la función de producir una respuesta asociada en la audiencia. En términos generales, tanto los estudios sobre la evolución del lenguaje como los lingüísticos dan por sentado, explícita o implícitamente, la vigencia incuestionable del modelo de código como modelo básico de la comunicación. Las lenguas se consideran como un tipo de código muy rico que permite a quienes interactúan codificar y descodificar cualquier pensamiento. Esta perspectiva ha imperado en los estudios en todas las ramas de la lingüística, incluida la fonética y la fonología. En general, todos los fenómenos suprasegmentales tienden a tratarse como señales que se interpretan por medio de códigos, ya sean lingüísticos o no lingüísticos. También el modelo de código presupone que aquello que se transmite a través de tales recursos ha de tratarse como un significado totalmente determinado y preciso.

Sin embargo, los estímulos de carácter suprasegmental a menudo crean una impresión difusa, no transmiten un contenido definido, y resultan relevantes por reforzar una amplia gama de supuestos, más que por expresar un supuesto específico. Wilson y Wharton (2006, 1564) proponen que los estímulos de naturaleza suprasegmental forman parte de un continuo que va desde lo natural a lo propiamente lingüístico. La intuición que subyace en esta observación es que los situados en el primer extremo se interpretan por medio de sistemas no lingüísticos, que son naturales y universales, mientras que los ubicados en el extremo opuesto se interpretan por medio de códigos lingüísticos particulares de cada lengua. Siguiendo a Hauser (1996), Wilson y Wharton (2006, 1560–64) proponen una clasificación de estos fenómenos basada en su funcionamiento:

- Como signo natural. Los signos naturales son indicadores naturales que transmiten información poniéndola claramente de manifiesto. Los autores mencionados proponen los siguientes ejemplos: los anillos de un árbol son un indicador natural de la edad del árbol; la dirección de la mirada es un indicador natural del centro de atención de un individuo; el temblor es un indicador natural de la temperatura corporal. Los signos naturales no son inherentemente comunicativos, pero pueden dar lugar a que un observador del signo realice inferencias a partir del fenómeno observado.

- Como señal natural. Las señales naturales constituyen indicadores orientados hacia los otros, y su función biológica y cultural es transmitir información: los gritos de alarma de algunos animales indican a sus congéneres la presencia de diferentes tipos de depredadores; la danza de las abejas indica a otras abejas la ubicación y la distancia de las flores; la sonrisa es una señal natural de placer. La mayoría de las formas de comunicación animal parecen estar organizadas como sistemas de comunicación de este tipo, gobernadas en algunos casos por códigos innatos.
- Como señal lingüística. Las señales lingüísticas son inherentemente comunicativas, puesto que su función es también transmitir información. Los sistemas lingüísticos operan por codificación y descodificación, pero la información descodificada es solo parte de los datos utilizados por quien interpreta el mensaje para llegar a captar la intención comunicativa deseada por el emisor, y se complementa con procesos inferenciales.

Gracias a los aportes de Grice (1957, 1975, 1989) se ha identificado un mecanismo totalmente diferente del de la codificación-descodificación, que también posibilita la comunicación: un comunicador puede transmitir un contenido dando pruebas de su intención de hacerlo, y la audiencia puede inferir esa intención basándose en las pruebas que aportó el comunicador. Esta concepción se conoce como 'modelo inferencial', y constituye una de las bases de la pragmática moderna. Los dos mecanismos, el de codificación-descodificación y el inferencial, pueden combinarse de diferentes maneras. En el caso de la comunicación humana, el hecho de compartir un mismo código lingüístico es lo que posibilita que la comunicación sea compleja y potente. Sin embargo, lo que hace posible la comunicación en sí es la atribución mutua de intenciones, propia del modelo inferencial. La comprensión de enunciados nunca es solo cuestión exclusiva de codificación, sino que el educto del proceso de descodificación debe enriquecerse con procesos inferenciales para que el oyente pueda establecer el significado contextual, tanto explícito como implícito, de los mismos. La pragmática moderna de corte griceano parte de este supuesto básico para dar cuenta del significado de los enunciados lingüísticos (Escandell [1993] 2013; Sperber y Wilson [1986] 1995).

Aplicando la clasificación mencionada al empleo de los elementos suprasegmentales en el comportamiento comunicativo humano, cabe considerar que el estado físico o mental del emisor puede afectar las características suprasegmentales de su enunciado, y así permitir a quien lo interpreta inferir ese estado: cansancio, nerviosismo, enfermedad, seguridad o duda, etcétera. Sin embargo, las propiedades suprasegmentales del enunciado que transmiten esa información no tienen como función propia hacerlo: son signos naturales que se interpretan por medio de un proceso inferencial. Por otra parte, ciertas cualidades de la voz o expresiones faciales emotivas pueden funcionar como señales naturales, que se interpretan por medio de códigos innatos. Los fenómenos prosódicos propiamente lingüísticos, como la acentuación o los acentos tonales, se ubican en la tercera categoría, ya que están gobernados por un código lingüístico cuya función es suministrar información en la comunicación intencional manifiesta.

La propuesta de Wilson y Wharton (2006) se enmarca en la Teoría de la Relevancia (Sperber y Wilson [1986] 1995; Wilson y Sperber 2004), una teoría pragmático-cognitiva neogriceana que propone que la relevancia constituye un factor clave en la comunicación y en la cognición humanas. La relevancia es una propiedad de las representaciones mentales y de los estímulos externos, entre ellos los lingüísticos. Un estímulo resulta relevante a un individuo cuando logra efectos cognitivos positivos, es decir, un cambio significativo en su representación del mundo, a cambio de un esfuerzo de procesamiento relativamente bajo. Los efectos cognitivos se consiguen cuando la información nueva que aporta el estímulo se combina con los supuestos ya existentes en la mente del individuo de tres maneras: a) reforzando un supuesto ya existente por medio de nuevos datos a su favor; b) contradiciendo y eliminando un supuesto ya existente; c) combinándose con los supuestos ya existentes para derivar en una implicación contextual, una deducción que no puede realizarse independientemente ni del estímulo ni de los supuestos ya existentes, sino solamente mediante la combinación de ambos. El esfuerzo de procesamiento involucra la percepción, la memoria y la inferencia requeridas para lograr los efectos cognitivos. Cuanto mayor sea el esfuerzo cognitivo, menor resultará la relevancia de un estímulo. A su vez, cuanto menor sea ese esfuerzo, mayor será la relevancia que se logrará al procesar el estímulo.

La comunicación se produce cuando el emisor no solo proporciona el contenido que desea transmitir, sino que hace explícito al destinatario que esa transmisión es intencional, y estaría dispuesto a reconocerlo explícitamente si este se lo preguntara. Tal tipo de comunicación se denomina 'ostensivo-inferencial', e involucra el uso de un estímulo ostensivo que atrae la atención del destinatario y la focaliza en el significado del emisor, creando expectativas precisas de relevancia. Por su parte, el destinatario utiliza el estímulo ofrecido por el emisor como iniciador del proceso inferencial, combinándolo con un conjunto de supuestos apropiado —el contexto— que le permitirá recuperar el significado del emisor.

Cualquier enunciado lingüístico puede interpretarse de diferentes maneras, todas ellas compatibles con la información codificada en la expresión lingüística utilizada, pero no todas las posibles interpretaciones están disponibles para el destinatario en un momento dado, ya que algunas le resultarán más accesibles que otras. Los enunciados lingüísticos crean automáticamente expectativas de relevancia que guían al destinatario hacia el significado del emisor. El principio de relevancia funciona como un criterio general para la evaluación de las interpretaciones, y es lo suficientemente preciso y predecible como para guiar al destinatario hacia ese significado, y excluir todas excepto una única interpretación que lo satisface. Habiendo encontrado esa interpretación, el destinatario no necesita seguir buscando otra, porque no habrá más que una sola, ya que el emisor habrá formulado el mensaje —dentro del límite de sus capacidades y preferencias— de un modo que facilite su comprensión por parte del destinatario. Por su parte, el destinatario seguirá la vía del menor esfuerzo en el cómputo de los efectos cognitivos, y se detendrá cuando las expectativas de relevancia creadas por el enunciado se vean satisfechas. En ausencia de pruebas que apunten en el sentido contrario, esa será la hipótesis más plausible sobre el significado pretendido por el hablante (Wilson y Sperber 2004, 614).

Los efectos del nivel suprasegmental del habla pueden ser tanto accidentales como intencionales. Cuando son intencionales, lo pueden ser en forma encubierta o en forma manifiesta. Una determinada cualidad de voz puede crear una impresión de aburrimiento o de impaciencia sin que el hablante se dé cuenta de ello. Un hablante más hábil que haya tenido conciencia de este hecho puede manipular encubiertamente su voz para crear una impresión aparentemente accidental que no está dispuesto a reconocer como parte de su significado, en el sentido de Grice (1957, 1975, 1989). El hecho de que cierta información se transmita en forma accidental, encubierta o manifiesta, constituye un factor central tanto para la pragmática como para la interacción social (Wharton 2008).

34.2 La velocidad de elocución como signo natural

En este apartado se abordan las funciones de las variaciones en la velocidad de elocución como signo natural, haciendo hincapié en las impresiones que la velocidad de elocución y sus alteraciones producen en relación con la personalidad de los hablantes.

34.2.1 Cuestiones preliminares

Los signos naturales transmiten información sin que medie intención alguna por parte del emisor. Sin embargo, para un observador atento, estos signos pueden resultar relevantes y derivar en procesos inferenciales, a través de los cuales este puede obtener información en forma de conclusiones. Un fenómeno observable puede poner de manifiesto, en mayor o menor medida, una cierta variedad de hechos. La audición permite captar un sinnúmero de estímulos, pero no todos alcanzan el nivel de la atención al ser filtrados por el oyente. Otros fenómenos acústicos captan automáticamente su atención, y dan origen a supuestos y a inferencias en el nivel conceptual. Los mecanismos perceptivos favorecen la captación de ciertos fenómenos, ya sea de modo innato o mediante el aprendizaje, como recurso para optimizar la eficiencia cognitiva.

Cuando se conoce a una persona, puede resultar muy pertinente saber qué tipo de persona es, qué intereses tiene, etcétera, a fin de poder interactuar con ella de manera exitosa. Para ello sirven de guía factores como su apariencia, su forma de estar de pie o de sentarse, sus gestos, lo que dice y cómo lo dice. Muchas veces, la impresión transmitida y la imagen creada por esa persona depende más de estos rasgos extralingüísticos y paralingüísticos que del contenido de sus mensajes verbales. La velocidad de elocución es una de las claves que se emplean intuitivamente para crearse una imagen de la personalidad de alguien a quien se acaba de conocer. Como existe un patrón social culturalmente determinado de cuál es la velocidad normal o de referencia, es posible realizar una estimación de las variaciones con respecto a dicho patrón, y así formarse una impresión del hablante [→ § 33.4].

34.2.2 Personalidad y velocidad de elocución

La personalidad puede definirse como el resultado de un conjunto de tendencias estables de un individuo a comportarse de una determinada manera en diferentes circunstancias (Casullo y Cayssials 1994, 275–76). Los estudios sobre la personalidad miden las diferencias individuales temporalmente estables y constantes a través de diversas situaciones, denominadas 'rasgos'.

Los instrumentos utilizados para cuantificar los rasgos de personalidad aplican el análisis factorial y vinculan los rasgos descubiertos con bases biológicas. Un enfoque muy conocido es el Modelo de los Cinco Factores (Russell y Karol [1995], citado en Pérez *et al.* [2005, 99]), derivado del análisis factorial realizado sobre amplias muestras de personas de diferente edad, sexo y cultura, y basado en adjetivos que describen la personalidad. Este modelo ha permitido organizar los rasgos en una estructura de cinco dimensiones: Neurotismo (emocionalmente inestable frente a emocionalmente estable), Extraversión (reservado frente a animado), Apertura (imaginativo frente a concreto), Amabilidad (hostil frente a empático) y Responsabilidad (bien organizado frente a impulsivo).

Junto con otros factores del habla, la velocidad de elocución parece ser un índice relevante para inferir el tipo de personalidad de un hablante (Scherer y Scherer 1981). En términos generales, las personas que hablan a una velocidad normal son consideradas equilibradas, emocionalmente estables, tranquilas, moderadas, relajadas y controladas (Zellner 2004). Las personas que hablan deprisa en una conversación informal dan la impresión de ser animadas y extravertidas, emocionalmente menos estables, más impulsivas y espontáneas y menos controladas. También una velocidad muy rápida puede verse como un indicio de tensión, nerviosismo y ansiedad, especialmente si está ligada con alteraciones del habla como la omisión de palabras, el tartamudeo (siempre que estos rasgos no sean el resultado de una patología), etcétera. Un habla levemente rápida también se liga a una mayor seguridad, inteligencia lingüística o verbal (Bruce L. Smith *et al.* 1975), y se la asocia sistemáticamente con ciertas profesiones como las de periodista, abogado, docente o político, entre otras (cf. el § 34.3.4).

Por otra parte, una velocidad de elocución más lenta de lo normal puede ser un indicador de intraversión, reserva, timidez y dependencia (Apple, Streeter y Krauss 1979). Puede también estar vinculada circunstancialmente a actividades mentales que requieren mayor esfuerzo cognitivo. Algunos tipos de tareas intelectualmente más exigentes demandan mayor planificación en el discurso espontáneo, y esto se refleja en una menor velocidad de habla con mayor presencia y duración de pausas (Schwab 2007, 201) [→ § 33.4.2].

Street Jr. y Brady (1982) realizaron un extenso estudio sobre las variaciones de la velocidad de elocución en relación con la evaluación de la personalidad en hablantes de inglés. Estos autores observan que la velocidad de elocución influye notoriamente en las impresiones interpersonales, y que los interlocutores realizan evaluaciones personales en relación con rangos de aceptabilidad de la velocidad del habla en términos de tres factores: la capacidad o competencia del hablante (su inteligencia, su conocimiento, etcétera), lo atractivo de su personalidad (que sea agradable, amistoso, simpático, sincero, honesto, etcétera) y el contexto de comunicación.

Los hablantes que utilizan un acento con prestigio social y hablan a una velocidad levemente rápida (que, además, suelen poseer otros rasgos como una latencia de respuesta breve, turnos de palabra largos, etcétera) son considerados muy positivamente en términos de su capacidad. Un habla fluida y rápida es indicio de un elevado grado de competencia y, a su vez, a las personas a las que se les atribuye un cierto estatus y un cierto conocimiento también se las percibe como hablantes rápidos. Street Jr. y Brady señalan que un rango de velocidad entre moderado y rápido es un signo de que el hablante es muy competente.

Las impresiones sobre la competencia se formulan a través de los estereotipos de habla, pero en ellas también influyen la velocidad de elocución de quien evalúa. Los hablantes rápidos tienden a considerar a quienes utilizan una velocidad más lenta que la propia como menos competentes, y a quienes emplean una velocidad más rápida que la propia como más competentes. Quienes se caracterizan por una velocidad de elocución más pausada no son tan estrictos en estos juicios de valor. Los niveles moderados se valoran como socialmente atrayentes, porque son los niveles que se asemejan a las características de los oyentes más que los niveles más extremos con una velocidad de elocución elevada o baja.

Por otra parte, quienes utilizan un acento regional o informal y una velocidad de elocución moderada (junto con latencias de respuesta moderadas, tonos medios, etcétera), son vistos como más simpáticos, confiables, sociables y amistosos. Los juicios de personalidad atrayente se basan también en una similitud entre el habla del emisor y la de su interlocutor, con un fuerte componente estereotípico. La similitud en el habla con respecto a diferentes dimensiones suprasegmentales, entre ellas la velocidad de elocución, da lugar a juicios positivos y a actitudes cooperativas por parte del interlocutor. La semejanza entre la propia velocidad de elocución y la del emisor está asociada con una mayor intimidad e inmediatez en la comunicación, y, por consiguiente, con una evaluación positiva de la personalidad de aquel con quien se interactúa. Frente a una petición de ayuda, por ejemplo, la similitud en la velocidad de elocución de las personas involucradas genera una evaluación de atractivo social que facilita que se atienda la solicitud realizada por el emisor (Buller y Aune 1992). En los experimentos llevados a cabo por Street Jr. y Brady (1982), los oyentes que hablaban más rápido tendieron a considerar a quienes hablaban más lento como menos atractivos socialmente, y a quienes hablaban más rápido como socialmente más atractivos. Por otra parte, los hablantes lentos evaluaron la velocidad más lenta como muy poco atractiva, quizás por las connotaciones negativas que ellos percibieron en su propia velocidad de elocución lenta. La evaluación positiva de una velocidad entre moderada y elevada se mantuvo mientras el habla era fluida, ya que el habla rápida pero interrumpida resultó desagradable, y creó también problemas para la comprensión del mensaje.

En este punto, conviene asimismo señalar que, desde la perspectiva de la Teoría de la Acomodación en la Comunicación (Giles 2008), se ha propuesto que es preciso tener en cuenta no solo los datos objetivos concretos de un determinado hecho, sino también la percepción que tienen de ellos los observadores. Los juicios de personalidad no solo dependen de la velocidad del habla objetiva del hablante y del propio oyente, sino también de la percepción subjetiva de la misma por parte de quienes participan de la interacción verbal.

Aunque el habla lenta normalmente recibe una evaluación negativa, especialmente por parte de quienes utilizan una velocidad más rápida, Street Jr. y Brady (1982) mencionan la existencia de estudios en los que se muestra que una disminución de la velocidad de habla conlleva una evaluación positiva si se acerca a los niveles típicos de los oyentes, o si el hablante disminuye su velocidad de elocución para acomodarse al nivel de conocimiento de su audiencia y así facilitarle la comprensión del mensaje. Otro factor que influye en la percepción de la velocidad de habla es la situación comunicativa, de modo que el rango de aceptabilidad de la velocidad de elocución está asociado al tipo de actividad que se está realizando. Street Jr. y Brady señalan que, en la conversación informal, los participantes pueden aplicar criterios de evaluación menos estrictos que en otras situaciones comunicativas más formales como, por ejemplo, una entrevista laboral. En una conversación informal, una velocidad rápida puede resultar aceptable si ambos participantes la utilizan por igual, y el clima es animado y extravertido, pero si solo uno de ellos lo hace, el otro puede inferir que su interlocutor está apurado y no desea seguir malgastando su tiempo en esa conversación. Si una persona solicita un favor de otra hablando muy deprisa, la valoración por parte del interlocutor puede resultar negativa. Por el contrario, el hablar muy pausadamente, pronunciando con mucho cuidado las palabras, puede llevar a que el interlocutor interprete que está recibiendo un tratamiento paternalista y condescendiente, o que no se lo considera capaz de entender el mensaje. El éxito de la comunicación depende, en parte, de poder adecuar la velocidad de habla a la situación y a las características del receptor.

Según Kendall (2013), la variación en la velocidad de elocución es un fenómeno sistemático que se correlaciona con diferentes variables sociolingüísticas como la edad, el sexo, la región de proveniencia y el origen étnico, además de factores propios de la interacción con otros hablantes (véase el § 34.4.2). Al estudiar un corpus de entrevistas sociológicas con anglohablantes de Estados Unidos, Kendall encuentra las siguientes dimensiones de la variación: los niños tienden a tener una velocidad más bien lenta, que aumenta en la adolescencia y llega a su punto más alto al final de la edad adulta, para disminuir posteriormente en la ancianidad; los hombres tienden a hablar relativamente más rápido que las mujeres, y los hablantes del oeste de los Estados Unidos suelen emplear una velocidad de elocución mayor que los del sur y los del norte de ese país; los hablantes descendientes de europeos son los que presentaron la mayor velocidad de elocución, seguidos por los latinos. Kendall concluye que la variación en la velocidad de elocución es un rasgo estilístico de base cognitiva, que refleja la conciencia que el hablante tiene de sí mismo y de su habla, su acomodamiento a su interlocutor, y la construcción y negociación de su identidad a través del habla. Además de los rasgos vocales, la elección sintáctico-semántica también es indicativa de los rasgos de personalidad, y la interacción entre ambos tipos de recurso resulta crucial a la hora de evaluar la personalidad (Marrero *et al.* 2022). En la actualidad, las investigaciones recurren a análisis multimediales (imagen y sonido), y los modernos métodos de análisis involucran sofisticados sistemas digitales con numerosos parámetros de análisis (Yu, Markov y Karpov 2019).

34.2.3 *Persuasión, personalidad y velocidad de elocución*

La velocidad de elocución también afecta el nivel de persuasión de un mensaje, y puede provocar un cambio de actitud por parte de su receptor. Como la velocidad elevada conlleva una evaluación positiva de la personalidad, esta resulta más efectiva como recurso persuasivo, ya que aumenta la confiabilidad y la credibilidad del emisor. La efectividad de la persuasión depende en gran medida de la importancia que el receptor le asigne a que el emisor aparezca como competente o socialmente atractivo en función del tema de discusión, de la audiencia y del mensaje que quiera transmitir.

Miller *et al.* (1976, 617–18) realizaron experimentos de campo manipulando la velocidad de elocución y la credibilidad del emisor para determinar su efecto en el modo en que se percibe el emisor y en los cambios de actitud por parte del receptor. Cuando el mensaje provenía de una fuente confiable, resultó ser más persuasivo que cuando procedía de una fuente menos confiable. A su vez, un mensaje con una velocidad de elocución elevada proveniente de una fuente confiable resultó ser más persuasivo que uno con velocidad baja proveniente de la misma fuente. Además, la falta de fluidez disminuyó la credibilidad del mensaje. En un segundo experimento, los autores variaron la complejidad lingüística del mensaje (procedente únicamente de una fuente confiable) utilizando oraciones simples en una versión y complejas en la otra, y comprobaron su credibilidad con una velocidad de elocución lenta, con una moderada y con una rápida. Nuevamente, la velocidad más rápida influyó en el grado de persuasión, ya que se juzgó al hablante como más inteligente, más experto y más objetivo. La velocidad de elocución rápida funcionó, pues, como un indicio de credibilidad. De nuevo en este caso, los autores señalan que estos efectos pueden deberse no solo a la variación en la velocidad de elocución, sino también a la influencia de otros factores. Es interesante apuntar que la velocidad de elocución elevada no interfirió con la recepción del mensaje ni con la comprensión de su contenido. Miller *et al.* (1976) señalan que, para que la comprensión no se vea bloqueada, en un intercambio comunicativo en el que se emplea una velocidad elevada deben darse ciertos factores como, por ejemplo, que el tratamiento del tema no sea demasiado técnico, que la comunicación sea detallada y que la tarea del oyente no consista solamente en ofrecer una opinión, sino que el mensaje tenga consecuencias personales para su propio comportamiento.

Otro factor relevante es que el habla rápida puede resultar más persuasiva al requerir un esfuerzo cognitivo mayor para procesar y comprender el contenido del mensaje. Quizás, en el experimento de Miller *et al.* (1976), el hecho de que el habla veloz se asociara con un nivel alto de competencia obligó a prestar más atención al mensaje, aumentando así su grado de relevancia para el oyente. Los autores también agregan que el efecto persuasivo no puede atribuirse a que la velocidad de elocución rápida haya interferido con el proceso de contraargumentación —como sostienen los enfoques más racionalistas del procesamiento de la información— y, en consecuencia, debe darse una mayor importancia a la dimensión emocional y evaluativa de la cognición que a la orientación hacia el contenido del mensaje.

Otros factores que deben considerarse, apuntan Smith y Shaffer (1995), son el grado de compromiso emocional del receptor del mensaje (el grado de relevancia personal) y la fuerza de los argumentos. Estos investigadores sostienen que una velocidad de elocución elevada puede favorecer una respuesta positiva por parte de los oyentes menos involucrados en el contenido del mensaje, pero podría generar el efecto contrario en los receptores más implicados y motivados, ya que la velocidad de elocución rápida podría interferir en el procesamiento del contenido del mensaje.

Smith y Shaffer (1995) diseñaron un experimento para evaluar el efecto persuasivo de una velocidad rápida de elocución. Los participantes escucharon una de las cuatro grabaciones con un mensaje compuesto por argumentos convincentes, y otro sobre el mismo tema con argumentos pobres, enunciados con una velocidad de elocución normal y con una velocidad rápida, que eran de relevancia personal elevada o moderada, según la situación de cada participante. Quienes escucharon la versión con argumentos relativamente más convincentes juzgaron que el emisor era más creíble que los que escucharon el mensaje con argumentos pobres. Aun así, los investigadores también encontraron que se evaluó como más creíble al locutor que habló más rápido que al que habló a velocidad normal, y, por otra parte, que los participantes que escucharon el mensaje de relevancia moderada juzgaron también al hablante más rápido como más creíble que el hablante con velocidad normal. No obstante, la velocidad rápida provocó que los participantes, a pesar de considerar al hablante como más experto, señalaran que el mensaje les había resultado menos claro que el del locutor cuyo enunciado se había emitido de forma más deliberada. Asimismo, los sujetos que recibieron el mensaje a una velocidad de elocución elevada se vieron persuadidos tanto por la versión con argumentos convincentes como por la versión con argumentos pobres, siendo la influencia mayor en aquellos para quienes el mensaje era de relevancia moderada. Al verse afectada la impresión de credibilidad producida por el emisor que utilizó una velocidad rápida, también las respuestas referidas a la actitud se vieron afectadas de manera indirecta. Los autores concluyen que la velocidad de elocución no solo influye directamente en la recepción y en el grado de procesamiento del mensaje, sino que contribuye asimismo por una vía periférica a aumentar la persuasión ligada a la credibilidad del emisor. Agregan que los receptores también podrían inferir que el hablante está utilizando una velocidad de elocución elevada a propósito, para ocultar su intención real, o que este factor puede conducir a que los oyentes realicen inferencias sobre la inteligencia, la amplitud de criterio, la confianza, la sociabilidad y otras variables propias del emisor.

Se puede observar, pues, que la velocidad de elocución funciona como un signo natural de la personalidad del hablante. Una velocidad más bien rápida es signo de extraversión, y a menudo conlleva una evaluación positiva de la capacidad del locutor y de su personalidad, mientras que una velocidad muy elevada puede revelar ansiedad e inestabilidad emocional. Una velocidad más lenta de lo normal puede ser signo de intraversión, y en general está ligada a una evaluación menos positiva de la competencia y de la personalidad. Con frecuencia el emisor no es consciente de estos hechos, aunque un observador puede considerarlos para realizar inferencias con respecto a la personalidad del locutor. Sin embargo, un emisor con un cierto grado de sofisticación puede adquirir consciencia de la conexión existente entre el signo y la evaluación que realiza su audiencia metarrepresentándose este rasgo (Sperber 2000, 121–27), y puede exagerarlo o falsearlo de modo tal que, aun pareciendo un signo natural, le sirva para manipular de manera velada el grado de atracción personal y de credibilidad de su mensaje, sin que el destinatario perciba esa intención, para lograr un mayor grado de persuasión. Este no es un caso de comunicación ostensivo-inferencial (§ 34.1.3), ya que el emisor no desea que su intención comunicativa se haga manifiesta. Por supuesto, un oyente con igual grado de sofisticación puede también metarrepresentarse esta intención oculta del emisor, y mantenerse alerta para no verse persuadido por la forma del mensaje.

En este sentido, Yépez (2005, 6) advierte de que la manera en la que se habla no debería siempre interpretarse por sí misma como un reflejo de los rasgos de personalidad del hablante. Ciertas maneras de comunicarse se asocian con determinados rasgos psicológicos porque determinadas formas de hablar se relacionan con personas que son inseguras o que carecen de autoestima, pero no siempre el habla refleja de forma transparente un tipo de personalidad o un estado psicológico o emocional dado. A veces un estilo de habla directo no implica que el hablante esté seguro de lo que afirma, sino más bien que quiere parecerlo para evitar la pérdida de credibilidad y de autoridad, y, en consecuencia, de su imagen pública, como han puesto de manifiesto los estudios sobre cortesía (cf. Escandell [1993] 2013, 135–54).

Debería también tenerse en cuenta que los juicios de personalidad que realizan los oyentes no están determinados solamente por la velocidad de elocución, sino que otros factores suprasegmentales como las variaciones de la frecuencia fundamental [→ § 1.5.4] (Zellner 2004, 385), la intensidad, el rango tonal [→ § 1.5.5], así como la precisión articulatoria, influyen en la percepción de la personalidad que se refleja a través del habla. Se necesita contar con investigaciones más detalladas para poder deslindar la contribución relativa en la expresión de un determinado tipo de personalidad de cada rasgo vocal y de la combinación de rasgos.

Cabe añadir que la velocidad de elocución, así como los otros rasgos vocales, también está vinculada con las diferencias de género. El habla femenina posee, en comparación con la masculina, un tono más elevado y presenta mayor variación en la intensidad, en el rango tonal y en la velocidad de elocución (pero véase el § 33.4.1 de la presente obra). Tales rasgos se asocian generalmente a la presencia de emotividad en el habla y a la búsqueda de consenso para establecer intercambios igualitarios y cooperativos (Yépez 2005, 3). Por el contrario, el habla masculina suele circunscribirse a un tono más grave, más apagado y monótono (García Mouton [1994] 2007), combinado con una menor variación de la intensidad, del rango tonal y de la velocidad de elocución. Tales rasgos se asocian con una mayor competitividad y con la necesidad de negociar el estatus en relaciones de desigualdad, con un estilo más imperativo e inflexible, que revela una gran seguridad en uno mismo. Se trata de rasgos que responden a una construcción sociocultural del género y que no están vinculados con el sexo biológico. Por consiguiente, varían de cultura en cultura, y el desconocimiento de las diferencias interculturales puede conducir a malentendidos y a interpretaciones erróneas en la comunicación. Es posible que varíe precisamente la velocidad de elocución, junto con los otros rasgos mencionados.

En un estudio intercultural sobre los efectos de la velocidad de elocución en los Estados Unidos y en Corea, H. O. Lee y Boster (1992) comprobaron que en los Estados Unidos la velocidad rápida es un recurso efectivo para aumentar la propia credibilidad, afirmación que puede extenderse a las hablantes femeninas de Corea, mientras que, sin embargo, una velocidad lenta puede resultar más efectiva para incrementar la credibilidad de los hablantes masculinos. En el estudio realizado por Kendall (2013, §34.2.2) en un corpus de entrevistas sociológicas, los hablantes de diferente origen étnico y de distintas regiones de los Estados Unidos mostraron una velocidad de elocución mayor que las mujeres (§ 34.2.2). Los resultados de estos estudios llevan a pensar que la velocidad de elocución puede funcionar de diferente manera en las distintas culturas, y que la variable del género también debe tenerse en cuenta en las investigaciones sobre este rasgo suprasegmental [→ § 33.4.1].

34.3 La velocidad de elocución como señal natural

En el presente apartado se consideran las variaciones en la velocidad de elocución como señal natural de las emociones y de los estados de ánimo, y su utilización estratégica en la oratoria y en otras formas de comunicación.

34.3.1 Cuestiones preliminares

Las señales naturales son comportamientos diseñados para transmitir información, por lo que tienen como función específica la de codificar un mensaje. Un ejemplo de señal natural es la sonrisa: el acto de sonreír ha evolucionado hasta llegar a convertirse en una actividad con un significado. Wharton (2001, 128) y Wilson y Wharton (2006, 1562) para distinguir una señal natural de un signo natural ponen como ejemplo la diferencia entre una sonrisa y un temblor. Mientras que la primera transmite información, el segundo es un acto reflejo cuya función es generar calor por medio de un movimiento rápido de los músculos. Otras expresiones faciales también codifican diferentes estados emocionales, activando en el receptor un estado mental que se correlaciona con el estado emocional del emisor. Los signos naturales y las señales naturales pueden transmitir información sin que el emisor desee hacerlo. Por ejemplo, el cansancio, el aburrimiento, la frustración o el enojo de un hablante pueden translucirse a través de la cualidad de su voz, o de la expresión de su rostro, aunque este intente ocultarlos y aunque resulte claro para quienes lo escuchan que su manifestación es accidental, no intencional.

Como ya se explicó en el § 34.1.3, los tonos de voz afectivos crean una impresión difusa de amigabilidad, confianza, nerviosismo, condescendencia, etcétera, que quizás nunca alcanza el nivel de la consciencia. Más que proporcionar pruebas sólidas conducentes a una única conclusión, estos recursos alteran marginalmente una amplia gama de supuestos vagos y débiles en el proceso inferencial (Wilson y Wharton 2006, 1565–66), orientando al oyente hacia determinadas conclusiones. En otras palabras, estos fenómenos paralingüísticos orientan la interpretación del mensaje en una determinada dirección. En este apartado se pretende poner de relieve que la velocidad de elocución también puede funcionar como una señal natural de determinados estados emocionales.

34.3.2 La velocidad de elocución y la expresión de las emociones

Si la personalidad se define como el tono emocional característico de una persona a lo largo del tiempo, se puede entonces diferenciar este concepto del de emoción. Según Scherer (2001), las emociones son la interfaz del organismo con el mundo exterior, y poseen tres funciones principales: por una parte, reflejan la evaluación de la importancia de un estímulo frente a las necesidades, preferencias e intenciones de un organismo; en segundo lugar, preparan al organismo para una respuesta frente al estímulo; finalmente, comunican el estado del organismo y sus intenciones de actuar para con otros organismos. Las emociones producen cambios en la respiración, en la fonación y en la articulación, factores que determinan los parámetros de la señal acústica (Pittam y Scherer 1993).

> Se suele distinguir entre emoción y estado de ánimo. Las emociones surgen repentinamente en respuesta a un determinado estímulo y tienen una duración breve, mientras que los estados de ánimo son más ambiguos en su naturaleza, y perduran durante más tiempo. Las emociones pueden considerarse como estados más cambiantes, mientras que los estados de ánimo son más estables. En general, el término 'emoción' se emplea para recubrir también el concepto de estado de ánimo.

Davitz ([1964], citado en Pereira [2000, 25]) propone un marco ampliamente aceptado para la clasificación de las emociones, adoptado por Scherer y por otros investigadores. Davitz distingue tres dimensiones de significado connotativo: la 'activación' (en inglés, *arousal*) se refiere al grado de intensidad de la emoción; la 'valencia' corresponde al grado de valoración positiva o negativa de la emoción (desde la alegría hasta el enojo); finalmente, la 'potencia' se refiere al grado de control sobre la emoción, y ayuda a diferenciar entre aquellas emociones iniciadas por el sujeto y aquellas que surgen del entorno (del desprecio, al temor, o a la sorpresa).

Para referirse a las emociones, se utiliza un conjunto de términos que son necesariamente difusos y vagos, dada la dificultad de expresar con precisión algo tan abstracto y complejo como lo es una emoción. Esta dificultad también se ve reflejada en los intentos de clasificar las emociones. Habitualmente se distingue entre emociones primarias o básicas, y emociones secundarias. Las primarias son aquellas que se consideran fundamentales, mientras que las secundarias representan modificaciones o combinaciones de las primarias. Son emociones primarias el enojo, la alegría, la sorpresa, el miedo, la tristeza y el rechazo, que Ekman (1970) ha catalogado como universales, mientras que entre las emociones secundarias se distinguen la pena, la ternura, la sorpresa, el temor, la satisfacción y la impaciencia, entre otras.

También se suele clasificar las emociones como positivas o negativas, según el modo en el que afectan el comportamiento del individuo, así como en activas y pasivas. Toda emoción se compone de dos aspectos bien diferenciados: por una parte, su componente cualitativo permite distinguirla de las demás emociones y determina su valor positivo o negativo. Por la otra, su componente cuantitativo expresa la intensidad con que se experimenta la emoción, y se expresa lingüísticamente a través de adverbios de grado como *un poco, bastante, muy,* etcétera.

Por su parte, Rodríguez Bravo *et al.* (1999, 163) ponen de relieve que, en un discurso espontáneo, mientras que la estructura acústica característica de una emoción determinada solo se manifiesta en forma plena y clara en algunos de los grupos fónicos —por ejemplo, a través de la intensidad y de la curva melódica [→ § 1.5.5, § 25.2.1, § 27.1]—, las variaciones en los factores temporales asociadas a un determinado estado emocional tienden a manifestarse a lo largo de todo el discurso.

Para Buller (2005), la velocidad de elocución está directamente implicada en la expresión de las emociones. La rápida se asocia con emociones más placenteras y ligadas a la exaltación, así como a sentimientos de enojo o miedo. Un hablante que se encuentre en estos estados emocionales tenderá a hablar más rápido de lo normal, con menos pausas o con pausas más cortas.

De hecho, Pell (2001, 1676) informa que en inglés se constata una tendencia a que los enunciados con un matiz de felicidad sean más rápidos que los teñidos de enojo o de tristeza, que se emiten con una velocidad lenta, con una baja frecuencia fundamental (f_0) media y con un rango frecuencial reducido. Según Pell, la velocidad de elocución rápida está asociada al enojo y el rechazo, cuando va acompañada de un tono medio alto, un rango tonal amplio y un aumento en la intensidad. La alegría también se manifiesta por medio de un incremento en la velocidad de elocución, con una reducción en la duración de las pausas, con un aumento del tono medio y del rango tonal, y con una intensidad mayor que la habitual que tiende a mantenerse durante todo el discurso [→ § 27.6]. Otra emoción asociada con una velocidad de elocución rápida y con la disminución de las pausas es el miedo, que también conlleva un tono medio elevado y un rango tonal amplio, con una mayor intensidad. La combinación de estos rasgos aumenta la fluidez en el discurso. Cuanto más rápida sea la velocidad de elocución, más claramente se percibirá que el hablante está excitado, mientras que sucede lo opuesto con la velocidad lenta. El habla rápida se asocia con activación, excitación, y en general con el compromiso emocional del hablante.

Buller (2005) afirma que la velocidad lenta está presente en emociones que no son placenteras o bien en las relacionadas con estados de menor placidez emocional, como la indignación o la tristeza. Un locutor con tristeza tenderá a hablar más lentamente, con más pausas, y con pausas más prolongadas, junto con un tono medio más bajo de lo normal, un rango tonal estrecho y un volumen bajo. La pena, una forma extrema de tristeza, también se caracteriza por una velocidad de elocución baja, un tono medio relativamente bajo y un rango tonal reducido, a veces acompañado por abundantes pausas de larga duración. Todos estos cambios dan lugar a una fragmentación del discurso.

Por otra parte, para Pell (2001), los enunciados neutros son más rápidos que los tristes, con una f_0 media más alta y con un rango más amplio. Pell también afirma que una velocidad de elocución media caracteriza el habla neutra, que carece de rasgos emocionales particulares, se combina con un rango tonal estrecho y sirve para establecer un contraste con la expresión de las emociones. Esta velocidad también se asocia con la sorpresa, aunque en tal caso experimenta un leve aumento y va acompañada de un tono medio alto y de un rango tonal amplio, con incremento de la intensidad media.

En el marco de las tres dimensiones propuesto por Davitz (1964), las emociones con un nivel similar de activación como la alegría y el enojo se confunden más fácilmente que las que son semejantes en términos de valencia o de fuerza. Pereira (2000, 27) también señala que las emociones con un nivel de activación similar, y a veces con un mismo nivel de potencia, comparten características acústicas como el rango tonal y la intensidad media, lo cual contribuye a que se perciban como similares y se confundan, especialmente por parte de personas con dificultades de audición. Por otra parte, los sentimientos positivos tienden a expresarse a través de factores temporales más regulares que los sentimientos negativos.

Otro aspecto digno de mención es el hecho de que la expresión de las emociones a través del habla tiene una base biológica común a la especie humana, pero se combina con aspectos de naturaleza cultural asociados con la propia lengua (Pell *et al.* 2009; Pittam y Scherer 1993; Scherer 1997). A estas diferencias se suman las preferencias propias de determinados grupos culturales, y hasta las idiosincráticas, características de cada persona, aun en la misma cultura y empleando la misma lengua. Pell *et al.* (2009, 433) señalan que los estudios interculturales revelan que los oyentes son capaces de distinguir y categorizar las emociones transmitidas a través de la voz en una lengua extranjera, pero que pueden interpretarlas con más precisión cuando se manifiestan en hablantes de su misma lengua.

La mayoría de los estudios sobre los parámetros vocales que se correlacionan con las emociones se han realizado sobre lenguas europeas como el inglés, el alemán o el holandés. No obstante, Pell *et al.* (2009) analizaron la expresión de emociones en cuatro lenguas diferentes: inglés, alemán, hindi y árabe. Estos investigadores presentaron a los participantes en su experimento pseudoenunciados en su propia lengua en los que se manifestaban seis emociones: enojo, rechazo, temor, tristeza, alegría y sorpresa agradable. Se consideraron tres parámetros acústicos en relación con las emociones: el valor medio de la f_0, su rango y la velocidad de elocución. Los resultados mostraron una amplia variabilidad en el modo en el que los sujetos evaluadores reconocieron las emociones en los estímulos pseudolingüísticos en su propia lengua. En las cuatro lenguas consideradas, los mejores resultados se lograron con el enojo, la tristeza y el temor, y los peores con el reconocimiento de la sorpresa agradable. El grado de precisión en la identificación fue menor en el árabe que en las otras lenguas, quizás debido a factores relacionados con los emisores del mensaje. En lo que se refiere al parámetro de interés para este trabajo, la velocidad de elocución, la investigación de Pell *et al.* muestra que, si bien el rasgo más distintivo para comunicar el estado emocional en diferentes lenguas es el nivel medio de la f_0, la velocidad de elocución también desempeña un papel importante. La tristeza se asoció en todas las lenguas a una velocidad lenta, apoyada por un bajo valor medio de la f_0 y con un rango de variación reducido. El temor se muestra a través de una velocidad rápida en todas las lenguas estudiadas, salvo en el caso del alemán, que presentó una velocidad lenta, con una elevada f_0 media y un rango medio de f_0 entre moderado y reducido. El rechazo se asoció a la velocidad más lenta de elocución y a una f_0 media muy baja.

Como en el caso de la percepción de la personalidad (§ 34.2.3), nuevamente puede afirmarse que la velocidad de elocución por sí sola no constituye un indicador del estado emocional de una persona, sino que tienen que tomarse en consideración las otras variables, en especial la intensidad y la frecuencia fundamental, para determinar qué emoción se evoca, ya que las pistas relevantes están distribuidas en toda la señal de habla (Pittam y Scherer 1993). También para Rodríguez Bravo (2002), los estados de ánimo involucran variaciones no solo en un único parámetro, como puede ser la velocidad de elocución, sino también en la intensidad, el rango tonal, el nivel tonal, etcétera. Este autor sostiene que no tiene sentido hablar, por ejemplo, de un tono triste, sino que es la conjunción de un tono grave con la velocidad de elocución lenta, con una intensidad baja, etcétera, lo que hace que una voz suene triste. En otras palabras, es el conjunto de alteraciones en los diferentes rasgos lo que permite reconocer la presencia de tristeza en una voz.

La relación entre las emociones y su expresión vocal ha cobrado un nuevo auge debido al desarrollo de los sistemas de síntesis y de reconocimiento automático del habla (Álvarez Muniain *et al.* 2006; Nogueiras *et al.* 2001). La voz sintetizada es, en general, neutra y monótona, y los investigadores desean poder imprimirle características naturales e incorporarlas en los sistemas automáticos de diálogo, en herramientas que permitan dotar de una voz personalizada a los discapacitados, en los sistemas multimedia, en los servicios de atención telefónica al cliente, para los que interesa reconocer la emoción en la voz de quien llama, o, por mencionar otro ejemplo, en la detección de la fatiga de los conductores de vehículos (Baldassarri, Cerezo y Anaya 2009; Kolz, Garrido Almiñana y Laplaza 2014; Rodríguez Bravo *et al.* 1999). De todo ello surge la necesidad de estudiar los rasgos pertinentes para la expresión vocal de las emociones con el fin de garantizar su modelización eficaz. Esta área de investigación también es de interés para la psicología, la psiquiatría y la sociología, puesto que implica aspectos como la investigación de la conducta social y de los trastornos psiquiátricos.

34.3.3 *La velocidad de elocución y la oratoria*

En los manuales de retórica pueden encontrarse también consideraciones sobre la importancia en el habla de la expresión de las emociones y de su impacto, que se remontan a autores como Aristóteles, Cicerón y Quintiliano, quienes apuntan algunas sugerencias sobre cómo servirse eficazmente del habla expresiva para transmitir emociones. Sus reflexiones han influido en cómo la filosofía occidental ha abordado la retórica a través del tiempo.

Los retóricos establecieron pautas claras sobre el uso de la voz y de los gestos (*actio*) en la oratoria a través de instrucciones sobre la correcta modulación de la voz, especialmente de la intensidad y de la altura tonal, del fraseo, de la velocidad de elocución y del énfasis, así como sobre los aspectos físicos, es decir la postura, los gestos y las expresiones faciales que deben acompañar al mensaje verbal para lograr una mayor efectividad en su transmisión. Para los autores clásicos, como Quintiliano y Platón, la oratoria posee una sólida base ética. Sin embargo, estos recursos pueden llegar a transformarse en modos de manipulación encubierta para lograr cambios en las actitudes, conductas o ideas del público, según las intenciones veladas del emisor.

La comunicación es una forma de cooperación entre los seres humanos que está expuesta al engaño y a la manipulación. Por supuesto, comprender un mensaje y aceptarlo son dos pasos diferentes en el proceso de la comunicación. El segundo depende de la confianza que el destinatario haya depositado en el emisor. Cuando los que se comunican son familiares y amigos, la cooperación y la sinceridad se dan por sentadas, y los dos pasos están íntimamente ligados. Por el contrario, en la comunicación con extraños o con competidores, o bien con amigos o parientes en situación de conflicto, las personas desconfían de lo que se les brinda, y 'tamizan' el contenido del mensaje para determinar la consistencia de la información recibida (Origgi y Sperber 2000; Sperber *et al.* 2010).

Si bien los signos naturales y las señales naturales pueden transmitir información sobre el estado de ánimo del emisor sin que este lo desee, en casos más elaborados un hablante puede manipular encubiertamente su cualidad de voz y otros rasgos paralingüísticos para dar a entender a la audiencia que esa manifestación es accidental, y que él no hubiera querido que esos sentimientos se vieran expuestos (Wilson y Wharton 2006; Wharton 2008). Como en el caso citado en el § 34.2.3, este acto de comunicación encubierto no constituye una muestra de comunicación ostensivo-inferencial, porque el hablante no desea que su intención se haga manifiesta. Por lo tanto, la adopción estratégica de diferentes rasgos suprasegmentales, entre ellos la velocidad de elocución, puede variar según la impresión que el hablante desee crear en el oyente.

Como se ha visto con relación a la personalidad y las emociones, el mensaje se transmite no solo a través de sus rasgos estrictamente lingüísticos, sino también de los rasgos paralingüísticos y de los extralingüísticos. La variación de la velocidad de elocución y la de otros recursos vocales que sirven de vehículo para las emociones pueden utilizarse para expresar estados de ánimo aun cuando el orador no los experimente al dirigirse al público, e incluso cuando su estado anímico sea el opuesto. En este caso, el objetivo será lograr credibilidad y una respuesta empática por parte de la audiencia, consiguiendo que esta experimente esas emociones y resulte persuadida por el contenido del mensaje. Recuérdese que una velocidad de elocución rápida con una intensidad alta y un tono elevado transmite alegría, enojo o ansiedad, mientras que una velocidad relativamente lenta con una intensidad y un tono bajos puede expresar tedio, tristeza o miedo, entre otras emociones.

Una velocidad de elocución demasiado rápida, que resultaría en una articulación imprecisa y atropellada, podría bloquear la comprensión. Una velocidad excesivamente lenta, con muchas pausas, podría ser fruto de un estado de ansiedad o de nerviosismo. En los manuales de retórica se aconseja mantener una velocidad pareja, constante y fluida, lo suficientemente lenta como para que la articulación sea clara y la audiencia pueda seguir el discurso, y para que el orador pueda mantener el control del mismo. Una velocidad irregular o una muy rápida, especialmente cuando se acompaña de un tono elevado y de una intensidad relativamente alta, pueden considerarse como un signo de que el hablante está mintiendo y no desea que este hecho se note.

Además, para evitar la monotonía, también se aconseja variar la velocidad, el tono y la intensidad en función del contenido del mensaje. Se recomienda utilizar una velocidad de elocución rápida para estimular a la audiencia, y una velocidad más lenta para enfatizar algunas partes del mensaje y centrar la atención en los puntos importantes. El aumento en la intensidad puede servir para atraer la atención, mientras que su disminución puede crear un clima de confidencialidad y sinceridad. Las variaciones de estos parámetros sirven para poner de relieve la espontaneidad del orador, como si este realmente estuviera elaborando su mensaje a medida que diserta.

Un aspecto crucial relacionado con la velocidad de elocución es la presencia de pausas silenciosas. Se considera que el silencio bien utilizado aumenta la fuerza expresiva del discurso y otorga una imagen de autocontrol. El silencio puede cumplir diferentes funciones en las distintas etapas del desarrollo de un discurso. En su inicio, puede servir para centrar la atención de la audiencia y crear expectativa. Durante el desarrollo, puede indicar el paso de un tema a otro, generando tensión o ansiedad en el público. Entre el final del desarrollo y antes del cierre, el silencio crea expectativas sobre el desenlace del discurso llevando al clímax (véase el capítulo 35, dedicado a las pausas, en la presente obra). La variación en el registro tonal también ayuda a lograr una mayor versatilidad expresiva. Los tonos altos pueden interpretarse como un signo de ansiedad, y suelen ser útiles para marcar la transición de un tema a otro, mientras que los medios o los bajos generan calma, confianza, hacen la exposición más creíble y pueden servir para marcar el fin de un tema.

Servirse correctamente de la velocidad de elocución, de la variación tonal y de la intensidad contribuye a lograr una mayor versatilidad expresiva, y permite al orador realzar las diferentes partes del mensaje, expresando estados de ánimo y emociones en consonancia con su intención ilocutiva y perlocutiva. Los recursos vocales se suelen complementar con el contacto visual, las expresiones faciales, los gestos y las diferentes posturas que adopta el orador, para crear una impresión general coherente con el contenido lingüístico del mensaje. El entrenamiento para la oratoria tiene mucho en común con las técnicas que utilizan los actores para interpretar diversos personajes en el teatro, la televisión y el cine, y permite desarrollar las habilidades precisas para que el orador resulte natural, espontáneo y expresivo.

34.3.4 La velocidad de elocución y su relación con el campo profesional

Cada profesión u oficio exige de quien los ejerce una forma de comunicarse y de interactuar vinculada a sus diferentes circunstancias propias. Cada situación profesional activa una serie de estrategias verbales y de conductas que regulan las relaciones interpersonales y que aseguran la comunicación, con independencia del sexo y del estilo de habla del profesional involucrado. Yépez (2005) analiza tres entornos laborales en los que desempeña un papel muy importante la forma en que los hablantes utilizan los recursos como la velocidad de elocución. En las situaciones comunicativas en las que prevalece la transmisión eficaz de la información, cuando el tiempo de emisión es corto y la relación entre los hablantes es simétrica, como sucede, por ejemplo, entre los corredores de la Bolsa de Valores, se utiliza un estilo de habla directo al que es ajena la cortesía habitualmente presente en la conversación espontánea, estilo prototípicamente identificado con el sexo masculino (§ 34.2.3), que se adapta bien a las exigencias laborales y que hombres y mujeres adoptan en igual medida. Es fácil imaginar que, en estas circunstancias, los interlocutores recurren a una velocidad de elocución rápida y a una intensidad elevada, dadas las características espaciales de los lugares donde se llevan a cabo las operaciones bursátiles y la urgencia de las acciones que se realizan.

Yépez contrasta este contexto laboral con el de dos conductores televisivos, uno femenino y el otro masculino, de un programa sobre temas del corazón transmitido por un canal de televisión en Madrid, y compara el desempeño de los dos locutores. La conductora femenina intenta reforzar el vínculo afectivo con el entrevistado. Su habla se articula en grupos entonativos cortos, y las descripciones de Yépez llevan a suponer que utiliza una velocidad de elocución lenta, que propicia la familiaridad y la intimidad con el interlocutor. En cambio, el conductor masculino se distancia de su entrevistado, y a menudo recurre a actos de habla directivos como el de aconsejar al participante. Lo hace articulando sus emisiones en grupos de entonación más largos, y es de suponer que utiliza una velocidad de elocución más rápida. Dado que el objetivo del programa no es restablecer la relación sentimental entre los entrevistados, sino llegar a conmover al público, la locutora femenina logra mejor este objetivo, ya que utiliza una estrategia comunicativa más apropiada a las necesidades del programa y habitualmente asociada con el habla femenina: la identificación empática del público con la situación afectiva del entrevistado.

Otro caso que estudia Yépez (2005) es el comportamiento prosódico en el habla de dos abogados, un hombre y una mujer, que representan a dos partes en litigio en un tribunal en Madrid. Además de titubeos y de autocorrecciones, el letrado demandante presenta una entonación bastante monótona, sin gran variación tonal, y una velocidad de elocución bastante rápida y homogénea, sin recurrir a las posibles pausas que hubieran servido para resaltar las palabras claves en su argumentación. Su articulación de los fonos tiende a ser descuidada, y por momentos interfiere con la inteligibilidad de su mensaje. Estos aspectos son típicos del habla masculina, y en otros ámbitos se asociarían con la credibilidad y la seguridad. Sin embargo, resultan poco efectivos en el contexto de un juicio. En cambio, la intervención de la abogada de la parte demandada presenta un estilo más vinculado al habla femenina, más valorado en el arte de la oratoria, como se vio anteriormente. Recurre al empleo de variaciones de tono y de intensidad y reduce la velocidad de elocución para pronunciar las palabras que desea destacar, aumentando en ellas la intensidad, mientras que incrementa la velocidad en las partes que desea que se consideren menos relevantes, al tiempo que disminuye la intensidad; además, su articulación de los fonos es correcta y precisa. En consecuencia, su argumentación resulta más clara, creíble y convincente. Se comprueba así que ciertos rasgos como la velocidad de elocución adquieren valor como indicadores de las estrategias comunicativas que revelan la intencionalidad —a menudo velada— del hablante en virtud de su desempeño profesional específico.

La voz es el principal vehículo de transmisión en los medios audiovisuales, especialmente en la radio y en la televisión. En la radio, sobre todo, en ausencia del estímulo visual, la voz del locutor se convierte en su imagen, de ahí que resulte esencial que este domine los recursos vocales de los que dispone para transmitir sus mensajes. Rodero (2007) ha comprobado que la audiencia radiofónica es consciente del valor de los atributos vocales a la hora de juzgar la calidad de la locución, especialmente en la transmisión de noticias en los programas periodísticos. El factor crucial es la inteligibilidad del locutor, que facilita o dificulta la comprensión del mensaje. Los sujetos experimentales que, en la investigación de Rodero, evaluaron el desempeño de los locutores prefirieron un tipo de locución natural, no alejada del modo en que las personas normalmente se expresan, ya que, con ese estilo de habla, la atención del oyente puede concentrarse en el contenido, y no distraerse hacia detalles de la enunciación. Según los sujetos entrevistados, los locutores deberían evitar la monotonía derivada de la ausencia de variación en la locución. Los cambios en la velocidad de habla, en la intensidad, en el tono y en la cualidad de la voz ayudan a retener el interés del oyente. Sin embargo, para ser aceptadas, estas variaciones deben resultar naturales y no llevarse a extremos.

En otro trabajo, Rodero *et al.* (2009) examinaron la velocidad de elocución de un presentador de una cadena española de radio en relación con las informaciones transmitidas los días 11 y 12 de marzo de 2004, a raíz de los atentados del 11 de marzo en Madrid. Las emisiones ese día presentaron una mayor velocidad de elocución y denotaron mayor nerviosismo que las del día 12 de marzo. La locución del 11 se percibió como rápida y atropellada, con menor energía e intensidad y con una menor cantidad de palabras acentuadas, rasgos todos ellos atribuibles a la mayor improvisación en la transmisión de los datos.

Una velocidad excesiva con pocas pausas, con excesos en la acentuación y respiraciones audibles dificulta la comprensión y, por consiguiente, debe evitarse. Rodero (2007) también detecta estos 'vicios de locución' en el habla de algunos políticos españoles. Un estilo con estas características incide de forma negativa en el oyente, ya que resulta atropellado, y denota nerviosismo e inseguridad. Por otra parte, una velocidad de elocución predominantemente lenta puede asociarse con la monotonía y, por consiguiente, reducir el interés por parte del oyente. Se prefiere una velocidad de elocución normal, similar a la de la conversación espontánea, con predominio de un registro grave, acompañado de una cualidad de voz resonante, clara y brillante, ya que estas características suscitan una sensación de mayor credibilidad, seguridad y confianza. Los manuales de locución sugieren que los cambios en la velocidad, el uso de un registro más agudo y la variación de otros rasgos deben utilizarse ocasionalmente y en consonancia con el contenido emotivo que se desea transmitir a través del mensaje.

La locución radiofónica o televisiva depende también del tipo de evento con el que está relacionada. El relato deportivo —excluyendo, por ejemplo, el correspondiente a un partido de críquet o de golf (véase el § 34.1.1)— en general imprime a la locución una velocidad muy rápida, ya que los hechos relatados se suceden vertiginosamente en el tiempo, y se narran en el preciso instante en que ocurren. La locución de una carrera de caballos, de un partido de fútbol o de tenis suele poseer estas características [→ § 29.4.1]. Además, es habitual que un comentarista deportivo aumente progresivamente su velocidad de elocución a medida que va describiendo las acciones que conducen a un gol en el fútbol, o a medida que los caballos en carrera se acercan a la meta para transmitir de manera más vívida y dramática los hechos que abocan a ese desenlace (González Ávila 2012; Herrero Gutiérrez y Rodríguez Ramos 2009). Los locutores de anuncios publicitarios, los meteorólogos y los humoristas también suelen imprimir a su emisión una velocidad de elocución bastante rápida.

34.3.5 La velocidad de elocución y las emociones en el habla espontánea

Para concluir este apartado, se presenta una muestra de habla espontánea, procedente del corpus de Caldiz (2006) en español rioplatense, que ilustra el modo en que la velocidad de elocución contribuye a expresar las emociones y la actitud de los hablantes. En ella, un matrimonio que tuvo un altercado la noche anterior por el control de la televisión relata lo sucedido a otro matrimonio amigo, que oficia de mediador. Cada uno de los participantes explica por separado su propia versión de los hechos, metarrepresentando su discurso y el de su cónyuge como una cita directa para retratar más vívidamente las circunstancias que dieron origen al desacuerdo y las actitudes de cada uno de ellos.

Para el análisis de este breve extracto y de los ejemplos restantes, se siguieron las pautas delineadas en Uhmann (1992) y se empleó el programa de análisis acústico Praat (Boersma y Weenink 2018): se transcriben los sintagmas entonativos [→ § 1.21.6] y se mide la duración de cada una de ellos sin considerar las pausas dubitativas en su interior que interrumpen el fluir del discurso. Se registra perceptivamente el número de sílabas audibles y el número de acentos en cada sintagma con la ayuda del trazado de la f_0 y se calcula la cantidad de sílabas y de acentos por segundo; finalmente, se determina también la altura máxima alcanzada por la f_0 en cada sintagma entonativo [→ § 28.1.1, § 31.2.1].

Quien primero narra su versión de los hechos es la esposa (M). Su relato corresponde al ejemplo (1), y los resultados del análisis del tramo más relevante se muestran en la Tabla 1. Las mayúsculas representan las sílabas acentuadas, que reciben un acento tonal y marcan el ritmo de las frases.

(1)   M: … que me fui a acostar después de un día que había empezado para mí a las … siete menos cuarto de la mañana, no pude irme a casa ni a almorzar, seguí derecho y llegué a mi casa a las siete y media de la tarde, y de allí fuimos a cenar a lo de mi suegra, y cuando volví tenía ganas de mirar un ratito de televisión antes de dormirme. Me acuesto, y como pasa habitualmente, o carreras de autos, o fútbol, no anoche era tenis. Entonces digo: «No, quiero despejarme un poco y mirar un ratito de televisión.» (imitando el tono de voz de su esposo) «No esta noche se mira tenis porque es la final de Wimbledon.» Siempre, obviamente, está la excusa de que es muy importante ese día mirar ese … de hecho se miran todas las noches porque siempre hay algo importante.

Cuando M relata los detalles sobre el contexto en el que se produjo el incidente —sintagmas entonativos (1) a (5)— su velocidad de elocución varía entre las 3,5 y las 5,2 sílabas por segundo, y la f_0 llega a una altura máxima de 330 Hz. La mayor densidad de acentos por segundo en ese tramo —2,6— se alcanza en el sintagma (5), en el que la hablante presenta el motivo del desacuerdo. Cuando ella metarrepresenta su propio discurso —sintagmas (6) a (8)— la velocidad aumenta a 6,2 sílabas por segundo y la altura de la f_0 presenta un máximo de 372 Hz. Sin embargo, para imitar la voz de su esposo —sintagma (9)— utiliza una velocidad de 6,8 sílabas por segundo, y la f_0 llega a una altura de 414 Hz. Luego continúa citando, esta vez en forma indirecta, la opinión de su cónyuge —sintagmas (10) a (13)— con una velocidad que alcanza las 7,8 sílabas por segundo, pero la f_0 mantiene una altura máxima que no supera los 325 Hz. Se diría, pues, que el efecto que crea a través de las variaciones en la velocidad de elocución y en el rango tonal es el de presentar su habla como calma y controlada, haciendo aparecer como totalmente razonable su solicitud de poder elegir un programa de su agrado, especialmente después de haber aclarado en la parte anterior del discurso que había estado en pie desde muy temprano, y que esta era su única oportunidad en el día para relajarse. En cambio, M representa el habla de su esposo como

Tabla 1 *Análisis de un fragmento del discurso de la hablante recogido en el ejemplo (1)*

Sintagma entonativo	Número de sílabas	Duración en segundos	Sílabas por segundo	Acentos por segundo	Altura tonal máxima
(1) / Me aCUESto /	3	0,85	3,5	1,1	260 Hz
(2) / y como PAsa habiTUAL MENte/	10	2,08	4,8	1,4	329 Hz
(3) / o caRREras de AUtos /	7	1,94	3,6	1	330 Hz
(4) / o FÚTbol /	3	0,79	3,7	1,2	320 Hz
(5) / NO aNOche Era TEnis /	8	1,53	5,2	2,6	263 Hz
(6) / enTONces DIgo NO /	6	1,22	4,9	2,4	211 Hz
(7) / QUIEro /	2	0,32	6,2	3,1	372 Hz
(8) / despeJARme un POco y miRAR un raTIto de televiSIÓN /	15	2,60	5,7	1,9	323 Hz
(9) /NO esta NOche se mira Tenis porque ES la final de WIMbledon /	**19**	**2,76**	**6,8**	**1,8**	**414 Hz**
(10) / SIEMpre obviaMENte /	6	0,92	6,5	2,1	325 Hz
(11) /está la exCUsa de que es muy imporTANte /	12	1,61	7,4	1,2	280 Hz
(12) / Ese DÍa /	4	0,51	7,8	3,9	270 Hz
(13) / mirar Ese /	4	0,55	7,2	1,8	226 Hz

Nota. Se muestra la velocidad de elocución en cada sintagma entonativo, la cantidad de acentos por segundo y la altura máxima de la f_0. El sintagma (9), en negrita, corresponde a la cita directa del discurso del esposo de la hablante, emitida con una velocidad de elocución relativamente alta y con un rango tonal amplio.

acelerada y en un registro más agudo, caracterizándola de ese modo como alterada y nerviosa, y poniendo de relieve su actitud poco flexible e intransigente frente a lo razonable de sus demandas. Orienta, así, a la audiencia, hacia una determinada percepción de sí misma y de su marido, a la vez que expresa su actitud de crítica y su rechazo con respecto a la forma de actuar de este.

A su vez, cuando el esposo (O) relata su propia versión de los hechos, recurre a una estrategia similar, como se muestra en el ejemplo (2). El resultado del análisis del tramo más relevante se presenta en la Tabla 2.

(2)   O: Y me fui a dormir después de un día arduo. Yo me había levantado a las… siete de la mañana y lo había terminado a las veintidós horas al volver de la casa de mi mamá… Entonces estaba viendo el match point del partido de Agassi contra el australiano por la semifinal de el campeonato de Wimbledon… estaba viendo el partido, entonces M viene y me dice: (imitando a su esposa) *«Quiero ver televisión porque no puede ser que estuve todo el día.»* Entonces yo le dije a M: «Y estoy en el match point. Dame cinco minutos y yo termino de ver esto y se acaba.» (imitando a M) *«No es que no se puede dormir, no se puede dormir acá porque está el televisor prendido.»* «Muy bien, no miro el partido.» Tac y apagué. (imitando a M) *«Bueno dame que voy a mirar yo.»*

El esposo contextualiza su relato en los sintagmas entonativos (1) a (8), en los que la velocidad de elocución varía entre las 2,5 y 6 sílabas por segundo, y la altura máxima de la f_0 se alcanza en el sintagma (6): 276 Hz. En los sintagmas (9) y (10), el hablante recapitula el contexto y se prepara a introducir la cita de la voz de su esposa. En ellos, la velocidad de elocución aumenta a 10,2 y 11,1 sílabas por segundo, respectivamente. Cuando el marido imita la voz de M —sintagmas (11) y (12)— la velocidad se mantiene a 10,7 sílabas por segundo, y la altura tonal máxima llega a los 243 Hz. La velocidad de elocución disminuye en los sintagmas (14) y (15), en las que O muestra su propia voz. El sintagma (16) */y yo termino de ver esto y se acaba/*, se caracteriza nuevamente por una velocidad más alta de elocución (9,5 sílabas por segundo), quizás porque es una representación icónica de la brevedad del tiempo durante el cual él va a ocupar el televisor (véase el § 34.4.3). Cuando O vuelve a citar la voz de M en los sintagmas (17) a (19), nuevamente lo hace con una velocidad de elocución relativamente alta, y con un rango más amplio. Finalmente, en la unidad (23), la imitación de la voz de la esposa alcanza la mayor velocidad de elocución y la mayor altura tonal en el tramo analizado. De nuevo, a través

Tabla 2 *Análisis de un fragmento del discurso del hablante recogido en el ejemplo (2)*

Sintagma entonativo	Número de sílabas	Duración en segundos	Sílabas por segundo	Acentos por segundo	Altura tonal máxima
(1) / EntONces /	3	0,72	4,1	1,3	265 Hz
(2) / esTAba VIENdo /	5	0,93	5,3	2,1	228 Hz
(3) / el MATCH POINT /	3	1,16	2,5	1,7	226 Hz
(4) / del parTIdo /	3	1,07	2,8	0,9	225 Hz
(5) / de AGAssi /	3	0,73	4,1	1,3	198 Hz
(6) / CONtra el austraLIAno /	5	1,96	2,5	1	276 Hz
(7) / POR la SEmifiNAL /	6	1,15	5,2	2,6	223 Hz
(8) / DE el campeoNAto de WIMbledon /	9	1,49	6	2	189 Hz
(9) / esTAba viendo el parTIdo /	7	0,68	10,2	2,9	193 Hz
(10) / entonces M viene y dice /	10	0,90	11,1	1,1	200 Hz
(11) / QUIEro ver televiSIÓN /	**7**	**0,66**	**10,6**	**3,0**	**228 Hz**
(12) / porque no puede SER que estuve todo el DÍa /	**13**	**1,21**	**10,7**	**1,6**	**243 Hz**
(13) / enTONces yo le dije a M /	9	0,83	10,8	2,4	232 Hz
(14) / y esTOY en el MATCH POINT /	6	1,26	4,7	2,3	256 Hz
(15) / DAme CINco miNUtos /	7	1,25	5,6	2,4	249 Hz
(16) / y YO terMIno de ver ESto y se aCAba /	11	1,15	9,5	3,4	207 Hz.
(17) / NO es que no se puede dorMIR /	**7**	**1,0**	**7**	**2**	**315 Hz**
(18) /… no se puede dorMIR aCÁ /	**10**	**1,20**	**8,3**	**1,6**	**284Hz**
(19) / porque esTÁ el televisor prenDIdo /	**9**	**0,94**	**9,5**	**2,1**	**244 Hz**
(20) / MUY BIEN /	2	0,40	5	5	176 Hz
(21) / NO MIro el parTIdo /	6	1,41	4,2	2,1	259 Hz
(22) / TAC y apaGUÉ /	4	0,60	6,6	3,3	287 Hz
(23) / BUEno DAme que voy a mirar YO /	**10**	**0,81**	**12,3**	**3,7**	**319 Hz**

Nota. Los sintagmas en negrita corresponden a las unidades entonativas en las que el marido cita directamente el habla de su esposa, utilizando una velocidad de elocución relativamente elevada, acompañada, en esta ocasión, de un rango tonal amplio.

de su velocidad de elocución y de la altura tonal, el hablante se muestra a sí mismo como controlado y razonable en sus demandas, mientras que representa la actitud de su cónyuge con una velocidad más alta y un rango tonal más amplio, haciendo manifiesta la actitud alterada y nerviosa de M, e indicando su propia actitud de desacuerdo con respecto a ella.

Como puede apreciarse en estos ejemplos, la velocidad de elocución no solo se asocia a la personalidad y al estado emocional real del emisor, sino que también se utiliza para simularlo y para representar los estados propios o los de los demás en diversas circunstancias. Estas opciones orientan la interpretación de los enunciados según la intención manifiesta de los hablantes.

34.4 La velocidad de elocución como señal (para)lingüística

En el presente apartado se profundiza en las funciones de la velocidad de elocución como señal (para)lingüística para indicar la relevancia relativa de las distintas partes del discurso, la toma y la cesión de turnos en la conversación, así como la expresión de la cortesía y de la ironía.

34.4.1 Cuestiones preliminares

Cualquier enunciado admite diversas interpretaciones, todas ellas compatibles con la forma lingüística utilizada. Una de las funciones del nivel suprasegmental del habla es guiar el proceso interpretativo alterando la prominencia de las diferentes partes del enunciado, contribuyendo así a los procesos inferenciales que permiten identificar la interpretación deseada por el emisor. Las interpretaciones pueden variar en su grado de accesibilidad, ya sea porque el esfuerzo de procesamiento disminuye, ya sea porque se altera la relación entre los efectos logrados y el esfuerzo que demanda su logro. Mientras que en un mensaje la forma suprasegmental neutra o esperada es la que exige menor esfuerzo relativo, el hecho de apartarse de la norma conlleva un mayor esfuerzo, pero incentiva al oyente a buscar otros efectos contextuales que resultan más accesibles gracias al tipo de recurso utilizado.

Cuanto más sobresaliente sea un fenómeno suprasegmental, en mayor medida se esperará que contribuya al significado buscado por el hablante, aportando diversos efectos cognitivos. Un emisor que desee que algún rasgo prosódico o paralingüístico se interprete como parte del significado que transmite debe hacer todo lo posible para conferirle una mayor prominencia y una mayor riqueza de efectos, de manera que el mecanismo de interpretación pragmática pueda captarlo.

En el marco de la Teoría de la Relevancia se suelen distinguir dos modos de codificación lingüística: la codificación conceptual y la procedimental. Las palabras con contenido codifican los conceptos, mientras que algunos vocablos y ciertas construcciones gramaticales como los conectores, los pronombres, así como el modo y la prosodia, codifican las instrucciones de procesamiento que ayudan a disminuir el esfuerzo que implica procesar los enunciados, guiando así al oyente hacia su interpretación más relevante.

Así como las palabras codifican conceptos que aportan su significado en forma composicional a las frases complejas de las que forman parte, y contribuyen a su contenido veritativo-condicional (Escandell 2004), las expresiones procedimentales orientan la fase inferencial de la comunicación, es decir, guían y restringen los procesos inferenciales que se utilizan para identificar la interpretación deseada. Según Wilson y Sperber (1993), los recursos procedimentales reducen el espacio de búsqueda alterando la prominencia de posibles contextos, contenidos y efectos cognitivos. La distinción entre codificación conceptual y procedimental puede también hacerse extensiva a los códigos naturales no lingüísticos que gobiernan los tonos de voz afectivos, las expresiones faciales y los fenómenos prosódicos en general. Wilson y Wharton (2006) aplican este tratamiento a los fenómenos prosódicos y paralingüísticos.

Se propone, entonces, que la velocidad de elocución junto con otros recursos prosódicos como la intensidad y las variaciones de la f_0 funcionan como pistas procedimentales que guían al oyente hacia la interpretación más relevante en la fase inferencial del proceso interpretativo.

34.4.2 La velocidad de elocución, la conversación y las normas de cortesía

Los hablantes pueden alterar su estilo vocal para igualarlo o diferenciarlo del de sus interlocutores. Según la Teoría de la Acomodación en la Comunicación (Giles 2008), el utilizar un estilo vocal similar indica acercamiento o inclusión del otro, mientras que mantener un estilo propio o recurrir a un estilo diferente del que emplea el interlocutor transmite un deseo de distanciarse o de excluir al otro. La velocidad de elocución es uno de los factores que indican el grado de afinidad entre los interlocutores. En las ofertas de productos realizadas por teléfono, por ejemplo, se suele cometer el error de hablar velozmente, sin prestar atención a la velocidad a la que articula el interlocutor, de modo que la velocidad del vendedor no coincide con la del cliente, lo que provoca que este último se sienta invadido por la verborragia del primero, perjudicando así la sintonía del diálogo. También es perjudicial la velocidad lenta impuesta por el vendedor, ya que el cliente puede considerar que se lo está tratando como incapaz de entender lo que se le está explicando.

Al estudiar un corpus de entrevistas sociológicas, Kendall (2013, §34.2.2) encuentra un fenómeno de acomodación que puede variar en diferentes direcciones. En algunos casos, cuando la entrevistadora es una mujer, los entrevistados suelen adoptar una velocidad más lenta que cuando el entrevistador es un varón. En otras ocasiones, es el o la entrevistador(a) quien se ajusta a la velocidad de elocución de la persona entrevistada. Kendall especula que esto puede deberse a que es el o la entrevistador(a) quien suele tener un interés particular en lograr la entrevista, mientras que los entrevistados suelen tener un menor compromiso con la misma, y hacen menos esfuerzo por acomodar su velocidad a la de el o la entrevistador(a).

En una conversación, los participantes hablan por turnos. La velocidad de elocución es un factor que también cumple la función de marcar las transiciones entre distintas etapas. Cuando un emisor desea ceder el turno, amortigua la intensidad de su voz y reduce su rango tonal, utiliza una entonación descendente y disminuye también la velocidad de elocución, aumentando simultáneamente la frecuencia y la duración de los silencios. En cambio, si el emisor desea mantener el turno y cree que el interlocutor pretende intervenir e interrumpirlo, incrementa la intensidad de su voz, mantiene un rango tonal más bien amplio, evita los tonos descendentes y bajos, utilizando tonos ascendentes o suspensivos, y aumenta la velocidad de elocución, impidiendo así que se produzcan silencios. Las variaciones en la velocidad de elocución, entonces, cumplen un rol importante en la dinámica de la conversación, y pueden dar lugar a solapamientos entre el habla de quien sostiene el turno y el de su interlocutor o interlocutores, ya sean de naturaleza competitiva o colaborativa (Hidalgo 1998). Otros signos, como las verbalizaciones o las vocalizaciones de asentimiento del tipo *mmhm, aha,* etcétera, apoyadas con inspiraciones sonoras, una postura erguida y la elevación del dedo índice suelen ser indicaciones para solicitar el turno. En las situaciones en las que los hablantes compiten para obtener el turno de palabra interrumpiendo al locutor que lo posee, los hablantes que desean mantener o recuperar su turno suelen recurrir a un aumento en la velocidad elocutiva, acompañado de una mayor amplitud tonal en la gama o rango tonal (Álvarez Muro 2005).

Si se toma en cuenta la vertiente social de los estudios sobre la comunicación, un concepto que resulta central es el de cortesía, concebida como un conjunto de estrategias conversacionales destinadas a promover la armonía y a evitar o mitigar conflictos [→ § 32.3.2]. Una noción fundamental en este ámbito de estudio, propuesta por el sociólogo E. Goffman (1967), es la de 'imagen pública', definida como la imagen que todo individuo tiene de sí mismo, reclama para sí y desea conservar. Esta noción ofrece una vertiente positiva, que se centra en la voluntad de ser apreciado por los demás y de que los demás compartan los deseos propios, y una negativa, vinculada a la pérdida de la libertad de acción y a la constatación de imposiciones por parte de los otros (Escandell [1993] 2013).

Expresar el desacuerdo constituye un acto de amenaza a la imagen pública del interlocutor, y por consiguiente a menudo se recurre al uso de estrategias de mitigación que disminuyen el grado de imposición. En un estudio intercultural sobre los rasgos verbales, prosódicos y no prosódicos, que caracterizan la expresión del desacuerdo en el alemán y en el inglés de Nueva Zelanda, Stadler (2006) pone de manifiesto que los rasgos suprasegmentales en general desempeñan un papel central en la interacción. La altura tonal, la intensidad y la velocidad de elocución sirven para expresar el desencuentro con el interlocutor, ya sea de forma directa y abierta, reforzando el desacuerdo, o en forma indirecta, mitigando este acto de amenaza a su imagen pública. En las dos lenguas estudiadas, Stadler descubrió que un elevado porcentaje de los desacuerdos se expresaron aumentando la velocidad de elocución con respecto a la neutra. Sin embargo, los hablantes alemanes recurrieron a este rasgo con mayor frecuencia que los neozelandeses. Como una velocidad de elocución elevada está vinculada al enojo y a un estilo de habla agresivo, los hablantes neozelandeses prefirieron adoptar un estilo conversacional de menor confrontación, optando por una velocidad de elocución más lenta, que se percibió como relajada y calma. Los hablantes alemanes utilizaron también una intensidad elevada más frecuentemente que los hablantes neozelandeses. Stadler concluye que los hablantes alemanes emplean un estilo más directo y más caracterizado por la confrontación al expresar el desacuerdo, ya que la manifestación del mismo es aceptable en el seno de la cultura germana, en la que los valores relacionados con la claridad y la honestidad gozan de mayor prestigio que los asociados a la cortesía. Por otra parte, los neozelandeses prefieren no enfatizar su desacuerdo y minimizan la imposición que este crearía, sirviéndose, además, de otras estrategias de mitigación, como el aumento del número de pausas dubitativas y de otras estrategias que preceden a la expresión del desacuerdo, y que funcionan como una advertencia para evitar la confrontación directa. En consecuencia, los neozelandeses consideran que los alemanes son menos corteses en sus intercambios comunicativos. Aunque el estudio no tomó en cuenta la opinión que tienen los alemanes de los hablantes neozelandeses, la autora aventura la hipótesis de que estos podrían parecerles débiles o poco interesantes. Stadler cree que los rasgos de altura tonal, intensidad y velocidad de elocución están íntimamente relacionados y que se condicionan mutuamente en la expresión del desacuerdo; aunque distintas lenguas compartan ciertos rasgos, su frecuencia de uso no es universal, lo que puede crear problemas en la interacción entre personas de diferentes culturas.

Los participantes en una interacción verbal emplean ciertos recursos que funcionan como pistas para la interpretación de sus enunciados, ya que evocan esquemas o marcos interpretativos que sirven para realizar inferencias sobre lo que está ocurriendo en la interacción: la alternancia de turnos y la relevancia informativa, la secuenciación de eventos, y la creación de una determinada atmósfera en la comunicación constituyen lo que Gumperz (1992) denomina 'pistas de contextualización'. Por otra parte, durante una conversación se pueden producir problemas de habla, de audición o de comprensión, para cuya resolución se emplean las llamadas 'secuencias de reparación'. En tales secuencias, un hablante se corrige a sí mismo, o corrige el habla de su interlocutor. Los recursos suprasegmentales, entre ellos la velocidad de elocución, contribuyen a que estas secuencias se identifiquen como pistas de contextualización.

Para Auer, Couper-Kuhlen y Müller ([1999], citado en Stadler [2006, 64]), la integración rítmica (entendida como la tendencia a mantener una misma velocidad y un mismo ritmo) y el mantenimiento de la misma velocidad de elocución operan como indicadores de cohesión conversacional. La sintonía entre los interlocutores se produce cuando ambos logran mantener una velocidad de elocución y una alternancia rítmica similares, y el hecho de lograrlo depende del esfuerzo conjunto de los participantes para conseguir la armonía conversacional. Un fenómeno en el que la velocidad de elocución, junto a la integración rítmica entre los participantes de una conversación, desempeña la función de indicar acuerdo o desacuerdo es el de las secuencias de reparación. Según Couper-Kuhlen (1992), las secuencias de reparación en inglés están asociadas a un aumento de la velocidad de elocución *(accelerando)*; tal incremento puede lograrse aumentando la velocidad en la sucesión de sílabas acentuadas, y también por medio de la desacentuación de palabras que han aparecido anteriormente en el discurso. El *accelerando* suele construirse en forma interactiva, y sirve para enmarcar la secuencia de reparación, separándola del discurso previo y del siguiente. Aunque la mayoría de las secuencias de reparación estudiadas en el corpus de Couper-Kuhlen en inglés muestran un aumento de la velocidad de elocución, un subconjunto de ellas recurre a un *rallentando* de la velocidad con respecto al turno anterior. En este caso, el hablante desea resolver un problema de audición, una insuficiencia en el canal de comunicación. Generalmente, estas secuencias comienzan en inglés con la palabra *'pardon?'* con entonación ascendente, y su reparación consiste en una repetición textual de parte de lo que se acaba de decir, seguida del reconocimiento explícito por parte del interlocutor. El ritmo y la velocidad de elocución no les vienen dados a los participantes de antemano con interpretaciones fijas, sino que se construyen de forma conjunta durante el proceso de creación del contexto de interacción. Para Couper-Kuhlen (1992), la contribución de estos dos rasgos deriva de su origen natural: por ejemplo, el uso de una velocidad de elocución más lenta para remediar problemas de audición puede vincularse a las restricciones cognitivas sobre la percepción auditiva. El entrar a tiempo con un turno conversacional puede considerarse como un reflejo natural de equilibrio. Couper-Kuhlen sostiene que la integración rítmica crea una *gestalt* perceptiva que se va convirtiendo en parte del trasfondo del intercambio comunicativo. Del mismo modo, el incorporarse demasiado pronto o demasiado tarde son reflejos naturales de que algo está fuera de lugar y se sale de lo ordinario. La falta de integración rítmica interfiere con la *gestalt* perceptiva, y atrae la atención sobre esa interferencia, situándola en primer plano. Es decir, dos fenómenos naturales han adquirido un valor convencional dentro del sistema lingüístico. La velocidad de elocución y la integración rítmica se convierten, entonces, en dos candidatos a ser considerados formas de codificación procedimental.

A continuación, se ejemplifica cómo las variaciones en la integración rítmica y en la velocidad de elocución señalan el grado de cohesión conversacional en la fase inicial de una entrevista televisiva. La entrevistada, (S), una actriz de cine y de teatro, habla sobre la venta de su casa y sobre el hecho de que sus dos hijos se van a vivir solos, lo que relaciona con un tema vigente en ese momento, el del 'nido vacío': los hijos abandonan el hogar y se produce un hueco difícil de llenar en la vida matrimonial. El ejemplo (3a) reproduce el tramo más relevante, y en la Tabla 3 se analiza la velocidad de elocución. Los corchetes indican superposición entre hablantes, mientras que el signo '=' marca la continuidad entre los interlocutores, sin que se produzca un solapamiento.

Tabla 3 *Análisis de un fragmento de una entrevista televisiva, en el que la variación en la velocidad de elocución y la integración rítmica indican el grado de armonía conversacional entre los interlocutores*

Sintagma entonativo	Número de sílabas	Duración en segundos	Sílabas por segundo	Acentos por segundo
(1) / y sin emBARgo para MÍ /	8	1,14	7	1,7
(2) / es un moMENto MUY espeCIAL de la VIda /	13	1,68	7,7	2,3
(3) / suPONgo que porque traBAjo /	9	1,54	5,8	1,2
(4) /suPONgo que esto le debe pasar MÁS a las muJEres /	**16**	**2,33**	**6,8**	**1,2**
(5) / a las muJEres que de PRONto se enCUENtran que la VIda ha paSAdo /	**19**	**2,78**	**6,8**	**1,7**
(6) / HA paSAdo /	**4**	**0,78**	**5,1**	**2,5**
(7) / y ha termiNAdo más aLLÁ /	8	1,33	6	1,5
(8) / y de su PROpia realizaCIÓN se ha hecho POco/	13	2,39	5,4	1,2
(9) /eXACta /	3	0,57	5,2	1,7
(10) / COsa que no es su CAso, no? /	8	0,94	8,5	2,1
(11) / porque usTED esTÁ /	5	1,08	4,6	1,8
(12) / no ES mi CAso /	5	0,86	5,8	2,3
(13) / no ES mi CAso /	5	0,80	6,2	2,5
(14) / haciendo COsas desde HAce mucho TIEMpo /	12	1,90	6,3	1,5

Nota. Los sintagmas en negrita se corresponden con la parte en la que se produce una mayor armonía conversacional.

(3a) S: …y sin embargo para mí, este, es un momento muy especial de la vida, supongo que porque trabajo.
Supongo que esto le debe pasar más a las mujeres.=
O: a las mujeres que de pronto se encuentran que la vida ha pasado=
S: ha pasado [y ha terminado más allá.]
O: [y y y   de su   propia] realización se ha hecho poco
S: e[xacta…]
O: [cosa que] no es su caso, ¿no? Porque usted está…
S: No es mi caso, no es mi caso.
O: Haciendo cosas desde hace mucho tiempo.

La parte más significativa puede observarse en los sintagmas entonativos (4) y (5). En (4), la entrevistada inicia una frase, que el entrevistador completa en (5) manteniendo exactamente la misma velocidad de elocución. El sintagma (6) también presenta integración rítmica, consistente en la repetición textual de lo dicho por el entrevistador, lo que pone de manifiesto la armonía conversacional y el acuerdo entre los interlocutores. En cambio, en los sintagmas siguientes, (7) a (9), y a pesar de que la velocidad de elocución también se mantiene pareja, la superposición en los turnos de habla pone de manifiesto la falta de integración rítmica, ya que el entrevistador pugna por mantener su turno. Como se puede ver en (3b), la similitud en la velocidad de elocución se sustenta en la integración rítmica, especialmente entre los sintagmas (4) a (6). Las sílabas en mayúscula corresponden a los acentos tonales, y marcan los pulsos rítmicos.

(3b) S: / SuPONgo que esto le debe pasar MÁS a las muJEres /=
O: / a las muJEres que de
PRONto se enCUENtran que la VIda ha paSAdo /=
S: / ha paSAdo [y ha termiNAdo más
aLLÁ.]
O: [y y y   de su PROpia]
realizaCIÓN se ha hecho POco /
S: / e[XACta…]
O: [COsa que] no es su CAso, ¿no?… / porque usTED esTÁ
…/=
S: / no ES mi CASO / no ES mi CAso /=
O: / haciendo COsas desde HAce mucho TIEMpo /

El aumento en la velocidad de elocución en (10) —de 5,4 sílabas por segundo en el sintagma (8) a 8,5 sílabas por segundo en el sintagma (10)—, unido a la ausencia de integración rítmica, constituyen las estrategias mediante las que el emisor se apresura a señalar que la descripción anterior no se aplica a la entrevistada. Esta maniobra también está enraizada en la cortesía, ya que el entrevistador desea proteger la imagen pública de la entrevistada, y ella asiente en los sintagmas (11) y (12), dejando patente que no pertenece al grupo de las mujeres que han postergado su desarrollo profesional en pos de la vida familiar. Además, como señala Hidalgo (1998), no todos los solapamientos entre hablantes son de naturaleza competitiva, sino que también suelen utilizarse como actos cooperativos de apoyo a la emisión del interlocutor que mantiene el turno. La integración rítmica entre los hablantes se restablece en los sintagmas (11) a (14). En consecuencia, las variaciones en la velocidad de elocución también tienen un efecto directo en la indicación de eventos en la conversación y en la percepción de la cortesía como estrategia lingüística, y funcionan como una señal del deseo de lograr o no la armonía comunicativa. Sin embargo, no se debe olvidar que el desempeño de esta función también podría estar sujeto a las peculiaridades y a los aspectos propios de cada lengua y de cada cultura (cf. el § 34.2.3).

34.4.3 La velocidad de elocución como indicador de la importancia relativa del contenido proposicional

Las fluctuaciones en la velocidad de elocución actúan también como pistas de contextualización, en tanto que indican al oyente cómo interpretar el contenido proposicional en el contexto en el cual ese contenido adquiere relevancia. Uhmann (1992) estudió este fenómeno en alemán a partir de un corpus de habla espontánea, considerando dos niveles de densidad, la cantidad de sílabas por segundo y la cantidad de sílabas acentuadas por segundo, dentro de los límites del sintagma entonativo, y desentrañó un conjunto de funciones que parecen también manifestarse en el español.

La primera función que Uhmann identifica es la denominada 'onomatopéyica'. Un hablante puede, en una unidad entonativa, acelerar o disminuir su velocidad de elocución normal en relación con la de las unidades entonativas anteriores y posteriores para que el oyente infiera una determinada interpretación. El cambio en la velocidad de elocución es una representación icónica del sentido que el emisor desea transmitir. Esta autora cita un fragmento de su corpus en alemán en el que una hablante expone su queja con relación al tratamiento que recibió por parte de una oculista, quien le prescribió anteojos con mucha rapidez, sin realizar un examen profundo del estado de su visión. La rapidez con la que la oculista le recetó los lentes se refleja en el enunciado «¿es mejor así, es mejor asá?» que evoca la escena de la especialista probándole las gafas, con un aumento considerable de la velocidad de elocución con relación a los sintagmas entonativos circundantes. La queja de la hablante no se verbaliza solo a través del contenido proposicional, sino que ella aumenta la velocidad de elocución para mostrar la velocidad con la que la oculista la despachó con los anteojos. Si la hablante hubiese reducido la velocidad de elocución prolongando las sílabas y e insertando pausas audibles, especula Uhmann, la contextualización se habría orientado en la dirección opuesta: se habría puesto de manifiesto una atención lenta, cuidadosa y esmerada por parte de la especialista. Esta predicción se cumple en el ejemplo que se presenta en (4) y que es parte de la entrevista analizada en el § 34.4.2.

> (4)   S: Yo hay dos actrices argentinas que era chiquita y que me quedaba con mi abuela, así horas viéndolas, que eran Delia Garcés y Tita Merello, ¿no?

Durante la entrevista, la actriz recuerda momentos de su infancia, y los modelos que ella admiraba en televisión. Como se puede observar en la Tabla 4, cuando en el sintagma entonativo (3) hace referencia al largo tiempo que pasaba frente al televisor, la velocidad de elocución disminuye sensiblemente, representando así, icónicamente, un tiempo prolongado. El efecto se percibe muy claramente en la palabra *horas,* ya que la hablante prolonga la vocal de la sílaba tónica. Esa palabra dura 0,48 segundos, lo que significa que se pronuncia con una velocidad de elocución de 4,1 sílabas por segundo, en contraste con las 6,4 y 7,2 sílabas por segundo de los dos sintagmas anteriores. De los 0,45 segundos, 0,30 segundos están ocupados por la sílaba tónica, que consiste solo en la vocal [o], y que tiene la misma duración que la sílaba tónica de «viéndolas», compuesta por cuatro segmentos.

Del ejemplo (2) —véase el § 34.3.5— se puede extraer una frase con valor icónico en el sentido contrario al del ejemplo (4).

O: Entonces yo le dije a M: «Y estoy en el match point. Dame cinco minutos y yo termino de ver esto y se acaba.»

Cuando O relata su versión de la disputa por el control del televisor, cita su propio discurso en forma directa en los sintagmas entonativos (14) a (16), reproducidos en la Tabla 5. En el sintagma (16), su velocidad de elocución aumenta sensiblemente en relación con la de los dos sintagmas anteriores, y de ese modo refleja icónicamente la brevedad del tiempo que le tomará terminar de ver el final del partido de tenis, y la prontitud con la que su esposa podrá obtener el control del televisor.

Otra función contextualizadora importante vinculada al cambio en la velocidad de elocución es la relacionada con la estructuración de la información: la velocidad de elocución ayuda a distinguir las partes más relevantes de las menos centrales. Según Sperber y Wilson ([1986] 1995; 2004) la relevancia es una cuestión gradual, comparativa y relacional, una propiedad cognitiva que se estima en relación con un contexto determinado.

Tabla 4 *Análisis de un uso icónico de la velocidad de elocución, en el que la hablante recurre a la disminución marcada de la misma para proporcionar una muestra directa de un tiempo prolongado*

Sintagma entonativo	Número de sílabas	Duración en segundos	Sílabas por segundo	Acentos por segundo
(1) / yo hay DOS acTRIces argenTInas que era chiQUIta /	15	2,34	6,4	1,7
(2) / y que me queDAba con mi aBUEla /	9	1,24	7,2	1,6
(3) / así HOras VIÉNdolas /	**7**	**1,39**	**5**	**1,4**
(4) / que eran DElia GarCÉS y TIta MeREllo, ¿no?/	13	1,96	6,6	2

Tabla 5 *Análisis de un uso icónico de la velocidad de elocución, en el que el hablante recurre a un aumento marcado de la misma para proporcionar una muestra directa de un tiempo breve*

Sintagma entonativo	Número de sílabas	Duración en segundos	Sílabas por segundo	Acentos por segundo	Altura tonal máxima
(13) / enTONces yo le dije a M /	9	0,83	10,8	2,4	232 Hz
(14) / y esTOY en el MATCH POINT /	6	1,26	4,7	2,3	256 Hz
(15) / DAme CINco miNUtos /	7	1,25	5,6	2,4	249 Hz
(16) / y YO terMIno de ver ESto y se aCAba /	**11**	**1,15**	**9,5**	**3,4**	207 Hz

Nota. En la parte de la tabla resaltada en negrita se muestra un sintagma entonativo con una velocidad de elocución elevada y con un valor icónico que representa la brevedad del período de tiempo al que el emisor hace referencia.

Tabla 6 *Análisis de parte de una entrevista televisiva en la que el entrevistado marca el tramo más relevante de parte de su discurso con una disminución en la velocidad de elocución*

Sintagma entonativo	Número de sílabas	Duración en segundos	Sílabas por segundo	Acentos por segundo
(1) / me paREce que /	5	0,71	7	1,4
(2) / el compoNENte del senTIdo del huMOR /	12	1,90	6,3	1,5
(3) / o sentIRse a uno MISmo /	8	1,52	5,2	1,3
(4) / como riDÍculo en alGUnas situaCIOnes /	13	1,94	6,7	1,5
(5) / eliMIna el RIESgo /	**6**	**1,30**	**4,6**	1,5
(6) / del CRImen pasioNAL /	**6**	**1,37**	**4,3**	1,4
(7) / para SER un crimiNAL /	7	1,18	5,9	1,6
(8) / hay que toMARse MUY en SErio /	9	1,63	5,5	1,8

Recuérdese que una información resulta relevante cuando logra efectos cognitivos positivos (mejoras en la representación mental del mundo de los interlocutores) en el contexto accesible a cambio de un esfuerzo de procesamiento bajo, ya que cuanto más esfuerzo demanda el procesamiento de un enunciado, menor será su relevancia. Una información puede ser muy relevante o muy poco relevante en un determinado contexto, y los hablantes reflejan su evaluación de esta diferencia: las partes menos relevantes se enuncian más rápido, con pocas sílabas acentuadas, y las partes más relevantes se producen más lentamente con más sílabas acentuadas. En este segundo caso, el esfuerzo de articulación que el emisor realiza redunda, pues, en una disminución en el esfuerzo de procesamiento por parte del oyente gracias a esta pista de contextualización.

En parte de otra entrevista televisiva, el entrevistado (D), conductor de un programa de radio, responde a un comentario de su entrevistador (O) sobre su sentido del humor, diciendo que es una manera de eludir el fanatismo. A continuación, realiza el comentario recogido en el ejemplo (5) y en la Tabla 6.

(5)   D: Me parece que… el componente del sentido del humor, o sentirse a uno mismo como ridículo en algunas situaciones elimina el riesgo del crimen pasional. Para ser un criminal hay que tomarse muy en serio.
       O: Nadie vale tanto la pena.

Como se aprecia en la Tabla 6, la velocidad de elocución va disminuyendo progresivamente del sintagma entonativo (1) al (6). En los primeros cuatro sintagmas, el entrevistado retoma lo que ha hablado con su entrevistador en un momento anterior, recuperando el contenido en forma de contexto; en los sintagmas (5) y (6) explica la razón de su visión antifanática con un acento descendente bajo en (6). Al hacerlo, disminuye sensiblemente la velocidad de elocución. Formula esta razón en dos sintagmas entonativos independientes con una pausa clara interpuesta, y acentúa todas las palabras con contenido que en ellos aparecen. En los sintagmas siguientes, (7) y (8), se vuelve aproximadamente a la velocidad anterior de elocución, pero con una mayor densidad de acentos. Se puede afirmar que la disminución en la velocidad de elocución constituye un recurso que el hablante utiliza para enmarcar aquello que debe considerarse como lo más relevante de esa parte del discurso.

El aumento en la velocidad de elocución, en cambio, puede ser un signo de que una determinada parte de una conversación debe considerarse como menos relevante en términos relativos. De hecho, otro caso en el que la velocidad de elocución funciona como pista de contextualización es en el de la enunciación de las frases parentéticas y de los comentarios al margen. En los datos de Uhmann, estos se producen con baja densidad de sílabas acentuadas, y con un aumento de la velocidad de elocución. Constituyen una interrupción del argumento principal, de modo que una mayor velocidad indica que la frase resultará menos relevante. El objetivo parece ser evitar perder el tiempo repitiendo un contenido relativamente marginal. Posteriormente, el hablante retoma la velocidad de elocución anterior al comentario al margen, indicando la salida de la digresión momentánea. Couper-Kuhlen y Selting (1996, 26–30) muestran cómo la intervención de una oyente en una llamada telefónica a un programa radial en San Francisco (Estados Unidos), emitida con un rango tonal reducido, una intensidad baja y una velocidad de elocución rápida, transluce la naturaleza subsidiaria de un comentario con respecto al tema que la oyente desea tratar en su llamada. En el español también pueden encontrarse casos de aumento de la velocidad de elocución para marcar que la información es secundaria, como en el ejemplo de (6), analizado en la Tabla 7. En él, la entrevistada (S) habla sobre la relación mantenida en su adolescencia con su padre, quien se había desentendido de ella desde la separación de su esposa. En este tramo, ella relata un episodio muy significativo, en el que el padre la fue a buscar a la escuela, la llevó a almorzar a un restaurante muy caro, y en un cierto momento, la invitó a un cigarrillo.

(6)　　S: me convidó un cigarrillo, y yo le dije «Viejo, ¡qué culpa tenés!,» porque en esa época, además a los quince años, ¿quién iba a fumar delante del padre?
　　　　O: aha, aha.
　　　　S: *Yo soy una mujer de cuarenta y cinco años,* saquen la cuenta. Este… ym… le dije «¿qué culpa tenés, que me invitás a un cigarrillo?» Me acuerdo textual de eso.

En los tres primeros sintagmas entonativos, la actriz relata el núcleo de la conversación con su padre. El sintagma de mayor relevancia es el (3), en el que ella describe su reacción, y es el que, como se puede observar en la Tabla 7, presenta el mayor número de sílabas acentuadas (2,9) de todo el fragmento analizado y una velocidad de elocución relativamente baja. En esta parte, el sintagma (2) no es relevante en sí mismo, sino que sirve como marco para introducir un comentario como cita directa y, en consecuencia, se emite con una mayor velocidad de elocución. Entre el sintagma (4) y el (9), la actriz realiza un comentario al margen que sirve para contextualizar el valor del núcleo de su relato en el tiempo. Su escasa relevancia se ve reflejada en el aumento progresivo de la velocidad de elocución, que alcanza su punto más alto cuando la hablante comenta su edad, en el sintagma (7), que sirve de referencia para calcular en qué momento sucedió el

Tabla 7 *Análisis de una parte de una entrevista en la que la hablante utiliza un aumento en la velocidad de elocución y una disminución de la densidad de sílabas acentuadas para señalar que un fragmento de discurso constituye un comentario al margen e indicar su menor relevancia relativa*

Sintagma entonativo	Número de sílabas	Duración en segundos	Sílabas por segundo	Acentos por segundo
(1) / me conviDÓ un cigaRRIllo /	9	2	4,5	1
(2) /y YO le DIje /	5	0,80	6,2	2,5
(3) / VIEjo QUE CULpa teNÉS /	7	1,36	5,1	2,9
(4) / porque en Esa Época /	7	0,89	7,8	2,2
(5) /adeMÁS a los QUINce Años /	9	1,14	7,8	2,6
(6) / QUIÉN iba a fuMAR delante del PAdre /	11	1,64	6,7	1,8
(7) /yo soy una muJER de cuarenta y cinco Años /	**14**	**1,58**	**8,8**	**1,2**
(9) /SAquen la CUENta /	5	0,88	5,6	2,2
(10) /le DIje QUÉ CULpa teNÉS que me inviTÁS a un cigaRRIllo /	17	2,81	6	2,1
(11) / me aCUERdo /	3	0,70	4,2	1,4
(12) / texTUAL de Eso /	4	1,05	3,8	1,9

hecho que relata, y cuáles eran las normas de comportamiento vigentes en esa época. En este tramo, también se aprecia una disminución de la densidad de acentos por segundo, que alcanza su nivel más bajo justamente en el sintagma (7). En los sintagmas (11) y (12), cuando la actriz vuelve al núcleo de su relato, la velocidad de elocución baja de nuevo, y la densidad vuelve a elevarse en el sintagma (12). En resumen, en esta parte de la entrevista se pone de manifiesto cómo el aumento en la velocidad de elocución contribuye a enmarcar un comentario al margen separándolo de la parte más pertinente del relato.

El incremento en la velocidad de elocución, acompañado de una reducción en la densidad de sílabas acentuadas y, ocasionalmente, también de una reducción de la intensidad, indican asimismo que un fragmento del discurso debe entenderse como un comentario de último momento, un resumen de lo dicho hasta ese instante, o una digresión con respecto al tema de conversación, y que contextualiza la finalización del tema o del turno de conversación. Uhmann (1992) explica que el aumento en la velocidad de elocución no siempre va acompañado de la disminución de la intensidad, ya que las pistas de contextualización son, hasta cierto punto, redundantes y, una vez que la correcta interpretación está asegurada por medio de una de ellas —por ejemplo, por la velocidad de elocución—, el recurso a la intensidad resulta superfluo. El ejemplo (7), tomado de un programa periodístico radiofónico, y que forma parte del corpus de Caldiz (2006), puede proporcionar datos que apoyen esta hipótesis por lo que concierne al caso del español.

(7)　　H: Bueno, M., nos pasamos de la hora de las noticias, pero estuvo sabrosísimo, ¿eh?
　　　　M: y no…
　　　　H: El almuerzo estuvo sabroso.
　　　　M: Además el almuerzo estuvo sabrosísimo, y luego se produjeron —son treinta segundos más—
　　　　numerosísimas conversaciones cruzadas.

En un programa periodístico radiofónico, el conductor (H) entrevista al productor de un programa televisivo de almuerzos con personalidades (M). Tras relatar un almuerzo del que participó el presidente de un país extranjero con todos los detalles del caso, en el cierre del programa, ambos interlocutores realizan los comentarios finales. El entrevistador juega con la vaguedad de la palabra *sabroso*, aplicable tanto al programa —por lo interesante de los temas tratados— como a la comida. Como puede verse en la Tabla 8, en la unidad (5), el entrevistado retoma el concepto de *sabroso*, para agregar posteriormente, en los sintagmas entonativos (6) a (8), un comentario sobre lo que sucedió en los últimos instantes del programa. Es notorio el aumento en la velocidad de elocución (9,7 sílabas por segundo) que utiliza M en la frase (5) para resumir la información de la que ya disponen los radioescuchas. Este *accellerando* de último momento sirve para señalar que el sintagma simplemente retoma información dada, y evoca el contexto necesario para procesar la información que sigue en los sintagmas (6) a (8), que sí resulta más relevante.

Este ejemplo contrasta con el de (8), en el que la actriz entrevistada cierra un fragmento de la entrevista en la que se ha referido al tratamiento injusto que le prodigó la familia de su padre. Los datos recogidos en la Tabla 9 ponen de manifiesto que el comentario que cierra su turno —sintagma (6)— se enuncia con una velocidad más lenta (5,3 sílabas por segundo) y con una densidad acentual relativamente elevada (1,9 acentos por segundo), ya que funciona a modo de conclusión de esa parte de la entrevista. De este modo, la velocidad indica que la información que ese sintagma aporta es sumamente relevante: contiene la enseñanza que ella extrajo de esa circunstancia difícil.

(8)　　S: Me ha dolido en su momento, pero he aprendido, y creo que el teatro me ha ayudado muchísimo en esto,
　　　　es a… a no ser resentida, a entender que hay un tiempo para todo.

　　Para concluir este apartado, es importante señalar que el aumento o la disminución de la velocidad de elocución no siempre está acompañado por un aumento o disminución de la densidad de acentos por segundo ya que, como señala Hualde (2007), el español tiende a asignar un acento tonal a todas las palabras de contenido, mientras que en el alemán (la lengua objeto de estudio de Uhmann [1992]) y en el inglés es más posible desacentuar palabras según el contexto discursivo. Otro factor que puede incidir en esta diferencia es el rítmico, ya que las lenguas románicas tienden a tener características rítmicas diferentes de las de las lenguas germánicas [cf. capítulo 36]. Según Wichmann (2000), en inglés los cambios en la velocidad de elocución también funcionan como pistas de contextualización para organizar el discurso oral en secciones determinadas por los tópicos. Al comienzo de un nuevo tópico, además de alcanzar un nivel alto en el primer acento tonal y un rango tonal amplio, el hablante tiende a aumentar la velocidad de elocución, mientras que al final del tópico, disminuye la velocidad, como

Tabla 8 *Análisis de parte de un programa radial en el que un participante utiliza una velocidad de elocución relativamente alta para resumir un tramo anterior*

Sintagma entonativo	Número de sílabas	Duración en segundos	Sílabas por segundo	Acentos por segundo
(1) / BUEno M /	4	0,47	8,5	4,2
(2) / nos paSAmos de la HOra de las noTIcias /	13	1,29	10	2,3
(3) / pero esTUvo SAbroSÍsimo ¿eh? /	10	1,46	6,8	1,3
(4) / el alMUERzo estuvo saBROso /	9	1,22	7,3	1,6
(5) / AdeMÁS el alMUERzo estuvo sabrosíSImo /	**14**	**1,43**	**9,7**	**2,0**
(6) / y LUEgo se produJEron /	8	1,02	7,8	1,9
(7) / son TREINta seGUNdos MÁS /	7	1,32	5,3	2,2
(8) /numeroSÍsimas conversaCIOnes cruZAdas /	14	1,85	7,5	1,6

Tabla 9 *Análisis de un fragmento conclusivo de una entrevista, en la que la entrevistada recurre a una velocidad lenta de elocución para expresar sus conclusiones, indicando la relevancia*

Sintagma entonativo	Número de sílabas	Duración en segundos	Sílabas por segundo	Acentos por segundo
(1) / me HA doLIdo en su moMENto /	8	1,50	5,3	2
(2) / pero HE aprenDIdo /	7	1	7	2
(3) / y CREo que el teAtro me ha ayuDAdo muCHÍsimo en ESto /	17	2,59	6,5	1,9
(4) / ES a /	2	0,72	2,7	1,3
(5) / a no SER resenTIda /	7	1,25	5,6	1,6
(6) / a entenDER que HAY un TIEMpo para TOdo /	**11**	**2,07**	**5,3**	**1,9**

así también el rango tonal y la intensidad. La velocidad de elocución contribuye, entonces, a la organización del discurso en párrafos orales cuyos límites están señalados por la prosodia.

Las variaciones de la velocidad de elocución, en particular su disminución para indicar el elevado grado de relevancia de la información, también funcionan como pistas de contextualización para expresar la ironía [→ § 32.3.2], un fenómeno típicamente pragmático.

Desde una perspectiva cognitiva, la ironía es una forma de comunicación indirecta en la que el hablante produce un enunciado valorativo que implica una evaluación contraria a la expresada explícitamente por medio de dicho enunciado (Bryant 2012). La ironía surge a partir de las mismas habilidades cognitivas que subyacen en el comportamiento comunicativo de base inferencial, y es un tipo de enunciado interpretativo ecoico en el que el hablante se hace eco de otro enunciado o pensamiento, y al mismo tiempo expresa su actitud hacia el mismo (Wilson y Sperber 1992). En un enunciado irónico, el hablante comunica una actitud de disociación o distanciamiento con respecto a una creencia atribuida a sí mismo o a otro hablante (Sperber y Wilson [1986] 1995; Wilson y Sperber 1992, 2012). Además, la producción de los enunciados irónicos tiene sus raíces en la metarrepresentación, la habilidad con la que uno se representa los objetos de la cognición propios o de los demás, incrustando las representaciones de base en representaciones mentales de orden superior (Wilson 2012). Esta habilidad permite comprender las propias intenciones y atribuir intenciones a los otros. El sarcasmo es una forma aguda y satírica de ironía, en la que el emisor se hace eco de un supuesto para burlarse del mismo y, en particular, de la persona a quien se le atribuye ese supuesto, con una intención claramente hiriente (Rockwell 2000).

En los últimos años, la atención de los especialistas se ha centrado en los rasgos prosódicos que vehiculizan la expresión de la ironía y del sarcasmo en los enunciados lingüísticos en diferentes lenguas. Los cambios en la velocidad de elocución, en particular su disminución con respecto a los enunciados no irónicos, parecen desempeñar un papel fundamental en la transmisión de un enunciado como irónico.

Los autores que se citan a continuación examinan los distintos correlatos prosódicos que podrían verse involucrados en la expresión de la ironía verbal: la frecuencia fundamental, el rango tonal, la intensidad, la duración o la velocidad de elocución.

En todos los estudios que aquí se mencionan, sus autores observan que la disminución en la velocidad de elocución es una constante del enunciado irónico, en relación con los enunciados circundantes o con el mismo enunciado con interpretación literal. Junto a los otros rasgos vocales, la disminución de la velocidad de elocución ayuda a atraer la atención del oyente hacia el estímulo lingüístico irónico, haciéndolo más accesible (Jansen y Chen 2020).

Anolli, Ciceri e Infantino (2002) exploran los rasgos diferenciales de la ironía, en un contexto de cooperación y en un contexto de conflicto (sarcasmo), con una prueba de lectura contextualizada, llevada a cabo en lengua italiana, por actores aficionados. En los dos tipos de ironía, pero en especial en el contexto de conflicto, los autores percibieron, además de cambios en los parámetros de altura tonal e intensidad, una velocidad de elocución más lenta que en los enunciados no irónicos equivalentes. Asimismo, en una prueba que atañe a la evolución de la comprensión del sarcasmo por parte de niños de tres grupos etarios en francés, Laval y Bert-Erboul (2005) también señalan la mayor duración como una característica prosódica de los enunciados sarcásticos. Bryant (2010), por su parte, analiza la expresión prosódica de la ironía en el habla espontánea de adultos en inglés americano, y afirma que la disminución en la velocidad de elocución es el rasgo más estable que caracteriza prosódicamente las frases irónicas en relación con la velocidad de las frases inmediatamente anteriores. Por otro lado, en su análisis de las pistas vocales del sarcasmo, también en inglés americano, Rockwell (2000) destaca la importancia de los indicios no verbales para detectar esta forma de ironía, en especial en relación con emociones vinculadas a la ironía y al sarcasmo como el desprecio y el rechazo. En un experimento de percepción que enmascaraba parcialmente el contenido lingüístico, se pidió a los participantes que identificaran, principalmente a partir de las pistas prosódicas, los enunciados sarcásticos en una grabación y el grado de sarcasmo que percibían. El análisis estadístico de los datos obtenidos permitió establecer que los oyentes lograron discriminar cuáles enunciados eran sarcásticos y cuáles no. Además de la mayor intensidad y de la baja altura tonal, la disminución en la velocidad de elocución resultó ser un rasgo clave para discriminar entre los enunciados que eran sarcásticos de los que no lo eran.

Lo que los especialistas señalan para las lenguas a las que se alude en el párrafo anterior en relación con la disminución de la velocidad de elocución en los enunciados sarcásticos también se verifica en los estudios sobre el español. Por lo que se refiere a la variedad peninsular, Padilla (2011) concluye, a partir de tres experimentos en los que investiga la producción de enunciados irónicos y no irónicos y la interpretación del papel que cumplen los rasgos prosódicos en la percepción de la ironía verbal en un corpus inducido y un corpus de habla espontánea, que la disminución en la velocidad de elocución y el aumento de la duración del enunciado irónico o de las palabras enfatizadas es el recurso más fiable, especialmente cuando se comparan los enunciados irónicos con sus equivalentes no irónicos. Por su parte, Sampedro *et al.* (2012) describen un experimento de interpretación de enunciados irónicos y no irónicos producidos por una hablante del español rioplatense. Además de las diferencias encontradas con respecto a otros parámetros como el tipo de acento tonal asociado a las frases irónicas y no irónicas, el análisis instrumental y estadístico indica que las irónicas son sistemáticamente más largas que sus contrapartes no irónicas.

Algunos investigadores han centrado su atención en los recursos gestuales que colaboran con los prosódicos en la identificación de enunciados irónicos. González-Fuente, Escandell y Prieto Vives (2015) analizan en dos experimentos, uno de producción y otro de interpretación, las codas gestuales que cooperan para indicar la presencia de ironía en el catalán hablado en Barcelona y encuentran que el rasgo prosódico más significativo de los enunciados irónicos, con respecto a los no irónicos, es el aumento de la duración silábica media, como medida de la velocidad de elocución. También González-Fuente (2015), en un estudio de caso de la gestualidad en la ironía verbal de un cómico hablante de español peninsular, señala el incremento de la duración global o parcial de los enunciados irónicos como un fenómeno característico de la ironía verbal que se suma a los rasgos gestuales para transmitirla.

Como se puede apreciar, a pesar de las diferencias en la condición experimental de los estudios y en el estilo de habla analizado, la disminución en la velocidad de elocución en los enunciados irónicos o sarcásticos parece ser un rasgo compartido por diferentes lenguas. Padilla señala que los recursos prosódicos, en especial la disminución de la velocidad de elocución, son un medio que el hablante utiliza para atraer la atención del oyente sobre el contenido, permitiéndole así identificar el enunciado como irónico. Por otra parte, Bryant (2010) apunta que la disminución en la velocidad de elocución tiene dos posibles explicaciones, compatibles entre sí. Por una parte, la ralentización del enunciado optimiza el esfuerzo articulatorio, dadas las restricciones físicas impuestas por la producción del habla. Al mismo tiempo, concede al oyente más tiempo para procesar la mayor carga comunicativa del enunciado que conlleva la comunicación indirecta, en comparación con la interpretación literal del mismo enunciado. Los componentes prosódicos se consideran pistas acústicas para reconocer la actitud burlona o despreciativa del emisor (Wilson y Sperber 2012). En resumen, junto a las alteraciones en los demás rasgos prosódicos, la reducción en la velocidad de elocución potencia la relevancia relativa del enunciado irónico, facilitando que se procese como tal. Los estudios recientes sobre la percepción de la ironía muestran que esta se basa en un complejo proceso cognitivo que involucra factores léxico-sintácticos, contextuales y gestuales, además de los prosódicos. De entre estos últimos, la altura tonal, el rango tonal y la intensidad parecen comportarse de manera diferente para expresar el sarcasmo y la ironía en distintas lenguas, mientras que la modificación de la velocidad de elocución muestra ser un rasgo importante común a varias de ellas (véanse, entre otros, González-Fuente, Escandell y Prieto Vives [2015] para el catalán; González-Fuente, Prieto Vives y Noveck [2016] para el francés; Jansen y Chen [2020], para el holandés; Li y Gu [2021], para el chino mandarín; Kochektova *et al.* [2022], para el ruso y el francés).

En resumen, la velocidad de elocución constituye una de las pistas prosódicas que indican la prominencia y la relevancia del contenido conversacional. Realiza esta tarea junto con la acentuación (acentos tonales), la densidad de acentos, las variaciones en el rango tonal, etcétera (Couper-Kuhlen y Selting 1996). Por ello, las ideas centrales pueden distinguirse de las partes menos importantes mediante la velocidad de elocución: los pasajes lentos son componentes centrales, mientras que los comentarios al margen y los resúmenes suelen enunciarse con mayor velocidad que el cotexto circundante, como señal de su menor importancia informativa (Uhmann 1992). Los enunciados irónicos se caracterizan por una disminución de la velocidad de elocución. La velocidad de elocución ayuda, pues, a contextualizar el lenguaje, tendiendo puentes entre lo que se dice y lo que se quiere significar, y ayuda al oyente a eliminar posibles interpretaciones distintas de la que el hablante desea transmitir, facilitando así la tarea inferencial.

34.5 Conclusiones

A lo largo de este capítulo se ha intentado aportar datos que pongan de relieve que la velocidad de elocución es un fenómeno que contribuye al proceso de la comunicación de manera determinante, y que, en consecuencia, el ámbito más propicio para tratar sus funciones, además del de la fonética, es el de la pragmática. De hecho, las variaciones en este rasgo, ya sean o no intencionales, permiten al receptor realizar inferencias sobre distintos aspectos, que abarcan desde la personalidad del hablante, su estado de ánimo o su actitud respecto al mensaje y a su destinatario, hasta el grado de fiabilidad del emisor y el grado de relevancia de las diferentes partes del mensaje, aspectos todos ellos que influyen decisivamente en la interpretación de los enunciados lingüísticos.

En relación con los datos sobre el español presentados en este trabajo, por una parte, se ha procurado realizar una aproximación más intuitiva que técnica; por otra, las observaciones sobre otras lenguas también son aparentemente válidas para explicar el funcionamiento de la velocidad de elocución en español. Siguiendo la propuesta de Uhmann (1992), esta se ha cuantificado en términos de densidad de sílabas por segundo y de sílabas acentuadas por segundo. Mientras que el primer parámetro parece reflejar fielmente las variaciones que realizan los hablantes en función de los significados expresados, no se ha encontrado una relación constante en todos los casos en lo que se refiere a la densidad de sílabas acentuadas por segundo. En la bibliografía, la densidad de sílabas acentuadas se correlaciona con el grado relativo de relevancia del contenido: cuanto más relevante resulta, mayor será la densidad de sílabas acentuadas. Estas observaciones, no obstante, se han realizado, en su mayoría, con respecto a lenguas germánicas (inglés y alemán), cuya base rítmica es la isocronía acentual [→ capítulo 36], lo cual las aleja del español.

La velocidad de elocución desempeña funciones similares en distintas lenguas y culturas, como se ha podido observar en todas las que se han explorado, lo que puede atribuirse a condicionamientos biológicos quizás innatos. Sin embargo, la proporción y la frecuencia de su uso pueden variar de cultura en cultura, y no deben subestimarse los aspectos culturales asociados con cada lengua. Ya que las pistas prosódicas contribuyen a orientar al oyente en la interpretación de los enunciados, su empleo inadecuado puede llevar a errores en la comunicación y a interpretaciones equivocadas en un contexto intercultural, lo que tiene, por tanto, serias implicaciones para la enseñanza de lenguas extranjeras.

Debe considerarse también que, para cumplir las funciones descritas en los apartados anteriores, la velocidad de elocución siempre va acompañada de otros rasgos como son las variaciones en la intensidad, en el rango tonal, en la cualidad de la voz, etcétera. Según señaló ya Sapir (1927), en el análisis de algunos fenómenos puede suceder que se examinen todos y cada uno de los rasgos vocales que contribuyen a expresar una determinada función sin poder señalar con precisión qué rasgo del complejo es el causante real de la asociación creada. Pese a la validez de esta afirmación, en la actualidad se cuenta con recursos más desarrollados para avanzar en el estudio de todos los rasgos que intervienen en la expresión de una determinada función y de la medida en la que cada uno contribuye a ella. Además, no debe olvidarse que, como observa Uhmann (1992), las pistas de contextualización pueden resultar hasta cierto punto redundantes, de

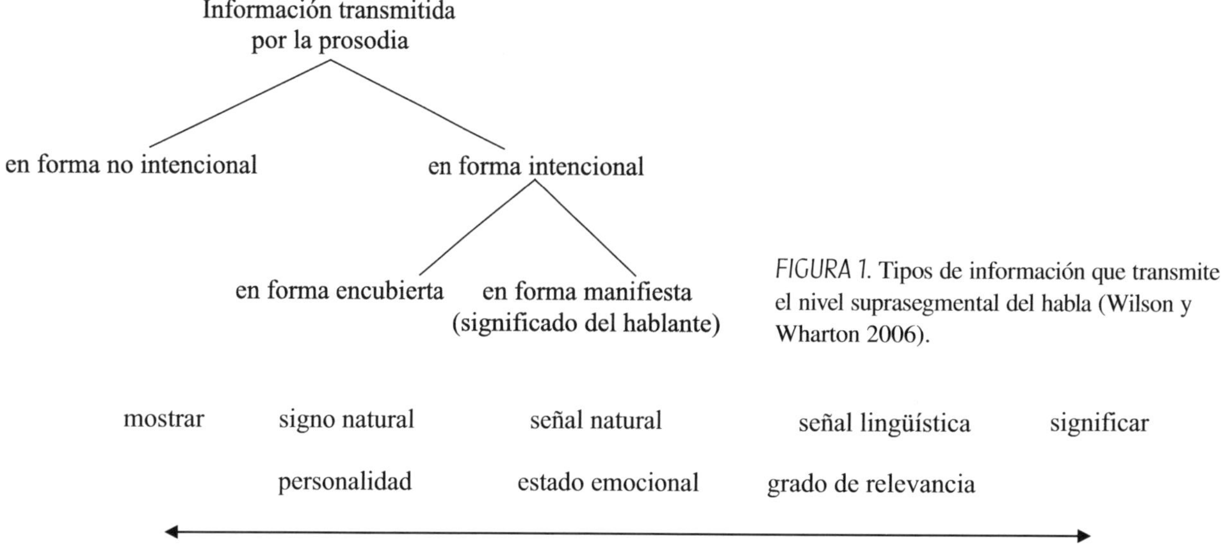

FIGURA 1. Tipos de información que transmite el nivel suprasegmental del habla (Wilson y Wharton 2006).

FIGURA 2. Continuo entre el mostrar y el significar aplicado a las funciones de la velocidad de elocución (cf. Wilson y Wharton 2006).

modo que, si la interpretación correcta está asegurada por medio de una determinada pista, el uso de las otras puede resultar superfluo (véase el § 34.4.3). En efecto, los hablantes ajustan las características de su habla para lograr un equilibrio óptimo entre la economía en la energía articulatoria utilizada y la claridad perceptiva del mensaje que asegure su transmisión eficiente [→ § 1.6.7].

Adoptar el marco teórico de Wilson y Wharton (2006) ha permitido estudiar las funciones de la velocidad de elocución en sus distintas facetas, de acuerdo con la clasificación establecida en el esquema de la Figura 1.

Siguiendo a estos autores, puede postularse la existencia de un continuo que va desde el 'mostrar' hasta el 'significar', como se aprecia en la Figura 2.

La velocidad de elocución es un signo natural, en tanto proporciona información sobre rasgos asociados a la personalidad de los hablantes, y que pueden crear inferencias en los oyentes. También es una señal natural, en la medida en que expresa estados de ánimo del emisor, que pueden estar gobernados por códigos naturales y que, asimismo, orientan las inferencias en determinada dirección. Recuérdese que tanto los signos naturales como las señales naturales pueden transmitir información sin que medie intención alguna por parte del emisor, pero también pueden simularse o exagerarse, de manera que no parezcan intencionales, o igualmente pueden utilizarse como estímulo ostensivo-inferencial, de forma que contribuyan explícitamente al significado que el hablante desea transmitir. Cabría aventurar la hipótesis de que la velocidad de elocución, en tanto que señal paralingüística, contribuye a codificar el grado de relevancia de las diferentes partes del enunciado, transmitiendo la importancia relativa que cada fragmento tiene en el contexto más amplio del discurso en el que se integra, y orientando explícitamente al oyente en el proceso de interpretación, de modo que su función es procedimental: actúa disminuyendo el esfuerzo de procesamiento del oyente, aunque esto demande un mayor esfuerzo de articulación por parte del hablante. Podría sostenerse, pues, que la velocidad de elocución, en su dimensión paralingüística, más cercana al 'decir', posee un aspecto convencional, simbólico y digital, en tanto que, por ejemplo, una velocidad de elocución lenta indica que el contenido que se enuncia es sumamente relevante. Al mismo tiempo, actúa también como un índice, de naturaleza más analógica, puesto que la velocidad de elocución será más lenta cuanto más relevante considere el hablante que le resultará al oyente su mensaje (cf. Wharton 2001).

Es interesante recoger la observación de Wharton (2000, 2009) acerca de que los estímulos suprasegmentales —salvo aquellos más propiamente lingüísticos como la entonación o la acentuación— en general crean una impresión difusa, más que transmitir un significado específico, y que la comunicación lingüística involucra tanto aspectos precisos y definidos (lingüísticamente codificados) como aspectos más débiles y vagos. Es tarea de la pragmática dar cuenta de ambos tipos de aspectos. Citando la metáfora de Wharton, más que indicar puntos definidos en el campo semántico, esta clase de estímulos son flechas que indican la dirección en la cual buscar el sentido de un enunciado.

La velocidad de elocución es comparable, en cierto modo, a otro fenómeno paralingüístico que Wharton (2000) ha estudiado en detalle: el de las interjecciones. Estas tienen un origen natural en la expresión de las emociones, pero, a través de un proceso de estilización, algunas de ellas han evolucionado acercándose al ámbito de las señales lingüísticas. La velocidad de elocución puede haber surgido, aun en ausencia de un código lingüístico, en respuesta a necesidades básicas de la especie, como la de expresar determinados estados de ánimo o la de transmitir mensajes. La velocidad rápida, acompañada de un aumento en la intensidad, por ejemplo, puede haberse debido a la urgencia de comunicar ciertos mensajes, mientras que la velocidad lenta puede haberse originado en la necesidad de asegurar la transmisión precisa de un mensaje. Con la aparición del código lingüístico, lo que fue originalmente una señal natural puede haberse estilizado y adaptado a las señales lingüísticas integrándose con ellas y adquiriendo funciones más convencionalizadas (cf. el § 34.4.2).

Un enunciado lingüístico está compuesto por señales lingüísticas, señales naturales y signos naturales que interactúan de manera compleja para permitir al oyente inferir el significado transmitido por el hablante. A su vez, los rasgos suprasegmentales interactúan con la información proveniente de otras fuentes, como el contacto visual, la expresión facial, la postura, etcétera. El estudio completo de los recursos que intervienen en la comunicación debe considerar la aportación que realiza cada uno de estos aspectos. Así como las interjecciones son señales naturales que permiten recuperar una gran variedad de actos de habla o de actitudes proposicionales asociados a la expresión de determinados estados emocionales como la sorpresa, el rechazo, etcétera, los recursos suprasegmentales —entre ellos la velocidad de elocución— facilitan la recuperación de los aspectos vinculados con las emociones y con las actitudes del emisor, activando determinadas áreas de significado. De hecho, la velocidad de elocución es un área relativamente inexplorada en la fonética y fonología del español. Es de desear que este capítulo logre despertar el interés de los investigadores en profundizar más sobre este aspecto tan rico de la prosodia del español, y sobre su aporte al proceso de la comunicación.

Agradecimientos

El autor quisiera expresar su agradecimiento a las personas que de una manera u otra hicieron posible la redacción de este capítulo: al Ing. Jorge Gurlekian, Director del Laboratorio de Investigaciones Sensoriales del CONICET, por haberle permitido el acceso a la biblioteca del LIS; al Dr. Manuel Leonetti y a la Dra. María Victoria Escandell, responsables del proyecto SPYCE III, del que el autor formó parte; al Dr. Diego Evin, a la Dra. Andrea Pešková, a la Dra. Sandra Schwab, al Lic. Alejandro Renato y a la Prof. Mónica Vázquez, por haberle facilitado gran parte de la bibliografía precisa para cubrir los distintos aspectos de la velocidad de elocución tratados en el capítulo; al Dr. Marc Pell, de la McGill University, por haberle facilitado algunos de sus trabajos claves para la comprensión del fenómeno estudiado. Un agradecimiento especial a la Mg. Adriana Caldiz por permitirle utilizar su corpus de habla espontánea para ilustrar algunos aspectos de las funciones de la velocidad de elocución. Finalmente, desea agradecer especialmente a la Lic. Carina Nosenzo por la lectura y la corrección del trabajo.

Referencias bibliográficas

Abercrombie, David. 1967. *Elements of General Phonetics*. Edimburgo: Edinburgh University Press.

Álvarez Muniain, Aitor, Idoia Cearreta, Juan Miguel López, Andoni Arruti, Elena Lazkano, Basilio Sierra y Nestor Garay. 2006. «Feature Subset Selection Based on Evolutionary Algorithms for Automatic Emotion Recognition in Spoken Spanish and Standard Basque Language». En *Text, Speech and Dialogue. 9th International Conference (TSD 2006). Brno, Czech Republic, September 11–15, 2006. Proceedings*, editado por Petr Sojka, Ivan Kopeček y Karel Pala, 565–72. Berlín: Springer. https://doi.org/10.1007/11846406_71.

Álvarez Muro, Alexandra. 2005. *Cortesía y descortesía. Teoría y praxis de un sistema de significación*. Mérida: Universidad de Los Andes, Consejo de Desarrollo Científico, Humanístico y Tecnológico.

Anolli, Luigi, Rita Ciceri y Maria Giaele Infantino. 2002. «From "Blame by Praise" to "Praise by Blame": Analysis of Vocal Patterns in Ironic Communication». *International Journal of Psychology* 37 (5): 266–76. https://doi.org/10.1080/00207590244000106.

Apple, William, Lynn A. Streeter y Robert M. Krauss. 1979. «Effects of Pitch and Speech Rate on Personal Attributions». *Journal of Personality and Social Psychology* 37 (5): 715–27. https://doi.org/10.1037/0022-3514.37.5.715.

Auer, Peter, Elizabeth Couper-Kuhlen y Frank Müller. 1999. *Language in Time. The Rhythm and Tempo of Spoken Interaction*. Oxford: Oxford University Press.

Baldassarri, Sandra, Eva Cerezo y David Anaya. 2009. «Emotional Speech Synthesis in Spanish for Natural Interaction». En *New Trends on Human–Computer Interaction. Research, Development, New Tools and Methods*, editado por José Antonio Macías, Antoni Granollers y Pedro Miguel Latorre, 151–60. Londres: Springer. https://doi.org/10.1007/978-1-84882-352-5_15.

Boersma, Paul y David Weenink. 2018. *Praat: Doing Phonetics by Computer* (versión 6.0.42). Programa informático. Ámsterdam: University of Amsterdam. http://www.praat.org.

Bryant, Gregory A. 2010. «Prosodic Contrasts in Ironic Speech». *Discourse Processes* 47 (7): 545–66. https://doi.org/10.1080/01638530903531972.

———. 2012. «Is Verbal Irony Special?» *Language and Linguistics Compass* 6 (11): 673–84. https://doi.org/10.1002/lnc3.364.

Buller, David B. 2005. «Methods for Measuring Speech Rate». En *The Sourcebook of Nonverbal Measures. Going beyond Words*, editado por Valerie Manusov, 317–24. Mahwah: Lawrence Erlbaum.

Buller, David B. y R. Kelly Aune. 1992. «The Effects of Speech Rate Similarity on Compliance: Application of Communication Accommodation Theory». *Western Journal of Communication* 56 (1): 37–53. https://doi.org/10.1080/10570319209374400.

Caldiz, Adriana Mabel. 2006. «Argumentación y prosodia: la entonación como índice de orientación argumentativa. Un estudio centrado en el español rioplatense». Tesis de maestría, Universidad de Buenos Aires.

Casullo, María Martina y Alicia Cayssials. 1994. *Proyecto de vida y decisión vocacional*. Buenos Aires: Paidós.

Couper-Kuhlen, Elizabeth. 1992. «Contextualizing Discourse: The Prosody of Interactive Repair». En *The Contextualization of Language*, editado por Peter Auer y Aldo Di Luzio, 337–64. Ámsterdam: John Benjamins. https://doi.org/10.1075/pbns.22.20cou.

Couper-Kuhlen, Elizabeth y Margret Selting. 1996. «Towards an Interactional Perspective on Prosody and a Prosodic Perspective on Interaction». En *Prosody in Conversation. Interactional Studies*, editado por Elizabeth Couper-Kuhlen y Margret Selting, 11–56. Cambridge: Cambridge University Press. https://doi.org/10.1017/CBO9780511597862.003.

Cruttenden, Alan. (1986) 1997. *Intonation*. 2.ª ed. Cambridge: Cambridge University Press. https://doi.org/10.1017/CBO9781139166973. Trad. de Ignasi Mascaró, *Entonación. Teoría general y aplicación al inglés*. Barcelona: Teide, 1990.

Crystal, David. 1969. *Prosodic Systems and Intonation in English*. Cambridge: Cambridge University Press.

Davitz, Joel R. 1964. *The Communication of Emotional Meaning*. Nueva York: McGraw-Hill.

Ekman, Paul. 1970. «Universal Facial Expressions of Emotion». *California Mental Health Research Digest* 8 (4): 151–58.

Escandell, María Victoria. (1993) 2013. *Introducción a la pragmática*. 3.ª ed. Barcelona: Ariel.

———. 2004. *Fundamentos de semántica composicional*. Barcelona: Ariel.

Fougeron, Cécile y Sun-Ah Jun. 1998. «Rate Effects on French Intonation: Prosodic Organization and Phonetic Realization». *Journal of Phonetics* 26 (1): 45–69. https://doi.org/10.1006/jpho.1997.0062.

García Mouton, Pilar. (1994) 2007. *Lenguas y dialectos de España*. 5.ª ed. Madrid: Arco/Libros.

Giles, Howard. 2008. «Communication Accommodation Theory». En *Engaging Theories in Interpersonal Communication. Multiple Perspectives*, editado por Leslie A. Baxter y Dawn O. Braithwaite, 161–73. Thousand Oaks: SAGE Publications. https://doi.org/10.4135/9781483329529.n12.

Goffman, Erving. 1967. *Interaction Ritual. Essays in Face to Face Behavior*. Chicago: Aldine.

González Ávila, Carlos. 2012. «La locución, como garante del espectáculo en el periodismo deportivo». En *Actas del IV Congreso Internacional Latina de Comunicación Social: comunicación, control y resistencias. La Laguna, Tenerife, 4, 5 y 7 de diciembre de 2012*, editado por Concha Mateos, Ciro Hernández Rodríguez, Javier Herrero Gutiérrez, Samuel Toledano y Alberto Ardèvol, 1–11. La Laguna: Sociedad Latina de Comunicación Social. CD.

González-Fuente, Santiago. 2015. «La prosodia audiovisual de la ironía verbal: un estudio de caso». *Revista Española de Lingüística* 45 (1): 73–104.

González-Fuente, Santiago, María Victoria Escandell y Pilar Prieto Vives. 2015. «Gestural Codas Pave the Way to the Understanding of Verbal Irony». *Journal of Pragmatics* 90: 26–47. https://doi.org/10.1016/j.pragma.2015.10.002.

González-Fuente, Santiago, Pilar Prieto Vives e Ira Noveck. 2016. «A Fine-Grained Analysis of the Acoustic Cues Involved in Verbal Irony Recognition in French». En *Speech Prosody 2016. Boston, USA, 31 May–3 June, 2016*, 902–6. International Speech Communication Association (ISCA) Online Archive. https://doi.org/10.21437/SpeechProsody.2016-185.

Grice, H. Paul. 1957. «Meaning». *The Philosophical Review* 66 (3): 377–88. https://doi.org/10.2307/2182440.

———. 1975. «Logic and Conversation». En *Syntax and Semantics. Vol. 3: Speech Acts*, editado por Peter Cole y Jerry L. Morgan, 41–58. Nueva York: Academic Press. Trad. y ed. de Luis Manuel Valdés Villanueva en *La búsqueda del significado. Lecturas de filosofía del lenguaje*, 511–30. Madrid: Tecnos, 1991.

———. 1989. *Studies in the Way of Words*. Cambridge, MA: Harvard University Press.

Gumperz, John J. 1992. «Contextualization and Understanding». En *Rethinking Context. Language as an Interactive Phenomenon*, editado por Alessandro Duranti y Charles Goodwin, 229–52. Cambridge: Cambridge University Press.

Hauser, Marc D. 1996. *The Evolution of Communication*. Cambridge, MA: MIT Press.

Herrero Gutiérrez, Francisco Javier y David Rodríguez Ramos. 2009. «La locución de los narradores deportivos radiofónicos en España». *Revista Latina de Comunicación Social* 64: 968–87. https://doi.org/10.4185/RLCS-64-2009-874-968-987.

Hidalgo, Antonio. 1998. «Alternancia de turnos y conversación: sobre el papel regulador de los suprasegmentos en el habla simultánea». *Lingüística Española Actual* 20 (2): 217–38.

House, Jill. 1990. «Intonation Structures and Pragmatic Interpretation». En *Studies in the Pronunciation of English*, editado por Susan Ramsaran, 38–57. Londres: Routledge.

———. 2006. «Constructing a Context with Intonation». *Journal of Pragmatics* 38 (10): 1542–58. https://doi.org/10.1016/j.pragma.2005 .07.005.

Hualde, José Ignacio. 2007. «Stress Removal and Stress Addition in Spanish». *Journal of Portuguese Linguistics* 6 (1): 59–89. https://doi.org /10.5334/jpl.145.

Jansen, Nelleke y Aoju Chen. 2020. «Prosodic Encoding of Sarcasm at the Sentence Level in Dutch». En *Speech Prosody 2020. Tokyo, Japan, 25–28 May, 2020*, 409–13. International Speech Communication Association (ISCA) Online Archive. https://doi.org/10.21437 /SpeechProsody.2020-84.

Kendall, Tyler. 2013. *Speech Rate, Pause and Sociolinguistic Variation. Studies in Corpus Sociophonetics*. Basingstoke: Palgrave Macmillan. https://doi.org/10.1057/9781137291448.

Kochetkova, Uliana, Pavel Skrelin, Rada German y Daria Novoselova. 2022. «Prosodic Features of Verbal Irony in Russian and French: Universal vs. Language-Specific». En *Speech and Computer. 24th International Conference, SPECOM 2022, Gurugram, India, November 14–16, 2022, Proceedings*, editado por S. R. Mahadeva Prasanna, Alexey Karpov, K. Samudravijaya y Shyam S. Agrawal, 358–71. Cham: Springer. https://doi.org/10.1007/978-3-031-20980-2_31.

Kolz, Benjamin, Juan María Garrido Almiñana y Yesika Laplaza. 2014. «Automatic Prediction of Emotions from Text in Spanish for Expressive Speech Synthesis in the Chat Domain». *Procesamiento del Lenguaje Natural* 52: 61–68.

Ladd, D. Robert. (1996) 2008. *Intonational Phonology*. 2.ª ed. Cambridge: Cambridge University Press. https://doi.org/10.1017/CBO97805 11808814.

Laval, Virginie y Alain Bert-Erboul. 2005. «French-Speaking Children's Understanding of Sarcasm. The Role of Intonation and Context». *Journal of Speech, Language, and Hearing Research* 48 (3): 610–20. https://doi.org/10.1044/1092-4388(2005/042).

Lee, Hyun O. y Franklin J. Boster. 1992. «Collectivism-Individualism in Perceptions of Speech Rate: A Cross-Cultural Comparison». *Journal of Cross-Cultural Psychology* 23 (3): 377–88. https://doi.org/10.1177/0022022192233008.

Lee, Su Ar, Fernando Martínez-Gil y Mary E. Beckman. 2010. «The Intonational Expression of Incredulity in Absolute Interrogatives in Buenos Aires Spanish». En *Selected Proceedings of the 4th Conference on Laboratory Approaches to Spanish Phonology*, editado por Marta Ortega-Llebaria, 47–56. Somerville: Cascadilla Proceedings Project.

Li, Shanpeng y Wentao Gu. 2021. «Prosodic Profiles of the Mandarin Speech Conveying Ironic Compliment». En *12th International Symposium on Chinese Spoken Language Processing (ISCSLP). Hong Kong, 24–27 January, 2021*, 1–5. IEEE. https://doi.org/10.1109 /ISCSLP49672.2021.9362092.

Marrero, Zachariah N. K., Gosling Samuel D., James W. Pennebaker y Gabriella M. Harari. 2022. «Evaluating Voice Samples as a Potential Source of Information about Personality». *Acta Psychologica* 230: 103740. https://doi.org/10.1016/j.actpsy.2022.103740.

Miller, Norman, Geoffrey Maruyama, Rex J. Beaber y Keith Valone. 1976. «Speed of Speech and Persuasion». *Journal of Personality and Social Psychology* 34 (4): 615–24. https://doi.org/10.1037/0022-3514.34.4.615.

Nogueiras, Albino, Asunción Moreno Bilbao, Antonio Bonafonte y José Bernardo Mariño. 2001. «Speech Emotion Recognition Using Hidden Markov Models». En *EUROSPEECH 2001 Scandinavia, 7th European Conference on Speech Communication and Technology, 2nd INTERSPEECH Event. Aalborg, Denmark, September 3–7, 2001*, editado por Paul Dalsgaard, Børge Lindberg, Henrik Benner y Zheng-hua Tan, 2679–82. International Speech Communication Association (ISCA) Online Archive. https://doi.org/10.21437 /Eurospeech.2001-627.

Origgi, Gloria y Dan Sperber. 2000. «Evolution, Communication and the Proper Function of Language». En *Evolution and the Human Mind. Modularity, Language and Meta-Cognition*, editado por Peter Carruthers y Andrew Chamberlain, 140–69. Cambridge: Cambridge University Press. https://doi.org/10.1017/CBO9780511611926.008.

Padilla, Xose A. 2011. «¿Existen rasgos prosódicos objetivos en los enunciados irónicos?» *Oralia. Análisis del Discurso Oral* 14: 203–27.

Pell, Marc D. 2001. «Influence of Emotion and Focus Location on Prosody in Matched Statements and Questions». *The Journal of the Acoustical Society of America* 109 (4): 1668–80. https://doi.org/10.1121/1.1352088.

Pell, Marc D., Silke Paulmann, Chinar Dara, Areej Alasseri y Sonja A. Kotz. 2009. «Factors in the Recognition of Vocally Expressed Emotions: A Comparison of Four Languages». *Journal of Phonetics* 37 (4): 417–35. https://doi.org/10.1016/j.wocn.2009.07.005.

Pereira, Cécile. 2000. «Dimensions of Emotional Meaning in Speech». En *Speech and Emotion, ISCA Tutorial and Research Workshop (ITRW). Newcastle, Northern Ireland, UK, September 5–7, 2000*, 25–28. International Speech Communication Association (ISCA) Online Archive.

Pérez, Edgardo, Josefina Pássera, Fabián Olaz y María Osuna. 2005. *Orientación, información y educación para la elección de carrera*. Buenos Aires: Paidós.

Pittam, Jeffery y Klaus R. Scherer. 1993. «Vocal Expression and Communication of Emotion». En *Handbook of Emotions*, editado por Michael Lewis y Jeannette M. Haviland, 185–97. Nueva York: Guilford Press.

Prieto Vives, Pilar y Francisco Torreira. 2007. «The Segmental Anchoring Hypothesis Revisited: Syllable Structure and Speech Rate Effects on Peak Timing in Spanish». *Journal of Phonetics* 35 (4): 473–500. https://doi.org/10.1016/j.wocn.2007.01.001.

Rockwell, Patricia. 2000. «Lower, Slower, Louder: Vocal Cues of Sarcasm». *Journal of Psycholinguistic Research* 29 (5): 483–95. https://doi.org/10.1023/A:1005120109296.

Rodero, Emma. 2007. «Caracterización de una correcta locución informativa en los medios audiovisuales». *Estudios sobre el Mensaje Periodístico* 13: 523–43.

Rodero, Emma, Aurora Pérez Maíllo y Ana Tamarit. 2009. «El atentado del 11 de marzo de 2004 en la Cadena SER desde la teoría del 'framing'». *ZER. Revista de Estudios de Comunicación* 14 (26): 81–103.

Rodríguez Bravo, Ángel. 2002. «Propuestas para una modelización del uso expresivo de la voz». *ZER. Revista de Estudios de Comunicación* 7 (13): 157–72.

Rodríguez Bravo, Ángel, Patricia Lázaro Pernias, Norminanda Montoya, Josep Maria Blanco Pont, Dolors Bernadas, Josep Manel Oliver y Ludovico Longhi. 1999. «Modelización acústica de la expresión emocional en el español». *Procesamiento del Lenguaje Natural* 25: 158–66.

Russell, Mary T. y Darcie L. Karol. 1995. *16PF-5. Manual*. Adaptación española de Nicolás Seisdedos. Madrid: TEA Ediciones.

Sampedro, Bárbara, Ingrid Díaz Espinosa, Aldo Ferreres y Jorge Alberto Gurlekian. 2012. «Prueba de evaluación de la comprensión de expresiones irónicas y sarcásticas: control acústico y análisis perceptual». *Neuropsicología Latinoamericana* 4 (3): 6–18.

Sapir, Edward. 1927. «Speech as a Personality Trait». *Journal of Sociology* 32 (6): 892–905. https://doi.org/10.1086/214279.

Scherer, Klaus R. 1997. «The Role of Culture in Emotion-Antecedent Appraisal». *Journal of Personality and Social Psychology* 73 (5): 902–22. https://doi.org/10.1037/0022-3514.73.5.902.

———. 2001. «Appraisal Considered as a Process of Multilevel Sequential Checking». En *Appraisal Processes in Emotion. Theory, Methods, Research*, editado por Klaus R. Scherer, Angela Schorr y Tom Johnstone, 92–120. Oxford: Oxford University Press.

Scherer, Klaus R. y Ursula Scherer. 1981. «Speech Behavior and Personality». En *Speech Evaluation in Psychiatry*, editado por John K. Darby, 115–35. Nueva York: Grune & Stratton.

Schwab, Sandra. 2007. «Les variables temporelles dans la production et la perception de la parole». Tesis de doctorado, Université de Genève. https://doi.org/10.13097/archive-ouverte/unige:5216.

Shannon, Claude E. y Warren Weaver. 1949. *The Mathematical Theory of Communication*. Urbana: University of Illinois Press. Trad. de Tomás Bethencourt, *Teoría matemática de la comunicación*. Madrid: Forja, 1981.

Smith, Bruce L., Bruce L. Brown, William J. Strong y Alvin C. Rencher. 1975. «Effects of Speech Rate on Personality Perception». *Language and Speech* 18 (2): 145–52. https://doi.org/10.1177/002383097501800203.

Smith, Stephen M. y David R. Shaffer. 1995. «Speed of Speech and Persuasion: Evidence for Multiple Effects». *Personality and Social Psychology Bulletin* 21 (10): 1051–60. https://doi.org/10.1177/01461672952110006.

Sperber, Dan. 2000. «Metarepresentations in an Evolutionary Perspective». En *Metarepresentations. A Multidisciplinary Perspective*, editado por Dan Sperber, 117–37. Oxford: Oxford University Press.

Sperber, Dan y Gloria Origgi. 2012. «A Pragmatic Perspective on the Evolution of Language». En *Meaning and Relevance*, editado por Deirdre Wilson y Dan Sperber, 331–38. Cambridge: Cambridge University Press. https://doi.org/10.1017/CBO9781139028370.019.

Sperber, Dan y Deirdre Wilson. (1986) 1995. *Relevance. Communication and Cognition*. 2.ª ed. Oxford: Blackwell. Trad. de Eleanor Leonetti, *La relevancia. Comunicación y procesos cognitivos*. Madrid: Visor, 1994.

Sperber, Dan, Fabrice Clément, Christophe Heintz, Olivier Mascaro, Hugo Mercier, Gloria Origgi y Deirdre Wilson. 2010. «Epistemic Vigilance». *Mind & Language* 25 (4): 359–93. https://doi.org/10.1111/j.1468-0017.2010.01394.x.

Stadler, Stefanie A. 2006. «Multimodal (Im) Politeness: The Verbal, Prosodic and Non-Verbal Realization of Disagreement in German and New Zealand English». Tesis de doctorado, University of Auckland. http://hdl.handle.net/2292/1766.

Street Jr., Richard L. y Robert M. Brady. 1982. «Speech Rate Acceptance Ranges as a Function of Evaluative Domain, Listener Speech Rate, and Communication Context». *Communication Monographs* 49 (4): 290–308. https://doi.org/10.1080/03637758209376091.

Toledo, Guillermo Andrés. 1988. *El ritmo en el español. Estudio fonético con base computacional*. Madrid: Gredos.

Trouvain, Jürgen y Martine Grice. 1999. «The Effect of Tempo on Prosodic Structure». En *14th International Congress of Phonetic Sciences. San Francisco, CA, USA, August 1–7, 1999*, editado por John J. Ohala, Yoko Hasegawa, Manjari Ohala, Daniel Granville y Ashlee C. Bailey, 1067–70. International Congress of Phonetic Sciences (ICPhS) Online Archive.

Uhmann, Susanne. 1992. «Contextualizing Relevance: On Some Forms and Functions of Speech Rate Changes in Everyday Conversation». En *The Contextualization of Language*, editado por Peter Auer y Aldo Di Luzio, 297–355. Ámsterdam: John Benjamins. https://doi.org/10.1075/pbns.22.19uhm.

Wharton, Tim. 2000. «Interjections, Evolution and the 'Showing'/'Saying' Continuum». *UCL Working Papers in Linguistics* 12: 173–213.

———. 2001. «Natural Pragmatics and Natural Codes». *UCL Working Papers in Linguistics* 13: 109–58.

———. 2008. «"Meaning$_{NN}$" and "Showing": Gricean Intentions and Relevance-Theoretic Intentions». *Intercultural Pragmatics* 5 (2): 131–52. https://doi.org/10.1515/IP.2008.008.

———. 2009. *Pragmatics and Non-Verbal Communication*. Cambridge: Cambridge University Press. https://doi.org/10.1017/CBO9780511635649.

Wichmann, Anne. 2000. *Intonation in Text and Discourse. Beginnings, Middles and Ends*. Harlow: Pearson Education. https://doi.org/10.4324/9781315843599.

Wilson, Deirdre. 2012. «Metarepresentation in Linguistic Communication». En *Meaning and Relevance*, editado por Deirdre Wilson y Dan Sperber, 230–58. Cambridge: Cambridge University Press. https://doi.org/10.1017/CBO9781139028370.014.

Wilson, Deirdre y Dan Sperber. 1992. «On Verbal Irony». *Lingua* 87 (1–2): 53–76. https://doi.org/10.1016/0024-3841(92)90025-E.

———. 1993. «Linguistic Form and Relevance». *Lingua* 90 (1–2): 1–25. https://doi.org/10.1016/0024-3841(93)90058-5.

———. 2004. «Relevance Theory». En *The Handbook of Pragmatics*, editado por Laurence R. Horn y Gregory Ward, 607–32. Oxford: Blackwell. https://doi.org/10.1002/9780470756959.ch27.

———. 2012. «Explaining Irony». En *Meaning and Relevance*, 123–45. Cambridge: Cambridge University Press. https://doi.org/10.1017/CBO9781139028370.008.

Wilson, Deirdre y Tim Wharton. 2006. «Relevance and Prosody». *Journal of Pragmatics* 38 (10): 1559–79. https://doi.org/10.1016/j.pragma.2005.04.012.

Yépez, Ana. 2005. «El habla de hombres y mujeres en el trabajo». *Espéculo. Revista de Estudios Literarios* 30: 1–16.

Yu, Jianguo, Konstantin Markov y Alexey Karpov. 2019. «Speaking Style Based Apparent Personality Recognition». En *Speech and Computer. 21st International Conference, SPECOM 2019, Istanbul, Turkey, August 20–25, 2019, Proceedings*, editado por Albert Ali Salah, Alexey Karpov y Rodmonga Potapova, 540–48. Cham: Springer. https://doi.org/10.1007/978-3-030-26061-3_55.

Zellner, Brigitte. 2004. «Prosodic Styles and Personality Styles: Are the Two Interrelated?» En *Speech Prosody 2004, International Conference. Nara, Japan, March 23–26, 2004*, editado por Bernard Bel e Isabelle Marlien, 383–386. International Speech Communication Association (ISCA) Online Archive. https://doi.org/10.21437/SpeechProsody.2004-88.

35 LAS PAUSAS

María J. Machuca

35.1 El concepto de pausa

Tradicionalmente, se ha relacionado la pausa con una interrupción en la articulación de la secuencia de sonidos del habla. El *Diccionario de la lengua española* define este término, en su acepción correspondiente al campo de la lingüística, como una «interrupción de la fonación, de duración variable, que delimita un grupo fónico en un enunciado» (Real Academia Española y Asociación de Academias de la Lengua Española 2014). No obstante, en otros diccionarios más especializados, como el de Crystal ([1980] 2000), aunque no se ofrece una definición propiamente dicha de lo que es una pausa, se recoge el término de 'pausa llena' ligándolo a los fenómenos de vacilación y a las vocalizaciones.

El objetivo de este capítulo es describir las pausas y las diferentes funciones que pueden cumplir en el discurso oral. En este sentido, se debe partir de una definición de la pausa que la considere no solo como un silencio o una interrupción de la fonación —casos para los que se han empleado términos como pausa 'sorda', pausa 'vacía', pausa 'silenciosa' o, simplemente, pausa—, sino que tenga en cuenta también aquellas otras pausas que no implican un silencio en el sentido estricto de la palabra, pero que interrumpen el discurso oral mediante alargamientos de sonidos, murmullos nasales, vocalizaciones o vacilaciones (véase el § 35.6.2), y que, generalmente, pueden desempeñar una función de naturaleza pragmática. Para este tipo de interrupciones suelen emplearse los términos de pausas 'sonoras' y pausas 'llenas', aunque en español también se ha utilizado el de pausas 'habladas' cuando se describen las disfluencias propias del habla espontánea en el contexto del reconocimiento automático del habla (véase Rodríguez Fuentes 2004, 79) o la denominación de pausas 'virtuales', en oposición a las pausas 'reales', caracterizadas estas últimas por la ausencia de sonido (Martínez Celdrán y Fernández Planas 2007, 195).

A partir de estas consideraciones, se ha de definir la pausa como una interrupción en la cadena hablada, ya sea mediante un silencio (pausa vacía) o mediante el resultado de una fonación o articulación continua (pausa llena). De esta forma, quedan recogidos todos los fenómenos que ya se han mencionado y que se describirán en los apartados siguientes.

Los trabajos que abordan el análisis de las pausas, tanto del español como de otras lenguas, muestran una disparidad de criterios que dificulta la comparación de los resultados obtenidos. A esta pluralidad de criterios se suma la complejidad inherente del tema (véase la revisión bibliográfica llevada a cabo en Pradas [2004]). Los enfoques desde los que se ha tratado el estudio fonético de las pausas no dejan de ser confusos, ya que, en muchos de los trabajos publicados, estas suelen analizarse como un elemento relacionado con otros parámetros prosódicos, que acaban siendo el objeto de estudio fundamental de las investigaciones. En ocasiones ocurre que un determinado trabajo aporta datos puntuales sobre las pausas en las tablas en las que se recoge la información sobre otros parámetros, pero después tales datos apenas se mencionan en las conclusiones, como sucede, por ejemplo, en Frota *et al.* (2007).

Las investigaciones realizadas sobre pausas desde un punto de vista fonético se centran en clasificar las unidades prosódicas según la posición de las pausas en el discurso, en aportar datos de duración, y en relacionar el tipo de pausa con los estilos de habla. En el caso de las pausas llenas, también proporcionan datos sobre otros rasgos fonéticos, como pueden ser la frecuencia fundamental (f_0) [→ § 1.5.4], la energía espectral [→ § 1.10.1] o la estructura formántica [→ § 1.10.2]. En los § 35.2, 35.3, 35.4 y 35.5, respectivamente, se detallarán estos aspectos. Por otro lado, las pausas se han estudiado atendiendo a sus funciones fonológica y pragmática, que se tratarán en los § 35.6.1 y 35.6.2. Por último, también existen trabajos que abordan la realización de pausas en la lectura de un texto para marcar los signos de puntuación, como se verá en el § 35.7.

35.2 Las pausas como elemento delimitador de unidades prosódicas

Aunque más adelante se volverá a aludir al concepto de grupo fónico en el § 35.6.1, se debe partir de esta noción [→ § 1.6.8, § 27.1, § 28.1.1] para hacer referencia a la posición de las pausas en el discurso. Uno de los primeros fonetistas que tuvo en cuenta la ubicación de la pausa fue Navarro Tomás (1918) al definir el grupo fónico como «la porción de discurso comprendida entre dos pausas o cesuras sucesivas de la articulación» (§ 30), aunque ya advierte que no siempre el límite de un grupo fónico necesita de la aparición de una pausa:

> con frecuencia el paso de una unidad a otra se manifiesta solamente por la depresión de la intensidad, por el retardamiento de la articulación y por el cambio más o menos brusco de la altura musical, sin que ocurra real y efectiva interrupción de las vibraciones vocálicas (Navarro Tomás [1944] 1974, 31).

Quilis (1993), por su parte, sugiere diferenciar entre grupo fónico y grupo de entonación (véanse el § 27.1 y el § 28.1.1 de la presente obra), y define este último como la porción del discurso que configura una unidad sintáctica y va comprendida entre dos pausas, entre pausa e inflexión tonal, entre inflexión tonal y pausa o entre dos inflexiones tonales (419).

Los criterios que sigue Quilis (1993, 418–20) para diferenciar entre grupo fónico y grupo de entonación son el número de sílabas de cada una de las unidades y su duración media. La media del número de sílabas por grupo de entonación es de 5 mientras que la del grupo fónico es de 9,5 sílabas. En cuanto a la duración media, la del grupo fónico es de 1305 ms mientras que la del grupo de entonación es de 697 ms. Así mismo, existen otros autores que creen que la definición clásica del grupo fónico simplifica la realidad del habla, pues en la lengua oral no siempre aparecen pausas que lo delimiten y esto puede ocasionar problemas en su análisis (Cantero 2002; Sosa 1999).

La posición de la pausa también se considera como un indicio para separar los constituyentes definidos en el marco de la Fonología Prosódica, los que Nespor y Vogel ([1986] 1994) denominan 'sintagma entonativo' [→ § 1.21.6, § 27.1, § 28.1.1, § 31.2.1] y 'sintagma fonológico' [→ § 1.21.6]. El sintagma entonativo es el ámbito de una curva melódica [→ § 1.5.5, § 25.2.1] y los finales de los sintagmas entonativos coinciden con las posiciones en las que se pueden introducir pausas en una oración. En cambio, el sintagma fonológico hace referencia a nociones sintácticas generales, como la de núcleo de un sintagma y la de la dirección de la incrustación (véanse Elordieta *et al.* 2003; Frota *et al.* 2007; Prieto Vives 2005; y el § 28.1 de esta obra, entre otros).

Frota *et al.* (2007) analizan los indicios acústicos que se utilizan en varias lenguas románicas (español peninsular, catalán, italiano napolitano y dos variedades del portugués europeo) para separar los grupos entonativos. Encuentran ocho tipos de indicios en frases que pueden ser más o menos extensas, pero que presentan la estructura Sujeto-Verbo-Objeto en las cinco lenguas analizadas; para el español, por ejemplo, emplean el enunciado *La boliviana miraba la mermelada maravillosa*. Los datos muestran que el español es la lengua románica que presenta un porcentaje más elevado de pausas en la separación de estos grupos (catalán, 10,5 %; español peninsular, 28,2 %; portugués europeo septentrional, 17,0 %; portugués estándar, 5,0 %; italiano napolitano, 16,7 %), pero los autores no proporcionan valores de duración de estas pausas ni la interpretación que pueda desprenderse de tales resultados.

Rao (2010, 76) también relaciona los constituyentes prosódicos con las pausas; siguiendo a otros investigadores que han analizado el grupo entonativo en español (D'Imperio *et al.* 2005; Prieto Vives 2006; Sosa 1999), afirma que una de las diferencias que pueden establecerse entre el sintagma fonológico y el entonativo es la ausencia de pausa o la presencia de una pausa breve, en la primera unidad, y la existencia de una pausa larga, en la segunda. Además, la presencia o la ausencia de la pausa y su duración influyen sobre la longitud de la palabra en posición final, tanto de los sintagmas fonológicos como de los entonativos: en los casos en los que no se da pausa, la duración media de las palabras en tal posición es menor (317 ms) que en aquellos en los que esta aparece, puesto que la presencia de una pausa corta provoca que la duración media de la palabra final se alargue hasta 476 ms; la presencia de una pausa larga, en cambio, reduce el incremento de la duración a 448 ms. También Toledo (2008, 14) llega a la conclusión de que el sintagma fonológico puede estar delimitado por una pausa, además de por una inflexión tonal ascendente.

La posición de la pausa condiciona su longitud, de manera que al final de una unidad prosódica la pausa tiende a ser más larga, mientras que, en su interior, la pausa puede ser corta o no existir; así, Canellada y Madsen (1987, 103) afirman que las pausas «grandes» aparecen al final de la frase (que, a partir de los ejemplos que proporcionan los autores, corresponderían a una frase sintáctica), o de algunos grupos; las «pequeñas» delimitan ciertos grupos, y las «mínimas» marcan el lugar en el que pueden realizarse pausas (que a veces ni siquiera se manifiestan como interrupciones de la fonación, sino que constituyen pausas virtuales) o en el que se enlazan dos unidades melódicas. No obstante, los autores no aportan valores numéricos para distinguir los diferentes tipos de pausa; este problema se trata en el § 35.3.

Existen trabajos en los que se relaciona la presencia de una pausa con el grado de cohesión sintáctica entre dos palabras (López Gonzalo 1993): un grado mínimo de cohesión favorece la aparición de una pausa y un grado de cohesión muy fuerte la impide. Este tipo de estudios suelen tener como objetivo establecer de forma automática la posición de las pausas no marcadas con signos de puntuación para desarrollar sistemas de conversión de texto en habla. Marín Gálvez, Aguilar y Casacuberta Sevilla (2002) llegan a la misma conclusión sobre la dependencia de las pausas con respecto a la estructura sintáctica y a la estructura prosódica de la oración, pero van más allá en sus conclusiones y reconocen que la presencia de pausas dentro de un grupo entonativo depende del número de grupos acentuales. Estos autores conciben un grupo acentual como un conjunto formado por una palabra tónica léxicamente acentuada y por las palabras átonas que la precedan, si las hubiera [→ § 27.2.1]. Sus resultados muestran que la realización de una pausa es obligatoria en aquellos grupos de entonación que contienen 10 o más grupos acentuales; un grupo de entonación con menos de 6 grupos acentuales no puede contener pausas, a no ser que la sintaxis lo requiera, ya que ni antes de los tres primeros grupos acentuales ni en los tres últimos puede aparecer una pausa. De esta afirmación los autores infieren que, si hay un número mínimo (6) y uno máximo (10) de grupos acentuales en los que debe aparecer obligatoriamente una pausa dentro de un grupo entonativo, en los demás casos la realización de una pausa puede considerarse opcional, es decir, en los grupos entonativos que están formados por 7, 8 y 9 grupos acentuales la pausa es optativa en español.

Por último, la presencia de la pausa en un lugar determinado también sirve para distinguir, dentro del mismo enunciado, aquellos casos en los que el hablante utiliza el estilo directo y el estilo indirecto: cuando se produce el cambio de estilo se realiza una pausa (Mora Gallardo, Martínez Matos y Álvarez Muro 2009, 247).

35.3 La duración de las pausas

En la mayoría de los trabajos se alude a las pausas diferenciándolas como breves o largas, pero, como ya se ha mencionado, son escasas, en cambio, las referencias sobre qué se entiende por pausa breve o por pausa larga o a los valores explícitos de duración en los que se basan tales etiquetas. En las publicaciones en las que se muestran datos de duración, no existe unanimidad sobre cómo pueden interpretarse, debido a la diversidad de variables que se manejan y a los diferentes enfoques que se aplican. No obstante, se han realizado estudios en los que se ha establecido una tipología de las pausas en función de los datos numéricos obtenidos (Duez 1982; Goldman-Eisler 1961; Hawkins 1971; Zellner 1994, entre otros).

Con respecto al español, Briz y Grupo Val.Es.Co. (2002), a propósito de la transcripción de la lengua hablada, establecen cuatro tipos de pausas: una pausa corta, con un valor por debajo de los 500 ms, que los autores representan mediante una barra simple (/); una pausa más larga, con un valor entre 500 y 1000 ms, que transcriben mediante una barra doble (//); una pausa aún más larga, con un valor de hasta de 2000 ms, que señalan mediante tres barras (///) y, por último, una pausa de más de 2000 ms, para la que se marca la duración exacta si el investigador considera que tiene un valor significativo en la situación comunicativa concreta en la que se presenta [→ capítulo 32].

En cambio, Campione y Véronis (2002) establecen una categorización de las pausas a partir del análisis de un corpus leído en cinco lenguas (francés, español, italiano, alemán e inglés) y de un corpus de habla espontánea en francés. Distinguen tres tipos de pausas: una pausa corta, menor de 200 ms; una pausa media, de entre 200 y 1000 ms, y una pausa larga, de más de 1000 ms, que aparece sobre todo en habla espontánea. Estos autores observan, al comparar las lenguas, que las pausas del italiano presentan la menor duración media (408 ms), y las del español, la mayor (553 ms); tales diferencias, a su juicio, pueden obedecer a la distinta velocidad de elocución en ambas lenguas [→ § 33.4.1] y al diferente porcentaje de aparición de las pausas. En el ámbito clínico, la frecuencia de las pausas silenciosas clasificadas como largas (> 1000 ms) resulta útil para discriminar entre los diferentes subtipos de afasia progresiva primaria (Baqué y Machuca 2023).

En español no existen estudios exhaustivos acerca de la relación entre la velocidad de elocución y la duración de las pausas [→ capítulo 33], aunque en numerosas publicaciones sobre el aprendizaje del español como lengua extranjera (Menjura 2007; Morales López 2000; Riggenbach 2000; Sánchez Avendaño 2002, entre otros) se relacionan ambos parámetros para explicar el concepto de fluidez en el habla. En el trabajo de Sánchez Avendaño (2002) se muestra cómo el hablante nativo, frente a los aprendices, es el que emite un mayor número de palabras por minuto y realiza un menor número de pausas; no obstante, se concluye a partir de una prueba perceptiva que no existe relación entre la cantidad de pausas y la percepción de una mayor fluidez.

Otra categorización de las pausas a partir de su duración en conversaciones grabadas es la que se recoge en el trabajo de Lastra y Martín Butragueño (2005) sobre los aspectos prosódicos de la tematización en el español de México. Estos autores distinguen entre «lapsos», esto es, pausas superiores a 2001 ms (con una frecuencia de aparición del 1,6 %); silencios discursivos, de entre 1201 y 2000 ms (3,8 %); pausas largas, de entre 801 y 1200 ms (9,4 %); pausas medias, de entre 401 y 800 ms (17,7 %); pausas breves, de entre 400 y 100 ms (36,1 %); y ausencia de pausa (25,5 %), todo ello sin tomar en cuenta aquellos casos en los que las palabras comienzan por una consonante oclusiva sorda con su fase de silencio correspondiente.

35.4 Las pausas y los estilos de habla

Tradicionalmente se han estudiado las pausas diferenciando su uso en la lengua oral y en la lengua escrita; sin embargo, la pausa es un recurso propiamente oral que sobrepasa los límites de la escritura. Por esta razón, en realidad se debe distinguir entre lengua hablada, entendiendo por tal la que el hablante produce cuando se halla en el uso de la palabra, y lengua escrita oralizada, que es la procedente de la oralización de un texto escrito (Bedmar 1994). Esta distinción entre lengua hablada propiamente dicha y lengua oralizada está estrechamente relacionada con una mayor o menor espontaneidad en el estilo de habla empleado, y debe tenerse en cuenta para determinar cómo se distribuyen las pausas en el discurso, dependiendo de factores tales como el grado de espontaneidad y la planificación de la lengua hablada.

La situación comunicativa más espontánea se corresponde con aquellos actos en los que la lengua oral ni depende de un texto escrito, ni implica una planificación; ejemplos propios de este estilo de habla son las conversaciones. Una situación comunicativa menos espontánea es aquella en la que el hablante no parte de un texto escrito, pero sí de la planificación de un determinado tema, bien porque conoce la materia que expone, bien porque, de una u otra forma, ha preparado su discurso con antelación; pueden considerarse ejemplos de este tipo de acto comunicativo cualquier clase, conferencia o exposición en la que no se lleve a cabo una lectura. Por último, la situación menos espontánea es aquella en la que el hablante lee un texto. El grado de espontaneidad en el discurso también viene determinado por la relación existente entre los interlocutores participantes en un determinado acto comunicativo; por ejemplo, una entrevista de trabajo puede considerarse espontánea, ya que no se apoya en un texto escrito y, a veces, ni siquiera puede planificarse, pero el grado de formalidad es tan elevado que hace que este tipo de comunicación sea menos espontáneo que una conversación. Llisterri, Machuca y Ríos (2019, 2022) al estudiar los fenómenos pragmáticos de naturaleza fonética que se emplean en las conversaciones señalan que los alargamientos vocálicos (46,9 %) y las pausas silenciosas (40,8 %) son las hesitaciones más frecuentes en este estilo de habla. Representan un total del 87,7 % de los fenómenos encontrados. El 12,3 % restante corresponde a pausas sonoras, alargamientos consonánticos, etcétera.

En la lengua oral, aunque no con la misma distribución, pueden darse en todas las situaciones comunicativas tanto pausas silenciosas como llenas; piénsese, por ejemplo, en cualquier discurso en el que se desea resaltar la información que se está proporcionando a los oyentes y en el que antes de esa información se sitúa un silencio (véanse Duez [1982], para el discurso político en francés, o Machuca [2009], para la lengua oral de los medios de comunicación en español). No obstante, las pausas silenciosas son más propias de la lectura y suelen corresponderse con las denominadas pausas «lingüísticas» (Quilis 1993, 416), mientras que las llenas generalmente se encuentran en discursos espontáneos y no planificados previamente, y suelen cumplir una función pragmática. Estas pausas desempeñan funciones comunicativas importantes (Calsamiglia y Tusón [1999] 2007, 54).

Además, existe una relación directa entre el uso de las pausas llenas y la mayor espontaneidad del habla: cuanto más espontáneo sea el estilo, más elevada será la frecuencia de aparición de las pausas llenas. En este sentido, Albalá *et al.* (2008) analizan las diferencias relacionadas con el grupo de entonación y la velocidad de elocución entre el habla espontánea y la lectura, y concluyen que el habla espontánea se caracteriza por una mayor dispersión en cuanto al número de sílabas por grupo de entonación, una mayor duración de los grupos de entonación y la presencia de pausas llenas. La lectura, en cambio, se caracteriza por una menor duración del grupo de entonación y por la ausencia casi total de pausas llenas.

Trouvain *et al.* (2001), por su parte, en un trabajo sobre el alemán afirman que los problemas de planificación en el habla espontánea, frente a la lectura, provocan un mayor número de pausas que acortan las unidades discursivas. Posteriormente, Trouvain (2004), en un estudio sobre el inglés, asegura que la presencia de pausas llenas es uno de los fenómenos típicos del habla espontánea. Los resultados de estas investigaciones constituyen una prueba más de que el uso de las pausas llenas en lectura no es frecuente; de hecho, solo se encuentra en aquellas intervenciones en las que se desea dotar de una mayor naturalidad a la lengua oral en una situación comunicativa planificada, como en la lectura de las noticias en los informativos (Machuca 2009), o en el habla sintetizada (Adell, Bonafonte y Escudero Mancebo 2010).

En la Tabla 1 se recoge la distribución de las pausas en función de las situaciones comunicativas que se acaban de describir. En todas ellas pueden aparecer tanto pausas silenciosas como llenas, aunque con una distribución diferente.

En el trabajo de Albalá *et al.* (2008), ya mencionado, se muestra que la presencia de pausas es un parámetro significativo para diferenciar la lectura del habla espontánea: el 60 % de los 30 hablantes estudiados no realiza ninguna pausa llena en la lectura de un texto. Por consiguiente, aunque no exista una correspondencia exacta entre lectura y pausas silenciosas, y entre habla espontánea y pausas llenas, puede afirmarse que el hecho de que la pausa sea silenciosa o llena suele estar estrechamente ligado con el estilo de habla, y que, si se compara la duración total de los silencios en función del estilo de habla, la pausa silenciosa aparece tanto en lectura como en habla espontánea, mientras que la pausa llena es típica del habla espontánea (véase la Figura 1).

Cabe mencionar, por último, que existen trabajos en los que se comparan dos lenguas en función del porcentaje de frecuencia de aparición de las pausas silenciosas y de las pausas llenas en habla espontánea. Así, de Johnson, O'Connell

Tabla 1 *Distribución de las pausas en relación con distintas situaciones comunicativas*

	Situación más espontánea: sin lectura y sin planificación	Situación de espontaneidad media: sin lectura, con planificación	Situación menos espontánea: lectura y planificación
Distribución	Mayor frecuencia de pausas llenas y menor frecuencia de silencios	Se realizan tanto pausas llenas como silencios	Mayor frecuencia de silencios y menor de pausas llenas

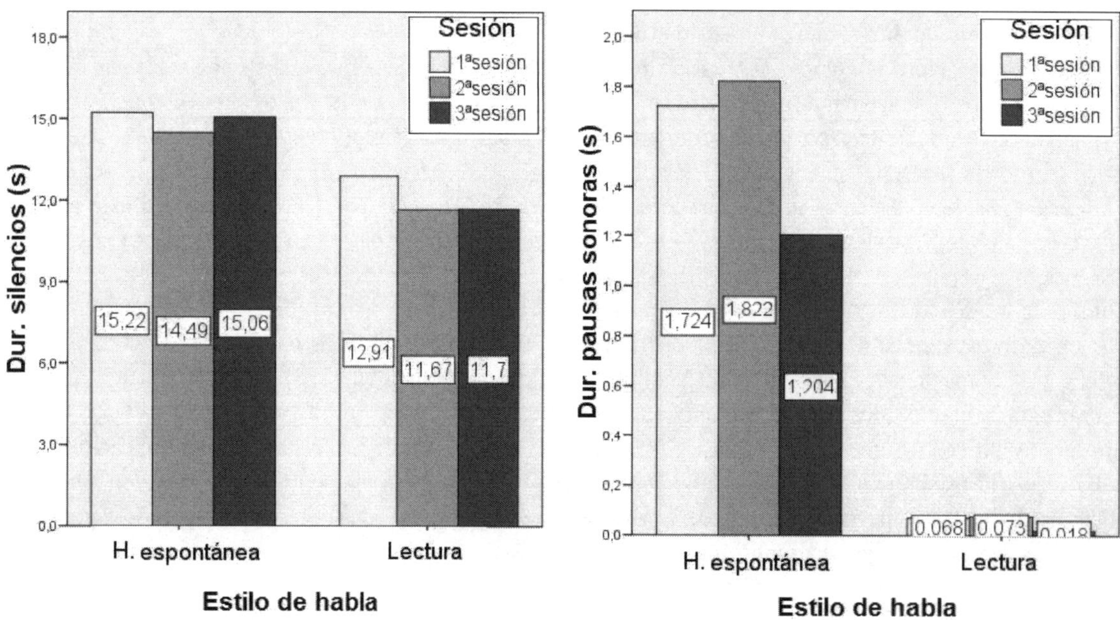

FIGURA 1. Duración de las pausas silenciosas y de las pausas llenas en tres sesiones de grabación y en dos estilos de habla (Albalá *et al.* 2008, 20).

y Sabin (1979) al contrastar el español con el inglés encuentran que ambas lenguas se diferencian por el porcentaje de pausas llenas y no por la proporción de silencios. En el procedimiento experimental seguido por estos autores para obtener el material sonoro, los hablantes, después de ver un vídeo sobre una historia determinada, resumían su contenido con sus propias palabras. En su análisis se tenían en cuenta numerosas variables, entre ellas, las pausas silenciosas y los elementos relacionados con la planificación del discurso, de los que se analizaban cuatro tipos: los marcadores discursivos, los falsos inicios, las repeticiones y las pausas llenas. Los resultados indican que los hispanohablantes utilizan menos pausas llenas en sus relatos (un 35 %) que los anglófonos (un 95 %). La frecuencia de las pausas silenciosas resulta proporcional al número total de sílabas para cada lengua (9672 en español y 7340 en inglés). En español se obtuvo una duración media de las pausas silenciosas de 733 ms y, en inglés, de 694 ms; las diferencias al comparar las dos lenguas no resultaron significativas.

35.5 Rasgos fonéticos y pausas llenas

Generalmente, las características acústicas de las pausas llenas que suelen analizarse son la estructura formántica y los valores de la f_0 (Hamzah, Jamil y Seman 2012), aunque también existen investigaciones que toman en consideración la energía espectral. Por ejemplo, Veiga *et al.* (2011) estudian la f_0 y la energía en las pausas llenas del portugués. En su trabajo diferencian entre aquellas pausas llenas que no son elementos léxicos, independientes de las palabras, y aquellas que suponen un alargamiento del final de la palabra; llegan a la conclusión de que, aunque los alargamientos aparecen con mayor frecuencia (65 % de los casos), los parámetros analizados no muestran diferencias significativas entre los dos fenómenos: los valores de f_0 y de la energía de estos elementos decrecen en ambos casos, y lo más significativo es que la variación resulta prácticamente irrelevante (15 Hz en la f_0 y 2,7 dB en la energía). En este sentido, Machuca, Llisterri y Ríos (2015), al comparar los dos fenómenos de hesitación en español, las pausas llenas y los alargamientos, observaron que los valores medios y las desviaciones de la duración no permiten distinguir estos dos fenómenos, pero sí es importante considerar los valores mínimos y los máximos: los alargamientos presentan los valores máximos de duración, mientras que las pausas llenas presentan los valores mínimos.

El análisis de las pausas llenas ha servido para mejorar el reconocimiento automático del locutor, en diferentes lenguas, ya que, como afirma Künzel (1987), el hablante tiende a personalizar el tipo de segmento que emplea como pausa llena para expresar la duda; además, se consideran menos inestables, puesto que los segmentos que se realizan como pausas llenas presentan una mayor duración y están menos sujetos a los efectos de la coarticulación [→ § 1.6.8] que los mismos segmentos cuando forman parte de unidades léxicas (Foulkes, Carrol y Hughes 2004). Para el español, Cicres (2007) analizó un conjunto de parámetros relacionados con las pausas llenas (f_0, *jitter* [→ § 1.5.4], *shimmer* [→ § 1.5.4], ruido [→ § 1.9], temblor, subarmónicos y aperiodicidad) que resultaron significativos para la identificación del hablante. En un estudio posterior realizado sobre el catalán, Cicres (2014) se ciñe al espacio vocálico comprendido entre [e:] y [ə:] y analiza, además de los parámetros ya mencionados, el valor de frecuencia de los tres primeros formantes [→ § 1.10.2] en el centro del elemento dubitativo. Los resultados muestran que el análisis discriminante mejora considerablemente (hasta el 90 % de identificación correcta) si se toman en conjunto tanto las variables relacionadas con la cualidad de voz como las referidas a la estructura formántica. Por otro lado, Machuca y Ríos (2016) analizan, en español, la estructura formántica de las pausas llenas que se pueden transcribir como un sonido [e:] y la comparan con la de la vocal /e/ producida en interior de palabras, tanto en sílabas tónicas como átonas, para determinar si ambos elementos poseen características acústicas diferentes. Los resultados muestran que la mayor duración de las pausas llenas permite al hablante realizar un elemento vocálico con una estructura formántica estable; por esta razón, los valores de frecuencia obtenidos corresponden a los de una vocal palatal de grado medio de abertura en habla de laboratorio. Villa, Gil y Lahoz-Bengoechea (2017) llegaron a resultados similares: de los tres formantes analizados en los segmentos vocálicos correspondientes a una vocal en el interior de palabra y a una vocalización de la pausa sonora, únicamente la frecuencia del segundo formante muestra diferencias significativas.

35.6 La función de las pausas

Tapia y Valdivieso (2000, 119) afirman que el hecho de que no abunden las investigaciones sobre pausas es la razón de que no se hayan establecido los procedimientos adecuados para analizarlas. Según estos autores, en primer lugar debe diferenciarse entre los distintos tipos de pausas y, posteriormente, ha de analizarse el mensaje que se planifica mientras que el hablante realiza la pausa; este procedimiento podría revelar cómo funciona el lenguaje en la mente.

Para considerar el estudio de las pausas a partir de sus funciones en el discurso hablado debe diferenciarse entre aquellas que se emplean para distinguir significados en un determinado contexto (valor fonológico) y aquellas que se utilizan para conseguir una finalidad concreta en un acto comunicativo (valor pragmático). Algunos autores consideran que las pausas con valor fonológico o lingüístico no siempre sirven para distinguir significados, pero poseen siempre algún valor relacionado con la estructura sintáctica del enunciado (véase Quilis 1993, 416–17). Si se toma, por ejemplo, una frase tan breve como *María canta bien*, la presencia de una pausa después del nombre propio hace que el oyente interprete que se trata, o bien de una orden, *María # canta bien,* o bien de la simple enunciación de un hecho.

En cuanto a las pausas no lingüísticas, todas deberían tener un valor pragmático, ya que su presencia depende de la libre elección del hablante. En este caso, la dificultad estriba en establecer las intenciones del locutor o el valor que posee la pausa en un acto comunicativo y en llegar a definir unos criterios que permitan sistematizar dichas intenciones.

35.6.1 Factores fonológicos

Las pausas se han considerado como uno de los elementos fonéticos que delimitan las unidades prosódicas, como ya se ha mencionado en el § 35.2, y que pueden incidir en la interpretación semántica del enunciado. Generalmente, suelen ser silenciosas y, en la lectura de los textos, constituyen una marca prosódica de la realización oral de un signo de puntuación. Así, tomando como referencia el mismo ejemplo que se acaba de mencionar, *María, canta bien* se distingue de *María canta bien* porque en el primer caso existe una pausa después del vocativo que no aparece en el segundo. La pausa puede indicar que, si se representara ortográficamente el mensaje oral, en su lugar cabría la posibilidad de utilizar un signo de puntuación, pero no marca en ningún caso si se debe utilizar tal signo, ni cuál se ha de emplear. También hay que tener en cuenta que, incluso leyendo, el hablante puede recurrir a otro rasgo prosódico para marcar un límite sintáctico, ya sea una inflexión tonal, un alargamiento final antes del límite sintáctico, diferencias en la velocidad de elocución antes y después del límite (Machuca 2009) o la presencia de voz rota o *creaky voice* [→ § 1.5.6] (Machuca y Riera 2004). La relación entre la pausa y los signos de puntuación se comentará con detalle en el § 35.7.

Las pausas con valor fonológico suelen denominarse también 'pausas lingüísticas', como se ha dicho (véase el § 35.4), ya que su aparición depende no tanto del valor distintivo, sino del grado de cohesión sintáctica entre los constituyentes. En este sentido, Quilis (1993, 417) señala las pausas que pueden considerarse como lingüísticas, aunque no todas ellas sean distintivas desde el punto de vista semántico:

- Final absoluta: aparece después de un enunciado completo, marcada en la ortografía por punto o por punto y coma.
- Significativa: su presencia o su ausencia cambian el significado del enunciado. Por ejemplo, *No//necesitamos estudiar más* o *No necesitamos estudiar más.*
- Enumerativa: se produce entre los términos de una enumeración: *Están callados, serios, tristes.*
- Explicativa: aparece en el principio o en el final de un enunciado explicativo, incluido dentro de un enunciado mayor; por ejemplo, *El emperador, muy emocionado, besaba la bandera; Los niños, a su aire, jugaban en el jardín.*
- Potencial: depende del hablante, aunque no es necesaria, como en *Cuando llegamos, lo encontramos durmiendo.*

Quilis (1993) también indica que pausa y entonación están estrechamente ligadas (417), y alude a lo que denomina «junturas terminales» [→ § 1.21.11], que pueden encontrarse seguidas o no de pausas, y a las que se hará referencia más adelante. Asimismo, en Aguilar (2000) también se mencionan otros casos de pausas con valor lingüístico debidos a razones sintácticas (106):

- entre un sintagma nominal con función de sujeto y el sintagma verbal;
- en las oraciones de relativo, entre la oración principal y la subordinada;
- entre los dos miembros de una oración condicional;
- en una subordinación, entre el elemento subordinante y el elemento subordinado.

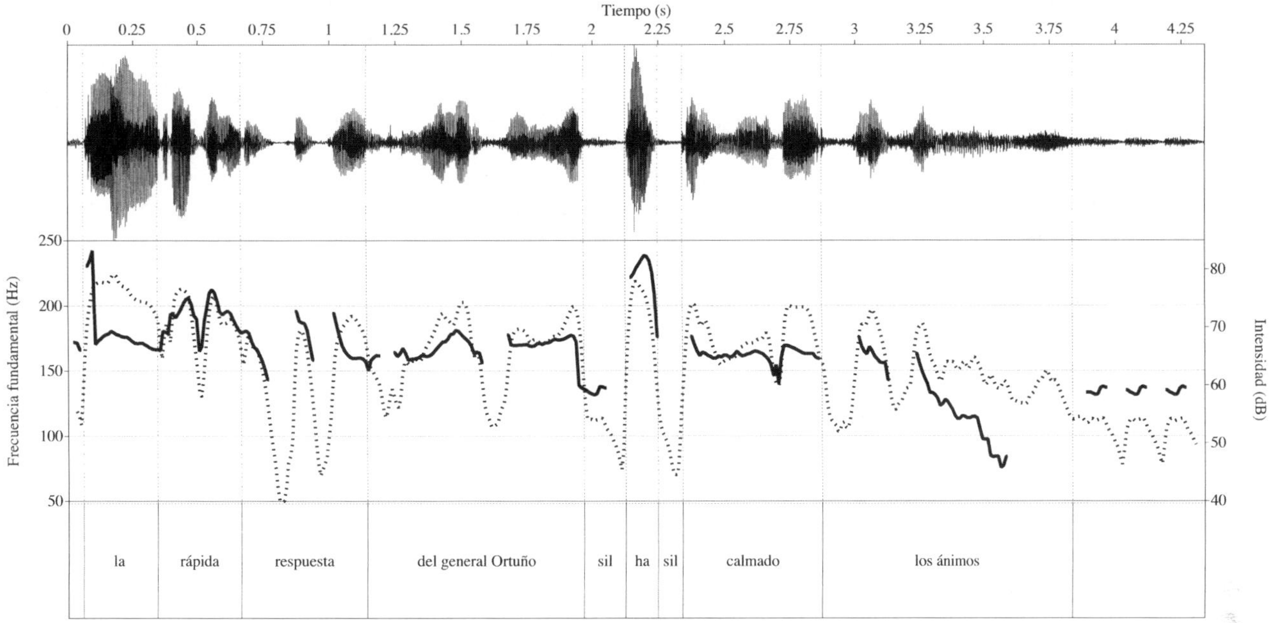

FIGURA 2. Emisión de la frase *La rápida respuesta del general Ortuño ha calmado los ánimos* por una locutora de un informativo de TVE1.

Sin embargo, existen combinaciones de palabras cuya cohesión sintáctica es tal que no se pueden separar por una pausa, de modo que insertar una pausa en este contexto debería considerarse agramatical (Aguilar 2000, 103; Canellada y Madsen 1987, 103; Gil 2007, 302). Ese grupo de dos o más palabras que forman la unidad sintáctica intermedia entre la palabra y la oración corresponde a lo que Quilis (1993, 372) denominó «sirrema» [→ § 25.1.2]. Entre las unidades que conforman un sirrema no se permite una pausa. Es el caso, por ejemplo, de los grupos formados por un nombre y un adjetivo o un adjetivo y un nombre, un verbo y un adverbio o un adverbio y un verbo, y también de las formas verbales compuestas. No obstante, los locutores de los informativos en los medios de comunicación orales proporcionan numerosos ejemplos de dichas combinaciones divididas por una pausa, como estrategia de énfasis en este tipo de discursos (Machuca 2009). Cuando el hablante separa estas categorías gramaticales mediante pausas, los elementos que las siguen se acentúan, de manera que las formas que deberían ser átonas pasan a ser tónicas, como sucede en el caso del verbo *haber* en las formas compuestas. La Figura 2 muestra un ejemplo de este fenómeno: la locutora ha realizado una pausa antes y después de *ha* en la frase *la rápida respuesta del general Ortuño ha calmado los ánimos*. Las pausas se han transcrito en la figura como *sil;* en el primer caso, el segmento anotado como *sil* corresponde a una pausa de 172 ms; en el segundo, a una de 104 ms (en este segmento, se incluye en la etiqueta *sil*, además de la pausa, la fase de silencio de la consonante oclusiva que la sigue). En la figura puede observarse que el auxiliar *ha* posee una mayor amplitud (línea de puntos) y presenta un incremento de la frecuencia fundamental (línea continua), dos de los parámetros acústicos que indican la tonicidad en español [→ § 25.3.2].

Por último, cabe hacer referencia de nuevo en este apartado al término 'juntura', pues está estrechamente ligado al valor lingüístico de las pausas. Las junturas terminales o tonos de juntura pueden definirse como los movimientos tonales que aparecen al final de un grupo de entonación, cuya presencia suele deberse a razones sintácticas (véanse Sosa 1999, 31, y el § 28.1 de la presente obra). La juntura terminal que se realiza con un tono descendente se emplea «en enunciados con sentido completo, en los términos de una enumeración, en la frase introductoria de un enunciado en estilo directo, etc.» (Quilis 1993, 423), mientras que la juntura terminal que se realiza con un tono ascendente o de suspensión aparece al final de «un enunciado con un sentido incompleto: sintagma sujeto, complementos hiperbatizados o parentéticos, enunciados interrumpidos, primer término de una aposición, enunciado interrogativo, etc.» (423).

Probablemente los «etc.» que cierran cada una de las dos citas precedentes se deben a la dificultad de sistematizar todos los casos en los que pueden darse estos dos tipos de juntura; entre otras razones, porque en el mismo enunciado un hablante puede realizar una juntura terminal descendente y otro, una ascendente. Canellada y Madsen (1987) así lo proponen para las oraciones enunciativas con un número impar de grupos de entonación: la estructura para una frase de tres grupos de entonación puede consistir en una anticadencia seguida de semianticadencia y de cadencia o en una semicadencia seguida de anticadencia y de cadencia; entre los ejemplos proponen *leña de higuera, / recia de humo / y flaca de madera* (129–30).

Para Obediente ([1983] 1998), se debe distinguir entre la pausa y la juntura; este autor define la juntura como una brevísima pausa apenas perceptible, que puede considerarse una frontera menor que la pausa y que separa unidades menores desde el punto de vista gramatical. Afirma que «la juntura nos permite distinguir, por ejemplo, 'irresponsable' de 'y/responsable', 'la moralidad' de 'la amoralidad'» (216). A partir de estos ejemplos se puede deducir que la juntura, para Obediente, es una pausa muy breve que sirve para desambiguar aquellas secuencias en las que el hecho de no realizarla podría llevar a errores en la interpretación semántica de un enunciado; así la han definido también otros autores (Alarcos 1967; Alcina y Blecua 1975). No obstante, algunos investigadores consideran la juntura como una inflexión tonal que se encuentra en el límite de frontera de ciertas unidades, independientemente de que se produzca o no una pausa (Cantero 2002; Hidalgo 2006; Quilis 1981, 1993; Sosa 1999). De hecho, como señala Herrero Blanco (1995), lo importante es que la prosodia no solo no es ajena a la sintaxis, sino que señala el valor informativo de sus constituyentes; dicho de otra forma: «la segmentación prosódica vincula lengua y mundo, lo que —sin duda— es el objeto mismo del hablar» (162).

35.6.2 Factores pragmáticos

Los trabajos relacionados con la realización de las pausas en español atendiendo a su valor pragmático hacen referencia a un estilo de habla espontánea, sobre todo a cómo se desarrollan los turnos de palabra en una conversación, a cómo organiza el hablante su discurso, o bien a cómo la pausa, además de poseer un valor lingüístico, puede utilizarse para conferir mayor expresividad al discurso.

35.6.2.1 Turno de palabra

Se denomina 'turno de palabra' a la unidad en la que el discurso se reparte de forma alternativa entre los interlocutores (Moreno Fernández 1998) [→ § 32.3.2]. Sin embargo, un reparto alternativo de los turnos no implica que estos se distribuyan regularmente, ya que muchas veces se solapan y se superponen. Por esta razón, en un estudio pragmático se debe considerar la zona de transición de turnos, el segmento final reconocible de las unidades en las que se puede producir un cambio de turno, donde aparecen elementos prosódicos que indican al interlocutor cuál es el lugar apropiado para tal cambio.

Cestero (2000) distingue entre los elementos que marcan de forma directa la zona de transición y los que la refuerzan. Los movimientos tonales son elementos básicos que señalan, de modo directo, el lugar apropiado para la toma de turno, y los alargamientos finales y las pausas constituyen elementos secundarios que operan reforzando o cambiando la indicación del momento apropiado para la transición. Gallardo-Paúls (1993) propone que los cambios de turno en una conversación pueden venir dados tanto por silencios como por lo que esta autora denomina pausa «oralizada», casos en los que el hablante rellena el silencio con vocalizaciones de cualquier tipo. Esta alternancia de turnos de palabra es característica de la conversación y, según Tusón (2003), da origen a fenómenos expresamente marcados: «pausa realizada por el emisor que da lugar a la intervención de otro, preguntas, recuperación de un fragmento de la intervención anterior, gestos inquisitivos que favorecen la respuesta, peticiones de palabra, etc.» (48).

35.6.2.2 Organización del discurso

Para tener tiempo de organizar su discurso, los hablantes pueden combinar las pausas con otros elementos prosódicos. Rebollo (1998) indica que el alargamiento de los segmentos en posición final es uno de los procedimientos más empleados con esta finalidad; este alargamiento puede acabar con una pausa (en un 68 % de los casos en el corpus analizado por la autora) o sin ella (en un 32 %). El alargamiento de vocales y de algunas consonantes coincide con lo que se ha denominado pausa sonora o pausa llena, rasgo prosódico que, según Rebollo, suele pasar desapercibido en el mensaje.

Los sonidos que se alargan no son los mismos para todas las lenguas, sino que varían en función del inventario fónico de cada una de ellas. La elección de un sonido determinado se relaciona siempre con la preferencia por el mínimo esfuerzo articulatorio: en el momento de vacilación, antes de continuar con lo que estaban diciendo, los hablantes producen sonidos que no requieren amplios movimientos articulatorios (Pätzold y Simpson 1995; Stepanova 2007). En español puede alargarse de este modo cualquier sonido vocálico, excepto la vocal /u/, aunque la más frecuente es la /e/, mientras que, entre las consonantes, solo se alargan /l/, /n/ y /m/. Los segmentos /e/ y /m/, por otra parte, constituyen en español verdaderas pausas llenas, ya que pueden insertarse en el discurso sin que necesariamente deriven de un alargamiento de la palabra (Rebollo 1998, 673).

35.6.2.3 Estrategia de énfasis

Como estrategia de énfasis se utiliza, sobre todo, la pausa silenciosa, ya que el hablante se detiene para poder imprimir un mayor esfuerzo articulatorio sobre la palabra siguiente, que desea enfatizar. Es lo que suele ocurrir en los discursos políticos o en las emisiones de los locutores de informativos cuando pretenden resaltar parte del discurso. Una pausa que preceda a los segmentos enfatizados previene al oyente de que lo que se va decir a continuación es importante, y el hablante puede realizar lo que sigue incrementando los valores de la amplitud, del tiempo o de la frecuencia fundamental. La utilización de esta estrategia suele comportar un cambio en el patrón acentual de una palabra: el hablante, al incluir una pausa para enfatizar el término que aparece a continuación, modifica la estructura acentual de este y convierte su primera sílaba en tónica, y su sílaba tónica original en portadora de un acento secundario [→ § 1.21.12, § 26.9.1]. En la frase *una anciana pereció este fin de semana carbonizada,* emitida por un locutor del primer canal de la televisión española (TVE1), se introduce una pausa ante el participio *carbonizada* para enfatizarlo, y se convierte su primera sílaba, *car,* en tónica, de manera que la sílaba originalmente portadora del acento, *za,* recibe un acento secundario. En la Figura 3 se puede observar con claridad cómo en la primera vocal se incrementa el valor de uno de los parámetros acústicos relacionados con el acento, la amplitud [→ § 1.8] (línea de puntos).

También pueden considerarse enfáticas aquellas frases en las que se produce una tematización, es decir, la presencia de un grupo sintagmático que se ve realzado al situarse al principio de una frase; por ejemplo, *Al embajador marroquí, el ministro de Asuntos Exteriores lo convoca para quejarse de la avalancha de pateras;* en estos casos, ese elemento tematizado suele separarse del resto de la oración con una breve pausa (Calsamiglia y Tusón [1999] 2007, 47). En este sentido, Martín Butragueño (2008) afirma que la pausa es uno de los recursos prosódicos más frecuentes para realizar una tematización en la conversación ordinaria. Los resultados de su estudio muestran que la pausa aparece en el habla espontánea en dos de cada tres casos. En cambio, en el habla de laboratorio, en el estilo que el autor denomina «β» (lectura de fragmentos en los que no aparecen marcados los signos de puntuación), menos de la mitad de los casos presentan pausa, y en el estilo «γ» (lectura de fragmentos en los que se han marcado los signos de puntuación) la pausa aparece prácticamente en todos los casos. Los alargamientos, que según Martín Butragueño se corresponden con lo que aquí se ha

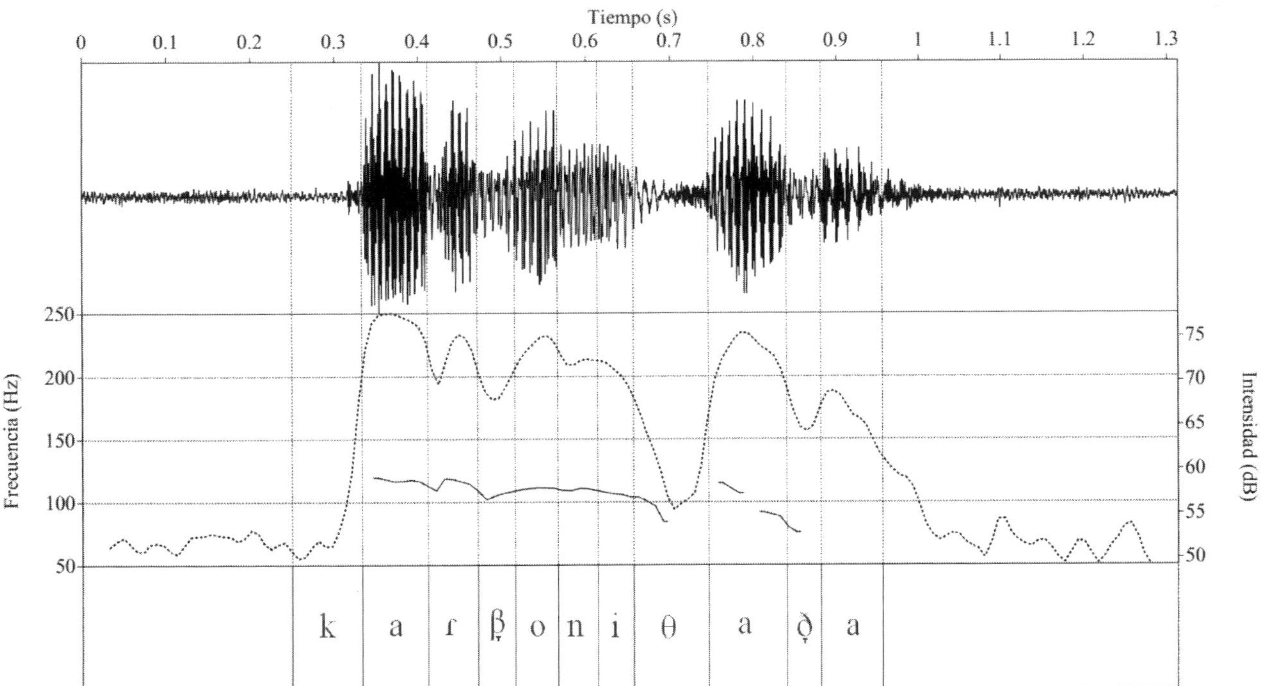

FIGURA 3. Emisión del segmento *carbonizada* perteneciente a la frase *una anciana pereció este fin de semana carbonizada* por un locutor de un informativo de TVE1.

denominado pausa llena, sirven para mantener el turno de palabra, y son más propios de la conversación que del habla de laboratorio —según se constata en los dos corpus grabados en este estilo de habla— y sirven para que el hablante piense en la expansión del tema.

35.7 Pausas y signos de puntuación

La normativa académica señala que los signos de puntuación en los textos escritos reproducen la entonación de la lengua oral y organizan el discurso, de manera que son elementos imprescindibles para su correcta interpretación. Por tanto, los signos de puntuación constituyen indicadores de marcas prosódicas en la lectura en voz alta de los textos escritos. Según la *Ortografía de la lengua española* publicada por la Real Academia Española y la Asociación de Academias de la Lengua Española (2010), el uso de los signos de puntuación se ha vinculado a la pausa y a la entonación; no obstante, se indica en esta obra que

> dada la riqueza expresiva que aportan a la lengua oral la disposición de las pausas y las variaciones de la curva melódica, no puede hablarse en rigor de que la puntuación reproduzca las propiedades prosódicas de los enunciados (287).

En este sentido, a pesar de que existen numerosas obras de referencia que relacionan los signos de puntuación con las pausas –por ejemplo, el libro de estilo de *El País* (El País [1977] 2003), el *Diccionario panhispánico de duda*s (Real Academia Española y Asociación de Academias de la Lengua Española 2005) o Alcoba (2000), entre otros—, se puede afirmar que no todo signo de puntuación equivale a una pausa ni todas las pausas que realiza el lector se deben a la presencia de un signo de puntuación. Ríos (2009) afirma que el discurso oral y el discurso escrito tienen sus propios principios y recursos, y seguir un criterio prosódico para puntuar un texto puede ser la causa de los errores que se cometen en el uso de los signos de puntuación en los textos periodísticos. El hecho de colocar una coma entre sujeto y predicado es un ejemplo de esto: el escritor inserta un signo de puntuación en el texto porque en la lectura es una posición en la que frecuentemente se realiza una pausa. En este sentido, Figueras (2001, 19–20) atribuye los errores de puntuación de los estudiantes al intento de reproducir en un texto escrito los hábitos de la lectura. De la Fuente (2010) analiza los casos en que, aunque aparezca una coma, no es correcto realizar una pausa, y aquellos en los que, aunque se realice una pausa, no es correcto marcarla con una coma. Este autor propone modificar el principio de «Si, al leer, encuentro una coma, debo hacer una pausa; y, si hago una pausa al hablar, debo poner una coma al escribir» por «Si, al leer, encuentro una coma, no siempre debo hacer una pausa; y, si hago una pausa al hablar, no siempre debo poner una coma al escribir» (16).

Machuca y Ríos (2011) analizan algunos fragmentos de informativos de diferentes cadenas de televisión, asumiendo que los locutores siguen las indicaciones de los manuales de estilo de los medios de comunicación para oralizar las noticias a partir de un texto escrito que aparece en una pantalla y que debería estar puntuado correctamente. No ha de olvidarse que, en la mayoría de estos manuales, no solo se indica que el signo de puntuación debe realizarse mediante una pausa, sino que, además, su duración —más larga o más breve— depende del tipo de signo. Así, en el *Manual de estilo para informadores de radio* (Radio Televisión Española 1980, 39–40) se afirma que la realización de pausas breves o largas depende de los signos de puntuación que aparezcan en un texto, y en el *Manual de estilo de TVE* (Mendieta Torres 1993) se indica que «el punto exige hacer en la lectura una pausa mayor que después de la coma o del punto y coma, aunque de duración variable, de acuerdo con el sentido del texto» (48). Machuca y Ríos concluyen que los signos de puntuación se realizan en la lectura de los informativos mediante algún rasgo prosódico, que no siempre es una pausa, como suele afirmarse en los manuales de expresión oral. No obstante, también se dan casos en los que no existe ninguna marca prosódica para realizar el signo de puntuación, aunque son más frecuentes con la coma que con el punto. La ausencia de rasgos prosódicos en la oralización de un texto viene igualmente determinada por la posición en la que se encuentra la coma; en aquellos casos en los que la coma señala los límites de un sintagma, su inicio y su final (incisos, complementos explicativos y aposiciones), las marcas de final suelen realizarse mayoritariamente con pausa, mientras que las de inicio suelen corresponderse con una inflexión o con la ausencia de cualquier rasgo prosódico.

Por último, cabe señalar que en la lectura no se deberían realizar pausas llenas; sin embargo, existen situaciones en las que, para dotar de una mayor naturalidad y credibilidad al texto que se está leyendo, el lector realiza este tipo de pausas. En los informativos, aunque se trate de un texto preparado para la oralización, los locutores insertan alargamientos que pueden considerarse pausas llenas (Machuca 2009, 116) y suelen aprovechar la pausa correspondiente a un signo de puntuación para respirar. Este último tipo de pausas son las que causan más errores en la lectura del texto, ya que, si no se ha preparado con antelación, el locutor puede introducir la pausa sin tener en cuenta la estructura sintáctica de la frase.

35.8 Conclusiones

El análisis de los estudios realizados sobre las pausas en español permite concluir que la sistematización de los datos es una tarea muy compleja que va más allá de un tratamiento estrictamente fonético. En todos los trabajos se diferencia entre pausa llena y pausa silenciosa, sobre todo cuando el estilo de habla considerado es la conversación diaria. Las pausas llenas son propias del habla espontánea, mientras que los silencios son más frecuentes en el habla planificada; sin embargo, en ambos estilos pueden darse ambos tipos de pausa. Desafortunadamente, no se cuenta con una definición clara de lo que se entiende por pausas llenas, y, así, en algunos estudios se agrupan bajo este término distintos tipos de hesitación (alargamientos, falsos inicios, vocalizaciones, etcétera) mientras que, en otros, como se ha visto, se distingue entre los alargamientos de sonidos al final de palabra y los elementos no léxicos que se realizan mediante un murmullo nasal o mediante un sonido semejante a una vocal.

La aparición de la pausa puede deberse a la correspondencia con un signo de puntuación, cuando se trata de lectura, o puede estar relacionada con otros rasgos prosódicos, como son las inflexiones tonales, dando lugar en determinadas circunstancias a interpretaciones semánticas diferentes; en estos casos, las pausas se definen como fonológicas o lingüísticas.

A pesar de que existen algunos trabajos sobre los valores de duración de las pausas en español, la mayoría de ellos se limitan a establecer la duración desde un punto de vista acústico, sin que se haya realizado un estudio perceptivo riguroso o, al menos, se haya precisado una relación entre los valores de la duración obtenidos mediante un análisis acústico y la capacidad que tiene el oyente de percibir esas pausas como largas, medias o breves. Así, en general, en la bibliografía se distingue entre pausa larga, media y breve o ausencia de pausa, sin que coincidan los datos de duración para cada una de estas categorías; de ahí que resulte necesario un estudio perceptivo sobre lo que se considera una pausa breve o larga, para comprobar a partir de qué duración esa apreciación es la misma para todos los oyentes, independientemente del estilo de habla, o para dilucidar si el incremento de la velocidad de elocución influye sobre la percepción que pueda tenerse acerca de la duración de la pausa.

Por último, las pausas que poseen un valor pragmático, aunque resultan fáciles de identificar, ya que no desempeñan ninguna función contrastiva y que el hablante las realiza para conseguir algún objetivo en una determinada situación comunicativa, son difíciles de interpretar; el investigador puede intentar sistematizar la intención del hablante en un discurso concreto, pero pueden darse pausas que se realizan sin ningún propósito o, al menos, no conscientemente, que responden a una elección libre que se produce en el discurso oral, y que dependen estrictamente del locutor y de la situación de habla.

Referencias bibliográficas

Adell, Jordi, Antonio Bonafonte y David Escudero Mancebo. 2010. «Modelling Filled Pauses Prosody to Synthesise Disfluent Speech». En *Speech Prosody 2010, Fifth International Conference. Chicago, IL, USA, May 10–14, 2010*, Paper 624. International Speech Communication Association (ISCA) Online Archive. https://doi.org/10.21437/SpeechProsody.2010-75.

Aguilar, Lourdes. 2000. «La prosodia». En *La expresión oral*, editado por Santiago Alcoba, 89–146. Barcelona: Ariel.

Alarcos, Emilio. 1967. «Los rasgos prosódicos». En *Problemas y principios del estructuralismo lingüístico*, 1–8. Madrid: Consejo Superior de Investigaciones Científicas.

Albalá, María José, Elena Battaner, Mario Carranza, Carme de-la-Mota, Juana Gil, Joaquim Llisterri, María Jesús Machuca, *et al.* 2008. «VILE: análisis estadístico de los parámetros relacionados con el grupo de entonación». En *Language Design. Journal of Theoretical and Experimental Linguistics. Special Issue 2. Experimental Prosody*, editado por Antonio Pamies, Mari Cruz Amorós y José Manuel Pazos, 15–22. Granada: Método Ediciones.

Alcina, Juan y José Manuel Blecua. 1975. *Gramática española*. Barcelona: Ariel.

Alcoba, Santiago, ed. 2000. *La expresión oral*. Barcelona: Ariel.

Baqué, Lorraine y María Jesús Machuca. 2023. «Hesitations in Primary Progressive Aphasia». *Languages* 8 (1): 45. https://doi.org/10.3390/languages8010045.

Bedmar, María Jesús. 1994. «Grupo fónico y pausas *versus* entonación». En *Español para extranjeros: didáctica e investigación. Actas del Segundo Congreso Nacional de ASELE. Madrid, del 3 al 5 de diciembre de 1990*, editado por Salvador Montesa y Antonio Garrido Moraga, 363–70. Málaga: Asociación para la Enseñanza del Español como Lengua Extranjera. Reed., Madrid: Instituto Cervantes, Centro Virtual Cervantes.

Briz, Antonio y Grupo Val.Es.Co. 2002. «La transcripción de la lengua hablada: el sistema del grupo Val.Es.Co.» *Español Actual. Revista de español vivo* 77–78: 57–86.

Calsamiglia, Helena y Amparo Tusón. (1999) 2007. *Las cosas del decir. Manual de análisis del discurso*. 2.ª ed. Barcelona: Ariel.

Campione, Estelle y Jean Véronis. 2002. «A Large-Scale Multilingual Study of Silent Pause Duration». En *Speech Prosody 2002, International Conference. Aix-en-Provence, France, April 11–13, 2002*, 199–202. International Speech Communication Association (ISCA) Online Archive. https://doi.org/10.21437/SpeechProsody.2002-35.

Canellada, María Josefa y John Kuhlmann Madsen. 1987. *Pronunciación del español. Lengua hablada y literaria*. Madrid: Castalia.

Cantero, Francisco José. 2002. *Teoría y análisis de la entonación*. Barcelona: Edicions de la Universitat de Barcelona.

Cestero, Ana María. 2000. *El intercambio de turnos de habla en la conversación. Análisis sociolingüístico*. Alcalá de Henares: Universidad de Alcalá, Servicio de Publicaciones.

Cicres, Jordi. 2007. «Análisis discriminante de un conjunto de parámetros fonético-acústicos de las pausas llenas para identificar hablantes». *Síntesis Tecnológica* 3 (2): 87–98. https://doi.org/10.4206/sint.tecnol.2007.v3n2-04.

———. 2014. «Comparación forense de voces mediante el análisis multidimensional de las pausas llenas». *Revista Signos* 47 (86): 365–84. https://doi.org/10.4067/S0718-09342014000300002.

Crystal, David. (1980) 2000. *Diccionario de lingüística y fonética*. Traducido por Xavier Villalba. Barcelona: Octaedro.

D'Imperio, Mariapaola, Gorka Elordieta, Sónia Frota, Pilar Prieto Vives y Marina Vigário. 2005. «Intonational Phrasing in Romance: The Role of Syntactic and Prosodic Structure». En *Prosodies. With Special Reference to Iberian Languages*, editado por Sónia Frota, Marina Vigário y Maria João Freitas, 59–98. Berlín: Mouton de Gruyter. Reed., Berlín: de Gruyter Mouton, 2009. https://doi.org/10.1515/9783110197587.1.59.

Duez, Danielle. 1982. «Silent and Non-Silent Pauses in Three Speech Styles». *Language and Speech* 25 (1): 11–28. https://doi.org/10.1177/002383098202500102.

El País. (1977) 2003. *El País. Libro de estilo*. 18.ª ed. Madrid: El País : Santillana.

Elordieta, Gorka, Sónia Frota, Pilar Prieto Vives y Marina Vigário. 2003. «Effects of Constituent Length and Syntactic Branching on Intonational Phrasing in Ibero-Romance». En *15th International Congress of Phonetic Sciences. Barcelona, Spain, August 3–9, 2003*, editado por Maria-Josep Solé, Daniel Recasens y Joaquín Romero Gallego, 487–90. International Congress of Phonetic Sciences (ICPhS) Online Archive.

Figueras, Carolina. 2001. *Pragmática de la puntuación*. Barcelona: Octaedro; Barcelona: Ediciones Universitarias de Barcelona.

Foulkes, Paul, Gareth Carrol y Samantha Hughes. 2004. «Sociolinguistic and Acoustic Variability in Filled Pauses». Presentado en 13th Annual Conference of the International Association for Forensic Phonetics and Acoustics, Helsinki, Finlandia, julio.

Frota, Sónia, Mariapaola D'Imperio, Gorka Elordieta, Pilar Prieto Vives y Marina Vigário. 2007. «The Phonetics and Phonology of Intonational Phrasing in Romance». En *Segmental and Prosodic Issues in Romance Phonology*, editado por Pilar Prieto Vives, Joan Mascaró y Maria-Josep Solé, 131–54. Ámsterdam: John Benjamins. https://doi.org/10.1075/cilt.282.10fro.

de la Fuente, Miguel Ángel. 2010. «Comas sin pausas y pausas sin comas: dos problemas de escritura y de lectura». *Espéculo. Revista de Estudios Literarios* 45: 1–22.

Gallardo-Paúls, Beatriz. 1993. «La transición entre turnos conversacionales: silencios, solapamientos e interrupciones». *Contextos (Universidad de León)* 11 (21–22): 189–220.

Gil, Juana. 2007. *Fonética para profesores de español: de la teoría a la práctica*. Madrid: Arco/Libros.

Goldman-Eisler, Frieda. 1961. «The Distribution of Pause Durations in Speech». *Language and Speech* 4 (4): 232–37. https://doi.org/10.1177/002383096100400405.

Hamzah, Raseeda, Nursuriati Jamil y Noraini Seman. 2012. «Acoustical Analysis of Filled Pause in Malay Spontaneous Speech». En *Computer Applications for Communication, Networking, and Digital Contents. International Conferences, FGCN and DCA 2012, Held as Part of the Future Generation Information Technology Conference, FGIT 2012. Gangneug, Korea, December 16–19, 2012. Proceedings*, editado por Tai-Hoon Kim, Dae-Sik Ko, Thanos Vasilakos, Adrian Stoika y Jemal Abawajy, 251–29. Berlín: Springer. https://doi.org/10.1007/978-3-642-35594-3_35.

Hawkins, Peter R. 1971. «The Syntactic Location of Hesitation Pauses». *Language and Speech* 14 (3): 277–88. https://doi.org/10.1177/002383097101400308.

Herrero Blanco, Ángel. 1995. *El decir numeroso. Esquemas y figuras del ritmo verbal*. Alicante: Universidad de Alicante, Secretariado de Publicaciones.

Hidalgo, Antonio. 2006. *Aspectos de la entonación española: viejos y nuevos enfoques*. Madrid: Arco/Libros.

de Johnson, Teresa H., Daniel C. O'Connell y Edward J. Sabin. 1979. «Temporal Analysis of English and Spanish Narratives». *Bulletin of the Psychonomic Society* 13 (6): 347–50. https://doi.org/10.3758/BF03336891.

Künzel, Hermann J. 1987. «Some General and Forensic Aspects of Speaking Tempo». *The International Journal of Speech, Language and the Law* 4 (1): 48–83. https://doi.org/10.1558/ijsll.v4i1.48.

Lastra, Yolanda y Pedro Martín Butragueño. 2005. «La tematización en los materiales sociolingüísticos de la ciudad de México (primera aproximación)». En *Memorias del XIV Congreso de la Asociación de Lingüística y Filología de la América Latina (ALFAL). Monterrey, México, 17–21 de octubre de 2005*, editado por Lidia Rodríguez Alfano, 1:86–98. Monterrey: Universidad Autónoma de Nuevo León. CD.

Llisterri, Joaquim, María Jesús Machuca y Antonio Ríos. 2019. «Caracterización del hablante con fines judiciales: fenómenos fónicos propios del habla espontánea». *e-AESLA. Revista digital* 5: 265–78. https://cvc.cervantes.es/lengua/eaesla/pdf/05/26.pdf.

Llisterri, Joaquim, María Jesús Machuca y Antonio Ríos. 2022. «La función de las hesitaciones en la identificación del hablante». En *Propuestas en fonética experimental: enfoques metodológicos y nuevas tecnologías*, editado por Beatriz Blecua Falgueras, Jordi Cicres, Marina Espejel y María Jesús Machuca, 160–65. Gerona: Universitat de Girona, Servei de Publicacions. http://hdl.handle.net/10256 /20770.

López Gonzalo, Eduardo. 1993. «Estudio de técnicas de procesado lingüístico y acústico para sistemas de conversión texto-voz en español basados en concatenación de unidades». Tesis de doctorado, Universidad Politécnica de Madrid.

Machuca, María Jesús. 2009. «Locución y prosodia en los medios de comunicación oral». En *Lengua, comunicación y libros de estilo*, editado por Santiago Alcoba, 107–21. Barcelona.

Machuca, María Jesús, Joaquim Llisterri y Antonio Ríos. 2015. «Las pausas sonoras y los alargamientos en español: un estudio preliminar». *Normas. Revista de Estudios Lingüísticos Hispánicos* 5: 81–96. https://doi.org/10.7203/Normas.5.6823.

Machuca, María Jesús y Montserrat Riera. 2004. «Criterios de segmentación». Informe técnico. VILE I, Estudio acústico de la variación inter e intralocutor en español (Proyecto BFF2001-2551). Bellaterra: Universitat Autònoma de Barcelona.

Machuca, María Jesús y Antonio Ríos. 2011. «Prosodia y signos de puntuación en los informativos televisivos». En *El estudio de la prosodia en España en el siglo xxi: perspectivas y ámbitos*, editado por Antonio Hidalgo, Yolanda Congosto y Mercedes Quilis Merín, 193–208. Valencia: Universitat de València, Facultat de Filologia, Traducció i Comunicació.

———. 2016. «Estructura formántica de las pausas sonoras en español». En *53 reflexiones sobre aspectos de la fonética y otros temas de lingüística*, editado por Ana María Fernández Planas, 67–76. Barcelona: Universitat de Barcelona, Laboratori de Fonètica. http://hdl .handle.net/2445/129979.

Marín Gálvez, Rafael, Lourdes Aguilar y David Casacuberta Sevilla. 2002. «Placing Pauses in Read Spoken Spanish: A Model and an Algorithm». *Language Design. Journal of Theoretical and Experimental Linguistics* 4: 49–66.

Martín Butragueño, Pedro. 2008. «Aspectos prosódicos de la tematización lingüística. Datos del español de México». En *Fonología instrumental: patrones fónicos y variación*, editado por Esther Herrera Zendejas y Pedro Martín Butragueño, 275–334. México, D. F.: El Colegio de México.

Martínez Celdrán, Eugenio y Ana María Fernández Planas. 2007. *Manual de fonética española. Articulaciones y sonidos del español*. Barcelona: Ariel.

Mendieta Torres, Salvador. 1993. *Manual de estilo de TVE*. Barcelona: Labor.

Menjura, Martha. 2007. «La fluidez discursiva oral. Una propuesta de evaluación». *Ogigia. Revista electrónica de Estudios Hispánicos* 1: 7–16.

Mora Gallardo, Elsa, Hernán Martínez Matos y Alexandra Álvarez Muro. 2009. «Características acústico-prosódicas del discurso reportado en el español de Venezuela». *Estudios de Fonética Experimental* 18: 237–52.

Morales López, Esperanza. 2000. «Fluency Levels and the Organization of Conversation in Nonnative Spanish Speakers' Speech». En *Perspectives on Fluency*, editado por Heidi Riggenbach, 266–86. Ann Arbor: University of Michigan Press. https://doi.org/10.3998 /mpub.16109.

Moreno Fernández, Francisco. 1998. *Principios de sociolingüística y sociología del lenguaje*. Barcelona: Ariel.

Navarro Tomás, Tomás. 1918. *Manual de pronunciación española*. Madrid: Junta para Ampliación de Estudios e Investigaciones Científicas, Centro de Estudios Históricos.

———. (1944) 1974. *Manual de entonación española*. 4.ª ed. Madrid: Guadarrama.

Nespor, Marina y Irene Vogel. (1986) 1994. *La prosodia*. Traducido por Ana Ardid. Madrid: Visor.

Obediente, Enrique. (1983) 1998. *Fonética y fonología*. 3.ª ed. Mérida: Universidad de Los Andes, Facultad de Humanidades y Educación, Consejo de Publicaciones.

Pätzold, Matthias y Adrian Simpson. 1995. «An Acoustic Analysis of Hesitation Particles in German». En *Proceedings of the 13th International Congress of Phonetic Sciences (ICPhS 95). Stockholm, Sweden, 13–19 August, 1995*, editado por Kjell Elenius y Peter Branderud, 3:512–15. Estocolmo: Royal Institute of Technology (KTH), Department of Speech Communication and Music Acoustics; Stockholm: Stockholm University, Department of Linguistics.

Pradas, E. Macarena. 2004. *La fluidez y sus pausas: enfoque desde la interpretación de conferencias*. Granada: Comares.

Prieto Vives, Pilar. 2005. «Syntactic and Eurhythmic Constraints on Phrasing Decisions in Catalan». *Studia Linguistica. A Journal of General Linguistics* 59 (2–3): 194–222. https://doi.org/10.1111/j.1467-9582.2005.00126.x.

———. 2006. «Phonological Phrasing in Spanish». En *Optimality-Theoretic Studies in Spanish Phonology*, editado por Fernando Martínez-Gil y Sonia Colina, 39–60. Ámsterdam: John Benjamins. https://doi.org/10.1075/la.99.03pri.

Quilis, Antonio. 1981. *Fonética acústica de la lengua española*. Madrid: Gredos.

———. 1993. *Tratado de fonología y fonética españolas*. Madrid: Gredos.

Radio Televisión Española. 1980. *Manual de estilo para informadores de radio*. Madrid: Radio Televisión Española; Madrid: Radio Nacional de España.

Rao, Rajiv. 2010. «Final Lengthening and Pause Duration in Three Dialects of Spanish». En *Selected Proceedings of the 4th Conference on Laboratory Approaches to Spanish Phonology*, editado por Marta Ortega-Llebaria, 69–82. Somerville: Cascadilla Proceedings Project.

Real Academia Española y Asociación de Academias de la Lengua Española. 2005. *Diccionario panhispánico de dudas*. Madrid: Santillana. http://www.rae.es/recursos/diccionarios/dpd.

———. 2010. *Ortografía de la lengua española*. Madrid: Espasa Libros.

———. 2014. *Diccionario de la lengua española*. 23.ª ed. Madrid: Espasa Libros. https://dle.rae.es.

Rebollo, Leticia. 1998. «Pausas y ritmo en la lengua oral. Didáctica de la pronunciación». En *La enseñanza del español lengua extranjera: del pasado al futuro. Actas del VIII Congreso Internacional de ASELE. Alcalá de Henares, 17–20 de septiembre d 1997*, editado por Francisco Moreno Fernández, María Gil Bürmann y Kira Alonso García, 667–76. Alcalá de Henares: Universidad de Alcalá, Servicio de Publicaciones. Reed., Madrid: Instituto Cervantes, Centro Virtual Cervantes.

Riggenbach, Heidi. 2000. *Perspectives on Fluency*. Ann Arbor: University of Michigan Press.

Ríos, Antonio. 2009. «Signos de puntuación y libros de estilo». En *Lengua, comunicación y libros de estilo*, editado por Santiago Alcoba, 161–73. Barcelona.

Rodríguez Fuentes, Luis Javier. 2004. «Estudio y modelización acústica del habla espontánea en diálogos hombre-máquina y entre personas». Tesis de doctorado, Universidad del País Vasco / Euskal Herriko Unibertsitatea.

Sánchez Avendaño, Carlos. 2002. «La percepción de la fluidez en español como segunda lengua». *Revista de Filología y Lingüística de la Universidad de Costa Rica* 28 (1): 137–63. https://doi.org/10.15517/rfl.v28i1.4507.

Sosa, Juan Manuel. 1999. *La entonación del español. Su estructura fónica, variabilidad y dialectología*. Madrid: Cátedra.

Stepanova, Svetlana. 2007. «Some Features of Filled Hesitation Pauses in Spontaneous Russian». En *Proceedings of the 16th International Congress of Phonetic Sciences (ICPhS XVI). 6–10 August 2007, Saarbrücken, Germany*, editado por Jürgen Trouvain y William J. Barry, 1325–1328. Saarbrücken: Universität des Saarlandes.

Tapia, Mónica y Humberto Valdivieso. 2000. «Consideraciones para analizar los aspectos temporales de la producción del habla». *Onomázein. Revista de Filología, Lingüística y Traducción* 5: 119–126.

Toledo, Guillermo Andrés. 2008. «Frases fonológicas (*Φ*)». *Ianua. Revista Philologica Romanica* 8: 1–18.

Trouvain, Jürgen. 2004. «Tempo Variation in Speech Production. Implications for Speech Synthesis». *Phonus. Research Reports of the Institute of Phonetics at the University of the Saarland* 8.

Trouvain, Jürgen, Jacques Koreman, Attilio Erriquez y Bettina Braun. 2001. «Articulation Rate Measures and Their Relations to Phone Classification of Spontaneous and Read German Speech». En *Adaptation Methods for Speech Recognition, ISCA Tutorial and Research Workshop (ITRW). Sophia Antipolis, France, August 29–30, 2001*, 155–58. International Speech Communication Association (ISCA) Online Archive.

Tuson, Jesús. 2003. *Introducción al lenguaje*. Barcelona: Editorial UOC.

Veiga, Arlindo, Sara Candeias, Carla Lopes y Fernando Perdigão. 2011. «Characterization of Hesitations Using Acoustic Models». En *17th International Congress of Phonetic Sciences. Hong Kong, 17–21 August, 2011*, editado por Wai-Sum Lee y Eric Zee, 2054–57. International Congress of Phonetic Sciences (ICPhS) Online Archive.

Villa, José, Juana Gil y José María Lahoz-Bengoechea. 2017. «Las vocales de relleno en español: nuevos datos y algunas reflexiones». En *Nuevos estudios sobre comunicación social*, 165–69. Santiago de Cuba: Centro de Lingüística Aplicada.

Zellner, Brigitte. 1994. «Pauses and the Temporal Structure of Speech». En *Fundamentals of Speech Synthesis and Speech Recognition*, editado por Eric Keller, 41–62. Chichester: John Wiley & Sons.

Antonio Ríos

36.1 El ritmo del habla. Conceptos generales

La palabra 'ritmo' procede del griego *rythmós* a través del latín *rhythmus:* 'corriente, curso, medida del movimiento o del tiempo, proporción o simetría de las partes, orden, disposición'. El *Diccionario de la lengua española* (Real Academia Española 2001) lo define en su primera acepción —la más general— como «orden acompasado en la sucesión o acaecimiento de las cosas». Este sentido recoge el de la palabra latina *numerus,* en el que se asimilaron los significados respectivos de dos términos griegos: *rhythmós* (de la raíz *reu-*) —que remite a la noción de retorno— y *arithmós* (de la raíz *ar-*) —que remite a la de número y medida, relacionadas con las de orden, articulación y armonía— (véanse Benveniste [1951] 1966, 327–35; García Calvo 1975, 16–17; Mora Gallardo y Asuaje 2009, 51–52).

El ritmo forma parte de la naturaleza; se puede observar, por ejemplo, en el transcurso del día solar, en la sucesión de las estaciones del año, y en los latidos del corazón y en la respiración de los seres vivos. El ritmo del habla ha de ser incluido en esta categoría si se entiende como una capacidad intrínseca de nuestra especie, de carácter biológico. Existe también un ritmo creado por el ser humano; es el ritmo de la música, de la danza y —en el campo de las actividades lingüísticas— el de la poesía [→ § 37.5]; de hecho, el término 'ritmo' se asocia comúnmente a la métrica, es decir, al arte que se ocupa de la medida del verso y de su estructura, así como de los tipos de verso y de cómo se combinan estos para formar poemas (este modo de entender el ritmo está recogido en la tercera acepción del diccionario académico).

Las ideas de retorno y de medida, contenidas en la etimología de la palabra, están presentes en el concepto de 'ritmo lingüístico', como se aprecia en las definiciones que se encuentran en la bibliografía; a modo de ejemplo, se pueden citar los manuales de Abercrombie (1967, 96), Roach (1983, 120), Mora Gallardo y Asuaje (2009, 53) y Rico (2019, 65), y los diccionarios de Trask (1996, 311) y Crystal ([1980] 2008, 417) [→ § 37.2]. El ritmo es la sensación perceptiva producida por la recurrencia, en períodos regulares, de elementos marcados y no marcados por algún rasgo contrastivo. Se trata de un fenómeno universal, pero el elemento recurrente que marcaría el ritmo propio de cada lengua —y que constituiría su unidad rítmica— no siempre es el mismo; por ejemplo, Trask (1996, 311) menciona el acento para el inglés, la sílaba para el español, la sílaba pesada [→ § 1.21.8] para el griego antiguo y la mora [→ § 1.21.8] para el japonés.

De la definición anterior se desprenden algunas cuestiones que es necesario precisar y que guiarán la organización y los contenidos de este capítulo:

En primer lugar, las unidades rítmicas no son universales, por lo que el ritmo de una lengua no se puede describir aisladamente, sino con relación al ritmo de las demás, determinando lo que tengan en común y lo que las diferencie. De hecho, los estudios fonéticos sobre el ritmo lo han enfocado, en general, desde un punto de vista contrastivo, con la finalidad de clasificar las lenguas en diversas categorías atendiendo a sus unidades rítmicas.

En segundo lugar, el ritmo es un fenómeno perceptivo, pero el fonetista ha de buscar datos objetivos y cuantificables en la señal acústica que le permitan definir con claridad el ritmo de las lenguas. En la medida en que el ritmo está marcado por la recurrencia de unas determinadas unidades, las investigaciones se han centrado, fundamentalmente, en describir la organización temporal de las lenguas estudiadas.

Por último, para que una sucesión temporal de elementos recurrentes pueda ser percibida como rítmica, la repetición ha de tener lugar a intervalos regulares. Es algo intrínseco a todo fenómeno rítmico; así se menciona, entre otras obras especializadas, en el manual clásico de Fraisse ([1974] 1976, cap. 5). El concepto de ritmo se relaciona con el de 'isocronía', un principio que está presente en las clasificaciones iniciales del ritmo de las lenguas y cuyo cuestionamiento ha guiado la evolución de los estudios fonéticos de este rasgo prosódico.

En este trabajo se utilizarán indistintamente los pares de términos 'lenguas de ritmo silábico' / 'lenguas de compás silábico', 'lenguas de ritmo acentual' / 'lenguas de compás acentual' y 'lenguas de ritmo moraico' / 'lenguas de compás moraico', ya que, en esas lenguas, el compás —es decir, la división del tiempo en partes iguales— lo marcan, respectivamente, la sílaba, el acento y la mora. Siguiendo el principio de isocronía de las unidades rítmicas, las lenguas de compás silábico también son denominadas 'lenguas de isocronía silábica' y 'lenguas de anisocronía acentual', y las lenguas de compás acentual, 'lenguas de isocronía acentual' y 'lenguas de anisocronía silábica'. Asimismo, se emplearán como sinónimos los términos 'unidad rítmica' y 'unidad métrica', en referencia a las sílabas, pies acentuales o grupos de acento, aunque, en un sentido estricto, una unidad métrica pertenece al campo de la poesía (véase, a este respecto, el capítulo 37).

36.2 La isocronía en la producción del habla como criterio clasificador del ritmo de las lenguas

Siempre se ha atribuido a Pike (1945) la primera clasificación del ritmo de las lenguas. Este autor propone la existencia de dos categorías excluyentes entre sí: lenguas de compás silábico (en inglés, *syllable-timed languages*), en las que la sílaba es la unidad rítmica (entre ellas se encontraría el español), y lenguas de compás acentual (en inglés, *stress-timed languages*), cuyo ritmo está marcado por el acento (por ejemplo, el inglés). Esta clasificación se fundamenta en el principio de isocronía. En las lenguas de compás silábico todas las sílabas tenderían a tener una duración semejante, de modo que la duración de los intervalos entre acentos (de los pies acentuales) dependería del número de sílabas átonas que haya entre ellos; en cambio, en las lenguas de compás acentual las sílabas ajustarían su duración para que la distancia temporal de los períodos entre acentos sea aproximadamente isócrona, con independencia del número de sílabas átonas que contengan. Entre las lenguas de compás silábico, además del español, se encuentran, por ejemplo, el francés, el italiano, el finés, el húngaro, el urdu-hindi, el bengalí, el telugu, el chino cantonés, el vietnamita, el camboyano, el indonesio, el tagalo y el yoruba; y entre las de compás acentual, el inglés, el alemán, el holandés, el sueco, el sami de Luleå, el gaélico de Escocia, el portugués de Brasil, el ruso, el árabe, el hebreo, el persa, el chino mandarín y el tailandés (véanse, entre otros, Abercrombie 1967, 97; Adams 1979, 86–87, 107; Bertinetto 1983; Dauer 1983, 56; Engstrand 1987; y Major 1985).

La dicotomía compás silábico / compás acentual tiene su origen en la métrica de las lenguas presentadas como modelos. La versificación de las lenguas románicas (prototipos del compás silábico) se basa en la recurrencia de la sílaba; por ejemplo, el verso culto castellano es, fundamentalmente, de ritmo cuantitativo silábico: consiste en una determinada sucesión de sílabas ligada a unos esquemas de acentuación (Navarro Tomás 1956). La métrica de las lenguas germánicas (prototipos del compás acentual) se basa en la recurrencia del acento, en cierto número de pies con una estructura silábica determinada; por ejemplo, en la versificación inglesa, los pies más frecuentes están formados por dos o tres sílabas, con la acentuada al inicio o al final del grupo (Preminger [1965, 497], citado en Allen [1975, 77]).

Es lógico que la métrica de una lengua, es decir, el ritmo elaborado deliberadamente por el ser humano —sobre todo, en el caso de la poesía popular—, refleje el ritmo del habla; así lo han señalado algunos investigadores, como Abercrombie (1967, 98) y Lehiste (1989, 365). Por ese motivo, la tipología propuesta por Pike (1945), planteada como una dicotomía, es absolutamente restrictiva, incapaz de incluir otros sistemas de versificación. Sería el caso, por ejemplo, de la métrica japonesa, basada en el cómputo de moras —también una unidad isócrona en su tradición cultural—, no en el de sílabas o en el de acentos. Este tipo de ritmo fue asimilado al silábico, aunque en sentido estricto mantenga diferencias con él. La mora japonesa característica es una sílaba de estructura CV. En cada palabra, el número de sílabas —entendidas, de un modo convencional, como 'núcleo vocálico y consonantes adyacentes'— suele corresponder con el número de moras, pero pueden darse excepciones: se cuentan como dos moras las sílabas con vocal o consonante largas, o con grupos consonánticos (Port, Dalby y O'Dell 1987, 1574). En su día, el ritmo del japonés, lengua de compás moraico (en inglés, *mora-timed language*), fue propuesto como un sistema diferenciado del ritmo de compás silábico (véanse Beckman 1982;

Dalby y Port 1981; Hoequist Jr 1983a, 1983b; Nishinuma 1983–1984; y Port, Dalby y O'Dell 1987). Este hecho implica la revisión de la tipología de Pike (1945).

Sus limitaciones para la clasificación de las lenguas no constituyen la única crítica vertida sobre este enfoque inicial del ritmo. La mayor polémica la ha suscitado la isocronía, ya que no se ha verificado de modo concluyente en los trabajos experimentales. Sería ilusorio pretender que exista una isocronía matemática en la repetición de las unidades rítmicas, el principio regulador de este elemento suprasegmental se ha de entender, obviamente, como 'tendencia a la isocronía'; no obstante, los datos obtenidos son contradictorios, pues tanto la duración silábica como la duración de los intervalos entre acentos varían por causas similares en ambos tipos de lenguas; se puede observar, por ejemplo, en los estudios interlingüísticos de Delattre (1966), Roach (1982) y Dauer (1983). En el siguiente apartado se examina el caso del español.

36.3 El ritmo del español desde el punto de vista de la isocronía

En la bibliografía especializada se ha presentado al español, generalmente, como ejemplo de lengua de ritmo silábico, aunque no siempre los datos experimentales corroboren la existencia de isocronía en la duración de las sílabas; de hecho, en algunos trabajos los resultados parecen apuntar a una mayor regularidad de la duración de los intervalos entre acentos, incluso del grupo acentual, aunque esta unidad no está contemplada en la propuesta inicial clasificadora del ritmo de las lenguas. Es una obviedad que, en sentido estricto, no se puede hablar del ritmo del español, sino del ritmo de las variantes del español, como sucede con cualquier fenómeno del habla en una lengua tan diversificada y de tan gran extensión geográfica. Existen semejanzas en el comportamiento del ritmo de las variantes estudiadas, pero también se encuentran diferencias, que pueden derivar tanto de las peculiaridades de las variantes como de los estilos de habla analizados en los trabajos experimentales; con todo, la clasificación rítmica del español, atendiendo al principio de isocronía, ha sido una cuestión debatida y no ha sido clarificada satisfactoriamente.

36.3.1 La isocronía de las unidades rítmicas

Se ha observado que la duración silábica del español está condicionada por varios factores, como se mostrará con mayor detalle en el desarrollo del siguiente apartado a través de la descripción de los trabajos que han abordado, directa o indirectamente, el ritmo de algunas variantes de la lengua: la duración de los sonidos que forman la sílaba, el número de sonidos de la sílaba, el tipo silábico abierto o cerrado [→ §, 1.21.8, § 24.2.1], el acento, la posición de la sílaba en el grupo fónico [→ § 1.6.8] y la velocidad de elocución [→ § 1.5.5].

El primer factor que debe comentarse es la variación que se produce en la duración de los constituyentes silábicos, los sonidos. Aunque no constituya el tema central de este apartado, que debe ceñirse a las unidades rítmicas sílaba y pie acentual, es un hecho constatado que la duración segmental no es isócrona; así lo muestran algunos estudios sobre diversas variantes del español, por ejemplo, los trabajos sobre el español peninsular de del Barrio y Torner (1999), Marín Gálvez (1994–1995), Monroy (1980) y Navarro Tomás (1916, 1917, 1918); sobre el español rioplatense, de de Manrique y Signorini (1983); y, sobre el español de Canarias, de Almeida (1999). Los sonidos tienen una duración intrínseca que depende de los movimientos articulatorios que intervienen en su producción; esto es un fenómeno universal, aunque se den diferencias entre las lenguas (Lehiste 1970, cap. 2). La duración de vocales depende de su timbre (así, las vocales abiertas tienen una duración mayor que las cerradas) (pero véase el § 2.3.1) y la duración consonántica depende del modo y del punto de articulación y de la sonoridad del sonido (por ejemplo, las africadas y las fricativas sordas presentan una mayor duración que las aproximantes) [→ § 1.6.3, § 15.3.3]. Además, la duración de todos los segmentos, vocálicos y consonánticos, está condicionada por los segmentos adyacentes —como resultado de la coarticulación [→ § 1.6.8]—, por su posición en el grupo fónico y por el acento, que afecta especialmente a las vocales [→ § 25.3.2] (en este capítulo se tratarán los dos últimos aspectos como factores que influyen en la duración silábica). Los datos obtenidos para el español no siempre coinciden, pero las tendencias que se han mencionado son generales.

La duración de los segmentos es variable y no existen indicios claros de que se ajuste para que la duración silábica tienda a la isocronía. Por ejemplo, Navarro Tomás (1916, 1917) encuentra que, siendo iguales las demás circunstancias, tanto las vocales tónicas como las átonas son más breves en las sílabas cerradas que en las abiertas [→ § 1.21.8]. Almeida (1999) menciona el mismo comportamiento para el español canario, pero en su estudio de la duración silábica observa que las diferencias de duración no provocan un efecto compensatorio (53–54). En español, la duración de las sílabas depende del número de segmentos que las componen (Almeida 1991, 1995, 1999; de Manrique y Signorini 1983): en general, cuanto mayor es el número de segmentos, mayor es la duración silábica; las proporciones pueden cambiar según la variante de la lengua o el estilo de habla, pero se dan incluso casos de crecimiento lineal (Ríos 1991).

Otro factor de variación es el tipo silábico: las sílabas cerradas duran más que las sílabas abiertas (Almeida 1991, 1995; de Manrique y Signorini 1983; Clegg y Fails 1987; Delattre 1966; Olsen 1972; Toledo 1988b). No obstante, no se ha comprobado experimentalmente si lo que en verdad incide en el aumento de duración es la complejidad de la estructura silábica en sí, y no el número de segmentos que componen la sílaba. Una sílaba cerrada suele implicar la adición de una consonante final a una determinada estructura de sílaba abierta; se observa, por ejemplo, en las siguientes combinaciones (en las que 'V' representa a una vocal, 'C' a una consonante y 'P' a una paravocal): V-VC *(a-as)*; CV-CVC *(dé-des)*; CPV-CPVC *(pie-pies)*; CVP-CVPC *(soy-sois)*; CCV-CCVC *(en·con·tré-tres)*.

El acento también repercute notablemente en la duración silábica, ya que las sílabas tónicas suelen ser más largas que las átonas (Almeida 1991, 1995, 1999; Asuaje 2002; de Manrique y Signorini 1983; Clegg y Fails 1987; Delattre 1966; Gili Gaya 1940; Mora Gallardo *et al.* 1999; Navarro Tomás 1922; Olsen 1972; Toledo 1988b). Este alargamiento se observa, sobre todo, en la vocal nuclear; de hecho, la duración ha sido considerada el principal correlato acústico del acento léxico en español (véanse, por ejemplo, Canellada y Madsen 1987; Díaz-Campos 2000; Garrido Almiñana *et al.* 1993; Mora Gallardo, Courtois y Cavé 1997; Riera *et al.* 2002) [→ § 25.2.1].

La posición de la sílaba en la palabra y en el grupo fónico constituye otro factor de variación importante. Gili Gaya ([1950] 1975, 37–39) y Almeida (1999, 52–53) mencionan que las sílabas átonas iniciales de palabra tienden al alargamiento, y Asuaje (2002) encuentra diferencias de duración según el lugar que ocupan las sílabas en el enunciado. No obstante, la posición más afectada es la final, en la unidad de sentido y, sobre todo, ante pausa (Almeida 1991, 1995, 1999; de Manrique y Signorini 1983; Clegg y Fails 1987; Delattre 1966; Navarro Tomás 1922; Olsen 1972; Toledo 1988b). El denominado 'alargamiento prepausal' es un fenómeno ampliamente constatado en español: las sílabas situadas al final de un grupo fónico experimentan un importante alargamiento, que es mayor en el caso de que la sílaba sea acentuada.

No se ha de obviar la incidencia de la velocidad de elocución; el habla rápida implica, además de otros fenómenos, que se describen con detalle en el capítulo 33 de esta obra, una menor duración de los componentes fónicos del enunciado. El distinto comportamiento de las lenguas por la acción de la velocidad de elocución se ha presentado como uno de los rasgos diferenciadores de las categorías tradicionales en la reformulación de los principios rectores del ritmo, según se mencionará en el § 36.6.

La clase de palabra —palabra con contenido semántico pleno o palabra funcional [→ § 26.5]— también implica cambios en la duración silábica. Las sílabas en las palabras funcionales suelen ser más breves que en las palabras con contenido (Aguilar, Machuca y Martínez Daudén 1991). Este aspecto apenas se ha estudiado con relación al ritmo del español, salvo en el trabajo de de Manrique y Signorini (1983).

Por último, existen factores pragmáticos que, aunque no sean sistemáticos, afectan a la duración de la sílaba; son los casos de énfasis, que dependen de la libre elección del hablante o de la importancia semántica del fragmento. En los estudios sobre el ritmo del español, este factor es mencionado por Navarro Tomás (1922) y de Manrique y Signorini (1983) como uno de los que justifican la anisocronía de las unidades métricas. El énfasis, habitual en el habla espontánea por ser un mecanismo expresivo en la comunicación oral, no puede obviarse en las investigaciones.

En cuanto a la duración de los pies acentuales, se espera que en español, como lengua de compás silábico, aumente linealmente en función del número de sílabas que los compongan; no obstante, algunos investigadores han comprobado que no siempre es así, y se dan casos en que, al comparar la duración silábica y la duración de los pies [→ § 1.21.12], en estos se observa una mayor regularidad (Navarro Tomás 1922). Este hecho se ha presentado como un argumento para atribuir el carácter de lengua de ritmo acentual a algunas variantes del español, concretamente, al español rioplatense (de Manrique y Signorini 1983). Como es sabido, esta unidad métrica se puede organizar de dos modos, pie acentual con el núcleo a la izquierda y pie acentual con el núcleo a la derecha, según la posición que ocupe la sílaba acentuada (iniciando o finalizando, respectivamente, la agrupación silábica). Los estudios del español que han abordado la función rítmica de esta unidad muestran que existen divergencias entre variantes (Almeida 1991, 1995, 1999; Mora Gallardo *et al.* 1999; Toledo 1988b).

Un fenómeno que se produce en las lenguas de compás acentual es la compresión de la sílaba acentuada (o de la vocal nuclear) en función del número de sílabas o de sonidos inacentuados precedentes (en los pies con el núcleo a la derecha) o siguientes (en los pies con el núcleo a la izquierda): a mayor número de sílabas átonas, o de sonidos, menor es la duración de la sílaba tónica.

La compresión se ha observado, por ejemplo, en holandés (Nooteboom 1972), en sueco (Lindblom 1975; Lindblom y Rapp 1973; Strangert 1987) y en inglés (Fowler 1981a, 1981b; Hoequist Jr 1983b). Los datos apuntan a que es más relevante el efecto de las sílabas postónicas (compresión anticipada) que el de las pretónicas (compresión posterior). El acortamiento también puede darse en el nivel de la palabra. Fowler denomina a este fenómeno de compresión «acortamiento compensatorio», y lo considera el resultado de un proceso coarticulatorio [→ § 1.6.8] que tiene como consecuencia un reajuste temporal de los sonidos; esta explicación del fenómeno se inscribe en sus apreciaciones sobre un modelo extrínseco de producción del habla (Fowler 1980).

La compresión silábica se ha de considerar como un mecanismo que tiende a favorecer la isocronía de los pies acentuales, por lo que no ha de afectar a las lenguas de compás silábico, aunque, a partir de los resultados de algunos estudios, esta afirmación es cuestionable; por ejemplo, Vayra, Avesani y Fowler (1984), en italiano, encontraron efectos de compresión anticipada, aunque débil, en la palabra y a través de la frontera de palabra, es decir, en el pie acentual.

Hoequist Jr (1983b) estudió la compresión silábica en español (con hablantes de América Central y Sudamérica), inglés y japonés, llevando a cabo un análisis interlingüístico cuyo objetivo era determinar las diferencias entre los tres tipos rítmicos propuestos en ese momento: compás silábico, compás acentual y compás moraico. Para evitar las variaciones que podrían derivar de las diferencias segmentales de las lenguas, trabajó con un corpus obtenido mediante la técnica que en inglés se denomina *reiterant speech* ('mímica del habla'), es decir, mediante la repetición de una misma sílaba. Los resultados mostraron un leve efecto de las sílabas pretónicas en español y en inglés. En cambio, la influencia de las sílabas postónicas fue notable en inglés, pero inexistente en español. En japonés no se apreció ningún tipo de influencia. Strangert (1987), en su estudio del ritmo del sueco, en el que contrastó los datos de esta lengua con los del español (procedentes de un hablante de español peninsular) y del finés, comprobó que las tres comparten el fenómeno de la compresión silábica en el nivel de la palabra, pero en español no es muy marcada, en comparación con lo que sucede en el sueco (una lengua de compás acentual, con estructuras silábicas muy complejas), donde la sílaba tónica experimenta una gran reducción; el acortamiento está relacionado con la longitud del segmento: a mayor duración, mayor reducción.

Los trabajos posteriores que han investigado la compresión silábica en español muestran divergencias en cuanto a su comportamiento en las variantes de la lengua: Toledo (1988b, cap. 2) encuentra indicios de compresión anticipada, en el nivel de palabra, en el español de Buenos Aires, y Mora Gallardo *et al.* (1999) observan compresión posterior, en el nivel del pie acentual, en el español de Venezuela; en cambio, los resultados de Almeida (1991, 1995, 1999) sobre el español canario y de Carrió y Ríos (1991b) sobre el castellano no dan constancia del fenómeno; en estos cuatro estudios, la unidad analizada era el pie acentual, y la sílaba tónica no reducía su duración con el aumento de las sílabas átonas adyacentes.

A pesar de que las unidades rítmicas propuestas por la teoría son la sílaba y el intervalo entre acentos (pie acentual), algunos investigadores (Almeida 1991, 1995, 1999; Mora Gallardo *et al.* 1999; Toledo 1988b) también han estudiado el grupo de acento (el «grupo de intensidad» de Navarro Tomás [1918] 1991, § 27; véase el § 25.1.2 de la presente obra) como posible unidad rítmica del español; pero los resultados no son concluyentes y existen discrepancias en cuanto a su validez.

Todos los aspectos enunciados en este apartado se analizan con mayor detalle en la descripción de los estudios sobre el ritmo de las variantes del español que se presenta a continuación.

36.3.2 El ritmo de las variantes del español

Varios trabajos han abordado la duración de las unidades rítmicas en la lengua española, como estudios de duración en sí o para contrastar la clasificación del ritmo del español mediante los datos obtenidos en los experimentos.

36.3.2.1 Español peninsular

En español peninsular, los dos trabajos de obligada referencia, previos a la clasificación de Pike (1945), son el de Navarro Tomás (1922) y el de Gili Gaya (1940).

Navarro Tomás (1922) analizó dos estrofas (en total, 12 versos) de la *Sonatina*, de Rubén Darío, leídas por tres hablantes cultos de castellano estándar. Controló que la lectura fuera natural, sin afectación declamatoria, aunque la emisión de uno de los informantes fue algo más lenta y expresiva. Este estudio experimental de la duración silábica está relacionado con un trabajo anterior del mismo autor (Navarro Tomás 1921), en el que revisó las opiniones de varios tratadistas de métrica y prosodia castellanas (desde Nebrija, a finales del siglo XV, hasta Benot, a finales del XIX) sobre la existencia de sílabas breves y largas en español, a imitación de la métrica clásica latina. Navarro Tomás (1922) clasifica las sílabas de las tres lecturas de la *Sonatina* en breves (con una duración inferior a 230 ms; la duración menor fue de 90 ms), semilargas (con una duración comprendida entre 230 y 280 ms) y largas (con una duración que oscila entre 300 y 430 ms). Los casos de sílabas cuya duración se sitúa en los valores extremos son relativamente pocos, y la mayoría de ellas pertenecen al grupo de las semilargas. Navarro Tomás afirma que no existen fundamentos empíricos que sostengan las teorías cuantitativas que se intentaron aplicar a la métrica española.

Las diferencias de duración en las sílabas analizadas dependen, además del énfasis en algunas emisiones, de la estructura rítmica de los versos. La *Sonatina* está escrita en alejandrinos, divididos en dos hemistiquios heptasílabos. Cada estrofa consta de seis versos y se subdivide en dos semiestrofas de tres versos cada una. Los dos primeros de cada semiestrofa son llanos y el tercero, agudo. Atendiendo a la rima, la estructura de las estrofas es *aac bbc*. En las estrofas analizadas, el primer hemistiquio es llano, y hay un acento adicional en la tercera sílaba de cada hemistiquio, de modo que los acentos recaen en las sílabas tercera, sexta, décima y décima tercera de los versos. Aunque este estudio de Navarro Tomás (1922) carece de un tratamiento estadístico detallado, los valores de duración muestran que esas cuatro sílabas (sobre las que recae el acento rítmico) han sido emitidas, en general, como largas, especialmente, la sílaba acentuada final de los versos agudos; las sílabas átonas suelen ser breves excepto las que finalizan el primer hemistiquio y la final de los versos llanos, coincidentes en ambos casos con la realización de una pausa. El autor concluye que la duración silábica (el hecho de que sean «largas» o «breves», en su terminología) no depende de que la sílaba sea gramaticalmente acentuada, ni de que sea abierta o cerrada, sino del acento rítmico, del énfasis y de la posición ante la pausa [→ § 26.9].

Navarro Tomás también analizó la duración de los dos hemistiquios de cada verso y los pies métricos con sílaba acentuada inicial (los fragmentos de cada hemistiquio comprendidos desde el inicio de la primera sílaba rítmica hasta el inicio de la sílaba rítmica siguiente). Adopta este tipo de pie métrico porque considera que la primera sílaba rítmica de un verso es semejante al primer tiempo marcado en una frase musical. En la duración de los hemistiquios encuentra valores con más tendencia a la isocronía que en la duración silábica, pero es en la duración de los pies donde existe mayor regularidad: si la duración silábica varía en una proporción 1:5, la duración de los pies solo varía en una proporción 1:2. Como consecuencia de este hecho, Navarro Tomás (1922) defiende que el pie es la unidad métrica de la lengua española [→ § 37.5.1]. En palabras del autor:

> Las sílabas . . . no han tenido cantidad propia; unas mismas sílabas han sido en unos casos largas; en otros, semilargas, y en otros, breves; pero esta desigualdad, tan anárquica a primera vista, se ha reducido a orden y equilibrio en la simetría de los pies (28).

Como ha criticado Pointon (1980, 294), si la afirmación de Navarro Tomás fuera cierta, la *Sonatina* sería un poema regido por compás acentual, al igual que los versos de la poesía del inglés; sin embargo, existen diferencias entre las construcciones rítmicas de ambas lenguas.

El poema elegido por Navarro Tomás (1922) es una composición cuyo objetivo es conseguir un efecto rítmico artístico. Gili Gaya (1940), por el contrario, analiza la lectura de un fragmento en prosa. Dividió el corpus en grupos fónicos y clasificó las sílabas de cada grupo, atendiendo a su posición, en iniciales (incluyendo la primera sílaba acentuada), finales (desde la última sílaba acentuada hasta el final de grupo) y mediales (las comprendidas entre las dos posiciones anteriores, sean acentuadas o inacentuadas). Gili Gaya considera que la duración silábica varía poco en posición medial y no separa ahí ambas categorías. Observa que la primera sílaba acentuada es más larga que las inacentuadas precedentes, mientras que una sílaba inacentuada final es más larga que la acentuada precedente. Pointon (1980, 294–95) reanalizó los valores obtenidos por Gili Gaya separando las sílabas inacentuadas de las acentuadas en posición medial, y observa que la duración de las acentuadas es un 50 % mayor.

A pesar de las diferencias que se manifiestan en la duración de las sílabas, Gili Gaya concluye que el español tiene una tendencia psicológica hacia el 'isosilabismo' —es decir, hacia la isocronía silábica— que es contrarrestada parcialmente por factores fisiológicos (la mayor o menor rapidez con que se pueden mover los órganos articulatorios desde una posición a otra), por la influencia del *tempo* (el habla rápida favorece la isocronía, en el habla lenta se tiende a una mayor diferencia entre las duraciones silábicas) [→ § 1.5.5], por el número de sílabas inacentuadas que haya entre acentos (cuanto mayor es el número de inacentuadas menor es su duración), y por la complejidad de la estructura silábica, que implica un aumento de la duración.

36.3.2.2 *Español de Canarias*

El ritmo del español de Canarias, enfocado desde el punto de vista de la isocronía de las unidades métricas, fue estudiado por Almeida (1991, 1995). El primer trabajo se centra en el habla de Gran Canaria y el segundo en la de Santa Cruz de Tenerife. El objetivo era determinar la unidad (sílaba, pie acentual o grupo de acento) más relevante como elemento organizador del ritmo en el habla espontánea del español canario. Los corpus de análisis se extrajeron de fragmentos de conversaciones espontáneas y semiespontáneas con hablantes rurales, adultos, de nivel sociocultural medio y bajo en el estudio de la variante de Gran Canaria, y de nivel medio-alto y alto en el de la de Tenerife. Estos trabajos pertenecen, por tanto, al campo de la dialectología, con un enfoque que amplía las investigaciones tradicionales, pues pone al servicio de la descripción del habla de una comunidad lingüística las herramientas que proporcionan otras disciplinas, como la sociología, la fonética acústica y la estadística; además, indaga en un mejor conocimiento de los elementos suprasegmentales, a cuyo estudio, como menciona el autor, no se le ha prestado la misma atención que a los elementos segmentales. En un trabajo posterior, Almeida (1999) profundiza en las tendencias observadas, pero en un corpus de habla controlada.

Para el estudio del habla espontánea, Almeida seleccionó fragmentos no afectados por cambios expresivos del hablante o por vacilaciones que influyeran en la duración de las unidades métricas. La muestra perteneciente al habla de Gran Canaria es menor que la analizada para el habla de Tenerife, cuyos resultados presentan, por otro lado, valores más altos de duración en las tres unidades métricas y una mayor dispersión de los datos (que implicaría, en principio, una mayor tendencia a la anisocronía). Otra diferencia en el análisis de las dos variantes del español canario reside en la unidad (sonido o sílaba) con la que el autor midió la proporcionalidad entre las duraciones de los pies acentuales y de los grupos de acento y sus elementos constituyentes: en el habla de Gran Canaria se tomó el número de sílabas y en la de Tenerife, el número de sonidos.

El corpus de Gran Canaria (Almeida 1991) está formado por 1411 sílabas, con un rango de duración que oscila entre los 10 y los 399 ms, una duración media de 137 ms y una desviación típica de 29. El corpus de Tenerife consta de 2880 sílabas, con un rango de entre 15 y 937 ms, una duración media de 146,6 ms y una desviación típica de 72,6. Los factores que inciden en la anisocronía silábica (acentuación, tipo silábico y posición ante la pausa) no afectan del mismo modo a ambas variantes, si se observan las diferencias de duración entre los elementos no marcados y los marcados de cada grupo. En Gran Canaria, la mayor diferencia la establece el acento (con una proporción entre sílabas átonas y tónicas de 1:1,26); le siguen el tipo silábico abierto/cerrado (con una proporción de 1:1,19) y la posición no prepausal/prepausal (con una proporción de 1:1,16). El habla de Tenerife se caracteriza por mayores alargamientos silábicos en los finales de los enunciados (la proporción entre las duraciones de las sílabas no prepausales y prepausales es de 1:1,52) y, en comparación, una menor incidencia del acento (con una proporción entre átonas y tónicas de 1:1,26); entre ambos factores se sitúa la estructura silábica (con una proporción entre las sílabas abiertas y las cerradas de 1:1,40). Señala el autor (Almeida 1991, 12) que los valores obtenidos en el español de Gran Canaria son, en general, más bajos que los aportados para otras variantes del español, lo que indica una mayor tendencia al isosilabismo. La influencia del número de segmentos se aprecia en ambas variantes del español canario, con un incremento casi lineal de la duración silábica conforme aumentan los sonidos constituyentes.

El número de pies acentuales analizados en la muestra del habla de Gran Canaria es de 468; el rango de duración abarca de los 25 a los 748 ms, la duración media es de 357,7 ms y la desviación típica, de 37. En la comparación de estos valores con los aportados para el español de Buenos Aires por de Manrique y Signorini (1983) y por Toledo (1988b, cap. 3), Almeida (1991) constató que la duración media es menor, como también es menor la dispersión de los datos: de Manrique y Signorini obtuvieron una media de 447 ms en los intervalos similares, con una desviación típica de 92,9, y de 467 ms en los intervalos diferentes, con una desviación típica de 142,2; la duración media de los pies acentuales en el trabajo de Toledo era de 451,78 ms y la desviación típica de 192,07. No obstante, la duración de los pies acentuales del español grancanario dista de ser isócrona, ya que aumenta en función del número de sílabas que los forman. El corpus de Tenerife tiene 628 pies, con un rango de duración de entre 64,1 y 981,6 ms, una duración media de 396,2 ms y una desviación típica de 177,5. En el análisis global de los datos también se observa un crecimiento de la duración conforme aumenta, en este caso, el número de sonidos constituyentes, aunque en un análisis más detallado, comparando la duración de cada grupo con el inmediato en la clasificación, no resultaron significativas las diferencias entre los grupos de más de nueve segmentos. Estos resultados revelan distintos grados de isocronía y anisocronía (de hecho, el 30 % de los pies son isócronos) y que la anisocronía es más regular cuanto menor es el tamaño del pie. Se trata de un comportamiento similar al que observó Toledo (1988b, cap. 4) en el análisis de la lectura de un fragmento de prosa narrativa en el español de Colombia. A pesar de las diferencias que se constatan en la duración de los pies acentuales al comparar las dos variantes del español canario, ambas comparten la ausencia de compresión silábica, pues la duración de la sílaba tónica no está condicionada por el número de sílabas adyacentes.

En cuanto a los grupos de acento, el corpus de Gran Canaria consta de 468 unidades, que se distribuyen en un rango de duración de entre 60 y 859 ms, la duración media es de 461 ms y la desviación típica, de 21,6. En el corpus de Tenerife, con 738 unidades, el rango oscila entre los 37,5 y los 1262 ms, la duración media es de 462 ms y la desviación típica, de 21,6. Como sucede con los pies acentuales, los grupos de acento del corpus de Gran Canaria muestran el comportamiento propio de una lengua de anisocronía acentual, ya que su duración aumenta a medida que crece el número de sílabas; en cambio, en el corpus de Tenerife (clasificados los pies por número de sonidos) los resultados son irregulares: las diferencias son significativas para el conjunto de los datos, pero, al comparar cada grupo con el inmediato, existen casos de grupos isócronos y de grupos anisócronos.

Los análisis mediante rectas de regresión revelan distintos grados de isocronía en el habla de Gran Canaria. Se tomaron los valores normalizados de duración de las tres unidades métricas y del número de elementos constituyentes. Las ordenadas al origen tuvieron los siguientes valores: 0,32 para las sílabas, lo que implica una situación intermedia entre la isocronía y la anisocronía; 0,21 para los pies acentuales, lo cual muestra una menor relevancia del pie acentual; y 0,27 para los grupos de acento, una unidad más relevante en el español de Gran Canaria que el pie acentual. Cabe aclarar que una recta de regresión con ordenada al origen con valor 0 indica una proporcionalidad perfecta entre la duración de la unidad métrica y su tamaño; en cambio, si el valor es 1, la duración es constante, independientemente del tamaño de la unidad métrica, lo que implica una isocronía perfecta. En el trabajo de Toledo (1988b, cap. 7), los valores que arrojaron los grupos de acento son más elevados, por lo que se observa una mayor tendencia a la isocronía en sus materiales.

En el estudio del habla de Tenerife se llevan a cabo análisis de regresión para determinar hasta qué punto la duración de las unidades métricas está relacionada con el número de sonidos que las integran. En el análisis de las sílabas, el coeficiente de correlación presenta un valor muy bajo (0,19), es decir, la tendencia a que la duración silábica se incremente con el aumento del número de sonidos constituyentes no es muy acusada; lo que revela, en palabras del autor (Almeida 1995, 582), un comportamiento más propio de las lenguas isosilábicas que de las anisosilábicas. El coeficiente obtenido para los pies acentuales tiene el valor más alto (0,62), lo que sugiere que esta unidad tiende hacia la anisocronía si se modifica el número de sonidos componentes (Almeida 1995, 583). El valor más bajo es el del coeficiente de los grupos de acento (0,16), que pone de manifiesto una relación muy débil entre duración y número de sonidos, por lo que es la unidad en la que más se tiende a la isocronía (Almeida 1995, 585).

Almeida concluye de estos trabajos que ninguna de las unidades analizadas se ajusta plenamente a un patrón de isocronía. En ambas variantes del español canario se confirman algunas características rítmicas más propias de las lenguas de compás silábico que de las de compás acentual, a pesar de que la duración de las sílabas está condicionada por su estructura, por su posición y por el acento. En algunos pies acentuales se observa cierto grado de isocronía, que es contrarrestada por la ausencia de compresión de la sílaba tónica en esas unidades métricas. El grupo de acento no puede considerarse unidad rítmica del español grancanario, al contrario de lo que sucede en el habla tinerfeña, en la que esta unidad presenta el coeficiente de correlación más bajo. El autor cuestiona la concepción tradicional del ritmo y aboga por un modelo variacionista, ya que en una misma lengua, como se observa en sus datos, coexisten diversos tipos y grados de isocronía, así como características propias de las lenguas de compás acentual y de las de compás silábico.

En una investigación posterior, Almeida (1999) aborda el estudio del ritmo del español canario en el habla de La Laguna. El corpus, leído, estaba constituido por palabras y oraciones en las que se controlaban las variaciones segmentales y de localización de las secuencias fónicas que eran objeto de estudio. En las grabaciones participaron tres informantes adultos, universitarios y de clase social media y media-alta. Este trabajo, como los dos anteriores, tenía como objetivo determinar el papel de la sílaba, del pie acentual y del grupo de acento en la organización del ritmo de acuerdo a la interacción de varios factores. En la sílaba se estudió el efecto del acento, de la posición en la palabra, en el sintagma y en la oración, y del número de sonidos constituyentes. En el pie y en el grupo de acento solo se tuvo en cuenta la influencia del número de sílabas. También se analizó la compresión silábica en el pie, en el sintagma y en la palabra.

La influencia del acento queda de manifiesto con las diferencias que existen entre las sílabas átonas y las tónicas tanto en posición inicial como en posición final de palabra; la tónica siempre tiene una duración mayor que la átona. La duración silábica también se comparó en tres posiciones: inicial de palabra, final preconsonántica y final prepausal. Las sílabas tónicas presentan un importante alargamiento cuando están situadas ante pausa, y mayor duración en posición inicial que en final preconsonántica. Las átonas muestran un comportamiento similar, pero con valores de duración menores: incremento prepausal, cierto relieve de la sílaba inicial y reducción de la final preconsonántica; no obstante, se observó que se daban diferencias individuales entre los informantes, excepto en el alargamiento prepausal, que fue común en todos. En otro análisis se estudió cómo influía en las sílabas pretónicas su posición con respecto al acento; los resultados revelan que, cuanto más a la izquierda del acento se halla la sílaba átona, menor es su duración; sin embargo, las dos pretónicas más cercanas a la tónica tienen valores de duración similares. También se comprobó la tendencia, ya observada en Almeida (1991, 1995), al aumento de la duración silábica al incrementarse el número de sonidos componentes. Se ha de señalar que, en todos los análisis llevados a cabo para estudiar la duración silábica, las pruebas estadísticas arrojaron valores significativos.

La mayoría de los pies analizados tienen entre 1 y 5 sílabas, con un rango de duración comprendido entre los 134,4 y los 909,4 ms, una duración media de 372,2 ms y una desviación típica de 148,2. La duración media se sitúa entre los resultados obtenidos en los estudios previos sobre el habla de Gran Canaria (Almeida 1991) y el habla de Tenerife (Almeida 1995), y es inferior a la de los resultados recogidos en de Manrique y Signorini (1983) y en Toledo (1988b, cap. 3); pero destaca el elevado valor de la desviación típica, que evidencia una gran irregularidad temporal, mayor que en los trabajos mencionados. Al estudiar la relación entre las duraciones de los pies y su tamaño en número de sílabas, las diferencias de los valores medios de los distintos grupos resultaron significativas. El análisis de regresión corrobora la tendencia observada: en el 89 % de los casos la duración del pie está relacionada con el número de sílabas componentes. Finalmente, el análisis de la compresión temporal demuestra, también con valores estadísticamente significativos, que la duración de la sílaba tónica no depende del número de sílabas precedentes o siguientes.

El corpus empleado para analizar la duración de los grupos de acento fue el mismo en el que se estudió la duración de los pies acentuales. La duración media de los grupos es de 470,5 ms y la desviación típica, de 139,3. El rango se sitúa entre los 240,6 y los 981,2 ms. La desviación típica es, proporcionalmente, más baja que la de los pies acentuales, e implica una mayor regularidad temporal, pero es más elevada que la registrada para las sílabas: de todos los tipos silábicos analizados, el valor más alto de desviación (31) corresponde a las tónicas prepausales. La duración media de los grupos de acento obtenida en esta investigación es mayor que las registradas para el habla de Gran Canaria, con un valor muy cercano, y para el habla de Tenerife; la diferencia más importante reside en la desviación típica; pero en las tres variantes del español canario se observan valores más irregulares que los aportados por Toledo (1988b, cap. 7). Al igual que en los pies acentuales, la duración de los grupos de acento aumenta cuanto mayor es el número de sílabas que los forman; las diferencias entre las duraciones medias de los distintos grupos también son significativas. El valor de correlación proporcionado por el análisis de regresión (0,831) es mucho más elevado que el obtenido para las hablas de Gran Canaria y de Tenerife, lo que parece indicar que en un estilo de habla informal se tiende más a la reducción temporal.

En sus conclusiones, Almeida (1999, 58–59) descarta el pie acentual y el grupo de acento como unidades organizadoras del ritmo del español canario (en este caso, de la variante de La Laguna). Los resultados obtenidos en los experimentos tampoco permiten hablar de una isocronía estricta de las sílabas, por las variaciones temporales debidas al acento y a la posición, a pesar de que en las átonas se manifiesta una mayor regularidad; en cualquier caso, no aparecen fenómenos compensatorios en la duración de los segmentos para igualar las duraciones silábicas. El autor menciona que, si existe, la isocronía reside en la percepción del habla, aunque también en este aspecto hay discrepancias en cuanto al valor de las diferencias mínimas perceptibles para el oído humano.

36.3.2.3 Español de América

36.3.2.3.1 Estudios de conjunto sobre diversas variantes

Es este apartado se resumen dos trabajos en los que se estudian conjuntamente algunas variantes americanas, los de Clegg y Fails (1987) y Toledo (1988b).

El trabajo de Clegg y Fails (1987) sobre la duración silábica del español de América no se puede adscribir a ninguna variante en particular, puesto que se analizaron conjuntamente los datos de hablantes de Buenos Aires, Santiago de Chile, Bogotá, San Salvador, San Juan de Puerto Rico y la Ciudad de México, una hablante femenina por ciudad, con edades comprendidas entre 21 y 27 años y de nivel sociocultural medio. Los autores estudiaron las variaciones de duración de acuerdo a la acentuación (átona/tónica), al tipo silábico (abierto/cerrado) y a la posición de la sílaba en la palabra (inicial / no final / final) y con relación al acento (pretónica/postónica). El corpus, leído, estaba formado por una lista de 220 palabras en las que se incluía cada una de las cinco vocales del español en los tipos silábicos establecidos para el estudio.

Los resultados no muestran isocronía silábica. La duración está muy marcada por el alargamiento prepausal: la duración media de todas las sílabas finales tiene un incremento de un 139 % con respecto a las no finales. La influencia del acento también es relevante: en posición no final, las sílabas tónicas tienen un 50 % más de duración que las átonas, mientras que las sílabas átonas no finales, en todas las posiciones estudiadas, presentan unos porcentajes de variación muy bajos; no obstante, esa influencia se aminora en posición final (algo no habitual), pues la duración de las sílabas tónicas, en comparación con la de las átonas, aumenta un 35 %. Las sílabas cerradas duran más que las abiertas en todas las posiciones; por ejemplo, en posición final incrementan su duración en un 14 %. Con estos valores, Clegg y Fails rechazan el carácter de lengua de compás silábico atribuido al español.

En el libro de Toledo (1988b; también en Toledo 1985a, 1985b, 1987, 1989b) se recogen varios trabajos de este fonetista en los que se examina la isocronía de tres unidades métricas —sílaba, pie acentual y grupo de acento— en tres variantes de español americano (español de Buenos Aires, de Colombia y de Cuba) y en varios estilos de habla. Los datos se analizan globalmente o de modo contrastivo.

El estudio de la sílaba se desdobla en dos experimentos, en los que se analizan el español de Buenos Aires y el español de Colombia.

En el primero de ellos (1988b, cap. 1) se consideran las variaciones contextuales (posición final ante pausa / posición no final; tipo silábico cerrado / tipo silábico abierto) y suprasegmentales (sílaba acentuada / sílaba inacentuada) que inciden en la duración silábica. El corpus —con una duración total de habla de 3 minutos y 59 segundos— está constituido por textos de poesía y de prosa narrativa leídos por sus propios autores, dos argentinos y uno colombiano: el *Soneto ausente,* del poeta contemporáneo argentino Francisco Luis Bernárdez; un fragmento de *Sobre héroes y tumbas,* de Ernesto Sábato; y varios fragmentos del capítulo primero de *Cien años de soledad,* de Gabriel García Márquez. Los datos de duración obtenidos (de 927 sílabas) se analizan globalmente. Los resultados no ofrecen pruebas de isocronía silábica. El estudio es muy minucioso, se contrastan los valores de duración media de los distintos subgrupos de sílabas, clasificadas por las combinaciones de los tres factores examinados; se muestran los datos más generales: en orden de relevancia, las sílabas tienen mayor duración en posición final (la proporción entre los valores de duración media de las no finales y de las finales es de 1:1,49), cuando pertenecen al tipo cerrado (con una proporción entre abiertas y cerradas de 1:1,45) y cuando están marcadas por el acento (con una proporción entre inacentuadas y acentuadas de 1:1,43). La influencia individual de los tres condicionamientos es similar, pero, combinados, muestran un efecto acumulativo, ya observado en otros trabajos, que influye notablemente sobre la duración: la mayor diferencia entre los valores de duración media (proporción de 1:2,51) se establece entre las sílabas inacentuadas, no finales, abiertas, y las sílabas acentuadas, finales, cerradas. Toledo compara sus resultados con los de Navarro Tomás (1922), Gili Gaya (1940), Delattre (1966) y Olsen (1972); aunque los valores numéricos varían, en mayor o menor grado, entre los distintos trabajos, las tendencias observadas son semejantes.

En el segundo experimento sobre la sílaba (1988b, cap. 2) el autor analizó —en el ámbito de la palabra— la compresión temporal que experimentan las sílabas tónicas por la influencia del número de átonas precedentes (compresión posterior) y siguientes (compresión anticipada), en un corpus de habla natural y en otro de control obtenido mediante la técnica de mímica del habla. El corpus de habla natural estaba constituido por pares y tríadas de palabras (del tipo *barba-bárbaro* y *bar-barba-bárbaro*), y el corpus para la mímica del habla, paralelo al de habla natural, por secuencias formadas con la sílaba *sa;* tanto las palabras como las secuencias de sílabas se situaban en una frase marco. El corpus fue leído, con varias emisiones, por dos hablantes de Buenos Aires, un hombre y una mujer. En las grabaciones del informante masculino (un total de 2 168 emisiones) Toledo estudió el efecto de la compresión anticipada y el de la compresión posterior, mientras que en las grabaciones de la informante femenina (240 emisiones) solo estudió la compresión anticipada. El tratamiento estadístico (realizado mediante un análisis de varianza) mostró que existen diferencias significativas entre las duraciones de las sílabas acentuadas en función del número de sílabas inacentuadas siguientes, en ambos tipos de habla y en ambos informantes, pero el efecto de las sílabas precedentes es más débil. Se pone de manifiesto, por tanto, que en el nivel de la palabra solo la compresión anticipada es un fenómeno relevante en el español de Buenos Aires, pero el autor aclara que podría tratarse de una característica universal, por los datos aportados por diversos estudios sobre las lenguas de isocronía acentual y de isocronía silábica (como ya se ha comentado anteriormente en el § 36.1).

La isocronía de los pies acentuales se estudia en tres variantes del español americano: el de Buenos Aires, el de Colombia y el de Cuba.

En el español de Buenos Aires (1988b, cap. 3), Toledo analizó dos tipos de corpus, uno de habla espontánea, sobre aspectos autobiográficos del escritor Ernesto Sábato, y otro de habla formal, con fragmentos de un ensayo también de Sábato, que leyó el propio escritor, y el texto de la Asociación Fonética Internacional, *El viento norte y el sol,* leído por una informante femenina. Las dos muestras de habla del locutor masculino (que Toledo estudia conjuntamente) contenían un total de 791 pies acentuales, 496 pertenecientes al corpus de habla espontánea y 295 al de habla formal; la muestra correspondiente a la informante femenina estaba constituida por 40 pies. En los resultados se observa un aumento considerable de la duración de los pies acentuales con relación al incremento del número de sílabas que los constituyen. Toledo (1988b) señala que estos resultados son semejantes a los obtenidos por Dauer (1983) para el español y difieren notablemente de los que presenta Uldall (1971) para el inglés, donde el aumento de duración es mucho menor, aunque también en esa lengua se han llevado a cabo experimentos que muestran una tendencia a la anisocronía acentual, como los realizados por Faure, Hirst y Chafcouloff (1980) y por Nakatani, O'Connor y Aston (1981). En un segundo análisis estadístico, solo con los datos del hablante masculino, la recta de regresión trazada tomando como variable dependiente las duraciones de los pies acentuales normalizadas por la media y como variable independiente el número de sílabas de los mismos tiene una ordenada al origen con un valor de 0,22, lo que el fonetista argentino interpreta como una situación rítmica intermedia entre la isocronía y la anisocronía acentual, basándose en la comparación con los valores aportados por Bertinetto (1983) para el italiano (0,08) y por Hill, Jassem y Witten (1979) para el inglés (0,50 para los pies situados en posición no final y 0,70 para los pies situados en posición final). Recuérdese que una recta de regresión con ordenada al origen con valor 0 indica una proporcionalidad perfecta entre la duración de la unidad métrica y su tamaño; en cambio, si el valor es 1, la duración es constante, independientemente del tamaño de la unidad métrica, lo que implica una isocronía perfecta. Los resultados no mostraron indicios de isocronía en los pies acentuales.

Toledo estudió la duración de los pies acentuales en el español de Colombia (1988b, cap. 4) en varios fragmentos de *Cien años de soledad* leídos por su autor, un corpus al que ya se ha hecho referencia en este capítulo. El análisis se integra en una descripción muy detallada de diversos aspectos temporales de la muestra de habla grabada: grupos de acento, unidades tonales, segmentos entre acentos y pausas. El corpus consta de 711 pies acentuales, que se estudian con relación al número de sonidos y al número de sílabas que los integran. Los resultados obtenidos muestran tendencias contradictorias. En la clasificación de los pies acentuales por el número de sonidos, las duraciones medias aumentan en unos casos proporcionalmente al incremento del número de segmentos del pie (tendencia a la anisocronía acentual), mientras que en otros casos no se produce ese aumento proporcional (tendencia a la isocronía acentual). En la clasificación de los pies por el número de sílabas, los datos no muestran, en opinión de Toledo, el crecimiento lineal de la duración en paralelo al aumento del número de sílabas componentes que caracterizaría a las lenguas de compás silábico —se basa en sus resultados y en los obtenidos por Dauer (1983) para el español, por Balasubramanian (1980) para el tamil, y por Bertinetto (1983) para el italiano—, pero los incrementos son más elevados que los que se suelen obtener para el inglés.

En el español de Cuba (1988b, cap. 5), Toledo analizó un corpus de poesía, cada uno de los 38 poemas del libro *Poemas del gran zoo,* de Nicolás Guillén, también leídos por el propio autor. De nuevo los resultados son contradictorios: incluso en un mismo poema, aparecen casos en que los pies acentuales tienen un aumento de duración proporcional al número de sonidos que los componen y otros en los que no se cumple esta tendencia.

El capítulo 7 del libro (Toledo 1988b) está dedicado a un último estudio de los pies acentuales —mediante otros análisis estadísticos— en el que Toledo toma dos muestras de habla similares a las analizadas en el capítulo 3 (un fragmento de prosa no narrativa leída por el hablante argentino) y en el capítulo 5 (un fragmento de prosa narrativa leída por el informante colombiano) y los corpus analizados en el capítulo 3 (el discurso de habla espontánea emitido por el informante argentino) y en el capítulo 6 (el corpus de poesía en versos libres recitado por el hablante cubano).

Atendiendo a la duración media de los pies, clasificados por su tamaño expresado en número de sílabas y de sonidos, aparece, en cada una de las cuatro muestras estudiadas, la doble tendencia observada en experimentos anteriores: casos en los que hay un crecimiento lineal de la duración con el aumento del número de elementos constituyentes, y casos en los que no se produce este crecimiento.

El análisis estadístico mediante rectas de regresión también muestra resultados contradictorios. Los valores de la ordenada al origen —que determinarían la posible proporcionalidad entre las duraciones de los pies y su tamaño, expresado en este caso en número de sílabas— indican un mayor o menor alejamiento de la isocronía acentual según el estilo de habla analizado, teniendo como referencia, de nuevo, los hallados por Bertinetto (1983) para el italiano, lengua de anisocronía acentual (0,08), y por Hill, Jassem y Witten (1979) para el inglés, lengua de isocronía acentual (0,50). En el trabajo de Toledo los valores son los siguientes: en el corpus de prosa narrativa, 0,09 (el más cercano a la anisocronía acentual); en el de prosa no narrativa, 0,20; en el de habla espontánea, 0,30; y en el de poesía, 0,37 (el más alejado).

Un tercer tratamiento estadístico consistió en un análisis de varianza de los porcentajes de desviación de los pies acentuales, que fueron calculados para cada unidad tonal señalada por pausas; no se consideraron los pies situados en posición final, por el alargamiento adicional que conlleva dicha posición, ni los fragmentos en anacrusa [→ § 37.5.1]. Como valor de referencia indicador de una perfecta isocronía, a partir del cual se determinaría la desviación de las duraciones de los pies acentuales, Toledo tomó la media de las duraciones de los pies que constituían cada unidad tonal. Los resultados obtenidos en el análisis muestran, una vez más, un doble comportamiento en el ritmo del español americano según el estilo de habla considerado: en este análisis, el más cercano a la anisocronía acentual es el corpus de poesía leída por el hablante cubano (valor de varianza: 568,11) y el más alejado es el de habla espontánea del hablante argentino (1282,48), algo más que la lectura de prosa (prosa no narrativa leída por el hablante argentino: 1114,01; prosa narrativa leída por el hablante colombiano: 1012,84). Como valores de referencia, Toledo tomó los aportados por Roach (1982) en una investigación realizada sobre lenguas rítmicamente distintas, de compás silábico (francés: 617, yoruba: 726 y telugu: 870) y de compás acentual (árabe: 874, ruso: 917 e inglés: 1267). Los valores del conjunto de los cuatro corpus analizados por Toledo (960,61) son similares a los obtenidos por Roach (1982) en las lenguas de ritmo marcado por el acento; no obstante, dichos resultados no son los esperados, ya que en estas últimas se obtuvieron valores más elevados que los observados en las lenguas de compás silábico, lo que implica una mayor variación en las duraciones de los pies.

El último capítulo del libro (Toledo 1988b) está dedicado al estudio del grupo de acento como posible unidad rítmica del español. Toledo lo define como constituido por una palabra con acento primario (una palabra semánticamente plena) y las palabras con acento no primario (las palabras funcionales, vacías de sentido) [→ § 1.21.12, § 26.5] que se integran en posición tanto enclítica como proclítica con respecto a la palabra acentuada; esta unidad coincide con el grupo tónico o de intensidad de Navarro Tomás (Navarro Tomás [1918] 1991, § 27) [→ § 25.1.2]. Para el estudio, Toledo seleccionó seis corpus del español americano, la mayoría de ellos ya analizados en los capítulos anteriores: dos sonetos leídos por su autor, un hablante argentino; el corpus de poesía recitado por el hablante cubano; el corpus de prosa narrativa leído por el hablante colombiano; el corpus de prosa narrativa leído por el hablante argentino; el corpus de prosa no narrativa leída por el hablante argentino, y el corpus de habla espontánea emitido por el hablante argentino. La muestra de habla analizada consta de un total de 1115 grupos de acento y para el tratamiento estadístico de los datos se siguió el procedimiento desarrollado en el capítulo 6, mediante análisis de varianza y de rectas de regresión.

El valor obtenido en el análisis de la varianza de los porcentajes de desviación de los grupos de acento integrantes de cada unidad tonal separada por pausas (719,56), tomando el total de la muestra, es menor que el obtenido en un trabajo anterior del propio Toledo (1985a) y en el análisis global de los pies acentuales tratados en el capítulo 6 (respectivamente, 1042 y 960,61). Dicho valor también es menor en cada uno de los corpus considerados individualmente; los valores más bajos corresponden a los corpus de poesía (514,77 en la lectura del hablante cubano y 611,24 en la del hablante argentino), a los que siguen, en orden creciente, los valores de los tres corpus de prosa leída (prosa narrativa del informante argentino: 676,29; prosa no narrativa del informante argentino: 814,97; prosa narrativa del informante colombiano: 827) y los del corpus de habla espontánea del hablante argentino (827,88).

Para llevar a cabo el segundo análisis estadístico, Toledo clasificó los grupos de acento en oxítonos, paroxítonos y proparoxítonos, tomando como referencia la posición del acento en la palabra semánticamente plena; por ejemplo, un grupo de acento oxítono es el formado por una palabra con acento primario en la última sílaba más las palabras funcionales que integran el grupo. Los grupos de acento paroxítonos son los más numerosos, el 74,93 %, ya que corresponden a la acentuación predominante en español; los oxítonos tuvieron una frecuencia de aparición del 16,86 % y los proparoxítonos, del 2,9 %, tan baja que no se incluyeron en el análisis. En el cálculo de las líneas de regresión, con valores normalizados por la media de la duración de los grupos de acento y del número de sílabas que los forman, la ordenada al origen tuvo un valor de 0,39 en los grupos oxítonos y de 0,45 en los paroxítonos. Estos valores indican un elevado grado de ecualización, es decir, de tendencia a la isocronía, mayor que en los pies acentuales.

De las tres unidades métricas que analiza Toledo (1988b), el grupo de acento es la que más se acerca a una duración isócrona. La duración de las sílabas varía por factores segmentales y suprasegmentales, por lo que no se puede considerar que el español de América (su estudio está enfocado de un modo global) sea una lengua de isocronía silábica, al igual que tampoco hay pruebas de que sea una lengua de isocronía acentual, por las irregularidades que se observan en la duración de los pies y por la ausencia de compresión de las sílabas tónicas debida a la influencia de las átonas adyacentes, un fenómeno que solo se da en el nivel de la palabra. Los resultados de todos sus experimentos muestran contradicciones que sugieren para el ritmo del español de América, en palabras de este fonetista, un juego libre de las dos tendencias universales de las lenguas (Toledo 1988b, 167), por lo que sería una lengua de difícil clasificación.

36.3.2.3.2 Español de México
En este apartado se describen los trabajos de Delattre (1966) y Olsen (1972).

Delattre (1966) llevó a cabo un estudio comparativo de la duración silábica en cuatro lenguas: español, inglés, francés y alemán. Analizó cinco minutos de habla espontánea de cada una de ellas; tuvo en cuenta que las emisiones fueran naturales y fluidas, y que la velocidad de elocución fuera similar en todas ellas. Lamentablemente, no menciona el número de informantes que estudió en cada lengua ni su procedencia exacta. En lo que respecta al español, de Manrique y Signorini (1983, 118) afirman, simplemente, que analizó el español de América. Es probable que, por proximidad geográfica, se tratase del español de México, ya que Delattre trabajaba en aquella época en la Universidad de California, en Santa Bárbara. Aunque es algo que no se puede asegurar fehacientemente, en el presente trabajo el estudio de Delattre se incluye entre los que abordan esa variante americana.

Delattre clasificó las sílabas en ocho grupos, de acuerdo a tres parámetros binarios: [+/−acento], [+/−final] en el grupo de sentido y tipo silábico [abierto/cerrado], sin tener en cuenta la estructura ni el número de segmentos de la sílaba. Los tres parámetros influyen en la duración silábica de las cuatro lenguas estudiadas. En español, el factor más relevante es el acento, seguido del tipo silábico y de la posición. La proporción entre los valores de duración media de las sílabas inacentuadas y acentuadas es 1:1,30; entre los de las sílabas abiertas y cerradas, 1:1,23; y entre los de las sílabas no finales y finales, 1:1,17.

La influencia combinada del acento y del tipo silábico cerrado repercute en que las sílabas acentuadas cerradas, tanto las finales (321,3 ms) como las no finales (258,8 ms), son las que presentan mayor duración de todos los grupos estudiados, mientras que las inacentuadas abiertas, no finales (181,6 ms) y finales (185,2 ms), son las que tienen una duración menor. En las sílabas no marcadas por el acento ni por la posición, es decir, en el grupo de las inacentuadas no finales, se observa la mayor regularidad de los valores de duración, ya que apenas hay diferencias entre las sílabas abiertas y las cerradas (la proporción entre ambas categorías es 1:1,06); el resto de las proporciones en la oposición tipo silábico [abierto/cerrado] tienen valores similares: en el grupo de las acentuadas finales, 1:1,31; en el de las acentuadas no finales, 1:1,28; y en el de las inacentuadas finales, 1:1,24. Como Delattre contempló en su estudio la posición final en el grupo de sentido y no indica si en algún caso dicha posición coincide con el final de un grupo fónico, en sus datos no se puede apreciar si la mayor duración de las sílabas clasificadas como finales también se puede atribuir al alargamiento prepausal, común en español.

El autor no discute la clasificación rítmica de las lenguas —su objetivo es analizar la influencia de los factores que condicionan la duración silábica—, pero cabe señalar que, en la comparación interlingüística, el español es la lengua que presenta mayor regularidad, ya que las diferencias de duración entre los dos grupos de sílabas para cada uno de los parámetros estudiados son las menores.

El francés es un caso especial por su carácter de lengua con acento fijo en la sílaba final de palabra, que coincide, en la segmentación en unidades realizada por Delattre, con la posición final del grupo de sentido; las sílabas clasificadas por el acento y la posición constituyen una única categoría, y la interacción de los dos factores se traduce en un gran incremento de la duración media de las acentuadas finales con respecto a la de las inacentuadas no finales, un 78 %. La duración media de las sílabas acentuadas del inglés es un 60 % mayor que la de las inacentuadas (el doble que en español), y las del alemán, un 44 %. Las sílabas marcadas por la posición tienen en inglés y en alemán aumentos similares (53 y 50 %, respectivamente), también mucho más elevados que en español (17 %). En la oposición abiertas/cerradas, hay menos variación entre las cuatro lenguas; el incremento de la duración media de las cerradas con respecto a las abiertas es del 39 % en francés, 32 % en alemán, 25 % en inglés y del 23 % en español.

El objetivo de Olsen (1972) era estudiar el ritmo del español, entendido como combinaciones de sílabas acentuadas e inacentuadas organizadas en un grupo de sentido. El corpus de trabajo consistía en una grabación de media hora de habla espontánea de un hablante culto mexicano, el artista Diego Rivera. Olsen segmentó el corpus en grupos de sentido (1455 en total), que clasificó por patrones rítmicos. De los 139 modelos clasificados, la mayoría tienen pocos casos (53 de ellos, un solo ejemplo); de hecho, únicamente tres patrones superan los 100 casos (aproximadamente, el 29 % de la grabación). El número total de sílabas analizadas es 7 005, y los intervalos formados por 4 o 5 sílabas son los más frecuentes (el 45 %).

Los parámetros binarios estudiados en este trabajo son los mismos contemplados por Delattre (1966): [+/−acento], posición [+/−final] en el grupo de sentido y tipo silábico [abierto/cerrado]; sin embargo, los resultados obtenidos difieren. Si en el experimento de Delattre (1966), el orden de relevancia era la acentuación, el tipo silábico y la posición, en el de Olsen (1972) el factor que más influye en la duración silábica es la posición, seguida del acento y, en último lugar, del tipo silábico. Las proporciones entre los valores de duración media son las siguientes: sílabas no finales/finales, 1:1,35; sílabas no acentuadas / acentuadas, 1,32; sílabas abiertas/cerradas, 1,27. La influencia individual de los tres parámetros es bastante similar, pero, combinados, producen diferencias de duración notables; así, las sílabas acentuadas, de tipo cerrado y situadas en posición final tienen una duración media de 314,4 ms, mientras que las inacentuadas, abiertas, no finales muestran una duración mucho menor, 136,7 ms. Se observa también una compensación en la influencia de los factores: las sílabas acentuadas en posición no final y las inacentuadas finales presentan aproximadamente la misma duración media. Al igual que Delattre (1966), Olsen (1972) no menciona si la posición final de unidad de sentido coincide en algún caso con la realización de una pausa.

En el debate que siguió a la presentación oral de este estudio en el VII Congreso Internacional de Ciencias Fonéticas, celebrado en Montreal, se discute la clasificación rítmica de la lengua española. En opinión de Olsen (1972):

> The terms syllable-limed and stress-limed are relative terms. I believe Spanish can be called 'syllable-timed' even though it has covering patterns of rhythm based on sequences of stressed and unstressed syllables. Spanish syllables are much more equal than English syllables with respect to their length, their retaining of vowel quality, etc. (996).

36.3.2.3.3 Español de Buenos Aires

El ritmo de esta variante del español, desde la perspectiva de la isocronía/anisocronía de las unidades métricas, ha sido objeto de varios estudios, como los de de Manrique y Signorini (1983) y los de Toledo (1988a, 1988b). Este último ya se ha comentado en el § 36.3.2c, referente a los estudios de conjunto, ya que se analizaron a la vez tres variantes del español de América.

El trabajo de de Manrique y Signorini (1983) —en el que se lleva a cabo un complejo análisis de la duración segmental y silábica, y de los pies acentuales del español rioplatense— es de una gran relevancia, por su difusión y por las conclusiones que se alcanzan. De hecho, es el primer estudio de fonética experimental en el que se pretende dilucidar la clasificación rítmica del español atendiendo a la dicotomía entre compás silábico y compás acentual. El corpus analizado está formado por una lista de 120 oraciones leídas por un informante varón y por una serie de oraciones cortas (no se especifica el número) leídas por otros tres hablantes, también varones.

En el estudio de la duración silábica se consideraron seis factores de variación: estructura silábica, consonante inicial, tipo de palabra (palabra con contenido o palabra funcional), acento, posición de la sílaba en la palabra (inicial, medial, final) y posición de la palabra en el grupo fónico (prepausal o no prepausal). El corpus no proporciona datos suficientes de todas las estructuras silábicas en todas las condiciones consideradas (de hecho, las autoras solo pueden comparar las sílabas cuya consonante inicial es una oclusiva sorda o una fricativa sonora), pero se observan las siguientes tendencias:

1) El tipo de consonante inicial incide en la duración silábica; así, las sílabas de estructura CV que comienzan con oclusivas sordas presentan una mayor duración que las sílabas con la misma estructura que comienzan con fricativas sonoras.

2) Las sílabas prepausales, las acentuadas y las pertenecientes a las palabras con contenido tienen, respectivamente, una duración mayor que las no prepausales, las inacentuadas y las pertenecientes a las palabras funcionales; sin embargo, no influye la posición de la sílaba en la palabra.

3) La comparación entre los valores de duración de las sílabas acentuadas pertenecientes a las palabras con contenido y los valores de las sílabas inacentuadas de las palabras funcionales muestra un efecto acumulativo del acento y del tipo de palabra.

4) La duración de la sílaba se incrementa conforme aumenta su número de segmentos.

En el estudio de los intervalos entre acentos, las fonetistas argentinas excluyen las oraciones que contienen un solo intervalo y clasifican las restantes en dos categorías, que analizan por separado: aquellas oraciones que contienen dos o más intervalos cuya duración difiere en no más de 100 ms (denominan a esta categoría «intervalos similares») y aquellas con uno o más intervalos que difieren en más de 100 ms respecto a la duración media de todos los que contienen («intervalos diferentes»). Fijan este límite de 100 ms siguiendo a Lehiste (1977), quien considera que un aumento o una reducción de alrededor de 100 ms no son perceptibles.

Los resultados muestran una mayor regularidad que los obtenidos para la duración silábica. En general, los intervalos que contienen más sílabas son más largos, pero el incremento de duración no es proporcional al incremento silábico. En algunas oraciones los intervalos más cortos contienen más sílabas que los más largos, pero las diferencias de duración son pequeñas. Existen intervalos idénticos en duración que difieren en el número de sílabas e intervalos que tienen el mismo número de sílabas y cuya duración diverge ligeramente. Se observan casos en los cuales los intervalos tienden a ser similares, a pesar de estar formados por un número distinto de sílabas, gracias a que se disminuye la duración de algunas de ellas. Ese efecto compensatorio de la duración silábica para igualar los intervalos también se da en la duración segmental. Algunas de las irregularidades de la duración de los intervalos entre acentos se pueden explicar por causas sintácticas y semánticas: la presencia de construcciones incrustadas, de fronteras sintácticas que se manifiestan mediante pausas, alargamientos y cambios tonales, y de palabras prominentes puestas de relieve por la intención del hablante o por la acción del acento. Además, algunas oraciones se perciben como rítmicas, aunque los intervalos entre acentos no tengan la misma duración, a causa de la repetición de conjunciones coordinantes, lo que las autoras denominan «ritmo no temporal».

De Manrique y Signorini (1983) concluyen que, a pesar de que sus datos se han de considerar preliminares, no hay base para defender el isosilabismo atribuido al ritmo del español, puesto que la duración silábica varía por factores intrínsecos y extrínsecos, de acuerdo con sus resultados y con los obtenidos por Navarro Tomás (1922) y Gili Gaya (1940) para el castellano peninsular. En cambio, en su experimento, la duración de los intervalos entre acentos se sitúa alrededor de un valor medio o presenta variaciones que no serían perceptibles (y, cuando lo son, pueden interpretarse como una desviación que aporta alguna información lingüística) y entran en el rango previsible de una lengua de compás acentual (de 0,2 a 0,8 s) propuesto por Allen (1975). El comportamiento temporal del español muestra características de dicha categoría, pero parece que hay aspectos que pueden explicarse asumiendo que es una lengua de compás silábico: la elevada aparición del tipo CV y el distinto modo de reducción vocálica (hacia al área de la [a] y no hacia la *schwa* como en inglés) contribuyen a que las sílabas del español estén más claramente delimitadas que en otras lenguas y eso puede explicar que se produzca una impresión de isosilabicidad. En definitiva, el español presenta una tendencia hacia el compás acentual, pero con características distintas en el modo de manifestarse; las autoras mencionan las indicaciones de Allen (1975): existen efectos temporales causados por algunas características universales de la realización del ritmo que pueden incorporarse de diversas formas a la fonología de cada lengua, un ejemplo sería la relevancia de la sílaba en español.

En un nuevo trabajo sobre el español de Buenos Aires, Toledo (1988a) estudió la compresión silábica en el pie acentual. El corpus, emitido en habla natural y mediante la mímica del habla, estaba integrado por tríadas de pies acentuales con adiciones sucesivas de sílabas inacentuadas. En los siguientes ejemplos, se puede observar la estructura del corpus, se indica en negrita la sílaba acentuada y se marca con dos líneas verticales el límite entre pies: (1) *tapá* ‖ *lo que pasa*, (2) *tapá* ‖ *lo que repasa* (3) *tapá* ‖ *lo que se repasa*. En las grabaciones de habla natural participaron cinco hablantes femeninas y tres masculinos y en las de mímica del habla, cuatro femeninas y dos masculinos. En total, se obtuvieron, en habla natural, 240 emisiones de cada sílaba acentuada en cada posición y, mediante la mímica del habla, 180 emisiones. Los resultados mostraron, en ambos estilos de habla, que tanto la compresión anticipada como la posterior son irrelevantes. Las pruebas estadísticas (ANOVA) no indicaron diferencias significativas entre la duración de las sílabas acentuadas de cada tríada.

36.3.2.3.4 Español de Venezuela

Toledo (1994) amplió sus investigaciones sobre el ritmo del español de América con un estudio de los patrones rítmicos del español caribeño. Por su parte, los trabajos de Mora Gallardo *et al.* (1999) y de Asuaje (2002) se insertan en el campo de la dialectología, pues están dirigidos a establecer si existen características suprasegmentales que permitan diferenciar las subvariantes lingüísticas de Venezuela.

Toledo (1994) estudia la compresión silábica en el habla espontánea del español de Caracas. Los materiales de análisis fueron extraídos de una entrevista a una informante femenina de nivel sociolectal bajo. La muestra de habla se segmentó en tres niveles jerárquicos: sílabas (556, con una duración media de 139,81 ms y una desviación típica de 69,48), grupos rítmicos (229) y grupos de entonación. Los grupos rítmicos estaban formados por cada una de las sílabas acentuadas y las sílabas inacentuadas situadas a la derecha y a la izquierda. Por su posición en el grupo de entonación, se clasificaron en finales y no finales; y por la posición de la sílaba tónica en el grupo, en oxítonos (formados por una o dos sílabas), paroxítonos (de dos a cinco sílabas) y proparoxítonos (con muy pocos casos, que no se analizaron).

Los datos de duración obtenidos se normalizaron calculando los valores por *z-score* (la diferencia de cada valor natural con respecto a la media aritmética en términos de desviación típica). El valor 0, que corresponde a la media de los todos los valores obtenidos en el corpus, implica un estado de neutralidad temporal, sin compresión ni alargamiento; un valor negativo indica una desviación típica inferior a la media, e implica un cierto grado de compresión silábica; un valor superior a 0 indica una desviación típica superior a la media, e implica un cierto grado de alargamiento, de desaceleración.

En el análisis de los datos se contrastaron las posiciones no final / final para cada uno de los grupos rítmicos, oxítonos y paroxítonos, clasificados por número de sílabas. Los resultados muestran un patrón temporal con grados de compresión bajos en las sílabas preacentuales y grados de desaceleración de la sílaba acentuada y de las posacentuales; se establece, por tanto, una relación de compensación. Las sílabas finales del grupo de entonación fueron significativamente más largas que las no finales. A partir de estos resultados, Toledo concluye que el español de Caracas muestra una tendencia a la isocronía silábica en las posiciones preacentuales, y alargamientos significativos desde la posición del acento. Este comportamiento rítmico ya se observó en un experimento anterior sobre el español de Panamá (Cedergren y Toledo 1993).

El trabajo de Mora Gallardo *et al.* (1999) tiene como objetivo determinar cuál es la unidad rítmica que caracteriza al español hablado en Venezuela, en cuatro de sus variantes: Andes, Llanos, Centro y Zulia. Las unidades analizadas son la sílaba, el pie acentual con el núcleo a la derecha, el pie acentual con el núcleo a la izquierda y el grupo de acento. El corpus estaba formado por cuatro lecturas del texto de la Asociación Fonética Internacional *El viento norte y el sol,* realizadas por cuatro hablantes venezolanos, representantes de cada uno de los cuatro dialectos estudiados. Para cada unidad rítmica se llevó a cabo un análisis de varianza en el que se tomó como variable dependiente la duración y como variable independiente los dialectos.

Las autoras descartan el pie y la sílaba como unidades rítmicas del español venezolano. No hay interacción entre los dialectos y la duración de los pies (tanto los de núcleo a la derecha como los de núcleo a la izquierda), y la diferencia de duración entre las sílabas acentuadas y las inacentuadas es estadísticamente significativa, aunque Mora Gallado *et al.* señalan que, en el dialecto de los Andes, la duración silábica presenta mayor regularidad (el valor de la desviación típica es menor), lo que puede considerarse como un rasgo relevante para caracterizar el habla de esa zona. Tomando la totalidad de la muestra, el grupo de acento es la unidad que tiene un comportamiento temporal más regular, pero existen diferencias dialectales: en el habla de Andes, Llanos y Zulia, la duración media es similar (aproximadamente, 550 ms), pero en el habla de Centro es mucho mayor (714 ms). A partir de sus resultados, que confirman los de un trabajo anterior de Mora Gallardo (1996) sobre un corpus de habla espontánea, consideran que el grupo de acento es la unidad rítmica más representativa del español de Venezuela. Coinciden en ello con las conclusiones de Toledo (1988b) para el español de Buenos Aires.

Mora Gallardo *et al.* (1999) también analizan la compresión de la sílaba acentuada de los pies en función de las sílabas inacentuadas precedentes o siguientes; en los pies con núcleo a la izquierda hay compresión anticipada, pero sin la regularidad que se observa en la compresión de los pies con núcleo a la derecha (compresión posterior). En este caso, sus resultados difieren de los de Toledo (1988b), ya que el fonetista argentino encuentra más relevante la compresión anticipada.

Asuaje (2002) parte de la hipótesis de que las variaciones de la duración silábica configuran patrones rítmicos que permiten diferenciar las subvariantes dialectales del habla de la región de los Llanos venezolanos, una zona geográfica constituida por cinco estados: Apure, Barinas, Cojedes, Guárico y Portuguesa. Esta división dialectal es la establecida por Mora Gallardo (1996). El corpus de la investigación (1801 sílabas que forman parte de 80 unidades de sentido) está tomado de una amplia muestra de habla espontánea integrada por las grabaciones de 10 hablantes nativos (aproximadamente, 30 minutos de cada uno de ellos), hombres y mujeres, de edades comprendidas entre los 20 y los 50 años; cada subvariante lingüística está representada por dos hablantes, y de cada hablante se seleccionaron ocho unidades de sentido. En la segmentación de las sílabas, la autora tuvo en cuenta los fenómenos propios del habla espontánea, como son las reducciones y elisiones de sonidos y de sílabas [→ § 1.18.7], y excluyó las pausas vacías encontradas en las unidades de sentido.

Para demostrar su hipótesis, Asuaje, además de analizar la duración de la totalidad de las sílabas del corpus y contrastar los valores de las acentuadas y de las inacentuadas, estudia el comportamiento de ese parámetro en cuatro categorías silábicas que, por la posición que ocupan en el grupo de sentido y por la acción del acento, son relevantes en la organización temporal del español de Venezuela, según se indica en el trabajo de Mora Gallardo (1996): sílaba inicial de la unidad de sentido, primera sílaba acentuada de la unidad de sentido, última sílaba acentuada de la unidad de sentido y sílaba final de la unidad de sentido. El tratamiento estadístico de los datos —mediante diversos análisis de varianza en los que se toman como variable dependiente la duración y como variables independientes las cinco áreas lingüísticas y las distintas agrupaciones silábicas— muestra que, en todos los casos estudiados, existen diferencias inter e intradialectales significativas. Los valores de duración son más bajos en las hablas de Apure y Guárico, que tienen un comportamiento rítmico semejante, marcado por una velocidad elocutiva rápida. Un segundo grupo dialectal está formado por las hablas de Barinas y Cojedes, que presentan una duración silábica similar, aunque también existan algunas diferencias entre ellas. Finalmente, en el habla de Portuguesa la duración silábica es mayor en todas las posiciones estudiadas; en esa zona lingüística, la velocidad de elocución es más lenta, como resultado de alargamientos vocálicos y de fenómenos de relajación consonántica.

Asuaje (2002) demuestra que en el habla de los Llanos venezolanos existen tres patrones rítmicos diferenciadores. En su opinión, no se puede mantener los patrones cerrados de isocronía silábica o de isocronía acentual; es partidaria de considerar el ritmo como un juego de alargamientos y recortes silábicos que conformarían una sucesión de sílabas largas y breves. Por tanto, como observará el lector, se vuelve al punto de partida del estudio de Navarro Tomás (1922).

36.3.3 La clasificación rítmica del español

No siempre los resultados de las investigaciones son perfectamente comparables. Como ocurre en otras disciplinas, las diferencias de diseño experimental en los estudios de fonética acústica (en cuanto al corpus, el estilo de habla considerado, los informantes, los criterios de segmentación de las unidades, el control de las variables y las pruebas estadísticas elegidas para el análisis de los datos) solo permiten comparar las tendencias observadas.

Una de las diferencias apreciadas en los trabajos tratados en este epígrafe son los criterios de segmentación de las unidades, que no siempre se mencionan. Así, Delattre (1966) separa las consonantes de las vocales incluyendo las transiciones [→ § 1.10.2] dentro de las consonantes; este criterio lo han rechazado, por ejemplo, Toledo (1988b) y Almeida (1999), que incluyen la transición en la duración de la vocal. Otro caso es el de la fase de cierre de las oclusivas sordas en posición inicial absoluta: Navarro Tomás (1922) la incluye en la duración total del sonido, pues considera como cantidad de cada sílaba la duración de todos sus elementos; en cambio, Toledo (1988b) mide la duración de estos sonidos desde el inicio de la explosión. Los valores de duración obtenidos aplicando distintos criterios de segmentación podrían implicar cambios significativos que modificarían las conclusiones finales de las investigaciones. También existen discrepancias en la segmentación de los pies acentuales; el método habitual consiste en medir su duración desde el inicio de la sílaba tónica hasta el final de la última sílaba átona de la unidad. Este criterio lo adoptan, por ejemplo, de Manrique y Signorini (1983), y también Almeida (1995, 1999) en dos de sus estudios del español canario; sin embargo, en el análisis del ritmo del español de Gran Canaria, Almeida (1991) segmenta los pies desde el inicio de la vocal acentuada. No obstante, el investigador compara los datos obtenidos aplicando ambos criterios de segmentación y observa que no se dan diferencias significativas. Por otro lado, los diversos criterios aplicados en la segmentación de intervalos de segmentos vocálicos y consonánticos para el cálculo de las métricas rítmicas [→ § 36.8] han sido cuestionados en el trabajo de Reynolds, Maxwell, y Wigglesworth (2020) en un estudio sobre el español de Chile.

La distinta relevancia de los factores que inciden en la duración silábica (los más estudiados son el acento, el tipo abierto o cerrado y la posición) puede indicar diferencias rítmicas entre las variantes del español. Almeida (1991, 1995) lo constata en sus estudios sobre el habla espontánea del español canario. La sucesión de alargamientos y acortamientos silábicos que menciona Asuaje (2002) como propuesta para la organización rítmica de la lengua española podría sistematizarse atendiendo a los resultados obtenidos en la investigación de esos factores, pero los resultados de los trabajos revisados, como ya se ha señalado, no siempre son comparables; concretamente, Delattre (1966) y Olsen (1972) estudian la duración silábica en la unidad de sentido, sin definir esta unidad y sin mencionar si la sílaba situada en posición final coincide o no con la realización de una pausa. Obviamente, tampoco se pueden comparar las diferencias entre variantes cuando en los análisis estadísticos se toman globalmente los datos de varias de ellas, como en el experimento sobre la duración silábica de Toledo (1988b, cap. 1), cuyo objetivo era estudiarla en el español de América, en grabaciones de hablantes de Argentina y de Colombia, y en corpus correspondientes a distintos estilos de habla. Al igual sucede con el estudio de Clegg y Fails (1987), en el que analizan muestras de habla de seis zonas lingüísticas americanas.

A veces es difícil discernir si las tendencias rítmicas detectadas en un experimento derivan de la lengua en sí o del estilo de habla considerado. Puede mencionarse, a modo de ejemplo, el estudio de Toledo (1988b, cap. 6) sobre la duración de los pies acentuales en tres variantes americanas (español de Colombia, de Buenos Aires y de Cuba): el corpus de poesía leído por un hablante cubano es el que presenta valores más cercanos a la isocronía acentual; la cuestión que se plantea es si se trata de una tendencia de esa variante del español o del tipo de corpus, teniendo en cuenta que Navarro Tomás (1922), en la lectura de poesía por hablantes españoles, también encontró una mayor regularidad en la duración de los pies acentuales que en la duración silábica.

En los trabajos revisados solo se puede comparar la mayor o menor tendencia a la isocronía de las unidades métricas analizadas; y, si algo queda patente, son las dificultades que ha entrañado la clasificación del ritmo del español en las distintas variantes en las que se ha estudiado este rasgo prosódico.

La asunción tradicional de clasificar al español entre las lenguas de compás silábico es cuestionada por de Manrique y Signorini (1983) en su estudio del español rioplatense. Las fonetistas argentinas señalan que, por la mayor regularidad de la duración de los intervalos entre acentos, existe una «tendencia» hacia el compás acentual, pero con características particulares, como son la elevada frecuencia del tipo silábico CV y las diferencias en la reducción vocálica. Evidentemente, no es una afirmación categórica que clasifique al español inequívocamente como una lengua de compás acentual; de hecho, los experimentos de Toledo (1988b) con diversas muestras de habla de la misma variante lingüística (en lectura de poesía y de prosa y en habla espontánea) no corroboraron dicha clasificación.

También Navarro Tomás (1922) constata en los datos de su estudio una mayor irregularidad en la duración de las sílabas que en la de los pies acentuales, pero, como se ha explicado ya en el § 36.3.2, su trabajo no tiene como objetivo la clasificación rítmica del español en los términos 'compás acentual / compás silábico' (es muy anterior a la distinción de Pike [1945]), sino analizar la métrica de una composición poética. Si se extrapolan sus conclusiones sobre el ritmo de la poesía al ritmo del habla, el español ha de ser considerado una lengua de compás acentual. Como ya se comentó en el § 36.1, se ha planteado que existe una relación entre el ritmo de la lengua (el ritmo del habla) y el de la poesía popular, pero la *Sonatina* de Rubén Darío es un poema muy elaborado, compuesto en alejandrinos y muy alejado de los versos octosílabos castellanos tradicionales.

Los trabajos de Gili Gaya (1940), Delattre (1966) y Olsen (1972) tampoco tienen como objetivo la clasificación rítmica del español; se trata de estudios sobre la duración de la sílaba en diversas variantes (español peninsular y español de México) cuyos resultados demuestran que no existe isocronía en dicha unidad. Gili Gaya (1940) apela a la tendencia psicológica al isosilabismo de la lengua española. Delattre (1966) observa en los datos de duración del español menos variaciones que en los de las otras lenguas estudiadas (inglés, francés y alemán). En la misma línea, Olsen (1972) subraya la mayor regularidad de la duración de las sílabas del español en comparación con las del inglés. Como en estos trabajos no se estudia la duración de los pies acentuales, no se puede constatar si existe una tendencia a la isocronía acentual en las muestras de habla analizadas. Tampoco se puede comprobar en los estudios de Clegg y Fails (1987) sobre el español de América ni en el de Asuaje (2002) sobre el español de Venezuela, pues ambos tenían como objetivo el análisis de la duración silábica.

El primer trabajo en el que se discute realmente la clasificación rítmica del español es el de Pointon (1980), aunque no constituye un estudio de fonética experimental, sino una revisión, y reinterpretación, de los datos de Navarro Tomás (1922), Gili Gaya (1940), Delattre (1966) y Olsen (1972). Pointon (1980) concluye que no se puede hablar del ritmo del español en el sentido de producción de secuencias isócronas, ya sean intervalos entre acentos o entre sílabas, sino que existe más bien una forma de organización temporal que consiste en que el número y el tipo de segmentos de cada sílaba, junto con la presencia o ausencia de acento, determina la duración silábica. En su opinión, el español ha de ser considerado dentro de una nueva categoría rítmica, denominada en inglés *segmental-timed*.

Los estudios de Toledo (1988b) sobre diversas variantes del español de América muestran que el grupo de acento presenta una mayor regularidad que la sílaba y que el pie acentual. A la misma conclusión llegan Mora Gallardo *et al.* (1999) en su trabajo sobre el español de Venezuela. Los autores presentan el grupo acentual como una unidad relevante en la organización rítmica de la lengua española, pero Almeida (1999) lo descarta en las conclusiones globales de sus estudios sobre el español canario.

Una aportación relevante de Toledo (1988b, 165) consiste en poner de manifiesto que en la lengua española se combinan tendencias a la isocronía y a la anisocronía de las unidades métricas, es decir, dos tendencias rítmicas contrapuestas. El autor no lo explicita, pero con esa afirmación se cuestiona la teoría tradicional: la isocronía como principio rector del ritmo y la división de las lenguas en dos categorías excluyentes. Almeida (1995, 586) lo expresó abiertamente: no se puede hablar del ritmo en términos de isocronía y los estudios sobre este rasgo prosódico se han de enmarcar en un modelo variacionista. Además, como apunta el propio Almeida (1999, 58–59), deberían validarse perceptivamente las variaciones que se cuantifican en la producción del habla, algo ausente en los trabajos sobre el ritmo del español. De todos modos, ya en la fecha en la que él escribe los estudios sobre el ritmo de las lenguas comenzaban a enfocarse desde una perspectiva distinta a la tradicional.

36.4 El principio de alternancia y su estudio en las variantes del español

La mayoría de los estudios relacionados con el ritmo del español se han centrado en la duración de las unidades métricas y en el principio de isocronía. Una línea de investigación desarrollada por los fonetistas Manuel Almeida y Guillermo Toledo indaga en otro de los principios rectores del ritmo, el principio de alternancia.

El principio de alternancia regula la sucesión de las sílabas fuertes y débiles en el enunciado. Las lenguas rechazan la producción de sílabas consecutivas con el mismo grado de tensión articulatoria, ya sea [+fuerte] o [+débil], en el nivel de la palabra y, también, en los niveles del sintagma y de la oración, en los que se pueden producir procesos de reestructuración del acento léxico. En las secuencias formadas por varias sílabas débiles (átonas) consecutivas, se crearían acentos secundarios [→ § 1.21.12, § 26.9.1]. En el caso del encuentro de dos sílabas fuertes (de dos sílabas tónicas), una de ellas perdería el carácter de sílaba con acento primario.

En los estudios fonéticos sobre el ritmo y el acento se hace referencia a la alternancia en los trabajos de Allen (1975) y de Bolinger (1965), pero donde ha tenido un mayor desarrollo ha sido en el campo de la Fonología Métrica [→ § 1.21.12] a partir de la propuesta de Liberman y Prince (1977). La alternancia rítmica estaría justificada por razones de eufonía: las reglas rítmicas, o de eurritmia, tendrían como objetivo asignar los acentos primarios y secundarios de modo que se permita la alternancia entre sílabas fuertes y débiles; la aplicación de las reglas ordenaría la cadena fónica en secuencias formadas por pies trocaicos y yámbicos.

También en los estudios de fonética del español se menciona el fenómeno de la alternancia. Navarro Tomás ([1918] 1991, 195–96) señala que, en los grupos fónicos de cierta extensión, se produce un movimiento alternante de variaciones de intensidad en las sílabas átonas, de modo de algunas adquieren relevancia sobre las demás por razones rítmicas. Gili Gaya ([1950] 1975, 37–39) considera que existe una tendencia universal a la alternancia de la intensidad relativa de las sílabas a partir del acento principal, pero que también existen características particulares de las lenguas que inciden en la alternancia rítmica, como es, en el caso del español, la prominencia de la sílaba inicial, en la que se crearía un acento secundario. Desde el enfoque de la fonología generativista [→ § 1.18], Harris (1983, 85–86) sistematiza las tendencias del español en términos de estilo: la norma culta tiende al refuerzo de las sílabas pares en el sentido derecha-izquierda desde el acento principal (*genèrativo*), mientras que la norma coloquial favorece la prominencia de la primera sílaba de la palabra (*gèneratívo*).

El principio de alternancia se ha verificado mediante el análisis experimental en lenguas como el sueco (Bruce 1983, 1987) y el francés (Duez y Nishinuma 1985), pero no en el italiano (Farnetani y Kori 1990). Estos trabajos son el punto de partida de las investigaciones desarrolladas por Almeida y Toledo, quienes han estudiado la alternancia en algunas variantes del español, en diferentes estilos de habla y con procedimientos experimentales distintos, pero sin obtener unos resultados concluyentes que permitan defender la existencia de este principio rítmico. De los datos de sus experimentos se deduce que la alternancia sería un fenómeno variable, pues solo se produce en algunas ocasiones y no se puede sistematizar mediante reglas. Ya García Calvo (1975), en sus estudios sobre el ritmo, lo consideró un fenómeno de variación.

En este apartado solo se describirán los estudios sobre la alternancia relacionados con el ritmo del español. Los fenómenos de reestructuración del acento se tratan en el capítulo específico que se dedica en esta obra a dicho elemento prosódico [→ § 26].

36.4.1 Español de Argentina y español de Colombia

En su trabajo sobre estas variantes, Toledo (1989a) retoma parte de los corpus en los que ya se había analizado la isocronía de las unidades métricas (Toledo 1988b): dos fragmentos de prosa narrativa, uno leído por un hablante colombiano y otro por un hablante argentino, y un poema, recitado por otro hablante argentino (véase el § 36.3.2). Este corpus de textos fue segmentado en pies acentuales (71 casos) y en grupos de acentos, de los que solo se analizaron los paroxítonos (93 casos). Los pies constaban de dos, tres y cuatro sílabas átonas y los grupos de acento estaban formados por un total de tres, cuatro y cinco sílabas. El análisis también incluía un corpus de 18 oraciones leídas por tres hablantes de Buenos Aires.

El autor partió de la premisa de que existiría un patrón de alternancia rítmica si la diferencia entre las duraciones medias de las sílabas consecutivas era superior a 30 ms. Toma este valor del umbral perceptivo que Bertinetto (1980) había establecido para el italiano. Los resultados obtenidos en los análisis de las tres unidades consideradas no fueron los esperados. En los pies acentuales, en las oraciones y en los grupos de acento de cuatro y cinco sílabas no se observaron patrones de alternancia regulares entre sílabas fuertes y débiles. En la mayoría de los casos, la diferencia de duración entre las sílabas átonas consecutivas se situaba por debajo del umbral de 30 ms. Solo hubo un patrón regular, constituido por una secuencia débil-fuerte-débil, en los grupos de acento de tres sílabas, con tónica en la segunda.

36.4.2 Español de Colombia

Toledo reanalizó individualmente el fragmento de prosa narrativa leído por el hablante colombiano en una investigación posterior (Toledo 1997), de gran interés, pues en el estudio de la alternancia no se ciñó a analizar únicamente la organización temporal de la sílaba, sino también las diferencias tonales de los núcleos silábicos; sigue la propuesta de Di Cristo y Hirst (1993), para quienes la prominencia sería un fenómeno integrado por dos rasgos superpuestos: la duración y el tono.

En esta nueva investigación, Toledo estudió cuatro variantes del español de América, y distintos estilos de habla, con el mismo procedimiento experimental: la unidad de análisis era la palabra, y se contrastaron los valores de duración y de frecuencia fundamental (f_0 [→ § 1.5.4], medida en el punto más alto de la vocal nuclear) de las sílabas acentuada, preacentuada y anterior a la preacentuada, candidata a poseer un acento no primario en una sucesión [+fuerte] [+débil] [+fuerte]. Para determinar si existían diferencias significativas entre los valores obtenidos en las mediciones se aplicaron dos pruebas estadísticas: ANOVA y Prueba de la diferencia mínima significativa de Fisher.

Los resultados de los cuatro experimentos no demostraron la existencia de alternancia. En el corpus del español de Colombia, la prominencia tonal de la sílaba pretónica resultó similar a la prominencia de la sílaba anterior, y los valores de duración mostraron dos prominencias fuertes consecutivas, la sílaba acentuada y la preacentuada.

36.4.3 Español de Argentina

La alternancia rítmica en el español de Argentina fue estudiada por Toledo (1997) en un corpus de habla semiespontánea. Participaron tres informantes masculinos y una informante femenina, todos de nivel sociolectal alto. Su tarea consistió en comunicar al experimentador el contenido de un grupo de 24 cartas de póquer. Se analizaron 44 palabras. Los datos de cada informante se estudiaron individualmente.

Tampoco en esta variante del español se realiza la alternancia rítmica. En los cuatro informantes, solo la duración de la sílaba acentuada se diferenció de las otras consideradas en el análisis, las dos sílabas preacentuadas mostraron un patrón [+débil] [+débil]; en cuanto a los valores de f_0, o bien no aparecieron diferencias significativas entre las tres sílabas, o bien solo hubo prominencia en la sílaba acentuada.

36.4.4 Español de Panamá

En el español de Panamá, Toledo (1997) estudió un corpus de lectura de 33 oraciones con un contexto interrogativo previo que influiría en la prominencia de las sílabas si se provocaba o no una focalización. Se seleccionaron 47 palabras fonológicas. Intervinieron dos informantes femeninos de nivel sociolectal alto; los datos también se analizaron individualmente.

Los valores de duración silábica de la informante 2 presentaron un patrón de alternancia rítmica [+fuerte] [+débil] [+fuerte], no así los de la informante 1; de ahí que ese resultado no pueda ser generalizable. Los valores de f_0 no corroboraron la existencia de un patrón de alternancia en ninguna de las dos informantes.

36.4.5 Español de Venezuela

En esta variante del español, Toledo (1996) estudió la alternancia silábica en el grupo rítmico. El corpus de trabajo fue el mismo en el que había abordado el fenómeno de la compresión silábica (Toledo 1994): una entrevista a una informante femenina de Caracas de nivel sociolectal bajo (véase el § 36.3.2). La muestra analizada estaba formada por grupos paroxítonos de 3, 4 y 5 sílabas, situados en posición no final y final, y oxítonos trisílabos no finales. Toledo descartó los grupos bisílabos porque en ellos no se produce un efecto de alternancia, los oxítonos situados en posición final de grupo entonativo porque el alargamiento propio de esa posición desvirtuaría los resultados, y aquellos de los que no había un número suficiente de casos para un análisis fiable.

Las pruebas estadísticas (ANOVA y Prueba de la diferencia mínima significativa de Fisher) no siempre demostraron unas diferencias relevantes entre los valores de duración media de las sílabas que formaban cada tipo de grupo rítmico. A partir de los resultados obtenidos, no se puede considerar que en el español de Venezuela se dé un patrón de alternancia rítmica entre sílabas débiles y fuertes sucesivas, pues en el corpus analizado solo se observó en los grupos paroxítonos trisílabos finales. El contraste acentual relacionado con la sílaba precedente únicamente se realizó en un 36,2 % de los datos. Incluso se dan casos, como en los grupos paroxítonos trisílabos no finales, en los que la sílaba pretónica y la tónica tienen una prominencia fuerte. En general, las sílabas pretónicas se realizaron con valores temporales similares, lo que, según el autor, causaría un efecto de isosilabismo.

Entre los experimentos desarrollados por Toledo (1997) sobre la alternancia rítmica considerada con relación a la prominencia temporal y tonal, se incluye el reanálisis de este corpus de español caraqueño, del que se estudiaron 22 palabras. Por lo que respecta a los valores de duración, no hubo diferencias significativas entre dos sílabas consecutivas, la sílaba preacentuada y la anterior a la preacentuada, que mostraron un patrón de alternancia [+débil] [+débil]; la sílaba acentuada fue, de nuevo, la única prominente. Los valores de f_0 de las tres sílabas no mostraron diferencias significativas.

36.4.6 *Español de Canarias*

Dos investigaciones han abordado el estudio de la alternancia rítmica de esta variante del español, las de Almeida (1993) y Almeida y Toledo (1997). En ambas se estudia el habla de Santa Cruz de Tenerife, y en los experimentos de la primera intervinieron también hablantes de La Laguna.

El objetivo de los experimentos descritos en Almeida (1993) era verificar el fenómeno de la alternancia a través de la mímica del habla. El corpus estaba formado por palabras simples y compuestas y por sintagmas nominales. Los informantes (cinco varones, jóvenes y con estudios universitarios) debían pronunciar la palabras propuestas y reproducirlas inmediatamente empleando solo la sílaba *sa*. El procedimiento de análisis difiere del de los trabajos anteriores: primero se comprobaba si existía alternancia entre sílabas sucesivas con la misma tensión; si existía, se continuaba el análisis con la sílaba siguiente, y así sucesivamente. La alternancia venía indicada por el nivel de significación del análisis de varianza aplicado a los valores de duración.

El corpus estaba diseñado con una determinada disposición de las sílabas y los acentos: palabras simples oxítonas y paroxítonas de tres, cuatro, cinco y seis sílabas; compuestos fusionados, compuestos sintagmáticos con choque acentual [→ § 1.21.12, § 25.3.2] en el límite de las dos palabras; y sintagmas en los que alternaban secuencias de dos o tres sílabas átonas o tónicas. Este diseño del corpus permitía estudiar la alternancia entre las sílabas átonas pretónicas y la localización de los acentos secundarios, determinar si el ritmo de las átonas es siempre alternante o si está condicionado por los acentos primarios de las palabras simples que forman un compuesto, y cómo se resuelve el encuentro de dos tónicas.

Los resultados, al igual que en los trabajos antes citados, no muestran patrones regulares de alternancia. En la palabra simple, la alternancia de las átonas se produce esporádicamente, no se cumple en las cuatrisílabas ni en las oxítonas de cinco y seis sílabas; cuando se produce, no afecta a todas las sílabas de la palabra ni parece estar regida por el acento principal. En las palabras compuestas tampoco existe un patrón rítmico de alternancia, ni en las sílabas átonas ni en las tónicas. En los compuestos fusionados, la primera palabra suele perder el acento que tenía como forma libre. En los sintagmas se observan dos patrones rítmicos diferenciados: regularidad temporal en las secuencias de sílabas átonas (una tendencia al isosilabismo) y alternancia en las secuencias de sílabas tónicas para evitar dos sílabas fuertes consecutivas, con soluciones distintas según el tipo de palabra: si el segundo acento recae en una palabra con contenido léxico, la alternancia reduce la duración de la primera tónica; pero si recae en una palabra gramatical, su duración se reduce y la relevancia pasa a la primera tónica.

El estilo de habla analizado en Almeida y Toledo (1997) se puede considerar semiinformal; la muestra pertenece a un corpus de conversaciones en las que los informantes (cuatro hablantes varones adultos de nivel sociocultural medio y alto) hablaban sobre temas de su elección, y conocían a los entrevistadores. De cada muestra se seleccionaron entre tres y cinco minutos de grabación. La investigación se centra en el análisis de las secuencias de sílabas átonas adyacentes y de los casos de dos tónicas consecutivas.

El corpus de trabajo fue segmentado en sílabas tónicas y átonas. En el análisis estadístico (prueba *t* de Student y ANOVA) solo se tuvieron en cuenta las secuencias formadas por dos, tres y cuatro sílabas átonas situadas entre dos tónicas (246, 136 y 63 casos, respectivamente), por ser los grupos más frecuentes. En cada uno de ellos, se calcularon la duración media y la desviación típica de cada tipo de sílaba átona (clasificadas por su posición en la secuencia) y se contrastaron las diferencias de duración entre cada una de ellas y la siguiente. Los resultados mostraron en todos los casos que las diferencias no eran significativas, por lo que no se observó un patrón de alternancia. Los valores medios de duración de las sílabas adyacentes eran muy cercanos, propios de una tendencia a la isocronía. El análisis de las diferencias de las medias de dos sílabas tónicas sucesivas (104 casos) demostró que tampoco eran significativas; de ahí que se deduzca que el español no parece rechazar las secuencias formadas por dos sílabas fuertes, lo que contradice los resultados de Almeida (1993).

36.5 El ritmo como anisocronía en la producción del habla e isocronía en la percepción

La isocronía de las unidades métricas como principio en el que sustentar la clasificación rítmica de las lenguas no se ha constatado empíricamente de manera satisfactoria. Las variaciones temporales observadas en español son comunes a otras lenguas. Almeida (1999, 46) recoge las objeciones a la caracterización tradicional que se han planteado en diversos estudios: en las lenguas clasificadas como isosilábicas se registran características propias de las isoacentuales (regularidad temporal entre acentos y compresión silábica) y en las lenguas clasificadas como isoacentuales se documentan características atribuidas a las isosilábicas (anisocronía temporal entre acentos y bajos índices de compresión silábica). Roach (1982, 78–79) señala que ninguna lengua es totalmente de compás acentual o de compás silábico, en todas se observan ambos tipos de ritmo, pero diferirán en cuanto a cuál es el predominante en cada una de ellas; incluso un mismo hablante puede producir diferentes tipos de ritmo en diferentes situaciones y en distintos contextos.

Uno de los trabajos más relevantes en la evolución de los estudios sobre el ritmo, en el que se constata la nula capacidad explicativa del principio de isocronía, es el de Dauer (1983). Su corpus estaba formado por grabaciones de lenguas pertenecientes a categorías rítmicas distintas, español e inglés, y de otras no clasificadas hasta entonces, griego e italiano, aunque los estudios de Bertinetto (1977, 1983) ya apuntaban a que esta última lengua debe incluirse entre las de compás silábico. Dauer estudió la duración de los intervalos entre acentos en fragmentos de novela moderna y de teatro leídos por hablantes nativos de cada lengua, y procedentes de distintas zonas geográficas: un hablante de inglés americano y otro de inglés británico; un hispanohablante castellano y otro cubano; un italiano de Milán y otro de Roma; un griego de Tesalónica, otro de Preveza y otro de Atenas. A los datos obtenidos en su investigación añadió los aportados por Luangthoungkum (1977) en un estudio sobre el ritmo del tailandés. Dauer concluye que la duración de la mayoría de los intervalos entre acentos se sitúa en un rango similar y las pruebas estadísticas indican que no hay diferencias significativas entre las lenguas estudiadas, aunque también muestran peculiaridades en la velocidad de elocución de los hablantes. En todas las lenguas y en todas las muestras de habla, la duración de los intervalos es proporcional al número de sílabas componentes. La recurrencia del acento tampoco es más regular en inglés —como sería presumible en una lengua de compás acentual— que en las otras lenguas; en todas se sucede en un rango de tiempo considerado universal según los estudios de Allen (1975).

Muchos investigadores han rechazado la isocronía en la producción del habla como fundamento del ritmo. Si se prescinde de este principio, el ritmo se sustentaría en la mera recurrencia de las unidades métricas. De Manrique y Signorini (1983, 126) argumentan que en español la mayor frecuencia de la estructura CV imprimiría regularidad a una sucesión silábica y explicaría la impresión de isosilabismo que se atribuye a la lengua. Sería ilusorio el hallazgo de una isocronía matemática; el problema, como señala Dauer (1983, 52), reside en la interpretación de los datos. ¿Cómo considerar que dos secuencias con una duración objetivamente distinta son aproximadamente isócronas? ¿Cuáles serán los límites entre los que deberá oscilar la duración de las unidades rítmicas para que se cumpla el principio de isocronía? Lehiste (1977) indica que la isocronía estaría determinada por las restricciones que el hablante impone en la producción del habla y el oyente en la percepción, es decir, por los límites entre los cuales el hablante es capaz de producir ritmos regulares y el oyente de percibirlos. El oyente tiende a subestimar la duración de las secuencias largas y a sobreestimar la duración de las cortas, lo que contribuye a que se perciban como isócronos fragmentos que en la producción no lo son. Obviamente, si las diferencias de duración de las sílabas o de los intervalos entre acentos están por debajo del umbral perceptivo, estas unidades se percibirán como isócronas.

La ausencia de isocronía en la producción del habla ha llevado a situar las diferencias rítmicas entre las lenguas en el plano de la subjetividad. Para Roach (1982, 78) la intuición de los hablantes dictamina que una lengua es isoacentual o isosilábica si 'suena' como isoacentual o isosilábica, pero concluye que esas intuiciones deben estudiarse si se quiere mantener la distinción entre ambos tipos de ritmo como parte de la teoría fonética.

36.6 El ritmo de las lenguas como resultado de sus características fónicas

Los estudios sobre la isocronía no han sido infructuosos, a pesar de no haber verificado la existencia de este principio. Diversas investigaciones han puesto de manifiesto que el ritmo, como organización temporal de unas determinadas unidades métricas, es el resultado de las características fónicas de las lenguas (Bertinetto 1983, 1989; Dasher y Bolinger 1982; Dauer 1983). Se asume que existe una isocronía subyacente que se ve alterada en la realización del habla. Los distintos tipos silábicos, las clases de segmentos vocálicos, los procesos fonológicos de reducción vocálica y el efecto del acento contribuyen a configurar el ritmo propio de cada lengua y permiten distinguir las clases rítmicas tradicionales.

Dauer (1983) cifra la principal diferencia entre ambas categorías rítmicas en la gran prominencia que adquieren las sílabas acentuadas sobre las inacentuadas en las lenguas de ritmo acentual; en las lenguas de ritmo silábico las diferencias entre ambos tipos de sílabas no son tan marcadas. Las lenguas de ritmo acentual suelen presentar una mayor variedad de tipos silábicos, con estructuras más complejas, sobre todo, por el mayor número de consonantes que admiten en posición de coda. El acento suele recaer en las sílabas con mayor complejidad, mostrando así una tendencia a crear sílabas 'pesadas' [→ § 1.21.8, § 24.4.1, § 26.7], a lo que contribuye también el hecho de que en dichas lenguas existen procesos de reducción vocálica en las sílabas inacentuadas, que tienen, por tanto, una duración acusadamente menor. Atendiendo a todas estas características, la duración de las sílabas variará menos en una lengua de compás silábico que en una lengua de compás acentual, produciéndose con ello la impresión de una mayor regularidad en la sucesión de dicha unidad rítmica. Si se examina el caso del español, esta lengua también posee estructuras silábicas complejas, pero el tipo más frecuente es el CV; según los datos estadísticos aportados, por ejemplo, por Quilis (1981, 309), su frecuencia de aparición es del 52,62 %. En español no existen restricciones en la posición del acento que atiendan a la estructura silábica ni procesos de reducción vocálica fonológicos; aunque se ha constatado una tendencia a la centralización de las vocales, esta parece depender del estilo de habla (véase, por ejemplo, Harmegnies y Poch 1991) [→ § 3.2.3]. La influencia del acento en la duración silábica del español ya se ha descrito en las páginas anteriores [→ § 25.3.2]; resta señalar que, al menos en el habla espontánea, existen indicios de que es el factor menos relevante, en comparación con el número de segmentos constituyentes, la posición y el tipo silábico abierto/cerrado (Ríos 1991).

En general, la presencia del acento se asocia con los procesos de alargamiento y de refuerzo segmental, y su ausencia, con los de acortamiento y lenición; sin embargo, la mayor frecuencia y relevancia de estos fenómenos parece caracterizar a las lenguas de compás acentual, y tiene consecuencias distintas en la organización rítmica. Dauer (1983) aporta diversos ejemplos de procesos fonológicos de reducción y de elisión en ambos tipos de lenguas, pero concluye que en las de compás acentual están encaminados a conservar el esquema rítmico de la sucesión silábica; por ejemplo, en francés, la elisión de la vocal neutra (la *e muet*) implica la elisión de una sílaba, al igual que en español los casos de sinéresis [→ § 24.3.1]; en cambio, en las lenguas de compás acentual, esos procesos tienden a preservar la homogeneidad de la duración de los intervalos entre acentos. De Manrique y Signorini (1983) mencionan fenómenos de reducción vocálica hacia la zona de la [a] en las sílabas inacentuadas del español rioplatense que, en algunos casos, también pueden estar asociados con la tendencia rítmica a acortar los intervalos entre acentos para que sean más regulares. En su experimento, las vocales inacentuadas presentan menor duración que las acentuadas, y las autoras argumentan que, aunque la reducción vocálica no se realice en castellano como en inglés, implica un cambio de timbre y también de duración. Sin embargo, si la reducción se realiza hacia el área que indican, la articulación no será muy distinta a la de una vocal plena y no tendrá las mismas consecuencias sobre la duración silábica que en inglés.

Los inventarios vocálicos de las lenguas implican diferencias rítmicas que se ponen de manifiesto con el aumento de la velocidad de elocución [→ § 37.2]. Las lenguas de compás acentual suelen poseer un conjunto separado y restringido de vocales para las sílabas inacentuadas, sobre las que actúan procesos de reducción, como ya se ha mencionado; las lenguas de compás silábico, generalmente, no tienen variantes reducidas para las sílabas inacentuadas y se tiende a realizar una vocal plena tanto en los contextos acentuados como en los inacentuados (Bertinetto 1989; Dauer 1983). El aumento de la velocidad de elocución, con la disminución de la duración segmental que conlleva, afecta mucho más a las sílabas inacentuadas que a las acentuadas en las lenguas de compás acentual; en cambio, en las lenguas de compás silábico la reducción o bien es proporcional en ambas clases de sílabas, o bien la diferencia entre ellas es mucho menor (Bertinetto 1989). Estas tendencias han sido verificadas, por ejemplo, para el holandés (una lengua de compás acentual) y para el italiano (una lengua de compás silábico) por den Os (1988), y para el español por Carrió y Ríos (1991a).

Otro rasgo diferenciador del ritmo de las lenguas indicado por Dauer (1983) es la mayor o menor flexibilidad en la posición del acento, como resultado de la distinta complejidad de las gramáticas particulares con respecto al conjunto de reglas referentes a este rasgo suprasegmental. Las lenguas de compás acentual tienden a tener acento léxico libre (por ejemplo, el inglés), mientras que las lenguas de compás silábico tienden a presentar acento léxico fijo (por ejemplo, el francés) o semilibre con un marcado predominio de una posición determinada (por ejemplo, la acentuación paroxítona en el español y en el italiano). La repercusión en el ritmo de esta característica fonológica radica en la mayor posibilidad que poseen las lenguas con acento léxico libre de controlar la longitud de los intervalos entre acentos mediante procesos de reacentuación, por ejemplo, creando sílabas acentuadas que rompan los intervalos excesivamente largos [→ § 26.8.1]. Los procesos de reacentuación no se mencionan como característicos de las lenguas de compás silábico (Bertinetto 1989), pero los estudios sobre el principio de alternancia en español que ya se han revisado en este capítulo no han aportado resultados que constaten su existencia, al menos, de un modo sistemático. Bertinetto (1989) argumenta que la reducción vocálica, la mayor influencia de la velocidad de elocución y la introducción de acentos secundarios repercuten en una tendencia a la compensación inter e intrasilábica (al acortamiento compensatorio) en las lenguas de compás acentual: son lenguas que no ejercen un estricto control local sobre la duración de los segmentos individuales, sino que tienden a subordinar el comportamiento individual de los mismos a los niveles más altos de la organización lingüística, como son la sílaba y el pie. El fonetista italiano basa su propuesta en los principios de la coarticulación expuestos por Fowler (1981a, 1981b, 1983).

Los cambios de duración, de tono, de intensidad y de timbre vocálico que conlleva la realización del acento también marcan una mayor diferencia entre las sílabas acentuadas e inacentuadas en las lenguas de ritmo acentual que en las lenguas de ritmo silábico, según Dauer (1983); pero los correlatos acústicos del acento, además de realzar unas sílabas sobre otras, tienen consecuencias en la percepción del ritmo. Así, los estudios revisados por Allen (1975, 77–78) señalan que el efecto rítmico producido por una secuencia de estímulos recurrentes en una sucesión del tipo [fuerte-débil] más o menos compleja parece depender del modo como se haya puesto de relieve el elemento marcado: si tiene mayor intensidad o mayor altura tonal, liderará los períodos y se percibirá una secuencia de troqueos, pero, si tiene mayor duración, los finalizará y se percibirá una secuencia de yambos [→ § 1.21.6]. Allen (1975) ejemplifica ambas tendencias con el inglés y el francés, respectivamente. Los correlatos acústicos del acento en español no se han estudiado convenientemente con relación al ritmo, aunque de Manrique y Signorini (1983, 126) apelan a los estudios de Allen (1975) para explicar la tendencia al compás acentual que observan en la variedad rioplatense de la lengua. Asumen que la sílaba acentuada actuaría como foco del grupo rítmico apoyándose en la demostración experimental de de Manrique, Signorini y Massone (1982) y de de Manrique (1982) sobre la supremacía de la intensidad en la manifestación del acento [→ § 25.2]. En esa variante americana del español, las sílabas acentuadas contrastan con las inacentuadas, sobre todo, por la intensidad, además de tener un tono más alto y de ser más largas, excepto al final de oración, donde el principal correlato acústico es un alargamiento superior de la vocal acentuada.

36.7 La gradualidad en la clasificación rítmica de las lenguas

La clasificación rítmica de las lenguas basada en categorías excluyentes no tiene suficiente capacidad explicativa. Como ya se comentó en el § 36.1, la dicotomía 'lenguas de compás acentual / lenguas de compás silábico' carece de sentido si se considera la existencia de un ritmo diferenciado para el japonés, una lengua cuya métrica no se ajusta a ninguno de los dos paradigmas propuestos por la teoría. La afirmación de Toledo (1988b) sobre la concurrencia en el español de las tendencias rítmicas que caracterizarían a ambos tipos de lenguas (véase el § 36.3.2) es una muestra más de lo que se ha constatado en otros estudios. El hecho de considerar el ritmo de las lenguas no en términos de isocronía silábica o de isocronía acentual, sino como el resultado de determinadas características fónicas, anula la validez de la dicotomía. Cada lengua tendrá un ritmo específico (que estaría definido por el distinto modo en que se manifiestan dichas características) y se situaría en una escala gradual entre los dos tipos rítmicos, compás acentual y compás silábico, no considerados ya como categorías excluyentes, sino como puntos de referencia 'ideales'.

Un modelo cualitativo para una clasificación variacionista de las lenguas es el propuesto por Dauer (1987); el español es una de las lenguas con las que ejemplifica su propuesta, que parte de las consideraciones expuestas en Dauer (1983). El modelo se basa en determinar cuál es la función que desempeñan en cada lengua los diversos componentes fonéticos y fonológicos que interaccionarían para configurar el ritmo, agrupados en cuatro parámetros generales: longitud, tono, timbre de los sonidos y función del acento. Asignando el rasgo [+] si la lengua posee una determinada característica, [−] si no la posee y [0] si es indiferente a ella, se puede situar cada lengua en una escala que tendría como extremos el mayor número de [+], que correspondería al compás acentual puro, y el mayor número de [−], que correspondería al tipo silábico.

Las características que se han de tener en cuenta para clasificar las lenguas y el valor que se asignaría en cada caso son los siguientes:

1) Longitud
   a) Duración
      [+] Las sílabas acentuadas, y especialmente las vocales acentuadas, son habitualmente más largas que las no acentuadas (1,5 veces o más).
      [0] Las sílabas acentuadas son ligeramente más largas que las no acentuadas.
      [−] El acento no afecta a la duración de las sílabas.
   b) Estructura silábica
      [+] La lengua tiene una gran variedad de tipos silábicos y las sílabas con una estructura más compleja tienden a ser acentuadas, mientras que las de estructura más simple tienden a ser átonas.

[–] El número de tipos silábicos es limitado (predominantemente de estructura CV o CVC), y el acento y la complejidad de la sílaba son independientes. Además, se evita la formación de sílabas complejas mediante la simplificación de los grupos finales, la epéntesis o las reestructuraciones silábicas.

c) Cantidad

[+] Si existen distinciones por la cantidad, únicamente se permiten en las sílabas acentuadas.

[0] Las distinciones por cantidad se dan mayoritariamente en las sílabas acentuadas, aunque un pequeño número de ellas puede darse en sílabas no acentuadas.

[–] Las distinciones por cantidad se dan tanto en las sílabas acentuadas como en las inacentuadas, y no existen restricciones condicionadas por el acento.

2) Tono

a) Entonación

[+] Las sílabas acentuadas son puntos clave en la curva melódica. El tono se relaciona con el acento, pero el contorno tonal depende de la posición de la sílaba en la oración y del patrón entonativo. El énfasis o el contraste afectan principalmente a las sílabas acentuadas.

[–] La entonación y el acento son independientes. El énfasis puede afectar por igual a sílabas acentuadas y no acentuadas o manifestarse de otras maneras.

b) Contraste tonal

[+] Si el tono es distintivo en la lengua, solo recae en las sílabas acentuadas.

[0] El tono es distintivo y recae en las sílabas acentuadas y en las no acentuadas, pero en las sílabas no acentuadas está neutralizado o sujeto a numerosos cambios (reglas de armonía vocálica).

[–] El tono es distintivo, pero independiente de la acentuación, y puede recaer sobre cualquier tipo de sílaba o sobre un tipo silábico determinado. Si hay reglas de armonía vocálica, no dependen del acento.

3) Timbre de los sonidos

a) Vocales

[+] Existe un sistema de vocales que forman parte de las sílabas acentuadas; en las sílabas inacentuadas las vocales tienden a reducirse o a centralizarse.

[0] El número de vocales que pueden aparecer en las sílabas inacentuadas es menor, pero no son necesariamente centralizadas. Pueden existir procesos de ensordecimiento o de cierre articulatorio que tengan lugar únicamente en las inacentuadas.

[–] El sistema vocálico es el mismo para las sílabas átonas y tónicas y, si hay elisión o ensordecimiento, afecta por igual a las vocales acentuadas e inacentuadas; esos fenómenos vienen determinados por el contexto fonético y no por el acento.

b) Consonantes

[+] Las consonantes se articulan con mayor precisión articulatoria en las sílabas acentuadas, y algunas pueden tener alófonos reducidos o estar sujetas a neutralización en las sílabas inacentuadas.

[–] Todas las consonantes se articulan del mismo modo, independientemente del acento.

4) Función del acento

[+] El acento léxico es libre de moverse dentro de unas posiciones determinadas, y un cambio en la posición del acento puede implicar un cambio de significado.

[0] El acento puede recaer en una sola posición en la palabra, y mover el acento o añadir uno nuevo puede dar lugar a la formación de una nueva frontera de palabra.

[–] No existe acento fonológico en el nivel de palabra. Ninguna sílaba destaca sobre otra en la palabra y el acento puede moverse por razones estilísticas o emotivas. En cualquier caso, el movimiento del acento no implica un cambio de significado ni el establecimiento de un nuevo límite de palabra.

El español es una lengua que se situaría claramente entre las de ritmo silábico, como ejemplifica la autora en relación con algunas de las características que contempla en su modelo: las sílabas acentuadas son ligeramente más largas que las inacentuadas; el número de tipos silábicos es limitado, con predominio de la estructura CV; el acento es independiente de la complejidad silábica; los procesos de reestructuración silábica evitan la formación de sílabas complejas, y no hay un repertorio de vocales diferenciado para las sílabas acentuadas e inacentuadas.

Una posible objeción al modelo de Dauer es el hecho de que se podría llegar a un mismo resultado, igual número de [+] y de [−], aunque las características de las lenguas fueran distintas: ¿implicaría este hecho que pertenecen al mismo tipo rítmico? Lamentablemente, la propuesta de Dauer (1987) no ha tenido desarrollo, salvo para el búlgaro, en el estudio de Dimitrova (1998).

36.8 Las métricas rítmicas

En la última década, las investigaciones sobre el ritmo han derivado hacia modelos cuantitativos, centrados en las denominadas 'métricas rítmicas', esto es, los correlatos acústicos obtenidos de mediciones de la duración en la señal que constituirían las variables que permiten definir las características rítmicas de las lenguas con el fin de diferenciarlas y clasificarlas. En el siguiente apartado se describirán los modelos que se han aplicado en los estudios sobre el ritmo de las variantes del español.

36.8.1 Los modelos

36.8.1.1 La clasificación rítmica de las lenguas mediante la proporción de intervalos vocálicos y la desviación típica de los intervalos consonánticos

Ramus, Nespor y Mehler (1999) proponen una clasificación del ritmo de las lenguas basada en valores numéricos de duración medidos en la señal de habla. Este estudio tiene, en realidad, una orientación psicolingüística, y forma parte de una serie de investigaciones que se proponen como objetivo determinar el papel que desempeña el ritmo en la adquisición de la lengua materna y en la discriminación entre lenguas por parte de los bebés (Ramus, Nespor y Mehler 1999, 266–67).

Los autores asumen, siguiendo a Dauer (1983), que las lenguas no se pueden clasificar en las dos categorías excluyentes tradicionales, ya que algunas comparten características fonológicas atribuidas a ambos tipos. Citan las apreciaciones de Nespor (1990) sobre el estatus rítmico del catalán y del polaco: el catalán tiene una estructura silábica relativamente simple (como las lenguas de compás silábico) y reducción vocálica (como las lenguas de compás acentual); por el contrario, el polaco posee una estructura silábica muy compleja (como las lenguas de compás acentual), pero carece de reducción vocálica (como las lenguas de compás silábico). Las cuestiones que se plantean son en qué lugar se situarían esas lenguas en la escala propuesta por Dauer (¿más hacia el tipo silábico puro o más hacia el tipo acentual?) y cómo los bebés pueden discriminar una de otra. Esas diferencias fonológicas se han de cuantificar en la señal acústica.

El modelo parte de la hipótesis formulada por Mehler *et al.* (1996), según la cual la percepción del habla por parte de los bebés se centra en las vocales, puesto que estos sonidos tienen más energía que las consonantes, duran más que la mayoría de las consonantes y son los portadores del acento, lo que permite diferenciar entre sílabas fuertes y débiles. Los bebés perciben el habla como una sucesión de vocales (con una duración y una intensidad variables) que alternan con períodos de ruido, correspondientes a las consonantes. El propósito de los autores es demostrar que la segmentación del habla en intervalos de vocales y de consonantes (no en sonidos individuales) puede dar cuenta de la dicotomía tradicional entre 'compás acentual' y `compás silábico' y de la existencia de otros tipos rítmicos, puede clarificar cómo el ritmo puede ser 'extraído' de la señal acústica y puede explicar el comportamiento observado en los bebés en la discriminación entre lenguas (Ramus, Nespor y Mehler 1999, 270–71). El primer paso en el procedimiento es, por tanto, segmentar la señal en secuencias de vocales adyacentes y de consonantes adyacentes, sin considerar los límites silábicos, y medir la duración de los fragmentos segmentados. Las paravocales [→ § 1.6.4] semiconsonánticas se consideran como consonantes y las semivocálicas, como vocales [→ § 6.2.1, § 8.2.1].

De las características fonológicas que permiten diferenciar los tipos rítmicos, expuestos en Dauer (1983) y en Bertinetto (1989), se tienen en cuenta las referentes a la estructura silábica y a la reducción vocálica:

1) Las lenguas de compás acentual tienen una mayor variedad de tipos silábicos y el acento suele recaer en las sílabas con estructura más compleja; las sílabas son más prominentes que en las lenguas de ritmo silábico, ya que estas presentan una menor variedad de tipos silábicos, con predominio de las estructuras simples, y no existe dependencia entre la estructura silábica y el acento.

2) En las lenguas de compás acentual, las sílabas átonas suelen contener vocales reducidas, que son más breves; en cambio, en las lenguas de compás silábico no hay un repertorio de vocales diferenciado para las sílabas tónicas y para las átonas.

Para formalizar el modelo se calculan los valores de las siguientes variables:

1) La proporción de intervalos vocálicos en cada oración (%V), aplicando la siguiente fórmula: (suma de los intervalos vocálicos / duración total) × 100.
2) La desviación típica de los intervalos vocálicos de cada oración (ΔV).
3) La desviación típica de los intervalos consonánticos de cada oración (ΔC).

A continuación, se calcula la media de los valores obtenidos en todas las oraciones analizadas. Los autores indican que una proporción de los intervalos vocálicos igual al 50 % y una desviación típica de los intervalos vocálicos y de los consonánticos igual a 0 indicaría que la señal es perfectamente isócrona. Finalmente, se relacionan la proporción de intervalos vocálicos con la desviación típica de los intervalos consonánticos, por un lado, y con la de los intervalos vocálicos, por otro. Una tercera relación es la que se establece entre la desviación típica de los intervalos vocálicos y la desviación típica de los intervalos consonánticos. Se trata, por tanto, de un modelo tridimensional que permite situar las lenguas en tipos rítmicos, y relacionarlas, a partir de las variaciones de duración cuantificadas en la señal acústica.

Ramus, Nespor y Mehler (1999) desarrollaron este modelo en un experimento en el que analizaron ocho lenguas: español, francés e italiano (clasificadas tradicionalmente entre las de compás silábico), inglés y holandés (clasificadas entre las de compás acentual), polaco y catalán (que tienen características fonológicas pertenecientes a ambos tipos) y japonés (considerada de compás moraico). El corpus estaba formado por un total de 160 oraciones: cinco oraciones por lengua, leídas por cuatro hablantes nativos de cada lengua. Todas las oraciones tenían una duración aproximada de 3 segundos, y entre 15 y 19 sílabas.

La relación entre la proporción de intervalos vocálicos y la desviación típica de los intervalos consonánticos es la que mejor refleja la distribución de las lenguas en las tres categorías tradicionales, en opinión de los autores. El inglés, el holandés y el polaco muestran una gran variación en la duración de los intervalos consonánticos, que se relaciona con más tipos silábicos, con una estructura silábica más compleja y un mayor número de consonantes formando parte de las sílabas, características propias de las lenguas de compás acentual; una mayor duración consonántica implica, necesariamente, una reducción del porcentaje de intervalos vocálicos. Las cuatro lenguas románicas, con valores semejantes, tienen una menor desviación típica de los intervalos consonánticos, como resultado de una estructura silábica más simple, característica de las lenguas de compás silábico, y una mayor proporción de intervalos vocálicos. El japonés, con estructuras silábicas muy simples, es la lengua que presenta menor desviación típica de los intervalos consonánticos y la mayor proporción de intervalos vocálicos.

Según Ramus, Nespor y Mehler (1999), los valores de desviación típica de la duración de los intervalos vocálicos con relación a la proporción de los intervalos vocálicos pueden reflejar algunas características fonológicas de las lenguas estudiadas: la reducción vocálica en inglés, holandés y catalán, el contraste entre vocales largas y breves del japonés, el alargamiento vocálico del italiano en determinados contextos, las vocales tensas y los diptongos del inglés y del holandés y las vocales nasalizadas del francés. Estas lenguas son las que tienen valores más altos, en oposición al español y al polaco, lenguas que no están afectadas por fenómenos fonológicos que incrementen o disminuyan la variación de la duración vocálica. La relación entre la proporción de intervalos vocálicos y la desviación típica de los intervalos vocálicos parece menos clarificadora para la clasificación rítmica de las lenguas, pero pone en evidencia que el polaco es una lengua con características distintas a las del inglés y a las del holandés, las dos lenguas con las que se agrupaba atendiendo a las variaciones de la duración consonántica.

Si se relacionan las variaciones de la duración de los intervalos vocálicos y de los consonánticos, el polaco, con una gran variación consonántica y poca variación vocálica, queda separado del inglés y del holandés, que tienen los valores más altos en ambas variables; las lenguas románicas resultan agrupadas de nuevo, y el japonés, en oposición al polaco, presenta una gran variación en los valores de duración vocálica y muy pequeña en los valores de duración consonántica.

El estudio acústico se complementa con una serie de experimentos perceptivos en los que se verifica que tanto los bebés como los adultos pueden discriminar lenguas pertenecientes a clases rítmicas distintas (español e inglés), pero son incapaces de distinguir entre lenguas pertenecientes a la misma categoría (ingles de holandés y español de catalán). El polaco es susceptible de una discriminación moderada al contrastarlo con el inglés, el catalán y el español, lo que sugiere que es una lengua 'mixta' o que pertenece a una clase rítmica diferenciada.

36.8.1.2 *La clasificación rítmica de las lenguas mediante el Pairwise Variability Index (PVI)*

Grabe y Low (2002), al igual que Ramus, Nespor y Mehler (1999), proponen una clasificación a partir de los valores de duración obtenidos en el análisis de la señal acústica, pero con un enfoque distinto: miden las duraciones de los intervalos vocálicos (las secuencias de vocales adyacentes) y de los intervalos intervocálicos (las secuencias consonánticas), sin considerar los límites silábicos, y aplican a los valores obtenidos en ambos tipos de mediciones el *Pairwise Variability Index* (PVI), una ecuación que expresa la variación entre mediciones sucesivas.

El PVI ya se había empleado en investigaciones anteriores, por ejemplo, en el estudio contrastivo entre el ritmo del inglés británico y el del inglés de Singapur de Low, Grabe y Nolan (2000), que se puede considerar el precedente de este modelo; en ellas se ha demostrado que cuantifica mejor las variaciones de duración que la desviación típica, puesto que calcula las diferencias entre cada uno de los intervalos y el siguiente (a-b, b-c, c-d ...), en lugar de tomar todos los valores en conjunto. Por ejemplo, si en una lengua un intervalo está formado por vocales largas y otro por vocales breves, mientras que en otra lengua ambos intervalos contienen el mismo número y los mismos tipos de vocales agrupadas en combinaciones de largas y breves, la desviación típica será la misma, pero el patrón de duraciones vocálicas diferirá entre ambas lenguas.

Se distingue entre el denominado *raw Pairwise Variability Index* (rPVI) y el *Pairwise Variability Index* normalizado por la media (nPVI). La fórmula del rPVI calcula la diferencia de duración de todos los pares de intervalos sucesivos y después calcula la media de todas las diferencias. En el nPVI se lleva a cabo una normalización dividiendo la duración de cada intervalo por la duración media de los pares. Grabe y Low (2002) aplican el nPVI a los valores de duración de los intervalos vocálicos con el fin de controlar las variaciones debidas a los cambios de velocidad de elocución (no contempladas en el modelo de Ramus, Nespor y Mehler [1999]); estos cambios afectan más a las vocales que a las consonantes, a cuyos valores aplican el rPVI.

Las autoras consideran que las relaciones que se establecen entre las variaciones de la duración de los fragmentos vocálicos y de los fragmentos consonánticos, calculadas mediante el PVI, pueden explicar las diferencias rítmicas entre las lenguas mejor que la propuesta de Ramus, Nespor y Mehler (1999). Teniendo en cuenta las características fonológicas referentes a la estructura silábica y al timbre vocálico, el modelo predice que una lengua de compás silábico, como el español, tendría valores bajos de variación en los intervalos vocálicos y en los intervocálicos; una lengua de compás acentual, como el inglés, mostraría valores altos en ambos tipos de intervalos; el polaco presentaría valores bajos en los intervalos vocálicos y altos en los intervocálicos; y el catalán, altos en los vocálicos y bajos en los intervocálicos. El modelo de Ramus, Nespor y Mehler (1999), en el que los tipos rítmicos quedaban mejor representados cuando se relacionaba la proporción de los intervalos vocálicos y la desviación típica de los intervalos consonánticos, no mostraba en dicha relación, por ejemplo, la baja variación de la duración vocálica del polaco. Además, Grabe y Low defienden que la distinción entre las lenguas de compás acentual y las lenguas de compás silábico se observa en las variaciones de la duración vocálica.

Los resultados de un estudio previo (Grabe, Post y Watson 1999) muestran que en inglés hay una mayor variación que en francés, y este hecho es atribuible al timbre vocálico, ya que el inglés, pero no el francés, posee un sistema con vocales plenas, vocales reducidas y vocales breves que implican diferencias de duración importantes.

Las predicciones del modelo se contrastaron en un experimento en el que se analizaron 18 lenguas: español, francés, tamil e inglés de Singapur (clasificadas como de compás silábico); inglés británico, holandés, alemán y tailandés (de compás acentual); japonés (de compás moraico); catalán y polaco (con características de las lenguas de compás acentual y de compás silábico); y estonio, griego, luxemburgués, malayo, mandarín, rumano y galés (lenguas aún no clasificadas desde el punto de vista rítmico). El corpus estaba constituido por una lectura, por parte de un hablante de cada lengua, del texto de la Asociación Fonética Internacional *El viento norte y el sol*. En la segmentación de la señal, se excluyeron las pausas, y se siguió un criterio acústico para decidir si las paravocales semiconsonánticas forman parte de los intervalos vocálicos o intervocálicos: si la presencia de una semiconsonante implica cambios en la estructura formántica o en la amplitud, se considera como consonante; si no se producen esos cambios en la señal, se incluye en los intervalos vocálicos, del mismo modo que las paravocales semivocálicas; este procedimiento difiere del adoptado por Ramus, Nespor y Mehler (1999).

Los resultados del experimento, al relacionar los valores del rPVI de los intervalos intervocálicos y los del nPVI de los intervalos vocálicos muestran que no todas las predicciones se cumplen: los valores de nPVI y rPVI del inglés, del holandés, del alemán y del francés son los esperados para las categorías rítmicas en las que se han clasificado tradicionalmente esas lenguas. El español, en cambio, tiene valores bajos de nPVI, los presumibles en una lengua de compás silábico, pero los de rPVI no difieren mucho de los hallados para el holandés y el alemán, y son más propios de una lengua de compás acentual.

Las autoras apelan a futuros estudios para indagar en el papel del rPVI en la categorización rítmica de las lenguas, ya que aparentemente no posee un valor tan determinante como el nPVI. El japonés parece situarse entre las lenguas de compás silábico, pero tiene unos valores muy altos de rPVI para lo que se espera en una lengua con una estructura silábica simple; este hecho puede atribuirse a un problema de segmentación de la señal: en japonés, las vocales situadas entre consonantes sordas se suelen ensordecer, y se han considerado como intervalos intervocálicos. El experimento confirma la clasificación rítmica tradicional del tailandés como lengua de compás acentual, pero no la del tamil, cuyos valores difieren de los de una lengua de compás silábico. Finalmente, se observa que varias de las lenguas analizadas, entre ellas el catalán y el polaco, se sitúan entre las categorías 'compás acentual / compás silábico', por lo que queda en evidencia la debilidad de la clasificación tradicional.

Grabe y Low (2002) llevan a cabo otras pruebas estadísticas para verificar el grado de significación de los valores de duración obtenidos y analizan sus datos mediante el modelo de Ramus, Nespor y Mehler (1999), con resultados que no siempre coinciden con la aplicación de su propio modelo y que son atribuibles a la velocidad de elocución no controlada. No obstante, señalan la provisionalidad de los resultados de su experimento, por el hecho de haber recurrido a un solo informante por lengua.

En un artículo en respuesta a Grabe y Low (2002), Ramus (2002) aplica los PVI a los datos del corpus de Ramus, Nespor y Mehler (1999) y obtiene resultados similares a los que proporcionaba la desviación típica. Concluye que, por el hecho de haber trabajado con un solo informante por lengua, los resultados de Grabe y Low pueden reflejar idiosincrasias de los hablantes. Es necesario contar con un mayor número de informantes por lengua, ampliar el elenco de lenguas estudiadas y considerar diversos estilos de habla. Ramus no deja de reconocer la necesidad de controlar la velocidad de elocución, en el corpus o mediante procedimientos de normalización; no obstante, plantea algunas cuestiones:

¿Qué unidad se debe tomar como medida de la velocidad de elocución: sílabas por segundo, fonemas, pies, moras, intervalos vocálicos, intervalos consonánticos, unidades de sentido? [→ § 33.3] ¿Dicha unidad ha de ser la misma para todas las lenguas?; por ejemplo, el japonés es 'más rápido' que el inglés, ya que las moras son más breves que las sílabas inglesas. ¿Qué tipo de unidad elegir, por ejemplo, sílabas fonéticas o fonológicas? ¿Es posible que haya lenguas en las que se hable más rápido que en otras por razones culturales, y que eso implique percibir diferencias rítmicas? Por todo ello, un estudio interlingüístico ha de contar con métodos de normalización también interlingüísticos [→ § 37.8].

36.8.1.3 *La clasificación rítmica de las lenguas mediante la proporción de intervalos vocálicos y la desviación típica normalizada de los intervalos consonánticos*

El control de la velocidad de elocución es esencial para validar las métricas rítmicas; por ejemplo, los resultados de Barry y Russo (2004), un estudio comparativo sobre el italiano y el alemán en un corpus de diálogos semiespontáneos, muestran, en contra de lo esperable, que tanto ΔC y ΔV como los PVI presentan, por término medio, valores más altos en italiano que en alemán por las diferencias en la velocidad de elocución. Dellwo y Wagner (2003) investigan, en un experimento sobre el francés, el inglés y el alemán, la influencia de ese factor en los correlatos acústicos del ritmo (%V y ΔC) propuestos por Ramus, Nespor y Mehler (1999). En sus resultados se observa que la velocidad de elocución afecta, sobre todo, a los valores de ΔC, pero las tres lenguas estudiadas se sitúan en las áreas de sus correspondientes categorías. Los autores proponen normalizar el valor de esta variable dividiéndolo por la media de la duración de los intervalos consonánticos, una operación semejante a la que obtiene el nPVI. El resultado de la normalización es el denominado 'VarcoΔC':

$$\text{Varco}\Delta C = \Delta C \, / \, \text{media de } C * 100$$

Dellwo (2006) compara la aplicación de ΔC y VarcoΔC en un estudio sobre el francés, el inglés y el alemán, y considera que VarcoΔC define mejor las categorías rítmicas.

36.8.1.4 *La clasificación rítmica de las lenguas mediante la proporción de intervalos vocálicos y la desviación típica normalizada de los intervalos vocálicos*

En los trabajos de White y Mattys (2007a, 2007b) y White *et al.* (2007) se propone también normalizar la duración de los intervalos vocálicos, el VarcoΔV, como medida que permite discriminar mejor las categorías rítmicas tradicionales al neutralizar la influencia de la velocidad de elocución. Esta métrica había sido aplicada anteriormente por Ferragne y Pellegrino (2004) en un estudio comparativo de las variantes del inglés británico. White y Mattys (2007a, también en White y Mattys 2007b) comprueban la adecuación de las métricas rítmicas propuestas por Ramus, Nespor y Mehler (1999), por Grabe y Low (2002) y por Dellwo y Wagner (2003). Estudian cuatro lenguas, español, francés, inglés y holandés, en hablantes nativos de cada una de ellas y en hablantes bilingües. El corpus estaba formado por grabaciones de lectura de oraciones. Los valores obtenidos en el cálculo de las métricas rítmicas se analizaron estadísticamente mediante un ANOVA y la prueba de Diferencia Significativa Honesta de Tukey.

La comparación de los valores de las métricas rítmicas entre pares de lenguas muestra diferencias estadísticamente significativas. Por ejemplo, en la desviación típica de los intervalos vocálicos (ΔV), los valores del español son significativamente menores que los del francés, del inglés y del holandés, pero no hay diferencias significativas entre esas tres lenguas; los valores de la desviación típica de los intervalos consonánticos (ΔC) presentan diferencias estadísticamente significativas entre el español (también con valores menores) y el inglés, los valores del francés y del holandés ocupan un lugar intermedio, pero sin que las diferencias sean significativas en la comparación entre pares de lenguas. Las métricas que distinguen mejor las lenguas de compás acentual de las de compás silábico son las que se basan en la duración de las vocales: el porcentaje de fragmentos vocálicos (%V), el *Pairwise Variability Index* normalizado de los intervalos vocálicos (nPVI-V) y la desviación típica normalizada de los intervalos vocálicos (VarcoΔV). La superioridad de esta última se observa en la mejor discriminación de los hablantes bilingües: el ritmo de los hispanohablantes nativos hablantes de inglés y el de los anglohablantes nativos hablantes de español se sitúa en una categoría intermedia entre los ritmos puros de ambas lenguas.

36.8.1.5 *La clasificación rítmica de las lenguas basada en el parámetro de la sonoridad*

Una de las últimas propuestas sobre los correlatos acústicos del ritmo tiene en cuenta la duración de los períodos de habla formados por segmentos sordos y por segmentos sonoros [→ § 1.5.3]. Dellwo, Fourcin y Abberton (2007), modificando la hipótesis de Ramus, Nespor y Mehler (1999), argumentan que las clases rítmicas no se distinguirían acústica y perceptivamente a partir de las diferencias entre fragmentos vocálicos y fragmentos consonánticos, sino a partir de la sonoridad de los segmentos. Si se asume que los bebés pueden distinguir auditivamente las distintas clases rítmicas a partir de la información acústica de la señal, esa información debe ser menos compleja que la aportada por las vocales y las consonantes. Por ejemplo, ¿un bebé francés puede distinguir auditivamente una consonante nasal (un segmento consonántico) de una vocal nasal (un segmento vocálico)? Por otro lado, existen consonantes cuyas características acústicas se asemejan a las de las vocales —por ejemplo, las aproximantes y las nasales— y consonantes sordas que se sonorizan por el contexto, asemejándose también a las vocales. Además de las consideraciones perceptivas, esta propuesta tiene una ventaja metodológica: los valores de duración se pueden obtener directamente de la señal, a partir de la f_0, mediante algoritmos o a través de un electrolaringógrafo [→ § 1.7], sin necesidad de segmentación ni de etiquetaje. Dellwo, Fourcin y Abberton (2007) proponen sustituir la proporción de los intervalos vocálicos por la proporción de los intervalos sonoros (%*voiced*, %VO) y la desviación típica de los intervalos consonánticos por la desviación típica de los intervalos sordos (Δ*unvoiced*, ΔUV), que se normalizan mediante la fórmula del VarcoΔC para neutralizar los efectos de la velocidad de elocución. El experimento que describen en el artículo mencionado demuestra que las métricas rítmicas basadas en la sonoridad permiten diferenciar claramente las lenguas de compás acentual (alemán e inglés, en este caso) de las lenguas de compás silábico (francés e italiano).

Fourcin y Dellwo (2009), así como Dellwo y Fourcin (2013), aplican el cálculo de estas métricas rítmicas al estudio del español y de otras lenguas. En un primer experimento comparan las medidas de duración que se obtienen aplicando su modelo con las calculadas mediante los modelos de Ramus, Nespor y Mehler (1999) y de Grabe y Low (2002). En la propuesta de Fourcin y Dellwo (2009) las métricas originales de estos autores son reemplazadas de modo que los valores de duración vocálica se sustituyen por los valores de duración de los segmentos sonoros (vocales y consonantes) y los valores de duración consonántica por los valores de duración de los segmentos sordos, es decir, de las consonantes sordas. El corpus de trabajo era el mismo que analizaron Ramus, Nespor y Mehler (1999), pero solo se estudiaron las lenguas claramente clasificadas: español, francés, italiano, inglés, alemán y japonés. Los resultados muestran que las métricas rítmicas de Ramus, Nespor y Mehler (1999) y sus equivalentes basadas en la sonoridad pueden clasificar por igual las tres categorías rítmicas tradicionales. Los valores de la proporción de los intervalos sonoros (%VO) son alrededor de un 30 % más altos que los valores de la proporción de intervalos vocálicos (%V), para cada categoría, pero las tendencias son las mismas: la lengua de compás moraico (el japonés) presenta la mayor duración de intervalos vocálicos y de intervalos sonoros; las lenguas de compás acentual (inglés y alemán), la menor; y las lenguas de compás silábico (español, francés, italiano) se sitúan entre ambas categorías. Las medidas absolutas de los valores de la desviación típica de los intervalos consonánticos (ΔC) y de los valores de la desviación típica de los intervalos sordos (ΔVU) son bastante similares en las tres clases rítmicas, y el patrón general es el mismo: las lenguas de compás acentual muestran la mayor variabilidad, seguidas de las lenguas de compás silábico y de la lengua de compás moraico. Las pruebas estadísticas (ANOVA y prueba de Diferencia Significativa Honesta de Tukey) demuestran que, de acuerdo con estas cuatro métricas, las diferencias entre las clases rítmicas estudiadas son significativas. En cambio, los resultados de la comparación de las métricas propuestas por Grabe y Low (2002) con sus equivalentes basadas en la sonoridad no son similares y los patrones rítmicos no siempre se diferencian.

En un segundo experimento, Fourcin y Dellwo (2009) estudian dos lenguas de compás silábico (español y francés) y dos lenguas de compás acentual (inglés y alemán). El corpus, formado por cinco textos de distinta longitud, fue leído por tres hablantes de cada lengua. En la grabación se utilizó un electrolaringógrafo, lo que permitió la detección automática de los fragmentos sordos y sonoros. Únicamente analizan las métricas basadas en la sonoridad, adaptadas de las propuestas de Ramus, Nespor y Mehler (1999) y Grabe y Low (2002) como en el primer experimento, pero introduciendo las versiones normalizadas, ya que la velocidad de elocución no se había controlado en las grabaciones. Los resultados repiten los patrones que se obtuvieron en el primer experimento: las lenguas de compás silábico tienen una mayor proporción de fragmentos sonoros que las lenguas de compás acentual y la desviación típica de los intervalos sordos es mayor en las lenguas de compás acentual que en las lenguas de compás silábico. Estos patrones son semejantes a los que se obtendrían con las métricas aplicadas a valores de duración vocálica y de duración consonántica, lo que corrobora la validez del modelo.

Como conclusión a este apartado es preciso mencionar que los diversos modelos propuestos para el cálculo de las métricas rítmicas muestran un progresivo refinamiento con el fin de conseguir una mejor clasificación del ritmo de las lenguas. No obstante, es campo de investigación abierto; por ejemplo, sería necesario determinar la mayor o menor influencia de los distintos factores que configuran el ritmo de las lenguas para validar la adecuación de las distintas métricas. En esta línea, un estudio comparativo sobre el español, el catalán y el inglés de Prieto Vives *et al.* (2012) muestra que, al controlar la estructura silábica de los materiales analizados en las tres lenguas, las métricas rítmicas basadas en la duración de los intervalos consonánticos, como ΔC y VarcoΔC, son más sensibles a las diferencias fonotácticas que a las diferencias rítmicas, mientras que las métricas basadas en las duraciones de los intervalos vocálicos (concretamente, %V, ΔV, VarcoΔV y nPVI-V) están dotadas de una mayor robustez para diferenciar los tipos de lenguas. Además, aun controlando las estructuras silábicas, los valores obtenidos para el inglés son sistemáticamente mayores que los del español y del catalán; es evidente que uno de los factores que puede influir en este resultado es la duración de los segmentos.

36.8.2 Las métricas rítmicas en las variantes del español

Varias investigaciones han aplicado las métricas rítmicas descritas en el apartado anterior al estudio del ritmo del español; se trata de trabajos comparativos en los que se contrastan, en diversos estilos de habla, algunas de sus variantes, entre ellas o con otras lenguas.

36.8.2.1 Español de Perú: variantes de Lima y de Cuzco

O'Rourke (2008a, 2008b) estudia el ritmo del español de Perú en dos artículos sucesivos. En el primero sigue el modelo de Ramus, Nespor y Mehler (1999), y en el segundo amplía los datos aplicando el modelo de Grabe y Low (2002) y las aportaciones de Dellwo y Wagner (2003), Dellwo (2006), Dellwo, Fourcin y Abberton (2007) y White y Mattys (2007a, 2007b). La autora compara las variantes de Lima y de Cuzco. Las características del habla de estas dos ciudades pueden implicar diferencias rítmicas. En Lima se produce la aspiración y la elisión de /s/, lo que se podría traducir en un mayor porcentaje de duración de los intervalos vocálicos (%V). En el habla de Cuzco existe un proceso de reducción de las vocales átonas, con la consiguiente reestructuración de los grupos consonánticos, que puede contribuir a una mayor variación de la duración vocálica (ΔV) y de la duración consonántica (ΔC). Además, Cuzco está situada en zona de contacto con el quechua, y esta lengua podría influir en una diferenciación del ritmo de los hablantes nativos de español y de los hablantes bilingües de quechua y español. El objetivo final es determinar si el ritmo de las variantes del español de Perú coincide con las categorías descritas tradicionalmente, si permite apoyar la existencia de un continuo entre dos categorías o si existen tipos alternativos de ritmo.

El corpus analizado en ambos trabajos está formado por las lecturas de 12 oraciones enunciativas de entre 9 y 13 sílabas con estructura SVO. Participaron tres grupos de informantes varones con edades comprendidas entre 18 y 39 años y con estudios superiores: tres hablantes de Lima sin conocimiento de quechua, tres hablantes de Cuzco con español como lengua materna y sin conocimientos de quechua, y tres hablantes de Cuzco bilingües de quechua y español. Todos leyeron dos veces cada oración. Para comprobar las predicciones descritas anteriormente, O'Rourke (2008a) calculó los valores de las siguientes métricas: el porcentaje de duración de los intervalos vocálicos (%V), la desviación típica de la duración vocálica (ΔV) y de la duración consonántica (ΔC) y sus valores normalizados para maximizar la comparación entre los hablantes. Los resultados muestran que los hablantes de Lima presentan un valor mayor de %V que los hablantes de Cuzco, y que apenas existen diferencias entre los valores medios de los dos grupos de informantes de esta ciudad, hablantes nativos de español y hablantes bilingües. No obstante, en los dos grupos de Cuzco se encuentran también hablantes con valores altos de %V. Un factor que puede contribuir a incrementar el valor de %V de los hablantes de Lima es la realización del acento, con un alargamiento de la sílaba tónica mayor que en el caso de los hablantes de Cuzco. En los valores de ΔC se cumplen las predicciones: los valores medios de los hablantes de Cuzco nativos de español y de los bilingües son mayores que los valores de los hablantes de Lima, aunque al contrastar los valores normalizados de esta métrica las diferencias se reducen. En cambio, no se cumplen las predicciones en los valores ΔV, puesto que en los hablantes de Lima son mayores que en los hablantes de Cuzco; los valores normalizados de esta métrica muestran la misma tendencia. La reducción vocálica, por tanto, no se ha manifestado como un factor determinante del ritmo en este corpus de lectura. El tratamiento estadístico de los datos (MANOVA) demuestra que existen diferencias significativas entre los hablantes de Lima y de Cuzco en los valores de las métricas rítmicas estudiadas, pero no entre los dos grupos de hablantes de Cuzco; la autora propone estudiar otros grupos sociolectales y de edad para determinar la influencia del quechua.

Según los datos de O'Rourke (2008a), el español de Perú no se agrupa con el español estudiado por Ramus, Nespor y Mehler (1999), pues este último muestra un mayor porcentaje de duración de los intervalos vocálicos (%V) y una menor desviación típica de la duración consonántica (ΔC); sin embargo, en los tres grupos de hablantes peruanos tampoco se manifiestan rasgos de las lenguas de compás acentual. Si se asume un continuo entre las categorías rítmicas, en una comparación con los datos de Ramus, Nespor y Mehler (1999), el habla de Cuzco se situaría entre las lenguas de compás silábico y la de compás moraico, esto es, el japonés, y el habla de Lima estaría cercana a esta lengua.

En un segundo análisis de los datos, O'Rourke (2008b) calcula las dos métricas rítmicas propuestas por Grabe y Low (2002), el *raw Pairwise Variability Index* de los intervalos intervocálicos, es decir, de los fragmentos consonánticos (rPVI-C), y el *Pairwise Variability Index* normalizado de los intervalos vocálicos (nPVI-V), además del VarcoΔC (Dellwo y Wagner 2003; Dellwo 2006) y el VarcoΔV (White y Mattys 2007a, 2007b). Los datos de los hablantes de Lima presentan valores más altos de nPVI-V y más bajos de rPVI-C que los hablantes de los dos grupos de Cuzco. Al comparar estos resultados con los de Grabe y Low (2002), se observa en los datos de los hablantes de Lima una mayor variación de la duración vocálica que en los de los hablantes de Cuzco y en los aportados para el español por esas dos fonetistas, pero en todos los grupos de Perú la variación de la duración consonántica es menor que la obtenida por Grabe y Low (2002). Los resultados, tanto para el VarcoΔC como para el VarcoΔV, agrupan los datos de los hablantes de Cuzco (nativos de español y bilingües) separados de los de Lima. En estas dos métricas se observan las mismas tendencias que en la comparación con los datos de Grabe y Low (2002): tomando como referencia los datos de White y Mattys (2007a), las variantes de Perú muestran una mayor fluctuación de la duración consonántica y una menor fluctuación de la vocálica. En todo caso, el español de Perú, en una clasificación rítmica, está más cerca de las variantes del español consideradas en el estudio de White y Mattys (2007a) y del francés (lenguas de isocronía silábica) que del inglés y del alemán (lenguas de isocronía acentual). Las pruebas estadísticas también demostraron con estas métricas que existen diferencias significativas entre los hablantes de Lima y de Cuzco, pero no entre los dos grupos de hablantes de Cuzco, nativos de español y bilingües.

36.8.2.2 *Español de América: variantes de Venezuela (Andes y Llanos), de Cuba (La Habana) y de Argentina (Buenos Aires)*

Toledo (2009) analiza tres de las variantes hispanoamericanas del español grabadas para el proyecto AMPER (*Atlas multimedia de la prosodia del espacio románico*) (Fernández Planas 2005; Martínez Celdrán y Fernández Planas 2003–2018). El corpus está formado por oraciones enunciativas de estructura SN + SV + SPrep., emitidas por hablantes femeninas de sociolecto medio, una de la variante de Andes, otra de Llanos y dos de La Habana. Para obtener estas oraciones, nueve por informante, se usó la técnica de la entrevista dirigida. En su estudio, Toledo calcula tres métricas rítmicas: la proporción de los intervalos vocálicos (%V), el *Pairwise Variability Index* de los intervalos vocálicos (nPVI-V) y la desviación típica de intervalos consonánticos (ΔC) con valores normalizados por logaritmos de base e para neutralizar la influencia de la velocidad de elocución, siguiendo las aportaciones, respectivamente, de Ramus, Nespor y Mehler (1999), Grabe y Low (2002) y Dellwo (2006). El autor compara sus resultados con los obtenidos para el español y para el inglés por Ramus (2002), equivalentes a los hallazgos de Ramus, Nespor y Mehler (1999), y por White y Mattys (2007b). Una de las hablantes de La Habana presenta valores de %V más altos que las otras tres informantes, pero todos los datos se sitúan en el margen de variación que se espera para una lengua de compás silábico, con valores más elevados que para una lengua de compás acentual. En los datos de nPVI-V se observa una tendencia similar: valores más altos para el español cubano que para el de las dos variantes venezolanas, pero todos más bajos que los que se obtienen para una lengua de compás acentual, como predice la teoría. En cuanto a los resultados de ΔC normalizado, las tres variantes del español de América analizadas en este estudio presentan valores similares, que se sitúan entre los del español y los del inglés aportados por White y Mattys (2007b), pero los valores de duración calculados por estos dos autores no estaban normalizados como en el trabajo de Toledo (2009).

En el mismo tipo de oraciones, pero en el marco del proyecto AMPER-Argentina, Toledo *et al.* (2009) estudiaron la variación rítmica en dos corpus producidos por informantes con diferencias socioeducativas (mujeres con y sin instrucción universitaria) por medio de tres métricas: la proporción de los intervalos vocálicos (%V), la desviación típica de los intervalos vocálicos (ΔV) y la desviación típica de los intervalos consonánticos (ΔC). Los resultados muestran que no existen grandes diferencias entre ambos grupos de hablantes. En Toledo (2010b) se recogen los datos de este estudio, ampliados con el análisis de hasta siete métricas: la proporción de los intervalos vocálicos (%V), la desviación típica de los intervalos vocálicos (ΔV), la desviación típica de los intervalos consonánticos (ΔC), el *Pairwise Variability Index* normalizado de los intervalos vocálicos (nPVI-V), el *raw Pairwise Variability Index* de los intervalos intervocálicos (rPVI-C), el VarcoΔC y el VarcoΔV. El autor compara los resultados con los de las cuatro lenguas estudiadas por White y Mattys (2007b) y, de acuerdo con todas las métricas, los valores obtenidos en el español de Argentina son los previsibles para una categoría rítmica de compás silábico.

36.8.2.3 *Español peninsular y español de Canarias*

Cuatro trabajos de Toledo (2010a, 2010b, 2010c, 2010d) han abordado el estudio de las métricas rítmicas en distintas variantes del español peninsular y del español de Canarias, y en distintos tipos de corpus procedentes de hablantes con diferencias sociolectales.

Toledo (2010d) estudia tres variantes del español en muestras pertenecientes al proyecto AMPER-España, concretamente, AMPER-Aragón, AMPER-Canarias y AMPER-Granada. Como es habitual en este proyecto, los materiales están integrados por oraciones declarativas (con la estructura sintáctica general de este corpus, SN + SV + SPrep., a la que ya se aludió anteriormente), nueve oraciones en total, emitidas para cada una de las tres variantes lingüísticas por una mujer adulta sin estudios superiores. Las informantes eran de Jaca (Aragón), de Tenerife (Canarias) y de Granada capital, pero con origen y residencia prolongada en el ámbito rural. Las métricas calculadas en esta investigación son las mismas que en Toledo (2009): la proporción de los intervalos vocálicos (%V), el *Pairwise Variability Index* de los intervalos vocálicos (nPVI-V) y la desviación típica de intervalos consonánticos (ΔC) con valores normalizados por logaritmos de base e. Los resultados sitúan a las tres variantes del español entre las lenguas de compás silábico. Los valores de las métricas rítmicas son similares y, además, apenas difieren de los obtenidos para las variantes de Venezuela, Cuba (Toledo 2009) y Argentina (Toledo 2010b; Toledo *et al.* 2009), aunque se muestran algunas peculiaridades de las informantes; concretamente, la informante de Granada presenta valores muy altos de ΔC y de nPVI-V, en comparación con las otras informantes españolas, que se explican por las reducciones y elisiones de consonantes y de vocales en su producción, pero también son elevados, entre las variantes del español de América, los valores de ΔC de la informante venezolana de Andes.

En el corpus del proyecto AMPER-Sevilla, Toledo (2010b) calculó siete métricas rítmicas: la proporción de los intervalos vocálicos (%V), la desviación típica de los intervalos vocálicos (ΔV), la desviación típica de los intervalos consonánticos (ΔC), el *Pairwise Variability Index* normalizado de los intervalos vocálicos (nPVI-V), el *raw Pairwise Variability Index* de los intervalos intervocálicos (rPVI-C), el VarcoΔC y el VarcoΔV. Las informantes eran dos mujeres sevillanas adultas sin estudios superiores. Como en los trabajos antes descritos, los valores obtenidos en todas las métricas son los esperados en una lengua de compás silábico, al compararlos con los de White y Mattys (2007b). El autor también coteja los resultados del análisis rítmico de la variante del español de Sevilla con los de sus trabajos anteriores (para las variantes españolas y americanas) y con los de O'Rourke (2008a, 2008b), y amplía, como ya se ha mencionado, las métricas calculadas en el trabajo sobre el español de Argentina (Toledo *et al.* 2009). En general, en las variantes españolas se observa un mayor grado de reducción vocálica que en las americanas, pues sus valores de %V son algo más bajos; las variantes de Perú estudiadas por O'Rourke (2008a, 2008b) son las que presentan el menor grado de reducción, con los valores de %V más altos. La variación de la duración consonántica es mínima en español, en todas las variantes estudiadas, como consecuencia de una estructura silábica simple, aunque los resultados de los distintos experimentos no siempre son comparables por haberse trabajado con valores normalizados y no normalizados de ΔC.

El objetivo de la investigación desarrollada en Toledo (2010a) era determinar si existen divergencias rítmicas debidas a diferencias sociolectales y diafásicas. Su punto de partida son las consideraciones de Bertinetto (1989), reelaboradas por Bertinetto y Bertini (2007–2008, 2008, 2009), sobre el papel que desempeñan el control y la compensación de las duraciones segmentales y silábicas en la distinción entre tipos de lenguas; a las propuestas de Bertinetto (1989) ya se ha hecho referencia en el § 36.6. Toledo (2010a) propone que en los discursos formales y en las producciones de los sociolectos altos se tendería a un mayor control de la duración, que se reflejaría en menores reducciones segmentales, en un nivel de coarticulación bajo y en la ausencia de elisiones; en cambio, en los discursos menos formales y en los sociolectos bajos se tendería a unas duraciones menos controladas, con mayor reducción segmental, coarticulaciones relevantes y elisiones.

Para verificar su hipótesis, Toledo (2010a) analizó cuatro discursos académicos pronunciados por profesores universitarios: una hablante del español de Tenerife, de origen canario y con residencia en Tenerife; un informante de origen murciano, que vive regularmente en Cataluña; un informante de Ciudad Real que ha vivido gran parte de su vida en Madrid y ahora reside en el extranjero, con contacto habitual con el inglés; y una informante asturiana que vive regularmente en Oviedo («Dedicatorias manuscritas» 2008). En el experimento se calcularon tres métricas rítmicas: la proporción de la duración de los intervalos vocálicos (%V) y las desviaciones típicas normalizadas de las duraciones vocálicas (ΔV) y consonánticas (ΔC). Los resultados se compararon con los obtenidos en los estudios antes descritos de los corpus AMPER-Hispanoamérica y AMPER-España (Toledo 2010d, 2010b), constituidos por oraciones emitidas por hablantes sin estudios superiores. Los valores de las tres métricas rítmicas analizadas corroboran el ritmo de compás silábico del español en las cuatro variantes estudiadas, comparándolos con los de Ramus (2002), Ramus, Nespor y Mehler (1999) y White y Mattys (2007b), aunque también se observan peculiaridades en los hablantes; por ejemplo, el informante de Murcia presenta un %V muy alto, por la realización del acento.

No obstante, a pesar de tales peculiaridades, la hipótesis de Toledo (2010a) se verifica. El español, como lengua de compás silábico, en oposición a las lenguas de compás acentual, presenta una proporción de la duración de los intervalos vocálicos muy alta y una menor desviación típica de la duración de los intervalos vocálicos y de los consonánticos. En los cuatro discursos formales leídos por profesores universitarios el valor de %V es mayor que en las grabaciones de los corpus de AMPER; es el resultado de una pronunciación cuidada, controlada, sin apenas reducción segmental. Además, los cuatro discursos también presentan valores mayores de ΔV y ΔC. A mayor formalidad del discurso, y aunque parezca contradictorio, la desviación típica, tanto de los intervalos vocálicos como de los consonánticos, es más elevada, pues cada segmento mantiene su duración relativa, y no se producen fenómenos de reducción y de elisión que tiendan a compensar las duraciones de los sonidos de modo que se subordinen a la duración de unidades mayores, tal y como indicó Bertinetto (1989).

Toledo (2010c) continúa la misma línea de investigación, pero en el análisis de microdiscursos exhortativos en los que se informa a los lectores de un libro de ejercicios de fonética y de ortología del español de las prácticas que han de realizar (Moreno Fernández 2000). El informante era un locutor profesional con residencia en Madrid. Las métricas rítmicas analizadas eran las mismas que en Toledo (2010a): la proporción de la duración de los intervalos vocálicos (%V) y las desviaciones típicas normalizadas de las duraciones vocálicas (ΔV) y consonánticas (ΔC). Los resultados se comparan con los obtenidos en los discursos formales de ese mismo trabajo. También en este experimento se demuestra la tendencia al control de las duraciones en un registro formal por parte de los hablantes de español con nivel sociocultural alto.

36.8.2.4 *Español peninsular y español de Chile*

Pinho (2013) estudia estas dos variantes en sendos fragmentos de habla espontánea, extraídos de entrevistas emitidas en las noticias de un canal televisivo de cada país (TVE, de España, y TVN, de Chile). En su experimento el autor calcula tres métricas rítmicas relacionadas con la duración vocálica: %V, ΔV y nPVI, ya que asume que las vocales son las portadoras de la base rítmica de las lenguas, siguiendo las afirmaciones de Wenk y Wioland (1982) y de Brakel (1985), citadas en Grabe y Low (2002).

Los valores obtenidos en las mediciones del español de Chile son mayores, para las tres métricas, que los del corpus de español peninsular, lo que indica que existen diferencias rítmicas entre ambas variantes. De hecho, todos los valores del corpus chileno son mayores que los correspondientes obtenidos, para otras variantes del español, en las investigaciones de Ramus, Nespor y Mehler (1999), Grabe y Low (2002) y O'Rourke (2008b); incluso, el valor de ΔV es superior a los del holandés, inglés y alemán recogidos en Ramus, Nespor y Mehler (1999) y Grabe y Low (2002). A la luz de la interpretación de los resultados, el autor concluye que tanto el español peninsular como el español de Chile se sitúan entre las lenguas de compás silábico; no obstante, remite a futuros estudios para indagar las diferencias encontradas entre ambas variantes. Así, a partir de los datos de %V, el español de Chile tendería a ser más silábico que el español peninsular, pero sucede lo opuesto cuando se consideran los datos de nPVI.

36.8.2.5 *Español peninsular y español de México*

El español peninsular y el español de México son dos de las variantes que se estudian en el trabajo interlingüístico de Nolan y Asu (2009), junto con el inglés y el estonio. Los investigadores profundizan en la aplicación del nPVI, calculando esta métrica no a partir de la duración de los fragmentos vocálicos y consonánticos, como se propone en Grabe y Low (2002), sino a partir de la duración de las dos unidades rítmicas tradicionales, la sílaba y el pie. Siguiendo las apreciaciones de Cummins (2002), se plantea la hipótesis de que en una lengua pueden coexistir varios ritmos, en distintos niveles de la estructura fonológica.

El ritmo de las lenguas se manifiesta en la estructura fonológica, en la que existen unidades menores que se integran en otras superiores; si la sílaba es una unidad fundamental de la estructura fonológica de las lenguas, no se la puede obviar en beneficio de unidades más pequeñas. Por otro lado, se puede conjeturar que existen comportamientos distintos en el nivel de la sílaba y en el del pie; por ejemplo, en un pie puede haber distintos grados de acortamiento silábico, no todas las sílabas tienen por qué reducir su duración por igual para mantener la regularidad temporal del pie. Una estructura rítmica jerárquica, con restricciones temporales que operen en los distintos niveles, es potencialmente más rica.

Las lenguas estudiadas para verificar la hipótesis son el inglés, el estonio y el español. El inglés es una lengua representativa del compás acentual, al igual que el español lo es del compás silábico, pero la clasificación del estonio ha sido controvertida, pues se lo ha adscrito, en diversos estudios, a ambas categorías. Además, la elección del español peninsular y del español de México permite comprobar posibles diferencias rítmicas entre variantes de una misma lengua. El corpus de análisis está integrado por grabaciones de lecturas de textos en las que participaron hablantes femeninas con una pronunciación considerada estándar, 5 inglesas, 5 estonias y, en el caso del español, 5 hablantes de castellano estándar peninsular y 5 hablantes de la Ciudad de México (las 10 leyeron el mismo texto, *La cenicienta*). En la segmentación de las sílabas del español se consideró la resilabación [→ § 1.21.11] de la consonante final de palabra con la vocal inicial de la palabra siguiente, y los pies se segmentaron desde el inicio de la vocal acentuada hasta el inicio de la vocal acentuada siguiente, el mismo criterio que adoptó Toledo (1988b).

Las pruebas estadísticas (ANOVA) muestran que existe un efecto significativo de las lenguas en las dos métricas rítmicas estudiadas. Los valores del nPVI de la duración silábica (nSPVI) son mucho más bajos en las dos variantes del español que en el estonio y el inglés, la lengua con el valor más alto según esta métrica. Los valores más altos del nPVI de la duración de los pies (nFPVI) son los de las dos variantes del español; el inglés y el estonio presentan valores más bajos casi idénticos. Estos resultados ponen de manifiesto que en las lenguas coexisten ritmos distintos cuando se consideran varios niveles de análisis: el valor alto del nSPVI en inglés es el resultado de la complejidad y la variedad de sus estructuras silábicas y de su repertorio de segmentos, mientras que el valor bajo del nFPVI refleja una tendencia a regularizar la duración de los pies; esa misma tendencia se observa en los valores del nFPVI del estonio, que, en cambio, presenta menos variación en las duraciones silábicas que el inglés, a pesar de contar con un repertorio de vocales largas y breves; en cuanto a las dos variantes del español, en ambas se observan las tendencias de una lengua de compás silábico, con valores bajos del nSPVI, que evidencian una variación menor de las duraciones silábicas, y valores altos del nFPVI, como consecuencia de una mayor fluctuación en las duraciones de los pies. No obstante, existen diferencias rítmicas entre ambas variantes: el español de México tiende a regularizar más las duraciones silábicas que el español peninsular, puesto que el valor del nSPVI es más bajo; por el contrario, el español peninsular, con un valor más bajo del nFPVI que el español de México, tiende a una mayor regularidad en la duración de los pies.

36.9 Conclusiones

Varios de los trabajos relevantes que han marcado la evolución de los estudios teóricos y experimentales del ritmo han presentado al español como un ejemplo de las lenguas de compás silábico. Su pertenencia a dicha categoría, no obstante, no ha estado libre de controversia; los problemas suscitados, comunes a otras lenguas, se han resumido en el § 36.3.3. La caracterización inicial del ritmo, basada en la organización temporal de unas determinadas unidades (sílabas y pies acentuales), no se ha verificado empíricamente de modo satisfactorio, pues, como señala Almeida (1994, 11), el ritmo se estructura mediante patrones de isocronía y de alternancia variables que dificultan toda clasificación.

Las investigaciones han demostrado que las diferencias rítmicas entre las lenguas son el resultado de sus características fónicas. Los tipos de segmentos, la complejidad de las estructuras silábicas y la influencia del acento en la duración configuran patrones temporales diferenciados para las lenguas de ritmo silábico, como el español, y las lenguas de ritmo acentual, como el inglés. Desde esta perspectiva, si cada lengua tiene sus características idiosincrásicas, carece de sentido mantener las categorías rítmicas como clases excluyentes, pues las lenguas se podrían situar en una escala gradual entre los dos tipos tradicionales; también carece de sentido considerar la sílaba y el pie acentual como unidades reguladoras del ritmo.

En los últimos años, numerosos trabajos han tenido como objetivo cuantificar las diferencias mencionadas mediante las denominadas 'métricas rítmicas', una línea de investigación iniciada por Ramus, Nespor y Mehler (1999) que ha supuesto un avance importante en los estudios sobre el ritmo. Se han propuesto varios modelos —de los que en este capítulo se han presentado aquellos que han abordado el ritmo del español— en los que se observa el interés por afinar la clasificación rítmica de las lenguas. La objeción que se puede plantear se refiere al hecho de que la validez de una métrica se juzga por su capacidad para situar las lenguas en las categorías fijadas previamente, obviando la posibilidad de que se puedan establecer otras clases rítmicas; la idea de la gradualidad en la categorización del ritmo parece haber sido abandonada. No obstante, un trabajo como el de Nolan y Asu (2009), en el que se estudia la coexistencia de ritmos distintos en una misma lengua si se consideran los niveles de la estructura fonológica, puede constituir un modelo que facilite establecer clasificaciones graduales de las lenguas.

El ritmo del español se ha estudiado en algunas de sus variantes; sin embargo, por la extensión geográfica de la lengua y la gran diversidad que dicha extensión conlleva, aún queda mucho por investigar. Un plan de trabajo sistemático exige abordar el estudio del habla de las variantes geográficas y, en cada una de ellas, determinar si existen diferencias derivadas de los estilos de habla o de causas sociolectales; los estudios de O'Rourke (2008a, 2008b) y de Toledo (2010a, 2010c) muestran que es una línea de investigación en la que se ha de profundizar, como se ha llevado a cabo en el trabajo de Casado-Mancebo y Lahoz-Bengoechea (2022). Si en los experimentos se adoptara una metodología común, los resultados serían comparables y se podría indagar en una posible gradualidad en la caracterización del ritmo del español; la extensión y la diversidad de la lengua lo permiten. Finalmente, no se ha de olvidar que el ritmo es una sensación perceptiva y, por ello, su caracterización no puede circunscribirse a cuantificar unos valores de duración; los datos acústicos, y las posibles diferencias entre variantes, deben validarse perceptivamente, un aspecto de la investigación ausente hasta el momento en los estudios sobre el ritmo del español.

Referencias bibliográficas

Abercrombie, David. 1967. *Elements of General Phonetics*. Edimburgo: Edinburgh University Press.

Adams, Corinne. 1979. *English Speech Rhythm and the Foreign Learner*. La Haya: Mouton. Reed., Berlín: de Gruyter Mouton, 2012. https://doi.org/10.1515/9783110879247.

Aguilar, Lourdes, María Jesús Machuca y Gemma Martínez Daudén. 1991. «Analysis of the Spanish Sequence "de" in Content Words and in Function Words in Continuous Speech». En *Phonetics and Phonology of Speaking Styles: Reduction and Elaboration in Speech Communication. Barcelona, Catalonia, Spain, September 30 - October 2, 1991*, 7.1–7.4. International Speech Communication Association (ISCA) Online Archive.

Allen, George D. 1975. «Speech Rhythms: Its Relation to Performance Universals and Articulatory Timing». *Journal of Phonetics* 3 (2): 75–86.

Almeida, Manuel. 1991. «Organización del ritmo en español». *Revista Argentina de Lingüística* 7 (1): 5–19.

———. 1993. «Alternancia temporal y ritmo en español». *Verba. Anuario Galego de Filoloxía* 20: 433–43. http://hdl.handle.net/10347/3219.

———. 1994. «Patrones rítmicos del español: isocronía y alternancia». *Estudios Filológicos* 29: 7–14.

———. 1995. «Organización temporal del habla: el ritmo en el discurso hablado en español». En *El español de América. Actas del IV Congreso Internacional de El español de América. Santiago de Chile, 7 al 11 de diciembre de 1992*, 579–87. Santiago de Chile: Pontificia Universidad Católica de Chile, Instituto de Letras.

———. 1999. *Tiempo y ritmo en el español canario. Un estudio acústico*. Madrid: Iberoamericana; Fráncfort: Vervuert. https://doi.org/10.31819/9783865278395.

Almeida, Manuel y Guillermo Andrés Toledo. 1997. «Alternancia del ritmo en español». En *Contribuciones al estudio de la lingüística hispánica. Homenaje al profesor Ramón Trujillo*, editado por Manuel Almeida y Josefa Dorta, 1:35–41. Barcelona: Montesinos.

Asuaje, Rosa Amelia. 2002. «Ritmo y duración silábica en el español hablado en los llanos venezolanos». *Lengua y Habla. Revista del Centro de Investigación y Atención Lingüística C.I.A.L.* 7: 37–56.

Balasubramanian, Tyagaraja. 1980. «Timing in Tamil». *Journal of Phonetics* 8 (4): 449–467.

del Barrio, Laura y Sergio Torner. 1999. «La duración consonántica en castellano». *Lingüística Española Actual* 21 (1): 99–126.

Barry, William J. y Michela Russo. 2004. «Isocronia oggettiva o soggettiva? Relazioni tra tempo articolatorio e quantificazione ritmica». En *Il Parlato Italiano. Atti del Convegno Nazionale. Napoli, 13–15 febbraio 2003*, editado por Federico Albano-Leoni, Francesco Cutugno, Massimo Pettorino y Renata Savy, 1–20. Nápoles: D'Auria. CD-ROM.

Beckman, Mary E. 1982. «Segment Duration and the 'Mora' in Japanese». *Phonetica* 39 (2–3): 113–135. https://doi.org/10.1159/000261655.

Benveniste, Émile. (1951) 1966. «La notion de "rythme" dans son expression linguistique». En *Problèmes de linguistique générale*, 1:327–335. París: Gallimard.

Bertinetto, Pier Marco. 1977. «"Syllabic Blood" ovvero l'italiano come lingua ad isocronismo sillabico». *Studi di Grammatica Italiana* 6: 69–96.

———. 1980. «The Perception of Stress by Italian Speakers». *Journal of Phonetics* 8 (4): 385–95.

———. 1983. «Ancora sull'italiano come lingua ad isocronia sillabica». En *Scritti linguistici in onore di Giovan Battista Pellegrini*, 1073–1082. Pisa: Pacini.

———. 1989. «Reflections on the Dichotomy 'Stress' vs. 'Syllable-Timing'». *Revue de Phonétique Appliquée* 91–92–93: 99–130.

Bertinetto, Pier Marco y Chiara Bertini. 2007–2008. «Towards a Unified Predictive Model of Natural Language Rhythm». *Quaderni del Laboratorio di Linguistica (Scuola Normale Superiore, Pisa)* 7: 1–24.

———. 2008. «On Modeling the Rhythm of Natural Languages». En *Speech Prosody 2008, Fourth International Conference. Campinas, Brazil, May 6–9, 2008*, editado por Plínio Barbosa, Sandra Madureira y Cesar Reis, 427–430. International Speech Communication Association (ISCA) Online Archive. https://cvc.cervantes.es/lengua/eaesla/pdf/05/26.pdf.

———. 2009. «Modelización del ritmo y estructura silábica, con aplicación al italiano». En *Romanística sin complejos. Homenaje a Carmen Pensado*, editado por Fernando Sánchez Miret, 259–88. Berna: Peter Lang.

Bolinger, Dwight L. 1965. «Pitch Accent and Sentence Rhythm». En *Forms of English. Accent, Morpheme, Order*, editado por Isamu Abe y Tetsuya Kanekiyo, 139–80. Cambridge, MA: Harvard University Press.

Brakel, Arthur. 1985. «Towards a Morphophonological Approach to the Study of Linguistic Rhythm». En *Papers from the 21st Regional Meeting of the Chicago Linguistic Society*, editado por William H. Eilfort, Paul D. Kroeber y Karen L. Peterson, 15–25. Chicago: Chicago Linguistic Society.

Bruce, Gösta. 1983. «On Rhythmic Alternation». *Working Papers (Lund University, Department of Linguistics)* 25: 35–52.

———. 1987. «On the Phonology and Phonetics of Rhythm: Evidence from Swedish». En *Phonologica 1984. Proceedings of the Fifth International Phonology Meeting. Eisenstadt, 25–28 June 1984*, editado por Wolfgang U. Dressler, Hans C. Luschützki, Oskar E. Pfeiffer y John R. Rennison, 21–31. Cambridge: Cambridge University Press.

Canellada, María Josefa y John Kuhlmann Madsen. 1987. *Pronunciación del español. Lengua hablada y literaria*. Madrid: Castalia.

Carrió, Mar y Antonio Ríos. 1991a. «A Contrastive Analysis of Spanish and Catalan Rhythm». En *Actes du XII\e Congrès International de Sciences Phonétiques / Proceedings of the XIIth International Congress of Phonetic Sciences. Aix-en-Provence, France, 19–24 août 1991*, 4:246–249. Aix-en-Provence: Université de Provence, Service des Publications.

———. 1991b. «Compensatory Shortening in Spanish Spontaneous Speech». En *Phonetics and Phonology of Speaking Styles: Reduction and Elaboration in Speech Communication. Barcelona, Catalonia, Spain, September 30 - October 2, 1991*, 16.1–16.5. International Speech Communication Association (ISCA) Online Archive.

Casado-Mancebo, Mario y José María Lahoz-Bengoechea. 2022. «Métricas del ritmo aplicadas al estudio dialectológico del español». *Estudios de Fonética Experimental* 31: 31–44.

Cedergren, Henrietta J. y Guillermo Andrés Toledo. 1993. «Rhythm and Compression in Caribbean Spanish». *The Journal of the Acoustical Society of America* 93 (4): 2297. https://doi.org/10.1121/1.406509.

Clegg, J. Halvor y Willis C. Fails. 1987. «On Syllable Length in Spanish». En *Language and Language Use. Studies in Spanish Dedicated to Joseph H. Matluck*, editado por Terrell A. Morgan, James F. Lee y Bill van Patten, 69–78. Lanham: University Press of America.

Crystal, David. (1980) 2008. *Dictionary of Linguistics and Phonetics*. 6.ª ed. Oxford: Blackwell. https://doi.org/10.1002/9781444302776. Trad. de Xavier Villalba, *Diccionario de lingüística y fonética*. Barcelona: Octaedro, 2000.

Cummins, Fred. 2002. «Speech Rhythm and Rhythmic Taxonomy». En *Speech Prosody 2002, International Conference. Aix-en-Provence, France, April 11–13, 2002*, 121–26. International Speech Communication Association (ISCA) Online Archive. https://doi.org/10.21437/SpeechProsody.2002-17.

Dalby, Jonathan y Robert F. Port. 1981. «Temporal Structure of Japanese: Segment, Mora and Word». *Research in Phonetics (Department of Linguistics, Indiana University, Bloomington)* 2: 149–72.

Dasher, Richard y Dwight L. Bolinger. 1982. «On Pre-Accentual Lengthening». *Journal of the International Phonetic Association* 12 (2): 58–71. https://doi.org/10.1017/S0025100300002462.

Dauer, Rebecca M. 1983. «Stress-Timing and Syllable-Timing Reanalyzed». *Journal of Phonetics* 11 (1): 51–62.

———. 1987. «Phonetic and Phonological Components of Language Rhythm». En *Proceedings XIth ICPhS. The Eleventh International Congress of Phonetic Sciences. August 1–7, 1987, Tallinn, Estonia, U.S.S.R.*, 5:447–50. Tallin: Academy of Sciences of the Estonian S.S.R., Institute of Language and Literature.

«Dedicatorias manuscritas». 2008. *Estudios de Fonética Experimental* 17: 433–523.

Delattre, Pierre C. 1966. «A Comparison of Syllable Length Conditioning among Languages». *International Review of Applied Linguistics in Language Teaching* 4 (1–4): 183–89. https://doi.org/10.1515/iral.1966.4.1-4.183.

Dellwo, Volker. 2006. «Rhythm and Speech Rate: A Variation Coefficient for ΔC». En *Sprache und Sprachverarbeitung. Akten des 38. Linguistischen Kolloquiums in Piliscsaba 2003 / Language and Language-Processing. Proceedings of the 38th Linguistics Colloquium, Piliscsaba 2003*, editado por Pawel Karnowski e Imre Szigeti, 231–41. Fráncfort: Peter Lang.

Dellwo, Volker y Adrian Fourcin. 2013. «Rhythmic Characteristics of Voice between and within Languages». *Travaux neuchâtelois de linguistique* 59: 87–107. https://doi.org/10.26034/tranel.2013.2947.

Dellwo, Volker, Adrian Fourcin y Evelyn Abberton. 2007. «Rhythmical Classification of Languages Based on Voice Parameters». En *Proceedings of the 16th International Congress of Phonetic Sciences (ICPhS XVI). 6–10 August 2007, Saarbrücken, Germany*, editado por Jürgen Trouvain y William J. Barry, 1129–32. Saarbrücken: Universität des Saarlandes.

Dellwo, Volker y Petra Wagner. 2003. «Relationships between Rhythm and Speech Rate». En *15th International Congress of Phonetic Sciences. Barcelona, Spain, August 3–9, 2003*, editado por Maria-Josep Solé, Daniel Recasens y Joaquín Romero Gallego, 471–74. International Congress of Phonetic Sciences (ICPhS) Online Archive.

Di Cristo, Albert y Daniel Hirst. 1993. «Rythme syllabique, rythme mélodique et représentation hiérarchique de la prosodie du français». *Travaux de l'Institut de Phonétique d'Aix* 15: 9–24.

Díaz-Campos, Manuel. 2000. «The Phonetic Manifestation of Secondary Stress in Spanish». En *Hispanic Linguistics at the Turn of the Millennium. Papers from the 3rd Hispanic Linguistics Symposium*, editado por Héctor Campos, Elena Herburger, Alfonso Morales-Front y Thomas J. Walsh, 49–65. Somerville: Cascadilla Press.

Dimitrova, Snezhina. 1998. «Bulgarian Speech Rhythm: Stress-Timed or Syllable-Timed?» *Journal of the International Phonetic Association* 27 (1–2): 27–33. https://doi.org/10.1017/S0025100300005399.

Duez, Danielle y Yukihiro Nishinuma. 1985. «Le rythme en français : alternance des durées syllabiques». *Travaux de l'Institut de Phonétique d'Aix* 10: 151–69.

Engstrand, Olle. 1987. «Durational Patterns of Lule Sami Phonology». *Phonetica* 44 (2): 117–28. https://doi.org/10.1159/000261785.

Farnetani, Edda y Shiro Kori. 1990. «Rhythmic Structure in Italian Noun Phrases: A Study on Vowel Durations». *Phonetica* 47 (1–2): 50–65. https://doi.org/10.1159/000261852.

Faure, Georges, Daniel Hirst y Michel Chafcouloff. 1980. «Rhythm in English: Isochronism, Pitch and Perceived Stress». En *The Melody of Language*, editado por Linda R. Waugh y Cornelis H. van Schooneveld, 71–79. Baltimore: University Park Press.

Fernández Planas, Ana María. 2005. «Aspectos generales acerca del proyecto internacional "AMPER" en España». *Estudios de Fonética Experimental* 14: 13–27.

Ferragne, Emmanuel y François Pellegrino. 2004. «A Comparative Account of the Suprasegmental and Rhythmic Features of British English Dialects». En *Actes du colloque MIDL 2004, «Identification des langues et des variétés dialectales par les humains et par les machines». Paris, 29–30 novembre 2004*, 121–26. París: École Nationale Supérieure des Télécommunications; París: CNRS.

Fourcin, Adrian y Volker Dellwo. 2009. «Rhythmic Classification of Languages Based on Voice Timing». Manuscrito. Speech, Hearing and Phonetic Sciences, University College London. http://discovery.ucl.ac.uk/id/eprint/15122.

Fowler, Carol A. 1980. «Coarticulation and Theories of Extrinsic Timing». *Journal of Phonetics* 8 (1): 113–33.

———. 1981a. «A Relationship between Coarticulation and Compensatory Shortening». *Phonetica* 38 (1–3): 35–50. https://doi.org/10.1159/000260013.

———. 1981b. «Production and Perception of Coarticulation among Stressed and Unstressed Vowels». *Journal of Speech, Language, and Hearing Research* 24 (1): 127–139. https://doi.org/10.1044/jshr.2401.127.

———. 1983. «Converging Sources of Evidence on Spoken and Perceived Rhythms of Speech: Cyclic Production of Vowels in Monosyllabic Stress Feet». *Journal of Experimental Psychology: General* 112 (3): 386–412. https://doi.org/10.1037/0096-3445.112.3.386.

Fraisse, Paul. (1974) 1976. *Psicología del ritmo*. Traducido por Dolores Blasco de la Vega. Madrid: Morata.

García Calvo, Agustín. 1975. *Del ritmo del lenguaje*. Barcelona: La Gaya Ciencia.

Garrido Almiñana, Juan María, Joaquim Llisterri, Carme de-la-Mota y Antonio Ríos. 1993. «Prosodic Differences in Reading Style: Isolated vs. Contextualized Sentences». En *Third European Conference on Speech Communication and Technology (EUROSPEECH'93). Berlin, Germany, September 22–25, 1993*, 573–76. International Speech Communication Association (ISCA) Online Archive. https://doi.org/10.21437/Eurospeech.1993-135.

Gili Gaya, Samuel. 1940. «La cantidad silábica en la frase». *Castilla* 1: 287–98.

———. (1950) 1975. *Elementos de fonética general*. 5.ª ed. corregida y ampliada. Madrid: Gredos.

Grabe, Esther y Ee Ling Low. 2002. «Durational Variability in Speech and the Rhythm Class Hypothesis». En *Laboratory Phonology 7*, editado por Carlos Gussenhoven y Natasha L. Warner, 515–46. Berlín: Mouton de Gruyter. https://doi.org/10.1515/9783110197105.2.515.

Grabe, Esther, Brechtje Post e Ian Watson. 1999. «The Acquisition of Rhythmic Patterns in English and French». En *14th International Congress of Phonetic Sciences. San Francisco, CA, USA, August 1–7, 1999*, editado por John J. Ohala, Yoko Hasegawa, Manjari Ohala, Daniel Granville y Ashlee C. Bailey, 1201–4. International Congress of Phonetic Sciences (ICPhS) Online Archive.

Harmegnies, Bernard y Dolors Poch. 1991. «Some Aspects of Vowel Reduction in Spanish Spontaneous Speech». En *Phonetics and Phonology of Speaking Styles: Reduction and Elaboration in Speech Communication. Barcelona, Catalonia, Spain, September 30 - October 2, 1991*, 31.1–31.5. International Speech Communication Association (ISCA) Online Archive.

Harris, James W. 1983. *Syllable Structure and Stress in Spanish. A Nonlinear Analysis.* Cambridge, MA: MIT Press. Trad. de Olga Fernández Soriano, *La estructura silábica y el acento en español. Análisis no lineal.* Madrid: Visor, 1991.

Hill, David, Wiktor Jassem, Ian H. Witten, Harry F. Hollien y Patricia Hollien. 1979. «A Statistical Approach to the Problem of Isochrony in Spoken British English». En *Current Issues in the Phonetic Sciences. Proceedings of the IPS-77 Congress. Miami Beach, Florida, 17–19 December 1977*, 285–294. Ámsterdam: John Benjamins. https://doi.org/10.1075/cilt.9.33hil.

Hoequist Jr, Charles. 1983a. «Durational Correlates of Linguistic Rhythm Categories». *Phonetica* 40 (1): 19–31. https://doi.org/10.1159/000261679.

———. 1983b. «Syllable Duration in Stress-, Syllable- and Mora-Timed Languages». *Phonetica* 40 (3): 203–37. https://doi.org/10.1159/000261692.

Lehiste, Ilse. 1970. *Suprasegmentals.* Cambridge, MA: MIT Press.

———. 1977. «Isochrony Reconsidered». *Journal of Phonetics* 5 (3): 253–63.

———. 1989. «Experimental Studies of Poetic Rhythm». En *Magyar Fonetikai Füzetek / Hungarian Papers in Phonetics, 21: Proceedings of the Speech Research '89 International Conference, June 1–3, 1989, Budapest*, editado por Tamás Szende, 365–68. Budapest: Hungarian Academy of Sciences, Linguistic Institute.

Liberman, Mark Y. y Alan S. Prince. 1977. «On Stress and Linguistic Rhythm». *Linguistic Inquiry* 8 (2): 249–336.

Lindblom, Björn. 1975. «Some Temporal Regularities of Spoken Swedish». En *Auditory Analysis and Perception of Speech*, editado por Gunnar Fant y Mark A. A. Tatham, 387–96. Londres: Academic Press. https://doi.org/10.1016/B978-0-12-248550-3.50029-5.

Lindblom, Björn y Karin Rapp. 1973. «Some Temporal Regularities of Spoken Swedish». *Papers from the Institute of Linguistics, University of Stockholm (PILUS)* 21.

Low, Ee Ling, Esther Grabe y Francis Nolan. 2000. «Quantitative Characterizations of Speech Rhythm: Syllable-Timing in Singapore English». *Language and Speech* 43 (4): 377–401. https://doi.org/10.1177/00238309000430040301.

Luangthoungkum, Theraphan. 1977. «Rhythm in Standard Thai». Tesis de doctorado, University of Edinburgh. http://hdl.handle.net/1842/17356.

Major, Roy C. 1985. «Stress and Rhythm in Brazilian Portuguese». *Language* 61 (2): 259–82. https://doi.org/10.2307/414145.

de Manrique, Ana María Borzone. 1982. «Final-Word Lengthening in Spanish». *The Journal of the Acoustical Society of America* 72 (S1): S102. https://doi.org/10.1121/1.2019688.

de Manrique, Ana María Borzone y Angela Signorini. 1983. «Segmental Duration and Rhythm in Spanish». *Journal of Phonetics* 11 (2): 117–128.

de Manrique, Ana María Borzone, Angela Signorini y María Ignacia Massone. 1982. «Rasgos prosódicos: el acento». *Fonoaudiológica* 28 (1): 19–36.

Marín Gálvez, Rafael. 1994–1995. «La duración vocálica en español». *Estudios de Lingüística. Universidad de Alicante (ELUA)* 10: 213–26. https://doi.org/10.14198/ELUA1994-1995.10.11.

Martínez Celdrán, Eugenio y Ana María Fernández Planas, eds. 2003–2018. «Atlas multimedia de la prosodia del espacio románico». Recurso en línea. http://stel.ub.edu/labfon/amper/cast/index.html.

Mehler, Jacques, Emmanuel Dupoux, Thierry Nazzi y Ghislaine Dehaene-Lambertz. 1996. «Coping with Linguistic Diversity: The Infant's Viewpoint». En *Signal to Syntax. Bootstrapping from Speech to Grammar in Early Acquisition*, editado por James L. Morgan y Katherine Demuth, 101–16. Mahwah: Lawrence Erlbaum. https://doi.org/10.4324/9781315806822.

Monroy, Rafael. 1980. *Aspectos fonéticos de las vocales españolas.* Madrid: SGEL.

Mora Gallardo, Elsa. 1996. «Caractérisation prosodique de la variation dialectale de l'espagnol parlé au Venezuela». Tesis de doctorado, Université d'Aix-en-Provence.

Mora Gallardo, Elsa y Rosa Amelia Asuaje. 2009. *El canto de la palabra: una iniciación al estudio de la prosodia.* Mérida: Universidad de Los Andes, Centro de Investigación y Atención Lingüística, Grupo de Investigación en Ciencias Fonéticas.

Mora Gallardo, Elsa, María Alejandra Blondet, Ysaac López Osorio y Thania Villamizar. 1999. «Hacia una caracterización rítmica del español hablado en Venezuela». *Boletín Antropológico* 47 (3): 75–87.

Mora Gallardo, Elsa, Fabienne Courtois y Christian Cavé. 1997. «Étude comparative de la perception par des sujets francophones et hispanophones de l'accent lexical en espagnol». *Revue PArole* 1: 75–86.

Moreno Fernández, Francisco. 2000. *Ejercicios de fonética española para hablantes de inglés.* Madrid: Arco/Libros.

Nakatani, Lloyd H., Kathleen D. O'Connor y Carletta H. Aston. 1981. «Prosodic Aspects of American English Speech Rhythm». *Phonetica* 38 (1–3): 84–105. https://doi.org/10.1159/000260016.

Navarro Tomás, Tomás. 1916. «Cantidad de las vocales acentuadas». *Revista de Filología Española* 3 (4): 387–408.

———. 1917. «Cantidad de las vocales inacentuadas». *Revista de Filología Española* 4 (4): 371–88.

———. 1918. «Diferencias de duración entre las consonantes españolas». *Revista de Filología Española* 5 (4): 367–93.

———. 1921. «Historia de algunas opiniones sobre la cantidad silábica española». *Revista de Filología Española* 8 (1): 30–57.

———. 1922. «La cantidad silábica en unos versos de Rubén Darío». *Revista de Filología Española* 9 (1): 1–29.

———. 1956. *Métrica española. Reseña histórica y descriptiva*. Syracuse: Syracuse University Press.

———. (1918) 1991. *Manual de pronunciación española*. 25.ª ed. Madrid: Consejo Superior de Investigaciones Científicas.

Nespor, Marina. 1990. «On the Rhythm Parameter in Phonology». En *Logical Issues in Language Acquisition*, editado por Iggy Roca, 157–75. Dordrecht: Foris.

Nishinuma, Yukihiro. 1983–1984. «Temporal Patterns in Japanese: Preliminary Survey». *Travaux de l'Institut de Phonétique d'Aix* 9: 103–49.

Nolan, Francis y Eva L. Asu. 2009. «The Pairwise Variability Index and Coexisting Rhythms in Language». *Phonetica* 66 (1–2): 64–77. https://doi.org/10.1159/000208931.

Nooteboom, Sieb G. 1972. *Production and Perception of Vowel Duration. A Study of Durational Properties of Vowels in Dutch*. Eindhoven: Philips Research Laboratories.

Olsen, Carroll L. 1972. «Rhythmical Patterns and Syllabic Features of the Spanish Sense Group». En *Proceedings of the Seventh International Congress of Phonetic Sciences / Actes du Septième Congrès International des Sciences Phonétiques. Held at the University of Montreal and McGill University, 22–28 August 1971 / Tenu à l'Université de Montréal et à l'Université McGill, 22–28 août 1971*, editado por René Charbonneau y André Rigault, 990–96. La Haya: Mouton. Reed., Berlín: de Gruter Mouton, 2017. https://doi.org/10.1515/9783110814750-135.

O'Rourke, Erin. 2008a. «Correlating Speech Rhythm in Spanish: Evidence from Two Peruvian Dialects». En *Selected Proceedings of the 10th Hispanic Linguistics Symposium*, editado por Joyce Bruhn de Garavito y Elena Valenzuela, 276–287. Somerville: Cascadilla Proceedings Project.

———. 2008b. «Speech Rhythm Variation in Dialects of Spanish: Applying the Pairwise Variability Index and Variation Coefficients to Peruvian Spanish». En *Speech Prosody 2008, Fourth International Conference. Campinas, Brazil, May 6–9, 2008*, editado por Plínio Barbosa, Sandra Madureira y Cesar Reis, 431–34. International Speech Communication Association (ISCA) Online Archive. https://doi.org/10.21437/SpeechProsody.2008-95.

den Os, Els. 1988. «Rhythm and Tempo of Dutch and Italian: A Contrastive Study». Tesis de doctorado, Universiteit Utrecht.

Pike, Kenneth L. 1945. *The Intonation of American English*. Ann Arbor: University of Michigan Press.

Pinho, José Ricardo Dordron. 2013. «Considerações sobre o ritmo da fala no espanhol do Chile e da Espanha a partir do Índice de Variabilidade Pareada e de Coeficientes de Variação». *Leitura (Universidade Federal de Alagoas)* 52: 95–116. https://doi.org/10.28998/2317-9945.2013v2n52p95-116.

Pointon, Graham E. 1980. «Is Spanish Really Syllable-Timed?» *Journal of Phonetics* 8 (3): 293–304.

Port, Robert F., Jonathan Dalby y Michael O'Dell. 1987. «Evidence for Mora Timing in Japanese». *The Journal of the Acoustical Society of America* 81 (5): 1574–85. https://doi.org/10.1121/1.394510.

Preminger, Alex, ed. 1965. *Princeton Encyclopedia of Poetry and Poetics*. Princeton: Princeton University Press.

Prieto Vives, Pilar, Maria del Mar Vanrell, Lluïsa Astruc, Elinor Payne y Brechtje Post. 2012. «Phonotactic and Phrasal Properties of Speech Rhythm. Evidence from Catalan, English, and Spanish». *Speech Communication* 54 (6): 681–702. https://doi.org/10.1016/j.specom.2011.12.001.

Quilis, Antonio. 1981. *Fonética acústica de la lengua española*. Madrid: Gredos.

Ramus, Franck. 2002. «Acoustic Correlates of Linguistic Rhythm: Perspectives». En *Speech Prosody 2002, International Conference. Aix-en-Provence, France, April 11–13, 2002*, 115–120. International Speech Communication Association (ISCA) Online Archive. https://doi.org/10.21437/SpeechProsody.2002-16.

Ramus, Franck, Marina Nespor y Jacques Mehler. 1999. «Correlates of Linguistic Rhythm in the Speech Signal». *Cognition* 73 (3): 265–92. https://doi.org/10.1016/S0010-0277(99)00058-X.

Real Academia Española. 2001. *Diccionario de la lengua española*. 22.ª ed. Madrid: Espasa Libros.

Reynolds, Isadora, Olga Maxwell y Gillian Wigglesworth. 2020. «The "Other" Spanish: Methodological Issues in the Study of Speech Timing in Chilean Spanish». En *Speech Prosody 2020. Tokyo, Japan, 25–28 May, 2020*, 576–80. International Speech Communication Association (ISCA) Online Archive. https://doi.org/10.21437/SpeechProsody.2020-118.

Rico, Jorge. 2019. *Acento y ritmo en español*. Madrid: Arco/Libros.

Riera, Montserrat, Antonio Ríos, Carme de-la-Mota, Carme Carbó y María Jesús Machuca. 2002. «Acento secundario y complejidad morfológica». En *Actas del II Congreso de Fonética Experimental. Sevilla, 5, 6 y 7 de marzo de 2001*, editado por Jesús Díaz García, 307–12. Sevilla: Universidad de Sevilla, Facultad de Filología, Laboratorio de Fonética.

Ríos, Antonio. 1991. «Caracterización acústica del ritmo del castellano». Trabajo de investigación de Tercer Ciclo, Universitat Autònoma de Barcelona.

Roach, Peter. 1982. «On the Distinction between 'Stress-Timed' and 'Syllable-Timed' Languages». En *Linguistic Controversies. Essays in Linguistic Theory and Practice in Honour of F. R. Palmer*, editado por David Crystal, 73–79. Londres: Edward Arnold.

———. 1983. *English Phonetics and Phonology. A Practical Course*. Cambridge: Cambridge University Press.

Strangert, Eva. 1987. «Major Determinants of Speech Rhythm: A Preliminary Model and Some Data». En *Proceedings XIth ICPhS. The Eleventh International Congress of Phonetic Sciences. August 1–7, 1987, Tallinn, Estonia, U.S.S.R.*, 2:149–52. Tallin: Academy of Sciences of the Estonian S.S.R., Institute of Language and Literature.

Toledo, Guillermo Andrés. 1985a. «Spanish: A Free Rhythmical Language». *The Journal of the Acoustical Society of America* 77 (S1): 53. https://doi.org/10.1121/1.2022393.

———. 1985b. «Stress Groups and Rhythm in American Spanish». *The Journal of the Acoustical Society of America* 78 (S1): S19. https://doi.org/10.1121/1.2022682.

———. 1987. «Patrones temporales en el español americano». *Revista Argentina de Lingüística* 3 (1): 55–68.

———. 1988a. «Compresión y ritmo en el español». *Revista Argentina de Lingüística* 4 (1–2): 67–89.

———. 1988b. *El ritmo en el español. Estudio fonético con base computacional*. Madrid: Gredos.

———. 1989a. «Alternancia y ritmo en el español». *Estudios Filológicos* 24: 19–30.

———. 1989b. «Organización temporal del español I: compresión silábica en la palabra». *Hispanic Linguistics* 2 (2): 209–28.

———. 1994. «Compresión rítmica en el español caribeño: habla espontánea». *Estudios de Fonética Experimental* 6: 187–217.

———. 1996. «Alternancia y ritmo en el español: habla espontánea». *Estudios Filológicos* 31: 119–28.

———. 1997. «Prominencia melódica y temporal: el caso de la alternancia rítmica». *Estudios de Fonética Experimental* 8: 153–83.

———. 2009. «Métricas rítmicas en tres dialectos. Amper-Hispanoamérica». *Ianua. Revista Philologica Romanica* 9: 1–21.

———. 2010a. «Métricas rítmicas en discursos peninsulares». *Boletín de Lingüística* 22 (33): 88–113.

———. 2010b. «Métricas rítmicas en el dialecto andaluz». *Revista de Filología de la Universidad de La Laguna* 28: 239–58.

———. 2010c. «Métricas rítmicas en microdiscursos». *Onomázein. Revista de Filología, Lingüística y Traducción* 21: 71–95.

———. 2010d. «Métricas rítmicas en tres dialectos. Amper-España». *Estudios Filológicos* 45: 93–110. https://doi.org/10.4067/S0071-17132010000100008.

Toledo, Guillermo Andrés, Mónica Tripodi, Jorge Alberto Gurlekian y Reina Yanagida. 2009. «Amper-Argentina: métricas rítmicas en dos corpus con diferencias socioeducativas». Presentado en V Jornadas Internacionales de Educación Lingüística «Lenguaje y comunicación: realidades y desafíos», Entre Ríos, Argentina, agosto.

Trask, R. Larry. 1996. *A Dictionary of Phonetics and Phonology*. Londres: Routledge. https://doi.org/10.4324/9780203695111.

Uldall, Elizabeth T. 1971. «Isochronous Stresses in RP». En *Form and Substance. Phonetic and Linguistic Papers Presented to Eli Fischer-Jørgensen*, editado por Louis L. Hammerich, Roman Jakobson y Eberhard Zwirner, 205–10. Copenhague: Akademisk Forlag.

Vayra, Mario, Cinzia Avesani y Carol A. Fowler. 1984. «Patterns of Temporal Compression in Spoken Italian». En *Proceedings of the Tenth International Congress of Phonetic Sciences*, editado por Marcel P. R. van den Broecke y Antonie Cohen, 541–46. Dordrecht: Foris.

Wenk, Brian J. y François Wioland. 1982. «Is French Really Syllable-Timed?» *Journal of Phonetics* 10 (2): 193–216.

White, Laurence y Sven L. Mattys. 2007a. «Calibrating Rhythm: First Language and Second Language Studies». *Journal of Phonetics* 35 (4): 501–522. https://doi.org/10.1016/j.wocn.2007.02.003.

———. 2007b. «Rhythmic Typology and Variation in First and Second Languages». En *Segmental and Prosodic Issues in Romance Phonology*, editado por Pilar Prieto Vives, Joan Mascaró y Maria-Josep Solé, 237–57. Ámsterdam: John Benjamins. https://doi.org/10.1075/cilt.282.16whi.

White, Laurence, Sven L. Mattys, Lucy Series y Suzi Gage. 2007. «Rhythm Metrics Predict Rhythmic Discrimination». En *Proceedings of the 16th International Congress of Phonetic Sciences (ICPhS XVI). 6–10 August 2007, Saarbrücken, Germany*, editado por Jürgen Trouvain y William J. Barry, 1009–12. Saarbrücken: Universität des Saarlandes.

37 FUNCIONES DEL RITMO

Antonio Pamies

37.1 Introducción

Por su etimología, la noción de prosodia remite a la de 'música del habla'. Toda secuencia de vocales constituye físicamente una sucesión de notas musicales, es decir, una melodía, que, en las lenguas en las que el tono no opone entre sí unidades léxicas, configura la sustancia fónica de lo que se denomina entonación. Este paralelismo entre lengua y música también ha llevado a algunos lingüistas a hablar del 'ritmo' de un enunciado o incluso de una lengua. Sin embargo, el concepto de ritmo, desde sus orígenes, está sujeto a interpretaciones muy diversas y a menudo ambiguas, empleado con frecuencia como un término vagamente metafórico. Este capítulo intenta despejar algunos malentendidos, arrastrados históricamente, que han influido sobre su estudio, tanto en la fonética moderna como en la tradición métrico-poética, y reconsiderar críticamente la tipología rítmica más extendida, que está basada en la idea de isocronía (véase también el capítulo 36 de la presente obra). Para ello se revisan sus fundamentos fonéticos (§ 37.2), funcionales (§ 37.3), musicales (§ 37.4), poéticos (§ 37.5), morfofonológicos (§ 37.8) y psicolingüísticos (§ 37.7 y § 37.9), así como los tipos de ritmicidad posibles (§ 37.6).

37.2 El fundamento fonético

Como ya se expuso en el § 36.2 y se sintetiza aquí, durante mucho tiempo gozó de gran aceptación una tipología discreta, propuesta por Pike (1945) y consagrada por Abercrombie (1967), que clasificaba las lenguas del mundo en dos grandes grupos según su estructura rítmica: las de ritmo acentual (en las que los acentos mantendrían entre sí distancias isócronas) y las de ritmo silábico (cuyas sílabas serían isócronas). El inglés sería el prototipo de isocronía acentual y el francés lo sería de isocronía silábica.

En una definición tan explícita permite la comprobación empírica; sin embargo, llama la atención la disparidad de los datos experimentales obtenidos en las investigaciones sobre el tema, especialmente para el español. Los trabajos de Hockett (1958), Delattre (1965, 1966) y Olsen (1972) concluyen que esta lengua tiene ritmo silábico, pero el de Navarro Tomás (1922) o el de de Manrique y Signorini (1983) sostienen lo contrario, alegando desigualdades importantes en su duración silábica, frente a una llamativa isocronía de los pies acentuales [→ § 1.21.6]. Pointon (1980, 302) concluye, por su parte, que el ritmo del español no coincide con ninguno de los dos tipos y Toledo afirma que corresponde a ambos a la vez (1988, 167). En el capítulo 36 de la presente obra se discuten ampliamente todas estas aproximaciones.

En Pamies (1994a, 1999) se analizó un corpus de habla de laboratorio que incluía enunciados muy similares, pero con un pie acentual que iba aumentando en número de sílabas de una frase a otra. Tanto en español como en las demás lenguas estudiadas (inglés, ruso, francés, portugués, italiano y catalán) se observó que, conforme aumenta el número de sílabas por pie, este aumenta también en su duración total, y que tampoco se da una tendencia a la compresión [→ § 36.3.1] de la

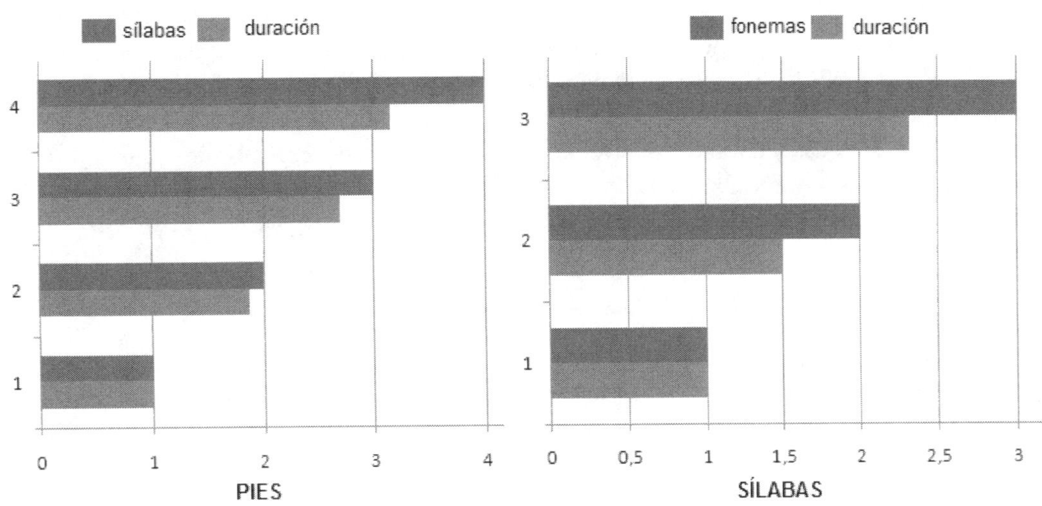

FIGURA 1. Relación entre duración y componentes de pies y sílabas en español (Pamies 1994a).

vocal tónica cuando ha de compartir el pie con un mayor número de fonemas, dos factores incompatibles, por definición, con la isocronía acentual.

Tampoco se detectó, por otra parte, ninguna huella de ritmo silábico, ya que las duraciones de las sílabas también se incrementan en función del número de fonemas que contienen y según su acentuación o su posición en la frase, hecho asimismo incompatible, por definición, con la isocronía silábica (Figura 1).

Estos datos son similares a los obtenidos para varias lenguas en otros experimentos con otros tipos de corpus (Crystal 1975, 107; Dauer 1983, 1987; Fant, Kruckenberg y Nord 1991; Faure, Hirst y Chafcouloff 1980; Faure y Rossi 1968; Roach 1982), y todos ellos contradicen las teorías de Pike y de Abercrombie.

Algunos trabajos posteriores intentaron recuperar la dicotomía entre ritmo acentual y ritmo silábico dándole una nueva interpretación, considerando otros correlatos del ritmo en los experimentos (Grabe y Low 2002; Ramus 2002; Ramus, Nespor y Mehler 1999) y usando como criterios de medida la proporción de la duración de los intervalos vocálicos entre pausas (%V), la duración media de los intervalos vocálicos (PVI-V) y consonánticos (PVI-C) y sus respectivas variaciones, indicadas por la desviación típica (ΔV y ΔC) [→ § 36.8.1]. El grado de variación situaría el ritmo de cada lengua entre los dos polos de un continuo: más cerca del polo 'ritmo acentual' o del polo 'ritmo silábico'. Tales ideas relanzaron la investigación empírica en este campo para muchos idiomas y dialectos, aunque pronto iban a ser también objeto de críticas (Arvaniti 2009; Barry *et al.* 2003; Russo y Barry 2008; Cummins 2002; Kohler 2009a, 2009b; Mairano y Romano 2007), ya que, entre otras razones:

- no hay coherencia entre los marcadores: en una misma lengua, el valor de PVI puede indicar que se trata de una lengua de ritmo silábico, mientras que los valores de %V y de ΔC indican un ritmo acentual;
- no se obtiene la esperable complementariedad entre ΔV y ΔC.

Es aún más problemático que la propia asignación a uno de los dos tipos pueda resultar invertida al cambiar un corpus por otro, un hablante por otro, según se analice un corpus leído o hablado, o según la velocidad de elocución (cf. Arvaniti 2009, 48–53; Barry y Andreeva 2010, 31; Bertinetto y Bertini 2010, 63–65; Romano y Mairano 2010, 80; Russo y Barry 2010, 188, 194, 206, 216). El hecho de que la velocidad de elocución influya en el ritmo es especialmente grave, en la medida en que ambos conceptos musicales son, por definición, independientes entre sí. Además, esta línea de investigación sobrevalora la duración en general, pues, como han demostrado los experimentos perceptivos con habla manipulada de Romano y Mairano (2010), la igualación de todas las duraciones vocálicas no altera la posibilidad de distinción rítmica entre inglés y francés. Un ritmo reducido simplemente al grado de variación en las duraciones entre fase abierta y fase cerrada sería, en el mejor de los casos, un simple epifenómeno suprasegmental de la estructura segmental, poco susceptible de encajar en unas categorías que no se definen precisamente por la variación, sino todo lo contrario, como son los dos tipos isócronos, por lo que estos razonamientos resultan a la vez cíclicos y paradójicos (Arvaniti 2009; Bertinetto y Bertini 2008, 2010; Kohler 2009a, 2009b).

La variación en sí misma no basta para establecer un ritmo, sobre todo si no hay un umbral entre variación y arritmia. Como afirma Arvaniti (2009): «independent criteria are required to avoid circularity and measures must be meaningful so that they avoid tautology and reflect differences in rhythm rather than purely statistical differences between scores» (57). Otro problema radica en que, si el ritmo forma parte de la lengua hasta el punto de ser un criterio tipológico, ello debería afectar a la fonología de las lenguas y no solo a su nivel fonético (Russo y Barry 2010, 186).

De este modo, los factores de variación acaban minando aún más la concepción de ritmo que sustenta la dicotomía que estos criterios intentaban rescatar, reconvertida en continuo bipolar (cf. Barry y Andreeva 2010, 30–31), porque mantiene los mismos apriorismos:

- las lenguas no pueden ser arrítmicas;
- los ritmos solo pueden consistir en retorno a intervalos regulares de un evento perceptible, idea ya explicitada por otros fonetistas anteriores a Pike, como Grammont (1913) o Jones ([1918] 1969), y con la que se sigue definiendo el ritmo en los diccionarios de retórica y de lingüística, por ejemplo, en Lázaro Carreter ([1953] 1967), Morier (1961), Suhamy (1970) o en Dubois *et al.* (1971).

Al combinarse estas dos premisas, no quedan otras posibilidades, y ello provoca las contradicciones que se han ido manifestando en las investigaciones experimentales. Tal visión del ritmo se ampara en una imprecisa metáfora de origen musical. Las metáforas son muy provechosas a condición de no olvidar que son metáforas. Ya en griego antiguo la palabra ῥυθμός *(rhythmos)* poseía diversos significados; se aplicaba hasta al fluir de los ríos (cf. Marchetti 2009, 76–81), valor que llegó a ser considerado erróneamente como el original (cf. Benveniste 1966) [→ § 36.1]. Por un lado, se debe precisar mejor el significado musical de partida. Por otro, se ha de examinar más de cerca la motivación de este salto semántico entre música y lenguaje.

37.3 El fundamento funcional del ritmo

Una acción individual elemental, como la deambulación, requiere la coordinación entre distintos gestos, y, por economía de esfuerzo y ganancia en eficacia, conviene secuenciarla en segmentos simétricos y predecibles, que resultan así más fáciles de automatizar. Esta necesidad aumenta en las acciones interpersonales, como, por ejemplo, remar en una embarcación de varias plazas. Los remeros deben sincronizar de forma consciente sus gestos (su inicio, su duración, su intensidad) para que el avance de cada lado del barco sea equilibrado.

La música comparte esta necesidad, sobre todo cuando aparece la polifonía, que requiere una coordinación entre las notas y los silencios de las distintas voces o instrumentos. La complementariedad entre la motricidad colectiva y la ritmicidad musical se manifiesta con claridad en las acciones que se ejercen con ayuda de la música, por ejemplo, el empleo del tambor con el que el cómitre de las galeras marcaba el ritmo a los galeotes; o la música de las bandas militares, cuyo ritmo binario y estable sirve de punto de referencia para que grandes contingentes de infantería puedan caminar en formación. Ello presupone un contagio entre el ritmo auditivo y el gestual. El ritmo es, por tanto, una 'geometría del tiempo' cuya función básica es coordinar y automatizar la secuenciación de nuestras acciones.

Sin embargo, el lenguaje carece de polifonía, y, salvo en ciertas utilizaciones más o menos periféricas como el coro del teatro griego, los rezos, o las consignas de las manifestaciones políticas y deportivas, lo más habitual es que los actos de habla sean individuales, por lo que esta función social-integradora no es ya la prioritaria (aunque se puedan practicar individualmente, los rezos se crearon de modo que pudieran ser colectivos y realizarse en rituales públicos). Sin embargo, aunque el lenguaje no requiere coordinar acciones colectivas, la producción del habla es un conjunto complejo de gestos, muy breves, consecutivos, simultáneos o solapados, cuya ejecución requiere coordinación y cuya automatización también se beneficia de una secuenciación ritmada. La interiorización y la automatización de los gestos articulatorios, coordinados espacial y temporalmente, es parte esencial en la adquisición de una lengua, no solo para la realización de cada fonema, sino para su concatenación en unidades mayores (cf. Bertinetto y Bertini 2010, 50–51; Cummins 2009; Martínez Celdrán y Fernández Planas 2007, 39–41).

A esta primigenia 'función coordinadora' se podrían añadir otras funciones derivadas. En primer lugar, se descartaría una 'función denotativa' propiamente dicha, por tratarse, en el mejor de los casos, de algo muy excepcional, como sucedía cuando los tambores africanos se usaban para difundir mensajes, en lo que puede considerarse como una codificación secundaria a partir del lenguaje, no como un lenguaje en sí (Arom 2009). Esto recuerda al empleo del telégrafo: la comunicación se logra mediante agrupaciones no aleatorias de secuencias sonoras (breves y largas), pero el código usado es solo un derivado de la escritura, a su vez derivada de la lengua hablada. Parece, pues, más apropiado hablar de 'función retórica' (o comunicativa auxiliar) del ritmo, según este sea más o menos adecuado al contenido referencial del mensaje —«to guide the listener more efficently through the transmission of meaning» (Kohler 2009b, 8)—. Esta función opone el discurso real a los ritmos 'hipnóticos' de la poesía, pero también, de un modo más general, participa en la entonación, cuyas funciones son esencialmente la referencial y la expresiva (Barry y Andreeva 2010; Cutler 1976).

Más importante es la 'función esotérica' del ritmo. La coordinación gestual puede también provocar cierta emoción, como, por ejemplo, sucede cuando varias personas cantan o bailan juntas. De ahí la importancia del baile en los rituales amorosos, o también la del canto coral en los ritos masivos (religiosos, políticos o deportivos), en los que la coordinación armónica de las duraciones y de las frecuencias de las secuencias fónicas produce por sí misma una euforia colectiva propicia para la deseada 'comunión'. El ritmo, pues, favorecería la comunicación emocional y social por encima de la impredecible diversidad de lo individual y de lo racional. Como señala Zurcher (1996), «qu'il soit volontaire ou non, cet ensemble d'actions et de régulations est une conduite sociale. Le rythme n'est pas un acte individuel, mais l'asservissement du corps mu à un espace temporel commun».

Anscombre (2000), por otra parte, explica la abundancia de estructuras métrico-rítmicas en el proverbio como una manera de remitir a un pasado mítico y de arroparse con la magia de un lenguaje sagrado, precisamente por el carácter irracional del ritmo, reforzando así la idea de la sabiduría ancestral del contenido proverbial. El papel del ritmo medido en la poesía hereda, en mayor o menor medida, este efecto de comunión irracional, trasladado a una esfera más íntima:

> tal el objeto brillante del que puede valerse un hábil hipnotizador, nos concentra como en un punto la atención, para que el resto de nuestro ánimo, tomado en cierto modo por sorpresa, pueda ser invadido por la irracionalidad del lenguaje (Bousoño [1952] 1976, 586–87).

La 'función estética' (o eufónica) es esencial para la función poética del lenguaje, pero es cuestionable fuera del ámbito de la literatura. Al igual que la función esotérica, la función estética requiere que la poesía, precisamente por su euritmia, se oponga de forma claramente perceptible al discurso común. Ello supone una grave contradicción para las teorías que hacen derivar la organización prosódica del discurso ordinario de un supuesto 'principio de eufonía', a menudo aún más estricto y limitado que el de la propia poesía (cf., entre otros, Hayes 1984). Como reconoce Di Cristo (2002), «l'harmonie rythmique ne constitue pas la finalité première de la parole, dont l'organisation accentuelle doit composer avec un faisceau de contraintes» (31).

Finalmente, se puede mencionar una 'función mnemotécnica' del ritmo, y de la melodía. De Condillac ([1746] 1973, 227–31) ya atribuía a esta función el hecho de que las leyes primitivas de la religión se escribieran en verso, y el hecho de que el recurso al ritmo se aplicara tanto a los proverbios y máximas como al catecismo o a las tablas de multiplicar. En épocas recientes, en las que la poesía culta occidental parece haber renunciado al metro y a la rima, el ritmo sigue siendo un recurso omnipresente en la poesía oral de los pueblos ágrafos (Seydou 1998), en la canción popular o en el eslogan propagandístico; recuérdese la conocida máxima publicitaria de las tres 'R': rima, ritmo y repetición (Palencia-Lefler 2009).

37.4 El fundamento musical del ritmo

En el ámbito musical conviene precisar mejor el significado que tenía originalmente la noción de ritmo. Aristógenes de Tarento, filósofo de formación pitagórica y contemporáneo de Aristóteles, fue el autor del primer tratado sobre el ritmo musical en el siglo IV a. C., un texto fundacional para toda la teoría musical occidental: *Elementa rythmica*. La parte conservada está constituida por fragmentos del libro II, repartidos en tres manuscritos que se complementan unos a otros. Los libros perdidos se conocen parcialmente a través de citas y glosas del erudito medieval bizantino Pselluse, de algunas citas de Porfirio y de dos manuscritos anónimos que parecen haberlos plagiado (*Fragmenta Neapolitana* y *Fragmenta Parisina*). Los aspectos más destacables de este texto son los siguientes:

- El ritmo se define como una 'alternancia de movimiento y de reposo': θησις/αρσις (*thesis/arsis*).

- Ambos momentos se dividen en dos o más 'tiempos' (χρόνοι) que, a su vez, pueden contener una o varias notas: unos tiempos fuertes (θησις), que corresponden convencionalmente al golpe del pie en el suelo (κατω χρόνος), quedan separados entre sí por uno o por varios tiempos débiles (ανω χρόνος). La música era solo vocal y la poesía era solo cantada, el rapsoda se acompañaba armónicamente con la lira y marcaba el ritmo con el pie, de ahí que, por metonimia, la tradición llame 'pie' (ποδων) al segmento que comienza en el tiempo fuerte y termina justo antes del siguiente. Se conocen únicamente dos usos de esta acepción de pie anteriores a Aristógenes: uno en *Las ranas* de Aristófanes, donde se refiere a un paso de danza, valor más concreto y cercano al literal anatómico; el otro, en la *República* de Platón (399e-400d), quien, aunque de forma imprecisa, se refiere a la música afirmando que el pie y el modo son los que deben ajustarse a la letra, y no al contrario (Marchetti 2009, 153).
- Ni la nota ni la sílaba son unidades rítmicas por sí mismas, solo lo son los χρόνοι (tiempos).
- El ritmo (ῥυθμός) es algo que alguien impone sobre un material previo (ῥυθμιξομενον) que —en sí mismo— es arrítmico (sucesión amorfa de notas / sílabas) y esta 'materia' es susceptible de recibir 'rit-mificaciones' (ῥυθμοποιησις) distintas —en el presente capítulo se han manejado las ediciones bilingües comentadas de Pearson (1990) y de Marchetti (2009), así como los comentarios de Laloy (1904) y de Sachs (1953)—. Aristógenes afirma que no se puede percibir el tiempo como tal, solo su división en unida-des reconocibles (en este caso, notas-sílabas) ordenadas 'racionalmente' (λόγος) en pies (ποδων), pues un solo χρόνος no puede constituir ritmo alguno. Ritmo implica 'forma' (σχεμα) que ordena las notas/sílabas dentro de los χρονοι, y a estos entre sí. Por ello, al referirse a la dicotomía ῥυθμός frente a ῥυθμιξομενον también la denomina σχεμα 'forma' frente a σχεματιξομενον 'aquello a lo que se le impone una forma', al igual que hiciera Aristóteles (*Física*, 245b9–246a4). El ritmo entendido como σχεμα es la aplicación a la música por Aristógenes del sentido primario del término ῥυθμός, tal como lo empleaba previamente Demócrito para describir el movimiento de los átomos (Marchetti [2009, 76]; véase, igualmente, Benveniste [1966]).

Sobre esta base, Aristógenes propone una tipología rítmica que toma prestada de la poética, segmentando la melodía en pies (anfíbracos, anapestos, tríbracos, espondeos, troqueos, etcétera). Las notas largas y breves coincidían con las sílabas largas y breves, con valor fonológico en griego antiguo. La tipología puede reducirse a dos grandes grupos: ritmos binarios (*genus* dactílico) y ternarios (*genus* yámbico), de modo que los demás esquemas son derivaciones complejas de estos dos.

> Por ejemplo, en un pie dactílico el tiempo fuerte lo ocupa una nota larga y el tiempo débil lo ocupan dos breves que suman la misma duración y son por ello intercambiables con el espondeo (dos largas); mientras que, en un pie yámbico, el tiempo fuerte (una breve) dura la mitad que el tiempo débil (una larga). El hexámetro tenía seis pies binarios (dactílicos o espondaicos), pero otros metros podían combinar pies diferentes.

El *logos* implica que la forma de estas distribuciones es 'no aleatoria' («cualquier ordenación no es rítmica», Marchetti [2009, 65]), pero tampoco se afirma que estas sean necesariamente uniformes, sino que debe existir una ratio geométrica de números enteros entre unidades básicas indivisibles (πρῶτος χρόνος), entre pies (ποδων) (ratio de 3:2, 2:1, etcétera), de igual forma que estableciera poco antes Pitágoras para los tonos, al fundar las leyes de la armonía. Un tratado de armonía del propio Aristógenes también establecía entre las notas la ratio 2:1 (octava), 3:2 (quinta), 4:3 (cuarta), etcétera (Marchetti 2009, 13–19). Convergen Aristógenes, Pitágoras y Aristóteles en la idea de que el placer estético se basa en una geometría subyacente (Bouvresse 2009), como afirmaba explícitamente Aristóteles, para quien las formas esenciales de la belleza eran «el orden, la simetría y la precisión» (*Metafísica*, 1078a36–b2).

Cuando la iglesia crea los primeros sistemas de escritura musical, lo hace sin alterar la herencia teórica griega, aunque, en un principio, no prestó mucha atención al ritmo hasta la aparición del canto gregoriano. El progresivo declive en el conocimiento del latín (cuya escritura no señala la duración de las vocales) obligó a representar las notas largas y las bre-ves con formas distintas (rombos frente a cuadrados, etcétera) que fueron adquiriendo cada vez más precisión: redonda, blanca, negra, corchea, etcétera. Solo en el siglo XVIII aparece la actual barra que segmenta la melodía en compases, células de dos, tres o más tiempos que se inician en el tiempo fuerte, al igual que el pie griego (Figura 2).

Por una convención gráfica, se supone que los compases son 'por defecto' isócronos, pero no es en absoluto impres-cindible que lo sean: esta misma escritura musical contaba desde sus inicios con instrumentos teóricos y gráficos para explicar y transcribir también los casos de anisocronía. Los más usuales son la síncopa, ya sea la que 'adelanta' el acento

FIGURA 2. Compás isócrono binario y ternario.

FIGURA 3. Síncopas: la primera adelanta el acento, la segunda lo retrasa.

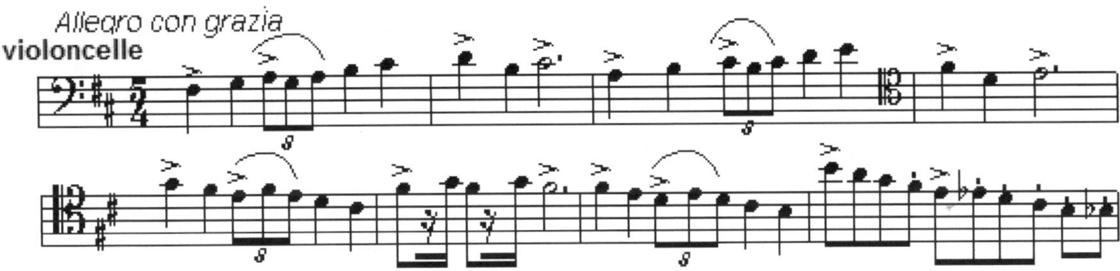

FIGURA 4. Compás asimétrico (Chaikovski, *Sexta sinfonía, Patética, movimiento 2*).

FIGURA 5. Compás variable (Mussorgski, «Promenade», *Cuadros de una exposición*).

(ligadura entre una nota final de compás y la inicial del compás siguiente), ya sea la que lo 'retrasa' (silencio en el tiempo fuerte que desplaza el acento a la nota siguiente; véase la Figura 3); el compás asimétrico —por ejemplo, el 5/4, no tiene acento, sino dos acentos, alternativamente separados por 2 y 3 tiempos, alternando el ternario dentro de unos ciclos que se repiten cada 5 tiempos (Figura 4)—; y el compás variable, en el que el compositor puede indicar todos los cambios que desee (Figura 5).

Fuera del ámbito de la llamada música 'clásica' occidental, los ritmos anisócronos son incluso los más habituales. Es el caso de la música india, cuyos esquemas rítmicos son una suerte de 'macrocompases' *(tāla)* con varios acentos cuya posición es fija, pero no equidistante (Sadie 1980, IX; Wellesz 1957), al igual que también ocurre en la música árabe (Donnier 1987; El Mahdi 1972; Vigreux 1985). También es frecuente en el folclore gitano, desde en el compás flamenco de las bulerías [3 + 3 + 2 + 2 + 2], que Rodrigo aprovechó en su *Concierto de Aranjuez* aunque escribiera el ciclo como dos compases de 6 tiempos (Pamies 1994a, 2010; véase la Figura 6), hasta en los ritmos *aksak* de la península balcánica (Cler 1994, 2009; Fracile 2003; Kolinski 1973; Pamies 1994a, 2010) que Bartok empleó en *Mikrokosmos*. La palabra *aksak,* que significaba 'cojo' en turco, designa los ritmos impares típicos de la música popular de Turquía, Serbia, Macedonia, Bulgaria, Grecia y Rumanía, y también de la música árabe *(aqsaq)*.

En la música tradicional africana (Arom 1992; Marques 1943; Sachs 1953) y en el jazz (Pamies 1994a, 2010), rara vez los acentos van 'a tierra' (Figura 7), porque en este último se suman la polirritmia 'horizontal' (asimetría acentual dentro de una misma voz) con la polirritmia 'vertical' (asimetría acentual de una voz a otra).

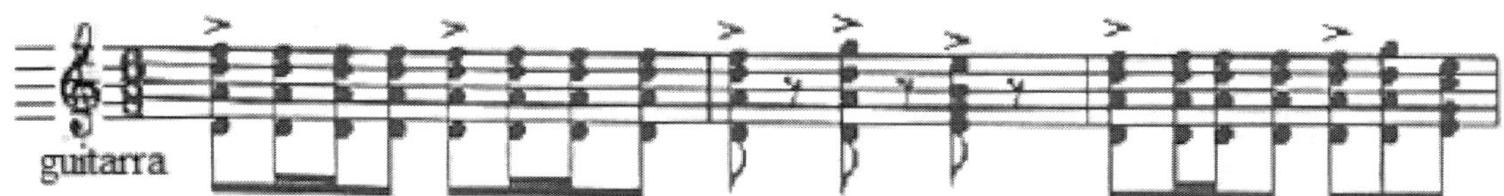

FIGURA 6. Rodrigo, *Concierto de Aranjuez, movimiento 1*. Alternancia ternaria/binaria [3 + 2 + 2 + 2 + 2].

FIGURA 7. Síncopas sistemáticas en el jazz: fragmento de *Bloomdido*, transcrito en Do, de la grabación de Dizzy Gillespie y Charlie Parker (*Bird & Diz,* Verve, C-410-4, 1950).

Desde el punto de vista musicológico, desde Aristógenes a Stravinski, pasando por la música popular de todos los continentes, el compás isócrono es solo un esquema entre otros que presentan otro tipo de geometría en la distribución de los tiempos fuertes, ya que el ritmo, en tanto que «forma ordenada» (Benveniste 1966, 327) incluye más esquemas no aleatorios que la mera repetición de células idénticas entre sí.

37.5 El fundamento poético del ritmo

Un aspecto que se ha convertido en objeto frecuente de atención de los estudiosos del ritmo es el relacionado con las 'métricas rítmicas', esto es, simplificadamente, las diferentes maneras de medir las duraciones de la señal que permiten definir las características rítmicas de las lenguas. En los siguientes subapartados se revisan detalladamente los diversos modelos de métricas rítmicas.

37.5.1 La métrica 'cuantitativo-musical'

Con Aristógenes, la musicología había importado conceptos procedentes de la poética, tales como los pies y toda su nomenclatura (anapestos, espondeos, dáctilos, etcétera), lo cual es otra fuente de ciclicidad: la analogía entre lengua y música reposa a su vez sobre una analogía previa en dirección contraria. Es más, antes de que Aristógenes hablase de 'ritmo musical', Platón ya había empleado 'ρυθμός' para referirse de forma impresionista a la métrica poética (*Crátilo* 424c-1-2; *Georgias* 502c, pp. 5–6), acepción literaria que precisó Aristóteles (*Retórica* 1408b, pp. 28–29) definiéndola como «forma numerosa de las palabras calculada de manera que una larga equivale a dos breves» (Marchetti 2009, 79). Por lo tanto, fue la métrica poética la que influyó en la teoría del ritmo lingüístico, a través de la música, formando un círculo vicioso. La creencia de que el inglés tiene un ritmo acentual (Bolinger 1981, 44; Catford 1986, 182; Halliday 1985, 272) ya había sido propuesta por Daniel Jones (Jones [1918] 1969, 237) de un modo que, a su vez, coincidía casi textualmente con los fundamentos de la métrica inglesa, que, desde Steele (1779), dividía el verso en pies anisosilábicos, pero regulares en su duración global, de modo que la pronunciación se acelerase cuando el pie tuviera más sílabas y se ralentizara cuando hubiera menos. La pregunta es entonces ¿por qué toda la preceptiva tradicional exigía a los versos una secuenciación isócrona si la lengua de por sí ya la tiene?

Esa misma idea entró en España con Príncipe (1861–1862), probablemente inspirado en las ideas de Scoppa (1811, 1816) sobre el italiano y el francés. Este tipo de métrica, conocida como 'cuantitativo-musical', era una suerte de

Tabla 1 *Segmentación rítmica del verso según Príncipe (1861–1862)*

anacrusa	pie 1	pie 2	pie 3	cláusula
(Per)	**di**da	**ve**o mi tran	**qui**la	**cal**ma + A-
	-fán y	**lu**to por do	**quier** me	**si**guen + Do-
	-lor pro	**fun**do me de	**vo**ra el	**al**ma (+ etc.)

compromiso entre las convenciones de la escritura musical (perfeccionadas en el siglo XVIII con la introducción de la barra de compás, como ya se ha señalado en el § 37.4) y la tradición consistente en equiparar el hexámetro grecolatino con los endecasílabos y alejandrinos de las lenguas modernas, como hiciera Steele (1779) para el inglés (en lo que se refiere al francés, el inglés y el ruso, véanse Pamies [1994a, 1995, 1997]). La métrica de Príncipe (1861–1862) rechaza el principio del isosilabismo (sílabas contadas) que oponía el verso castellano al grecolatino, privilegiando el acento, cuya relevancia ya había sido señalada por Francisco de Cascales ([1617] 1975) y por Gonzalo Correas ([1626] 1954), aunque de un modo muy vago y subordinado al isosilabismo versal; en cambio, otros preceptistas identificaron pura y simplemente las vocales tónicas del castellano con las largas del latín, como Juan del Encina ([1496] 1928), de Luzán ([1737] 1974) o Gómez Hermosilla (1826).

Para Príncipe (1861–1862), el acento crea el ritmo al segmentar (isócronamente) los versos, que «obedecen a la ley superior del compás, cuyo golpeo o *battuta* es llevado por el acento . . . acomodándose siempre con exactitud matemática a las exigencias del tiempo» (426–28). Cada verso se divide en anacrusa (las sílabas átonas que preceden al primer acento), los pies acentuales de idéntica duración aunque varíe su número de sílabas, y la cláusula final, que se une a la anacrusa del verso siguiente (Tabla 1), segmentando así la cadena hablada en células «ya iguales, ya desiguales, siempre que estas duren las unas exactamente el doble que las otras» (429). La anacrusa impide la existencia de yambos y de anapestos, y el isosilabismo global del verso no es relevante, incluso puede quedar anulado por la reagrupación entre cláusula y anacrusa en pies.

Navarro Tomás (1922, 1956) propuso una teoría métrica prácticamente idéntica a la de Príncipe, sin citarlo, y mucho más tarde ([1956] 1972) explicó que no conocía la métrica elaborada por este autor. Tal vez la coincidencia se deba a que, en cambio, Navarro sí conocía algunas teorías extranjeras inspiradas en las mismas fuentes (Scoppa 1811; Steele 1779), porque esos modelos fueron en buena parte heredados por las teorías de los fonetistas franceses Landry (1911), Verrier (1912) y Grammont (1913), que Navarro asimismo conocía bien. Para demostrar empíricamente la isocronía de los pies, añadió el argumento, entonces muy novedoso, proporcionado por unas mediciones quimográficas de versos (leídos por él mismo) [→ § 36.3.2]. Este modelo teórico fue adoptado con pocas variaciones por Balaguer (1954), Canellada (1976), Baehr (1962), Lowry (1972) y García Calvo ([1975] 1977), quien justificaba así los hexámetros españoles con los que tradujo a Virgilio y a Homero:

> La medida, pues, o metro, la produce el ritmo por la regularidad o isocronía del retorno de los tiempos marcados o sucesos repetitivos . . . que con ello permite una comparación y proporción entre las duraciones de los intervalos (356–58).

El principal punto débil de este tipo de teorías siempre es el mismo: el hecho es que unos versos tienen más acentos que otros, por lo que los espacios interacentuales pueden constar de entre 2 y 6 sílabas. Para resolver este problema, los prosodistas mencionados acuden inevitablemente a un artilugio omnipotente que Príncipe (1861–1862) denominaba «acento latente» o «artificial», solo audible para «oídos finos», que recaería en una sílaba átona en medio de un pie demasiado largo:

> Ese acento que por lo mismo de ser tan suave en su delicadísimo esfuerzo, podría llamarse «latente», en razón a quedar como ofuscado entre el ruido mayor de los otros, lo oye no obstante con distinción un oído fino y atento (407).

Otros versificadores recurren al mismo concepto, al que incluso se refieren como «acento fantasma» (Lanier 1880) o «acento silencioso» (Leech 1969). Obviamente, con este recurso ningún verso puede contradecir la teoría. Los versos de (1), tal y como los analiza Príncipe, hablan por sí solos:

(1)   *íngrati | túdes reco | gí tan | sólo (456)
        *a | bándo | nándo la de | siérta | pláya [etcétera] (457)

Navarro Tomás también apela a este subterfugio, al que denomina «apoyo rítmico», como se muestra en (2).

(2)   [*que | **cón** la | **prí**ma | **vé**ra]

Esta figura, además de justificar cualquier arbitrariedad por parte del prosodista, invalida la interpretación de sus mediciones experimentales, porque los pies se igualan artificialmente antes de medir su duración. Canellada (1976), discípula de Navarro Tomás, llega incluso a 'acentuar' conjunciones y artículos de un modo tan caprichoso que puede variar en la misma palabra si esta se repite, como se aprecia en (3).

(3)   [***Abe** | **ná**mar | **Á**be | **ná**mar |
        | **mó**ro de | **lá** more | **rí**a] (85).

Lo mismo hacen Balaguer (1954) —por ejemplo, *[*cón la me* | *mória* | *dé mi desven* | *túra*] (254)— y García Calvo ([1975] 1977) —por ejemplo, [**si tuviéra qué elegír caudíllo en lá ciudád*] o bien [**ván por* | *él ca* | *míno*] (340–45)—. Esta estratagema abusiva recibirá las críticas incluso de un admirador de Príncipe como es el poeta y prosodista Antonio Carvajal ([1993] 1995), cuando rechaza que «apliquemos determinadas licencias que nos puedan conducir a falsear o destruir un verso ajeno» (88). Carvajal señala que un verso como *El dulce lamentar de dos pastores* exigiría con ese análisis una declamación aberrante que atentaría contra su significado: **El dulce lamen tarde dos pastores* (88).

Como observa Belič (1975), «La realización que propone Navarro Tomás no obedece al significado ni a la gramática, sino únicamente a un esquema rítmico impuesto arbitrariamente» (28). Sin embargo, esa segmentación 'arbitraria' era necesaria para salvar el dogma de los pies isócronos. De lo contrario, habría que considerar como 'mal hechos' todos los versos con pies de más de tres sílabas o de menos de dos, como marcaba la métrica preceptiva neoclásica (por ejemplo, de Luzán [1737] 1974, 262).

37.5.2 La métrica isosilabista

En el extremo opuesto se sitúa la métrica denominada 'isosilabista', en la que la única unidad de medida del ritmo es la sílaba: «versus est oratio determinatum numerum syllabarum postulans» (Caramuel, citado en Díez-Echarri [1949, 108]). Esta idea surge en la Edad Media paralelamente al uso de nuevos modelos versales, y ha sido defendida hasta hoy en el ámbito de las lenguas románicas, para oponerlas así a otras familias de ritmo 'acentual' (Belič 1975; de Cornulier 1982; Flescher 1972; Guiraud 1953; Lotz 1972). El isosilabismo tuvo, sin embargo, escaso eco en la métrica 'teórica'; tal vez por ser demasiado obvio (nadie puede negar que los versos medidos son isosilábicos en su gran mayoría), pero también por una contradicción interna: la curiosa forma en que se miden esas 'sílabas contadas' (restar una si el verso es esdrújulo y añadir una si es agudo) es la prueba de que no es cierto que el acento sea irrelevante, por lo menos el último (en verso y hemistiquio): la distinción entre los tres tipos de verso (agudo, llano y esdrújulo) es acentual por definición. Lo mismo ocurre si se cuenta 'a la francesa': la última sílaba tónica es la que da la medida, y las eventuales postónicas a su derecha ya no cuentan.

El recuento 'a la española' se emplea también en italiano, mientras que en catalán el recuento tradicional es como en francés, por lo que un endecasílabo castellano o italiano equivale a un *décasyllabe* francés o catalán. Se trata de una mera convención. De hecho, en portugués se contaba como en castellano hasta el siglo XVIII, cuando se cambió al recuento francés, sin que ello afectara para nada a los versos, que ya estaban escritos (los *hendecassílabos* que escribía Camões se consideran *decassílabos* en la métrica portuguesa actual).

En ambos sistemas de cálculo el recuento es posterior a la localización del acento versal (y medial si hay cesura) de la que depende completamente todo lo demás.

37.5.3 La métrica sílabo-tónica

La métrica 'sílabo-tónica' intenta conciliar en sus análisis el isosilabismo de los versos reales con la supuesta división del verso en pies acentuales medidos, pero no lo hace considerando duraciones, sino acentos y sílabas. Esta tradición procede de Inglaterra y de Rusia, donde siguió disfrutando de mucho predicamento hasta el siglo xx (Belyj 1910; Bridges 1921; Hamer 1930), y fue retomada por la métrica estructuralista (Chatman 1965; Gasparov 1974, 1984; Shapiro y Beum 1965; Suhamy 1970; Tarlinskaja 1987; Tynjanov 1924; Unbegaun 1956; Žirmunskij 1925) y también por la métrica generativista norteamericana (Halle y Keyser 1966; Kiparsky 1977).

En esta línea se inscribirían la métrica de Andrés Bello (1835) y la de Alberto Lista (1844): «sólo el número de sílabas y la colocación de los acentos deciden de su versificación» (cf. Domínguez Caparrós 1975, 108). Según Bello, los versos se dividen en pies acentuales que no pueden tener más de tres sílabas. Los posibles tipos de pies serían por tanto cinco: trocaico, yámbico, dactílico, anapéstico y anfibráquico (Bello 1835, 271–72). No obstante, esto crea contradicciones aún mayores entre el verso isosilábico y su acentuación real; por ejemplo, Bello se ve obligado a afirmar que el pentasílabo es «vacilante entre el yámbico y el dactílico», o que el hexasílabo es de «cadencia incierta entre el trocaico y el anfibráquico», etcétera. La supuesta ley del máximo de tres sílabas por pie conlleva, pues, o bien la 'condena' de los versos que la infringen —y que Eduardo de la Barra (1887) o Eduardo Benot (1892) califican respectivamente de «repugnantes al oído» y de «desdichados» (Domínguez Caparrós 1975, 93, 157)—, o bien el recurso inevitable al subterfugio de los acentos 'latentes'.

Los problemas son, como se ve, los mismos que presentaba la métrica de Príncipe (1861–1862), con el agravante de que aquí no se puede recurrir a la duración para 'igualar' entre sí los pies asimétricos, que son, además, los más frecuentes en español: incluso la métrica preceptiva barroca de Cascales ([1617] 1975) recomendaba que la distribución acentual dentro de los versos isosilábicos fuera variada, y no se atuviera a un esquema fijo, «porque la variación engendra gusto» (252–53). Por otra parte, del mismo modo que las teorías métricas 'isosilabistas' se ven obligadas a silenciar el indiscutible papel del acento, las teorías isócronas o 'isotónicas' rehuyen explicar por qué los versos medidos son siempre isosilábicos si el principio de los pies no les obliga a ello.

De Balbín (1962) propuso más recientemente otra métrica de tipo 'acentual', que Quilis (1969) adoptó casi textualmente. Ambas métricas pretenden dar cuenta del verso español exclusivamente por sus pies acentuales, medidos solo en sílabas. Intentan resolver el problema de la segmentación interna del verso mediante una tipología de acentos (rítmicos, extrarrítmicos y antirrítmicos), que, en la práctica, les permiten considerar las átonas como acentuadas, y viceversa, lo que equivale a rebautizar las excepciones para que parezcan reglas, como bien reprochará Belič (1975, 52–76).

Posteriormente, el hispanista ruso Sergej F. Gončarenko (1988) planteó también una teoría acentual del verso español, inspirada en la de Gasparov (1974, 1984) para el ruso. Gončarenko distingue entre los versos «sílabo-tónicos» (con pies acentuales isosilábicos entre sí) y los «tónico-silábicos» (en los que la distancia interacentual sería variable, mientras el cómputo silábico global sería fijo y el número de acentos también). Sin embargo, la mayoría de los versos españoles pertenecen al segundo grupo e incumplen su última condición (cf. Pamies 1994a, 1997). Ello fuerza a Gončarenko, al igual que a sus predecesores, a recuperar como excepciones, más o menos rebautizadas, las antiguas 'licencias' de la preceptiva neoclásica rusa, que permitían suprimir pies, invertir pies, etcétera, lo cual, aplicado *a posteriori*, equivale a poder contar como acentuadas vocales indiscutiblemente átonas.

37.5.4 La métrica generativista

La métrica generativista (Halle y Keyser 1966) propuso algo que en realidad era muy similar a la tradición sílabo-tónica, pero adaptado a los fundamentos metodológicos de la sintaxis transformacional. Habría una estructura métrica profunda, que no sería otra que la alternancia perfectamente regular (débil/fuerte) que exigía la taxonomía tradicional, y otra superficial, que correspondería al verso real, como resultado de la aplicación de varias reglas de transformación que, además de permitirlo todo (la inserción de un pie, la elisión de un pie y la inversión de un pie), coinciden perfectamente con las tradicionales licencias poéticas, y salvaguardan así la regla neoclásica según la cual los espacios interacentuales nunca podrían ocupar más de tres sílabas. El problema es que muchos versos, incluso en inglés, desafían obviamente esta afirmación arbitraria, como el (así llamado) pentámetro yámbico con dos acentos que se reproduce en (4).

    (4)   And in his commendation I am fed (Shakespeare, *Macbeth, acto i, escena iv*)

Curiosamente, la gramática generativa aplicó más tarde este tipo de reglas a la fonología del discurso ordinario (Chomsky y Halle 1968; Liberman y Prince 1977), dándose la paradoja de que las escasas estructuras profundas admitidas venían a ser las mismas que Halle y Keyser habían propuesto para el verso: el principio de alternancia y unas reglas de transformación que engendran una jerarquía de grados de acentuación, dependiente, a su vez, de la estructura sintáctica (cf. Pamies 1994a) [→ § 1.18]. Teorías posteriores, enmarcadas en esta misma corriente, como la Métrica Autosegmental [→ § 1.21.12] (cf., por ejemplo, Hayes [1984], entre otros trabajos mencionables) proponen reglas aún más restrictivas que las del verso, y requieren mecanismos *ad hoc* para resolver los problemas creados por sus propios constructos. Por ejemplo, para explicar la mera existencia de estructuras superficiales anapésticas o dactílicas se recurre también al concepto de sílabas extramétricas, y para justificar la propia existencia de las palabras trisílabas, a un proceso de epéntesis, asemejándose con ello una vez más a la poética preceptiva en el uso de conceptos tales como «well formed sequency» y «degenerate foot» (véase a este respecto Marotta 2003). Resulta paradójico querer descubrir en el habla común los esquemas rítmicos que la poética clásica 'exigía' a los poetas, sobre todo teniendo en cuenta que ni siquiera estos últimos se atenían a tales esquemas.

37.5.5 El imperio del hexámetro

La 'ilusión' rítmica que ha llevado a los distintos paradigmas métricos a ignorar los acentos (métrica isosilabista) o a inventarlos allí donde no están (métrica cuantitativo-musical, métrica sílabo-tónica, métrica generativista) tiene su origen en una confusión heredada del culto neoclasicista al hexámetro grecolatino. Este metro era realmente isócrono y lineal, pues segmentaba el verso en seis pies que comprendían un tiempo fuerte [▼], ocupado por una sílaba larga, y un tiempo débil [▲], ocupado por dos sílabas breves (en el dáctilo) o por otra larga (en el espondeo). Además, como se ha explicado en el § 37.4, en la Antigüedad, los versos se declamaban con acompañamiento de lira, y golpeando regularmente el suelo con el pie, de manera que esta alternancia binaria (tiempo fuerte/tiempo débil) coincidiera con la posición levantada o bajada del pie *(arsis/thesis)*. El hexámetro es de los pocos metros que sí son analizables mediante una partitura perfectamente convencional (compárense entre sí las Figuras 8 y 9).

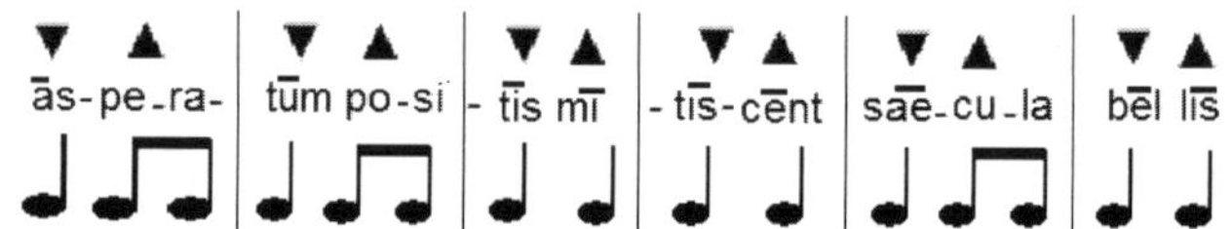

FIGURA 8. Transcripción musical de un hexámetro (Morier 1961).

Durante el Renacimiento se idealiza el hexámetro hasta el punto de querer imitarlo en las lenguas modernas (con resultados muy criticados y que han dejado escasa huella en la historia de la literatura). El hexámetro sí se corresponde con el compás musical regular binario, pero el merecido prestigio de la *Odisea* o de las *Bucólicas* no es la prueba de ningún 'universalismo' por su parte. De hecho, incluso en la antigua Grecia existían versos con esquemas muy diferentes, antes de que el éxito de las grandes obras escritas en hexámetro los eclipsara.

> No solo se documentan los metros de tipo coriambo eólico de Alceo y Safo (Laguna 1997), sino también otros metros polémicos para los propios griegos, presentes igualmente en varios fragmentos de música helenística (Laloy 1904), que hacen pensar que los ritmos anisócronos coexistían con los isócronos tanto en la métrica poética como en la música griegas (cf. Marchetti 2009, 30–32, 93–94, 269–78).

Lo que solo era una característica de un esquema rítmico entre otros se confundió con la propia definición de la ritmicidad universal, creándose así un conflicto que heredaría toda la métrica teórica. Los versos españoles tienen acentos cuyo número y cuya posición son variables, si se exceptúa la posición del último. Por ejemplo, en el endecasílabo, se encuentra desde un verso como *Décima moradora del Parnaso* (Garcilaso, *Soneto XXIV*), que tiene tres acentos a distancias desiguales, hasta otro como *Yo soy aquél que ayer no más decía* (Rubén Darío, *Cantos de vida y esperanza*), con cinco acentos a distancias iguales, pasando por todo tipo de acentuaciones más o menos asimétricas, siempre que la décima sílaba sea tónica. Por otra parte, si dos acentos se siguen, el choque acentual [→ § 1.21.12 y 25.3.2] conlleva el debilitamiento y la neutralización de uno de ellos, salvo que una pausa restablezca el contraste (cf. Pamies 1994b, 106–7).

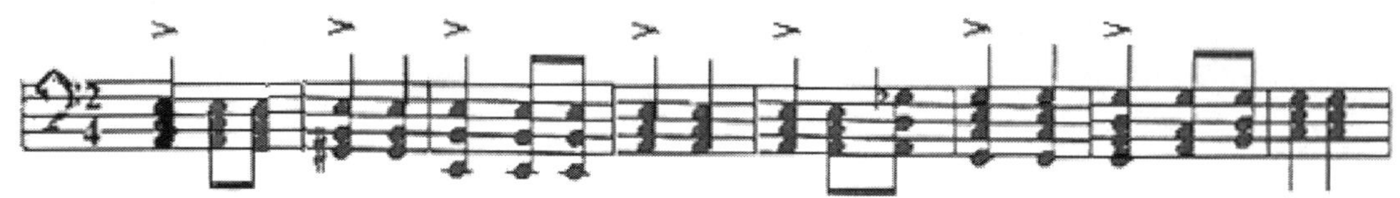

FIGURA 9. Beethoven, *Séptima sinfonía, Allegretto*.

Cualquier artificio para igualar los espacios entre acentos es como un lecho de Procusto que violenta la realidad para encajarla en una teoría, resolviendo un problema creado por el propio dogma de partida. El hexámetro es el único metro en el cual la ritmicidad está indisociablemente ligada a la isocronía, y su 'canonización' ha llevado a que su naturaleza se confunda con la propia naturaleza del ritmo, ya sea poético, musical o discursivo.

37.6 Ritmos reales y ritmos posibles

Si el concepto de ritmo fue importado forzadamente del ámbito de la música y de la poesía, donde tampoco era como se pensaba, no resulta extraño que los experimentos sobre el ritmo del habla no logren identificar ninguna de sus dos variantes. Si a eso se añade que tampoco se cuenta con pruebas *a priori* de la existencia del ritmo fonológico, se puede volver al punto de partida para cuestionar simplemente si, en realidad, existe el 'ritmo lingüístico'.

Como ya advertía Aristógenes de Tarento, el ritmo es la forma de una sucesión de eventos, y, como tal, se opone a la arritmia que caracterizaría a toda sucesión aleatoria de movimientos. Requiere que haya alternancia entre al menos dos tipos de eventos, que han de ser perceptibles como tales; de hecho, Aristógenes ya señalaba que «los objetos de la composición rítmica son partes reconocibles por sí mismas» (Marchetti 2009, 149). Las distancias entre los elementos alternantes pueden ser fijas, pero, como se ha visto, también pueden ser variables, en música y en poesía (ritmos anisócronos). Esta alternancia se produce en el tiempo, pero el elemento alternante percibido no es necesariamente el tiempo como tal. Las sílabas, los acentos, las fronteras sintácticas, son segmentos perceptibles por sí mismos, tanto como lo eran las duraciones para los antiguos griegos. Puede haber ritmos en los que la duración participe por sí misma y otros en los que intervenga a través de otras entidades psicolingüísticamente más perceptibles (sílabas, fonemas, tonos, acentos, palabras, sintagmas, pausas, hemistiquios, versos).

La forma que el ritmo impone a una sucesión de eventos puede, a su vez, ser lineal o jerarquizada. En este último caso, puede ocurrir que en el nivel inferior haya células rítmicas internamente 'variables', pero agrupables de forma regular en un nivel superior, formando, de este modo, figuras simétricas entre sí aunque asimétricas 'por dentro'. Los ritmos jerarquizados pueden considerarse como complejos (polirrítmicos) por oposición a los ritmos lineales o simples (monorrítmicos).

En función de estos factores, es posible distinguir varios tipos de ritmicidad, como se muestra en la Figura 10.

Una configuración meramente aleatoria correspondería a la arritmia (número 2 en la Figura 10), a la sucesión amorfa (ausencia de *logos*), que nada permite descartar *a priori*, especialmente en el discurso no literario. El hexámetro correspondería realmente a la isocronía (1.1), al igual que todos los metros musicales a 2/4 y 3/4 que sean realmente estables y no sincopados (como las danzas populares del norte de Europa, las marchas militares, los himnos, etcétera),

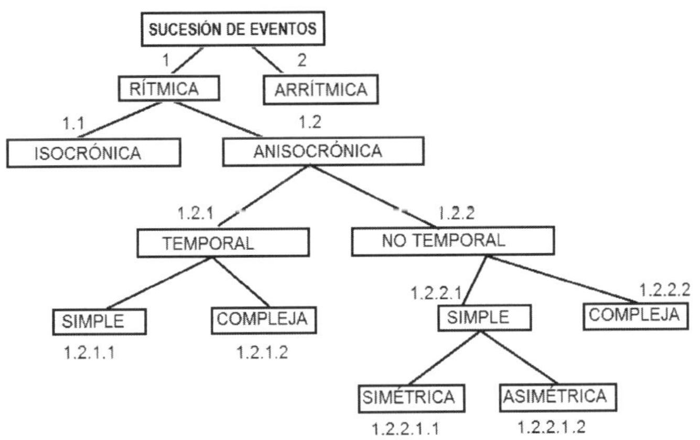

FIGURA 10. Configuraciones rítmicas posibles.

por oposición a la otra gran categoría en la que se enmarcarían todos los demás (1.2), que se califica de anisócrona porque la simetría durativa puede no darse (1.2.1) o ser irrelevante como tal (1.2.2).

Entre los ritmos anisócronos temporales (1.2.1) están los simples o lineales (1.2.1.1), como ocurre con los coriambos eólicos de Alceo y Safo, en los que se mezclaban pies 'temporales' heterogéneos (Laguna 1997), y también con la prosa literaria, que, tanto para Aristóteles (*Retórica* 1990, 3.8.1) como para Cicerón (*Acerca del orador* 1995, 188–201), debía tener en cuenta los pies, pero precisamente para variarlos y evitar así los metros reconocibles (Márquez 2003). Aristóteles (*Retórica* 1990, 1408–1409 21–30) afirmaba incluso que el *schema* de la dicción debe evitar tanto la métrica como la arritmia (cf. Marchetti 2009, 114).

En la música, sería el caso de algunas obras clásicas con permanentes cambios de compás, como el *Klavierstück n.º 2 (I-IV)* de Stockhausen (121 cambios de metro en 196 compases) o *La consagración de la primavera* de Stravinski (Figura 11), o de los esquemas polirrítmicos de la música tradicional africana (Figura 12) y de los ritmos impredeciblemente sincopados, como

FIGURA 11. Stravinski: «Danza sacrificial», *La consagración de la primavera*.

FIGURA 12. *Canción antigua del Chibuto*, Mozambique (Marques 1943, 107).

FIGURA 13. Paco Cepero, *Falseta por bulerías* (Donnier 1987, 61).

FIGURA 14. Ritmo *aksak* de un *Čoček* serbio analizado como [2 + 2 + 2 + 3] por Cler (2009).

en el jazz (Figura 7). Véanse, para más detalles, los trabajos de los musicólogos Arom (1992), Locatelli de Pérgamo (1973, 24), Marques (1943), Sachs (1953) y Van den Toorn (1987).

Los ritmos temporales complejos o jerarquizados (1.2.1.2) alinean en un nivel inferior células desiguales que forman, a su vez, un ciclo que se repite regularmente en el nivel superior.

En música serían los casos ya citados de la música india o de la bulería española (Figura 6), que mezcla irregularmente pies binarios y ternarios dentro de una rueda de 12, que constituye, a su vez, un ciclo superior y que sí es regular con respecto a los ciclos vecinos (cf. Donnier 1987; Peña 1988). Por eso mismo se llama 'compás' en el flamenco al ciclo entero, con varios acentos (cf. las Figuras 13 y 15). Muchas danzas populares balcánicas siguen estos ritmos llamados *aksak* (Cler 2009): ciclos de [3 + 3 + 2] o de [2 + 2 + 2 + 3] y hasta de [2 + 2 + 2 + 2 + 3] (Figura 14).

Los ritmos anisócronos no temporales (1.2.2) se diferencian de los anteriores porque la duración, además de no ser constante, ni siquiera es la materia afectada. El *rythmyzomenon*, la sustancia más directamente perceptible, en este caso sería la sílaba, que no es de naturaleza temporal, sino psicolingüística. Estos ritmos también se subdividen en simples y complejos, y los simples pueden a su vez ser simétricos o asimétricos, mientras que los complejos son asimétricos en el nivel inferior y simétricos en el superior. Entre los simples simétricos estarían los metros realmente acentuales, en los que el verso está segmentado en pies isosilábicos entre sí, como en el ritmo anapéstico (— — ▼) que se ejemplifica en (5).

(5)   Del sal**ón** | en el **án** | gulo osc**u** |(ro),
        de su du**e** | ña tal v**ez** | olvid**a** |(da),
        silenci**o** | sa y cubi**er** | ta de p**ol** |(vo)
        (Bécquer, *Rimas*, VII)

Los ritmos simples asimétricos (1.2.2.1.2) incluyen el verso libre: es anisosilábico tanto en el nivel del pie como en el del verso, sin ser tampoco una sucesión de sílabas aleatoria y amorfa (arritmia). López Estrada (1969) afirma incluso que el verso libre es un «cambio frecuente de metro», por oposición a la prosa, que solo tiene «ritmo del contenido».

Entre los ritmos no temporales complejos (1.2.2.2) se incluiría la casi totalidad de casos del verso medido español, ya que su segmentación es asimétrica en el nivel inferior (número y lugar de los acentos), pero simétrica en el nivel superior (versos isosilábicos entre sí). Las sílabas postónicas a la derecha del último acento no cuentan: lo que define a todos los endecasílabos es lo que tienen siempre en común, su acento final en la décima, como se muestra en los ejemplos de (6).

(6)   4.ª-10.ª   Una frag**an** | cia de melancol**í** |(a)   [4 + 6]   (R. Darío)
        5.ª-10.ª   Entre los esc**om** | bros de los cast**i**(llos)   [5 + 5]   (R. Darío)
        2.ª-8.ª-10.ª   El fr**u** | to que con el sud**or** | sembr**a**(mos)   [2 + 6 + 2]   (Garcilaso)
        4.ª-6.ª-10.ª   Sentiment**al** | , sens**i**ble, sensit**iv**(va)   [4 + 2 + 4]   (R. Darío)
        1.ª-5.ª-7.ª-10.ª **Co** | sas misteri**o**sas, tr**á** | gicas r**a** |(ras)   [1 + 4 + 2 + 3]   (R. Darío)
        2.ª-4.ª-6.ª-8.ª-10.ª De ti**e** | rra y **a** | gua y vi**en** | to y s**ol** | tej**i** |(dos) [2 + 2 + 2 + 2 + 2]   (A. Machado)

Así ocurre con el verso alejandrino, que pasa del ternario al binario de un hemistiquio a otro, ([3 + 3] + [2 + 2 + 2] etcétera), o combina pies desiguales dentro del hemistiquio ([4 + 2], [2 + 4], [5 + 1]), haciendo con las sílabas lo que la bulería hace con los tiempos (Figuras 6, 13 y 15). El alejandrino sería asimétrico en sus constituyentes rítmicos inferiores, pero simétrico en el nivel jerárquico inmediatamente superior: aunque los pies sean desiguales, cada hemistiquio es igual a otro, y, si los hemistiquios son desiguales, los alejandrinos siguen siendo isométricos entre sí (7).

(7)   Que lleva/bas la tar/ (de) ‖ de la **úl**/tima c**i**/(ta)   3 + 3 ‖ 3 + 3   (J. R. Jiménez)
        And**u**/vo, and**u**/vo, and**u**/(vo) ‖ le vi**o**/ la l**uz**/ del d**í**/(a)   2 + 2 + 2 ‖ 2 + 2 + 2 (R. Darío)
        Y tu m**a**/no de se/ (da), ‖ cel**es**/te, ci**e**/ga, m**u**/(da)   3 + 3 ‖ 2 + 2 + 2   (J. R. Jiménez)
        Tap**a**/ba, sin tocar/(lo), ‖ tu s**e**/xo tenebr**o**/(so)   2 + 4 ‖ 2 + 4   (J. R. Jiménez)
        Ven**í**/a un vi**en**/to tris/(te) ‖ de m**un**/dos invis**i**/(bles)   2 + 2 + 2 ‖ 3 + 3   (J. R. Jiménez)
        Y el esp**an**/to seg**u**(ro) ‖ de estar/ ma**ña**/na muer(to)   3 + 3 ‖ 2 + 2 + 2   (R. Darío)

Como la sílaba postónica de verso y de hemistiquio es irrelevante, el alejandrino se puede contar 'a la francesa' interrumpiendo el conteo en el último acento (6 por hemistiquio), en lugar de llevar a cabo el complejo recuento 'a la italiana', en el que este verso tendría de 12 a 16 sílabas según que sus hemistiquios fuesen agudos, llanos o esdrújulos. El verso es el mismo, pero el análisis 6 + 6 es más coherente, porque pone de manifiesto la relevancia métrica del silabismo y del acento al

FIGURA 15. Esquema básico de la bulería tal como se enseña a los principiantes en las escuelas de baile [3 + 3 + 2 + 2 + 2] (Peña 1988).

mismo tiempo. Con el romanticismo y el simbolismo, el alejandrino aprovechó aún más variaciones internas del ciclo de 12, tales como la de 4 + 4 + 4 (encabalgamiento medial): *en su blancu|ra de palo|mas y de estre|(llas)* (R. Darío, *El reino interior*).

Aunque ritmo y melodía sean fenómenos independientes entre sí, incluso desde el punto de vista perceptivo (Peretz y Kolinski 2009), aparecen conjuntamente y en interacción, y no hay por qué presuponer que uno de ellos sea menos perceptible que el otro. Si se compara lo rítmico con lo melódico, la percepción de las estructuras rítmicas 'complejas' no precisa más facultades que la de cualquier melodía. Por simple que sea una secuencia de notas, su memorización y su reproducción requieren distinguir (como mínimo) una serie de intervalos geométricos en la frecuencia fundamental: 1:2 (octava), 2:3 (quinta), 4:5 (tercera mayor), 5:6 (tercera menor), 3:5 (sexta mayor), por citar tan solo lo más básico e indispensable (Bouvresse 2009, 43).

37.7 La ilusión rítmica

Los esquemas rítmicos que se acaban de enumerar se han ilustrado con músicas y versos, precisamente porque estos son poco sospechosos de ser arrítmicos. Sin embargo, en el caso del discurso ordinario no se tiene una certeza semejante, por lo que la demostrada ausencia de esquemas isócronos permite dos posibles interpretaciones: o bien el habla cotidiana posee un ritmo anisócrono complejo cuya estructura está por descubrir, o bien, sencillamente, es arrítmica. En este último caso, se plantearía a su vez otra incógnita: la arritmia es un concepto unitario desde el punto de vista de la producción (es la sucesión aleatoria de segmentos desiguales), pero esta necesaria generalización no implica que todas las arritmias particulares se perciban como iguales entre sí. De hecho, parece que tampoco impide que se perciba a veces ritmicidad en secuencias que, objetivamente, son amorfas. Algunos psicólogos, como Fraisse (1974), opinan que el ser humano muestra una tendencia natural a atribuir un ritmo a cosas que no lo poseen, como el traqueteo del tren o como el tictac del reloj, que se puede percibir como una alternancia yámbica (tic- TAC-tic-TAC), trocaica (TIC-tac-TIC-tac) y hasta dactílica (TIC-tac-tac-TIC-tac-tac), cuando en realidad la materia sonora es una sucesión amorfa, sin elementos fuertes ni débiles, largos ni breves, agudos ni graves. No obstante, este razonamiento requiere que la secuencia en cuestión se haya identificado previamente como amorfa desde el punto de vista rítmico; de lo contrario, se caería en la paradoja de justificar el ritmo mediante un mecanismo que funciona solo cuando no lo hay.

También podría ocurrir que, en el caso del discurso ordinario, la sensación de ritmicidad se apoyase en algún tipo de hábito lingüístico interiorizado, de modo que, cuando un estímulo sonoro emitido en otra lengua se ve sometido al filtro fonológico de la propia, el oyente percibiría las diferencias con respecto a dichos hábitos, aun cuando no exista un ritmo propiamente dicho en la señal percibida. Una hipótesis de tipo psicolingüístico podría, pues, argüir que, más que percibir el ritmo de una lengua, lo que se perciben son las diferencias rítmicas entre esta y otras lenguas: al fin y al cabo, la teoría clásica de Pike y de Abercrombie surgió de la comparación interlingüística.

37.8 El ritmo morfofonológico

En el caso del habla, el ritmo perceptivo podría derivar del conocimiento instintivo de unas características morfofonológicas de la propia lengua, que hace que la segmentación del discurso no parezca totalmente aleatoria, por las restricciones que imponen la fonotaxis y la morfofonología de la lengua en cuestión. Una lengua que abunda en sílabas de 5 o 6 fonemas presenta más distancia y más variación en el espacio entre fases cerradas y abiertas de la fonación que una lengua que abunda en sílabas abiertas, y este hecho podría ser relevante, sin que la duración de las realizaciones fonéticas lo manifieste de forma coherente (debido, entre otras razones, a que la duración varía dependiendo del fonema, del contexto silábico, de la acentuación, de la posición entonativa, etcétera): «The actual position along the continuum depends, to a large extent, on the phonotactic structure of the individual language» (Bertinetto y Bertini 2010, 50).

En cierto modo, Ramus (2002) o Grabe y Low (2002) [→ § 36.8.1] no estaban tan equivocados cuando apuntaron hacia la variabilidad de los espacios vocálicos y consonánticos como criterio, y, si sus experimentos no lograron un resultado muy convincente, es porque quisieron confirmar su hipótesis midiendo las duraciones de las realizaciones fonéticas, para ubicarlas dentro de la escala tipológica heredada del modelo isócrono, cuando, en realidad, podría tratarse de una cuestión más estructural y psicolingüística que acústica.

En la lengua común, las agrupaciones fonológicas ofrecen a menudo más regularidad que las duraciones.

En un trabajo sobre el ruso, Prokofieva (1991) estudió la transcripción de un amplio corpus oral de habla espontánea, contando el número de palabras por frase y el número de sílabas por pie, por palabra y entre pausas. En los resultados se puso de manifiesto, entre otras cosas, una proporción del 13 % de pies monosílabos, del 28 % de bisílabos, del 28 % de trisílabos, del 17 % de tetrasílabos y del 10 % de pentasílabos. Si se tiene en cuenta que los pies monosílabos provocan la colisión entre dos acentos [→ § 1.21.12 , § 25.3.2] y que esta produce la neutralización de uno de ellos (Pamies 1994b), los pies monosílabos se convierten, en la práctica, en bisílabos. Sumando ambas clases, los pies bisílabos alcanzarían por sí solos el 41 %, y los pies de dos y tres sílabas acapararían el 69 %. El que los pies de dos y de tres sílabas representen más de dos tercios de los espacios interacentuales en ruso supone un grado de regularidad que de ningún modo se va a conseguir si se miden las duraciones fonéticas, y podría ser una razón suficiente para explicar que se perciban intuitivamente diferencias 'rítmicas' con respecto a otra lengua con mayores distancias silábicas entre acentos.

En términos psicolingüísticos, las distintas configuraciones de la segmentación rítmica (o pseudorrítmica) que los hablantes han interiorizado no pueden medirse en milisegundos, sino en unidades que también sean lingüísticas. Dicho de otro modo, el ritmo de una lengua, si es que lo hay, podría ser psicofonológico en vez de físico-durativo. Por eso la métrica poética, cuando la poesía dejó de ser cantada, basó sus mediciones en el número de sílabas por pie o por verso, y abandonó las mediciones temporales heredadas del canto.

Una forma de ejemplificar esta relación consiste en comparar poemas cuya métrica sigue explícitamente las reglas de la versificación tradicional (endecasílabo, alejandrino, etcétera), y analizar acústicamente su lectura por el propio poeta. Se pueden contrastar las unidades que forman figuras geométricas simétricas o complementariamente asimétricas (versos, hemistiquios y pies acentuales), y que se miden en sílabas, con la impredecible y desconcertante variabilidad de las duraciones de dichos segmentos en la realización fonética de su lectura por el propio autor. Valgan como ejemplo los versos iniciales de un poema de Rafael Alberti que se reproduce en (8) y que combina endecasílabos *a minore* y *a maiore*.

(8)   Poblado estoy de muchas azoteas.
       Sobre la mar se tienden las más blancas,
       dispuestas a zarpar al sol, llevando
       como velas las sábanas tendidas.
       (Rafael Alberti, *Retornos del amor en una azotea* [[1996] 1999, 29])

Como se ha dicho, las postónicas en final de verso son rítmicamente irrelevantes, por eso el endecasílabo tiene en realidad 10 sílabas, si se cuenta como en francés, catalán o portugués, o como en el pentámetro yámbico inglés, alemán o ruso, en vez de aplicar el desafortunado recuento a la italiana, que daría un resultado de 10, 11 o 12 sílabas, lo cual oculta tanto el protagonismo del isosilabismo como el del acento. Por otra parte, en virtud de la tendencia a evitar el choque acentual cuando dos acentos se siguen, uno de ellos no se realiza, disimilación que, en español, afecta normalmente al primero de ellos, por lo que resulta tan utópico como innecesario el tajante rechazo de los acentos contiguos por la preceptiva clásica (cf. Pamies 1994b).

Así pues, los versos de (8) se caracterizan por tener su último acento en la décima sílaba y suman dos hemistiquios de acento final en la cuarta o en la sexta.

Se constata, en la Tabla 2, la regularidad versal (acento final fijo), la alternancia simétrica de hemistiquios (con acento en la cuarta o la sexta sílaba), y la variedad de pies (yambos, anapestos y peones) típica de este metro tradicional.

En cambio, a pesar de la regularidad métrica de los versos, la duración de las sílabas y de los pies no ofrece ningún tipo de geometría en su declamación por el propio poeta. La Figura 16 representa, en el eje vertical, las duraciones silábicas (en ms); en la Figura 17 se relaciona la duración de los pies con su número de sílabas, y en la Figura 18 se relacionan las duraciones totales de los versos y de los hemistiquios con el número de sílabas que contienen.

Se podría objetar que tanto Navarro Tomás (1922, 1956) como Príncipe (1861–1862) —véase el § 37.5.1— segmentaban los versos excluyendo la anacrusa inicial, midiendo el pie desde su primera vocal hasta el ataque de la del pie siguiente, uniendo el último pie de cada verso con la anacrusa del verso siguiente, y contando las pausas como parte del pie en el que recaen. Sin embargo, si se aplica dicho método a este mismo corpus, los pies resultan aún más desiguales que antes, dado que el hecho de incluir las pausas y la sílaba postónica final (irrelevantes para el cómputo métrico tradicional isosilabista) agrava las desigualdades. La Figura 19 muestra unas diferencias de duración aún mayores que las que se apreciaban en la Figura 17.

Tabla 2 *Esquema métrico jerarquizado (verso, pie, hemistiquio)*

po	**bla**	does	**toy**	de	**mu**	cha	s a	zo	**te**	(as)
YAMBO		YAMBO		YAMBO		PEÓN IV				
HEM 4				HEM 6						
so	bre	la	**mar**	se	**tien**	den	las	más	**blan**	(cas)
PEÓN IV				YAMBO		PEÓN IV				
HEM 4				HEM 6						
dis	**pues**	ta	s a	zar	**par**	al	**sol,**	lle	**van**	(do)
YAMBO		PEÓN IV				YAMBO		YAMBO		
HEM 6						HEM 4				
co	mo	**ve**	las	las	**sá**	ba	nas	ten	**di**	(das)
ANAPESTO			ANAPESTO			PEÓN IV				
HEM 6						HEM 4				

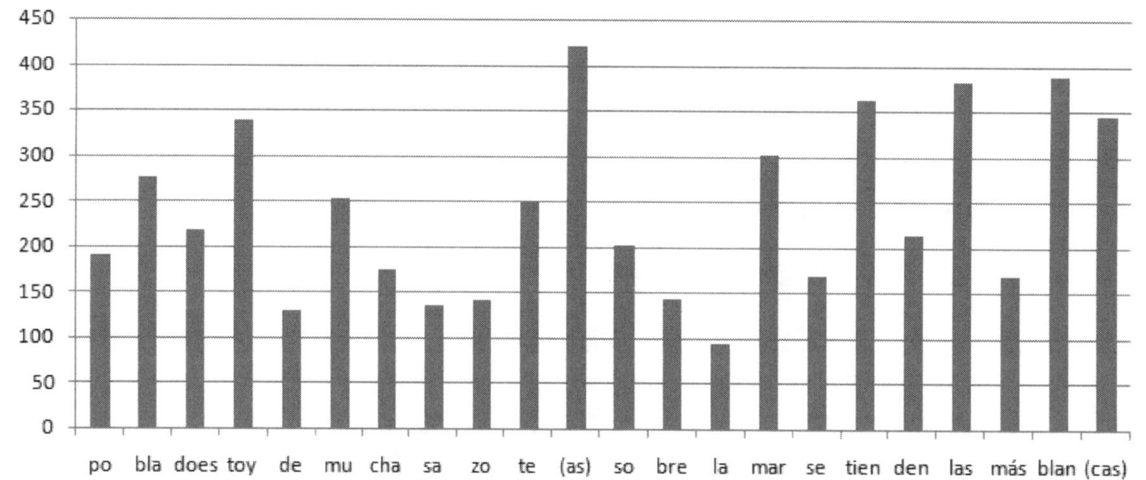

FIGURA 16. Duraciones silábicas del primer verso de (8). Grabación del autor (Alberti [1996] 1999).

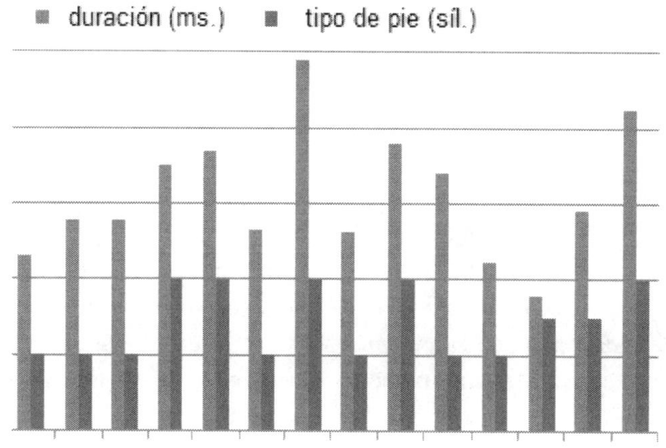

FIGURA 17. Relación entre los tipos de pie acentual y sus duraciones
en los cuatro primeros versos del poema recogidos en (8).

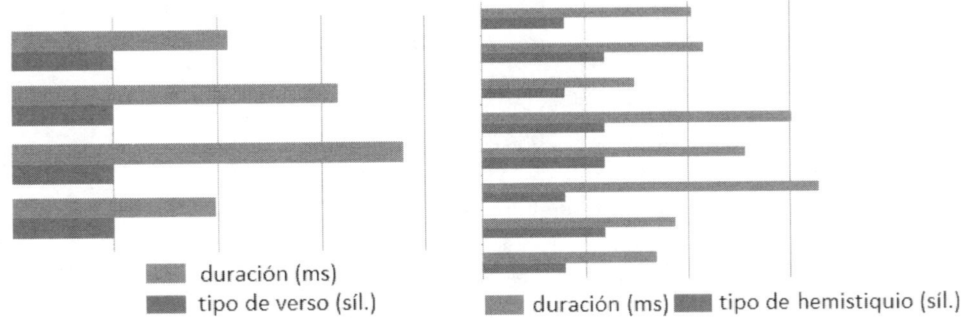

FIGURA 18. Relación entre versos y duraciones (izquierda) y entre hemistiquios y duraciones (derecha) en los cuatro primeros versos del poema recogidos en (8).

37.9 Estructura silábica y ritmo subjetivo

Las unidades que presentan gran regularidad métrica son de tipo morfofonológico (número de sílabas por verso, hemistiquio y pie). Si se puede percibir un ritmo diferente al del habla ordinaria es porque también se es capaz de percibir en ella la ausencia de esta geometría. A diferencia de la poesía, la prosa no posee esquemas rítmicos predefinidos, por lo que conviene estudiar muestras de grandes dimensiones para detectar (o descartar) algún tipo de patrón. El autor de este capítulo analizó dos novelas de notoriedad, género y época similares: *La Regenta*, de Leopoldo Alas, y *Oliver Twist*, de Charles Dickens,

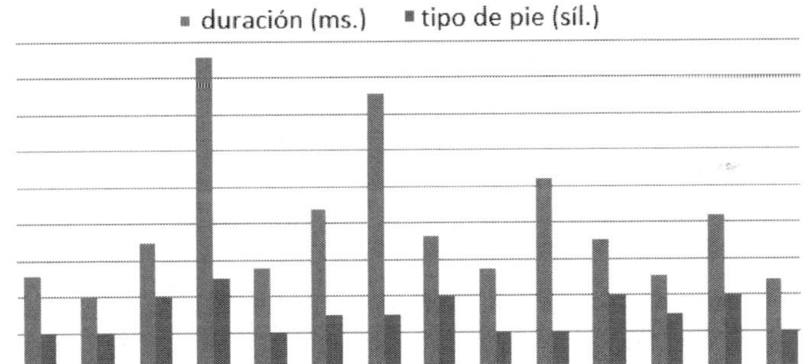

FIGURA 19. Relación entre los tipos de pie acentual y sus duraciones en la grabación realizada por su autor de los versos recogidos en (9), segmentada según el método de Príncipe y de Navarro Tomás.

midiendo la variabilidad de los espacios consonánticos intervocálicos, pero atendiendo al número de fonemas en lugar de considerar sus duraciones, con la ventaja añadida de que el proceso es mucho más rápido y sencillo. Se realizó una transcripción fonológica semiautomática mediante reglas, que se sometió a un cálculo estadístico elemental para medir en unidades fonológicas los datos que Ramus (2002), Grabe y Low (2002) [→ § 36.8.1] estudiaron en las duraciones.

Partiendo de las ediciones electrónicas del Proyecto Gutenberg, se eliminaron los signos de puntuación, números y siglas, se convirtieron los grafemas en símbolos fonemáticos, etiquetando los hiatos, sinalefas y sinéresis solo cuando eran previsibles. Los programas empleados fueron Notepad++ para las conversiones, y MS-Excel para los cálculos. Los hiatos predecibles contaron como espacio cero a efectos de media y de desviación típica; los diptongos, sinalefas y sinéresis predecibles contaron como una sola vocal, y las geminaciones reales contaron como doble consonante. Este cálculo ofrece, obviamente, una precisión bastante aproximativa, pero el gran tamaño del corpus compensa esta desventaja frente al análisis acústico.

Vistas así, las diferencias directamente basadas en la fonología se manifiestan con aún mayor claridad que en las pruebas acústicas basadas en la duración: como puede comprobarse en la Tabla 3, los espacios consonánticos entre vocales son mucho mayores y más variables en inglés que en español.

Si se aplica este razonamiento a los pies acentuales, se comprueba el predominio inverso. En la transcripción fonológica de *La Regenta* (1 495 866 fonemas), se unieron todos los clíticos al lexema del que dependen, y se obtienen 171 653 palabras fonológicas [→ § 1.21.6] (y, por tanto, acentos), con 507 073 núcleos silábicos, lo cual da una media de 2,95 sílabas por pie acentual en español. Aplicando el mismo sistema a la transcripción fonológica de *Oliver Twist* (595 841 fonemas), el número de palabras fonológicas (y de acentos) es de 104 587, con 219 220 núcleos silábicos. La media en inglés es de 2,09 sílabas por pie acentual. Según este simple cálculo, el inglés

Tabla 3 *Porcentaje de espacios vocálicos (%V), espacio consonántico intervocálico medio (mC) y su desviación típica (ΔC)*

Corpus español	Corpus inglés
%V = 33,9	%V = 36,7
mC = 1,37	mC = 1,73
ΔC = 0,616	ΔC = 0,759

tendría un ritmo morfofonológico binario (*ratio* muy próxima a 2:1) mientras que el español presenta un ritmo ternario (*ratio* muy próxima a 3:1; véase la Tabla 4).

Si se tiene en cuenta que el binario y el ternario son los dos esquemas rítmicos más antagónicos en música (Marchetti 2009), se puede entender que los oyentes perciban como diferentes los 'ritmos' del habla en estas dos lenguas. Las diferencias morfofonológicas verifican estadísticamente en el corpus unos espacios intersilábicos mucho menos variables en español que en inglés, y unas distancias interacentuales menos variables en inglés, en un corpus mucho mayor de lo que pueden medir los experimentos fonéticos. Esto concuerda con la hipótesis de que la oposición (perceptiva) entre el ritmo 'de metralleta' de las lenguas románicas y el ritmo 'de código Morse' del inglés tiene una base morfológica más que fonética. Sin embargo, ello no demuestra la ritmicidad del corpus analizado. Lo que exponen Russo y Barry (2010) a propósito de las mediciones fonéticas resulta también aplicable a los datos morfofonológicos:

> anche se si utilizza il termine ritmo parlando di tali misurazioni, non possiamo essere certi che ciò che siamo catturando è ritmicamente rilevante. . . . quanto si è misurato non è il ritmo di una lingua (o di una varietà), bensì le proprietà strutturali che modificano il potenziale atto a creare precisi modelli ritmici negli enunciati di una lingua (194, 218).

El ritmo subjetivo del habla bien podría ser la mera consecuencia de una diferencia estructural morfofonológica entre lenguas, y no se corresponde necesariamente con el ritmo objetivo de cada una de ellas (segmentación interna no aleatoria del discurso). Tanto la arritmia como el ritmo que se atribuye subjetivamente a una lengua extranjera son perceptibles solo por contraste con hábitos interiorizados propios de la lengua materna (cf. Maisonneuve, Stefanelli y Vendramini 2009, 281).

37.10 Conclusiones

Dejando de lado los prejuicios estéticos y filosóficos que condicionaron históricamente este concepto, el ritmo podría definirse como la ordenación no aleatoria de los segmentos internos de una secuencia. Dicha ordenación no es necesariamente isócrona ni simétrica, y su función básica es coordinar acciones colectivas simultáneas o gestos individuales complejos, cuyos componentes son consecutivos, simultáneos o solapados.

En el caso del habla se pueden observar, en ciertos tipos de discurso, otras funciones derivadas de la anterior, tales como la función retórica, la esotérica, la estética y la mnemotécnica, todas ellas limitadas a determinadas modalidades discursivas. La unidad que es objeto de ordenación rítmica puede ser física, como la duración en el hexámetro clásico, o puramente lingüística, como la sílaba en los versos isosilábicos.

Aunque las formas rítmicas de la poesía difieren necesariamente de los hábitos fonológicos comunes, deben, al mismo tiempo, aprovechar una materia prima fonológica propia de la lengua para que su eventual manipulación resulte perceptible. Es de suponer que el conocimiento pasivo de las reglas fonotácticas y morfofonológicas de la lengua permite percibir cualquier alteración de la ordenación 'neutra' como, por ejemplo, las que imponen los artificios poéticos. No obstante, es necesario investigar si dicha distribución 'neutra' sigue realmente algún tipo de patrón (cuyo modelo no puede inspirarse en la métrica poética sin caer en el razonamiento cíclico), o bien si estos eventuales patrones son la mera consecuencia de otro tipo de ordenación (segmental o morfológica). Por otra parte, la arritmia total, es decir, una ordenación aleatoria de los elementos prosódicos en el habla común, es una hipótesis improbable, pero que, por ahora, tampoco es totalmente descartable.

Referencias bibliográficas

Abercrombie, David. 1967. *Elements of General Phonetics*. Edimburgo: Edinburgh University Press.
Alberti, Rafael. (1996) 1999. *Antología personal*. 2.ª ed. Madrid: Visor Libros. Libro y CD.
Anscombre, Jean-Claude. 2000. «Parole proverbiale et structures métriques». *Langages* 139: 6–26.

Tabla 4 *Composición media de los pies acentuales (π) medida en sílabas (σ) por pie*

Corpus español	Corpus inglés
$\sigma = 507\,073$	$\sigma = 219\,220$
$\pi = 171\,653$	$\pi = 104\,587$
$m = 2{,}95\ \sigma/\pi$	$m = 2{,}09\ \sigma/\pi$

Aristóteles. 1990. *Retórica*. Introducción, traducción y notas de Quintín Racionero. Madrid: Gredos.

Aristoxenus. 1990. *Elementa Rhythmica. The Fragment of Book II and the Additional Evidence for Aristoxenean Rhythmic Theory*. Edición, introducción, traducción y comentarios de Lionel Pearson. Oxford: Clarendon Press.

Arom, Simha. 1992. «Symétrie et ruptures de symétrie dans la musique de tradition orale : le cas de l'Afrique centrale». *Quadrivium. Musiques et sciences*, 209–15.

———. 2009. «Entre parole et musique : les langages tambourinés d'Afrique sub-saharienne». En *Parole et musique. Aux origines du dialogue humain*, editado por Stanislas Dehaene y Christine Petit, 183–200. París: Odile Jacob.

Arvaniti, Amalia. 2009. «Rhythm, Timing and the Timing of Rhythm». *Phonetica* 66 (1–2): 46–63. https://doi.org/10.1159/000208930.

Baehr, Rudolf. 1962. *Spanische Verslehre auf historischer Grundlage*. Tubinga: Niemeyer. Reed., Berlín: de Gruyter Mouton, 2011. https://doi.org/10.1515/9783111394275. Trad. y adaptación de Klaus Wagner y Francisco López Estrada, *Manual de versificación española*. Madrid: Gredos, 1970.

Balaguer, Joaquín. 1954. *Apuntes para una historia prosódica de la métrica castellana*. Madrid: Consejo Superior de Investigaciones Científicas.

de Balbín, Rafael. 1962. *Sistema de rítmica castellana*. Madrid: Gredos.

de la Barra, Eduardo. 1887. *Elementos de métrica castellana*. Santiago de Chile: Imprenta Cervantes.

Barry, William J. y Bistra Andreeva. 2010. «Losing the Trees in the Wood: Reflections on the Measurement of Spoken-Language Rhythm». En *Prosodic Universals. Comparative Studies in Rhythmic Modeling and Rhythm Typology*, editado por Michela Russo, 27–42. Roma: Aracne.

Barry, William J., Bistra Andreeva, Michela Russo, Snezhina Dimitrova y Tanja Kostadinova. 2003. «Do Rhythm Measures Tell Us Anything about Language Type?» En *15th International Congress of Phonetic Sciences. Barcelona, Spain, August 3–9, 2003*, editado por Maria-Josep Solé, Daniel Recasens y Joaquín Romero Gallego, 2693–96. International Congress of Phonetic Sciences (ICPhS) Online Archive.

Belič, Oldrich. 1975. *En busca del verso español*. Praga: Univerzita Karlova.

Bello, Andrés. 1835. *Principios de la ortología y métrica de la lengua castellana*. Santiago de Chile: Imprenta de La Opinión. Reed., Alicante: Biblioteca Virtual Miguel de Cervantes, 2016.

Belyj, Andrej. 1910. *Simvolizm. Kniga statej*. Moscú: Musaget.

Benot, Eduardo. 1892. *Prosodia castellana y versificación*. Madrid: Juan Muñoz Sánchez. Reed., Sevilla: Padilla Libros, 2003.

Benveniste, Émile. 1966. *Problèmes de linguistique générale*. París: Gallimard. Trad. de Juan Almela, *Problemas de lingüística general*. México, D. F.: Siglo XXI, 1971.

Bertinetto, Pier Marco y Chiara Bertini. 2008. «On Modeling the Rhythm of Natural Languages». En *Speech Prosody 2008, Fourth International Conference. Campinas, Brazil, May 6–9, 2008*, editado por Plínio Barbosa, Sandra Madureira y Cesar Reis, 427–30. International Speech Communication Association (ISCA) Online Archive. https://doi.org/10.21437/SpeechProsody.2008-94.

———. 2010. «Towards a Unified Predictive Model of Natural Language Rhythm». En *Prosodic Universals. Comparative Studies in Rhythmic Modeling and Rhythm Typology*, editado por Michela Russo, 43–78. Roma: Aracne.

Bolinger, Dwight L. 1981. *Two Kinds of Vowels, Two Kinds of Rhythm*. Bloomington: Indiana University Linguistics Club.

Bousoño, Carlos. (1952) 1976. *Teoría de la expresión poética*. 6.ª ed. Madrid: Gredos.

Bouvresse, Jacques. 2009. «Helmholtz et la théorie physiologique de la musique». En *Parole et musique. Aux origines du dialogue humain*, editado por Stanislas Dehaene y Christine Petit, 27–58. París: Odile Jacob.

Bridges, Robert S. 1921. *Milton's Prosody*. Oxford: Clarendon Press.

Canellada, María Josefa. 1976. «Algunas precisiones a Oldricht Belič». *Revista de Dialectología y Tradiciones Populares* 32: 83–86.

Carvajal, Antonio. (1993) 1995. *De métrica expresiva frente a métrica mecánica (Ensayo de aplicación de las teorías de Miguel Agustín Príncipe)*. Granada: Universidad de Granada, Departamento de Lingüística General y Teoría de la Literatura.

de Cascales, Francisco. (1617) 1975. *Tablas poéticas*. Editado por Benito Brancaforte. Madrid: Espasa-Calpe.

Catford, John C. 1986. *Prosody. A Practical Introduction*. Oxford: Clarendon Press.

Chatman, Seymour B. 1965. *A Theory of Meter*. La Haya: Mouton. Reed., Berlín: de Gruyter Mouton, 2016. https://doi.org/10.1515/9783111352268.

Chomsky, Noam y Morris Halle. 1968. *The Sound Pattern of English*. Nueva York: Harper & Row. Trad. parcial de José Antonio Millán, *Principios de fonología generativa*, editado por José Antonio Millán y Pilar Calvo. Madrid: Fundamentos, 1979.

Cicerón, Marco Tulio. 1995. *Acerca del orador*. Introducción, Traducción y notas de Amparo Gaos. México, D. F.: Universidad Nacional Autónoma de México.

Cler, Jérôme. 1994. «Pour une théorie de l'aksak». *Revue de Musicologie* 80 (2): 181–210. https://doi.org/10.2307/947054.

———. 2009. «Quelques outils d'analyse: rythme et mètre, co-métricité et contramétricité». Documento en línea. Yaila. http://yayla.paris-sorbonne.fr/Metre-et-rythme.

de Condillac, Étienne Bonnot. (1746) 1973. *Essai sur l'origine des connaissances humaines*. Texte établi et annoté par Charles Porse. París: Galilée.

de Cornulier, Benoît. 1982. *Théorie du vers*. París: Éditions du Seuil.

Correas, Gonzalo. (1626) 1954. *Arte de la lengua española castellana*. Ed. y prólogo de Emilio Alarcos García. Madrid: Consejo Superior de Investigaciones Científicas.

Crystal, David. 1975. *The English Tone of Voice. Essays in Intonation, Prosody and Paralanguage*. Londres: Edward Arnold.

Cummins, Fred. 2002. «Speech Rhythm and Rhythmic Taxonomy». En *Speech Prosody 2002, International Conference. Aix-en-Provence, France, April 11–13, 2002*, 121–26. International Speech Communication Association (ISCA) Online Archive. https://doi.org/10.21437/SpeechProsody.2002-17.

———. 2009. «Rhythm as an Affordance for the Entrainment of Movement». *Phonetica* 66 (1–2): 15–28. https://doi.org/10.1159/000208928.

Cutler, Anne. 1976. «Phoneme-Monitoring Reaction Time as a Function of Preceding Intonation Contour». *Perception & Psychophysics* 20 (1): 55–60. https://doi.org/10.3758/BF03198706.

Dauer, Rebecca M. 1983. «Stress-Timing and Syllable-Timing Reanalyzed». *Journal of Phonetics* 11 (1): 51–62.

———. 1987. «Phonetic and Phonological Components of Language Rhythm». En *Proceedings XIth ICPhS. The Eleventh International Congress of Phonetic Sciences. August 1–7, 1987, Tallinn, Estonia, U.S.S.R.*, 5:447–450. Tallin: Academy of Sciences of the Estonian S.S.R., Institute of Language and Literature.

Delattre, Pierre C. 1965. *Comparing the Phonetic Features of English, French, German and Spanish*. Heidelberg: Julius Groos.

———. 1966. *Studies in French and Comparative Phonetics*. La Haya: Mouton.

Di Cristo, Albert. 2002. «De la métrique et du rythme de la parole ordinaire : l'exemple du français». *Semen. Revue de sémio-linguistique des textes et discours* 16: 25–44.

Díez-Echarri, Emiliano. 1949. *Teorías métricas del Siglo de Oro. Apuntes para la historia del verso español*. Madrid: Consejo Superior de Investigaciones Científicas.

Domínguez Caparrós, José. 1975. *Contribución a la historia de las teorías métricas en los siglos XVIII y XIX*. Madrid: Consejo Superior de Investigaciones Científicas.

Donnier, Philippe. 1987. *El duende tiene que ser matemático (Reflexiones sobre el estudio analítico de las bulerías)*. Córdoba: Virgilio Márquez.

Dubois, Jean, Mathée Giacomo, Louis Guespin, Christiane Marcellesi, Jean-Baptiste Marcellesi y Jean-Pierre Mével. 1971. *Le dictionnaire de linguistique et des sciences du langage*. París: Larousse.

El Mahdi, Sala. 1972. *La musique arabe*. París: Leduc.

del Encina, Juan. (1496) 1928. *Cancionero*. Madrid: Real Academia Española.

Fant, Gunnar, Anita Kruckenberg y Lennart Nord. 1991. «Durational Correlates of Stress in Swedish, French, and English». *Journal of Phonetics* 19 (3–4): 351–65.

Faure, Georges, Daniel Hirst y Michel Chafcouloff. 1980. «Rhythm in English: Isochronism, Pitch and Perceived Stress». En *The Melody of Language*, editado por Linda R. Waugh y Cornelis H. van Schooneveld, 71–79. Baltimore: University Park Press.

Faure, Georges y Mario Rossi. 1968. «Le rythme de l'alexandrin : analyse critique et contrôle expérimental d'après *Le vers français* de Grammont». *Travaux de Linguistique et de Littérature* 6 (1): 203–234.

Flescher, Jacqueline. 1972. «French». En *Versification. Major Language Types*, editado por William K. Wimsatt, 177–90. Nueva York: New York University Press.

Fracile, Nice. 2003. «The *Aksak* Rhythm, a Distinctive Feature of the Balkan Folklore». *Studia Musicologica Academiae Scientiarum Hungaricae* 44 (1–2): 197–210.

Fraisse, Paul. 1974. *Psychologie du rythme*. París: Presses Universitaires de France. Trad. de Dolores Blasco de la Vega, *Psicología del ritmo*. Madrid: Morata, 1976.

García Calvo, Agustín. (1975) 1977. *Del ritmo del lenguaje*. 2.ª ed. Barcelona: La Gaya Ciencia.

Gasparov, Mihail Leonovič. 1974. *Sovremennyj russkij stih. Metrika i ritmika*. Moscú: Nauka.

———. 1984. *Očerk istorii russkogo stiha. Metrika. Ritmika. Rifma. Strofika*. Moscú: Nauka.

Gómez Hermosilla, José Mamerto. 1826. *Arte de hablar en prosa y verso*. Madrid: Imprenta Real. Reed., Alicante: Biblioteca Virtual Miguel de Cervantes; Madrid: Biblioteca Nacional, 2010.

Gončarenko, Sergej Filippovič. 1988. *Stilističeskij analiz ispanskogo stihotvornogo teksta. Osnovy teorii ispanskoj poètičeskoj reči*. Moscú: Viščaja Škola.

Grabe, Esther y Ee Ling Low. 2002. «Durational Variability in Speech and the Rhythm Class Hypothesis». En *Laboratory Phonology 7*, editado por Carlos Gussenhoven y Natasha L. Warner, 515–46. Berlín: Mouton de Gruyter. https://doi.org/10.1515/9783110197105.2.515.

Grammont, Maurice. 1913. *Le vers français*. París: H. Champion.

Guiraud, Pierre. 1953. *Langage et versification d'après l'œuvre de Paul Valéry. Étude sur la forme poétique dans ses rapports avec la langue*. París: Klincksieck.

Halle, Morris y Samuel J. Keyser. 1966. «Chaucer and the Study of Prosody». *College English* 28 (3): 187–219. https://doi.org/10.2307/374038.

Halliday, Michael A. K. 1985. *An Introduction to Functional Grammar*. Londres: Edward Arnold.

Hamer, Enid. 1930. *The Metres of English Poetry*. Londres: Methuen.

Hayes, Bruce. 1984. «The Phonology of Rhythm in English». *Linguistic Inquiry* 15 (1): 33–74.

Hockett, Charles F. 1958. *A Course in Modern Linguistics*. Nueva York: MacMillan. Trad. de Emma Gregores y Jorge Alberto Suárez Savini, *Curso de lingüística moderna*. Buenos Aires: Editorial Universitaria de Buenos Aires, 1971.

Jones, Daniel. (1918) 1969. *An Outline of English Phonetics*. 9.ª ed. Cambridge: W Heffer & Sons.

Kiparsky, Paul. 1977. «The Rhythmic Structure of English Verse». *Linguistic Inquiry* 8 (2): 189–247.

Kohler, Klaus J. 2009a. «Rhythm in Speech and Language: A New Research Paradigm». *Phonetica* 66 (1–2): 29–45. https://doi.org/10.1159/000208927.

———. 2009b. «Whither Speech Rhythm Research?» *Phonetica* 66 (1–2): 5–14. https://doi.org/10.1159/000208927.

Kolinski, Mieczyslaw. 1973. «A Cross-Cultural Approach to Metro-Rhythmic Patterns». *Ethnomusicology* 17 (3): 494–506. https://doi.org/10.2307/849962.

Laguna, Ana María. 1997. «Nueva descripción, funcional de los eolocoriambos de Alceo y Safo». *Cuadernos de Filología Clásica. Estudios griegos e indoeuropeos* 7: 243–62.

Laloy, Louis. 1904. *Aristoxène de Tarente, disciple d'Aristote, et la musique de l'antiquité*. París: Société Française d'Imprimerie et de Librairie. Reed., Ginebra: Minkoff Reprint, 1973.

Landry, Eugène. 1911. *La théorie du rythme et le rythme du français déclamé*. París: H. Champion.

Lanier, Sidney. 1880. *The Science of English Verse*. Nueva York: Charles Scribner's Sons.

Lázaro Carreter, Fernando. (1953) 1967. *Diccionario de términos filológicos*. 3.ª ed. corregida. Madrid: Gredos.

Leech, Geoffrey N. 1969. *A Linguistic Guide to English Poetry*. Londres: Longman. https://doi.org/10.4324/9781315836034.

Liberman, Mark Y. y Alan S. Prince. 1977. «On Stress and Linguistic Rhythm». *Linguistic Inquiry* 8 (2): 249–336.

Lista, Alberto. 1844. *Ensayos literarios y críticos*. 2 vols. Sevilla: Calvo-Rubio. Reed., Sevilla: Extramuros, 2008.

Locatelli de Pérgamo, Ana María. 1973. *La notación de la música contemporánea*. Buenos Aires: Ricordi.

López Estrada, Francisco. 1969. *Métrica española del siglo xx*. Madrid: Gredos.

Lotz, John. 1972. «Elements of Versification». En *Versification: Major Language Types*, editado por William K. Wimsatt, 1–21. Nueva York: New York University Press.

Lowry, Nelson Jr. 1972. «Spanish». En *Versification: Major Language Types*, editado por William K. Wimsatt, 165–76. Nueva York: New York University Press.

de Luzán, Ignacio. (1737) 1974. *La poética*. Editado por Russell P. Sebold. Madrid: Cátedra.

Mairano, Paolo y Antonio Romano. 2007. «Inter-Subject Agreement in Rhythm Evaluation for Four Languages (English, French, German, Italian)». En *Proceedings of the 16th International Congress of Phonetic Sciences (ICPhS XVI). 6–10 August 2007, Saarbrücken, Germany*, editado por Jürgen Trouvain y William J. Barry, 1149–52. Saarbrücken: Universität des Saarlandes.

Maisonneuve, Luc, Catherine Stefanelli y Cécile Vendramini. 2009. «Essai de dépistage d'arythmies et de fausses fluidités prosodiques : l'apport du traitement numérique des sons». *Travaux Linguistiques du CerLiCO* 22: 277–92.

de Manrique, Ana María Borzone y Angela Signorini. 1983. «Segmental Duration and Rhythm in Spanish». *Journal of Phonetics* 11 (2): 117–28.

Marchetti, Christopher C. 2009. «Aristoxenus *Elements of Rhythm*: Text, Translation, and Commentary. With a Translation and Commentary on *POXY* 2687». Tesis de doctorado, Rutgers, The State University of New Jersey. https://doi.org/10.7282/T3NC61DV.

Marotta, Giovanna. 2003. «What Does Phonology Tell Us about Stress and Rhythm? Some Reflections on the Phonology of Stress». En *15th International Congress of Phonetic Sciences. Barcelona, Spain, August 3–9, 2003*, editado por Maria-Josep Solé, Daniel Recasens y Joaquín Romero Gallego, 333–36. International Congress of Phonetic Sciences (ICPhS) Online Archive.

Marques, Belo. 1943. *Música negra (Estudos do folclore tonga)*. Lisboa: Agência Geral das Colónias.

Márquez, Miguel. 2003. «El poema en prosa y el principio antimétrico». *EPOS. Revista de Filología* 19: 131–48. https://doi.org/10.5944/epos.19.2003.10400.

Martínez Celdrán, Eugenio y Ana María Fernández Planas. 2007. *Manual de fonética española. Articulaciones y sonidos del español*. Barcelona: Ariel.

Morier, Henri. 1961. *Dictionnaire de poétique et de rhétorique*. París: Presses universitaires de France.

Navarro Tomás, Tomás. 1922. «La cantidad silábica en unos versos de Rubén Darío». *Revista de Filología Española* 9 (1): 1–29.

———. 1956. *Métrica española. Reseña histórica y descriptiva*. Syracuse: Syracuse University Press.

———. (1956) 1972. *Métrica española. Reseña histórica y descriptiva*. 3.ª ed. corregida y aumentada. Madrid: Guadarrama.

Olsen, Carroll L. 1972. «Rhythmical Patterns and Syllabic Features of the Spanish Sense Group». En *Proceedings of the Seventh International Congress of Phonetic Sciences / Actes du Septième Congrès International des Sciences Phonétiques. Held at the University of Montreal and McGill University, 22–28 August 1971 / Tenu à l'Université de Montréal et à l'Université McGill, 22–28 août 1971*, editado por René Charbonneau y André Rigault, 990–996. La Haya: Mouton. Reed., Berlín: de Gruter Mouton, 2017. https://doi.org/10.1515/9783110814750-135.

Palencia-Lefler, Manuel. 2009. «La música en la comunicación publicitaria». *Comunicación y Sociedad (Universidad de Navarra)* 22 (2): 89–108. http://hdl.handle.net/10760/15881.

Pamies, Antonio. 1994a. «Acento, ritmo y lenguaje». Tesis de doctorado, Universidad de Granada.

———. 1994b. «Los acentos contiguos en español». *Estudios de Fonética Experimental* 6: 91–111.

———. 1995. «La métrica cuantitativo-musical en Francia». *Revista de Filología Francesa* 6: 199–218.

———. 1997. «Lotman y la métrica rusa». En *En la esfera semiótica lotmaniana. Estudios en honor de Iuri Mijailovich Lotman*, editado por Manuel Cáceres, 342–56. Valencia: Episteme.

———. 1999. «Prosodic Typology: On the Dichotomy between Stress-Timed and Syllable-Timed Languages». *Language Design. Journal of Theoretical and Experimental Linguistics* 2: 103–30.

———. 2010. «Quelques malentendus à propos du concept de rythme en linguistique». En *Prosodic universals. Comparative studies in rhythmic modeling and rhythm typology*, editado por Michela Russo, 227–64. Roma: Aracne.

Peña, Paco. 1988. «Flamenco Guitar». En *The Guitar. A Guide for Students and Teachers*, editado por Michael Stimpson, 211–25. Oxford: Oxford University Press.

Peretz, Isabelle y Régine Kolinski. 2009. «Paroles et musique dans le chant : échec du dialogue?» En *Parole et musique. Aux origines du dialogue humain*, editado por Stanislas Dehaene y Christine Petit, 139–66. París: Odile Jacob.

Pike, Kenneth L. 1945. *The Intonation of American English*. Ann Arbor: University of Michigan Press.

Pointon, Graham E. 1980. «Is Spanish Really Syllable-Timed?» *Journal of Phonetics* 8 (3): 293–304.

Príncipe, Miguel Agustín. 1861–62. «Arte métrica elemental». En *Fábulas en verso castellano y en variedad de metros*, 385–658. Madrid: Imprenta de D. M. Ibo Alfaro.

Prokofieva, L. V. 1991. «Ob ritmicheskoï organizacii sintagmy v russkoï inoï reči». En *Avtomatičeskoe raspoznavanie sluhovyh obrazov*, editado por Rodmonga K. Potápova y L. V. Zlatoustova. Moscú: MGU.

Quilis, Antonio. 1969. *Métrica española*. Madrid: Ediciones Alcalá.

Ramus, Franck. 2002. «Acoustic Correlates of Linguistic Rhythm: Perspectives». En *Speech Prosody 2002, International Conference. Aix-en-Provence, France, April 11–13, 2002*, 115–20. International Speech Communication Association (ISCA) Online Archive. https://doi.org/10.21437/SpeechProsody.2002-16.

Ramus, Franck, Marina Nespor y Jacques Mehler. 1999. «Correlates of Linguistic Rhythm in the Speech Signal». *Cognition* 73 (3): 265–92. https://doi.org/10.1016/S0010-0277(99)00058-X.

Roach, Peter. 1982. «On the Distinction between 'Stress-Timed' and 'Syllable-Timed' Languages». En *Linguistic Controversies. Essays in Linguistic Theory and Practice in Honour of F. R. Palmer*, editado por David Crystal, 73–79. Londres: Edward Arnold.

Romano, Antonio y Paolo Mairano. 2010. «Speech Rhythm Measuring and Modelling: Pointing out Multi-Layer and Multi-Parameter Assessments». En *Prosodic Universals. Comparative Studies in Rhythmic Modeling and Rhythm Typology*, editado por Michela Russo, 79–116. Roma: Aracne.

Russo, Michela y William J. Barry. 2008. «Measuring Rhythm. A Quantified Analysis of Southern Italian Dialects Stress Time Parameters». En *Language Design. Journal of Theoretical and Experimental Linguistics. Special Issue 2. Experimental Prosody*, editado por Antonio Pamies, Mari Cruz Amorós y José Manuel Pazos, 315–22. Granada: Método Ediciones.

———. 2010. «Il *Pairwise Variability Index* (PVI e PVIS): valori ritmici per i dialetti italiani e per l'italiano regionale. Implicazioni tipologiche». En *Prosodic universals. Comparative studies in rhythmic modeling and rhythm typology*, editado por Michela Russo, 185–226. Roma: Aracne.

Sachs, Curt. 1953. *Rhythm and Tempo. A Study in Music History*. Nueva York: Norton; Londres: Dent.

Sadie, Stanley, ed. 1980. *The New Grove Dictionary of Music and Musicians*. 20 vols. Londres: MacMillan.

Scoppa, Antonio. 1811. *Les vrais principes de la versification, développés par un examen comparatif entre la langue italienne et la française*. París: Courcier.

———. 1816. *Des beautés poétiques de toutes les langues, considérées sous le rapport de l'accent et du rythme*. París: Firmin Didot.

Seydou, Christiane. 1998. «Musique et littérature orale chez les Peuls du Mali». *L'Homme. Revue française d'anthropologie* 38 (148): 139–57. https://doi.org/10.3406/hom.1998.370580.

Shapiro, Karl J. y Robert L. Beum. 1965. *A Prosody Handbook*. Nueva York: Harper & Row.

Steele, Joshua. 1779. *Prosodia Rationalis. Or, an Essay towards Establishing the Melody and Measure of Speech, to Be Expressed and Perpetuated by Peculiar Symbols*. 2.ª ed. Londres: J. Nichols. Reed., Hildesheim: Georg Olms, 1971.

Suhamy, Henri. 1970. *Les figures de style*. París: Presses Universitaires de France.

Tarlinskaja, Marina. 1987. *Shakespeare's Verse. Iambic Pentameter and the Poet's Idiosyncrasies*. Nueva York: Peter Lang.

Toledo, Guillermo Andrés. 1988. *El ritmo en el español. Estudio fonético con base computacional*. Madrid: Gredos.

van den Toorn, Pieter C. 1987. *Stravinsky and the Rite of Spring: The Beginnings of a Musical Language*. Berkeley: University of California Press.

Tynjanov, Jurij Nikolaevič. 1924. *Problema stihotvornogo jazyka*. Leningrado: Academia. Reed., La Haya: Mouton, 1963.

Unbegaun, Boris O. 1956. *Russian Versification*. Oxford: Clarendon Press.

Verrier, Paul. 1912. *L'isochronisme dans le vers français*. París: Librairie Félix Alcan.

Vigreux, Philippe. 1985. *La derbouka. Technique fondamentale et initiation aux rythmes arabes*. Aix-en-Provence: Edisud.

Wellesz, Egon, ed. 1957. *The New Oxford History of Music. Vol. I: Ancient and Oriental Music*. Oxford: Oxford University Press.

Žirmunskij, Viktor Maksimovič. 1925. *Vvedenie v metriku*. Leningrado: Rossijskij Institut Istorii Iskusstvi.

Zurcher, Pierre. 1996. «Mythologies de la musique : ce que nous pensons de la musique et la réalité des faits». *Cahiers Suisses de Pédagogie Musicale* 1–3: 1–10.

ÍNDICE DE AUTORES

Josefa Dorta   Es Catedrática de Lingüística General, responsable científica del Laboratorio de Fonética de la Universidad de La Laguna y miembro del Comité de Dirección de los servicios de investigación de la misma universidad. Dirige un proyecto de excelencia sobre la entonación de variedades americanas y europeas del español. Cuenta con más de cien publicaciones y es asesora científica de diversas revistas de impacto.

Gorka Elordieta   Es Profesor Agregado del Departamento de Lingüística y Estudios Vascos de la Universidad del País Vasco. Su área de especialización es la fonología de laboratorio, en particular la prosodia y, más concretamente, la entonación, así como sus interfaces con la sintaxis o con la estructura informativa.

Eva Estebas Vilaplana   Es Profesora Titular del Departamento de Filologías Extranjeras y sus Lingüísticas de la Universidad Nacional de Educación a Distancia (UNED). Es Doctora en Filosofía (especialidad Fonética) por la Universidad de Londres. Su investigación se centra en el análisis fonético y fonológico de la entonación del español, del inglés y del catalán.

Juan María Garrido Almiñana   Es profesor del Departamento de Lengua Española y Lingüística General en la Universidad Nacional de Educación a Distancia (UNED). Su actividad investigadora se ha centrado fundamentalmente en los campos de la fonética del español, con especial atención a su prosodia, y las tecnologías del habla y del lenguaje, alternando periodos en la universidad (Universidad de Barcelona, Blanquerna-Ramon Llull, Pompeu Fabra, Autónoma de Barcelona) y en la empresa (Telefónica Investigación y Desarrollo, Barcelona Media).

Juana Gil Fernández   Dirige en la actualidad el Instituto Cervantes de Lyon (Francia). Previamente fue profesora en diversas universidades y responsable del Laboratorio de Fonética del Consejo Superior de Investigaciones Científicas. Creó en 2007 el *Posgrado en Estudios Fónicos*, y, en 2014, la revista *Loquens*. Se interesa por la relación entre fonología y fonética y por las aplicaciones de ambas disciplinas, sobre las que publicado varios libros y artículos.

Antonio Hidalgo Navarro   Es Catedrático de Lengua Española en la Universidad de Valencia y ha desarrollado diferentes investigaciones sobre la lengua hablada. Entre sus publicaciones más relevantes se hallan *La entonación coloquial. Función demarcativa y unidades de habla*, *Comentario fónico de textos coloquiales*, *Aspectos de la entonación española: viejos y nuevos enfoques*, *La enseñanza de la entonación en el aula de E/LE* (en colaboración con Adrián Cabedo) o *La voz del lenguaje: fonética y fonología del español* (en colaboración con Mercedes Quilis).

José Ignacio Hualde   Es Catedrático en el Departamento de Español y Portugués y en el Departamento de Lingüística de la Universidad de Illinois en Champaign-Urbana. Se especializa en fonología sincrónica y diacrónica vasca y románica. Es autor de *Basque Phonology*, *Euskararen azentuerak* y *The Sounds of Spanish*, coautor de *Introducción a la lingüística hispánica* y *The*

Basque Dialect of Lekeitio y coeditor de *Towards a History of the Basque Language*, *A Grammar of Basque* y *The Handbook of Hispanic Linguistics*, entre otras publicaciones.

Leopoldo Omar Labastía   Es Magíster en Lingüística por la Universidad Nacional del Comahue (Argentina) y profesor en la Facultad de Lenguas de esa universidad. Está realizando su tesis doctoral en la Facultad de Filología de la Universidad Nacional de Educación a Distancia (UNED). Investiga sobre la prosodia en el español rioplatense y en el inglés como un fenómeno de interfaz entre la fonología entonativa y la pragmática.

Joaquim Llisterri   Es Profesor Titular de Lingüística General en la Universidad Autónoma de Barcelona. Su investigación y sus publicaciones se han centrado en el papel del conocimiento fonético en las tecnologías del habla, en la creación y anotación de corpus orales y en la interferencia fonética en la adquisición de segundas lenguas, así como en la descripción prosódica del español y sus aplicaciones a la fonética judicial.

María J. Machuca   Es Doctora en Filología Hispánica por la Universidad Autónoma de Barcelona y Profesora Agregada de Lengua Española en el Departamento de Filología Española de esta misma universidad. Su actividad investigadora se centra en la caracterización de los estilos de habla, la relación entre la fonética y la fonología, y el análisis de los rasgos fonéticos del español empleado en los medios orales de comunicación.

Jorge Méndez Seijas   Es doctorando en Lingüística Aplicada del Español en la Universidad de Georgetown y egresado de los programas de Máster en Fonética y Fonología (Universidad Menéndez Pelayo-CSIC, 2009) y en Lingüística del Español (Universidad de Georgetown, 2015). Ha sido profesor de español en la Universidad de Princeton y en la Universidad de Georgetown. En esta última universidad es, además, Director Interino del programa de español de la *School of Foreign Service*.

Enrique Obediente Sosa   Es Catedrático (Emérito) de la Universidad de los Andes (Mérida). Miembro de Número de la Academia Venezolana de la Lengua. Especialista en fonética, fonología e historia de la lengua española, particularmente en su modalidad americana. Es autor, entre otras obras, de *Fonética y fonología* y de *Biografía de una lengua. Nacimiento, desarrollo y expansión del español*.

Antonio Pamies   Es Catedrático de Lingüística General en la Universidad de Granada, donde enseña e investiga desde 1987. Es miembro honorífico de la Academia Nacional de Ciencias de la Educación Superior de Ucrania, y miembro correspondiente de la Academia Norteamericana de la Lengua Española. También ha ejercido de vicepresidente de la Sociedad Europea de Fraseología y de presidente honorífico de la Sociedad Italiana de Fraseología. Es autor de un centenar de publicaciones internacionales sobre fraseología y fonética.

Antonio Ríos   Es Doctor en Filología Hispánica por la Universidad Autónoma de Barcelona y Profesor Agregado en el Departamento de Filología Española de dicha universidad, donde imparte clases de fonética y fonología y de expresión oral. Su labor investigadora se centra, fundamentalmente, en el estudio de la lengua oral, en particular en los aspectos fonéticos prosódicos y segmentales, y en fonética judicial.

Magdalena Romera   Es Profesora Titular de Universidad del Departamento de Filología y Didáctica de la Lengua de la Universidad Pública de Navarra. Su área de especialización es el análisis del discurso y de la variación lingüística, especialmente en situaciones de contacto de lenguas.

Sandra Schwab   Es profesora de fonética (francés lengua extranjera) en la Universidad de Ginebra y trabaja paralelamente como investigadora en el Laboratorio de Fonética de la Universidad de Zúrich. Sus estudios tratan principalmente sobre la temática de la velocidad de elocución en L1 y L2 y sobre la percepción del acento léxico en español por partes de oyentes nativos de francés y de alemán.

Juan Manuel Sosa   Es Profesor Asociado (retirado) de la Simon Fraser University; actualmente trabaja en el posgrado en Lingüística de la Universidade Federal de Santa Catarina, Brasil. Cursó su maestría en fonética en University College London y su doctorado en Lingüística Hispánica en la Universidad de Massachusetts. Su área de especialización es la fonética y fonología prosódicas. Es autor de la obra *La entonación del español*.

ÍNDICE DE MATERIAS POR APARTADOS

El presente índice de materias remite a los distintos apartados que conforman los capítulos integrantes de los dos volúmenes de la obra. La primera cifra componente de cada referencia corresponde al capítulo y la segunda, al apartado preciso que interesa mencionar.